2025　全国勘察设计注册工程师
执业资格考试用书

Zhuce Daolu Gongchengshi Zhiye Zige
Zhuanye Kaoshi Anli Yibentong

注册道路工程师执业资格
专业考试案例一本通

刘江波 / 主编

刘思思　唐洪军　王皓磊　陈晶琳　何树芬　贺　炜 / 副主编

U0330297

人民交通出版社
北京

内 容 提 要

本书根据新版考试大纲、现行标准规范及历年考题精心编写而成。

本书按考试大纲编排章节，每一章均包含若干考点，每个考点根据实际情况设置条文规定、规范条文解析、典型例题、考点分析等模块，从不同角度分析考试出题点，并给出应对措施。公路和城市道路很多内容是相通的，两者规范条文不完全一致时，为避免混淆，进行分开编写，城市道路的规范条文用灰色底加以区分。精练到位的规范条文解析和举一反三的例题解答，可覆盖大部分案例考点。"注册道路研究室"编写团队将多年工程实践经验、教学科研经验、注册考试培训经验融进每一条分析、每一道例题，以帮助考生迅速掌握道路专业案例考试涉及的核心知识和重点难点内容，达到事半功倍的复习效果。

本书适合参加注册土木工程师（道路工程）专业考试的考生使用，也可供相关工程技术人员参考。

图书在版编目（CIP）数据

2025 注册道路工程师执业资格专业考试案例一本通 /
刘江波主编. — 北京 ：人民交通出版社股份有限公司，
2025. 3. — ISBN 978-7-114-19950-9

Ⅰ. U41

中国国家版本馆 CIP 数据核字第 20247YJ975 号

书　　名：**2025 注册道路工程师执业资格专业考试案例一本通**
著 作 者：刘江波
责任编辑：李　坤
责任印制：张　凯
出版发行：人民交通出版社
地　　址：（100011）北京市朝阳区安定门外外馆斜街 3 号
网　　址：http://www.ccpcl.com.cn
销售电话：（010）85285857
总 经 销：人民交通出版社发行部
经　　销：各地新华书店
印　　刷：北京印匠彩色印刷有限公司
开　　本：889×1194　1/16
印　　张：49.5
字　　数：1009 千
版　　次：2025 年 3 月　第 1 版
印　　次：2025 年 3 月　第 1 次印刷
书　　号：ISBN 978-7-114-19950-9
定　　价：168.00 元
（有印刷、装订质量问题的图书，由本社负责调换）

作 者 简 介

刘江波

大型甲级设计院正高级工程师、道路专业总工程师，注册道路、岩土、造价、咨询工程师，省土木建筑学会常务理事、路桥分会主任委员，省工程技术人员职称（副高级、正高级）评审委员会评委。先后在省级交通设计院和市政设计院工作十余年，担任所长、专业总工程师。曾获省部级优秀勘察设计一等奖3项，二、三等奖共5项；担任多部省市级标准、规范和图集的主编（主审）。有丰富的公路和市政工程实践经验，且对注册工程师考试有深入的认识，注册道路专业考试成绩分别为198分（专业知识）和98分（专业案例）。开设微信公众号"注册道路研究室"，利用自身技术优势为广大道路工程师提供帮助和培训。

贺 炜

长沙理工大学教授，博士生导师，注册岩土工程师，澳大利亚工程师协会会士、特许土木工程师。曾获中国公路学会一等奖2项，省科技进步一等奖2项、二等奖1项。为国内外多项重大工程提供技术咨询与服务，国内工程包括广东省虎门二桥坭洲水道桥（主跨1688m）、深中通道伶仃洋大桥（主跨1666m）、湖南省张花高速公路等，国外工程包括澳大利亚昆士兰州伊普斯维奇高速公路改造升级工程（Ipswich Motorway Upgrade）、印度尼西亚卡里巴鲁港（Kalibaru Port）地基处理工程等，具有扎实的理论功底和丰富的实践经验。

其他作者

其他作者均毕业于国内土木类名校，专业知识扎实，且从事路桥设计工作十余年，拥有注册岩土、造价（或咨询）工程师执业证书，均高分通过注册道路工程师专业考试。

前　言

注册土木工程师（道路工程）考试于 2019 年 10 月首次举办，就此拉开了道路工程领域勘察设计工程师考试、注册、执业的序幕。考试的举办，对从事道路工程规划、勘察、设计等工作的工程技术人员大有裨益。复习备考的过程，是道路工程技术人员重新学习、梳理、拓展自己专业知识的过程，也是提升专业素养的过程。通过考试的筛选，让合格的工程师承担相应的技术工作，有助于提升工程建设质量和效率，对整个道路工程行业具有重大意义。

为帮助广大考生有效复习，人民交通出版社组织相关高校和工程单位的专家编写了一套注册道路工程师考试复习辅导用书，主要包括：《基础考试应试辅导》《基础考试复习题集》《基础考试模考试卷》和《专业考试案例一本通》《专业考试模考试卷》。

本书为《专业考试案例一本通》，通过梳理规范条文，解答历年考题和典型例题，分析核心考点，帮助考生快速掌握专业案例考试涉及的核心知识和重点难点内容。

全书共分八章，按考试大纲编排章节。每一章均包含若干考点，每个考点根据实际情况设条文规定、规范条文解析、典型例题、考点分析等模块。"条文规定"纳入公路和城市道路规范中相关核心条文，并将城市道路规范条文用灰色底加以区分，"规范条文解析"指出条文的应用范围和易混淆之处，"典型例题"提供多道题目及详细的解析以加深考生的理解，"考点分析"概括命题规律、重点难点、易错点和答题注意事项。精心编制的考点，可使考生复习时达到事半功倍的效果。各个考点相互独立，考生既可按章节顺序从前向后学习，也可挑选自己薄弱的章节重点学习，逐个突破。

值得一提的是，在"典型例题"模块，除了作者精心编制的例题外，还纳入了历年考题，并对部分考题进行了适当改编，以适应考试发展的趋势。此外，本书对规范条文的解读分析，对考生准备专业知识考试同样具有帮助。本书不仅是道路考生的必备辅导资料，也可供相关技术人员参考。

本书由"注册道路研究室"（道研室）团队编写。团队由正高级工程师（总工程师）和教授（博士生导师）领衔，成员为设计院资深工程师和大学教师（均高分通过注册道路、岩土专业考试），确保了图书内容的准确性和实用性。

编写分工为：何树芬、刘江波、唐洪军编写第 1 章，贺炜、刘思思、刘江波编写第 2 章，刘峰、唐洪军、刘江波、黄贤顺编写第 3 章，王皓磊、林万杰、侯满、张飞进、刘江波、方敏编写第 4 章，刘思思、贺炜、刘江波编写第 5 章，刘江波、唐洪军、何树芬编写第 6 章，刘江波、何树芬、刘光海编写第 7 章，陈晶琳、林万杰、何树芬、刘江波编写第 8 章。全书由刘江波统稿。

在本书编写过程中，包括规范主编或编委在内的多位专家提供了指导和帮助，人民交通出版社李坤编辑提出许多建议，并为出版付出了辛勤劳动，在此一并表示感谢！

考生在使用本书过程中，还应多参阅考试指定的各类标准、规范（规程）、大纲和教材，真正做到：考前胸中有丘壑，临场下笔如有神。

限于编写时间和作者水平，书中难免存在不足之处，请考生提出宝贵意见，以便修订时改进。QQ 交流群：749242187；作者微信号：zhucedaolu；微信搜索"注册道路研究室"，可关注公众号或通过小程序报名参加道研室培训课程。

编 者

2025 年 2 月

目　录

第1章 路线工程

本章核心考试规范：

1. 《公路工程技术标准》（JTG B01—2014）
2. 《小交通量农村公路工程技术标准》（JTG 2111—2019）
3. 《城镇化地区公路工程技术标准》（JTG 2112—2021）
4. 《公路路线设计规范》（JTG D20—2017）
5. 《城市道路工程设计规范》（CJJ 37—2012）（2016年版）
6. 《城市道路路线设计规范》（CJJ 193—2012）

考点1　公路路网服务指数计算及公路功能类别确定

条文规定

《公路路线设计规范》（JTG D20—2017）规定如下：

2.1.1　公路按照交通功能分为干线公路、集散公路和支线公路。干线公路分为主要干线公路和次要干线公路，集散公路分为主要集散公路和次要集散公路。

《公路路线设计规范》（JTG D20—2017）第2.1.1条条文说明规定如下：

公路功能类别可按下列步骤确定：

（1）依照行政属性、用地性质、交通需求等实施区域划分，并将区域抽象为节点。

（2）确定节点重要度。节点重要度是定量描述区域内各节点间相对重要程度的指标，主要以总人口、工业总产值、人均收入等指标作为定量分析各节点重要度的指标。节点的层次结构如表2-1所示。当一条公路的主要控制点为A层节点时，该公路为主要干线公路；当主要控制点为B层节点时，该公路应为次要干线公路；当主要控制点为C层节点时，该公路应为主要集散公路；当主要控制节点为D层节点时，该公路应为次要集散公路；当主要控制点为E层节点时，该公路应为支线公路。

节点的层次结构　　　　　　　　　　　　　　　表2-1

节点层次	中心节点	主要节点
A	北京	各省会、自治区首府、直辖市、特区
B	省会或自治区首府	各地（市）政府所在地
C	地（市）政府所在地	各县（市）政府所在地
D	县（市）政府所在地	各乡、镇政府所在地
E	乡、镇政府所在地	各行政村

（3）添加公路网，并根据节点重要度，确定各条公路的功能分类。

（4）根据各功能分类的公路里程及交通量，计算里程比率及车公里比率，绘制形成路网里程比率—车公里比率标准累积曲线图。

（5）拟建项目或同一区域内存在主要控制点相近的两条以上公路时，应通过路网服务指数确定其功能类别。

路网服务指数为公路车公里比率与公路里程比率之比。路网服务指数越大，则公路功能类别越高。其计算方法为：规划区域内有n条公路，则第$i(i=1,\cdots,n)$条公路的车公里比率R_{VMT_i}、里程比率R_{k_i}及路网服务指数R_i按式(2-1)～式(2-3)计算。

车公里比率：
$$R_{\mathrm{VMT}_i} = \frac{VKT_i}{\sum_i VKT_i} \times 100\% \tag{2-1}$$

里程比率：
$$R_{k_i} = \frac{K_i}{\sum_i K_i} \times 100\% \tag{2-2}$$

路网服务指数：
$$R_i = \frac{R_{\mathrm{VMT}_i}}{R_{k_i}} \tag{2-3}$$

式中：VKT_i——路网中第i条公路的车公里（pcu·km），即该公路上通过的车辆数与平均行驶距离的乘积；

$\sum\limits_i VKT_i$——规划区域内路网中所有公路的车公里之和（pcu·km）；

K_i——第i条公路的里程（km）；

$\sum\limits_i K_i$——规划区域内路网中所有公路的总里程（km）。

（6）公路功能分类指标包括区域层次、路网连续性、交通流特性和公路自身特性等定性和定量指标。不同地区经济发展水平与地形、地貌差异直接影响到分类指标的选取。各地区可根据规划区的实际情况自行确定。推荐的公路功能分类量化指标如表2-2所示。

公路功能分类指标　　　　　　　　　　　表2-2

分类指标	功能分类				
	主要干线公路	次要干线公路	主要集散公路	次要集散公路	支线公路
适应地域与路网连续性	人口20万以上的大中城市	人口10万以上重要的市县	人口5万以上的县城或连接干线公路	连接干线公路与支线公路	直接对应于交通发生源
路网服务指数	≥15	10～15	5～10	1～5	<1
期望时速	80km以上	60km以上	40km以上	30km以上	不要求
出入控制	全部控制出入	部分控制出入或接入管理	接入管理	视需要控制横向干扰	不控制

📖 典型例题

例题 1-1-1

某规划区域内所有公路的总里程为5020km，其中某两条公路的主要控制点相近，其里程、车公里比率如下表所示。当根据路网服务指数确定这两条公路的功能类别时，以下说法正确的是（　　）。

例题 1-1-1 表

序号	车公里比率（%）	里程（km）
1	5	15
2	6	25

（A）两条公路功能类别相同 （B）第 1 条公路功能类别高

（C）第 2 条公路功能类别高 （D）无法判断

解答

根据《公路路线设计规范》（JTG D20—2017）条文说明式(2-2)、式(2-3)：

第 1 条公路：里程比率 $R_{k_1} = 15/5020 \times 100\% = 0.299\%$

路网服务指数 $R_1 = 5\%/0.299\% = 16.72$

第 2 条公路：里程比率 $R_{k_2} = 25/5020 \times 100\% = 0.498\%$

路网服务指数 $R_2 = 6\%/0.498\% = 12.05$

$R_1 = 16.72 > R_2 = 12.05$，路网服务指数越大，公路功能类别越高。

答案：B

例题 1-1-2

某省拟新建 X 市至 Y 县城的公路，请问该公路功能分级中合适的是（　　　　）。

（A）主要集散公路 （B）次要集散公路

（C）次要干线公路 （D）二级公路

解答

根据《公路路线设计规范》（JTG D20—2017）第 2.1.1 条条文说明表 2-1，中心节点是市政府所在地，主要节点是县政府所在地，所以节点层次为 C，该公路为主要集散公路。

答案：A

📖 **考点分析**

（1）《公路工程技术标准》（JTG B01—2014）对公路的功能类别规定与《公路路线设计规范》（JTG D20—2017）完全一致，路网服务指数的计算公式也在条文说明中。

（2）公路功能分类指标，包括区域层次、路网连续性、交通流特性和公路自身特性等定性指标，还包括定量指标。确定过程如下：区域划分，并抽象为节点→确定节点重要度→连接成公路网→确定功能分类（拟建项目或同一区域内存在主要控制点相近的两条以上公路时，应通过路网服务指数确定公路功能分类）。

考点2　公路等级及设计速度的选定

📖 **条文规定**

《公路工程技术标准》（JTG B01—2014）规定如下：

3.1　公路分级

3.1.1　公路分为高速公路、一级公路、二级公路、三级公路及四级公路等五个技术等级。

1　高速公路为专供汽车分方向、分车道行驶，全部控制出入的多车道公路。高速公路的年平均日设计交通量宜在 15000 辆小客车以上。

2　一级公路为供汽车分方向、分车道行驶，可根据需要控制出入的多车道公路。一级公路的年平均日设计交通量宜在 15000 辆小客车以上。

3　二级公路为供汽车行驶的双车道公路。二级公路的年平均日设计交通量宜为 5000～15000 辆小客车。

4　三级公路为供汽车、非汽车交通混合行驶的双车道公路。三级公路的年平均日设计交通量宜为2000～6000辆小客车。

5　四级公路为供汽车、非汽车交通混合行驶的双车道或单车道公路。双车道四级公路年平均日设计交通量宜在2000辆小客车以下；单车道四级公路年平均日设计交通量宜在400辆小客车以下。

3.1.2　公路技术等级选用应遵循下列原则：

1　公路技术等级选用应根据路网规划、公路功能，并结合交通量论证确定。

2　主要干线公路应选用高速公路。

3　次要干线公路应选用二级及二级以上公路。

4　主要集散公路宜选用一、二级公路。

5　次要集散公路宜选用二、三级公路。

6　支线公路宜选用三、四级公路。

《公路路线设计规范》（JTG D20—2017）规定如下：

2.1.2　公路根据交通特性及控制干扰的能力分为高速公路、一级公路、二级公路、三级公路及四级公路等五个技术等级。

2.2.2　公路技术等级选用应在论证确定公路功能的基础上，结合项目所在地区的综合运输体系、远景发展规划及设计交通量论证确定，并应遵循下列原则：

1　主要干线公路作为公路网中结构层次最高的主通道，应选用高速公路。

2　次要干线公路作为主要干线公路的补充，应选用二级及二级以上公路。

1）设计交通量达到15000辆小客车/日时，宜选用一级及一级以上公路。

2）设计交通量达到10000辆小客车/日时，且沿线纵横向干扰较大，宜选用一级公路。

3）设计交通量低于10000辆小客车/日时，可选用二级公路；当货车混入率较高时，宜间隔设置超车车道，减小纵向干扰。

3　主要集散公路连接干线公路与支线公路，宜选用一级公路、二级公路。

1）设计交通量达到15000辆小客车/日时，可选用一级公路。

2）设计交通量在5000～15000辆小客车/日时，可选用二级公路；设计交通量达到10000辆小客车/日，且沿线纵横向干扰较大时，宜选用一级公路。

3）设计交通量低于5000辆小客车/日时，宜选用二级公路。

4　次要集散公路服务于县乡区域交通，宜选用二级公路、三级公路。

1）设计交通量达到5000辆小客车/日时，宜选用二级公路。

2）设计交通量低于5000辆小客车/日时，宜选用三级公路。

5　支线公路宜选用三级公路、四级公路。当设计交通量达到5000辆小客车/日时，宜选用二级公路。

6　当既有公路不能满足功能需要时，应结合公路网发展规划，有计划地进行改建。

2.2.3　设计速度的选用应根据公路功能与技术等级，结合地形、工程经济、预期运行速度和沿线土地利用性质等因素综合论证确定，并应符合下列规定：

1　高速公路设计速度不宜低于100km/h，受地形、地质等条件限制时，可选用80km/h。

2　作为干线的一级公路，设计速度宜采用100km/h；受地形、地质等条件限制时，可采用80km/h。作为集散的一级公路，设计速度宜采用80km/h；受地形、地质等条件限制时，可采用60km/h。

3　高速公路和作为干线的一级公路的局部特殊困难路段，且因新建工程可能诱发工程地质病害时，经论证，该局部路段的设计速度可采用60km/h，但长度不宜大于15km，或仅限于相邻两互通式立体交叉之间的路段。

4　作为干线的二级公路，设计速度宜采用80km/h；受地形、地质等条件限制时，可采用60km/h。作为集散的二级公路，设计速度宜采用60km/h；受地形、地质等条件限制时，可采用40km/h。

5 三级公路设计速度宜采用 40km/h；受地形、地质等条件限制时，可采用 30km/h。

6 四级公路设计速度宜采用 30km/h；受地形、地质等条件限制时，可采用 20km/h。

2.2.4 同一公路项目可分段选用不同的技术等级。同一技术等级可分段选用不同的设计速度。不同技术等级、不同设计速度的设计路段之间应选择合理的衔接位置或地点，过渡应顺适，衔接应协调。

《公路路线设计规范》（JTG D20—2017）第 2.2.4 条条文说明规定如下：

同一设计速度的路段不宜过短。一般情况下高速公路一个设计路段的长度不宜小于 15km，一级公路、二级公路一个设计路段的长度不宜小于 10km。按照运行速度协调一致的原则，不同设计速度的路段相衔接处前后的运行速度变化应小于 20km/h。

📖 典型例题

例题 1-2-1

某地区拟建一条连接干线与支线的主要集散公路，该公路的设计交通量为 11500pcu/d，且沿线纵横向干扰较大，则依据《公路路线设计规范》（JTG D20—2017），正常情况下该路宜选用的公路等级及设计速度为（　　）。

（A）一级公路，设计速度 100km/h　　　　（B）一级公路，设计速度 80km/h

（C）二级公路，设计速度 80km/h　　　　（D）三级公路，设计速度 40km/h

解答

（1）根据《公路路线设计规范》（JTG D20—2017）第 2.2.2 条第 3 款，设计交通量达到 10000 辆小客车/日，且沿线纵横向干扰较大时，宜选用一级公路。

（2）根据《公路路线设计规范》（JTG D20—2017）第 2.2.3 条第 2 款，作为集散的一级公路，设计速度宜采用 80km/h。

答案：B

例题 1-2-2

某地拟修建一条公路，该公路在路网中功能为次要干线公路，沿线纵横向干扰较大，预测年度的年平均日交通量为 7500veh/d（其中，中型车占 20%，大型车占 10%，汽车列车占 4.9%，拖拉机占 0.1%），则依据《公路路线设计规范》（JTG D20—2017），正常情况下该路宜选用的公路等级及设计速度为（　　）。

（A）一级公路，设计速度 100km/h　　　　（B）一级公路，设计速度 80km/h

（C）二级公路，设计速度 80km/h　　　　（D）三级公路，设计速度 40km/h

解答

（1）根据《公路工程技术标准》（JTG B01—2014）表 3.3.2，车辆折算系数分别为：中型车 1.5，大型车 2.5，汽车列车 4，拖拉机 4。

（2）预测年度的年平均日交通量 $= 7500 \times (65\% \times 1 + 20\% \times 1.5 + 10\% \times 2.5 + 5\% \times 4) = 10500$pcu/d。

（3）根据《公路路线设计规范》（JTG D20—2017）第 2.2.2 条第 2 款，次要干线公路作为主要干线公路的补充，应选用二级及二级以上公路。

设计交通量达到 10000 辆小客车/日，且沿线纵横向干扰较大时，宜选用一级公路。

（4）根据《公路路线设计规范》（JTG D20—2017）第 2.2.3 条，作为干线的一级公路设计速度宜采用 100km/h。

答案：A

例题 1-2-3

某省拟新建 A 县城至 B 县城公路，预测年限的年平均日设计交通量为 5500veh/d，其中小客车占比 80%，中型车占比 15%，大型车占比 5%；在下列公路技术等级和设计速度的选项中，符合规范规定的合适选项是（　　）。

（A）二级公路，80km/h   （B）二级公路，60km/h

（C）三级公路，60km/h   （D）三级公路，40km/h

解答

根据《公路工程技术标准》（JTG B01—2014）第 3.3.2 条，车辆折算系数：小客车 1.0，中型车 1.5，大型车 2.5；

年平均日设计交通量：$5500 \times 0.8 \times 1 + 5500 \times 0.15 \times 1.5 + 5500 \times 0.05 \times 2.5 = 6325$pcu/d

根据《公路路线设计规范》（JTG D20—2017）第 2.1.1 条条文说明表 2-1，该公路中心节点为县政府所在地，节点层次为 D，为次要集散公路。

根据第 2.2.2 条第 4 款，次要集散公路服务于县乡区域交通，宜选用二级公路、三级公路。设计交通量达到 5000pcu/d 时，宜选用二级公路。

根据第 2.2.3 条第 4 款，作为集散公路的二级公路，设计速度宜选用 60km/h。

答案：B

例题 1-2-3a（2024 年真题）

某拟新建公路，预测年的年平均日交通量为 3400veh/d，交通组成见下表。其中，路线跨越 H 河设置 H 河桥，该桥跨径组合采用(40m + 40m + 40m) + (80m + 160m + 80m) + (40m + 40m + 40m)方案。H 河的河床比降较大、易于冲刷。下列关于基础冲刷深度计算所应采用的设计洪水频率，依据公路技术等级符合规范规定的是何项？

交通组成表

车辆类型	车辆比例（%）
汽车列车	10
大型车	11
中型车	18
小客车	60
拖拉机	1

（A）1/300   （B）1/100

（C）1/50   （D）1/25

解答

根据《公路工程技术标准》（JTG B01—2014）：

（1）根据表 3.3.2，该公路的年平均日交通量为：$3400 \times (10\% \times 4 + 11\% \times 2.5 + 18\% \times 1.5 + 60\% \times 1) = 5389$pcu/d，根据 3.1.1 条，该公路为二级公路或三级公路，根据《公路路线设计规范》（JTG D20—2017）2.2.2 条，无论次要干线、集散还是支线，交通量大于 5000 小客车/日，均可选用二级公路，故该公路按二级公路；

（2）根据 6.0.2 条，单孔跨径大于 150m，为特大桥；

（3）根据表 6.0.5 为二级公路上的特大桥，设计洪水频率 1/100；

（4）根据表 6.0.5 注第 1 条，河床比降较大、易于冲刷宜提高一级设计洪水频率验算基础冲刷深度，故从 1/100 提高至 1/300。

答案：A

例题 1-2-4（2022 年补考真题）

新建某主要集散公路，连接两个县级市，设计初年交通量组成：小客车 2000veh/d、中型车 800veh/d、大型车 500veh/d、汽车列车 200veh/d。交通量年增长率为 5%，根据《公路工程技术标准》（JTG B01—2014），从预测交通量的角度，该公路分级合适的是（　　）。

注：交通量预测公式为：$N_d = N_0(1+\gamma)^{n-1}$。

式中，N_d 为设计末年交通量；N_0 为设计初年交通量；γ 为交通量年增长率；n 为设计年限。

（A）高速公路　　　　　　　　　　　　（B）一级公路
（C）二级公路　　　　　　　　　　　　（D）三级公路

解答

根据《公路工程技术标准》（JTG B01—2014）表 3.3.2：

$N_0 = 1 \times 2000 + 1.5 \times 800 + 2.5 \times 500 + 4 \times 200 = 5250 \text{pcu/d}$

根据《公路工程技术标准》（JTG B01—2014）第 3.1.2 条，主要集散公路宜选用一、二级公路，$n = 15$ 年或 20 年。

$N_d = 5250 \times (1+0.05)^{15-1} = 10395 \text{pcu/d}$

$N_d = 5250 \times (1+0.05)^{20-1} = 13266 \text{pcu/d}$

均在 5000～15000pcu/d 之间，根据《公路工程技术标准》（JTG B01—2014）第 3.1.1 条，选二级公路。

答案：C

考点分析

（1）公路技术等级与设计速度选择思路：根据路网规划、公路功能（主要依据）和年平均日交通量（标准车型），先确定公路技术等级，再选择适宜的设计速度。

（2）年平均日设计交通量，用于确定道路技术等级和设计速度时，采用双向交通量，单位为 pcu/d，若题目提供的已知条件与之不一致时，应注意换算成双向交通量。

（3）年平均日交通量（pcu/d）换算计算方法详见"考点 3"。

考点3　设计交通量计算

1. 公路根据设计通行能力（服务交通量）计算年平均日交通量

条文规定

《公路路线设计规范》（JTG D20—2017）第 2.1.2 条条文说明如下：

多车道公路远景年不同服务水平下的年平均日交通量，按式(2-4)计算：

$$AADT = \frac{C_D N}{KD} \tag{2-4}$$

式中：$AADT$——年平均日交通量（pcu/d）；

C_D——设计服务水平下单车道服务交通量；

K——设计小时交通量系数，由当地交通量观测数据确定；

D——方向不均匀系数；

N——单方向车道数。

按照公路功能决定技术等级的原则，干线功能公路设计服务水平由三级提高至二级，而且设计小时交通量系数、方向分布系数均采用最不利数值，推算出高速公路、一级公路设计年平均日交通量下限值为 15000 辆/日。

双车道公路通行能力与设计交通量受双方向流量比、超车视距、管理水平、路侧干扰等多项因素的影响，故二级公路、三级公路、四级公路设计小时交通量应按整个断面交通量计算，而且设计通行能力与设计交通量的范围有一定的重叠交叉。其年平均日设计交通量应按式(2-5)计算：

$$AADT = C_D \times \frac{R_D}{K} \tag{2-5}$$

式中：$AADT$——年平均日设计交通量（pcu/d）；

C_D——二级公路、三级公路、四级公路的设计通行能力；

R_D——二级公路、三级公路、四级公路的方向分布修正系数；

K——设计小时交通量系数，根据当地交通量观测数据确定。

按公式计算，设计推荐采用的双车道二级公路上限交通量 15000 辆/日，可作为双车道公路与多车道公路的交通量门槛值。单车道的四级公路考虑到当前公路建设的政策、各等级公路年平均日设计交通量范围的连续性等，其设计交通量为 400pcu/d 以下。二级公路、三级公路、四级公路年平均设计日交通量如表 2-3 所示。

二级公路、三级公路、四级公路的年平均日设计交通量　　表 2-3

公路等级	设计速度（km/h）	设计通行能力（pcu/d）	方向分布修正系数	设计小时交通量系数	年平均日设计交通量（pcu/d）
二级公路	40～80	550～1600	0.88～1.0	0.09～0.19	5000～15000
三级公路	30～40	400～700	0.88～1.0	0.1～0.17	2000～6000
四级公路	20	＜400	0.88～1.0	0.13～0.18	＜2000

📖 **规范条文解析**

（1）《公路工程技术标准》（JTG B01—2014）第 3.1 节及条文说明与上述《公路路线设计规范》（JTG D20—2017）基本一致；《公路路线设计规范》（JTG D20—2017）条文说明表 2-3 中设计通行能力单位有误，pcu/d 应为 pcu/h，对应《公路工程技术标准》（JTG B01—2014）条文说明表 3-1 同样有误。

（2）《公路路线设计规范》（JTG D20—2017）条文说明式(2-4)中高速公路、一级公路，C_D 单位：pcu/(h·ln)，为高速公路、一级公路的设计服务水平下的单车道服务交通量。式(2-5)中二、三、四级公路，C_D 单位：pcu/h（双向），对应二、三、四级公路的断面设计通行能力，这里设计通行能力是设计服务水平下的（双向双车道）服务交通量。

📖 **典型例题**

例题 1-3-1（2019 年真题）

某双向六车道高速公路，设计速度 100km/h，其设计服务水平下单车道服务交通量 $C_D = 1600\text{pcu/(h·ln)}$，设计小时交通量系数 $K = 0.13$，方向不均匀系数 $D = 0.55$，该高速公路年平均日设计交通量是（　　　　）。

（A）44755pcu/d

（B）67133pcu/d

（C）73846pcu/d

（D）134265pcu/d

解答

根据《公路路线设计规范》（JTG D20—2017）条文说明式(2-4)：

$AADT = C_D \times N/(K \times D) = 1600 \times 3/(0.55 \times 0.13) = 67133\text{pcu/d}$

答案：B

例题 1-3-2

某双向两车道二级公路，设计速度60km/h，其设计通行能力$C_D = 1300\text{pcu/h}$，设计小时交通量系数$K = 0.15$，方向分布修正系数$R_D = 0.92$，该二级公路年平均日设计交通量是（   ）。

（A）6900pcu/d　　　　（B）7973pcu/d　　　　（C）8666pcu/d　　　　（D）9420pcu/d

解答

根据《公路路线设计规范》（JTG D20—2017）条文说明式(2-5)：

$AADT = C_D \times R_D/K = 1300 \times 0.92/0.15 = 7973.3\text{pcu/d}$

答案：B

📖 **考点分析**

（1）若题目中给出设计服务水平下的设计通行能力C_D、车道数N（仅限高速公路及一级公路）、设计小时交通量系数K等参数，可以反算年平均日设计交通量。

（2）年平均日设计交通量$AADT$，在确定道路技术等级和设计速度时单位为pcu/d，并且为双向的交通量，在题目提供的已知条件与之不一致时，应注意换算。

（3）服务交通量或通行能力计算（考点4同理）中关于各类名词术语较复杂，考生在解答此类题目时应重点注意各条件的单位，做好各单位的转换是解题关键，详见考点4的考点分析第（5）条。

2. 公路由平均日交通量计算设计小时交通量

📖 **条文规定**

《公路路线设计规范》（JTG D20—2017）规定如下：

3.3 设计小时交通量

3.3.1 公路设计小时交通量宜采用年第30位小时交通量,也可根据当地公路小时交通量的变化特征,采用年第20～40位小时之间最为经济合理时位的交通量。

3.3.2 高速公路、一级公路的设计小时交通量（$DDHV$）应按式(3.3.2)计算：

$$DDHV = AADT \times D \times K \qquad (3.3.2)$$

式中：$DDHV$——单向设计小时交通量（veh/h）；

　　　$AADT$——预测年度的年平均日交通量（veh/d）；

　　　　D——方向不均匀系数（%），宜取50%～60%，也可根据当地交通量观测资料确定；

　　　　K——设计小时交通量系数（%），为选定时位的小时交通量与年平均日交通量的比值。

3.3.3 二级公路、三级公路设计小时交通量（DHV）应按式(3.3.3)计算：

$$DHV = AADT \times K \qquad (3.3.3)$$

式中：DHV——设计小时交通量（veh/h）；

　　　$AADT$——预测年度的年平均日交通量（veh/d）；

　　　　K——设计小时交通量系数（%），为选定时位的小时交通量与年平均日交通量的比值。

3.3.4 新建公路的设计小时交通量系数可参照公路功能、交通量、地区气候、地形等条件相似的公路观测数据确定，缺乏观测数据地区可参照表3.3.4取值。改扩建公路的设计小时交通量系数宜结合既有公路的观测数据综合确定。

各地区的设计小时交通量系数 表3.3.4

地区		华北	东北	华东	中南	西南	西北
		京、津、冀、晋、蒙	辽、吉、黑	沪、苏、浙、皖、闽、赣、鲁	豫、湘、鄂、粤、桂、琼	川、滇、黔、藏、渝	陕、甘、青、宁、新
近郊	高速公路（%）	8.0	9.5	8.5	8.5	9.0	9.5
	一级公路（%）	9.5	11.0	10.0	10.0	10.5	11.0
	二级公路、三级公路（%）	11.5	13.5	12.0	12.5	13.0	13.5
城间	高速公路（%）	12.0	13.5	12.5	12.5	13.0	13.5
	一级公路（%）	13.5	15.0	14.0	14.0	14.5	15.0
	二级公路、三级公路（%）	15.5	17.5	16.0	16.5	17.0	17.5

📖 典型例题

例题 1-3-3

甘肃地区某两城市间拟修建一条一级公路，已知预测年限的年平均日交通量为 24000veh/d，方向不均匀系数取 0.55，则根据《公路路线设计规范》（JTG D20—2017），该公路的设计小时交通量约为（　　）。

（A）1900veh/h
（B）1980veh/h
（C）3600veh/h
（D）13200veh/h

解答

根据《公路路线设计规范》（JTG D20—2017）表3.3.4，$K = 0.15$。

根据《公路路线设计规范》（JTG D20—2017）第3.3.2条：

$$DDHV = AADT \times K \times D = 24000 \times 0.15 \times 0.55 = 1980veh/h$$

答案：B

例题 1-3-4

辽宁某近郊地区拟修建一条二级公路，已知预测年限的年平均日交通量为 7750veh/d，缺乏其他相关观测数据的情况下，该二级公路的设计小时交通量约为（　　）。

（A）850veh/h
（B）1050veh/h
（C）1250veh/h
（D）1500veh/h

解答

根据《公路路线设计规范》（JTG D20—2017）表3.3.4，$K = 0.135$。

$DHV = AADT \times K = 7750 \times 0.135 = 1046.25veh/h$，向上取整 1050veh/h。

答案：B

例题 1-3-4a（2023 年真题）

西北地区某省 A 县城至 B 县城之间拟新建一条二级公路。交通调查显示，该路段在规定预测年限的

年平均日设计交通量为 6500 辆小汽车。计算该公路的设计小时交通量应为（　　　　）。（取整数）

（A）715veh/h
（B）878veh/h
（C）975veh/h
（D）1138veh/h

解答

根据《公路路线设计规范》（JTG D20—2017）表 3.3.4，西北城间二级公路$K = 17.5\%$。

根据规范第 3.3.3 条：

$DHV = AADT \times K = 6500 \times 17.5\% = 1138$veh/h

答案：D

📖 **考点分析**

本考点其实就是年平均日交通量与设计小时交通量通过设计小时交通量系数K进行换算的计算公式。高速公路、一级公路有中央隔离，设计小时交通量为单向（$DDHV$），公式中有方向不均匀系数D。

3. 公路根据交通量调查数据计算年平均日设计交通量

📖 **条文规定**

《公路工程技术标准》（JTG B01—2014）规定如下：

3.3　交通量

3.3.1　新建和改扩建公路项目的设计交通量预测应符合下列规定：

1　高速公路和一级公路设计交通量预测年限为 20 年；二、三级公路设计交通量预测年限为 15 年；四级公路可根据实际情况确定。

2　设计交通量预测年限的起算年为该项目可行性研究报告中的计划通车年。

3.3.2　交通量换算采用小客车为标准车型。各汽车代表车型及车辆折算系数规定见表 3.3.2。拖拉机和非机动车等交通量换算应符合下列规定：

各汽车代表车型及车辆折算系数　　　　　　　　　　　表 3.3.2

汽车代表车型	车辆折算系数	说明
小客车	1.0	座位 ≤ 19 座的客车和载质量 ≤ 2t 的货车
中型车	1.5	座位 > 19 座的客车和 2t < 载质量 ≤ 7t 的货车
大型车	2.5	7t < 载质量 ≤ 20t 的货车
汽车列车	4.0	载质量 > 20t 的货车

1　畜力车、人力车、自行车等非机动车按路侧干扰因素计。

2　公路上行驶的拖拉机每辆折算为 4 辆小客车。

3　公路通行能力分析所要求的车辆折算系数应针对路段、交叉口等形式，按不同的地形条件和交通需求，采用相应的折算系数。

预测年限的年平均日交通量计算公式如下：

$$N_d = N_0(1 + \gamma)^{n-1}$$

式中：N_d——预测年限的年平均日交通量（辆/d）；

N_0——项目计划通车年的年平均日交通量（辆/d）；

γ——年平均增长率（％）；

n——交通量预测年限（年）。

📖 规范条文解析

（1）第 3.3.1 条中体现的年平均日交通量为基于交通量调查得到交通量，调查得到的交通量一般为自然车辆（veh），年平均日交通量若用于公路等级选取，注意换算成标准小客车（pcu）。

（2）第 3.3.2 条中的车辆折算系数仅适用于观测（预测）自然车辆数转换成标准小客车数的计算。

📖 典型例题

例题 1-3-5（2020 年真题）

某新建二级公路于 2020 年正式立项，计划于次年开工建设，建设期三年，下列关于该公路设计时拟采用的交通量预测年份，符合标准规范规定的是（　　）。

（A）2035 年　　　　（B）2036 年　　　　（C）2038 年　　　　（D）2043 年

解答

根据《公路工程技术标准》（JTG B01—2014）第 3.3.1 条第 2 款，交通量预测年限的起算年为项目计划通车年。

所以交通量预测起算年为：2020 + 1 + 3 = 2024 年。

根据第 3.3.1 条 1 款，二级公路交通量的预测年限为 15 年。

该二级公路交通量预测的年份为：2024 + 15 − 1 = 2038 年。

答案：C

例题 1-3-6（2019 年真题）

某公路车辆交通量观测数据见下表，则该公路交通量折算为小客车，合计是（　　）。

（A）5400pcu/d　　　　　　　　　　　　（B）5980pcu/d

（C）6180pcu/d　　　　　　　　　　　　（D）6505pcu/d

交通量观测数据　　　　　　　　　　　　　　　　　　　　　例题 1-3-6 表

车型		车辆交通量（veh/d）
客车	座位 ≤ 19 座	800
	座位 > 19 座	400
货车	载质量 ≤ 2t	650
	2t < 载质量 ≤ 7t	700
	7t < 载质量 ≤ 20t	400
	载质量 > 20t	520

解答

根据《公路工程技术标准》（JTG B01—2014）表 3.3.2，座位 ≤ 19 座客车和载质量 ≤ 2t 货车的代表车型为小客车，折算系数为 1.0；座位 > 19 座客车和 2t < 载质量 ≤ 7t 货车的为中型车，折算系数为 1.5；7t < 载质量 ≤ 20t 货车的为大型车，折算系数为 2.5；载质量 > 20t 货车的为大型汽车列车，折算系数为 4.0。

计算：$800 \times 1.0 + 400 \times 1.5 + 650 \times 1.0 + 700 \times 1.5 + 400 \times 2.5 + 520 \times 4.0 = 6180 \text{pcu/d}$

答案：C

例题 1-3-6a（2022 年真题）

西南地区某拟建城间公路，采用设计速度 100km/h 的高速公路标准。交通量预测显示：预测年限交通组成为小客车 12000veh/d、中型车 5000veh/d、大型车 2000veh/d、汽车列车 1000veh/d；方向不均匀系数为 0.55。计算预测年限的年平均日交通量和单向设计小时交通量分别为（   ）。（取整数）

（A）27300veh/d，1952veh/h　　　　　（B）27300veh/d，2027veh/h

（C）28500veh/d，2038veh/h　　　　　（D）28500veh/d，2116veh/h

解答

根据《公路工程技术标准》（JTG B01—2014）第 3.3.2 条：小车，1.0；中车，1.5；大车，2.5；汽车列车，4.0。

$AADT = 12000 \times 1.0 + 5000 \times 1.5 + 2000 \times 2.5 + 1000 \times 4.0 = 28500 \text{pcu/d}$

根据《公路路线设计规范》（JTG D20—2017）表 3.3.4，查得 $K = 0.13$，则

$DDHV = 28500 \times 0.55 \times 0.13 = 2037.8 \text{pcu/h}$

答案：C

注：例题 1-3-6a 考查的知识点是：由平均日交通量计算设计小时交通量（考点 3.2）+ 自然车辆转换成标准车辆。此题目为真题原题，选项中的单位有误，此处非本教材有误。

例题 1-3-7

国家发改委于 2017 年 1 月 1 日批复某新建高速公路项目的可行性研究报告，可行性研究报告中的计划通车时间为 2020 年 1 月 1 日。经调查，2015 年的年平均日交通量为 10000veh/d，其中大型车占 10%，中型车占 20%，汽车列车占 5%，交通量年增长率按 5%计算，则该高速公路预测年限的年平均日交通量是（   ）。

（A）32251pcu/d　　　　　（B）35377pcu/d

（C）45152pcu/d　　　　　（D）47409pcu/d

解答

（1）$n = 20$，$y = 5\%$，预测年限的起始年为计划通车年 2020 年，由 2015 年平均日交通量计算 2020 年（交通量预测起始年）平均日交通量：

$N_0 = 10000 \times (1 + 0.05)^5 = 12763 \text{veh/d}$

（2）高速公路交通量预测年限为 20 年，所以该高速公路交通量预测年限的年平均日交通量为：

$N_d = 12763 \times (1 + 0.05)^{20-1} = 32251 \text{veh/d}$

（3）由自然车辆（veh/d）换算成标准小客车（pcu/d）预测年度的年平均日交通量。

根据《公路工程技术标准》（JTG B01—2014）表 3.3.2，车辆折算系数分别为：中型车 1.5，大型车 2.5，汽车列车 4，拖拉机 4。

则预测年限的年平均日交通量 $= 32251 \times (65\% \times 1 + 20\% \times 1.5 + 10\% \times 2.5 + 5\% \times 4) = 45152 \text{pcu/d}$。

答案：C

📖 考点分析

（1）根据调查年的年平均日交通量，推算交通量预测起算年（该项目的计划通车年）的年平均日交

通量，根据公路等级选择交通量预测年限，进而计算预测年限的年平均日交通量。

（2）根据《公路工程技术标准》（JTG B01—2014）第3.3.2条，掌握如何将实际调查的交通量（非标准的自然车型 veh）换算成标准（小客车 pcu）交通量。

4. 城市道路设计交通量计算

条文规定

《城市道路工程设计规范》（CJJ 37—2012）（2016年版）规定如下：

3.5.1　道路交通量达到饱和状态时的道路设计年限：快速路、主干路应为20年；次干路应为15年；支路宜为10～15年。

4.1.2　交通量换算应采用小客车为标准车型，各种车辆的换算系数应符合表4.1.2的规定。

车辆换算系数
表 4.1.2

车辆类型	小客车	大型客车	大型货车	铰接车
换算系数	1.0	2.0	2.5	3.0

典型例题

例题 1-3-8（2019年真题）

拟建城市快速路，设计速度80km/h，远景年单向高峰小时预测交通量及其车型构成见下表。如果不考虑方向不均匀系数，那么远景年双向高峰小时预测交通量（pcu/h）是（　　　）。

例题 1-3-8 表

车辆类型	交通量（veh/h）
小客车	4250
大型客车	200
大型货车	60
铰接车	80
合计	4590

（A）4590
（B）5040
（C）9180
（D）10080

解答

根据《城市道路工程设计规范》（CJJ 37—2012）（2016年版）第4.1.2条：大型客车换算系数为2，大型货车换算系数为2.5，铰接车换算系数为3。

故远景双向高峰小时预测交通量 $= 2 \times (4250 \times 1 + 200 \times 2 + 60 \times 2.5 + 80 \times 3) = 10080$pcu/h。

答案：D

考点分析

城市道路交通量换算采用的代表车型与公路不同，换算系数也不同，其他交通量计算方法与公路一致。

考点4　公路服务水平和设计通行能力计算

📖 条文规定

《公路路线设计规范》(JTG D20—2017)规定如下:

3.2　服务水平

3.2.1　公路设计服务水平应根据公路功能、技术等级、地形条件等合理选用,并不低于表3.2.1的规定。承担集散功能的一级公路或路段,设计服务水平可降低一级。公路长隧道及特长隧道路段、非机动车及行人密集路段、条件受限的互通式立体交叉匝道、分合流及交织区段,设计服务水平也可降低一级。

各级公路设计服务水平　　　　　　　　　　表3.2.1

公路技术等级	高速公路	一级公路	二级公路	三级公路	四级公路
服务水平	三级	三级	四级	四级	—

3.2.2　各级公路的服务水平分级与服务交通量应符合表3.2.2-1～表3.2.2-3的规定。

高速公路路段服务水平分级　　　　　　　　表3.2.2-1

服务水平	v/C值	设计速度(km/h)		
		120	100	80
		最大服务交通量[pcu/(h·ln)]	最大服务交通量[pcu/(h·ln)]	最大服务交通量[pcu/(h·ln)]
一	$v/C \leqslant 0.35$	750	730	700
二	$0.35 < v/C \leqslant 0.55$	1200	1150	1100
三	$0.55 < v/C \leqslant 0.75$	1650	1600	1500
四	$0.75 < v/C \leqslant 0.90$	1980	1850	1800
五	$0.90 < v/C \leqslant 1.00$	2200	2100	2000
六	$v/C > 1.00$	0～2200	0～2100	0～2000

注:v/C是在基准条件下,最大服务交通量与基准通行能力之比。基准通行能力是五级服务水平条件下对应的最大服务交通量。

一级公路路段服务水平分级　　　　　　　　表3.2.2-2

服务水平	v/C值	设计速度(km/h)		
		100	80	60
		最大服务交通量[pcu/(h·ln)]	最大服务交通量[pcu/(h·ln)]	最大服务交通量[pcu/(h·ln)]
一	$v/C \leqslant 0.3$	600	550	480
二	$0.3 < v/C \leqslant 0.5$	1000	900	800
三	$0.5 < v/C \leqslant 0.7$	1400	1250	1100
四	$0.7 < v/C \leqslant 0.9$	1800	1600	1450
五	$0.9 < v/C \leqslant 1.0$	2000	1800	1600
六	$v/C > 1.0$	0～2000	0～1800	0～1600

服务水平	延误率（％）	设计速度（km/h）										
		80				60				≤40		
		速度（km/h）	v/C			速度（km/h）	v/C			v/C		
			禁止超车区（％）				禁止超车区（％）			禁止超车区（％）		
			<30	30～70	≥70		<30	30～70	≥70	<30	30～70	≥70
一	≤35	≥76	0.15	0.13	0.12	≥58	0.15	0.13	0.11	0.14	0.12	0.10
二	≤50	≥72	0.27	0.24	0.22	≥56	0.26	0.22	0.20	0.25	0.19	0.15
三	≤65	≥67	0.40	0.34	0.31	≥54	0.38	0.32	0.28	0.37	0.25	0.20
四	≤80	≥58	0.64	0.60	0.57	≥48	0.58	0.48	0.43	0.54	0.42	0.35
五	≤90	≥48	1.00	1.00	1.00	≥40	1.00	1.00	1.00	1.00	1.00	1.00
六	>90	<48	—	—	—	<40	—	—	—	—	—	—

注：延误率为车头时距小于或等于5s的车辆数占总交通量的百分比。

3.4.1 高速公路、一级公路一条车道设计服务水平下的最大服务交通量应符合表 3.4.1-1 和表 3.4.1-2 的规定。

高速公路一条车道设计服务水平下的最大服务交通量 表 3.4.1-1

设计速度（km/h）	120	100	80
二级服务水平的最大服务交通量［pcu/(h·ln)］	1200	1150	1100
三级服务水平的最大服务交通量［pcu/(h·ln)］	1650	1600	1500

一级公路一条车道设计服务水平下的最大服务交通量 表 3.4.1-2

设计速度（km/h）	100	80	60
三级服务水平的最大服务交通量［pcu/(h·ln)］	1400	1250	1100
四级服务水平的最大服务交通量［pcu/(h·ln)］	1800	1600	1450

3.4.2 高速公路、一级公路路段的设计通行能力应按式(3.4.2-1)计算：

$$C_d = MSF_i \times f_{HV} \times f_p \times f_f \tag{3.4.2-1}$$

式中：C_d——设计通行能力［veh/(h·ln)］；

MSF_i——设计服务水平下的最大服务交通量［pcu/(h·ln)］；

f_{HV}——交通组成修正系数，按式(3.4.2-2)计算；

$$f_{HV} = \frac{1}{1 + \sum P_i (E_i - 1)} \tag{3.4.2-2}$$

P_i——车型i的交通量占总交通量的百分比；

f_f——路侧干扰修正系数，高速公路取 1.0，一级公路路侧干扰等级可按表 3.1.4 确定，路侧干扰修正系数可按表 3.4.2-1 选用；

E_i——车型i的车辆折算系数，按表 3.4.2-2 选取；

f_p——驾驶人总体特征修正系数，通过调查确定，通常在 0.95～1.00 之间。

路侧干扰修正系数 表 3.4.2-1

路侧干扰等级	1	2	3	4	5
修正系数	0.98	0.95	0.90	0.85	0.80

高速公路、一级公路路段车辆折算系数 表 3.4.2-2

汽车代表车型	交通量 [pcu/(h·ln)]	设计速度（km/h）		
		120	100	≤ 80
中型车	≤ 800	1.5	1.5	2.0
	800~1200	2.0	2.5	3.0
	1200~1600	2.5	3.0	4.0
	> 1600	1.5	2.0	2.5
大型车	≤ 800	2.0	2.5	3.0
	800~1200	3.5	4.0	5.0
	1200~1600	4.5	5.0	6.0
	> 1600	2.5	3.0	4.0
汽车列车	≤ 800	3.0	4.0	5.0
	800~1200	4.5	5.0	7.0
	1200~1600	6.0	7.0	9.0
	> 1600	3.5	4.5	6.0

3.6.1 二级公路、三级公路设计服务水平下的最大服务交通量应按表 3.6.1 选用。

二级公路、三级公路设计服务水平下的最大服务交通量 表 3.6.1

公路技术等级	设计速度（km/h）	基准通行能力（pcu/h）	不准超车区比例（%）	v/C	设计服务水平下的最大服务交通量（pcu/h）
二级公路	80	2800	< 30	0.64	1800
	60	1400	30~70	0.48	650
	40	1300	> 70	0.35	450
三级公路	40	1300	< 30	0.54	700
	30	1200	> 70	0.35	400

注：表内未列出的二级、三级公路其他不准超车区比例的情况，设计服务水平下的最大服务交通量应按表 3.2.2-3 选取 v/C 计算确定。

3.6.2 二级公路、三级公路的设计通行能力应按式(3.6.2)计算：

$$C_d = MSF_i \times f_{HV} \times f_d \times f_w \times f_f \qquad (3.6.2)$$

式中：C_d——设计通行能力（veh/h）；

MSF_i——设计服务水平下的最大服务交通量（pcu/h）；

f_{HV}——交通组成修正系数，按式(3.4.2-2)计算，式中车辆折算系数E_i按表 3.6.2-1 取值；

f_d——方向分布修正系数，按表 3.6.2-2 取值；

f_w——车道宽度、路肩宽度修正系数，按表 3.6.2-3 取值；

f_f——路侧干扰修正系数，按表 3.6.2-4 取值，路侧干扰等级可按表 3.1.4 确定。

双车道公路路段内的车辆折算系数 表 3.6.2-1

汽车代表车型	交通量（veh/h）	设计速度（km/h）		
		80	60	40
中型车	≤ 400	2.0	2.0	2.5
	400~900	2.0	2.5	3.0
	900~1400	2.0	2.5	3.0
	≥ 1400	2.0	2.0	2.5

17

汽车代表车型	交通量（veh/h）	设计速度（km/h）		
		80	60	40
大型车	≤400	2.5	2.5	3.0
	400～900	2.5	3.0	4.0
	900～1400	3.5	5	7.0
	≥1400	2.5	3.5	3.5
汽车列车	≤400	2.5	2.5	3.0
	400～900	3.0	3.5	5.0
	900～1400	4.0	5.0	6.0
	≥1400	3.5	4.5	5.5

方向分布修正系数　　　　　　　　　　　　　　　　　表 3.6.2-2

方向分布（%）	50/50	55/45	60/40	65/35	70/30
修正系数	1.00	0.97	0.94	0.91	0.88

车道宽度、路肩宽度修正系数　　　　　　　　　　　　表 3.6.2-3

车道宽度（m）	3.0	3.25	3.5	3.75			
路肩宽度（m）	0	0.5	1.0	1.5	2.5	3.5	≥4.5
修正系数	0.52	0.56	0.84	1.00	1.16	1.32	1.48

路侧干扰修正系数　　　　　　　　　　　　　　　　　表 3.6.2-4

路侧干扰等级	1	2	3	4	5
修正系数	0.95	0.85	0.75	0.65	0.55

《公路工程技术标准》（JTG B01—2014）规定如下：

1.0.8　公路改扩建时，应对改扩建方案和新建方案进行论证比选。采用改扩建方案时，应符合下列规定：

1　公路改扩建时机应根据实际服务水平论证确定，高速公路、一级公路服务水平宜在降低到三级服务水平下限之前，二、三级公路服务水平宜在降低到四级服务水平下限之前，四级公路可根据具体情况确定。

📖 **规范条文解析**

（1）第 3.4.1 条各表中的数值即为第 3.2.2 条各表对应的服务水平下的交通量。

（2）表 3.4.2-2 中查车辆折算系数的交通量单位 pcu/(h·ln) 理论上应为 veh/(h·ln)，但是官方未做规范勘误，历年考试已按 pcu/(h·ln) 出题。考生应随机应变。

（3）五级服务水平下的最大服务交通量 MSF_i 定义为基准通行能力；基准通行能力 × 饱和度（v/C）= 服务交通量（SF_i）（不同设计服务水平对应一个不同范围的饱和度 v/C，基准通行能力乘以饱和度最大值即该服务水平下的为最大服务交通量 MSF_i；否则，可以理解为服务交通量 SF_i）；二、三级公路的饱和度 v/C 值与禁止超车区有关。此部分内容同《公路工程技术标准》（JTG B01—2014）附录 A。

（4）《公路路线设计规范》（JTG D20—2017）第 3.1.1 条条文说明定义了三种通行能力：基准通行能力、设计通行能力、实际通行能力。该定义沿用的老规范，未做修改，实际上现行路线规范已经对老规范的通行能力计算公式进行了修改，老规范的设计通行能力 C_d 对应现行规范的 MSF_i，老规范的实际通行能力 C_r 对应现行规范的设计通行能力 C_d。由此可见，现行规范的通行能力定义需进行相应调整。

例题 1-4-1（2020 年真题）

某高速公路，设计速度 120km/h，单车道的分车型交通量观测数据见表，下列关于该公路目前的服务水平以及是否需要论证确定改扩建时机等的判断［基准通行能力为 2200pcu/(h·ln)］，符合规范规定的是（　　　）。

交通量观测数据　　　　　　　　　　　　　　　　　　　　　　例题 1-4-1 表

车型		分车型交通量（veh/h）
客车	座位 ≤ 19 座	390
	座位 > 19 座	50
货车	载质量 ≤ 2t	100
	2t < 载质量 ≤ 7t	150
	7t < 载质量 ≤ 20t	60
	载质量 > 20t	150

（A）服务水平三级，宜论证确定改扩建时机等
（B）服务水平三级，无须改扩建时机等的论证
（C）服务水平二级，宜论证确定改扩建时机等
（D）服务水平二级，无须改扩建时机等的论证

解答

根据《公路工程技术标准》（JTG B01—2014）第 3.3.2 条，将自然车辆的交通量换算成标准小客车的交通量：

$1.0 \times (390 + 100) + 1.5 \times (50 + 150) + 2.5 \times 60 + 4.0 \times 150 = 1540\text{pcu/(h·ln)}$

基准通行能力 2200pcu/(h·ln)，则服务水平 $v/C = 1540/2200 = 0.7$。

查表 A.0.1-1 知，$0.5 < v/C \leqslant 0.75$ 时，属于三级服务水平，且 0.7 接近于下限。

根据第 1.0.8 条第 1 款知，宜论证确定改扩建时机。

答案：A

例题 1-4-2

某二级公路，设计速度 80km/h，禁止超车区比例为 35%，路段交通量观测数据为 1680pcu/h，下列关于该公路目前的服务水平以及是否需要论证确定改扩建时机的判断［基准通行能力参考《公路工程技术标准》（JTG B01—2014）］，符合规范规定的是（　　　）。

（A）服务水平四级，宜论证确定改扩建时机
（B）服务水平四级，无须改扩建时机的论证
（C）服务水平五级，宜论证确定改扩建时机
（D）服务水平五级，无须改扩建时机的论证

解答

根据《公路工程技术标准》（JTG B01—2014）附表 A，基准通行能力 2800pcu/h；$v/C = 1680/2800 = 0.60$，禁止超车区比例 35%，四级服务水平 v/C 为 $0.34 < v/C \leqslant 0.6$，五级服务水平 v/C 为 $0.6 < v/C \leqslant 1.0$，所以目前为四级服务水平下限，根据第 1.0.8 条第 1 款知，宜论证确定改扩建时机。

答案：A

例题 1-4-3（2020 年真题）

某省道网高速公路，按照设计速度 120km/h，双向六车道、三级服务水平的标准设计。交通量预测分析结果显示:折算后的预测年交通量为 1450pcu/(h·ln),大中型车占比分别是中型车 30%、大型车 4%、汽车列车 2%,驾驶员总体特征修正系数取 1。根据《公路路线设计规范》(JTG D20—2017),该公路的单向设计通行能力最接近（　　）。（取整数）

（A）974veh/h　　　　　　　　　　　　　（B）1337veh/h

（C）2921veh/h　　　　　　　　　　　　　（D）4010veh/h

解答

根据《公路路线设计规范》(JTG D20—2017) 第 3.4.2 条：

$C_d = MSF_i \times f_{HV} \times f_p \times f_f$

由题意知 $f_p = 1.0$, $f_f = 1.0$；查表 3.4.1 知 $MSF_i = 1650$pcu/(h·ln)

预测年交通量为 1450pcu/(h·ln), 查表 3.4.2-2, $E_中 = 2.5$; $E_大 = 4.5$; $E_列 = 6.0$。

$f_{HV} = 1/[1 + 0.3 \times (2.5 - 1) + 0.04 \times (4.5 - 1) + 0.02 \times (6.0 - 1)] = 0.59$

$C_d = 1650 \times 0.59 \times 1.0 \times 1.0 = 974$veh/(h·ln)

双向六车道，单向三车道，设计通行能力为 $3 \times 974 = 2922$veh/h。

答案：C

例题 1-4-4（2021 年真题）

西北地区城间某拟建四车道高速公路设计速度为 100km/h,预测年限年平均日交通量为 25000pcu/d,车型占比分别是小型车 60%，中型车 30%，大型车 5%，汽车列车 5%，方向不均匀系数取 0.5，驾驶员总体特征修正系数取 1.0。该公路设计通行能力应为（　　）veh/(h·ln)。（取整数）

（A）790　　　　　　（B）840　　　　　　（C）890　　　　　　（D）930

解答

根据《公路路线设计规范》(JTG D20—2017) 表 3.3.4, $K = 0.135$；

根据第 3.3.2 条, $DDHV = 25000 \times 0.5 \times 0.135 = 1688$pcu/h, 则

单车道交通量 $= 1688/2 = 844$pcu/(h·ln)

根据表 3.4.2-2, $E_中 = 2.5$, $E_大 = 4.0$, $E_列 = 5.0$；代入公式(3.4.2-2)得：$f_{HV} = 0.556$。

根据公式(3.4.2-1), $C_d = 1600 \times 0.556 \times 1.0 \times 1.0 = 890$veh/(h·ln)

答案：C

例题 1-4-5

于 2018 年 5 月 1 日批复的某新建双向六车道高速公路项目的可行性研究报告中，计划通车时间为 2019 年 5 月 1 日。经调查, 2018 年的平均日交通量为 12500veh/d,其中大型车占 10%，中型车占 20%，汽车列车占 5%，交通量年增长率按 5% 计算，选定时设计小时交通量系数为 0.135，方向不均匀系数为 0.55，驾驶人总体水平较高，可采用 0.98 的修正系数，拟采用设计速度 100km/h，三级服务水平，为满足交通需要，该高速公路单车道设计通行能力为（　　）。

（A）1600veh/(h·ln)，满足　　　　　　　　（B）871veh/(h·ln)，满足

（C）1600veh/(h·ln)，不满足　　　　　　　（D）871veh/(h·ln)，不满足

解答

（1）单向设计小时交通量

高速公路交通量预测年限 20 年，预测起始年为 2019 年，交通量调查年为 2018 年，预测年的年平均日交通量为：$AADT = 12500 \times (1 + 0.05)^{21-1} = 33166.2$veh/d, 取 33167veh/d。

单向设计小时交通量 $DDHV = AADT \times D \times K = 33167 \times 0.135 \times 0.55 = 2462.6\text{veh/h}$，取整 2463veh/h，单车道交通量为：$2463/3 = 821\text{veh/(h} \cdot \text{ln)}$。

根据《公路工程技术标准》（JTG B01—2014）表 3.3.2：

中型车折算系数 1.5，大型车折算系数 2.5，汽车列车折算系数 4.0。

单车道交通量换算为标准车辆：$821 \times (0.65 \times 1 + 0.1 \times 2.5 + 0.2 \times 1.5 + 0.05 \times 4.0) = 1149.4$

取整为 $1150\text{pcu/(h} \cdot \text{ln)}$。

（2）设计通行能力

根据《公路路线设计规范》（JTG D20—2017）第 3.4.2 条：

$C_d = MSF_i \times f_{HV} \times f_p \times f_f$

高速公路 $f_f = 1.0$，已知 $f_p = 0.98$，查表 3.4.1-1，得 $MSF_i = 1600\text{pcu/(h} \cdot \text{ln)}$

交通量为 $1150\text{pcu/(h} \cdot \text{ln)}$，查表 3.4.2-2，中型车 $E_{中} = 2.5$，大型车 $E_{大} = 4.0$，汽车列车 $E_{列} = 5.0$，则

$f_{HV} = 1/[1 + 0.20 \times (2.5 - 1) + 0.10 \times (4.0 - 1) + 0.05 \times (5.0 - 1)] = 1/1.8 = 0.5556$

$C_d = 1600 \times 0.5556 \times 0.98 \times 1.0 = 871.2\text{veh/(h} \cdot \text{ln)}$，取整：$871\text{veh/(h} \cdot \text{ln)}$

$C_d = 871\text{veh/h} >$ 实际交通量 $821\text{veh/(h} \cdot \text{ln)}$，满足交通需要。

答案：B

例题 1-4-6

某二级公路穿过村镇段，被交支路有少量车辆出入。设计速度为 60km/h，双向两车道（$2 \times 3.75\text{m}$），路基总宽为 10.5m（硬路肩与土路肩同宽），该路段预测交通量为 410veh/h，其中小型车占 62%，中型车占 21%，大型车占 15%，汽车列车占 2%，方向分布为 60/40，禁止超车区比例为 40%，四级服务水平，则该段公路的设计通行能力最接近的数值及能否满足交通需求情况为（　　　）。

（A）275veh/h，能　　　　　　　　　　（B）275veh/h，不能

（C）390veh/h，能　　　　　　　　　　（D）390veh/h，不能

解答

根据《公路路线设计规范》（JTG D20—2017）第 3.6.2 条：

$C_d = MSF_i \times f_{HV} \times f_d \times f_w \times f_f$

（1）二级公路，设计速度 60km/h，查表 3.6.1 知 $MSF_i = 650\text{pcu/h}$。

（2）方向分布 60/40，查表 3.6.2-2 知 $f_d = 0.94$。

（3）车道宽 3.75m，双侧硬路肩宽度 $= (10.5 - 2 \times 3.75)/2 = 1.5\text{m}$，查表 3.6.2-3 知 $f_w = 1.0$。

（4）根据路况描述，查《公路路线设计规范》（JTG D20—2017）表 3.1.4 知，该路段干扰等级为 3 级；查表 3.6.2-4 知 $f_f = 0.75$。

（5）交通量为 410veh/h，查表 3.6.2-1 知，中型车 $E_{中} = 2.5$，大型车 $E_{大} = 3.0$，汽车列车 $E_{列} = 3.5$，则

$f_{HV} = 1/[1 + 0.21 \times (2.5 - 1) + 0.15 \times (3.0 - 1) + 0.02 \times (3.5 - 1)] = 0.6006$

$C_d = 650 \times 0.6006 \times 0.94 \times 1.0 \times 0.75 = 275\text{veh/h}$

$C_d = 275\text{veh/h} <$ 设计小时交通量 $DHV = 410\text{veh/h}$，无法满足交通需求。

答案：B

例题 1-4-7

题目同例题 1-4-6，但禁止超车区比例改为 25%，路段预测交通量改为 380veh/h，该段公路的设计通行能力最接近的数值及能否满足交通需求情况为（　　　）。

（A）275veh/h，能　　　　　　　　　　（B）275veh/h，不能

（C）390veh/h，能　　　　　　　　　　（D）390veh/h，不能

解答

根据《公路路线设计规范》（JTG D20—2017）表 3.2.2-3：

设计速度 60km/h，禁止超车比例区域为 25%，对应的 $v/C = 0.58$（四级服务水平）；

根据表 3.6.1，基准通行能力为 1400pcu/h，最大服务交通量 $MSF_i = 1400 \times 0.58 = 812$pcu/h；

交通量为 380veh/h，中型车 $E_\text{中} = 2.0$，大型车 $E_\text{大} = 2.5$，汽车列车 $E_\text{列} = 2.5$（查表 3.6.2-1）；则

$f_\text{HV} = 1/[1 + 0.21 \times (2.0 - 1) + 0.15 \times (2.5 - 1) + 0.02 \times (2.5 - 1)] = 0.6826$

$C_\text{d} = 812 \times 0.6826 \times 0.94 \times 1.0 \times 0.75 = 390$veh/h

$C_\text{d} = 390$veh/h > 设计小时交通量 $DHV = 380$veh/h

满足交通需求。

答案：C

例题 1-4-8（2023 年真题）

某山岭区公路采用设计速度 60km/h 的二级公路标准，路基宽度 9.0m（行车道 2×3.50m + 路肩 2×1.0m），不准超车区按 70% 控制。该路段为混合交通，设计通行能力为 200veh/h，路侧干扰等级为三级，方向分布 60/40；交通量为 185veh/h。交通组成：小型车占 37%、中型车占 40%、大型车占 15%、汽车列车占 8%。分析计算该路段的服务水平应为（　　　）级。

（A）一　　　　　　　　　　　　　　（B）二

（C）三　　　　　　　　　　　　　　（D）四

解答

根据《公路路线设计规范》（JTG D20—2017）表 3.6.2-1，车辆折算系数：中型车 2.0，大型车 2.5，汽车列车 2.5。

$$f_\text{HV} = \frac{1}{1 + \sum P_i(E_i - 1)} = \frac{1}{1 + 0.4 \times (2 - 1) + 0.15 \times (2.5 - 1) + 0.08 \times (2.5 - 1)} = 0.573$$

查表 3.6.2-2、表 3.6.2-3、表 3.6.2-4 得：$f_\text{d} = 0.94$，$f_\text{w} = 0.84$，$f_\text{f} = 0.75$。

基准通行能力根据表 3.6.1 取 1400pcu/h［按《公路工程技术标准》（JTG B01—2014）表 A.0.1-3 为 2500pcu/h，本题暂按路线规范解答］。

根据第 3.6.2 条：

$MSF_i = C_\text{d}/(f_\text{HV} \times f_\text{d} \times f_\text{w} \times f_\text{f}) = 200/(0.94 \times 0.84 \times 0.75) = 589.4$pcu/h

$v/C = 589.4/1400 = 0.42$（大于 0.28 且小于 0.43）

根据表 3.2.2-3，禁止超车比例 70%，服务水平为四级。

答案：D

注：（1）本题按 MSF 求的设计服务水平，即预期应达到的服务水平，另有一种思路供读者参考，实际服务水平的交通量：

$185 \times (0.37 + 0.4 \times 1.5 + 0.15 \times 2.5 + 0.08 \times 4) = 308$pcu/h

此时，$v/C = 308/1400 = 0.22$，属于二级服务水平下限，三级服务水平上限。

《公路路线设计规范》（JTG D20—2017）表 3.6.2-3 中"路肩宽度"未明确是单侧宽度还是双侧宽度，考生需结合出题环境灵活判断。实际上，该表中的路肩宽度为双侧硬路肩宽度之和更为合理。根据《公路工程技术标准》（JTG B01—2014）表 A.0.1-3 的注 1："设计速度为 80km/h 时，路面宽度为 9m 的双车道公路，其基准通行能力 2800pcu/h"，这表明路面宽度为 9m（2×3.75m 车道 + 2×0.75m 路肩）时，无需进行宽度修正，与《公路路线设计规范》（JTG D20—2017）表 3.6.2-3 中硬路肩宽度 1.5m、修正系数为 1 是吻合的。本题中，路肩宽度 2×1m，包含了土路肩和硬路肩，如果硬路肩和土路肩宽度均为 0.5m，则双侧硬路肩之和为 1m，按路肩宽 1m 直接查表才有答案。

例题 1-4-9（2024 年真题）

某拟新建公路，采用双车道二级公路标准，设计速度 60km/h，服务水平四级，不准超车区按 40% 控制。交通量预测显示：路侧干扰等级为严重干扰，预测年方向分布 55/45(%)；交通组成是中型车占 35%、大型车占 10%、汽车列车占 8% 等。已知路基宽度 9m，其中行车道 2×3.5m，路肩 2×1m。计算该公路设计通行能力应为多少？

（A）151veh/h　　　　（B）179veh/h　　　　（C）206veh/h　　　　（D）234veh/h

解析

根据《公路路线设计规范》（JTG D20—2017）表 3.6.1，不准超车比例 40%，设计服务水平下的最大服务交通量 $MSF = 650$ pcu/h；

根据表 3.6.2-1，$E_{中} = 2.5$，$E_{大} = 3.0$，$E_{列} = 3.5$；

$$f_{HV} = \frac{1}{1 + \sum P_i(E_i - 1)} = \frac{1}{1 + (0.35 \times 1.5 + 0.1 \times 2 + 0.08 \times 2.5)} = 0.519$$

根据表 3.6.2-2，方向修正系数 0.97；

根据表 3.6.2-3，车道宽度系数 0.84；

根据表 3.6.2-4，路侧干扰系数 0.65；

$C_d = MSF_i \times f_{HV} \times f_d \times f_w \times f_f = 650 \times 0.519 \times 0.97 \times 0.84 \times 0.65 = 179$ veh/h

答案：B

注：此题为错题，按照表 3.6.2-1 取折算系数的交通量单位为 veh/h。

📖 **考点分析**

（1）高速公路、一级公路根据采用的三级（主要干线公路的高速公路可采用二级）服务水平及设计速度，查得对应的最大服务交通量 MSF_i ［注意单位 pcu/(h·ln)，是每条车道的交通量］。

（2）二、三级公路根据不准超车区比例及设计速度查得对应的最大服务交通量 MSF_i（注意单位 pcu/h，并且是双向交通量）。要特别注意的是，若给出的条件在表中没有对应的不准超车区比例，则需要根据表 3.2.2-3 查得 v/C 后，由表 3.6.1 进行对应的基准通行能力自行计算，本考点例题即为此类情况。又例如：设计速度 80km/h，禁止超车比例区域为 50%，则对应的 $v/C = 0.6$（四级服务水平），则最大服务交通量 $MSF_i = 0.6 \times 2800 = 1680$ pcu/h。

（3）设计通行能力 C_d（实际运行状态）为设计服务水平下的最大服务交通量 MSF_i（理想状态）与客观条件下相关影响系数的乘积。高速公路、一级公路影响系数包括：驾驶员的总体特征 f_p、路侧干扰 f_f（高速公路全封闭，无干扰，所以系数 f_f 为 1.0）；二、三级公路影响系数包括路侧干扰 f_f 和车道宽度、路肩宽度修正系数 f_w 及方向修正系数 f_d（双向行驶）。两公式中均含有的交通组成系数 f_{HV}，其实是由标准车辆换算成自然车辆的折算系数（注意这里车辆折算系数不仅与车型有关，还与设计速度及交通量有关）。

（4）道路的设计通行能力应大于或等于道路设计小时交通量，以满足交通需求（注意考点 3 与考点 4 题目的综合应用）。

（5）通行能力或交通量（考点 3 同理）计算中关于各类名词术语较复杂，考生在解答此类题目时应重点注意各条件的单位，如 h（hour）和 d（day）要注意小时和天的转换；veh（vehicle）和 pcu（passenger car unit）要注意自然车辆和标准小客车的转换；并且注意是双向还是单向交通量，两者存在方向不均匀系数或者 2 倍的转换关系；注意/ln 就表示一条车道（lane），与单向交通量的关系是乘以单向 N 条车道。

（6）城市道路的设计通行能力，可以直接根据设计速度查表得设计通行能力或者根据《城市道路工程设计规范》（CJJ 37—2012）（2016 年版）第 4.3.2 条条文说明，通过基本通行能力乘以综合影响系数后计算出设计通行能力（详见城市道路车道数计算章节）。

考点5 车道数（宽度）计算

1. 公路车道数计算

📖 典型例题

例题 1-5-1

某高速公路，设计速度 120km/h，预测年限的年平均日交通量 35380veh/d。该公路的交通流方向分布为 55/45，设计小时交通量系数为 9%。如该高速公路设计通行能力为 1180veh/(h·ln)，则该高速公路双向需要的车道数为（　　）。

（A）2　　　　　　（B）4　　　　　　（C）6　　　　　　（D）8

解答

根据《公路路线设计规范》（JTG D20—2017）第 3.3.2 条计算单向设计小时交通量。

$DDHV = AADT \times D \times K = 35380 \times 0.55 \times 0.09 = 1751 \text{veh/h}$

所需车道数单向：$N \geqslant DDHV/C_d = 1751/1180 = 1.484$，取 $N = 2$；双向 $2N = 4$ 车道。

答案：B

例题 1-5-1a（2022 年真题）

中南地区某拟建公路位于 A 市近郊，采用设计速度为 100km/h 的一级公路标准。全线采用整体式路基。交通量预测显示：预测年限年平均日交通量为 38000pcu/d，方向不均匀系数为 0.6。规定服务水平下的单车道服务交通量取 1200pcu/(h·ln)。经计算，该公路的车道数应为（　　）。（取整数）

（A）2　　　　　　（B）4　　　　　　（C）6　　　　　　（D）8

解答

根据《公路路线设计规范》（JTG D20—2017）表 3.3.4，查得 $K = 0.10$，则

$$n = \frac{38000 \times 0.10 \times 0.6}{1200} = 1.9，取 n = 2，2 \times 2 = 4 条。$$

答案：B

例题 1-5-2

某一级公路，公路条件符合标准、交通状况基本正常、各类路侧干扰因素很少，设计速度100km/h，采用三级服务水平，已知预测年限的单向设计小时交通量为 1500pcu/h。代表车型及所占比例经调查后列入下表。该公路上的驾驶员总体特征修正系数经调查确定为 0.98。则该一级公路至少需采用双向（　　）车道。

代表车型所占比例及车型说明 例题 1-5-2 表

车辆所占比例	说明
72%	座位 ≤ 19 座的客车，载质量 ≤ 2t 的货车
18%	座位 > 19 座的客车和 2t < 载质量 ≤ 7t 的货车
8%	7t < 载质量 ≤ 20t 的货车
2%	载质量 > 21t 的货车

（A）二　　　　　　（B）四　　　　　　（C）6六　　　　　　（D）八

解答

根据《公路路线设计规范》（JTG D20—2017）第3.4.2条：

$$C_d = MSF_i \times f_{HV} \times f_p \times f_f$$

初步拟定四车道，计算单车道设计小时通行能力：

①一级公路、三级服务水平，查表3.4.1-1知$MSF_i = 1400$。

②单车道小时交通量为1500/2 = 750pcu/(h·ln)。设计速度100km/h，由表3.4.2-2查得对应的车辆折算系数，中型车$E_{中} = 1.5$，大型车$E_{大} = 2.5$，汽车列车$E_{列} = 4.0$。

根据《公路路线设计规范》（JTG D20—2017）表3.1.3，结合本题所给代表车型知，中型车占18%，大型车占8%，汽车列车占2%；设计速度100km/h，则

$$f_{HV} = 1/[1 + 0.18 \times (1.5 - 1) + 0.08 \times (2.5 - 1) + 0.02 \times (4.0 - 1)] = 0.7874$$

③根据《公路路线设计规范》（JTG D20—2017）表3.1.4，道路干扰等级为I级，则查表3.4.2-1知$f_f = 0.98$。

$$C_d = 1400 \times 0.7874 \times 0.98 \times 0.98 = 1059\text{veh/(h·ln)}$$

根据《公路工程技术标准》（JTG B01—2014）表3.3.2，中型车折算系数为1.5，大型车折算系数为2.5，汽车列车折算系数为4.0。

单向交通量换算为自然车辆：

$$DDHV = 1500/(0.72 \times 1 + 0.18 \times 1.5 + 0.08 \times 2.5 + 0.02 \times 4.0) = 1181.1\text{veh/h}（取整为1182）$$

$$N = DDHV/C_d = 1182/1059 = 1.12（取整为2），双向四车道，符合假设。$$

答案：B

例题1-5-3

题目同例题1-5-2，预测年限的单向设计小时交通量改为3300veh/h，应选择的双向车道数及对应的设计通行能力为（　　　）。

（A）四，1090veh/(h·ln)　　　　　　（B）六，1090veh/(h·ln)

（C）六，966veh/(h·ln)　　　　　　（D）八，845veh/(h·ln)

解答

根据《公路路线设计规范》（JTG D20—2017）第3.4.2条：

$$C_d = MSF_i \times f_{HV} \times f_p \times f_f$$

（1）初步拟定四车道，计算对应的单车道设计小时通行能力为：

①单车道小时交通量为3300/2 = 1650veh/(h·ln)；根据《公路工程技术标准》（JTG B01—2014）表3.3.2，中型车折算系数为1.5，大型车折算系数为2.5，汽车列车折算系数为4.0。

单车道交通量换算为标准车辆：

$$1650 \times (0.72 \times 1 + 0.18 \times 1.5 + 0.08 \times 2.5 + 0.02 \times 4.0) = 2095.5\text{pcu/(h·ln)}（取整为2096）$$

设计速度100km/h，由《公路路线设计规范》（JTG D20—2017）表3.4.2-2查得对应的车辆折算系数，中型车$E_{中} = 2.0$，大型车$E_{大} = 3.0$，汽车列车$E_{列} = 4.5$，则

$$f_{HV} = 1/[1 + 0.18 \times (2.0 - 1) + 0.08 \times (3.0 - 1) + 0.02 \times (4.5 - 1)] = 0.7092$$

②其他条件不变，所以：$C_d = 1400 \times 0.7092 \times 0.98 \times 0.98 = 954\text{veh/(h·ln)}$。

（2）单向车道数：$N = DDHV/C_d = 3300/954 = 3.46$（取整为4），需双向八车道，不符合假设。

（3）拟定双向八车道，单车道小时交通量：3300/4 = 825veh/(h·ln)。

根据《公路工程技术标准》（JTG B01—2014）表3.3.2，中型车折算系数为1.5，大型车折算系数为2.5，汽车列车折算系数为4.0。

单车道交通量换算为标准车辆：

$DDHV = 825 \times (0.72 \times 1 + 0.18 \times 1.5 + 0.08 \times 2.5 + 0.02 \times 4.0) = 1047.8\text{pcu/(h·ln)}$（取整为 1048）

设计速度 100km/h，由《公路路线设计规范》（JTG D20—2017）表 3.4.2-2 查得对应的车辆折算系数，中型车$E_{\text{中}} = 2.5$，大型车$E_{\text{大}} = 4.0$，汽车列车$E_{\text{列}} = 5.0$，则

$f_{\text{HV}} = 1/[1 + 0.18 \times (2.5 - 1) + 0.08 \times (4.0 - 1) + 0.02 \times (5.0 - 1)] = 0.6289$

$C_{\text{d}} = 1400 \times 0.6289 \times 0.98 \times 0.98 = 845\text{veh/(h·ln)}$

$N = DDHV/C_{\text{d}} = 3300/845 = 3.9$，取整为 4，双向八车道，符合假设。

答案：D

例题 1-5-4

某二级公路，四级服务水平，公路的两侧为农田，有少量自行车、行人出行或横穿公路，设计速度为 80km/h，双向两车道（2×3.75m），硬路肩及土路肩均采用《公路路线设计规范》（JTG D20—2017）关于路肩宽度规定值中的一般值。该路段预测交通量为1050veh/h，其中小型车占 70%，中型车占 18.5%，大型车占 10%，汽车列车占 1.5%，方向分布为 55/45，禁止超车区比例为 40%。试问按照规范要求，需要设置几条车道？车道数是否能满足需求？（　　　）

（A）2 条，能　　　　（B）2 条，不能　　　　（C）4 条，能　　　　（D）4 条，不能

解答

（1）根据《公路路线设计规范》（JTG D20—2017）表 6.2.2 知，二级公路，应为双向两车道。

（2）根据《公路路线设计规范》（JTG D20—2017）第 3.6.2 条：

$C_{\text{d}} = MSF_i \times f_{\text{HV}} \times f_{\text{d}} \times f_{\text{w}} \times f_{\text{f}}$

①二级公路，设计速度80km/h，禁止超车比例40%，不符合表 3.6.1 的超车比例，需要按表 3.2.2-3 选取v/C，经计算确定。查表 3.2.2-3 知，设计速度$v = 80$km/h 时，四级服务水平下，$v/C = 0.60$，基准通行能力为 2800pcu/h，所以四级服务水平下的最大服务交通量$MSF_i = 0.6 \times 2800 = 1680$pcu/h。

②方向分布 55/45，查表 3.6.2-2，$f_{\text{d}} = 0.97$。

③查《公路路线设计规范》（JTG D20—2017）表 6.4.1，硬路肩宽度一般值为 1.5m，则双侧硬路肩宽度为 3.0m，查表 3.6.2-3 知$f_{\text{m}} = (1.16 + 1.32)/2 = 1.24$。

④根据《公路路线设计规范》（JTG D20—2017）表 3.1.4：

由题意描述知，该路段干扰等级为 2 级。所以查表 3.6.2-4 知$f_{\text{f}} = 0.85$。

⑤查表 3.6.2-1 得：$E_{\text{中}} = 2.0$，$E_{\text{大}} = 3.5$，$E_{\text{列}} = 4.0$。则

$f_{\text{HV}} = 1/[1 + 0.185 \times (2.0 - 1) + 0.10 \times (3.5 - 1) + 0.015 \times (4.0 - 1)] = 0.6757$

$C_{\text{d}} = 1680 \times 0.6757 \times 0.97 \times 1.24 \times 0.85 = 1160.6\text{veh/h}$，取整 1160veh/h。

（3）$C_{\text{d}} = 1160\text{veh/h} > DHV = 1050\text{veh/h}$，满足交通需求。

综合以上，双向两车道，车道数能满足要求。

答案：A

📖 考点分析

（1）高速公路、一级公路单向设计车道数$N \geqslant$单向设计小时交通量/单车道设计通行能力（向上取整），交通量和通行能力的计算与考点3、考点4相同；应注意交通量和要求计算的车道数是单向还是双向。日设计交通量转换成单方向的设计小时交通量后，除以单车道设计通行能力，得到单向车道数，双向车道数＝单向车道数×2。

（2）高速公路、一级公路车辆折算系数与单车道小时交通量有关，所以设计通行能力也与单车道小时交通量有关。如果条件只给出了小时交通量，而非单车道小时交通量，需根据初步拟定的车道数进行

计算，假如按照拟定的车道数满足不了交通要求时，需要重新拟定车道数，再进行计算。

（3）二、三级公路的车辆折算系数对应的都是2条车道（双向）的设计小时交通量，最大服务交通量及设计通行能力也是对应2条车道（双向）。

2. 城市道路车道数计算

📖 条文规定

《城市道路工程设计规范》（CJJ 37—2012）（2016年版）规定如下：

4.2.2　快速路基本路段一条车道的基本通行能力和设计通行能力应符合表4.2.2的规定。

表4.2.2

快速路基本路段一条车道的通行能力

设计速度（km/h）	100	80	60
基本通行能力（pcu/h）	2200	2100	1800
设计通行能力（pcu/h）	2000	1750	1400

4.2.3　快速路基本路段服务水平分级指标应符合表4.2.3的规定，新建道路应按三级服务水平设计。

表4.2.3

快速路基本路段服务水平分级

设计速度（km/h）	服务水平等级		密度［pcu/(km·ln)］	平均速度（km/h）	负荷度 v/C	最大服务交通量［pcu/(h·ln)］
100	一级（自由流）		≤10	≥88	0.40	880
	二级（稳定流上段）		≤20	≥76	0.69	1520
	三级（稳定流）		≤32	≥62	0.91	2000
	四级	（饱和流）	≤42	≥53	≈1.00	2200
		（强制流）	>42	<53	>1.00	—
80	一级（自由流）		≤10	≥72	0.34	720
	二级（稳定流上段）		≤20	≥64	0.61	1280
	三级（稳定流）		≤32	≥55	0.83	1750
	四级	（饱和流）	≥50	≥40	≈1.00	2100
		（强制流）	<50	<40	>1.00	—
60	一级（自由流）		≤10	≥55	0.30	590
	二级（稳定流上段）		≤20	≥50	0.55	990
	三级（稳定流）		≤32	≥44	0.77	1400
	四级	（饱和流）	≤57	≥30	≈1.00	1800
		（强制流）	>57	<30	>1.00	—

4.3.2　其他等级道路路段一条车道的基本通行能力和设计通行能力应符合表4.3.2的规定。

表4.3.2

其他等级道路路段一条车道的通行能力

设计速度（km/h）	60	50	40	30	20
基本通行能力（pcu/h）	1800	1700	1650	1600	1400
设计通行能力（pcu/h）	1400	1350	1300	1300	1100

《城市道路工程设计规范》（CJJ 37—2012）（2016 年版）第 4.3.2 条条文说明规定如下：

4.3.2 路段一条车道的基本通行能力规定与《城市道路设计规范》（CJJ 37—1990）一致。设计通行能力受自行车、车道宽度、交叉口、车道数等的影响，《城市道路设计规范》（CJJ 37—1990）中道路分类系数为 0.75～0.9，本次编制中道路分类系数统一采用 0.8。

📖 **规范条文解析**

（1）表 4.2.3 中，最大服务交通量单位"pcu/(km·h)"应为"pcu/(h·ln)"，表 4.3.2 中基本通行能力和设计通行能力单位"pcu/(km·h)"应为"pcu/h"，部分版本的规范有误。

（2）对于快速路，基本通行能力即为四级（饱和流）服务水平对应的最大服务交通量；城市道路的设计通行能力即由基本通行能力乘以分类系数得到（可查表 4.3.2 得到或根据第 4.3.2 条条文说明计算得到）；本规范关于设计通行能力的规定与《公路路线设计规范》（JTG D20—2017）不同，后者设计通行能力是对应服务水平下最大服务交通量进行几种影响系数的修正后的值（需计算）。

（3）表 4.3.2 中的路段设计通行能力为基本通行能力乘以道路分类系数所得，表中采用的道路分类系数是 0.8。具体运用过程中，可根据道路现状运行情况（受自行车、交叉口影响情况等），采用修正后分类系数（即综合影响系数）。

📖 **典型例题**

例题 1-5-5（2019 年真题）

拟建一条城市快速路，设计速度为 100km/h，经测远景年单向高峰小时交通量为 5200pcu/h，那么，拟建道路需要的单向车道数应为（ ）。

（A）3 条 （B）4 条 （C）6 条 （D）8 条

解答

根据《城市道路工程设计规范》（CJJ 37—2012）（2016 年版）第 4.2.2 条表 4.2.2，快速路一条车道设计通行能力，100km/h 时对应数据为 2000pcu/(h·ln)，则 $N \geqslant 5200/2000 = 2.6$，取整得 3。

答案：A

例题 1-5-5a（2024 年真题）

某城市快速路，设计速度 80km/h，预测远景年单向高峰小时交通量及其车型构成见下表。根据规范规定，计算该道路所需的双向车道数是多少？（不考虑方向不均匀系数）

车辆类型	交通量（辆/h）
小客车	4600
大型客车	320
大型货车	80
铰接车	20

（A）3 条 （B）4 条 （C）6 条 （D）8 条

解答

（1）根据《城市道路工程设计规范》（CJJ 37—2012）4.1.2 条交通量折算成小客车：

$4600 \times 1 + 320 \times 2 + 80 \times 2.5 + 20 \times 3 = 5500$pcu/h；

（2）根据表 4.2.3，设计速度 80km/h，三级服务水平下的最大服务交通量为 1750pcu/(h·ln)；

（3）5500/1750 = 3.14，单向需要 4 条车道，双向 8 条车道。

答案：D

📖 考点分析

城市道路的通行能力和车道数计算相对简单，设计通行能力通过查《城市道路工程设计规范》（CJJ 37—2012）（2016 年版）表 4.2.2、表 4.3.2 即可直接取值。

3. 非机动车道宽度计算

📖 条文规定

《城市道路工程设计规范》（CJJ 37—2012）（2016 年版）规定如下：

4.4　自行车道

4.4.1　不受平面交叉口影响的一条自行车道的路段设计通行能力，当有机非分隔设施时，应取 1600～1800veh/h；当无分隔时，应取 1400～1600veh/h。

4.4.2　受平面交叉口影响的一条自行车道的路段设计通行能力，当有机非分隔设施时，应取 1000～1200veh/h；当无分隔时，应取 800～1000veh/h。

4.4.3　信号交叉口进口道一条自行车道的设计通行能力可取为 800～1000veh/h。

4.4.4　路段自行车服务水平分级标准应符合表 4.4.4 的规定，设计时宜采用三级服务水平。

路段自行车道服务水平分级　　　　　　表 4.4.4

指标	服务水平			
	一级（自由骑行）	二级（稳定骑行）	三级（骑行受限）	四级（间断骑行）
骑行速度（km/h）	> 20	20～15	15～10	10～5
占用道路面积（m²）	> 7	7～5	5～3	< 3
负荷度	< 0.40	0.55～0.70	0.70～0.85	> 0.85

5.3.3　非机动车道宽度应符合下列规定：

1　一条非机动车道宽度应符合表 5.3.3 的规定。

一条非机动车道宽度　　　　　　表 5.3.3

车辆种类	自行车	三轮车
非机动车道宽度（m）	1.0	2.0

2　与机动车道合并设置的非机动车道，车道数单向不应小于 2 条，宽度不应小于 2.5m。

3　非机动车专用道路面宽度应包括车道宽度及两侧路缘带宽度，单向不宜小于 3.5m，双向不宜小于 4.5m。

📖 典型例题

例题 1-5-6

拟建一条城市次干路，设计速度 40km/h，慢行系统采用非机动车专用道。受平面交叉影响，自行车的预测远景年单向高峰小时交通量为 2000veh/h。则拟建道路需要的单向非机动车道路面宽度最小宜取（　　　）。

（A）2.5m　　　　　　（B）3.0m　　　　　　（C）3.5m　　　　　　（D）4.0m

解答

根据《城市道路工程设计规范》（CJJ 37—2012）（2016 年版）第 4.4.2 条，受平面交叉口影响的一条自行车道设计通行能力为 1000～1200veh/h，则 $N \geqslant 2000/(1000～1200) = 2.00～1.67$，取整得 2 条。一条自行车道宽 1.0m，$2 \times 1.0 = 2.0$m，根据《城市道路路线设计规范》（CJJ 193—2012）第 5.3.2 条第 3 款，两侧路缘带宽 0.25m，则路面宽 $2.0 + 2 \times 0.25 = 2.5$m，根据《城市道路工程设计规范》（CJJ 37—2012）（2016 年版）第 5.3.3 条第 3 款，非机动车道单向宽度不宜小于 3.5m。

答案：C

例题 1-5-7

拟建一条城市支路，设计速度 30km/h，采用一块板断面形式，非机动车道与机动车道之间仅通过地面标线分隔，路口均采用平面交叉，通行能力受平面交叉影响，自行车的预测远景年单向高峰小时交通量为 1600veh/h。则拟建道路需要的单向非机动车道宽度最小宜取（　　　）。

（A）1.6m　　　　　　（B）2.0m　　　　　　（C）2.5m　　　　　　（D）3.0m

解答

根据《城市道路工程设计规范》（CJJ 37—2012）（2016 年版）第 4.4.2 条，无机非分隔设施，受平面交叉口影响的一条自行车道设计通行能力为 800～1000veh/h，则 $N \geqslant 1600/(800～1000) = 2.0～1.6$，取整得 2.0。一条自行车道宽 1.0m，$2 \times 1.0 = 2.0$m，根据《城市道路路线设计规范》（CJJ 193—2012）第 5.3.2 条第 3 款，路缘带宽 0.25m，则 $2 + 2 \times 0.25 = 2.5$m。

答案：C

例题 1-5-8（2021 年真题）

某城市支路设计速度为 30km/h，单幅路布置。机动车双向 2 车道，两侧设置非机动车道和人行道，机非之间划线分隔。已知每条机动车道宽度为 3.5m，预测远景年单向自行车流量为 760veh/h，计算该路段车行道符合规范规定的最小宽度应为（　　　）。并说明选择依据和理由。（取小数点后一位）

（A）9.0m　　　　　　（B）10.0m　　　　　　（C）11.0m　　　　　　（D）12.0m

解答

根据《城市道路工程设计规范》（CJJ 37—2012）第 4.4.1 条，无分隔，通行能力 1400～1600veh/h，$N = 760/(1400～1600) < 1$，取整为 1。

根据第 5.3.3 条，最少需设 2 条非机动车道，最小宽度为 2.5m，则 $B = 3.5 \times 2 + 2.5 \times 2 = 12.0$m。

答案：D

📖 **考点分析**

（1）自行车道数 = 高峰小时自行车量数/一条自行车道设计通行能力。
（2）注意计算宽度与第 5.3.3 条第 2、3 款规定的最小宽度进行比较，取大值。

4. 人行道宽度计算

📖 **条文规定**

《城市道路工程设计规范》（CJJ 37—2012）（2016 年版）规定如下：

4.5　人行设施

4.5.1 人行设施的基本通行能力和设计通行能力应符合表 4.5.1 的规定。行人较多的重要区域设计通行能力宜采用低值，非重要区域宜采用高值。

人行设施基本通行能力和设计通行能力　　　　　　　　　　　　表 4.5.1

人行设施类型	基本通行能力	设计通行能力
人行道［人/(h·m)］	2400	1800～2100
人行横道［人/(hg·m)］	2700	2000～2400
人行天桥［人/(h·m)］	2400	1800～2000
人行地道［人/(h·m)］	2400	1440～1640
车站码头的人行天桥、人行地道［人/(h·m)］	1850	1400

注：hg 为绿灯时间。

4.5.2 人行道服务水平分级标准应符合表 4.5.2 的规定，设计时宜采用三级服务水平。

人行道服务水平　　　　　　　　　　　　表 4.5.2

指标	服务水平			
	一级	二级	三级	四级
人均占用面积（m²）	＞2.0	1.2～2.0	0.5～1.2	＜0.5
人均纵向间距（m）	＞2.5	1.8～2.5	1.4～1.8	＜1.4
人均横向间距（m）	＞1.0	0.8～1.0	0.7～0.8	＜0.7
步行速度（m/s）	＞1.1	1.0～1.1	0.8～1.0	＜0.8
最大服务交通量［人/(h·m)］	1580	2500	2940	3600

5.3.4 路侧带可由人行道、绿化带、设施带等组成，路侧带的设计应符合下列规定：

1 人行道宽度必须满足行人安全顺畅通过的要求，并应设置无障碍设施。人行道最小宽度应符合表 5.3.4 的规定。

人行道最小宽度　　　　　　　　　　　　表 5.3.4

项目	人行道最小宽度（m）	
	一般值	最小值
各级道路	3.0	2.0
商业或公共场所集中路段	5.0	4.0
火车站、码头附近路段	5.0	4.0
长途汽车站	4.0	3.0

《城市道路工程设计规范》(CJJ 37—2012)(2016 年版)第 4.5.1 条条文说明规定如下：

4.5.1 人行设施的基本通行能力一般以 1h、1m 宽道路上通过的行人数［人/(h·m)］表示。人行道、人行横道、人行天桥、人行地道等单位宽度内的基本通行能力可根据行走速度、纵向间距和占用宽度计算。计算公式如下：

$$C_p = \frac{3600 v_p}{S_p b_p}$$
（2）

式中：C_p——人行设施的基本通行能力，人/(h·m)；

v_p——行人步行速度，可按表 2 取值；

S_p——行人行走时纵向间距，取1.0m；

b_p——一队行人占用的横向宽度，m，可按表2取值。

不同人行设施通行能力计算参数推荐值 表2

人行设施	步行速度v_p（m/s）	一队行人的宽度b_p（m）
人行道	1.00	0.75
人行横道	1.00～1.20	0.75
人行天桥、地道	1.00	0.75
车站、码头等处的人行天桥、通道	0.50～0.80	0.90

注：人行横道的基本通行能力计算结果为绿灯小时行人通行能力。

　　不同人行设施的可能通行能力可通过基本通行能力乘以综合折减系数后得到，推荐的综合折减系数范围为0.5～0.7。

《城市道路工程设计规范》（CJJ 37—2012）（2016年版）第5.3.4条条文说明规定如下：

1　人行道宽度指专供行人通行的部分，应满足行人通行的安全和顺畅。人行道宽度按下式计算：

$$W_p = \frac{N_w}{N_{w1}} \tag{3}$$

式中：W_p——人行道宽度（m）；

　　　N_w——人行道高峰小时行人流量（P/h）；

　　　N_{w1}——1m宽人行道的设计通行能力［P/(h·m)］。

📖 规范条文解析

　　通过条文说明公式(2)计算的人行道基本通行能力为4800人/(h·m)，正文表4.5.1的2400人/(h·m)应该是可能通行能力，条文说明表2的注2也说了两者是0.5～0.7的系数，设计通行能力又是2400的基础上乘了0.75～0.9的系数得到。另外值得一提的是，表4.5.2的一级到四级服务水平对应的最大服务交通量分别为：1580、2500、2940、3600，可能是基本通行能力C乘上饱和度V/C得到，跟表4.5.1对不上，规范在这个地方有些混乱，考试一般直接用表4.5.1中的设计通行能力。

📖 典型例题

例题1-5-9（2019年真题）

　　位于重要地区的城市主干路，不考虑其他因素的干扰，预测路段单侧人行道交通量6000P/h。该路段单侧需要的最小人行道宽度应定为（　　　）。（计算结果取整数）

　　（A）2m　　　　　（B）3m　　　　　（C）4m　　　　　（D）5m

解答

根据《城市道路工程设计规范》（CJJ 37—2012）（2016年版）第5.3.4条条文说明。

本题题意中$N_w = 6000$P/h，N_{w1}按第4.5.1条规定行人较多的重要区域设计通行能力宜采用低值，查表4.5.1知N_{w1}取1800P/(h·m)，代入公式$W_p = 6000/1800 = 3.33$m，取整为4m。

答案：C

例题 1-5-10

位于非重要地区的城市支路,不考虑其他因素的干扰,预测路段单侧人行交通量3000P/h。该路段单侧需要的最小人行道宽度应定为(   )。(计算结果取整数)

(A)1.5m   (B)2.0m   (C)2.5m   (D)3.0m

解答

根据《城市道路工程设计规范》(CJJ 37—2012)(2016年版)第5.3.4条条文说明。

本题题意中N_w = 3000P/h,N_{w1}按第4.5.1条规定非重要区域设计通行能力宜采用高值,查表4.5.1知N_{w1}取2100P/(h·m),代入公式W_p = 3000/2100 = 1.428m,取整为2.0m。由表5.3.4知,各级道路的人行道最小宽度为2.0m。

答案:B

📖 **考点分析**

(1)人行道宽度 = 高峰小时人流量/1m宽人行道设计通行能力。

(2)注意第4.5.1条中条件为"重要区域"与"非重要区域"对于行人设计通行能力的影响。

(3)计算值注意与表5.3.4中规定的最小值进行比较,两者选取大值。

考点6　路基宽度及建筑限界宽度和高度计算

1.公路路基宽度计算

📖 **条文规定**

《公路路线设计规范》(JTG D20—2017)规定如下:

6.1.3　公路路基横断面中各组成部分宽度应根据公路技术等级、交通量与交通组成、横断面各组成部分的功能综合确定,并应符合下列规定:

1　公路路基宽度为车道宽度与路肩宽度之和。当设有中间带、加(减)速车道、爬坡车道、紧急停车带、错车道、超车道、侧分隔带、非机动车道(或慢车道)和人行道等时,应包括上述部分的宽度。

2　非机动车、行人密集公路和城市出入口的公路,可根据需要设置侧分隔带、非机动车道和人行道。

3　一级公路在慢行车辆较多时,可利用右侧硬路肩(宽度不足时应加宽)设置慢车道,并应在车道与慢车道之间设置隔离设施。

4　二级公路在慢行车辆较多时,可根据需要采用加宽硬路肩的方式设置慢车道,并应增加必要的交通安全设施,加强交通组织管理。

6.2.1　车道宽度应符合表6.2.1的规定,并应符合下列规定:

车道宽度　　　　　　　　　　　　　　　　　　　　　　　表6.2.1

设计速度(km/h)	120	100	80	60	40	30	20
车道宽度(m)	3.75	3.75	3.75	3.50	3.50	3.25	3.00

1　八车道及以上公路在内侧车道(内侧第1、2车道)仅限小客车通行时,其车道宽度可采用3.5m。

2　以通行中、小型客运车辆为主且设计速度为80km/h及以上的公路,经论证车道宽度可采用3.5m。

3　四级公路采用单车道时,车道宽度应采用3.5m。

4 设置慢车道的二级公路，慢车道宽度应采用 3.5m。

5 需要设置非机动车道和人行道的公路，非机动车道和人行道等的宽度，宜视实际情况确定。

6.2.2 各级公路的基本车道数应符合表 6.2.2 的规定，并应符合下列规定：

各级公路的基本车道数

表 6.2.2

公路技术等级	高速公路、一级公路	二级公路	三级公路	四级公路
车道数（条）	≥4	2	2	2（1）

1 高速公路和一级公路各路段车道数应根据设计交通量、设计通行能力确定，且应不小于四车道。当车道数增加时，应按双数、两侧对称增加。

2 二级公路、三级公路应为双车道。

3 四级公路一般路段应采用双车道，交通量小或工程特别艰巨的路段可采用单车道。

6.2.3 爬坡车道的设置应符合下列规定：

1 高速公路、一级公路以及二级公路在连续上坡路段设置爬坡车道时，其宽度不应小于 3.5m，且不大于 4.0m。六车道及以上的高速公路、一级公路可不设爬坡车道。

2 高速公路、一级公路的爬坡车道应紧靠车道的外侧设置。条件受限时，爬坡车道路段右侧硬路肩宽度应不小于 0.75m。

3 二级公路的爬坡车道应紧靠车道的外侧设置，可利用硬路肩宽度。当需保留原来供非汽车交通行驶的硬路肩时，该部分应移至爬坡车道的外侧。

6.2.5 四级公路路基宽度采用单车道时，应在不大于 300m 的距离内选择有利地点设置错车道，并使驾驶者能看到相邻两错车道之间的车辆。设置错车道路段的路基宽度应不小于 6.5m，有效长度应不小于 20m。

6.2.6 连续长、陡下坡路段，应结合交通安全性评价论证设置避险车道。避险车道应设置在长、陡下坡路段的右侧视距良好的适当位置，其宽度不应小于 4.50m。有条件时，宜在避险车道右侧平行设置救援车道。

6.3.1 高速公路、一级公路整体式路基断面必须设置中间带，中间带由两条左侧路缘带和中央分隔带组成，并应符合下列规定：

1 高速公路和作为干线的一级公路，中央分隔带宽度应根据公路项目中央分隔带功能确定。

2 作为集散的一级公路，中央分隔带宽度应根据中间隔离设施的宽度确定。

3 左侧路缘带宽度不应小于表 6.3.1 的规定。

左侧路缘带宽度

表 6.3.1

设计速度（km/h）		120	100	80	60
左侧路缘带宽度（m）	一般值	0.75	0.75	0.50	0.50
	最小值	0.50	0.50	0.50	0.50

注：1. "一般值"为正常情况下的采用值。

2. 设计速度为 120km/h、100km/h 时，受地形、地物限制的路段或多车道公路内侧仅限小型车辆通行的路段，可论证采用"最小值"。

6.4.1 各级公路右侧路肩宽度应符合表 6.4.1 的规定，并应符合下列规定：

1 高速公路、一级公路应在右侧硬路肩宽度内设右侧路缘带，其宽度为 0.50m。

2 二级公路的硬路肩可供非汽车交通使用。非汽车交通量较大的路段，可采用全铺的方式，以充分利用。

3 二级公路、三级公路、四级公路在路肩上设置的标志、防护设施等不得侵入公路建筑限界，必要时应加宽路肩。

右侧路肩宽度

表 6.4.1

公路技术等级（功能）		高速公路			一级公路（干线功能）	
设计速度（km/h）		120	100	80	100	80
右侧硬路肩宽度（m）	一般值	3.00（2.50）	3.00（2.50）	3.00（2.50）	3.00（2.50）	3.00（2.50）
	最小值	1.50	1.50	1.50	1.50	1.50
土路肩宽度（m）	一般值	0.75	0.75	0.75	0.75	0.75
	最小值	0.75	0.75	0.75	0.75	0.75
公路技术等级（功能）		一级公路（集散功能）和二级公路		三级公路、四级公路		
设计速度（km/h）		80	60	40	30	20
右侧硬路肩宽度（m）	一般值	1.50	0.75	—	—	—
	最小值	0.75	0.25	—	—	—
土路肩宽度（m）	一般值	0.75	0.75	0.75	0.50	0.25（双车道）0.50（单车道）
	最小值	0.50	0.50			

注：1. 正常情况下，应采用"一般值"；在设爬坡车道、变速车道及超车道路段，受地形、地物等条件限制路段及多车道公路特大桥，可论证采用"最小值"。

2. 高速公路和作为干线的一级公路以通行小客车为主时，右侧硬路肩宽度可采用括号内数值。

3. 高速公路局部设计速度采用 60km/h 的路段，右侧硬路肩宽度不应小于 1.5m。

6.4.2 高速公路、一级公路的左侧路肩应符合下列规定：

1 高速公路、一级公路的分离式路基，应设置左侧路肩，其宽度规定如表 6.4.2 所示。左侧硬路肩内含左侧路缘带，左侧路缘带宽度为 0.50m。

高速公路、一级公路分离式路基的左侧路肩宽度

表 6.4.2

设计速度（km/h）	120	100	80	60
左侧硬路肩宽度（m）	1.25	1.00	0.75	0.75
左侧土路肩宽度（m）	0.75	0.75	0.75	0.50

2 高速公路整体式路基双向八车道及以上路段，宜设置左侧硬路肩，其宽度应不小于 2.5m。

3 高速公路分离式路基单幅同向四车道及以上的路段，左侧硬路肩宽度不宜小于 2.5m。

6.4.3 紧急停车带的设置应符合下列规定：

1 高速公路和作为干线的一级公路的右侧硬路肩宽度小于 2.50m 时，应设紧急停车带。紧急停车带宽度应不小于 3.50m，有效长度不应小于 40m，间距不宜大于 500m，并应在其前后设置不短于 70m 的过渡段。

2 高速公路、一级公路的特大桥、特长隧道，根据需要可设置紧急停车带，其间距不宜大于 750m。

3 二级公路根据需要可设置紧急停车带，其间距宜按实际情况确定。

条文说明

6.3.1 中央分隔带图示可参考图 6-2。

图 6-2　采用波形梁护栏时中间带示意图（设有路缘石时）

6.4.2　高速公路在同向单幅车道数达四车道及以上时，无论是整体式路基断面还是分离式路基断面，均宜设置宽度应不小于 2.5m 的左侧硬路肩，为内侧车道故障车辆提供临时停靠的空间。

📖 规范条文解析

（1）以上规范条文与《公路工程技术标准》（JTG B01—2014）第 4.0.1 条～第 4.0.14 条的规定基本一致，可对比学习。

（2）《公路路线设计规范》第 6.4.3 条对紧急停车带宽度的规定是"应不小于 3.5m"，而《公路工程技术标准》第 4.0.6 条规定"应为 3.5m"，二者不同。

（3）《公路路线设计规范》第 6.2.3 条对爬坡车道宽度规定"不应小于 3.5m，且不大于 4.0m""二级公路爬坡车道可利用硬路肩"；而《公路工程技术标准》（JTG B01—2014）第 4.0.8 条规定"不应小于 3.5m"，且条文说明中规定"爬坡车道宽度内不含右侧硬路肩宽度"。

📖 典型例题

例题 1-6-1（2019 年真题）

某一级集散公路采用双向四车道，整体式横断面形式，中间带宽度采用 3.5m，设计速度采用 60km/h，计算一般情况下标准断面的路基宽度是（　　　　）。

（A）19.0m　　　　　　　　　　　　　　　　（B）20.0m

（C）20.50m　　　　　　　　　　　　　　　（D）21.50m

解答

根据《公路路线设计规范》（JTG D20—2017）表 6.4.1，$V = 60$km/h 的一级集散公路，硬路肩和土路肩均为 0.75m，则

$B = 0.75 + 0.75 + 3.5 \times 2 + 3.5 + 3.5 \times 2 + 0.75 + 0.75 = 20.5$m

答案：C

例题 1-6-2（2020 年真题）

某市区至国道高速公路的连接线，交通组成以小汽车为主；设计采用设计速度 60km/h、双向四车道的一级公路（集散功能）标准，路基采用整体式路基形式，中央分隔带宽度为 2.50m。该路段路基标准横

断面的一般宽度为（　　　）。（取小数点后两位）

（A）18.50m　　　　　（B）19.50m　　　　　（C）20.50m　　　　　（D）21.50m

解答

根据《公路路线设计规范》（JTG D20—2017），设计速度 60km/h，则

查表 6.2.1，车道宽 3.5m；

查表 6.3.1，左侧路缘带 0.5m；

查表 6.4.1，右侧硬路肩 0.75m，右侧土路肩 0.75m。

路基总宽度：

$0.75 + 0.75 + 2 \times 3.5 + 0.5 + 2.5 + 0.5 + 2 \times 3.5 + 0.75 + 0.75 = 20.50m$

答案：C

例题 1-6-3（2020 年真题）

某新建高速公路项目，设计速度 100km/h，双向八车道，整体式路基，内侧两车道仅限小客车通行，中央分隔带宽度为 2.0m，不设左侧硬路肩，该公路受限路段路基最小宽度可采用（　　　）。（取小数点后一位）

（A）37.5m　　　　　（B）38.5m　　　　　（C）39.0m　　　　　（D）40.5m

解答

"内侧两车道仅限小客车通行"的隐含条件：以通行小客车为主。

根据《公路路线设计规范》（JTG D20—2017）：

第 6.2.1 条，设计速度 100km/h，内侧两条小客车专用道宽 3.5m，其余车道宽 3.75m。

表 6.3.1 注 2，设计速度 100km/h，多车道公路内侧仅限小型车辆通行的路段，左侧路缘带可论证采用最小值 0.50m。

表 6.4.1 注 2，以通行小客车为主时，右侧硬路肩可以采用括号内数据，查表 6.4.1 得 2.5m。

查表 6.4.1，土路肩宽 0.75m。

路基最小宽度：$0.75 + 2.5 + 2 \times 3.75 + 2 \times 3.5 + 0.50 + 2 + 0.50 + 2 \times 3.5 + 2 \times 3.75 + 2.5 + 0.75 = 38.5m$

答案：B

例题 1-6-3a（2022 年补考真题）

某新建高速公路地处山区，因地形等条件的限制，采用设计速度 80km/h、四车道的高速公路标准，路段以通行小客车为主。已知：中央分隔带宽 2.0m，路段路基两侧设置刚性护栏、护栏宽度为 0.5m。按设置港湾式紧急停车带和不设置港湾式紧急停车带计算的一般路段路基最小宽度分别为（　　　）。（取小数点后一位）

（A）22.5m，24.5m

（B）23.5m，25.5m

（C）24.5m，26.5m

（D）25.5m，27.5m

解答

根据《公路路线设计规范》（JTG D20—2017）表 6.4.1、第 6.4.3 条：

（1）设港湾式紧急停车带

右侧硬路肩 1.5m，小于 2.5m，则

路基最小宽度 $= 0.5 + 0.25 + 1.5 + 3.75 \times 2 + 0.5 + 2 + 0.5 + 3.75 \times 2 + 1.5 + 0.25 + 0.5 = 22.5m$

（注：求一般路段，所以未计入紧急停车带宽。）

（2）不设港湾式紧急停车带

右侧硬路肩 2.5m，则

路基最小宽度 $= (0.5 + 0.25 + 2.5 + 3.75 \times 2 + 0.5 + 2/2) \times 2 = 24.5\text{m}$

答案：A

例题 1-6-4

某一高速公路，采用整体式断面形式，双向六车道，中央分隔带宽 3m。局部约 4km 路段因用地条件受限，采用设计速度 80km/h，则根据《公路路线设计规范》（JTG D20—2017），该路段标准路基宽度最小宽度可为（   ）；这样种情况下，需要间隔 500m 设置一处特殊断面，其对应的最小路基宽度为（   ）。

（A）31.00m/33.0m   （B）30.50m/33.50m

（C）31.00m/34.50m   （D）31.50m/35.00m

解答

根据《公路路线设计规范》（JTG D20—2017）表 6.2.1、表 6.4.1 注 1、第 6.4.2 条第 2 款，设计速度 80km/h，车道宽度采用 3.75m，右侧硬路肩可论证采用的最小值为 1.5m，土路肩最小值为 0.75m；查表 6.3.1，左侧路缘带 0.50m。

可论证采用的最小路基宽度：$0.75 + 1.5 + 3.75 \times 3 + 0.5 + 3.0 + 0.5 + 3.75 \times 3 + 1.5 + 0.75 = 31.00\text{m}$

由于路肩宽度小于 2.5m，根据第 6.4.3 条 1 款，需每 500m 设置一处紧急停车带，停车带宽度最小为 3.5m，则断面宽度为：$31.00 + 3.5 - 1.5 = 33.0\text{m}$。

答案：A

例题 1-6-5

某一高速公路，采用分离式断面形式，单幅四车道，设计速度采用 120km/h，则该高速公路的单幅路的一般路基宽度为（   ）。

（A）20.75m   （B）22.00m   （C）23.25m   （D）24.5m

解答

根据《公路路线设计规范》（JTG D20—2017）：

查表 6.2.1，设计速度为 120km/h 时，车道宽度为 3.75m；

查表 6.4.1，右侧硬路肩宽度为 3.0m，土路肩宽度为 0.75m；

第 6.4.2 条第 3 款，左侧硬路肩宽度为 2.5m，查表 6.4.2，左侧土路肩宽度为 0.75m。

则最小路基宽度为：

$0.75 + 2.5 + 3.75 \times 4 + 3.0 + 0.75 = 22.0\text{m}$

答案：B

例题 1-6-5a（2023 年真题）

某省道为双车道二级公路，经由 Y 镇穿过，设计速度 60km/h，路基总宽度 10.0m，其中行车道 $2 \times 3.5\text{m}$，硬路肩 0.75m，土路肩 0.75m。近年来 Y 镇过境段两侧街道化明显，慢行车辆较多并严重影响过境车辆的正常通行。现拟对该过境段路段采用增设慢车道的形式进行局部拓宽改建，计算该段路基宽度最小值为（   ）。（取小数点后一位）

（A）10.0m   （B）10.5m   （C）15.5m   （D）17.0m

解答

根据《公路路线设计规范》（JTG D20—2017）第 6.2.1 条第 4 款，慢车道宽 3.5m；根据第 6.1.3 条第 4 款，慢车道可采用加宽硬路肩的方式设置，因此最小宽度时慢车道替换硬路肩宽度。

路基宽度为：$0.75 + 3.5 + 2 \times 3.5 + 3.5 + 0.75 = 15.5\text{m}$

答案：C

📖 **考点分析**

（1）整体式路基宽度：中间带 + 车道宽 + 路肩；

分离式路基宽度：左侧路肩 + 车道宽 + 右侧路肩；

中间带 = 左侧路缘带 + 中央分隔带 + 左侧路缘带；路肩分为硬路肩和土路肩。

（2）注意中间带和中央分隔带（或中分带）的区别，中间带计算路基宽度时无须加左侧路缘带宽度，中央分隔带不含左侧路缘带，所以计算路基宽度需要另外增加两侧的左侧路缘带宽度。

（3）车道宽度除根据设计速度查表 6.2.1 外，还需注意表下面的特殊情况说明。

（4）对于平曲线半径小于 250m 的路段，需设置加宽，其横断面宽度计算应计入加宽值。

（5）单向四车道的高速公路，如果不考虑紧急停车，则不用按照规范条文第 6.4.2 条第 2、3 款执行，直接按第 1 款执行。

2. 公路建筑限界宽度计算

📖 **条文规定**

《公路路线设计规范》（JTG D20—2017）规定如下：

6.6 公路建筑限界

6.6.1 公路建筑限界范围内不得有任何障碍物侵入。公路标志、护栏、照明灯柱、电杆、管线、绿化、行道树以及跨线桥的梁底、桥台、桥墩等的任何部分也不得侵入公路建筑限界。

6.6.2 各级公路的建筑限界应符合图 6.6.2 的规定，并应符合下列规定：

1 设置加（减）速车道、紧急停车带、爬坡车道、错车道、慢车道、车道隔离设施等路段，行车道应包括该部分的宽度。

2 八车道及以上的高速公路（整体式），设置左侧硬路肩时，建筑限界应包括相应部分的宽度。

a) 高速公路、一级公路（整体式）

b) 高速公路、一级公路（分离式） c) 二、三、四级公路

图 6.6.2

d) 公路隧道

图 6.6.2 建筑限界（尺寸单位：m）

图中：W——行车道宽度；

L_1——左侧硬路肩宽度；

L_2——右侧硬路肩宽度；

S_1——左侧路缘带宽度；

S_2——右侧路缘带宽度；

L——侧向宽度，二级公路的侧向宽度为硬路肩宽度；三、四级公路的侧向宽度为路肩宽度减去 0.25m；设置护栏时，应根据护栏需要的宽度加宽路基；

$L_左$——隧道内左侧侧向宽度；

$L_右$——隧道内右侧侧向宽度；

C——当设计速度大于 100km/h 时为 0.5m，小于或等于 100km/h 时为 0.25m；

D——路缘石高度，小于或等于 0.25m；一般情况下，高速公路可不设路缘石；

M_1——中间带宽度；

M_2——中央分隔带宽度；

J——检修道宽度；

R——人行道宽度；

d——检修道或人行道高度；

E——建筑限界顶角宽度，当 $L \leqslant 1$m 时，$E = L$；当 $L > 1$m 时，$E = 1$m；

E_1——建筑限界左顶角宽度，当 $L_1 < 1$m 时，$E_1 = L_1$；或 $S_1 + C < 1$m，$E_1 = S_1 + C$；当 $L_1 \geqslant 1$m 或 $S_1 + C \geqslant 1$m 时，$E_1 = 1$m；

E_2——建筑限界右顶角宽度，$E_2 = 1$m；

$E_左$——建筑限界左顶角宽度，当 $L_左 \leqslant 1$m 时，$E_左 = L_左$；当 $L_左 > 1$m 时，$E_左 = 1$m；

$E_右$——建筑限界右顶角宽度，当 $L_右 \leqslant 1$m 时，$E_右 = L_右$；当 $L_右 > 1$m 时，$E_右 = 1$m；

H——净空高度。

3　隧道最小侧向宽度应符合表 6.6.2 的规定。

隧道最小侧向宽度　　表 6.6.2

设计速度（km/h）	高速公路、一级公路				二级公路、三级公路、四级公路				
	120	100	80	60	80	60	40	30	20
左侧侧向宽度 $L_左$（m）	0.75	0.75	0.50	0.50	0.75	0.50	0.25	0.25	0.50
右侧侧向宽度 $L_右$（m）	1.25	1.00	0.75	0.75	0.75	0.50	0.25	0.25	0.50

4 桥梁、隧道设置检修道、人行道时，建筑限界应包括相应部分的宽度。

5 高速公路、一级公路、二级公路的净高应为 5.00m；三级公路、四级公路的净高应为 4.50m。

6 人行道、自行车道、检修道与行车道分开设置时，其净高应为 2.50m。

7 路基、桥梁、隧道相互衔接处，其建筑限界应按过渡段处理。

6.6.4 公路净空高度应符合下列规定：

1 根据公路在路网中的地位与位置，同一公路应采用相同的净空高度。

2 三级公路、四级公路的路面采用沥青贯入、沥青碎石、沥青表面处治或砂石路面时，净空高度宜预留 20cm。

3 中央分隔带或路肩上设置桥梁墩台、标志立柱时，其前缘除不得侵入公路建筑限界外，且不得紧贴建筑物设置，应留有护栏缓冲变形的余宽。

4 凹形竖曲线上方设有跨线构造物时，其净高应满足铰接列车有效净高的要求，如图 6.6.4 所示。

图 6.6.4 凹形竖曲线上方有效净空高度

5 公路下穿宽度较宽或斜交角度较大的跨线构造物时，其路面距跨线构造物下缘任一点的净高均应符合相应净空高度的规定。

6.7 公路用地范围

6.7.1 公路用地应遵循保护、开发土地资源，合理利用土地，切实保护耕地，促进社会经济可持续发展的原则，合理拟定公路建设规模、技术指标、设计施工方案，确定公路用地范围。

6.7.2 公路用地范围的确定应符合下列规定：

1 公路用地范围为公路路堤两侧排水沟外边缘（无排水沟时为路堤或护坡道坡脚）以外，或路堑坡顶截水沟外边缘（无截水沟为坡顶）以外不小于 1m 范围内的土地；在有条件的地段，高速公路和一级公路不小于 3m、二级公路不小于 2m 范围内的土地为公路用地范围。

2 在风沙、雪害、滑坡、泥石流等不良地质地带设置防护、整治设施时，以及在膨胀土、盐渍土等特殊土地带采取处治措施时，应根据实际需要确定用地范围。

3 桥梁、隧道、互通式立体交叉、分离式立体交叉、平面交叉、安全设施、服务设施、管理设施、绿化以及其他线外工程等用地，应根据实际需要确定用地范围。

4 有条件或环境保护要求种植多行林带的路段，应根据实际情况确定用地范围。

5 改扩建公路可参照新建公路用地范围的规定执行。

📖 规范条文解析

（1）《公路路线设计规范》（JTG D20—2017）第 6.6 节与《公路工程技术标准》（JTG B01—2014）第 3.6 节内容基本一致，增加了公路隧道最小侧向宽度的详细规定；《公路路线设计规范》第 6.2 节～第 6.4 节与《公路工程技术标准》第 4.0.2 条～第 4.0.14 条内容基本一致。

（2）关于公路隧道建筑限界的详细规定，可参考《公路隧道设计规范》（JTG 3370.1—2018、JTG D70/2—2014）。

（3）车道隔离设施（如机非隔离栏杆）可进入建筑限界，城市道路同理。

（4）注意建筑限界中关于路缘石高度D小于或等于 25cm 的规定，主要考虑保证路缘石的高度不影响安全带宽度，即不影响侧向净宽［参考《城市道路路线设计规范》（CJJ 193—2012）第 3.0.8 条条文说明］，当缘石高度不能保证车辆行驶的侧向净宽时，应考虑适当增加侧向净宽。

📖 典型例题

例题 1-6-6（2019 年真题，根据新规范改编）

某双车道四级公路，设计速度 30km/h，该公路路基平面的建筑限界横向总宽度为（　　　）。

（A）3.75m　　　　（B）7.00m　　　　（C）7.50m　　　　（D）8.25m

解答

根据《公路路线设计规范》（JTG D20—2017）第 6.6.2 条或《公路工程技术标准》（JTG B01—2014）第 3.6.1 条，四级公路的建筑限界为行车道宽度 + 两侧的侧向宽度，四级公路的侧向宽度为路肩宽度减去 0.25m。

由表 4.0.2 可查得设计速度为 30km/h 时，车道宽度应为 3.25m。本题为双车道，则总车道宽度应为 6.50m。

由表 4.0.5 可查得$V = 30$km/h 时，四级公路单侧土路肩宽度为 0.50m，则单侧侧向宽度为 $0.5 - 0.25 = 0.25$m。

则建筑限界横向总宽度为 $6.5 + 2 \times (0.5 - 0.25) = 7.00$m。

答案：B

例题 1-6-7（2019 年真题，根据新规范改编）

某高速公路设计标准为双向四车道，按方向设分离式隧道，设计速度 120km/h，隧道长度为 13km，考虑电缆沟排水沟等因素，左右侧检修道宽度为 1.0m，高度为 25cm，则隧道的建筑限界净宽为（　　　）。

（A）11.50m　　　　（B）11.0m　　　　（C）10.75m　　　　（D）10.25m

解答

根据《公路隧道设计规范》（JTG 3370.1—2018）表 4.4.1，高速公路设计速度为 120km/h，查得：$W = 3.75 \times 2$m，$L_L = 0.75$m，$L_R = 1.25$m，$J = 1.0$m。

隧道建筑限界净宽：$1.0 + 0.75 + 3.75 \times 2 + 1.25 + 1.0 = 11.5$m

答案：A

例题 1-6-8（2020 年真题）

某三级公路地处地形平缓的微丘区，设计速度 30km/h，路侧边坡坡度采用 1 : 7，未设护栏，路侧净区宽度满足安全性评价的要求，该公路建筑限界的横向总宽度应为（　　　）。（取小数点后两位）

（A）7.00　　　　（B）7.50　　　　（C）8.00　　　　（D）8.50

解答

根据《公路路线设计规范》（JTG D20—2017）表 6.2.1 查得设计速度 30km/h 时，车行道宽度为 3.25m；

三级公路，双向二车道，设计速度 30km/h 时，由表 6.4.1 查得路肩宽 0.5m；

根据第 6.6.2 条知侧向宽度$L = 0.5 - 0.25 = 0.25$，故建筑限界宽度为：$0.25 + 2 \times 3.25 + 0.25 = 7.0$m。

答案：A

例题 1-6-9

某一分离式一级干线公路，设计速度 80km/h，单向三车道，则该分离式一级公路的最小路基宽度和建筑限界宽度是（　　　）。

（A）16.0m，15.0m

（B）16.5m，15.0m

（C）16.75m，15.5m

（D）17.0m，16.0m

解答

根据《公路路线设计规范》（JTG D20—2017）表 6.2.1、表 6.4.1、表 6.4.2 或根据《公路工程技术标准》（JTG B01—2014）表 4.0.2、表 4.0.5-1、表 4.0.5-2，设计速度 80km/h，车道宽度采用 3.75m，左侧硬路肩 0.75m，左侧土路肩 0.75m；右侧硬路肩 3.0m，右侧土路肩 0.75m。

路基宽度：$0.75 + 0.75 + 3.75 \times 3 + 3.0 + 0.75 = 16.50m$

建筑限界宽度：$0.75 + 3.75 \times 3 + 3 = 15.0m$

答案：B

例题 1-6-10（2021 年真题）

某新建八车道高速公路，设计速度为 120km/h，经论证，可不考虑在左侧紧急停车，内侧两车道（分离式断面的左侧车道）仅限小客车通行。该高速公路分离式断面路段建筑限界横向总宽度的最小值应是（　　　）。

（A）17.25m　　　　（B）17.75m　　　　（C）18.25m　　　　（D）19.25m

解答

根据《公路路线设计规范》（JTG D20—2017），设计速度 120km/h，查表 6.2.1，外侧两车道宽 3.75m，内侧两车道宽 3.50m。

根据第 6.4.2 条条文说明，高速公路同向单幅车道数达到四车道及以上时，宜设不小于 2.5m 左侧硬路肩，为内侧车道故障车辆提供临时停靠空间。因本题不考虑左侧紧急停车，所以不考虑设置 2.5m 左侧硬路肩，正常设置即可。

查表 6.4.2，左侧硬路肩宽 1.25m，土路肩宽 0.75m。

查表 6.4.1，右侧硬路肩宽 2.5m，土路肩宽 0.75m。

建筑限界横向总宽度：$W = 1.25 + 2 \times 3.5 + 2 \times 3.75 + 2.5 = 18.25m$

答案：C

例题 1-6-11

某单向四级公路，设计速度 30km/h，则该路路基最小适宜宽度和建筑限界宽度是（　　　）。

（A）4.0m，4.0m

（B）4.5m，4.0m

（C）4.0m，4.5m

（D）5.0m，5.0m

解答

根据《公路路线设计规范》（JTG D20—2017）第 6.2.1 条第 3 款，四级公路采用单车道时，车道宽度应采用 3.5m。

查表 6.4.1 知土路肩宽 0.5m，所以路基宽度：$0.5 + 3.5 + 0.5 = 4.5m$。

侧向宽度：$L = 0.5 - 0.25 = 0.25m$。

建筑限界宽度：$0.25 + 3.5 + 0.25 = 4.0m$。

答案：B

例题 1-6-12（2020 年真题）

雪屯立交是拟新建省道 S106 公路项目上跨既有县道 X201 的分离式立交。S106 公路采用一级公路标准，设计速度 80km/h，双向四车道，一般路段路拱横坡坡度为 1.5%。交叉处主线位于半径为 2200m 的圆曲线上，超高为 2%，旋转轴如下图所示。县 X201 为三级公路，交叉处被交路中心高程为 1663.143m，段内纵坡为 0.0%；既有县道 X201 不做改建，立交桥桥下净空执行现行技术标准，并需另外为远期路面面层加铺预留 20cm。主线跨线桥为左右分幅方案，半幅桥宽 12.5m，其中桥面净宽 11.5m、两侧防撞墩为 50cm，左幅路缘带 25cm，设计高程位于左侧路缘带内侧（同超高旋转轴）。跨线桥采用 3×13m 空心板桥，预制板高 75cm，现浇层为 15cm 防水混凝土，桥面铺装为 12cm 沥青混凝土，如下图所示。在主线纵坡的影响忽略不计的情况下，该主线跨线桥设计高程的最小值为（   ）。（取小数点后三位）

例题 1-6-12 图（尺寸单位：cm）

（A）1669.036m （B）1669.039m
（C）1669.093m （D）1669.098m

解答

县道 X201 为三级公路，根据《公路路线设计规范》（JTG D20—2017）第 6.6.2 条第 5 款，三级公路净高最小为 4.5m。

根据题意预留 0.2m 远期路面加铺空间，需要最小净高 4.5 + 0.2 = 4.7m。

桥梁结构厚度：0.75 + 0.15 + 0.12 = 1.02m。

左幅路设计高程位与超高旋转轴重合，超高横坡为 2%，则左幅路的圆曲线内侧桥底为最低点，其比超高旋转轴处的设计高程低，(11.5 − 0.25 + 0.5) × 0.02 = 0.235m。

由题意，设计轴线即为超高旋转轴线，所以跨线主线设计高程为：

1663.143 + 4.7 + 1.02 + 0.235 = 1669.098m

答案：D

例题 1-6-13

某 S231 一级公路（东—西走向），上跨某 X325 二级公路（西南—东北走向），拟采用分离式立交形式，夹角为 45°，如下图所示。立交处采用一跨梁桥结构形式（桥净跨同路基同宽），桥面（包括栏杆）总宽为 34.0m（双向六车道，中央分隔带宽 4m），桥面结构厚度为 100cm。S231 公路的设计速度为 80km/h，道路横坡为 2%，道路纵坡不计，设计线位于中央分隔带北边缘处；X325 二级公路设计速度为 60km/h，路基宽度采用一般值，道路横坡为 2.0%（硬路肩采用相同横坡），土路肩横坡度为 3%，设计线位于道路中心线处，若下穿处道路纵坡为 1%（北高南低），与 S231 设计线位相交处，X325 的设计高程为 356.72m，则 S231 在两设计线相交处的最小设计高程为（   ）。（取小数点后两位）

例题 1-6-13 图（尺寸单位：m）

（A）363.03m　　　　（B）363.23m　　　　（C）363.36m　　　　（D）363.42m

解答

X325 为二级公路，根据《公路路线设计规范》（JTG D20—2017）第 6.6.2 条第 5 款，二级公路净高最小为 5.0m；根据第 6.6.4 条 5 款公路下穿宽度较宽或斜交角度较大的跨线构造物时，其路面距跨线构造物下缘任一点的净高均应符合相应净空高度的规定。

因交角为 45°，且二级公路的纵向升高速率小于横向降低速率（即纵坡小于横坡），故最不利点位于二级公路升坡方向的道路中心线对应的桥边缘处。

设计速度 60km/h，路基宽度采用一般值，车道宽 3.5m，硬路肩及土路肩均为 0.75m；桥面结构厚度为 1.0m；最小净高处（二级公路中线对应的跨线桥外边缘处），X325 二级公路设计高程为：

$(34-4)/2/\sin 45° \times 1\% + 356.72 = 356.93m$

一级公路设计高程为：

$356.93 + 5.0 + 1.0 + 2\% \times (34-4)/2 = 363.23m$

由于不计纵坡，所以该桥中线处设计高程为 363.23m。

答案：B

例题 1-6-14

题干同例题 1-6-13，若 S231 公路在该跨线桥处的道路纵坡为 3.5%（西高东低），其余条件均相同，则 S231 一级公路在两设计线相交处的最小设计高程为（　　　）。（取小数点后两位）

（A）363.05m　　　　（B）363.91m　　　　（C）363.93m　　　　（D）364.14m

解答

X325 为二级公路，根据《公路路线设计规范》（JTG D20—2017）第 6.6.2 条第 5 款，二级公路净高最小为 5.0m。

设计速度 60km/h，路基宽度采用一般值，车道宽 3.5m，硬路肩及土路肩均为 0.75m；桥面结构厚度为 1.0m；根据第 6.6.4 条 5 款公路下穿宽度较宽或斜交角度较大的跨线构造物时，其路面距跨线构造物下缘任一点的净高均应符合相应净空高度的规定。

二级公路建筑限界在硬路肩处有抹角，净高可小于 5m，抹角范围内的坡度远大于 S231 的纵坡，故最不利点位于一级公路降坡方向、二级公路升坡方向的二级公路行车道边线交汇处，高程为：

$356.72 + (34-4)/2/\sin 45° \times 1\% + 3.5/\tan 45° \times 1\% - 3.5 \times 2\% = 356.897m$

一级公路在该点处高程为：

$356.897 + 5.0 + 1.0 = 362.897\text{m}$

该处对应的一级公路设计线位处高程为：

$362.897 + (34 - 4)/2 \times 2\% = 363.197\text{m}$

一级公路与二级公路设计线位相交处，一级公路的设计高程为：

$363.197 + (15 + 3.5/\sin 45°) \times 3.5\% = 363.895\text{m}$

答案：B

📖 **考点分析**

（1）建筑限界宽度：①高速公路、一级公路整体：余宽C + 左侧路缘带 + 车道 + 右侧硬路肩；②高速公路、一级公路分离式：左侧硬路肩 + 车道 + 右侧硬路肩；③二、三、四级公路：侧向宽度 + 车道 + 侧向宽度；④公路隧道：检修道宽/人行道宽/余宽 + 左侧侧向宽 + 车道宽 + 右侧侧向宽 + 检修道宽/人行道宽/余宽，桥梁、隧道设置检修道、人行道时，建筑限界应包括相应部分的宽度。

（2）公路隧道建筑限界图中C值对应的虚线，相当于通行车辆需要保证的建筑限界净宽，该范围内限界高度为行车要求的净高。虚线至检修道（人行道）外边线，为满足行人要求的建筑限界净宽，该范围内限界高为行人要求的净高。

（3）理解建筑限界顶宽E尺寸，以不超过车行道外边线，并不大于 1m 为原则。

（4）重点要理解各组成部分含义，通过查表计算相加即可。理解侧向宽度L即为硬路肩宽度；若为三、四级公路，由于无硬路肩，其数值为土路肩宽度减去 0.25m。

（5）公路建筑限界中的"侧向余宽"（路缘带S_1或S_2 + 余宽C）相当于城市道路建筑限界中的"侧向净宽"（路缘带W_{mc} + 安全带W_{sc}），是通行车辆在行车时，行车道两侧需要预留一定的富余宽度，即车道边线到障碍物之间的距离。所以这里公路里的"余宽C"意义同城市道路里的"安全带宽度W_{sc}"。

3. 城市道路路面宽度及建筑限界宽度计算

📖 **条文规定**

《城市道路路线设计规范》（CJJ 193—2012）规定如下：

3.0.8 道路建筑限界几何形状应为上净高线和两侧侧向净宽边线组成的空间界线（图 3.0.8），顶角宽度（E）不应大于机动车道或非机动车道的侧向净宽度（W_1）。道路建筑限界内不得有任何物体侵入。

第 3.0.8 条的条文说明规定如下：

3.0.8 本条道路建筑限界规定是在《城市道路工程设计规范》（CJJ 37—2012）基础上，图示中增加了缘石外露高度（h）和安全带宽度（W_{sc}）的表示，使道路建筑限界形成一个封闭的空间界线。侧向净宽度为路缘带宽度与安全带宽度之和；当缘石高度不能保证车辆行驶的侧向净宽度时，应考虑适当加宽侧向宽度。

3.0.9 道路净高应符合下列规定：

1 道路的最小净高应符合表 3.0.9 的规定。

道路的最小净高　　　　　　　　　　　　　　表 3.0.9

部位	行驶车辆类型	最小净高（m）
机动车道	各种机动车	4.5
	小客车	3.5

部位	行驶车辆类型	最小净高（m）
非机动车道	自行车、三轮车	2.5
人行道	行人	2.5

5.3.1 机动车道宽度应符合下列规定：

1 一条机动车道最小宽度应符合表 5.3.1 的规定。

一条机动车道最小宽度 表 5.3.1

车型及车道类型	设计速度（km/h）	
	＞60	≤60
大型车或混行车道（m）	3.75	3.50
小客车专用车道（m）	3.50	3.25

2 机动车道路面宽度应为机动车道宽度及两侧路缘带宽度之和。

3 单幅路及三幅路采用中间分隔物或交通标线分隔对向交通时，机动车道路面宽度还应包括分隔物或交通标线的宽度。

5.3.2 非机动车道宽度应符合下列规定：

1 一条非机动车道最小宽度应符合表 5.3.2 的规定。

一条非机动车道最小宽度 表 5.3.2

车辆种类	自行车	三轮车
非机动车道宽度（m）	1.0	2.0

2 非机动车道数宜根据自行车设计交通量与每条自行车道设计通行能力计算确定，车道数单向不宜小于 2 条。

3 非机动车道路面宽度应为非机动车道宽度及两侧各 0.25m 路缘带宽度之和。

4 非机动车专用道路，单向车道宽不宜小于 3.5m，双向车道宽不宜小于 4.5m，沿道路两侧设置的单向非机动车道宽度不宜小于 2.5m。

5.3.3 路侧带可由人行道、绿化带、设施带等组成，路侧带设置应符合下列规定：

1 人行道最小宽度应符合表 5.3.3 的规定。

人行道最小宽度 表 5.3.3

项目	人行道最小宽度（m）	
	一般值	最小值
各级道路	3.0	2.0
商业或公共场所集中路段	5.0	4.0
火车站、码头附近路段	5.0	4.0
长途汽车站	4.0	3.0

2 绿化带宽度应符合现行行业标准《城市道路绿化规划与设计规范》（CJJ 75）的相关要求。车行道两侧的绿化应满足侧向净宽度的要求，并不得侵入道路建筑限界和影响视距。

3 设施带宽度应满足设置护栏、照明灯柱、标志牌、信号灯、城市公共服务设施等的要求。设施带内各种设施应综合布置，可与绿化带结合，但不应相互干扰。

5.3.4 分车带设置应符合下列规定：

1 分车带按其在横断面中的不同位置与功能，可分为中间分车带（简称中间带）及两侧分车带（简称两侧带）；分车带应由分隔带及两侧路缘带组成（图5.3.4）。

a) 中间带　　　　　　　　b) 两侧带

图 5.3.4　分车带

2　分车带最小宽度应符合表5.3.4的规定。

分车带最小宽度　　　　　　　　　　表5.3.4

类别		中间带		两侧带	
设计速度（km/h）		≥ 60	＜ 60	≥ 60	＜ 60
路缘带宽度W_{mc} 或W_{mb}（m）	机动车道	0.50	0.25	0.50	0.25
	非机动车道	—	—	0.25	0.25
安全带宽度W_{sc}（m）	机动车道	0.25	0.25	0.25	0.25
	非机动车道	—	—	0.25	0.25
设计速度（km/h）		≥ 60	＜ 60	≥ 60	＜ 60
侧向净宽度W_l（m）	机动车道	0.75	0.50	0.75	0.50
	非机动车道	—	—	0.50	0.50
分隔带最小宽度（m）		1.50	1.50	1.50	1.50
分车带最小宽度（m）		2.50	2.00	2.50（2.25）	2.00

注：1．侧向净宽度为路缘带宽度与安全带宽度之和。
　　2．括号内为一侧是机动车道，另一侧是非机动车道时的取值。
　　3．分隔带最小宽度值系按设施带宽度1m计的，具体设计应根据设施带实际宽度确定。

5.3.5　变速车道应符合下列规定：

1　车辆驶出或驶入主路、立交匝道及集散车道出入口处均应设置变速车道。

2　变速车道的宽度应与主路车道宽度相同。

5.3.6　集散车道可为单车道和双车道，每条集散车道的宽度宜为3.5m。与主路间设有分隔设施的集散车道，其车道数不应少于2条。

5.3.7　辅助车道的宽度应与主路车道宽度相同。

5.3.8　路肩应符合下列规定：

1　采用边沟排水的道路应在路面外侧设路肩。

2　路肩最小宽度应符合表5.3.8的规定。

路肩最小宽度　　　　　　　　　　表5.3.8

设计速度（km/h）	100	80	60	50	40
保护性路肩最小宽度（m）	0.75	0.75	0.75（0.50）	0.50	0.50
有少量行人时的路肩最小宽度（m）	—			1.50	

注：括号内为主干路保护性路肩最小宽度的取值。

（1）旧版本的《城市道路工程设计规范》（CJJ 37—2012）表 5.3.5 中，中间带设计速度 ≥ 60km/h 的侧向净宽 W_l 为 1m，应为 0.75m，属于印刷错误；《城市道路路线设计规范》（CJJ 193—2012）表 5.3.4 的侧向净宽 W_l 为 0.75m，该表各数值准确。城市道路设计速度均小于或等于 100km/h，因此，$W_{sc} = 0.25$ 与《公路工程技术标准》（JTG B01—2014）"C"的数值一致。

（2）第 5.3.2 条第 4 款中的非机动车道均指的路面宽度，包含两侧各 0.25m 的路缘带。

（3）各类宽度符号代表的意义见《城市道路工程设计规范》（CJJ 37—2012）（2016 年版）或《城市道路路线设计规范》（CJJ 193—2012）第 2.2 节术语。为避免前后翻书对照，方便查图和查表，建议考生理解下列字母代表的英文意义：c-car, b-bicycle/both, p-pedestrian/pavement, r-red, m-medium/margin, l-lateral, s-safety, d-division, s-separation, a-aside, g-green, f-facility。

📖 典型例题

例题 1-6-15（2019 年真题）

某城市快速路隧道内建筑限界图如下，设计速度 60km/h，单向三车道（2 条小客车专用道和 1 条大型车道），$E = W_l$，那么隧道内车行道路面宽度（W_{pc}）的最小尺寸为（　　）。

例题 1-6-15 图

（A）11.00m　　　　（B）11.50m　　　　（C）12.00m　　　　（D）11.75m

解答

（1）根据《城市道路路线设计规范》（CJJ 193—2012）表 5.3.1，城市快速路设计速度为 60km/h 时，小客车专用道宽度为 3.25m，大型车道宽度为 3.5m。

（2）根据《城市道路路线设计规范》（CJJ 193—2012）表 5.3.4，两侧路缘带宽度均为 0.5m。

（3）因此路面总宽度 = 0.5 + 2 × 3.25 + 3.5 + 0.5 = 11.0m。

答案：A

例题 1-6-16

题目条件同例题 1-6-15，若 W_p 为 2.0m，则该路的建筑限界宽度是（　　）。

（A）11.00m　　　　（B）12.00m　　　　（C）14.00m　　　　（D）15.00m

解答

（1）小客车专用道宽度为 3.25m，大型车道宽度为 3.5m。

（2）路缘带宽 0.5m。

（3）建筑限界宽 = 2.0 + 0.5 + 2 × 3.25 + 3.5 + 0.5 + 2.0 = 15.0m。

答案：D

例题 1-6-17（2019 年真题）

拟建一条城市主干路，主路设计速度为 60km/h，辅路设计速度为 30km/h，规划红线宽 50m，规划横断面形式为四幅路，如下图所示，两侧辅路各布置 1 条小客车专用道和非机动车道（自行车道），横断面布置中单侧辅路车行道（W_{pb}）的最小合理宽度为（　　　）。

例题 1-6-17 图

（A）6.0m　　　　　（B）6.5m　　　　　（C）7.0m　　　　　（D）7.5m

解答

根据《城市道路路线设计规范》（CJJ 193—2012）：

（1）查表 5.3.1，设计速度 30km/h 时，一条小客车专用车道的宽度应为 3.25m。

（2）根据第 5.3.1 条第 2 款，机动车道路面宽度应包括行车道宽度及两侧路缘带宽度，查表 5.3.4，路缘带宽度为 0.25m。

（3）根据 5.3.2 条第 2 款，与机动车道合并设置的非机动车道，车道数单向不少于 2 条，宽度不应小于 2.5m。

（4）$W_{pb} = 0.25 + 3.25 + 2.5 = 6.00m$。

答案：A

例题 1-6-18

题目条件同例题 1-6-17，则该单侧辅路的建筑限界宽度是（　　　）。

（A）6.00m　　　　　（B）6.25m　　　　　（C）6.50m　　　　　（D）6.75m

解答

（1）小客车车道宽 3.25m，单侧路缘带宽 0.25m，与机动车合并设置的非机动车道宽 2.5m。

（2）查表 5.3.4 得安全带宽度 $W_{sc} = 0.25m$。

（3）建筑限界宽 = 0.25 + 0.25 + 3.25 + 2.5 + 0.25 = 6.50m。

答案：C

例题 1-6-19（2019 年真题）

城市道路立交范围内与主路设有分隔设施的集散车道，根据《城市道路路线设计规范》（CJJ 193—2012）规定，集散车道的设计速度为 40km/h，流量为 300pcu/h，那么集散道路的最小宽度是（　　　）。

（A）4.0m　　　　　（B）6.5m　　　　　（C）7.0m　　　　　（D）7.5m

解答

（1）根据《城市道路工程设计规范》（CJJ 37—2012）（2016 年版）表 4.3.2，设计速度 $V = 40km/h$ 时，设计通行能力为 1300pcu/(h·ln)；由车流量确定车道数 $N = 300/1300 = 0.23$，取 $N = 1$。

（2）根据《城市道路路线设计规范》（CJJ 193—2012）第 5.3.6 条，每条集散车道的宽度宜为 3.5m。与主路间设有分隔设施的集散车道，其车道数不应少于 2 条，所以车道数 $N_{最小} = 2$。

（3）根据《城市道路路线设计规范》（CJJ 193—2012）第5.3.6条，集散车道路面宽度为车行道宽度加两侧路缘带宽度，集散车道的设计速度为40km/h，查表5.3.4，单侧路缘带宽度为0.25m。

（4）集散车道最小宽度为 0.25 + 3.5m × 2 + 0.25 = 7.5m。

答案：D

例题 1-6-20（2020年真题）

某城市主干路，设计速度为50km/h，采用三幅路横断面形式，混行车道布置，对向车道之间设置底宽为0.5m的中间分隔护栏。已知道路设计年限末双向预测交通量为33600pcu/d，高峰小时系数为0.10，方向不均匀系数为0.55，受平面交叉口等因素影响的综合修正系数取0.50，则该道路基本路段的机动车道路面最小宽度应为（　　）。（取小数点后一位）

（A）15.0m　　　　　（B）15.5m　　　　　（C）22.0m　　　　　（D）22.5m

解答

参考《公路路线设计规范》（JTG D20—2017）（2016年版）公式(3.3.2)，单向设计交通量：

$DDHV = AADT \times K \times D = 33600 \times 0.1 \times 0.55 = 1848pcu/h$

根据《城市道路工程设计规范》（CJJ 37—2012）第4.3.2条条文说明，设计通行能力为基本通行能力与综合影响系数的乘积，综合影响系数为0.5。

查表4.3.2知设计速度为50km/h时，基本通行能力为1700pcu/(h·ln)。

设计通行能力为：1700 × 0.5 = 850pcu/(h·ln)。

单向车道数N = 1848/850 = 2.17，取单向三车道，双向六车道。

设计速度50km/h时，查表5.3.2和表5.3.5知：

一条机动车道宽3.5m，路缘带宽0.25m。

故机动车道路面宽度为：

0.25 + 3 × 3.5 + 0.25 + 0.5 + 0.25 + 3 × 3.5 + 0.25 = 22.5m

答案：D

例题 1-6-21（2021年真题）

新建某城市快速路，设计速度为100km/h，道路标准断面布置为0.5m（路缘带）+ 3 × 3.75m（3条机动车道）+ 0.5m（路缘带）+ 5m（中央分隔带）+ 0.5m（路缘带）+ 3 × 3.75m（3条机动车道）+ 0.5m（路缘带），下列关于该路中某桥梁（长1560m）和某隧道（长560m）段横断面布置方案，体现用地节约，路桥隧标准一致，符合规范规定的是（　　）。并请说明选择理由和依据。

桥梁、隧道段横断面布置方案（单位：m）　　　　　　　　例题 1-6-21 表

方案	桥梁段断面布置							隧道段断面布置		
	左幅			中央分隔带	右幅			左侧侧向净宽	机动车道	右侧
	路缘带	机动车道	路缘带		路缘带	机动车道	路缘带			侧向宽度 $W_{mc} + W_{sc} + W_j$
方案一	0.5	3 × 3.75	0.5	2	0.5	3 × 3.75	0.5	0.75	3 × 3.75	1.25
方案二	0.5	2 × 3.75 + 3.5	0.5	5	0.5	2 × 3.75 + 3.5	0.5	0.75	2 × 3.75 + 3.5	0.75
方案三	0.25	3 × 3.75	0.25	5	0.25	3 × 3.75	0.25	0.25	3 × 3.75	0.25
方案四	0.5	3 × 3.75	0.5	2	0.5	3 × 3.75	0.5	0.75	3 × 3.75	3

（A）方案一　　　　　（B）方案二　　　　　（C）方案三　　　　　（D）方案四

解答

根据《城市道路路线设计规范》（CJJ 193—2012）第 8.3.1 条第 3 款，桥面车行道宽度应与两端道路车行道宽度一致，方案二不符合该条文规定。

方案三采用的路缘带宽度为 0.25m，不符合《城市道路路线设计规范》（CJJ 193—2012）第 5.3.4 条的规定（路缘带宽度最小为 0.5m）。

根据《城市地下道路工程设计规范》（CJJ 221—2015）表 3.5.1，$W_{mc} = 0.5$，$W_{sc} = 0.25$，$W_j = 0.75$m。$0.5 + 0.75 = 1.25$m，方案四采用 3.0m，远远大于规范规定的 1.25m，不符合经济节约的要求。方案一采用 1.25m，符合规范规定。

答案：A

例题 1-6-22（2022 年真题）

某城市主干路设计速度为 50km/h，横断面布置为三幅路，中间一幅通行机动车，设置双向 4 条混行车道，中间每间隔 5m 设置宽 50cm、高 60cm、长 100cm 的花箱，下列关于中间机动车道路面的最小宽度符合规范规定的应为（ ）。并说明选择的依据和理由。（计算结果取小数点后两位）

（A）14.50m   （B）15.00m

（C）15.50m   （D）16.00m

解答

根据《城市道路路线设计规范》（CJJ 193—2012）表 5.3.1，一条机动车道宽 3.5m；根据表 5.3.4，路缘带宽 0.25m，安全带宽 0.25m；根据第 3.0.8 条的条文说明，中间花箱太高无法提供安全带宽度，不能保证车辆行驶的侧向净宽，应适当加大侧向宽度（一个安全带宽度）。

$$W = 2 \times (0.5/2 + 0.25 + 0.25 + 2 \times 3.5 + 0.25) = 16.00 \text{m}$$

答案：D

例题 1-6-22a（2024 年真题）

某设计速度为 50km/h 的城市主干路，受用地限制采用机非混行的单幅路横断面布置，中间为机动车双向 6 条混行车道，两侧为非机动车道，对向交通及机非车道之间采用底座宽 50cm、高 18cm 的分隔护栏。根据规范规定，计算该道路机非混行车道的最小路面宽度取值是多少？

（A）26.5m   （B）27.5m

（C）28.5m   （D）29.5m

解答

根据《城市道路工程设计规范》（CJJ 37—2012）表 5.3.2 机动车道宽 3.5m；

根据表 5.3.5，路缘带 0.25m；

根据 5.3.3 条，非机动车道 2.5m（包含两侧路缘带）；

根据 5.5.2，底座宽 50cm、高 18cm（< 20cm）的分隔护栏可以提供安全带宽度；

$$W = (2.5 + 0.5 + 0.25 + 3.5 \times 3 + 0.25) \times 2 + 0.5 = 28.5 \text{m}$$

答案：C

注：本题高 18cm（< 20cm）的分隔护栏暗示不需要单独考虑 25cm 安全带宽度。

例题 1-6-23（2022 年补考真题）

某设计速度为 40km/h 的城市次干路，单幅路布置，双向 4 条机动车混行车道，对向车道之间设置 0.5m 宽中央分隔护栏、机非划线分隔。路段中靠机动车道一侧设置一处港湾式公交停靠站和候车站台，单向自行车高峰时段预测流量为 880 辆/h。一般情况下，计算该公交停靠站断面处的车行道路面最小宽

度应取（　　）。并说明选择依据和理由。（取小数点后一位）

（A）22.5m

（B）24.0m

（C）24.5m

（D）25.0m

解答

根据《城市道路工程设计规范》（CJJ 37—2012）第 4.4.1 条，单向自行车高峰时段预测流量为 880 辆/h，小于 1400～1600 辆/h，非机动车道 1 车道，根据第 5.3.3 条，宽度不小于 2.5m。

根据《城市道路交叉口设计规程》（CJJ 152—2010）第 4.4.8 条，公交站车道宽 3m，站台宽 2m。

公交站和站台设置在机动车道和非机动车道中间，根据《城市道路工程设计规范》（CJJ 37—2012）第 5.3.2 条第 2 款，机动车道路面宽度还应包括分隔物的宽度，因此包括站台宽度 2m 在内的路面宽度为：

$$L = 2.5 + 2 + 3 + 3.5 \times 2 + 0.25 + 0.5 + 0.25 + 3.5 \times 2 + 2.5 = 25\text{m}$$

答案： D

📖 **考点分析**

（1）城市道路车行道建筑限界宽度 =（N 条车道宽 + 侧向净宽）或（路面宽 + 安全带宽）。

（2）人行道建筑限界宽度 = 人行道宽度。

（3）城市道路隧道内建筑限界，限界宽度由车行道限界宽度 + 人行道/检修道限界宽度两部分组成，净高也由两部分组成。

（4）不论公路还是城市道路，机动车道的宽度不仅与设计速度有关，还与通行车型有关。无论公路还是城市道路，当缘石高度不能保证车辆行驶的侧向净宽度时（缘石高度高于 0.25m），应考虑适当加大侧向宽度。

（5）通过通行能力计算确定车道数，再计算路基路面或建筑限界宽度，加大考题难度的趋势是增强综合性，需要建立系统的知识体系，以灵活运用。

考点7　平面线形的几何要素计算

1. 简单形（圆曲线）及其几何要素计算

📖 **基本知识**

如图 1-7-1 所示为简单形曲线，曲线要素计算如下：

切线长：$T = R \cdot \tan(\alpha/2)$

圆曲线长：$L = \dfrac{\pi}{180°} \alpha R$

外距：$E = R\left(\sec\dfrac{\alpha}{2} - 1\right)$

校正值：$J = 2T - L$

圆曲线有三个主点桩（ZY，QZ、YZ），其里程桩号计算如下：

直圆点：ZY = JD − T

圆直点：YZ = ZY + L

曲中点：QZ = YZ − L/2

校核交点里程：JD = QZ + J/2

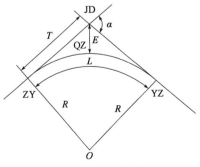

图 1-7-1　简单形

例题 1-7-1

某二级公路平面线形设计部分资料如下：JD5 = K5 + 656.20，JD6 = K6 + 350.82，ZY5 = K5 + 602.20，YZ5 = K5 + 708.35，则 JD5 与 JD6 间实际距离是（　　）。

（A）696.5　　　　　（B）658.8　　　　　（C）712.5　　　　　（D）722.9

解答

$T_5 = $ JD5 $-$ ZY5 $= 5656.20 - 5602.20 = 54.00$m

$L_5 = $ YZ5 $-$ ZY5 $= 5708.35 - 5602.20 = 106.15$m

$J_5 = 2T_5 - L_5 = 2 \times 54 - 106.15 = 1.85$m

交点 5、6 的距离 $=$ JD6 $-$ JD5 $+J = 6350.82 - 5656.20 + 1.85 = 696.47$m

答案：A

例题 1-7-2

某一级公路设计速度 100km/h，两相邻平曲线的交点分别是 JD4 和 JD5，两圆曲线间以直线径相连接。JD4 桩号 K4 + 632.56，α_4右 $= 12°00'00''$，外距要求 22.033m，JD5 处平曲线转角α_5左 $= 26°37'12''$，JD5 处平曲线 ZY 点的桩号最合理为（　　）。

（A）K5 + 049.9　　　（B）K5 + 049.9　　　（C）K5 + 209.9　　　（D）K5 + 250.0

解答

$E = R\left(\sec\dfrac{\alpha}{2} - 1\right) = 22.033$m

解得：$R = 4000$m

$T = R \cdot \tan(\alpha/2) = 420.42$m

$L = \dfrac{\pi}{180°}\alpha R = 837.76$m

ZY 点桩号：K4 + 632.56 $-T = $ K4 + 632.56 $- 420.42 = $ K4 + 212.14

YZ 点桩号：K4 + 212.14 $+L = $ K4 + 212.14 $+ 837.76 = $ K5 + 49.9

反向圆曲线之间的直线长度不小于 $2V = 2 \times 100 = 200$m

JD5 处 ZY 点桩号至少应大于 K5 + 49.9 + 200 = K5 + 249.9

答案：D

📖 **考点分析**

（1）根据图示理解各圆曲线要素间的关系。

（2）基本形曲线中桩号与曲线要素之间的关系：ZH = JD $-T$ 而 HZ $\neq$ JD $+T$。

（3）ZY $+T = $ JD，JD $+T = $ YZ $+J$。

2. 对称基本形及其几何要素计算

📖 **基本知识**

（1）回旋线

回旋线是曲率随曲线长度成比例变化的曲线。这一性质与前面驾驶员以匀速转动转向盘，汽车由直线驶入圆曲线或圆曲线驶入直线的轨迹线相符。其基本公式为：

$$rl = A^2$$

式中：r——回旋线上某点的曲率半径（m）；

l——回旋线上某点到原点的曲线长（m）；

A——回旋线参数（m）。

回旋线参数A表征回旋线曲率变化的缓急程度，在回旋线内r是随l的变化而变化的。在回旋线起点，曲率为零，曲率半径为无穷，但在回旋线终点处，$l = L_s$，$r = R$，则$RL_s = A^2$，即

$$A = \sqrt{RL_s}$$

式中：R——回旋线所连接的圆曲线半径（m）；

L_s——回旋线缓和曲线长度（m）。

（2）平曲线按"直线—回旋线A_1—圆曲线—回旋线A_2—直线"顺序的组合形式，且$A_1 = A_2$时组成的曲线为对称基本形。

（3）对称基本形图形如图1-7-2所示。

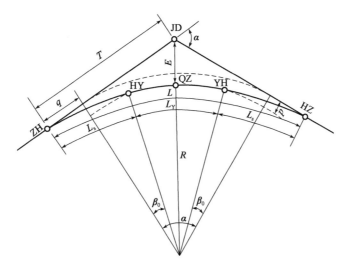

图1-7-2　对称基本形

其几何元素的计算公式如下：

切线增长值：$q = \dfrac{L_s}{2} - \dfrac{L_s^3}{240R^2}$（m）

内移值：$p = \dfrac{L_s^2}{24R} - \dfrac{L_s^4}{2688R^3}$（m）

缓和曲线角：$\beta_0 = \dfrac{L_s}{2R} \cdot \dfrac{180°}{\pi}$（°）

切线长：$T = (R + p)\tan\dfrac{\alpha}{2} + q$（m）

平曲线长：$L = (\alpha - 2\beta_0)\dfrac{\pi}{180°}R + 2L_s = \alpha\dfrac{\pi}{180°}R + L_s$（m）

外距：$E = (R + p)\sec\dfrac{\alpha}{2} - R$（m）

切曲差（也称校正值）：$J = 2T - L$（m）

$L_s = 2\beta_0 R\pi/180°$，$L_Y = (\alpha - 2\beta_0)R\pi/180°$，所以$L_s : L_Y = 2\beta_0 : (\alpha - 2\beta_0)$

桩号 ZH = JD（桩号）$-T$

桩号 HY = ZH（桩号）$+L_h$

桩号 YH = HY（桩号）$+L_Y$

桩号 HZ = YH（桩号）$+L_h$

桩号 QZ = HZ（桩号）$-L/2$

桩号 JD = QZ（桩号）$+J/2$

例题 1-7-3

某道路有一个交点，偏角 $\alpha_1 = 14°26'00''$（右偏），圆曲线半径 $R = 1000$m，如第一回旋线、圆曲线及第二回旋线长度基本按 $1:1:1$ 关系设计时，最有可能的回旋线长度是（　　　）。

（A）130m （B）126m

（C）120m （D）110m

解答

$L_\text{s} = 2\beta_0 R\pi/180°$，$L_\text{Y} = (\alpha - 2\beta_0)R\pi/180°$，则 $L_\text{s}/L_\text{Y} = 2\beta_0/(\alpha - 2\beta_0)$。

由条件知回旋线与圆曲线长度之比为 $1:1$，则 $2\beta_0/(\alpha - 2\beta_0) = 1/1$。

即 $2\beta_0 = \alpha - 2\beta_0$；$\beta_0 = \alpha/4 = 14.4333°/4 = 3.6083°$。

$L_{\text{s}1} = L_{\text{s}2} = 2\beta_0 R\pi/180° = 2 \times 3.6083° \times 1000 \times \pi/180° = 125.95$m

$L_\text{Y} = (\alpha - 2\beta_0)R\pi/180° = (14.4333° - 2 \times 3.6083°) \times 1000\pi/180° = 125.95$m

$L_{\text{s}1} : L_\text{Y} : L_{\text{s}2} = 125.95 : 125.95 : 125.95 = 1:1:1$，回旋线长度取 126m，第一回旋线、圆曲线及第二回旋线长度近似符合 $1:1:1$ 的关系。

答案：B

例题 1-7-4

某公路，设计速度 60km/h，某交点处曲线采用对称基本形，转角为 $62.5°$，拟采用的缓和曲线和圆曲线长度之比分别为 $1:1.5$，采用的圆曲线半径为 600m，则曲线长度和切线长度 T 分别是（　　　）。

（A）392.79m，497.66m （B）916.30m，497.66m

（C）916.27m，400.5m （D）261.79m，400.5m

解答

由题意，回旋线和圆曲线长度之比分别为 $1:1.5$，则 $L_\text{s} : L_\text{Y} = 2\beta_0/(\alpha - 2\beta_0) = 1/1.5$，即 $\beta_0 = \alpha/5 = 12.5°$。

$L_{\text{s}1} = L_{\text{s}2} = 2\beta_0 R\pi/180° = 2 \times 12.5° \times 600\pi/180° = 261.80$m

$L_\text{Y} = (\alpha - 2\beta_0)R\pi/180° = (62.5° - 2 \times 12.5°) \times 600\pi/180° = 392.70$

所以 $L = 2 \times 261.8 + 392.7 = 916.30$m

$p = \dfrac{L_\text{s}^2}{24R} - \dfrac{L_\text{s}^4}{2688R^3} = 4.7597 - 0.0081 = 4.75$m（第二项数据很小，一般情况下可省略）

$q = \dfrac{L_\text{s}}{2} - \dfrac{L_\text{s}^3}{240R^2} = 130.900 - 0.2076 = 130.692$m

$T = (R + p)\tan\dfrac{\alpha}{2} + q = (600 + 4.752)\tan 31.25° + 130.900 = 497.66$m

答案：B

例题 1-7-5

根据例题 1-7-4，若已知 JD 桩号为 K13 + 526.88m，则 ZH 点桩号及 HZ 点桩号为（　　　）。

（A）K13 + 029.22，K14 + 024.54 （B）K13 + 029.22，K13 + 945.52

（C）K13 + 068.74，K13 + 945.52 （D）K13 + 068.74，K14 + 024.54

解答

$\text{ZH} = \text{JD} - T = 13526.88 - 497.66 = 13029.22 = \text{K13} + 029.22$

$\text{HZ} = \text{ZH} + L = 13029.22 + 916.30 = 13945.52 = \text{K13} + 945.52$

答案：B

（1）理解对称形曲线要素间的关系，并灵活运用。

（2）与简单形曲线同理，ZH（桩号）＝JD（桩号）－T，而HZ（桩号）≠JD（桩号）＋T。

（3）对称基本形，回旋线长度与圆曲线长度之比即为其对应的转角之比，即$2\beta_0 : (\alpha - 2\beta_0)$。

3. 常用线形组合及其几何要素计算

（1）对称基本形（平曲线按"直线—回旋线A_1—圆曲线—回旋线A_2—直线"顺序的组合形式，如图1-7-3所示），符合《公路路线设计规范》（JTG D20—2017）第9.2.4条第1款及第9.2.4条第2款。

（2）S形（两个反向圆曲线用两段反向回旋线连接的组合形式，如图1-7-4所示），符合《公路路线设计规范》（JTG D20—2017）第9.2.4条第3款。

图1-7-3　基本形　　　　　　　　　图1-7-4　S形

（3）卵形（用一个回旋线连接两个同向圆曲线的组合形式，如图1-7-5所示），符合《公路路线设计规范》（JTG D20—2017）第9.2.4条第4款。

（4）凸形（两个同向回旋线间不插入圆曲线而在曲率相同处径相连接的组合形式，如图1-7-6所示），符合《公路路线设计规范》（JTG D20—2017）第9.2.4条第5款。

图1-7-5　卵形　　　　　　　　　图1-7-6　凸形

（5）复合形（大半径圆曲线与小半径圆曲线相衔接处，采用两个或两个以上的同向回旋线在曲率相同处径相连接组合而成，如图1-7-7所示），符合《公路路线设计规范》（JTG D20—2017）第9.2.4条第7款。

（6）C形（两同向回旋线在曲率为零处径相连接的组合形式，如图1-7-8所示），符合《公路路线设计规范》（JTG D20—2017）第9.2.4条第6款。

（7）复曲线（半径不同的同向圆曲线间无回旋线而直接径相相连，如图1-7-9所示），符合《公路路线设计规范》（JTG D20—2017）第7.4.2条。

图 1-7-7　复合形

图 1-7-8　C 形

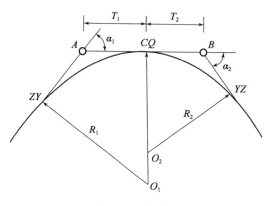

图 1-7-9　复曲线

（8）回头曲线（山区道路为克服高差，在同一坡面上转角接近或大于 180°，一般为主曲线和辅曲线组合的形式，如图 1-7-10 所示），符合《公路路线设计规范》（JTG D20—2017）第 7.10.3 条。

图 1-7-10　回头曲线

📖 典型例题

例题 1-7-6（S 形曲线）

某公路有两个交点间距为 407.54m，JD1 的偏角 $\alpha_1 = 12°24'20''$（左偏），圆曲线半径 $R_1 = 1200$m，回旋线长度 $L_{s1} = 130$m；JD2 为右偏，$\alpha_2 = 15°32'50''$，回旋线长度 $l_{s2} = 135$m，将 JD1 和 JD2 组合成 S 形曲线，交点 2 的圆曲线半径为（　　　）。

（A）869.54m
（B）1236.78m
（C）1058.30m
（D）1354.67m

解答

（1）计算 JD1 的切线长

$$p_1 = \frac{L_{s1}^2}{24R} = \frac{130^2}{24 \times 1200} = 0.587\text{m}$$

$$q_1 = \frac{L_{s1}}{2} - \frac{L_{s1}^3}{240R_1^2} = \frac{130}{2} - \frac{130^3}{240 \times 1200^2} = 65\text{m}$$

$$T_1 = (R_1 + p_1)\tan\frac{\alpha_1}{2} + q_1 = (1200 + 0.587)\tan\frac{12°24'20''}{2} + 65 = 195.484\text{m}$$

（2）计算 JD2 的曲线半径和缓和曲线长

由于 JD1 到 JD2 的距离为 407.54m，把 JD1、JD2 设计成 S 形曲线，则

JD2 的切线长为：$T_2 = 407.54 - 195.484 = 212.056\text{m}$

JD2 的缓和曲线长为 135m，设 JD2 的半径为 R_2，则

$$T_2 = (R_2 + p_2)\tan\frac{\alpha_2}{2} + q_2 = \left(R_2 + \frac{135^2}{24 \times R_2}\right)\tan\frac{15°32'50''}{2} + \frac{135}{2} = 212.056$$

$$R_2 = 1058.30\text{m}$$

答案：C

例题 1-7-7（凸形曲线）

某公路线形设计时，交点桩号 K7 + 432.14 处，转角 $\alpha = 11°27'34''$，因受地形限制，经论证采用凸形曲线，回旋线拟采用相同设计参数 A，设计中拟采用的曲率半径 R 为 300m，则该平曲线 HZ 点桩号为（　　）。

（A）K7 + 492

（B）K7 + 522

（C）K7 + 552

（D）K7 + 592

解答

凸形曲线 $\alpha = 2 \times \beta$，$\beta = \frac{\alpha}{2} = \frac{11°27'34''}{2} = 5°43'47''$

$\beta = \frac{L_s}{2R} \cdot \frac{180°}{\pi} = \frac{L_s}{2 \times 300} \cdot \frac{180°}{\pi} = 5°43'47''$，$L_s = 60\text{m}$

$q = \frac{L_s}{2} - \frac{L_s^3}{240R^2} = \frac{60}{2} - \frac{60^3}{240 \times 300^2} = 29.99\text{m}$

$p = \frac{L_s^2}{24R} = \frac{60^2}{24 \times 300} = 0.5\text{m}$

$T = (R + p)\tan\frac{\alpha}{2} + q = (300 + 0.5)\tan\frac{11°27'34''}{2} + 29.99 = 60.14\text{m}$

ZH 点里程桩号：K7 + 432.14 $-T$ = K7 + 432.14 $- 60.14$ = K7 + 372

HZ 点里程桩号：K7 + 372 $+ 2 \times L_s$ = K7 + 372 + 2 $\times$ 60 = K7 + 492

答案：A

例题 1-7-8（复曲线）

JD9 与 JD10 构成不设缓和曲线的复曲线，JD9 的交点里程为 K5 + 020.05，$\alpha_9 = 59°14'20''$，$\alpha_{10} = 55°32'00''$，基线 $AB = 195.6\text{m}$，$R_9 = 180\text{m}$。则 JD10 平曲线处的 YZ 点里程是（　　）。

（A）K5 + 115.315

（B）K5 + 150.305

（C）K5 + 275.445

（D）K5 + 295.430

解答

$T_9 = R_9 \times \tan(\alpha_9/2) = 180 \times \tan(59°14'20''/2) = 102.335\text{m}$

$L_9 = R_9 \times \alpha_9 \times (\pi/180°) = 180 \times 59.2389° \times (\pi/180°) = 186.105\text{m}$

$T_{10} = AB - T_9 = 195.6 - 102.335 = 93.265\text{m}$

$T_{10} = R_{10} \times \tan(\alpha_{10}/2) = R_{10} \times \tan(55.533°/2) = 93.265\text{m}$，得 $R_{10} = 177.142\text{m}$

$L_{10} = R_{10} \times \alpha_{10} \times (\pi/180°) = 177.072 \times 55.533° \times (\pi/180°) = 171.625\text{m}$

YZ = JD9 $-T_9 + L_9 + L_{10}$ = K5 + 020.05 $- 102.335 + 186.105 + 171.625$ = K5 + 275.445

答案：C

例题 1-7-9（2021 年真题）

某山岭区三级公路，设计速度为 30km/h，其中某越岭段拟选择缓坡地段敷设回头曲线。回头曲线如下图所示，M、N 为辅助曲线交点，辅助曲线对称布置，半径 $R = 100$m，辅角 $\beta = 30°$，外距 $E = R \times \sec\left(\dfrac{\beta}{2}\right) - R$，在 MN 方向上的上下路基断面如图 b）所示，$C = 1.2$m，两辅助线曲线交点间所需的最小距离 MN 应为（　　）。（取小数点后两位）

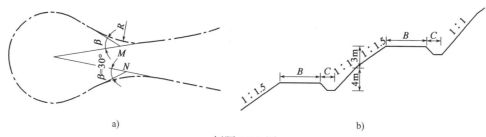

例题 1-7-9 图

（A）9.34m （B）10.14m
（C）11.14m （D）11.34m

解答

根据《公路路线设计规范》（JTG D20—2017）第 6.2.1 条，设计速度 30km/h，车行道宽 3.25m；

查表 6.4.1，土路肩宽 0.5m，$B = 3.25 \times 2 + 0.5 \times 2 = 7.5$m

$R = 100$m 时，$\Delta b = 2.5$m，圆曲线加宽在内侧，该题目的解答是不计入的。$C = 1.2$m，$1.2 + 4 \times 1 + 3 \times 1.5 + 7.5 = 17.2$m

$E = 100 \times \sec\left(\dfrac{30°}{2}\right) - 100 = 3.53$m

$D = 17.2 - 3.53 \times 2 = 10.14$m

答案：B

📖 **考点分析**

（1）两同向圆曲线间插入：0 条回旋线为复曲线，1 条回旋线为卵形曲线，$\geqslant 2$ 条回旋线为复合曲线（衔接处曲率为 0 时为 C 形曲线）。两反向圆曲线间插入两条回旋线为 S 形曲线。

（2）S 形及 C 形曲线，隐含几何条件就是两交点的距离 AB 即为两平曲线切线之和 $(T_1 + T_2)$，即 $AB = (T_1 + T_2)$。

（3）凸形曲线隐含几何条件是 $\alpha = 2\beta$。

考点8　力的平衡公式计算圆曲线最小半径或超高

1. 公路由力的平衡公式计算圆曲线最小半径或超高

📖 **条文规定**

《公路工程技术标准》（JTG B01—2014）第 4.0.17 条、第 4.0.18 条条文说明规定如下：

（1）确定圆曲线最小半径的原则。

本标准中规定的圆曲线最小半径是以汽车在曲线部分能安全而又顺适地行驶所需的条件而确定的。

圆曲线最小半径的实质是汽车行驶在公路曲线部分时，所产生的离心力等横向力不超过轮胎与路面的摩阻力所允许的界限。根据车辆在弯道上行驶时的受力状况及各种力的几何关系，可推导出如下计算公式：

$$R = \frac{v^2}{127(\mu + i)} \tag{4-1}$$

式中：R——曲线半径（m）；

v——车辆速度（km/h）；

μ——横向力系数，极限值为路面与轮胎之间的横向摩阻系数；

i——路面的横向坡度。

本次修订，标准给出了直接影响行车安全性的圆曲线最小半径的两种值：即"最小值"和"不设超高最小半径"。公路线形设计时，应根据沿线地形等情况，合理选用不小于"最小值"圆曲线半径。在不得已情况下，方可使用"最小值"。

（2）确定圆曲线最小半径的"极限值"采用的横向力系数如表4-1所示。

圆曲线最小半径的横向系数及超高值 表4-1

设计速度（km/h）	120	100	80	60	40	30	20
横向力系数	0.10	0.12	0.13	0.15	0.15	0.16	0.17
超高值（%）	6	6	6	6	6	6	6
	8	8	8	8	8	8	8
	10	10	10	10	10	10	10

（3）不设超高的圆曲线最小半径计算时横向力系数按0.035~0.040取用，并规定当路拱横坡为1.5%时，横向力系数采用0.035；当路拱横坡为2%时，横向力系数采用0.040，如表4-3所示。

不设超高的圆曲线最小半径（单位：m） 表4-3

设计速度（km/h）	120	100	80	60	40	30	20
i路拱 ≤ 2.0% $\mu = 0.035 \sim 0.040$	5500	4000	2500	1500	600	350	150
i路拱 > 2.0% $\mu = 0.040 \sim 0.050$	7550	5250	3350	1900	850	450	200

📖 **规范条文解析**

（1）公路及城市道路规范中圆曲线各种限制半径均采用力的平衡公式 $R = \frac{v^2}{127(\mu+i)}$ 计算而得；城市道路的计算公式及各项参数取值规定见《城市道路路线设计规范》（CJJ 193—2012）第6.3.2条条文说明。

（2）力的平衡公式其实就是汽车行驶在曲线上所产生的离心力 $F_{离} = \frac{mv^2}{R}$，等于轮胎与路面摩擦力及汽车重力在倾斜地面上产生的水平分力的合力 $F_{向} = mg(\mu + i)$。设超高时汽车重力水平分力为向心力，所以 i 取"+"，不设超高时水平力分力为离心力，所以 i 取"−"。

📖 **典型例题**

例题 1-8-1

某积雪冰冻地区的四级公路，设计速度为30km/h，路拱横坡为双向2%，横向力系数 μ 取0.13，最大超高限制为6%，则极限最小圆曲线半径是（　　）。

（A）20m　　　　　　（B）30m　　　　　　（C）38m　　　　　　（D）65m

解答

根据《公路工程技术标准》（JTG B01—2014）第 4.0.17 条、第 4.0.18 条条文说明，汽车行驶在曲线上力的平衡公式，代入 $\mu = 0.13$，$v = 30$km/h，$i = 0.06$（设超高，i 取值为+），可得

$$R = \frac{30^2}{127 \times (0.13 + 0.06)} = 37.3\text{m}$$

答案：C

例题 1-8-2

题干同例题 1-8-1，假定横向力系数 μ 仍取 0.13，则不设超高的最小圆曲线半径是（　　　）。

（A）20m　　　　　　（B）30m　　　　　　（C）38m　　　　　　（D）65m

解答

根据力的平衡公式，代入 $\mu = 0.13$，$v = 30$km/h，$i = 0.02$（不设超高，i 取值为−），可得

$$R = \frac{30^2}{127 \times (0.13 - 0.02)} = 64.4\text{m}$$

答案：D

例题 1-8-3（2020 年真题）

某平原微丘区高速公路，设计速度为 120km/h，路拱横坡为 2%，若 $\mu = 0.04$，该项目不设超高的最小平面圆曲线半径计算值为（　　　）。（计算结果取整）

（A）1889m　　　　　（B）5250m　　　　　（C）5669m　　　　　（D）5767m

解答

根据《公路工程技术标准》（JTG B01—2014）第 4.0.17 条、第 4.0.18 条条文说明，$R = \frac{v^2}{127(\mu + i)}$，道路横坡 2%，不设超高时，$i$ 取正负值：−0.02。

$$R = 120^2/127(0.04 - 0.02) = 5669\text{m}$$

答案：C

例题 1-8-3a（2021 年真题）

东北某拟在积雪冰冻的丘陵地区新建一条一级公路，设计速度为 80km/h，路面横向力系数取 0.12 时，该公路最大超高时的平曲线最小半径应为（　　　）。（取整数）

（A）250m　　　　　　（B）270m　　　　　　（C）280m　　　　　　（D）300m

解答

根据《公路路线设计规范》（JTG D20—2017）表 7.5.1，积雪冰冻地区，$i_{max} = 6\%$，$\mu = 0.18$，$V = 80$km/h，则

$$R = \frac{V^2}{127(\mu + i)} = \frac{80^2}{127(0.12 + 0.06)} = 280\text{m}$$

答案：C

例题 1-8-4

某二级公路，设计速度为 80km/h，路拱横坡为双向 2%，横向力系数 μ 取 0.04，当圆曲线半径为 1000m 时，最小超高值应采用（　　　）。

（A）1%　　　　　　　（B）2%　　　　　　　（C）3%　　　　　　　（D）4%

解答

（1）根据《公路工程技术标准》（JTG B01—2014）第 4.0.17 条、第 4.0.18 条条文说明，汽车行驶在

曲线上的力的平衡式，由$\mu = 0.04$，$v = 80km/h$，$R = 1000m$，代入可得$i = \dfrac{v^2}{127R} - \mu = 0.010$。

（2）根据《公路路线设计规范》（JTG D20—2017）第7.5.1条第2款，各级公路最小超高值应与该公路直线部分的正常路拱横坡值一致，这里取2%。

答案：B

2. 城市道路由力的平衡公式计算圆曲线最小半径或超高

📖 条文规定

《城市道路路线设计规范》（CJJ 193—2012）第6.3.2条条文说明规定如下：

6.3 平曲线

6.3.2 圆曲线

1 本规范规定了不设超高最小半径、设超高最小半径一般值、设超高最小半径极限值三类圆曲线最小半径，在工程设计中应结合具体情况合理选用。

圆曲线最小半径是以车辆在曲线上能安全又顺适地行驶为条件确定的，即车辆行驶在曲线部分时，所产生的离心力等横向力不超过轮胎与路面的摩擦力所允许的界限。圆曲线最小半径按下式计算。

$$R = \frac{V^2}{127(\mu + i)} \tag{1}$$

式中：R——圆曲线半径（m）；

$\qquad V$——设计速度（km/h）；

$\qquad \mu$——横向力系数，取轮胎与路面之间的横向摩擦系数；

$\qquad i$——路面横坡或超高横坡。

在设计速度V确定的情况下，圆曲线最小半径R取决于横向力系数μ和横坡i的选值。横向力系数μ的选用不仅考虑汽车在弯道上行驶时的稳定性，还要考虑乘客的舒适性以及对燃料、轮胎消耗的影响。汽车在弯道上行驶时，不同的μ值对乘客的舒适感和对燃料、轮胎消耗的影响见表4和表5。

汽车在弯道上行驶时对乘客的舒适感 表4

μ	乘客舒适感
≤0.10	转弯时不感到有曲线存在，很平稳
0.15	转弯时略感到有曲线存在，尚平稳
0.20	转弯时已感到有曲线存在，略感到不平稳
0.35	转弯时明显感到有曲线存在，已感到不稳定
≥0.40	转弯时非常不稳定，站立不住而有倾倒危险

μ值对燃料和轮胎消耗的影响 表5

μ	燃料消耗（%）	轮胎消耗（%）
0	100	100
0.05	105	160
0.10	110	220
0.15	115	300
0.20	120	390

《公路工程技术标准》JTG B01—2003 中的 μ 值按 0.035～0.040 取用，计算得出公路不设超高圆曲线最小半径值。结合我国城市道路大型客、货车较多的特点，城市道路不设超高圆曲线最小半径按 $\mu = 0.067$ 和 $i = -2\%$ 计算得出。设超高圆曲线最小，半径一般值按 $\mu = 0.067$ 和 $\mu = 2\%～6\%$ 计算得出。城市道路由于非机动车的干扰，交叉口较多，一般车速偏低，因此 μ 值可加大些。本规范中，设超高圆曲线最小半径极限值按不同的设计速度，$\mu = 0.14～0.16$，$i = 2\%～6\%$ 计算得出。圆曲线半径理论计算值与规范采用值见表6。

圆曲线半径计算表　　　　　　　表6

设计速度（km/h）		100	80	60	50	40	30	20
不设超高 最小半径 （m）	横向力系数 μ	0.067	0.067	0.067	0.067	0.067	0.067	0.067
	路面横坡度 i	−0.02	−0.02	−0.02	−0.02	−0.02	−0.02	−0.02
	$R = \dfrac{V^2}{127(\mu+i)}$	1675	1072	603	419	268	151	67
	R 采用值	1600	1000	600	400	300	150	70
设超高 最小半径 一般值 （m）	横向力系数 μ	0.067	0.067	0.067	0.067	0.067	0.067	0.067
	路面横坡度 i	0.06	0.06	0.04	0.04	0.02	0.02	0.02
	$R = \dfrac{V^2}{127(\mu+i)}$	620	397	265	184	145	81	36
	R 采用值	650	400	300	200	150	85	40
设超高 最小半径 极限值 （m）	横向力系数 μ	0.14	0.14	0.15	0.05	0.16	0.16	0.16
	路面横坡度 i	0.06	0.06	0.04	0.04	0.02	0.02	0.02
	$R = \dfrac{V^2}{127(\mu+i)}$	394	252	149	104	70	39	17
	R 采用值	400	250	150	100	70	40	20

2　长直线下坡尽头接平曲线半径的线形组合在城市道路中较多，且较易产生交通事故，尤其在雨雪天等不利的气候条件下。对受条件限制时，可从提高路面抗滑性能、交通安全、交通管理等方面考虑采取防护措施。

📖 典型例题

例题 1-8-5（2019 年真题）

拟建某城市快速路，设计速度为 100km/h，μ 取 0.067，圆曲线半径为 800m 时的最小超高值拟定为（　　）。（按百分数四舍五入取整）

（A）1%　　　　　（B）2%　　　　　（C）3%　　　　　（D）4%

解答

根据《城市道路路线设计规范》（CJJ 193—2012）第 6.3.2 条条文说明，汽车行驶在曲线上的力的平衡式，由 $\mu = 0.067$，$v = 100$km/h，$R = 800$m，代入可得 $i = \dfrac{v^2}{127R} - \mu = 0.031$。

答案：C

例题 1-8-6

拟建某城市快速路，设计速度为 100km/h，μ 取值范围为 0.067～0.10，则圆曲线半径为 550m 时的最大超高值拟定为（　　）。

（A）3%　　　　　（B）6%　　　　　（C）7.6%　　　　　（D）8%

解答

由 $\mu_{\min} = 0.067$，$v = 100\text{km/h}$，$R = 600\text{m}$，代入可得 $i_{\max} = \dfrac{v^2}{127R} - \mu_{min} = 7.6\%$。

根据《城市道路路线设计规范》（CJJ 193—2012）第 6.4.1 条，设计速度为 100km/h 时，最大超高横坡为 6%，所以取 $i_{\max} = 6\%$。此时根据力的平衡式，得 $\mu = 0.0832 < 0.10$，符合题意。

答案：B

例题 1-8-7（2022 年真题）

某非积雪冰冻地区山岭段城市快速路，设计速度为 80km/h，圆曲线半径为 475m，纵坡为 5.0%，横向力系数不大于 0.067，下列关于该圆曲线超高横坡度符合规范规定的应为（　　）。并说明选择的依据和理由。（计算结果百位数取整）

（A）2%　　　　　（B）3%　　　　　（C）4%　　　　　（D）5%

解答

根据《城市道路路线设计规范》（CJJ 193—2012）表 7.4.1，$i_{\max} = 7\%$（合成坡度），则

$i_{k\max} = \sqrt{(7\%)^2 - (5\%)^2} = 4.9\%$；

根据 $R = \dfrac{v^2}{127(\mu+i)}$，则 $i_{\min} = \dfrac{v^2}{127R} - \mu = \dfrac{v^2}{127\times475} - 0.067 = 0.039 = 3.9\%$，取 4.0%。

同时，根据表 6.4.1，设计速度 80km/h 时，最大超高不得大于 6%。

综上，为同时满足前述三者的要求，超高横坡取 4% 可满足要求。

答案：C

📖 **考点分析**

（1）设超高时 i 取"+"，不设超高时 i 取"−"。

（2）注意计算出来的超高值应与规范中规定的最大、最小超高值进行比较。若根据汽车行驶在圆曲线上的力平衡公式计算出来的超高值 i 小于道路横坡值，那么采用道路横坡 i 为该平曲线的最小超高值。

（3）汽车行驶在圆曲线上的力平衡式中，横向力系数 μ 的极限值是路面与轮胎之间的横向摩阻力系数（取值一般在 0.17 以下）。μ 的取值直接影响到乘客的舒适度，μ 值越小，乘客越舒适。所以根据力的平衡公式计算圆曲线半径时，一般 μ 值根据乘客舒适程度提前进行选定（未达到横向摩阻力系数的极限），然后根据力的平衡式计算出超高值，如果计算出来的超高值超过了规范规定值，需根据规范规定的最大超高，对设计采用的 μ 值进行调整（乘客的舒适感降低，但不超限值），以满足力的平衡式。

考点9　平面线形相关规定及计算

1. 公路平面线形规定及计算

📖 **条文规定**

《公路路线设计规范》（JTG D20—2017）规定如下：

7.2　直线

7.2.1　直线的长度不宜过长。受地形条件或其他特殊情况限制而采用长直线时，应结合沿线具体情

况采取相应的技术措施。

7.2.2 两圆曲线间以直线径相连接时，直线的长度不宜过短，并应符合下列规定：

1 设计速度大于或等于60km/h时，同向圆曲线间最小直线长度（以m计）以不小于设计速度（以km/h计）的6倍为宜；反向圆曲线间的最小直线长度（以m计）以不小于设计速度（以km/h计）的2倍为宜。

2 设计速度小于或等于40km/h时，可参照上述规定执行。

7.3 圆曲线

7.3.1 各级公路平面不论转角大小，均应设置圆曲线。在选用圆曲线半径时，应与设计速度相适应。

7.3.2 圆曲线最小半径应根据设计速度，按表7.3.2确定。

圆曲线最小半径   表7.3.2

设计速度（km/h）		120	100	80	60	40	30	20
圆曲线最小半径（一般值）（m）		1000	700	400	200	100	65	30
圆曲线最小半径（极限值）（m）	$I_{max}=4\%$	810	500	300	150	65	40	20
	$I_{max}=6\%$	710	440	270	135	60	35	15
	$I_{max}=8\%$	650	400	250	125	60	30	15
	$I_{max}=10\%$	570	360	220	115	—	—	—

注："一般值"为正常情况下的采用值；"极限值"为条件受限制时可采用的值；"I_{max}"为采用的最大超高值；"—"为不考虑采用对应最大超高值的情况。

7.3.3 圆曲线最大半径值不宜超过10000m。

7.4 回旋线

7.4.1 高速公路、一级公路、二级公路、三级公路的直线同小于表7.4.1不设超高的圆曲线最小半径径相连接处，应设置回旋线。四级公路的直线同小于表7.4.1不设超高的圆曲线最小半径径相连接处，可不设置回旋线，但应设置超高、加宽过渡段。

不设超高的圆曲线最小半径   表7.4.1

设计速度（km/h）		120	100	80	60	40	30	20
不设超高圆曲线最小半径（m）	路拱≤2%	5500	4000	2500	1500	600	350	150
	路拱>2%	7500	5250	3350	1900	800	450	200

7.4.2 半径不同的同向圆曲线径相连接处，应设置回旋线。但符合下列条件可不设回旋线：

1 小圆半径大于表7.4.1规定时。

2 小圆半径大于表7.4.2规定，且符合下列条件之一者：

1）小圆按最小回旋线长度设回旋线时，大圆与小圆的内移值之差小于0.10m时；

2）设计速度大于或等于80km/h，大圆半径（R_1）与小圆半径（R_2）之比小于1.5时；

3）设计速度小于80km/h，大圆半径（R_1）与小圆半径（R_2）之比小于2.0时。

复曲线中小圆临界圆曲线半径   表7.4.2

设计速度（km/h）	120	100	80	60	40	30
临界圆曲线半径（m）	2100	1500	900	500	250	130

3 回旋线最小长度应符合表7.4.3的规定。

回旋线最小长度   表7.4.3

设计速度（km/h）	120	100	80	60	40	30	20
回旋线最小长度（m）	100	85	70	50	35	25	20

注：四级公路为超高、加宽过渡段长度。

7.8 平曲线长度

7.8.1 平曲线最小长度应符合表7.8.1的规定。

平曲线最小长度   表7.8.1

设计速度（km/h）		120	100	80	60	40	30	20
平曲线最小长度（m）	一般值	600	500	400	300	200	150	100
	最小值	200	170	140	100	70	50	40

注："一般值"为正常情况下的采用值；"最小值"为条件受限时可采用的值。

7.8.2 当路线转角小于或等于7°时，应设置较长的平曲线，其长度应大于表7.8.2中规定的"一般值"。当地形条件及其他特殊情况限制时，可采用表中的"最小值"。

公路转角小于或等于7°时的平曲线长度   表7.8.2

设计速度（km/h）	120	100	80	60	40	30	20
一般值	1400/Δ	1200/Δ	1000/Δ	700/Δ	500/Δ	350/Δ	280/Δ
最小值	200	170	140	100	70	50	40

注：表中Δ为路线转角值（°），当$\Delta < 2°$时，按$\Delta = 2°$计算。

7.10 回头曲线

7.10.2 两相邻回头曲线之间，应有较长的距离。由一个回头曲线的终点至下一个回头曲线起点的距离，设计速度为40km/h、30km/h、20km/h时，应分别不小于200m、150m、100m。

7.10.3 回头曲线各部分的技术指标应符合表7.10.3的规定。设计速度为40km/h的公路根据地形条件可选用35km/h或30km/h的回头曲线设计速度。

回头曲线技术指标   表7.10.3

主线设计速度	40		30	20
回头曲线设计速度（km/h）	35	30	25	20
圆曲线最小半径（m）	40	30	20	15
回旋线最小长度（m）	35	30	25	20
超高横坡度（%）	6	6	6	6
双车道路面加宽值（m）	2.5	2.5	2.5	3.0
最大纵坡（%）	3.5	3.5	4.0	4.5

9.2 平面线形设计

9.2.2 直线的运用应符合下列要求：

1 直线的运用应注意同地形、环境的协调与配合。采用直线线形时，其长度不宜过长。

2 农田、河渠规整的平坦地区、城镇近郊规划等以直线条为主体时，宜采用直线线形。

3 特长、长隧道或结构特殊的桥梁等构造物所处的路段，以及路线交叉点前后的路段宜采用直线线形。

4 双车道公路为超车所提供的路段宜采用直线线形。

9.2.3 圆曲线的运用应符合下列要求：

1 设置圆曲线时应与地形相适应，宜采用超高为 2%～4% 对应的圆曲线半径。

2 条件受限制时，可采用大于或接近于圆曲线最小半径的"一般值"；地形条件特殊困难而不得已时，方可采用圆曲线最小半径的"极限值"，并应采取措施保证视距的要求。

3 设置圆曲线时，应同相衔接路段的平、纵线形要素相协调，使之构成连续、均衡的曲线线形，避免小半径圆曲线与陡坡相重合的线形。

4 当交点转角不得已小于 7° 时，应按规定设置足够长的曲线。

9.2.4 回旋线的运用应符合下列要求：

1 设计速度大于或等于 60km/h 时，回旋线应作为线形要素之一加以运用。回旋线—圆曲线—回旋线的长度以大致接近为宜。两个回旋线的参数值亦可以根据地形条件设计成非对称的曲线，但 $A_1 : A_2$ 不应大于 2.0。

2 回旋线参数宜依据地形条件及线形要求确定，并与圆曲线半径相协调。在确定回旋线参数时，宜在下述范围内选定：$R/3 \leqslant A \leqslant R$，但：

1）当 R 小于 100m 时，A 宜大于或等于 R。

2）当 R 接近 100m 时，A 宜等于 R。

3）当 R 较大或接近于 3000m 时，A 宜等于 $R/3$。

4）当 R 大于 3000m 时，A 宜小于 $R/3$。

3 两反向圆曲线径相衔接或插入的直线长度不足时，可用回旋线将两反向圆曲线连接组合为 S 形曲线。

1）S 形曲线的两回旋线参数 A_1 与 A_2 宜相等。

2）当采用不同的回旋线参数时，A_1 与 A_2 之比应小于 2.0，有条件时以小于 1.5 为宜。当 $A_2 \leqslant 200$ 时，A_1 与 A_2 之比应小于 1.5。

3）两圆曲线半径之比不宜过大，以 $R_1/R_2 \leqslant 2$ 为宜（R_1 为大圆曲线半径，R_2 为小圆曲线半径）。

4 两同向圆曲线径相衔接或插入的直线长度不足时，可用回旋线将两同向圆曲线连接组合为卵形曲线。

1）卵形曲线的回旋线参数宜选 $R_2/2 \leqslant A \leqslant R_2$（$R_2$ 为小圆曲线半径）。

2）两圆曲线半径之比，以 $R_2/R_1 = 0.2～0.8$ 为宜。

3）两圆曲线的间距，以 $D/R_2 = 0.003～0.03$ 为宜（D 为两圆曲线间的最小间距）。

5 受地形条件限制时，可将两同向回旋线在曲率相同处径相衔接而组合为凸形曲线。凸形曲线只有在路线严格受地形限制，且对接点的曲率半径相当大时方可采用。

1）凸形曲线的回旋线参数及其对接点的曲率半径，应分别符合容许最小回旋线参数和圆曲线最小半径的规定。

2）对接点附近的 $0.3v$（以 m 计；其中 v 为设计速度，按 km/h 计）长度范围内，应保持以对接点的曲率半径确定的路拱横坡度。

6 受地形条件或其他特殊情况限制时，可将两同向圆曲线的回旋线曲率为零处径相衔接而组合为 C 形曲线。C 形曲线仅限于地形条件特殊困难，路线严格受限制时方可采用。

7 受地形条件限制时，大半径圆曲线与小半径圆曲线相衔接处，可采用两个或两个以上同向回旋线在曲率相同处径相连接而组合为复合曲线。复合曲线的两个回旋线参数之比以小于 1.5 为宜。复合曲线在受地形条件限制，或互通式立体交叉的匝道设计中可采用。

（1）公路路线规范第 7 章关于平面线形主要规定了直线、回旋线、圆曲线、回头曲线的最小、最大长度或者最小、最大半径等基本技术指标规定；第 9 章主要规定了线形运用与组合时的一些规定及注意事项。

（2）公路相关规范中规定了三种圆曲线最小半径：①设超高最小半径（极限值），μ 采用《公路工程技术标准》（JTG B01—2014）附表 4-1 对应值（0.10～0.17；设超高，i 为正）；②设超高圆曲线最小半径（一般值）（计算采用 μ 值为 0.05～0.06；设超高，i 为正）；③不设超高圆曲线半径（计算采用 μ 值 0.035～0.04；不超高，i 为负）。只要满足了不设超高最小圆曲线半径，就满足不设缓和曲线的条件（设置 3s 行程缓和曲线时内移值小于 0.1m），所以公路规范中无不设置缓和曲线最小圆曲线半径。

（3）公路相关规范中规定了三种曲线最小长度：缓和曲线最小长度、平曲线最小长度最小值及平曲线最小长度一般值。缓和曲线最小长度为 3s 行车的长度，平曲线最小长度最小值为凸曲线特殊情况下的线形组合的长度，数值是 2 倍缓和曲线长，而为了行车舒适规定平曲线最小长度一般值为平曲线最小长度最小值的 3 倍。

📖 典型例题

例题 1-9-1

新建一条双向两车道三级公路，拟定的设计速度为 40km/h，路拱采用 2% 的双向坡。某处平曲线转角角度为 10°，由于条件受限，只能采用《公路路线设计规范》（JTG D20—2017）规定的不设超高最小半径，则该平曲线长度为（　　）。

（A）100m
（B）104.7m
（C）110.5m
（D）112.6m

解答

根据《公路路线设计规范》（JTG D20—2017）表 7.4.1，$R = 600$m。

$L = R\alpha\pi/180° = 600 \times 10\pi/180° = 104.7$m

答案：B

例题 1-9-2

某一级公路设计速度为 80km/h，路线上有两交点距离较近，设计成了不设回旋线的复曲线。已知小圆半径采用 1000m，则大圆半径采用值最有可能是（　　）。

（A）1320.24m
（B）1520.10m
（C）1608.77m
（D）1650.33m

解答

根据《公路路线设计规范》（JTG D20—2017）第 7.4.2 条，小圆半径大于表 7.4.2 的规定。

设计速度大于或等于 80km/h，大圆半径（R_1）与小圆半径（R_2）之比小于 1.5 时可以设计成复曲线；所以，$R_1 < 1.5 \times 1000 = 1500$m。

答案：A

例题 1-9-2a（2022 年真题）

下图为某山区二级公路的局部路线平面图。公路设计速度为 60km/h，受地形限制，局部采用了两同向圆曲线径相连接的线形设计、不设缓和曲线，已知小圆半径为 580m，下列关于大圆半径的取值范围，符合规范规定的是（　　　）。并说明选择依据和理由。

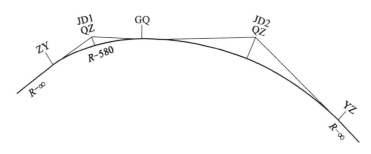

例题 1-9-2a 图

（A）435m＜大圆半径＜870m　　　　（B）580m＜大圆半径＜1160m

（C）580m＜大圆半径＜1450m　　　　（D）1160m＜大圆半径＜1450m

解答

根据《公路路线设计规范》（JTG D20—2017）第 7.4.2 条第 2 款、表 7.4.2，小圆临界圆曲线半径为 500m；$R_{min} = 580m > 500m$，为复曲线。

第 7.4.2 条第 2 款第 3 项，大圆半径 R_1 与小圆半径 R_2 之比小于 2。

则：$R_1 < 2 \times 580 = 1160m$，由 $R_2 < R_1 < 2R_2$，得 $580m < R_1 < 1160m$。

答案：B

注：例题 1-9-2、1-9-2a 考查的是公路路线复曲线中的大、小圆曲线半径之间的关系；

例题 1-9-2b（2022 年补考真题）

某山区公路采用设计速度 60km/h 的二级公路标准，最大超高值取 8%。某路段两个相邻交点 JD1、JD2 的距离是 651.68m；其中 JD1 转角 $\alpha_1 = 15°$，圆曲线半径 $R_1 = 2050m$；JD2 转角 $\alpha_2 = 17°$。假设平面线位不受限制，下列关于两个交点的线形和 JD2 圆曲线半径 R_2 的值，符合规范规定的是（　　　）。并说明选择依据和理由。

圆曲线要素关系图（不设缓和曲线）

（A）同向曲线，$R_2 = 125m$

（B）同向曲线，$R_2 = 145.81m$

（C）复曲线，$R_2 = 1248.785m$

（D）复曲线，$R_2 = 2554.63m$

例题 1-9-2b

解答

圆曲线 1 的切线长：

$$T_1 = R_1 \tan\frac{\alpha}{2} = 2050 \times \tan\frac{15°}{2} = 269.89m$$

如果为同向圆曲线，直线长应为 $6V = 6 \times 60 = 360m$，与 $651.68 - 269.89 = 381.79m$ 接近，因此线形不能采用同向曲线。

线形采用复曲线，$T_2 = 381.79m$，$R_2 = 381.79/\tan\frac{17°}{2} = 2554.63m$

$R_2/R_1 = 2554.63/2050 = 1.246 < 2$，且小圆半径大于临界圆曲线半径 500m，满足《公路路线设计规范》（JTG D20—2017）第 7.4.2 条的要求。

答案：D

例题 1-9-3

某一级公路设计速度为 100km/h，路拱横坡为 2%，因地形条件受限，全线设有 A、B、C、D 四处不设回旋线的复曲线，采用的圆曲线半径不符合规范的是（　　）。

（A）$R_小 = 1500$m，$R_大 = 2102$m　　　　（B）$R_小 = 1800$m，$R_大 = 2011$m

（C）$R_小 = 1800$m，$R_大 = 5000$m　　　　（D）$R_小 = 3200$m，$R_大 = 5000$m

解答

（1）由《公路路线设计规范》（JTG D20—2017）表 7.4.2 知，A、B、C、D 四组数据的最小圆曲线半径 $R_小$ 均符合第 7.4.2 条第 2 款规定。

（2）A 复曲线：$R_大/R_小 = 2102/1500 = 1.4013 < 1.5$，符合第 7.4.2 条第 2 款 2）项的规定，A 复曲线符合规范。

B 复曲线：$R_大/R_小 = 2011/1800 = 1.17 < 1.5$，符合第 7.4.2 条第 2 款 2）项的规定，B 复曲线符合规范。

C 复曲线：$R_大/R_小 = 5000/1800 = 2.78 > 1.5$，不符合第 7.4.2 条第 2 款 2）项的规定。

检验 C 曲线的符合性：

$L_{s最小} = 85$m；$P = \dfrac{85^2}{24 \times 1800} - \dfrac{85^2}{24 \times 5000} = 0.107$m > 0.1m，不符合第 7.4.2 条第 2 款 1）项规定，C 复曲线不符合规范。

D 复曲线：$R_大/R_小 = 5000/3200 = 1.56 > 1.5$，不符合第 7.4.2 条第 2 款 2）项的规定。

检验 D 曲线的符合性：

$L_{s最小} = 85$m；$P = \dfrac{85^2}{24 \times 3200} - \dfrac{85^2}{24 \times 5000} = 0.034$m < 0.1m，符合第 7.4.2 条第 2 款 1）项规定，D 复曲线符合规范要求。

答案：C

例题 1-9-4（2019 年真题）

某高速公路，设计速度为 100km/h，某处平曲线转角为 4°，一般情况下，平曲线最小长度不应小于（　　）。

（A）170m　　　　　　　　　　　　（B）200m

（C）300m　　　　　　　　　　　　（D）400m

解答

根据《公路路线设计规范》（JTG D20—2017）第 7.8.2 条，平曲线转角为 4°，小于 7°，$V = 100$km/h，查表知，平曲线长度为 $1200/\Delta = 1200/4 = 300$m。

答案：C

例题 1-9-5（2019 年真题）

某高速公路设计速度采用 100km/h，平曲线半径采用 2700m，回旋线参数 A 宜取为（　　）。

（A）1200m　　　　　　　　　　　（B）1500m

（C）900m　　　　　　　　　　　　（D）800m

解答

根据《公路路线设计规范》（JTG D20—2017）第 9.2.4 条第 2 款，当 R 较接近于 3000m 时，A 宜等于 $R/3$。

答案：C

例题 1-9-5a（2022 年补考真题）

某积雪冰冻地区一级公路，设计速度采用 100km/h，因局部地形地质条件的限制，在某路段拟设置两反向平面圆曲线，直线段长度不满足 $2v$ 要求，依据规范需设置两个反向回旋线将这两个圆曲线衔接。已知大圆曲线半径为 850m，计算小圆曲线半径的最小值应为（　　　　）。（取整数）

（A）400m
（B）425m
（C）440m
（D）700m

解答

根据《公路路线设计规范》（JTG D20—2017）第 9.2.4 条第 3 款第 3 项：

S 形曲线，$R_1/R_2 \leqslant 2$，$R_2 \geqslant 850/2 = 425$m。

根据表 7.5.1、表 7.3.2，积雪冰冻地区，$i_{max} = 6\%$，$R_{min} = 440$m。

综上，取 440m。

答案：C

例题 1-9-6

（1）在例题 1-9-5 题干及答案的条件下，若给出平曲线的交点转角为 13°，验证该平曲线是否符合《公路路线设计规范》（JTG D20—2017）第 9.2.4 条第 1 款的规定。

解答

根据《公路路线设计规范》（JTG D20—2017）第 9.2.4 条第 1 款规定，回旋线—圆曲线—回旋线的长度以大致接近为宜。

$L_s = A^2/R = 900^2/2700 = 300$m

$\beta = \dfrac{L_s}{2R} \cdot \dfrac{180°}{\pi} = \dfrac{300}{2 \times 2700} \times \dfrac{180°}{\pi} = 3.1831°$；$\alpha - 2\beta = 6.6338°$

$L_Y = (\alpha - 2\beta)R\pi/180° = 6.6338° \times 2700\pi/180° = 312.61$m

$L_s : L_Y : L_s = 1 : 1.042 : 1$，回旋线—圆曲线—回旋线的长度大致接近，符合第 9.2.4 条第 1 款的规定。

答案：符合

（2）在例题 1-9-5 题干及答案的条件下，若给出平曲线的交点转角为 26°，验证是否符合第 9.2.4 条第 1 款的规定。

解答

$L_s = 300$m

$\beta = 3.1831°$，$\alpha - 2\beta = 19.6338°$

$L_Y = (\alpha - 2\beta)R\pi/180° = 19.6338° \times 2700\pi/180° = 925.22$m

$L_s : L_Y : L_s = 1 : 3.08 : 1$，回旋线—圆曲线—回旋线的长度不接近，不符合第 9.2.4 条第 1 款的规定。

答案：不符合

注：也可采用速算方法，如 26° 的情况下，不设缓和曲线时，圆曲线长 $L'_Y = 26 \times 2700 \times \pi/180 = 1225.22$m，$L_Y = 1225.22 - 300 = 925.22$m。

例题 1-9-7

某三级公路设计速度采用 30km/h，平曲线半径采用 120m，回旋线参数 A 宜取为（　　　　）。

（A）80m
（B）120m
（C）300m
（D）500m

解答

根据《公路路线设计规范》（JTG D20—2017）第 9.2.4 条第 2 款，当 R 较接近于 100m 时，A 宜等于R。

此时，根据$A^2 = R \times L$，缓和曲线长度$L = 120^2/120 = 120$m，满足《公路路线设计规范》（JTG D20—2017）表7.4.3的要求。

答案：B

例题 1-9-8

在例题1-9-7条件下，若给出转角$\alpha = 30°$，则回旋线参数A宜取为（　　　）。

（A）50m　　　　　　　　　　　　　（B）60m

（C）90m　　　　　　　　　　　　　（D）150m

解答

（1）根据《公路路线设计规范》（JTG D20—2017）第7.4.3条，设计速度$V = 30$km/h时，L_s最小为25m。则$A_{min} = \sqrt{L_s \times R} = \sqrt{25 \times 120} = 54.77$，取整55m。

（2）若取极限凸曲线，则$\beta = 30°/2 = 15°$

$L_s = 2R\beta(\pi/180°) = 62.83$m

$A_{max} = \sqrt{L_s \times R} = \sqrt{62.83 \times 120} = 86.83$m

（3）若采用缓和曲线—圆曲线—缓和曲线接近，则

$\beta = 30°/4 = 7.5°$

$L_s = 2R\beta(\pi/180°) = 31.42$m

$A_{宜} = \sqrt{L_s \times R} = \sqrt{31.42 \times 120} = 61.40$m

综上所述：选项A小于$A_{min} = 55$m，不符合规范。选项C、D大于$A_{max} = 86.83$m，不符合规范。

答案：B

例题 1-9-9

下列四个平面线形图，符合规范要求的是（　　　）。

图　例题1-9-9

c)设计速度V=30km/h，双车道公路

d)设计速度V=30km/h，双车道公路

例题 1-9-9 图

（A）图 a）　　　　（B）图 b）　　　　（C）图 c）　　　　（D）图 d）

设计速度

解答

根据《公路路线设计规范》（JTG D20—2017）第 9.2.1 条第 7 款，设计速度小于或等于 40km/h 的双车道公路,两相邻反向圆曲线无超高时可径相衔接,无超高有加宽应设置长度不小于 10m 的加宽过渡段。两相邻反向圆曲线设有超高时，地形条件特别困难路段的直线长度不得小于 15m。

查表 7.4.1 知：除了选项 B 情况下，只需设置加宽不需要设超高外，其余情况均应设置超高。所以，两反向圆曲线长度除了选项 B 只需满足不小于 10m 的加宽过渡段，其余均应满足至少 15m 的超高过渡段，选项 A、C、D 均不符合规范要求。

答案： B

例题 1-9-10（2019 年真题）

某山区公路设计速度采用 40km/h，某路段需要采用卵形曲线才能与地形很好吻合，小圆曲线半径采用 80m，大圆曲线半径采用的合理区间是（　　）。

（A）400～600m　　　（B）100～400m　　　（C）80～600m　　　（D）80～150m

解答

根据《公路路线设计规范》（JTG D20—2017）第 9.2.4 条第 4 款，$R_{小}/R_{大} = 0.2～0.8$，故

$R_{大} = (80/0.2～80/0.8) = 400～100m$

答案： B

例题 1-9-10a（2022 年补考真题）

西北地区某一级公路，设计速度采用 80km/h，在某特殊路段将两同向圆曲线通过回旋线相接组成卵形曲线，已知小圆曲线半径为 500m，计算回旋线参数的区间应为（　　）。（取整数）

（A）150～250m　　　　　　　　（B）250～500m

（C）500～600m　　　　　　　　（D）600～700m

解答

根据《公路路线设计规范》（JTG D20—2017）第 9.2.4 条第 4 款，一级公路，设计速度采用 80km/h，$\frac{R_2}{2} \leqslant A \leqslant R_2$，因此，$250 \leqslant A \leqslant 500$。

答案： B

例题 1-9-11（2021 年真题）

某积雪冰冻地区高速公路，设计速度为 80km/h，其中某一路段由于受地形、地物的制约，采用如下图所示的平曲线组合设计，图中 R_1 和 R_2 为圆曲线半径，L_{s1} 和 L_{s2} 为回旋线长度。在下列 R_1-L_{s1}-L_{s2}-R_2 的参数组合方案中，不符合规范要求的是（　　　）。

例题 1-9-11 图

（A）800m-100m-80m-500m
（B）800m-100m-90m-500m
（C）900m-100m-80m-500m
（D）900m-100m-90m-500m

解答

根据《公路路线设计规范》（JTG D20—2017）表 7.3.2，该曲线为 S 曲线（积雪冰冻地区用极限值），圆曲线最小半径极限值 $R = 270$m，A、B、C、D 均符合。

根据《公路路线设计规范》（JTG D20—2017）表 7.4.3，缓和曲线最小长度为 70m，A、B、C、D 均符合。

根据《公路路线设计规范》（JTG D20—2017）第 9.2.4 条第三款，$A = \sqrt{R \times L_s}$。对于 C 选项：$A_1 = \sqrt{900 \times 100} = 300$，$A_2 = \sqrt{80 \times 500} = 200$，$A_1/A_2 = 1.5$，不符合。

答案：C

例题 1-9-11a（2024 年真题）

某拟新建省道高速公路，采用设计速度 100km/h 的高速公路标准。局部受到地形、地物的制约，其中某路段平面设计采用 S 型平曲线。如下图所示，JD2 和 JD3 之间直线长度 $L_1 = 400$m；JD2 平面圆曲线半径 $R_2 = 1200$m、回旋线长度 $L_{S2} = 200$m；JD3 平面圆曲线半径 $R_3 = 3800$m，未设回旋线。已知路拱横坡为 2%，下列关于平面设计参数中，不符合规范规定的是何项？并请说明选择依据和理由。

某路段平面 S 型平曲线示意图

（A）R_2
（B）L_{S2}
（C）L_1
（D）R_3

解答

根据《公路路线设计规范》（JTG D20—2017）：

（1）根据表 7.3.2，最小圆曲线半径为 700m，$R_2 = 1200$m，满足；

（2）根据 9.2.4 条第 2 款，$R/3 \leqslant A \leqslant R$，$400 \leqslant A \leqslant 1200$

$L_{S2} = A^2/R$，$A = \sqrt{L_{S2} \times R} = \sqrt{200 \times 1200} = 489.90$，满足；

（3）根据 7.2.2 条第 1 款，反向圆曲线间最小直线长度不小于 $2V = 200$m，$L_1 = 400$m，满足；

（4）根据表 7.4.1，路拱横坡为 2%，不设超高圆曲线半径为 4000m > 3800m，不满足。

答案：D

（1）与规范结合的平面线形类题目都是结合规范中对圆曲线最小半径、圆曲线最小长度、缓和曲线最小长度、直线段最小长度、组合线形的各技术指标规定进行计算。

（2）通过例题1-9-6可知，当半径较大时，第9.2.4条第1、2款的应用，需要结合转角大小，综合考虑才会得到更优线形。若题目中没有体现转角，可以根据题意选择1或者2款确定A值，若已经给出了转角，需要1、2款综合考虑才可以得到更合理的线形。

（3）通过例题1-9-8可知，在半径较小的情况下，选取A时，若给出了转角，则需要结合缓和曲线最小、最大、最适宜三个条件综合考虑。不能仅通过第9.2.4条第2款得答案。

2. 城市道路平面线形规定及计算

📖 条文规定

《城市道路路线设计规范》（CJJ 193—2012）规定如下：

6.2 直线

6.2.1 两相邻平曲线间的直线段最小长度应大于或等于缓和曲线最小长度。

6.2.2 两圆曲线间以直线径向连接时，直线的长度宜符合下列规定：

1 当设计速度大于或等于60km/h时，同向圆曲线间最小直线长度（以m计）不宜小于设计速度（以km/h计）数值的6倍；反向圆曲线间最小直线长度（以m计）不宜小于设计速度（以km/h计）数值的2倍。

2 当设计速度小于60km/h时，可不受上述限制。

6.3 平曲线

6.3.1 路线转角处应设置平曲线。当受现状道路红线或建筑物控制，设计速度小于或等于40km/h的路线转角位于交叉口范围内时，可不设置平曲线，但应保证交叉口范围直行车道的连续、顺直。

6.3.2 圆曲线设置应符合下列规定：

1 圆曲线最小半径应符合表6.3.2的规定。当地形条件受限制时，可采用设超高圆曲线最小半径的一般值；当地形条件特别困难时，可采用设超高圆曲线最小半径的极限值。

圆曲线最小半径　　　　　　　　　　　　　　表6.3.2

设计速度（km/h）		100	80	60	50	40	30	20
不设超高圆曲线最小半径（m）		1600	1000	600	400	300	150	70
设超高圆曲线最小半径（m）	一般值	650	400	300	200	150	85	40
	极限值	400	250	150	100	70	40	20

2 当设计速度大于或等于40km/h时，采用本规范表7.2.1机动车最大纵坡的下坡段尽头，其圆曲线半径应大于或等于不设超高的最小半径。当受条件限制而采用设超高最小半径时，应采取防护措施。

6.3.3 缓和曲线设置应符合下列规定：

1 缓和曲线应采用回旋线。

2 直线与圆曲线或大半径圆曲线与小半径圆曲线之间应设置缓和曲线。当圆曲线半径大于表6.3.3-1不设缓和曲线的最小圆曲线半径时，直线与圆曲线可直接连接。

不设缓和曲线的最小圆曲线半径 表 6.3.3-1

设计速度（km/h）	100	80	60	50	40
不设缓和曲线的最小圆曲线半径（m）	3000	2000	1000	700	500

3 当设计速度大于或等于 40km/h 时，半径不同的同向圆曲线连接处应设置缓和曲线。当受地形限制并符合下列条件之一时，可采用复曲线：

1）小圆半径大于或等于不设缓和曲线的最小圆曲线半径；

2）小圆半径小于不设缓和曲线的最小圆曲线半径，但大圆与小圆的内移值之差小于或等于 0.1m；

3）大圆半径与小圆半径之比值小于或等于 1.5。

4 当设计速度小于 40km/h 时，缓和曲线可采用直线代替，直线长度应满足缓和曲线最小长度的要求。

5 缓和曲线最小长度应符合表 6.3.3-2 的规定。当圆曲线按规定需设置超高时，缓和曲线长度还应大于超高缓和段长度。

缓和曲线最小长度 表 6.3.3-2

设计速度（km/h）	100	80	60	50	40	30	20
缓和曲线最小长度（m）	85	70	50	45	35	25	20

6 缓和曲线参数 A 宜根据线形要求和地形条件确定，并应与圆曲线半径相协调，宜满足 $R/3 \leqslant A \leqslant R$ 的要求。当圆曲线半径小于 100m 时，A 宜接近 R；当圆曲线半径大于 3000m 时，A 宜接近 $R/3$。

6.3.4 平曲线由圆曲线和两端缓和曲线组成，平曲线设置应符合下列规定：

1 平曲线与圆曲线最小长度应符合表 6.3.4-1 的规定。

平曲线与圆曲线最小长度 表 6.3.4-1

设计速度（km/h）		100	80	60	50	40	30	20
平曲线最小长度（m）	一般值	260	210	150	130	110	80	60
	极限值	170	140	100	85	70	50	40
圆曲线最小长度（m）		85	70	50	40	35	25	20

注："一般值"为正常情况下采用值；"极限值"为条件受限时采用值。

2 道路中心线转角 α 小于或等于 7° 时，设计速度大于或等于 60km/h 的平曲线最小长度还应符合表 6.3.4-2 的规定。

小转角平曲线最小长度 表 6.3.4-2

设计速度（km/h）	100	80	60
平曲线最小长度（m）	$1200/\alpha$	$1000/\alpha$	$700/\alpha$

注：表中的 α 为路线转角值（°），当 α 小于 2° 时，按 2° 计。

📖 规范条文解析

（1）《城市道路路线设计规范》（CJJ 193—2012）中第 6.3.3 条第 3 款关于复曲线的规定与《公路路线设计规范》（JTG D20—2017）第 7.4.2.2 条关于复曲线的规定相似，但前者无小圆临界圆曲线半径规定。

（2）《城市道路路线设计规范》（CJJ 193—2012）中规定了四种最小圆曲线半径，由小至大分别为：设超高最小圆曲线半径极限值（μ值采用 0.14～0.16；设超高，i为"＋"）、设超高最小圆曲线半径一般值（μ值取 0.067；超高，i为正）、不设超高最小圆曲线半径（μ值取 0.067；不超高，i为"－"）和不设缓和曲线最小圆曲线半径（$0.288V^2$）。很明显，由于城市道路采用的μ值大于公路，所以相同设计速度下，同种最小圆曲线半径均比公路要小。所以为了满足设置 3s 行程缓和曲线时内移值小于 0.1m 这个条件，单独规定了不设缓和曲线最小圆曲线半径（公路规范无此规定）。

（3）《城市道路路线设计规范》（CJJ 193—2012）回旋线最小长度计算方法详见第 6.3.3 条条文说明表 8。

（4）城市道路相关规范规定了四种曲线最小长度：圆曲线长度最小值（公路规范无此规定）、缓和曲线长度最小值、平曲线长度最小值极限值（两倍缓和曲线）、平曲线最小长度一般值（两倍缓和曲线加一个圆曲线）。

（5）关于路线转角小于或等于 7°时的平曲线长度规定，城市道路设计速度小于 60km/h 时，不再作小转角平曲线长度规定，所以《城市道路路线设计规范》（CJJ 193—2012）表 6.3.4-2 无设计速度 60km/h 以内的规定。

📖 典型例题

例题 1-9-12

某城市支路设计速度 30km/h，全长 2350m。有一处转点，转角为 14°15′00″，平曲线长度按条件受限考虑，拟设置不设缓和曲线的圆曲线，如果采用计算公式，则圆曲线半径最小为多少？平曲线长度是否满足规范要求？（　　　）

（A）130m，不满足　　　　　　　　　　（B）130m，满足

（C）260m，不满足　　　　　　　　　　（D）260m，满足

解答

根据《城市道路路线设计规范》（CJJ 193—2012）第 6.3.3 条条文说明：

$R = 0.144V^2 = 0.144 \times 30^2 = 129.6\text{m}$，取整 130m。为不影响驾驶员在视觉和行驶上的顺适，不设缓和曲线的最小半径值为式(4)计算值的 2 倍，不设缓和曲线的最小圆曲线半径计算值：$2R = 260\text{m}$。

$L = R\alpha\pi/180° = 260 \times 14.25°\pi/180° = 64.66\text{m}$

根据《城市道路路线设计规范》（CJJ 193—2012）表 6.3.4-1，设计速度$V = 30\text{km/h}$ 时，平曲线最小长度极限值为 50m ＜ 64.66m，满足规范要求。

答案：D

例题 1-9-13

某城市主干路，设计速度 60km/h。平面中 JD2 处转角为 6°，若采用不设置缓和曲线的圆曲线半径 1000m，平曲线长度按条件受限考虑，平面线形是否符合规范要求？若不符合，采用的最小圆曲线半径应为（　　　）。

（A）符合　　　　　　　　　　　　　　（B）不符合，1110m

（C）不符合，1120m　　　　　　　　　（D）不符合，1200m

解答

（1）$L = R\alpha\pi/180° = 1000 \times 6° \times \pi/180° = 104.72\text{m}$

根据《城市道路路线设计规范》（CJJ 193—2012）表 6.3.4-1，设计速度为 60km/h 时，平曲线最小长度极限值为 100m ＜ 104.7m，满足规范要求。

根据《城市道路路线设计规范》（CJJ 193—2012）表 6.3.4-2，设计速度为 60km/h 时，平曲线最小长

度$L = 700/\alpha = 700/6 = 116.67\text{m} > 104.72\text{m}$，平曲线长度不够，不符合规范要求。

（2）根据$L_{\min} = R_{\min}\alpha\pi/180° = 116.67$，得$R_{\min} = 116.67 \times 180°/6°\pi = 1114.15\text{m}$，向上取整1120m。

答案：C

例题 1-9-14（2020 年真题）

某城市主干路，设计速度为 60km/h，拟采用不设缓和曲线的圆曲线平面线形，道路设计中心线转角值为 5°48′36″。下列关于该圆曲线最小半径取值，符合规范规定的是（　　）。并说明选择依据和理由。（百位数取整）

（A）300m　　　　　　（B）600m　　　　　　（C）1000m　　　　　　（D）1200m

解答

根据《城市道路路线设计规范》（CJJ 193—2012），查表 6.3.3-1，不设缓和曲线的最小圆曲线半径$R_{\min} = 1000\text{m}$。

中心线转角 5°48′36″（5.81°）小于 7°，为小转角平曲线，查第 6.3.4 条第 2 款，有

$L_{\min} = 700/5.81° = 120.5\text{m}$

此时对应的最小圆曲线半径$R_{\min} = 120.5/(5.81° \times \pi/180) = 1188\text{m}$，取整为 1200m。

取 1000m 和 1200m 的大值，即 1200m。

答案：D

例题 1-9-14a（2023 年真题）

某设计速度为 80km/h 的城市快速路，路段中有一处道路设计中心线转角值为 5°07′12″的折点，拟采用不设缓和曲线的圆曲线平面线形。条件受限时，下列关于该圆曲线最小半径取值，符合规范规定的是（　　）。（百位数取整）

（A）1600m　　　　　　（B）2000m　　　　　　（C）2200m　　　　　　（D）2400m

解答

根据《城市道路路线设计规范》（CJJ 193—2012）：

（1）表 6.3.3-1，不设缓和曲线的最小圆曲线半径$R_{\min} = 2000\text{m}$。

（2）根据表 6.3.4-2，小偏角 5°07′12″ = 5.12°

最小圆曲线长度：$L_{\min} = 1000/5.12 = 195.313\text{m}$

$R_{\min} = 195.313/5.12 \times (180/\pi) = 2186.8\text{m}$

综上，符合规范规定的最小圆曲线半径为 2186.8m，向上取整为 2200m。

答案：C

3. 城市道路障碍物附近平曲线综合计算

例题 1-9-15（2022 年真题）

某城市主干路设计速度为 50km/h，平面线形设计拟采用不设缓和曲线的圆曲线单元，道路设计中心线转角值为 35°48′，受障碍物控制要求圆曲线外距 E 至少保持 30m。下列圆曲线最小半径取值符合规范规定的应为（　　）。说明选择的依据和理由。（计算结果百位数取整）

圆曲线计算公式：$E = R[\sec(\alpha/2) - 1]$

（A）400m　　　　　　（B）500m　　　　　　（C）600m　　　　　　（D）700m

解答

根据《城市道路路线设计规范》(CJJ 193—2012)第6.3.3条，不设缓和曲线最小圆半径$R = 700\text{m}$，由题意：

$$E = R\left[\sec\left(\frac{\alpha}{2}\right) - 1\right] \geqslant 30\text{m}, \quad R \geqslant \frac{30}{\left[\sec\left(\frac{35°48'}{2}\right) - 1\right]} \geqslant \frac{30}{0.0509} = 589.39\text{m}$$

取700m和589.39m中的大值，则$R_{\min} = 700\text{m}$。

答案：D

注：本题考查的是不设缓和曲线最小圆曲线半径规定值和限制条件E反算最小圆曲线半径，两者取大值

例题 1-9-16（2024年真题）

某设计速度为40km/h的城市次干路，采用单幅路横断面对称布置，横断面尺寸为：4.0m（人行道）+ 20.0m（车行道）+ 4.0m（人行道）= 28.0m。某一路段设计中心线转角值为31°12′00″，平面线形拟采用不设缓和曲线的圆曲线，转角点与圆心连线上路幅外侧有一处110kV高压杆塔。已知杆塔外缘至转角点的水平距离为3.0m，道路边线至杆塔外缘的最小水平距离按5.0m控制，根据规范规定，计算该圆曲线最小半径取值是多少？（计算结果十位数取整）

圆曲线计算公式：$E = R \times [\sec(a/2) - 1]$

（A）500m 　　　　　　　　　　　（B）550m

（C）580m 　　　　　　　　　　　（D）600m

解答

（1）根据E值算圆曲线半径：$R = E/[\sec(a/2) - 1]$，$E = 14 + 3 + 5 = 22\text{m}$，圆曲线最小半径$R = 22/[\sec 31.2°/2 - 1] = 575\text{m}$；

（2）根据《城市道路路线设计规范》(CJJ 193—2012)表6.3.3-1，设计速度40km/h，不设缓和曲线的最小圆曲线半径为500m；

（3）根据圆曲线最小长度反算圆曲线半径：根据6.3.4条，圆曲线最小长度一般值为110m（不设缓和曲线时按平曲线取值），反算$R = \frac{L}{\alpha} = \frac{110}{\frac{31.2 \times 3.14}{180}} = 202\text{m}$。

综上，圆曲线最小半径取值为575m，取整为580m。

答案：C

考点10　全超高断面计算及超高缓和段、超高渐变率计算

1. 公路超高相关计算

📖 条文规定 ━━━━━━━━━━━━━━━━━━━━━━━━━━━━━━

《公路路线设计规范》(JTG D20—2017)规定如下：

7.5　圆曲线超高

7.5.1　圆曲线半径小于表7.4.1规定的不设超高圆曲线最小半径时，应在曲线上设置超高，并符合下列规定：

1　各级公路圆曲线部分的最大超高值应符合表7.5.1规定。

2 各级公路圆曲线部分的最小超高值应与该公路直线部分的正常路拱横坡度值一致。

各级公路圆曲线最大超高值 表 7.5.1

公路技术等级	高速公路、一级公路	二级公路、三级公路、四级公路
一般地区（%）	8 或 10	8
积雪冰冻地区（%）	6	
城镇区域（%）	4	

注：一般地区公路，圆曲线最大超高应采用 8%；以通行中、小型客车为主的高速公路和一级公路，最大超高可采用 10%。

7.5.2 二级公路、三级公路、四级公路接近城镇且混合交通量较大的路段，车速受到限制时，其最大超高值可按表 7.5.2 采用。

车速受限制时最大超高值 表 7.5.2

设计速度（km/h）	80	60	40	30	20
超高值（%）	6	4	2		

7.5.3 各圆曲线半径所设置的超高值应根据设计速度、圆曲线半径、公路条件、自然条件等经计算确定，必要时应按运行速度验算。

7.5.4 当路拱横坡度发生变化时，必须设置超高过渡段。其超高渐变率应根据旋转轴的位置按表 7.5.4 确定。

超高渐变率 表 7.5.4

设计速度（km/h）	超高旋转轴位置	
	中线	边线
120	1/250	1/200
100	1/225	1/175
80	1/200	1/150
60	1/175	1/125
40	1/150	1/100
30	1/125	1/75
20	1/100	1/50

7.5.5 超高过渡方式应符合下列规定：

1 对于无中间带的公路，当超高横坡度等于路拱坡度时，将外侧车道绕路中线旋转，直至超高横坡度；当超高横坡度大于路拱坡度时，应采用绕内侧车道边缘旋转、绕路中线旋转或绕外侧车道边缘旋转的方式。设计中应视情况确定：

1）新建工程宜采用绕内侧车道边缘旋转的方式；

2）改建工程可采用绕路中线旋转的方式；

3）路基外缘高程受限制或路容美观有特殊要求时，可采用绕外侧车道边缘旋转的方式。

2 对于有中间带的公路，应采用绕中间带的中心线旋转、绕中央分隔带边缘旋转或分别绕行车道中线旋转的方式，设计中应视情况确定：

1）有中间带的公路均可采用绕中央分隔带边缘旋转的方式；

2）中间带宽度较小的公路还可采用绕中间带中心线旋转的方式；

3）车道数大于 4 条的公路可采用分别绕行车道中线旋转的方式。

3 采用分离式路基断面的公路，其超高过渡方式宜按无中间带公路分别予以过渡。

7.5.6 超高过渡宜在回旋线全长范围内进行。当回旋线较长时，其超高过渡段应设在回旋线的某一区段范围内，超高过渡段的纵向渐变率不得小于1/330，全超高断面宜设在缓圆点或圆缓点处。

7.5.7 超高过渡宜采用线性过渡方式。

7.5.10 硬路肩超高方式应符合下列规定：

1 硬路肩超高值与相邻车道超高值相同时，其超高过渡段应与车道相同，且采用与车道相同的超高渐变率。

2 硬路肩超高值比相邻车道超高值小时，应先将硬路肩横坡过渡到与车道路拱坡度相同，再与车道一起过渡，直至硬路肩达到其最大超高横坡度。

6.5.5 硬路肩、土路肩横坡的设计应符合下列规定：

1 直线路段的硬路肩应设置向外倾斜的横坡，其坡度值应与车道横坡值相同。路线纵坡平缓，且设置拦水带时，其横坡值宜采用3%～4%。

2 曲线路段内、外侧硬路肩横坡的横坡值及其方向：当曲线超高小于或等于 5%时，其横坡值和方向应与相邻车道相同；当曲线超高大于5%时，其横坡值应不大于5%，且方向相同。

3 硬路肩的横坡应随邻近车道的横坡一同过渡，其过渡段的纵向渐变率应控制在1/330～1/150之间。

4 土路肩的横坡：位于直线路段或曲线路段内侧，且车道或硬路肩的横坡值大于或等于3%时，土路肩的横坡应与车道或硬路肩横坡值相同；小于3%时，土路肩的横坡应比车道或硬路肩的横坡值大1%或2%。位于曲线路段外侧的土路肩横坡，应采用3%或4%的反向横坡值。

5 中型以上桥梁及隧道区段的硬路肩横坡值，应与车道相同。

《公路路线设计规范》（JTG D20—2017）条文说明规定如下：

7.5.4 超高过渡段中的超高渐变率，其取值在0.4%～2.0%间变化。超高过渡段长度，在选定旋转轴和超高值后即可按式(7-3)计算。但设计中对有硬路肩的公路，应考虑硬路肩随行车道超高过渡的需要，按实际情况的B值计算，则超高过渡段长度上L_c将相应增长。

7.5.7 公路超高过渡宜采用线性过渡渐变的方式，过渡段长度与超高渐变率的关系如下式(7-3)：

$$L_c = \Delta_i \cdot B/P \tag{7-3}$$

式中：L_c——超高过渡段长度（m）；

Δ_i——超高横坡度与路拱坡度的代数差（%）；

B——超高旋转轴至行车道（设路缘带时为路缘带）外侧边缘的宽度（m）；

P——超高渐变率。

📖 **规范条文解析**

（1）渐变率最小为1/330，最大值与设计速度及旋转轴位置有关，其值可查表7.5.4获得。注意，当旋转轴位于中央分隔带边缘时，查表时对应旋转轴位置为"边线"而非"中线"。

（2）公路中B是旋转轴至行车道外侧边缘的宽度（m），按照2022年真题（例题1-10-6a）还应该考虑硬路肩宽度；城市道路超高公式中的b是旋转轴至路面边缘的宽度。

（3）公路超高计算时，硬路肩超高至5%不再参与旋转；道路内侧的土路肩若无硬路肩则与路面一致，若有硬路肩则与硬路肩超高坡度一致，道路外侧土路肩横坡度始终保持原横坡不变。

📖 **典型例题**

例题 1-10-1

某三级集散公路，设计速度为40km/h，不考虑通行铰接列车，路基设计高程采用路基边缘高程。行车道宽7m，土路肩宽0.75m，路拱横坡为2%，土路肩横坡为4%。某平曲线半径选定为140m，超高横坡取 6%，超高旋转轴绕边线旋转。QZ 点的路基设计高程为 100m，则该 QZ 点的路基外侧及内侧高程是（　　）。

（A）100m，99.99m
（B）100.42m，99.99m
（C）100.42m，99.93m
（D）100.48m，99.93m

解答

计算图示如下（图示未加宽）。

例题 1-10-1 解图（尺寸单位：m）

（1）由题意知旋转轴处（未设超高、加宽时）设计高程：$H_1 = 100 + 0.75 \times 0.04 = 100.03$m。

（2）QZ 点外侧设计高程：$H_2 = H_1 + 7.0 \times 0.06 - 0.75 \times 0.04 = 100.42$m。

（3）根据《公路路线设计规范》（JTG D20—2017）第 7.6.1 条第 2 款，不考虑通行铰接车，采用 2 类加宽值，由表 7.6.1，查得加宽值为 0.9m（双车道，内侧加宽）。

（4）设置了加宽、超高后，内侧设计高程：$H_3 = H_1 - 0.9 \times 0.06 - 0.75 \times 0.06 = 99.931$m。

答案： C

例题 1-10-2

题干同例题 1-10-1，若圆曲线两侧拟采用最小长度的回旋线，回旋线即为超高过渡段，请问其超高渐变率为多少？能否满足规范要求，若不能请计算最小回旋线长度。（　　　　）

（A）1/83.3；不满足规范，需最小回旋线 42m
（B）1/125，满足规范
（C）1/150；满足规范
（D）1/83.3；不满足规范，需最小回旋线 63m

解答

根据《公路路线设计规范》（JTG D20—2017），查表 7.4.3 知设计速度为 40km/h 时，回旋线长度最小长度为 35m；

根据第 7.5.7 条条文说明，$L_c = \Delta_i \cdot B/P$，则

$P = \Delta_i \cdot B/L_c = (6\% - 0\%) \times 7.0/35 = 1/83.3$

查表 7.5.4，设计速度为 40km/h 时，绕边线旋转，超高渐变率最大为 1/100，所以需要最小回旋线长度为：

$L_c = (6\% - 0\%) \times 7.0/(1/100) = 42$m

答案： A

例题 1-10-3

某二级集散公路（不考虑铰接列车通行），设计速度为 60km/h，行车道宽 7m，硬路肩宽 0.75m，土路肩宽 0.75m，车道路拱横坡为 2%，硬路肩横坡与车道坡度相同，土路肩横坡为 3%。路基设计高程位于路中心线处，超高过渡绕中线旋转，某圆曲线半径为 360m，超高坡度为 6%，QZ 点里程为 K2 + 320.25，

路基设计高程为 100m。K2 + 320.25 的路基内侧和外侧的高程分别为（　　　）。

（A）99.67m，100.25m

（B）99.67m，100.23m

（C）99.71m，100.25m

（D）99.71m，100.23m

解答

由《公路路线设计规范》（JTG D20—2017）第 6.5.5 条知，计算图示如下：

$H_1 = 100 - 3.5 \times 0.06 - 1.5 \times 0.05 = 99.715\text{m}$

$H_2 = 100 + 3.5 \times 0.06 + 0.75 \times 0.05 - 0.75 \times 0.03 = 100.225\text{m}$

例题 1-10-3 解图（尺寸单位：m）

答案：D

例题 1-10-4

题干同例题 1-10-3，若圆曲线两侧拟采用 70m 长的回旋线，作为超高过渡段，若不考虑硬路肩，请问其超高渐变率是多少？是否满足规范要求？（　　　）

（A）1/166；满足规范

（B）1/250，满足规范

（C）1/166；不满足规范

（D）1/250；不满足规范

解答

根据《公路路线设计规范》（JTG D20—2017）：

根据第 7.5.7 条条文说明 7.5.7，$L_c = \Delta_i \cdot B / P$，则

$P_{\max} = \Delta_i \cdot B / L_c = 3.5 \times (6\% + 2\%) / 70 = 1/250$

查表 7.5.4，设计速度为 60km/h 时，绕中线旋转，超高渐变率最大为 1/175，所以渐变率 1/250 满足规范要求。

答案：B

注：硬路肩同车行道同时旋转到 5% 的坡度后，不再继续参与旋转，实际硬路肩外边缘处的超高渐变率为：$4.25 \times (5\% + 2\%) / (70 \times 7/8) = 1/205.88$。

例题 1-10-5

题干同例题 1-10-4，若超高值由"6%"变为"5%"，则车行道边与硬路肩边的超高渐变率 $P_{车}$、$P_{硬}$ 分别为（　　　）。

（A）$P_{车} = P_{硬} = 1/285$

（B）$P_{车} = P_{硬} = 1/235$

（C）$P_{车} = 1/285$；$P_{硬} = 1/235$

（D）$P_{车} = 1/235$；$P_{硬} = 1/285$

解答

根据《公路路线设计规范》（JTG D20—2017）第 7.5.7 条条文说明，$L_f = \Delta_i \cdot B / P$，则

$$P_{车} = \Delta_i \cdot B/L_c = 3.5 \times (5\% + 2\%)/70 = 1/285$$

$$P_{硬} = 4.25 \times (5\% + 2\%)/70 = 1/235.3$$

答案：C

例题 1-10-6

某一级公路设计速度为 100km/h，其标准横断面如下图所示。有一弯道处，采用的圆曲线半径为 985m，超高计算时采用的横向力系数 μ 取值为 0.04。取缓和曲线长度为 150m，超高采用绕中央分隔带边缘旋转，其超高渐变率最接近（　　）。

例题 1-10-6 图（尺寸单位：cm）

（A）1/150　　　　（B）1/175　　　　（C）1/220　　　　（D）1/285

解答

（1）$i = v^2/(127R) - \mu = 100^2/(127 \times 985) - 0.04 = 0.04$

坡度差：$\Delta i = 4\% - (-2\%) = 6\%$

（2）$B = 0.75 + 3.75 \times 2 + 0.5 = 8.75\text{m}$

（3）根据 $L_e = B \cdot \Delta i/P$，$150 = 8.75 \times 0.06/P$，得：$P = 1/285.7$

答案：D

例题 1-10-6a（2022 年真题）

某高速公路设计速度为 120km/h，一般路段路拱坡度为 1.5%，其标准横断面如下图所示。其中在某一平曲线路段，超高横坡度为 3%，缓和曲线长度为 130m，超高过渡采用绕中央分隔带边缘旋转方式。计算该路段的全缓和段超高渐变率应是（　　）。（渐变率分母取整数）

例题 1-10-6a 图（尺寸单位：cm）

提示：超高过渡段计算公式： $L_c = \Delta_i \cdot B/P$

式中：L_c——超高过渡段长度（m）；

Δ_i——超高横坡度与路拱坡度的代数差（%）；

B——超高旋转轴至行车道（设路缘带时为路缘带）外侧边缘的宽度（设有硬路肩的公路，应考虑硬路肩随行车道超高过渡的需要）；

P——超高渐变率。

（A）1/150　　　　（B）1/193　　　　（C）1/257　　　　（D）1/286

解答

根据《公路路线设计规范》（JTG D20—2017）第 7.5.7 条的条文说明：

$B = 0.75 + 2 \times 3.75 + 3 = 11.25\text{m}$，$\Delta_i = 3\% + 1.5\% = 4.5\%$，$L_c = 130\text{m}$，则

$P = \dfrac{\Delta_i \times B}{L_c} = \dfrac{11.25 \times 0.045}{130} = \dfrac{1}{256.8}\left(\dfrac{1}{200} > P > \dfrac{1}{300}，\text{符合规范要求}\right)$

答案：C

注：例题 1-10-6a 比 1-10-6 更简单一些。B 值是否包含硬路肩，在路线规范第 7.5.4 条和第 7.5.7 条的条文说明中均能找到依据，就看是否考虑硬路肩超高过渡的需要，这道 2022 年的真题明确了应考虑。

例题 1-10-7

某一级干线公路，设计速度为 80km/h，路基宽度为 24.5m，车道宽度为 3.75m，中间带宽度为 3m，中央分隔带宽度为 2m，右侧路缘带宽度为 0.5m，路拱坡度为 2%，某转角处设置基本形平曲线，圆曲线半径 $R = 630\text{m}$。计算超高值时拟定横向力系数 μ 为 0.04，超高过渡方式为线性过渡，超高旋转轴为中央分隔带边缘，超高缓和段最小长度应为（　　　　）。

（A）70m　　　　（B）76.5m　　　　（C）102m　　　　（D）115m

解答

（1）根据《公路工程技术标准》（JTG B01—2014）第 4.0.17 条、第 4.0.18 条条文说明，汽车行驶在曲线上的力的公式，知：$i = v^2/(127R) - \mu = 80^2/(127 \times 630) - 0.04 = 0.04$。

（2）$\Delta i = 4\% - (-2\%) = 6\%$；$B = (3-2)/2 + 3.75 \times 2 + 0.5 = 8.5\text{m}$。

根据《公路路线设计规范》（JTG D20—2017）第 7.5.4 条，设计速度 80km/h，绕边线旋转，$P = 1/150$。

超高缓和段长：$L_{\text{emin}} = B \cdot \Delta i/P = 8.5 \times 0.06 \times 150 = 76.5\text{m}$

（3）查表 7.4.3 知设计速度为 80km/h 时，回旋线最小长度为 70m。

取超高缓和段长度和回旋线最小长度中两者的大值，即 76.5m。

答案：B

例题 1-10-8

条件同例题 1-10-7，已知该平曲线转角为 32°，回旋线—圆曲线—回旋线设置方式为 1∶1∶1，则超高缓和段可能的取值是（　　　　），ZH 点至 HY 点段超高缓和段终点宜设置在（　　　　）。

（A）100m，缓和曲线上某点　　　　　　　　（B）150m，HY 点

（C）170m，HY 点　　　　　　　　　　　　（D）176m，缓和曲线上某点

解答

$2\beta_0 : (\alpha - 2\beta_0) = 1 : 1$，得：$\beta_0 = 32°/4 = 8°$

$L_s = 2\beta_0 R\pi/180° = 2 \times 8° \times 630 \times \pi/180° = 175.92\text{m}$

根据《公路路线设计规范》（JTG D20—2017）第 7.5.6 条，超高渐变率不得小于 1/330，则对应最大

超高缓和段：$L_{\text{emax}} = B \cdot \Delta i/P = 8.5 \times 0.06 \times 330 = 168.3\text{m}$。

$L_{\text{emax}} = 168.3 < L_\text{s} = 175.92$，取$L_{\text{emax}} = 168.3\text{m}$；$L_{\text{emin}} = 76.5\text{m}$，所以超高缓和段取值范围为$76.5 \sim 168\text{m}$。

超高缓和段长度小于回旋线长度，全超高断面宜设在缓圆点处。

答案： B

例题 1-10-9（2021 年真题）

某拟建二级公路所在区域年平均气温-2°C，设计速度为 60km/h，路基宽度为 10m，土路肩横坡坡度为 4.0%，一般路段路基标准横断面如下图所示，图中A点和B点均在硬路肩边缘处，C点在土路肩边缘处。在半径为 230m 的左转平曲线上，超高取值 6%，假定C点高程为 10.00m，A点高程应为（　　）。（取小数点后三位）

例题 1-10-9 图

（A）9.472m　　　　（B）9.487m　　　　（C）9.565m　　　　（D）9.605m

解答

根据《公路路线设计规范》（JTG D20—2017）：

（1）$V = 60\text{km/h}$，车行道宽 3.5m，土路肩宽 0.75m，硬路肩宽 0.75m。

（2）$i_{\max} = 6\%$，根据第 6.5.5 条第 2 款知，硬路肩$i_{\max} = 5\%$，$R = 230\text{m}$，$\Delta b = 0.8\text{m}$。

（3）$H_\text{A} = 10 + 0.04 \times 0.75 - 0.05 \times 0.75 - 0.06 \times 7 - 0.06 \times 0.8 - 0.75 \times 0.05 = 9.487\text{m}$。

答案： B

例题 1-10-9a（2022 年补考真题）

西南地区某拟建集散二级公路，地处山岭区，路基宽度 10.0m，其中行车道宽度 7m，硬路肩宽 0.75m，土路肩宽 0.75m；路拱横坡为 2.0%，土路肩横坡为 3%；路基设计高程为路中心线高程；超高过渡采用绕中线旋转方式；加宽按直线比例过渡。另外交通量调查显示：路段有铰接列车通行。在某弯道段，路线平面敷设了圆曲线半径为 200m、缓和曲线长度为 70m 的平曲线；最大超高横坡坡度为 5%，超高在全缓和段内过渡；该弯道纵断面为平坡。其中距离缓和曲线 ZH 点$X = 35\text{m}$处断面的最外缘处是其他构造物的控制点，计算该点与 ZH 点相对应的位置的高程差为（　　）。（取小数点后三位）

（A）0.080m　　　　（B）0.120m　　　　（C）0.156m　　　　（D）0.159m

解答

ZH 点，假设该处设计高程为 100.000m。

该处最外缘处高程：$H_1 = 100 - (3.5 + 0.75) \times 0.02 - 0.75 \times 0.03 = 99.893\text{m}$。

X点，该处横坡为$(5\% - 2\%)/2 = 1.5\%$，$R = 200\text{m}$，内侧加宽不影响外缘点高程；

X点最外缘处高程：$H_2 = 100 + (3.5 + 0.75) \times 0.015 - 0.75 \times 0.03 = 100.041\text{m}$。

$H_2 - H_1 = 100.041 - 99.893 = 0.148\text{m}$

答案： C

注：该真题无可选答案，为完全还原真题，答案暂时选择最接近的选项。

（1）计算高程时，明确路基设计高程位置（位于路基边缘、道路中心线处还是中央分隔带外侧）及超高旋转轴位置（位于道路中线处、车行道边缘处还是中央分隔带外侧），先由设计线处高程推算出旋转轴处高程，在整个超高过程中旋转轴处高程不变，而后计算其他部位的高程。

（2）根据《公路路线设计规范》（JTG D20—2017）第8.1.1条规定：新建高速公路和一级公路宜采用中央分隔带的外侧边缘高程；二级公路、三级公路、四级公路宜采用路基边缘高程，在设置超高、加宽路段为设超高、加宽前该处边缘高程。改建公路的路基设计高程宜按新建公路的规定执行，也可视具体情况而采用中央分隔带中线或行车道中线高程。所以当题目不给出设计高程位置时，就默认为路基边缘处为设计高程位置。很多教科书上有设置路基加宽后超高的计算标准公式（表格），这些标准公式默认无中央分隔带的设计高程是路基边缘高程。

（3）旋转轴在中央分隔带边缘时，超高旋转轴位于边线位置，不要误以为是位于中线位置。

（4）硬路肩超高至5%不再参与旋转。

（5）土路肩横坡度：内侧与行车道或硬路肩一致，外侧不参与超高。

（6）注意超高、加宽的综合运用（超高类题目，若半径小于250m，就要考虑加宽）。加宽部分路面横坡度同原路面，注意旋转轴相对位置不变。

（7）公路平曲线中的缓和曲线长度既要满足超高过渡段的要求，也要满足回旋线最小长度规定（见第7.4.3条），若出现类似题目，注意比较后进行取值（参考例题1-10-7和例题1-10-8）。

（8）注意超高题目中的隐含条件，超高渐变率最小为1/330。

2. 城市道路超高相关计算

《城市道路路线设计规范》（CJJ 193—2012）规定如下：

6.4 圆曲线超高

6.4.1 当圆曲线半径小于本规范表6.3.2中不设超高最小半径时，在圆曲线范围内应设超高，最大超高横坡度应符合表6.4.1的规定。当由直线段的正常路拱断面过渡到圆曲线上的超高断面时，必须设置超高缓和段。

最大超高横坡度 表6.4.1

设计速度（km/h）	100，80	60，50	40，30，20
最大超高横坡度（%）	6	4	2

注：积雪或冰冻地区的道路应根据实际情况适当折减。

6.4.2 超高的过渡方式应根据横断面形式、结合地形条件等因素决定，并应利于路面排水。对于单幅路及三幅路横断面形式，超高旋转轴宜采用中线，对于双幅路及四幅路，宜采用中间分隔带边缘线，使两侧车行道成为独立的超高横断面（图6.4.2）。

a) 绕中线旋转　　　　　　b) 绕中间分隔带边缘旋转

图6.4.2 超高过渡方式

6.4.3 当由直线上的正常路拱断面过渡到圆曲线上的超高断面时，必须在其间设置超高缓和段。超高缓和段长度应按下式计算：

$$L_e = b \cdot \Delta i / \xi \tag{6.4.3}$$

式中：L_e——超高缓和段长度（m）；

b——超高旋转轴至路面边缘的宽度（m）；

Δi——超高横坡度与路拱坡度的代数差（%）；

ξ——超高渐变率，超高旋转轴与路面边缘之间相对升降的比率，应符合表6.4.3的规定。

最大超高渐变率 表6.4.3

设计速度（km/h）		100	80	60	50	40	30	20
超高渐变率ξ	绕中线旋转	1/225	1/200	1/175	1/160	1/150	1/125	1/100
	绕边线旋转	1/175	1/150	1/125	1/115	1/100	1/75	1/50

6.4.4 超高缓和段应满足路面排水要求，超高缓和段的纵向渐变率不得小于1/330。

6.4.5 超高缓和段应在缓和曲线全长范围内进行。当缓和曲线较长时，超高缓和段可设在缓和曲线的某一区段范围内。当设计速度小于40km/h时，超高缓和段可在直线段内进行。

6.4.6 超高缓和段长度与缓和曲线长度两者中应取大值作为缓和曲线的计算长度。

6.4.7 超高缓和段起终点处路面边缘应圆顺，不得出现竖向转折。

📖 **规范条文解析**

（1）《城市道路路线设计规范》（CJJ 193—2012）中超高渐变率ξ与公路中超高渐变率P意义相同。

（2）城市道路中b是超高旋转轴至路面边缘的宽度（m），而公路中B是旋转轴至行车道（设路缘带时为路缘带）外侧边缘的宽度（m）。

（3）注意超高渐变率最小值为1/330（同公路）。

📖 **典型例题**

例题 1-10-10（2019年真题）

拟建城市快速路的设计速度为100km/h，单向机动车道路面宽度为8.50m，标准路拱坡度为2%，该工程平面设计线形中设$R = 800m$的圆曲线，已知圆曲线超高值为2.0%，采用绕中间分隔带边缘旋转，那么，缓和曲线的最小计算长度为（   ）。

（A）38.25m （B）59.5m

（C）76.50m （D）85.00m

解答

根据《城市道路路线设计规范》（CJJ 193—2012）第6.4.6条，超高缓和段长度与缓和曲线长度两者中应取大值作为缓和曲线的计算长度。

查表6.3.3-2，$v = 100$km/h 时，缓和曲线最小长度应为85.0m。

查表6.4.3知，设计速度为100km/h，绕边缘旋转，超高渐变率$\xi_{max} = 1/175$，宽度为8.5m。

超高横坡度与路拱横坡度的代数差为 2% − (−2%) = 4%；根据第6.4.3条计算超高缓和段长度：

$L_{emin} = b \cdot \Delta i / \xi_{max} = 8.5 \times 0.04 \times 175 = 59.5$m。

取85.0m与59.5m两者大值，即85.0m。

答案：D

例题 1-10-11（2019 年真题）

拟建城市快速路，设计速度 $V = 80\text{km/h}$，该路段某处平曲线的设计参数如下图所示，超高过渡方式按绕中间分隔带边缘旋转，该处平曲线设计中设计指标不符合规范规定的是（   ）。

例题 1-10-11 图（尺寸单位：m）

（A）圆曲线半径　　　　　　　　　　　（B）缓和曲线长度
（C）超高值　　　　　　　　　　　　　　（D）曲线转角

解答

根据《城市道路路线设计规范》（CJJ 193—2012）：

（A）查表 6.3.2，设计速度 80km/h，设超高圆曲线最小半径一般值为 400m，本题 $R = 500\text{m} > 400\text{m}$，符合规范。

（B）查表 6.4.1，最大超高 6%，图中 3.5% 满足规范。

（C）查表 6.3.3-2，设计速度 80km/h，缓和曲线最小长度为 70m，图中的 75m 符合规范；查表 6.4.3，$\xi_{max} = 1/150$，按题意 $b = 12.25\text{m}$；$\Delta i = 3.5\% - (-1.5\%) = 5\%$，代入公式 $L_{emin} = b \cdot \Delta i / \xi_{max} = 12.25 \times 0.05 \times 150 = 91.875\text{m} > 75\text{m}$，超高所需缓和曲线长度不足。

答案：B

例题 1-10-12（2020 年真题）

某城市快速路，设计速度为 80km/h，采用整幅式高架桥形式，桥梁路面宽度为 24.5m，标准路拱横坡为 2.0%，路段中设有一处 $R = 300\text{m}$ 的圆曲线。已知绕中线旋转的圆曲线超高值为 4.0%，则该处缓和曲线的最小长度为（   ）。（计算结果取整）

（A）70m　　　　　　（B）98m　　　　　　（C）110m　　　　　　（D）147m

解答

根据《城市道路路线设计规范》（CJJ 193—2012）第 6.3.3 条第 5 款表 6.3.3-2，缓和曲线长度最小值 $L_s = 70\text{m}$。

根据第 6.4.3 条，超高渐变率 $\varepsilon = 1/200$。

超高缓和段长度 $L_e = b \times \Delta i / \varepsilon = (24.5/2) \times (2\% + 4\%)/(1/200) = 147\text{m}$。

根据第 6.4.6 条，取 L_e 和 L_s 的大值 147m 为缓和曲线长度最小值。

答案：D

例题 1-10-13

某城市主干路，设计速度为 60km/h，某转角处采用基本形平曲线，平面布置及设计采用各技术指标见下图，超高为 2%，超高旋转轴位置设置在中央分隔带边线处，超高缓和段长即为缓和曲线长。则该设计图采用的技术指标不符合规范的是（   ）。

（A）圆曲线半径　　　　　　　　　　　（B）缓和曲线长度
（C）超高值　　　　　　　　　　　　　　（D）超高缓和段长度

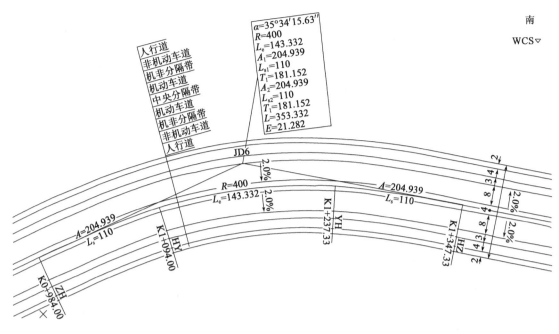

例题 1-10-13 图

解答

根据《城市道路路线设计规范》（CJJ 193—2012）：

（1）查表 6.3.2，设计速度 60km/h，不设超高圆曲线最小半径一般值为 600m，超高最小半径一般值为 300m，本题 $R = 400$m 符合规范。

（2）查表 6.3.3-2，设计速度 60km/h，缓和曲线最小长度为 50m，图中的 $L_s = 110$m 符合规范；查表 6.4.3，$\xi_{max} = 1/125$，按题意 $b = 8$m；$\Delta i = 2.0\% - (-2.0\%) = 4\%$，代入公式 $L_{emin} = b \cdot \Delta i / \xi_{max} = 8 \times 0.04 \times 125 = 40$m < 110m，超高所需缓和曲线长度足够。

（3）由第 6.4.4 条知，超高缓和段的纵向渐变率不得小于 1/330，即 $\xi_{min} = 1/330$。

由 $\xi = b \cdot \Delta i / L_e$，对应的超高缓和段长度 $L_{emax} = 330 \times 8 \times 0.04 = 105.6$m $< L_s = 110$m（超高缓和段过长）。

答案：D

📖 **考点分析**

注意直线段长度、圆曲线长度、圆曲线半径、缓和曲线长度、超高值、加宽值、超高渐变段长度（缓和曲线长度能否满足设置超高）、超高渐变率大小等规范符合性的判别和综合运用。

考点11　车道（圆曲线）加宽及加宽缓和段长度计算

1. 公路车道加宽及缓和段长度计算

📖 **条文规定**

《公路路线设计规范》（JTG D20—2017）规定如下：

7.6.1 二级公路、三级公路、四级公路的圆曲线半径小于或等于250m时，应设置加宽。双车道公路路面加宽值应符合表7.6.1的规定，圆曲线加宽值应根据公路功能、技术等级和实际交通组成确定，并应符合下列规定：

1 作为干线的二级公路，应采用第3类加宽值。

2 作为集散的二级公路和三级公路，在考虑铰接列车通行时，应采用第3类加宽值；不考虑通行铰接列车时，可采用第2类加宽值。

3 作为支线的三级公路、四级公路可采用第1类加宽值。

4 有特殊车辆通行的专用公路应根据特殊车辆验算确定其加宽值。

双车道路面加宽值（单位：m）   表7.6.1

加宽类别	设计车辆	圆曲线半径（m）								
		200～250	150～200	100～150	70～100	50～70	30～50	25～30	20～25	15～20
第1类	小客车	0.4	0.5	0.6	0.7	0.9	1.3	1.5	1.8	2.2
第2类	载重汽车	0.6	0.7	0.9	1.2	1.5	2.0	—	—	—
第3类	铰接列车	0.8	1.0	1.5	2.0	2.7	—	—	—	—

注：单车道公路路面加宽值应为表列规定值的一半。

7.6.2 圆曲线上的路面加宽应设置在圆曲线的内侧。各级公路的路面加宽后，路基也应相应加宽。

7.6.3 双车道公路在采取强制性措施实行分向行驶的路段，其圆曲线半径较小时，内侧车道的加宽值应大于外侧车道的加宽值，设计时应通过计算分别确定。

7.6.4 加宽过渡段设置应符合下列规定：

1 设置回旋线或超高过渡段时，加宽过渡段长度应采用与回旋线或超高过渡段长度相同的数值。

2 不设回旋线或超高过渡段时，加宽过渡段长度应按渐变率为 1:15 且长度不小于 10m 的要求设置。

7.7.2 四级公路的超高、加宽过渡段长度应分别按超高和加宽的有关规定计算，取其较长者，但最短应符合渐变率为 1:15 且不小于 10m 的要求。

7.7.3 四级公路的超高、加宽过渡段应设在紧接圆曲线起点或终点的直线上。受地形条件或其他特殊情况限制时，可将超高、加宽过渡段的一部分插入曲线，但插入曲线内的长度不得超过超高、加宽过渡段长度的一半。不同半径的同向圆曲线径相连接构成的复曲线，其超高、加宽过渡段应对称地设在衔接处的两侧。

《公路路线设计规范》（JTG D20—2017）第7.6.5条条文说明规定如下：

7.6.5 加宽过渡段的渐变尽量保证变化自然、平滑，避免突变是安全行车的需要。加宽过渡的渐变方式可根据需要采用线性或高次抛物线方式。高速公路、一级公路及对路容有要求的其他公路通常采用四次抛物线渐变方式，渐变过程如式(7-4)所示；二级、三级、四级公路也有采用线性加宽渐变方式的，渐变过程如式(7-5)所示。

$$b_x = (4k^3 - 3k^4)b \tag{7-4}$$
$$b_x = k \cdot b$$
$$k = L_x/L \tag{7-5}$$

式中：L_x——任意桩号位置（任意点）距加宽过渡段起点的距离（m）；

L——加宽过渡段的长度（m）；

b——圆曲线上的全加宽值（m）；

b_x——任意桩号位置（任意点）的加宽值（m）。

例题 1-11-1（2020 年真题）

沿海某地疏港公路，交通组成以铰接列车、半挂车等为主，设计采用三级公路标准，设计速度为 40km/h。其中某路段平面设计为半径 220m 的圆曲线，该圆曲线路段一般路基横断面总宽度为（　　）。（取小数点后两位）

（A）8.50m

（B）8.90m

（C）9.10m

（D）9.30m

解答

根据《公路路线设计规范》（JTG D20—2017），三级公路，查表 6.2.2 知为双向两车道公路；设计速度 40km/h，查表 6.2.1，车道宽 3.5m；查表 6.4.1，土路肩 0.75m；圆曲线半径 $R = 220$m，通行铰接列车，查表 7.6.1，采用第三类加宽，加宽值为双车道 0.8m。

路基总宽度为：

$0.75 + 0.8 + 2 \times 3.5 + 0.75 = 9.3$m

答案：D

例题 1-11-1a（2023 年真题）

某新建公路，路段以小客车通行为主，采用设计速度 20km/h 的四级公路标准，路基宽度 4.5m，其中行车道宽度 3.5m、土路肩宽度 0.5m。一般路段路拱横坡为 1.5%，土路肩横坡为 3%。其中某路段平面布设半径 130m 的圆曲线，计算在正常情况下该曲线段的路基横断面总宽度应为（　　）。（取小数点后一位）

（A）4.5m

（B）4.8m

（C）5.1m

（D）5.4m

解答

根据题意为单车道，根据《公路路线设计规范》（JTG D20—2017）表 7.6.1，四级公路加宽值为 0.6m，根据其表注，单车道加宽值为 0.6/2 = 0.3m，则路基总宽度为 4.5 + 0.3 = 4.8m。

答案：B

例题 1-11-2

某三级集散公路在某交点处设置了一基本对称型线形，该处的圆曲线半径采用 $R = 100$m，最大加宽值采用 $b = 1.5$m，缓和曲线长度 $L_s = 45$m；若加宽过渡方式按线性，则该平曲线的缓和曲线上距 YH（HY）点 13.5m 处加宽值为（　　）。

（A）0.15m

（B）0.45m

（C）1.05m

（D）1.25m

解答

根据《公路路线设计规范》（JTG D20—2017）第 7.6.5 条条文说明式(7-5)：

$L_x = 45 - 13.5 = 31.5$m

$k = L_x/L_s = 31.5/45 = 0.7$

$b_x = b \times k = 1.5 \times 0.7 = 1.05$m

答案：C

例题 1-11-2a（2022 年真题）

某拟建干线公路，采用设计速度 60km/h 的二级公路标准，路基标准横断面宽度为 10m，下图为某局部路段的平面路线设计图和参数，路段平曲线为设置缓和曲线的圆曲线。计算在一般情况下桩号 K1 + 150 处的路基宽度应为（ ）。（取小数点后两位）

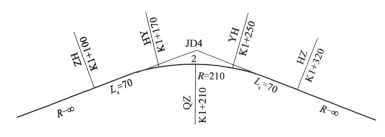

例题 1-11-2a 图

（A）10.00m （B）10.23m

（C）10.57m （D）10.80m

解答

根据《公路路线设计规范》（JTG D20—2017）表 7.6.1，二级干线公路，$R = 210$m，采用第 3 类加宽，$\Delta b = 0.8$m，K1 + 150 处加宽值：

$$\Delta b = \frac{1150 - 1100}{70} \times 0.8 = 0.57$$

$$B = 10.0 + 0.57 = 10.57\text{m}$$

答案：C

例题 1-11-2b（2024 年真题）

新疆某拟建公路，地处积雪冰冻区，采用双车道四级公路标准，设计速度为 30km/h，区段内有铰接列车通行。如下图所示，是其中某局部路段的路线平面设计示意图，平曲线未设置缓和曲线。计算在一般情况下桩号 K0 + 270 处的路基宽度应为多少？

例题 1-11-2b 图

（A）7.5m （B）8.40m

（C）8.90m （D）10.80m

解答

根据《公路路线设计规范》（JTG D20—2017）表 7.6.1，$R = 95$m，加宽值为 2m。

根据 6.2.1 条，车道宽度为 3.25m；

根据表 6.4.1，30km/h，四级公路，硬路肩为 0m，土路肩为 0.5m。

一般路段路基宽：0.5 + 3.25 + 3.25 + 0.5 = 7.5m；

圆曲线路基宽：7.5 + 2 = 9.5m 即 YZ 点路基宽度为 9.5m；

根据 7.6.4 条第 2 款，加宽渐变率 1∶15，加宽缓和段长度为 2 × 15 = 30m；

考虑超高过渡段长度：根据条文说明表 7-1，积雪冰冻地区，$R = 95$m 对应的圆曲线超高 5%，根据 7.5.5，新建公路采用绕内侧车道边缘旋转，根据 7.5.4 条，则超高缓和段长度为：$75 \times 6.5 \times 5\% = 24.4$m < 30m，加宽过渡段取 30m。

图中 K0 + 253.492 为 YZ 点，为加宽过渡段起点，宽度为 9.5m，$270 - 253.492 = 16.508$m；

$$\frac{16.508}{30} \times 2 = 1.1\text{m}$$

K0 + 270 的路基宽度为 $9.5 - 1.1 = 8.4$m

答案：B

注：例题 1-11-2、1-11-2a、1-11-2b 考查的是查表得到加宽值，然后根据第 7.6.5 条的条文说明中的公式(7-5)计算缓和段上某点的加宽值。

例题 1-11-3

某双向两车道二级干线公路，设计速度为 60km/h，某平曲线半径采用 $R = 190$m，该平曲线的 QZ 点桩号为 K5 + 220.56，已知 $L_y = 100$m，$L_s = 80$m，由于路容要求较高，加宽过渡采用四次抛物线方式，则桩号 K5 + 300.00 处加宽值是（　　　）。

（A）0.15m　　　　　　　　　　　　　（B）0.25m

（C）0.37m　　　　　　　　　　　　　（D）0.53m

解答

二级干线公路，根据《公路路线设计规范》（JTG D20—2017）第 7.6.1-1 条，采用第三类加宽，查表 7.6.1 得 $b = 1.0$m。

根据 7.6.5 条文说明式(7-5)：

$L_x = (\text{K5} + 220.56) + 100/2 + 80 - (\text{K5} + 300.00) = 50.56$m

$k = L_x/L_s = 50.56/80 = 0.632$

$b_x = (4k^3 - 3k^4) \times b = (4 \times 0.632^3 - 3 \times 0.632^4) \times 1.0 = 0.531$m

答案：D

例题 1-11-4

某支线四级公路，采用双向两车道，路面宽 6.5m，路基宽 7.0m，双向 2% 横坡，设计速度为 20km/h。在某弯道处采用转角半径 $R = 60$m，经计算确定采用 2% 超高，超高旋转轴为道路中心线，平面未设置回旋线，则需最小渐变过渡段长度是（　　　）。

（A）10m　　　　　　　　　　　　　　（B）13m

（C）13.5m　　　　　　　　　　　　　（D）15m

解答

根据《公路路线设计规范》（JTG D20—2017）：

（1）查表 7.5.4，$P = 1/100$；查第 7.5.7 条条文说明，$L_e = B \cdot \Delta i / P = 3.25 \times 0.04 \times 100 = 13$m。

（2）根据第 7.6.1 条第 4 款，作为支线的三、四级公路可采用第一类加宽；查表 7.6.1，加宽值 0.9m；根据第 7.7.2 条、第 7.6.4 条第 2 款，加宽渐变率最小为 1 : 15，得加宽过渡段最小值 $L_{\min} = 0.9 \times 15 = 13.5$m > 13.0m，取 13.5m。

（3）根据第 7.7.2 条规定，取超高和加宽过渡段较长者，即 13.5m。

答案：C

2. 城市道路加宽及加宽缓段长度计算

条文规定

《城市道路路线设计规范》（CJJ 193—2012）规定如下：

6.5 圆曲线加宽

6.5.1 当圆曲线半径小于或等于250m时，应在圆曲线范围内设置加宽，每条车道加宽值应符合表6.5.1的规定。

圆曲线每条车道的加宽值（m）　　　　　　　　　　　表6.5.1

加宽类型	汽车前悬加轴距（m）	车型	圆曲线半径（m）								
			$200 < R \leqslant 250$	$150 < R \leqslant 200$	$100 < R \leqslant 150$	$80 < R \leqslant 100$	$70 < R \leqslant 80$	$50 < R \leqslant 70$	$40 < R \leqslant 50$	$30 < R \leqslant 40$	$20 < R \leqslant 30$
1	0.8 + 3.8	小客车	0.30	0.30	0.35	0.40	0.40	0.45	0.50	0.60	0.75
2	1.5 + 6.5	大型车	0.40	0.45	0.60	0.65	0.70	0.90	1.05	1.30	1.80
3	1.7 + 5.8 + 6.7	铰接车	0.45	0.60	0.75	0.90	0.95	1.25	1.50	1.90	2.75

6.5.2 圆曲线上的路面加宽应设置在圆曲线的内侧。当受条件限制时，次干路、支路可在圆曲线的两侧加宽。

6.5.3 圆曲线范围内的加宽应为不变的全加宽值，两端应设置加宽缓和段。

6.5.4 加宽缓和段的长度宜符合下列规定：

1 当设置缓和曲线或超高缓和段时，加宽缓和段长度应采用与缓和曲线或超高缓和段长度相同的数值。

2 当不设缓和曲线或超高缓和段时，加宽缓和段长度应按加宽侧路面边缘宽度渐变率为1：15～1：30计算，且长度不应小于10m。

《城市道路路线设计规范》（CJJ 193—2012）条文说明规定如下：

根据汽车在圆曲线上行驶时的相对位置关系所需的加宽值 b_{w1} 和不同车速情况下的汽车摆动偏移所需的加宽值 b_{w2}（图1），每车道加宽值计算如下：

小客车、大型车的加宽值 b_w 为：

$$b_w = b_{w1} + b_{w2} = \frac{a_{gc}^2}{2R} + \frac{0.05V}{\sqrt{R}} \tag{9}$$

铰接车的加宽值 b_w' 为：

$$b_w' = b_{w1}' + b_{w2}' = \frac{a_{gc}^2 + a_{cr}^2}{2R} + \frac{0.05V}{\sqrt{R}} \tag{10}$$

式中：a_{gc}——小客车、大型车轴距加前悬的距离，或铰接车前轴距加前悬的距离（m）；

a_{cr}——铰接车后轴距的距离（m）；

V——设计速度（km/h）；

R——设超高最小半径（m）。

| a) 单车双向行驶 | b) 铰接客车单向行驶 |

图1　圆曲线上路面加宽示意

📖 典型例题

例题 1-11-5（2019 年真题）

拟建设计速度为 30km/h 的城市支路，单幅路路面宽 3.5m，设双向两车道，其路段中设 $R = 150m$ 的圆曲线，那么按小客车标准的机动车道加宽值拟定为（　　）。

（A）0.3m　　　　（B）0.35m　　　　（C）0.60m　　　　（D）0.7m

解答

根据《城市道路路线设计规范》（CJJ 193—2012）第 6.5.1 条，当圆曲线半径小于或等于 250m 时，应在圆曲线范围内设加宽，每条车道加宽值应符合表 6.5.1 的规定。

查表 6.5.1 可知，圆曲线半径为 150m 时，车型为小客车，加宽类型为 1 类，1 条车道的加宽值为 0.35m，则双向两车道应为 0.7m。

答案：D

例题 1-11-6

在例题 1-11-5 条件下，若该圆曲线两侧未设置缓和曲线，采用曲线内侧加宽，则加宽缓和段长度最小值应为（　　）。

（A）10m　　　　（B）10.5m　　　　（C）21m　　　　（D）23m

解答

根据《城市道路路线设计规范》（CJJ 193—2012）第 6.5.4 条第 2 款，当不设缓和曲线或超高缓和段时，加宽缓和段长度应按加宽侧路面边缘宽度渐变率为 1：15～1：30 计算，且长度不应小于 10m。则 $L = 0.7 \times 15 = 10.5m > 10m$，取 10.5m。

答案：B

例题 1-11-6a（2022 年真题）

某新建城市支路，通行小客车，设计速度为 30km/h，单幅路形式，机动车道为双向 2 车道，两侧为非机动车道，标准路拱设计横坡度为 2.0%；路段中设有一处 $R = 180m$ 的圆曲线，下列关于该圆曲线加宽缓和段最小长度符合规范规定的应为（　　）。并说明选择的依据和理由。（计算结果取小数点后一位）

（A）9.0m　　　　（B）10.0m　　　　（C）13.5m　　　　（D）18.0m

解答

根据《城市道路路线设计规范》（CJJ 193—2012）表 6.5.1，$R = 180m$ 时，每条车道的加宽值为

0.3m；根据第 6.5.4 条第 2 款，加宽渐变率为 1/15～1/30，且不宜小于 10m。

加宽缓和段最小长度 = (0.3 × 2)/(1/15) = 9.0m。

取 9.0 和 10.0 中的大值，则加宽缓和段最小长度为 10m。

答案：B

注：例题 1-11-6、1-11-6a 加宽缓和段最小长度取计算最小值和规范规定最小值中的大值。

例题 1-11-6b（2022 年补考真题）

某设计速度为 50km/h 的城市主干路，三幅路布置，中间一幅为双向 4 条机动车混行车道，其路面宽度为 15.0m，标准路拱横坡为 2.0%。路段中设有一处 $R = 200$m 的圆曲线，超高值为 2.0%、绕中线旋转，计算该圆曲线加宽缓和段的最小长度应取（　　　）。说明选择依据和理由。（计算结果取整）

（A）45m 　　　　　（B）48m 　　　　　（C）54m 　　　　　（D）60m

解答

根据《城市道路路线设计规范》（CJJ 193—2012）第 6.5.4 条，加宽缓和段等于超高缓和段或缓和曲线长 L_s。

①根据表 6.3.3-2，设计速度 50km/h，$L_{smin} = 45$m。

②$b = 15/2 = 7.5$m，$\Delta_i = (2 + 2) = 4\%$。

根据表 6.4.3，$\varepsilon = 1/160$。

$L_e = b \cdot \Delta_i/\varepsilon = 7.5 × 4\% × 160 = 48$m

取大值 48m。

答案：B

例题 1-11-6c（2022 年补考真题）

某设计速度为 40km/h 的城市支路，单幅路横断面布置，其中车行道由 $2 × 3.5$m 宽机动车道和两侧各 2.5m 宽非机动车道组成，标准路拱横坡坡度为 2.0%。路段中设有一处 $R = 100$m 的圆曲线半径和 2.0% 超高、绕中心线旋转，按大型车标准、圆曲线两侧加宽。计算该处圆曲线的缓和曲线最小长度应取（　　　）。并说明选择依据和理由。（计算结果取整）

（A）35m 　　　　　（B）36m 　　　　　（C）40m 　　　　　（D）44m

解答

根据《城市道路路线设计规范》（CJJ 193—2012）：

①表 6.3.3-2，$L_{min} = 35$m；

②表 6.5.1，$R = 100$m，$\Delta b = 0.65 × 2 = 1.3$m；

根据表 6.4.3，$\varepsilon = 1/150$，$\Delta i = (2 + 2)\% = 4\%$，$b = 3.5 + 2.5 + 0.65 = 6.65$m

$L_e = b \cdot \Delta i/\varepsilon = 6.65 × 0.04 × 150 = 39.9$m

答案：C

例题 1-11-6d（2023 年真题）

某设计速度为 30km/h 的城市支路，采用单幅路横断面布置，其中车行道宽度为 14.0m，由机动车道 $2 × 3.5$m、非机动车道 $2 × 3.5$m 组成，标准路拱横坡为 2.0%。路段中设有一处 $R = 70$m 的圆曲线，按小客车标准、采用圆曲线两侧加宽。下列关于该圆曲线缓和段长度取值，符合规范规定的是（　　　）。

（A）10.0m 　　　　　（B）25.0m 　　　　　（C）35.0m 　　　　　（D）37.5m

解答

（1）根据《城市道路路线设计规范》（CJJ 193—2012）表 6.3.3-2，缓和曲线长度最小值为 25m。

根据表 6.3.2，不设超高的圆曲线最小半径为 150m ＞ 70m；根据表 6.4.1，最大超高 2%，取 2% 计算，根据第 6.4.2 条单幅路超高旋转轴宜采用中线；根据表 6.5.1，每车道加宽 0.45m，则外侧加宽后宽度为 7.45m。

$\Delta i = 2\% + 2\% = 4\%$

根据表 6.4.3，最大超高渐变率为 1/125。

满足超高的缓和曲线长度：$7.45 \times 4\% \times 125 = 37.25$m。

综上，取大值 37.25m，选项 D 满足规范要求。

答案：D

注：例题 1-11-6b、1-11-6c、1-11-6d 加宽缓和段最小长度取规范规定最小值和超高缓和段长度中的大值。近年来频繁出题，考生应注意全面掌握。

例题 1-11-6e（2024 年真题）

某设计速度为 30km/h 的城市支路，采用单幅路横断面布置，其中车行道宽度为 12.0m，由机动车道 2×3.5m、非机动车道 2×2.5m 组成，标准路拱横坡度为 2.0%。路段中设有一处 $R = 120$m 的圆曲线，设置 2.0% 的超高横坡度、绕中心线旋转，下列关于该圆曲线加宽方式、加宽值和加宽缓和段最小长度取值，符合规范规定的是何项？

（A）圆曲线两侧加宽、单侧加宽值为 0.35m，加宽缓和段最小长度取 32m

（B）圆曲线两侧加宽、单侧加宽值为 0.60m，加宽缓和段最小长度取 33m

（C）圆曲线内侧加宽、总加宽值为 0.70m，加宽缓和段最小长度取 34m

（D）圆曲线内侧加宽、总加宽值为 1.20m，加宽缓和段最小长度取 35m

解析

（1）题干为城市支路，但是未明确为小客车专用，故要考虑大车，题目给出的备选项均不考虑铰接车。根据《城市道路路线设计规范》（CJJ 193—2012）表 6.5.1 条，单车道加宽值取 0.6m，A 和 C 不符合。

（2）按照两侧加宽：单侧加宽值 0.6m，超高缓和段最小长度 $L = (6+0.6) \times 4\% \times 125 = 33$m

（3）按照内侧加宽考虑：超高缓和段最小长度 $L = 6 \times 4\% \times 125 = 30$m。

（4）根据 6.5.4 条第 1 款，加宽缓和段与超高缓和段采用一样的数值，B 选项为最小值，D 选项不为最小值，故 B 满足题意，D 不满足。

答案：B

例题 1-11-7

拟建设计速度为 30km/h 的城市支路，仅供小客车行驶。单幅路路面宽 3.5m，设双向两车道，其路段中设有一处 $R = 80$m 的圆曲线。则根据计算公式确定该圆曲线处车道加宽值为（ ）。

（A）0.3m　　　　（B）0.35m　　　　（C）0.6m　　　　（D）0.7m

解答

根据《城市道路路线设计规范》（CJJ 193—2012）第 6.5 条条文说明，小客车、大型车的加宽值 b_w 为：

$$b_w = b_{w1} + b_{w2} = \frac{a_{gc}^2}{2R} + \frac{0.05V}{\sqrt{R}}$$

查表 3.0.6（或表 6.5.1）知：

$a_{ge} = 0.8 + 3.8 = 4.6$m

$b_w = 4.6^2/(2 \times 80) + 1.5/\sqrt{80} = 0.132 + 0.1677 = 0.30$m

两个车道 $2 \times 0.30 = 0.6m$。

答案：C

例题 1-11-8（2020 年真题）

某城市支路设计速度为 20km/h，为单幅路，其中车行道宽 12.0m，由机动车道宽 $2 \times 3.5m$、两侧非机动车道宽各 2.5m 组成。路段中设有一处 $R = 35m$ 的圆曲线，平曲线设计参数如下图所示，图中尺寸单位为 m，横坡度为 2.0%，超高过渡方式绕中线旋转，按小客车标准加宽。下列关于平曲线设计指标要素中，不符合规范规定的是（   ）。并请说明选择依据和理由。

交点号	JD3	转角值 α	右值79°37′41.9″	曲线长	68.642
桩号	K1+110.252	圆曲线半径 R	35	外距 E	11.184
交点坐标 X	262.195	缓和曲线长度 L_{s1}	20	切线长度 T_1	39.544
交点坐标 Y	2617.277	缓和曲线长度 L_{s2}	20	切线长度 T_2	39.544

例题 1-11-8 图

（A）圆曲线加宽 （B）圆曲线超高
（C）超高缓和段长度 （D）圆曲线长度

解答

根据《城市道路路线设计规范》（CJJ 193—2012）。

选项 A：设计速度 20km/h 的城市支路，$R = 35m$ 的圆曲线，查表 6.5.1，单车道加宽值为 0.6m；本题圆曲线加宽值(13.2 − 12)/2 = 0.6m，符合规范。

选项 B：设计速度 20km/h 时，查表 6.4.1，最大超高 2%，本图为 2%，圆曲线超高符合规范。

选项 D：查表 6.3.4-1，圆曲线最小长度为 20m，本图为 68.642 − 2 × 20 = 28.642m，圆曲线长度符合规范。

选项 C：查表 6.4.3，最大超高渐变率为 1/100，超高所需缓和段长：

$L_e = (3.5 + 2.5) \times (0.02 + 0.02)/(1/100) = 24m >$ 本图中 20m，不符合规范。

答案：C

3. 城市道路障碍物附近加宽综合计算

例题 1-11-9（2021 年真题）

某城市支路设计速度为 30km/h，单幅路布置，其中车行道由 $2 \times 3.5m$ 机动车道和两侧各宽 2.5m 的非机动车道组成，两侧人行道各 4.0m。路段中设有 $R = 150m$ 的圆曲线，道路设计中心线特征点桩号分别为：ZH = K1 + 230.00，HY = K1 + 265.00，QZ = K1 + 282.50，YH = K1 + 300.00，HZ = K1 + 335.00。该平曲线桩号 K1 + 260 处内侧道路红线处有一 110kV 的高压杆塔，塔基外缘至道路中心线距离为 15.5m。

按圆曲线内侧加宽，线性加宽过渡方式设计，不考虑通行铰接车，计算该塔基外缘至道路外边线的水平距离应为（　　）。

（A）4.22m　　　　　（B）4.47m　　　　　（C）4.90m　　　　　（D）4.97m

解答

根据《城市道路路线设计规范》（CJJ 193—2012）表 6.5.1，单车道加宽值 0.6m，$\Delta b = 0.6 \times 2 = 1.2$m。

K1 + 260 处，$\Delta b = 1.2 \times \frac{1260-1230}{1265-1230} = 1.028$m，则

$D = 15.5 - (4 + 2.5 + 1.028 + 3.5) = 4.47$m

答案：B

例题 1-11-9a（2022 年补考真题）

某设计速度为 40km/h 的城市次干路，单幅路布置，单向机动车道宽 2×3.5m、单向非机动车道宽 2.5m、人行道宽 4.0m，对向机动车道之间设置宽 0.5m 的中央分隔护栏、机非划线分隔。某一路段中心线转角值为 29°36′00″，转角点与圆心连线上有一处 110kV 高压杆塔，杆塔外缘至转角点的水平距离为 1.5m，道路边线至杆塔外缘的水平控制距离为 5.0m。不计杆塔尺寸大小，计算该处采用不设缓和曲线的圆曲线最小半径值应为（　　）。并说明选择依据和理由。（小数取整）圆曲线计算公式：$E = R \times [\sec(\alpha/2) - 1]$。

（A）500m　　　　　（B）590m　　　　　（C）597m　　　　　（D）605m

解答

即使该处有路面加宽，由于一般采用内侧加宽，外侧半幅宽不计加宽值。

外侧半幅宽：$4 + 2.5 + 3.5 \times 2 + 0.25 + 0.5/2 = 14$m；

设计线处：$E = 14 + 5 + 1.5 = 20.5$m；

$R = E / \left(\sec\frac{\alpha}{2} - 1 \right) = 20.5 / \left(\sec\frac{29°36'}{2} - 1 \right) = 597$m > 500m

满足不设缓和曲线的要求，且不用加宽。

答案：C

例题 1-11-9b（2023 年真题）

某设计速度为 30km/h 的城市支路，采用单幅路横断面布置，根据规范规定的通行车辆类型，最小车行道宽度为 12.0m，由机动车道 2×3.5m、非机动车道 2×2.5m 组成，两侧人行道宽度各为 4.0m。路段中设有一处 $R = 150$m 的圆曲线，且该圆曲线内侧道路边线外有 1 处 110kV 的高压杆塔，杆塔外缘至道路中心线的水平距离为 15.7m。道路边线距杆塔外缘最小水平控制距离按 5.0m 计，且不允许压缩非机动车道和人行道宽度，不考虑铰接车情况，下列关于该圆曲线采用的加宽方式、加宽值符合规范规定的是（　　）。

（A）圆曲线两侧加宽、单侧加宽值为 0.35m

（B）圆曲线两侧加宽、单侧加宽值为 0.60m

（C）圆曲线内侧加宽、总加宽值为 0.70m

（D）圆曲线内侧加宽、总加宽值为 1.20m

解答

根据《城市道路路线设计规范》（CJJ 193—2012）表 6.5.1，大型车单车道加宽 0.6m。

若采用内侧加宽，加宽值为 $2 \times 0.6 = 1.2$m。

则路边与塔杆距离：$15.7 - (3.5 + 2.5 + 4) - 1.2 = 4.5$m < 5m，不满足规范要求。

若采用两侧加宽，内侧加宽值 0.6m。

则路边与塔杆距离：$15.7 - (3.5 + 2.5 + 4) - 0.6 = 5.1$m > 5m，满足规范要求。

答案：B

4. 综合练习

例题 1-11-10（2024 年真题）

某新建城市支路，设计速度为 40km/h，采用单幅路横断面布置，为混行机动车双向 2 车道加两侧各 3.5m 宽的非机动车道，标准路拱横坡度为 2.0%，设计纵坡为 2.5%，路段中设置一处 $R = 150$m 圆曲线平面线形。下列关于该路段线形设计参数：（1）车行道路面宽度 14.0m；（2）超高横坡度 2%；（3）绕中线旋转的超高缓和段长度 35m；（4）设计坡长 110m，不符合规范规定的是几项？并请说明选择依据和理由。

（A）1 项　　　　　（B）2 项　　　　　（C）3 项　　　　　（D）4 项

解答

根据《城市道路路线设计规范》（CJJ 193—2012）

（1）直线段车道宽度：$3.5 + 3.5 + 3.5 + 3.5 = 14$m，根据 6.5.1 条，$R = 150$m，需考虑加宽，路面宽度 14m，未考虑加宽，不满足规范。

（2）根据表 6.3.2，不设超高的最小圆曲线半径为 300m，R = 150m，需要设置超高；根据表 6.4.1，40km/h 对应最大超高横坡 2%，满足规范。

（3）根据表 6.4.3，绕中线旋转的超高渐变率为 1/150，$\Delta i = (2\% + 2\%) = 4\%$，$B = 14/2 = 7$，超高渐变段最小长度为：$150 \times 7 \times 4\% = 42$m，35m 不满足；

（4）根据表 7.3.1，机动车最小坡长 110m，根据表 7.3.3，纵坡为 2.5%，非机动车最大坡长为自行车 300m，三轮车 150m，符合规范。

故本题 2 处不符合。

答案：B

📖 考点分析

（1）城市道路加宽值可以直接查表得到，也可以根据条文说明中的公式来计算，具体根据题意进行选择。

（2）城市道路超高、加宽的综合运用是近年来考试重点，超高类题目，若半径不大于 250m，就要考虑加宽。加宽方式要结合给定条件进行判断，不一定在圆曲线内侧加宽。

（3）若不设置超高和回旋线，则加宽缓和段的长度至少为 10m，并应满足最大 1：15 渐变率的要求。若设置超高缓和段或回旋线，则长度应与之相同。详见《公路路线设计规范》（JTG D20—2017）第 7.6.4 条及《城市道路路线设计规范》（CJJ 193—2012）第 6.5.4 条。

（4）圆曲线范围内加宽值为定值，圆曲线外加宽值渐变为零（由 YZ 点或 YH 点渐变）。渐变公式见《公路路线设计规范》（JTG D20—2017）第 7.6.5 条条文说明。

（5）高速公路、一级公路圆曲线半径一般大于 250m，无须加宽，因此公路路面加宽以双车道为准，单车道路面加宽为表规定值的一半；城市道路以每条车道的加宽值列表，双向 N 条车道，加宽值就应乘以 N。

（6）注意直线段长度、圆曲线长度、圆曲线半径、缓和曲线长度、超高值、加宽值、超高渐变段长度（缓和曲线长度能否满足设置超高）、超高渐变率大小等技术指标的综合运用，以判别道路图中以上技术指标的规范符合性（这样的考题更贴合工程实际）。

（7）城市道路平面设计较公路灵活，障碍物附近圆曲线设计是近年考试热点，贴近工程实际，考试中要理解出题人意图，切忌思维固化地认为圆曲线加宽一定在内侧。

考点12 纵断面相关计算

1. 竖曲线基本原理及几何要素计算

1）竖曲线基本原理

汽车行驶在变坡点时，为了缓和因运动变化而产生的冲击和保证视距，必须插入竖曲线。竖曲线形式为圆曲线。

2）竖曲线要素计算公式

（1）竖曲线几何要素主要有：竖曲线切线长T、曲线长L和外距E，如图1-12-1所示。

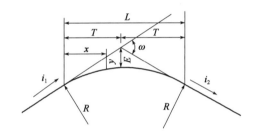

图1-12-1 竖曲线要素

$$L = R\omega$$
$$T = \frac{L}{2}$$
$$E = \frac{T^2}{2R} = \frac{R\omega^2}{8} = \frac{T\omega}{4}$$

（2）竖曲线上任意点纵距y的计算如下：

$$y = \frac{x^2}{2R}$$

式中：y——计算点纵距（m）；

$\quad x$——计算点桩号与竖曲线起点的桩号差（m）；

$\quad R$——竖曲线半径（m）。

3）竖曲线上任意点设计高程的计算

（1）计算切线高程

$$H_1 = H_0 \pm (T - x)i_t$$

式中：H_0——变坡点高程（m）；

$\quad H_1$——计算点切线高程（m）；

$\quad i_t$——纵坡度（%）。

其余符号如图1-12-1所示。利用该式可以计算直坡段上任意点的设计高程。

（2）计算设计高程

$$H = H_1 \pm y$$

式中：H——设计高程（m）；

$\quad$"$\pm$"——当为凹形竖曲线时取"+"，当为凸形竖曲线时取"−"；

其余符号意义同前。

📖 典型例题

例题 1-12-1

某条道路变坡点桩号 K25 + 460.00，高程为 780.72m，$i_1 = 0.8\%$，$i_2 = 5\%$，竖曲线半径 $R = 5000$m。则桩号 K25 + 400.00、K25 + 460.00 和 K25 + 500.00 处的设计高程分别为（   ）。

（A）780.44m，781.82m，783.14m   （B）779.88m，780.72m，781.82m

（C）780.24m，780.72m，781.82m   （D）79.88m，780.72m，783.1m

解答

$\omega = i_2 - i_1 = 5\% - 0.8\% = 4.2\% > 0$，凹曲线，则

$L = \omega \times R = 0.042 \times 5000 = 210$m，$T = L/2 = 105$m

$E = T^2/2R = 105^2/(2 \times 5000) = 1.1025$m

（1）桩号 K25 + 460.00 点竖曲线高程：$780.72 + 1.1025 = 781.8225$m

（2）竖曲线起点桩号：K25 + 460 − 105 = K25 + 355

$X_1 = $ K25 + 400.00 − K25 + 355 = 45m

$Y_1 = 45^2/(2 \times 5000) = 0.2025$m

桩号 K25 + 400.00 点高程：$780.72 - 60 \times 0.008 + 0.2025 = 780.4425$m

（3）竖曲线终点桩号：K25 + 460 + 105 = K25 + 565

$X_2 = $ K25 + 565.00 − K25 + 500 = 65m

$Y_2 = 65^2/(2 \times 5000) = 0.4225$m

桩号 K25 + 500.00 点高程：$780.72 + 40 \times 0.05 + 0.4225 = 783.1425$m

答案：A

例题 1-12-2

某三级公路，采用设计速度 40km/h，路基宽度为 8.5m，其中车行道宽 3.5m，两侧各 0.75m 宽的土路肩，车行道采用 2% 的双面坡，土路肩采用 3% 单面坡。路基设计高程为路基边缘线，路段有一变坡点的高程为 199.55m，其相邻坡段的纵坡分别为 $i_1 = -3.2\%$，$i_2 = 1.8\%$。该变坡点处设有 2m 盖板涵，净高 1.5m，涵洞铺底高程 199.10m，盖板厚度 0.25m，要求涵洞顶面填土（含路面）高度至少保证 0.5m，竖曲线半径最小应是（   ）。

（A）5600m   （B）5760m   （C）5920m   （D）6000m

解答

（1）坡度角 $\omega = i_2 - i_1 = 1.8\% - (-3.2\%) = 5.0\% > 0$，凹曲线。

（2）根据涵洞构造要求，确定路面最低设计高程 $H_{最低} = 199.10 + 1.5 + 0.25 + 0.5 = 201.35$m，外距 $E_{最小} = 201.35 - 199.55 = 1.80$。

（3）竖曲线半径：$R_{最小} = 8E_{最小}/\omega^2 = 8 \times 1.8/0.0025 = 5760$m。

答案：B

例题 1-12-3

某城市次干路在接近桥头处设置了一变坡点，其桩号为 K10 + 155，设计高程为 321.34m，$i_1 = 3.5\%$，桥上坡度 $i_2 = 0.5\%$，桥头端点的桩号为 K10 + 260，要求桥头至少保证 30m 的直坡段，竖曲线的半径最大为（   ）。

（A）4400m　　　　　（B）4600m　　　　　（C）4800m　　　　　（D）5000m

解答

$\omega = i_2 - i_1 = 0.5\% - 3.5\% = -3.0\% < 0$，凸曲线。

竖曲线终点桩号：K10 + 260 − 30 = K10 + 230。

竖曲线切线长：K10 + 230 − K10 + 155 = 75m。

$T = L/2 = R\omega/2 = 75$，故$R = 150/0.03 = 5000$m。

答案：D

例题 1-12-4（2020 年真题）

某改建城市道路，设计速度为 50km/h，路段中有一处横向穿越的构筑物，纵断面设计在构筑物中轴线处设置变坡点，变坡点高程为 5.73m，沿桩号前进方向相邻纵坡分别为 +2.0%、−1.8%。已知构筑物顶面高程为 2.26m，结构顶面最小覆土按 3.0m 控制。不考虑其他因素影响，计算构筑物中轴线处对应的竖曲线最大、最小半径值分别应为（　　　　）。（百位数取整）

竖曲线计算公式：$L = 2T = R \cdot |\omega|$，$\omega = i_2 - i_1$，$E = T^2/2R$

（A）2600m，900m　　　　　　　　　　（B）2600m，1100m

（C）2600m，1400m　　　　　　　　　　（D）2600m，2600m

解答

根据《城市道路路线设计规范》（CJJ 193—2012）。

根据题意：$E_{最大} = 5.73 - 2.26 - 3 = 0.47$m

$|\omega| = |-1.8\% - 2\%| = 0.038$

由 $E = T^2/2R$，$2T = R \cdot |\omega|$ 得 $E = R\omega^2/8$，所以 $R_{\max} = 8E/\omega^2 = 8 \times 0.47/0.038^2 = 2603.9$m，取整 $R_{\max} = 2600$m。

查表 7.5.1，设计速度为 50km/h 时，竖曲线最小半径 $R_{\min} = 900$m。

查表 7.5.1，最小竖曲线长度 40m，则对应的竖曲线最小半径 $R_{\min} = 40/0.038 = 1052.6$m，取两者大值 1052.6m（取整 1100m）。

答案：B

例题 1-12-4a（2024 年真题）

西北地区某拟新建公路，采用一级公路标准，设计速度 80km/h。其中在某路段的纵断面设计为：变坡点桩号 K10 + 250，高程 130.52m，其前后纵坡分别是 +2.5%、−1.3%，敷设凸形竖曲线。现竖曲线长度按 6 倍设计速度取用，计算分析该竖曲线半径是否符合视距规定，并计算该竖曲线起点处高程应为多少？

提示：竖曲线长：$L = R \cdot |\omega|$

切线长：$T = L/2$

R——竖曲线半径（m）；

ω——坡度差；

（A）不符合，124.52m　　　　　　　　　（B）不符合，124.82m

（C）符合，124.52m　　　　　　　　　　（D）符合，124.82m

解答

竖曲线长度 $L = 6 \times 80 = 480$m

$R = 480/(2.5 + 1.3)\% = 12631.6$m

符合《公路路线设计规范》（JTG D20—2017）表 8.6.1 所规定的最小凸曲线半径极限值 3000m，一般值 4500m；符合最小竖曲线长度极限值 70m，一般值 170m 的规定；

$H = 130.52 - 480/2 \times 2.5\% = 124.52m$。

答案：C

例题 1-12-5（2021 年真题）

新建某城市主干路下穿现况轨道线路，主干路设计速度为 50km/h，纵断面设计变坡点位于轨道线路中心线，变坡点高程为 −5.60m，沿前进方向相邻坡段的纵坡分别为 −4.0% 和 +3.5%。已知轨道桥顶板底的设计高程为 +0.80m，顶板结构宽 10m，道路净高按 5.0m 控制。不考虑其他因素的影响，计算该变坡点处道路竖曲线最大半径、竖曲线长度取值应为（   ）。并请说明依据和理由。（竖曲线半径百位数取整，竖曲线长度取小数点后两位）

竖曲线计算公式：$L = 2T = R \cdot |\omega|$，$\omega = i_2 - i_1$，$E = \frac{T^2}{2R}$，对应该桥上部结构的道路竖曲线范围高程可按近似相同计算。

（A）700m，52.50m 　　　　　　　（B）1000m，75.00m

（C）1300m，100.00m 　　　　　　（D）1900m，142.50m

解答

$E_{max} = (0.8 - 5.0) - (-5.6) = 1.4m$

$W = i_2 - i_1 = 0.035 + 0.04 = 0.075$

$E = \frac{R\omega^2}{8} = \frac{R \times 0.075^2}{8} = 1.4$

$R_{max} = 1991m$，取 $R = 1900m > 700m$（表 7.5.1 中一般值）（根据选项）

$L = 1900 \times 0.075 = 142.50m > 100m$（表 7.5.1 中一般值）

答案：D

例题 1-12-5a（2023 年真题）

某平原区高速公路采用设计速度 120km/h 的标准。下图是其中一处凸形竖曲线路段的示意图，前坡 $i_1 = 0.8\%$，后坡 $i_2 = 0.3\%$。条件不受限制时，根据《公路路线设计规范》（JTG D20—2017），计算该竖曲线的一般最小半径应为（   ）。（取整数）

例题 1-12-5a 图

（A）11000m 　　　（B）17000m 　　　（C）20000m 　　　（D）50000m

解答

（1）根据《公路路线设计规范》（JTG D20—2017）表 8.6.1，最小竖曲线长度一般值为 250m，由此反算竖曲线半径为 250/(0.8% − 0.3%) = 50000m。

（2）根据表 8.6.1，最小竖曲线半径为 17000m。

（3）根据表 9.3.4，满足视觉所需的最小竖曲线半径为 20000m。

满足以上三者的最小竖曲线半径为 50000m。

答案：D

2. 公路洪水频率、纵坡、竖曲线的规定

《公路路线设计规范》（JTG D20—2017）规定如下：

8.1.1 纵断面上的设计高程，即路基设计高程应符合下列规定：

1 新建公路的路基设计高程：高速公路和一级公路宜采用中央分隔带的外侧边缘高程；二级公路、三级公路、四级公路宜采用路基边缘高程，在设置超高、加宽路段为设超高、加宽前该处边缘高程。

2 改建公路的路基设计高程：宜按新建公路的规定执行，也可视具体情况而采用中央分隔带中线或行车道中线高程。

8.1.2 路基设计洪水频率应符合表 8.1.2 的规定，并应符合下列规定：

路基设计洪水频率   表 8.1.2

公路等级	高速公路	一级公路	二级公路	三级公路	四级公路
设计洪水频率	1/100	1/100	1/50	1/25	按具体情况确定

1 沿河及可能受水浸淹的路段，按设计高程推算的最低侧路基边缘高程，应高出表 8.1.2 规定洪水频率计算水位加壅水高、波浪侵袭高和 0.50m 的安全高度。

2 沿水库上游岸边的路段，按设计高程推算的路基最低侧边缘高程应考虑水库水位升高后地下水位壅升，以及水库淤积后壅水曲线抬高及浪高的影响；在寒冷地区还应考虑冰塞壅水对水位增高的影响。

3 大、中桥桥头引道（在洪水泛滥范围内）的按设计高程推算的路基最低侧边缘高程，应高于该桥设计洪水位（并包括壅水和浪高）至少 0.50m；小桥涵附近的路基最低侧边缘高程应高于桥（涵）前壅水水位至少 0.50m（不计浪高）。

4 城市周边地区的公路路基设计洪水频率应结合城市防洪标准，考虑救灾通道、排洪和泄洪需求综合确定。

8.2.1 公路的最大纵坡应不大于表 8.2.1 的规定，并应符合下列规定：

最大纵坡   表 8.2.1

设计速度（km/h）	120	100	80	60	40	30	20
最大纵坡（%）	3	4	5	6	7	8	9

1 设计速度为 120km/h、100km/h、80km/h 的高速公路，受地形条件或其他特殊情况限制时，经技术经济论证，最大纵坡可增加 1%。

2 改扩建公路设计速度为 40km/h、30km/h、20km/h 的利用原有公路的路段，经技术经济论证，最大纵坡可增加 1%。

3 四级公路位于海拔 2000m 以上或积雪冰冻地区的路段，最大纵坡不应大于 8%。

8.2.2 设计速度小于或等于 80km/h 位于海拔 3000m 以上高原地区的公路，最大纵坡应按表 8.2.2 的规定予以折减。最大纵坡折减后小于 4% 时应采用 4%。

高原纵坡折减值   表 8.2.2

海拔高度（m）	3000～4000	4000～5000	5000 以上
纵坡折减（%）	1	2	3

8.2.3 公路纵坡不宜小于 0.3%。横向排水不畅的路段或长路堑路段，采用平坡（0%）或小于 0.3% 的纵坡时，其边沟应进行纵向排水设计。

8.2.4　桥上及桥头路线的纵坡应符合下列规定：

1　小桥处的纵坡应随路线纵坡设计。

2　桥梁及其引道的平、纵、横技术指标应与路线总体布设相协调，各项技术指标应符合路线布设的规定。大、中桥上的纵坡不宜大于4%，桥头引道纵坡不宜大于5%，引道紧接桥头部分的线形应与桥上线形相配合。

3　易结冰、积雪的桥梁，桥上纵坡宜适当减小。

4　位于城镇混合交通繁忙处的桥梁，桥上及桥头引道纵坡均不得大于3%。

8.2.5　隧道及其洞口两端路线的纵坡应符合下列规定：

1　隧道内的纵坡应大于0.3%并小于3%，但短于100m的隧道不受此限。

2　高速公路、一级公路的中、短隧道，当条件受限制时，经技术经济论证后，最大纵坡可适当加大，但不宜大于4%。

3　隧道内的纵坡宜设置成单向坡；地下水发育的隧道及特长、长隧道宜采用人字坡。

8.6.1　公路纵坡变更处应设置竖曲线，竖曲线可采用圆曲线或抛物线，其竖曲线最小半径与竖曲线长度应符合表8.6.1的规定。

竖曲线最小半径与竖曲线长度

表8.6.1

设计速度（km/h）		120	100	80	60	40	30	20
凸形竖曲线半径（m）	一般值	17000	10000	4500	2000	700	400	200
	极限值	11000	6500	3000	1400	450	250	100
凹形竖曲线半径（m）	一般值	6000	4500	3000	1500	700	400	200
	极限值	4000	3000	2000	1000	450	250	100
竖曲线长度（m）	一般值	250	210	170	120	90	60	50
	极限值	100	85	70	50	35	25	20

注：表中所列"一般值"为正常情况下的采用值；"极限值"为条件受限制时，经技术经济论证后的采用值。

📖 规范条文解析 ▬▬▬▬▬▬▬▬▬▬▬▬

《公路工程技术标准》（JTG B01—2014）表4.0.22中竖曲线最小半径和最小长度即为《公路路线设计规范》（JTG D20—2017）表8.6.1中的"极限值"，技术标准的表中未列出"一般值"。

例题1-12-6（2022年真题）

某拟建二级公路，设计速度为60km/h，该沿溪线路段路基标准横断面组成中各项指标均采用现行《公路工程技术标准》所规定的一般值，其中路拱坡度为2%，土路肩横坡为4%，纵断面设计采用路中心线处的高程。该河流的水文分析成果见下表。在不考虑设置超高情况下，计算该路段纵断面设计控制高程应是（　　　　）。（取小数点后三位）

例题1-12-20表

设计洪水频率	计算水位高程（m）	雍水高（m）	波浪侵袭高（m）
1/100	85.21	0.83	0.52
1/50	84.82	0.69	0.43
1/25	84.12	0.52	0.35

（A）86.055m　　　　（B）86.440m　　　　（C）86.525m　　　　（D）86.555m

解答

根据《公路工程技术标准》（JTG B01—2014）表 4.0.2，$V = 60$km/h，车道宽 3.5m；根据表 4.0.5，右侧硬路肩 0.75m，右侧土路肩 0.75m。

根据《公路路线设计规范》（JTG D20—2017）表 8.1.2，二级公路，设计洪水频率为 1/50。

根据《公路路线设计规范》（JTG D20—2017）第 8.1.2 条第 1 款：

控制高程 $= 84.82 + 0.69 + 0.43 + 0.5 + 0.75 \times 4\% + (3.5 + 0.75) \times 2\% = 86.555$m

答案：D

注：本题考查的是第 8.1.2 条的规定与考点 6 的结合。

3. 公路最小坡长规定及最大坡长计算

📖 **条文规定**

《公路路线设计规范》（JTG D20—2017）规定如下：

8.3.1 公路纵坡的最小坡长应符合表 8.3.1 的规定。

最小坡长　　　　　　　　　　　　　　　　　　　表 8.3.1

设计速度（km/h）	120	100	80	60	40	30	20
最小坡长（m）	300	250	200	150	120	100	60

8.3.2 各级公路的最大坡长应符合表 8.3.2 的规定。

不同纵坡的最大坡长（单位：m）　　　　　　　　　　　表 8.3.2

设计速度（km/h）		120	100	80	60	40	30	20
纵坡坡度（%）	3	900	1000	1100	1200	—	—	—
	4	700	800	900	1000	1100	1100	1200
	5	—	600	700	800	900	900	1000
	6	—	—	500	600	700	700	800
	7	—	—	—	—	500	500	600
	8	—	—	—	—	300	300	400
	9	—	—	—	—	—	200	300
	10	—	—	—	—	—	—	200

8.3.3 各级公路的连续上坡路段，应根据载重汽车上坡时的速度折减变化，在不大于表 8.3.2 规定的纵坡长度之间设置缓和坡段。其设置应符合下列规定：

1 设计速度小于或等于 80km/h 时，缓和坡段的纵坡应不大于 3%；设计速度大于 80km/h 时，缓和坡段的纵坡应不大于 2.5%。

2 缓和坡段的长度应大于表 8.3.1 的规定。

📖 **典型例题**

例题 1-12-6a

设计速度为 60km/h 的二级公路，纵坡为 6%时，最大坡长限制值为 600m，纵坡为 5%时，最大坡长限制值为 800m。若某连续上坡路段，第一坡段纵坡度为 6%，实际设计长度为 400m，第二坡段纵坡坡度为 5%，其设计长度不应超过（ ）。

（A）200m （B）266m

（C）300m （D）400m

解答

由题意知，400/600 +X/800 ≤ 1，X ≤ 266.67m，取整 266m。

答案：B

例题 1-12-7（2021 年真题）

某越岭区高速公路，设计速度为 100km/h，其中某越岭段拟采用连续上坡的明线方案，下列各纵坡组合设计方案中，不满足规范要求的是（ ）。

例题 1-12-7 表

（A）	坡长（m）	700	250	500	300	500	400	650
	坡度	3.0%	2.5%	4.0%	3.0%	4.0%	2.5%	4.0%
（B）	坡长（m）	700	250	600	300	500	250	700
	坡度	3.0%	2.5%	4.0%	2.5%	4.0%	2.5%	4.0%
（C）	坡长（m）	800	250	500	300	500	400	550
	坡度	3.0%	2.5%	4.0%	3.0%	2.5%	4.0%	2.5%
（D）	坡长（m）	800	450	250	300	250	550	700
	坡度	3.0%	2.5%	4.0%	3.0%	4.0%	2.5%	4.0%

解析

根据《公路路线设计规范》（JTG D20—2017）表 8.2.1，$V = 100$km/h，$i_{max} = 4\%$；由表 8.3.1 知，缓坡段最大纵坡为 2.5%，最小坡长 250m。

当 $i = 3\%$ 时，$L_{max} = 1000$m；当 $i = 4\%$ 时，$L_{max} = 800$m；当 $i = 5\%$ 时，$L_{max} = 600$m。

选项 A：$\frac{500}{800} + \frac{300}{1000} + \frac{500}{800} = \frac{124}{80} > 1$，不符合。

选项 B：符合。

选项 C：$\frac{500}{800} + \frac{300}{1000} = \frac{74}{80} < 1$，符合。

选项 D：$\frac{250}{800} + \frac{300}{1000} + \frac{250}{800} = \frac{74}{80} < 1$，符合。

答案：A

📖 **考点分析**

（1）纵坡大于一定值时，对应一个最大坡长限制值（稳定坡长），以满足行车速度的稳定。若连续上坡路段设置了两个或两个以上的较大纵坡段，则各坡段长所占规定限制值长度的比例之和应小于或等于 1（确保不同纵坡的加权平均后的坡长仍然满足稳定坡长），才可以满足行车速度的稳定。

（2）不同坡度对应的限制坡长见《公路路线设计规范》（JTG D20—2017）表 8.3.2。

4. 公路平均纵坡计算

📖 **条文规定**

《公路路线设计规范》（JTG D20—2017）规定如下：

8.3.4　二级公路、三级公路、四级公路的越岭路线连续上坡或下坡路段，相对高差为200～500m时，平均纵坡应不大于5.5%；相对高差大于500m时，平均纵坡应不大于5%。任意连续3km路段的平均纵坡宜不大于5.5%。

8.3.5　高速公路、一级公路连续长、陡下坡路段的平均坡度与连续坡长不宜超过表8.3.5的规定；超过时，应进行交通安全性评价，提出路段速度控制和通行管理方案，完善交通工程和安全设施，并论证增设货车强制停车区。

连续长、陡下坡的平均坡度与连续坡长　　　　　　　　表8.3.5

平均坡度（%）	< 2.5	2.5	3.0	3.5	4.0	4.5	5.0	5.5	6.0
连续坡长（km）	不限	20.0	14.8	9.3	6.8	5.4	4.4	3.8	3.3
相对高差（m）	不限	500	450	330	270	240	220	210	200

📖 **典型例题**

例题 1-12-8

某二级公路连续上坡路段，技术指标见下表，则该路段平均纵坡是（　　　）。

例题 1-12-8 表

坡度（%）	5	2.5	3	4.2
坡长（m）	420	500	780	1000

（A）3.66%　　　　（B）4.56%　　　　（C）2.68%　　　　（D）4.95%

解答

$H = 0.05 \times 420 + 0.025 \times 500 + 0.03 \times 780 + 0.042 \times 1000 = 98.9m$

$L = 420 + 500 + 780 + 1000 = 2700m$

$i_p = 98.9/2700 = 0.0366 = 3.66\%$

答案： A

例题 1-12-8a（2024年真题）

某拟新建公路地处山岭区，采用三级公路标准，设计速度60km/h，受地形等条件的限制，在某局部路段内采用了连续长陡纵坡的设计，纵坡设置如下表所列（上坡为正，下坡为负），计算连续3km路段的最大平均纵坡是多少？并判断其是否符合规范规定。

坡长 m	650	150	700	150	650	150	700	600	150	300	600
坡度%	4	3	6	3	6	3	6	−4.5	5	3	4

（A）5.12%，符合　　　　　　　　　　（B）5.12%，不符合

（C）5.22%，符合　　　　　　　　　　（D）5.22%，不符合

解答

连续3km平均纵坡最大，则应从K0 + 150开始计算；

[(650 − 150) × 4% + 150 × 3% + 700 × 6% + 150 × 3% + 650 × 6% + 150 × 3% + 700 × 6%]/3000 = 5.22%，符合《公路路线设计规范》（JTG D20—2017）8.3.4 连续3km平均纵坡小于5.5%的规定；

根据表8.3.2，6%的最大坡长为600m，本题表中为700m、650m，不满足规范；

综上所述，连续3km路段的最大平均纵坡是5.22%，6%的最大坡长不满足。

答案：D

例题 1-12-9

某山区公路，公路等级为四级，设计速度为 30km/h。道路总长 12.25km，为连续上坡路段，其中 K0 + 000～K6 + 200 段相对高差为 310.0m。K6 + 200～K12 + 250 段，相对高差为 320.8m。该路平均纵坡是多少？是否满足《公路路线设计规范》（JTG D20—2017）要求？（　　）

（A）5.0%，满足

（B）5.15%，不满足

（C）5.15%，满足

（D）5.3%，不满足

解答

根据《公路路线设计规范》（JTG D20—2017）第 8.4.3 条：

（1）K0 + 000～K6 + 200 段

$L_1 = 6200m$，$h_1 = 310.0m$，$i_1 = 310.0/6200 = 5.0\%$

符合第 8.3.4 条的规定，相对高差为 200～500m 时，平均纵坡应不大于 5.5%。

（2）K6 + 200～K12 + 250 段

$L_2 = 12250\text{-}6200 = 6050m$，$h_2 = 320.8m$，$i_2 = 320.8/6050 = 5.3\%$

符合第 8.3.4 条的规定，相对高差为 200～500m 时，平均纵坡应不大于 5.5%。

$L_总 = 12250m$，$h_总 = 310 + 320.8 = 630.8m$，$i_总 = 630.8/12250 = 5.15\%$

不符合第 8.3.4 条的规定，相对高差大于 500m 时，平均纵坡应不大于 5.0%。

答案：B

例题 1-12-10（2019 年真题）

某山区二级公路项目，越岭段连续上坡，需要克服的相对高差为 200～500m，该路段长度为 4500m，该路线按规范要求能克服的最大高差是（　　）。

（A）225.0m　　　（B）247.5m　　　（C）300.0m　　　（D）350.0m

解答

根据《公路路线设计规范》（JTG D20—2017）第 8.3.4 条：二级公路、三级公路、四级公路的越岭路线连续上坡或下坡路段，相对高差为 200～500m 时，平均纵坡应不大于 5.5%；$H = L \times i = 4500 \times 0.055 = 247.5m$。

答案：B

例题 1-12-11

某山区二级公路项目，设计速度为 80km/h，位于海拔 4000～4500m 的山区。越岭段连续上坡，需要克服的相对高差为 200～500m，该路段长度为 4500m，该路线按规范要求能克服的最大高差是（　　）。

（A）135m　　　（B）180m　　　（C）225m　　　（D）247.5m

解答

根据《公路路线设计规范》（JTG D20—2017）：

（1）根据表 8.2.1，查得 $V = 80km/h$，$i_{max} = 5\%$。

（2）根据第 8.2.2 条，设计速度小于或等于 80km/h，位于海拔 3000m 以上高原地区的公路，最大纵坡应按表 8.2.2 的规定予以折减。最大纵坡折减后小于 4% 时应采用 4%。

查表得纵坡折减 $i_{折减} = 2\%$，$i_{折减后} = 5\% - 2\% = 3\%$（小于 4%，取 4%），$i_{折减后} = 4\%$。

（3）根据第 8.3.4 条，二级公路、三级公路、四级公路的越岭路线连续上坡或下坡路段，相对高差为

200~500m 时，平均纵坡应不大于 5.5%。

（4）根据（3）和（2）取 $i_{最大} = 4\%$，$H = 4500 \times 0.04 = 180\text{m}$。

答案：B

📖 考点分析

（1）一定长度的路段连续上坡或下坡路段纵向所克服的总高差与路线总长度之比即为平均纵坡：$i_p = \sum H / \sum L$；$\sum H = \sum (L_1 \times i_1 + L_2 \times i_2 + \cdots + L_n \times i_n)$。

（2）求最大克服高差：$\sum H_{\max} = \sum (L \times i_{p\max})$。

（3）注意规范中关于积雪、冰冻、高原等特殊条件对最大纵坡的影响规定。

5. 公路合成坡度计算

📖 条文规定

《公路路线设计规范》（JTG D20—2017）规定如下：

8.5　合成坡度

8.5.1　公路最大合成坡度值不得大于表 8.5.1 的规定。

公路最大合成坡度　　　　　　　　　　　　　　　　　　　表 8.5.1

公路技术等级	高速公路、一级公路				二级公路、三级公路、四级公路				
设计速度（km/h）	120	100	80	60	80	60	40	30	20
合成坡度值（%）	10.0	10.0	10.5	10.5	9.0	9.5	10.0	10.0	10.0

8.5.2　当陡坡与小半径平曲线相重叠时，宜采用较小的合成坡度。下列情况其合成坡度必须小于 8%：

1　冬季路面有结冰、积雪的地区；

2　自然横坡较陡峻的傍山路段；

3　非汽车交通量较大的路段。

8.5.3　各级公路最小合成坡度不宜小于 0.5%。在超高过渡的变化处，合成坡度不应设计为 0%。当合成坡度小于 0.5% 时，应采取综合排水措施，保证路面排水畅通。

📖 典型例题

例题 1-12-12

某一级公路，采用设计速度 100km/h，某路段设置 4% 的超高，该路段纵坡度为 3.5%，请问该路段的合成坡度是（　　　）。

解答

$$i = \sqrt{i_h^2 + i_z^2} = \sqrt{0.04^2 + 0.035^2} = 0.053 = 5.3\%$$

例题 1-12-13

某双向两车道的四级公路，设计速度 $V = 30\text{km/h}$，约有 600m 段从一山体北侧通过，该段阴冷潮湿，冬季有结冰、积雪现象。因受地形限制，需采用设超高圆曲线半径，半径 $R = 100\text{m}$。已知该路段道路已定道路纵坡为 4.5%，则可以采用的最大允许超高是（　　）。

（A）5.5%　　　　　　（B）6.0%　　　　　　（C）6.6%　　　　　　（D）8.9%

解答

（1）根据《公路路线设计规范》（JTG D20—2017）第 8.5.2 条第 1 款，冬季路面有结冰、积雪的地区，其合成坡度必须小于 8%，即 $i_{h\,最大}=8\%$，则

$$i_{n\,最大}=\sqrt{i_{h\,最大}^2-i_z^2}=\sqrt{0.08^2-0.045^2}=0.066=6.6\%$$

（2）根据《公路路线设计规范》（JTG D20—2017）表 7.5.1，结冰、积雪地区，其最大超高横坡应小于 6%。

故 $i_{n\,最大}=6\%$。

答案：B

📖 **考点分析**

（1）设有超高的平曲线上路线纵坡与超高横坡所组成的合成坡度 $i_h=\sqrt{i_n^2+i_z^2}$。

其中，i_h 为合成坡度（%），i_n 为超高横坡（%），i_z 为纵坡（%）。

（2）合成坡度需满足《公路路线设计规范》（JTG D20—2017）第 8.5 条的要求。

（3）注意积雪、冰冻、高原等特殊条件对超高及最大纵坡的影响及相关规定。

6. 公路纵断面设计指标的综合应用

📖 **典型例题**

例题 1-12-14

某一位于山区的一级公路，设计速度采用 80km/h，道路横坡为 2%，局部设计纵断图如下图所示，则从该图中能看出平面、纵断面和平纵组合设计不合理地方有（　　）处。

例题 1-12-14 图

（A）1　　　　　　（B）2　　　　　　（C）3　　　　　　（D）4

解答

根据《公路路线设计规范》（JTG D20—2017）：

（1）查表 8.6.1 知，设计速度 80km/h，凸形竖曲线最小半径一般值为 4500m，凹形竖曲线最小半径一般值为 3000m，图中竖曲线半径均符合规范规定。

（2）查表 8.6.1 知，竖曲线最小长度一般值为 170m，图中最小为 2×86.25 = 172.50m，符合规范要求。

（3）查表 8.2.1 知，设计速度 80km/h，最大纵坡为 5%时，图中最大纵坡为 5%，符合规范。

（4）查表 8.3.2 知，设计速度 80km/h，纵坡 5%时，最大坡长限制值为 700m，图中坡长 750m，不符合规范要求。

（5）查表 7.4.1，不设超高半径为 2500m，两处平曲线均应设置缓和曲线，该两处圆曲线均不符合规范。

综上所述，3 处不符合规范。

答案：C

例题 1-12-15

某高速公路，双向四车道，采用 2.0%双面坡，设计速度为 100km/h。因 K5＋528～K6＋128 段条件受限，经技术经济论证，最大纵坡可采用极限值。设计纵断面如下图所示，则该路段平面、纵断面和平纵组合设计中，不合理的地方有（　　）处。

例题 1-12-15 图

（A）1 处　　　　　（B）2 处　　　　　（C）3 处　　　　　（D）4 处

解答

根据《公路路线设计规范》（JTG D20—2017）：

（1）查表 8.6.1 知，设计速度 100km/h，最小凸竖曲线半径一般值为 10000m，凹曲线半径一般值为 4500m，图中凸曲线半径为 11000m，凹曲线半径为 7000m，均符合规范要求。

（2）查表 8.6.1 知，最小竖曲线长度一般值为 210m，图中最小为 2×105 = 210m，符合规范要求。

（3）查表 8.3.2 知，设计速度 100km/h，纵坡 5%时，最大坡长为 600m，图中为 600m，纵坡为 4%时，最大坡长为 800m，图中纵坡长度 800m 均符合规范；根据第 8.3.1 条，设计速度为 100km/h 时，最小坡长为 250m，这里两变坡点之间坡长只有 240m，不符合规范要求。

（4）查表 7.4.1 知，平曲线半径 800m，小于不设超高最小半径 4000m，需设置回旋线，该图未设置，不符合规范要求。

（5）根据第 9.5.3 条，设计速度大于或等于 60km/h 的公路，应注重路线平、纵线形组合设计；根据第 9.5.2 条条文说明，当平曲线半径小于 2000m、竖曲线半径小于 15000m 时，平、竖曲线的相互对应对线形组合显得十分重要；根据第 9.5.2 条第 1 款，平纵线形宜相互对应，且平曲线宜比竖曲线长。本图不符合规范规定。

（6）平曲线长度为 212.36m，小于一般值 500m。故本题共有 4 处不满足规范要求。

答案：D

例题 1-12-15a

某拟建一级公路，采用设计速度 80km/h，双向四车道，路基宽度 25.5m，下图为某局部路段纵断面设计草图，请分析在一般情况下，该路段最小直线长度、竖曲线长度、竖曲线半径、最大纵坡中，不符合规范一般值规定的地方共有（　　）。并请说明依据和理由。

例题 1-12-15a 图

（A）1 处　　　　　（B）2 处　　　　　（C）3 处　　　　　（D）4 处

解答

根据《公路路线设计规范》（JTG D20—2017），$V = 80$km/h，一级公路：

表 8.2.1，最大纵坡 5%，图中最大纵坡 3.8%，符合规范规定；

表 8.3.1，最小坡长 200m，图中最小坡长 500m，符合规范规定；

表 8.3.2，$i = 4\%$ 时最大坡长 900m，图中 3.8% 的坡，最大坡长 670m，符合规范规定；

表 8.6.1，最小竖曲线长度 170m，图中 K1 + 022.50～K0 + 857.50 = 165m < 170m，不符合规范规定；

表 8.6.1，最小凸形竖曲线半径 $R_{\min} = 3000$m，图中均符合规范规定。

因此，仅有一处不符合规范规定。

（注意：图中两反向平曲线夹直线长 1416.209 − 1276.209 = 140m，规范第 7.2.2 条规定反向圆曲线间以直线径相连接，直线长不小于 2V 为宜，本题设置了缓和曲线，是否应该执行该条存在争议，且该题明确考察点为纵断面指标，因此不计入错误。）

答案：A

注：本题结合工程实际，从设计图中找到或计算出纵断面各技术指标参数，对标《公路路线设计规范》（JTG D20—2017）中相关规定，判定各技术参数是否符合规范。

7. 公路断链的概念及爬坡车道计算

📖 **条文规定**

《公路路线设计规范》（JTG D20—2017）规定如下：

8.4 爬坡车道

8.4.1 四车道高速公路、四车道一级公路以及二级公路连续上坡路段，符合下列情况之一时，宜在上坡方向行车道右侧设置爬坡车道：

1 沿连续上坡方向载重汽车的运行速度降低到表8.4.1的容许最低速度以下。

上坡方向容许最低速度 表8.4.1

设计速度（km/h）	120	100	80	60	40
容许最低速度（km/h）	60	55	50	40	25

2 单一纵坡坡长超过表8.3.2的规定或上坡路段的设计通行能力小于设计小时交通量。

3 经设置爬坡车道与改善主线纵坡不设爬坡车道技术经济比较论证，设置爬坡车道的效益费用比、行车安全性较优。

8.4.2 爬坡车道的超高坡度应符合表8.4.2的规定。超高横坡的旋转轴应为爬坡车道内侧边缘线。

爬坡车道的超高值 表8.4.2

主线的超高坡度（%）	10	9	8	7	6	5	4	3	2
爬坡车道的超高坡度（%）	5		4					3	2

8.4.3 爬坡车道的曲线加宽值应采用一个车道曲线加宽的规定。

8.4.4 高速公路、一级公路爬坡车道长度大于500m时，应按照规定在其右侧设置紧急停车带。

8.4.5 爬坡车道起、终点与长度的确定应符合下列规定：

1 爬坡车道的起点，应设于陡坡路段上载重汽车运行速度降低至表8.4.1中"容许最低速度"处。

2 爬坡车道的终点，应设于载重汽车爬经陡坡路段后恢复至"容许最低速度"处，或陡坡路段后延伸的附加长度的端部。该陡坡路段后延伸的附加长度应符合表8.4.5-1的规定。

陡坡路段后延伸的附加长度 表8.4.5-1

附加段纵坡（%）	下坡	平坡	上坡			
			0.5	1.0	1.5	2.0
附加长度（m）	100	150	200	250	300	350

3 相邻两爬坡车道相距较近时，宜将两爬坡车道直接相连。

4 爬坡车道起、终点处应按设置分流、汇流渐变段，其长度应符合表8.4.5-2的规定。

爬坡车道分流、汇流渐变段长度 表8.4.5-2

公路技术等级	分流渐变段长度（m）	汇流渐变段长度（m）
高速公路、一级公路	100	150～200
二级公路	50	90

条文说明

8.4.2 爬坡车道的超高坡度是按爬坡车道的行车速度确定的，因爬坡车道行车速度低于主线行车速度，故爬坡车道的超高小于主线的超高。

8.4.3 爬坡车道的布设形式如图 8-5 所示。

图 8-5 典型爬坡车道

📖 **基本知识**

断链的概念

断链指的是因局部改线或分段测量等原因造成的桩号不相连接的现象。断链分为长链和短链。桩号重叠的称为长链（路线实际长度大于桩号终点与起点之差），桩号间断的称为短链（路线实际长度小于桩号终点与起点之差），如图 1-12-2 所示。

图 1-12-2 断链

📖 **典型例题**

例题 1-12-16（2021 年真题）

某新建二级公路，设计速度为 60km/h。其中在某越岭段采用了连续上坡的方案，经论证拟设置爬坡车道，该路段纵坡坡度依次为 5%、1%，爬坡车道分流渐变段起点桩号为 K3 + 000，短链 K3 + 100 = K3 + 110，爬坡段长度为 800m，其后附加长度段，该爬坡车道汇流渐变段终点的最小桩号应为（　　）。

（A）K3 + 940　　　（B）K4 + 180　　　（C）K4 + 190　　　（D）K4 + 200

解答

短链，路线变短，即 K3 + 110 - K3 + 100 = 10m。

根据《公路路线设计规范》(JTG D20—2017) 表 8.4.5-1、表 8.4.5-2 及条文说明，附加长度（坡度 1%）为 250m，分流渐变段长 50m，汇流渐变段长 90m，则最小桩号 = K3 + 000 + 50 + 800 + 250 + 90 + 10 = K4 + 200。

答案：D

例题 1-12-16a（2022 年真题）

某新建山岭区公路，采用设计速度 80km/h，双向四车道的一级公路标准。其中在某越岭路段为连续上坡，纵坡（坡度/坡长）依次为 1%/450m、4%/850m、2%/400m、4%/850m、1.5%/550m。经运行速度分析，该段运行速度曲线如下图所示，需设置爬坡车道。计算该路段爬坡车道总长度最小值应为（   ）。并请说明依据和理由。

例题 1-12-16a 图

（A）1150m　　　　（B）2250m　　　　（C）2400m　　　　（D）2700m

解答

根据《公路路线设计规范》(JTG D20—2017) 表 8.4.1，V = 80km/h 时，容许最低速度为 50km/h;

根据第 8.4.5 条规定，图中：K2 + 000 和 K4 + 150 分别对应爬坡道起点和终点（合并设置相距较近的两处爬坡车道）;

根据第 8.4.5 条，表 8.4.5-2，一级公路，分流渐变段长度最小为 100m，汇流渐变段长度最小为 150m。

总长度 = 4150 - 2000 + 100 + 150 = 2400m

答案：C

注：本题要求理解规范中关于爬坡车道起、终点的条文规定，爬坡车道合并设置条件的规定，条文说明图 8-5 标注的爬坡车道长度未包括汇流渐变段和分流渐变段，但是该真题按图 8-5 解答没有答案，命题专家认为包括了，类似变速车道长度包括了渐变段，考试过程中要随机应变。

8. 城市道路纵断面设计指标的综合用运用

📖 **条文规定**

《城市道路路线设计规范》(CJJ 193—2012) 规定如下：

7.2.1 道路最大纵坡应符合下列规定：

1 机动车道最大纵坡应符合表 7.2.1 的规定。

机动车道最大纵坡 表7.2.1

设计速度（km/h）		100	80	60	50	40	30	20
最大纵坡	一般值（%）	3	4	5	5.5	6	7	8
	极限值（%）	4	5	6	6	7	8	8

2　新建道路应采用小于或等于最大纵坡一般值；对改建道路、受地形条件或其他特殊情况限制时，可采用最大纵坡极限值。

3　除快速路外的其他等级道路，受地形条件或其他特殊情况限制时，经技术经济论证后，最大纵坡极限值可增加1.0%。

4　积雪或冰冻地区的快速路最大纵坡不应大于3.5%，其他等级道路最大纵坡不应大于6.0%。

5　海拔3000m以上高原地区城市道路的最大纵坡一般值可减小1.0%，当最大纵坡折减后小于4.0%时，仍可采用4.0%。

7.2.2　道路最小纵坡应符合下列规定：

1　道路最小纵坡不应小于0.3%；当特殊困难纵坡小于0.3%时，应设置锯齿形偏沟或采取其他排水措施。

2　特大桥、大桥、中桥的桥面最小纵坡不宜小于0.3%，且竖向高程最低点不应位于主桥范围内。

3　高架路的桥面最小纵坡不应小于0.5%；困难时不应小于0.3%，并应采取保证高架路纵横向及时排水的措施。

7.2.3　非机动车道最大纵坡不宜大于2.5%；困难时不应大于3.5%，并应按本规范表7.3.3规定限制坡长。

7.2.4　特大桥、大桥、中桥的桥面纵坡不宜大于4.0%，桥头引道纵坡不宜大于5.0%。

7.2.5　隧道内的道路最大纵坡不宜大于3.0%，困难时不应大于5.0%，隧道出入口外的接线道路纵坡宜坡向洞外。

7.3　坡长

7.3.1　道路纵坡长度应符合下列规定：

1　机动车道纵坡的最小坡长应符合表7.3.1的规定，且应大于相邻两个竖曲线切线长度之和。

机动车道最小坡长 表7.3.1

设计速度（km/h）	100	80	60	50	40	30	20
坡段最小长度（m）	250	200	150	130	110	85	60

2　路线尽端道路起（讫）点一端可不受最小坡长限制。

3　当主干路与支路相交时，支路纵断面在相交范围内可视为分段处理，不受最小坡长限制。

4　对沉降量较大的加铺罩面道路，可按降低一级的设计速度控制最小坡长，且应满足相邻纵坡坡差小于或等于5‰的要求。

7.3.2　当纵坡大于本规范表7.2.1的一般值时，其最大坡长应符合表7.3.2的规定。道路连续上坡或下坡，应在不大于表7.3.2规定的纵坡长度之间设置纵坡缓和段。缓和段的坡度不应大于3.0%，其长度应符合本规范表7.3.1最小坡长的规定。

机动车道最大坡长 表7.3.2

设计速度（km/h）	100	80	60			50			40		
纵坡（%）	4	5	6	6.5	7	6	6.5	7	6.5	7	8
最大坡长（m）	700	600	400	350	300	350	300	250	300	250	200

120

7.3.3 当非机动车道的纵坡大于或等于2.5%时，其最大坡长应符合表7.3.3的规定。

非机动车道最大坡长   表7.3.3

纵坡（%）		3.5	3.0	2.5
最大坡长（m）	自行车	150	200	300
	三轮车	—	100	150

7.4 合成坡度

7.4.1 在设有超高的平曲线上，超高横坡度与道路纵坡度的最大合成坡度应符合表7.4.1的规定。

最大合成坡度   表7.4.1

设计速度（km/h）	100, 80	60, 50	40, 30	20
最大合成坡度（%）	7.0	7.0	7.0	8.0

7.5 竖曲线

7.5.1 各级道路纵坡变更处应设置竖曲线，竖曲线宜采用圆曲线；机动车道竖曲线最小半径与竖曲线最小长度应符合表7.5.1的规定。当地形条件特别困难时，可采用极限值。

机动车道竖曲线最小半径与竖曲线最小长度   表7.5.1

设计速度（km/h）		100	80	60	50	40	30	20
凸形竖曲线最小半径（m）	一般值	10000	4500	1800	1350	600	400	150
	极限值	6500	3000	1200	900	400	250	100
凹形竖曲线最小半径（m）	一般值	4500	2700	1500	1050	700	400	150
	极限值	3000	1800	1000	700	450	250	100
竖曲线最小长度（m）	一般值	210	170	120	100	90	60	50
	极限值	85	70	50	40	35	25	20

7.5.2 非机动车道变坡点处应设竖曲线，其竖曲线最小半径不应小于100m。非机动车与行人共板道路的竖曲线最小半径不应小于60m。

📖 典型例题

例题 1-12-17（2019年真题）

某城市道路设计速度$V = 60$km/h，纵断面设计如下图所示，竖曲线半径$R = 1600$m，图中尺寸单位为m，下列不符合规范要求的参数是（　　）。（竖曲线长度取两侧纵坡的代数差与竖曲线半径相乘之积）

例题 1-12-17 图

（A）下坡坡度　　　　　　　　　　　（B）上坡坡度

（C）坡长　　　　　　　　　　　　　（D）竖曲线长度

解答

根据《城市道路路线设计规范》（CJJ 193—2012）表7.2.1及第7.2.2条，得出选项A、B符合规范要求；根据表7.3.1、表7.3.2可得选项C正确；根据上坡为正，下坡为负，竖曲线长度$L = \omega \times R = [1.0\% -$

121

$(-1.6\%)] \times 1600\text{m} = 41.6\text{m}$，不符合表 7.5.1 的规定。

　　答案：D

　　例题 1-12-18（2019 年真题）

　　拟改建某城市主干路，设计速度采用 60km/h，受地形条件限制，在圆曲线半径 260m 段设置 4%超高值、6%纵坡、250m 坡长，此段道路设计指标不满足规范规定的是（　　）。

　　（A）圆曲线半径　　　　　　　　　　（B）坡长

　　（C）纵坡度　　　　　　　　　　　　（D）合成坡度

　　解答

　　根据《城市道路路线设计规范》（CJJ 193—2012）：

　　（1）第 6.3.2 条第 1 款：$v = 60\text{km/h}$ 时，$R = 260\text{m}$ 大于 $R_{极限小} = 150\text{m}$，故选项 A 正确。

　　（2）第 7.3.1 条，$v = 60\text{km/h}$，最小坡长不小于 150m；结合第 7.3.2 条最大坡长限制，纵坡为 6%时，最大坡长不大于 400m，故本题目坡长满足规范要求，故选项 B 正确。

　　（3）第 7.2.1 条第 1、2 款，$v = 60\text{km/h}$，改建道路可以采用极限值的 6%，故选项 C 正确。

　　（4）合成坡度 $i = \sqrt{i_{\text{h}}^2 + i_{\text{z}}^2} = \sqrt{0.04^2 + 0.06^2} = 0.072 = 7.2\% > 7.0\%$，不满足第 7.4.1 条要求，故 D 错误。

　　答案：D

　　例题 1-12-19

　　某冰冻地区的城市快速路，设计速度 80km/h，横坡采用 1.5%双面坡。受地形限制，在 K3 + 538 转点处，设置一半径为 600m 的基本形平曲线，圆曲线长度 180m，平曲线总长 400m。设置超高为 5%。其中 K2 + 980～K3 + 530 段纵坡为 3.6%，K3 + 530～K3 + 830 段纵坡为−0.8%，采用的竖曲线半径为 5000m，则该路段不符合规范要求的技术指标是（　　）。

　　（A）平曲线半径及长度　　　　　　　（B）道路纵坡

　　（C）合成坡度　　　　　　　　　　　（D）纵坡及合成坡度

　　解答

　　根据《城市道路路线设计规范》（CJJ 193—2012）：

　　（1）查表 6.3.2，设计速度 80km/h，设超高最小半径一般值为 400m，本设计采用半径 600m，符合规范要求。

　　（2）查表 6.3.4-1，平曲线最小长度及圆曲线最小长度均满足规范要求。

　　（3）查表 7.2.2，机动车道最大纵坡 4%。但根据第 7.2.1 条第 4 款，积雪、冰冻地区快速路最大纵坡不应大于 3.5%，K2 + 980～K3 + 530 段纵坡为 3.6%，不符合规范要求。

　　（4）查表 7.4.1，要求最大合成坡度为 7%，但表注：积雪或冰冻地区道路合成纵坡应小于或等于 6%。该路合成坡度 $i = \sqrt{0.036^2 + 0.05^2} = 0.0616 = 6.16\% > 6.0\%$，不符合规范要求。

　　答案：D

　　例题 1-12-19a（2022 年补考真题）

　　某设计速度为 60km/h 的城市主干路，跨越河道桥梁设置一处凸形竖曲线，沿桩号前进方向的桥梁纵坡坡度分别为+1.6%和−2.0%。不考虑其他因素，计算该处桥梁段设置竖曲线的最小半径取值应为（　　）。并说明选择依据和理由。（百位数取整）

　　竖曲线计算公式：$L = 2T = R \cdot |\omega|$，$\omega = i_2 - i_1$，$E = \dfrac{T^2}{2R}$。

　　（A）1000m　　　　（B）1200m　　　　（C）1400m　　　　（D）1500m

解答

根据《城市道路路线设计规范》(CJJ 193—2012),查表 7.5.1,$R_{min} = 1200m$;

$L_{min} = 50 = R \times (1.6 + 2)\%$,得到 $R = 1389m$,取整 1400m。

两者取大值,即 1400m。

答案:C

例题 1-12-19b(2023 年真题)

某设计速度为 50km/h 的城市主干路,拟建下穿平面交叉口的机动车直行地道。地道纵断面设计变坡点与横向道路中心线一致,地道变坡点高程为−5.60m,其桩号沿前进方向相邻坡段的纵坡坡度分别为−4.0%和+3.5%。已知变坡点处的地道顶板板底的设计标高为+0.80m,地道净高按 5.0m 控制。不考虑其他因素,计算该地道变坡点处道路竖曲线最大半径、竖曲线长度取值分别应为(　　　)。(竖曲线半径十位数取整,竖曲线长度取小数点后两位)

竖曲线计算公式:$L = 2T = R \cdot |\omega|$,$\omega = i_2 - i_1$,$E = \dfrac{T^2}{2R}$。

(A)2000m、150.00m

(C)1340m、100.00m

(B)1990m、149.25m

(D)1050m、78.75m

解答

根据竖曲线计算公式可知:

$E = \dfrac{T^2}{2R} = \dfrac{R^2 \omega^2}{8R} = \dfrac{R\omega^2}{8}$

$E = 0.8 + 5.6 - 5 = 1.4m$

$R = \dfrac{8E}{\omega^2} = \dfrac{8 \times 1.4}{(0.04 + 0.035)^2} = 1991.1m$

取 1990m。

$L = 1990 \times (0.04 + 0.035) = 149.25m$

根据《城市道路路线设计规范》(CJJ 193—2012)第 7.5.1 条:

$1991m > 1050m$,$149.25m > 100m$

满足规范要求。

答案:B

例题 1-12-19c(2024 年真题)

某设计速度为 60km/h 的主干路,新建一座跨越交叉口的机动车跨线桥,双向 4 车道桥宽为 18.0m,设计路中心线与桥梁中心线一致,标准路拱横坡度为 2.0%,主桥采用等截面钢混叠合梁结构,梁高 290cm,桥面铺装总厚度 10cm。该处沿桩号前进方向的道路纵坡分别为+4.0%和−4.0%,纵断面设计变坡点高程为 14.45m,对应的地面道路高程为 4.50m,桥下中心线处的最小净高按 5.0m 控制。不考虑其他因素,计算该处桥面竖曲线的最大半径取值,符合规范规定是何项?

竖曲线计算公式:$L = 2T = R \cdot |\omega|$,$\omega = i_2 - i_1$,$E = T^2/(2R)$

(A)1800m　　　(B)2200m　　　(C)2400m　　　(D)2560m

解答

桥面边缘与设计中心线高差:$18/2 \times 0.02 = 0.18m$

桥面设计最小高程:$4.5 + 5 + (2.9 + 0.1) + 0.18 = 12.68m$

$E = 14.45 - 12.68 = 1.77m$

$R_{max} = \dfrac{8E}{\omega^2} = \dfrac{1.77 \times 8}{0.08^2} = 2212.5m$

根据《城市道路路线设计规范》(CJJ 193—2012)7.5.1,$R_{min} = 1800m$,

故最大半径取 2200m,验算 $L = 2200 \times 0.08 = 176m$,满足竖曲线最小长度一般值的要求。

答案：B

考点分析

（1）结合《城市道路路线设计规范》（CJJ 193—2012）对道路最大纵坡、最小纵坡、高原纵坡折减、积雪冰冻地区纵坡限制、最小及最大坡长、凹曲线最小半径、凸曲线最小半径、竖曲线长度等主要技术参数的规定，进行此类题目的计算和是否符合规范要求的判定。注意与平曲线、超高、加宽、合成坡度规定相结合的计算及判定。

（2）城市道路一般设置非机动车道，应注意结合非机动车道最大纵坡及最大坡长的要求，相关规定见《城市道路路线设计规范》（CJJ 193—2012）第7.2.3条、第7.3.3条。

（3）注意各不同考点、规范条文相组合的题型。比如计算路面或桥面高程，可能用到对应的设计洪水频率、计算洪水位（或流冰水位）及竖曲线公式的结合。

考点13 平纵组合及线形与桥隧的配合

1.公路平纵组合设计

条文规定

《公路路线设计规范》（JTG D20—2017）规定如下：

9.5.2 线形组合设计应符合下列要求：

1 平、纵线形宜相互对应，且平曲线宜比竖曲线长。当平、竖曲线半径均较小时，其相互对应程度应较严格；随着平、竖曲线半径的同时增大，其对应程度可适当放宽；当平、竖曲线半径均大时，可不严格相互对应。

2 长直线不宜与坡陡或半径小且长度短的竖曲线组合。

3 长的平曲线内不宜包含多个短的竖曲线；短的平曲线不宜与短的竖曲线组合。

4 半径小的圆曲线起、讫点，不宜接近或设在凸形竖曲线的顶部或凹形竖曲线的底部。

5 长的竖曲线内不宜设置半径小的平曲线。

6 凸形竖曲线的顶部或凹形竖曲线的底部，不宜同反向平曲线的拐点重合。

7 复曲线、S形曲线中的左转圆曲线不设超高时，应采用运行速度对其安全性予以验算。

8 应避免在长下坡路段、长直线路段或大半径圆曲线路段的末端接小半径圆曲线的组合。

9.5.3 设计速度大于或等于60km/h的公路，应注重路线平、纵线形组合设计。设计速度小于或等于40km/h的公路，可参照上述要求执行。

条文说明

9.5.2 平、纵线形组合设计的原则为"相互对应"，且平曲线稍长于竖曲线，即所谓的"平包竖"。国内外研究资料表明，当平曲线半径小于2000m、竖曲线半径小于15000m时，平、竖曲线的相互对应对线形组合显得十分重要；随着平、竖曲线半径的增大，其影响逐渐减小；当平曲线半径大于6000m、竖曲线半径为25000m时，对线形的影响就显得不敏感了。因此，线形设计的"相互对应且平包竖"的设计原则需视平、竖曲线的半径而掌握其对应、符合的程度。

例题 1-13-1（2022年补考真题）

某新建高速公路项目，采用设计速度120km/h、双向四车道的高速公路标准，一般路段路基宽度27.0m。行车道和硬路肩路拱横坡坡度均采用2.0%，超高旋转采用绕中央分隔带边缘的旋转方式；根据沿线气候和地形，该项目对排水的技术要求较高。下图所示为其中某路段范围的路线纵断面（局部），在一般正常情况下，下列关于该局部路段平、纵、超高等方面不符合规范规定的共有（   ）处。并请说明选择依据和理由。

例题 1-13-1 图

（A）2   （B）3   （C）4   （D）5

解答

（1）超高缓和段 $L_c = 558.69 - 478.69 = 80m$，$\Delta i = (2\% + 0\%) = 2\%$，$B = 0.75 + 3.75 \times 2 + 3 = 11.25m$，$P = 2\% \times 11.25/80 = 1/355.56 < 1/330$，不满足《公路路线设计规范》（JTG D20—2017）第7.5.6条的要求。

（2）478.69处，横坡0%，纵坡0.4%，合成坡度0.4% < 0.5%，不满足《公路路线设计规范》（JTG D20—2017）第8.5.3条的要求。

（3）根据《公路路线设计规范》（JTG D20—2017）表8.6.1：竖曲线 $R = 5500m < 6000m$，不满足规范要求；

（4）根据《公路路线设计规范》（JTG D20—2017）表8.6.1：$T = 69.3m < 250/2 = 125m$，不满足规范要求。

综上，共有4处不满足规范要求。

答案：C

例题 1-13-2（2021年真题）

某山岭区一级公路，设计速度为100km/h。其中某一路段的平纵面设计如下图所示，并分为A、B、

C、D 四个路段，请从平纵线形组合的合理性的角度分析判断，以下四个路段中平纵组合最为合理的是（　　）。

例题 1-13-2 图

（A）A 段　　　　　　（B）B 段　　　　　　（C）C 段　　　　　　（D）D 段

解答

根据《公路路线设计规范》（JTG D20—2017）第 9.5.2 条第 6 款，凸形竖曲线的顶部或者凹形竖曲线的底部不宜同反向平曲线拐点重合，选项 A 错误。

根据第 9.5.2 条第 8 款，应避免在长下坡路段的末端接小半径圆曲线，B、C 选项错误。

根据第 9.5.2 条第 1 款，随着平、竖曲线半径的同时增大，其对应程度可适当放宽，当平、竖曲线半径均较大时，可不严格对应，详见第 9.5.2 条条文说明。

选项 D 正确，符合规范。

答案：D

2. 城市道路平纵组合设计

条文规定

《城市道路路线设计规范》（CJJ 193—2012）规定如下：

8.1　一般规定

8.1.1　道路线形设计应协调平面、纵断面、横断面三者间的组合，合理运用技术指标；并应适应地形地物和周边环境，满足行车安全、排水通畅等要求。

8.1.2　线形组合设计应符合下列规定

1　设计速度大于或等于 60km/h 的道路应强调线形组合设计，保证线形连续、指标均衡、视觉良好、安全舒适、景观协调。

2　设计速度小于 60km/h 的道路在保证行驶安全的前提下，宜合理运用线形要素的规定值。

3　不同等级道路和不同设计速度的路段之间应衔接过渡。

8.1.3　具体路段平纵技术指标的选用及其组合设计，应分析对车辆实际运行速度的影响，同一车辆相邻路段的运行速度与设计速度之差不应大于 20km/h。

8.1.2　线形组合设计应符合下列规定：

1　设计速度大于或等于 60km/h 的道路应强调线形组合设计，保证线形连续、指标均衡、视觉良好、安全舒适、景观协调。

2　设计速度小于 60km/h 的道路在保证行驶安全的前提下，宜合理运用线形要素的规定值。

3　不同等级道路和不同设计速度的路段之间应衔接过渡。

8.2　平、纵、横的线形组合

8.2.1　线形组合设计应满足下列基本要求：

3　平曲线与竖曲线宜相互对应，且平曲线长度宜大于竖曲线长度（图 8.2.1）。

126

图 8.2.1 平曲线与竖曲线的位置组合

8.2.2 平纵线形组合应符合下列规定：

1 在凸形竖曲线的顶部或凹形竖曲线的底部，不应插入急转的平曲线或反向平曲线。

2 长直线不宜与陡坡或半径小且长度短的竖曲线组合；长的竖曲线不宜与半径小的平曲线组合。

3 长的平曲线内不宜包含多个短的竖曲线；短的平曲线不宜与短的竖曲线组合。

4 纵断面设计不应出现使驾驶员视觉中断的线形。

8.3 线形与桥、隧的配合

8.3.1 桥梁及其引道的线形应满足下列基本要求：

1 桥梁及其引道的位置、线形应与路线线形相协调，各项技术指标应符合路线布设与总体设计的相关规定。

2 桥梁引道坡脚与平面交叉口停车线之间的距离宜满足交叉口信号周期内的车辆排队和交织长度。

3 桥面车行道宽度应与两端道路的车行道宽度相一致。当桥面宽度与路段的道路横断面总宽度不一致时，应在道路范围内设置宽度渐变段；路面边缘斜率可采用 1:15～1:30，折点处应圆顺。

8.3.2 隧道及洞口两端的线形应满足下列基本要求：

1 隧道的位置与隧道洞口连接段应与路线线形相协调，各项技术指标应符合路线布设与总体设计的相关规定。

2 隧道洞口内侧和外侧在不小于 3s 设计速度的行程长度范围内，均应保持一致的平纵线形。

3 当隧道洞门内外路面宽度不一致时，隧道洞口外与之相连接的路段应设置距洞口不小于 3s 设计速度的行程长度，且不应小于 50m 长度的、同隧道等宽的过渡段。

4 长、特长的双洞隧道，宜在洞口外的合适位置设置联络通道。

5 隧道洞内外应满足相应道路等级对视距的要求。当隧道洞口连接段设中间分隔带时，应采用停车视距；当无中间分隔带时，应采用会车视距。

📖 典型例题

例题 1-13-3（2020 年真题）

某城市主干路，设计速度为 60km/h，平曲线和竖曲线位置组合对应关系如下图所示。下列平纵线形组合符合规范规定的为（　　）。并说明选择依据和理由。

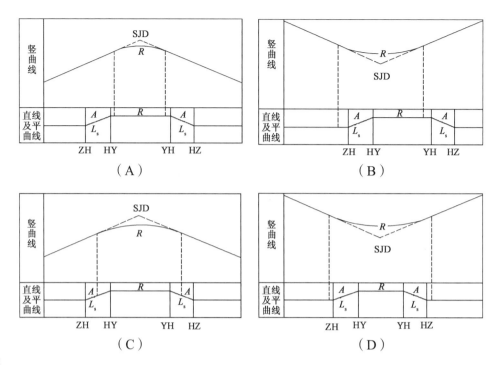

（A）

（B）

（C）

（D）

解答

根据《城市道路路线设计规范》（CJJ 193—2012）第 8.1.2 条第 1 款，设计速度大于或等于 60km/h 的道路应强调线形组合设计。

根据第 8.1.2 条第 3 款及图 8.2.1，适当的线形组合应为，竖曲线两端位于平曲线的缓和曲线范围内。

答案：C

📖 考点分析

（1）《城市道路路线设计规范》（CJJ 193—2012）图 8.1.2 的"平包竖"属于基本概念，要求比较严格，公路路线相关规范已取消该图。

（2）平面和纵断面的各技术指标应符合规范，平纵线形组合后也应符合规范要求，本节内容可以结合考点 9、考点 10、考点 11 和考点 12 出综合性很强的题目，应系统掌握。

考点14　视距相关计算

1. 公路视距的相关规定及计算

📖 条文规定

《公路工程技术标准》（JTG B01—2014）条文说明规定如下：

4.0.15　视距（sight distance）是指在车辆正常行驶中，驾驶员从正常驾驶位置能连续看到公路前方行车道范围内路面上一定高度障碍物，或者看到公路前方交通设施、路面标线的最远距离。这里的距离是指沿车道中心线量得的长度（图 4-7）。

图 4-7 公路平面视距和纵面视距示意图

《公路路线设计规范》（JTG D20—2017）规定如下：

7.9.1 高速公路、一级公路的视距应采用停车视距。高速公路、一级公路的一般路段，每条车道的停车视距应不小于表 7.9.1 的规定。

高速公路、一级公路停车视距　　　　　　　　　　　　　　表 7.9.1

设计速度（km/h）	120	100	80	60
停车视距（m）	210	160	110	75

《公路路线设计规范》（JTG D20—2017）第 7.9.1 条～第 7.9.5 条条文说明规定如下：

7.9.1 停车视距由两部分组成：①驾驶者在反应时间内行驶的距离；②开始制动到刹车停止所行驶的距离，即制动距离。另外，应增加安全距离 5～10m。通常按式(7-6)计算：

$$S_{停} = \frac{v}{3.6}t + \frac{(v/3.6)^2}{2gf_1} \tag{7-6}$$

式中：f_1——纵向摩阻系数，依车速及路面状况而定；

t——驾驶者反应时间，取 2.5s（判断时间 1.5s、运行时间 1.0s）。

依上式计算，路面处于潮湿状态的小客车停车视距如表 7-3 所示。

潮湿状态下的停车视距　　　　　　　　　　　　　　　表 7-3

设计速度（km/h）	行驶速度（km/h）	f_1	计算值（m）	规定值（m）
120	102	0.29	212.0	210
100	85	0.30	153.70	160
80	68	0.31	105.90	110
60	54	0.33	73.2	75
40	36	0.38	38.3	40
30	30	0.44	28.9	30
20	20	0.44	17.3	20

7.9.2 二级公路、三级公路、四级公路的视距应采用会车视距。受地形条件或其他特殊情况限制而采取分道行驶措施的路段，可采用停车视距。会车视距与停车视距应不小于表 7.9.2 的规定。

二级、三级、四级公路会车视距与停车视距　　　　　　　　表 7.9.2

设计速度（km/h）	80	60	40	30	20
会车视距（m）	220	150	80	60	40
停车视距（m）	110	75	40	30	20

129

7.9.3 二级公路、三级公路、四级公路双车道公路，应间隔设置满足超车视距的路段。具有干线功能的二级公路宜在 3min 的行驶时间内，提供一次满足超车视距要求的超车路段。超车视距最小值应符合表 7.9.3 的规定。

超车视距最小值 表 7.9.3

设计速度（km/h）		80	60	40	30	20
超车视距最小值（m）	一般值	550	350	200	150	100
	极限值	350	250	150	100	70

注："一般值"为正常情况下的采用值；"极限值"为条件受限时可采用的值。

7.9.4 高速公路、一级公路以及大型车比例高的二级公路、三级公路的下坡路段，应采用下坡段货车停车视距对相关路段进行检验。各级公路下坡段货车停车视距应不小于表 7.9.4 的规定。

下坡段货车停车视距（单位：m） 表 7.9.4

设计速度（km/h）		120	100	80	60	40	30	20
纵坡坡度（%）	0	245	180	125	85	50	35	20
	3	265	190	130	89	50	35	20
	4	273	195	132	91	50	35	20
	5	—	200	136	93	50	35	20
	6	—	—	139	95	50	35	20
	7	—	—	—	97	50	35	20
	8	—	—	—	—	—	35	20
	9	—	—	—	—	—	—	20

7.9.5 各级公路的互通式立体交叉、服务区、停车区、客运汽车停靠站等各类出口路段应满足识别视距要求，并应符合下列规定：

1 不同设计速度对应的识别视距宜符合表 7.9.5 的规定。

识别视距 表 7.9.5

设计速度（km/h）	120	100	80	60
识别视距（m）	350（460）	290（380）	230（300）	170（240）

注：括号中为行车环境复杂、路侧出口提示信息较多时应采取的视距值。

2 受地形、地质等条件限制路段，识别视距可采用 1.25 倍的停车视距，但应进行必要的限速控制和管理措施。

《公路工程技术标准》（JTG B01—2014）规定如下：

B.0.1 货车停车视距

停车视距和货车停车视距对照如表 B.0.1-1、表 B.0.1-2 所示。

高速公路、一级公路停车视距和货车停车视距 表 B.0.1-1

设计速度（km/h）	120	100	80	60
停车视距（m）	210	160	110	75
货车停车视距（m）	245	180	125	85

设计速度（km/h）	80	60	40	30	20
停车视距（m）	110	75	40	30	20
货车停车视距（m）	125	85	50	35	20

货车停车视距在下坡路段，应随坡度大小进行修正，其值如表 B.0.1-3 所示。

货车停车视距（单位：m）　　　　　　　　　　表 B.0.1-3

纵坡坡度（%）		设计速度（km/h）										
		120	110	100	90	80	70	60	50	40	30	20
下坡方向	0	245	210	180	150	125	100	85	65	50	35	20
	3	265	225	190	160	130	105	89	66	50	35	20
	4	273	230	195	161	132	106	91	67	50	35	20
下坡方向	5	—	236	200	165	136	108	93	68	50	35	20
	6	—	—	—	169	139	110	95	69	50	35	20
	7								70	50	35	20
	8										35	
	9											20

规范条文解析

（1）视距是公路设计的主要技术指标之一，在道路的平面上和纵断面上都应保证必要的视距。公路视距数值相对从大到小为：超车视距、识别视距、会车视距、货车停车视距、停车视距。

（2）注意与《公路路线设计规范》（JTG D20—2017）第 10.3 节中引道视距（在数值上等于停车视距）、安全交叉停车视距、交叉口处通视三角形（停车视距构成的视距三角形）进行对比，详见交叉工程章节。

（3）高速公路、一级公路的视距应采用停车视距；二级、三级、四级公路视距采用会车视距（采取分道行驶措施的路段用停车视距），二级、三级、四级双车道公路还应间隔设置满足超车视距要求的路段；各级公路在互通立交、服务区、停车区、客汽停靠站等出入口路段都应满足识别视距，受限路段采用 1.25 倍的停车视距。

（4）《公路路线设计规范》（JTG D20—2017）第 7.9.1 条条文说明中计算停车视距采用行驶速度 $V_行$，其取值规定如下：

$V_设 = 120 \sim 80$km/h 时，行驶速度 $V_行$ 取 85%$V_设$。

$V_设 = 60 \sim 40$km/h 时，行驶速度 $V_行$ 取 90%$V_设$。

$V_设 = 30 \sim 20$km/h 时，行驶速度 $V_行$ 取 $V_设$。

（5）虽然《公路路线设计规范》（JTG D20—2017）第 7.9.1 条条文说明注明应增加安全距离 5～10m，从公式及表 7-3 中的计算结果可知，并未加这个安全距离；《城市道路路线设计规范》（CJJ 193—2012）则在计算公式中加了 5m 安全距离，且公式中未考虑纵坡影响。

（6）《公路工程技术标准》（JTG B01—2014）附录 B 对货车停车视距、识别视距进行了规定，对比《公路路线设计规范》（JTG D20—2017），增加了货车停车视距，下坡路段货车停车视距表的个别数值与

《公路路线设计规范》（JTG D20—2017）也略有不同。

（7）注意该部分内容与《城市地下道路工程设计规范》（CJJ 221—2015）第5.3.2条条文说明关于横净距计算规定的结合。关于横净距计算请参考本书第5章隧道工程"城市地道最大横净距计算"考点。

📖 **典型例题**

例题 1-14-1

某双向行驶的二级公路，设计速度为80km/h，行驶速度取85%设计速度；路面与轮胎之间的纵向摩阻系数f_1取0.35，驾驶员反应时间取2.5s，则该公路设计应采用的视距为（　　），计算值是（　　）。

（A）停车视距，100m　　　　　　　　　（B）停车视距，105m

（C）会车视距，100m　　　　　　　　　（D）会车视距，200m

解答

$v_行 = 80 \times 0.85 = 68 \text{km/h}$

根据《公路路线设计规范》（JTG D20—2017）第7.9.1条条文说明：

（1）停车视距：$S_停 = \frac{v}{3.6}t + \frac{(v/3.6)^2}{2gf_1}$

$S_停 = 68 \times 2.5/3.6 + (68/3.6)^2/(2 \times 9.81 \times 0.35) = 47.22 + 51.96 = 99.18\text{m}$

（2）为了安全，向上取整为100m。

（3）根据《公路路线设计规范》（JTG D20—2017）第7.9.2条，二级、三级、四级公路的视距应采用会车视距。根据第7.9.2条条文说明：双向行驶的二级、三级、四级公路按相向的两辆汽车会车同时制动停车的视距考虑，所以会车视距一般应不小于对应设计速度下的停车视距的2倍。所以会车视距为$2 \times 100 = 200\text{m}$。

答案：D

例题 1-14-2（2019年真题，根据新规范改编）

某具有干线功能的二级公路，设计速度采用60km/h，间隔设置满足超车视距要求路段的间距宜小于（　　）。

（A）1km　　　　　　　　　　　　　　　（B）3km

（C）4km　　　　　　　　　　　　　　　（D）5km

解答

根据《公路路线设计规范》（JTG D20—2017）第7.9.3条，具有干线功能的二级公路宜在3min的行驶时间内，提供一次满足超车视距要求的超车路段：$60\text{km/h} \times (3/60) = 3\text{km}$。

答案：B

2. 城市道路视距的相关规定及计算

📖 **条文规定**

《城市道路路线设计规范》（CJJ 193—2012）规定如下：

6.6.1　各级道路的停车视距不应小于表6.6.1的规定值。

设计速度（km/h）	100	80	60	50	40	30	20
停车视距（m）	160	110	70	60	40	30	20

6.6.2 积雪或冰冻地区的停车视距应适当增长，并应根据设计速度和路面状况计算取用。

6.6.3 当对向行驶的车辆有会车可能时，应采用会车视距，其值应为本规范表 6.6.1 中停车视距的 2 倍。

6.6.4 平曲线内侧的路堑边坡、挡墙、绿化、声屏障、防眩设施等构筑物或建筑物均不得妨碍视线。

6.6.5 对设置平纵曲线可能影响行车视距路段，应进行视距验算。

6.6.6 对以货运交通为主的道路，应验算下坡段货车的停车视距。下坡段货车的停车视距不应小于表 6.6.6 的规定值。

下坡段货车停车视距（单位：m） 表 6.6.6

设计速度（km/h）		100	80	60	50	40	30	20
纵坡度（%）	0	180	125	85	65	50	35	20
	3	190	130	89	66	50	35	20
	4	195	132	91	67	50	35	20
	5	—	136	93	68	50	35	20
	6	—	—	95	69	50	35	20
	7	—	—	—	—	50	35	20
	8	—	—	—	—	—	35	20

《城市道路路线设计规范》（CJJ 193—2012）第 6.6.1 条条文说明规定如下：

停车视距（表 10）由反应距离、制动距离及安全距离组成，按式(11)和式(12)计算：

$$S_s = S_r + S_b + S_a \tag{11}$$

式中：S_r——反应距离（m）；

S_b——制动距离（m）；

S_a——安全距离（m），取 5m。

$$S_s = \frac{Vt}{3.6} + \frac{\beta_s V^2}{254(\mu_s \pm i)} + S_a \tag{12}$$

式中：V——设计速度（km/h）；

t——反应时间，取 1.2s；

β_s——安全系数，取 1.2；

μ_s——路面摩擦系数，取 0.4；

i——纵坡度（%），上坡为"+"，下坡为"－"。

停车视距 表 10

设计速度（km/h）	S_r（m）	S_b（m）	S_a（m）	S_s计算值（m）	S_s采用值（m）
100	33.34	118.00	5	156.34	160
80	26.67	75.52	5	107.26	110
60	20.00	42.48	5	67.52	70

设计速度（km/h）	S_r（m）	S_b（m）	S_a（m）	S_s计算值（m）	S_s采用值（m）
50	16.67	29.50	5	51.17	60
40	13.33	18.88	5	37.21	40
30	10.00	10.62	5	25.62	30
20	6.67	4.72	5	16.39	20

《城市道路交叉口设计规程》（CJJ 152—2010）规定如下：

4.3.3 平面交叉口视距三角形范围内（图4.3.3），不得有任何高出路面1.2m的妨碍驾驶员视线的障碍物。交叉口视距三角形要求的停车视距应符合表4.3.3的规定。

交叉口视距三角形要求的停车视距 表4.3.3

交叉口直行车设计速度（km/h）	60	50	45	40	35	30	25	20	15	10
安全停车视距S_s（m）	75	60	50	40	35	30	25	20	15	10

5.2.1 立交主线平面线形技术要求应与路段一致。在进出立交的主线路段，其行车视距宜大于或等于1.25倍的停车视距。

📖 **规范条文解析**

（1）《城市道路路线设计规范》（CJJ 193—2012）与《城市道路工程设计规范》（CJJ 37—2012）（2016年版）均有停车视距计算公式，城市道路视距有停车视距、会车视距等，在城市道路设计中，主要考虑停车视距，如车行道上对向行驶的车辆有会车可能时，应采用会车视距，会车视距为停车视距的2倍。

（2）城市道路平面交叉口视距三角形也是用的停车视距，数值略有区别；城市道路立交的行车视距未规定识别视距，直接采用1.25倍停车视距。平交视距详见交叉工程章节。

（3）城市道路停车视距计算原理同公路，主要区别为：城市道路采用设计速度，公路采用运行速度；《城市道路路线设计规范》（CJJ 193—2012）的公式中含有纵坡影响，而公路和《城市道路工程设计规范》（CJJ 37—2012）（2016年版）的公式中未考虑纵坡；城市道路停车视距计算公式中反应时间采用1.2s，而公路停车视距公式中反应时间采用2.5s；城市道路视距计算公式考虑了5m安全距离，公路的计算公式未考虑。

（4）注意该部分内容与《城市地下道路工程设计规范》（CJJ 221—2015）第5.3.2条条文说明关于横净距计算规定的结合。关于横净距计算请参考本书第5章隧道工程"城市地道最大横净距计算"考点。

📖 **典型例题**

例题 1-14-3

某城市次干路，设计速度40km/h，道路纵坡为−3.5%（下坡），则制动距离是（ ）。

（A）13.33m （B）18.88m （C）21m （D）40m

解答

根据《城市道路路线设计规范》（CJJ 193—2012）第6.6.1条条文说明，制动距离$S_b = \dfrac{\beta_s V^2}{254(\mu_s \pm i)}$，则

$S_b = 1.2 \times 40 \times 40/254(0.4 - 0.035) = 20.71m$

答案：C

考点15 公路平面宽度渐变的其他规定及计算

📖 条文规定

《公路路线设计规范》（JTG D20—2017）规定如下：

9.4.3 整体式路基的中间带宽度宜保持等值。当中间带的宽度根据需要增宽或减窄时，应采用左右分幅线形设计。条件受限制，且中间带宽度变化小于3.0m时，可采用渐变过渡，过渡段的渐变率不应大于1/100。

9.6.2 隧道洞口连接线与隧道线形设计应符合下列要求：

5 隧道洞口同路基的衔接应符合路线布设的有关规定；隧道内外路基宽度不一致时，应在隧道进口外设置不小于3s设计速度行程长度的过渡段，且过渡段的最小长度不应小于50m。

📖 典型例题

例题1-15-1（2019年真题）

某公路由于交通量，地形变形较大，在路基横断面设计中需要对横断面进行变宽设计，其中间带宽度由5.5m变化为3.5m，路基中心线不变、条件受限时，过渡段最小长度不应小于（　　）。

（A）80m （B）100m （C）120m （D）200m

解答

根据《公路路线设计规范》（JTG D20—2017）第9.4.3条，中间分隔带变窄，条件受限时，过渡段的渐变率不应大于1/100。由题意知，单侧路面宽度变化为$(5.5 - 3.5)/2 = 1$m，故渐变段最小长度$= 1 \times 100 = 100$m。

答案：B

例题1-15-2

某高速公路，设计速度100km/h，某处设置一隧道，已知隧道外的路基标准宽度为43m，进入隧道后的路基宽度变为42m，则需要在隧道进口外设置至少（　　）的过渡段。

（A）50m （B）80m （C）85m （D）90m

解答

根据《公路路线设计规范》（JTG D20—2017）第9.6.2条第5款，隧道洞口同路基的衔接应符合路线布设的有关规定；隧道内外路基宽度不一致时，应在隧道进口外设置不小于3s设计速度行程长度的过渡段，且过渡段的最小长度不应小于50m。

$L = 100 \times 3/3.6 = 83.33$m，向上取整85m。

答案：C

例题1-15-3（2022年补考真题）

某公路改扩建项目，现有公路为设计速度80km/h、双向四车道的一级公路，中央分隔带宽度2m，左侧路缘带宽度0.5m。改扩建采用100km/h设计速度，道路中心线维持不变，中间带加宽至4.5m，左侧路缘带宽度按正常条件设计。但由于受其他条件限制，其中某局部路段的中央分隔带无法拓宽、仍沿用原有宽度，因此需设置中央分隔带的宽度渐变过渡段，计算该过渡段最小长度为（　　）。（取整数）

（A）50m

（B）75m

（C）100m

（D）125m

解答

根据《公路路线设计规范》（JTG D20—2017）第9.4.3条，按1∶100渐变率。

原中间带宽度：$2 + 0.5 \times 2 = 3m$。

$(4.5 - 3)/2 \times 100 = 75m$

答案：B

注：题目只说了改扩建段左侧路缘带宽度按正常条件设计，未明确局部受限段如何设计，该题的考查点可能是中间带渐变包括了左侧路缘带宽度，局部受限路段的断面不做改造。

考点16　城镇化地区公路设计相关规定

📖 条文规定

《城镇化地区公路工程技术标准》（JTG 2112—2021）规定如下：

1　总则

1.0.1　为规范城镇化地区公路工程建设，制定本标准。

1.0.2　本标准适用于新建和改扩建的城镇化地区公路。

1.0.3　城镇化地区公路应兼顾服务沿线短途交通需求，包括非机动车与行人交通需求。

1.0.4　城镇化地区公路建设应符合公路网规划，宜结合城市道路网规划；用地范围应根据实际需要确定，包括辅路、非机动车道和人行道的用地。

1.0.5　公路进入城镇化地区或与城市道路衔接，应选择合理的衔接位置与衔接方式，过渡应顺适。

1.0.6　城镇化地区公路项目不宜分期修建；条件受限时，经论证可一次设计分期实施。

3　基本规定

3.1　公路分级及设施设置

3.1.1　城镇化地区公路应按现行《公路工程技术标准》（JTG B01）确定技术等级；根据城镇化地区交通特性及需要，宜增设辅路、非机动车道和人行道等设施，其设置应符合下列规定：

1　高速公路、作为干线的一级公路，当短途交通量较大导致出入口布设困难时，应设置辅路。

2　作为集散的一级公路，当短途交通量较大导致出入口布设困难时，宜设置辅路；一级公路，当非机动车交通量、行人交通量较大时，应设置非机动车道、人行道。

3　二级公路，当短途交通量较大时，应设置慢车道，但机动车道不宜超过四车道；当非机动车交通量、行人交通量较大时，应设置非机动车道、人行道。

4　三级、四级公路，当非机动车、行人交通量较大时，可设置非机动车道、人行道。四级公路宜采用双车道。

3.1.2　城镇化地区公路与城市道路衔接应符合下列规定：

1　高速公路、作为干线的一级公路，宜与快速路衔接。

2　作为集散的一级公路、作为干线的二级公路，宜与主干路衔接。

3　作为集散的二级、三级公路，宜与次干路衔接。

4　作为支线的三级、四级公路，宜与支路衔接。

3.2　设计车辆

3.2.1 机动车设计车辆及其外廓尺寸应符合现行《公路工程技术标准》（JTG B01）的规定。

3.2.2 非机动车设计车辆及其外廓尺寸应符合表3.2.2的规定。

非机动车设计车辆及其外廓尺寸 表3.2.2

车辆类型	总长（m）	总宽（m）	总高（m）
自行车	1.93	0.60	2.25
三轮车	3.40	1.25	2.25

注：1. 总长：自行车为前轮前缘至后轮后缘的距离；三轮车为前轮前缘至车厢后缘的距离。
2. 总宽：自行车为车把宽度；三轮车为车厢宽度。
3. 总高：自行车为骑车人骑在车上时，头顶至地面的高度；三轮车为载物顶至地面高度。

3.3 设计交通量预测年限

3.3.1 二级公路设计交通量预测年限宜为20年，四级公路设计交通量预测年限宜为10～15年，其他等级公路交通量预测年限应符合现行《公路工程技术标准》（JTG B01）的规定。

4 路线

4.1 一般规定

4.1.1 路线线位应符合公路网规划控制点和城镇总体规划要求。

4.1.2 路线线形应结合地形地物、地质水文和排水等要求综合考虑，正确运用各类技术指标，注意平纵线形组合，保持线形连续均衡。

4.1.3 应根据公路功能、技术等级、交通特性及地形，结合用地、管线、绿化及控制条件，合理确定公路横断面组成及形式。

4.2 横断面

4.2.1 机动车道宽度应符合现行《公路工程技术标准》（JTG B01）的规定。符合下列情况时，城镇化地区公路车道宽度可采用表4.2.1的规定。

1 以通行中、小型客运车辆为主的公路；

2 改扩建时用地严重受限的公路。

机动车道宽度 表4.2.1

设计速度（km/h）	100	80	60	50	40	30	20
车道宽度（m）	3.50	3.50	3.25	3.25	3.00	3.00	3.00

4.2.2 非机动车道宽度不应小于表4.2.2的规定。

非机动车道宽度 表4.2.2

车辆种类	自行车	三轮车
车道宽度（m）	1.0	2.0

4.2.3 设计速度大于或等于50km/h时，机动车与非机动车不宜混行。四级公路非机动车与机动车混行时，路面最小宽度可采用4.0m；三轮车较多时，路面最小宽度可采用5.0m。

4.2.4 人行道宽度不应小于1.5m；局部路段空间受限时，不得小于1.2m。人行道与非机动车道合并设置时，宽度可采用表4.2.4的规定。

人行道与非机动车道合并设置的宽度 表4.2.4

车辆种类	自行车	三轮车
宽度（m）	2	3

4.2.5 侧分隔带的设置应符合下列规定：

1 主路与辅路间应设置侧分隔带。

2 设计速度大于或等于80km/h时，机动车道与非机动车道或人行道间宜设置侧分隔带。

3 侧分隔带宽度应根据隔离设施的宽度确定。

4 侧分隔带机动车道一侧的路缘带宽度应符合表4.2.5的规定，非机动车道一侧的路缘带宽度应为0.25m。

路缘带最小宽度　　　　　　　　　　　　　　　　　　　　　表4.2.5

设计速度（km/h）	120	100	80	60	< 60
路缘带宽度（m）	0.75	0.75	0.5	0.5	0.25

4.2.6 硬路肩设置应符合下列规定：

1 左侧硬路肩应符合现行《公路工程技术标准》（JTG B01）的规定。

2 双向四车道高速公路，右侧硬路肩宽度应为3.0m。其他高速公路右侧硬路肩应符合现行《公路工程技术标准》（JTG B01）的规定。

3 设置辅路的一级公路，主路单向机动车道数大于或等于3条时，右侧硬路肩宽度最小值可采用表4.2.6规定的最小值；辅路为单车道且未设置非机动车道时，应设置右侧硬路肩，辅路设计速度大于或等于60km/h时，硬路肩宽度不得小于0.75m；辅路设计速度小于60km/h时，宽度不得小于0.5m。右侧硬路肩宽度包含路缘带宽度。

一级公路硬路肩宽度最小值　　　　　　　　　　　　　　　　表4.2.6

设计速度（km/h）	100	80	60
硬路肩宽度（m）	1.00	0.75	0.75

4.2.7 非机动车道、人行道外侧设置边沟时，应设置土路肩。

4.2.8 横断面组成应根据机动车、非机动车和行人交通需求确定，并符合下列规定：

1 高速公路路基横断面应包括行车道、中间带、路肩等部分，可包括辅路、侧分隔带、加（减）速车道等。

2 一级公路路基横断面应包括行车道、中间带、路肩等部分，可包括加（减）速车道、侧分隔带、辅路、非机动车道、人行道等。

3 二级公路路基横断面应包括行车道、路肩等部分，可包括慢车道、侧分隔带、非机动车道、人行道等。

4 三级公路路基横断面应包括行车道、路肩等部分，可包括非机动车道、人行道等。

5 四级公路路基横断面应包括行车道、路肩等部分，可包括错车道、人行道等。

4.3 平面

4.3.1 高速公路主路、设计速度大于或等于80km/h的一级公路主路圆曲线最小半径应符合现行《公路工程技术标准》（JTG B01）的规定。高速公路辅路、设计速度为60km/h的一级公路主路、二至四级公路圆曲线最小半径应符合表4.3.1的规定。当地形条件特别困难时，可采用设超高最小半径的极限值。

圆曲线最小半径　　　　　　　　　　　　　　　　　　　　　表4.3.1

设计速度（km/h）			120	100	80	60	50	40	30	20
设超高最小半径（m）	一般值		—	650	400	300	200	150	85	40
	极限值	最大超高6%	—	—	—	—	—	—	—	—
		最大超高4%	—	—	—	—	100	—	—	—

不设超高最小半径（m）	路拱≤2.0%	—	1600	1000	600	400	300	150	70
	路拱>2.0%	—	2500	1600	900	600	400	250	100

注："—"表示现行《公路工程技术标准》（JTG B01）已规定，或不需要规定。

4.3.2 圆曲线半径小于不设超高最小半径时，应设置圆曲线超高。最大超高应符合下列规定：

1 设计速度小于或等于60km/h的城镇化地区公路最大超高可采用4%。

2 设计速度大于60km/h的一级公路、二级公路的最大超高可采用6%。

3 非机动车道与机动车道间未设置侧分隔带时，一般地区非机动车道超高值宜与机动车道一致，积雪冰冻地区非机动车道超高值可适当减小。

4.3.3 辅路设计速度为50km/h时，平曲线最小长度一般值应为150m，极限值应为85m。

4.3.4 辅路设计速度为50km/h时，停车视距应不小于60m，会车视距应不小于120m。

4.4 纵断面

4.4.1 主路及辅路的最大纵坡应符合表4.4.1的规定。改扩建公路、受地形条件或其他特殊情况限制时，经论证最大纵坡可增加1%。在声环境敏感区，宜采用较平缓的纵坡。

主路及辅路最大纵坡　　　　　　　　　　　表4.4.1

设计速度（km/h）	120	100	80	60	50	40	30	20
最大纵坡（%）	3	3	4	5	5.5	6	7	8

注：辅路通行非机动车时，应满足非机动车最大纵坡的要求。

4.4.2 积雪冰冻地区非机动车道的纵坡不宜大于3.0%，其他地区不宜大于3.5%。

4.4.3 当遇特殊困难纵坡小于0.3%时，应设置锯齿形沟或采用其他排水设施。

4.4.4 主路最大坡长应符合现行《公路工程技术标准》（JTG B01）的规定，辅路最大坡长应符合表4.4.4的规定，当设计速度小于40km/h时，不限制单一纵坡的坡长。

辅路最大坡长　　　　　　　　　　　　　表4.4.4

设计速度（km/h）	60	50		40	
纵坡（%）	6	6	6.5	6.5	7
最大坡长（m）	400	350	300	300	250

4.4.5 辅路设计速度为50km/h时，凸形竖曲线与凹形竖曲线最小半径应为700m，最小长度应为40m。

10 管线综合、雨水工程、景观

10.2 雨水工程

10.2.1 雨水工程应遵循源头削减、过程控制、末端处理的原则，控制面源污染、防治内涝灾害、提高雨水利用程度。

10.2.2 除降雨量少的干旱地区外，新建公路的排水系统宜采用分流制。现有公路改扩建时，宜按排水规划的要求，对合流制排水系统实施雨污分流改造。

10.2.3 雨水工程宜采用管道或盖板边沟排水，不宜采用明渠。连续设置侧分隔带的路段，机动车道及非机动车道外侧应设置雨水口，通过雨水口间的连接管将路面水排至雨水管道系统中。

10.2.5 应根据汇水地区性质、城镇类型、地形特点和气候特征等因素，综合确定雨水管渠的设计重现期。

10.2.6 高架桥雨落管有条件时，宜直接接入雨水管道。

例题 1-16-1（2023 年真题）

某拟新建公路位于城镇化地区，路段交通量小、机动车与非机动车混行，根据《城镇化地区公路工程技术标准》（JTG 2112—2021），采用四级公路标准，设计速度 20km/h。计算未设置错车道和人行道的一般路段路基最小宽度为（　　　）。（取小数点后一位）。

（A）4.5m

（B）5.0m

（C）6.5m

（D）7.0m

解答

根据《公路路线设计规范》（JTG D20—2017）表 6.4.1，双侧土路肩各宽 0.5m。

根据《城镇化地区公路工程技术标准》（JTG 2112—2021）第 4.2.3 条，机动车和非机动车混行，路面宽度 4.0m。

路基最小宽度：$W = 4 + 0.5 \times 2 = 5.0m$。

答案：B

例题 1-16-2（2024 年真题）

某拟新建公路地处城镇化地区，交通量预测表明：区段内交通组成以通行中、小型车辆为主，非机动车主要是自行车、三轮车；路侧行人较多。根据《城镇化地区公路工程技术标准》，该项目主路采用设计速度 80km/h、一级公路标准、另在两侧增设辅路，辅路设计速度 60km/h。下图所示为初拟的横断面布设示意图（半幅），研究分析下图，其中不符合标准规定的共有多少项？并说明依据和理由。（同样一种错误算一项）

公路横断面布置图（单位：cm）

（A）1 项

（B）2 项

（C）3 项

（D）4 项

解答

根据《城镇化地区公路工程技术标准》（JTG 2112—2021）

（1）根据表 4.2.5 路缘带最小宽度为 0.5m，路侧带路缘带宽度均为 0.25m，不满足规范；

（2）根据表 4.2.6，一级公路硬路肩最小宽度 0.75m，本题 0.25m，不满足规范；

（3）根据 4.2.3 条，设计速度大于等于 50km/h 时，机动车与非机动车不宜混行，本题辅路设计速度 60km/h，不满足规范；

（4）根据 4.2.1 条，辅路设计速度 60km/h，车道最小宽度 3.25m，本题为 3.5m，不满足规范；

答案：D

注：此题还有 2 处错误，分别是：（1）中央隔离护栏，未提供足够的 C 值宽度，不满足规范；（2）根据 4.2.6 条，辅道速度 60km/h，图中未设非机动车道，应该设置 0.75m 的硬路肩，或者将外侧机非混行车道改为非机动车道，可不设硬路肩。

考点17　小交通量农村公路工程设计相关规定

条文规定

《小交通量农村公路工程技术标准》（JTG 2111—2019）规定如下：

3　基本规定

3.1　公路等级类型选用

3.1.1　公路技术等级选用应遵循下列原则：

1　应根据自然环境、经济条件、环保要求、交通特性等特点综合分析，并结合交通量论证确定。

2　小交通量农村公路交通组成中有大型、重载型车辆时，应按现行《公路工程技术标准》（JTG B01）执行。

3　小交通量农村公路交通组成中无大型、重载型车辆时，可按本标准执行。

3.1.2　交通组成中无大型、重载型车辆的小交通量农村公路分为四级公路（Ⅰ类）、四级公路（Ⅱ类）两个类型。

1　四级公路（Ⅰ类）为适合中小型客车、中型载重汽车、轻型载重汽车、四轮低速货车（原四轮农用车）、三轮汽车、摩托车、非机动车交通混合行驶的双车道公路。年平均日设计交通量宜在 1000 辆小客车及以下。

2　四级公路（Ⅱ类）为适合中小型客车、中型载重汽车、轻型载重汽车、四轮低速货车（原四轮农用车）、三轮汽车、摩托车、非机动车交通混合行驶的单车道公路。年平均日设计交通量宜在 400 辆小客车及以下。

3.3　交通量

3.3.1　四级公路（Ⅰ类）、四级公路（Ⅱ类）的设计交通量宜按 10 年预测。

3.3.2　交通量换算采用小客车为标准车型。各汽车代表车型及车辆折算系数应符合表 3.3.2 的规定。

各汽车代表车型及车辆折算系数　　　　　　　　　　　　　表 3.3.2

汽车代表车型	车辆折算系数	说明
小客车	1.0	座位≤9 座的客车
中型客车	1.0	9 座＜座位≤19 座的客车
轻型载重汽车	1.0	载质量≤2t 的货车
中型载重汽车	1.5	2t＜载质量≤7t 的货车
四轮低速货车（原四轮农用车）	1.0	—
三轮汽车	1.0	—
摩托车	0.5	—

3.3.3　非机动车和拖拉机交通量换算应符合下列规定：

1　畜力车、人力车、自行车等非机动车按路侧干扰因素计。

2　拖拉机按外廓尺寸对应车型选择折算系数。

3.4　设计速度

3.4.1　四级公路（Ⅰ类）、四级公路（Ⅱ类）的设计速度应为15km/h。

4　路线

4.0.1　路线设计应符合下列规定：

1　选线应结合区域环境、地质、水文条件，合理利用地形，满足使用功能，保证安全。

2　应综合考虑平、纵、横要素，整体均衡，并注重与环境和自然景观的协调。

3　大桥及中长隧道应为路线走向控制点，中小桥、短隧道及一般构造物的设置应服从路线走向。

4　圆曲线半径较小或纵坡较大的路段，应设置速度控制设施。

4.0.2　车道宽度和路肩宽度应符合表4.0.2的规定。对需要设置安全设施的路段，路肩宽度尚应满足安全设施设置所需的宽度。

车道宽度及路肩宽度
表4.0.2

公路等级	四级公路（Ⅰ类）	四级公路（Ⅱ类）
车道数	2	1
车道宽度（m）	3.0	3.5
路肩宽度（m）	0.25	0.50

4.0.3　单车道公路应设置错车道。错车道宜保持通视，每公里设置不宜少于3处；对于不通视路段，间距不宜大于200m。错车道路段尺寸宜符合表4.0.3的规定，平面布置如图4.0.3所示。

错车道路段尺寸
表4.0.3

公路等级	四级公路（Ⅱ类）
错车道行车道宽度（m）	6
错车道路肩宽度（m）	0.25
错车道有效长度（m）	10
每端错车道渐变段长度（m）	9

图4.0.3　错车道平面布置图

4.0.4　路基宽度为行车道宽度与路肩宽度之和，典型横断面如图4.0.4-1和图4.0.4-2所示。

图4.0.4-1　四级公路（Ⅰ类）典型横断面　　　图4.0.4-2　四级公路（Ⅱ类）典型横断面

4.0.5　视距应符合下列规定：

1　停车视距、会车视距与超车视距不应小于表4.0.5的规定。

停车视距、会车视距与超车视距　表4.0.5

设计速度（km/h）	15
停车视距（m）	15
会车视距（m）	30
超车视距（m）	75

2　四级公路（I类）应间隔设置满足超车视距的路段。

3　积雪冰冻地区的停车视距宜适当增长。

4.0.6　圆曲线最小半径应符合表4.0.6的规定。

圆曲线最小半径　表4.0.6

设计速度（km/h）		15
极限最小半径（m）	双车道	15
	单车道	12（10）
一般最小半径（m）		20
不设超高最小半径（m）	路拱≤2%	90
	路拱>2%	120

注：1. 当交通组成中无中型载重汽车和中型客车时，单车道极限最小半径可采用括号内数值。

2. 一般最小半径为正常情况下采用值，极限最小半径为条件受限时可采用的值。

4.0.7　圆曲线半径小于表4.0.6"不设超高最小半径"时，应设置圆曲线超高。圆曲线最大超高应采用4%。

4.0.8　圆曲线半径小于或等于250m时，应在平曲线内侧加宽，加宽值应符合表4.0.8的规定。

平曲线加宽值（单位：m）　表4.0.8

曲线半径	250~≥200	<200~≥150	<150~≥100	<100~≥70	<70~≥50	<50~≥30	<30~≥25	<25~≥20	<20~≥15	<15~≥10
四级公路（I类）	0.40	0.50	0.70	0.90	1.20	1.80	2.00	2.60	3.20	—
四级公路（II类）	0.20	0.25	0.35	0.45	0.60	0.90	1.00	1.30	1.60	2.30

4.0.9　最大纵坡应符合下列规定：

1　一般路段最大纵坡不应大于12%。对交通组成中无中型载重汽车和中型客车的四级公路（II类），经论证并在保证安全的前提下，最大纵坡可增加2个百分点。

2　积雪冰冻地区最大纵坡不应大于8%。

3　回头曲线纵坡不应大于6%。

4　村镇路段纵坡不宜大于5%。

5　应避免小半径圆曲线与大纵坡相重合的线形。

4.0.10　纵坡的最小坡长不应小于45m。

4.0.11　在海拔3000m以上的高原地区，最大纵坡值应按表4.0.11的规定折减。

海拔（m）	3000～4000	4000～5000	5000 以上
折减值（%）	1	2	3

4.0.12　不同纵坡的最大坡长应符合表 4.0.12 的规定。

不同纵坡的最大坡长　　　　　　　　　　　表 4.0.12

坡度（%）	5	6	7	8	9	10	11	12	13	14
坡长（m）	1100	900	700	500	400	300	250	200	150	100

4.0.13　连续上下坡路段，在不大于表 4.0.12 规定的纵坡长度之间应设置缓和坡段，缓和坡段长度不应小于 45m。缓和坡段纵坡不宜大于 3%，特殊困难路段经论证后不应大于 4%。

4.0.14　越岭路线连续上坡（或下坡）路段，一般情况下，相对高差为 200～500m 时平均纵坡不宜大于 5.5%；相对高差大于 500m 时平均纵坡不宜大于 5%，且任意连续 3km 路段的平均纵坡不宜大于 5.5%。不能满足上述要求时，应进行安全分析论证，并采取增设安全设施等措施。

4.0.15　公路纵坡变化处应设竖曲线，竖曲线最小半径和最小长度应符合表 4.0.15 的规定。

竖曲线最小半径和最小长度　　　　　　　　表 4.0.15

设计速度（km/h）	15
凸形竖曲线最小半径（m）	75
凹形竖曲线最小半径（m）	75
竖曲线最小长度（m）	15

📖 **规范条文解析**

（1）《公路路线设计规范》（JTG D20—2017）和《小交通量农村公路工程技术标准》（JTG 2111—2019）对圆曲线半径小于 150m 时的加宽值的规定是不一样的，考试中要注意题目信息，是否包含"小交通量农村公路"这一条件。

（2）注意单车道公路路面加宽值的采用情况。当采用《公路路线设计规范》（JTG D20—2017）时，为表 7.6.1 中规定值的一半。采用《小交通量农村公路工程技术标准》（JTG 2111—2019）时为四级公路（Ⅱ类）。

📖 **典型例题**

例题 1-17-1（2023 年真题）

某拟建小交通量农村公路采用四级公路，Ⅱ类标准，设计速度 15km/h。下图为某路段错车道布置示意图，路基断面宽度过渡采用直线线性过渡方式，根据规范计算该公路错车道渐变段正中处（即 1/2 处）路基横断面宽度应为（　　　　）。（取小数点后两位）。

例题 1-17-1 图

（A）4.50m   （B）5.00m
（C）5.50m   （D）6.00m

解答

根据《小交通量农村公路工程技术标准》（JTG 2111—2019）表 4.0.2，正常路段的路基宽度：3.5 + 0.5 × 2 = 4.5m。

根据表 4.0.3，错车道路基宽度：6 + 0.25 × 2 = 6.5m。

采用直线线性过渡，正中处路基宽度：(4.5 + 6.5)/2 = 5.5m。

答案：C

考点18　公路用地宽度计算

📖 **条文规定**

《公路路线设计规范》（JTG D20—2017）规定如下：

6.7　公路用地范围

6.7.1　公路用地应遵循保护、开发土地资源，合理利用土地，切实保护耕地，促进社会经济可持续发展的原则，合理拟定公路建设规模、技术指标、设计施工方案，确定公路用地范围。

6.7.2　公路用地范围的确定应符合下列规定：

1　公路用地范围为公路路堤两侧排水沟外边缘（无排水沟时为路堤或护坡道坡脚）以外，或路堑坡顶截水沟外边缘（无截水沟为坡顶）以外不小于 1m 范围内的土地；在有条件的地段，高速公路和一级公路不小于 3m、二级公路不小于 2m 范围内的土地为公路用地范围。

2　在风沙、雪害、滑坡、泥石流等不良地质地带设置防护、整治设施时，以及在膨胀土、盐渍土等特殊土地带采取处治措施时，应根据实际需要确定用地范围。

3　桥梁、隧道、互通式立体交叉、分离式立体交叉、平面交叉、安全设施、服务设施、管理设施、绿化以及其他线外工程等用地，应根据实际需要确定用地范围。

4　有条件或环境保护要求种植多行林带的路段，应根据实际情况确定用地范围。

5　改扩建公路可参照新建公路用地范围的规定执行。

📖 **典型例题**

例题 1-18-1（2023 年真题）

某高速公路采用设计速度 120km/h、双向四车道、整体式路基。路线沿线为平原区，基本为农田耕地。已知某填方路段路基设计如下：

（1）车道宽度 3.75m，中间带宽 4.50m，左侧路缘带宽 0.75m，硬路肩宽 3m，土路肩宽 0.75m；

（2）填方边坡 1：1.5，填方高度 3.0m，一级边坡；

（3）填方坡脚设置宽 1.0m 的护坡道；

（4）填方侧设置宽 0.6m 的矩形排水沟。

计算该断面的公路用地范围最小总宽度应为（　　　）。（取小数点后一位）

（A）40.2m　　　　（B）41.2m　　　　（C）42.2m　　　　（D）43.2m

解答

路基宽度：[（4.5/2）+ 3.75 × 2 + 3 + 0.75] × 2 = 27m。

根据《公路路线设计规范》（JTG D20—2017）第 6.7.2 条，沿线为农田耕地，用地加宽 1m。

总用地宽度为：27 +（3 × 1.5 + 1 + 0.6 + 1）× 2 = 41.2m。

答案：B

例题 1-18-2（2024 年真题）

某山岭区高速公路，采用双向六车道标准，设计速度 120km/h。下图所示是某傍山路段的整体式路基半填半挖断面，其中：挖方边坡分级高度为 6m，下部坡率 1：0.75，上部坡率 1：1；填方边坡坡率 1：1.5；路堤挡墙坡率 1：0.25；平台宽度 2m，碎落台宽度 2m；矩形边沟宽 80cm，梯形排水沟顶宽 240cm，矩形截水沟宽 60cm，中间带宽度为 4.5m。计算在正常情况下，该断面处的最小公路用地范围应是多少？

（A）62.3m　　　　　　　　　　　　　　（B）63.3m

（C）65.3m　　　　　　　　　　　　　　（D）66.8m

解答

《公路路线设计规范》（JTG D20—2017）：

根据表 6.2.1 车道宽度 3.75m；

根据表 6.3.1 左侧路缘带 0.75m，已包含在中间带，不另计；

根据表 6.4.1 土路肩宽 0.75m，硬路肩宽 3m。

路基总宽度：（0.75 + 3 + 3.75 × 3）× 2 + 4.5 = 34.5m。

根据 6.7.2 条，最小用地范围为截水沟或排水沟外 1m。

故用地宽为：1 + 2.4 + 1 + 4 × 0.25 + 1 + 1.5 × 3 + 34.5 + 0.8 + 2 + 0.75 × 6 + 2 + 4 + 5 + 0.6 + 1 = 65.3m

答案：C

注：图中标注了公路用地界桩到隔离栅的距离为 50cm，为干扰条件，根据《公路交通安全设施设计规范》（JTG D81—2017），隔离栅的中心线沿公路用地范围界限以内 20～50cm 处设置，本图按距离 50cm 设置。

第 2 章　路 基 工 程

本章核心考试规范：

1. 《公路路基设计规范》（JTG D30—2015）
2. 《公路软土地基路堤设计与施工技术细则》（JTG/T D31-02—2013）
3. 《公路滑坡防治设计规范》（JTG/T 3334—2018）
4. 《公路排水设计规范》（JTG/T D33—2012）
5. 《城市道路路基设计规范》（CJJ 194—2013）

本章一般考试规范：

1. 《公路工程抗震规范》（JTG B02—2013）
2. 《公路膨胀土路基设计与施工技术规范》（JTG/T 3331-07—2024）

曾经列入考试的规范（若 2025 年未恢复，可不复习）：

《季节性冻土地区公路设计与施工技术规范》（JTG/T D31-06—2017）

考点1　路基工作区深度计算

📖 条文规定

《公路路基设计规范》（JTG D30—2015）规定如下：

2.1.5　路基工作区

汽车荷载通过路面传递到路基的应力与路基土自重应力之比大于 0.1 的应力分布深度范围。

3.2.1　路床厚度应根据交通量及其轴载组成确定。对特种轴载的公路，应单独计算路基工作区深度，确定路床厚度。

《公路路基设计规范》（JTG D30—2015）条文说明规定如下：

本次规范修订时，根据研究成果和工程实际情况，调整了路床的范围。轻、中等及重交通的公路路床厚度为 0.8m，特重、极重交通的公路路床厚度为 1.20m。对于特种轴载的公路，需要通过计算路基工作区深度来确定路床厚度。

对于路床的层位划分，从工程经济性考虑，上路床仍取为 0～0.3m；下路床则按照交通荷载等级进行划分，对于轻、中、重交通公路仍为 0.3～0.8m，对于特重、极重交通公路则修订为 0.3～1.2m。

特种轴载的公路是指以运煤或运建筑材料等大型载重车为主的公路，需根据实际情况，经调查论证后单独选用轴载计算参数，计算确定路床厚度。

例题 2-1-1

某以大型载重车为主的公路路基为黏土，重度为 18kN/m³，其与上方路面结构各层的厚度及力学参数如下表所示。已知交通设计荷载单侧轮重为 70kN，则路基工作区深度为（   ）。

例题 2-1-1 表

层位	材料名称	厚度（cm）	回弹模量 E（MPa）
面层	AC-13	4	1400
	AC-20	5	1200
	AC-25	6	1000
基层	二灰碎石	30	600
底基层	石灰土	20	450
土基	黏土		65

（A）1.1   （B）1.2   （C）1.5   （D）0.9

解答

根据《路基路面工程》（黄晓明，人民交通出版社股份有限公司，第 6 版）路基工作区深度简化计算公式（式中 n 值取为 10，即规范规定的"附加应力/自重应力 = 0.1"）：

$$Z_a = \sqrt[3]{\frac{KnP}{\gamma}} = \sqrt[3]{\frac{0.5 \times 10 \times 70}{18}} = 2.689\text{m}$$

路面当量换算厚度为：

$$h_e = 0.04 \times \sqrt[2.5]{\frac{1400}{65}} + 0.05 \times \sqrt[2.5]{\frac{1200}{65}} + 0.06 \times \sqrt[2.5]{\frac{1000}{65}} + 0.3 \times \sqrt[2.5]{\frac{600}{65}} + 0.2 \times \sqrt[2.5]{\frac{450}{65}} = 1.640 \text{ m}$$

路面结构底层以下的工作区深度：

$$h = Z_a - h_e = 2.689 - 1.640 = 1.049 \text{ m}$$

答案： A

📖 考点分析

（1）路基工作区深度是由路面结构底部起算，不包含路面结构厚度。《公路路基设计规范》（JTG D30—2015）中仍然沿用传统路基层位概念——用上路床和下路床来近似界定路基工作区，并明确其技术要求、设计指标及相关技术措施。除"特种轴载"情况外，路床厚度可以基于交通量及轴载组成根据规范确定，无须计算。

（2）《公路路基设计规范》（JTG D30—2015）仅规定了路基工作区深度确定原则，即"附加应力/自重应力 = 0.1"，但未明确给出计算方法。《路基路面工程》教材给出的近似方法较为实用，一般用于路基工作区的初步估算。

考点2　CBR计算

📖 条文规定

《公路土工试验规程》（JTG 3430—2020）（注：非考试规范）中"T 0134—2019 承载比（CBR）试

验"规定如下：

5.2 一般采用贯入量为 2.5mm 时的单位压力与标准压力之比作为标准的承载比（CBR）。

即：
$$CBR = \frac{p}{7000} \times 100 \qquad (T\ 0134\text{-}3)$$

式中：CBR——承载比（％），计算至 0.1；

p——单位压力（kPa）。

同时计算贯入量为 5mm 时的承载比：

$$CBR = \frac{p}{10500} \times 100 \qquad (T\ 0134\text{-}4)$$

如贯入量为 5mm 时的承载比大于 2.5mm 时的承载比，则试验应重做。如结果仍然如此，则采用 5mm 时的承载比。

5.7 精密度和允许差。

如根据 3 个平行试验结果计算得的承载比变异系数 C_v 大于 12％，则去掉一个偏离大的值，取其余两个结果的平均值。如 C_v 小于 12％，且 3 个平行试验结果计算的干密度偏差小于 0.03g/cm³，则取 3 个结果的平均值。如 3 个试验结果计算的干密度偏差超过 0.03g/cm³，则去掉一个偏离大的值，取其两个结果的平均值。

承载比小于 100，相对偏差不大于 5％；承载比大于 100，相对偏差不大于 10％。

《公路路基设计规范》（JTG D30—2015）规定如下：

3.2.2 路床填料应均匀，其最小承载比应符合表 3.2.2 的规定。

路床填料最小承载比要求 表 3.2.2

路基部位		路面底面以下深度（m）	填料最小承载比（CBR）（％）		
			高速公路、一级公路	二级公路	三、四级公路
上路床		0～0.3	8	6	5
下路床	轻、中等及重交通	0.3～0.8	5	4	3
	特重、极重交通	0.3～1.2	5	4	—

注：1. 该表 CBR 试验条件应符合现行《公路土工试验规程》（JTG E40）的规定。

　　2. 年平均降雨量小于 400mm 地区，路基排水良好的非浸水路基，通过试验论证可采用平衡湿度状态的含水率作为 CBR 试验条件，并应结合当地气候条件和汽车荷载等级，确定路基填料 CBR 控制标准。

3.2.3 路床应分层铺筑，碾压密实，并应符合下列要求：

1 填料最大粒径应小于 100mm。

2 压实度应符合表 3.2.3 的规定。

路床压实度要求 表 3.2.3

路基部位		路面底面以下深度（m）	路床压实度（％）		
			高速公路、一级公路	二级公路	三、四级公路
上路床		0～0.3	≥96	≥95	≥94
下路床	轻、中等及重交通	0.3～0.8	≥96	≥95	≥94
	特重、极重交通	0.3～1.2	≥96	≥95	—

注：1. 表列压实度系按现行《公路土工试验规程》（JTG E40）重型击实试验所得最大干密度求得的压实度。

　　2. 当三、四级公路铺筑沥青混凝土和水泥混凝土路面时，其压实度应采用二级公路压实度标准。

3 路床顶面横坡应与路拱横坡一致。

3.2.4 路基应以路床顶面回弹模量为设计指标，以路床顶面竖向压应变为验算指标，并应符合下列要求：

1 路基在平衡湿度状态下，路床顶面回弹模量不应低于现行《公路沥青路面设计规范》（JTG D50）和《公路水泥混凝土路面设计规范》（JTG D40）的有关规定。

2 沥青路面路床顶面竖向压应变的计算值应满足沥青路面永久变形的控制要求。

3 水泥混凝土路面路床顶面竖向压应变可不作控制。

📖 **典型例题**

例题 2-2-1

某高速公路，承载比（CBR）试验成果：98 击、50 击、30 击干密度分别为 1.88g/cm³、1.80g/cm³、1.71g/cm³，对应的 CBR 值分别为 9%、5%、3%。如果施工现场压实度满足《公路路基设计规范》（JTG D30—2015）表 3.2.3 的最低要求，以下根据路床最小承载比要求判断正确的是（　　）。（提示：最大干密度 $\rho_{dmax} = 1.88g/cm^3$）

（A）可作为上路床和下路床填料

（B）可作为上路床填料，不能作为下路床填料

（C）不能作为上路床填料，可作为下路床填料

（D）不可作为上路床和下路床填料

解答

根据《公路路基设计规范》（JTG D30—2015）表 3.2.3，高速公路最小压实度为 96%，其对应的干密度 $\rho_d = 1.88 \times 0.96 = 1.80g/cm^3$，其对应的 CBR 值为 5%，满足表 3.2.2 中作为下路床填料的要求。

答案：C

例题 2-2-2

某高速公路路基工程项目，对路基填料现场取样进行 CBR 试验，试验结果见下表。试问按照《公路土工试验规程》（JTG 3430—2020）确定的该路基土的 CBR 值最接近（　　）。

例题 2-2-2 表

平均百分表读数（0.01mm）	49.8	100.2	149.4	200.6	249.8	300.6	350.0	400.2	450.8	500.3	550.6	599.9
单位压力（kPa）	129	321	502	652	819	922	1000	1065	1100	1172	1218	1298

（A）9.63%　　　　（B）9.74%　　　　（C）10.32%　　　　（D）11.65%

解答

近似计算 $CBR_{2.5} = \frac{P_{2.5}}{7000} = \frac{819}{7000} \times 100\% = 11.70\%$，$CBR_5 = \frac{P_5}{10500} = \frac{1172}{10500} \times 100\% = 11.16\%$，由于 $CBR_5 < CBR_{2.5}$，可取 $CBR_{2.5}$ 作为该土的 CBR 值。

答案：D

例题 2-2-3

某公路工程，承载比（CBR）三次平行试验成果见下表。表中三次平行试验土的干密度满足规范要求，则据上述资料确定的 CBR 值应为（　　）。

例题 2-2-3 表

贯入量（0.01mm）		100	150	200	250	300	400	500	750
荷载强度（kPa）	试件 1	164	224	273	308	338	393	442	496
	试件 2	136	182	236	280	307	362	410	460
	试件 3	183	245	313	357	384	449	493	532

（A）4.0%　　　　（B）4.2%　　　　（C）4.4%　　　　（D）4.5%

解答

根据《公路土工试验规程》（JTG 3430—2020）：

$CBR_{2.5} = \dfrac{P}{7000} \times 100\%$，$CBR_{5.0} = \dfrac{P}{10500} \times 100\%$

第一次：$CBR_{2.5} = 4.4\%$，$CBR_{5.0} = 4.2\%$；

第二次：$CBR_{2.5} = 4.0\%$，$CBR_{5.0} = 3.9\%$；

第三次：$CBR_{2.5} = 5.1\%$，$CBR_{5.0} = 4.7\%$；

三次试验中，$CBR_{5.0}$均不大于$CBR_{2.5}$。

平均差$\bar{x} = 4.5\%$，标准差$s = \sqrt{\dfrac{1}{n-1} \sum\limits_{i=1}^{n} (x_i - \bar{x})^2} = 0.56$

变异系数$C_v = \dfrac{s}{\bar{x}} = \dfrac{0.56}{4.5} = 12.4\% > 12\%$

故应去掉偏离大的值（$CBR_{2.5} = 5.1\%$），取剩下两个值的平均值：

$CBR_{2.5} = (4.4 + 4.1)/2 = 4.2\%$

答案：B

📖 **考点分析**

（1）《公路土工试验规程》（JTG 3430—2020）[原《公路土工试验规程》（JTG E40）]非考试规范，但承载比是重要且高频考点，本书对基本知识点进行了适当扩展。

（2）掌握干密度、压实度计算方法。

（3）计算时注意：

①分别计算贯入量为2.5mm和5mm时的承载比，取两者的较大值作为该材料的承载比。

②计算3个平行试验的承载比变异系数C_v。若C_v小于12%，则取3个结果的平均值；若C_v大于12%，则去掉一个偏离大的值，取其余2个结果的平均值。

③CBR值（%）取小数点后一位。

考点3　公路路基高度计算

📖 **条文规定**

《公路路基设计规范》（JTG D30—2015）规定如下：

3.1.3　沿河及受水浸淹的路基边缘高程，应高出表3.1.3规定设计洪水频率的计算水位加壅水高度、波浪侵袭高度及0.5m的安全高度之和。

路基设计洪水频率　　　　　　　　　　　　　　　表3.1.3

公路等级	高速公路	一级公路	二级公路	三级公路	四级公路
路基设计洪水频率	1/100	1/100	1/50	1/25	按具体情况确定

注：区域内唯一通道的公路路基设计洪水频率可采用高一个等级公路的标准。

3.3.1　路堤高度应满足下列要求：

1　满足公路等级所对应的路基设计洪水频率及其设计洪水位。

2　路堤高度不宜小于中湿状态路基临界高度。

3　季节冻土地区，路堤高度不宜小于当地路基冻深。

3.3.2 路堤高度宜按式(3.3.2)计算确定。

$$H_{op} = \text{MAX}\{(h_{sw} - h_0) + h_w + h_{bw} + \Delta h, \ h_l + h_p, \ h_{wd} + h_p, \ h_f + h_p\} \tag{3.3.2}$$

式中：H_{op}——路堤合理高度（m）；

　　　h_{sw}——设计洪水位（m）；

　　　h_0——地面高程（m）；

　　　h_w——波浪侵袭高度（m）；

　　　h_{bw}——壅水高度（m）；

　　　Δh——安全高度（m）；

　　　h_l——中湿状态路基临界高度（m）；

　　　h_p——路面厚度（m）；

　　　h_{wd}——路基工作区深度（m）；

　　　h_f——季节冻土地区路基冻深（m）。

《公路工程水文勘测设计规范》（JTG C30—2015）规定如下：

10.4 浸水路基高度

10.4.1 浸水路基的高度，除应满足现行《公路路基设计规范》（JTG D30）规定的最小填土高度外，其边缘设计高程尚应高出下式计算值：

$$H_{min} = H_S + \sum\Delta h + 0.5 \tag{10.4.1}$$

式中：H_{min}——路基边缘最低高程（m）；

　　　H_S——设计水位（m）；

　　　$\sum\Delta h$——考虑壅水高度或水位降低值、波浪爬高、局部冲高、河湾超高、床面淤高等因素的总和（m）。

📖 **典型例题**

例题 2-3-1（2019 年真题）

某沿河二级公路，受水浸淹，由水文计算得知，300 年一遇的洪水位为 29.8m，100 年一遇的洪水位为 28.6m，50 年一遇的洪水位 26.8m，25 年一遇的洪水位 24.0m。假定壅水高 0.6m；波浪侵袭高 1.2m，根据《公路工程技术标准》（JTG B01—2014），路基边缘高程是（　　）。

（A）26.3m　　　　（B）28.6m　　　　（C）29.1m　　　　（D）30.9m

解答

根据《公路工程技术标准》（JTG B01—2014）表 5.0.2，二级公路设计洪水频率应采用 50 年一遇洪水位，其对应计算水位为 26.8m；根据第 5.0.3 条第 2 款，路基边缘高程 = 计算水位加壅水高 + 波浪侵垄高 + 0.5m 的安全高度 = 26.8m + 0.6m + 1.2m + 0.5m = 29.1m。根据《公路路基设计规范》（JTG D30—2015）第 3.1.3 条计算，答案相同。

答案：C

例题 2-3-2（2020 年真题）

某二级公路，沿河路段受水浸淹，由水文计算得知，300 年一遇的激水位为 29.8m，100 年一遇的洪水位 28.6m，50 年一遇的洪水位 26.8m，25 年一遇的洪水位 24.0m。已知壅水高 0.6m，波浪侵袭高 1.2m，该二级公路在区域内是唯一的一条公路。该路段合适的路基边缘高程是（　　）。

（A）28.6m　　　　（B）29.1m　　　　（C）30.4m　　　　（D）30.9m

解答

根据《公路路基设计规范》（JTG D30—2015）第3.1.3条及表3.1.3，沿河及受水浸淹的路基边缘高程，应高出表3.1.3规定的设计洪水频率的计算水位加壅水高度、波浪侵袭高度及0.5m的安全高度之和。（注：区域内唯一通道的公路路基设计洪水频率可采用高一个等级公路的标准。）该题中二级公路在区域内是唯一的一条公路，因此路基设计洪水频率按高一级取值，对应的100年一遇的洪水位为28.6m，故

$h = 28.6 + 0.6 + 1.2 + 0.5 = 30.9\text{m}$

答案：D

例题 2-3-3（2020年真题）

某集散一级公路，在沿某河段拟采用低线位路线方案，临河路段的水文地质调查表明：该河1/100、1/50和1/25的洪水频率，所对应的计算水位高程分别为85.21m、84.82m和84.12m，所对应的壅水高分别为0.65m、0.45m和0.34m，所对应的波浪侵袭高分别为0.45m、0.35m、0.26m。该路段纵坡设计中的路基最小控制边缘高程应是（　　）。（取小数点后两位）

（A）85.62m　　　　（B）86.12m　　　　（C）86.31m　　　　（D）86.81m

解答

根据《公路路基设计规范》（JTG D30—2015）第3.1.3条及表3.1.3，一级公路的路基设计洪水频率取1/100，对应的计算水位高程为85.21m，对应的壅水高0.65m，对应的波浪侵袭高0.45m，安全高度为0.5m，沿河及受水浸淹的路基边缘高程应高出 $85.21 + 0.65 + 0.45 + 0.5 = 86.81\text{m}$。

答案：D

例题 2-3-4

某二级公路位于季节冻土地区，路线为沿河线，路基宽度为12m，沥青混凝土路面，路面厚度为42cm，K8+660处的地面高程为253.67m。该处路基工作区深度为1.65m，中湿状态路基临界高度为2.84m，路基冻深1.59m。按设计洪水频率的计算水位高程为255.82m，壅水高度为1.0m，波浪侵袭高度为0.3m。该路堤高度应不低于（　　）。

（A）3.37m　　　　（B）3.95m　　　　（C）4.26m　　　　（D）4.58m

解答

根据《公路路基设计规范》（JTG D30—2015）第3.3.2条：

$(h_{sw} - h_0) + h_w + h_{bw} + \Delta h = (255.82 - 253.67) + 0.3 + 1.0 + 0.5 = 3.95\text{m}$

$h_1 + h_p = 2.84 + 0.42 = 3.26\text{m}$

$h_{wd} + h_p = 1.65 + 0.42 = 2.07\text{m}$

$h_f + h_p = 1.59 + 0.42 = 2.01\text{m}$

取上述计算结果的最大值，可知该路堤高度不低于3.95m。

答案：B

例题 2-3-5（2023年真题）

某段公路路基在库区影响范围内，路基填筑高度5.5m。在雨季，路基的下部被上涨的库水位浸泡较长时间。已知路基工作区厚度3.2m，毛细水上升高度0.6m，雨季的库水位比原地面高2.0m。根据《公路路基设计规范》（JTG D30—2015），该路段路基干湿类型可定为（　　）。

（A）干燥　　　　　　　　　　（B）中湿

（C）潮湿　　　　　　　　　　（D）无法判断

解答

根据《公路路基设计规范》（JTG D30—2015）第C.0.1条：

毛细浸润面高度：$2.0 + 0.6 = 2.6m$；

路基工作区底面高度：$5.5 - 3.2 = 2.3m$。

$2.6m > 2.3m$，可判断为中湿状态。

答案：B

例题 2-3-6（2023年真题）

某水网区一条公路，不考虑冻土的影响，路基工作区深度2.6m，路面厚度0.8m，中湿状态下路基的临界高度2.8m，此区域的设计洪水位32.9m，地面高程29.0m。洪水期间，波浪侵袭高0.7m，壅水高0.3m，安全高度0.5m。根据《公路路基设计规范》（JTG D30—2015），路堤计算高度是（　　　）。（取小数点后一位）

（A）3.4m
（B）3.6m
（C）5.0m
（D）5.4m

解答

根据《公路路基设计规范》（JTG D30—2015）第3.3.2条：

$(h_{sw} - h_0) + h_w + h_{bw} + \Delta h = (32.9 - 29) + 0.7 + 0.3 + 0.5 = 5.4m$

$h_l + h_p = 2.6 + 0.8 = 3.4m$

$h_{wd} + h_p = 2.8 + 0.8 = 3.6m$

取最大值：5.4m。

答案：D

📖 考点分析

（1）按设计洪水频率计算水位计算路基高程时，三本规范计算方法和结果一致。

（2）按《公路路基设计规范》（JTG D30—2015）第3.3.2条计算路堤高度时，应同时满足四个方面的要求，取计算结果的最大值。

考点4　平衡湿度下的路床顶面回弹模量计算

1. 公路平衡湿度下的路床顶面回弹模量计算

📖 条文规定

《公路路基设计规范》（JTG D30—2015）规定如下：

3.2.5　新建公路路基回弹模量设计值E_0应按式(3.2.5-1)确定，并应满足式(3.2.5-2)的要求。

$$E_0 = K_s K_\eta M_R \tag{3.2.5-1}$$
$$E_0 \geqslant [E_0] \tag{3.2.5-2}$$

式中：E_0——平衡湿度状态下路基回弹模量设计值（MPa）；

　　　$[E_0]$——路面结构设计的路基回弹模量要求值（MPa），应符合本规范第3.2.4条的有关规定；

　　　M_R——标准状态下路基动态回弹模量值（MPa），按本规范第3.2.6条确定；

　　　K_s——路基回弹模量湿度调整系数，为平衡湿度（含水率）状态下的回弹模量与标准状态下的回弹模量之比，按本规范第 3.2.7 条确定；

K_η——干湿循环或冻融循环条件下路基土模量折减系数，通过试验确定。初步设计时，非冰冻地区可根据土质类型、失水率确定，季节冻土区可根据冻结温度、含水率确定，折减系数可取 0.7～0.95。非冰冻区粉质土、黏质土，失水率大于 30%，取小值，反之取较大值；粗粒土取大值。季节冻土地区粉质土、黏质土冻结温度低于−15℃，冻前含水率高，取小值，反之取较大值；粗粒土取大值。

3.2.6 标准状态下路基回弹模量值应按下列方法确定：

1 路基填料的回弹模量应按附录 A 通过试验获得。

2 受试验条件限制时，可按附录 B，根据土组类别及粒料类型由表 B.1、表 B.2 查取回弹模量参考值。

3 初步设计阶段，也可按式(3.2.6-1)、式(3.2.6-2)由填料的 CBR 值估算标准状态下填料的回弹模量值：

$$M_R = 17.6CBR^{0.64} \quad (2 < CBR \leqslant 12) \tag{3.2.6-1}$$
$$M_R = 22.1CBR^{0.55} \quad (12 < CBR < 80) \tag{3.2.6-2}$$

3.2.7 新建公路路床应处于干燥或中湿状态。路基设计可按下列方法预估湿度状态，确定回弹模量湿度调整系数：

1 可按附录 C 的有关规定，根据路基相对高度、路基土组类别及其毛细水上升高度，确定路基干湿类型，并预估路基结构的平衡湿度。

2 路基回弹模量湿度调整系数可按附录 D 确定。

A.0.1 本试验方法适用于利用动三轴试验仪在规定的加载条件下测定路基土与粒料的动态回弹模量。

A.0.5 试验成果计算应符合下列规定：

1 应力幅值应按式(A.0.5-1)计算确定：

$$\sigma_0 = \frac{P_i}{A} \tag{A.0.5-1}$$

式中：σ_0——轴向应力幅值（MPa）；

P_i——最后 5 次加载循环中轴向试验荷载平均幅值（N）；

A——试件径向横截面面积，可取试件上下端面面积平均值（mm²）。

2 应变幅值应按式(A.0.5-2)计算确定：

$$\varepsilon_0 = \frac{\Delta_i}{l_0} \tag{A.0.5-2}$$

式中：ε_0——可恢复轴向应变幅值（mm/mm）；

Δ_i——最后 5 次加载循环中可恢复轴向变形平均幅值（mm）；

l_0——位移传感器的量测间距（mm）。

3 动态回弹模量应按式(A.0.5-3)计算：

$$M_R = \frac{\sigma_0}{\varepsilon_0} \tag{A.0.5-3}$$

式中：M_R——路基土或粒料动态回弹模量（MPa）。

C.0.1 路基平衡湿度状况可依据路基的湿度来源分为潮湿、中湿、干燥等三类，并按下列条件判别路基湿度状态：

1 地下水或地表长期积水的水位高，路基工作区均处于地下水毛细润湿影响范围内，路基平衡湿度由地下水或地表长期积水的水位升降所控制，路基湿度状态可定为潮湿类路基。

2 地下水位很低，路基工作区处于地下水毛细润湿面之上，路基平衡湿度由气候因素所控制，路基湿度状态可定为干燥类路基。

3 中湿类路基的湿度兼受地下水和气候因素影响，路基工作区被地下水毛细润湿面分为上、下两部分，下部受地下水毛细润湿的影响，上部则受气候因素影响，如图 C.0.1 所示。

图 C.0.1 中湿类路基的湿度状况

D.0.1 潮湿类路基的回弹模量湿度调整系数可按表 D.0.1 查取。

表 D.0.1

潮湿类路基的回弹模量湿度调整系数

土质类型	砂	细粒土质砂	粉质土	黏质土
路基工作区顶面	0.8～0.9	0.5～0.6	0.5～0.7	0.6～1.0
路基工作区底面	0.5～0.6	0.4～0.5	0.4～0.6	0.5～0.9

注：1. 砂的回弹模量调整系数，D_{60} 大时取高值，D_{60} 小时取低值。
  2. 细粒土质砂的回弹模量调整系数，细粒含量大、塑性指数高时取低值，反之取高值。
  3. 粉质土和黏质土的回弹模量调整系数，路基高度低时取低值，反之取高值。

D.0.2 干燥类路基的回弹模量湿度调整系数可按表 D.0.2 查取。

表 D.0.2

干燥类路基的回弹模量湿度调整系数

土组	TMI					
	−50	−30	−10	10	30	50
砂（S）	1.30～1.84	1.14～1.80	1.02～1.77	0.93～1.73	0.86～1.69	0.8～1.64
粉土质砂（SM）	1.59～1.65	1.10～1.26	0.83～0.97	0.73～0.83	0.70～0.76	0.70～0.76
黏土质砂（SC）						
低液限粉土（ML）	1.35～1.55	1.01～1.23	0.76～0.96	0.58～0.77	0.51～0.65	0.42～0.62
低液限黏土（CL）	1.22～1.71	0.73～1.52	0.57～1.24	0.51～1.02	0.49～0.88	0.48～0.81

注：1. 砂的回弹模量调整系数，D_{60} 大时（接近 2mm）取低值，D_{60} 小时（接近 0.25mm）取高值。
  2. 粉土质砂、黏土质砂或细粒土的饱和度取值与细粒土含量和塑性指数相关，细粒土含量高、塑性指数大时取低值，反之取高值。

📖 **典型例题**

例题 2-4-1（2020 真题）

某公路工程在初步设计阶段，其中一处大型取土场为河流阶地，取代表性土样进行室内试验，三组样测得的 CBR 值分别是 22.8、23.0、23.2，其路基回弹模量湿度调整系数取 0.85，冻融循环条件下路基土模量折减系数为 0.9，该取土场估算的标准状态下填料的回弹模量值为（　　　）。（取小数点后一位）

（A）94.8MPa　　　（B）124.0MPa　　　（C）130.9MPa　　　（D）131.7MPa

解答

根据《公路路基设计规范》（JTG D30—2015）第 3.2.6 条，初步设计阶段路基回弹模量值可由填料的 CBR 值估算。

$$\bar{x} = 23.0$$

$$s = \sqrt{\frac{(22.8-23)^2+(23-23)^2+(23.2-23)^2}{2}} = 0.2$$

$$C_v = \frac{s}{\bar{x}} = \frac{0.2}{23} = 0.87\% < 12\%$$

$$CBR = \frac{22.8+23.0+23.2}{3} = 23.0$$

$$M_R = 22.1CBR^{0.55} = 22.1 \times 23.0^{0.55} = 124.0\text{MPa}$$

答案：B

注：要求计算的是标准状态下的回弹模量，所以不需要乘湿度调整系数和路基土模量折减系数，题目给出这两个数据是个陷阱。

例题 2-4-2（2021 年真题）

某沿湖公路，路基填筑高度为 6m（不算路面厚度），设计人员在路基高度 2.6m 处设置了一层厚度为 0.3m 的砾石层（作用是隔断毛细水）。路基的下部被湖水长期浸泡。已知路基工作区厚度为 3.2m，毛细水上升高度为 0.8m，雨季的湖水位比地面高 2.4m。根据规范规定，该路段路基干湿类型可确定为（　　）。

（A）干燥　　　　　　（B）中湿　　　　　　（C）潮湿　　　　　　（D）无法判断

解答

根据《公路路基设计规范》（JTG D30—2015）附录 C，题中路基工作区底部落在砾石层，由于砾石层阻断了毛细水，所以路基工作区不受毛细水影响，属于干燥路基。

答案：A

例题 2-4-3（2021 年真题）

某新建季节性冻土地区的公路工程，其取土场填料的 CBR 值为 10.5，路基回弹模量湿度调整系数取 0.85，冻融循环条件下路基土模量折减系数取 0.9，该路段路基的回弹模量设计值是（　　）。（取小数点后一位）

（A）60.6MPa　　　　（B）61.6MPa　　　　（C）67.3MPa　　　　（D）79.3MPa

解答

根据《公路路基设计规范》（JTG D30—2015）第 3.2.6 条和第 3.2.5 条：$M_R = 17.6 \times 10.5^{0.64} = 79.26\text{MPa}$；

由题意知 $K_s = 0.85$，$K_\eta = 0.9$，代入式(3.2.5-1)得：

$$E_0 = 0.85 \times 0.9 \times 79.26 = 60.64\text{MPa}$$

答案：A

例题 2-4-4

某公路干燥类路基，位于季节性冻土地区，路基土质为砂，TMI 值为 10，填料 CBR 值为 18%，如果施工现场的压实度为 96%，则路基回弹模量设计值为（　　）。

（提示：调整系数取小值，折减系数取大值）

（A）72MPa　　　　　（B）80MPa　　　　　（C）96MPa　　　　　（D）108MPa

解答

根据《公路路基设计规范》（JTG D30—2015）第 3.2.5 条、第 3.2.6 条、附录 D：

$$M_R = 22.1CBR^{0.55} = 22.1 \times 18^{0.55} = 108.3\text{MPa}$$

查规范附录表 D.0.2，$K_s = 0.93$；查规范第 3.2.5 条，$K_\eta = 0.95$

$$E_0 = K_s K_\eta M_R = 0.93 \times 0.95 \times 108.3 = 95.7\text{MPa}$$

答案：C

例题 2-4-5

对某公路路基填料（最大粒径为 12mm）进行动三轴试验，试样直径 100mm，高 200mm，最后 5 次加载循环试验数据见下表，位移传感器的量测间距为 4.5mm，则该填料在标准状态下的回弹模量最接近（　　）。

序次	1	2	3	4	5
轴向荷载幅值P（N）	161	165	157	186	167
轴向变形幅值Δ_i（mm）	0.0021	0.0022	0.0015	0.0031	0.0024

（A）35MPa　　　　　（B）42MPa　　　　　（C）56MPa　　　　　（D）65MPa

解答

根据《公路路基设计规范》（JTG D30—2015）附录 A：

$$\sigma_0 = \frac{P_i}{A} = \frac{161+165+157+186+167}{5 \times 3.14 \times 50^2} = 0.021\text{MPa}$$

$$\varepsilon_0 = \frac{\Delta_i}{l_0} = \frac{0.0021+0.0022+0.0015+0.0031+0.0024}{5 \times 4.5} = 5.02 \times 10^{-4}$$

$$M_R = \frac{\sigma_0}{\varepsilon_0} = \frac{0.021}{5.02 \times 10^{-4}} = 41.8\text{MPa}$$

答案： B

例题 2-4-6

某新建二级公路路基填料为中砂，承载比$CBR = 19\%$，场地地下水位与路面齐平，则按《公路路基设计规范》（JTG D30—2015）计算，该公路路基路床顶面的回弹模量设计值最接近（　　）。（折减系数取大值，调整系数取小值）

（A）85MPa　　　　　（B）98MPa　　　　　（C）112MPa　　　　　（D）125MPa

解答

根据《公路路基设计规范》（JTG D30—2015）第 3.2.5 条、第 3.2.6 条、附录 D：

$$M_R = 22.1CBR^{0.55} = 22.1 \times 19^{0.55} = 111.6\text{MPa}$$

查规范附录表 D.0.1，$K_s = 0.8$；查规范第 3.2.5 条，$K_\eta = 0.95$

$$E_0 = K_s K_\eta M_R = 0.8 \times 0.95 \times 111.6 = 84.8\text{MPa}$$

答案： A

例题 2-4-7

公路自然区划Ⅱ区某新建二级公路初步设计，K6 + 120～K7 + 520 段路基平均填筑高度为 2.20m，如下图所示。填料采用黏质土，CBR值为 9.8%，通过计算求得路基工作区深度为 1.56m，毛细润湿面距地表的高度为 1.55m。通过查表得到地下水毛细润湿面上、下部分路基回弹模量湿度调整系数分别为 0.91 和 0.5，冻融循环条件下路基土模量折减系数为 0.95。计算路基回弹模量设计值最接近（　　）。

例题 2-4-8 图

（A）33MPa　　　　　（B）48MPa　　　　　（C）56MPa　　　　　（D）63MPa

158

解答

根据《公路路基设计规范》（JTG D30—2015）第 3.2.5 条、第 3.2.6 条、第 C.0.1 条、第 D.0.1 条和第 D.0.2 条：

$$M_R = 17.6 CBR^{0.64} = 17.6 \times 9.8^{0.64} = 75.84 \text{MPa}$$

推算知，毛细润湿面上、下部分路基工作区的厚度分别为 0.65m 和 0.91m。

$$K_s = K_{s1}\frac{h_1}{h} + K_{s2}\frac{h_2}{h} = 0.91 \times \frac{0.65}{1.56} + 0.5 \times \frac{0.91}{1.56} = 0.67$$

$$E_0 = K_s K_\eta M_R = 0.67 \times 0.95 \times 75.84 = 48.3 \text{MPa}$$

答案： B

例题 2-4-8（2019 年真题）

某季节性冻土地区的公路初步设计阶段，采用的路基填料 CBR 值是 8.0，路基回弹模量湿度调整取 0.85，冻融循环条件下路基土模量折减系数取 0.9，平衡状态下路基回弹模量设计值为（　　）。

（A）51.0MPa　　　　（B）53.1MPa　　　　（C）56.6MPa　　　　（D）66.6MPa

解答

根据《公路路基设计规范》（JTG D30—2015）第 3.2.6 条，$CBR = 8.0 \in (2, 12]$，标准状态下路基动态回弹模量值：

$$M_R = 17.6 CBR^{0.64} = 17.6 \times 8^{0.64} = 66.6 \text{MPa}$$

平衡状态下的回弹模量设计值：

$$E_0 = K_s K_\eta M_R = 0.9 \times 0.85 \times 66.6 = 51 \text{MPa}$$

答案： A

例题 2-4-9（2019 年真题）

某新建路基，平衡湿度（含水率）状态下的回弹模量为 60MPa，标准状态下的回弹模量为 80MPa，根据《公路路基设计规范》（JTG D30—2015），路基回弹模量湿度调整系数为（　　）。

（A）0.56　　　　（B）0.68　　　　（C）0.75　　　　（D）0.83

解答

根据《公路路基设计规范》（JTG D30—2015）第 3.2.5 条，路基回弹模量湿度调整系数 = 平衡湿度（含水率）状态下的回弹模量/标准状态下的回弹模量 = 60/80 = 0.75。

答案： C

例题 2-4-10（2019 年真题）

某重交通的二级公路，粉质黏土地基，地下水位埋深 1.0m，低填路堤高 1.5m，填料为细沙土，路基不受洪水影响，沥青路面厚度为 0.6m，路床厚度为 0.8m。毛细水上升最大高度为 0.5m。根据《公路路基设计规范》（JTG D30—2015），该路床所处的湿度状态为（　　）。

（A）干燥状态　　　　　　　　（B）中湿状态
（C）潮湿状态　　　　　　　　（D）过湿状态

解答

根据《公路路基设计规范》（JTG D30—2015）第 C.0.1 条第 3 款，地下水位很低，路基工作区处于地下水毛细润湿面之上，路基平衡湿度由气候因素所控制，路基湿度状态可定为干燥状态。

低填路堤高 1.5m，路面 + 路床 = 0.6 + 0.8 = 1.4m，地下水位为 1.0m，毛细水上升最大高度为地面下 0.5m，未进入路床范围。

答案： A

例题 2-4-11（2022 年真题）

位于某季节性冻土地区的公路，初步设计阶段，取土场的 CBR 平均值为 24.5，路基回弹模量湿度调整系数取 0.88，冻融循环条件下路基土模量折减系数取 0.9，该路段的路基回弹模量设计值是（　　）。（取小数点后一位）

（A）128.4MPa　　　（B）115.5MPa　　　（C）113.0MPa　　　（D）101.7MPa

解答

（1）求 M_R

根据《公路路基设计规范》（JTG D30—2015）第 3.2.6 条：

$M_R = 22.1 \times CBR^{0.55} = 22.1 \times 24.5^{0.55} = 128.36\text{MPa}$

（2）求 E_0

根据《公路路基设计规范》（JTG D30—2015）第 3.2.5 条：

$E_0 = K_s K_\eta M_R = 0.88 \times 0.9 \times 128.36 = 101.66\text{MPa}$

答案： D

例题 2-4-12（2022 年补考真题）

某公路工程初步设计阶段，拟采用一处取土场土料填筑路基，取代表性土样进行室内试验，三组土样测得的 CBR 值分别是：11.7、11.0、10.6。其路基回弹模量湿度调整系数取 0.7，冻融循环条件下路基土模量折减系数为 0.9。问平衡湿度状态下路基回弹模量设计值是（　　）。

（A）51.7MPa　　　（B）57.5MPa　　　（C）73.9MPa　　　（D）82.1MPa

解答

（1）计算变异系数

根据《公路土工试验规程》（JTG 3430—2020）中"T 0139—2019"的 5.7，变异系数应小于 12%，否则去掉偏离大的值。

平均值：$\bar{x} = (11.7 + 11.0 + 10.6)/3 = 11.1$

标准差：$s = \sqrt{\dfrac{1}{2}[(11.7 - 11.1)^2 + (11.0 - 11.1)^2 + (10.6 - 11.1)^2]} = 0.56$

变异系数：$C_v = 0.56/11.1 = 5\% < 12\%$

注：严谨的解题，以上步骤是需要的；但《公路土工试验规程》（JTG 3430—2020）不是考试规范，因此求变异系数这一步可以省略。

（2）计算 CBR

CBR 取平均值，11.1% < 12%。

（3）计算 M_R

根据《公路路基设计规范》（JTG D30—2015）式(3.2.6-1)，$M_R = 17.6 \times 11.1^{0.64} = 82.13\text{MPa}$。

（4）计算 E_0

由式(3.2.5-1)，$E_0 = 0.7 \times 0.9 \times 82.13 = 51.74\text{MPa}$。

答案： A

2. 城市道路干湿状态、路基回弹模量计算

📖 条文规定

《城市道路路基设计规范》（CJJ 194—2013）规定如下：

4.2.1　路基干湿类型可采用分界稠度划分，并应符合表 4.2.1-1 的规定；当缺少资料时，也可

根据路基相对高度，按表 4.2.1-2 确定。路基临界高度可按本规范附录 A 进行划分。

路基干湿状态的分界稠度值 表 4.2.1-1

土质类别	干湿状态			
	干燥	中湿	潮湿	过湿
	$\omega_c \geqslant \omega_{c1}$	$\omega_{c1} > \omega_c \geqslant \omega_{c2}$	$\omega_{c2} > \omega_c \geqslant \omega_{c3}$	$\omega_c < \omega_{c3}$
土质砂	$\omega_c \geqslant 1.20$	$1.20 > \omega_c \geqslant 1.00$	$1.00 > \omega_c \geqslant 0.85$	$\omega_c < 0.85$
黏质土	$\omega_c \geqslant 1.10$	$1.10 > \omega_c \geqslant 0.95$	$0.95 > \omega_c \geqslant 0.80$	$\omega_c < 0.80$
粉质土	$\omega_c \geqslant 1.05$	$1.05 > \omega_c \geqslant 0.90$	$0.90 > \omega_c \geqslant 0.75$	$\omega_c < 0.75$

注：ω_{c1}、ω_{c2}、ω_{c3} 分别为干燥和中湿、中湿和潮湿、潮湿和过湿状态路基的分界稠度，ω_c 为路床顶面以下 80cm 深度内的平均稠度。

路基干湿状态的路基相对高度判定标准 表 4.2.1-2

路基干湿类型	路基相对高度 H	一般特征
干燥	$H \geqslant H_1$	路基干燥、稳定，路面强度和稳定性不受地下水和地表积水的影响
中湿	$H_2 \leqslant H < H_1$	路基上部土层处于地下水或地表积水影响的过渡带区内
潮湿	$H_3 \leqslant H < H_2$	路基上部土层处于地下水或地表积水毛细影响区内
过湿	$H < H_3$	路基上部土层处于地下水或地表积水毛细影响区内

注：H_1、H_2、H_3 为路基干燥和中湿、中湿和潮湿、潮湿和过湿分界状态对应的临界高度。

B.0.2 当采用室内试验法确定路基回弹模量时，确定方法及步骤应符合下列规定：

1 应选择实际使用的路基土料场取土，按重型击实标准确定的最佳含水率、最大干密度准备试件，并应按现行行业标准《公路土工试验规程》（JTG 3430）规定的承载板法或强度仪法测定路基土的回弹模量。回弹模量测试结果应采用下式修正：

$$E_{0S} = \lambda E \tag{B.0.2-1}$$

式中：E_{0S}——路基土回弹模量修正值（MPa）；

E——路基土回弹模量室内试验值（MPa）；

λ——试筒尺寸约束修正系数，50mm 直径承载板取 0.78，100mm 直径承载板取 0.59。

2 路基回弹模量设计值，应根据道路等级、不利季节和路基干湿类型的影响，采用下式计算：

$$E_{0D} = \frac{Z}{K} E_{0S} \tag{B.0.2-2}$$

式中：E_{0D}——路基回弹模量设计值（MPa）；

E_{0S}——路基土回弹模量修正值（MPa）；

Z——考虑保证率的折减系数，快速路、主干路为 0.66，次干路为 0.59，支路为 0.52；

K——考虑不利季节和路基干湿类型的综合影响系数，宜按表 B.0.2 选取，或者根据室内试验测定的路基土回弹模量与稠度的关系分析确定，或者根据当地经验确定。

综合影响系数 K 表 B.0.2

土基稠度值 w_c	$w_c \geqslant w_{c1}$	$w_{c1} > w_c \geqslant w_{c2}$	$w_c < w_{c2}$
综合影响系数	1.3	1.6	1.9

B.0.3 当采用现场实测法确定路基回弹模量时，确定方法符合下列规定：

1 现场实测法适用于已建成的路基，宜采用承载板法。

2 承载板测点处的路基回弹模量值应按下式计算：

$$E_{0b} = \frac{\sum P_i}{D \sum l_i}(1 - \mu_0^2) \times 10^5 \tag{B.0.3-1}$$

式中：E_{0b}——现场承载板法测定的测点路基回弹模量计算值（MPa）；

D——承载板直径（mm）；

P_i、l_i——第i级荷载（kN）及其相应的实测回弹变形（0.01mm）；

μ_0——路基土的泊松比，可取0.35。

3 某路段路基回弹模量设计值应按下式计算：

$$E_{0D} = (\overline{E}_0 - Z_a S)/K_1 \qquad (B.0.3-2)$$

式中：E_{0D}——某路段路基回弹模量设计值（MPa）；

$\overline{E}_0$、S——路段上各测点实测路基回弹模量平均值（MPa）和均方差（MPa）；

Z_a——保证率系数，快速路、主干路为2，次干路为1.648，支路为1.5；

K_1——不利季节影响系数，可根据当地经验确定。

📖 典型例题

例题 2-4-13（2020年真题）

某城市主干路位于IV3自然区划，该道路某一路段横断面布置如下图所示，原地面高程为3.60m，设计中央分隔带边线路面高程为4.20m，机动车道路面结构厚度为0.60m，非机动车道路面结构厚度为0.35m，路基为粉质土，地下水埋深为1.20m。下列关于该道路路基干湿类型、路基处理措施，符合规范规定的是（　）。并请说明选择依据和理由。

例题 2-4-2 图（尺寸单位：m）

（A）路基为干燥状态，不需要路基处理

（B）路基为中湿状态，不需要路基处理

（C）路基为潮湿状态，设置石灰土垫层

（D）路基为过湿状态，设置水泥土垫层

解答

根据《城市道路路基设计规范》（CJJ 194—2013）附录A。

机动车道最右侧：

$H_0 = 4.2 - 3.6 - 0.6 - 11.5 \times 2\% + 1.2 = 0.97\text{m}$

非机动车道最右侧：

$H_0 = 4.2 - 3.6 - 0.35 - (11.5 + 2 + 3.5) \times 2\% + 1.2 = 1.11\text{m}$

取小值$H_0 = 0.97\text{m}$

查附录A续表A.0.1，粉质土IV3区，$H_1 = 1.7\sim1.9\text{m}$，$H_2 = 1.2\sim1.3\text{m}$，$H_3 = 0.8\sim0.9\text{m}$，$H_3 < H_0 < H_2$，路基为潮湿类型，应设置石灰土垫层。

答案：C

例题 2-4-14（2022 年真题）

某城市次干路，路基土的土质类别为黏质土，其平均稠度值 w_c 为 1.03。拟采用承载板法在室内测定路基土的回弹模量，承载板直径为 100mm，路基土回弹模量室内试验值为 77.2MPa。下列关于该路基土回弹模量设计值符合规范规定的应为（　　　）。并判断是否需要进行路基处理，说明选择依据和理由。（计算结果取小数点后一位）

（A）14.1MPa，需进行路基处理

（B）16.8MPa，需进行路基处理

（C）20.7MPa，不需进行路基处理

（D）22.2MPa，不需进行路基处理

解答

根据《城市道路路基设计规范》（CJJ 194—2013）第 B.0.2 条，100mm 板，λ 取 0.59。

（1）计算 E_{0S}

$E_{0S} = 0.59 \times 77.2 = 45.548\text{MPa}$

（2）查表得 Z、K

次干路 $Z = 0.59$，查表 4.2.1-1，$w_{c1} = 1.01$，$w_{c2} = 0.95$；查表 B.0.2，$w_{c2} < w_c < w_{c1}$，K 取 1.6。

（3）计算 E_{0D}

$E_{0D} = \dfrac{0.59}{1.6} \times 45.548 = 16.8\text{MPa}$

（4）根据第 4.5.3 条，16.8MPa < 20MPa，应进行处理。

答案：B

📖 **考点分析**

（1）注意湿度调整系数 K_s、干湿循环或冻融循环折减系数 K_η 取高值还是低值的条件。

（2）《公路路基设计规范》（JTG D30—2015）及《公路沥青路面设计规范》（JTG D50—2017）对路基回弹模量采用动三轴法测定，老规范采用承载板测定的为静态回弹模量。

（3）中湿类路基按《公路路基设计规范》（JTG D30—2015）第 C.0.4 条进行计算，中湿类回弹模量湿度调整系数按第 D.0.3 条，用厚度加权计算。

（4）区分标准状态和平衡状态下的回弹模量。

（5）标准状态下路基的回弹模量确定的三种方法：

①《公路路基设计规范》（JTG D30—2015）附录 A。

②《公路路基设计规范》（JTG D30—2015）附录 B。

③由 CBR 计算而得。

考点5　公路土工泡沫塑料块轻质路堤计算

📖 **条文规定**

《公路路基设计规范》（JTG D30—2015）规定如下：

3.9.4　轻质材料路堤设计应符合下列要求：

1　轻质材料路堤结构设计应采取有效的防护措施，轻质材料不得直接裸露。路基横断面可采用设置支挡结构的直立式路堤或包边护坡的斜坡式路堤，轻质材料填筑厚度应根据工后沉降计算确定。

2 轻质材料路堤与一般填土路堤之间应设置过渡段。过渡段应采用台阶式衔接，台阶高度宜为 0.5～1.0m，坡比宜为 1:1～1:2。

3 软土地区轻质材料路堤设计应进行路堤稳定性与地基沉降计算。新建路基工后沉降量应符合本规范第 7.7 节的有关规定，改扩建路基应符合本规范第 6.4 节的有关规定；路堤稳定性应符合本规范第 3.6 节、第 7.7 节的有关规定。

4 轻质材料填筑区位于地下水位以下，或受到洪水淹没时，应按式(3.9.4)进行抗浮稳定性验算。当抗浮稳定系数小于抗浮安全系数时，应采取调整轻质材料填筑区厚度、增加填土荷重或降低地下水位等措施。土工泡沫塑料路堤抗浮安全系数宜为 1.1～1.5，泡沫轻质土路堤抗浮安全系数宜为 1.05～1.15，最高地下水位或洪水位达到轻质材料填筑区的发生概率较低时，取小值。

$$F_f = \frac{\sum \gamma_i h_i}{\gamma_w h_{jw}} \tag{3.9.4}$$

式中：F_f——抗浮稳定系数；

γ_i——各层材料的重度（kN/m³）；

h_i——各层材料的厚度（m）；

γ_w——水的重度（kN/m³）；

h_{jw}——路堤浸水的深度（m）。

3.9.5 土工泡沫塑料轻质材料路堤设计应符合下列要求：

1 根据汽车荷载和上覆路基路面荷载等作用影响，在土工泡沫塑料块体与路面之间、多层土工泡沫塑料块体之间每隔 2～3m 或 4～6 层，应设置浇筑钢筋混凝土板和防渗土工布，钢筋混凝土板厚度宜为 0.10～0.15m。

2 土工泡沫塑料块体底部应设置砂砾垫层，厚度宜为 0.2～0.3m。必要时可在砂砾垫层上下界面铺设透水土工布。

3 土工泡沫塑料路堤设计应进行材料抗压强度验算。验算时，路面及钢筋混凝土板保护层产生的自重和活载作用于土工泡沫塑料层面的应力（图 3.9.5）可按式(3.9.5-1)计算，并应满足式(3.9.5-2)的要求。

图 3.9.5 分布应力的近似简化计算

$$\sigma_z = \frac{p(1+\delta)}{(B + 2h\tan\theta)(L + 2h\tan\theta)} + \gamma h \tag{3.9.5-1}$$

式中：σ_z——土工泡沫塑料块体上的应力值（kPa）；

p——汽车轮载（汽车后轴重）（kN）；

δ——冲击系数；一般为 0.3；

h——路面及钢筋混凝土板的厚度（m）；

B、L——汽车后轮着地宽度及长度（m）；

θ——荷载分布角（°），混凝土路面取 $\theta = 45°$，沥青混凝土路面取 $\theta = 40°$；

γ——路面结构层及钢筋混凝土板的平均重度（kN/m³）。

例题 2-5-1

某公路软基路堤采用土工泡沫塑料轻质路堤，路面采用混凝土结构，路面结构层厚度为 0.45m，重度为 23kN/m³，已知汽车两后轮轴距为 1.4m，后轮着地宽度为 0.6m，长度为 0.2m，汽车荷载后轴重 140kN，冲击系数取 0.3，按《公路路基设计规范》（JTG D30—2015）计算，作用在土工泡沫塑料块体上的应力值最接近（　　）。

（A）65kPa　　　　　　　　　　　　　　（B）97kPa

（C）110kPa　　　　　　　　　　　　　（D）120kPa

解答

根据《公路路基设计规范》（JTG D30—2015）第 3.9.5 条：

$$\sigma_z = \frac{p(1+\delta)}{(B+2h\tan\theta)(L+2h\tan\theta)} + \gamma h$$

$$= \frac{70\times(1+0.3)}{(0.6+2\times0.45\times\tan 45°)\times(0.2+2\times0.45\times\tan 45°)} + 23\times0.45 = 65.5\text{kPa}$$

答案：A

例题 2-5-2（2023 年真题）

某公路从软基地段通过，软土厚度 15m，路基设计高程 28.5m，地面高程 20.5m，洪水位 27.5m，路基高度 8m；设计采用泡沫轻质土填筑（厚度 6.7m），采用直立坡率，泡沫轻质土的重度 8kN/m³；底部 50cm 厚采用砂砾填筑，砂砾之上设置高强钢丝格栅，砂砾的重度 20kN/m³；路面结构总厚度 80cm，平均重度 24kN/m³，不考虑车辆荷载，不考虑沉降的影响。根据《公路路基设计规范》（JTG D30—2015），该路基抗浮稳定系数是（　　）。（取小数点后两位）

（A）1.04　　　　　　　　　　　　　　（B）1.12

（C）1.18　　　　　　　　　　　　　　（D）1.27

解答

根据《公路路基设计规范》（JTG D30—2015）第 3.9.4 条：

$$F_f = \frac{24\times0.8+8\times6.7}{10\times(27.5-20.5-0.5)} = 1.12$$

答案：B

例题 2-5-3（2023 年真题）

某公路从软基地段通过。软基的容许承载力 100kPa，路基高度 6m。设计采用土工泡沫塑料轻质材料，底部采用砂砾填筑，厚度 300mm；砂砾之下设置透水土工布，砂砾之上设置高强钢丝格栅；设计采用沥青混凝土路面，路面面层及底部钢筋混凝土板的厚度 800mm，平均重度 24kN/m³，沥青路面荷载分布角取 40°，汽车轮载（后轮）50kN，后轮着地宽度 520mm，着地长度 550mm，冲击系数 0.3。根据《公路路基设计规范》（JTG D30—2015），路基所采用的土工泡沫塑料轻质材料的容许抗压强度不能少于（　　）。

（A）19kPa　　　　　　　　　　　　　（B）38kPa

（C）65kPa　　　　　　　　　　　　　（D）84kPa

解答

根据《公路路基设计规范》（JTG D30—2015）式(3.9.5-1)：

$$\sigma_z = \frac{50\times(1+0.3)}{(0.52+2\times0.8\times\tan 40°)(0.55+2\times0.8\times\tan 40°)} + 24\times0.8 = 37.6\text{kPa}$$

答案：B

注意《公路路基设计规范》（JTG D30—2015）式(3.9.5-1)中p应为"汽车后轴单侧轮重"。

考点6　边坡稳定性计算

1. 直线滑动面边坡稳定计算

■ 基本知识 ──────────

直线法适用于砂土和土质砂（两者合称砂类土）的边坡稳定性验算，土的抗力以摩擦阻力为主，黏结力甚小，边坡破坏时，滑动破裂面近似平面。

如图 2-6-1 所示，填方边坡土楔体ABD沿破裂面AD滑动，其稳定系数K按式(2-6-1)计算。

图 2-6-1　直线法验算边坡稳定性计算图示

$$K = \frac{R}{T} = \frac{Nf + cL}{T} = \frac{Q \cos \omega \tan \varphi + cL}{Q \sin \omega} \tag{2-6-1}$$

式中：ω——破裂面对水平面的倾角（°）；

　　　φ——填料的内摩擦角（°）；

　　　f——破裂面上土体的摩擦系数$f = \tan \varphi$；

　　　L——破裂面AD的长度（m）；

　　　N——破裂面的法向分力（kN）；

　　　T——破裂面的切向分力（kN）；

　　　c——破裂面上土体的黏结力（kPa）；

　　　Q——滑动体的重力（kN），包括车辆荷载。

$c = 0$ 时，$K = \tan \varphi / \tan \omega$。

以路堑边坡为例，不计行车荷载，计算图示如图 2-6-2 所示，分析如下：

令滑动面$AD = L$，式(2-6-1)可改为：

$$K = f \cdot \cot \omega + \frac{cL}{W \cdot \sin \omega} \tag{2-6-2}$$

由图 2-6-2 可知，单位长度路基边坡滑动体$\triangle ABD$的重力W的表达式为：

$$W = \frac{1}{2} \gamma L \frac{H}{\sin \alpha} \sin(\alpha - \omega) \tag{2-6-3}$$

图 2-6-2　直线滑动面的计算图示

由此可得：

$$K = f \cdot \cot \omega + \frac{2c}{\gamma H} \cdot \frac{\sin \alpha}{\sin(\alpha - \omega) \cdot \sin \omega} \tag{2-6-4}$$

令 $\frac{2c}{\gamma H} = a$，而 $f = \tan \varphi$，当进行边坡稳定性计算时，a、f 及 α 均为已知值。

$$K_{\min} = (2a + f) \cdot \cot \alpha + 2\sqrt{a(f + a)} \cdot \csc \alpha \tag{2-6-5}$$

📖 **典型例题**

例题 2-6-1

某二级公路挖方边坡，边坡高度为 6m，边坡土的内摩擦角 $\varphi = 25°$，黏聚力 $c = 15\text{kPa}$，土的重度 $\gamma = 18\text{kN/m}^3$，若采用的边坡坡度为 $1:0.5$，稳定系数 K 为（　　）。

（A）1.42　　　　　（B）1.48　　　　　（C）1.53　　　　　（D）1.59

解答

$\tan \alpha = \frac{1}{0.5} = 2$，$\alpha = \arctan 2 = 63°26'6''$，$\csc \alpha = 1.118$

$f = \tan 25° = 0.466$，$a = \frac{2 \times c}{\gamma \times h} = \frac{2 \times 15}{18 \times 6} = 0.278$

$K = (2a + f) \times \cot \alpha + 2 \times \sqrt{a \times (f + a)} \times \csc \alpha$

$\quad = (2 \times 0.278 + 0.466) \times 0.5 + 2 \times \sqrt{0.278 \times (0.278 + 0.466)} \times 1.118 = 1.53$

答案：C

例题 2-6-2

西部地区某公路一路段有一由均质土体组成的路堤边坡，边坡相关参数如下图所示。已知其破裂面为直线型，土体黏聚力 $c = 10\text{kPa}$，内摩擦角 $\varphi = 20°$，滑坡体自重 $W = 1500\text{kN}$。滑动面对水平面的倾角 $\alpha = 22°$，则该边坡稳定性系数 F_s 最接近（　　）。

例题 2-6-2 图

（A）1.28　　　　　（B）1.38　　　　　（C）1.48　　　　　（D）1.58

解答

题目中已经说明为直线型，利用公式代入数据进行计算。

$L = \frac{10}{\sin 22°} = 26.7\text{m}$

$$F_S = \frac{W\cos\alpha\tan\varphi + cL}{W\sin\alpha}$$
$$= \frac{1500 \times \cos 22° \times \tan 20° + 10 \times 26.7}{1500 \times \sin 22°}$$
$$= 1.38$$

答案：B

例题 2-6-3

东部地区某新建一级公路，K6 + 100～K10 + 255 处有一均匀土质挖方边坡，边坡坡度为 1：0.5，土的天然重度 $\gamma = 18\text{kN/m}^3$，黏聚力 $c = 20\text{kPa}$，内摩擦角 $\varphi = 25°$，如若保证最小的边坡安全系数 $K_{\min} = 1.25$，则允许的最大边坡高度最接近（　　）。

（A）8.88m　　　　　　（B）9.99m　　　　　　（C）10.10m　　　　　　（D）11.11m

解答

$\cot\alpha = 0.5$，$\alpha = 63°26'$，$\csc\alpha = 1.1181$

$f = \tan\varphi = \tan 25° = 0.4663$

代入下式：

$$K_{\min} = (2a + f) \cdot \cot\alpha + 2\sqrt{a(f + a)} \cdot \csc\alpha$$

则 $1.25 = (2a + 0.4663) \times 0.5 + 2\sqrt{a(0.4663 + a)} \times 1.1181$

得 $a = 0.20$

$$H_{\max} \leqslant \frac{2c}{\gamma a} = \frac{2 \times 20}{18 \times 0.20} = 11.11\text{m}$$

反算边坡高度时，计算值需要解一元二次方程，如果计算器不能求解方程，则需要掌握一元二次方程的根的求解公式：$x = \frac{-b \pm \sqrt{b^2 - 4ac}}{2a}$，两个值进行取舍。

答案：D

2. 公路圆弧滑动面边坡稳定计算

📖 条文规定

《公路路基设计规范》（JTG D30—2015）规定如下：

3.6.9　路堤堤身稳定性、路堤和地基的整体稳定性宜采用简化 Bishop 法，稳定系数 F_s 按式(3.6.9-1)计算，计算图示见图 3.6.9。当地基为软弱或软土地基时，稳定系数计算方法及稳定性应满足本规范第 7.7 节的要求。

$$F_s = \frac{\sum[c_i b_i + (W_i + Q_i)\tan\varphi_i]/m_{\alpha i}}{\sum(W_i + Q_i)\sin\alpha_i} \tag{3.6.9-1}$$

式中：F_s——路堤稳定系数；

b_i——第 i 个土条宽度（m）；

α_i——第 i 个土条底滑面的倾角（°）；

c_i、φ_i——第 i 个土条滑弧所在土层的黏聚力和内摩擦角，依滑弧所在位置，取对应土层的黏聚力（kPa）和内摩擦角（°）；

$m_{\alpha i}$——系数，按式(3.6.9-2)计算，式中各符号的意义同前；

$$m_{\alpha_i} = \cos\alpha_i + \frac{\sin\alpha_i\tan\varphi_i}{F_s} \tag{3.6.9-2}$$

式中：W_i——第 i 个土条重力（kN）；

Q_i——第 i 个土条垂直方向外力（kN）。

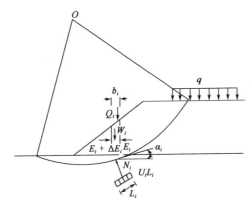

图 3.6.9 路堤堤身稳定性、路堤和地基的整体稳定性计算图示

📖 **典型例题**

例题 2-6-4

某公路高路堤边坡高 25m，如下图所示，填料的重度$\gamma = 19.2\text{kN/m}^3$，黏聚力$c = 42.5\text{kPa}$，内摩擦角$\varphi = 15°$，在对该高路堤边坡进行稳定性分析时，某土条宽度为 4.0m，高度为 14.8m，已知土条底面与水平面的夹角为 31.5°，按《公路路基设计规范》（JTG D30—2015）计算，该土条的稳定系数为（　　）。

例题 2-6-4 图

（A）0.70　　　　（B）0.77　　　　（C）0.91　　　　（D）1.00

解答

根据《公路路基设计规范》（JTG D30—2015）第 3.6.9 条：

$W = 4 \times 14.8 \times 19.2 = 1136.64\text{kN/m}$

$m_{\alpha i} = \cos\alpha_i + \dfrac{\sin\alpha_i \tan\varphi_i}{F_s} = \cos 31.5° + \dfrac{\sin 31.5° \times \tan 15°}{F_s} = 0.853 + \dfrac{0.14}{F_s}$

$F_S = \dfrac{\sum \frac{1}{m_{\alpha i}}[c_i b_i + (W_i + Q_i)\tan\varphi_i]}{\sum(W_i + Q_i)\sin\alpha_i}$

$\quad = \dfrac{\frac{1}{0.853 + 0.14/F_s} \times (42.5 \times 4 + 1136.64 \times \tan 15°)}{1136.64 \times \sin 31.5°} = \dfrac{0.799}{0.853 + 0.14/F_s}$

解得：$F_S = 0.773$

答案：B

例题 2-6-5

某均匀黏性土中开挖一路堑，存在如右图所示的圆弧滑动面，其半径为 14m，滑动面长度 28m，通过圆弧滑动面圆心O的垂线将滑体分为两部分，坡内部分的土重$W = 1450\text{kN/m}$，土体重心至圆心垂线距$d_1 = 4.5\text{m}$，坡外部分土重 350kN/m，土体重心至圆心垂线距$d_2 = 2.5\text{m}$。则在滑带土的内摩擦角$\varphi = 0$ 情况下，该路堑极限平衡状态下的滑带土不排水抗剪强度c最接近（   ）。

例题 2-6-5 图

（A）12.5kPa   （B）14.4kPa   （C）15.8kPa   （D）17.2kPa

解答

$$F_s = \frac{抗滑力矩}{滑动力矩} = \frac{W_2 d_2 + c \times L \times R}{W_1 d_1} = \frac{350 \times 2.5 + c \times 28 \times 14}{1450 \times 4.5} = 1.0$$

得 $c = 14.41$kPa

答案：B

例题 2-6-6

某一级公路路基高填方采用黏土进行填筑，用简单圆弧条分法进行稳定性分析时，圆弧的半径 $R = 50$m，第 i 土条的宽度为 2m，过滑弧的中心点切线和土条顶部与水平线的夹角均为 20°，如下图所示。土条的高度为 12m，已知土的天然重度 $\gamma = 19.8$kN/m^3，黏聚力 $c = 23$kPa，内摩擦角 $\varphi = 28°$，则该土条的下滑安全系数最接近（   ）。

例题 2-6-6 图

（A）1.70   （B）1.75   （C）1.8   （D）1.9

解答

$W_i = 12 \times 19.8 \times 2 = 475.2$kN

$\varphi_i = 28°$，$c_i = 23$kPa，$\theta_i = 20°$

$$F_s = \frac{(475.2 \tan 28° + 23 \times 2)/m_\alpha}{475.2 \sin 20°}$$

$m_\alpha = \cos 20° + \sin 20° \tan 28°/F_s = 0.94 + 0.182/F_s$

求得：$F_s = 1.76$

答案：B

例题 2-6-7

用简化 Bishop 法作黏土边坡稳定性分析。如下图所示，已知滑弧的半径 $R = 30$m，第 i 土条的宽度为 2m，黏土的天然重度 $\gamma = 20$kN/m^3，黏聚力 $c = 20$kPa，内摩擦角 $\varphi = 18°$，则该土条的边坡稳定性系数 F_s

与（　　）最为接近。

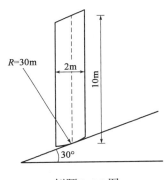

例题 2-6-7 图

（A）0.69　　　　　　（B）0.79　　　　　　（C）0.89　　　　　　（D）0.99

解答

根据《公路路基设计规范》（JTG D30—2015）第 3.6.9 条：

$$F_s = \frac{\sum[c_i b_i + (W_i + Q_i)\tan\varphi_i]/m_{\alpha i}}{\sum(W_i + Q_i)\sin\alpha_i}$$

$$m_i = \cos\alpha_i + \frac{\sin\alpha_i\tan\varphi_i}{F_s}$$

开始迭代计算，令 $F_s = 1$，则 $m_i = 1.03$，$F_s^1 = 0.83$；

$F_s^1 0.83$，则 $m_i^1 = 1.06$，$F_s^2 = 0.80$；

$F_s^2 = 0.80$，则 $m_i^2 = 1.07$，$F_s^3 = 0.79$。

迭代完成。

答案：B

3. 公路路堤沿斜坡地基或软弱层滑动稳定性不平衡推力法计算

📖 条文规定

《公路路基设计规范》（JTG D30—2015）规定如下：

3.6.10　路堤沿斜坡地基或软弱层带滑动的稳定性分析可采用不平衡推力法，稳定系数 F_s 可按式 (3.6.10-1)、式(3.6.10-2)计算，计算图示见图 3.6.10。

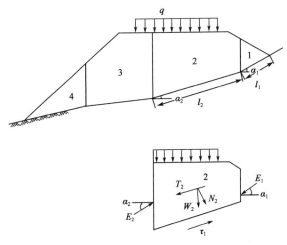

图 3.6.10　路堤沿斜坡地基或软弱层带滑动稳定性计算图示

$$E_i = W_{Qi} \sin \alpha_i - \frac{1}{F_s}\left(c_i l_i + W_{Qi} \cos \alpha_i \tan \varphi_i\right) + E_{i-1}\psi_{i-1} \qquad (3.6.10\text{-}1)$$

$$\psi_{i-1} = \cos(\alpha_{i-1} - \alpha_i) - \frac{\tan \varphi_i}{F_s}\sin(\alpha_{i-1} - \alpha_i) \qquad (3.6.10\text{-}2)$$

式中：W_{Qi}——第 i 个土条的重力与外加竖向荷载之和（kN）；

　　　α_i——第 i 个土条底滑面的倾角（°）；

　c_i、φ_i——第 i 个土条底的黏聚力（kPa）和内摩擦角（°）；

　　　l_i——第 i 个土条底滑面的长度（m）；

　α_{i-1}——第 $i-1$ 个土条底滑面的倾角（°）；

　E_{i-1}——第 $i-1$ 个土条传递给第 i 个土条的下滑力（kN）。

用式(3.6.10-1)和式(3.6.10-2)逐条计算，直到第 n 条的剩余推力为零，由此确定稳定系数 F_s。

📖 **典型例题**

例题 2-6-8

某下伏软弱层带边坡如下图所示，折线角 $\alpha_1 = 30°$，$\alpha_2 = 10°$，滑动面上的黏聚力、内摩擦角不变，$c = 10\text{kPa}$，$\varphi = 15°$，滑块 1 重力 $G_1 = 500\text{kN/m}$，$L_1 = 12\text{m}$，滑块 2 重力 $G_2 = 800\text{kN/m}$，$L_2 = 10\text{m}$，取安全系数 1.25，用不平衡推力法确定滑块 2 的下滑力为（　　　）。

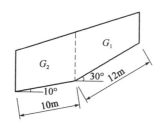

例题 2-6-8 图

（A）56.7kN　　　　　（B）−56.7kN　　　　（C）0kN/m　　　　（D）80kN/m

解答

$E_1 = W_1 \times \sin \alpha_1 - \dfrac{1}{F_s}\left(c \times L_1 + W_1 \times \cos \alpha_1 \times \tan \varphi\right)$

$\quad = 500 \times \sin 30° - \dfrac{1}{1.25} \times \left(10 \times 12 + 500 \times \cos 30° \times \tan 15°\right) = 61.18$

$\psi_1 = \cos(\alpha_1 - \alpha_2) - \dfrac{\tan \varphi}{F_s} \times \sin(\alpha_1 - \alpha_2)$

$\quad = \cos(30° - 10°) - \dfrac{\tan 15°}{1.25} \times \sin(30° - 10°) = 0.87$

$E_2 = W_2 \times \sin \alpha_2 - \dfrac{1}{F_s} \times \left(c \times L_2 + W_2 \times \cos \alpha_2 \times \tan \varphi\right) + \psi_1 \times E_1$

$\quad = 800 \times \sin 10° - \dfrac{1}{1.25} \times \left(10 \times 10 + 800 \times \cos 10° \times \tan 15°\right) + 0.87 \times 61.18$

$\quad = -56.75\text{kN}$

计算值为负值，因此下滑力为零。

答案：C

例题 2-6-9

某三级公路陡坡路堤断面如下图所示，计算参数见下表，已知填料内摩擦角 $\varphi = 21°$，试按《公路路基设计规范》（JTG D30—2015）计算，该陡坡路堤最后一个条块在正常工况下的剩余下滑力为（　　　）。

条块编号	下滑力（kN/m）	抗滑力（kN/m）
1	32.3	19
2	454	199
3	722	698
4	28.9	105

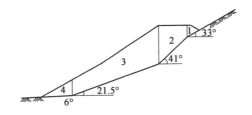

例题 2-6-9 图

（A）190kN　　　　　（B）270kN　　　　　（C）320kN　　　　　（D）410kN

解答

根据《公路路基设计规范》（JTG D30—2015）第 3.6.10 条表 3.6.11，三级公路路堤正常工况下的稳定安全系数 $F_s = 1.25$，则

$$E_1 = W_{Qi} \sin \alpha_i - \frac{c_i l_i + W_{Qi} \cos \alpha_i \tan \varphi_i}{F_s} = 32.3 - \frac{19}{1.25} = 17.1 \text{kN/m}$$

$$\psi_1 = \cos(\alpha_{i-1} - \alpha_i) - \frac{\sin(\alpha_{i-1} - \alpha_i) \tan \varphi_i}{F_s} = \cos(33° - 41°) - \frac{\sin(33° - 41°) \times \tan 21°}{1.25}$$
$$= 1.033$$

$$E_2 = 454 - \frac{199}{1.25} + 17.1 \times 1.033 = 312.5 \text{kN/m}$$

$$\psi_2 = \cos(41° - 21.5°) - \frac{\sin(41° - 21.5°) \times \tan 21°}{1.25} = 0.84$$

$$E_3 = 722 - \frac{698}{1.25} + 312.5 \times 0.84 = 426.1 \text{kN/m}$$

$$\psi_3 = \cos(21.5° - 6°) - \frac{\sin(21.5° - 6°) \times \tan 21°}{1.25} = 0.88$$

$$E_4 = 28.9 - \frac{105}{1.25} + 426.1 \times 0.88 = 319.9 \text{kN/m}$$

答案：C

4. 公路滑坡稳定性剩余下滑力传递系数法计算

📖 条文规定

《公路路基设计规范》（JTG D30—2015）规定如下：

7.2.2　滑坡稳定性分析应采用工程地质类比法和力学计算相结合的方法，并应符合下列要求：

5　滑坡剩余下滑力可采用传递系数法，按式(7.2.2-1)计算。条块作用力系如图 7.2.2 所示，当 $T_i < 0$ 时，应取 $T_i = 0$。当滑坡体最后一个条块的剩余下滑力小于或等于 0 时，滑坡稳定；当大于 0 时，滑坡不稳定。

$$T_i = F_s W_i \sin \alpha_i + \psi_i T_{i-1} - W_i \cos \alpha_i \tan \varphi_i - c_i L_i \tag{7.2.2-1}$$

$$\psi_i = \cos(\alpha_{i-1} - \alpha_i) - \sin(\alpha_{i-1} - \alpha_i) \tan \varphi_i \tag{7.2.2-2}$$

式中：T_i、T_{i-1}——第 i 和第 $i-1$ 滑块剩余下滑力（kN/m）；

　　　　F_s——稳定安全系数；

　　　　W_i——第 i 滑块的自重力（kN/m）；

α_i、α_{i-1}——第 i 和第 $i-1$ 滑块对应滑面的倾角（°）；

  ψ_i——传递系数；

  φ_i——第 i 滑块滑面内摩擦角（°）；

  c_i——第 i 滑块滑面岩土黏聚力（kN/m）；

  L_i——第 i 滑块滑面长度（m）。

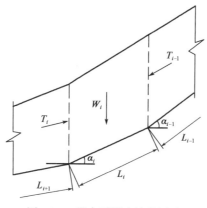

图 7.2.2 剩余下滑力计算图示

典型例题

例题 2-6-10（2021 年真题）

某高速公路路基处在斜坡上，可能产生沿原地面的滑动；原地面地形为折线，依据地形将路基分成了 3 块，其重量分别为 $W_1 = 2640$kN，$W_2 = 6200$kN，$W_3 = 3750$kN，三段滑面的长度分别为 $L_1 = 24$m，$L_2 = 23$m，$L_3 = 29$m，它们与水平面的交角分别为 $\alpha_1 = 20°$，$\alpha_2 = 12°$，$\alpha_3 = 5°$；原地表线表层为红黏土，其力学参数：黏聚力 $c = 15$kPa，内摩擦角 $\varphi = 10°$，正常工况下安全系数取 1.2，依据规范规定采用传递系数法计算，在正常工况下（W_3）产生的剩余下滑力是（   ）。（计算结果取整数）

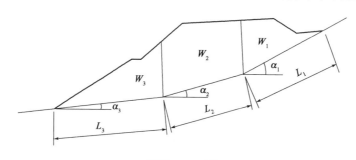

例题 2-6-10 图

（A）−300kN　　　　（B）0kN　　　　（C）286kN　　　　（D）409kN

解答

根据《公路路基设计规范》（JTG D30—2015）第 7.2.2 条：

$T_1 = 1.2 \times 2640 \times \sin 20° + 0 - 2640 \times \cos 20° \times \tan 10° - 15 \times 24 = 286.09$kN

$\Psi_2 = \cos(20° - 12°) - \sin(20° - 12°) \times \tan 10° = 0.966$

$T_2 = 1.2 \times 6200 \times \sin 12° + 0.966 \times 286.09 - 6200 \times \cos 12° \times \tan 10° - 15 \times 23 = 408.89$kN

$\Psi_3 = \cos(12° - 5°) - \sin(12° - 5°) \times \tan 10° = 0.971$

$T_3 = 1.2 \times 3750 \times \sin 5° + 0.971 \times 408.89 - 3750 \times \cos 5° \times \tan 10° - 15 \times 29 = -304.48$kN

当 $T_i < 0$ 时，取 $T_i = 0$，则 $T_3 = 0$。

例题 2-6-11

某公路滑坡需做支挡设计，根据勘察资料，该滑坡体可分为 3 个条块，各条块的重量G及滑动面长度l见下表，滑动面倾角α见下图。已知滑动面的黏聚力$c = 10\text{kPa}$，内摩擦角$\varphi = 10°$，滑坡安全系数取 1.15，则第三块下部边界处每米宽土体的下滑力最接近（　　）。

例题 2-6-11 表

条块编号	G（kN/m）	l（m）
1	500	11.03
2	900	10.15
3	700	10.79

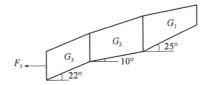

例题 2-6-11 图

（A）60kN/m　　　　（B）70kN/m　　　　（C）80kN/m　　　　（D）90kN/m

解答

$\psi_2 = \cos(25° - 10°) - \sin(25° - 10°) \times \tan 10° = 0.92$

$\psi_3 = \cos(10° - 22°) - \sin(10° - 22°) \times \tan 10° = 1.014$

$T_1 = 1.15 \times 500 \times \sin 25° - 500 \times \cos 25° \times \tan 10° - 10 \times 11.03 = 52.8\text{kN/m}$

$T_2 = 1.15 \times 900 \times \sin 10° + 0.92 \times 52.8 - 900 \times \cos 10° \times \tan 10° - 10 \times 10.15 = -29.5\text{kN/m}$

取$T_2 = 0$

$T_3 = 1.15 \times 700 \times \sin 22° - 700 \times \cos 22° \times \tan 10° - 10 \times 10.79 = 79.22\text{kN/m}$

答案：C

例题 2-6-12（2022 年补考真题）

某高速公路路基处在斜坡上，可能产生沿原地面的滑动，原地面地形为折线形。依据地形将路基分成 3 块，其重量分别为$W_1 = 2600\text{kN}$、$W_2 = 6200\text{kN}$、$W_3 = 3700\text{kN}$，三段滑面的长度分别为$L_1 = 24.05\text{m}$、$L_2 = 23.18\text{m}$、$L_3 = 29.11\text{m}$，它们与水平面的夹角分别为$\alpha_1 = 20°$、$\alpha_2 = 12°$、$\alpha_3 = 5°$。原地表浅表层为红黏土，其力学参数：黏聚力$c = 18\text{KPa}$，内摩擦角$\varphi = 10°$。依据《公路滑坡防治设计规范》（JTG/T 3334—2018），在正常工况下，安全系数取 1.2，采用传递系数法计算，问在正常工况下第二块（W_2）（每延米路基）产生的剩余下滑力是（　　）。

例题 2-6-12 图

（A）203kN　　　　（B）257kN　　　　（C）417kN　　　　（D）477kN

解答

根据《公路滑坡防治设计规范》（JTG/T 3334—2018）第5.4.9条：

$T_1 = 1.2 \times 2600 \times \sin 20° - 2600 \times \cos 20° \times \tan 10° - 18 \times 24.05 = 203.4 \text{kN}$

$\Psi_1 = \cos(20° - 12°) - \sin(20° - 12°) \times \tan 10° = 0.966$

$T_2 = 1.2 \times 6200 \times \sin 12° - 6200 \times \cos 12° \times \tan 10° - 18 \times 23.18 + 0.966 \times 203.4 = 256.77 \text{kN}$

答案：B

例题 2-6-13（2023年真题）

某公路工程右侧有一处滑坡，根据地勘资料，滑坡被分为8个条块，各条块（滑块）的自重、滑动面长度、滑动面倾角、滑动面黏聚力和摩擦角见下表。第5块传递给第6块的剩余下滑力为2780kN。拟在第7条块与第8条块之间设置支挡。根据《公路滑坡防治设计规范》（JTG/T 3334—2018），在正常工况下，安全系数取1.2，采用传递系数法计算，第7条块传递给第8条块的剩余下滑力是（　　　　）。（取整数）

例题 2-6-13 表

滑块	滑块的自重力W_i（kN）	滑动面的长度L_i（m）	滑动面的倾角a_i（°）	滑动面黏土的黏聚力c_i（kPa）	滑动面内摩擦角φ（°）
滑块 1	655	14.82	55	19	16
滑块 2	1949	13.89	27	19	16
滑块 3	4340	25.55	26	19	16
滑块 4	4520	17.43	28	19	16
滑块 5	3010	12.40	26	19	16
滑块 6	2635	14.10	20	19	16
滑块 7	2472	13.49	15	19	16
滑块 8	1388	10.95	14	19	16

（A）2302kN　　　　（B）2531kN　　　　（C）2780kN　　　　（D）2785kN

解答

根据《公路滑坡防治设计规范》（JTG/T 3334—2018）第5.4.9条：

$\psi_6 = \cos(26° - 20°) - \sin(26° - 20°) \times \tan 16°$
$\quad = 0.96455$

$T_6 = 1.2 \times 2635 \times \sin 20° - 2635 \times \cos 20° \times \tan 16° - 19 \times 14.1 + 0.96455 \times 2780$
$\quad = 2785 \text{kN}$

$\psi_7 = \cos(20° - 15°) - \sin(20° - 15°) \times \tan 16°$
$\quad = 0.9712$

$T_7 = 1.2 \times 2472 \times \sin 15° - 2472 \times \cos 15° \times \tan 16° - 19 \times 13.49 + 0.9712 \times 2785$
$\quad = 2531.56 \text{kN}$

答案：B

5. 城市道路边坡稳定计算

📖 **条文说明**

《城市道路路基设计规范》（CJJ 194—2013）条文说明规定如下：

6.2.1　简化毕肖普法稳定安全系数F_s按下式计算确定，计算图示如图4：

$$F_s = \frac{\sum K_i}{\sum (W_i + Q_i) \sin \alpha_i} \tag{7}$$

式中：F_s——稳定安全系数；

$\quad W_i$——第i土条重力；

$\quad \alpha_i$——第i土条底滑面的倾角；

$\quad Q_i$——第i土条垂直方向外力；

$\quad K_i$——第i土条的抗滑力，根据土条滑弧所在位置分别按式(8)和式(9)计算确定。

图4　简化毕肖普法计算图示

当土条i滑弧位于地基中时

$$K_i = \frac{c_{di} b_i + W_{di} \tan \varphi_{di} + U(W_{ti} + Q_i) \tan \varphi_{di}}{m_{\alpha i}} \tag{8}$$

式中：W_{di}——第i土条地基部分的重力；

$\quad W_{ti}$——第i土条填方路基部分的重力；

$\quad b_i$——第i土条宽度；

$\quad U$——地基平均固结度；

$\quad c_{di}$，φ_{di}——第i土条滑弧所在地基土层的粘结力和内摩擦角；

$\quad m_{\alpha i}$——系数，按式(10)计算确定。

当土条i滑弧位于路基中时

$$K_i = \frac{c_{ti} b_i + (W_{ti} + Q_i) \tan \varphi_{ti}}{m_{\alpha i}} \tag{9}$$

式中：c_{ti}——第i土条滑弧所在路基土的粘结力；

$\quad \varphi_{ti}$——第i土条滑弧所在路基土的内摩擦角。

$$m_{\alpha i} = \cos \alpha_i + \frac{\sin \alpha_i \tan \varphi_i}{F_s} \tag{10}$$

式中：φ_i——第i土条滑弧所在土层的内摩擦角，滑弧位于地基中时取地基土的内摩擦角，滑弧位于路基中时取路堤土的内摩擦角。

不平衡推力法先按规定要求选取稳定安全系数F_s，按式(11)和式(12)从1到n逐条计算剩余下滑力，计算图示见图5，当第n土条的剩余下滑力为负时，表明路基稳定性满足要求，否则路基稳定性不满足要求。

$$E_i = W_{Q_i} \sin \alpha_i - \frac{c_i l_i + W_{Q_i} \cos \alpha \tan \varphi_i}{F_s} + E_{i-1} \psi_{i-1} \tag{11}$$

$$\psi_{i-1} = \cos(\alpha_{i-1} - \alpha_i) - \frac{\tan \varphi_i}{F_s} \sin(\alpha_{i-1} - \alpha_i) \tag{12}$$

式中：E_i——第i土条传递给第$i+1$土条的剩余下滑力；

$\quad E_{i-1}$——第$i-1$土条传递给第i土条的剩余下滑力；

F_s——稳定安全系数；

W_{Qi}——第i土条的重力与外加竖向力之和；

α_{i-1}，α_i——第i土条底滑面的倾角；

c_i，φ_i——第i土条底的粘结力和内摩擦角；

l_i——第i土条底滑面的长度。

图 5　不平衡推力法计算图示

📖 **典型例题**

例题 2-6-14（2024 年真题）

某城市道路高填方路堤，拟采用简化毕肖普法验算填方路基和地基的整体稳定性。其中近似于平行四边形的第i个土条滑弧位于路基中，其高度$h_i = 11m$，宽度$b_i = 1m$，底滑面的倾角$\alpha_i = 18°$，路基土的容重$\gamma = 19.8kN/m^3$，粘结力$c = 23kPa$，内摩擦角$\varphi = 25°$，系数$m_{\alpha i} = 1.06$。不考虑其他外力的影响，计算该土条每延米土体的下滑力E_i和抗滑力K_i分别是多少。

（A）$E_i = 67.3kN$，$K_i = 117.5kN$

（B）$E_i = 67.3kN$，$K_i = 124.6kN$

（C）$E_i = 207.1kN$，$K_i = 117.5kN$

（D）$E_i = 207.1kN$，$K_i = 124.6kN$

解答

根据《城市道路路基设计规范》（CJJ 194—2013），条文说明第 6.2.1 条：

$E_i = 11 \times 1 \times 19.8 \times \sin 18° = 67.3kN$

$K_i = \dfrac{23 \times 1 + 11 \times 1 \times 19.8 \times \tan 25°}{1.06} = 117.5kN$

答案：A

📖 **考点分析**

（1）行车荷载换算成当量土柱时，可按荷载的最不利布置条件计算。

（2）抗滑力矩与滑动力矩会随着滑动面变化，若最不利滑面未确定，则需要进行最不利滑动面搜索。

（3）《公路路基设计规范》（JTG D30—2015）第 3.6.10 条推荐的不平衡推力法，是针对路堤稳定性分析的隐式解，对于光滑连续的滑面，隐式解法可以无条件使用，当滑面为折线形时，转折点处倾角变化值需小于 10°。

（4）《公路路基设计规范》（JTG D30—2015）第7.2.2条推荐的传递系数法，是针对滑坡稳定性分析的显式解，与第3.6.10条的隐式解公式有些类似，但是要注意其区别。

（5）对于竖向力W_i，路堤包括了汽车荷载等外加竖向荷载，滑坡（路堑）仅包括了土体自重。

考点7　公路边坡锚固计算

1. 锚固力计算

■ 条文规定

《公路路基设计规范》（JTG D30—2015）规定如下：

5.5.4　预应力锚杆锚固力设计时，应根据边坡稳定性分析确定的边坡下滑力，按式(5.5.4)计算锚固力。

$$P_d = \frac{E}{\sin(\alpha + \beta)\tan\varphi + \cos(\alpha + \beta)} \tag{5.5.4}$$

式中：P_d——锚杆设计锚固力（kN）；

　　　E——边坡下滑力（kN）；

　　　α——锚杆与滑动面相交处滑动面倾角（°）；

　　　β——锚杆与水平面的夹角（°）；

　　　φ——滑动面内摩擦角（°）。

■ 典型例题

例题 2-7-1

在下图所示的二级公路岩石边坡中，上部岩体沿滑动面下滑，剩余下滑力为$E = 1220$kN，为了加固此岩坡，采用预应力锚杆，滑动面倾角及锚杆的方向如下图所示。滑动面处的摩擦角为18°，则此锚杆的设计锚固力最接近于（　　　）。

例题 2-7-1 图

（A）1200kN　　　　　　　　　　　　（B）1400kN

（C）1600kN　　　　　　　　　　　　（D）1700kN

解答

根据《公路路基设计规范》（JTG D30—2015）第5.5.4条：

$P_d = \frac{E}{\sin(\alpha+\beta)\tan\varphi+\cos(\alpha+\beta)} = \frac{1220}{\sin(35°+30°)\times\tan 18°+\cos(35°+30°)} = 1701$kN

答案： D

例题 2-7-2（2022 年真题）

某公路有一顺层岩石边坡（单斜地层），切层开挖，存在顺层滑动的可能，需要锚固。根据分析计算，边坡的下滑力为 300kN，锚杆与水平面的夹角为 20°，岩层倾角为 27°，滑动面的内摩擦角为 15°。根据规范计算，锚杆设计的锚固力是（   ）。（保留小数点后一位）

例题 2-7-2 图

（A）212.3kN

（B）300.0kN

（C）341.7kN

（D）439.9kN

解答

根据《公路路基设计规范》（JTG D30—2015）第 5.5.4 条：

$$P_d = \frac{E}{\sin(\alpha+\beta)\tan\varphi + \cos(\alpha+\beta)}$$

$$= \frac{300}{\sin(27°+20°)\times\tan 15° + \cos(20°+27°)}$$

$$= 341.7\text{kN}$$

答案： C

例题 2-7-2a（2024 年真题）

某沿河公路上边坡上存在一处危岩体，初步设计阶段的设计方案是采用预应力锚索锚固处理，危岩可能沿某个结构面（推测的滑动面）下滑，预应力锚索与该结构面交界处的结构面倾角 32°，滑动面内摩擦角 18°，预应力锚索与水平面的夹角 15°，已知预应力锚索设计锚固力达到 600kN 时，危岩体处于稳定状态。问预应力锚索承担的滑坡（危岩体）推力设计值是多少？

（A）438.8kN

（B）494.2kN

（C）551.8kN

（D）571.8kN

解答

根据《公路路基设计规范》（JTG D30—2015），第 5.5.4 条：

$$E = P_d(\sin(\alpha + \beta)\tan\varphi + \cos(\alpha + \beta))$$

$$= 600 \times \big(\sin(32° + 15°)\tan 18° + \cos(32° + 15°)\big)$$

$$= 551.8\text{kN}$$

答案： C

2. 预应力锚杆面积计算

📖 条文规定

《公路路基设计规范》（JTG D30—2015）规定如下：

5.5.5 预应力锚杆体设计时，锚杆体截面积应按式(5.5.5)计算。锚杆预应力筋的张拉控制应力 σ_{con} 应符合表 5.5.5 的规定。

$$A = \frac{K_1 P_d}{F_{ptk}} \tag{5.5.5}$$

式中：A——锚杆体截面积（m^2）；

K_1——预应力筋截面设计安全系数，按表5.5.6-4选取；

F_{ptk}——锚杆体材料抗拉强度标准值（kPa）。

📖 典型例题

例题 2-7-3

在二级公路岩石边坡中，上部岩体沿滑动面下滑，采用预应力锚杆，锚固力为1701kN，在边坡附近有重要保护对象，预应力锚杆按永久性锚杆考虑，杆体材料采用预应力钢绞线，单束钢绞线直径为15.2mm，抗拉强度标准值为1320N/mm²，则锚杆杆体需要的钢绞线至少为（　　　）束。

（A）12　　　　　　　　　　　　　　（B）15

（C）16　　　　　　　　　　　　　　（D）18

解答

根据《公路路基设计规范》（JTG D30—2015）第5.5.5条：

查表5.5.6-4，得$K_1 = 2.0$

$A = \frac{K_1 P_d}{F_{ptk}} = \frac{2 \times 1701}{1320 \times 10^3} = 2.578 \times 10^{-3} m^2 = 2578 mm^2$

$n = \frac{4 \times 2578}{3.14 \times 15.2^2} = 14.2$束

答案：B

3. 预应力锚杆长度计算

📖 条文规定

《公路路基设计规范》（JTG D30—2015）规定如下：

5.5.6　预应力锚杆体长度设计应符合下列要求：

1　锚固体的承载能力由注浆体与锚孔壁的黏结强度、锚杆与注浆体的黏结强度及锚杆强度等三部分控制，设计时应取其小值。

2　预应力锚杆宜采用黏结型锚固体，地层与注浆体间黏结长度应按式(5.5.6-1)计算。

$$L_r = \frac{K_2 P_d}{\pi d f_{rb}} \tag{5.5.6-1}$$

式中：L_r——地层与注浆体间黏结长度（m）；

K_2——安全系数，按表5.5.6-4选取；

d——锚固段钻孔直径（m）；

f_{rb}——地层与注浆体间黏结强度设计值（kPa），应通过试验确定，当不具备试验条件时可按表5.5.6-1、表5.5.6-2选用。

3　注浆体与锚杆体间黏结长度应满足式(5.5.6-2)的要求。

$$L_g = \frac{K_2 P_d}{n \pi d_g f_b} \tag{5.5.6-2}$$

式中：L_g——注浆体与锚杆体间黏结长度（m）；

d_g——锚杆体材料直径（m）；

f_b——注浆体与锚杆体间黏结强度设计值（kPa），应通过试验确定，当不具备试验条件时，可按表 5.5.6-3 选用；

n——锚杆体根数（根）。

4 锚杆总长度由锚固段长度、自由段长度及外露段长度组成，各部分长度确定应满足下列要求：

1）在确定锚杆锚固段长度时，应分别对锚杆黏结长度 L_r 和 L_g 进行计算，实际锚固段长度应取 L_r 和 L_g 中的大值，且不应小于 3m，也不宜大于 10m；

2）锚杆自由段长度受稳定地层界面控制，在设计中应考虑自由段伸入滑动面或潜在滑动面的长度不小于 1.0m，且自由段长度不得小于 5.0m。

📖 典型例题

例题 2-7-4

某高速公路岩石边坡采用永久性预应力锚杆加固，锚杆设计锚固力为 350kN，锚杆与水平方向的倾角为 25°，锚孔直径 d 为 108mm，锚杆采用 3 根 $\phi16$ 螺纹钢筋点焊成束，注浆材料选用 M30 水泥砂浆，砂浆与岩层间的黏结强度设计值为 0.4MPa，按《公路路基设计规范》（JTG D30—2015），该预应力锚杆的锚固段长度最接近（　　）。（安全系数取 2.0）

（A）3.2m　　　　　　　　　　　　　　（B）5.2m

（C）6.5m　　　　　　　　　　　　　　（D）7.4m

解答

根据《公路路基设计规范》（JTG D30—2015）第 5.5.6 条：

（1）按地层与注浆体间黏结长度确定

$$L_r = \frac{K_2 P_d}{\pi d f_{rb}} = \frac{2 \times 350}{3.14 \times 0.108 \times 0.4 \times 10^3} = 5.16 \text{ m}$$

（2）按锚杆杆体与注浆体间黏结长度确定

3 根钢筋点焊成束，M30 水泥砂浆，查规范表 5.5.6-3，$f_b = 0.7 \times 2.4 = 1.68$MPa

$$L_g = \frac{K_2 P_d}{n \pi d_g f_b} = \frac{2 \times 350}{3 \times 3.14 \times 0.016 \times 1.68 \times 10^3} = 2.76 \text{m}$$

取锚固段长度为 5.16m，满足 3～10m 范围要求，取大值，且满足要求。

答案：B

例题 2-7-5（2020 年真题）

某边坡拟采用预应力锚杆框架防护，锚杆位于稳定地层中的锚固段长度为 6m，锚杆孔直径为 13cm，土体与注浆体之间的黏结强度 $f_{rb} = 400$kPa，注浆体与锚杆之间的黏结强度 $f_b = 2400$kPa，注浆体为 M30 水泥砂浆，锚杆采用 3 根直径 25mm 的预应力螺纹钢筋，其抗拉强度标准值 $f_{sk} = 785$MPa，预应力锚杆锚固体设计安全系数 K_1、K_2 都取 2.0，根据《公路路基设计规范》（JTG D30—2015），每一根锚杆能够提供的轴向锚固力为（　　）。（取小数点后一位）

（A）258.5kN　　　　　　　　　　　　（B）489.8kN

（C）577.7kN　　　　　　　　　　　　（D）1186.9kN

解答

根据《公路路基设计规范》（JTG D30—2015）式(5.5.5)：

$$P_d = \frac{A f_{ptk}}{K_1} = \frac{3 \times 3.14 \times 0.025^2 \times 785 \times 10^3}{4 \times 2.0} = 577.7 \text{kN}$$

根据《公路路基设计规范》（JTG D30—2015）式(5.5.6-1)：

$$P_d = \frac{\pi d f_r L_r}{K_2} = \frac{3.14 \times 0.13 \times 400 \times 6}{2.0} = 489.8 \text{kN}$$

根据《公路路基设计规范》(JTG D30—2015)式(5.5.6-2):

$$P_d = \frac{n\pi d_g f_b L_g}{K_2} = \frac{3 \times 3.14 \times 0.025 \times 2400 \times 6}{2.0} = 1695.6\text{kN}$$

根据《公路路基设计规范》(JTG D30—2015)第 5.5.6 条,锚固体的承载能力由注浆体与锚孔壁的黏结强度、锚杆与注浆体的黏结强度及锚杆强度三部分控制,设计时应取小值$P_d = 489.9\text{kN}$。

答案:B

例题 2-7-6(2021 年真题)

某边坡拟采用预应力锚杆框架防护,锚杆位于稳定地层中的锚固段长度为 6m,锚杆孔直径为 13cm,土体与注浆体之间的黏结强度$f_{rb} = 220\text{kPa}$,注浆体与锚杆之间的黏结强度$f_b = 2400\text{kPa}$,注浆体为 M30 水泥砂浆,锚杆采用 3 根直径为 22mm 的预应力螺纹钢筋点焊成束,其抗拉强度标准值$f_{sk} = 540\text{MPa}$,预应力锚杆锚固体设计安全系数K_1、K_2取 2.0。依据规范规定计算每一根锚杆能够提供的轴向锚固力是( )。(结果取小数点后一位,π取 3.14)

(A)258.5kN   (B)269.4kN

(C)307.8kN   (D)1044.5kN

解答

根据《公路路基设计规范》(JTG D30—2015)第 5.5.5 条和第 5.5.6 条:

查表 5.5.6-3,$f_b = 2400 \times 0.7 = 1680\text{kPa}$

由式(5.5.5),$P_d = 1.14 \times 10^{-3} \times 540 \times 10^{-3}/2 = 307.8\text{kN}$

由式(5.5.6-1),$P_d = 6 \times 3.14 \times 0.13 \times 220/2 = 269.4\text{kN}$

由式(5.5.6-2),$P_d = 6 \times 3 \times 3.14 \times 0.022 \times 1680/2 = 1044.5\text{kN}$

取小值 269.4kN。

答案:B

例题 2-7-7(2022 年补考真题)

根据计算,某公路路堑边坡抗滑桩桩顶需要设置一根预应力锚索,锚索需要提供的水平力是 750kN,锚索与水平面的夹角是 20°,预计锚索锚固段的地层为强风化砂岩,土体与锚固体黏结强度设计值$f_{rb} = 440\text{kPa}$,锚索孔的直径为 130mm,安全系数取 2.0,其他均符合要求。对于锚固段的长度,合适的是( )。

(A)8m   (B)9m

(C)10m   (D)12m

解答

根据《公路路基设计规范》(JTG D30—2015)第 5.5.6 条:

(1)计算P_d

$P_d = 750/\cos 20° = 798.13\text{kN}$

(2)计算锚固段长度

$$L_r = \frac{2 \times 798.13}{3.14 \times 0.13 \times 440} = 8.89\text{m}$$

取 9m。

答案:B

例题 2-7-8(2024 年真题)

某公路岩质边坡,存在倾向于公路的不利结构面,需要采用预应力锚杆锚固,位于稳定岩层中的锚固段长度 5m,锚杆孔直径 13cm,岩体与注浆体之间的黏结强度$f_{rb} = 480\text{kPa}$,注浆体与锚杆之间的黏结

强度 $f_b = 2400\text{kPa}$，注浆体为 M30 水泥砂浆，锚杆采用单根直径 32mm 的预应力螺纹钢筋，其抗拉强度标准值 $f_{ptk} = 930\text{kPa}$，预应力锚杆锚固体设计安全系数 K_1，K_2 取 2.0，根据《公路路基设计规范》计算，每一根锚杆能够提供的轴向锚固力是多少？

（A）160.8kN   （B）373.8kN

（C）489.8kN   （D）602.9kN

解答

根据《公路路基设计规范》（JTG D30—2015），

第 5.5.5 条：

$$P_d = \frac{A f_{ptk}}{K_1} = \frac{3.14 \times 0.032^2 / 4 \times 930 \times 10^3}{2} = 373.78\text{kN}$$

第 5.5.6 条第 2 款：

$$P_d = \frac{L_r \pi d f_{rb}}{K_2} = \frac{5 \times 3.14 \times 0.13 \times 480}{2} = 489.84\text{kN}$$

第 5.5.6 条第 3 款：

$$P_d = \frac{L_g n \pi d_g f_b}{K_2} = \frac{5 \times 1 \times 3.14 \times 0.032 \times 2400}{2} = 602.88\text{kN}$$

取最小值：$P_d = 373.78\text{kN}$。

答案：B

注：预应力螺纹钢筋抗拉强度标准值 f_{ptk} 应取 930MPa，原题中此处单位错了。

例题 2-7-9（2024 年真题）

某公路工程岩石地层中的锚杆，锚杆的长度由注浆体与锚杆之间的粘结长度控制，原设计采用 2 根直径 25mm 的点焊成束，后变更为 1 根直径为 32mm 的钢筋，锚杆的设计锚固力不变，两种钢筋都是预应力螺纹钢筋，其抗拉强度标准值 f_{sk} 均为 930MPa，注浆体与锚杆体间粘结强度设计值为 2.4MPa。变更后的锚杆长度变化是什么？

（A）相同   （B）减短

（C）增长   （D）无法确定

解答

根据《公路路基设计规范》（JTG D30—2015），第 5.5.6 条第 2 款：

$$P_{d1} = \frac{L_{g1} n \pi d_{g1} f_b}{K_2} = 320.28 \frac{L_{g1}}{K_2}$$

$$P_{d2} = \frac{L_{g2} n \pi d_{g2} f_b}{K_2} = 241.2 \frac{L_{g2}}{K_2}$$

$$L_{g2} = \frac{320.28}{241.2} L_{g1} = 1.33 L_{g1}$$

可知锚固段变长了。

答案：C

📖 **考点分析**

（1）掌握边坡锚杆锚固力、锚杆面积、锚固段长度计算公式及参数意义。计算锚杆数量实际上是求锚杆面积。

（2）锚固体的承载能力由注浆体与锚孔壁的黏结强度、锚杆与注浆体的黏结强度及锚杆强度三个部分控制，设计时应取其小值，锚杆长度计算取其大值。

考点8　挡土墙埋深要求

1. 公路挡土墙埋深要求

《公路路基设计规范》（JTG D30—2015）规定如下：

5.4.3　挡土墙宜采用明挖基础。基础的埋置深度应符合下列要求：

1　基础最小埋置深度不应小于1.0m。风化层不厚的硬质岩石地基，基底应置于基岩未风化层以下。

2　受水流冲刷时，应按路基设计洪水频率计算冲刷深度，基底应置于局部冲刷线以下不小于1.0m。

3　当冻结深度小于或等于1.0m时，基底应在冻结线以下不小于0.25m，且最小埋置深度不小于1.0m。冻结深度大于1.0m时，基础最小埋置深度不应小于1.25m，并应对基底至冻结线以下0.25m深度范围的地基土采取措施，防止冻害。

4　路堑挡土墙基底在路肩以下不应小于1.0m，并低于边沟砌体底面不小于0.2m。

5　基础位于稳定斜坡地面上时，前趾埋入深度和距地表的水平距离应满足表5.4.3的规定。位于纵向斜坡上的挡土墙，当基底纵坡大于5%时，基底应设计为台阶式。

斜坡地面基础埋置条件　　　　　　　　　　　表5.4.3

土层类别	墙趾最小埋入深度h（m）	距地表水平距离L（m）
硬质岩石	0.60	1.50
软质岩石	1.00	2.00
土层	≥1.00	2.50

5.4.4　挡土墙构造设计应符合下列要求：

1　应做好挡土墙与路基或其他构造物的衔接处理。挡土墙与路堤之间可采用锥坡连接，墙端应伸入路堤内不小于0.75m；路堑挡土墙端部应嵌入路堑坡体内，其嵌入原地层的深度，土质地层不应小于1.5m，风化软质岩层不应小于1.0m，微风化岩层不应小于0.5m。

2　墙身应设置倾向墙外且坡度不小于4%的排水孔，墙背应设置反滤层。排水孔的位置及数量应根据挡土墙墙背渗水情况合理布设，排水孔可采用管型材料，进水口应设置反滤层，并宜采用透水土工布。墙背反滤层宜采用透水性的砂砾、碎石，含泥量应小于5%，厚度不应小于0.50m。

例题 2-8-1（2019年真题）

东北地区某高速公路，冻结深度为2.3m，重力式挡土墙，黏质土地基，挡土墙前趾冲刷，局部冲刷深度为1.5m，该挡土墙前趾基础埋置深度不应小于（　　　　）。

（A）1.0m　　　　　　　　　　　　　（B）1.25m

（C）2.3m　　　　　　　　　　　　　（D）2.5m

解答

根据《公路路基设计规范》（JTG D30—2015）第5.4.3条，基底应置于局部冲刷线以下不小于1.0m，基础埋深不应小于1.5 + 1 = 2.5m。冻结深度大于1.0m时，基础最小埋置深度不应小于1.25m。基于以上两点，基础埋深不应小于2.5m。

答案：D

2. 城市道路挡土墙埋深要求

📖 **条文规定**

《城市道路路基设计规范》（CJJ 194—2013）规定如下：

6.4.7 支挡结构基础稳定性计算与设计应符合下列规定：

1 支挡结构宜采用明挖基础。当基底位于坡度大于5%的纵向斜坡上时，基底应设计为台阶式。当基础位于横向斜坡地面上时，墙趾埋入地面的深度和距地表的水平距离应满足表6.4.7-1的要求。

斜坡地面基础埋置条件   表 6.4.7-1

土层类别	最小埋入深度h（m）	距地表水平距离L（m）
较完整的硬质岩石	0.25	0.25～0.50
一般硬质岩石	0.60	0.60～1.50
软质岩石	1.00	1.00～2.00
土质	≥1.00	1.50～2.50

2 支挡结构基础应有一定埋置深度，可根据地基岩土特性、承载能力、冻结深度、水流冲刷情况和岩石风化程度等因素确定，并应符合下列规定：

1）一般地区，基础最小埋置深度，对土质地基不应小于1m，对软质岩石地基不应小于0.8m。在风化层不厚的硬质岩石地基上，基底应置于基岩表面风化层以下。

2）季节性冰冻地区，当冻结深度小于或等于1m时，基底应在冻结线以下不小于0.25m，且基础埋置深度不应小于1m。当冻结深度超过1m时，基底最小埋置深度不得小于1.25m，还应将基底冻结线以下0.25m深度范围的地基土换填为冻胀或弱冻胀材料。

3）当受水流冲刷时，应按路基设计洪水频率计算冲刷深度，基底应置于局部冲刷线以下，且基础埋置深度不应小于1m。

4）路堑式挡土墙基础顶面应低于挖方路基边沟底面不小于0.5m。

📖 **典型例题**

例题 2-8-2（2021年真题）

某城市道路位于季节性冰冻地区，挖方路段设置路堑重力式挡土墙。该处路基下岩土分布从上到下为0.90m厚黏土质砾石，0.6m厚基岩风化层，硬岩石基岩，当地冻结深度为0.85m。已知挡土墙基础厚度为0.5m，该基础上方设置挖方路基边沟，边沟底的埋置深度为0.8m。在不考虑水流冲刷的情况下，计算该挡土墙基础底面的最小埋置深度应为（　　）。并说明依据和理由。（取小数后2位）

（A）1.00m　　　　（B）1.10m　　　　（C）1.50m　　　　（D）1.80m

解答

根据《城市道路路基设计规范》（CJJ 194—2013）第6.4.7条第2款：

土基以下1m，符合；

软岩≥0.8m，1.5m；

冰冻地区，$0.85m < 1m$，$0.85 + 0.25 = 1.1m$；

边沟 $0.8 + 0.5 + 0.5 = 1.8m$

埋深 $= \max(1.5, 1.1, 1.8) = 1.8m$

答案：D

📖 **考点分析**

《公路路基设计规范》（JTG D30—2015）5.4.3 第 4 款，与《城市道路路基设计规范》（CJJ 194—2013）6.4.7 第 2 款第 4 点，都是关于路堑挡土墙埋深的规定，但应注意《公路路基设计规范》规定的是基底的埋置要求，而《城市道路路基设计规范》规定的是基础顶面的埋置深度。

考点9 挡土墙土压力计算

1. 朗肯土压力

📖 **基本知识**

朗肯土压力理论是朗肯（W.J.M.Rankine）于 1857 年提出的，它假定挡土墙背垂直、光滑，其后土体表面水平并无限延伸，这时土体内的任意水平面和墙的背面均为主平面（在这两个平面上的剪力为零），作用在该平面上的法向应力即为主应力（图 2-9-1）。朗肯根据墙后土体处于极限平衡状态，应用极限平衡条件，导出了主动土压力和被动土压力计算公式。

图 2-9-1 朗肯土压力计算

无黏性土
$$p_a = \gamma z \tan^2\left(\frac{\pi}{4} - \frac{\varphi}{2}\right) \tag{2-9-1}$$

或
$$p_a = \gamma z K_a \tag{2-9-2}$$

黏性土
$$p_a = \gamma z \tan^2\left(\frac{\pi}{4} - \frac{\varphi}{2}\right) - 2c\tan\left(\frac{\pi}{4} - \frac{\varphi}{2}\right) \tag{2-9-3}$$

或
$$p_a = \gamma z K_a - 2c\sqrt{K_a} \tag{2-9-4}$$

式中：p_a——主动土压力强度（kPa）；

K_a——主动土压力系数，$K_a = \tan^2\left(\frac{\pi}{4} - \frac{\varphi}{2}\right)$；

γ——土体重度（kN/m³）；

c——土体黏聚力（kPa）；

φ——土体内摩擦角（°）；

z——计算点离土体表面深度（m）。

由式(2-9-1)可知，无黏性土中主动土压力强度p_a与深度z成正比，沿墙高的土压力强度呈三角形分布。作用在单位长度挡土墙上的土压力为：

$$E_a = \frac{1}{2}\gamma H^2 \tan^2\left(\frac{\pi}{4} - \frac{\varphi}{2}\right) = \frac{1}{2}\gamma H^2 K_a \tag{2-9-5}$$

土压力作用点在距墙底$\frac{H}{3}$高度处。

由式(2-9-3)可知，黏性土中的土压力强度由两部分组成：一部分是由土体自重引起的土压力$\gamma z K_a$，另一部分是由黏聚力引起的负侧压力$2c\sqrt{K_a}$，其中负侧压力对墙背是拉应力，但实际上土与墙背在很小的拉应力作用下即会分离，故在计算土压力时，这部分应略去不计。

令式(2-9-4)为零，即可求得：

$$z_0 = \frac{2c}{\gamma\sqrt{K_a}} \tag{2-9-6}$$

单位长度挡土墙上的主动土压力为：

$$E_a = \frac{1}{2}(H - z_0)\left(\gamma H K_a - 2c\sqrt{K_a}\right) \tag{2-9-7}$$

将式(2-9-6)代入式(2-9-7)得到：

$$E_a = \frac{1}{2}\gamma H^2 K_a - 2cH\sqrt{K_a} + \frac{2c^2}{\gamma} \tag{2-9-8}$$

主动土压力E_a作用点通过三角形的形心，即作用在离墙底$\frac{H-z_0}{3}$高度处。

📖 典型例题

例题 2-9-1

用朗肯土压力理论计算下图所示挡土墙主动土压力的大小、作用点，并绘出分布图。

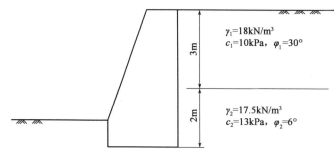

$\gamma_1 = 18\text{kN/m}^3$
$c_1 = 10\text{kPa}$，$\varphi_1 = 30°$

$\gamma_2 = 17.5\text{kN/m}^3$
$c_2 = 13\text{kPa}$，$\varphi_2 = 6°$

例题 2-9-1 图

（A）72.6，0.934 　　　　　　　　　　（B）78.9，0.754

（C）78.9，0.934 　　　　　　　　　　（D）72.6，0.754

解答

由图中土性参数可以计算得到：

$K_{a1} = \tan^2\left(\frac{\pi}{4} - \frac{\pi/6}{2}\right) = 0.333$

$K_{a2} = \tan^2\left(\frac{\pi}{4} - \frac{\pi/30}{2}\right) = 0.811$

$z = 0$ 处：$p_a|_{z=0} = \gamma_1 \times 0 \times K_{a1} - 2c\sqrt{K_{a1}} = -11.541\text{kPa}$

$z = 3\text{m}$ 处，上层土：$p_a|_{z=3\text{上}} = 18 \times 3 \times K_{a1} - 2 \times 10 \times \sqrt{K_{a1}} = 6.441\text{kPa}$

$z = 3\text{m}$ 处，下层土：$p_\text{a}|_{z=3\text{下}} = 18 \times 3 \times K_\text{a2} - 2 \times 13 \times \sqrt{K_\text{a2}} = 20.38\text{kPa}$

$z = 5\text{m}$ 处：$p_\text{a}|_{z=5} = (18 \times 3 + 17.5 \times 2) \times K_\text{a2} - 2 \times 13 \times \sqrt{K_\text{a2}} = 48.765\text{kPa}$

$h_0 = \frac{2c}{\gamma\sqrt{K_\text{a1}}} = 1.925\text{m}$

由此可以画出主动土压力分布图，如图所示。

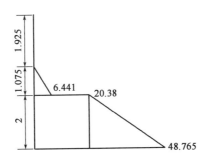

例题 2-9-1 解图（尺寸单位：m）

将分布图分为三块分别求面积：

$P_1 = 6.441 \times 1.075/2 = 3.462\text{kN/m}$

$P_2 = 20.38 \times 2 = 40.76\text{kN/m}$

$P_3 = (48.765 - 20.38) \times 2/2 = 28.385\text{kN/m}$

故主动土压力 $E_\text{a} = P_1 + P_2 + P_3 = 72.607\text{kN/m}$

则其作用点距离墙底位置为：

$h = \frac{P_1 \times (1.075/3+2) + P_2 \times 1 + P_3 \times 2/3}{E_\text{a}} = 0.934\text{m}$

答案：A

2. 库仑土压力

📖 基本知识

库仑土压力理论是由库仑（C.A.Coulomb）于 1773 年建立的。它假定：

（1）挡土墙后土体为均匀各向同性无黏性土（$c = 0$）。

（2）挡土墙后产生主动或被动土压力时墙后土体形成滑动土楔，其滑裂面为通过墙踵的平面。

（3）将滑动土楔视为刚体。

库仑土压力的计算有多种图式，破裂面交于内边坡。

路基挡土墙因路基形式和荷载分布的不同，土压力有多种计算图式。以路堤挡土墙为例，按破裂面交于路基面的位置不同，可分为 5 种计算图式：破裂面交于内边坡，破裂面交于荷载的内侧、中部和外侧，以及破裂面交于外边坡。

破裂面交于内边坡时，如图 2-9-2 所示。

$$E_\text{a} = \frac{1}{2}\gamma H^2 K_\text{a} = \frac{1}{2}\gamma H^2 \frac{\cos^2(\varphi - \alpha)}{\cos^2\alpha\cos(\alpha + \delta)\left[1 + \sqrt{\dfrac{\sin(\varphi + \delta)\sin(\varphi - \beta)}{\cos(\alpha + \delta)\cos(\alpha - \beta)}}\right]^2} \tag{2-9-9}$$

式中：γ——墙后填土的重度（kN/m³）；

φ——填土的内摩擦角（°）；

δ——墙背与填土间的摩擦角（°）；

β——墙后填土表面的倾斜角（°）；

α——墙背倾斜角（°），俯斜墙背 α 为正，仰斜墙背 α 为负；

H——挡土墙高度（m）；

K_a——主动土压力系数。

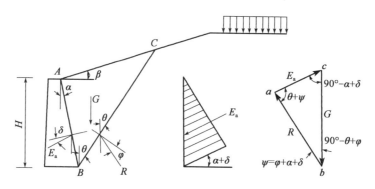

图 2-9-2　破裂面交于内边坡

土压力的水平和垂直分力为：

$$E_x = E_a \cos(\alpha + \delta)$$
$$E_y = E_a \sin(\alpha + \delta)$$

(2-9-10)

📖 典型例题

例题 2-9-2

两挡土墙高均为 5m，如下图所示。土的重度 $\gamma = 17.5 \text{kN/m}^3$，内摩擦角 $\varphi = 30°$，墙背摩擦角 $\delta = 20°$。则用库仑法计算图 a）、b），墙背 AB 所受的主动土压力之比为（　　　）。

例题 2-9-2 图

（A）1 : 1

（B）1.25 : 1

（C）1.5 : 1

（D）1.75 : 1

解答

$E_a = \dfrac{1}{2} K_a \gamma H^2$

$K_a = \dfrac{\cos^2(\varphi - \alpha)}{\cos^2 \alpha \cos(\alpha + \delta) \left[1 + \sqrt{\dfrac{\sin(\varphi + \delta) \sin(\varphi - \beta)}{\cos(\alpha + \delta) \cos(\alpha - \beta)}} \right]^2}$

图 a）有 $\varphi = 30°$，$\delta = 20°$，$\gamma = 17.5°$，$\beta = 0°$，$\alpha = \arctan 0.2 = 11.3°$；

图 b）有 $\varphi = 30°$，$\delta = 20°$，$\gamma = 17.5°$，$\beta = 0°$，$\alpha = -\arctan 0.2 = -11.3°$。

则图 a）、b）中，墙背 AB 所受的主动土压力之比为：

$\dfrac{E_{a1}}{E_{a2}} = \dfrac{K_{a1}}{K_{a2}} = \dfrac{0.3889}{0.2228} = 1.7455$

190

答案：D

例题 2-9-3

某一级公路重力式路堤挡土墙，如下图所示，挡土墙墙身高 4m，顶宽 1m，墙背俯斜坡度为 4∶1，墙后填土表面坡度为 1∶1.5，路基填料采用砂性土，其重度 $\gamma = 18\text{kN/m}^3$，内摩擦角 $\varphi = 35°$，填土与墙背间的摩擦角 $\delta = 17.5°$。则该挡土墙土压力水平和垂直分力最接近（　　　）。

例题 2-9-3 图（尺寸单位：cm）

（A）75.3kN，49.4kN

（B）86.5kN，53.1kN

（C）100.9kN，61.9kN

（D）106.5kN，81.6kN

解答

墙背仰斜坡度 4∶1，墙背倾斜角 $\alpha = 14.04°$。

墙后填土表面坡度 1∶1.5，墙后填土表面的倾斜度 $\beta = 33.69°$。

$$K_a = \frac{\cos^2(\varphi - \alpha)}{\cos^2\alpha\cos(\alpha+\delta)\left[1 + \sqrt{\frac{\sin(\varphi+\delta)\sin(\varphi-\beta)}{\cos(\alpha+\delta)\cos(\alpha-\beta)}}\right]^2}$$

$$= \frac{\cos^2(35° - 14.04°)}{\cos^2 14.04°\times\cos(14.04°+17.5°)\times\left[1 + \sqrt{\frac{\sin(35°+17.5°)\times\sin(35°-33.69°)}{\cos(14.04°+17.5°)\times\cos(14.04°-33.69°)}}\right]^2}$$

$$= 0.822$$

$$E_a = \frac{1}{2}\gamma H^2 K_a = \frac{1}{2}\times 18\times 4^2\times 0.822 = 118.37\text{kN}$$

$$E_x = E_a\cos(\alpha + \delta) = 118.37\times\cos(14.04° + 17.5°) = 100.88\text{kN}$$

$$E_y = E_a\sin(\alpha + \delta) = 118.37\times\sin(14.04° + 17.5°) = 61.92\text{kN}$$

答案：C

3. 公路挡土墙墙背车辆荷载换算

📖 条文规定

《公路路基设计规范》（JTG D30—2015）规定如下：

H.0.1　荷载应符合下列规定：

11　车辆荷载作用在挡土墙墙背填土上所引起的附加土体侧压力，可按式(H.0.1-3)换算成等代均布土层厚度计算：

$$h_0 = \frac{q}{\gamma} \tag{H.0.1-3}$$

式中：h_0——换算土层厚度（m）；

$\quad q$——车辆荷载附加荷载强度，墙高小于 2m，取 20kN/m^2；墙高大于 10m，取 10kN/m^2；墙高在

2~10m 之内时，附加荷载强度用直线内插法计算。作用于墙顶或墙后填土上的人群荷载强度规定为 3kN/m²；作用于挡墙栏杆顶的水平推力采用 0.75kN/m，作用于栏杆扶手上的竖向力采用 1kN/m；

γ——墙背填土的重度（kN/m³）。

12 挡土墙按承载能力极限状态设计时，除另有规定外，常用作用（或荷载）分项系数可按表 H.0.1-5 的规定采用。

承载能力极限状态作用（或荷载）分项系数   表 H.0.1-5

情况	荷载增大对挡土墙结构起有利作用时		荷载增大对挡土墙结构起不利作用时	
组合	Ⅰ、Ⅱ	Ⅲ	Ⅰ、Ⅱ	Ⅲ
垂直恒载 γ_G	0.90		1.20	
恒载或车辆荷载、人群荷载的主动土压力 γ_{Q1}	1.00	0.95	1.40	1.30
被动土压力 γ_{Q2}	0.30		0.50	
水浮力 γ_{Q3}	0.95		1.10	
静水压力 γ_{Q4}	0.95		1.05	
动水压力 γ_{Q5}	0.95		1.20	

📖 典型例题

例题 2-9-4

某公路设置了一段挡土墙，墙高为 12m，墙背填土的重度 $\gamma = 18.0kN/m³$，车辆荷载作用在挡土墙墙背填土上所引起的附加土体侧压力换算成等代均布土层厚度为（　）。

（A）0.667m　　　（B）1.333m　　　（C）0.556m　　　（D）1.111m

解答

根据《公路路基设计规范》（JTG D30—2015）附录 H.0.1：

$$h_0 = \frac{q}{\gamma} = \frac{10}{18} = 0.556m$$

答案：C

例题 2-9-5

某公路路基挡土墙高 8m，路面宽 8m，墙背直立。填土面水平，填土重度 $\gamma = 20kN/m³$，$\varphi = 30°$，$c = 0$。填土与墙背的摩擦角 $\delta = 15°$，计入车辆荷载，则挡土墙背主动土压力为（　　　）。

例题 2-9-5 解图

（A）256kPa　　　（B）223kPa　　　（C）310kPa　　　（D）350kPa

192

解答

根据《公路路基设计规范》（JTG D30—2015）附录 H.0.1：

（1）车辆荷载等代均布土层厚度：

墙高 8m，在 2~10m 之间，插值得：

$$q = 10 + (20 - 10) \times \frac{10-8}{10-2} = 12.5 \text{kN/m}^2$$

$$h_0 = \frac{q}{\gamma} = \frac{12.5}{20} = 0.625 \text{m}$$

（2）$\alpha = 0$，$\beta = 0$，$c = 0$ 时，采用库仑土压力简化公式计算：

$$K_a = \frac{\cos^2 \varphi}{\cos \delta \left[1 + \sqrt{\frac{\sin(\varphi+\delta)\sin\varphi}{\cos\delta}}\right]^2}$$

$$= \frac{\cos^2 30°}{\cos 15° \left[1 + \sqrt{\frac{\sin(30°+15°)\sin 30°}{\cos 15°}}\right]^2}$$

$$= 0.301$$

$$E_a = \frac{1}{2}\gamma H^2 K_a + \gamma h_0 \cdot H K_a = \frac{1}{2} \times 20 \times 8^2 \times 0.301 + 20 \times 0.625 \times 8 \times 0.301 = 222.74 \text{kN/m}$$

答案：B

例题 2-9-6（2022 年补考真题）

某公路修筑了一段路肩挡墙，地层为密实砂砾，挡墙高度 13m，其中基础埋深 3m，地面以上 10m。挡墙完工后，墙前仍然用砂砾回填压实，砂砾的内摩擦角 40°，重度 $\gamma = 19 \text{kN/m}^3$，该挡墙具备计入墙前被动土压力的条件，荷载增大对挡墙起有利作用，被动土压力计算公式 $E_0 = \frac{1}{2}\gamma H^2 \tan^2\left(45° + \frac{\varphi}{2}\right)$。问根据《公路路基设计规范》（JTG D30—2015），该每延米挡墙可计入的墙前被动土压力合适的是（　　）。

（A）52.4kN/m
（B）118.0kN/m
（C）196.6kN/m
（D）393.2kN/m

解答

（1）计算被动土压力

$$E_0 = \frac{1}{2} \times 19 \times 3^2 \times \tan^2\left(45° + \frac{40°}{2}\right) = 393.2 \text{kN}$$

（2）被动土压力折减

根据《公路路基设计规范》（JTG D30—2015）表 H.0.1-5，荷载增大对挡墙起有利作用，分项系数取 0.3。

$$E_p' = 393.2 \times 0.3 = 117.96 \text{kN}$$

答案：B

例题 2-9-7（2023 年真题）

某公路位于河流阶地上，地形平坦，地层为密实砂砾，由于需要，修筑了一段路肩挡墙。挡墙高度 12m，其中基础埋深 3m，地面以上 9m。挡墙完工后，墙前仍然用砂砾回填压实，砂砾的内摩擦角 40°，重度 $\gamma = 18 \text{kN/m}^3$，该挡墙具备计入墙前被动土压力的条件，荷载增大对挡墙结构起不利作用。已知被动土压力计公式为 $E_0 = \frac{1}{2}\gamma H^2 \tan^2\left(45° + \frac{\varphi}{2}\right)$。根据《公路路基设计规范》（JTG D30—2015），该挡墙每延米可计入的墙前被动土压力是（　　）。（取小数点后 一位）

（A）111.8kN/m
（B）168.3kN/m
（C）186.3kN/m
（D）372.5kN/m

解答

根据《公路路基设计规范》（JTG D30—2015）表 H.0.1-5，荷载增大对挡墙结构起不利作用，分项系数取 0.5。

$$E_0 = \frac{1}{2} \times 18 \times 3^2 \times \tan^2\left(45 + \frac{40°}{2}\right) = 372.5\text{kN/m}$$

$$0.5E_0 = 0.5 \times 372.5 = 186.25\text{kN/m}$$

答案：C

📖 考点分析

（1）朗肯土压力在计算路堤挡土墙时，还应计入填土面上的均布荷载 q，由于公路路基挡土墙计算一般不采用朗肯土压力计算，因此不展开讨论。

（2）公式 $K_a = \tan^2\left(\frac{\pi}{4} - \frac{\varphi}{2}\right)$，即 $K_a = \tan^2\left(45° - \frac{\varphi}{2}\right)$，只不过前者以弧度为单位，后者以度为单位，为方便考试计算，建议用后者。

（3）采用库仑土压力理论计算时，墙背倾角俯斜为正，仰斜为负。

（4）《公路路基设计规范》（JTG D30—2015）的土压力采用库仑土压力计算，但是考试不会这么复杂，一般有两个以上的角度等于零。

例如：当 $\alpha = 0$，$\beta = 0$ 时，$E_a = \frac{1}{2}\gamma H^2 \dfrac{\cos^2\varphi}{\cos\delta\left[1 + \sqrt{\dfrac{\sin(\delta+\varphi)\sin\varphi}{\cos\delta}}\right]^2}$；

当 $\alpha = 0$，$\delta = 0$，$\beta = 0$ 时，可得出 $E_a = \frac{1}{2}\gamma H^2 \tan^2\left(45° - \frac{\varphi}{2}\right)$，与前述的朗肯总主动土压力公式完全相同。

（5）车辆荷载附加荷载强度在墙高 2～10m 时，需用直线内插法计算。

考点10　公路挡土墙基底合力偏心距及压应力计算

📖 条文规定

《公路路基设计规范》（JTG D30—2015）规定如下：

H.0.2　基础设计与稳定性计算应符合下列要求：

1　基底合力的偏心距 e_0 可按下式计算：

$$e_0 = \frac{M_d}{N_d} \tag{H.0.2-1}$$

式中：M_d——作用于基底形心的弯矩组合设计值（MPa）；

　　　　N_d——作用于基底上的垂直力组合设计值（kN/m）。

2　挡土墙地基计算时，各类作用（或荷载）组合下，作用效应组合设计值计算式中的作用分项系数，除被动土压力分项系数 $\gamma_{Q2} = 0.3$ 外，其余作用（或荷载）的分项系数规定均等于1。

3　基底压应力 σ 应按式(H.0.2-2)计算，位于岩石地基上的挡土墙可按式(H.0.2-3)、式(H.0.2-4)计算。基底合力的偏心距 e_0，对土质地基不应大于 $B/6$；岩石地基不应大于 $B/4$。基底压应力不应大于基底的容许承载力 $[\sigma_0]$；基底容许承载力值可按现行《公路桥涵地基与基础设计规范》（JTG D63）的规定采用，当为作用（或荷载）组合Ⅲ及施工荷载，且 $[\sigma_0] > 150\text{kPa}$ 时，可提高25%。

$|e_0| \leqslant \dfrac{B}{6}$ 时，　　　　　　　　　$\sigma_{1,2} = \dfrac{N_d}{A}\left(1 \pm \dfrac{6e_0}{B}\right)$　　　　　　　（H.0.2-2）

$e_0 > \dfrac{B}{6}$ 时，　　　　　　　　　　$\sigma_1 = \dfrac{2N_d}{3\alpha_1}$，$\sigma_2 = 0$　　　　　　（H.0.2-3）

$$\alpha_1 = \frac{B}{2} - e_0 \tag{H.0.2-4}$$

式中：σ_1——挡土墙趾部的压应力（kPa）；

$\quad\quad\sigma_2$——挡土墙踵部的压应力（kPa）；

$\quad\quad B$——基底宽度（m），倾斜基底为其斜宽；

$\quad\quad A$——基础底面每延米的面积，矩形基础为基础宽度$B \times 1$（m^2）。

📖 **规范条文解析**

式(H.0.2-1)中M_d的单位MPa应为kN·m，规范有误。

📖 **典型例题**

例题 2-10-1

某路段在土质地基上设置仰斜式路肩挡土墙，顶宽$B = 1.2m$，墙面与墙背平行，基底水平，已知$G = 158.4kN$，$Z_G = 1.35m$，$E_x = 62.56kN$，$E_y = 9.34kN$，$Z_x = 2.17m$，$Z_y = 1.74m$，如下图所示，基底容许承载力$[\sigma] = 196kN/m^3$，则基底偏心距及基底应力为（　　　）。

例题 2-10-1 图

（A）0.06，150，不满足　　　　　　　（B）0.038，166，满足

（C）0.038，150，满足　　　　　　　　（D）0.06，166，不满足

解答

根据《公路路基设计规范》（JTG D30—2015）附录 H.0.2，基底合力偏心距e_0，对于土质地基不应大于$B/6$，基底压应力不应大于基底的容许承载力$[\sigma_0]$。

$e_0 = \dfrac{B}{2} - \left(\dfrac{G \cdot Z_G + E_y Z_y - E_x Z_x}{G + E_y}\right) = 0.038 < \dfrac{B}{6} = 0.2m$（满足要求）

$\sigma_1 = \dfrac{N_d}{A}\left(1 + \dfrac{6e_0}{B}\right) = \dfrac{158.4 + 9.34}{1.2} \times \left(1 + \dfrac{6 \times 0.038}{1.2}\right) = 166.34kN/m^2 < [\sigma] = 196kN/m^2$（满足要求）

$\sigma_2 = \dfrac{N_d}{A}\left(1 + \dfrac{6e_0}{B}\right) = \dfrac{158.4 + 9.34}{1.2} \times \left(1 - \dfrac{6 \times 0.038}{1.2}\right) = 113.22kN/m^2 < [\sigma] = 196kN/m^2$

答案：B

例题 2-10-2

某高速公路的重力式路肩墙，典型断面如下图所示，墙身高度$H = 5m$，墙顶与墙趾的竖直距离$h_1 = 0.19m$，$H_1 = 4.81m$，墙顶宽度为1.0m，墙背和墙面均采用1∶0.25，墙背与竖直倾角$\alpha = 14°$，倾斜基底采用1∶5；墙后填土为砂性土，填土重度$\gamma_1 = 18kN/m^3$，内摩擦角$\varphi = 36°$，墙背填土与墙背间的摩擦角$\delta = 20°$；墙身自重$G = 112.82kN/m$，墙身自重作用点到墙趾的水平距离$Z_G = 1.08m$；主动土压力作用点到墙趾的垂直距离$Z_y = 1.70m$，水平距离$Z_x = 1.43m$。用库仑土压力理论计算得到每延米的总主动土压力$E_a = 45.24kN/m$。则该挡土墙的基底合力的偏心距最接近（　　　）。

195

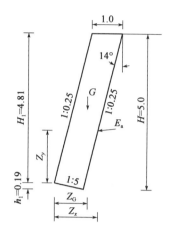

例题 2-10-2 图（尺寸单位：m）

（A）0.09m

（B）0.15m

（C）0.21m

（D）0.06m

解答

按地基计算，分项系数取 1，挡土墙顶宽 1m，基底宽度 $b = 0.19 \times 5 = 0.95$m，仰斜式挡土墙 $\alpha = -14°$；

土压力 E_a 的水平与竖直分量 E_x、E_y 为：

$E_x = E_a \cos(\delta + \alpha) = 45.24 \times \cos(20° - 14°) = 44.99$kN

$E_y = E_a \sin(\delta + \alpha) = 45.24 \times \sin(20° - 14°) = 4.73$kN

E_x 到基底中心的距离为 $Z_y + \frac{h_1}{2}$，E_y 到基底中心的距离为 $Z_x - \frac{b}{2}$，则土压力 E_a 对基底中心的矩为：

$M_E = E_x \left(Z_y + \frac{h_1}{2} \right) - E_y \left(Z_x - \frac{b}{2} \right) = 44.99 \times \left(1.7 + \frac{0.19}{2} \right) - 4.73 \times \left(1.43 - 0.19 \times \frac{5}{2} \right)$

$\quad = 76.24$kN·m(逆时针)

重力 G 到基底中心的距离为 $Z_G - \frac{b}{2}$，重力 G 到基底中心的矩为：

$M_G = G \left(Z_G - \frac{b}{2} \right) = 112.82 \times \left(1.08 - 0.19 \times \frac{5}{2} \right) = 68.25$kN·m(顺时针)

合力矩 M_d 为：

$M_d = M_E - M_G = 76.24 - 68.25 = 7.989$kN·m(逆时针)

基底倾斜角度：$\alpha_0 = \arctan \frac{1}{5} = 11.31°$

倾斜基底上的法向力 N_d 为：

$N_d = (G + E_y) \cos \alpha_0 + E_x \sin \alpha_0 = (112.82 + 4.73) \times 0.981 + 44.99 \times 0.196 = 124.13$kN

则偏心距：$e_0 = \frac{M_d}{N_d} = \frac{7.987}{124.13} = 0.06$m

答案：D

例题 2-10-3（2020 年真题）

某路堤挡土墙，基础宽度为 3m，采用混凝土现浇而成，基底合力的偏心距 $e_0 = 0.6$m，作用于基底上的垂直力组合 II 设计值 $N_d = 540$kN，依据地质勘查报告，挡墙处地基为岩石地基，其地基容许承载力为 540kPa，依据《公路路基设计规范》（JTG D30—2015）计算，该挡墙基底的最大压应力是多少？地基承载力能否满足设计要求？（　　　）

（A）180kPa，满足要求

（B）396kPa，满足要求

（C）400kPa，满足要求

（D）600kPa，不满足要求

解答

根据《公路路基设计规范》（JTG D30—2015）附录 H.0.2，对于岩质地基有

$$\frac{B}{6} = \frac{3}{6} = 0.5\text{m} < e_0 = 0.6\text{m} < \frac{B}{4} = \frac{3}{4} = 0.75\text{m}$$

$$\alpha_1 = \frac{B}{2} - e_0 = \frac{3}{2} - 0.6 = 0.9\text{m}$$

$$\sigma_1 = \frac{2N_d}{3\alpha_1} = \frac{2 \times 540}{3 \times 0.9} = 400\text{kPa} < [\sigma_0] = 540\text{kPa}，满足要求$$

答案：C

📖 **考点分析**

（1）挡土墙地基计算时，除被动土压力分项系数为 0.3 外，其余作用的分项系数均等于 1。

（2）挡土墙基底倾斜时，B 为其斜宽。

考点11　挡土墙抗滑动稳定计算

1. 公路挡土墙抗滑动稳定计算

📖 **条文规定**

《公路路基设计规范》（JTG D30—2015）规定如下：

H.0.2　基础设计与稳定性计算应符合下列要求：

4　挡土墙的滑动稳定方程应满足式(H.0.2-5)的要求，抗滑稳定系数应按式(H.0.2-6)计算：

$$\left[1.1G + \gamma_{Q1}\left(E_y + E_x \tan\alpha_0\right) - \gamma_{Q2}E_p \tan\alpha_0\right]\mu + \left(1.1G + \gamma_{Q1}E_y\right)\tan\alpha_0 - \gamma_{Q1}E_x + \gamma_{Q2}E_p > 0$$

$$\text{(H.0.2-5)}$$

$$K_c = \frac{\left[N + \left(E_x - E_p'\right)\tan\alpha_0\right]\mu + E_p'}{E_x - N\tan\alpha_0}$$

$$\text{(H.0.2-6)}$$

式中：G——作用于基底以上的重力（kN），浸水挡土墙的浸水部分应计入浮力；

　　　E_y——墙后主动土压力的竖向分量（kN）；

　　　E_x——墙后主动土压力的水平分量（kN）；

　　　E_p——墙前被动土压力的水平分量（kN），当为浸水挡土墙时，$E_p = 0$；

　　　E_p'——墙前被动土压力水平分量的 0.3 倍（kN）；

　　　N——作用于基底上合力的竖向分力（kN），浸水挡土墙应计浸水部分的浮力；

　　　α_0——基底倾斜角（°），基底为水平时，$\alpha_0 = 0$；

γ_{Q1}、γ_{Q2}——主动土压力分项系数、墙前被动土压力分项系数，可按表 H.0.1-5 的规定采用；

　　　μ——基底与地基间的摩擦系数，当缺乏可靠试验资料时，可按表 H.0.2-1 的规定采用。

📖 **典型例题**

例题 2-11-1（2021 年真题）

某路堤仰斜式挡土墙基础宽 3m，作用于基底上合力的竖向分力 $N = 600$kN，墙前被动土压力水平分力为 100kN，挡土墙基底倾向路基，坡度 1 : 5，墙后主动土压力的水平分力为 300kN；挡土墙不受水的影响，挡土墙与基底的摩擦系数为 0.4，主动土压力分项系数为 1.0，被动土压力分项系数

为 0.3，基底合力的偏心距满足要求。依据规范规定计算该挡土墙的抗滑稳定系数是（　　）。（取小数点后两位）

（A）1.33　　　　　　　　　　　　　　　（B）1.45

（C）1.62　　　　　　　　　　　　　　　（D）1.98

解答

根据《公路路基设计规范》（JTG D30—2015）第 H.0.2 条第 4 款：

$E_p' = 0.3 \times E_p = 0.3 \times 100 = 30 \text{kN}$

$\tan \alpha_0 = \frac{1}{5} = 0.2$

$K_c = \frac{[600 + (300 - 30) \times 0.2] \times 0.4 + 30}{300 - 600 \times 0.2} = 1.62$

答案：C

例题 2-11-2

下图所示的公路挡土墙高 $H = 6\text{m}$，墙体自重 450kN/m。墙后填土表面水平，作用有均布荷载 $q = 20\text{kPa}$，墙背与填料间的摩擦角 $\delta = 20°$，倾角 $\alpha = 10°$，填料中砂的重度 $\gamma = 18\text{kN/m}^3$，主动土压力系数 $K_a = 0.377$，墙底与地基间的摩擦系数 $\mu = 0.36$。则该挡土墙沿墙底的抗滑安全系数最接近（　　）。（不考虑水的影响）

例题 2-11-2 图

（A）0.91　　　　　　　　　　　　　　　（B）1.12

（C）1.33　　　　　　　　　　　　　　　（D）1.51

解答

由 $K_c = \frac{[N + (E_x - E_p') \tan \alpha_0] \mu + E_p'}{E_x - N \tan \alpha_0}$

其中 $E_a = \frac{1}{2} \gamma H^2 K_a + qHK_a = 0.5 \times 18 \times 6^2 \times 0.377 + 20 \times 6 \times 0.377 = 167.4 \text{kN}$

$E_x = E_a \cos(\delta + \alpha) = 145 \text{kN}$

$E_y = E_a \sin(\delta + \alpha) = 83.7 \text{kN}$

$N = G + E_y = 533.7 \text{kN}$

则 $K_c = \frac{(533.7 + 0) \times 0.36 + 0}{145} = 1.325$

答案：C

例题 2-11-3

某公路挡土墙自重 200kN/m，经计算墙背主动土压力水平分力 $E_x = 200\text{kN/m}$，竖向分力 $E_y = 80\text{kN/m}$，被动土压力 $E_p = 100\text{kN/m}$，挡土墙基底倾角为 15°，基底摩擦系数为 0.65。按《公路路基设计规范》（JTG D30—2015），计算得抗滑移稳定性安全系数为（　　）。

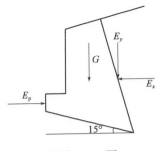

例题 2-11-3 图

（A）1.73 （B）1.51 （C）1.63 （D）1.93

解答

根据《公路路基设计规范》（JTG D30—2015）附录 H.0.2：

（1）$N = G + E_y = 200 + 80 = 280\text{kN/m}$

$E'_p = 0.3E_p = 0.3 \times 100 = 30\text{kN/m}$

（2）$K_c = \dfrac{[N + (E_x - E'_p)\tan\alpha_0]\mu + E'_p}{E_x - N\tan\alpha_0} = \dfrac{[280 + (200 - 30)\times\tan 15°]\times 0.65 + 30}{200 - 280\times\tan 15°} = 1.93$

答案：D

例题 2-11-4

某一级公路 K24+300～K24+306 段需设置一重力式挡土墙，地面横坡为 1∶5，地基为砂类土，地基允许承载力不小于 0.3MPa，基底与基底土的摩擦系数 $\mu = 0.40$，典型断面如图所示。墙顶宽 1.0m，墙面坡度采用 1∶0.15，墙背倾角 $\alpha = 11°$，墙趾至墙顶高 $H = 4.5\text{m}$，墙底倾斜角 $\alpha_0 = 8°$，填土表面倾角 $\beta = 6°$，填土重度 $\gamma = 18\text{kN/m}^3$，填土与墙背的摩擦角 $\delta = 15°$。经计算可得挡土墙每延米自重 $G = 192.6\text{kN/m}$，主动土压力 $E_a = 125.2\text{kN/m}$。则该挡土墙抗滑安全系数最接近（　　）。

例题 2-11-4 图（尺寸单位：m）

（A）1.30 （B）1.33 （C）1.36 （D）1.39

解答

根据《公路路基设计规范》（JTG D30—2015）第 H.0.2 条：

$E_x = E_a\cos(\delta + \alpha) = 125.2 \times \cos 26° = 112.5\text{kN/m}$

$E_y = E_a\sin(\delta + \alpha) = 125.2 \times \sin 26° = 54.9\text{kN/m}$

$$K_c = \frac{(G + E_y + E_x\tan\alpha_0)\mu}{E_x - (G + E_y)\tan\alpha_0}$$

$$= \frac{(192.6 + 54.9 + 112.5\times\tan 8°)\times 0.4}{112.5 - (192.6 + 54.9)\times\tan 8°}$$

$$= 1.355$$

答案：C

例题 2-11-5（2022 年真题）

某公路路肩挡墙，基础宽度为 3.1m，基础底面水平，作用于基底上合力的竖向分力 $N = 480$kN，墙前被动土压力的水平分量为 40kN，墙后主动土压力的水平分量为 150kN，挡墙不受水的影响，挡墙基底与地基的摩擦系数为 0.4，主动土压力分项系数取 1.0，被动土压力分项系数取 0.3。根据规范计算，该挡墙的抗滑稳定系数是（　　）。（取小数点后两位）

（A）1.00 　　　　　　　　　　　　（B）1.28
（C）1.36 　　　　　　　　　　　　（D）2.44

解答

根据《公路路基设计规范》（JTG D30—2015）公式(H.0.2-6)：

$$E_p' = 40 \times 0.3 = 12\text{kN}$$

$$K_c = \frac{N_y\mu + E_p'}{E_x} = \frac{480 \times 0.5 + 12}{150} = 1.36$$

答案：C

例题 2-11-6（2022 年补考真题）

某路堤仰斜式挡墙，基础宽度 3m，作用于基底上合力的竖向分力 $N = 700$kN；墙前被动土压力水平分力 100kN，挡墙基底倾向路基，坡度 1∶5，墙后主动土压力的水平分力 400kN；挡墙不受水的影响，挡墙与基底的摩擦系数 0.4，主动土压力分项系数 1.0，被动土压力分项系数 0.3。问挡墙的抗滑稳定系数是（　　）。

（A）1.31 　　　　　　　　　　　　（B）1.55
（C）1.76 　　　　　　　　　　　　（D）2.10

解答

（1）计算基底倾角

$$\tan \alpha_0 = \frac{1}{5} = 0.2$$

（2）计算被动土压力

根据《公路路基设计规范》（JTG D30—2015）第 H.0.2 条第 4 款：

$$E_p' = 100 \times 0.3 = 30\text{kN}$$

（3）计算抗滑移稳定系数

根据《公路路基设计规范》（JTG D30—2015）式(H.0.2-6)：

$$K_c = \frac{[700 + (400 - 30) \times 0.2] \times 0.4 + 30}{400 - 700 \times 0.2} = 1.31$$

答案：A

2. 城市道路挡土墙抗滑动稳定计算

📖 **条文规定**

《城市道路路基设计规范》（CJJ 194—2013）条文说明规定如下：

6.4.7　路基支挡结构地基稳定性计算与设计的条文中，考虑地基设计可靠性分析的技术储备尚不成熟。事实上仍以容许承载力法为基础，仅采用极限状态设计表达式的形式与术语，即规定除被动土压力分项系数 γ_{Q2} 取 0.3 外，其余作用的分项系数规定均等于 1，据此验算偏心距、基底压力，以及抗滑动和抗倾覆稳定系数。

抗滑动稳定系数K_c可按下式计算:

$$K_c = \frac{\left[N + \left(E_x - E'_p\right)\tan\alpha_0\right]\mu_f + E'_p}{E_x - N\tan\alpha_0} \qquad (17)$$

式中：N——作用于基底上合力的竖向分力（kN），浸水挡土墙应计浸水部分的浮力；

E'_p——墙前被动土压力水平分量的 0.3 倍（kN）；

E_x——墙后主动土压力的水平分量（kN）；

α_0——基底倾斜角（°），基底为水平时，$\alpha_0 = 0$；

μ_f——基底与地基间的摩擦系数，当缺乏可靠试验资料时，可按表 7 采用。

基底与地基间的摩擦系数 μ_f 表 7

地基土的分类	摩擦系数μ_s
软塑黏土	0.25
硬塑黏土	0.30
砂类土、黏砂土、半干硬的黏土	0.30～0.40
砂类土	0.40
碎石类土	0.50
软质岩石	0.40～0.60
硬质岩石	0.60～0.70

📖 典型例题

例题 2-11-7（2020 年真题）

某城市次干路道路两侧设重力式挡土墙，如下图所示，已知墙身重度$\gamma = 23\text{kN/m}^3$，墙身截面积$A = 4.06\text{m}^2$，墙后采用黏土回填，基底为碎石土，主动土压力$E_a = 59.05\text{kN}$，水平分量$E_x = 48.84\text{kN}$，垂直分量$E_y = 33.19\text{kN}$，不考虑其他影响，则该重力式挡土基地滑动稳定系数K_c值及其稳定性为（   ）。并说明选择依据和理由。（不计被动土压力，计算结果取小数点后两位）

例题 2-11-5 图（尺寸单位：m）

（A）$K_c = 1.26$，挡土墙不稳定

（B）$K_c = 1.41$，挡土墙不稳定

（C）$K_c = 1.85$，挡土墙稳定

（D）$K_c = 2.03$，挡土墙稳定

解答

根据《城市道路路基规范》（CJJ 194—2013）第6.4.7条条文说明，查表7，碎石土基底与地基之间的摩擦系数μ_f取0.50，故

$$N = G + E_y = 23 \times 4.06 + 33.19 = 126.57\text{kN/m}$$

$$K_c = \frac{[N + (E_x - E_p')\tan\alpha_0]\mu_f + E_p'}{E_x - N\tan\alpha_0}$$

$$= \frac{[126.57 + 48.84 \times \tan 6°] \times 0.50}{48.84 - 126.57 \times \tan 6°} = 1.85$$

根据《城市道路路基规范》（CJJ 194—2013）表6.4.7-2，支挡结构抗滑动安全系数不宜小于1.3。本题中$K_c = 1.85 > 1.3$，挡土墙稳定。

答案：C

考点分析

（1）E_p'为被动土压力水平分量的0.3倍。
（2）N为基底上合力的竖向分力。
（3）E_x和E_y的计算公式要记住。

考点12　挡土墙抗倾覆稳定计算

1. 公路挡土墙抗倾覆稳定计算

条文规定

《公路路基设计规范》（JTG D30—2015）规定如下：

H.0.2　基础设计与稳定性计算应符合下列要求：

5　挡土墙的倾覆稳定方程应满足式(H.0.2-7)的要求，抗倾覆稳定系数应按式(H.0.2-8)计算：

$$0.8GZ_G + \gamma_{Q1}(E_yZ_x - E_xZ_y) + \gamma_{Q2}E_pZ_p > 0 \quad\quad\quad (H.0.2\text{-}7)$$

$$K_0 = \frac{GZ_G + E_yZ_x + E_p'Z_p}{E_xZ_y} \quad\quad\quad (H.0.2\text{-}8)$$

式中：Z_G——墙身重力、基础重力、基础上填土的重力及作用于墙顶的其他荷载的竖向力合力重心到墙趾的距离（m）；

　　　　Z_x——墙后主动土压力的竖向分量到墙趾的距离（m）；

　　　　Z_y——墙后主动土压力的水平分量到墙趾的距离（m）；

　　　　Z_p——墙前被动土压力的水平分量到墙趾的距离（m）。

典型例题

例题 2-12-1（2021年真题）

某路堤仰斜式挡土墙，采用C20混凝土浇筑基础宽度3m，按承载力极限状态设计，结构重要性系数为1.0，荷载组合为1，墙身重力为600kN，墙前被动土压力为103kN（水平方向），墙后主动土压力的水平分力为325kN，主动土压力的垂直分力为33kN（向下），墙身重力到墙趾的距离为2.75m，墙后

主动土压力的水平分力到墙趾的距离为3.42m，墙后主动土压力的竖向分力到墙趾的距离为3.64m，墙前被动土压力水平分力到墙趾的距离为0.5m，依据规范规定计算，该挡土墙的抗倾覆稳定系数是（   ）。（取小数后2位）

（A）1.53 （B）1.59

（C）1.61 （D）1.64

解答

根据《公路路基设计规范》（JTG D30—2015）第H.0.2条第5款：

$E'_p = 0.3 \times 103 = 30.9\text{kN}$

根据式(H.0.2-8)：

$K_0 = \dfrac{600 \times 2.75 + 33 \times 3.64 + 30.9 \times 0.5}{325 \times 3.42} = 1.606$

结果取1.61。

答案：C

例题 2-12-2

某浆砌片石路肩挡土墙，墙身及路基断面尺寸如下图所示。$H = 6\text{m}$，$\alpha = 14°$，砌体重度$\gamma_{砌} = 23\text{kN/m}^3$，墙背摩擦角$\delta = 20°$，基底摩擦系数$\mu = 0.45$。破裂面角度$\theta = 26°$，已知该挡土墙$G$的作用点距离墙趾的水平距离$Z_G = 0.74\text{m}$，受到的主动土压力为135.89kN/m，竖直方向分力和水平方向分力的作用点距离墙趾的水平距离$Z_x = 2.19\text{m}$和$Z_y = 1.55\text{m}$，现进行挡土墙抗滑移稳定性验算和抗倾覆稳定性的验算，下列说法正确的是（   ）。

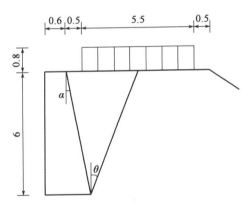

例题 2-12-2 图（尺寸单位：m）

（A）均满足要求

（B）抗滑移稳定性验算满足，抗倾覆稳定性验算不满足

（C）抗滑移稳定性验算不满足，抗倾覆稳定性验算满足

（D）均不满足要求

解答

挡土墙面积：

$S = \dfrac{1}{2}(0.6 + 2.1) \times 6 = 8.1$

挡土墙自重：

$G_{砌} = S \times \gamma_{砌} = 8.1 \times 23 = 186.3$

有$\alpha_0 = 0°$

抗滑移稳定性验算：

$$\left(1.1G + \gamma_{01}E_y\right)\mu - \gamma_{91}E_x = [1.1 \times 186.3 + 1.4 \times 135.89 \times \sin(14° + 20°)] \times 0.45 - 1.4 \times 135.89 \times \cos(14° + 20°) = -17.6 < 0$$

故抗滑移稳定性不满足要求。

抗倾覆稳定性验算：

$$0.8GZ_G + \gamma_{01}(E_yZ_x - E_xZ_y) = 0.8 \times 186.3 \times 0.74 + 1.4 \times (75.99 \times 2.19 - 112.66 \times 1.55) = 98.8 > 0$$，故抗倾覆稳定性验算满足要求。

答案：C

例题 2-12-3（2024 年真题）

某公路陡坡路基的左侧需要修筑挡墙（如下图），设计采用衡重式挡墙方案，挡墙采用 C20 混凝土浇筑，按承载能力极限状态设计，结构重要性系数 $\gamma_0 = 1.0$，荷载组合为 I，不考虑墙前被动土压力和车辆荷载等，衡重式挡墙的主动土压力为 98kN，主动土压力方向与水平方向的夹角为 25°，挡墙重心在 G 点，墙身重力为 612kN；墙址在 O_B 点；各种尺寸如图上标注。根据《公路路基设计规范》计算，挡墙的抗倾覆稳定性系数是多少？

例题 2-12-3 图（尺寸单位：m）

（A）2.31 　　　　　　　　　　　（B）2.27
（C）2.03 　　　　　　　　　　　（D）1.84

解答

根据《公路路基设计规范》（JTG D30—2015），第 H.0.2 条第 8 款：

$$E_x = 98 \times \cos 25° = 88.8\text{kN}$$
$$E_y = 98 \times \sin 25° = 41.4\text{kN}$$
$$K_0 = \frac{612 \times 2.12 + 41.4 \times 3.1}{88.8 \times 6.95} = 2.31$$

答案：A

例题 2-12-4（2023 年真题）

某山区公路的陡坡路基，修筑了一段仰斜式路肩挡墙，如下图所示。挡墙采用 C20 混凝土浇筑，按承载能力极限状态设计，结构重要性系数 $\gamma_0 = 1.0$，荷载组合为 I，不考虑墙前被动土压力，经过分析计算，墙后主动土压力作用在 F 点，主动土压力大小为 132kN，主动土压力方向与水平方向的夹角为 20°；墙身重力 640kN，挡墙重心在 G 点；墙址在 OA 点，各种尺寸见图上标注。依据《公路路基设计规范》（JTG D30—2015）计算，该挡墙的抗倾覆稳定系数是（　　　　）。（取小数点后两位）。

例题 2-12-4 图（尺寸单位：m）

（A）1.60 　　　　　　　　　　（B）1.85
（C）2.05 　　　　　　　　　　（D）2.10

解答

根据《公路路基设计规范》（JTG D30—2015）式(H.0.2-8)：

$$E_x = 132 \times \cos 20° = 124.04\text{kN}$$
$$E_y = 132 \times \sin 20° = 45.15\text{kN}$$
$$K_0 = \frac{640 \times 2.85 + 45.15 \times 4.3}{124.04 \times 7.92} = 2.05$$

答案：C

2. 城市道路挡土墙抗倾覆稳定计算

📖 条文规定

《城市道路路基设计规范》（CJJ 194—2013）条文说明规定如下：

6.4.7　路基支挡结构地基稳定性计算与设计的条文中，考虑地基设计可靠性分析的技术储备尚不成熟。事实上仍以容许承载力法为基础，仅采用极限状态设计表达式的形式与术语，即规定除被动土压力分项系数 γ_{Q2} 取 0.3 外，其余作用的分项系数规定均等于1，据此验算偏心距、基底压力，以及抗滑动和抗倾覆稳定系数。

挡墙的抗倾覆稳定系数 K_0 可按下式计算：

$$K_0 = \frac{GZ_G + E_y Z_x + E'_p Z_p}{E_x Z_y} \tag{18}$$

式中：Z_G——为墙身重力、基础重力、基础上填土的重力及作用于墙顶的其他荷载的竖向力合力重心到墙趾的距离（m）；

Z_x——为墙后主动土压力的竖向分量到墙趾的距离（m）；

Z_y——为墙后主动土压力的水平分量到墙趾的距离（m）；

Z_p——为墙前被动土压力的水平分量到墙趾的距离（m）。

📖 典型例题

例题 2-12-5

如下图所示为某城市道路挡土墙，墙面直立，墙顶面与土堤顶面齐平的重力式挡土墙高 3.0m，顶宽 1.0m，底宽 1.6m，已知墙背主动土压力水平分力 $E_x = 175\text{kN/m}$，竖向分力 $E_y = 55\text{kN/m}$，墙身自重 $G = 180\text{kN/m}$，若计墙前被动土压力 $E_p = 100\text{kN/m}$，$Z_p = 0.3\text{m}$，按《城市道路路基设计规范》（CJJ 194—2013）计算，挡土墙抗倾覆稳定性系数为（　　　）。

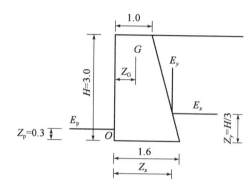

例题 2-12-3 图（尺寸单位：m）

（A）1.30

（B）1.03

（C）1.17

（D）1.25

解答

根据《城市道路路基设计规范》（CJJ 194—2013）条文说明 6.4.7：

（1）挡土墙重力对墙趾力矩为：

$$GZ_G = \frac{1\times3}{1\times3+\frac{1}{2}\times3\times0.6}\times180\times\frac{1}{2}+\frac{\frac{1}{2}\times3\times0.6}{1\times3+\frac{1}{2}\times3\times0.6}\times180\times\left(1+\frac{1}{3}\times0.6\right)$$

$$= 119.1\text{kN}\cdot\text{m/m}$$

（2）$K_0 = \dfrac{GZ_G+E_yZ_x+E'_pZ_p}{E_xZ_y} = \dfrac{119.1+55\times\left(1+\frac{2}{3}\times0.6\right)+0.3\times100\times0.3}{175\times\frac{3}{3}} = 1.17$

答案：C

📖 **考点分析**

（1）解答时须注意，挡土墙力矩计算可以拆分为矩形或三角形分开计算。

（2）三角形分布的库仑主动土压力作用点位于距离墙底 $H/3$ 高度处，H 为挡土墙高度。

考点13　公路重力式挡土墙轴心或偏心受压时的强度和稳定计算

📖 **条文规定**

《公路路基设计规范》（JTG D30—2015）规定如下：

H.0.3　重力式、半重力式挡墙计算应符合下列要求：

5　挡土墙构件轴心或偏心受压时，正截面强度和稳定按式(H.0.3-2)、式(H.0.3-3)计算。偏心受压构件除验算弯曲平面内的纵向稳定外，尚应按轴心受压构件验算非弯曲平面内的稳定。

计算强度时

$$\gamma_0 N_d \leqslant \frac{\alpha_k A R_a}{\gamma_f} \tag{H.0.3-2}$$

计算稳定时

$$\gamma_0 N_d \leqslant \frac{\psi_k \alpha_k A R_a}{\gamma_f} \qquad (\text{H. 0.3-3})$$

式中：N_d——验算截面上的轴向力组合设计值（kN）；

γ_0——重要性系数，按第 H.0.1 条采用；

γ_f——圬工构件或材料的抗力分项系数，按表 H.0.3-1 取用；

R_a——材料抗压极限强度（kN）；

A——挡土墙构件的计算截面面积（m²）；

α_k——轴向力偏心影响系数，按式(H.0.3-4)计算；

$$\alpha_k = \frac{1 - 256\left(\frac{e_0}{B}\right)^8}{1 + 12\left(\frac{e_0}{B}\right)^2} \qquad (\text{H. 0.3-4})$$

e_0——轴向力的偏心距（m），按式(H.0.3-5)采用；挡土墙墙身或基础为圬工截面时，其轴向力的偏心距e_0应符合表 H.0.3-5 的规定；

$$e_0 = \left|\frac{M_0}{N_0}\right| \qquad (\text{H. 0.3-5})$$

B——挡土墙计算截面宽度（m）；

M_0——在某一类作用（或荷载）组合下，作用（或荷载）对计算截面形心的总力矩（kN·m）；

N_0——某一类作用（或荷载）组合下，作用于计算截面上的轴向力的合力（kN）；

ψ_k——偏心受压构件在弯曲平面内的纵向弯曲系数，按式(H.0.3-6)采用；轴心受压构件的纵向弯曲系数，可采用表 H.0.3-3 的规定；

$$\psi_k = \frac{1}{1 + a_s \beta_s (\beta_s - 3)\left[1 + 16\left(\frac{e_0}{B}\right)^2\right]} \qquad (\text{H. 0.3-6})$$

$$\beta_s = \frac{2H}{B} \qquad (\text{H. 0.3-7})$$

H——墙高（m）；

a_s——与材料有关的系数，按表 H.0.3-4 采用。

注：墙高H指计算截面处墙高。

典型例题

例题 2-13-1

某一级公路 M7.5 浆砌片石挡土墙如右图所示，墙高$H = 4\text{m}$，墙顶宽$b = 1.5\text{m}$，墙面垂直，墙背坡度 1：0.25，墙底宽$B = 2.5\text{m}$，轴向力设计值$N_d = 275.751\text{kN}$，偏心距$e_0 = 0.291\text{m}$，片石抗压极限强度为 3MPa。则该挡土墙墙底处的正截面强度及稳定性为（　　　）。

例题 2-13-1 图（尺寸单位：cm）

（A）正截面强度满足，稳定性满足

（B）正截面强度不满足，稳定性满足

（C）正截面强度满足，稳定性不满足

（D）正截面强度不满足，稳定性不满足

解答

$$\alpha_{k} = \frac{1-256\left(\frac{e_0}{B}\right)^8}{1+12\left(\frac{e_0}{B}\right)^2} = \frac{1-256\times\left(\frac{0.291}{2.5}\right)^8}{1+12\times\left(\frac{0.291}{2.5}\right)^2} = 0.860$$

$$\psi_{k} = \frac{1}{1+a_s\beta_s(\beta_s-3)\left[1+16\left(\frac{e_0}{B}\right)^2\right]} = \frac{1}{1+0.002\times3.2\times(3.2-3)\times\left[1+16\times\left(\frac{0.291}{2.5}\right)^2\right]}$$

$$= 0.998$$

其中，$\beta_s = \frac{2H}{B} = \frac{2\times4}{2.5} = 3.2$，$a_s$ 查表 H.0.3-4，由 M7.5 砂浆得 $a_s = 0.002$。

$$1.0 \times 275.751 = 275.751 \leqslant \frac{0.86\times2.5\times3000}{2.310} = 2792.208\text{kN}$$

强度验算满足要求。

$$1.0 \times 275.751 = 275.751 \leqslant \frac{0.998\times0.86\times2.5\times3000}{2.310} = 2786.623\text{kN}$$

稳定性验算满足要求。

答案：A

📖 **考点分析**

偏心受压构件除验算弯曲平面内的纵向稳定外，尚应按轴心受压构件验算非弯曲平面内的稳定。

考点14 公路锚定板土压力及拉杆计算

1. 公路锚定板土压力计算

📖 **条文规定**

《公路路基设计规范》（JTG D30—2015）规定如下：

H.0.6 锚定板挡土墙钢筋混凝土构件的承载能力极限状态计算、正常使用极限状态验算及构造要求等，除应按本规范的规定执行外，其他未列内容应按现行《公路钢筋混凝土及预应力混凝土桥涵设计规范》（JTG D62）的有关规定执行。

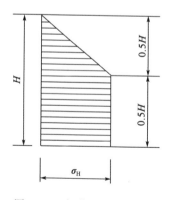

图 H.0.6 恒载土压力分布图

1 锚定板挡土墙的钢筋混凝土构件设计计算时，作用（或荷载）效应组合中，应按本规范第 H.0.1 条的规定计入结构重要性系数γ_0。

2 作用于锚定板挡土墙挡土板或墙面板上的恒载土压力按图 H.0.6 分布，其水平土压应力按式 (H.0.6-1)计算：

$$\sigma_{\text{H}} = \frac{1.33E_x}{H}\beta \tag{H.0.6-1}$$

式中：σ_{H}——恒载作用下墙底的水平土压应力（kPa）；

$\quad E_x$——按库仑理论计算的单位墙长上墙后主动土压力的水平分力（kN/m）；

$\quad H$——墙高，当为两级墙时，为上、下级墙高之和（m）；

$\quad \beta$——土压力增大系数，采用 1.2～1.4；车辆荷载产生的土压力不计增大系数。

📖 **典型例题**

例题 2-14-1

某三级公路采用肋柱式锚定板挡土墙，墙高$H = 7.0$m，墙后填土重度$\gamma = 17$kN/m³，内摩擦角$\varphi = 33°$，$c = 0$，填土与墙背间摩擦角$\delta = 16°$。肋柱的水平间距为 2.0m，按《公路路基设计规范》（JTG D30—2015）计算，作用在墙面板上的土压力最接近（　　）。（土压力增大系数取 1.3）

（A）210kN　　　　　　　　　　　　（B）250kN

（C）277kN　　　　　　　　　　　　（D）302kN

解答

根据《公路路基设计规范》（JTG D30—2015）附录 H.0.6。

（1）按库仑理论计算主动土压力水平分力

$$K_{\text{a}} = \frac{\cos^2\varphi}{\cos\delta\left[1+\sqrt{\frac{\sin(\delta+\varphi)\sin\varphi}{\cos\delta}}\right]^2} = \frac{\cos^2 33°}{\cos 16°\times\left[1+\sqrt{\frac{\sin(16°+33°)\sin 33°}{\cos 16°}}\right]^2} = 0.267$$

$$E_{\text{a}} = \frac{1}{2}\gamma H^2 K_{\text{a}} = \frac{1}{2}\times 17\times 7^2\times 0.267 = 111.21\text{kN/m}$$

$$E_x = E_{\text{a}}\cos\delta = 111.21\times\cos 16° = 106.9\text{kN/m}$$

（2）墙面板土压力

$$\sigma_{\text{H}} = \frac{1.33E_x}{H}\beta = \frac{1.33\times 106.9}{7}\times 1.3 = 26.4\text{kPa}$$

$$E = \frac{7}{2}\times 26.4 + \frac{1}{2}\times\frac{7}{2}\times 26.4 = 138.6\text{kN/m}, \quad 138.6\times 2 = 277.2\text{kN}$$

答案：C

2. 公路锚定板拉杆计算

📖 **条文规定**

《公路路基设计规范》（JTG D30—2015）规定如下：

5 拉杆设计计算应符合下列规定：

3）未计锈蚀留量的单根钢拉杆计算直径按式(H.0.6-2)计算。

$$d \geqslant 20\sqrt{\frac{10\gamma_0\gamma_{\text{Q1}}N_{\text{p}}}{\pi f_{\text{sd}}}} \tag{H.0.6-2}$$

式中：d——单根钢拉杆的直径（mm）；

$\quad N_{\text{p}}$——拉杆的轴向拉力（kN）；

f_{sd}——钢筋的强度设计值（MPa）；可按现行《公路钢筋混凝土及预应力混凝土桥涵设计规范》（JTG D62）的规定采用；

γ_0——结构重要性系数，应符合表 H.0.1-1 的规定；

γ_{Q1}——主动土压力荷载分项系数，应符合表 H.0.1-5 的规定。

6 锚定板面积应根据拉杆设计拉力及锚定板容许抗拔力，按式(H.0.6-3)计算：

$$A = \frac{N_p}{[p]}$$ (H.0.6-3)

式中：A——锚定板的设计面积（m^2）；

$[p]$——锚定板单位面积的容许抗拔力（kPa）；应根据现场拉拔试验确定。当无条件进行现场拉拔试验时，可根据工点具体条件，参照经验数据确定。

典型例题

例题 2-14-2

某三级公路采用肋柱式锚定板挡土墙，如下图所示，墙高 $H = 7.0m$，墙后填土重度 $\gamma = 17kN/m^3$，内摩擦角 $\varphi = 33°$，$c = 0$；填土与墙背间摩擦角 $\delta = 16°$。肋柱的水平间距为 2.0m，经计算，地面下 2m 处肋柱支点反力 $R = 210.8kN$，拉杆采用 25 锰硅热轧钢筋，抗拉强度设计值 $f_{sd} = 290MPa$，锚定板的容许抗拔承载力 $[P] = 130kN$，按荷载组合Ⅲ考虑，荷载增大对挡土墙结构不利时，地面下 2m 处拉杆钢筋的直径及锚定板面积 M 接近（　　　　）。（钢拉杆考虑锈蚀量）

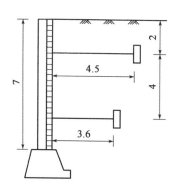

例题 2-14-2 图（尺寸单位：m）

（A）35mm，1.6m^2　　　　　　　　　　（B）32mm，1.4m^2

（C）27mm，1.3m^2　　　　　　　　　　（D）24mm，0.9m^2

解答

根据《公路路基设计规范》（JTG D30—2015）附录 H.0.6：

查规范表 H.0.1-1，$\gamma_0 = 1.0$；查规范表 H.0.1-5，$\gamma_{Q1} = 1.3$

$d \geqslant 20\sqrt{\dfrac{10\gamma_0\gamma_{Q1}N_p}{\pi f_{sd}}} = 20 \times \sqrt{\dfrac{10\times1.0\times1.3\times210.8}{3.14\times290}} = 34.7mm$

$A = \dfrac{N_p}{[P]} = \dfrac{210.8}{130} = 1.62m^2 > 0.5m^2$

答案： A

考点分析

锚定板土压力计算需要熟练掌握库仑主动土压力的求解。

考点15　公路加筋土挡土墙计算

1. 公路加筋土挡土墙加筋体内部土压力系数

《公路路基设计规范》(JTG D30—2015)规定如下:

H.0.7　加筋土挡土墙可分为有面板加筋土挡土墙和无面板加筋土挡土墙。当无面板反包式土工格栅加筋坡面与水平面夹角小于70°时,应按现行《公路土工合成材料应用技术规范》(JTG/T D32)的有关规定进行设计计算。加筋坡面与水平面夹角大于或等于70°的无面板加筋土挡土墙、有面板加筋土挡土墙应按下列规定进行设计计算:

4　加筋体内部稳定验算时,土压力系数按下式计算:

当$z_i \leqslant 6m$时

$$K_i = K_j \left(1 - \frac{z_i}{6}\right) + K_a \frac{z_i}{6} \tag{H.0.7-1}$$

当$z_i > 6m$时

$$K_i = K_a \tag{H.0.7-2}$$
$$K_j = 1 - \sin\varphi \tag{H.0.7-3}$$
$$K_a = \tan^2\left(45° - \frac{\varphi}{2}\right) \tag{H.0.7-4}$$

式中:K_i——加筋体内深度z_i处土压力系数;

$\quad\quad K_j$——静止土压力系数;

$\quad\quad K_a$——主动土压力系数;

$\quad\quad z_i$——第i单元筋带结点至加筋体顶面的垂直距离(m);

$\quad\quad \varphi$——填料内摩擦角(°)。

例题 2-15-1

如下图所示加筋土挡土墙,拉筋间水平及垂直间距均为0.4m,填料重度为19kN/m³,内摩擦角为35°,则深度 4m 处的土压力系数为(　　　　)。

例题 2-15-1 图

（A）0.32　　　　　（B）0.43　　　　　（C）0.28　　　　　（D）0.21

解答

$K_j = 1 - \sin\varphi = 1 - \sin 35° = 0.426$，$K_a = \tan^2\left(45° - \frac{35°}{2}\right) = 0.271$

$z_i = 4\text{m} < 6\text{m}$，$K_i = K_j\left(1 - \frac{z_i}{6}\right) + K_a\frac{z_i}{6} = 0.426 \times \left(1 - \frac{4}{6}\right) + 0.271 \times \frac{4}{6} = 0.323$

答案：A

2. 公路加筋土挡土墙加筋土面板水平土压力

📖 **条文规定**

《公路路基设计规范》（JTG D30—2015）规定如下：

5 作用于墙面板上的水平土压应力$\sum\sigma_{Ei}$按下式计算：

$$\sum\sigma_{Ei} = \sigma_{zi} + \sigma_{ai} + \sigma_{bi}$$ (H.0.7-5)

式中：σ_{zi}——加筋土填料作用于深度z_i处墙面板上的水平土压应力（kPa）；

σ_{ai}——车辆（或人群）附加荷载作用于深度z_i处墙面板上的水平土压应力（kPa）；

σ_{bi}——加筋体顶面以上填土重力换算均布土厚所引起的深度z_i处墙面板上的水平土压应力（kPa）。

📖 **典型例题**

例题 2-15-2

如下图所示的公路加筋土路堤墙，高 10m，拉筋间的水平间距与垂直间距分别为 0.8m 和 0.4m，填料重度$\gamma = 19\text{kN/m}^3$，综合内摩擦角$\varphi = 35°$，路堤墙上填土高$H' = 2.5\text{m}$，边坡坡度为 1：2，墙顶以上堤坡脚至加筋面板的水平距离$a = 1\text{m}$。路基边缘至面板的距离$b = 6\text{m}$，荷载换算土柱高$h_0 = 2.4\text{m}$，路基宽度$l_0 = 12\text{m}$，荷载扩散线进入非锚固区，按《公路路基设计规范》（JTG D30—2015）计算，深度 6m 处的水平应力为（   ）。

例题 2-15-2 图

（A）55.2kPa

（B）50.3kPa

（C）42.8kPa

（D）48.4kPa

解答

（1）6m 处，$K_a = \tan^2\left(45° - \frac{35°}{2}\right) = 0.271$

（2）填料产生的水平土应力：

$\sigma_{zi} = 0.271 \times 19 \times 6 = 30.89\text{kPa}$

路堤墙顶部填土产生的水平土压力：

$h_1 = \frac{1}{2}\left(\frac{H}{2} - b_b\right) = \frac{1}{2} \times \left(\frac{10}{2} - 1\right) = 2\text{m} < H' = 2.5\text{m}$

$h_1 = 2\text{m}$

$\sigma_{bi} = 0.271 \times 19 \times 2 = 10.3\text{kPa}$

荷载产生的水平土压力：

$z_i + H' = 6 + 2.5 < 2b = 2 \times 6 = 12\text{m}$

$L_{ci} = L_c + H' + z_i = 12 + 2.5 + 6 = 20.5\text{m}$

$\sigma_{fi} = \gamma h_0 \dfrac{L_c}{L_{ci}} = 19 \times 2.4 \times \dfrac{12}{20.5} = 26.69\text{kPa}$

$\sigma_{ai} = 0.271 \times 26.69 = 7.23\text{kPa}$

$\sum \sigma_{Ei} = \sigma_{zi} + \sigma_{ai} + \sigma_{bi} = 30.89 + 7.23 + 10.3 = 48.42\text{kPa}$

答案：D

3. 公路加筋土挡土墙筋带抗拔稳定（拉筋长度）计算

📖 条文规定

《公路路基设计规范》（JTG D30—2015）规定如下：

5.4.10　有面板加筋土挡土墙设计应符合下列要求：

4　在满足抗拔稳定条件下，拉筋长度应符合下列规定：

1）墙高大于 3.0m 时，拉筋长度不应小于 0.8 倍墙高，且不小于 5m。当采用不等长的拉筋时，同长度拉筋的墙段高度不应小于 3.0m。相邻不等长拉筋的长度差不宜小于 1.0m；

2）墙高小于 3.0m 时，拉筋长度不应小于 3.0m，且应采用等长拉筋；

3）采用预制钢筋混凝土带时，每节长度不宜大于 2.0m。

9　一个筋带结点的抗拔稳定性按公式(H.0.7-8)验算：

$$
\begin{cases}
\gamma_0 T_{i0} \leqslant \dfrac{T_{pi}}{\gamma_{R1}} \\
T_{i0} = \gamma_{Q1} T_i \\
T_{pi} = 2f'\sigma_i b_i L_{\alpha i} \\
T_i = (\sum \sigma_{Ei}) s_x s_y
\end{cases}
\tag{H.0.7-8}
$$

计算筋带抗拔力时，不计基本可变荷载的作用效应。

式中：γ_0——结构重要性系数，按表 H.0.1-1 采用；

　　　T_{i0}——z_i 层深度处的筋带所承受的水平拉力设计值（kN）；

　　　T_i——z_i 层深度处的筋带所承受的水平拉力；

　　$\sum \sigma_{Ei}$——在 z_i 层深度处，面板上的水平土压应力（kPa）；

　　　γ_{Q1}——加筋体及墙顶填土主动土压力或附加荷载土压力的分项系数，按表 H.0.1-5 采用；

　　　T_{pi}——永久荷载重力作用下，z_i 层深度处，筋带有效长度所提供的抗拔力（kN）；

　　　γ_{R1}——筋带抗拔力计算调节系数，按表 H.0.7-1 采用；

　　　s_x——筋带结点水平间距（m）；

　　　s_y——筋带结点垂直间距（m）；

　　　f'——填料与筋带间的似摩擦系数，由试验确定，无可靠试验资料时，可参照表 H.0.7-2 采用；

　　　b_i——结点上的筋带总宽度（m）；

　　　$L_{\alpha i}$——筋带在稳定区的有效锚固长度（m）。

5.4.11　无面板加筋土挡土墙设计应符合下列要求：

1　加筋坡面与水平面夹角大于或等于 70° 的无面板加筋土挡土墙，应按附录 H 的有关规定进行设计计算；当加筋坡面与水平面夹角小于 70° 时，应按照现行《公路土工合成材料应用技术规范》（JTG/TD 32）的有关规定进行设计计算。

2　无面板加筋土挡土墙高度大于 10m 时，应设置多级加筋挡土墙；当挡土墙基础受水流影响可能产生冲刷时，洪水位以下浸水墙体应采用重力式挡土墙。

3 土工格栅宜采用高密度聚乙烯（HDPE）土工格栅、聚酯（PET）焊接土工格栅。

4 土工格栅加筋层间距、筋材长度、加筋坡面坡率等应通过外部稳定性和内部稳定性计算确定。

5 加筋土挡土墙填料和排水设计应符合本规范第5.4.10条的有关规定。

6 当地基软弱、承载能力不足时，应对地基土进行换填处理，并设置砂砾、碎石垫层。

7 反包式土工格栅筋材应采用统一的水平回折反包长度，其长度应大于式(5.4.11)计算值，且不宜小于2m。坡面保护应采用抗老化的筋材。

$$L_0 = \frac{D\sigma_{hi}}{2(c + \gamma h_i \tan \delta)} \tag{5.4.11}$$

式中：L_0——计算拉筋层的水平回折包裹长度（m）；

   D——拉筋的上、下层间距（m）；

   σ_{hi}——水平土压应力（kPa）；

   c——拉筋与填料之间的黏聚力（kPa）；

   δ——拉筋与填料之间的内摩擦角（°），填料为砂类土时取（0.5～0.8）φ；

   γ——加筋体的填料重度（kN/m³）；

   h_i——墙顶（路肩挡土墙包括墙顶以上填土高度）距第i层墙面板中心的高度（m）。

📖 典型例题

例题 2-15-3

如下图所示，某高速公路工程支挡结构采用加筋土挡土墙。复合土工带拉筋间的水平间距与垂直间距分别为0.8m和0.4m，土工带宽10cm。填料重度为18kN/m³，综合内摩擦角为32°。拉筋与填料间的摩擦系数为0.26，加筋体上坡面填土换算等代均布土厚度为2.0m，荷载组合为Ⅲ类，根据《公路路基设计规范》（JTG D30—2015），按照内部稳定性验算深度6m处的最短拉筋长度为（   ）。

例题 2-15-3 图

（A）5.1m   （B）4.5m

（C）5.9m   （D）6.4m

解答

（1）计算非锚固长度：

$b_H = 0.3H = 0.3 \times 8 = 2.4m$

$H_2 = b_H \tan\left(45° + \frac{\varphi}{2}\right) = 2.4 \times \tan\left(45° + \frac{32°}{2}\right) = 4.33m$

$H_1 = H - H_2 = 8 - 4.33 = 3.67m$

$L_0 = \frac{2b_H}{H_2} = \frac{2 \times 2.4}{4.33} = 1.11m$

（2）计算有效锚固长度：

$z_i = 6m$，取$K_i = K_a = \tan^2\left(45° - \frac{32°}{2}\right) = 0.31$

6m 处：$\sum \sigma_{Ei} = \sigma_{zi} + \sigma_{ai} + \sigma_{bi} = (18 \times 6 + 18 \times 2) \times 0.31 = 44.64 \text{kPa}$

$T_i = (\sum \sigma_{Ei}) s_x s_y = 44.64 \times 0.8 \times 0.4 = 14.28 \text{kN}$

高速公路，墙高 > 5m，查表取 $\gamma_0 = 1.05$，荷载组合为Ⅲ类，查表取 $\gamma_{R1} = 1.30$，查表取主动土压力分项系数 $\gamma_{Q1} = 1.30$。

锚固长度：$L_{ai} = \frac{\gamma_0 \gamma_{R1} \gamma_{Q1} T_i}{2 f' \sigma_i b_i} = \frac{1.05 \times 1.30 \times 1.30 \times 14.28}{2 \times 0.26 \times (18 \times 6 + 18 \times 2) \times 0.1} = 3.38 \text{m}$

（3）拉筋总长度：$L = L_{ai} + L_0 = 3.38 + 1.11 = 4.49 \text{m}$

（4）根据构造要求，墙高大于 3.0m 时，拉筋最小长度宜大于 0.8 倍墙高，且不小于 5m，故本题拉筋长度应取 $0.8H = 6.4 \text{m}$。

答案： D

例题 2-15-4（2023 年真题）

某山区二级公路的一段路基拟采用无面板加筋土挡墙，路基高度 8.5m，挡墙高度 8m（不包括路面厚度，路面厚度 50cm，重度 24kN/m³）；采用反包式土工格栅，每一层厚度 0.5m；填料采用粗砂土，拉筋与填料之间的黏聚力 c 为 5kPa，拉筋与填料的内摩擦角为 5°，加筋体填料（粗砂土）的重度为 18kN/m³，水平土压应力为 151.5kPa。问第一层（最下面一层）土工格栅水平回折反包长度不小于（　　　）。（取小数点后一位）

（A）1.9m　　　　　　　　　　　　（B）2.0m

（C）2.1m　　　　　　　　　　　　（D）2.9m

解答

根据《公路路基设计规范》（JTG D30—2015）式(5.4.11)：

$h_i = 8 - 0.25 = 7.75 \text{m}$

$L_0 = \frac{0.5 \times 151.5}{2 \times [5 + (18 \times 7.75 + 24 \times 0.5) \times \tan 5°]} = 2.07 \text{m}$

注意计算竖向力时应加入路面的重量。

答案： C

例题 2-15-5（2024 年真题）

某山区二级公路的一段路基拟采用无面板加筋挡墙，路基高度 9.8m，挡墙高度 9m，采用反包式土工格栅，每一层厚度 0.6m，填料采用粗粒土，拉筋与填料之间的黏聚力 C 为 5kPa，拉筋与填料的内摩擦角 5°，加筋体填料（粗粒土）的重度为 19kN/m³，最下面一层填料中心的水平土压力为 180.5MPa，根据规范计算最下面一层土工格栅水平回折反包长度不小于多少？

（A）1.86m　　　　　　　　　　　（B）2.04m

（C）2.60m　　　　　　　　　　　（D）2.83m

根据《公路路基设计规范》（JTG D30—2015），第 5.4.11 条

$h_i = 9.8 - 0.6/2 = 9.5 \text{m}$

$L_0 = \frac{0.6 \times 180.5}{2 \times (5 + 19 \times 9.5 \times \tan 5°)} = 2.6 \text{m}$

答案： C

注：此题中，最下面一层填料中心的水平土压力应为 180.5kPa，此处原题单位有误。

📖 **考点分析**

（1）加筋土挡土墙的土压力分布以距墙顶深 6m 为分界点。

（2）墙面板上的水平土压力由加筋土填料、车辆或人群附加荷载、加筋体顶面以上填土重力三个方面的作用组成。

（3）公式(H.0.7-6)的等代均布土层厚度与扩散宽度的具体计算比较复杂，详见《公路挡土墙设计与施工技术细则》（人民交通出版社）。

考点16　溶洞距路基安全距离计算

1. 公路溶洞安全距离

📖 条文规定

《公路路基设计规范》（JTG D30—2015）规定如下：

7.6.3　溶洞距路基的安全距离应符合下列规定：

1　对位于路基两侧的溶洞，应判定其对路基的影响。对开口的溶洞，可参照自然边坡来判别其稳定性及其对路基的影响；对地下溶洞，可按坍塌时的扩散角（图 7.6.3）、式(7.6.3-1)计算确定溶洞距路基的安全距离。

$$L = H \cot \beta \tag{7.6.3-1}$$

$$\beta = \frac{45° + \dfrac{\varphi}{2}}{K} \tag{7.6.3-2}$$

式中：L——溶洞距路基的安全距离（m）；

　　　H——溶洞顶板厚度（m）；

　　　β——坍塌扩散角（°）；

　　　K——安全系数，取 1.10～1.25，高速公路、一级公路应取大值；

　　　φ——岩石内摩擦角（°）。

图 7.6.3　溶洞安全距离（L）计算示意图

2　溶洞顶板岩层上有覆盖土层时，岩土界面处用土体稳定坡率（综合内摩擦角）向上延长坍塌扩散线与地面相交，路基边坡坡脚应处于距交点不小于 5m 以外范围。

3　路基坡脚处于溶洞坍塌扩散的影响范围之外，该溶洞可不作处理。

注：溶洞顶板岩层上有覆盖土层时，安全距离计算如图 2-16-1 所示。

图 2-16-1　溶洞安全距离计算示意图

$$L \geqslant \frac{H}{\tan\beta} + hm + 5 \text{ 或 } L \geqslant \frac{H}{\tan\beta} + \frac{h}{\tan\varphi_1} + 5$$

📖 **典型例题**

例题 2-16-1

对于开口的岩溶地貌可参照自然边坡来判别其稳定性及其对路基的影响。若有一溶洞顶板厚度为2m，安全系数为1.2，岩石内摩擦角为45°，则溶洞距路基的安全距离为（　　）。

（A）1.24m
（B）1.58m
（C）1.34m
（D）1.48m

解答

根据《公路路基设计规范》（JTG D30—2015）式(7.6.3-1)和式(7.6.3-2)：

$$\beta = \frac{45° + \frac{45°}{2}}{1.2} = 56.25°$$

$$L = 2 \times \cot 56.25° = 1.34\text{m}$$

答案：C

例题 2-16-2

某高填方路堤公路选线时发现某段路堤附近有一溶洞，如下图所示，溶洞顶板岩层厚度为2.5m，岩层上覆土层厚度为3.0m，顶板岩土内摩擦角为40°，上覆土层的稳定坡度为1∶1.2，对一级公路安全系数取1.25，根据《公路路基设计规范》（JTG D30—2015），该路堤坡脚与溶洞间的最小安全距离L不小于（　　）。

例题 2-16-2 图

（A）4.0m
（B）11.0m
（C）16.0m
（D）17.0m

解答

根据《公路路基设计规范》（JTG D30—2015）第7.6.3条：

$$\beta = \frac{45° + \frac{\varphi}{2}}{K} = \frac{45° + \frac{40°}{2}}{1.25} = 52°$$

$$L \geqslant \frac{H}{\tan\beta} + hm + 5 = \frac{2.5}{\tan 52°} + 3 \times 1.2 + 5 = 10.55\text{m}$$

答案：B

例题 2-16-3（2022 年真题）

某公路在初测外业勘察时，发现路基左侧有一个溶洞，溶洞边缘距离路基边缘的水平距离(L)为3m，路基边缘距离中心线的距离为25m，路基高度为8m，半幅路基宽度为13m，洞顶以上地层的厚度（H）为8.3m，如下图所示；内摩擦角为30°，安全系数取1.2。根据规范规定，为了满足溶洞距离路基安全距离的要求，路基设计中心线应向右偏移（　　）。（取整）

例题 2-16-3 图

（A）3m （B）4m （C）5m （D）6m

解答

根据《公路路基设计规范》（JTG D30—2015）第 7.6.3 条：

（1）计算坍塌扩散角 β

$K_s = 1.2$，则

$$\beta = \frac{45° + \frac{\varphi}{2}}{K_s} = \frac{45° + \frac{30°}{2}}{1.2} = 50°$$

（2）计算溶洞坍塌影响范围 L_1

$$L_1 = H_k \cot\beta = 8.3 \times \cot 50° = 6.96\text{m}$$

（3）计算偏移距离

$$6.96 - 3 = 3.96\text{m}$$

答案：B

2. 城市道路溶洞安全距离

📖 条文规定

《城市道路路基设计规范》（CJJ 194—2013）规定如下：

7.8.2 隐伏岩溶对路基工程的危害程度，应按下列规定进行判别：

1 当顶板岩层未被节理裂隙切割，或虽被切割但胶结良好时，溶洞顶板的安全厚度可按厚跨比法确定。当厚度与路基跨越溶洞长度之比值大于 0.8 时，溶洞的顶板岩层可不做处理。

2 当岩溶地貌位于路基两侧时，可根据坍塌扩散角，按式(7.8.2)计算确定其岩溶影响范围；地下溶洞顶板岩层上有覆盖土层，可自土层底部采用表 7.8.2 中所列角度或者统一采用 45° 角向上绘斜线，求出其与地面的交点以确定影响范围。路基坡脚处于溶洞坍塌扩散的影响范围之外时，该溶洞可不作处理。

$$L = H_k \cot\beta \tag{7.8.2-1}$$

$$\beta = \frac{45° + \frac{\varphi}{2}}{K_s} \tag{7.8.2-2}$$

式中：L——溶洞坍塌时的影响范围（m）；

H_k——溶洞顶板厚度（m）；

β——坍塌扩散角（°）；

K_s——安全系数，取 1.10～1.25（快速路、主干路应取大值）；

φ——岩石内摩擦角（°）。

覆盖土层稳定（休止）角 表7.8.2

覆盖土层土组	细粒土质砂	黏质土	碎石土
覆盖土层稳定（休止）角	35°～45°	35°～55°	40°～55°

📖 **典型例题**

例题 2-16-4

某城市快速路路基高度 7 米，初测外业勘察发现路基右侧有一个溶洞，溶洞顶以上地层厚度为 9.1 米，溶洞边缘到路基边缘的水平距离为 4m，地层岩土内摩擦角为 32°。为满足溶洞安全距离要求，路基设计中心线应向左偏移（　　　）。

（A）3.4m　　　　　　　　　　　　　（B）4.2m

（C）4.8m　　　　　　　　　　　　　（D）5.4m

解答

根据《城市道路路基设计规范》（CJJ 194—2013）7.8.2 第 2 款：

$$\beta = \frac{45° + \frac{32°}{2}}{1.2} = 50.8°$$

$$L = 9.1 \times \cot 50.8° = 7.4m$$

$$7.4 - 4 = 3.4m$$

答案：A

📖 **考点分析**

计算溶洞距路基的安全距离时先看溶洞顶板岩层上是否有覆土层，再根据规范公式计算。

考点17　软土地基沉降及回填

1. 公路软土地基

📖 **条文规定**

《公路路基设计规范》（JTG D30—2015）规定如下：

7.7.2　地基沉降计算应符合下列要求：

1　对用于计算沉降的压缩层，其底面应在附加应力与有效自重应力之比不大于 0.15 处。

2　行车荷载对沉降的影响，对于高路堤可忽略不计。

3　主固结沉降 S_c 应采用分层总和法计算。

4　总沉降 S 宜采用沉降系数 m_s 与主固结沉降按式(7.7.2-1)计算：

$$S = m_s S_c \tag{7.7.2-1}$$

式中：m_s——沉降系数，与地基条件、荷载强度、加荷速率等因素有关；其范围值为 1.1～1.7，应根据现场沉降监测资料确定，也可按式(7.7.2-2)估算；

$$m_s = 0.123 \gamma^{0.7} (\theta H^{0.2} + vH) + Y \tag{7.7.2-2}$$

θ——地基处理类型系数，地基用塑料排水板处理时取0.95～1.1，用粉体搅拌桩处理时取0.85；一般预压时取0.90；

H——路堤中心高度（m）；

γ——填料重度（kN/m³）；

v——加载速率修正系数，加载速率在20～70mm/d之间时，取0.025；采用分期加载，速率小于20mm/d时取0.005；采用快速加载，速率大于70mm/d时取0.05；

Y——地质因素修正系数，满足软土层不排水抗剪强度小于25kPa、软土层的厚度大于5m、硬壳层厚度小于2.5m三个条件时，$Y=0$，其他情况下可取$Y=-0.1$。

5 总沉降也可由瞬时沉降S_d、主固结沉降S_c及次固结沉降S_s之和计算，即：

$$S = S_d + S_c + S_s \tag{7.7.2-3}$$

6 任意时刻地基的沉降量，考虑主固结随时间的变化过程，按下式计算：

$$S_t = (m_s - 1 + U_t)S_c \tag{7.7.2-4}$$

或

$$S_t = S_d + S_c U_t + S_s \tag{7.7.2-5}$$

式中：U_t——地基平均固结度，采用太沙基一维固结理论解计算；对砂井、塑料排水板等竖向排水体处理的地基，固结度按巴隆给出的太沙基—伦杜立克固结理论轴对称条件固结方程在等应变条件下的解计算。

《公路软土地基路堤设计与施工技术细则》JTG/T D31-02—2013规定如下：

4.3.1 主固结沉降S_c应采用分层总和法计算，计算参数可采用由压缩试验得到的e-p曲线、压缩模量E_s或e-lg$p$曲线。

4.3.5 最终沉降S_∞宜按式(4.3.5-1)计算。

$$S_\infty = m_s S_c \tag{4.3.5-1}$$

式中：m_s——沉降系数，宜根据现场沉降观测资料确定，也可采用经验公式(4.3.5-2)估算：

$$m_s = 0.123\gamma^{0.7}(\theta H^{0.2} + VH) + Y \tag{4.3.5-2}$$

H——路堤中心高度（m）；

γ——路堤填料的重度（kN/m³）；

θ——地基处理类型系数，用塑料排水板处理时取0.95～1.1，用水泥搅拌桩处理时取0.85，预压时取0.90；

V——加载速率修正系数，加载速率在20～70mm/d之间时，取0.025；采用分期加载，速率小于20mm/d时取0.005；采用快速加载，速率大于70mm/d时期0.05；

Y——地质因素修正系数，当同时满足软土层不排水抗剪强度小于25kPa、软土层的厚度大于5m、硬壳层厚度小于2.5m三个条件时，$Y=0$，其他情况下可取$Y=-0.1$。

4.3.6 最终沉降S_∞也可由瞬时沉降S_d、主固结沉降S_c及次固结沉降S_s三者之和按式(4.3.6)计算。

$$S_\infty = S_d + S_c + S_s \tag{4.3.6}$$

4.3.7 瞬时沉降S_d可按式(4.3.7-1)和式(4.3.7-2)计算。

$$S_d = F\frac{pB}{E} \tag{4.3.7-1}$$

$$B = b + \frac{a}{2} \tag{4.3.7-2}$$

式中：p——路堤底面中点的最大垂直应力（kPa）；

E——由无侧限抗压强度试验得到的弹性模量的平均值（kPa），应按分层厚度加权平均计算；

F——路堤中线沉降系数，可由图4.3.7查得；当缺少泊松比的实测资料时，可取泊松比$\mu = 0.4$～0.5；

其余符号可参见图4.3.7。

图 4.3.7 梯形荷载中线地基沉降系数

4.3.10 工后沉降S_p应按式(4.3.10)计算。

$$S_p = S_0 - S_{cp} \tag{4.3.10}$$

式中：S_0——路面设计使用年限内地基发生的总沉降（m）；

S_{cp}——路基路面施工（预压）期沉降（m）。

4.3.11 当工后沉降不满足表4.3.11的要求时，应针对沉降进行处理设计。

容许工后沉降（m）   表 4.3.11

公路等级	工程位置		
	桥台与路堤相邻处	涵洞、箱涵、通道处	一般路段
高速公路、一级公路	≤ 0.10	≤ 0.20	≤ 0.30
二级公路（作为干线公路时）	≤ 0.20	≤ 0.30	≤ 0.50

注：二级非干线及二级以下公路工后沉降控制标准，经论证后可较二级干线公路适当放宽。

6.1.4 路堤填筑宽度应根据路基沉降情况适当加宽，单侧的加宽量Δd可参照图 6.1.4 按式(6.1.4)计算。

$$\Delta d = mS_2 \tag{6.1.4}$$

式中：m——软土地基路堤的设计边坡坡度，宜取 1.5～2.0；

S_2——路堤坡脚处预压期末的沉降。

图 6.1.4　路堤加宽计算图

6.1.6 路堤的预压方案应根据路基稳定性控制、沉降控制和工期的要求确定。预压路堤的边坡坡率 1：n可按式(6.1.6)计算。

$$n = \frac{h_d + S_2}{h_p} m \tag{6.1.6}$$

式中：h_p——预压高度。

6.1.8 沉降起控制作用的路段，预压期应根据要求的工后沉降确定；稳定起控制作用的路段，预压期应根据地基固结度确定；沉降与稳定均为控制因素时，应选用两者中较长的预压期。地基采用竖向排水体处理时，预压期不宜少于 6 个月；采用复合地基处理时，预压期不宜少于 3 个月。

例题 2-17-1

某公路路堤位于软土地区,路基中心高度为3.5m,路基填料重度为20kN/m³,填土速率约为0.04m/d。路线地表下 0~2.0m 为硬塑状黏土,2.0~8.0m 为流塑状软土,软土不排水抗剪强度为 18kPa,路基地基采用常规预压方法处理,用分层总和法计算的地基主固结沉降量为20cm。如公路通车时软土固结度达到70%,根据《公路路基设计规范》(JTG D30—2015),则此时的地基沉降量最接近( )。

(A) 9cm

(B) 19cm

(C) 29cm

(D) 39cm

解答

根据《公路路基设计规范》(JTG D30—2015)式(7.7.2-2)和式(7.7.2-4),有

$$m_s = 0.123\gamma^{0.7}(\theta H^{0.2} + \nu H) + Y$$

常规预压时$\theta = 0.9$,则

$$m_s = 0.123 \times 20^{0.7} \times (0.9 \times 3.5^{0.2} + 0.025 \times 3.5) + 0 = 1.246$$

地基沉降量为:

$$S_t = (m_s - 1 + U_t)S_c = (1.246 - 1 + 0.7) \times 20 = 18.92\text{cm}$$

答案:B

例题 2-17-2(2019 年真题)

某软基厚度 10m,设计采用一般预压处理,地基处理类型系数取 0.9,路堤中心填高 4m,路基填料重度$\gamma = 18\text{kN/m}^3$,加载速率修正系数$\nu = 0.025$,地质因素修正系数$Y = -0.1$,计算得主固结沉降为 50cm,根据《公路路基设计规范》(JTG D30—2015),固结度达到 75%时沉降量最接近的值是( )。

(A) 38cm

(B) 42cm

(C) 46cm

(D) 48cm

解答

根据《公路路基设计规范》(JTG D30—2015)第 7.7.2 条:

$$m_s = 0.123\gamma^{0.7}(\theta H^{0.2} + \nu H) + Y = 0.123 \times 18^{0.7} \times (0.9 \times 4^{0.2} + 0.025 \times 4) + (-0.1) = 1.098$$

$$S_t = (m_s - 1 + U_t)S_c = (1.098 - 1 + 0.75) \times 50 = 42.39\text{cm}$$

答案:B

例题 2-17-3(2020 年真题)

某软土地基厚 12m,设计采用塑料排水板处理,地基处理类型系数取 1.05,公路路堤中心填高 4m,路基填料重度$\gamma = 18\text{kN/m}^3$,加载速率修正系数$\nu = 0.025$,地质因素修正系数$Y = -0.1$,主固结沉降 66cm,根据《公路路基设计规范》(JTG D30—2015)不考虑行车荷载的影响,估算的软基总沉降量为( )。(取小数点后一位)

(A) 75.9cm

(B) 79.2cm

(C) 84.5cm

(D) 89.1cm

解答

根据《公路路基设计规范》(JTG D30—2015)第 7.7.2 条:

$$\begin{aligned} m_s &= 0.123\gamma^{0.7}(\theta H^{0.2} + \nu H) + Y \\ &= 0.123 \times 18^{0.7}(1.05 \times 4^{0.2} + 0.025 \times 4) - 0.1 \\ &= 1.28 \end{aligned}$$

$$S = m_s S_c = 1.28 \times 66 = 84.5 \text{cm}$$

答案：C

例题 2-17-3a（2024 年真题）

某公路软土地基，软土厚度 7.5m，路基高度 2.8m，路面厚度 80cm，路基宽度 12m，边坡坡率 1 : 1.5，路基填料重度 $\gamma = 20 \text{kN/m}^3$，路面材料的重度 $\gamma = 24 \text{kN/m}^3$，由无侧限抗压强度试验得到的软土弹性模量的平均值为 1.5MPa，路堤中线沉降系数 F 为 0.6，根据《公路软土地基路堤设计与施工技术细则》，当路基填到路床顶面时，路基的瞬时沉降最接近多少？

（A）120mm　　　　（B）130mm　　　　（C）140mm　　　　（D）150mm

解答

根据《公路软土地基路堤设计与施工技术细则》（JTG/T D31-02—2013），

第 4.3.7 条：

$b = 2.8 \times 1.5 + 12/2 - 2 \times 1.5 = 7.2 \text{m}$

$\dfrac{a}{2} = \dfrac{2 \times 1.5}{2} = 1.5 \text{m}$

$B = 7.2 + 1.5 = 8.7 \text{m}$

$P = 2 \times 20 = 40 \text{kN/m}^2$

$S_d = 0.6 \times 40 \times 8.7 \times 10^3 / 1.5 \times 10^3 = 139.2 \text{mm}$

答案：C

2. 城市道路软土地基

📖 **条文规定**

《城市道路路基设计规范》（CJJ 194—2013）规定如下：

6.2.8 路基容许工后变形应符合表 6.2.8 的规定。

路基容许工后变形　　　　　　　　　　　　　　　　　　表 6.2.8

道路等级	工程位置		
	桥台与路堤相邻处	涵洞、通道处	一般路段
快速路、主干路	≤ 0.10m	≤ 0.20m	≤ 0.30m
次干路、支路	≤ 0.20m	≤ 0.30m	≤ 0.50m

注：1. 当路基中有其他管线及构造物时，应按管线等构造物的沉降要求进行设计，并应与相邻路基良好过渡。
　　2. 对主辅路并行且主辅路间设侧分带的路基，可按主辅路相应的等级分别进行工后变形控制。

7.2.4 软土地基沉降计算应符合下列规定：

1 主固结沉降 S_c 应采用分层总和法计算。

2 总沉降宜按下式计算确定：

$$S = m_s S_c \tag{7.2.4-1}$$

式中：S——总沉降（m）；

　　　m_s——沉降系数，与地基条件、荷载强度、加荷速率等因素有关，取值范围 1.1～1.7，应根据现场沉降观测资料和当地经验确定；

　　　S_c——主固结沉降（m）。

3 总沉降也可由瞬时沉降 S_d、主固结沉降 S_c 及次固结沉降 S_s，按下式计算确定：

$$S = S_d + S_c + S_s \tag{7.2.4-2}$$

4 任意时刻地基的沉降量可按下式计算确定:

$$S_t = (m_s - 1 + U_t)S_c \tag{7.2.4-3}$$

或

$$S_t = S_d + S_c U_t + S_s \tag{7.2.4-4}$$

式中：U_t——t时间的地基平均固结度，天然地基采用太沙基一维固结理论解计算；对砂井、塑料排水板等竖向排水体处理的地基，固结度宜按巴隆给出的太沙基-伦杜立克固结理论轴对称条件固结方程在等应变条件下的解来计算。

7.2.12 软土地基路基横断面设计应符合下列规定：

1 预压期结束时，路基高度不宜小于其设计高度，即实际路基填筑高度应等于路基设计高度与预压期间的沉降量之和。

2 预压填方路基底面宜加宽，每侧的加宽量应按下列公式计算：

$$\Delta d = mS_f \tag{7.2.12-1}$$

式中：Δd——一侧的加宽量（m）；

m——软基路堤的设计边坡值（坡率的倒数）；

S_f——路堤坡脚处预压期末的沉降量（m）。

3 预压填方路基的边坡值应按下列公式计算：

$$n = \left(1 - \frac{S_j}{H + S_f}\right)m \tag{7.2.12-2}$$

式中：n——预压填方路基的边坡值；

S_j——路肩处预压期末的沉降量（m）；

H——路基中心高度（m）。

7.2.13 高填方路基或桥头引道应按本规范第 6.5.1 条的规定进行路基稳定与变形监测设计，路基填土速率应符合下列规定：

1 填筑时间不应小于地基抗剪强度增长所需要的固结时间。

2 路基中心沉降量每昼夜不得大于 10~15mm，边桩位移量每昼夜不得大于 5mm。

7.2.14 路面铺筑应在沉降稳定后进行，采用双标准控制，即要求推算的工后沉降量符合本规范第 6.2.2 条的规定；同时要求连续 2 个月观测的沉降量每月不超过 5mm。

📖 典型例题

例题 2-17-4（2022 年真题）

某城市主干路位于软土地区，桥梁台背高填方路段采用堆载预压法进行软基处理。经计算该高填方路基在施工期和路面使用年限内的总沉降量为 970mm，当年 8 月末完成路基堆载，堆载结束后持续观测路基沉降量至次年 7 月末，各月沉降量观测值如下表所示。下列关于该路段最早可以开始路面铺筑的时间，符合规范规定的应为（　　）。并说明选择的依据和理由。

例题 2-17-4 表

月份	9 月	10 月	11 月	12 月	1 月	2 月	3 月	4 月	5 月	6 月	7 月
当月沉降量（mm）	189	174	142	92	48	27	9	5	4	3	3
累计沉降量（mm）	382	556	698	790	838	865	874	879	883	886	889

（A）次年 3 月 　　　　　　　　　（B）次年 4 月

（C）次年 5 月 　　　　　　　　　（D）次年 6 月

解答

根据《城市道路路基设计规范》（CJJ 194—2013）第 6.2.8 条和第 7.2.14 条：

工后沉降应小于 100mm，则控制沉降为 970 − 100 = 870mm，对应月份是 4 月。

同时，应满足连续两个月沉降不大于 5mm/月，对应月份是 6 月。

所以，应选 6 月。

答案：D

例题 2-17-5（2022 年补考真题）

某山区城市道路，挖方路段路堑开挖产生大量中硬石料，拟用于填方路段路堤填筑。下列关于该填石路基的技术要求，不符合规范规定的是（   ）。并请说明选择的依据和理由。

①填石路基应采用尺寸不大于 300mm 的规则石块进行边坡码砌。

②下路堤摊铺厚度为 450mm 时，所用石料的最大粒径应小于 300mm。

③与岩质挖方路段衔接的纵向填挖交界处，过渡段采用填石路基。

④填石路基采用压实度（重型击实标准）作为压实质量控制指标。

（A）①③   （B）①④

（C）②③   （D）③④

解答

根据《城市道路路基设计规范》（CJJ 194—2013）：

（1）第 4.3.7 条第 2 款，应为"尺寸不小于 300mm 的规则石块"，①错；

（2）第 4.3.5 条提到，"最大粒径应小于摊铺层厚的 2/3"，450 × 2/3 = 300mm，②对；

（3）第 4.7.7 条第 3 款，"岩质地段过渡段可采用填石路基"，③对；

（4）第 4.6.4 条，"宜采用孔隙率与施工参数同时作为压实质量控制指标"双控，④错。

答案：B

例题 2-17-6（2024 年真题）

某软土地区城市主干路，桥梁台背高填方路段采用堆载预压法进行软基处理。采用分层总和法计算得到地基主固结沉降值 S_c 为 65.0cm，沉降系数 m_s 根据当地经验取 1.44。计算地基平均固结度 U_t 达到 85% 时的地基的沉降量 m_t 是多少？并判断达到此固结度时，在不考虑路基填土自身沉降的前提下，该桥头路基是否满足路基容许工后变形的要求。

（A）$S = 55.3$cm，不满足要求

（B）$S = 79.6$cm，不满足要求

（C）$S = 83.9$cm，满足要求

（D）$S = 93.6$cm，满足要求

解答

根据《城市道路路基设计规范》（CJJ 194—2013）第 7.2.4 条：

$S_t = (1.44 − 1 + 0.85) × 65 = 83.85$cm

$S = 1.44 × 65 = 93$cm

$S_{工后} = 93.6 − 83.85 = 9.75$cm

根据第 6.2.8 条：

9.75cm < 10cm（桥台路基），符合要求。

答案：C

（1）公路地基计算沉降的压缩层，底面应在附加应力与有效自重应力之比不大于 0.15 处。

（2）在前三个条件均满足时，$Y = 0$，否则 $Y = -0.1$。

（3）任意时刻地基的沉降量，考虑主固结随时间的变化过程，按第 7.7.2 条进行计算。

考点18　粒料桩计算

1. 公路粒料桩计算

条文规定

《公路路基设计规范》（JTG D30—2015）规定如下：

7.7.7　粒料桩处理地基设计应符合下列要求：

4　粒料桩复合地基的路堤整体抗剪稳定系数计算时，复合地基内滑动面上的抗剪强度可采用复合地基抗剪强度 τ_{ps}，并按式(7.7.7-1)计算。

$$\tau_{ps} = \eta\tau_p + (1-\eta)\tau_s \tag{7.7.7-1}$$

式中：η——桩土面积置换率；

　　　τ_p——桩体抗剪强度（kPa）；

　　　τ_s——地基土抗剪强度（kPa）。

5　粒料桩桩长深度内地基的沉降 S_z 应按式(7.7.7-2)计算。

$$S_z = \mu_s S \tag{7.7.7-2}$$

$$\mu_s = \frac{1}{1 + \eta(n-1)} \tag{7.7.7-3}$$

式中：μ_s——桩间土应力折减系数；

　　　n——桩土应力比，宜经试验工程确定；无资料时，n 可取 2~5；当桩底土质好，桩间土质差时取高值，否则取低值；

　　　S——粒料桩桩长深度内原地基的沉降。

典型例题

例题 2-18-1

某公路采用振冲粒料桩处理，桩料为砂砾，桩径为 0.6m，等边三角形布桩，桩距 1.5m，对该复合地基的路堤进行整体抗剪稳定性分析时，已知地基土抗剪强度 $\tau_s = 25$kPa，滑动面处桩体的抗剪强度 $\tau_p = 90.96$kPa，滑动面倾角 $\alpha = 30°$，根据《公路路基设计规范》（JTG D30—2015），则复合地基内滑动面上的抗剪强度与（　　）最为接近。

（A）14.35kPa　　　　　　　　　　（B）34.56kPa

（C）65.34kPa　　　　　　　　　　（D）114.56kPa

解答

根据《公路路基设计规范》（JTG D30—2015）第 7.7.7 条。

等边三角形布桩：$\eta = 0.907 \left(\dfrac{D}{B}\right)^2 = 0.907 \times \left(\dfrac{0.6}{1.5}\right)^2 = 0.145$

复合地基抗剪强度：$\tau_{ps} = \eta\tau_p + (1 - \eta)\tau_s = 0.145 \times 90.96 + (1 - 0.145) \times 25 = 34.56\text{kPa}$

答案：B

例题 2-18-2（2020 年真题）

某公路在粉土地基路段，采用碎石桩处理，碎石桩正方形布置，间距为 1.5m，碎石桩的直径为 50cm，桩土面积置换率为 0.087，粉土的抗剪强度 $\tau_s = 50\text{kPa}$，碎石桩的抗剪强度 $\tau_p = 160\text{kPa}$，依据《公路路基设计规范》（JTG D30—2015）计算，该复合地基的抗剪强度为（　　）。（取小数点后一位）

（A）50.0kPa　　　　　　　　　　　　（B）59.6kPa

（C）69.1kPa　　　　　　　　　　　　（D）88.3kPa

解答

根据《公路路基设计规范》（JTG D30—2015）第 7.7.7 条，复合地基抗剪强度：

$\tau_{ps} = \eta\tau_p + (1 - \eta\tau_s) = 0.087 \times 160 + (1 - 0.087) \times 50 = 59.6\text{kPa}$

答案：B

例题 2-18-3（2024 年真题）

某公路松软砂土地基，地基承载力低，沉降量偏大，为了提高地基的承载力，减小地基沉降，采用振冲碎石桩处理，振冲碎石桩直径 50cm，碎石桩桩长 10m，正三角形布置，桩间距 1.3m，桩土面积置换率 m 取 0.1341，桩土应力比取 3，经计算碎石桩处理深度范围内的原地基沉降为 42cm。根据《公路路基设计规范》规定，采用振冲碎石桩后地表下 10m 范围内地基的沉降是多少？

（A）330mm　　　　　　　　　　　　（B）350mm

（C）380mm　　　　　　　　　　　　（D）420mm

解答

根据《公路路基设计规范》（JTG D30—2015），第 7.7.7 条第 5 款：

$\mu_s = \dfrac{1}{1 + 0.1341 \times (3 - 1)} = 0.789$

$S_z = 0.789 \times 420 = 331.2\text{mm}$

答案：A

例题 2-18-4

某公路路堤位于软土地区，路基地基采用碎石桩处理，桩径 $d = 0.6\text{m}$，桩长 $l = 12\text{m}$，正三角形布桩，桩距为 1.6m，桩土应力比 $n = 3.0$，未处理前，桩长深度范围内地基土沉降量为 23cm，按《公路路基设计规范》（JTG D30—2015），处理后碎石桩长范围内地基的沉降量最接近（　　）。

（A）14cm　　　　（B）17cm　　　　（C）18cm　　　　（D）20cm

解答

根据《公路路基设计规范》（JTG D30—2015）第 7.7.7 条。

（1）面积置换率

$\eta = 0.907 \left(\dfrac{d}{s}\right)^2 = 0.907 \times \left(\dfrac{0.6}{1.6}\right)^2 = 0.128$

（2）处理后桩长范围沉降

$\mu_s = \dfrac{1}{1 + \eta(n - 1)} = \dfrac{1}{1 + 0.128 \times (3 - 1)} = 0.796$

$S_z = 0.796 \times 23 = 18.3\text{cm}$

答案：C

例题 2-18-5（2022 年真题）

某松软砂土地基，地基承载力低，为了提高地基的承载力，减小地基沉降，采用振冲碎石桩处理，振冲碎石桩直径 50cm，桩长 9m，正三角形布置，桩间距 1.5m；桩土面积置换率 0.1007，桩土应力比取 4，经计算碎石桩处理深度范围内的原地基沉降为 43cm。根据规范计算，采用振冲碎石桩后地表下 9m 范围内的沉降是（　　　）。

（A）33cm　　　　　　（B）35cm　　　　　　（C）38cm　　　　　　（D）43cm

解答

根据《公路路基设计规范》（JTG D30—2015）第 7.7.7 条：

$$\mu_s = \frac{1}{1+\eta(n-1)} = \frac{1}{1+0.1007\times(4-1)} = 0.768$$

$$S_z = \mu_s S = 43 \times 0.768 = 33\text{cm}$$

答案：A

例题 2-18-6（2022 年补考真题）

某高速公路粉土地基，采用碎石桩处理，碎石桩正方形布置，间距 1.6m，碎石桩的直径 60cm，粉土的抗剪强度 $\tau_s = 55$kPa，碎石桩的抗剪强度 $\tau_p = 160$kPa。问复合地基的抗剪强度是（　　　）。

（A）50kPa　　　　　　（B）60kPa　　　　　　（C）67kPa　　　　　　（D）105kPa

解答

根据《公路路基设计规范》（JTG D30—2015）计算。

（1）计算桩土置换率

$$\eta = 0.785 \times \left(\frac{0.6}{1.6}\right)^2 = 0.11$$

注：《公路路基设计规范》（JTG D30—2015）里没有面积置换率的计算公式，但《城市道路路基设计规范》（CJJ 194—2013）第 7.2.9 条有。

（2）计算复合地基抗剪强度

$$\tau_{ps} = 0.11 \times 160 + (1 - 0.11) \times 55 = 66.55\text{kPa}$$

取 67kPa。

答案：C

2. 城市道路粒料桩计算

📖 条文规定

《城市道路路基设计规范》（CJJ 194—2013）规定如下：

7.2.9　粒料桩法应符合下列规定：

3　计算设有粒料桩复合地基的路基整体滑动稳定安全系数时，复合地基内滑动面上的抗剪强度应采用复合地基抗剪强度，并应按下列公式计算：

$$\tau_{ps} = m\tau_p + (1-m)\tau_s \tag{7.2.9-1}$$

$$\tau_p = \sigma \cos\alpha \tan\varphi_c \tag{7.2.9-2}$$

$$m = 0.907\left(\frac{D}{B}\right)^2 \tag{7.2.9-3}$$

$$m = 0.785\left(\frac{D}{B}\right)^2 \tag{7.2.9-4}$$

式中：τ_{ps}——复合地基抗剪强度（kPa）；

τ_p——粒料桩抗剪强度（kPa）；

τ_s——桩间土抗剪强度（kPa）；

σ——滑动面处桩体的竖向应力（kPa）；

φ_c——粒料桩的内摩擦角，桩料为碎石时可取 38°，桩料为砂砾时可取 35°；

m——桩对土的置换率，桩在平面上按等边三角形布置时，按式(7.2.9-3)计算确定；桩在平面上按正方形布置时，按式(7.2.9-4)计算确定；

α——滑动面倾角（°）；

D_p——桩的直径（m）；

B_p——桩间距（m）。

4 粒料桩桩长深度内地基的沉降应按下列公式计算：

$$S_z = \mu_s S \tag{7.2.9-5}$$

$$\mu_s = \frac{1}{1+m(n-1)} \tag{7.2.9-6}$$

式中：S_z——桩长深度内复合地基的沉降（m）；

S——粒料桩桩长深度内未加固地基（天然地基）的沉降（m）；

μ_s——桩间土应力折减系数；

n——桩土应力比；宜经工程试验确定。当无资料时，n可取 2～5，当桩底土质好、桩间土质差时取高值，否则取低值。

📖 **典型例题**

例题 2-18-7（2022 年补考真题）

某软土地区城市次干路，桥梁台背高填方路段拟定以下两个软基处理方案控制路基沉降。经计算，该处高填方路基在施工期和路面使用年限内的总沉降为 0.44m。在不考虑填筑路堤自身沉降的情况下，分别计算两个方案的工后沉降，并判断（　　）符合规范规定。（取小数点后两位）

方案一（堆载预压方案）：堆载预压期为 8 个月，推算施工期内累计沉降为 0.26m。

方案二（碎石桩处理方案）：桩径为 0.8m，桩距为 1.5m，桩长为 10m，按等边三角形布置，桩土应力比取 4.8，推算碎石桩桩长深度内未加固地基的工后沉降为 0.39m。

（A）方案一符合 　　　　　　　　　　（B）方案二符合

（C）两个方案均符合 　　　　　　　　（D）两个方案均不符合

解答

根据《城市道路路基设计规范》（CJJ 194—2013）

（1）方案一

①根据第 7.2.8 条，8 个月 > 6 个月，符合要求。

②根据第 6.2.8 条，次干路、桥台，工后沉降 ≤ 0.2m，$0.44 - 0.26 = 0.18\text{m} < 0.2\text{m}$，符合要求。

（2）方案二

①根据第 7.2.9 条第 4 款计算，符合地基沉降。

$m = 0.907 \times \left(\frac{0.8}{1.5}\right)^2 = 0.258$

$\mu_s = \frac{1}{1+0.258 \times (4.8-1)} = 0.505$

$S_z = 0.505 \times 0.39 = 0.197\text{m}$

②计算工后沉降。

$0.44 - 0.39 + 0.197 = 0.247\text{m} > 0.2\text{m}$，不符合要求。

答案：A

例题 2-18-7a（2021 年真题）

某城市次干路一般填方路段的地基分布有软弱土层，路面结构设计厚度为 0.64m，路堤填筑高度为 4.14m。拟采用碎石桩处理控制路基工后沉降，碎石桩桩径为 0.50m，按等边三角形布置的桩距为 1.50m，桩长为 6.00m，桩土应力比取 5。在设计年限内，碎石桩桩长深度内未加固地基的工后沉降为 0.44m，碎石桩加固地基下卧层的工后沉降为 0.12m。不考虑填筑路堤自身沉降，计算该填方路基工后沉降应为（   ）。并判断是否符合规范规定。（取小数点后两位）

（A）0.31m，不符合规范规定

（B）0.31m，符合规范规定

（C）0.43m，符合规范规定

（D）0.56m，不符合规范规定

解答

根据《城市道路路基设计规范》（CJJ 194—2013）第 7.2.9 条：

$$m = 0.907 \times \left(\frac{0.5}{1.5}\right)^2 = 0.1008$$

$$\mu_s = \frac{1}{1+m(n-1)} = \frac{1}{1+0.1008 \times (5-1)} = 0.713$$

$$S_Z = 0.713 \times 0.44 = 0.314\text{m}$$

总沉降 $= 0.314 + 0.12 = 0.434\text{m}$

查表 6.2.8，次干路一般路段路基容许工后变形 $\leqslant 0.5\text{m}$，0.434m $<$ 0.5m，符合要求。

《城市道路路基设计规范》（CJJ 194—2013）中关于粒料桩桩长深度内地基沉降的计算与《公路路基设计规范》（JTG D30—2015）基本一致。但解题时，应根据题意引用《城市道路路基设计规范》（CJJ 194—2013）的条文规定。

答案：C

例题 2-18-8（2023 年真题）

某城市道路位于软土地区，拟采用碎石桩对软弱地基进行加固处理，桩长为 6.0m，桩直径为 0.5m，桩距为 1.50m，等边三角形布置。复合地基内滑动面倾角为 18°，滑动面处桩体的竖向应力为 210kPa，桩间土抗剪强度 $\tau_s = 55\text{kPa}$。在计算复合地基的路基整体滑动安全系数时，其复合地基内滑动面上的抗剪强度应为（   ）。（取小数点后一位）

（A）62.4kPa

（B）63.6kPa

（C）63.8kPa

（D）65.2kPa

解答

根据《城市道路路基设计规范》（CJJ 194—2013）第 7.2.9 条：

$$m = 0.907 \times \left(\frac{0.5}{1.5}\right)^2 = 0.1$$

$$\tau_p = 210 \times \cos 18° \times \tan 38° = 156.04\text{kPa}$$

$$\tau_{ps} = 0.1 \times 156.04 + (1 - 0.1) \times 55 = 65.2\text{kPa}$$

答案：D

📖 **考点分析**

等边三角形布置时，一根桩分担的处理地基面积的等效圆直径 $d_e = 1.05S$，正方形布置时，$d_e = 1.128S$，桩土面积置换率 $\eta = d^2/d_e^2$，由此计算得到：

（1）等边三角形布桩：$\eta = 0.907\left(\dfrac{D}{B}\right)^2$；

（2）正方形布桩：$\eta = 0.785\left(\dfrac{D}{B}\right)^2$。

式中，$d = D$，为桩身直径；$S = B$，为桩间距（中到中距离）。不同的规范采用不同的符号，考生应重点理解置换率的含义，在各类复合地基计算中均为最重要的参数。

考点19　加固土桩计算

1. 公路加固土桩计算

📖 条文规定

《公路路基设计规范》（JTG D30—2015）规定如下：

7.7.8　加固土桩处理地基设计应符合下列要求：

3　加固土桩复合地基的路堤整体抗剪稳定系数计算时，复合地基内滑动面上的抗剪强度应采用复合地基抗剪强度τ_{ps}，并按式(7.7.7-1)计算。

4　加固土桩的抗剪强度以90d龄期的强度为标准强度，可按钻取试验路段的原状试件测得无侧限抗压强度q_u的一半计算；也可按设计配合比由室内制备的加固土试件测得的90d无侧限抗压强度q_u乘以折减系数0.30求得。

6　复合压缩模量E_{ps}应按式(7.7.8)计算：

$$E_{ps} = \eta E_p + (1 - \eta)E_s \tag{7.7.8}$$

式中：E_p——桩体压缩模量（MPa）；

E_s——土体压缩模量（MPa）。

📖 典型例题

例题 2-19-1

某公路路堤位于软土地区，路基地基采用水泥土搅拌桩处理，桩径$d = 0.5$m，桩长$l = 15$m，正三角形布桩，桩距为1.2m，地基土不排水抗剪强度$c = 23.6$kPa，按配合比室内制备的加固土试块90d龄期无侧限抗压强度$q = 1.2$MPa，复合地基潜在滑动面如下图所示，按《公路路基设计规范》（JTG D30—2015），复合地基滑动面的抗剪强度最接近（　　　）。

例题 2-19-1 图

（A）77kPa

（B）164kPa

（C）209kPa

（D）220kPa

解答

根据《公路路基设计规范》（JTG D30—2015）第7.7.7条。

（1）面积置换率

等边三角形布桩$\eta = 0.907 \left(\frac{d}{s}\right)^2 = 0.907 \times \left(\frac{0.5}{1.2}\right)^2 = 0.157$

（2）滑动面抗剪强度

水泥土搅拌桩桩体抗剪强度$\tau_p = 0.3q = 0.3 \times 1.2 \times 10^3 = 360\text{kPa}$

$\tau_{ps} = \eta\tau_p + (1 - \eta)\tau_s = 0.157 \times 360 + (1 - 0.157) \times 23.6 = 76.4\text{kPa}$

答案：A

2. 城市道路加固土桩计算

📖 条文规定

《城市道路路基设计规范》（CJJ 194—2013）规定如下：

7.2.10 加固土桩法应符合下列规定：

4 计算设有加固土桩复合地基的路基整体滑动稳定安全系数时，复合地基内滑动面上的抗剪强度应采用复合地基抗剪强度，并应按下列公式计算：

$$\tau_{ps} = m\tau_p + (1 - m)\tau_s \tag{7.2.10-1}$$

式中：τ_{ps}——复合地基抗剪强度（kPa）；

τ_p——加固土桩抗剪强度（kPa）；

τ_s——桩间土抗剪强度（kPa）。

6 加固土桩复合地基的沉降量应按复合地基加固区的沉降量和加固区下卧层的沉降量两部分来计算。加固区的沉降量应采用复合地基压缩模量法计算；下卧层的沉降量宜采用压缩模量法计算。复合地基压缩模量应按下列公式计算：

$$E_{ps} = mE_p + (1 - m)E_s \tag{7.2.10-2}$$

式中：E_{ps}——复合地基压缩模量（MPa）；

E_p——桩体压缩模量（MPa），可根据无侧向抗压强度按经验公式取值；

E_s——土体压缩模量（MPa）。

📖 典型例题

例题 2-19-2

某城市路基采用搅拌桩处理，桩径为0.5m，正方形布桩，桩距1.0m，桩长10m，已知地基土压缩模量$E_s = 3\text{MPa}$，搅拌桩的压缩模量$E_p = 200\text{MPa}$。则根据《城市道路路基设计规范》（CJJ 194—2013）计算的复合地基压缩模量为（　　）。

（A）35MPa   （B）45MPa

（C）42MPa   （D）50MPa

解答

根据《公路路基设计规范》（JTG D30—2015）第7.7.8条。

（1）正方形布桩，$\eta = 0.785 \left(\frac{D}{B}\right)^2 = 0.785 \times \left(\frac{0.5}{1.0}\right)^2 = 0.196$

（2）$E_{ps} = mE_p + (1 - m)E_s = 0.196 \times 200 + (1 - 0.196) \times 3 = 41.6\text{MPa}$

答案：C

（1）计算加固土桩复合地基的路堤整体抗剪稳定性系数时，复合地基内滑动面上的抗剪强度应采用复合地基抗剪强度。

（2）加固区的沉降计算采用复合压缩模量。

考点20　红黏土计算

1. 公路红黏土计算

条文规定

《公路路基设计规范》（JTG D30—2015）规定如下：

7.8.1　红黏土与高液限土路基设计应遵循下列原则：

1　路线通过红黏土或高液限土地区，应查明红黏土或高液限土分布范围、成因类型、土体的结构层次特征、垂直分带及其湿度状态、土体中裂隙分布特征、地下水分布规律、物理力学性质及胀缩性等。

2　红黏土可根据液塑比与界限液塑比之间关系，以及复浸水特性，按表7.8.1进行分类。液塑比、界限液塑比可按式(7.8.1-1)、式(7.8.1-2)计算。

$$I_r = \frac{w_L}{w_P} \tag{7.8.1-1}$$

$$I_r' = 1.4 + 0.0066w_L \tag{7.8.1-2}$$

式中：I_r——液塑比；

　　　I_r'——界限液塑比；

　　　w_L——液限（%）；

　　　w_P——塑限（%）。

2. 城市道路红黏土计算

条文规定

《城市道路路基设计规范》（CJJ 194—2013）规定如下：

7.3.1　红黏土与高液限土地区的路基设计，应查明沿线红黏土或高液限土的分布范围、成因类型、土体结构、湿度状态及其垂直分带、土体中裂隙分布特征、地下水分布情况、物理力学性质及胀缩性等。

1　红黏土的结构可按表7.3.1-1的规定进行分类，复浸水特性可按表7.3.1-2的规定进行分类。

2　当红黏土与高液限土具有明显膨胀性时，应按膨胀土路基进行设计。

红黏土的结构分类　　　　　　　　　　　　　　　　表7.3.1-1

土体结构	裂隙发育特征	S_t
致密状结构	偶见裂隙（<1条/m）	>1.2

土体结构	裂隙发育特征	S_t
巨块状结构	较多裂隙（1~2 条/m）	0.8~1.2
碎块状结构	富裂隙（>5 条/m）	<0.8

注：S_t 为红黏土的天然状态与保湿扰动状态土样的无侧限抗压强度之比。

红黏土的复浸水特性分类　　　　　　　　　　表 7.3.1-2

类别	I_r 与 I_r' 关系	复浸水特性
Ⅰ	$I_r \geq I_r'$	收缩后复浸水膨胀，能恢复到原位
Ⅱ	$I_r < I_r'$	收缩后复浸水膨胀，不能恢复到原位

注：$I_r = \omega_L / \omega_p$，$I_r' = 1.4 + 0.0066\omega_L$；$\omega_L$—液限；$\omega_p$—塑限。

📖 **典型例题**

例题 2-20-1

某红黏土的天然含水率为 51%，塑限为 35%，液限为 55%，则该红黏土复浸水特征类别为（　　　）。

（A）Ⅰ类　　　　　　　　　　　　　　　　　（B）Ⅱ类

（C）Ⅰ类及Ⅱ类　　　　　　　　　　　　　（D）无法判断

解答

$I_r = \dfrac{w_L}{w_p} = \dfrac{55}{35} = 1.57$，$I_r' = 1.4 + 0.0066w_L = 1.4 + 0.0066 \times 55 = 1.76$

$I_r < I_r'$，复浸水类别为Ⅱ类。

答案：B

考点21　公路膨胀土地基变形量计算

1. 公路基于固结试验的膨胀土地基变形量

📖 **条文规定**

《公路路基设计规范》（JTG D30—2015）规定如下：

7.9.3　膨胀土地基变形量预测应符合下列要求：

1　挡土墙等构造物基础、低路堤基底为膨胀土地基时，可按式(7.9.3-1)或式(7.9.3-2)对膨胀土地基变形量进行计算。

2　基于固结试验的膨胀土地基变形量可按式(7.9.3-1)计算：

$$\rho = \sum_{i=1}^{n} \frac{C_s z_i}{(1 + e_0)_i} \lg \left(\frac{\sigma_f'}{\sigma_{sc}'} \right)_i \tag{7.9.3-1}$$

式中：ρ——地基变形量（mm）；

e_0——初始孔隙比；

σ_{sc}'——由恒体积试验中校正的膨胀压力（kPa）；

σ_f'——最后有效应力（kPa）；

C_s——膨胀指数；

z_i——第i层土的初始厚度（mm）。

例题 2-21-1

广西百色—乐业公路（K58 + 100, 1.6～1.85m）膨胀路段进行土恒体积固结试验，初始孔隙比$e = 0.61$，膨胀指数$C_s = 0.05$，恒体积试验中校正的膨胀压力$\sigma'_{sc} = 250$kPa，最后有效应力为35kPa，试验场地膨胀土的活动区深度为3.6m，则该膨胀土地基的变形总量为（　　）。

（A）85mm　　　　　　（B）95mm　　　　　　（C）102mm　　　　　　（D）75mm

解答

$$\rho = \sum_{i=1}^{n} \Delta z_i = \sum_{i=1}^{n} \frac{\Delta e_i}{(1+e_0)_i} z_i = \sum_{i=1}^{n} \frac{c_i z_i}{(1+e_0)_i} \lg \left(\frac{\sigma'_f}{\sigma'_x} \right)_i$$

$$= \frac{0.05 \times 3.6}{1+0.61} \times \lg \frac{35}{250} = -0.095\text{m} = -95\text{mm}$$

答案：B

2. 公路基于收缩试验的膨胀土地基变形量

《公路路基设计规范》（JTG D30—2015）规定如下：

7.9.3 膨胀土地基变形量预测应符合下列要求：

3 基于收缩试验的膨胀土地基变形量可按式(7.9.3-2)计算：

$$\rho = \sum_{i=1}^{n} \Delta z_i = \sum_{i=1}^{n} \frac{C_w \Delta w_i}{(1+e_0)_i} z_i \tag{7.9.3-2}$$

$$C_w = \frac{\Delta e_i}{\Delta w_i} \tag{7.9.3-3}$$

式中：C_w——非饱和膨胀土体积收缩指数；

Δe_i——第i层土的孔隙比的变化；

Δw_i——第i层土的含水率变化。

例题 2-21-2

试验场地位于百乐二级公路白色西北乐村，属丘陵地，试验点为一小山丘。试验场地膨胀土的活动区深度为3.6m。膨胀土的三相收缩试验得出的体积收缩指数$C_w = \frac{\Delta e}{\Delta w} = 0.0211$，膨胀土的物理力学性质如下表所示，试验点膨胀土地基变形计算模式如下图所示，假定场区膨胀土土层是均匀的，按一层土来考虑，则该场地膨胀土地基总变形为（　　）。

百乐路 K58 + 100 试验膨胀土物理力学性质　　　　　　　　例题 2-21-2 表

取样地点	取样深度（m）	含水率（%）	湿密度（g/cm³）	干密度（g/cm³）	饱和度（%）	液限（%）	塑限（%）	塑性指数（%）	缩限（%）	孔隙比	c（kPa）	φ（°）
K58 + 100	0.9～1.1	21.3	1.97	1.63	83	50.3	23.9	26.4	19.4	0.72	22.6	27.8

例题 2-21-2 图

（A）85mm   （B）90mm   （C）108mm   （D）99mm

解答

$$\rho = \sum_{i=1}^{n} \Delta z_i = \sum_{i=1}^{n} \frac{c_w \Delta w_i}{(1+e_0)_i} z_i = \frac{0.0211 \times (23.9-19.4)/2}{1+0.72} \times 3.6 = 99mm$$

答案：D

📖 **考点分析**

计算膨胀土地基变形量时，注意区分基于固结试验还是收缩试验。

考点22 公路黄土计算

1. 公路自重湿陷量计算

📖 **条文规定**

《公路路基设计规范》（JTG D30—2015）规定如下：

7.10.4 湿陷性黄土地基设计应判别地基湿陷类型，计算地基湿陷量，确定地基湿陷等级，并应符合下列要求：

1 黄土地区场地湿陷类型应根据实测自重湿陷量或室内压缩试验累计的计算自重湿陷量判定。当实测或计算自重湿陷量不大于 70mm 时，应定为非自重湿陷性黄土场地；当实测或计算自重湿陷量大于 70mm 时，应定为自重湿陷性黄土场地。

2 湿陷性黄土场地自重湿陷量应按式(7.10.4-1)计算：

$$\Delta_{zs} = \beta_0 \sum_{i=1}^{n} \delta_{zsi} h_i \tag{7.10.4-1}$$

式中：Δ_{zs}——湿陷性黄土场地自重湿陷量（mm）；

   δ_{zsi}——第 i 层土的自重湿陷系数；

   h_i——第 i 层土的厚度（mm）；

   β_0——因地区土质而异的修正系数；当缺乏实测资料时，陇西地区取 1.50，陇东—陕北—晋西地区取 1.20，关中地区取 0.90，其他地区可取 0.50。

《公路工程地质勘察规范》（JTG C20—2011）规定如下：

自重湿陷量的计算值 Δ_{zsi}，应自天然地面算起，当挖、填方的厚度和面积较大时，应自设计地面算起，至其下非湿陷性黄土层的顶面为止，其中自重湿陷系数δ_{zs}小于0.015的土层不应累计计算。

📖 **典型例题**

例题 2-22-1（2021 年真题）

陕西关中地区的一处填方路基，地基为湿陷性黄土，地勘查明，地表以下 7.5m 为自重湿陷性黄土，7.5m 以下为非自重湿陷性黄土，取样试验测得自地表向下 0～1.5m、1.5～3.0m、3.0～4.5m、4.5～5.5m、5.5～7.5m 的自重湿陷性系数分别为$\delta_{zs1} = 0.104$、$\delta_{zs2} = 0.098$、$\delta_{zs3} = 0.075$、$\delta_{zs4} = 0.056$、$\delta_{zs5} = 0.028$，该湿陷性黄土地基的自重湿陷量是（　　　）。

（A）424mm
（B）475mm
（C）528mm
（D）633mm

解答

根据《公路路基设计规范》（JTG D30—2015）式(7.10.4)，注意自重湿陷量计算自天然地面起算，$\delta_{zs} < 0.015$ 的不算，$\beta = 0.9$。

$\Delta_{zs} = 0.9 \times (0.104 \times 1.5 + 0.098 \times 1.5 + 0.075 \times 1.5 + 0.056 \times 1.0 + 0.028 \times 2) \times 1000$
$= 475\text{mm}$

答案： B

例题 2-22-2

宝鸡某黄土地区修建一条二级公路，勘察时 3 号探井的土工试验资料见下表，场地地面水平，探井的高程为 ± 0.00，该路段为挖方，且规模较大。路基设计高程为−2.00m，则该场地的自重湿陷量计算值最接近（　　　）。

例题 2-22-2 表

土样编号	取样深度（m）	δ_s	δ_{zs}
3-1	1.5	0.085	0.032
3-2	2.5	0.059	0.013
3-3	3.5	0.076	0.022
3-4	4.5	0.028	0.012
3-5	5.5	0.094	0.031
3-6	6.5	0.091	0.075
3-7	7.5	0.071	0.060
3-8	8.5	0.039	0.012
3-9	9.5	0.002	0.001
3-10	10.5	0.001	0.008

（A）94mm
（B）110mm
（C）170mm
（D）180mm

解答

宝鸡属于关中地区，$\beta_0 = 0.9$。起算点取设计地面高程−2.0m，δ_{zs} 小于 0.015 的土层不计入。

$\Delta_{zs} = \beta_0 \sum_{i=1}^{n} \delta_{zsi} h_i = 0.9 \times 1000 \times (0.022 + 0.031 + 0.075 + 0.060) = 169.2\text{mm}$

答案：C

2. 公路地基湿陷量计算

📖 条文规定

《公路路基设计规范》（JTG D30—2015）规定如下：

3 湿陷性黄土的地基湿陷量应按式(7.10.4-2)计算：

$$\Delta_s = \sum_{i=1}^{n} \beta \delta_{si} h_i \tag{7.10.4-2}$$

式中：Δ_s——地基的总湿陷量（mm）；

δ_{si}——第 i 层土的湿陷系数；

β——考虑地基土受水浸湿可能性和侧向挤出等因素的修正系数；当缺乏实测资料时，基底下 0～5m 深度内取 $\beta = 1.5$，基底下 5～10m 深度内取 $\beta = 1.0$。

《公路工程地质勘察规范》（JTG C20—2011）规定如下：

总湿陷 Δ_s 的计算值：初勘阶段应自地面以下 1.5m 算起，详勘阶段应自基础底面算起；在非自重湿陷性黄土场地，应累计计算至基底以下 10.0m（或地基压缩层）深度为止；在自重湿陷性黄土场地，对大桥、特大桥、高墩桥等重要建筑物应累计计算至非湿陷性黄土层顶面为止；对其他构筑物，当基础底面下的湿陷性土层厚度大于 10m 时，其累计深度可根据所在地区确定，陇西、陇东和陕北地区不应小于 15m，其他地区不应小于 10m，其中湿陷系数 δ_s（10m 以下为 δ_{zs}）小于 0.015 的土层不应累计。

📖 典型例题

例题 2-22-3

某一黄土塬（因土质地区而异的修正系数取 $\beta_0 = 0.5$）上进行场地初步勘察，在一探井中取样进行黄土湿陷性试验，成果如下表所示。则该探井处的总湿陷量 Δ_s 为（   ）。（不考虑地质分层）。

例题 2-22-3 表

取样深度（m）	自重湿陷系数 δ_{zs}	湿陷系数 δ_s
1.00	0.032	0.044
2.00	0.027	0.036
3.00	0.022	0.038
4.00	0.020	0.030
5.00	0.001	0.012
6.00	0.005	0.022
7.00	0.004	0.020
8.00	0.001	0.006

（A）21cm
（B）18cm
（C）27cm
（D）25cm

解答

（1）自重湿陷量：

238

$$\Delta_{zs} = \beta_0 \sum_{i=1}^{n} \delta_{zsi} h_i = 0.5 \times (0.032 \times 1.5 + 0.027 \times 1.0 + 0.022 \times 1.0 + 0.020 \times 1.0) = 58.5\text{mm} <$$

70mm

（2）总湿陷量：

$$\Delta_s = \sum_{i=1}^{n} \beta \delta_{si} h_i = 1.5 \times (0.036 \times 1.0 + 0.038 \times 1.0 + 0.030 \times 1.0 + 0.022 \times 1.0) + 1.0 \times 0.02 =$$

209mm

答案：A

3. 公路场地湿陷等级判定

📖 **条文规定**

《公路路基设计规范》（JTG D30—2015）规定如下：

4 湿陷性黄土地基的湿陷等级，应根据地基各层累计的总湿陷量和计算自重湿陷量的大小等因素按表7.10.4确定。

湿陷性黄土地基的湿陷等级 表 7.10.4

湿陷类型		非自重湿陷性场地	自重湿陷性场地		
计算自重湿陷量Δ_{zs}（mm）		$\Delta_{zs} \leqslant 70$	$70 < \Delta_{zs} \leqslant 350$	$\Delta_{zs} > 350$	
总湿陷量Δ_s（mm）	$\Delta_s \leqslant 300$	I（轻微）	II（中等）	—	
	$300 < \Delta_s \leqslant 700$	II（中等）	II（中等）或III（严重）	III（严重）	
	$\Delta_s > 700$	II（中等）	III（严重）	IV（很严重）	

注：当总湿陷量$\Delta_s > 600$mm、计算自重湿陷量$\Delta_{zs} > 300$mm时，可判为III级，其他情况可判为II级。

📖 **典型例题**

例题 2-22-4

某公路位于陇西地区的湿陷性黄土场地，地层情况为：0～12.5m为湿陷性黄土，12.5m以下为非湿陷性土。初勘阶段，探井资料如下表所示，假设场地地层水平、均匀，地面高程为±0.000，根据《公路路基设计规范》（JTG D30—2015）的规定，则湿陷性黄土地基的湿陷等级为（　　　　）。

例题 2-22-4 表

取样深度（m）	δ_s	δ_{zs}
1	0.076	0.011
2	0.070	0.013
3	0.065	0.016
4	0.055	0.017
5	0.050	0.018
6	0.045	0.019
7	0.043	0.020
8	0.037	0.022

取样深度（m）	δ_s	δ_{zs}
9	0.011	0.010
10	0.036	0.025
11	0.018	0.027
12	0.014	0.016
13	0.006	0.010
14	0.002	0.005

（A）I级　　　　　（B）II级　　　　　（C）III级　　　　　（D）IV级

解答

（1）自重湿陷量计算。

陇西地区：$\beta_0 = 1.5$

$\Delta_{zs} = \beta_0 \sum\limits_{i=1}^{n} \delta_{zsi} h_i = 1.5 \times (0.016 \times 1 + 0.017 \times 1 + 0.018 \times 1 + 0.019 \times 1 + 0.020 \times 1 + 0.022 \times$

$1 + 0.025 \times 1 + 0.027 \times 1 + 0.016 \times 1) = 0.27\text{m} > 70\text{mm}$，为自重湿陷性场地。

（2）湿陷量计算。

自重湿陷性场地，计算深度至非湿陷性黄土层的顶面。

即计算到12.5m处（基底下11.0m处）。

1.5～6.5m 段：$\beta = 1.5$

6.5～11.5m 段：$\beta = 1.0$

11.5m 以下：$\beta = \beta_0 = 1.5$

$\Delta_s = \sum\limits_{i=1}^{n} \beta \delta_{zsi} h_i = 1.5 \times (0.070 \times 1 + 0.065 \times 1 + 0.055 \times 1 + 0.050 \times 1 + 0.045 \times 1) + 1.0 \times$

$(0.043 \times 1 + 0.037 \times 1 + 0.036 \times 1 + 0.018 \times 1) + 1.5 \times 0.016 \times 1 = 0.05855\text{m} = 585.5\text{mm}$

（3）由 $70 < \Delta_{zs} \leqslant 350$，$300 < \Delta_s \leqslant 700$，可判断场地等级为II级或III级。

由 $\Delta_{zs} < 300\text{mm}$，$\Delta_s < 600\text{mm}$，可判断场地湿陷等级为II级。

答案：B

例题 2-22-5（2022 年真题）

某湿陷性黄土地区公路有一处填方路基，地表以下 4m 为自重湿陷性黄土。其下为非自重湿陷性黄土，取样试验测得自地表向下每一米的自重湿陷性系数分别为 $\delta_{zs1} = 0.122$，$\delta_{zs2} = 0.085$，$\delta_{zs3} = 0.058$，$\delta_{zs4} = 0.028$，因地区土质而异的修正系数 $\beta_0 = 1.5$；地基的总湿陷量 $\Delta_s = 560\text{mm}$。根据规范计算并确定此湿陷性黄土地基的湿陷性等级是（　　　）。

（A）I（轻微）　　　　　　　　　　（B）II（中等）

（C）III（严重）　　　　　　　　　　（D）IV（严重）

解答

根据《公路路基设计规范》（JTG D30—2015）第 7.10.4 条：

$\Delta_{zs} = \beta_0 \sum\limits_{i=1}^{n} \delta_{zsi} h_i = 1.5 \times (0.122 + 0.085 + 0.058 + 0.028) = 0.4395\text{m}$

$= 439.5\text{mm} > 70\text{mm}$

同时，$\Delta_s = 560\text{mm}$，查表 7.10.4 可知湿陷性等级为III级。

答案：C

4. 公路湿陷性黄土最小处理深度

《公路路基设计规范》（JTG D30—2015）规定如下：

7.10.5 湿陷性黄土地基处理设计应符合下列要求：

1 高速公路、一级公路通过湿陷性黄土和压缩性较高的黄土地段时，可根据路堤高度、受水浸湿的可能性、湿陷后危害程度和修复的难易程度，按表 7.10.5-1 确定湿陷性黄土地基最小处理深度。

湿陷性黄土地基最小处理深度　　　　　　　　　表 7.10.5-1

路堤高度	湿陷性等级与特征							
	经常流水（或浸湿可能性大）				季节性流水（或浸湿可能性小）			
	Ⅰ	Ⅱ	Ⅲ	Ⅳ	Ⅰ	Ⅱ	Ⅲ	Ⅳ
高路堤（>4m）	2～3	3～5	4～6	6	0.8～1	1～2	2～3	5
零填、挖方路基、低路堤（≤4m）	0.8～1	1～1.5	1.5～2	3	0.5～1.0	0.8～1.2	1.2～2.0	2

注：1. 与桥台相邻路基、高挡土墙路基（墙高大于 6m），宜消除地基的全部湿陷量或穿透全部湿陷性土层。

2. 挖方路基湿陷性黄土地基最小处理深度，从路床顶面起计算。

例题 2-22-6

晋西地区新建一级公路，路面总厚 80cm，K7＋370～K7＋650 为受水浸湿可能性小的挖方段，初步设计勘探时地基为湿陷性黄土，经计算湿陷性黄土场地自重湿陷量为 320mm，地基总湿陷量为 710mm，按照《公路路基设计规范》（JTG D30—2015），该路段湿陷性黄土地基的最小处理深度（从路床顶面起计算）为（　　　）。

（A）0.5～1.0m

（B）0.8～1.2m

（C）1.2～2.0m

（D）2.0～2.8m

解答

根据《公路路基设计规范》（JTG D30—2015）第 7.10.4 条：

$\Delta_{zs} > 70mm$，判断为自重湿陷性场地；

$\Delta_s > 600mm$，$\Delta_{zs} > 300mm$，查表 7.10.4，判断为Ⅲ级（严重）。

查表 7.10.5-1，挖方路基湿陷性黄土地基的最小处理深度从路床顶面起计算为 1.2～2.0m。

答案：C

例题 2-22-7（2022 年补考真题）

晋西地区的一处填方路基，地基为湿陷性黄土，地勘查明，地表以下 7.5m 为自重湿陷性黄土，7.5m 以下为非自重湿陷性黄土，取样试验测得自地表向下 0.0～1.5m、1.5～3.0m、3.0～4.5m、4.5～5.5m、5.5～7.5m 的自重湿陷性系数分别为 $\delta_{zs1} = 0.104$，$\delta_{zs2} = 0.098$，$\delta_{zs3} = 0.075$，$\delta_{zs4} = 0.056$，$\delta_{zs5} = 0.028$。问此湿陷性黄土场地的自重湿陷量是（　　　）。

（A）424mm

（B）475mm

（C）528mm

（D）633mm

解答

根据《公路路基设计规范》（JTG D30—2015）第7.10.4条：

$\Delta_{zs} = 1.2 \times (0.104 \times 1.5 + 0.098 \times 1.5 + 0.075 \times 1.5 + 0.056 \times 1 + 0.028 \times 2) = 0.633\text{m}$

答案：D

例题 2-22-8（2024年真题）

湿陷性黄土地区公路工程一处挖方路基，依据设计，路基需要下挖1.50m，地表以下7m为自重湿陷性黄土，其下为非自重湿陷性黄土，取样试验测得自地表向下每一米的自重湿陷性系数分别为$\delta_{ZS1} = 0.138$，$\delta_{ZS2} = 0.128$，$\delta_{ZS3} = 0.107$，$\delta_{ZS4} = 0.082$，$\delta_{ZS5} = 0.075$，$\delta_{ZS6} = 0.048$，$\delta_{ZS7} = 0.035$，因地区土质而异的修正系数$b_0 = 1.2$，计算地基总的湿陷量为$\Delta_s = 520\text{mm}$。根据《公路路基设计规范》，此湿陷性黄上地基的湿陷性等级是什么？

（A）Ⅰ（轻微） （B）Ⅱ（中等）

（C）Ⅲ（严重） （D）Ⅳ（很严重）

解答

根据《公路路基设计规范》（JTG D30—2015），第7.10.4条第1款：

$\Delta_{ZS} = 1.2 \times (0.128 \times 0.5 + 0.107 \times 1 + 0.082 \times 1 + 0.075 \times 1 + 0.048 \times 1 + 0.035 \times 1)$
$= 0.4932\text{m} = 493.2\text{mm}$

表7.10.4：$\Delta_S = 520\text{mm}$，属于Ⅲ级。

答案：C

📖 **考点分析**

（1）《公路工程地质勘察规范》（JTG C20—2011）对于自重或总湿陷量计算深度起算点、计算土层等进行了具体规定，计算过程中应特别注意。

（2）《公路工程地质勘察规范》（JTG C20—2011）与《公路路基设计规范》（JTG D30—2015）对于湿陷等级判定完全一致。

考点23 公路盐渍土计算

1. 公路盐渍土分类

📖 **条文规定**

《公路路基设计规范》（JTG D30—2015）规定如下：

7.11.2 盐渍土可根据含盐性质和盐渍化程度按表7.11.2-1、表7.11.2-2进行分类。

盐渍土按含盐性质分类　　　　表7.11.2-1

盐渍土名称	离子含量比值	
	Cl^-/SO_4^{2-}	$(CO_3^{2-} + HCO_3^-)/(Cl^- + SO_4^{2-})$
氯盐渍土	＞2	—
亚氯盐渍土	1～2	—

盐渍土名称	离子含量比值	
	Cl^-/SO_4^{2-}	$(CO_3^{2-} + HCO_3^-)/(Cl^- + SO_4^{2-})$
亚硫酸盐渍土	0.3～1.0	—
硫酸盐渍土	< 0.3	—
碳酸盐渍土	—	> 0.3

注：离子含量以 1kg 土中离子的毫摩尔数计（mmol/kg）。

📖 **典型例题**

例题 2-23-1

某公路路基通过盐渍土地区，在粗颗粒盐渍土地段地表 1.0m 深度内分层取样，含盐成分如下表所示，按《公路路基设计规范》（JTG D30—2015），该盐渍土应属于（　　　）。

例题 2-23-1 表

取样深度（m）	盐分摩尔浓度（mmol/1000g）		通过 10mm 筛孔土的分层含盐量（%）
	$c(Cl^-)$	$c(SO_4^{2-})$	
0～0.05	89.31	103.10	20.16
0.05～0.25	24.09	21.28	7.38
0.25～0.50	5.72	14.06	5.33
0.50～0.75	5.46	12.21	3.02
0.75～1.00	5.31	11.89	2.79

（A）氯盐渍土　　　　　　　　　（B）亚氯盐渍土
（C）亚硫酸盐渍土　　　　　　　（D）硫酸盐渍土

解答

根据《公路路基设计规范》（JTG D30—2015）第 7.11.2 条。

按化学成分分类：

$$D = \frac{Cl^-}{SO_4^{2-}} = \frac{89.31\times0.05+24.09\times0.20+(5.72+5.46+5.31)\times0.25}{103.10\times0.05+21.28\times0.20+(14.06+12.21+11.89)\times0.25} = 0.71$$

查规范表 7.11.2-1，为亚硫酸盐渍土。

答案：C

2. 公路盐渍化程度分类

📖 **条文规定**

《公路路基设计规范》（JTG D30—2015）规定如下：

7.11.2　盐渍土可根据含盐性质和盐渍化程度按表 7.11.2-1、表 7.11.2-2 进行分类。

盐渍土按盐渍化程度分类

表 7.11.2-2

盐渍土类型	细粒土土层的平均含盐量（以质量百分数计）		粗粒土通过 1mm 筛孔土的平均含盐量（以质量百分数计）	
	氯盐渍土及亚氯盐渍土	硫酸盐渍土及亚硫酸盐渍土	氯盐渍土及亚氯盐渍土	硫酸盐渍土及亚硫酸盐渍土
弱盐渍土	0.3～1.0	0.3～0.5	2.0～5.0	0.5～1.5
中盐渍土	1.0～5.0	0.5～2.0	5.0～8.0	1.5～3.0
强盐渍土	5.0～8.0	2.0～5.0	8.0～10.0	3.0～6.0
过盐渍土	＞8.0	＞5.0	＞10.0	＞6.0

注：离子含量以 100g 干土内的含盐总量计。

《公路工程地质勘察规范》（JTG C20—2011）规定如下：

8.4.9 盐渍土的工程地质评价应符合下列规定：

1 易溶盐平均含盐量 $\overline{DT}$，应按式(8.4.9-1)计算：

$$\overline{DT} = \frac{\sum_{i=1}^{n} h_i DT_i}{\sum_{i=1}^{n} h_i}$$

(8.4.9-1)

式中：DT_i——第 i 层土的含盐量（%）；

h_i——第 i 层土的厚度（cm）；

n——分层取样的层数。

📖 **典型例题**

例题 2-23-2

某公路路基通过盐渍土地区，在粗粒盐渍土地段地表 1.0m 深度内分层取样，含盐成分如下表所示，按《公路路基设计规范》（JTG D30—2015），该盐渍土应属于（　　　）。

例题 2-23-2 表

取样深度（m）	盐分摩尔浓度（mmol/1000g）		通过 1mm 筛孔土的分层含盐量（%）
	c（Cl^-）	c（SO_4^{2-}）	
0～0.05	89.31	103.10	20.16
0.05～0.25	24.09	21.28	7.38
0.25～0.50	5.72	14.06	5.33
0.50～0.75	5.46	12.21	3.02
0.75～1.00	5.31	11.89	2.79

（A）弱盐渍土

（B）中盐渍土

（C）强盐渍土

（D）过盐渍土

解答

首先根据含盐性质确定盐渍土类型：

$$\frac{Cl^-}{SO_4^{2-}} = \frac{0.05 \times 89.31 + 0.20 \times 24.09 + 0.25 \times (5.72 + 5.46 + 5.31)}{0.05 \times 103.1 + 0.20 \times 21.28 + 0.25 \times (14.06 + 12.21 + 11.89)} = 0.707$$

查规范表 7.11.2-1，为亚硫酸盐渍土。

再计算通过 1mm 筛孔土的平均含盐量：

$$\overline{DT} = \frac{\sum\limits_{i=1}^{n} h_i \cdot DT_i}{\sum\limits_{i=1}^{n} h_i} = \frac{20.16 \times 0.05 + 7.38 \times 0.20 + (5.33 + 3.02 + 2.79) \times 0.25}{1.0} = 5.27\%$$

查规范表 7.11.2-2，为强盐渍土。

答案：C

3. 公路盐渍土地基失陷量计算

📖 条文规定

《公路路基设计规范》（JTG D30—2015）规定如下：

7.11.3 盐渍土地基应进行盐胀性和溶陷性评价，并应符合下列要求：

2 地下水位埋深小于 3.0m 或存在经常性地表水浸湿的盐渍土路段，应按式(7.11.3)计算溶陷量，进行地基溶陷性评价。各级公路地基溶陷量应符合表 7.11.3-2 的规定。

$$\Delta S = \sum_{i=1}^{n} \delta_i h_i \tag{7.11.3}$$

式中：ΔS——地基溶陷量（mm）；

δ_i——地基中第 i 层土的溶陷系数（%）；

h_i——地基中第 i 层土厚度（mm）；

n——溶陷影响深度的计算土层数。

盐渍土地基溶陷性指标　　　　　　　　　　　　表 7.11.3-2

公路等级	高速公路、一级公路	二级公路	三、四级公路
溶陷量 ΔS（mm）	< 70	< 150	< 400

《公路工程地质勘察规范》（JTG C20—2011）规定如下：

8.4.9 盐渍土的工程地质评价应符合下列规定：

2 盐渍土地基分级溶陷量 Δ，应按式(8.4.9-2)计算：

$$\Delta = \sum_{i=1}^{n} \delta_i h_i \tag{8.4.9-2}$$

式中：δ_i——第 i 层土的溶陷系数（%）；

h_i——第 i 层土的厚度（cm）；

n——基础底面（初勘自地面下 1.5m 算起）以下至 10m 深度范围内全部溶陷性盐渍土层数。

3 盐渍土的溶陷等级应按表 8.4.9-1 划分。

盐渍土的溶陷等级　　　　　　　　　　　　表 8.4.9-1

溶陷等级	I	II	III
分级溶陷量 Δ（cm）	$7 < \Delta \leqslant 15$	$15 < \Delta \leqslant 40$	$\Delta > 40$

📖 典型例题

例题 2-23-3

某二级公路位于盐渍土地区，地下水埋深 2m，初勘时经测试得出所含易溶盐为石盐（NaCl）和无水芒硝（Na_2SO_4），测试结果见下表，则该公路地基的溶陷量为（　　　）。

取样深度（m）	盐分摩尔浓度（mmol/1000g）		溶陷系数δ_i	含盐量（%）
	c（Cl^-）	c（SO_4^{2-}）		
0～1	35	80	0.040	13.408
1～2	30	65	0.035	10.985
2～3	15	45	0.030	7.268
3～4	5	20	0.025	3.133
4～5	3	5	0.020	0.886
5～7	1	2	0.015	0.343

（A）123mm　　　　（B）135mm　　　　（C）149mm　　　　（D）156mm

解答

$\Delta = \sum_{i=1}^{n} \delta_i h_i = 0.035 \times 500 + 0.030 \times 1000 + 0.025 \times 1000 + 0.020 \times 1000 + 0.015 \times 2000$

　　$= 122.5mm$

答案：A

考点分析

（1）盐渍土可根据含盐量性质和盐渍化程度进行分类，其中粒子含量为粒子浓度乘以取样深度。

（2）盐渍土的具体计算（如溶陷计算土层数n等）要特别注意《公路工程地质勘察规范》（JTG C20—2011）的规定。

考点24　公路雪崩最大锋面高度计算

条文规定

《公路路基设计规范》（JTG D30—2015）规定如下：

7.14.10　雪崩防治工程设计应符合下列要求：

3　挡雪栅栏可用于防治雪崩路径运动区坡度较缓的区域的雪崩。挡雪栅栏宜设置多排，强度应通过雪崩冲击力验算，栅栏高度应大于雪崩雪运动中锋体高度1.0m。

条文说明

3　挡雪栅栏一般采用木质或金属等材料，通常设置在坡度较缓的雪崩路径运动区。栅栏要有较高的强度，要埋置一定的深度，具有一定的稳定性和抵抗雪崩的冲击力。

雪崩的最大锋面高度，可按下式计算：

$$h = \frac{FH}{bL} \tag{7-10}$$

式中：h——雪崩最大锋面高度（m）；

　　　F——集雪区面积（m^2）；

　　　H——集雪区最大积雪深度（m）；

　　　b——沟槽宽度（m）；

　　　L——集雪区长度（m）。

例题 2-24-1

某公路工程遭遇雪崩，已知集雪区面积$F = 500m^2$，最大积雪深度$H = 1.5m$，沟槽$b = 4m$，集雪区长度$L = 80m$，根据《公路路基设计规范》（JTG D30—2015），则雪崩的最大锋面高度为（　　　）。

（A）3.25m　　　　　　　　　　　　　（B）2.89m

（C）2.55m　　　　　　　　　　　　　（D）2.34m

解答

$h = \dfrac{FH}{bL} = \dfrac{500 \times 1.5}{4 \times 80} = 2.34m$

答案： D

雪崩最大锋面高度求解方法见《公路路基设计规范》（JTG D30—2015）条文说明。

考点25　公路采空区计算

1. 公路采空区处理长度

《公路路基设计规范》（JTG D30—2015）规定如下：

1）采空区的厚度较大时，处理长度应增加覆岩移动角的影响宽度，沿公路轴向的采空区处理长度可按式(7.16.5-1)计算确定：

$$L = L_0 + 2h \cot\alpha + H_{上} \cot\beta + H_{下} \cot\gamma \qquad (7.16.5\text{-}1)$$

式中：L——沿公路轴向的采空区处理长度（m）；

　　L_0——沿公路中线方向采空区长度（m）；

　　$H_{上}$——上山方向采空区上覆岩层厚度（m）；

　　$H_{下}$——下山方向采空区上覆岩层厚度（m）；

　　α——松散层移动角（°）；

　　β——上山方向采空区上覆岩层移动角（°）；

　　γ——下山方向采空区上覆岩层移动角（°）。

例题 2-25-1

拟对某高速公路采空区进行处治设计，各计算参数如下图所示。根据《公路路基设计规范》（JTG D30—2015），计算得该采空区处治长度L为（　　　）。

例题 2-26-1 图

（A）148m   （B）157m

（C）165m   （D）173m

解答

根据《公路路基设计规范》（JTG D30—2015）第 7.16.5 条：

$$L = L_0 + 2h\cot\alpha + H_{上}\cot\beta + H_{下}\cot\gamma$$

$$= 100 + 2 \times 12 \times \cot 40° + 20 \times \cot 70° + 30 \times \cot 55°$$

$$= 156.9\text{m}$$

答案：B

2. 公路采空区处理宽度

📖 **条文规定**

《公路路基设计规范》（JTG D30—2015）规定如下：

2）处理宽度由路基底面宽度、围护带宽度、采空区覆岩影响宽度三部分组成，水平岩层可按式(7.16.5-2)计算；倾斜岩层且路线与岩层走向垂直，路线上每点的宽度可按水平岩层计算；倾斜岩层且路线与岩层走向平行时，可按式(7.16.5-3)计算；倾斜岩层且路线与岩层走向斜交时，可按式(7.16.5-4)计算：

$$B = D + 2d + 2(h\cot\alpha + H\cot\delta) \tag{7.16.5-2}$$

$$B = D + 2d + 2h\cot\alpha + H_{上}\cot\beta + H_{下}\cot\gamma \tag{7.16.5-3}$$

$$B = D + 2d + 2h\cot\alpha + H_{上}\cot\beta' + H_{下}\cot\gamma' \tag{7.16.5-4}$$

$$\cot\beta' = \sqrt{\cot^2\beta\cos^2\theta + \cot^2\delta\sin^2\theta} \tag{7.16.5-5}$$

$$\cot\gamma' = \sqrt{\cot^2\gamma\cos^2\theta + \cot^2\delta\sin^2\theta} \tag{7.16.5-6}$$

式中：B——垂直于公路轴线的水平方向宽度（m）；

      D——公路路基底面宽度（m）；

      d——路基围护带一侧的宽度（m），一般取 10m；

      H——采空区上覆岩层厚度（m）；

      h——松散层厚度（m）；

      δ——走向方向采空区上覆岩层移动角（°）；

      β'——上山方向采空区上覆岩层斜交移动角（°）；

      γ'——下山方向采空区上覆岩层斜交移动角（°）；

      θ——围护带边界与矿层倾向线之间所夹的锐角（°）。

例题 2-25-2

拟对某高速公路采空区进行处治设计，已知路线与岩层走向斜交为 25°，走向方向采空区上覆岩层移动角 $\delta = 50°$，围护带边界与矿层倾向线夹角 $\theta = 30°$，其他各计算参数如下图所示。根据《公路路基设计规范》（JTG D30—2015），该采空区处治宽度 B 为（   ）。

例题 2-25-2 图

（A）148m

（B）157m

（C）120m

（D）111m

解答

根据《公路路基设计规范》（JTG D30—2015）第 7.16.5 条。

（1）倾斜岩层，且线路与岩层走向斜交，按下式计算：

$$\cot \beta' = \sqrt{\cot^2 \beta \cos^2 \theta + \cot^2 \delta \sin^2 \theta} = \sqrt{\cot^2 70° \cos^2 30° + \cot^2 50° \sin^2 30°} = 0.525$$

$$\cot \gamma' = \sqrt{\cot^2 \gamma \cos^2 \theta + \cot^2 \delta \sin^2 \theta} = \sqrt{\cot^2 55° \cos^2 30° + \cot^2 50° \sin^2 30°} = 0.737$$

（2）$B = D + 2d + 2h\cot \alpha + H_{上}\cot \beta' + H_{下}\cot \gamma'$

$$= 30 + 2 \times 10 + 2 \times 12 \times \cot 40° + 20 \times 0.525 + 30 \times 0.737$$

$$= 111.2\text{m}$$

答案：D

3. 公路采空区处理深度

《公路路基设计规范》（JTG D30—2015）规定如下：

3）处治范围位于采空区边界以内时，其处治深度应为地面至采空区底板以下不小于 3m；处治范围位于采空区边界外侧至岩层移动影响范围以内时，其处治深度应按式(7.16.5-7)计算：

$$h_t = H - l\tan \delta_{外} + h' \tag{7.16.5-7}$$

式中：h_t——采空区边界外侧岩层移动影响范围的处治深度（m）；

H——采空区埋深，即上覆岩层厚度（m）；

l——注浆孔距采空区边界的距离（m）；

h'——影响裂隙带以下的处治深度，宜取 20m；

$\delta_{外}$——采空区边界外侧上覆岩层移动影响角（°）。

例题 2-25-3

拟对某公路采空区进行处治,如下图所示,处治范围位于采空区边界外侧至岩层移动影响范围以内,上覆岩层厚度为 45m,注浆孔距采空区边界的距离为 30m,采空区边界外侧上覆岩层移动影响角为 35°,则处治深度为(　　　）。

例题 2-25-3 图

（A）44m　　　　　（B）57m　　　　　（C）30m　　　　　（D）51m

解答

$h_t = H - l\tan\delta_{外} + h' = 45 - 30 \times \tan35° + 20 = 44m$

答案：A

考点分析

（1）采空区处理长度、宽度、深度计算方法与公式,可查《公路路基设计规范》(JTG D30—2015),应理解各计算参数的意义。

（2）注意区别倾斜岩层计算方法。

考点26　公路季节性冻土问题

条文规定

《公路路基设计规范》(JTG D30—2015)规定如下:

7.12.4　低温高含冰量冻土地段路基设计应符合下列要求:

2　路基中设置的隔热材料厚度应根据热阻等效按式(7.12.4)确定,但不宜小于 60mm,宽度宜与路面面层相同。其埋设深度应由其强度与公路等级决定,宜埋设在路基顶面下 0.30~0.35m 深处。

$$d_x = K\frac{d_s\lambda_e}{\lambda_s}$$ (7.12.4)

式中：d_x、d_s——隔热材料板与等效土体的厚度（mm）；

$\quad\quad\lambda_e$、λ_s——隔热材料板与等效土体的导热系数；

$\quad\quad K$——安全系数；隔热材料用于路基时,K 取 1.5~2.0；隔热材料用于路基边坡时,K 取 1.2~1.5。

3　路基中设置的隔热材料,应具有良好的阻热性能与足够的强度,导热系数宜小于 0.029W/(m·K),吸水率宜小于 0.5%,抗压强度宜大于 600kPa。

7.19.2　季节冻土的冻胀性分类应符合下列要求:

1 冻胀等级应根据平均冻胀率的大小按表7.19.2-1确定。

季节冻土的冻胀等级 表7.19.2-1

平均冻胀率η（%）	冻胀等级	冻胀类别	平均冻胀率η（%）	冻胀等级	冻胀类别
$\eta \leqslant 1$	I	不冻胀	$6 < \eta \leqslant 12$	IV	强冻胀
$1 < \eta \leqslant 3.5$	II	弱冻胀	$\eta > 12$	V	特强冻胀
$3.5 < \eta \leqslant 6$	III	冻胀			

2 平均冻胀率按式(7.19.2)计算：

$$\eta = \frac{z}{H_d} \times 100(\%)$$ (7.19.2)

式中：z——土的冻胀值（mm）；

H_d——土的冻结深度（mm），不包括冻胀量。

3 季节冻土的冻胀性分类应符合表7.19.2-2的规定。

季节冻土与季节融化层土的冻胀性分级 表7.19.2-2

土的名称	冻前天然含水率w（%）	冻前地下水位距设计冻深的最小距离h_w（m）	平均冻胀率η（%）	冻胀等级	冻胀类别
碎（卵）石，砾、粗、中砂（粒径小于0.075mm的颗粒含量不大于15%），细砂（粒径小于0.075mm的颗粒含量不大于10%）	不饱和	不考虑	$\eta \leqslant 1$	I	不冻胀
	饱和含水	无隔水层	$1 < \eta \leqslant 3.5$	II	弱冻胀
	饱和含水	有隔水层	$3.5 < \eta$	III	冻胀
	$w \leqslant 12$	> 1.0	$\eta \leqslant 1$	I	不冻胀
		$\leqslant 1.0$	$1 < \eta \leqslant 3.5$	II	弱冻胀
	$12 < w \leqslant 18$	> 1.0			
		$\leqslant 1.0$	$3.5 < \eta \leqslant 6$	III	冻胀
	$w > 18$	> 0.5			
		$\leqslant 0.5$	$6 < \eta \leqslant 12$	IV	强冻胀
粉砂	$w \leqslant 14$	> 1.0	$\eta \leqslant 1$	I	不冻胀
		$\leqslant 1.0$	$1 < \eta \leqslant 3.5$	II	弱冻胀
	$14 < w \leqslant 19$	> 1.0			
		$\leqslant 1.0$	$3.5 < \eta \leqslant 6$	III	冻胀
	$19 < w \leqslant 23$	> 1.0			
		$\leqslant 1.0$	$6 < \eta \leqslant 12$	IV	强冻胀
	$w > 23$	不考虑	$\eta > 12$	V	特强冻胀
粉土	$w \leqslant 19$	> 1.5	$\eta \leqslant 1$	I	不冻胀
		$\leqslant 1.5$	$1 < \eta \leqslant 3.5$	II	弱冻胀
	$19 < w \leqslant 22$	> 1.5			

土的名称	冻前天然含水率w（%）	冻前地下水位距设计冻深的最小距离h_w（m）	平均冻胀率η（%）	冻胀等级	冻胀类别
粉土	$19 < w \leqslant 22$	$\leqslant 1.5$	$3.5 < \eta \leqslant 6$	III	冻胀
	$22 < w \leqslant 26$	> 1.5			
		$\leqslant 1.5$	$6 < \eta \leqslant 12$	IV	强冻胀
	$26 < w \leqslant 30$	> 1.5			
		$\leqslant 1.5$	$\eta > 12$	V	特强冻胀
	$w > 30$	不考虑			
黏质土	$w \leqslant w_P + 2$	> 2.0	$\eta \leqslant 1$	I	不冻胀
		$\leqslant 2.0$	$1 < \eta \leqslant 3.5$	II	弱冻胀
	$w_P + 2 < w \leqslant w_P + 5$	> 2.0			
		$\leqslant 2.0$	$3.5 < \eta \leqslant 6$	III	冻胀
	$w_P + 5 < w \leqslant w_P + 9$	> 2.0			
		$\leqslant 2.0$	$6 < \eta \leqslant 12$	IV	强冻胀
	$w_P + 9 < w \leqslant w_P + 15$	> 2.0			
		$\leqslant 2.0$	$\eta > 12$	V	特强冻胀

注：1. w_P 为土的塑限含水率（%）；w 为冻前天然含水率在冻层内的平均值。

2. 盐渍化冻土不在表列。

3. 塑性指数大于 22 时，冻胀性降低一级。

4. 粒径小于 0.005mm 的颗粒含量大于 60% 时为不冻胀土。

5. 碎石类土当填充物大于全部质量的 40% 时，其冻胀性按填充物土的类别判定。

6. 隔水层指季节冻结层底部及以上的隔水层。

《季节性冻土地区公路设计与施工技术规范》（JTG/T D31-06—2017）（2023 年考试规范目录已取消此规范）规定如下：

5.2.1 路基冻深范围内土的冻胀性应根据路基填土的不同土质类型、冻前天然含水率、地下水位深度按表 5.2.1 确定。冻前天然含水率应考虑路基运营期含水率变化，根据试验结果和当地经验确定。

季节性冻土与季节性融化层土的冻胀性分级   表 5.2.1

土组	土的名称	冻前天然含水率w（%）	冻前地下水位距设计冻深的最小距离h_w（m）	平均冻胀率η（%）	冻胀等级	冻胀类别
C_1	碎（卵）石、砾、粗砂、中砂（粒径小于 0.075mm 的颗粒含量不大于 15%）、细砂（粒径小于 0.075mm 的颗粒含量不大于 10%）	不饱和	不考虑	$\eta \leqslant 1$	I	不冻胀
		饱和含水	无隔水层	$1 < \eta \leqslant 3.5$	II	弱冻胀
		饱和含水	有隔水层	$3.5 < \eta$	III	冻胀
		$w \leqslant 12$	> 1.0	$\eta \leqslant 1$	I	不冻胀
			$\leqslant 1.0$	$1 < \eta \leqslant 3.5$	II	弱冻胀
		$12 < w \leqslant 18$	> 1.0			
			$\leqslant 1.0$	$3.5 < \eta \leqslant 6$	III	冻胀
		$w > 18$	> 0.5			
			$\leqslant 0.5$	$6 < \eta \leqslant 12$	IV	强冻胀

土组	土的名称	冻前天然含水率 w（%）	冻前地下水位距设计冻深的最小距离 h_w（m）	平均冻胀率 η（%）	冻胀等级	冻胀类别
C₂	粉土质砂	$w \leqslant 14$	> 1.0	$\eta \leqslant 1$	I	不冻胀
			$\leqslant 1.0$	$1 < \eta \leqslant 3.5$	II	弱冻胀
		$14 < w \leqslant 19$	> 1.0			
			$\leqslant 1.0$	$3.5 < \eta \leqslant 6$	III	冻胀
		$19 < w \leqslant 23$	> 1.0			
			$\leqslant 1.0$	$6 < \eta \leqslant 12$	IV	强冻胀
		$w > 23$	不考虑	$\eta > 12$	V	特强冻胀
C₃	粉质土	$w \leqslant 19$	> 1.5	$\eta \leqslant 1$	I	不冻胀
			$\leqslant 1.5$	$1 < \eta \leqslant 3.5$	II	弱冻胀
		$19 < w \leqslant 22$	> 1.5			
			$\leqslant 1.5$	$3.5 < \eta \leqslant 6$	III	冻胀
		$22 < w \leqslant 26$	> 1.5			
			$\leqslant 1.5$	$6 < \eta \leqslant 12$	IV	强冻胀
		$26 < w \leqslant 30$	> 1.5			
			$\leqslant 1.5$	$\eta > 12$	V	特强冻胀
		$w > 30$	不考虑			
C₄	黏质土	$w \leqslant w_P + 2$	> 2.0	$\eta \leqslant 1$	I	不冻胀
			$\leqslant 2.0$	$1 < \eta \leqslant 3.5$	II	弱冻胀
		$w_P + 2 < w \leqslant w_P + 5$	> 2.0			
			$\leqslant 2.0$	$3.5 < \eta \leqslant 6$	III	冻胀
		$w_P + 5 < w \leqslant w_P + 9$	> 2.0			
			$\leqslant 2.0$	$6 < \eta \leqslant 12$	IV	强冻胀
		$w_P + 9 < w \leqslant w_P + 15$	> 2.0			
			$\leqslant 2.0$	$\eta > 12$	V	特强冻胀

注：1. w_P 为土的塑限含水率（%）；w 为冻层内冻前天然含水率的平均值。

2. 表中不含盐渍化冻土。

3. 土的塑性指数大于 22 时，冻胀性降低一级。

4. 粒径小于 0.005mm 颗粒含量大于 60%时为不冻胀土。

5. 碎石类土当填充物大于全部质量的 40%时，其冻胀性按填充物土的类别判定。

6. 隔水层指季节冻结层底部及以上的隔水层。

5.2.2 季节性冻土地区水泥混凝土路面以平整度控制、沥青路面以无机结合料稳定类基层材料开裂控制的路基冻胀量应不大于表 5.2.2 规定的路基容许冻胀量。路基冻胀量应根据冻深范围内土层的厚度与土的冻胀率按式(5.2.2)计算。

路基容许冻胀量 z_y（单位：mm）　　　　　　　　　　　　表 5.2.2

公路等级	路面类型	
	水泥混凝土	沥青混凝土
高速公路、一级公路	20	40
二级公路	30	50

$$z_j = \sum_{i=1}^{n} h_i \eta_i \leqslant z_y \qquad (5.2.2)$$

式中：z_j——路基冻胀量（mm）；

h_i——第 i 层路基土的厚度（mm）；

η_i——第 i 层路基土的平均冻胀率，按表 5.2.1 取值；

n——不同冻胀性土层数。

5.2.4 季节性冻土地区路基回弹模量设计值应考虑平衡湿度和冻融循环的影响，E0 可按式(5.2.4-1)计算，并满足式(5.2.4-2)的要求。

$$E_0 = K_s K_\eta M_R \qquad (5.2.4-1)$$

$$E_0 \geqslant [E_0] \qquad (5.2.4-2)$$

式中：E_0——平衡湿度状态下路基回弹模量设计值（MPa）；

K_s——路基回弹模量湿度调整系数，按现行《公路路基设计规范》（JTG D30）确定；

K_η——季节性冻土地区路基土回弹模量冻融循环折减系数，宜根据当地路基工作环境进行冻融循环模量衰减试验确定。无试验条件时，可根据冻区、土组按表 5.2.4 确定；

M_R——标准状态下路基动态回弹模量值（MPa）；

$[E_0]$——路面结构设计的路基回弹模量要求值（MPa），应按本规范第 5.2.3 条确定。

季节性冻土地区路基土回弹模量冻融循环折减系数　　　　表 5.2.4

冻区	土组	
	粗粒土	细粒土
重冻区	0.80～0.90	0.70～0.85
中冻区	0.80～0.95	0.70～0.90
轻冻区	0.85～0.95	0.75～0.90

注：1. 粗粒土为表 5.2.1 中的土组 C_1～C_2。当粗粒土中粒径小于 0.075mm 颗粒含量大于 15%时，折减系数取小值，反之取大值。

2. 细粒土为表 5.2.1 中的土组 C_3～C_4。路基为干燥状态取大值，路基为中湿状态取小值。

5.3.1 道路多年最大冻深应按式(5.3.1)计算：

$$Z_{max} = abcZ_m \qquad (5.3.1)$$

式中：Z_{max}——道路多年最大冻深（m）；

a——路基、路面材料的热物性系数，按表 5.3.1-1 选取；

b——路基湿度系数，按表 5.3.1-2 选取；

c——路基断面形式系数，按表 5.3.1-3 选取；

Z_m——多年最大冻深（m），选用调查资料中 10 年标准冻深的最大值。

路基、路面材料热物性系数 a　　　　表 5.3.1-1

路基材料	黏质土	粉质土	粉土质砂	细粒土质砾、黏土质砂	含细粒土砾（砂）
热物性系数	1.05	1.1	1.2	1.3	1.35
路面材料	水泥混凝土	沥青混凝土	二灰碎石及水泥碎（砾）石	二灰土及水泥土	级配碎石
热物性系数	1.4	1.35	1.4	1.35	1.45

注：a 值取多年最大冻深范围内路基及路面各层材料的加权平均值。

路基湿度系数 b　　　　表 5.3.1-2

干湿类型	干燥	中湿	潮湿
路基湿度系数	1.0	0.95	0.90

路基断面形式系数 c   表 5.3.1-3

填挖形式	地面	填方高度（m）				挖方深度（m）			
		< 2	2～4	4～6	> 6	< 2	2～4	4～6	> 6
路基断面形式系数	1.0	1.02	1.05	1.08	1.10	0.98	0.95	0.92	0.90

5.3.2　中冻区、重冻区土质路基上路床顶面最低点距地下水位的高差应不小于路基冰冻条件下临界高度，如图 5.3.2-1、图 5.3.2-2 所示。冰冻条件下路基临界高度可按式(5.3.2)计算确定：

图 5.3.2-1　高速公路、一级公路路基冰冻条件下临界高度

图 5.3.2-2　二级公路路基冰冻条件下临界高度

$$h_f = Z_{max} + h_m - h_w - h_p \qquad (5.3.2)$$

式中：h_f——土质路基冰冻条件下临界高度（m）；

　　　h_m——土体冻结过程中地下水上升高度（m），应调查确定；无调查资料时按表 5.3.2 确定；

　　　h_w——地下水埋深（m）；

　　　h_p——路面结构厚度（m）。

土体冻结过程中地下水上升高度   表 5.3.2

土组	碎石土、砂类土	粉土质砂	粉质土	黏质土
地下水上升高度（m）	0.6～0.9	0.8～1.0	1.2～1.5	2.0～2.5

注：中冻区取低值，重冻区取高值。

5.4.1　路基冻深范围内各层土质填料应根据冻区划分、路基高度、干湿类型、路面结构类型及容许总冻胀量等因素，结合材料来源，按表 5.4.1 选择。宜选择非冻胀和弱冻胀性材料，并保证路基填料的均匀性。

路基土质填料选择   表 5.4.1

路基形式	冻区划分	地下水位或地表常水位距路面距离（m）	冻胀等级			
			上路床	下路床	上路堤	下路堤
填方路基	重冻区	$h_w > 3$	I	I、II、III	—	—
		$h_w \leqslant 3$	I	I、II	I、II、III	—
	中冻区	$h_w > 3$	I、II	I、II、III	—	—
		$h_w \leqslant 3$	I	I、II		

路基形式	冻区划分	地下水位或地表常水位距路面距离（m）	冻胀等级			
			上路床	下路床	上路堤	下路堤
零填方或挖方路基	重冻区	$h_w > 3$	I	I	—	—
		$h_w \leqslant 3$	I	I	—	—
	中冻区	$h_w > 3$	I	I、II	—	—
		$h_w \leqslant 3$	I	I	—	—

注：1. 土的冻胀等级见表5.2.1。
2. 中冻区、重冻区高速公路、一级公路上路床采用I类土时，其细粒土（粒径小于0.075mm含量）含量宜小于5%。
3. 缺少砂石料地区，采用无机结合料、矿渣、固化剂等进行处治时，填料可不受此表限制。

规范条文解析

2023年考试规范目录取消了《季节性冻土地区公路设计与施工技术规范》（JTG/T D31-06—2017）。如果2024年考试规范目录仍未列入该规范，则该部分内容可不复习，相应题目尝试用路基路面规范解答。

典型例题

例题 2-26-1

某公路位于低温高含冰量冻土路段，在路基中设隔热材料，采用聚苯乙烯泡沫塑料板，导热系数为0.025W/(m·K)，等效土体导热系数为0.91W/(m·K)，等效土体厚度为320cm，安全系数取小值，则隔热材料板厚度为（　　　）。

（A）50mm
（B）60mm
（C）132mm
（D）145mm

解答

$d_x = K\frac{d_s\lambda_e}{\lambda_s} = 1.5 \times \frac{3200\times0.025}{0.91} = 132$mm

132mm > 60mm，取132mm。

答案：C

例题 2-26-2

某公路位于季节性冻土地区，冻土层为黏土层，测得地表冻胀前高程为160.670m，土层冻前天然含水率为30%，塑限为22%，液限为45%，其粒径小于0.005mm的颗粒含量小于60%。当最大冻深出现时，场地最大冻土层厚度为2.8m，地下水位埋深为3.5m，地面高程为160.850m。按《公路路基设计规范》（JTG D30—2015），该土层的冻胀类别为（　　　）。

（A）弱冻胀
（B）冻胀
（C）强冻胀
（D）特强冻胀

解答

（1）地表冻胀量：$z = 160.850 - 160.670 = 0.18$m

（2）冻胀率：$\eta = \frac{z}{H_d} \times 100\% = \frac{0.18}{2.8-0.18} \times 100\% = 6.9\%$

（3）冻胀类型判别：$h_w = 3.5 - 2.8 = 0.7$m

$22 + 5 = 27 < w < 22 + 9 = 31$

判定为IV级强冻胀。

$I_p = 45 - 22 = 23 > 22$，应降一级，Ⅳ级强冻胀修正为Ⅲ级冻胀。

答案：B

例题 2-26-3（2022 年真题）

东北地区某公路工程，路面面层为沥青混凝土路面，厚度为 20cm，基层为二灰碎石，厚度为 45cm，底基层为级配碎石，厚度为 20cm，路基湿度系数为 0.95，路基填方高 5m，路基填料为粉土质砂，热物性系数为 1.2。根据调查资料，10 年标准冻深的最大值为 2.4m，根据《季节性冻土地区公路设计与施工技术规范》（JTG/T D31-06—2017）计算，最接近道路多年最大冻深的值是（　　）。（保留小数点后两位）

（A）2.70m

（B）2.95m

（C）3.13m

（D）3.32m

解答

根据《季节性冻土地区公路设计与施工技术规范》（JTG/T D31-06—2017）第 5.3.1 条：

（1）计算系数 a

查表 5.3.1-1 得：

$0.2 + 0.45 + 0.2 = 0.85$m

$2.4 - 0.85 = 1.55$m

$a = \dfrac{1.35 \times 0.2 + 1.4 \times 0.45 + 1.45 \times 0.2 + 1.2 \times 155}{2.4} = 1.27$

（2）查表求系数 b、c

中湿状态，$b = 0.95$；

填土高度为 5m，$c = 1.08$。

（3）计算最大冻深

$Z_{\max} = abcZ_m = 1.27 \times 0.95 \times 1.08 \times 2.4 = 3.13$m

答案：C

例题 2-26-4（2022 年真题）

西北某公路，路面面层为水泥混凝土路面，厚度为 26cm，基层为水泥稳定碎石，厚度为 24cm，底基层为级配碎石，厚度为 20cm；道路多年最大冻深为 2.2m，路面结构层以下采用粉质土填筑，地下水埋深 1.6m，土体冻结过程中，地下水位上升高度为 1.2m。根据《季节性冻土地区公路设计与施工技术规范》（JTG/T D31-06—2017）计算，该公路土质路基冰冻条件下临界高度是（　　）。（保留小数点后一位）

（A）1.0m

（B）1.1m

（C）1.8m

（D）2.7m

解答

根据《季节性冻土地区公路设计与施工技术规范》（JTG/T D31-06—2017）第 5.3.2 条：

$Z_{\max} = 2.2$m，$h_p = 0.26 + 0.24 + 0.2 = 0.7$m；

$h_w = 1.6$m，$h_m = 1.2$m，则：

$h_f = 2.2 + 1.2 - 1.6 - 0.7 = 1.1$m

答案：B

例题 2-26-5（2022 年补考真题）

东北地区某一级公路，路面面层为沥青混凝土路面，厚度 20cm，基层为二灰碎石，厚度 45cm，底基层为级配碎石，厚度 20cm，冻深为 2.4m。路面结构层以下地层分别为粉质土，平均冻胀率 1.5，厚度 0.6m；黏质土，平均冻胀率 2.0，厚度 0.5m；粉土质砂，平均冻胀率 1.0，厚度 5.0m。问根据《季节性冻土地区公路设计与施工技术规范》（JTG/T D31-06—2017），路基冻胀量是（ ）。

（A）19mm （B）23.5mm （C）59mm （D）69mm

解答

根据《季节性冻土地区公路设计与施工技术规范》（JTG/T D31-06—2017）第5.2.2条：

（1）计算粉土质砂的冻深

$240 - 20 - 45 - 20 - 60 - 50 = 45cm$

（2）计算冻胀量

$z_j = 600 \times 1.5\% + 500 \times 2.0\% + 450 \times 1.0\% = 23.5mm$

答案：B

📖 **考点分析**

路基中设置的隔热材料厚度应根据热阻等效按规范求解，注意隔热材料厚度的计算结果应与最小厚度60mm对比。

考点27　城市道路季节性冻土问题

📖 **条文规定**

《城市道路路基设计规范》（CJJ 194—2013）规定如下：

7.7.2　季节性冻土地区各级道路的路基设计除满足路基强度要求外，最不利时期路基容许总冻胀值不应超过表7.7.2所列的数值。

满足道路平整度要求的路基容许总冻胀值 Z_y（单位：mm）　　表7.7.2

道路等级	路面类型	
	现浇水泥混凝土	沥青混凝土
快速路、主干路	20	50
其他道路	30	60

7.7.3　路基总冻胀值可根据路基冻深（道路冻深减去路面厚度）和土的冻胀率，按下列公式计算：

$$Z_i = \sum_{i=1}^{n} h_i \eta_i \tag{7.7.3}$$

式中：Z_i——路基冻胀值（mm）；

　　　h_i——路基冻深内不同土层的厚度（mm）；

　　　η_i——路基不同土层土的冻胀率；

　　　n——不同土层数。

7.7.5　强冻胀土路基距地下水或地表常年积水的高度不应小于冻土路基临界高度。路基临界高度可按式(7.7.5)计算确定。否则应采用降排水、换填、设置保温层或隔断层等措施。

$$h_\tau = Z_{max} + h_\tau \tag{7.7.5}$$

式中：h_τ——冻胀土路基临界高度（m）；

　　　Z_{max}——道路多年最大冻深（m）；

　　　h_τ——冻结水上升高度（m），如无实际观测值，可按表7.7.5确定。

各种土质的冻结水上升高度（单位：m）　　　表 7.7.5

土质类别	含细粒土砾石、含细粒土砂	细粒土质砾、黏质砂	粉土质砂	粉质土	黏质土
冻结水上升高度	0.6～0.8	0.7～0.9	0.8～1.0	1.2～1.5	2.0～2.5

📖 **典型例题**

例题 2-27-1（2023 年真题）

某城市次干路位于季节性冰冻地区，冻结深度 2.54m，采用沥青混凝土路面，路面结构厚度 0.66m。路基土层类型、厚度及平均冻胀率由上至下分别为：黏质土层厚 0.80m，平均冻胀率 2.8%；粉土层厚 0.66m，平均冻胀率 3.5%；粉砂层厚 3.77m，平均冻胀率 1.0%。计算该道路路基总冻胀值，并判断是否满足规范规定。（取小数点后一位）

（A）49.7mm，符合规范规定

（B）49.7mm，不符合规范规定

（C）56.3mm，符合规范规定

（D）56.3mm，不符合规范规定

解答

根据《城市道路路基设计规范》（CJJ 194—2013）第 7.7.3 条，粉砂层中冻结厚度：

$2.54 - 0.66 - 0.8 - 0.66 = 0.42$m

$Z_j = 800 \times 0.028 + 660 \times 0.035 + 420 \times 0.01 = 49.7$mm

根据第 7.7.2 条，容许冻胀厚度 60mm ＞ 49.7mm，符合规范规定。

答案： A

📖 **考点分析**

（1）各类深度按图 2-27-1 理解。

图 2-27-1

（2）塑性指数大于 22 时，冻胀类别降一级。

考点28　公路行车道路面渗水量计算

📖 **条文规定**

《公路排水设计规范》（JTG/T D33—2012）规定如下：

5.1.3 路面内部排水设计应符合以下规定：

1 路面内部排水系统中各种排水设施的设计排泄量均应不小于路面表面水渗入量的2倍，下游排水设施的泄水能力应超过上游排水设施的泄水能力。

5.1.5 行车道路面表面水渗入路面结构的量，可按路面类型分别由下列公式计算确定：

水泥混凝土路面

$$Q_p = K_c\left(n_z + n_h\frac{B}{L_c}\right) \tag{5.1.5-1}$$

沥青路面

$$Q_p = K_a B \tag{5.1.5-2}$$

式中：Q_p——纵向每延米行车道路面表面水渗入量 $[m^3/(d·m)]$；

K_c——每延米水泥混凝土路面接缝或裂缝的表面水设计渗入率 $[m^3/(d·m)]$，可取为 $0.36m^3/(d·m)$；

K_a——每平方米沥青路面的表面水设计渗入率 $[m^3/(d·m^2)]$，可取为 $0.15m^3/(d·m^2)$；

B——单向坡度路面的宽度（m）；

L_c——水泥混凝土路面的横缝间距（即板长）（m）；

n_z——B范围内纵向接缝的条数（包括路面与路肩之间的接缝）；对不设置中央分隔带的双向横坡路段，公路路脊处的接缝（全幅中间接缝）按0.5条计；对设置中央分隔带的非超高路段，路面与中央分隔带间的接缝按1条计；

n_h——L_c范围内横向接缝和裂缝的条数。

📖 典型例题

例题 2-28-1

某一公路为双向四车道水泥混凝土路面，没有设置中央分隔带，行车道宽为 $2×3.75m$，单向纵向缝3条（2条纵向接缝，1条同路肩相接接缝），横向接缝间距5m，渗入率为 $0.36m^3/(d·m)$，路面无纵向和横向裂缝，安全系数取3。则纵向每延米该路面表面水渗入量为（　　）。

（A）4.9　　　　　　　　　　　　　　（B）4.3

（C）5.1　　　　　　　　　　　　　　（D）3.8

解答

$$Q_p = K_c\left(n_z + n_h\frac{B}{L_c}\right) = 3×0.36×\left(2.5 + 1×\frac{2×3.75}{5}\right) = 4.32m^3/(d·m)$$

答案：B

例题 2-28-2（2020年真题）

某公路为双幅四车道，采用沥青路面，半幅路面为单向坡，行车道路面宽为9m，纵向每延米半幅行车道路面表面水渗入量为（　　）。

（A）$1.2m^3/(d·m)$　　　　　　　　　　（B）$1.35m^3/(d·m)$

（C）$1.5m^3/(d·m)$　　　　　　　　　　（D）$1.65m^3/(d·m)$

解答

根据《公路排水设计规范》（JTG D33—2012）第 5.1.5-2 条，沥青路面 $Q_p = K_a B = 0.15×9 = 1.35m^3/(d·m)$。

答案：B

例题 2-28-3

某公路为沥青混凝土路面，单向坡度路面宽10m，横坡为1.5%，面层下设置15cm厚的沥青处治碎石排水基层，根据《公路排水设计规范》（JTG/T D33—2012），则排水基层设计渗透系数最小值接近（　　）。

（A）833m/d　　　　　　　　　　　　（B）966m/d

（C）1266m/d （D）1333m/d

解答

（1）根据《公路排水设计规范》（JTG/T D33—2012）式(5.1.5-2)，沥青路面表面水渗入量：

$Q_p = K_a B = 0.15 \times 10 = 1.5 \, \text{m}^3/(\text{d} \cdot \text{m})$

（2）排水基层泄水能力：

$Q_{cb} \geqslant 2Q_p = 2 \times 1.5 = 3.0 \, \text{m}^3/(\text{d} \cdot \text{m})$

（3）《公路排水设计规范》（JTG/T D33—2012）式(5.3.3)，排水基层设计渗透系数：

$K_b \geqslant \dfrac{Q_{cb}}{H_b i_h} = \dfrac{3.0}{0.15 \times 0.015} = 1333 \, \text{m/d}$

答案：D

📖 **考点分析**

对于不设置分隔带的双向横坡路段，纵向接缝条数需加上公路路脊处的接缝。

考点29　公路排水基层厚度计算

📖 **条文规定**

《公路排水设计规范》（JTG/T D33—2012）规定如下：

5.3.3　排水基层厚度 H_b 应根据所需排放的水量和基层材料的渗透系数，通过式(5.3.3)计算确定，并满足最小厚度的要求。采用沥青处治碎石时，最小厚度不得小于 60mm；采用水泥处治碎石时，最小厚度不得小于 80mm；采用级配碎石时，最小厚度不得小于 120mm。排水基层的宽度应根据面层施工需要确定，宜超出面层宽度 300～900mm。

$$H_b \geqslant \dfrac{Q_{cb}}{k_b i_h} \tag{5.3.3}$$

式中：Q_{cb}——纵向每延米排水基层的泄水能力 [$\text{m}^3/(\text{d} \cdot \text{m})$]；

k_b——排水基层设计渗透系数（m/d）；

i_h——基层横坡。

《公路水泥混凝土路面设计规范》（JTG D40—2011）规定如下：

4.4.9　开级配沥青稳定碎石或水泥稳定碎石排水基层的计算厚度应满足排除表面水设计渗入量的需要。排水基层的设计厚度宜依据计算厚度按 10mm 向上取整后再增加 20mm。

📖 **典型例题**

例题 2-29-1

某高速公路采用沥青混凝土路面，面层下设置透水性水泥稳定碎石，渗透系数为 1414m/d，路线纵坡为1%，横坡为2%，纵向每延米排水基层的泄水能力为 3.35 $\text{m}^3/(\text{d} \cdot \text{m})$，则排水基层的厚度为（　　　　）。

（A）9cm （B）10cm （C）11cm （D）12cm

解答

$H_b \geqslant \dfrac{Q_{cb}}{k_b i_h} = \dfrac{3.35}{1414 \times 0.02} = 0.118 \, \text{m}$

取 $H_b = 12 \text{cm}$

答案：D

例题 2-29-2

某公路为双向四车道水泥混凝土路面，水泥混凝土板长×板宽为 5m×3.75m，设置中央分隔带，行车道宽为 3.75m，K1+000～K1+350 段为直线段，横坡为 2%，单向共有纵向缝 3 条（2 条纵向接缝，1 条同路肩相接接缝），纵缝间距为 3.5m，横向接缝间距为 5m，路面接缝的渗入率为 0.36m³/(d·m)，该段路面无纵向和横向裂缝。面层下设置开级配的水泥处治碎石排水基层，渗透系数为 1375m/d，根据《公路排水设计规范》（JTG/T D33—2012），排水基层的厚度最小值接近（　　　）。

（A）110mm　　　　　（B）120mm　　　　　（C）130mm　　　　　（D）140mm

解答

根据《公路排水设计规范》（JTG/T D33—2012）第 5.1.3 条、第 5.1.5 条。

K1+000～K1+350 段为直线段，则该段无超高，单向坡行车道路面宽为 2×3.75=7.5m，设置中央分隔带，路面与中央分隔带的接缝按 1 条算，即 $n_z=3$。

$$Q_p = K_c\left(n_z + n_h\frac{B}{L_c}\right) = 0.36 \times \left(3 + 1 \times \frac{2 \times 3.75}{5}\right) = 1.62\text{m}^3/(\text{d} \cdot \text{m})$$

$$Q_{cb} \geqslant 2Q_p = 2 \times 1.62 = 3.24\text{m}^3/(\text{d} \cdot \text{m})$$

$$H_b \geqslant \frac{Q_{cb}}{k_b i_h} = \frac{3.24}{1375 \times 0.02} = 0.118\text{m} > 80\text{mm}$$

根据《公路水泥混凝土路面设计规范》（JTG D40—2011）第 4.4.9 条，取 $H_b=140$mm。

答案：D

注：如果不考虑《公路水泥混凝土路面设计规范》（JTG D40—2011）第 4.4.9 条，则 $H_b=120$mm，选 B。

例题 2-29-3（2020 年真题）

某高速公路采用水泥混凝土路面，并采用开级配沥青稳定碎石基层，经分析计算，该排水基层的计算厚度为 295.5mm，其设计厚度宜选择（　　　）。

（A）300mm　　　　　（B）310mm　　　　　（C）320mm　　　　　（D）330mm

解答

根据《公路水泥混凝土路面设计规范》（JTG D40—2011）第 4.4.9 条，开级配沥青稳定碎石或水泥稳定碎石排水基层的计算厚度应满足排除表面设计渗入量的需要。排水基层的设计厚度宜依据计算厚度按 10mm 向上取整后再增加 20mm。本题中为 295.5mm，取整为 300mm，再增加 20mm，厚度为 320mm。

答案：C

📖 考点分析

注意设计厚度应根据相关规定对计算厚度进行调整。

考点30　公路渗入水在路面结构内的渗流时间计算

📖 条文规定

《公路排水设计规范》（JTG/T D33—2012）规定如下：

5.3.4 渗入水在路面结构内的最大渗流时间，冰冻地区不应超过 1h，其他地区不应超过 2h。渗入水在排水基层内的渗流时间可按式(5.3.4-1)计算确定：

$$T \approx 0.69 \frac{n_e L_t}{k_b J_0} \tag{5.3.4-1}$$

其中

$$L_t = B \sqrt{1 + \frac{i_z^2}{i_h^2}} \tag{5.3.4-2}$$

式中：T——渗流时间（h）；

n_e——排水基层的有效空隙率；

L_t——渗流路径长（m）；

k_b——排水基层的渗透系数（m/s）；

J_0——路面合成坡度；$J_0 = \sqrt{i_z^2 + i_h^2}$；

i_z——基层纵坡。

📖 典型例题

例题 2-30-1

某高速公路采用沥青混凝土路面，面层下设置透水性水泥稳定碎石，渗透系数为 1.636cm/s，有效孔隙率为 15%，路线纵坡为 1%，横坡为 2%，单向坡度路面宽 11m，则渗入水在排水基层中的渗流时间为（　　）。

（A）0.88h　　　　　（B）0.98h　　　　　（C）1.12h　　　　　（D）1.28h

解答

$$L_t = B \sqrt{1 + \frac{i_z^2}{i_h^2}} = 11 \times \sqrt{1 + \frac{0.01^2}{0.02^2}} = 12.30\text{m}$$

$$J_0 = \sqrt{i_z^2 + i_h^2} = \sqrt{0.01^2 + 0.02^2} = 0.022$$

$$T = 0.69 \frac{n_e L_t}{k_b J_0} = 0.69 \times \frac{0.15 \times 12.3}{1.636 \times 10^{-2} \times 0.022} = 3537\text{s} = 0.98\text{h}$$

答案： B

例题 2-30-2

广东某一级公路，采用沥青混凝土路面，为了防止自由水渗入下层的二灰稳定土结构，拟在二灰稳定土结构之上设置排水基层，采用沥青处治碎石。已知单向路面宽度为 12m，横坡为 2%，纵坡为 0.5%，排水基层的有效孔隙率为 20%，设计渗透系数 kb = 1800m/d，则渗入水在路面结构内的最大渗流时间是多少？是否满足规范要求？（　　）

（A）0.046h < 2h，满足　　　　　　　　（B）0.046h < 1h，满足

（C）1.107h < 2h，满足　　　　　　　　（D）1.107h < 1h，不满足

解答

$$L_t = B \sqrt{1 + \frac{i_z^2}{i_h^2}} = 12 \times \sqrt{1 + \frac{0.005^2}{0.02^2}} = 12.37\text{m}$$

$$J_0 = \sqrt{i_z^2 + i_h^2} = \sqrt{0.005^2 + 0.02^2} = 0.02$$

$$T = 0.69 \frac{n_e L_t}{k_b J_0} = 0.69 \times \frac{0.2 \times 12.37}{0.0208 \times 0.0206} = 1.107\text{h}$$

答案： C

（1）渗入水在路面结构内的最大渗流时间计算方法可查《公路排水设计规范》（JTG/T D33—2012），需清楚各计算参数的含义。

（2）最大渗流时间，冰冻区不超过 1h，其他地区不超过 2h。

考点31　公路设计径流量计算

条文规定

《公路排水设计规范》（JTG/T D33—2012）规定如下：

9.1.1　路界内各项排水设施所需排泄的设计径流量可按式(9.1.1)计算确定。

$$Q = 16.67\psi q_{p,t}F \tag{9.1.1}$$

式中：Q——设计径流量（m^3/s）；

　　$q_{p,t}$——设计重现期和降雨历时内的平均降雨强度（mm/min）；

　　ψ——径流系数；

　　F——汇水面积（km^2）。

典型例题

例题 2-31-1

某地区修建一级公路，选用沥青混凝土路面，单侧路面和路肩横向排水的宽度为 11.25m，坡度为 2%，出水口间距为 50m，路线纵坡为 1%，5 年重现期和 5min 降雨历时的标准降雨强度为 3.5mm/min，则设计径流量为（　　）。

（A）0.0212m^3/s　　　　　　　　　　　　（B）0.0313m^3/s

（C）0.0149m^3/s　　　　　　　　　　　　（D）0.0356m^3/s

解答

$F = 50 \times 11.25 = 562.5 m^2 = 562.5 \times 10^{-6} km^2$

$\psi = 0.95$

$Q = 16.67\psi q_{p,t}F = 16.67 \times 0.95 \times 3.5 \times 562.5 \times 10^{-6} = 0.0313 m^3/s$

答案：B

例题 2-31-2

广西百色地区修一条高速公路，路基总宽度为 33.50m，中央分隔带宽度为 3.50m，路面采用沥青混凝土路面，路拱横坡为 2%，路线纵坡为 1%。拟在路肩外边缘设置拦水带，拦水带间距为 50m。则 5min 降雨历时的拦水带出水口设计径流量最接近（　　）。

（A）0.0287m^3/s　　　　　　　　　　　　（B）0.0359m^3/s

（C）0.0401m^3/s　　　　　　　　　　　　（D）0.0431m^3/s

解答

根据《公路排水设计规范》（JTG/T D33—2012）第 9.1.1 条。

汇水面积和径流系数：

$F = 50 \times \frac{33.5-3.5}{2} \times 10^{-6} = 750 \times 10^{-6}\ \text{km}^2$

查表9.1.8，$\psi = 0.95$；

查表9.1.2，设计重现期5年；

按所在地区，查图9.1.7-1，得5年重现期和10min降雨历时的标准降雨强度为$q_{5,10} = 2.7\text{mm/min}$。查表9.1.7-1，重现期转换系数为$c_p = 1.0$。查图9.1.7-2，得该地区60min降雨强度转换系数$c_{60} = 0.45$；查表9.1.7-2，得5min降雨历时转换系数为$c_t = 1.25$。

降雨强度：$q_{p,t} = c_p c_t q_{5,10} = 1.0 \times 1.25 \times 2.7 = 3.375\text{m}$

径流量：$Q = 16.67\psi q_{p,t}F = 16.67 \times 0.95 \times 3.375 \times 750 \times 10^{-6} = 0.0401\text{m}^3/\text{s}$

答案：C

📖 考点分析

（1）设计径流量计算过程可参考《公路排水设计规范》（JTG/T D33—2012）图9.1.9。

（2）设计径流量公式(9.1.1)各参数的求解见后面考点。

考点32 公路汇流历时计算

1. 公路坡面汇流历时

📖 条文规定

《公路排水设计规范》（JTG/T D33—2012）规定如下：

9.1.3 计算路面表面排水时，单向三车道及以下的路面汇流历时可取5min；单向三车道以上的路面汇流历时可按式(9.1.4)计算确定，可不计沟管内汇流历时。

9.1.4 坡面汇流历时可按式(9.1.4)计算确定。

$$t_1 = 1.445\left(\frac{sL_p}{\sqrt{i_p}}\right)^{0.467} \quad (L_p \leqslant 370\text{m}) \tag{9.1.4}$$

式中：t_1——坡面汇流历时（min）；

L_p——坡面流的长度（m）；

i_p——坡面流的坡度；

s——地表粗度系数，按地表情况查表9.1.4确定。

地表粗度系数 s   表9.1.4

地表状况	粗度系数s	地表状况	粗度系数s
沥青路面、水泥混凝土路面	0.013	牧草地、草地	0.40
光滑的不透水地面	0.02	落叶树林	0.60
光滑的压实土地面	0.10	针叶树林	0.80
稀疏草地、耕地	0.20		

例题 2-32-1

湖北荆州地区修建一条二级公路，选用水泥混凝土路面，路线一侧为硬化路堑边坡，坡度为 1 : 0.2，坡面流长度为 15m，设置矩形边沟，则该边坡的汇流历时为（　　）。

（A）1.1min

（B）1.5min

（C）1.9min

（D）0.57min

解答

$$t_1 = 1.445 \left(\frac{sL_p}{\sqrt{i_p}}\right)^{0.467} = 1.445 \times \left(\frac{0.02 \times 15}{\sqrt{1/0.2}}\right)^{0.467} = 0.57\text{min}$$

答案：D

2. 公路沟管汇流历时

《公路排水设计规范》（JTG/T D33—2012）规定如下：

9.1.5　计算沟管内汇流历时时，应在断面尺寸、坡度变化点或者有支沟（支管）汇入处分段，分别计算各段的汇流历时，再叠加而得，可按式(9.1.5-1)计算确定。当沿程有旁侧入流时，第一段沟管的平均流速可用该段沟管的末断面流速乘折减系数 0.75 计算，其余各段可用上、下端断面流速的平均值计算。

$$t_2 = \sum_{m=1}^{n} \frac{l_m}{60v_m} \tag{9.1.5-1}$$

式中：t_2——沟管内汇流历时（min）；

　n、m——分段数和分段序号；

　　l_m——第 m 段的长度（m）；

　　v_m——第 m 段沟管的平均流速（m/s），可按式(9.2.3)计算确定，也可按式(9.1.5-2)近似估算；

$$v_m = 20i_m^{0.6} \tag{9.1.5-2}$$

　　i_m——第 m 段沟管的平均坡度。

例题 2-32-2

某地区修建一级公路，选用浆砌片石矩形边沟，底宽 0.4m，高为 0.6m，设计水深 0.4m，坡度为 2% 的边沟长 120m，则该边沟的汇流历时为（　　）。

（A）1.1min

（B）1.5min

（C）1.9min

（D）2.1min

解答

计算对象为路堑边坡，取 $i_m = 0.02$。

$$v_m = 20i_m^{0.6} = 20 \times 0.020.6 = 1.91\text{m/s}$$

$$t_2 = \sum_{m=1}^{n} \frac{l_m}{60v_m} = \frac{120}{60 \times 1.91} = 1.05\text{min}$$

答案：A

（1）注意区分边坡汇流历时与沟管汇流历时的计算方法，计算沟管内汇流历时时，应在断面尺寸、坡度变化点或有支沟汇入处分段，分别计算各段的汇流历时，再进行叠加。

（2）坡面流的坡度为正切值，如坡度 $1:0.2$，$i_p = 5$。

考点33　公路降雨强度计算

条文规定

《公路排水设计规范》（JTG/T D33—2012）规定如下：

9.1.7　当地缺乏自记雨量计资料时，可利用标准降雨强度等值线图和有关转换系数，按式(9.1.7)计算降雨强度。

$$q_{p,t} = c_p c_t q_{5,10} \tag{9.1.7}$$

式中：$q_{5,10}$——5 年重现期和 10min 降雨历时的标准降雨强度（mm/min），按公路所在地区，由图 9.1.7-1 查取；

c_p——重现期转换系数，为设计降雨重现期降雨强度q_p与标准重现期降雨强度q_5的比值（q_p/q_5），按公路所在地区由表 9.1.7-1 查取；

c_t——降雨历时转换系数，为降雨历时t的降雨强度q_t与 10min 降雨历时的降雨强度q_{10}的比值（q_t/q_{10}），按公路所在地区的 60min 转换系数c_{60}，由表 9.1.7-2 查取，c_{60}可由图 9.1.7-2 查取。

重现期转换系数 c_p　　表 9.1.7-1

地区	重现期P（年）			
	3	5	10	15
海南、广东、广西、云南、贵州、四川东、湖南、湖北、福建、江西、安徽、江苏、浙江、上海、台湾	0.86	1.00	1.17	1.27
黑龙江、吉林、辽宁、北京、天津、河北、山西、河南、山东、四川西、西藏	0.83	1.00	1.22	1.36
内蒙古、陕西、甘肃、宁夏、青海、新疆 非干旱区	0.76	1.00	1.34	1.54
内蒙古、陕西、甘肃、宁夏、青海、新疆 干旱区*	0.71	1.00	1.44	1.72

注：*干旱区约相当于 5 年一遇 10min 降雨强度小于 0.5mm/min 的地区。

降雨历时转换系数 c_t　　表 9.1.7-2

c_{60}	降雨历时 t（min）										
	3	5	10	15	20	30	40	50	60	90	120
0.30	1.40	1.25	1.00	0.77	0.64	0.50	0.40	0.34	0.30	0.22	0.18
0.35	1.40	1.25	1.00	0.80	0.68	0.55	0.45	0.39	0.35	0.26	0.21
0.40	1.40	1.25	1.00	0.82	0.72	0.59	0.50	0.44	0.40	0.30	0.25
0.45	1.40	1.25	1.00	0.84	0.76	0.63	0.55	0.50	0.45	0.34	0.29
0.50	1.40	1.25	1.00	0.87	0.80	0.68	0.60	0.55	0.50	0.39	0.33

条文说明

降雨强度等值线图是依据 5 年重现期 10min 降雨历时绘制而成的。

重现期转换系数表c_p，由各地代表性变差系数c_v按频率曲线计算用表计算得出，线型为皮尔逊Ⅲ型。c_{60}图由《中国年最大 10 分钟点雨量均值、变差系数等值线图》及《中国年最大 1 小时、6 小时点雨量均值、变差系数等值线图》的有关图表计算绘制。

历时转换系数c_t与历时t的关系，在双对数纸上呈上凸形曲线。以c_{60}为参数绘制c_t-c_{60}-t曲线，5min 降雨历时转换系数c_5变幅很小，且与c_{60}无关，因此采用单一值。3min 降雨转换系数c_3系根据全国综合的c_t-t关系曲线外推估计而得。

📖 **典型例题**

例题 2-33-1

胶东地区修建二级公路，按路界内坡面排水计算，降雨历时取为 5min，则降雨强度为（　　　）。

（A）3.36mm/min
（B）3.58mm/min
（C）4.12mm/min
（D）4.53mm/min

解答

查《公路排水设计规范》（JTG/T D33—2012）表 9.1.2，设计降雨重现期为 10 年，由表 9.1.7-1 得$c_p = 1.22$。

查图 9.1.7-1，得$q_{5,10} = 2.2$。

查图 9.1.7-2，得$c_{60} = 0.4$，查表 9.1.7-2，得$c_t = 1.25$。

$q_{p,t} = c_p c_t q_{5,10} = 1.22 \times 1.25 \times 2.2 = 3.355$mm/min

答案：A

📖 **考点分析**

（1）注意查《公路排水设计规范》（JTG/T D33—2012）图 9.1.7-1 和查图 9.1.7-2 时可能存在误差，考试题目可能会直接给出具体数值。

（2）降雨历时$t = t_1 + t_2$；t越大，降雨历时转换系数c_t越小，即设计径流量越小。

考点34　公路沟管平均流速计算

📖 **条文规定**

《公路排水设计规范》（JTG/T D33—2012）规定如下：

9.2.3　沟或管内的平均流速v可按式(9.2.3)计算。

$$v = \frac{1}{n} R^{\frac{2}{3}} I^{\frac{1}{2}} \tag{9.2.3}$$

式中：n——沟壁或管壁的粗糙系数，可按表 9.2.3 查取；

R——水力半径（m），各种沟或管的水力半径计算式可参考附录B；

$$R = \frac{A}{\rho}$$

ρ——过水断面湿周（m）；

I——水力坡度，无旁侧入流的明沟，水力坡度可采用沟的底坡；有旁侧入流的明沟，水力坡度可采用沟段的平均水面坡降。

表 9.2.3

沟壁或管壁的粗糙系数 n

沟或管类别	n	沟或管类别	n
塑料管（聚氯乙烯）	0.010	土质明沟	0.022
石棉水泥管	0.012	带杂草土质明沟	0.027
水泥混凝土管	0.013	砂砾质明沟	0.025
陶土管	0.013	岩石质明沟	0.035
铸铁管	0.015	植草皮明沟（流速 0.6m/s）	0.050～0.090
波纹管	0.027	植草皮明沟（流速 1.8m/s）	0.035～0.050
沥青路面（光滑）	0.013	浆砌片石明沟	0.025
沥青路面（粗糙）	0.016	干砌片石明沟	0.032
水泥混凝土路面（镘抹面）	0.014	水泥混凝土明沟（镘抹面）	0.015
水泥混凝土路面（拉毛）	0.016	水泥混凝土明沟（预制）	0.012

沟管的水力半径和过水断面面积见表 B-1 和表 B-2。

沟管水力半径和过水断面面积计算公式

表 B-1

断面形状	断面图	断面面积 A	水力半径 R
矩形		$A = bh$	$R = \dfrac{bh}{b + 2h}$
三角形		$A = 0.5bh$	$R = \dfrac{0.5b}{1 + \sqrt{1 + m^2}}$
三角形		$A = 0.5bh$	$R = \dfrac{0.5b}{\sqrt{1 + m_1^2} + \sqrt{1 + m_2^2}}$
梯形		$A = 0.5(b_1 + b_2)h$	$R = \dfrac{0.5(b_1 + b_2)h}{b_2 + h\left(\sqrt{1 + m_1^2} + \sqrt{1 + m_2^2}\right)}$
圆形	充满度 $a = H/2d$ $\varphi = \arccos(1 - 2a)$ φ 为弧度	$A = d^2\left(\varphi - \dfrac{1}{2}\sin 2\varphi\right)$	$R = \dfrac{d}{2}\left(1 - \dfrac{\sin 2\varphi}{2\varphi}\right)$

形式	断面图	尺寸（m）			断面面积A（m²）	水力半径R（m）
		b_1	b_2	h		
U 形排水沟		0.18	0.17	0.18	0.033	0.050
		0.24	0.22	0.24	0.055	0.079
		0.30	0.26	0.24	0.067	0.091
		0.30	0.26	0.30	0.084	0.098
		0.36	0.31	0.30	0.101	0.110
		0.36	0.31	0.36	0.121	0.117
		0.45	0.40	0.45	0.191	0.147
		0.60	0.54	0.60	0.342	0.196

📖 **典型例题**

例题 2-34-1

某地区修建一级公路，选用浆砌片石矩形边沟，底宽 0.4m，高 0.6m，水流深度为 0.4m，坡度为 2% 的边沟长 120m，则该边沟的平均流速为（　　　）。

（A）1.47m/s   （B）1.58m/s

（C）1.66m/s   （D）1.79m/s

解答

$$R = \frac{A}{\rho} = \frac{0.4 \times 0.4}{0.4 \times 3} = 0.133\text{m}$$

$$v = \frac{1}{n} R^{\frac{2}{3}} I^{\frac{1}{2}} = \frac{1}{0.025} \times 0.133^{\frac{2}{3}} \times 0.02^{\frac{1}{2}} = 1.47\text{m/s}$$

答案：A

例题 2-34-2

某二级公路边沟设计，已知设计径流量 $Q = 0.409\text{m}^3/\text{s}$，采用浆砌片石明沟，沟底纵坡为 1%，现有两种边沟尺寸方案，如下图所示，要求预留 0.1m 安全高度计算水深，则以下方案中，满足规范要求且经济合理是（　　　）。

```
  ┌50─┬─50─┬─50─┬─42─┐        ┌─50─┬──60──┬──60──┬─42─┐
 80│   ┌50┐          1:1     90│    ┌─60─┐               1:1
  │   └30┘   30               │    └─30─┘   30
  a) 方案一                      b) 方案二
```

例题 2-34-2 图　边沟尺寸（尺寸单位：cm）

（A）方案一   （B）方案二

（C）均不满足要求   （D）均满足

解答

根据《公路排水设计规范》（JTG/T D33—2012）第 9.2.2 条、第 9.2.3 条、附录 B、表 9.2.3：

对于方案一：

$A = 0.5 \times (0.5 + 0.9) \times 0.4 = 0.28\text{m}^2$

$R = 0.28/(0.5 + 0.4 + 0.5656) = 0.19\text{m}$

$v = \frac{1}{n}R^{\frac{2}{3}}I^{\frac{1}{2}} = \frac{1}{0.025} \times 0.19^{\frac{2}{3}} \times 0.01^{\frac{1}{2}} = 1.322\text{m/s}$

$Q_c = v \times A = 1.322 \times 0.28 = 0.37 < 0.409$，不符合规范要求。

可用以上步骤计算方案二，$Q_c = 0.647\text{m}^3/\text{s}$，符合规范要求。

答案：B

📖 考点分析

沟管平均流速可根据《公路排水设计规范》（JTG/T D33—2012）进行计算，重点在于确定沟管形状，计算水力半径。

考点35 公路沟管最大流速计算

📖 条文规定

《公路排水设计规范》（JTG/T D33—2012）规定如下：

9.2.5 沟和管的允许流速应符合以下规定：

1 明沟的最小允许流速为 0.4m/s，暗沟和管的最小允许流速为 0.75m/s。

2 管的最大允许流速为：金属管 10m/s；非金属管 5m/s。

3 明沟的最大允许流速，可根据沟壁材料和水深修正系数确定。不同沟壁材料在水深为 0.4～1.0m 时的最大允许流速，可按表 9.2.5-1 取用；其他水深的最大允许流速，应乘以表 9.2.5-2 中相应的水深修正系数。

明沟的最大允许流速（单位：m/s）　　　　　　　　表 9.2.5-1

明沟类别	亚砂土	亚黏土	干砌片石	浆砌片石	黏土	草皮护面	水泥混凝土
允许最大流速	0.8	1.0	2.0	3.0	1.2	1.6	4.0

最大允许流速的水深修正系数　　　　　　　　表 9.2.5-2

水深 h（m）	$\leqslant 0.4$	$0.4 < h \leqslant 1.0$	$1.0 < h < 2.0$	$h \geqslant 2.0$
修正系数	0.85	1.00	1.25	1.40

📖 典型例题

例题 2-35-1（2021 年真题）

某公路修建时，对排水沟进行了归并（改沟），采用了 2m × 2m 的矩形明沟，预计排水沟的最大水深为 1.2m，沟底及侧面采用浆砌片石铺砌，根据规范规定计算该改沟段的排水沟最大允许流速是（　　）。（取小数点后两位）

（A）3.00m/s　　　　（B）3.75m/s　　　　（C）4.20m/s　　　　（D）5.00m/s

解答

根据《公路排水设计规范》（JTG/T D33—2012）第 9.2.5 条第 3 款，查表 9.2.5-1，浆砌片石流速为 3m/s，水深 1.2m，大于 1.0m，查表 9.2.5-2，修正系数为 1.25，则最大允许流速为 $3 \times 1.25 = 3.75\text{m/s}$。

答案：B

例题 2-35-2

某公路路侧边沟尺寸为 300mm × 400mm，预计最大水深 0.3m，沟底及侧面采用水泥混凝土砌筑，根据规范规定该段边沟的最大允许流速是（　　　）。（取小数点后两位）

（A）3.40m/s　　　　（B）4.00m/s　　　　（C）5.00m/s　　　　（D）5.60m/s

解答

根据《公路排水设计规范》（JTG/T D33—2012）第 9.2.5 条第 3 款，查表 9.2.5-1，水泥混凝土流速为 4m/s，水深 0.3m，小于 0.4m，查表 9.2.5-2，修正系数为 0.85，则最大允许流速为 4 × 0.85 = 3.4m/s。

答案：A

考点36　公路浅沟泄水能力计算

📖 **条文规定**

《公路排水设计规范》（JTG/T D33—2012）规定如下：

9.2.4　浅沟可按以下要求计算其泄水能力：

1　单一横坡的浅三角形沟的泄水能力 $Q_c =$ 可按式(9.2.4-1)计算。

$$Q_c = 0.377 \frac{1}{i_h n} h^{\frac{8}{3}} I^{\frac{1}{2}} \tag{9.2.4-1}$$

式中：i_h——沟或过水断面的横向坡度；

h——沟或过水断面的水深（m）。

2　复合横坡浅三角形沟的泄水能力可按式(9.2.4-1)计算泄水能力乘以系数ξ求得，ξ由式(9.2.4-2)确定。计算示意如图 9.2.4 所示。

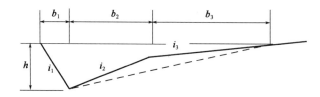

图 9.2.4　双向开口且有变坡浅三角形沟过水断面计算图

3　其他深宽比小于 1∶6 的浅沟的泄水能力可取式(9.2.2)的计算泄水能力乘以 1.2。

$$\xi = \{1 - (1-\gamma)[(1+\alpha\beta)^{-1} - (1+\beta)^{-1}]\}^{\frac{5}{3}} \tag{9.2.4-2}$$

式中：α、β、γ——系数，其中 $\alpha = \frac{i_2}{i_3}$，$\beta = \frac{b_2}{b_3}$，$\gamma = \frac{b_1}{b_1+b_2+b_3}$。

条文说明

过水断面的水面宽度远大于水深，以及沟或过水断面的水深与沟的水面宽度之比小于 1∶6 时，水力半径不能充分反映这种断面的特性。因此，需要对公式进行修正。

📖 **典型例题**

例题 2-36-1

某公路纵坡为 1%，采用单一横坡的浅三角形土质边沟，边沟横坡为 1∶5，沟深 0.2m，水深 0.1m，则边沟的泄水能力为（　　　）。

（A）0.0185m³/s　　　　　　　　　　　（B）0.0285m³/s

（C）0.0385m³/s　　　　　　　　　　　（D）0.0485m³/s

解答

$$Q_c = 0.377 \frac{1}{i_h n} h^{\frac{8}{3}} I^{\frac{1}{2}} = 0.377 \times \frac{1}{0.2 \times 0.022} \times 0.1^{\frac{8}{3}} \times 0.01^{\frac{1}{2}} = 0.0185 \text{m}^3/\text{s}$$

答案：A

📖 **考点分析**

浅沟泄水能力可根据《公路排水设计规范》（JTG/T D33—2012）进行计算，注意各计算参数意义，坡比等于坡度。

考点37　公路凹曲线底部格栅泄水口泄水量计算

📖 **条文规定**

《公路排水设计规范》（JTG/T D33—2012）规定如下：

9.3.5　在凹形竖曲线底部的格栅式泄水口，其泄水量计算应符合以下规定：

1　当格栅上面的水深 h_i 小于 0.12m 时，泄水量 Q_0 可按式(9.3.5-1)计算。

$$Q_0 = 1.66 p_g h_i^{1.5} \tag{9.3.5-1}$$

式中：p_g——格栅的有效周边长，为格栅进水周边边长之和的一半（m）。

2　当格栅上面的水深 h_i 大于 0.43m 时，泄水量 Q_0 可按式(9.3.5-2)计算。

$$Q_0 = 2.96 S_i h_i^{0.5} \tag{9.3.5-2}$$

式中：S_i——格栅孔口净泄水面积的一半（m²）。

3　当格栅上的水深处于 0.12～0.43m 之间时，其泄水量介于式(9.3.5-1)和式(9.3.5-2)的计算结果之间，可按水深通过直线内插得到。

条文说明

在凹形竖曲线底部，泄水口有前后两个方向的进水。其水流状态同格栅上面的水深有关。当水深小于 0.12m 时，进入泄水口的水流为堰流状态，堰顶的长度大致等于格栅进水周边的边长。靠缘石或拦水带一侧的周边不计入内。当水深超过 0.43m 时，进入泄水口的水流呈孔口流状态，其泄水量同格栅的孔口净面积有关。而当水深处于 0.12～0.43m 之间时，由于紊流和其他干扰，进入泄水口的水流呈不确定状态，其泄水量在两种状态的泄水量之间，可按水深通过直线插值近似确定。

因为格栅孔口的空隙有可能被杂物堵塞，因此，规定进水周边边长和孔口净进水面积的有效值均按实际数值除以安全系数 2 后取用。

📖 **典型例题**

例题 2-37-1

在前后切线纵坡均为 1% 的竖曲线底部设置格栅式进水口，由前后方向流向进水口的流量均为 0.037m³/s。缘石的外露高度为 0.15m，格栅的有效宽度取为 0.4m，长度取为 0.5m，孔口的净泄水面积为格栅面积的一半。则确定排泄设计流量时进水口处的水深为（　　　）。

（A）0.08m　　　　（B）0.09m　　　　（C）0.15m　　　　（D）0.11m

解答

进入泄水口的设计径流量$Q_c = 2 \times 0.037 = 0.074\text{m}^3/\text{s}$

（1）先假设泄水口处的水流处于堰流状态

格栅的有效周边长$p_g = 0.5 \times (2 \times 0.4 + 0.5) = 0.65\text{m}$

$0.074 = 1.66 \times 0.65\, h_i^{1.5}$

可得格栅上的水深为$h_i = 0.17\text{m} > 0.12\text{m}$，超过堰流的条件。

（2）再假设水流处于孔口流状态

格栅孔口的净泄水面积$A_i = 0.5 \times 0.4 \times 0.5 \times 0.5 = 0.05\text{m}^2$

$0.074 = 2.96 \times 0.05\, h_i^{0.5}$

可得格栅上的水深$h_i = 0.25\text{m} < 0.43\text{m}$，小于孔口流的条件。因而，水流处于不确定状态。

（3）按直线插值方法确定水流深

$h_i = 0.12\text{m}$ 时，$Q_0 = 1.66 \times 0.65 \times 0.12^{1.5} = 0.045\text{m}^3/\text{s}$

$h_i = 0.43\text{m}$ 时，$Q_0 = 2.96 \times 0.05 \times 0.43^{0.5} = 0.097\text{m}^3/\text{s}$

设计流量$Q_c = 0.074\text{m}^3/\text{s}$ 时，

$h_i = 0.12 + (0.43 - 0.12) \times (0.074 - 0.045)/(0.097 - 0.045) = 0.29\text{m}$

（4）选定格栅尺寸

此泄水口上的水深显然过大，超出了缘石或拦水带的高度。因而，需增加泄水口以提高泄水能力。现选用 3 个 0.5m 长的格栅，其有效宽度仍为 0.4m。这样，格栅的有效周边长增为：

$p_g = 0.5 \times (2 \times 0.4 + 1.5) = 1.15\text{m}$

$0.075 = 1.66 \times 1.15\, h_i^{1.5}$

可得格栅上的水深$h_i = 0.11\text{m}$，低于缘石的高度，符合要求。

答案：D

📖 考点分析

泄水量在格栅上面水深小于 0.12m（堰流）或大于 0.43m（孔口流）是采用不同的计算公式，中间值可根据两种方法的计算结果，通过直线内插得到。

考点38 公路渗沟设计计算

1. 公路沟底设在不透水层上或不透水层内时渗沟计算

📖 条文规定

《公路排水设计规范》（JTG/T D33—2012）规定如下：

9.4.1 渗沟沟底设在不透水层上或不透水层内，且不透水层的横向坡度较小时，可采用地下水自然流动速度近于零的假设，按式(9.4.1-1)～式(9.4.1-4)计算单位长度渗沟由沟壁一侧流入沟内的流量，如图 9.4.1 所示。当水由两侧流入渗沟内时，上述渗沟流量应乘以 2。

$$Q_s = \frac{k_h(h_c^2 - h_g^2)}{2L_s} \tag{9.4.1-1}$$

$$h_g = \frac{I_0}{2 - I_0} h_c \tag{9.4.1-2}$$

$$L_s = \frac{h_c - h_g}{I_0} \tag{9.4.1-3}$$

$$I_0 = \frac{1}{3000\sqrt{k_h}} \tag{9.4.1-4}$$

式中：Q_s——单位长度渗沟一侧沟壁的地下水渗入量 $[m^3/(s \cdot m)]$；

   h_c——含水层内地下水位的高度（m）；

   h_g——渗沟内的水流深度（m）；当渗沟底位于不透水层内，且渗沟内水面低于不透水层顶面时，按式(9.4.1-2)取用；

   k_h——含水层材料的渗透系数（m/s），见表 6.2.5；

   L_s——地下水位受渗沟影响而降落的水平距离（m），可按式(9.4.1-3)确定；

   I_0——地下水位降落曲线的平均坡度，可按含水层材料的渗透系数由近似公式(9.4.1-4)估算。

a) 沟底设在不透水层上　　　　　　　　　　　b) 沟底设在不透水层内

图 9.4.1　不透水层坡度平缓时的渗沟流量计算

1-渗沟；2-地下水位；3-地下水降落曲线

📖 **典型例题**

例题 2-38-1

某高速公路为填方路基，土质为粉砂土，渗透系数为 1×10^{-5}m/s，地下水位深 0.5m，地面以下 1.1m 处为不透水层。为保证路基结构稳定性，在路堤两侧设置渗沟，降低地下水位 0.3m，渗沟沟底位于不透水层上，渗沟高 0.3m，渗沟的间距为 26m。则渗沟单侧的设计渗流量为（　　　）。

（A）3.93×10^{-7}m³/(s·m)

（B）5.33×10^{-7}m³/(s·m)

（C）4.23×10^{-7}m³/(s·m)

（D）4.73×10^{-7}m³/(s·m)

解答

$I_0 = \frac{1}{3000\sqrt{k}} = \frac{1}{3000\times\sqrt{1\times10^{-5}}} = 0.105$

$L_s = \frac{h_c - h_g}{I_0} = \frac{0.3}{0.105} = 2.857$m

$Q_c = \frac{k_h(h_c^2 - h_g^2)}{2L_s} = \frac{1\times10^{-5}\times(0.6^2-0.3^2)}{2\times2.857} = 4.73 \times 10^{-7}$m³/(s·m)

答案：D

2. 公路沟底距不透水层顶面较远时渗沟计算

📖 **条文规定**

《公路排水设计规范》（JTG/T D33—2012）规定如下：

9.4.2　渗沟沟底距不透水层顶面较远时，位于含水层内的单位长度渗沟的流量 Q_s 可按式(9.4.2)计算确定，如图 9.4.2 所示。

$$Q_s = \frac{\pi k_h h_s}{2\ln\left(\frac{2L_s}{L_l}\right)} \tag{9.4.2}$$

式中：L_l——两相邻渗沟间距之半（m）；

$\quad\quad h_s$——渗沟位置处地下水位的下降幅度（m）。

图 9.4.2　渗沟沟底距不透水层顶面较远时渗沟流量的计算
1-原地下水位；2-降低后地下水位；3-渗沟

📖 典型例题

例题 2-38-2

某高速公路经过低洼地，地下水位深 0.5m，土质为粉砂土，渗透系数为 1×10^{-5}m/s。为保证地基稳定性，须降低地下水位，在路堤两侧设置渗沟，渗沟沟底距离不透水层顶面较远，渗沟的间距为 26m，渗沟位置处地下水降低量为 1.92m。则渗沟的设计渗流量为（　　　）。

（A）2.93×10^{-5}m³/s

（B）3.33×10^{-5}m³/s

（C）2.23×10^{-5}m³/s

（D）3.85×10^{-5}m³/s

解答

$I_0 = \dfrac{1}{3000\sqrt{k}} = \dfrac{1}{3000 \times \sqrt{1 \times 10^{-5}}} = 0.1054$

$L_s = \dfrac{h_s}{I_0} = \dfrac{1.92}{0.1054} = 18.245\text{m}$

$Q_s = \dfrac{\pi k_h h_s}{2\ln\left(\frac{2L_s}{L_l}\right)} = \dfrac{3.14 \times 1 \times 10^{-5} \times 1.92}{2 \times \ln\left(\frac{2 \times 18.245}{13}\right)} = 0.0000293\text{m}^3/\text{s}$

答案：A

3. 公路渗沟水力计算

📖 条文规定

《公路排水设计规范》（JTG/T D33—2012）规定如下：

9.4.4　渗沟水力计算应符合以下规定：

1　盲沟（填石渗沟）泄水能力 Q_c 应按式(9.4.4-1)计算。

$$Q_c = w k_m \sqrt{i_z} \tag{9.4.4-1}$$

式中：w——渗透面积（m²）；

$\quad\quad k_m$——紊流状态时的渗流系数（m/s），当已知填料粒径 d（cm）和孔隙率 n（%）时，按式(9.4.4-2)计算，也可参考表 9.4.4 确定。

$$k_m = \left(20 - \frac{14}{d}\right)n \cdot \sqrt{d} \tag{9.4.4-2}$$

例题 2-38-3

某一级公路在路堑边沟下设置矩形填石渗沟，已知渗沟宽 0.5m，沟底纵坡 $i = 3\%$，设计流量为 $0.01\text{m}^3/\text{s}$，采用平均粒径为 5cm 的碎石作为渗沟填料，碎石的空隙率 $n = 0.45$。根据《公路排水设计规范》（JTG/T D33—2012），碎石填料的高度最接近（　　）。

（A）0.4m　　　　　（B）0.5m　　　　　（C）0.6m　　　　　（D）0.7m

解答

根据《公路排水设计规范》（JTG/T D33—2012）第 9.4.4 条：

$$k_{\text{m}} = \left(20 - \frac{14}{d}\right)n \cdot \sqrt{d} = \left(20 - \frac{14}{5}\right) \times 0.45 \times \sqrt{5} = 17.3\text{cm/s} = 0.173\text{m/s}$$

根据 $Q_{\text{c}} = wk_{\text{m}}\sqrt{i_{\text{z}}}$，有

$$0.01 = 0.5 \times h \times 0.173 \times \sqrt{0.03}，得 h = 0.67\text{m}$$

也可以直接查表 9.4.4，$k_{\text{m}} = 0.17\text{m/s}$，计算得 $h = 0.68\text{m}$

答案： D

4. 公路渗沟埋置深度

《公路排水设计规范》（JTG/T D33—2012）规定如下：

9.4.5　渗沟埋置深度 h_2，应按式(9.4.5)计算，如图 9.4.5 所示。

$$h_2 = Z + p + \varepsilon + f + h_3 - h_1 \tag{9.4.5}$$

式中：h_2——渗沟埋置深度（m）；

　　　　Z——沿路基中线的冻结深度（m），非冰冻地区取 0；

　　　　p——冻结地区沿中线处冻结线至毛细水上升曲线的间距，可取 0.25m；非冰冻地区路床顶面至毛细水上升曲线的距离，可取 0.5m；

　　　　ε——毛细水上升高度（m）；

　　　　f——路基范围内水力降落曲线的最大高度（m），与路基宽度 B_0 及 I_0 有关，可近似取 $f = B_0/I_0$；

　　　　h_3——渗沟底部的水柱高度（m），一般取 0.3～0.4m；

　　　　h_1——自路基中线顶高计算的边沟深度（m）。

图 9.4.5　渗沟埋置深度计算

H-地下水位高度；H_0-隔水层高度；m_1-渗沟边缘至路基中线的距离

注意规范中此处 f 的计算公式有误，应为 $f = B_0 I_0 / 2$。

例题 2-38-4

某季节冻土地区修建高速公路，路基宽 24.5m，土路肩宽 0.75m，路面横坡为 2%，土路肩横坡为 4%，路基填料为砂土，$I_0 = 0.02$，毛细水上升高度为 0.9m，土的冻结深度为 0.8m，边沟深度为 0.6m，在边沟下设置渗沟，渗沟内水深 0.35m，根据《公路排水设计规范》（JTG/T D33—2012），则渗沟的埋置深度最接近（　　）。

（A）1.0m

（B）1.3m

（C）1.7m

（D）2.0m

解答

根据《公路排水设计规范》（JTG/T D33—2012）第 9.4.5 条：

$h_2 = Z + p + \varepsilon + f + h_3 - h_1$

$f = \dfrac{B_0}{2} I_0 = \dfrac{24.5}{2} \times 0.02 = 0.25\text{m}$

$h_1 = 0.75 \times 4\% + \left(\dfrac{24.5}{2} - 0.75 \right) \times 2\% + 0.6 = 0.86\text{m}$

$h_2 = Z + p + \varepsilon + f + h_3 - h_1$

$\quad = 0.8 + 0.25 + 0.9 + 0.25 + 0.35 - 0.86 = 1.69\text{m}$

答案：C

（1）渗沟计算应注意根据已知条件选择正确的计算公式。

（2）注意采用公式(9.4.1)计算渗沟水时是单侧汇入还是双侧汇入，如果是双侧，渗流量还要乘以 2。

第 3 章 路 面 工 程

本章核心考试规范：

1. 《公路沥青路面设计规范》（JTG D50—2017）
2. 《公路水泥混凝土路面设计规范》（JTG D40—2011）
3. 《城镇道路路面设计规范》（CJJ 169—2012）

曾经列入考试的规范（若 2025 年未恢复，可不复习）：

1. 《季节性冻土地区公路设计与施工技术规范》（JTG/T D31-06—2017）

考点1　公路沥青路面当量设计轴载累计作用次数计算

📖 条文规定

《公路沥青路面设计规范》（JTG D50—2017）规定如下：

6.3.1　各设计指标对应的当量设计轴载累计作用次数，应根据交通参数调查分析结果和设计使用年限，按本规范附录 A 的规定计算确定。

A.1　车型分类

A.1.1　车辆轴型应根据表 A.1.1 规定按轮组和轴组类型分为 7 类。

轴型分类 表 A.1.1

轴型编号	轴型说明	轴型编号	轴型说明
1	单轴（每侧单轮胎）	5	双联轴（每侧双轮胎）
2	单轴（每侧双轮胎）	6	三联轴（每侧单轮胎）
3	双联轴（每侧单轮胎）	7	三联轴（每侧双轮胎）
4	双联轴（每侧各一单轮胎、双轮胎）		

A.1.2　车辆类型应按表 A.1.2 所列轴型组合分为 11 类。

车辆类型分类 表 A.1.2

车型编号	说明	主要车型及图示		其他车型
1 类	2 轴 4 轮车辆	11 型车		
2 类	2 轴 6 轮及以上客车	12 型客车		15 型客车

车型编号	说明	主要车型及图示	其他车型	车型编号
3 类	2 轴 6 轮整体式货车	12 型货车		
4 类	3 轴整体式货车（非双前轴）	15 型		
5 类	4 轴及以上整体式货车（非双前轴）	17 型		
6 类	双前轴整体式货车	112 型 115 型		117 型
7 类	4 轴及以下半挂货车（非双前轴）	125 型		122 型
8 类	5 轴半挂货车（非双前轴）	127 型 155 型		
9 类	6 轴及以上半挂货车（非双前轴）	157 型		
10 类	双前轴半挂式货车	1127 型		1122 型 1125 型 1155 型 1157 型
11 类	全挂货车	1522 型 1222 型		

A.2 交通数据调查

A.2.1 交通数据调查应包括交通量及增长率、方向系数、车道系数、车辆类型组成、轴组组成和轴重等。

A.2.2 公路初期交通量和其他参数可参照可行性研究报告等有关交通量预测资料，结合当地交通观测站的观测和统计资料，或通过实地设立站点进行观测和统计。

A.2.3 交通量的年平均增长率可依据公路等级和功能以及地区经济和交通发展情况等，通过调查分析确定。

A.2.4 方向系数宜根据不同方向上实测交通量数据确定，无实测数据时可在 0.5～0.6 范围内选取。

A.2.5 车道系数可按下列三个水平确定，改建设计应采用水平一，新建路面设计可采用水平二或水平三：

1 水平一，根据现场交通量观测资料统计设计方向不同车道上车辆的数量，确定车道系数。

2 水平二，采用当地的经验值。

3 水平三，采用表 A.2.5 推荐值。

车道系数　　　　　　　　　　　　　　　　表 A.2.5

单向车道数	1	2	3	≥4
高速公路	—	0.70～0.85	0.45～0.60	0.40～0.50
其他等级公路	1.00	0.50～0.75	0.50～0.75	—

注：交通受非机动车和行人影响严重时取低限，反之取高值。

A.2.6 车辆类型分布系数可按下列三个水平确定，改建设计应采用水平一，新建路面设计可采用水平二或水平三：

1 水平一，根据交通观测资料分析 2 类~11 类车型所占的百分比，得到车辆类型分布系数。

2 水平二，根据交通历史数据或经验数据按表 A.2.6-1 确定公路 TTC 分类，采用该 TTC 分类车辆类型分布系数当地经验值。

3 水平三，根据交通历史数据或经验数据按表 A.2.6-1 确定公路 TTC 分类，采用表 A.2.6-2 规定车辆类型分布系数。

公路 TTC 分类标准（%）   表 A.2.6-1

TTC 分类	整体式货车比例	半挂式货车比例
TTC1	< 40	> 50
TTC2	< 40	< 50
TTC3	40~70	> 20
TTC4	40~70	< 20
TTC5	> 70	—

不同 TTC 分类车辆类型分布系数（%）   表 A.2.6-2

车辆类型	2 类	3 类	4 类	5 类	6 类	7 类	8 类	9 类	10 类	11 类
TTC1	6.4	15.3	1.4	0.0	11.9	3.1	16.3	20.4	25.2	0.0
TTC2	22.0	23.3	2.7	0.0	8.3	7.5	17.1	8.5	10.6	0.0
TTC3	17.8	33.1	3.4	0.0	12.5	4.4	9.1	10.6	8.5	0.7
TTC4	28.9	43.9	5.5	0.0	9.4	2.0	4.6	3.4	2.3	0.1
TTC5	9.9	42.3	14.8	0.0	22.7	2.0	2.3	3.2	2.5	0.2

A.3.1 各类车辆当量设计轴载换算系数可按下列三个水平确定，高速公路和一级公路的改建设计应采用水平一，其他情况可采用水平二或水平三：

1 水平一，采用称重设备连续采集设计车道上车辆类型、轴型组成和轴重数据，按下列步骤分析各类车辆当量换算系数：

1）分别统计 2 类~11 类车辆单轴单胎、单轴双胎、双联轴和三联轴的数量，除以各类车辆总量，按式(A.3.1-1)计算各类车辆中不同轴型平均轴数。

$$NAPT_{mi} = \frac{NA_{mi}}{NT_m}$$
(A.3.1-1)

式中：$NAPT_{mi}$——m 类车辆中 i 种轴型的平均轴数；

NA_{mi}——m 类车辆中 i 种轴型总数；

NT_m——m 类车辆总数；

i——分别为单轴单胎、单轴双胎、双联轴和三联轴；

m——表 A.1.2 所列 2 类~11 类车。

2）按式(A.3.1-2)计算 2 类~11 类车辆不同轴型在不同轴重区间所占的百分比，得到不同轴型的轴重分布系数，即轴载谱。确定轴载谱时，单轴单胎、单轴双胎、双联轴和三联轴应分别间隔 2.5kN、4.5kN、9.0kN 和 13.5kN 划分轴重区间。

$$ALDF_{mij} = \frac{ND_{mij}}{NA_{mi}}$$
(A.3.1-2)

式中：$ALDF_{mij}$——m 类车辆中 i 种轴型在 j 级轴重区间的轴重分布系数；

ND_{mij}——m 类车辆中 i 种轴型在 j 级轴重区间的数量；

NA_{mi}——m类车辆中i种轴型的数量；

其他符号意义同式(A.3.1-1)。

3）按式(A.3.1-3)计算 2 类～11 类车辆各种轴型在不同轴重区间的当量设计轴载换算系数，计算时取各轴重区间中点值作为该轴重区间代表轴重。按式(A.3.1-4)计算各类车辆当量设计轴载换算系数：

$$EALF_{mij} = c_1 c_2 \left(\frac{P_{mij}}{P_s}\right)^b \tag{A.3.1-3}$$

式中：P_s——设计轴载（kN）；

P_{mij}——m类车辆中i种轴型在j级轴重区间的单轴轴载（kN），对双联轴和三联轴，为平均分配到每根单轴的轴载；

b——换算指数。分析沥青混合料层疲劳和沥青混合料层永久变形时，$b=4$；分析路基永久变形时，$b=5$；分析无机结合料稳定层疲劳时，$b=13$；

c_1——轴组系数，前后轴间距大于 3m 时，分别按单个轴计算；轴间距小于 3m 时，按表 A.3.1-1 取值；

c_2——轮组系数，双轮组为 1.0，单轮时取 4.5。

轴组系数取值   表 A.3.1-1

设计指标	轮—轴型	c_1取值
沥青混合料层层底拉应变、沥青混合料层永久变形量	双联轴	2.1
	三联轴	3.2
路基顶面竖向压应变	双联轴	4.2
	三联轴	8.7
无机结合料稳定层层底拉应力	双联轴	2.6
	三联轴	3.8

$$EALF_m = \sum_i \left[NAPT_{mi} \sum_j \left(EALF_{mij} \times ALDF_{mij} \right) \right] \tag{A.3.1-4}$$

式中：$EALF_m$——m类车辆的当量设计轴载换算系数；

$NAPT_{mi}$——m类车辆中i种轴型的平均轴数；

$ALDF_{mij}$——m类车辆中i种轴型在j级轴重区间的轴重分布系数；

$EALF_{mij}$——m类车辆中i种轴型在j级轴重区间当量设计轴载换算系数，根据式(A.3.1-3)计算确定。

2 水平二和水平三，按式(A.3.1-5)确定各类车辆的当量设计轴载换算系数。式(A.3.1-5)中非满载车和满载车的比例和当量设计轴载换算系数，水平二时取当地经验值，水平三时取表 A.3.1-2 和表 A.3.1-3 所列全国经验值。

$$EALF_m = EALF_{ml} \times PER_{ml} + EALF_{mh} \times PER_{mh} \tag{A.3.1-5}$$

式中：$EALF_{ml}$——m类车辆中非满载车的当量设计轴载换算系数；

$EALF_{mh}$——m类车辆中满载车的当量设计轴载换算系数；

PER_{ml}——m类车辆中非满载车所占的百分比；

PER_{mh}——m类车辆中满载车所占的百分比。

2 类～11 类车辆非满载车与满载车比例   表 A.3.1-2

车型	非满载比例	满载比例
2 类	0.80～0.90	0.10～0.20
3 类	0.85～0.95	0.05～0.15
4 类	0.60～0.70	0.30～0.40

车型	非满载比例	满载比例
5 类	0.70～0.80	0.20～0.30
6 类	0.50～0.60	0.40～0.50
7 类	0.65～0.75	0.25～0.35
8 类	0.40～0.50	0.50～0.60
9 类	0.55～0.65	0.35～0.45
10 类	0.50～0.60	0.40～0.50
11 类	0.60～0.70	0.30～0.40

2 类～11 类车辆当量设计轴载换算系数 表 A.3.1-3

车型	沥青混合料层层底拉应变、沥青混合料层永久变形量		无机结合料稳定层层底拉应力		路基顶面竖向压应变	
	非满载车	满载车	非满载车	满载车	非满载车	满载车
2 类	0.8	2.8	0.5	35.5	0.6	2.9
3 类	0.4	4.1	1.3	314.2	0.4	5.6
4 类	0.7	4.2	0.3	137.6	0.9	8.8
5 类	0.6	6.3	0.6	72.9	0.7	12.4
6 类	1.3	7.9	10.2	1505.7	1.6	17.1
7 类	1.4	6.0	7.8	553.0	1.9	11.7
8 类	1.4	6.7	16.4	713.5	1.8	12.5
9 类	1.5	5.1	0.7	204.3	2.8	12.5
10 类	2.4	7.0	37.8	426.8	3.7	13.3
11 类	1.5	12.1	2.5	985.4	1.6	20.8

A.4 当量设计轴载累计作用次数

A.4.1 根据本规范第 A.3 节确定的车辆当量设计轴载换算系数，按式(A.4.1)确定初始年设计车道日平均当量轴次N_1。

$$N_1 = AADTT \times DDF \times LDF \times \sum_{m=2}^{11} (VCDF_m \times EALF_m) \tag{A.4.1}$$

式中：$AADTT$——2 轴 6 轮及以上车辆的双向年平均日交通量（辆/d）；

DDF——方向系数；

LDF——车道系数；

m——车辆类型编号；

$VCDF_m$——m 类车辆类型分布系数；

$EALF_m$——m 类车辆的当量设计轴载换算系数。

A.4.2 应根据初始年设计车道日平均当量轴次N_1、设计使用年限等，按式(A.4.2)计算设计车道上的当量设计轴载累计作用次数N_e。

$$N_e = \frac{[(1+\gamma)^t - 1] \times 365}{\gamma} N_1 \tag{A.4.2}$$

式中：N_e——设计使用年限内设计车道上的当量设计轴载累计作用次数（次）；

t——设计使用年限（年）；

γ——设计使用年限内交通量的年平均增长率；

N_1——初始年设计车道日平均当量轴次（次/d）。

典型例题

例题 3-1-1（2019 年真题，根据新规范改编）

根据《公路沥青路面设计规范》（JTG D50—2017），当以半刚性材料层的拉应力为设计指标进行轴载换算时，5 类车辆后轴的轴组系数为（　　）。

（A）3　　　　　（B）3.8　　　　　（C）5　　　　　（D）6

解答

根据《公路沥青路面设计规范》（JTG D50—2017）表 A.1.2，5 类车后轴为三联轴，查表 A.3.1-1，设计指标为无机结合料稳定层层底拉应力时，三联轴的轴组系数为 $c_1 = 3.8$。

答案：B

例题 3-1-2

根据《公路沥青路面设计规范》（JTG D50—2017），当以沥青混合料层层底拉应变为设计指标进行轴载换算时，按轴型组合分类为 4 类的车辆，2 联后轴的总轴载为 240kN，2 联后轴的当量设计轴载换算系数为（　　）。

（A）3.0　　　　　（B）3.8　　　　　（C）4.3　　　　　（D）5.6

解答

4 类车辆后轴为双轮组，2 联轴，$P_{mij} = 240/2 = 120$kN；根据《公路沥青路面设计规范》（JTG D50—2017）第 A.3.1 条，查表 A.3.1-1，设计指标为沥青混合料层层底拉应变时，2 联轴的轴组系数为 $c_1 = 2.1$。

$$EALF_{mij} = c_1 c_2 \left(\frac{P_{mij}}{P_s}\right)^b = 2.1 \times 1.0 \times \left(\frac{120}{100}\right)^4 = 4.3$$

答案：C

例题 3-1-3

公路自然区划 IV_1 区新建高速公路，双向八车道，路基宽度为 42.00m，路面面层采用沥青混凝土，基层和底基层均采用水泥稳定碎石，根据 OD 分析，2 轴 6 轮及以上车辆的双向年平均日交通量为 5000 辆/d，交通量年平均增长率为 7%。根据对路段每辆车实际收集到的轴载组成数据，经统计分析后，得到如表所示的车辆类型分布系数。分析沥青混合料层层底拉应变和永久变形量时，设计年限内设计车道上的当量设计轴载累计作用次数 N_e 最接近（　　）。（非满载与满载车比例、方向系数取中值，车道系数取高值。）

车辆类型分布系数　　　　　　　　　　　　　　　　　　　　例题 3-1-3 表

车辆类型	2 类	3 类	4 类	5 类	6 类	7 类	8 类	9 类	10 类	11 类
车辆类型分布系数（%）	6.4	15.3	1.4	0	11.9	3.1	16.3	20.4	25.2	0

（A）1.62×10^7 次　　　　　　　　　　（B）4.08×10^7 次

（C）1.62×10^9 次　　　　　　　　　　（D）4.08×10^9 次

解答

根据《公路沥青路面设计规范》（JTG D50—2017）第 A.3.1 条、第 A.4.1 条和第 A.4.2 条。各类车辆当量设计轴载换算时可采用水平三。查表 A.3.1-2，并将 2 类～11 类车辆非满载与满载比例（取中值）填入下表中的第二行和第四行，查表 A.3.1-3 得对应沥青混合料层层底拉应变和永久变形量分析的 2 类～11 类车辆当量设计轴载换算系数，填入解表中的第三行和第五行。利用式(A.3.1-5)计算得到各类车辆的当量设计轴载换算系数，见下表第六行。由题意知，双向年平均日交通量$AADTT = 5000$辆/d，方向系数DDF取 0.55，车道系数LDF取 0.5，代入式(A.4.1)得：

$$N_1 = AADTT \times DDF \times LDF \times \sum_{2}^{11}(VCDF_m \times EALF_m)$$

$$= 5000 \times 0.55 \times 0.5 \times 3.239 = 4454 \text{ 次}$$

$$N_e = \frac{[(1+\gamma)^t - 1] \times 365}{\gamma} N_1$$

$$= \frac{[(1+0.07)^{15} - 1] \times 365}{0.07} \times 4454$$

$$= 4.08 \times 10^7 \text{ 次}$$

计算数据和计算结果　　　　　　　　　　　　例题 3-1-3 解表

车辆类型	2 类	3 类	4 类	5 类	6 类	7 类	8 类	9 类	10 类	11 类
非满载车百分比PER_{ml}	0.85	0.9	0.65	0.75	0.55	0.7	0.45	0.6	0.55	0.65
非满载当量轴载换算系数$EALF_{ml}$	0.8	0.4	0.7	0.6	1.3	1.4	1.4	1.5	2.4	1.5
满载车百分比PER_{mh}	0.15	0.1	0.35	0.25	0.45	0.3	0.55	0.4	0.45	0.35
满载当量轴载换算系数$EALF_{mh}$	2.8	4.1	4.2	6.3	7.9	6	6.7	5.1	7	12.1
当量设计轴载换算系数$EALF_m$	1.1	0.77	1.925	2.025	4.27	2.78	4.315	2.94	4.47	5.21
$EALF_m \times VCDF_m$	0.07	0.118	0.027	0	0.508	0.086	0.703	0.60	1.126	0

答案：B

例题 3-1-4（2021 年真题）

某新建公路，预测初始年各类车辆双向年平均日交通量如下表所列，设计采用底基层为粒料的沥青路面，设计使用年限内交通量的年平均增长率为 3.5%，方向系数为 0.55，车道系数为 0.5，车辆类型分布系数采用 TTC5 分类标准，已知采用水平三进行路基顶面竖向压应变验算时，确定的 2～5 类车辆的当量设计轴载换算系数$EALF_2 = 0.945$，$EALF_3 = 1.180$，$EALF_4 = 3.270$，$EALF_5 = 4.210$。初始年设计车道日平均当量轴次计算结果是（　　　）。

某新建公路初始年交通量预测结果表（单位：辆/d）　　　　例题 3-1-4 表

1 类车	2 类车	3 类车	4 类车	5 类车
12880	1100	4900	2220	1200

（A）1719 次/d　　　（B）2326 次/d　　　（C）2789 次/d　　　（D）3425 次/d

解答

根据《公路沥青路面设计规范》（JTG D50—2017）附录 A.4.1：

$$N_1 = AADTT \times DDF \times LDF \times \sum_{m=2}^{11}(VCDF_m \times EALF_m)$$

题干仅给出 5 类车，但是 1 类车在沥青路面结构计算中是不考虑的。

$$AADTT = 1100 + 4900 + 2220 + 1200 = 9420$$

如果按照给定交通量，计算如下：

$$N_1 = 9420 \times 0.55 \times 0.5 \times \left(\frac{1100}{9420} \times 0.945 + \frac{4900}{9420} \times 1.18 + \frac{2220}{9420} \times 3.27 + \frac{1200}{9420} \times 4.21\right)$$

$$= 5261.3 \text{ 次/d}$$

按此计算则没有答案。

如果按照 TTC 分类来计算，查表 A.2.3-2 知，2 类车分布系数为 9.9%，3 类车分布系数为 42.3%，4 类车分布系数为 14.8%，5 类车分布系数为 0。

$$N_1 = 9420 \times 0.55 \times 0.5 \times (9.9\% \times 0.945 + 42.3\% \times 1.18 + 14.8\% \times 3.27 + 0 \times 4.21)$$

$$= 2789 \text{ 次/d}$$

答案：C

注：本题严格来说为错题，因为题干明确了各类车辆的交通量，相当于是按水平一调查到了只有 2～5 类车辆，同时要求按 TTC5 的水平三查表进行计算，但是给定的各类交通量的比例与 TTC5 分类又不一致，并且按 TTC5 查表得到车辆类型分布系数，是按全国经验数据的水平三，2～11 类车辆比例相加应当为 100%，该题目计算累计轴次只计算 2～5 类，车辆比例相加为 67%，相当于少算了 6～11 类车的 33% 部分。为了适应命题专家思路，本书给出原题，未做修正。

例题 3-1-5

公路自然区划Ⅱ₃区新建二级公路，双向两车道，路基宽度为 12m，路面采用沥青混凝土路面，基层和底基层均采用水泥稳定碎石。根据 OD 分析，2 轴 6 轮及以上车辆的双向年平均日交通量为 2000 辆/d，交通量年平均增长率为 5.0%。根据对路段每辆车实际收集到的轴载组成数据，经统计分析后，得到如表所示的车辆类型分布系数。分析无机结合料稳定层层底拉应力时，设计年限内设计车道上的当量设计轴载累计作用次数N_e最接近（　　）。（非满载与满载车比例、方向系数取中值）

车辆类型分布系数　　　　　　　　　　　　　　例题 3-1-5 表

车辆类型	2 类	3 类	4 类	5 类	6 类	7 类	8 类	9 类	10 类	11 类
车辆类型分布系数（%）	22	23.3	2.7	0	8.3	7.5	17.1	8.5	10.6	0

（A）3.43×10^7 次 　　　　　　　　　　　　（B）5.64×10^7 次

（C）7.09×10^8 次 　　　　　　　　　　　　（D）1.13×10^9 次

解答

根据《公路沥青路面设计规范》（JTG D50—2017）第 A.3.1 条、第 A.4.1 条和第 A.4.2 条。各类车辆当量设计轴载换算时可采用水平三。查表 A.3.1-2，并将 2 类～11 类车辆非满载与满载比例（取中值），填入下表的第二行和第四行，查表 A.3.1-3 得对应无机结合料稳定层层底拉应力分析的 2 类～11 类车辆当量设计轴载换算系数，填入下表的第三行和第五行。利用式(A.3.1-5)，计算得到各类车辆的当量设计轴载换算系数，见下表第六行。由题意知，双向年平均日交通量$AADTT = 2000$ 辆/d，方向系数DDF取 0.55，车道系数LDF取 1.0，代入式(A.4.1)得：

$$N_1 = AADTT \times DDF \times LDF \times \sum_{2}^{11}(VCDF_m \times EALF_m)$$

$$= 2000 \times 0.55 \times 1.0 \times 177.63 = 195393 \text{ 次}$$

$$N_e = \frac{[(1+\gamma)^t - 1] \times 365}{\gamma} N_1$$

$$= \frac{[(1+0.05)^{12} - 1] \times 365}{0.05} \times 195393 = 1.13 \times 10^9 \text{ 次}$$

车辆类型	2 类	3 类	4 类	5 类	6 类	7 类	8 类	9 类	10 类	11 类
非满载车百分比PER_{ml}	0.85	0.9	0.65	0.75	0.55	0.7	0.45	0.6	0.55	0.65
非满载当量轴载换算系数$EALF_{ml}$	0.5	1.3	0.3	0.6	10.2	7.8	16.4	0.7	37.8	2.5
满载车百分比PER_{mh}	0.15	0.1	0.35	0.25	0.45	0.3	0.55	0.4	0.45	0.35
满载当量轴载换算系数$EALF_{mh}$	35.5	314.2	137.6	72.9	1505.7	553	713.5	204.3	426.8	985.4
当量设计轴载换算系数$EALF_m$	5.75	32.59	48.36	18.68	683.1	171.3	399.8	82.14	212.85	346.52
$EALF_m \times VCDF_m$	1.27	7.593	1.31	0	56.70	12.85	68.37	6.98	22.56	0

答案： D

例题 3-1-6（2022 年补考真题）

某新建高速公路采用沥青路面，初步设计阶段，预测初始年各类车辆双向年平均日交通量及计算设计轴载换算系数如下表所列，已知方向系数为 0.55，车道系数为 0.5。试问采用水平三按 TTC5 分类标准进行路基顶面竖向压应变验算时，计算初始年设计车道日平均当量轴次为（   ）。

某新建高速公路初始年交通量预测及换算系数表 例题 3-1-6 表

车辆分类	1 类车	2 类车	3 类车	4 类车	5 类车	6 类车	7 类车
交通量（辆/d）	12880	3620	1460	1230	1100	980	860
当量设计轴载换算系数	—	0.935	1.105	3.210	4.112	8.575	4.840

（A）2786 次/d　　　（B）6259 次/d　　　（C）7831 次/d　　　（D）8190 次/d

解答

根据《公路沥青路面设计规范》（JTG D50—2017）第 A.4.1 条：

$$N_1 = AADTT \times DDF \times LDF \times \sum_2^{11}(VCDF_m \times EALF_m)$$

1 类车不计入，$AADTT = 3620 + 1460 + 1230 + 1100 + 980 + 860 = 9250$ 辆/d

根据表 A.2.6-2，对于 TTC5：

$N_1 = 9250 \times 0.55 \times 0.5 \times (9.9\% \times 0.935 + 42.3\% \times 1.105 + 14.8\% \times 3.21 + 0 + 22.7\% \times$

$\qquad 8.575 + 2\% \times 4.84) = 7830.6$ 次/d

答案： C

注：本题与 2021 年真题类似，严格来说属于错题。

例题 3-1-7（2023 年真题）

某新建高速公路，采用沥青混凝土路面，基层为水泥稳定级配碎石，根据交通量调查结果，初始年设计车道日平均当量轴次为 5000 次，设计使用年限内交通量的年平均增长率为 7%。该公路的设计年限内设计车道上的当量设计轴载累计作用次数是（   ）。

（A）74.82×10^6 次　　（B）45.86×10^6 次　　（C）74.82×10^7 次　　（D）45.86×10^7 次

解答

根据《公路沥青路面设计规范》（JTG D50—2017）表 3.0.2，路面结构设计使用年限 $t = 15$，$N_1 = 5000$。

根据式(A.4.2)：

$$N_e = \frac{[(1+\gamma)^t - 1] \times 365}{\gamma} \times N_1 = \frac{[(1+0.07)^{15} - 1] \times 365}{0.07} \times 5000 = 45.85 \times 10^6 次$$

答案：B

📖 考点分析

（1）车辆轴型分 7 类（常用 4 类），车辆类型分 11 类，车辆类型是由车辆轴型组合而成的。

（2）车辆类型总共有 11 类，但是当量设计轴载累计作用次数计算时，不计入第 1 类车辆（2 轴 4 轮车辆）的作用次数。

（3）题目如果没有给出车辆类型分布系数，给出的是整体式、半挂式货车比例，应根据《公路沥青路面设计规范》（JTG D50—2017）表 A.2.6-1 先得出 TTC 的分类，再查表 A.2.6-2 得出车辆类型分布系数。

（4）当量设计轴载换算系数以及当量设计轴载累计作用次数计算前首先应明确验算的设计指标。对于不同的设计指标，式(A.4.2)计算的当量设计轴载累计作用次数对应有 5 个值，分别为：

① 验算沥青混合料层层底拉应变时，对应的当量设计轴载累计作用次数为 N_{e1}。

② 验算无机结合料稳定层层底拉应力时，对应的当量设计轴载累计作用次数为 N_{e2}。

③ 验算沥青混合料层永久变形量时，对应的当量设计轴载累计作用次数为 N_{e3}。

④ 验算路基顶面竖向压应变时，对应的当量设计轴载累计作用次数为 N_{e4}。

⑤ 用沥青混合料贯入强度验算永久变形量，控制车辙时，对应的当量设计轴载累计作用次数为 N_{e5}。

考点2　公路沥青路面交通荷载等级确定

📖 条文规定

《公路工程技术标准》（JTG B01—2014）规定如下：

5.0.6　路面结构设计标准轴载为双轮组单轴 100kN，轮胎压力 0.7MPa。重载交通路段可根据实际调查的轴载谱采用分向、分道方式进行路面结构设计。

《公路沥青路面设计规范》（JTG D50—2017）规定如下：

3.0.2　新建沥青路面结构设计使用年限不应低于表 3.0.2 的规定，应根据公路等级、经济、交通荷载等级等因素综合确定。改建路面结构设计可根据工程实际情况选取适宜的设计使用年限。

路面结构设计使用年限（单位：年）　　　　　　　　　　　　　表 3.0.2

公路等级	设计使用年限	公路等级	设计使用年限
高速公路、一级公路	15	三级公路	10
二级公路	12	四级公路	8

3.0.3　路面设计应采用轴重为 100kN 的单轴—双轮组轴载作为设计轴载，计算参数按表 3.0.3 确定。应根据路面结构设计使用年限，按本规范附录 A 确定当量设计轴载累计作用次数。

设计轴载的参数　　　　　　　　　　　　　　　　　　　表 3.0.3

设计轴载（kN）	轮胎接地压强（MPa）	单轮接地当量圆直径（mm）	两轮中心距（mm）
100	0.70	213.0	319.5

3.0.4 路面结构所承受的交通荷载应按表 3.0.4 进行分级。

设计交通荷载等级 表 3.0.4

设计交通荷载等级	极重	特重	重	中等	轻
设计使用年限内设计车道累计大型客车和货车交通量（×10⁶，辆）	≥50.0	50.0～19.0	19.0～8.0	8.0～4.0	<4.0

注：大型客车和货车为本规范附录 A 中表 A.1.2 所列的 2 类～11 类车。

📖 **典型例题**

例题 3-2-1（2021 年真题）

某一级公路路面采用沥青路面结构，已知初始年设计车道日平均当量轴次为 2825 次/d，交通量年平均增长率为 2.8%，则该一级公路设计交通荷载等级是（　　）。

（A）极重　　　　　（B）特重　　　　　（C）重　　　　　（D）中等

解答

根据《公路沥青路面设计规范》（JTG D50—2017）表 3.0.2，一级公路路面结构设计使用年限为 15 年。

本题给定条件为初始年设计车道日平均当量轴次，根据 A.4.2，计算每车道累计当量轴次 N_e：

$$N_e = \frac{[(1+\gamma)^t - 1] \times 365}{\gamma} \times N_1$$

$$= \frac{[(1+2.8\%)^{15} - 1] \times 365}{2.8\%} \times 2825 = 18.9 \times 10^6$$

根据表 3.0.4，荷载等级为重。

答案：C

注：本题是错题，是按照《公路沥青路面设计规范》（JTG D50—2006）在出题。按照《公路沥青路面设计规范》（JTG D50—2017）交通荷载等级指标为"设计使用年限内设计车道累计大型客车和货车交通量（辆）"而不是"累计当量轴次"；如果将题干中"一级公路"改为"城市主干路"或者将"日平均当量轴次为 2825 次/d"改为"日大型客车和货车交通量为 2825 辆/d"，则题目没有错误。为了适应命题专家思路，本书给出原题，未做修正。

例题 3-2-2（2019 年真题）

根据《公路沥青路面设计规范》（JTG D50—2017），公路沥青路面设计采用双轮组单轴载 100kN 作为设计轴载，该设计轴载的两轮中心距为（　　）。

（A）31.00cm　　　　　　　　　　（B）31.50cm

（C）31.95cm　　　　　　　　　　（D）32.995cm

解答

根据《公路沥青路面设计规范》（JTG D50—2017）表 3.0.3，设计荷载为 100kN，两轮中心距为 319.5mm（老规范为 1.5d，d 为单轮当量圆直径，计算结果相同）。

答案：C

例题 3-2-3

公路自然区划Ⅲ区新建一级公路，双向四车道，路面采用沥青混凝土路面，基层和底基层均采用水泥稳定碎石。根据 OD 分析，初始年设计车道大型客车和货车交通量为 3000 辆/d，交通量年平均增长率为 6%，试分析该公路交通荷载等级属于（　　　）。

（A）特重　　　　　　（B）重　　　　　　（C）中等　　　　　　（D）轻

解答

根据《公路沥青路面设计规范》（JTG D50—2017）第 3.0.2 条、第 3.0.4 条和第 A.4.2 条。本道路为一级公路，查表 3.0.2 可知，路面结构设计使用年限为 15 年。

$$N_e = \frac{[(1+\gamma)^t - 1] \times 365}{\gamma} N_1$$
$$= \frac{[(1+0.06)^{15} - 1] \times 365}{0.06} \times 3000$$
$$= 25.5 \times 10^6 辆$$

查表 3.0.4 可知，设计交通荷载等级为特重。

答案：A

📖 **考点分析**

（1）"标准轴载"的定义已在《公路沥青路面设计规范》（JTG D50—2017）中改名为"设计轴载"。

（2）对于公路沥青混凝土路面设计交通荷载等级的划分，是以设计使用年限内设计车道累计大型客车和货车交通量之和为指标，单位为辆/车道，不需进行轴载换算。其计算采用式(A.4.2)，N_1 为初始年交通量（辆/d）。

（3）对于城市道路路面设计交通等级的确定，是以设计使用年限内设计车道累计当量轴次来确定的，单位为次/车道，需要进行轴载换算，详见本书考点 32。

考点3　公路沥青路面路基顶面回弹模量计算

📖 **条文规定**

《公路沥青路面设计规范》（JTG D50—2017）规定如下：

3.0.2　新建沥青面结构设计使用年限不应低于表 3.0.2 的规定，应根据公路等级、经济、交通荷载等级等因素综合确定。改建路面结构设计可根据工程实际情况选取适宜的设计使用年限。

路面结构设计使用年限（单位：年）　　　　　　　　　　　　　　　　表 3.0.2

公路等级	设计使用年限	公路等级	设计使用年限
高速公路、一级公路	15	三级公路	10
二级公路	12	四级公路	8

5.2.1　路基顶面回弹模量的确定应符合现行《公路路基设计规范》（JTG D30）的有关规定。

5.2.2　路基顶面回弹模量应符合表 5.2.2 的规定。不满足要求时，应采取改变填料、设置粒料类或无机结合料稳定类路基改善层，或采用石灰或水泥处理等措施提高路基顶面回弹模量。

路基顶面回弹模量（单位：MPa）　　　　　　　　　　　　　　　　表 5.2.2

交通荷载等级	极重	特重	重	中等、轻
回弹模量，不小于	70	60	50	40

例题 3-3-1

公路自然区划Ⅳ区某新建二级公路，采用沥青混凝土路面结构，基层和底基层均采用水泥稳定碎石。根据 OD 分析，初始年设计车道大型客车和货车交通量为 2100 辆/d，交通量年平均增长率为 6%，路基属于潮湿类路基，路基回弹模量湿度调整系数为 0.6，干湿循环或冻融循环条件下路基土模量折减系数为 0.85，则标准状态下路基动态回弹模量 M_R 应大于（   ）。

（A）112MPa （B）98MPa

（C）86MPa （D）73MPa

解答

（1）根据《公路沥青路面设计规范》（JTG D50—2017）第 A.4.2 条：

$$N_e = \frac{[(1+\gamma)^t - 1] \times 365}{\gamma} N_1$$

$$= \frac{[(1+0.06)^{12} - 1] \times 365}{0.06} \times 2100$$

$$= 1.29 \times 10^7 辆$$

（2）根据《公路沥青路面设计规范》（JTG D50—2017）第 3.0.4 条，本道路设计交通荷载等级为重交通。

（3）根据《公路沥青路面设计规范》（JTG D50—2017）第 5.2.2 条，交通荷载等级为重交通时，路基顶面回弹模量不小于 50MPa。

（4）根据《公路路基设计规范》（JTG D30—2015）第 3.2.5 条：

$$E_0 = K_s K_\eta M_R$$

$$= 0.6 \times 0.85 \times M_R = 50$$

$$M_R = 98.0MPa$$

答案：B

📖 考点分析

（1）沥青路面路基顶面回弹模量计算，首先确定交通荷载等级，最后确定路基顶面回弹模量。

（2）作答过程注意审题，要弄清楚题目问的是什么状态下的路基顶面回弹模量。因为路面规范中的路基顶面回弹模量是指路基规范中平衡湿度状态下并考虑干湿与冻融循环作用后的回弹模量值 E_0，标准状态下路基回弹模量值 $M_R = E_0 / (K_a \times K_\eta)$。

考点4 公路沥青混合料贯入强度计算

📖 条文规定

《公路沥青路面设计规范》（JTG D50—2017）规定如下：

5.5.8 宜采用本规范附录 F 规定的单轴贯入试验方法测定沥青混合料贯入强度。无机结合料稳定类基层沥青路面、底基层采用无机结合料稳定类材料的沥青结合料类基层沥青路面和水泥混凝土基层沥青路面的沥青混合料贯入强度，宜满足式(5.5.8-1)的要求。

$$R_{\tau s} \geqslant \left(\frac{0.31 \lg N_{e5} - 0.68}{\lg[R_a] - 1.31 \lg T_d - \lg \psi_s + 2.50}\right)^{1.86} \tag{5.5.8-1}$$

式中：$[R_a]$——沥青混合料层容许永久变形量（mm），根据公路等级，参照表 3.0.6-1 确定；

$\quad\quad N_{e5}$——设计使用年限内或通车至首次针对车辙维修的期限内，月平均气温大于 0℃的月份，设计车道当量设计轴载累计作用次数，按本规范附录 A 计算；

$\quad\quad T_d$——设计气温（℃），为所在地区月平均气温大于 0℃的各月份气温平均值；

$\quad\quad \psi_s$——路面结构系数，根据式(5.5.8-2)计算：

$$\psi_s = \left(0.52 h_a^{-0.003} - 317.59 h_b^{-1.32}\right) E_b^{0.1} \tag{5.5.8-2}$$

$\quad\quad h_a$——沥青混合料层的厚度（mm）；

$\quad\quad h_b$——无机结合料稳定层或水泥混凝土层的厚度（mm）；

$\quad\quad E_b$——无机结合料稳定层或水泥混凝土层的模量（MPa）；

$\quad\quad R_{\tau s}$——各沥青混合料层的综合贯入强度，根据式(5.5.8-3)确定：

$$R_{\tau s} = \sum_{i=1}^{n} w_{is} R_{\tau i} \tag{5.5.8-3}$$

$\quad\quad R_{\tau i}$——第 i 层沥青混合料的贯入强度（MPa），根据本规范附录 F 所列方法试验确定，普通沥青混合料一般为 0.4～0.7MPa，改性沥青混合料一般为 0.7～1.2MPa；

$\quad\quad n$——沥青混合料层的层数；

$\quad\quad w_{is}$——第 i 层沥青混合料的权重，为第 i 层厚度中点剪应力与各层厚度中点剪应力之和的比值（$w_{is} = \dfrac{\tau_i}{\sum\limits_{i=1}^{n} \tau_i}$）。沥青混合料层为 1 层时，$w_1$ 取 1.0；沥青混合料层 2 层时，自上而下，w_1 可取 0.48，w_2 可取 0.52；沥青混合料层为 3 层时，自上而下，w_1、w_2 和 w_3 可分别取 0.35、0.42 和 0.23。

5.5.9　粒料类基层沥青路面和底基层采用粒料的沥青结合料类基层沥青路面，沥青混合料贯入强度宜满足式(5.5.9-1)的要求。

$$R_{\tau g} \geqslant \left(\frac{0.35 \lg N_{e5} - 1.16}{\lg[R_a] - 1.62 \lg T_d - \lg \psi_g + 2.76}\right)^{1.38} \tag{5.5.9-1}$$

式中：ψ_g——路面结构系数，根据式(5.5.9-2)计算：

$$\psi_g = 20.16 h_a^{-0.642} + 820916 h_b^{-2.84} \tag{5.5.9-2}$$

$\quad\quad R_{\tau g}$——路面各层沥青混合料的综合贯入强度，根据式(5.5.9-3)确定：

$$R_{\tau g} = \sum_{i=1}^{n} w_{ig} R_{\tau i} \tag{5.5.9-3}$$

$\quad\quad w_{ig}$——第 i 层沥青混合料的权重，为第 i 层厚度中点的剪应力与各层厚度中点剪应力之和的比值（$w_{ig} = \dfrac{\tau_i}{\sum\limits_{i=1}^{n} \tau_i}$）。沥青混合料层为 1 层时，$w_1$ 取 1.0；沥青混合料层 2 层时，自上而下，w_1 可取 0.44，w_2 可取 0.56；沥青混合料层为 3 层时，自上而下，w_1、w_2 和 w_3 可分别取 0.27、0.36 和 0.37；

其他符号意义同式(5.5.8-1)～式(5.5.8-3)。

F.2.2　贯入压头材质应为 Q235 不锈钢，其洛氏硬度 HRC 应在 10～30 之间。压头上部为长×宽×厚 = 50mm×50mm×10mm 的薄板形；下部为圆柱体，对直径 150mm 试件，圆柱体直径×高 = ϕ42mm×50mm，对直径 100mm 试件，圆柱体直径×高 = ϕ28.5mm×50mm，如图 F.2.2 所示。

F.5.2　按式(F.5.2)计算标准高度沥青混合料的贯入强度。

$$R_\tau = f_\tau \sigma_p \tag{F.5.2}$$

$$\sigma_p = \frac{P}{A}$$

式中：R_τ——贯入强度（MPa）；

σ_p——贯入应力（MPa）；

P——试件破坏时的极限荷载（N）；

A——压头横截面面积（mm²）；

f_τ——贯入应力系数，对直径 150mm 试件，$f_\tau = 0.35$；对直径 100mm 试件，$f_\tau = 0.34$。

📖 **典型例题**

例题 3-4-1

某高速公路位于公路自然区划Ⅳ区，双向六车道，路面采用三层沥青路面结构，其中，上面层为 SMA13 沥青玛蹄脂碎石混合料，厚 40mm，中面层为 AC16 沥青混凝土，厚 60mm，下面层为 AC25 沥青混凝土，厚 80mm，基层为水泥稳定级配碎石，厚 350mm，结构层模量为 24000MPa，底基层为级配碎石。设计使用年限内，该地区月平均气温大于 0℃ 的月份气温平均值为 21.6℃，设计车道当量设计轴载累计作用次数为 3.83×10^7 次。试求满足该路面结构沥青混合料层容许永久变形量的贯入强度不应小于（   ）。

（A）0.66MPa   （B）0.70MPa   （C）0.77MPa   （D）0.80MPa

解答

根据《公路沥青路面设计规范》（JTG D50—2017）第 3.0.6 条和第 5.5.8 条：

$$\psi_s = \left(0.52h_a^{-0.003} - 317.59h_b^{-1.32}\right)E_b^{0.1}$$
$$= (0.52 \times 180^{-0.003} - 317.59 \times 350^{-1.32}) \times 24000^{0.1}$$
$$= 1.022$$

查表 3.0.6-1，$[R_a] = 15\text{mm}$

$$R_{\tau s} \geqslant \left(\frac{0.31\lg N_{e5} - 0.68}{\lg[R_a] - 1.31\lg T_d - \lg\psi_s + 2.5}\right)^{1.86}$$
$$= \left(\frac{0.31 \times \lg 38300000 - 0.68}{\lg[15] - 1.31 \times \lg 21.6 - \lg 1.022 + 2.5}\right)^{1.86}$$
$$= 0.77\text{MPa}$$

答案：C

例题 3-4-2

某高速公路位于公路自然区划Ⅳ区，双向六车道，路面采用三层沥青路面结构，其中，上面层为 SMA13 沥青玛蹄脂碎石混合料，厚 40mm，中面层为 AC16 沥青混凝土，厚 60mm，下面层为 AC25 沥青混凝土，厚 80mm，基层为级配碎石，厚 550mm。设计使用年限内，该地区月平均气温大于 0℃ 的月份气温平均值为 20.8℃，设计车道当量设计轴载累计作用次数为 3.24×10^7 次。满足该路面结构沥青混合料层容许永久变形量的贯入强度不应小于（   ）。

（A）0.68MPa   （B）0.70MPa   （C）0.78MPa   （D）0.80MPa

解答

根据《公路沥青路面设计规范》（JTG D50—2017）第 3.0.6 条和第 5.5.9 条：

$$\psi_g = 20.16h_a^{-0.642} - 820916h_b^{-2.84}$$
$$= 20.16 \times 180^{-0.642} + 820916 \times 550^{-2.84}$$
$$= 0.732$$

查表 3.0.6-1，$[R_a] = 10\text{mm}$

$$R_{\tau s} \geqslant \left(\frac{0.35\lg N_{e5} - 1.16}{\lg[R_a] - 1.62\lg T_d - \lg\psi_s + 2.76}\right)^{1.38}$$
$$= \left(\frac{0.35 \times \lg 32400000 - 1.16}{\lg[10] - 1.62 \times \lg 20.8 - \lg 0.732 + 2.76}\right)^{1.38}$$
$$= 0.779\text{MPa}$$

答案：C

例题 3-4-3

某高速公路路面采用沥青混凝土，其中上面层采用 4cm 厚的沥青混合料。现场取芯后，通过室内单轴试验计算上面层的贯入强度，试件直径为 100mm，试件破坏时的极限荷载为 1800N，试件的贯入强度最接近（　　）。

（A）0.76MPa　　　　　（B）0.96MPa　　　　　（C）0.87MPa　　　　　（D）1.10MPa

解答

根据《公路沥青路面设计规范》（JTG D50—2017）附录 F，由 F.2.2，对直径 100mm 试件，贯入压头直径为 28.5mm，则

$$\sigma_p = \frac{P}{A} = \frac{1800}{3.14 \times \frac{28.5^2}{4}} = 2.82 \text{MPa}$$

$$f_\tau = 0.0012h + 0.22 = 0.0012 \times 40 + 0.22 = 0.268$$

由式(F.5.2)，得

$$R_\tau = f_\tau \sigma_p = 0.268 \times 2.82 = 0.757 \text{MPa}$$

由 F.5.4，对于现场取芯试件，再乘以修正系数 1.15，$0.757 \times 1.15 = 0.87 \text{MPa}$

答案：C

例题 3-4-4（2022 年补考真题）

某公路沥青路面设计，面层设计为三层沥青混合料，上、中、下面层沥青混合料的贯入强度分别为 0.9MPa、0.7MPa、0.5MPa。已知该路面结构组合中，基层和底基层均为水泥稳定碎石结构，则计算各沥青混合料层的综合贯入强度为（　　）。

（A）0.82MPa　　　　　（B）0.72MPa　　　　　（C）0.70MPa　　　　　（D）0.68MPa

解答

根据《公路沥青路面设计规范》（JTG D50—2017）式(5.5.8-3)：

w_i 分别为 0.35、0.42、0.23；

$$R_{\tau s} = 0.35 \times 0.9 + 0.42 \times 0.7 + 0.23 \times 0.5 = 0.724 \text{MPa}$$

答案：B

📖 **考点分析**

（1）计算沥青混合料贯入强度时，首先应根据路面结构的类型选择采用的公式：当沥青混合料层（面层或基层，下同）之下为刚性和半刚性材料层时，采用式(5.5.8)；当沥青混合料层之下为粒料类材料层时，采用式(5.5.9)。

（2）沥青混合料贯入强度的计算是为了满足沥青混合料层容许变形永久量的验算，旨在控制沥青路面车辙；贯入强度为选做指标，一般采用动稳定度来控制。

（3）现行沥青路面设计规范，采用多（5 个）指标设计，各设计指标对应的轴载换算系数不同。各设计指标对应的当量设计轴载累计作用次数按附录 A 确定，对应关系见下表。

表 3-4-1

沥青混合料层疲劳开裂	无机结合料稳定层疲劳开裂	沥青混合料永久变形	路基顶面竖向压应变	季节性冻土地区低温开裂
$N_{f1} \geqslant N_{e1}$	$N_{f2} \geqslant N_{e2}$	N_{e3}	N_{e4}	—

验算贯入强度所采用的 N_{e5} 与其他 4 个指标的意义和条件均不同。

（4）贯入强度计算时，贯入应力系数 f_t 不能直接套用条文中的数值，要先判断试件高度是否为 100mm，否则应按式(F.5.3-1)或式(F.5.3-2)计算确定。最后还要根据是否为现场取芯，若是则应乘以修正系数 1.15。

考点5　公路沥青路面验算的交通、材料和环境参数

条文规定

《公路沥青路面设计规范》（JTG D50—2017）规定如下：

5.3.1　基层、底基层级配碎石的 CBR 值应符合表 5.3.1 的有关规定。

级配碎石 CBR 值　　　　　　　　　　　　表 5.3.1

结构层	公路等级	极重、特重交通	重交通	中等、轻交通
基层	高速公路、一级公路	≥200	≥180	≥160
	二级及二级以下公路	≥160	≥140	≥120
底基层	高速公路、一级公路	≥120	≥100	≥80
	二级及二级以下公路	≥100	≥80	≥60

5.3.2　级配砾石或天然砂砾用于基层时，CBR 值不应小于 80。级配砾石或天然砂砾用于底基层时，对极重、特重和重交通荷载等级，CBR 值不应小于 80；对中等交通荷载等级，CBR 值不应小于 60；对轻交通荷载等级，CBR 值不应小于 40。

5.3.3　高速公路和一级公路基层粒料公称最大粒径不宜大于 26.5mm；底基层采用级配碎石或级配砂砾时，公称最大粒径不宜大于 31.5mm；底基层采用天然砂砾时，公称最大粒径不宜大于 53.0mm。二级及二级以下公路的基层、底基层粒料公称最大粒径不宜大于 53.0mm。

5.3.4　填隙碎石公称最大粒径宜为层厚的 1/2～2/3。填隙碎石用于基层时，骨料公称最大粒径不应超过 53.0mm；用于底基层时，骨料公称最大粒径不应超过 63.0mm。

5.3.5　防冻层所用砂砾、碎石材料的最大粒径不应超过 53.0mm。

5.3.7　粒料层的回弹模量在结构验算时应采用粒料回弹模量乘以湿度调整系数后得到，湿度调整系数可在 1.6～2.0 范围内选取。粒料回弹模量应取用最佳含水率和与压实度要求相应的干密度条件下的试验值。压实度要求应符合现行《公路路面基层施工技术细则》（JTG/T F20）的有关规定。

5.4.2　水泥稳定类材料水泥剂量宜为 3.0%～6.0%。

5.4.4　无机结合料稳定类材料 7d 无侧限抗压强度代表值应符合表 5.4.4 的要求。

无机结合料稳定类材料 7d 无侧限抗压强度标准（代表值）（单位：MPa）　　　表 5.4.4

材料	结构层	公路等级	极重、特重交通	重交通	中等、轻交通
水泥稳定类	基层	高速公路、一级公路	5.0～7.0	4.0～6.0	3.0～5.0
		二级及二级以下公路	4.0～6.0	3.0～5.0	2.0～4.0
	底基层	高速公路、一级公路	3.0～5.0	2.5～4.5	2.0～4.0
		二级及二级以下公路	2.5～4.5	2.0～4.0	1.0～3.0
水泥粉煤灰稳定类	基层	高速公路、一级公路	4.0～5.0	3.5～4.5	3.0～4.0
		二级及二级以下公路	3.5～4.5	3.0～4.0	2.5～3.5

材料	结构层	公路等级	极重、特重交通	重交通	中等、轻交通
水泥粉煤灰稳定类	底基层	高速公路、一级公路	2.5～3.5	2.0～3.0	1.5～2.5
		二级及二级以下公路	2.0～3.0	1.5～2.5	1.0～2.0
石灰粉煤灰稳定类	基层	高速公路、一级公路	≥1.1	≥1.0	≥0.9
		二级及二级以下公路	≥0.9	≥0.8	≥0.7
	底基层	高速公路、一级公路	≥0.8	≥0.7	≥0.6
		二级及二级以下公路	≥0.7	≥0.6	≥0.5
石灰稳定类	基层	二级及二级以下公路	—	—	≥0.8ᵃ
	底基层	高速公路、一级公路	—	—	≥0.8
		二级及二级以下公路	—	—	0.5～0.7ᵇ

注：a 在低塑性土（塑性指数小于 7）地区，石灰稳定砂砾和碎石的 7d 龄期无侧限抗压强度应大于 0.5MPa（100g 平衡锥测液限）。
　　b 低限用于塑性指数小于 7 的黏土，高限用于塑性指数大于或等于 7 的黏土。

5.4.6 结构验算时，无机结合料稳定类材料弹性模量应乘以结构层模量调整系数 0.5。

5.5.3 开级配沥青混合料表面层宜采用高黏沥青或橡胶沥青，并采用适量消石灰或水泥替代矿粉。

5.5.4 表面层沥青混合料公称最大粒径不宜大于 16.0mm，中面层和下面层沥青混合料公称最大粒径不宜小于 16.0mm，基层沥青碎石公称最大粒径不宜小于 26.5mm。

5.5.5 季节性冻土地区高速公路和一级公路表面层沥青低温性能宜满足下列指标要求：

1 分析连续 10 年年最低气温平均值，作为路面低温设计温度。路面低温设计温度提高 10℃的试验条件下，沥青弯曲梁流变试验蠕变劲度 S_t 不宜大于 300MPa，且蠕变曲线斜率 m 不宜大于 0.30。

2 当蠕变劲度 S_t 在 300～600MPa 范围内，且蠕变曲线斜率 m 大于 0.30 时，增加沥青直接拉伸试验，其断裂应变不宜小于 1%。

3 以上都不满足时，采用弯曲梁流变试验和直接拉伸试验确定沥青临界开裂温度，临界开裂温度不宜高于路面低温设计温度。

6.3 交通、材料和环境参数

6.3.1 各设计指标对应的当量设计轴载累计作用次数，应根据交通参数调查分析结果和设计使用年限，按本规范附录 A 的规定计算确定。

6.3.2 路面结构验算时结构层模量取值应符合下列规定：

1 沥青面层采用 20℃、10Hz 条件下的动态压缩模量，沥青类基层采用 20℃、5Hz 条件下的动态压缩模量。

2 无机结合料稳定层采用经调整系数修正后的弹性模量。

3 粒料层采用经湿度调整的回弹模量，路基采用平衡湿度状态下并考虑干湿与冻融循环作用后的顶面当量回弹模量。

📖 典型例题

例题 3-5-1（2019 年真题，根据新规范改编）

某高速公路沥青路面设计采用砂砾防冻层，设计厚度为 200mm，该垫层砂砾的最大粒径应不大于（　　）。

（A）53mm　　　　（B）80mm　　　　（C）100mm　　　　（D）120mm

解答

根据《公路沥青路面设计规范》（JTG D50—2017）第 5.3.5 条，防冻层所用砂砾、碎石材料的最大粒径不应超过 53mm。

答案：A

例题 3-5-2（2019 年真题，根据新规范改编）

某新建重交通高速公路沥青混凝土路面，采用水泥稳定碎石底基层，需确定其水泥剂量及 7d 无侧限抗压强度代表值。以下几个材料中，合适的为（　　　）。

（A）水泥剂量为 2.5%，7d 无侧限抗压强度代表值为 3.0MPa

（B）水泥剂量为 4%，7d 无侧限抗压强度代表值为 4.0MPa

（C）水泥剂量为 5%，7d 无侧限抗压强度代表值为 5.0MPa

（D）水泥剂量为 5%，7d 无侧限抗压强度代表值为 6.0MPa

解答

根据《公路沥青路面设计规范》（JTG D50—2017）第 5.4.2 条、第 5.4.4 条，水泥稳定类材料水泥剂量宜为 3.0%～6.0%，重交通高速公路底基层 7d 无侧限抗压强度代表值为 2.5～4.5MPa。

答案：B

例题 3-5-3

公路自然区划Ⅳ区新建一条二级公路，拟采用沥青混凝土路面结构，设计交通荷载等级为重交通，面层采用双层沥青混凝土结构，基层采用水泥稳定碎石，其弹性模量为 24000MPa，底基层采用级配碎石，回弹模量为 220MPa。路面结构验算时，基层水泥稳定碎石的弹性模量应为（　　　）。

（A）11000MPa

（B）12000MPa

（C）22000MPa

（D）24000MPa

解答

根据《公路沥青路面设计规范》（JTG D50—2017）第 5.4.6 条及第 6.3.2 条第 2 款，结构验算时，无机结合料稳定类材料弹性模量应乘以结构层模量调整系数 0.5，因此基层水泥稳定碎石的弹性模量应为：
$24000 \times 0.5 = 12000\text{MPa}$。

答案：B

例题 3-5-4

公路自然区划Ⅳ区新建一条二级公路，拟采用沥青混凝土路面结构，设计交通荷载等级为重交通，面层采用双层沥青混凝土结构，基层采用水泥稳定碎石，其弹性模量为 24000MPa，底基层采用级配碎石，回弹模量为 220MPa，湿度调整系数为 1.8。路面结构验算时，底基层级配碎石采用的回弹模量应为（　　　）。

（A）110MPa　　　（B）220MPa　　　（C）338MPa　　　（D）396MPa

解答

根据《公路沥青路面设计规范》（JTG D50—2017）第 5.3.7 条及第 6.3.2 条第 3 款，结构验算时，粒料层的回弹模量应采用粒料回弹模量乘以湿度调整系数后得到。

$220 \times 1.8 = 396\text{MPa}$

答案：D

例题 3-5-5（2022 年真题）

某高速公路新建沥青混凝土路面，基层采用水泥稳定碎石，其弹性模量值为 14000MPa，底基层采用级配碎石，其回弹模量为 350MPa，在进行路面结构厚度验算时，水泥稳定碎石基层及级配碎石底基层的回弹模量取值符合规范规定的是（　　　）。

（A）14000MPa，560MPa   （B）7000MPa，700MPa

（C）7000MPa，350MPa   （D）28000MPa，560MPa

解答

根据《公路沥青路面设计规范》（JTG D50—2017）第 5.4.6 条，水泥稳定碎石基层回弹模量取值为：14000/2 = 7000MPa，

根据《公路沥青路面设计规范》（JTG D50—2017）第 5.3.7 条，湿度调整系数为 1.6～2，故级配碎石底基层的回弹模量取值为：350 × (1.6～2) = 560～700MPa。

答案：B

📖 考点分析

（1）水泥稳定类材料水泥剂量宜为 3.0%～6.0%，7d 无侧限抗压强度也为一定范围值，水泥含量过低则基层强度不足，水泥含量或强度过高易产生收缩裂缝。

（2）无机结合料稳定层采用经调整系数修正后的弹性模量。

（3）粒料层的回弹模量与湿度相关，从施工阶段到通车阶段，湿度降低至湿度平衡状态，而回弹模量随之升高，因此规范引入模量湿度调整系数 1.6～2.0 予以调整。

考点6　公路既有路面结构层顶面当量回弹模量计算

📖 条文规定

《公路沥青路面设计规范》（JTG D50—2017）规定如下：

7.4.3　既有路面破损不严重且结构性能较好，采用直接加铺方案或铣刨至某一结构层再加铺方案时，应同时对既有路面结构层和加铺层进行结构验算。加铺层的设计参数应按新建路面结构确定。既有路面结构层的设计参数应按下列要求确定：

1　将既有路面简化为由沥青结合料类材料层、无机结合料稳定层或粒料层和路基组成的三层体系，利用弯沉盆反演或芯样实测的方法确定各层结构模量。

2　既有路面无机结合料稳定层弯拉强度，宜根据现场取芯实测的无侧限抗压强度按式(7.4.3)计算，无条件时，可根据既有路面整体强度、基层和面层损坏状况，结合当地经验确定。

$$R_s = 0.21R_c \tag{7.4.3}$$

式中：R_s——无机结合料稳定类材料试件的弯拉强度（MPa）；

R_c——无机结合料稳定类材料试件的无侧限抗压强度（MPa）。

7.4.4　既有路面破损严重或结构性能不足时，无论采用直接加铺方案还是采用铣刨至某一结构层再加铺方案，均应对加铺层进行结构验算。加铺面层的设计参数应按新建路面结构确定。既有路面或铣刨后留用的路面结构层不再进行结构验算，其顶面当量回弹模量应按式(7.4.4)计算。

$$E_d = \frac{176pr}{l_0} \tag{7.4.4}$$

式中：E_d——既有路面结构顶面当量回弹模量（MPa）；

p——落锤式弯沉仪承载板施加荷载（MPa）；

r——落锤式弯沉仪承载板半径（mm）；

l_0——落锤式弯沉仪承载板中心点弯沉值（0.01mm）。

典型例题

例题 3-6-1（2020 年真题）

某高速公路既有沥青路面采用直接加铺的改建方案，现场取芯实测的既有路面水泥稳定层的无侧限抗压强度为 3.0MPa，该既有路面水泥稳定层的弯拉强度是（　　　）。

（A）0.57MPa   （B）0.60MPa

（C）0.63MPa   （D）0.66MPa

解答

根据《公路沥青路面设计规范》（JTG D50—2017）第 7.4.3 条第 2 款：

$$R_s = 0.21R_c = 0.21 \times 3 = 0.63\text{MPa}$$

答案：C

例题 3-6-2

公路自然区划Ⅲ区某改建二级公路，双向两车道，既有路面破损严重，采用直接加铺沥青方案进行改造。为了对加铺层进行结构验算，采用落锤式弯沉仪承载板对既有路面进行检测，中心点弯沉值为 320（0.01mm），则既有路面顶面当量回弹模量为（　　　）。

（A）45MPa   （B）53MPa

（C）58MPa   （D）64MPa

解答

根据《公路沥青路面设计规范》（JTG D50—2017）第 7.4.4 条：

$$E_d = \frac{176pr}{l_0} = \frac{176 \times 0.707 \times 150}{320} = 58.3\text{MPa}$$

答案：C

例题 3-6-3（2022 年真题）

某段一级公路需要改建，既有路面为沥青混凝土路面，路面破损严重，需要铣刨加铺。铣刨上面层后，采用落锤式弯沉仪对路面进行了弯沉检测，落锤式弯沉仪承载板施加的荷载为 0.71MPa，承载板的直径为 300mm，承载板中心点弯沉值为 38（0.01mm），根据《公路沥青路面设计规范》（JTG D50—2017）计算铣刨后路面顶面当量回弹模量是（　　　）。

（A）453MPa   （B）493MPa

（C）503MPa   （D）986MPa

解答

根据《公路沥青路面设计规范》（JTG D50—2017）第 7.4.4 条：

$$E_d = \frac{176pr}{l_0} = \frac{176 \times 0.71 \times \frac{300}{2}}{38} = 493.3$$

答案：B

考点分析

（1）落锤式弯沉仪荷载为 50kN，荷载盘半径为 150mm，则

$$p = \frac{50 \times 10^{-3}}{3.14 \times 0.15^2} = 0.707\text{MPa}$$

（2）为提高解题速度，可直接将 $p = 0.707\text{MPa}$ 代入计算。

考点7 公路沥青混合料层疲劳开裂寿命计算

条文规定

《公路沥青路面设计规范》（JTG D50—2017）规定如下：

3.0.1 路面结构的目标可靠度和目标可靠指标不应低于表 3.0.1 的规定。

目标可靠度和目标可靠指标　　　　　　　　　　　　　　　　表 3.0.1

公路等级	高速公路	一级公路	二级公路	三级公路	四级公路
目标可靠度（%）	95	90	85	80	70
目标可靠指标β	1.65	1.28	1.04	0.84	0.52

3.0.5 沥青路面设计应控制沥青混合料层疲劳开裂损坏、无机结合料稳定层疲劳开裂损坏、沥青混合料层永久变形量、路基顶面竖向压应变，以及季节性冻土地区的路面低温开裂。

B.1.1 沥青混合料层的疲劳开裂寿命应根据路面结构分析得到的沥青混合料层层底拉应变，按式(B.1.1-1)计算。

$$N_{f1} = 6.32 \times 10^{15.96-0.29\beta} k_a k_b k_{T1}^{-1} \left(\frac{1}{\varepsilon_a}\right)^{3.97} \left(\frac{1}{E_a}\right)^{1.58} (VFA)^{2.72} \qquad (\text{B.1.1-1})$$

式中：N_{f1}——沥青混合料层疲劳开裂寿命（轴次）；

β——目标可靠指标，根据公路等级按表 3.0.1 取值；

k_a——季节性冻土地区调整系数，按表 B.1.1 采用内插法确定；

k_b——疲劳加载模式系数，按式(B.1.1-2)计算：

$$k_b = \left[\frac{1 + 0.3E_a^{0.43}(VFA)^{-0.85}e^{0.024h_a-5.41}}{1 + e^{0.024h_a-5.41}}\right]^{3.33} \qquad (\text{B.1.1-2})$$

E_a——沥青混合料 20℃时的动态压缩模量（MPa）；

VFA——沥青混合料的沥青饱和度（%），根据混合料设计结果或按现行《公路沥青路面施工技术规范》（JTG F40）的有关规定确定；

h_a——沥青混合料层厚度（mm）；

k_{T1}——温度调整系数，按本规范附录 G 确定；

ε_a——沥青混合料层层底拉应变（10^{-6}）；根据弹性层状体系理论，按本规范第 6.2.2 条的规定选取计算点，按式(B.1.1-3)计算：

$$\varepsilon_a = p\bar{\varepsilon}_a \qquad (\text{B.1.1-3})$$
$$\bar{\varepsilon}_a = f\left(\frac{h_1}{\delta}, \frac{h_2}{\delta}, \cdots, \frac{h_{n-1}}{\delta}; \frac{E_2}{E_1}, \frac{E_3}{E_2}, \cdots, \frac{E_0}{E_{n-1}}\right)$$

$\bar{\varepsilon}_a$——理论拉应变系数；

p、δ——标准轴载的轮胎接地压强（MPa）和当量圆半径（mm）；

E_0——路基顶面回弹模量（MPa）；

h_1，h_2，$\cdots$，h_{n-1}——各结构层厚度（mm）；

E_1，E_2，$\cdots$，E_{n-1}——各结构层模量（MPa）。

冻区	重冻区	中冻区	轻冻区	其他地区
冻结指数 F（℃·d）	≥ 2000	2000～800	800～50	≤ 50
k_a	0.60～0.70	0.70～0.80	0.80～1.00	1.00

B.1.2 沥青混合料层的疲劳开裂寿命应大于设计使用年限内设计车道的当量设计轴载累计作用次数。否则，应调整路面结构方案，重新验算，直至满足要求。

G.1.3 路面结构的温度调整系数，应根据式(G.1.3-1)～式(G.1.3-15)计算。

$$k_{Ti} = A_h A_E \hat{k}_{Ti}^{1+B_h+B_E} \tag{G.1.3-1}$$

式中： k_{Ti}——温度调整系数；下标 $i = 1$ 对应沥青混合料层疲劳开裂分析，$i = 2$ 对应无机结合料稳定层疲劳开裂分析，$i = 3$ 对应路基顶面竖向压应变分析；

    $\hat{k}_{Ti}$——基准路面结构温度调整系数，按所在地查表 G.1.2 取用；

A_h，B_h，A_E，B_E——与面层、基层厚度和模量有关的函数，按式(G.1.3-2)～式(G.1.3-13)计算：

沥青混合料层疲劳开裂：

$$A_E = 0.76\lambda_E^{0.09} \tag{G.1.3-2}$$
$$A_h = 1.14\lambda_h^{0.17} \tag{G.1.3-3}$$
$$B_E = 0.14\ln(\lambda_E/20) \tag{G.1.3-4}$$
$$B_h = 0.23\ln(\lambda_h/0.45) \tag{G.1.3-5}$$

λ_E——面层与基层当量模量比，按式(G.1.3-14)计算：

$$\lambda_E = \frac{E_a^*}{E_b^*} \tag{G.1.3-14}$$

λ_h——面层与基层当量厚度之比，按式(G.1.3-15)计算：

$$\lambda_h = \frac{h_a^*}{h_b^*} \tag{G.1.3-15}$$

📖 典型例题

例题 3-7-1

公路自然区划Ⅳ区新建一级公路，双向六车道，路面结构采用沥青路面，表面层采用细粒式沥青混凝土 AC13，厚度为 4cm，中面层采用中粒式沥青混凝土 AC16，厚度为 6cm，下面层采用粗粒式沥青混凝土 AC25，厚度为 8cm。基层和底基层均采用无机结合料稳定层。沥青混合料 20℃时的动态压缩模量为 11000MPa，沥青饱和度为 67%，进行沥青混合料层的疲劳开裂分析时，疲劳加载模式系数为（   ）。

（A）0.443   （B）0.538   （C）0.615   （D）0.712

解答

根据《公路沥青路面设计规范》（JTG D50—2017）第 B.1.1 条：

$$k_b = \left[\frac{1 + 0.30E_a^{0.43}(VFA)^{-0.85}e^{0.024h_a-5.41}}{1 + e^{0.024h_a-5.41}}\right]^{3.33}$$

$$= \left(\frac{1 + 0.3 \times 11000^{0.43} \times 67^{-0.85} \times e^{0.024\times180-5.41}}{1 + e^{0.024\times180-5.41}}\right)^{3.33}$$

$$= 0.615$$

答案：C

例题 3-7-2

某新建高速公路位于公路自然区划Ⅳ区，双向四车道，路面结构采用沥青路面，沥青混合料层厚度为20cm，沥青混合料20℃时的动态压缩模量为10000MPa，沥青饱和度为67%，基层为水泥稳定级配碎石。进行沥青混合料层的疲劳开裂分析时温度调整系数为1.25，根据弹性层状体系理论计算得沥青混合料层层底拉应变为102.1με。则该公路沥青混合料层疲劳开裂寿命最接近（　　　）。

（A）2.96×10^6 次　　　（B）3.10×10^6 次　　　（C）3.46×10^6 次　　　（D）3.85×10^6 次

解答

根据《公路沥青路面设计规范》（JTG D50—2017）第 B.1.1 条：

$$k_b = \left[\frac{1 + 0.30 E_a^{0.43}(VFA)^{-0.85} e^{0.024 h_a - 5.41}}{1 + e^{0.024 h_a - 5.41}} \right]^{3.33}$$

$$= \left(\frac{1 + 0.3 \times 10000^{0.43} \times 67^{-0.85} \times e^{0.024 \times 200 - 5.41}}{1 + e^{0.024 \times 200 - 5.41}} \right)^{3.33}$$

$$= 0.482$$

查表 B.1.1，$k_a = 1.00$；查表 3.0.1，$\beta = 1.65$，则

$$N_{f1} = 6.32 \times 10^{15.96 - 0.29\beta} k_a k_b k_{T1}^{-1} \left(\frac{1}{\varepsilon_a} \right)^{3.97} \left(\frac{1}{E_a} \right)^{1.58} (VFA)^{2.72}$$

$$= 6.32 \times 10^{15.96 - 0.29 \times 1.65} \times 1.00 \times 0.482 \times 1.25^{-1} \times \left(\frac{1}{102.1} \right)^{3.97} \times \left(\frac{1}{10000} \right)^{1.58} \times (67)^{2.72}$$

$$= 3.46 \times 10^6 \text{轴次}$$

答案：C

例题 3-7-3

郑州市郑开新区某新建一级公路，拟采用20cm沥青混凝土路面，当量模量为11000MPa，基层采用36cm + 20cm水泥稳定级配碎石，当量模量为12000MPa，进行沥青混合料层疲劳开裂分析时，该路面结构的温度调整系数是（　　　）。

（A）0.63　　　（B）0.70　　　（C）0.82　　　（D）0.95

解答

根据《公路沥青路面设计规范》（JTG D50—2017）第 G.1.3 条，面层与基层的当量模量之比为：

$$\lambda_E = \frac{E_a^*}{E_b^*} = \frac{11000}{12000} = 0.917$$

$$\lambda_h = \frac{20}{36 + 20} = 0.357$$

沥青混合料疲劳开裂：

$$A_E = 0.76 \lambda_E^{0.09} = 0.754$$

$$A_h = 1.14 \lambda_h^{0.17} = 0.957$$

$$B_E = 0.14 \ln\left(\frac{\lambda_E}{20} \right) = -0.432$$

$$B_h = 0.23 \ln\left(\frac{\lambda_h}{0.45} \right) = -0.053$$

求温度调整系数，查表 G.1.2，郑州地区基准路面结构温度调整系数为1.30，由公式(G.1.3-1)，得

$$k_{Ti} = A_h A_E \hat{k}_{Ti}^{1 + B_h + B_E} = 0.82$$

答案：C

例题 3-7-4（2023 年真题）

某新建高速公路，双向八车道，拟采用水泥稳定级配碎石基层沥青路面，沥青混合料层厚度为200mm，沥青混合料20℃时的动态压缩模量为10000MPa，沥青饱和度为65%。进行沥青混合料层的疲劳开裂分

析时，温度调整系数为1.27，季节性冻土调整系数为1.0，疲劳加载模式系数为0.49，沥青混合料层层底拉应变为103.9με。该公路沥青混合料层疲劳开裂寿命是（　　　）。

（A）1.98×10^7 轴次 （B）2.98×10^7 轴次

（C）1.98×10^6 轴次 （D）2.98×10^6 轴次

解答

根据《公路沥青路面设计规范》（JTG D50—2017）第 B.1.1 条：查表 3.0.1，$\beta = 1.65$。代入题干数据：

$$N_{f1} = 6.32 \times 10^{15.96-0.29\beta} k_a k_b k_T^{-1} \left(\frac{1}{\varepsilon_a}\right)^{3.97} \left(\frac{1}{E_a}\right)^{1.58} (VFA)^{2.72}$$

$$= 6.32 \times 10^{15.96-0.29\times1.65} 1 \times 0.49 \times 1.27^{-1} \left(\frac{1}{103.9}\right)^{3.97} \left(\frac{1}{10000}\right)^{1.58} 65^{2.72} = 2.98 \times 10^6 次$$

答案：D

例题 3-7-5（2023年真题）

某季节性冻土地区公路沥青路面设计，已知该地区冻结指数为300℃·d，则在进行沥青混合料层疲劳开裂寿命计算时，根据规范规定，季节性冻土地区调整系数是（　　　）。（取小数点后两位）

（A）0.78 　　（B）0.82 　　（C）0.93 　　（D）1.00

解答

根据《公路沥青路面设计规范》（JTG D50—2017）表 B.1.1，采用插值计算。

$F = 800 \sim 50$，$k_a = 0.8 \sim 1.0$。

$$k_a = 0.8 + \frac{800 - 300}{800 - 50} \times (1 - 0.8) = 0.93$$

答案：C

📖 **考点分析**

（1）沥青混合料层的疲劳开裂寿命是指在设计轴载作用下，沥青混合料层层底因拉应变产生疲劳开裂时，设计轴载累计作用的轴次，并且应满足 $N_{f1} > N_{e1}$。

（2）沥青混合料层疲劳开裂寿命通过沥青混合料层层底拉应变控制，当有无机结合料层时，需通过其层底拉应力验算疲劳开裂，其以上各层不用再计算疲劳开裂，此类计算一般采用计算机程序，考生了解其计算理论即可。

（3）沥青混合料的沥青饱和度 VFA 的单位是%，代入公式时应为 67 而非 0.67。

（4）《公路沥青路面设计规范》（JTG D50—2017）附录 G 的温度调整系数 k_{Ti} 在沥青混合料疲劳开裂、无机结合料稳定层疲劳开裂及路基顶面竖向压应变计算中均用到，计算温度调整系数 k_{Ti} 时，注意参数 A_E、A_h、B_E、B_h 的计算公式各不相同。

考点8　公路沥青路面无机结合料稳定层疲劳开裂寿命计算

📖 **条文规定**

《公路沥青路面设计规范》（JTG D50—2017）规定如下：

B.2.1　无机结合料稳定层的疲劳开裂寿命应根据路面结构分析得到的各无机结合料稳定层层底拉应

力，按式(B.2.1-1)计算。

$$N_{f2} = k_a k_{T2}^{-1} 10^{a - b\frac{\sigma_t}{R_s} + k_c - 0.57\beta}$$

(B.2.1-1)

式中：N_{f2}——无机结合料稳定层的疲劳开裂寿命（轴次）；

k_a——季节性冻土地区调整系数，按表B.1.1确定；

k_{T2}——温度调整系数，根据本规范附录G确定；

R_s——无机结合料稳定类材料的弯拉强度（MPa）；

a，b——疲劳试验回归参数，按表B.2.1-1确定；

k_c——现场综合修正系数，按式(B.2.1-2)确定；

$$k_c = c_1 e^{c_2(h_a + h_b)} + c_3$$

(B.2.1-2)

c_1，c_2，c_3——参数，按表B.2.1-2取值；

h_a，h_b——分别为沥青混合料层和计算点以上无机结合料稳定层厚度；

β——目标可靠指标，根据公路等级按表3.0.1取值；

σ_t——无机结合料稳定层的层底拉应力（MPa），根据弹性层状体系理论，按本规范第6.2.2条的规定选取计算点，按式(B.2.1-3)计算：

$$\sigma_t = p\overline{\sigma}_t$$

(B.2.1-3)

$$\overline{\sigma}_t = f\left(\frac{h_1}{\delta}, \frac{h_2}{\delta}, \cdots, \frac{h_{n-1}}{\delta}; \frac{E_2}{E_1}, \frac{E_3}{E_2}, \cdots, \frac{E_0}{E_{n-1}}\right)$$

$\overline{\sigma}_t$——理论拉应力系数；

其他符号意义同式(B.1.1-3)。

无机结合料稳定层疲劳破坏模型参数　　　　　　　　表 B.2.1-1

材料类型	a	b
无机结合料稳定粒料	13.24	12.52
无机结合料稳定土	12.18	12.79

现场综合修正系数 k_c 相关参数　　　　　　　　表 B.2.1-2

材料类型	新建路面结构层或改建工程既有路面结构层		改建工程加铺层	
	无机结合料稳定粒料	无机结合料稳定土	无机结合料稳定粒料	无机结合料稳定土
c_1	14.0	35.0	18.5	21.0
c_2	−0.0076	−0.0156	−0.01	−0.0125
c_3	−1.47	−0.83	−1.32	−0.82

B.2.2　无机结合料稳定层的疲劳开裂寿命应大于设计使用年限内设计车道的当量设计轴载累计作用次数。否则，应调整路面结构组合或层厚，重新验算，直至满足要求。

G.1.3　路面结构的温度调整系数，应根据式(G.1.3-1)～式(G.1.3-15)计算。

$$k_{Ti} = A_h A_E \hat{k}_{Ti}^{1 + B_h + B_E}$$

(G.1.3-1)

式中：　　　k_{Ti}——温度调整系数；下标$i = 1$对应沥青混合料层疲劳开裂分析，$i = 2$对应无机结合料稳定层疲劳开裂分析，$i = 3$对应路基顶面竖向压应变分析；

$\hat{k}_{Ti}$——基准路面结构温度调整系数，按所在地查表G.1.2取用；

A_h，B_h，A_E，B_E——与面层、基层厚度和模量有关的函数，按式(G.1.3-2)～式(G.1.3-13)计算：

无机结合料稳定层疲劳开裂：

$$A_E = 0.10\lambda_E + 0.89$$

(G.1.3-6)

$$A_h = 0.73\lambda_h + 0.67$$

(G.1.3-7)

$$B_E = 0.15\ln(\lambda_E / 1.14)$$

(G.1.3-8)

$$B_h = 0.44\ln(\lambda_h/0.45) \qquad\qquad (G.1.3\text{-}9)$$

例题 3-8-1

公路自然区划Ⅳ区新建一条高速公路，双向六车道，拟采用沥青路面结构，面层采用三层沥青混凝土，总厚度为 200mm，基层为 6%水泥稳定碎石厚 360mm，底基层为级配碎石厚 200mm。无机结合料稳定层疲劳开裂分析时温度调整系数为 1.16，弯拉强度为 2.0MPa，根据弹性层状体系理论计算的无机结合料稳定层的层底拉应力为 0.23MPa。则该公路无机结合料层的疲劳开裂寿命最接近（　　）。

（A）2.75×10^9 轴次
（B）2.90×10^9 轴次
（C）3.35×10^9 轴次
（D）3.85×10^9 轴次

解答

根据《公路沥青路面设计规范》（JTG D50—2017）第 B.2.1 条、第 3.0.1 条。

查表 B.2.1-2，$c_1 = 14.0$，$c_2 = -0.0076$，$c_3 = -1.47$，则

$$k_c = c_1 e^{c_2(h_a + h_b)} + c_3 = 14.0 \times e^{-0.0076 \times (200+360)} - 1.47 = -1.27$$

查表 B.2.1-1，$a = 13.24$，$b = 12.52$；查表 B.1.1，$k_a = 1.00$；查表 3.0.1，$\beta = 1.65$，则

$$N_{f2} = k_a k_{T2}^{-1} 10^{a - b\frac{\sigma_1}{R_s} + k_c - 0.57\beta}$$

$$= 1.00 \times 1.16^{-1} \times 10^{13.24 - 12.52 \times \frac{0.23}{2} - 1.27 - 0.57 \times 1.65}$$

$$= 3.35 \times 10^9 \text{轴次}$$

答案：C

例题 3-8-2

公路自然区划Ⅳ区新建二级公路，拟采用沥青路面结构，面层采用二层沥青混凝土，总厚度为 120mm，基层为水泥粉煤灰稳定土，厚 320mm，底基层为级配碎石，厚 200mm。无机结合料稳定层疲劳开裂分析时温度调整系数为 1.14，弯拉强度为 2.0MPa，根据弹性层状体系理论计算的无机结合料稳定层的层底拉应力为 0.23MPa。则该公路无机结合料层的疲劳开裂寿命最接近（　　）。

（A）1.83×10^9 轴次
（B）1.98×10^9 轴次
（C）2.23×10^9 轴次
（D）2.56×10^9 轴次

解答

根据《公路沥青路面设计规范》（JTG D50—2017）第 B.2.1 条、第 3.0.1 条。

查表 B.2.1-2，$c_1 = 35.0$，$c_2 = -0.0156$，$c_3 = -0.83$，则

$$k_c = c_1 e^{c_2(h_a + h_b)} + c_3 = 35.0 \times e^{-0.0156 \times (120+320)} - 0.83 = -0.79$$

查表 B.2.1-1，$a = 12.18$，$b = 12.79$；查表 B.1.1，$k_a = 1.00$；查表 3.0.1，$\beta = 1.04$，则

$$N_{f2} = k_a k_{T2}^{-1} 10^{a - b\frac{\sigma_1}{R_s} + k_c - 0.57\beta}$$

$$= 1.00 \times 1.14^{-1} \times 10^{12.18 - 12.79 \times \frac{0.23}{2} - 0.79 - 0.57 \times 1.04}$$

$$= 1.83 \times 10^9 \text{轴次}$$

答案：A

例题 3-8-3（2024 年真题）

某非冻区新建高速公路采用沥青路面设计，沥青混合料层厚 180mm，基层采用水泥稳定碎石，各项指标如下表所列，在进行水泥稳定碎石基层疲劳开裂验算时，已知现场综合修正系数为−1.239，计算疲

劳开裂寿命为多少？

水泥稳定碎石基层指标表

名称	指标
基层厚度（mm）	360
水泥稳定碎石弯拉强度（MPa）	1.4
基层层底拉应力（MPa）	0.3
温度调整系数	1.23

（A）1.27×10^9 次   （B）1.77×10^8 次

（C）1.94×10^8 次   （D）1.97×10^9 次

解答

根据《公路沥青路面设计规范》（JTG D50—2017）

根据 B.2.1、3.0.1 目标可靠度 $\beta = 1.65$

$$N_{f2} = k_a k_{T2}^{-1} 10^{a-b\frac{\sigma_t}{R_s}+k_c-0.57\beta}$$

$k_a = 1$，$k_{T2} = 1.23$，$a = 13.24$，$b = 12.52$，$\sigma_t = 0.3$，$R_s = 1.4$，$k_c = -1.239$，代入上式：

$$N_{f2} = 1 \times 1.23^{-1} \times 10^{13.24-12.52 \times \frac{0.3}{1.4} -1.239-0.57 \times 1.65} = 1.94 \times 10^8 \text{ 次}$$

答案：C

📖 **考点分析**

（1）无机结合料层的疲劳开裂寿命是指在设计轴载作用下，无机结合料层层底因拉应力产生疲劳开裂时，设计轴载累计作用的轴次，并且应满足 $N_{f2} > N_{e2}$。

（2）计算时应首先明确基层是采用无机结合料稳定粒料还是无机结合料稳定土，然后再查表确定计算参数。

考点9　公路沥青混合料永久变形与路基顶面竖向压应变验算

📖 **条文规定**

《公路沥青路面设计规范》（JTG D50—2017）规定如下：

3.0.6　路面使用性能设计指标应满足下列要求：

1　按本规范附录 B.1 和附录 B.2 计算的沥青混合料层和无机结合料稳定层的疲劳开裂寿命，均不应小于按本规范附录 A 确定的设计使用年限内当量设计轴载累计作用次数。

2　按本规范附录 B.3 计算的沥青混合料层永久变形量不应大于表 3.0.6-1 所列容许永久变形量。

沥青混合料层容许永久变形量（单位：mm）　　　　　　　　　表 3.0.6-1

基层类型	沥青混合料层容许永久变形量	
	高速、一级公路	二级、三级公路
无机结合料稳定类基层、水泥混凝土基层和底基层为无机结合料稳定类的沥青混合料基层	15	20
其他基层	10	15

B.3 沥青混合料层永久变形量验算

B.3.1 应按下列要求对各沥青混合料层进行分层，分别计算各分层的永久变形量：

1 表面层，采用 10～20mm 为一分层。

2 第二层沥青混合料层，每一分层厚度应不大于 25mm。

3 第三层沥青混合料层，每一分层厚度应不大于 100mm。

4 第四层及其以下沥青混合料层，作为一个分层。

B.3.2 根据标准条件下的车辙试验，得到各层沥青混合料的车辙试验永久变形量，按式(B.3.2-1)计算各分层的永久变形量和沥青混合料层总的永久变形量。

$$R_{\mathrm{a}} = \sum_{i=1}^{n} R_{\mathrm{a}i} \tag{B.3.2-1}$$

$$R_{\mathrm{a}i} = 2.31 \times 10^{-8} k_{\mathrm{R}i} T_{\mathrm{pef}}^{2.93} p_i^{1.80} N_{\mathrm{e}3}^{0.48} (h_i / h_0) R_{0i}$$

式中：R_{a}——沥青混合料层永久变形量（mm）；

$R_{\mathrm{a}i}$——第 i 分层永久变形量（mm）；

n——分层数；

T_{pef}——沥青混合料层永久变形等效温度（℃），根据本规范附录 G 确定；

$N_{\mathrm{e}3}$——设计使用年限内或通车至首次针对车辙维修的期限内，设计车道上当量设计轴载累计作用次数，按本规范附录 A 计算；

h_i——第 i 分层厚度（mm）；

h_0——车辙试验试件的厚度（mm）；

R_{0i}——第 i 分层沥青混合料在试验温度为 60℃，压强为 0.7MPa，加载次数为 2520 次时，车辙试验永久变形量（mm）；

$k_{\mathrm{R}i}$——综合修正系数，按式(B.3.2-2)～式(B.3.2-4)计算；

$$k_{\mathrm{R}i} = (d_1 + d_2 \cdot z_i) \cdot 0.9731^{z_i} \tag{B.3.2-2}$$

$$d_1 = -1.35 \times 10^{-4} h_{\mathrm{a}}^2 + 8.18 \times 10^{-2} h_{\mathrm{a}} - 14.50 \tag{B.3.2-3}$$

$$d_2 = 8.78 \times 10^{-7} h_{\mathrm{a}}^2 - 1.50 \times 10^{-3} h_{\mathrm{a}} + 0.90 \tag{B.3.2-4}$$

z_i——沥青混合料层第 i 分层深度(mm)，第一分层取为 15mm，其他分层为路表距分层中点的深度；

h_{a}——沥青混合料层厚度（mm），h_{a} 大于 200mm 时，取 200mm。

p_i——沥青混合料层第 i 分层顶面竖向压应力（MPa），根据弹性层状体系理论，按本规范第 6.2.2 条的规定选取计算点，按式(B.3.2-5)计算：

$$p_i = p \bar{p}_i \tag{B.3.2-5}$$

$$\bar{p}_i = f\left(\frac{h_1}{\delta}, \frac{h_2}{\delta}, \cdots, \frac{h_{n-1}}{\delta}; \frac{E_2}{E_1}, \frac{E_3}{E_2}, \cdots, \frac{E_0}{E_{n-1}} \right)$$

$\bar{p}_i$——理论压应力系数；

其他符号意义同式(B.1.1-3)。

B.3.3 验算所得的沥青混合料层永久变形量应满足表 3.0.6-1 的容许永久变形量要求。否则，应调整沥青混合料设计，直至满足要求。

B.3.4 满足沥青混合料层容许永久变形量要求的沥青混合料，尚应满足本规范第 5.5.7 条标准车辙试验的动稳定度要求，其永久变形量 R_0 对应的稳定度可用作沥青混合料的质量要求和施工控制指标。标准车辙试验温度为 60℃，压强为 0.7MPa，试件厚度为 50mm，加载次数为 2520 次时沥青混合料的动稳定度 DS，可根据永久变形量 R_0 按式(B.3.4)计算。

$$DS = 9365 R_0^{-1.48} \tag{B.3.4}$$

式中：DS——沥青混合料动稳定度（次/mm）。

B.4.1 路基顶面的容许竖向压应变应按式(B.4.1)计算确定。

$$[\varepsilon_z] = 1.25 \times 10^{4-0.1\beta}(k_{T3}N_{e4})^{-0.21} \tag{B.4.1}$$

式中：$[\varepsilon_z]$——路基顶面容许竖向压应变（10^{-6}）；

      β——目标可靠指标，根据公路等级，按表 3.0.1 取值；

      N_{e4}——设计使用年限内设计车道上的当量设计轴载累计作用次数，按本规范附录 A 计算；

      k_{T3}——温度调整系数，按本规范附录 G 确定。

    B.4.2　应按本规范第 6.2.2 条的规定选取计算点，根据弹性层状体系理论，按式(B.4.2)计算路基顶面竖向压应变。路基顶面竖向压应变应小于容许压应变值。否则，调整路面结构方案，重新验算，直至满足要求。

$$\varepsilon_z = p\overline{\varepsilon}_z \tag{B.4.2}$$

$$\overline{\varepsilon}_z = f\left(\frac{h_1}{\delta}, \frac{h_2}{\delta}, \cdots, \frac{h_{n-1}}{\delta}; \frac{E_2}{E_1}, \frac{E_3}{E_2}, \cdots, \frac{E_0}{E_{n-1}}\right)$$

式中：$\overline{\varepsilon}_z$——理论竖向压应变系数；其他符号意义同式(B.1.1-3)。

    G.1.3　路面结构的温度调整系数，应根据式(G.1.3-1)～式(G.1.3-15)计算。

$$k_{Ti} = A_h A_E \hat{k}_{Ti}^{1+B_h+B_E} \tag{G.1.3-1}$$

式中：k_{Ti}——温度调整系数；下标 $i = 1$ 对应沥青混合料层疲劳开裂分析，$i = 2$ 对应无机结合料稳定层疲劳开裂分析，$i = 3$ 对应路基顶面竖向压应变分析；

      $\hat{k}_{Ti}$——基准路面结构温度调整系数，按所在地查表 G.1.2 取用；

A_h，B_h，A_E，B_E——与面层、基层厚度和模量有关的函数，按式(G.1.3-2)～式(G.1.3-13)计算。

    路基顶面竖向压应变：

$$A_E = 0.006\lambda_E + 0.89 \tag{G.1.3-10}$$

$$A_h = 0.67\lambda_h + 0.70 \tag{G.1.3-11}$$

$$B_E = 0.12\ln(\lambda_E/20) \tag{G.1.3-12}$$

$$B_h = 0.38\ln(\lambda_h/0.45) \tag{G.1.3-13}$$

📖 **典型例题**

例题 3-9-1（2021 年真题）

某新建二级公路沥青路面，设计采用粒料类基层，设计使用年限内设计车道当量设计轴载累计作用次数为 4.132×10^6，温度调整系数为 1.22，则路基顶面的容许竖向压应变是（　　）$\times 10^{-6}$。

（A）234　　　　　（B）366　　　　　（C）293　　　　　（D）385

解答

根据《公路沥青路面设计规范》（JTG D50—2017）第 3.0.1 条，$\beta = 1.04$；

根据附录 B.4.1：

$[\varepsilon_z] = 1.25 \times 10^{4-0.1\beta}(k_{T3}N_{e4})^{-0.21}$

$k_{T3} = 1.22$

$[\varepsilon_z] = 1.25 \times 10^{4-0.1\times1.04} \times (1.22 \times 4.132 \times 10^6)^{-0.21} = 384.93$

答案：D

例题 3-9-2

华南沿海城市海口市某新建二级公路，双向两车道，采用级配碎石基层沥青路面，面层与基层当量模量的比值为 0.75，当量厚度的比值为 0.25。进行公路路基顶面竖向压应变分析时，计算该路面结构的温度调整系数最接近（　　）。

（A）0.89　　　　　（B）0.94　　　　　（C）0.97　　　　　（D）1.02

解答

根据《公路沥青路面设计规范》（JTG D50—2017）第 G.1.2 条、第 G.1.3 条：

$A_E = 0.006\lambda_E + 0.89 = 0.006 \times 0.75 + 0.89 = 0.8945$

$A_h = 0.67\lambda_h + 0.70 = 0.67 \times 0.25 + 0.70 = 0.8675$

$B_E = 0.12\ln(\lambda_E/20) = 0.12 \times \ln(0.75/20) = -0.394$

$B_h = 0.38\ln(\lambda_h/0.45) = 0.38 \times \ln(0.25/0.45) = -0.2234$

查表 G.1.2，海口市路基顶面竖向压应变分析时基准温度调整系数为 1.65，则

$$k_{Ti} = A_h A_E \hat{k}_{Ti}^{1+B_h+B_E}$$
$$= 0.8675 \times 0.8945 \times 1.65^{1-0.394-0.2234}$$
$$= 0.940$$

答案：B

例题 3-9-3

海口市某新建二级公路，双向两车道，采用级配碎石基层沥青路面，进行公路路基顶面竖向压应变分析时，路面结构的温度调整系数为 0.94，设计使用年限内设计车道上的当量设计轴载累计作用次数为 6×10^6 次，则路基顶面的容许竖向压应变最接近（ ）。

（A）358×10^{-6}　　　（B）376×10^{-6}　　　（C）386×10^{-6}　　　（D）396×10^{-6}

解答

根据《公路沥青路面设计规范》（JTG D50—2017）第 3.0.1 条，$\beta = 1.04$；附录 B 第 B.4.1 条、第 B.4.2 条：

$$[\varepsilon_z] = 1.25 \times 10^{4-0.1\beta}(k_{T3}N_{e4})^{-0.21}$$
$$= 1.25 \times 10^{4-0.1\times1.04}(0.94 \times 6 \times 10^6)^{-0.21}$$
$$= 376 \times 10^{-6}$$

答案：B

例题 3-9-4

重庆地区新建高速公路，采用沥青混凝土路面，路面结构为 50mm 厚 SMA13 + 75mm 厚 AC20C + 85mm 厚 AC25C。将沥青混合料分为 7 层，50mm 厚的 SMA13 分为 15mm + 15mm + 20mm 三层，75mm 厚 AC20C 分为 25mm + 25mm + 25mm 三层，85mm 厚 AC25C 分为一层。经计算，第 3 个分层顶部的竖向压应力为 0.6MPa。设计年限内设计车道对应于沥青混合料层永久变形的当量设计轴载累计作用次数为 4.55×10^7 次。第 3 分层的沥青混合料在试验温度 60℃、压强 0.7MPa、加载次数 2520 次时，车辙试验永久变形量为 1.5mm，试件厚度为 50mm。根据《公路沥青路面设计规范》（JTG D50—2017）计算第 3 分层的永久变形量最接近（ ）。（沥青混合料层等效温度取 26.96℃，第 3 分层深度取 40mm）

（A）2.88mm　　　（B）2.94mm　　　（C）2.99mm　　　（D）3.28mm

解答

（1）根据《公路沥青路面设计规范》（JTG D50—2017）式(B.3.2-3)、式(B.3.2-4)求 d_1、d_2。

当 h_a 大于 200mm 时，取 200mm；

$d_1 = -1.35 \times 10^{-4}h_a^2 + 8.18 \times 10^{-2}h_a - 14.5$
$= -1.35 \times 10^{-4} \times 200^2 + 8.18 \times 10^{-2} \times 200 - 14.5 = -3.54$

$d_2 = 8.78 \times 10^{-7}h_a^2 - 1.5 \times 10^{-3}h_a + 0.90$
$= 8.78 \times 10^{-7} \times 200^2 - 1.5 \times 10^{-3} \times 200 + 0.90 = 0.635$

$k_{R3} = (d_1 + d_2 z_3) \times 0.9731^{z_3} = (-3.54 + 0.635 \times 40) \times 0.9731^{40} = 7.344$

（2）求 R_{a3}。

$$R_{a3} = 2.31 \times 10^{-8} k_{R3} T_{pef}^{2.93} P_i^{1.8} N_{e3}^{0.48} \frac{h_3}{h_0} R_{0i}$$

$$= 2.31 \times 10^{-8} \times 7.344 \times 26.96^{2.93} \times 0.6^{1.8} \times (4.55 \times 10^7)^{0.48} \times \frac{20}{50} \times 1.5 = 2.99mm$$

答案：C

例题 3-9-5（2022 年真题）

某地区高速公路，路面结构为无机结合料稳定类基层沥青混凝土路面，面层采用改性 SMA 沥青混合料，进行标准车辙试验：试验温度为 60℃、压强为 0.7MPa，试件厚度为 50mm，加载次数为 2520 次，测得永久变形量值为 1.92mm。根据沥青混合料永久变形量计算的动稳定度应为（　　）。

（A）1500 次/mm

（B）1629 次/mm

（C）2214 次/mm

（D）3566 次/mm

解答

根据《公路沥青路面设计规范》（JTG D50—2017）第 B.3.4 条：

$$DS = 9365 \times 1.92^{-1.48} = 3566.3 次/mm$$

答案：D

例题 3-9-6（2022 年补考真题）

某新建公路，采用沥青路面，面层沥青混合料总厚度 95mm，其中表面层沥青混合料厚 35mm。已知表面层沥青混合料车辙试验试件厚度为 50mm，在进行表面层沥青混合料永久变形量验算时，第一、第二分层厚度分别为 15mm、20mm，则计算第 2 分层永久变形量综合修正系数为（　　）。

（A）1.645

（B）4.989

（C）5.658

（D）6.663

解答

根据《公路沥青路面设计规范》（JTG D50—2017）第 B.3.2 条：

$$z_2 = 15 + 20/2 = 25mm$$

$$h_a = 95mm$$

$$d_1 = -1.35 \times 10^{-4} \times 95^2 + 8.18 \times 10^{-2} \times 95 - 14.5 = -7.947$$

$$d_2 = 8.79 \times 10^{-7} \times 95^2 - 1.5 \times 10^{-3} \times 95 + 0.9 = 0.765$$

$$k_{Ri} = (-7.947 + 0.765 \times 25) \times 0.9731^{25} = 5.658$$

答案：C

例题 3-9-7（2022 年补考真题）

某新建一级公路，设计采用水泥稳定类基层沥青路面，已知对应路基顶面竖向压应变验算的设计车道当量设计轴载累计作用次数为 1.876×10^7，温度调整系数为 1.09，则路基顶面的容许竖向压应变为（　　）。

（A）234（10^{-6}）

（B）271（10^{-6}）

（C）293（10^{-6}）

（D）385（10^{-6}）

解答

根据《公路沥青路面设计规范》（JTG D50—2017）第 B.4.1 条：

查表 3.0.1，一级，$\beta = 1.28$，$k_{T3} = 1.09$，$N_{e4} = 1.876 \times 10^7$

$$[\varepsilon_Z] = 1.25 \times 10^{4-0.1 \times \beta} \times (k_{T3} N_{e4})^{-0.21} = 1.25 \times 10^{4-0.1 \times 1.28} \times (1.09 \times 1.876 \times 10^7)^{-0.21}$$

$$= 271(10^{-6})$$

答案：B

（1）路基顶面竖向压应变通过路基顶永久变形来控制，无刚性、半刚性基层或底基层时才计算。

（2）在计算温度调整系数k_{T3}时，参数A_E、A_h、B_E、B_h的计算应按对应的设计指标采用相应的公式计算。

（3）沥青混合料层永久变形量即车辙验算，采用B.3规定的分层总和法，应熟悉计算过程，并注意易错点，如h_a大于200mm时取200mm。

（4）公式(B.3.4)由永久变形量R_0计算得到的动稳定度DS，为材料工程师或现场人员做试验时要求达到的动稳定度，可用于调整材料配比。

考点10　公路沥青面层低温开裂指数计算

条文规定

《公路沥青路面设计规范》（JTG D50—2017）规定如下：

3.0.6　路面使用性能设计指标应满足下列要求：

4　按本规范附录B.5计算的季节性冻土地区沥青面层低温开裂指数不宜大于表3.0.6-2所列数值。

低温开裂指数要求　　　　　　　　　　　　　表3.0.6-2

公路等级	高速、一级公路	二级公路	三级、四级公路
低温开裂指数CI，不大于	3	5	7

注：低温开裂指数CI——竣工验收时100m调查单元内横向裂缝条数，贯穿全幅的裂缝按1条计，未贯穿且长度超过一个车道宽度的裂缝按0.5条计，不超过一个车道宽度的裂缝不计入。

B.5.1　季节性冻土地区沥青面层，应按式(B.5.1)验算其低温开裂指数CI。
$$CI = 1.95 \times 10^{-3} S_t \lg b - 0.075(T + 0.07h_a) \lg S_t + 0.15 \tag{B.5.1}$$

式中：CI——沥青面层低温开裂指数；

T——路面低温设计温度（℃），为连续10年年最低气温平均值；

S_t——在路面低温设计温度加10℃试验温度条件下，表面层沥青弯曲梁流变试验加载180s时蠕变劲度（MPa）；

h_a——沥青结合料类材料层厚度（mm）；

b——路基类型参数，砂$b=5$，粉质黏土$b=3$，黏土$b=2$。

B.5.2　沥青面层的低温开裂指数值，应满足表3.0.6-2的要求。否则，应改变所选用的沥青材料，直至满足要求。

典型例题

例题 3-10-1

某季节性冻土地区新建一条高速公路，双向六车道，沥青混凝土面层为三层结构，总厚度为200mm，路基类型为粉质黏土，在路面低温设计温度加10℃试验温度条件下，表面层沥青弯曲梁流变试验加载180s时蠕变劲度为270MPa，路面低温设计温度为-4℃，则沥青面层低温开裂指数最接近（　　　）。

（A）-1.8　　　　　（B）-1.4　　　　　（C）1.8　　　　　（D）2.4

解答

根据《公路沥青路面设计规范》（JTG D50—2017）附录 B 第 B.5.1 条、第 B.5.2 条：

$CI = 1.95 \times 10^{-3} S_t \lg b - 0.075(T + 0.07 h_a) \lg S_t + 0.15$

$\quad = 1.95 \times 10^{-3} \times 270 \times \lg 3 - 0.075 \times (-4 + 0.07 \times 200) \times \lg 270 + 0.15$

$\quad = -1.4$

答案：B

例题 3-10-2（2022 年真题）

某季节性冻土地区新建高速公路，路面结构为无机结合料稳定类基层沥青混凝土路面，该地区连续 10 年年最低气温平均值为 $-11.2℃$，在路面低温设计温度加 $10℃$ 试验温度条件下，表面层沥青弯曲梁流变试验加载 180s 时蠕变劲度为 165MPa，沥青结合料类材料层厚度为 18cm，路基填料为粉质黏土，验算得到的沥青面层低温开裂指数 CI 是（　　）。

（A）0.056　　　　　（B）0.071　　　　　（C）0.104　　　　　（D）0.253

解答

根据《公路沥青路面设计规范》（JTG D50—2017）第 B.5.1 条：

$T = -11.2℃$，$S_t = 165\text{MPa}$，$h_a = 180\text{mm}$，路基为粉质黏土，$b = 3$，则

$CI = 1.95 \times 10^{-3} \times 165 \times \lg 3 - 0.075 \times (-11.2 + 0.07 \times 180) \times \lg 165 + 0.15 = 0.071$

答案：B

例题 3-10-3（2024 年真题）

某冻区新建公路采用沥青路面设计，沥青混合料层厚 100mm，路基土为粉质黏土，已知该地区路面低温设计温度为 $-22℃$，在 $-12℃$ 试验温度条件下，表面层沥青弯曲梁流变试验加载 180s 时蠕变劲度为 180MPa，计算该沥青路面低温开裂指数为多少？

（A）2.0　　　　　（B）2.9　　　　　（C）4.2　　　　　（D）5.3

解答

根据《公路沥青路面设计规范》（JTG D50—2017）B.5.1：

$CI = 1.95 \times 10^{-3} S_t \lg b - 0.075(T + 0.07 h_a) \lg S_t + 0.15$

$CI = 1.95 \times 10^{-3} \times 180 \times \lg 3 - 0.075(-22 + 0.07 \times 100) \lg 180 + 0.15 = 2.85$

答案：B

📖 考点分析

（1）按式(B.5.1)计算的沥青面层低温开裂指数不宜大于表 3.0.6-2 所列数值。若计算结果小于 0，则表明理论上不会出现因低温导致的裂缝。

（2）关于沥青面层低温开裂指数 CI 的计算方法，《季节性冻土地区公路设计与施工技术规范》（JTG/T D31-06—2017）与《公路沥青路面设计规范》（JTG D50—2017）一致。

考点11　公路沥青路面防冻厚度验算

📖 条文规定

《公路沥青路面设计规范》（JTG D50—2017）规定如下：

4.6.1 季节性冻区路面厚度不满足防冻要求时，应增设防冻层。防冻层宜采用粗砂、砂砾和碎石等粒料类材料。

B.6.1 季节性冻土地区路基为中湿或潮湿状态时，应按式(B.6.1)计算公路多年最大冻深。

$$Z_{max} = abcZ_d \tag{B.6.1}$$

式中：Z_{max}——公路多年最大冻深（mm）；

Z_d——大地多年最大冻深（mm），根据调查资料确定；

a——大地冻深范围内路基、路面各层材料热物性系数，按表 B.6.1-1 确定；

b——路基湿度系数，按表 B.6.1-2 确定；

c——路基断面形式系数，根据表 B.6.1-3 按内插法确定。

路基、路面材料热物性系数 a　　　　　　　　　　表 B.6.1-1

路基材料	黏质土	粉质土	粉土质砂	细粒土质砂、黏土质砂	含细粒土质砾（砂）
热物性系数	1.05	1.10	1.20	1.30	1.35
路面材料	水泥混凝土	沥青结合料类	级配碎石	二灰或水泥稳定粒料	二灰土及水泥土
热物性系数	1.40	1.35	1.45	1.40	1.35

路基湿度系数 b　　　　　　　　　　表 B.6.1-2

干湿类型	干燥	中湿	潮湿
湿度系数	1.0	0.95	0.90

路基断面形式系数 c　　　　　　　　　　表 B.6.1-3

填挖形式和高（深）度	路基填土高度				路基挖方深度			
	零填	< 2m	2～4m	4～6m	> 6m	< 2m	2～4m	4～6m	> 6m
断面形式系数	1.0	1.02	1.05	1.08	1.10	0.98	0.95	0.92	0.90

B.6.2 根据公路多年最大冻深，按表 B.6.2 的规定验算路面的防冻厚度。路面结构厚度小于表 B.6.2 规定的最小防冻厚度时，应增设防冻层，使其满足最小防冻厚度的要求。

沥青路面结构最小防冻厚度（单位：mm）　　　　　　　　　　表 B.6.2

路基土质	基层、底基层材料类型	对应于以下公路多年最大冻深Z_{max}（mm）和路基干湿类型的最小防冻厚度							
		中湿				潮湿			
		500～1000	1000～1500	1500～2000	> 2000	500～1000	1000～1500	1500～2000	> 2000
黏性土、细亚砂土	粒料类	400～450	450～500	500～600	600～700	450～550	550～600	600～700	700～800
	水泥或石灰稳定类、水泥混凝土	350～400	400～450	450～550	550～650	400～500	500～550	550～650	650～750
	水泥粉煤灰或石灰粉煤灰稳定类、沥青结合料类	300～350	350～400	400～500	500～550	350～450	450～500	500～550	550～700
粉性土	粒料类	450～500	500～600	600～700	700～750	500～600	600～700	700～800	800～1000
	水泥或石灰稳定类、水泥混凝土	400～450	450～500	500～600	600～700	450～550	550～650	650～700	700～900

路基土质	基层、底基层材料类型	对应于以下公路多年最大冻深Z_{max}（mm）和路基干湿类型的最小防冻厚度							
		中湿				潮湿			
		500～1000	1000～1500	1500～2000	＞2000	500～1000	1000～1500	1500～2000	＞2000
粉性土	水泥粉煤灰或石灰粉煤灰稳定类、沥青结合料类	300～400	400～450	450～500	500～650	400～500	500～600	600～650	650～800

注：1. 在《公路自然区划标准》（JTJ 003—1986）中，对潮湿系数小于 0.5 的地区，II、III、IV等干旱地区的防冻厚度可比表中值减少 15%～20%。

2. 对II区砂性土路基防冻厚度应相应减少 5%～10%。

3. 公路多年最大冻深大时，靠近上限取值，反之靠近下限取值。

4. 基层、底基层采用不同材料类型时，按厚度较大的材料类型确定。

《季节性冻土地区公路设计与施工技术规范》（JTG/T D31-06—2017）规定如下：

6.5.1 路面总厚度应不小于表 6.5.1 规定的最小防冻厚度。

路面最小防冻厚度（单位：mm） 表 6.5.1

路面类型	路基土冻胀等级	道路多年最大冻深			
		0.5m ≤ Z_{max} < 1.0m	1.0m ≤ Z_{max} < 1.5m	1.5m ≤ Z_{max} < 2.0m	2.0m ≤ Z_{max}
沥青路面	I	300～450	350～500	400～600	500～700
	II	350～550	450～600	500～700	550～800
	III	400～600	500～700	600～800	650～1000
水泥混凝土路面	I	300～500	400～600	500～700	600～950
	II	400～600	500～700	600～900	750～1200
	III	450～700	550～800	700～1000	800～1300

注：1. 表中道路多年最大冻深Z_{max}按本规范第 5.3.1 条的规定计算。

2. 冻深小于 0.5m 的地区，可不考虑结构层防冻厚度。

3. 冻深小或挖方路段，或防冻层采用隔温性能良好的材料，路面最小防冻厚度可选用低值；冻深大或填方，及地下水位高的路段，或防冻层采用隔温性能差的材料，路面最小防冻厚度应选用高值。

4. 对同一冻胀等级的路基土，路基湿度较大时，其防冻厚度应选用高值。

5. 对公路自然区划II区的砂类土路基，路面最小防冻厚度可相应减少 5%～10%。

条文说明

根据路基填土的土质类型、路基的干湿状态、地下水深度，按本规范表 5.2.1 确定路基土冻胀等级，控制路基冻胀量，选择更合理的路面最小防冻厚度。

6.5.2 路面防冻厚度验算不满足要求时，应增加路面厚度，或在路基顶面增设防冻层或保温层。防冻层厚度不宜小于 150mm；泡沫保温层的板厚不宜小于 50mm。

📖 **规范条文解析**

2023 年考试规范目录取消了《季节性冻土地区公路设计与施工技术规范》（JTG/T D31-06—2017）。如果 2025 年考试规范目录仍未列入该规范，则该部分内容可不复习，相应题目尝试用路面规范解答。

📖 **典型例题**

例题 3-11-1

某季节性冻土地区新建一条高速公路，双向六车道，根据调查资料大地多年最大冻深为 600mm，路基填土高度为 7m，路基干湿类型为中湿，大地冻深范围内路基、路面各层材料热物性系数加权平均值为 1.24，则公路多年最大冻深为（   ）。

（A）610mm   （B）724mm   （C）778mm   （D）810mm

解答

根据《公路沥青路面设计规范》（JTG D50—2017）第 B.6.1 条：

$$Z_{max} = abcZ_d$$
$$= 1.24 \times 0.95 \times 1.1 \times 600$$
$$= 778mm$$

答案：C

例题 3-11-2

某一级公路位于冻土地区，大地标准冻深为 1.2m，路基处于干燥状态，路面结构为 18cm 沥青混凝土面层，（20 + 20）cm 水稳碎石基层 + 18cm 级配碎石底基层，路基填料为粉土质砂，填土高度为 7m，则该公路的多年最大冻深为（   ）。

（A）2.15m   （B）1.35m   （C）2.55m   （D）1.75m

解答

根据《公路沥青路面设计规范》（JTG D50—2017）表 B.6.1-1，表 B.6.1-2，表 B.6.1-3 可知：

$$a = \frac{1.35 \times 18 + 1.4 \times 40 + 1.45 \times 18 + 1.2 \times 44}{120} = 1.327$$

$$b = 1.0$$

$$c = 1.10$$

$$Z_{max} = abcZ_d = 1.327 \times 1.0 \times 1.10 \times 1.2 = 1.75m$$

答案：D

例题 3-11-3（2022 年真题）

某季节性冻土地区一级公路，路面结构组合设计为 4cm 厚的细粒式沥青混凝土、8cm 厚的中粒式沥青混凝土、8cm 厚的粗粒式沥青混凝土、20cm 厚的水泥稳定碎石基层和 20cm 厚的水泥稳定碎石底基层，路基为填方高度 5m 的低液限黏土，路基冻胀等级为Ⅲ，道路多年最大冻深 1.8m，路基湿度较大，按《季节性冻土地区公路设计与施工技术规范》（JTG/T D31-06—2017）查表确定的路面最小防冻厚度为 0.8m。在不增加路面厚度的条件下，需增设的防冻层厚度不宜低于（   ）。

（A）50mm   （B）120mm   （C）150mm   （D）200mm

解答

根据《季节性冻土地区公路设计与施工技术规范》（JTG/T D31-06—2017）第 6.5.1 条：

（1）路面厚度：40 + 80 + 80 + 200 + 200 = 600mm。

（2）防冻厚度：查表 6.5.1，沥青路面、冻胀等级Ⅲ级、$Z_{max} = 1.8m$、湿度大，路面最小防冻厚度取 800mm。与题意一致。

（3）防冻厚度：800 − 600 = 200mm。

答案：D

对该题目条件作如下调整：

（1）"湿度较大"改为"潮湿"。

（2）"道路多年最大冻深 1.8m"改为"道路多年最大冻深 2.0m"。

按《公路沥青路面设计规范》（JTG D50—2017）解答如下：

（1）路面厚度：40 + 80 + 80 + 200 + 200 = 600mm。

（2）最小防冻层厚度：道路多年最大冻深 2.0m，低液限黏土，潮湿，查表 B.6.2，沥青路面最小防冻层厚度 550～650mm，按表注 3，公路多年最大冻深靠近上限取值，则最小防冻厚度 650mm。

（3）需增设防冻层厚度：《公路沥青路面设计规范》（JTG D50—2017）未明确防冻垫层厚度，根据第 4.6.1 条，防冻层宜选用粗砂、砂砾和碎石等粒料类材料。从最小压实厚度的角度并参考表 4.4.5，需增设的最小防冻层厚度是 100mm。按照一般常识，或参考《公路水泥混凝土路面设计规范》（JTG D40—2011）第 4.3.2 条，防冻垫层最小厚度为 150mm。如果按沥青路面考试，真题可能会更明确题干，避免该争议。

例题 3-11-4（2022 年补考真题）

某季节性冻土地区沥青路面设计，已知路基填土高度约 3.5m，路基填料为黏质土，中湿状态，大地多年最大冻深 1600mm，大地多年最大冻深范围内公路材料热物性系数为 1.25，初拟路面面层及基层结构厚度如下图所示，底基层采用级配碎石，公称最大粒径 37.5mm。试问根据《公路沥青路面设计规范》（JTG D50—2017），在不增设防冻结构层的前提下，底基层级配碎石最小厚度应为（　　　　）。

例题 3-11-4 图

（A）100mm　　　　　（B）120mm　　　　　（C）150mm　　　　　（D）200mm

解答

根据《公路沥青路面设计规范》（JTG D50—2017）第 B.6.1 条：

$a = 1.25$，$b = 0.95$，$c = 1.05$，$Z_d = 1.6$m

$Z_{max} = abcZ_d = 1.25 \times 0.95 \times 1.05 \times 1.6 = 1.995$m

根据表 B.6.2，水稳层较厚，为 450～550mm，取 550mm。

$H_底 = 550 - 40 - 60 - 80 - 150 \times 2 = 70$mm

根据表 4.4.5，级配碎石最小厚度为 100mm，故采用 100mm。

答案：A

📖 **考点分析**

（1）注意多年最大冻深（大地多年最大冻深）和道路多年最大冻深（公路多年最大冻深）的区别与换算关系。

（2）《公路沥青路面设计规范》（JTG D50—2017）表 B.6.1-1 中列出了各种路基材料和路面材料的热物性系数 a，当大地冻深范围内有不同材料层时，按厚度加权的方法计算当量热物性系数。

（3）《季节性冻土地区公路设计与施工技术规范》（JTG/T D31-06—2017）的多年最大冻深换算至道路多年最大冻深的公式与《公路沥青路面设计规范》（JTG D50—2017）的基本一致，在路基章节中列出，本节仅列出《公路沥青路面设计规范》的公式；两本规范关于最小防冻厚度查表有较大出入，应注意区分。

（4）《季节性冻土地区公路设计与施工技术规范》（JTG/T D31-06—2017）表 6.5.1 中路面最小防冻

厚度与路基土冻胀等级有关，应结合表5.2.1的季节性冻土地区路基土质类别、冻前天然含水率、地下水位深度和平均冻胀率等信息判断冻胀等级，参见路基章节的相关考点。

（5）2023年考试规范目录取消了《季节性冻土地区公路设计与施工技术规范》（JTG/T D31-06—2017），如果2025年未恢复，可尝试用考试规范作答。

考点12　公路沥青路面结构的验收弯沉值计算

📖 **条文规定**

《公路沥青路面设计规范》（JTG D50—2017）规定如下：

B.7.1　路基顶面验收弯沉值l_g，应按式(B.7.1)计算。

$$l_g = \frac{176pr}{E_0} \tag{B.7.1}$$

式中：l_g——路基顶面验收弯沉值（0.01mm）；

　　　p——落锤式弯沉仪承载板施加荷载（MPa）；

　　　r——落锤式弯沉仪承载板半径（mm）；

　　　E_0——平衡湿度状态下路基顶面回弹模量（MPa）。

B.7.2　宜采用落锤式弯沉仪进行路基验收，落锤式弯沉仪荷载为50kN，荷载盘半径应为150mm。路基顶面实测代表弯沉值l_0应符合式(B.7.2-1)的要求。

$$l_0 \leqslant l_g \tag{B.7.2-1}$$

式中：l_g——路基顶面验收弯沉值（0.01mm）；

　　　l_0——路段内实测的路基顶面弯沉代表值（0.01mm），以1～3km为一评定路段，按式(B.7.2-2)计算：

$$l_0 = (\bar{l}_0 + \beta \cdot s)K_1 \tag{B.7.2-2}$$

　　　$\bar{l}_0$——路段内实测路基顶面弯沉平均值（0.01mm）；

　　　s——路段内实测路基顶面弯沉标准差（0.01mm）；

　　　β——目标可靠指标，根据公路等级按表3.0.1取值；

　　　K_1——路基顶面弯沉湿度影响系数，根据当地经验确定。

B.7.3　路表验收弯沉值l_a，应根据设计路面结构，采用弹性层状体系理论按式(B.7.3)计算。路面结构层参数应与路面结构验算时相同。路基顶面回弹模量应采用平衡湿度状态下路基顶面回弹模量乘以模量调整系数k_l。

$$l_a = p\bar{l}_a \tag{B.7.3}$$
$$\bar{l}_a = f\left(\frac{h_1}{\delta}, \frac{h_2}{\delta}, \cdots, \frac{h_{n-1}}{\delta}; \frac{E_2}{E_1}, \frac{E_3}{E_2}, \cdots, \frac{k_l E_0}{E_{n-1}}\right)$$

式中：$\bar{l}_a$——理论弯沉系数；

　　　k_l——路基顶面回弹模量调整系数，无机结合料稳定类基层沥青路面和水泥混凝土基层沥青路面，取0.5；粒料类基层沥青路面和沥青结合料类基层沥青路面，当采用无机结合料稳定底基层时，取0.5，否则取1.0；

　　　E_0——平衡湿度状态下路基顶面回弹模量（MPa）。

其他符号意义同式(B.1.1-3)。

B.7.4　路面交（竣）工时应对路表弯沉值进行检测。落锤式弯沉仪中心点弯沉代表值应符合式(B.7.4-1)要求：

$$l_0 \leqslant l_a \tag{B.7.4-1}$$

式中：l_a——路表验收弯沉值（0.01mm）；

l_0——路段内实测路表弯沉代表值（0.01mm），以 1～3km 为一个评定路段，按(B.7.4-2)计算：

$$l_0 = (\bar{l}_0 + \beta \cdot s)K_1K_3 \tag{B.7.4-2}$$

$\bar{l}_0$——路段内实测路表弯沉平均值（0.01mm）；

s——路段内实测路表弯沉标准差（0.01mm）；

β——目标可靠指标，根据公路等级按表 3.0.1 取值；

K_1——路表弯沉湿度影响系数，根据当地经验确定；

K_3——路表弯沉温度影响系数，按式(B.7.4-3)确定；

$$K_3 = e^{[9 \times 10^{-6}(\ln E_0 - 1)h_a + 4 \times 10^{-3}](20-T)} \tag{B.7.4-3}$$

T——弯沉测定时沥青结合料类材料层中点实测或预估温度（℃）；

h_a——沥青结合料类材料层厚度（mm）；

E_0——平衡湿度状态下路基顶面回弹模量（MPa）。

📖 **典型例题**

例题 3-12-1

公路自然区划Ⅳ区新建一条高速公路，双向六车道，拟采用沥青路面结构，路基施工完成后，采用落锤式弯沉仪进行路基验收，落锤式弯沉仪荷载为 50kN，荷载盘半径为 150mm，标准状态下路基动态回弹模量为 60MPa，路基湿度调整系数为 1，干湿循环或冻融循环条件下模量折减系数为 0.8，则路基顶面验收弯沉值为（　　）。

（A）288（0.01mm）　　　　　　　　　　（B）295（0.01mm）

（C）311（0.01mm）　　　　　　　　　　（D）322（0.01mm）

解答

根据《公路沥青路面设计规范》（JTG D50—2017）第 B.7.1 条、第 B.7.2 条：

$$p = \frac{50 \times 10^3}{3.14 \times 0.15^2} = 0.707\text{MPa}$$

$$E_0 = K_s M_R = 1 \times 60 = 60\text{MPa}$$

$$l_g = \frac{176pr}{E_0}$$

$$= \frac{176 \times 0.707 \times 150}{60}$$

$$= 311（0.01\text{mm}）$$

答案：C

例题 3-12-2（2019 年真题，根据新规范改编）

公路自然区划Ⅳ区新建高速公路，采用沥青路面结构，沥青面层总厚度为 180mm，平衡湿度状态下路基顶面回弹模量为 60MPa，路面竣工时采用落锤式弯沉仪对路表弯沉进行检测，以 2km 作为一个评定路段，测定时沥青结合料层中点实测温度为 25℃，路段内实测路表弯沉平均值为 16（0.01mm），标准差 $s = 2.1$，路表弯沉湿度影响系数为 0.9，则路段内实测路表弯沉代表值为（　　）。

（A）14.8（0.01mm）　　　　　　　　　　（B）15.6（0.01mm）

（C）16.6（0.01mm）　　　　　　　　　　（D）17.8（0.01mm）

解答

根据《公路沥青路面设计规范》（JTG D50—2017）第 B.7.4 条：

$$K_3 = e^{[9 \times 10^{-6}(\ln E_0 - 1)h_a + 4 \times 10^{-3}](20-T)}$$

$$= e^{[9 \times 10^{-6}(\ln 60 - 1) \times 180 + 4 \times 10^{-3}](20-25)} = 0.95$$

$$l_0 = (\bar{l}_0 + \beta \cdot s)K_1 K_3$$

$$= (16 + 1.65 \times 2.1) \times 0.9 \times 0.95 = 16.6 \ (0.01\text{mm})$$

答案：C

例题 3-12-3

某二级公路，采用落锤式弯沉仪进行路基验收，落锤式弯沉仪荷载为 50kN，荷载盘半径为 150mm。已知平衡湿度状态下，路基顶面回弹模量为 200MPa，弯沉湿度影响系数为 1，路段内实测的路基顶面弯沉值如下表所示，则该路段验收弯沉值和实测弯沉值分别为多少（0.01mm）？是否满足验收要求？（　　）

例题 3-12-3 表

测点	1	2	3	4	5
弯沉值（0.01mm）	40.9	37.4	41.2	42.5	38.6

（A）94，54，满足　　　　　　　　　（B）94，42，满足

（C）94，42，不满足　　　　　　　　（D）94，54，不满足

解答

计算路基顶面验收弯沉值 l_g（0.01mm）：

$$p = \frac{F}{\pi r^2} = \frac{50000}{\pi \times 0.15^2} = 0.71\text{MPa}$$

$$l_g = \frac{176pr}{E_0} = \frac{176 \times 0.71 \times 150}{200} = 93.72 \ (0.01\text{mm})$$

计算路段内实测的路基顶面弯沉代表值 l_0（0.01mm）：

$$\bar{l}_0 = \frac{40.9 + 37.4 + 41.2 + 42.5 + 38.6}{5} = 40.12 \ (0.01\text{mm})$$

$$s = \sqrt{\frac{\sum_{i=1}^{n}(l_i - \bar{l}_0)^2}{n-1}}$$

$$= \sqrt{\frac{(40.9 - 40.12)^2 + (37.4 - 40.12)^2 + (41.2 - 40.12)^2 + (42.5 - 40.12)^2 + (38.6 - 40.12)^2}{4}}$$

$$= 2.07 \ (0.01\text{mm})$$

$$l_0 = (\bar{l}_0 + \beta \cdot s)K_1 = (40.12 + 1.04 \times 2.07) \times 1 = 42.27 \ (0.01\text{mm})$$

满足 $l_0 \leqslant l_g$ 的要求。

答案：B

例题 3-12-4（2024 年真题）

某新建公路采用沥青路面，已知平衡湿度状态下路基顶面回弹模量为 58.2MPa，根据规范计算路基顶面验收弯沉值（落锤式弯沉仪，荷载为 50kN，荷载盘半径为 150mm）为多少？

（A）295.7（0.01mm）　　　　　　　（B）322.1（0.01mm）

（C）394.3（0.01mm）　　　　　　　（D）277.2（0.01mm）

解答

根据《公路沥青路面设计规范》（JTG D50—2017）B.7.1，

$$p = \frac{50 \times 10^3}{\pi \times 150^2} = 0.708\text{MPa}$$

$$l_\text{g} = \frac{176pr}{E_0} = \frac{176 \times 0.708 \times 150}{58.2} = 321.1 \text{（0.01mm）}$$

答案：B

考点分析

计算路基顶面验收弯沉时，E_0 为路基平衡湿度状态下的顶面回弹模量，只考虑湿度调整系数 K_s，不考虑干湿与冻融循环作用后的模量折减系数 K_η，即 $E_0 = K_\text{s} M_\text{R}$。$E_0$ 的计算详见《公路路基设计规范》（JTG D30—2015）第 3.2.5 条。

考点13 公路沥青路面当量厚度和模量、温度调整系数、等效温度

条文规定

《公路沥青路面设计规范》（JTG D50—2017）规定如下：

G.1 温度调整系数

G.1.1 路面结构沥青面层或基层（含底基层）由两层或两层以上不同材料结构层组成时，应按式(G.1.1-1)和式(G.1.1-2)分别换算成当量沥青面层和当量基层。对采用沥青结合料类基层的路面，将基层换算至当量沥青面层。超过 2 层时，重复利用式(G.1.1-1)和式(G.1.1-2)自上而下逐层换算，简化为由当量沥青面层、当量基层和路基构成的三层路面结构。

$$h_i^* = h_{i1} + h_{i2} \tag{G.1.1-1}$$

$$E_i^* = \frac{E_{i1}h_{i1}^3 + E_{i2}h_{i2}^3}{(h_{i1} + h_{i2})^3} + \frac{3}{h_{i1} + h_{i2}}\left(\frac{1}{E_{i1}h_{i1}} + \frac{1}{E_{i2}h_{i2}}\right)^{-1} \tag{G.1.1-2}$$

式中：h_i^*，E_i^*——当量层厚度（mm）和模量（MPa），下标 $i = \text{a}$ 为沥青面层，$i = \text{b}$ 为基层。

G.1.2 不同气温状况下基准路面结构的损坏，转换成标准温度（20℃）条件下基准路面结构的等效损坏，得到基准路面结构温度调整系数。部分地区各类路面结构设计指标的基准结构温度调整系数，可参照表 G.1.2 取用。其他地区的基准结构温度调整系数，可按气温条件相近地区的系数值取用，气温资料宜取连续 10 年的平均值。

各地气温统计资料及相应的基准路面结构温度调整系数和等效温度　　　　表 G.1.2

地名	省（自治区、直辖市）	最热月平均气温（℃）	最冷月平均气温（℃）	年平均气温（℃）	温度调整系数		基准等效温度（℃）
					沥青混合料层层底拉应变、无机结合料稳定层层底拉应力	路基顶面竖向压应变	
北京	北京	26.9	−2.7	13.1	1.23	1.09	20.1
济南	山东	28.0	0.2	15.1	1.32	1.17	21.8
日照	山东	26.0	−2.0	12.7	1.21	1.06	19.4
太原	山西	23.9	−5.2	10.5	1.12	0.98	17.3
大同	山西	22.5	−10.4	7.5	1.01	0.89	15.0
侯马	山西	26.8	−2.3	13.0	1.23	1.08	19.9

地名	省（自治区、直辖市）	最热月平均气温（℃）	最冷月平均气温（℃）	年平均气温（℃）	温度调整系数		基准等效温度（℃）
					沥青混合料层层底拉应变、无机结合料稳定层层底拉应力	路基顶面竖向压应变	
西安	陕西	27.5	0.1	14.3	1.28	1.13	20.9
延安	陕西	23.9	−5.3	10.5	1.12	0.98	17.3
安康	陕西	27.3	3.7	15.9	1.35	1.19	21.7
上海	上海	28.0	4.7	16.7	1.38	1.23	22.5
天津	天津	26.9	−3.4	12.8	1.22	1.08	20.0
重庆	重庆	28.3	7.8	18.4	1.46	1.31	23.6
台州	浙江	27.7	6.9	17.5	1.42	1.26	22.8
杭州	浙江	28.4	4.5	16.9	1.40	1.25	22.8
合肥	安徽	28.5	2.9	16.3	1.37	1.22	22.6
黄山	安徽	27.5	4.4	16.6	1.38	1.23	22.3
福州	福建	28.9	11.3	20.2	1.55	1.40	24.9
建瓯	福建	28.2	8.9	19.1	1.49	1.35	24.1
敦煌	甘肃	25.1	−8.0	9.9	1.10	0.97	17.6
兰州	甘肃	22.9	−4.7	10.5	1.12	0.98	17.0
酒泉	甘肃	22.2	−9.1	7.8	1.02	0.90	15.0
广州	广东	28.7	14.0	22.4	1.66	1.52	26.5
汕头	广东	28.6	14.4	22.1	1.64	1.50	26.1
韶关	广东	28.5	10.3	20.4	1.56	1.42	25.2
河源	广东	28.4	13.1	21.9	1.63	1.49	26.1
连州	广东	27.6	11.0	20.3	1.55	1.40	24.8
南宁	广西	28.4	13.2	22.1	1.64	1.51	26.3
桂林	广西	28.0	8.1	19.1	1.49	1.35	24.2
贵阳	贵州	23.7	4.7	15.3	1.31	1.15	20.1
郑州	河南	27.4	0.6	14.7	1.30	1.15	21.2
南阳	河南	27.3	1.7	15.2	1.32	1.17	21.4
固始	河南	28.1	2.6	16.0	1.36	1.21	22.3
黑河	黑龙江	21.5	−22.5	1.0	0.80	0.77	10.7
漠河	黑龙江	18.6	−28.7	−3.9	0.67	0.73	6.4
齐齐哈尔	黑龙江	23.0	−19.7	3.5	0.88	0.81	13.0
沈阳	辽宁	24.9	−11.2	8.6	1.06	0.94	16.9
大连	辽宁	24.8	−3.2	11.6	1.16	1.02	18.2
朝阳	辽宁	25.4	−8.7	9.8	1.10	0.97	17.7
二连浩特	内蒙古	24.0	−17.7	4.8	0.92	0.84	14.2

地名	省（自治区、直辖市）	最热月平均气温（℃）	最冷月平均气温（℃）	年平均气温（℃）	温度调整系数		基准等效温度（℃）
					沥青混合料层层底拉应变、无机结合料稳定层层底拉应力	路基顶面竖向压应变	
东胜	内蒙古	21.7	−10.1	6.9	0.98	0.87	14.2
额济纳旗	内蒙古	27.4	−10.3	9.5	1.10	0.97	18.2
海拉尔	内蒙古	20.5	−24.1	0.0	0.77	0.76	9.8
科右前旗	内蒙古	20.8	−16.7	3.0	0.86	0.79	11.4
通辽	内蒙古	24.3	−12.5	7.3	1.01	0.90	15.7
锡林浩特	内蒙古	21.5	−18.5	3.3	0.87	0.80	12.2
石家庄	河北	26.9	−2.4	13.3	1.24	1.10	20.3
承德	河北	24.4	−9.1	9.1	1.07	0.95	16.8
邯郸	河北	26.9	−2.3	13.5	1.25	1.10	20.5
武汉	湖北	28.9	4.2	17.2	1.41	1.27	23.3
宜昌	湖北	27.5	5.0	17.1	1.40	1.25	22.7
长沙	湖南	28.5	5.0	17.2	1.41	1.26	23.1
常宁	湖南	29.1	6.0	18.1	1.45	1.31	23.9
湘西	湖南	27.2	5.3	16.9	1.39	1.24	22.4
长春	吉林	23.6	−14.5	6.3	0.97	0.87	14.9
延吉	吉林	22.2	−13.1	5.9	0.95	0.86	13.9
南京	江苏	28.1	2.6	15.9	1.35	1.20	22.1
南通	江苏	26.8	3.6	15.5	1.33	1.17	21.2
南昌	江西	28.8	5.5	18.0	1.45	1.30	23.8
赣州	江西	29.1	8.3	19.6	1.52	1.38	25.0
银川	宁夏	23.8	−7.5	9.5	1.08	0.95	16.8
固原	宁夏	19.6	−7.9	6.9	0.97	0.86	13.2
西宁	青海	17.3	−7.8	6.1	0.94	0.84	11.9
海北	青海	11.3	−13.6	0.0	0.74	0.74	5.5
格尔木	青海	18.2	−8.9	5.7	0.93	0.83	11.9
玉树	青海	12.9	−8.0	3.5	0.85	0.78	8.2
果洛	青海	9.9	−12.9	−0.3	0.73	0.74	4.7
成都	四川	25.5	5.8	16.5	1.37	1.21	21.5
峨眉山	四川	11.7	−5.8	3.4	0.84	0.77	7.4
甘孜州	四川	13.9	−4.6	5.7	0.92	0.82	10.0
阿坝州	四川	11.0	−10.0	1.7	0.79	0.75	6.4
泸州	四川	27.0	7.6	17.9	1.43	1.28	22.9
绵阳	四川	26.2	5.5	16.7	1.38	1.22	21.9

地名	省（自治区、直辖市）	最热月平均气温（℃）	最冷月平均气温（℃）	年平均气温（℃）	温度调整系数		基准等效温度（℃）
					沥青混合料层层底拉应变、无机结合料稳定层层底拉应力	路基顶面竖向压应变	
攀枝花	四川	26.4	12.8	20.8	1.57	1.42	24.6
拉萨	西藏	16.2	−0.9	8.4	1.01	0.88	12.5
阿克苏	新疆	24.2	−7.7	10.6	1.13	0.99	18.0
阿勒泰	新疆	22.0	−15.4	5.0	0.92	0.84	13.4
哈密	新疆	26.3	−10.0	10.1	1.12	0.99	18.5
和田	新疆	25.7	−4.1	12.9	1.22	1.08	20.0
喀什	新疆	25.4	−5.0	11.9	1.18	1.04	19.1
若羌	新疆	27.9	−7.2	12.0	1.19	1.06	20.2
塔城	新疆	23.3	−10.0	7.7	1.02	0.90	15.3
吐鲁番	新疆	32.3	−6.4	15.0	1.34	1.21	24.1
乌鲁木齐	新疆	23.9	−12.4	7.4	1.01	0.90	15.7
焉耆	新疆	23.4	−11.0	8.9	1.06	0.94	16.8
伊宁	新疆	23.4	−8.3	9.4	1.08	0.95	16.8
昆明	云南	20.3	8.9	15.6	1.30	1.13	18.7
腾冲	云南	19.9	8.5	15.4	1.29	1.12	18.5
蒙自	云南	23.2	12.7	18.8	1.46	1.29	21.9
丽江	云南	18.7	6.2	12.8	1.18	1.02	16.1
景洪	云南	26.3	17.2	22.7	1.66	1.51	25.6
海口	海南	28.9	18.4	24.6	1.77	1.65	27.9
三亚	海南	29.1	22.0	26.2	1.85	1.74	28.8
西沙	海南	29.3	23.6	27.0	1.89	1.79	29.3

G.1.3 路面结构的温度调整系数，应根据式(G.1.3-1)～式(G.1.3-15)计算。

$$k_{Ti} = A_h A_E \hat{k}_{Ti}^{1+B_h+B_E}$$ (G.1.3-1)

式中：　　k_{Ti}——温度调整系数；下标 $i=1$ 对应沥青混合料层疲劳开裂分析，$i=2$ 对应无机结合料稳定层疲劳开裂分析，$i=3$ 对应路基顶面竖向压应变分析；

$\hat{k}_{Ti}$——基准路面结构温度调整系数，按所在地查表 G.1.2 取用；

A_h，B_h，A_E，B_E——与面层、基层厚度和模量有关的函数，按式(G.1.3-2)～式(G.1.3-13)计算：

沥青混合料层疲劳开裂：

$$A_E = 0.76\lambda_E^{0.09}$$ (G.1.3-2)

$$A_h = 1.14\lambda_h^{0.17}$$ (G.1.3-3)

$$B_E = 0.14\ln(\lambda_E/20)$$ (G.1.3-4)

$$B_h = 0.23\ln(\lambda_h/0.45)$$ (G.1.3-5)

无机结合料稳定层疲劳开裂：

$$A_E = 0.10\lambda_E + 0.89$$ (G.1.3-6)

$$A_h = 0.73\lambda_h + 0.67 \tag{G.1.3-7}$$

$$B_E = 0.15\ln(\lambda_E/1.14) \tag{G.1.3-8}$$

$$B_h = 0.44\ln(\lambda_h/0.45) \tag{G.1.3-9}$$

路基顶面竖向压应变：

$$A_E = 0.006\lambda_E + 0.89 \tag{G.1.3-10}$$

$$A_h = 0.67\lambda_h + 0.70 \tag{G.1.3-11}$$

$$B_E = 0.12\ln(\lambda_E/20) \tag{G.1.3-12}$$

$$B_h = 0.38\ln(\lambda_h/0.45) \tag{G.1.3-13}$$

λ_E——面层与基层当量模量之比，按式(G.1.3-14)计算：

$$\lambda_E = \frac{E_a^*}{E_b^*} \tag{G.1.3-14}$$

λ_h——面层与基层当量厚度之比，按式(G.1.3-15)计算。

$$\lambda_h = \frac{h_a^*}{h_b^*} \tag{G.1.3-15}$$

G.2 等效温度

G.2.1 分析沥青混合料层永久变形量时，沥青混合料层的等效温度应按式(G.2.1)计算。

$$T_{pef} = T_\xi + 0.016h_a \tag{G.2.1}$$

式中：T_{pef}——沥青混合料层等效温度（℃）；

h_a——沥青混合料层厚度（mm）；

T_ξ——基准等效温度，按所在地查表 G.1.2 取用。

📖 **典型例题**

例题 3-13-1

广州市新建一级公路，双向四车道，采用水泥稳定级配碎石基层沥青路面，面层采用两层结构，上面层为 AC13 沥青混凝土，厚度为 40mm，模量为 10000MPa，下面层为 AC20 沥青混凝土，厚度为 60mm，模量为 9000MPa。分析沥青混合料层永久变形量时，沥青混合料层的等效温度应为（　　）。

（A）23.4℃　　　　（B）26.7℃　　　　（C）27.7℃　　　　（D）28.1℃

解答

根据《公路沥青路面设计规范》（JTG D50—2017）附录 G 中表 G.1.2，广州地区基准等效温度为 26.5℃，再根据式(G.2.1)计算如下：

$$\begin{aligned} T_{pef} &= T_\xi + 0.016h_a \\ &= 26.5 + 0.016 \times 100 \\ &= 28.1℃ \end{aligned}$$

答案：D

例题 3-13-2（2022 年补考真题）

武汉地区某高速公路沥青路面，沥青混合料层厚度为 180mm，在进行沥青混合料层永久变形量计算时，沥青混合料层的等效温度为（　　）。

（A）26.2℃　　　　（B）25.6℃　　　　（C）28.7℃　　　　（D）26.0℃

解答

根据《公路沥青路面设计规范》（JTG D50—2017）第 G.2.1 条：

h_a =180mm；

根据表 G.1.2，武汉，T_ξ =23.3，则

$$T_{\text{pef}} = T_\xi + 0.016 h_a = 23.3 + 0.016 \times 180 = 26.18°C$$

答案：A

例题 3-13-3（2023 年真题）

广州市新建一条高速公路，采用沥青混凝土路面，面层结构为：40mm 厚 AC-13C 细粒式沥青混凝土上面层 + 60mm 厚 AC-20C 中粒式沥青混凝土中面层 + 100mm 厚 AC-30C 粗粒式沥青混凝土下面层，基层、底基层分别采用 400mm 水泥稳定级配碎石和 200mm 级配碎石。分析该公路沥青混合料永久变形量时，沥青混合料层的等效温度是（　　）。（取小数点后两位）

（A）25.38°C　　　　　（B）26.18°C　　　　　（C）26.5°C　　　　　（D）29.7°C

解答

根据《公路沥青路面设计规范》（JTG D50—2017）第 G.2.1 条、第 G.1.2 条，对于广州：

$$T_\xi = 26.5, \quad h_a = 40 + 60 + 100 = 200mm$$

$$T_{\text{pef}} = T_\xi + 0.016 h_a = 26.5 + 0.016 \times 200 = 29.7°C$$

答案：D

例题 3-13-4（2024 年真题）

某公路沥青路面设计，沥青面层共设有两层，上面层厚度 40mm，动态压缩模量为 12000MPa（20°C）；下面层厚度 60mm，动态压缩模量为 11000MPa（20°C）。根据规范计算该公路沥青面层换算当量动态压缩模量为多少？

（A）12000MPa　　　　（B）11000MPa　　　　（C）11481MPa　　　　（D）11520MPa

解答

根据《公路沥青路面设计规范》（JTG D50—2017）G.1.1：

$$E^* = \frac{E_1 h_1^3 + E_2 h_2^3}{(h_1 + h_2)^3} + \frac{3}{h_1 + h_2}\left(\frac{1}{E_1 h_1} + \frac{1}{E_2 h_2}\right)^{-1}$$

$$E^* = \frac{12000 \times 40^3 + 11000 \times 60^3}{(40 + 60)^3} + \frac{3}{40 + 60}\left(\frac{1}{12000 \times 40} + \frac{1}{11000 \times 60}\right)^{-1} = 11481MPa$$

答案：C

📖 **考点分析**

（1）计算沥青混合料层永久变形量时，在其他参数条件相同的情况下，不同地区气候条件下，其变形是不一样的，因此需引入等效温度进行修正。

（2）公式中 h_a 指的是所有沥青混合料层的厚度之和，注意单位为 mm。

（3）G.1 的温度调整系数用于 B.1 沥青开裂、B.2 无机开裂、B.4 路基压应变的三个计算，已在各自考点列出条文和例题；G.2 的等效温度用于 B.3 沥青永久变形计算。

考点14　公路水泥路面交通荷载计算

📖 **条文规定**

《公路水泥混凝土路面设计规范》（JTG D40—2011）规定如下：

3.0.6　按疲劳断裂设计标准进行结构分析时，以 100kN 单轴—双轮组荷载作为设计轴载，对极重交通荷载等级的水泥混凝土路面，宜选用货车中占主要份额特重车型的轴载作为设计轴载。各级轴载作用次数N_i，可按式(3.0.6)换算为设计轴载的作用次数N_s。

$$N_s = \sum_{i=1}^{n} N_i \left(\frac{P_i}{P_s}\right)^{16}$$ (3.0.6)

式中：P_i——第i级轴载重（kN），联轴按每一根轴载单独计；

P_s——设计轴载重（kN）；

n——各种轴型的轴载级位数；

N_i——i级轴载的作用次数；

N_s——设计轴载的作用次数。

A.1 交通调查与分析

A.1.1 可利用当地交通量观测站的观测和统计资料，或者通过实地设立站点进行交通量观测和统计，获取所设计公路的初期年平均日交通量（双向）及其车辆类型组成数据，剔除2轴4轮及以下的客、货运车辆交通量，得到包括大型客车交通量在内的初期年平均日货车交通量（双向）。

A.1.2 2轴6轮及以上车辆交通量的方向分配系数应根据实际调查确定，如确有困难可在0.5～0.6范围内选用。

A.1.3 可依据设计公路的车道数，按表A.1.3确定2轴6轮及以上车辆交通量的车道分配系数。

2轴6轮及以上车辆交通量的车道分配系数 表A.1.3

单向车道数		1	2	3	≥4
车道分配系数	高速公路	—	0.70～0.85	0.45～0.60	0.40～0.50
	其他等级公路*	1.00	0.50～0.75	0.50～0.75	—

注：*交通受非机动车和行人影响较严重的取低限，反之取高限。

初期年平均日货车交通量（双向）乘以方向分配系数和车道分配系数，即为设计车道的年平均日货车交通量（$ADTT$）。

A.2 轴载调查与分析

A.2.1 可通过实地设立站点进行各类车辆的轴型调查和轴重测定，或者利用该地区或相似类型公路已有称重站的车型、轴型和轴重测定统计资料，获取设计公路的车辆类型、轴型和轴重组成数据，以及最重轴载和货车中占主要份额特重车型轴载。

A.2.2 各类车辆按轴型称重和统计时，可采用以轴型为基础的轴载当量换算系数法计算分析设计车道使用初期的设计轴载日作用次数。随机统计3000辆2轴6轮及以上车辆中单轴、双联轴和三联轴等不同轴型出现的单轴次数，并分别称取其单轴轴重。可按单轴轴重级位统计整理后得到轴载谱，并按式(A.2.2-1)计算确定不同轴重级位的设计轴载当量换算系数。

$$k_{p,i} = \left(\frac{P_i}{P_s}\right)^{16}$$ (A.2.2-1)

式中：$k_{p,i}$——不同单轴轴重级位i的设计轴载当量换算系数；

P_i——单轴级位i的轴重（kN）；

P_s——设计轴载的轴重（kN）。

依据单轴轴载谱和相应的设计轴载当量换算系数，可按式(A.2.2-2)计算得到设计车道使用初期的设计轴载日作用次数。

$$N_s = ADTT \frac{n}{3000} \sum_i (k_{p,i} \times p_i)$$ (A.2.2-2)

式中：N_s——设计车道的设计轴载日作用次数［轴次/(车道·日)］；

$ADTT$——设计车道的年平均日货车交通量［辆/(车道·日)］；

n——随机调查 3000 辆 2 轴 6 轮及以上车辆中出现的单轴总轴数；

p_i——单轴轴重级位i的频率（以分数计）。

A.2.3 以车辆类型为基础进行各种轴型的轴载称重和统计时，可采用车辆当量轴载系数法计算分析设计车道使用初期的设计轴载日作用次数。

可将 2 轴 6 轮及以上车辆分为整车、半挂和多挂 3 大类，每类车再按轴数细分，分别按车型称重后得到单轴轴载谱。可由式(A.2.2-1)和式(A.2.3-1)计算得到各类车辆的设计轴载当量换算系数。

$$k_{p,k} = \sum_i k_{p,i} p_i \tag{A.2.3-1}$$

式中：$k_{p,k}$——k类车辆的设计轴载当量换算系数；

p_i——k类车辆单轴轴重级位i的频率（以分数计）。

依据调查所得的车辆类型组成数据，可按式(A.2.3-2)计算确定设计车道使用初期的设计轴载日作用次数。

$$N_s = ADTT \times \sum_k \left(k_{p,k} \times p_k\right) \tag{A.2.3-2}$$

式中：p_k——k类车辆的组成比例（以分数计）。

A.2.4 设计基准期内水泥混凝土路面设计车道临界荷位处所承受的设计轴载累计作用次数，应按式(A.2.4)计算确定。

$$N_e = \frac{N_s \times [(1 + g_r)^t - 1] \times 365}{g_r} \times \eta \tag{A.2.4}$$

式中：N_e——设计基准期内设计车道所承受的设计轴载累计作用次数（轴次/车道）；

t——设计基准期（a）；

g_r——基准期内货车交通量的年平均增长率（以分数计）；

η——临界荷位处的车辆轮迹横向分布系数，按表 A.2.4 选用。

车辆轮迹横向分布系数   表 A.2.4

公路等级		纵缝边缘处
高速公路、一级公路、收费站		0.17～0.22
二级及二级以下公路	行车道宽 > 7m	0.34～0.39
	行车道宽 ≤ 7m	0.54～0.62

注：车道、行车道较窄或者交通量较大时，取高值；反之，取低值。

📖 **规范条文解析**

（1）表 A.2.4 的表注，部分版本的规范中规定为"车道、行车道较宽时取高值"，描述有误，新版规范和本书已勘误。《城镇道路路面设计规范》（CJJ 169—2012）表 3.2.4 的表注描述同样有误，但是未见官方勘误。

（2）临界荷位是指水泥混凝土板应力分析中，最大荷载和温度梯度综合疲劳损坏最大的位置，在混凝土板的纵缝边缘中部。

（3）轮迹横向分布系数是刚性路面设计中，设计车道上一定轮迹宽度（一般取 50cm）范围内，所受到的轮迹作用次数与通过该车道横断面的轮迹总作用次数之比。

📖 **典型例题**

例题 3-14-1

公路自然区划Ⅳ区拟新建一条一级公路，双向四车道，行车道宽度较窄，路面拟采用水泥混凝土路面，基层选用水泥稳定碎石。经交通调查得知，设计车道使用初期的设计轴载日作用次数为 7000 次，交通量平均增长率为 5.5%。则设计基准期内水泥混凝土路面设计车道临界荷位处所承受的设计轴载累计作用次数为（　　）。

（A）3.38×10^6 次

（B）3.38×10^7 次

（C）4.07×10^6 次

（D）4.07×10^7 次

解答

根据《公路水泥混凝土路面设计规范》（JTG D40—2011）第 3.0.1 条、第 3.0.7 条和第 A.2.4 条。

$$N_e = \frac{N_s \times [(1 + g_r)^t - 1] \times 365}{g_r} \times \eta$$

式中：N_e——设计基准期内设计车道所承受的设计轴载累计作用次数（轴次/车道）；

N_s——设计车道的设计轴载日作用次数 [轴次/(车道·日)]，根据题目取 7000；

t——设计基准期（a），按表 3.0.1，可知一级公路设计基准期为 30 年；

g_r——基准期内货车交通量的年平均增长率（以分数计），根据题目取 0.055；

η——临界荷位处的车辆轮迹横向分布系数，按表 A.2.4，取为 0.17～0.22，车道、行车道较窄或者交通量较大时，取高值，因此取 0.22。

$$N_e = \frac{7000 \times [(1 + 0.055)^{30} - 1] \times 365}{0.055} \times 0.22$$

$$= 4.07 \times 10^7 \text{次}$$

答案：D

例题 3-14-2

公路自然区划Ⅳ区拟新建一条二级公路，双向两车道，路面宽度为 7m，路面拟采用水泥混凝土路面，基层选用水泥稳定碎石。根据工程可行性研究报告可知路段所在地区近期交通量组成与轴载换算，详见下表，表中交通量较大，为双向交通量，方向系数取 0.55，预测交通量 20 年内增长率均为 5%。则设计基准期内水泥混凝土路面设计车道所承受的设计轴载累计作用次数为（　　）。

近期交通量组成与轴载换算　　　　例题 3-14-2 表

车型分类	汽车车型	前轴重（kN）	后轴单轴轴重（kN）	后轴数	后轴轮组数	日交通量（辆/d）
小客车	桑塔纳 2000	9	6.4	1	1	1300
中客车	江淮 AL6600	17.0	26.5	1	2	110
大客车	黄海 DD680	49.0	91.5	1	2	90
轻型货车	北京 BJ130	13.4	27.4	1	2	330
中型货车	东风 EQ140	23.6	69.3	1	2	240
大型货车	黄河 JN163	58.6	114.0	1	2	130
铰接挂车	东风 SP9250	50.7	113.3	3	2	40

（A）11.25×10^5 次

（B）7.38×10^6 次

（C）9.13×10^5 次

（D）8.08×10^6 次

解答

根据《公路水泥混凝土路面设计规范》（JTG D40—2011）第 3.0.6 条、第 A.1.2 条、第 A.1.3 条和第 A.2.4 条。

η 为临界荷位处的车辆轮迹横向分布系数，按表 A.2.4，取为 0.54～0.62。

需剔除 2 轴 4 轮及以下的客、货运车辆交通量，因此不计算小客车轴载。

方向分配系数取 0.55；车道分配系数取 1。设计车道各种车型车道平均日交通量分别为：中客车 60.5 辆/d，大客车 49.5 辆/d，轻型货车 181 辆/d，中型货车 132 辆/d，大型货车 71.5 辆/d，铰接挂车 22 辆/d。

根据式(3.0.6)：

$$N_s = \sum_{i=1}^{n} N_i \left(\frac{P_i}{P_s}\right)^{16}$$
$$= 60.5 \times [(17/100)^{16} + (26.5/100)^{16}] + 49.5 \times [(49/100)^{16} +$$
$$(91.5/100)^{16}] + 181 \times [(13.4/100)^{16} + (27.4/100)^{16}] +$$
$$132 \times [(23.6/100)^{16} + (69.3/100)^{16}] + 71.5 \times [(58.6/100)^{16} +$$
$$(114/100)^{16}] + 22 \times [(50.7/100)^{16} + 3 \times (113.3/100)^{16}]$$
$$= 1080 \ 次$$

$$N_e = \frac{N_s \times [(1 + g_r)^t - 1] \times 365}{g_r} \times \eta$$
$$= \frac{1080 \times [(1 + 0.05)^{20} - 1] \times 365}{0.05} \times 0.62 = 8.08 \times 10^6 次$$

答案：D

考点分析

（1）根据不同等级公路采用不同设计基准期t。

（2）需剔除 2 轴 4 轮及以下的客、货运车辆交通量。

（3）N_s如果没有直接给出数据，则根据式(A.2.2-2)或式(A.2.3-2)计算确定。

（4）注意表 A.2.4 的注，根据附注取高值或者低值。

考点15　公路水泥路面交通荷载分级

条文规定

《公路水泥混凝土路面设计规范》（JTG D40—2011）规定如下：

3.0.1　各级公路水泥混凝土路面结构的设计安全等级及相应的设计基准期、目标可靠指标与目标可靠度，应符合表 3.0.1 的规定。二级及二级以下公路路面结构破坏可能产生很严重后果时，可提高一级安全等级。

可靠度设计标准　　　　　　　　　　　　　表 3.0.1

公路等级	高速	一级	二级	三级	四级
安全等级	一级		二级	三级	
设计基准期（a）	30		20	15	10
目标可靠度（%）	95	90	85	80	70
目标可靠指标	1.64	1.28	1.04	0.84	0.52

3.0.2　各安全等级路面的材料性能和结构尺寸参数的变异水平可分为低、中和高三级，应按公路等级以及所采用的施工技术和所能达到的施工质量控制和管理水平，通过调研确定变异水平等级和相应的变异系数，高速公路、一级公路的变异水平等级宜为低级，二级公路的变异水平等级应不大于中级。确

有困难时可按表 3.0.2 规定的主要设计参数变异系数范围选择相应的变异系数。

变异系数 c_v 的范围   表 3.0.2

变异水平等级	低	中	高
水泥混凝土弯拉强度	$0.05 \leqslant c_v \leqslant 0.10$	$0.10 < c_v \leqslant 0.15$	$0.15 < c_v \leqslant 0.20$
基层顶面当量回弹模量	$0.15 \leqslant c_v \leqslant 0.25$	$0.25 < c_v \leqslant 0.35$	$0.35 < c_v \leqslant 0.55$
水泥混凝土面层厚度	$0.02 \leqslant c_v \leqslant 0.04$	$0.04 < c_v \leqslant 0.06$	$0.06 < c_v \leqslant 0.08$

3.0.7 水泥混凝土路面设计车道在设计基准期内所承受的设计轴载累计作用次数应按附录 A 进行调查和分析，按设计基准期内设计车道临界荷位处所承受的设计轴载累计作用次数分为 5 级，分级范围见表 3.0.7。

交通荷载分级   表 3.0.7

交通荷载等级	极重	特重	重	中等	轻
设计基准期内设计车道承受设计轴载（100kN）累计作用次数 N_e（10^4）	$> 1 \times 10^6$	$1 \times 10^6 \sim 2000$	$2000 \sim 100$	$100 \sim 3$	< 3

📖 典型例题

例题 3-15-1

公路自然区划Ⅳ区拟新建一条高速公路，双向四车道，行车道宽度较小，路面拟采用水泥混凝土路面，基层选用水泥稳定碎石。经交通调查得知，设计车道使用初期的设计轴载日作用次数为 6500 次，交通量平均增长率为 6%。则该道路交通荷载等级属于（　　　）。

（A）极重交通荷载　　　　　　　　（B）特重交通荷载
（C）重交通荷载　　　　　　　　　（D）中等交通荷载

解答

根据《公路水泥混凝土路面设计规范》（JTG D40—2011）第 3.0.1 条、第 3.0.7 条和第 A.2.4 条。

η 为临界荷位处的车辆轮迹横向分布系数，按表 A.2.4，取为 0.17~0.22，车道、行车道较窄或者交通量较大时，取高值，因此取 0.22。

$$N_e = \frac{N_s \times [(1 + g_r)^t - 1] \times 365}{g_r} \times \eta$$

$$= \frac{6500 \times [(1 + 0.06)^{30} - 1] \times 365}{0.06} \times 0.22$$

$$= 4.12 \times 10^7 次$$

查表 3.0.7 可知，属于特重交通荷载。

答案：B

例题 3-15-2

若例题 3-15-1 中路床填料由细粒土组成，其余条件不变，则路面层结构以下设置合理的是（　　　）。

（A）贫混凝土基层 + 水泥稳定碎石底基层　　（B）贫混凝土基层 + 级配砾石底基层
（C）贫混凝土基层　　　　　　　　　　　　（D）贫混凝土基层 + 级配碎石底基层

解答

特重交通荷载等级时，由第 4.4.3 条可知，基层下应设置底基层，因此 C 选项错误；上路床为细粒土，基层下设置粒料类底基层，因此 A 选项错误；再由表 4.4.2-2，特重交通荷载等级应采用级配碎石，因此 B 错误。

  答案：D

例题 3-15-3（2023 年真题）

  公路自然区划Ⅱ区拟新建一条二级公路，拟采用普通水泥混凝土路面。经交通调查得知，设计轴载 100kN，最重轴载 150kN，设计车道使用初期设计轴载的日作用次数为 130 次，基准期内货车交通量的年平均增长率为 4.5%，已知临界荷位处的车辆轮迹横向分布系数为 0.6，则该二级公路设计交通荷载分级是（ ）。

  （A）特重   （B）重   （C）中等   （D）轻

解答

  根据《公路水泥混凝土路面设计规范》（JTG D40—2011）表 3.0.1，二级公路设计基准期为 20 年。

  根据第 A.2.4 条：

$$N_e = \frac{N_s \times [(1+g_r)^t - 1] \times 365}{g_r} \times \eta = \frac{130 \times [(1+0.045)^{20} - 1] \times 365}{0.045} \times 0.6 = 89.3 \times 10^4$$

  根据表 3.0.7，为中等交通荷载。

  答案：C

📖 考点分析

  （1）结合前面的考点确定 N_s。

  （2）交通荷载分级，沥青路面采用累计交通量，水泥路面采用累计轴次，均剔除了 2 轴 4 轮及以下车辆。

  （3）注意表 3.0.7 中 N_e 的单位为 10^4，计算结果要除以 10^4 后查表 3.0.7 得到相应的交通荷载等级。

考点16 公路季节性冰冻地区水泥路面结构层厚度计算

📖 条文规定

  《公路水泥混凝土路面设计规范》（JTG D40—2011）规定如下：

  3.0.9 在季节性冰冻地区，路面结构层的总厚度不应小于表 3.0.9 规定的最小防冻厚度。

水泥混凝土路面结构层最小防冻厚度（单位：m）

表 3.0.9

路基干湿类型	路基土类别	当地最大冰冻深度（m）			
		0.50～1.00	1.00～1.50	1.50～2.00	＞2.00
中湿路基	易冻胀土	0.30～0.50	0.40～0.60	0.50～0.70	0.60～0.95
	很易冻胀土	0.40～0.60	0.50～0.70	0.60～0.85	0.70～1.10
潮湿路基	易冻胀土	0.40～0.60	0.50～0.70	0.60～0.90	0.75～1.20
	很易冻胀土	0.45～0.70	0.55～0.80	0.70～1.00	0.80～1.30

  注：1. 易冻胀土——细粒土质砾（GM、GC）、除极细粉土质砂外的细粒土质砂（SM、SC）、塑性指数小于 12 的黏质土（CL、CH）。

    2. 很易冻胀土——粉质土（ML、MH）、极细粉土质砂（SM）、塑性指数在 12～22 之间的黏质土（CL）。

    3. 冻深小或填方路段，或基、垫层采用隔温性能良好的材料，可采用低值；冻深大或挖方及地下水位高的路段，或基、垫层采用隔温性能稍差的材料，应采用高值。

    4. 冻深小于 0.50m 的地区，可不考虑结构层防冻厚度。

4.3 垫层

4.3.1 遇有以下情况时，应在基层或底基层下设置垫层：

1 季节性冰冻地区，路面结构厚度小于最小防冻厚度要求（表3.0.9）时，应设置防冻垫层，使路面结构厚度符合要求。

2 水文地质条件不良的土质路堑，路床土湿度较大时，宜设置排水垫层。

4.3.2 垫层应与路基同宽，厚度不得小于150mm。

4.3.3 防冻垫层和排水垫层宜采用碎石、砂砾等颗粒材料。

《季节性冻土地区公路设计与施工技术规范》（JTG/T D31-06—2017）规定如下：

6.5.1 路面总厚度应不小于表6.5.1规定的最小防冻厚度。

路面最小防冻厚度（单位：mm） 表6.5.1

路面类型	路基土冻胀等级	道路多年最大冻深			
		$0.5m \leqslant Z_{max} < 1.0m$	$1.0m \leqslant Z_{max} < 1.5m$	$1.5m \leqslant Z_{max} < 2.0m$	$2.0m \leqslant Z_{max}$
沥青路面	I	300～450	350～500	400～600	500～700
	II	350～550	450～600	500～700	550～800
	III	400～600	500～700	600～800	650～1000
水泥混凝土路面	I	300～500	400～600	500～700	600～950
	II	400～600	500～700	600～900	750～1200
	III	450～700	550～800	700～1000	800～1300

注：1. 表中道路多年最大冻深Z_{max}按本规范第5.3.1条的规定计算。
　　2. 冻深小于0.5m的地区，可不考虑结构层防冻厚度。
　　3. 冻深小或挖方路段，或防冻层采用隔温性能良好的材料，路面最小防冻厚度可选用低值；冻深大或填方，及地下水位高的路段，或防冻层采用隔温性能差的材料，路面最小防冻厚度应选用高值。
　　4. 对同一冻胀等级的路基土，路基湿度较大时，其防冻厚度应选用高值。
　　5. 对公路自然区划II区的砂类土路基，路面最小防冻厚度可相应减少5%～10%。

条文说明

根据路基填土的土质类型、路基的干湿状态、地下水深度，按本规范表5.2.1确定路基土冻胀等级，控制路基冻胀量，选择更合理的路面最小防冻厚度。

6.5.2 路面防冻厚度验算不满足要求时，应增加路面厚度，或在路基顶面增设防冻层或保温层。防冻层厚度不宜小于150mm；泡沫保温层的板厚不宜小于50mm。

📖 **规范条文解析**

2023年考试规范目录取消了《季节性冻土地区公路设计与施工技术规范》（JTG/T D31-06—2017）。如果2025年考试规范目录仍未列入该规范，则该部分内容可不复习。

📖 **典型例题**

例题 3-16-1

新建一条二级公路位于季节性冰冻地区，某挖方路段路基属于中湿型塑性指数为15的低液限粉质黏土，当地最大冰冻深度为2.0m，设计拟定的水泥混凝土面层厚25cm，水泥稳定碎石基层厚20cm，级配碎石底基层厚20cm时，下列垫层厚度方案比较经济合理的是（　　　）。

（A）0cm　　　　　（B）15cm　　　　　（C）20cm　　　　　（D）25cm

解答

根据《公路水泥混凝土路面设计规范》（JTG D40—2011）第 3.0.9 条中表 3.0.9，路基土的塑性指数为 15，根据注 2 中湿路基很易冻胀土水泥混凝土路面结构层最小防冻厚度为 0.60～0.85m，根据注 3，本路段为挖方路基且当地最大冰冻深度为 2.0m，故应选择上限值，即 85cm。

水泥混凝土路面结构厚度为 25 + 20 + 20 = 65cm。

根据《公路水泥混凝土路面设计规范》（JTG D40—2011）第 4.3.1 条，结构层最小防冻厚度超出面层和基层厚度的总厚度部分可用基层下的垫层（防冻层）来补足。因此路面总厚度小于防冻厚度要求时，应以垫层厚度补足，且垫层厚度不得小于 15cm。垫层厚度为 85 − 65 = 20cm。

答案：C

📖 **考点分析**

（1）注意表 3.0.9 的注，冻深小于 0.5m 的地区不考虑结构层防冻厚度；大于 0.5m 的地区，首先根据附注确定路基土类别，再根据附注 3 确定取高值还是低值。

（2）垫层最小厚度不得小于 150mm。

（3）路基干湿类型判断参见路基章节，考试可能综合出题。

（4）2023 年考试规范目录取消了《季节性冻土地区公路设计与施工技术规范》（JTG/T D31-06—2017），如果 2025 年考试规范目录仍未列入该规范，可尝试用考试规范解答。

考点17　公路钢筋混凝土面层配筋计算

📖 **条文规定**

《公路水泥混凝土路面设计规范》（JTG D40—2011）规定如下：

6.1　普通混凝土面层配筋

6.1.1　普通混凝土面层基础薄弱的自由边缘、接缝为未设传力杆的平缝、主线与匝道相接处或与其他类型路面相接处，可在面层边缘的下部配置钢筋。可选用 2 根直径为 12～16mm 的螺纹钢筋，置于面层底面之上 1/4 厚度处并不小于 50mm，间距为 100mm，钢筋两端向上弯起，如图 6.1.1 所示。

图 6.1.1　边缘钢筋布置（尺寸单位：mm）

6.1.2　承受极重、特重或重交通的水泥混凝土面层的胀缝、施工缝和自由边的角隅以及承受极重交通的水泥混凝土面层缩缝的角隅，宜配置角隅钢筋。可选用 2 根直径为 12～16mm 的螺纹钢筋，置于面层上部，距顶面不小于 50mm，距边缘为 100mm，如图 6.1.2 所示。

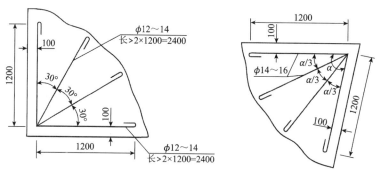

图 6.1.2　角隅钢筋布置（尺寸单位：mm）

6.1.3　混凝土面层下有箱形构造物横向穿越，其顶面至混凝土面层底面的间距小于 800mm 时，在构造物顶宽及两侧各 1.5H + 1.5m 且不小于 4m 的范围内，混凝土面层内应布设双层钢筋网，上下层钢筋网应分别设置在距面层顶面和底面 1/4～1/3 厚度处，如图 6.1.3-1 所示。构造物顶面至面层底面的距离在 800～1600mm 时，应在上述长度范围内的混凝土面层中布设单层钢筋网。钢筋网应设在距顶面 1/4～1/3 厚度处，如图 6.1.3-2 所示。钢筋直径宜为 12mm，纵向钢筋间距宜为 100mm，横向钢筋间距宜为 200mm。配筋混凝土面层与相邻混凝土面层之间应设置设传力杆的缩缝。

图 6.1.3-1　箱形构造物横穿公路处的面层配筋（$H_0 < 800$mm）（尺寸单位：mm）
H-面层底面到构造物底面的距离；H_0-面层底面到构造物顶面的距离

图 6.1.3-2　箱形构造物横穿公路处的面层配筋（$H_0 = 800$～1600mm）（尺寸单位：mm）
H-面层底面到构造物底面的距离；H_0-面层底面到构造物顶面的距离

6.1.4　混凝土面层下有圆形管状构造物横向穿越，其顶面至面层底面的距离小于 1200mm 时，在构造物两侧各 1.5H + 1.5m，且不小于 4m 的范围内，混凝土面层内应布设单层钢筋网，钢筋网应设在距面层顶面 1/4～1/3 厚度处，如图 6.1.4 所示。钢筋尺寸和间距及传力杆接缝设置与 6.1.3 条相同。

图 6.1.4　圆形管状构造物横穿公路处的面层配筋（$H_0 < 1200$mm）（尺寸单位：mm）
H-面层底面到构造物底面的距离；H_0-面层底面到构造物顶面的距离

6.2 钢筋混凝土面层配筋

6.2.1 钢筋混凝土面层的配筋量应按式(6.2.1)确定。

$$A_s = \frac{16L_s h\mu}{f_{sy}} \qquad (6.2.1)$$

式中：A_s——每延米混凝土面层宽（或长）所需的钢筋面积（mm²）；

L_s——计算纵向钢筋时，为横缝间距(m)；计算横向钢筋时，为无拉杆的纵缝或自由边之间的距离(m)；

h——面层厚度（mm）；

μ——面层与基层之间的摩阻系数，按附录表 E.0.3-3 选用；

f_{sy}——钢筋的屈服强度（MPa），按附录表 E.0.4 选用。

6.2.2 纵向和横向钢筋宜采用相同或相近的直径，直径差不应大于 4mm。钢筋的最小直径和最大间距，应符合表 6.2.2 的规定。钢筋的最小间距宜为集料最大粒径的 2 倍。

钢筋最小直径和最大间距（单位：mm） 表 6.2.2

钢筋类型	最小直径	纵向钢筋最大间距	横向钢筋最大间距
光圆钢筋	8	150	300
螺纹钢筋	12	350	600

6.2.3 钢筋布置应符合下列要求：

1 纵向钢筋应设在面层顶面下 1/3～1/2 厚度范围内，在不影响施工的情况下宜设在接近面层顶面下 1/3 厚度处。

2 横向钢筋应位于纵向钢筋之下。

3 纵向钢筋的搭接长度宜大于 35 倍钢筋直径，搭接位置应错开，各搭接端连线与纵向钢筋的夹角应小于 60°。

4 边缘钢筋至纵缝或自由边的距离宜为 100～150mm。

混凝土面层与基层间摩阻系数经验参考值 表 E.0.3-3

基层材料	取值范围	代表值
级配碎石、级配砾石或碎砾石	0.5～4.0	2.5
沥青混凝土、沥青碎石	2.5～15	7.5
无机结合料稳定粒料	3.5～13	8.9
贫混凝土、碾压混凝土	3.0～20	8.5

注：当基层不是沥青混合料，但基层与面层间设置沥青隔层时，摩阻系数按照沥青混合料基层时选取。

E.0.4 钢筋强度和弹性模量经验参考值见表 E.0.4。

钢筋强度和弹性模量经验参考值 表 E.0.4

钢筋种类	钢筋直径d（mm）	屈服强度f_{sy}（MPa）	弹性模量E_s（MPa）
HPB235	6～22	235	210000
HPB300		300	
HRB335		335	
HRB400	6～50	400	200000
HRB500		500	

📖 **典型例题**

例题 3-17-1

某二级公路，路面采用水泥混凝土面层，其中局部路段路面下埋设有地下设施，拟使用接缝设置传力杆的钢筋混凝土路面，钢筋混凝土面板横缝间距为 7m，面层厚 220mm，基层使用水泥稳定砂砾。钢筋使用 HPB235，直径为 16mm。则钢筋混凝土面层的纵向钢筋配筋量最接近（　　）。

（A）933mm²　　　　　　　　　　　　（B）756mm²

（C）687mm²　　　　　　　　　　　　（D）569mm²

解答

根据《公路水泥混凝土路面设计规范》（JTG D40—2011）第 6.2.1 条、第 E.0.3 条和第 E.0.4 条。

$$A_s = \frac{16L_s h\mu}{f_{sy}}$$

式中：L_s——计算纵向钢筋时，为横向间距，$L_s = 7m$；

　　　　h——面层厚度，$h = 220mm$；

　　　　μ——面层与基层之间的摩阻系数，按附录表 E.0.3-3 选用。基层使用水泥稳定砂砾，为无机结合料稳定粒料，$\mu = 8.9$；

　　　　f_{sy}——钢筋的屈服强度，按附录 E 中表 E.0.4 选用。钢筋使用 HPB235，$f_{sy} = 235$。

代入数据，可得：

$$A_s = \frac{16L_s h\mu}{f_{sy}} = \frac{16 \times 7 \times 220 \times 8.9}{235} = 933.2mm^2$$

答案： A

例题 3-17-2（2022 年真题）

某二级公路采用水泥混凝土路面，水泥混凝土面层板分块横向宽度为 4.5m，纵向长度为 5.0m，路面板厚度为 26cm；需要配筋，拟采用直径 12mm 的 HRB400 钢筋（单根钢筋的截面面积$A = 113.04mm^2$），钢筋的屈服强度为 400MPa，基层采用水泥稳定碎石，面层与基层之间设置沥青封层，水泥混凝土面层与基层之间的摩阻系数取 7.5，根据规范计算每一块板至少需要设置（　　）纵向钢筋。

（A）14 根　　　　　　　　　　　　（B）15 根

（C）16 根　　　　　　　　　　　　（D）17 根

解答

根据《公路水泥混凝土路面设计规范》（JTG D40—2011）第 6.2.1 条：

$$A_s = \frac{16L_s h\mu}{f_{sy}} = \frac{16 \times 5 \times 260 \times 7.5}{400} = 390mm^2$$

每米钢筋 390/113.04 = 3.45 根，3.45 × 4.5 = 15.5 根；

查表 6.2.2，350mm 最大间距：4500/350 = 12.86 根 < 15.5 根，取整为 16 根。

答案： C

例题 3-17-3（2024 年真题）

某二级公路水泥混凝土面层下设有圆管涵（如下图所示），圆管涵内径为 150cm，外径为 180cm，水泥路面结构为面层 24cm、基层 30cm、底基层 20cm，涵管顶部距底基层底部 50cm。涵洞与公路中线呈正交布置，洞顶水泥混凝土面层设钢筋网的最小长度为多少？

本图尺寸单位为厘米

（A）不需设置钢筋网 （B）11.4m

（C）12.9m （D）13.2m

解答

根据《公路水泥路面设计规范》（JTG D40—2011）6.1.4条，管顶至面层底面距离：$0.5 + 0.2 + 0.3 = 1m < 1.2m$，需要设置钢筋网

$H = 1.5 + 0.15 \times 2 + 0.5 + 0.2 + 0.3 = 2.8m$

$1.5H + 1.5 = 1.5 \times 2.8 + 1.5 = 5.7m > 4m$

$L_{min} = 2 \times 5.7 + 1.5 + 0.15 \times 2 = 13.2m$

答案：D

📖 考点分析

计算纵向钢筋时，L_s为横缝间距（即分块纵向长度）；计算横向钢筋时，L_s为无拉杆的纵缝或自由边之间的距离（即分块横向长度）。

考点18 公路混凝土配合比设计时的试配弯拉强度计算

📖 条文规定

《公路水泥混凝土路面设计规范》（JTG D40—2011）规定如下：

7.5.5 混凝土配合比设计时的混合料试配弯拉强度的均值，应按式(7.5.5)确定。

$$f_m = \frac{f_r}{1 - 1.04c_v} + ts \tag{7.5.5}$$

式中：f_m——混凝土试配弯拉强度的均值（MPa）；

f_r——混凝土弯拉强度标准值（MPa）；

c_v——混凝土弯拉强度的变异系数，参照表3.0.2取用；

s——混凝土弯拉强度试验样本的标准差；

t——保证率系数，按样本数和判别概率参照表7.5.5确定。

变异系数 c_v 的范围   表 3.0.2

变异水平等级	低	中	高
水泥混凝土弯拉强度	$0.05 \leqslant c_v \leqslant 0.10$	$0.10 < c_v \leqslant 0.15$	$0.15 < c_v \leqslant 0.20$
基层顶面当量回弹模量	$0.15 \leqslant c_v \leqslant 0.25$	$0.25 < c_v \leqslant 0.35$	$0.35 < c_v \leqslant 0.55$
水泥混凝土面层厚度	$0.02 \leqslant c_v \leqslant 0.04$	$0.04 < c_v \leqslant 0.06$	$0.06 < c_v \leqslant 0.08$

保证率系数   表 7.5.5

公路等级	判别概率	样本数			
		6	9	15	20
高速公路	0.05	0.79	0.61	0.45	0.39
一级公路	0.10	0.59	0.46	0.35	0.30
二级公路	0.15	0.46	0.37	0.28	0.24
三、四级公路	0.20	0.37	0.29	0.22	0.19

例题 3-18-1

自然区划Ⅳ区新建一级公路，路面采用水泥混凝土面层，面层厚 220mm，混凝土弯拉强度标准值为 4.5MPa，基层使用水泥稳定砂砾。水泥混凝土路面施工前进行混凝土配合比设计时，混凝土弯拉强度试验样本的标准差为 0.06，样本数为 9 个，变异系数为 0.10，混合料试配弯拉强度的均值为（　　）。

（A）4.25MPa　　　　（B）4.68MPa　　　　（C）5.04MPa　　　　（D）5.36MPa

解答

根据《公路水泥混凝土路面设计规范》（JTG D40—2011）第 7.5.5 条：

$$f_m = \frac{f_r}{1 - 1.04c_v} + ts$$

式中：f_m——混凝土试配弯拉强度的均值（MPa）；

f_r——混凝土弯拉强度标准值（MPa），根据题目取 4.5MPa；

c_v——混凝土弯拉强度的变异系数，参照表 3.0.2，高速公路、一级公路的变异水平等级宜为低级，根据题目取 0.1；

s——混凝土弯拉强度试验样本的标准差，根据题目取 0.06；

t——保证率系数，按样本数和判别概率参照表 7.5.5，查表 7.5.5 取 0.46。

$$\begin{aligned} f_m &= \frac{f_r}{1 - 1.04c_v} + ts \\ &= \frac{4.5}{1 - 1.04 \times 0.1} + 0.46 \times 0.06 \\ &= 5.04\text{MPa} \end{aligned}$$

答案：C

考点分析

（1）如果题目未给出混凝土弯拉强度标准值，只给了交通荷载等级，可参照表 3.0.8 取值。

（2）变异系数根据第 3.0.2 条的规定在低、中、高中取值。

（3）《城镇道路路面设计规范》（CJJ 169—2012）式(6.4.2)与《公路水泥混凝土路面设计规范》（JTG D40—2011）式(7.5.5)相同。

（4）城镇道路荷载等级为轻交通时，混凝土的弯拉强度标准值不低于 4.5MPa，而公路为 4.0MPa，计算时要注意查表取值。

考点19　旧水泥混凝土路面状况调查评定、厚度和弯拉强度标准值计算

1. 公路旧水泥混凝土路面状况调查评定、厚度和弯拉强度标准值计算

条文规定

《公路水泥混凝土路面设计规范》（JTG D40—2011）规定如下：

8.2.1　旧混凝土路面的损坏状况应采用断板率和平均错台量两项指标评定。断板率的调查和计算可

按现行《公路水泥混凝土路面养护技术规范》（JTJ 073.1）的规定进行。应采用错台仪量测接缝两侧板边的高程差，量测点的位置在错台严重车道的右侧边缘内 300mm 处，以调查路段内各条接缝高程差的平均值表示该路段的平均错台量。

8.2.2 路面损坏状况分为 4 个等级，各个等级的断板率和平均错台量的分级标准见表 8.2.2。

路面损坏状况分级标准   表 8.2.2

等级	优良	中	次	差
断板率（%）	≤ 5	5～10	10～20	> 20
平均错台量（mm）	≤ 3	3～7	7～12	> 12

8.3.1 旧混凝土面层板的接缝传荷能力和板底脱空状况应采用弯沉测试法调查评定，弯沉测试宜采用落锤式弯沉仪。

8.3.2 测定接缝传荷能力的试验荷载应采用设计轴载的一侧轮载，将荷载施加在邻近接缝的路面表面，实测接缝两侧边缘的弯沉值。应按式(8.3.2)计算接缝的传荷系数。

$$k_{\mathrm{j}} = \frac{w_{\mathrm{u}}}{w_l} \times 100 \tag{8.3.2}$$

式中：k_{j}——接缝传荷系数（%）；

　　　w_{u}——未受荷板接缝边缘处的弯沉值（0.01mm）；

　　　w_l——受荷板接缝边缘处的弯沉值（0.01mm）。

8.3.3 旧混凝土面层的接缝传荷能力分为 4 个等级，分级标准见表 8.3.3。

接缝传荷能力分级标准   表 8.3.3

等级	优良	中	次	差
接缝传荷系数k_{j}	≥ 80	60～80	40～60	< 40

8.3.4 板底脱空可根据面层板角隅处的多级荷载弯沉测试结果，并综合考虑唧泥和错台发展程度以及接缝传荷能力进行判别，也可采用雷达、声波检测仪器检测板底脱空状况。

8.4.1 旧混凝土面层厚度的标准值可根据钻孔芯样的量测高度按式(8.4.1)计算确定。

$$h_{\mathrm{e}} = \overline{h}_{\mathrm{e}} - 1.04 s_{\mathrm{h}} \tag{8.4.1}$$

式中：h_{e}——旧混凝土面层量测厚度的标准值（mm）；

　　　$\overline{h}_{\mathrm{e}}$——旧混凝土面层量测厚度的均值（mm）；

　　　s_{h}——旧混凝土面层厚度量测值的标准差（mm）。

8.4.2 旧混凝土面层的弯拉强度标准值可采用钻孔芯样的劈裂试验测定结果按式(8.4.2-1)和式(8.4.2-2)计算确定。

$$f_{\mathrm{r}} = 1.87 f_{\mathrm{sp}}^{0.87} \tag{8.4.2-1}$$

$$f_{\mathrm{sp}} = \overline{f}_{\mathrm{sp}} - 1.04 s_{\mathrm{sp}} \tag{8.4.2-2}$$

式中：f_{r}——旧混凝土面层的弯拉强度标准值（MPa）；

　　　f_{sp}——旧混凝土面层的劈裂强度标准值（MPa）；

　　　$\overline{f}_{\mathrm{sp}}$——旧混凝土面层的劈裂强度测定值的均值（MPa）；

　　　s_{sp}——旧混凝土面层的劈裂强度测定值的标准差（MPa）。

📖 **典型例题**

例题 3-19-1（2021 年真题）

对既有旧水泥混凝土路面钻孔芯样进行劈裂试验，测得三组旧混凝土面层的劈裂强度值分别为

2.2MPa、2.5MPa、2.8MPa，标准差为 0.3MPa。则该旧混凝土面层的弯拉强度标准值是（   ）。

（A）3.70MPa （B）3.88MPa （C）4.05MPa （D）4.25MPa

解答

根据《公路水泥混凝土路面设计规范》（JTG D40—2011）式(8.4.2-2)和式(8.4.2-1)：

$$\overline{f}_{sp} = (2.2 + 2.5 + 2.8)/3 = 2.5$$

$$f_{sp} = \overline{f}_{sp} - 1.04s_{sp} = 2.5 - 1.04 \times 0.3 = 2.188$$

$$f_r = 1.87f_{sp}^{0.87} = 1.87 \times 2.188^{0.87} = 3.70$$

答案：A

例题 3-19-2

自然区划Ⅳ区拟对某旧混凝土路面进行改造，现状路面面层厚 220mm，现状基层使用水泥稳定碎石。对现状旧路面采用钻孔芯样进行劈裂试验，劈裂强度测定值的均值为 2.54MPa，劈裂强度测定值的标准差为 0.08，则旧混凝土面层的弯拉强度标准值最接近（   ）。

（A）3.65MPa （B）3.88MPa （C）4.08MPa （D）4.40MPa

解答

根据《公路水泥混凝土路面设计规范》（JTG D40—2011）第 8.4.2 条：

$\overline{f}_{sp}$ 为旧混凝土面层的劈裂强度测定值的均值，根据题目取 2.54；

s_{sp} 为旧混凝土面层的劈裂强度测定值的标准差，根据题目取 0.08。

$$\begin{aligned} f_{sp} &= \overline{f}_{sp} - 1.04s_{sp} \\ &= 2.54 - 1.04 \times 0.08 \\ &= 2.45\text{MPa} \\ f_r &= 1.87f_{sp}^{0.87} \\ &= 1.87 \times 2.45^{0.87} \\ &= 4.08\text{MPa} \end{aligned}$$

答案：C

例题 3-19-3（2022 年真题）

某公路既有路面为水泥混凝土路面，进行加铺设计时，通过钻孔芯样的劈裂强度获得旧水泥混凝土路面面层板的弯拉强度。试验测得旧水泥混凝土路面面层板的劈裂强度测定值的均值为 2.88MPa，标准差为 0.20MPa，根据规范计算旧水泥混凝土路面面层板弯拉强度标准值是（   ）。

（A）2.90MPa （B）4.40MPa （C）4.70MPa （D）4.90MPa

解答

根据《公路水泥混凝土路面设计规范》（JTG D40—2011）第 8.4.2 条：

$$f_{sp} = \overline{f}_{sp} - 1.04S_{sp} = 2.88 - 1.04 \times 0.2 = 2.672\text{MPa}$$

$$f_r = 1.87f_{sp}^{0.87} = 1.87 \times 2.672^{0.87} = 4.40\text{MPa}$$

答案：B

例题 3-19-4（2022 年补考真题）

在对既有旧水泥混凝土路面结构参数进行调查时，已知旧混凝土面层量测厚度的测定值分别为：235mm、236mm、238mm、238mm、239mm、240mm、241mm，厚度量测值的标准差为 2.115mm。则该旧混凝土面层厚度的标准值为（   ）。

（A）206mm (B）212mm

（C）218mm （D）236mm

解答

根据《公路水泥混凝土路面设计规范》（JTG D40—2011）第8.4.1条：

$$h_e = \overline{h}_e - 1.04s_h$$

$$h_e = \frac{235 + 236 + 238 + 238 + 239 + 240 + 241}{7} - 1.04 \times 2.115 = 235.94\text{mm}$$

答案：D

例题 3-19-5（2023年真题）

在进行既有公路水泥混凝土面层板接缝传荷能力评定试验时，测得受荷板接缝边缘的弯沉值为 33（0.01mm），未受荷相邻板接缝边缘的弯沉值为 22（0.01mm）。根据规范规定，该接缝传荷能力等级为（　　）。

（A）优良　　　　　　　　　　　　（B）中

（C）次　　　　　　　　　　　　　（D）8差

解答

根据《公路水泥混凝土路面设计规范》（JTG D40—2011）第8.3.2条：

$$k_j = \frac{w_u}{w_l} \times 100 = \frac{22}{33} \times 100 = 66.7$$

根据表8.3.3，接缝传荷能力等级为中。

答案：B

2. 城市道路旧水泥混凝土路面状况调查评定、厚度和弯拉强度标准值计算

📖 **条文规定**

《城镇道路路面设计规范》（CJJ 169—2012）规定如下：

6.8.2　路面损坏状况调查评定应符合下列规定：

1　旧混凝土路面的损坏状况应采用断板率和平均错台量两项指标评定。

2　路面损坏状况分为 4 个等级，各个等级的断板率和平均错台量的标准应按表6.8.2分级。

路面损坏状况分级标准　　　　　　　　　　　表6.8.2

等级	优良	中	次	差
断板率（%）	≤5	6~10	11~20	>20
平均错台量（mm）	≤5	6~10	11~15	>15

6.8.3　接缝传荷能力与板底脱空状况调查评定应符合下列规定：

1　旧混凝土面层板的接缝传荷能力和板底脱空状况应采用弯沉测试法调查评定。弯沉测试宜采用落锤式弯沉仪，也可采用梁式弯沉仪，其支点不得落在弯沉盆内。

2　测定接缝传荷能力的试验荷载应接近于标准轴载的一侧轮载（50kN）。荷载应施加在邻近接缝的路面表面。接缝的传荷系数应按下式计算：

$$k_j = \frac{w_u}{w_l} \times 100(\%) \tag{6.8.3}$$

式中：k_j——接缝传荷系数；

w_u——未受荷板接缝边缘处的弯沉值；

w_l——受荷板接缝边缘处的弯沉值。

3　旧混凝土面层的接缝传荷能力应按表6.8.3分为 4 个等级。

接缝传荷能力分级标准 表6.8.3

等级	优良	中	次	差
接缝传荷系数k_j（%）	>80	56～80	31～55	<31

4 板底脱空可根据面层板角隅处的多级荷载弯沉测试结果，并综合考虑唧泥和错台发展程度以及接缝传荷能力进行判别。

6.8.4 旧混凝土路面结构参数调查应符合下列规定：

1 旧混凝土面层厚度的标准值可根据钻孔芯样的量测高度按下式计算确定：

$$h_e = \bar{h}_e - 1.04s_h \tag{6.8.4-1}$$

式中：h_e——旧混凝土面层量测厚度的标准值（mm）；

$\bar{h}_e$——旧混凝土面层量测厚度的平均值（mm）；

s_h——旧混凝土面层厚度量测值标准差（mm）。

2 旧混凝土面层弯拉强度的标准值可采用钻孔芯样的劈裂试验测定结果按下列公式计算确定：

$$f_r' = 0.621f_{sp} + 2.64 \tag{6.8.4-2}$$

$$f_{sp} = \bar{f}_{sp} - 1.04s_{sp} \tag{6.8.4-3}$$

式中：f_r'——旧混凝土弯拉强度标准值（MPa）；

f_{sp}——旧混凝土劈裂强度标准值（MPa）；

$\bar{f}_{sp}$——旧混凝土劈裂强度测定值的均值（MPa）；

s_{sp}——旧混凝土劈裂强度测定值的标准差（MPa）。

📖 典型例题

例题 3-19-6

某城市道路既有路面为水泥混凝土路面，进行加铺设计时，试验测得旧水泥混凝土路面面层板的劈裂强度测定值的均值为2.48MPa，标准差为0.27MPa，根据规范计算旧水泥混凝土路面面层板弯拉强度标准值是（　　　）。

（A）2.90MPa　　　　（B）4.0MPa　　　　（C）4.70MPa　　　　（D）4.90MPa

解答

根据《城镇道路路面设计规范》（CJJ 169—2012）第6.8.4条：

$$f_{sp} = \bar{f}_{sp} - 1.04S_{sp} = 2.48 - 1.04 \times 0.27 = 2.199\text{MPa}$$

$$f_r' = 0.621f_{sp} + 2.64 = 0.621 \times 2.199 + 2.64 = 4.0\text{MPa}$$

答案：B

📖 考点分析

（1）如果题目未给出旧混凝土面层的劈裂强度测定值的均值和标准差，给出一系列劈裂强度测定数据，均值采用算术平均，方差$s^2 = [(x_1 - x)^2 + (x_2 - x)^2 + \cdots + (x_n - x)^2]/(n-1)$，标准差＝方差的算术平方根。

（2）公路与城镇道路旧混凝土劈裂强度标准值的计算公式相同，但是弯拉强度标准值的计算式略有不同，需注意区分。

考点20 旧混凝土面层的弯拉弹性模量标准值

1. 公路旧混凝土面层的弯拉弹性模量标准值

条文规定

《公路水泥混凝土路面设计规范》（JTG D40—2011）规定如下：

8.4.2 旧混凝土面层的弯拉强度标准值可采用钻孔芯样的劈裂试验测定结果按式(8.4.2-1)和式(8.4.2-2)计算确定。

$$f_r = 1.87 f_{sp}^{0.87} \tag{8.4.2-1}$$

$$f_{sp} = \overline{f}_{sp} - 1.04 s_{sp} \tag{8.4.2-2}$$

式中：f_r——旧混凝土面层的弯拉强度标准值（MPa）；

      f_{sp}——旧混凝土面层的劈裂强度标准值（MPa）；

      $\overline{f}_{sp}$——旧混凝土面层的劈裂强度测定值的均值（MPa）；

      s_{sp}——旧混凝土面层的劈裂强度测定值的标准差（MPa）。

8.4.3 旧混凝土面层的弯拉弹性模量标准值可按式(8.4.3)计算确定。

$$E_c = \frac{10^4}{0.09 + \dfrac{0.96}{f_r}} \tag{8.4.3}$$

式中：E_c——旧混凝土面层的弯拉弹性模量标准值（MPa）；

      f_r——旧混凝土面层的弯拉强度标准值（MPa）。

典型例题

例题 3-20-1

自然区划Ⅳ区拟对某旧混凝土路面进行改造，现状路面面层厚 240mm，现状基层使用水泥稳定碎石。对现状旧路面采用钻孔芯样进行劈裂试验，劈裂强度测定值的均值为 2.16MPa，劈裂强度测定值的标准差为 0.07，则旧混凝土面层的弯拉弹性模量标准值最接近（   ）。

（A）24.4GPa   （B）27.7GPa

（C）29.4GPa   （D）30.9GPa

解答

根据《公路水泥混凝土路面设计规范》（JTG D40—2011）第 8.4.3 条：

$f_{sp} = \overline{f}_{sp} - 1.04 s_{sp} = 2.16 - 1.04 \times 0.07 = 2.09 \text{MPa}$

$f_r = 1.87 f_{sp}^{0.87} = 1.87 \times 2.09^{0.87} = 3.55 \text{MPa}$

$E_c = \dfrac{10^4}{0.09 + \dfrac{0.96}{f_r}} = \dfrac{10^4}{0.09 + \dfrac{0.96}{3.55}} = 27.7 \text{GPa}$

答案：B

例题 3-20-2（2022 年真题）

某公路既有路面为水泥混凝土路面，通过试验和计算，获得旧水泥混凝土路面面层板弯拉强度为

4.3MPa，根据《公路水泥混凝土路面设计规范》（JTG D40—2011），旧水泥混凝土路面面层板弯拉弹性模量约为（   ）。

（A）28000MPa
（B）29500MPa
（C）31900MPa
（D）133300MPa

解答

根据《公路水泥混凝土路面设计规范》（JTG D40—2011）式(8.4.3)：

$$E_c = \frac{10^4}{0.09 + \frac{0.96}{f_r}} = \frac{10^4}{0.09 + \frac{0.96}{4.3}} = 31922.8\text{MPa}$$

答案：C

例题 3-20-3（2024 年真题）

在进行旧水泥混凝土面层取芯劈裂强度试验时，测得一组劈裂强度数据为 1.7MPa、1.8MPa、2.0MPa、2.2MPa、2.4MPa，已知该组数据的标准差为 0.286，根据规范计算该旧水泥混凝土面层弯拉弹性模量标准值为多少？

（A）17691MPa
（B）24390MPa
（C）33270MPa
（D）11941MPa

解答

根据《公路水泥混凝土路面设计规范》（JTG D40—2011）8.4.2 条、8.4.3 条：

$$\bar{f} = (1.7 + 1.8 + 2.0 + 2.2 + 2.4)/5 = 2.02$$

$$f_{sp} = \bar{f} - 1.04 s_{sp} = 2.02 - 1.04 \times 0.286 = 1.723$$

$$f_r = 1.87 f_{sp}^{0.87} = 1.87 \times 1.723^{0.87} = 3\text{MPa}$$

$$E_C = \frac{10^4}{0.09 + \frac{0.96}{f_r}} = \frac{10^4}{0.09 + \frac{0.96}{3}} = 24390\text{MPa}$$

答案：B

2. 城镇道路旧混凝土面层的弯拉弹性模量标准值

📖 **条文规定**

《城镇道路路面设计规范》（CJJ 169—2012）规定如下：

6.8.4 旧混凝土路面结构参数调查应符合下列规定：

3 旧混凝土面层弯拉弹性模量标准值可按下式计算：

$$E_c' = \frac{10^4}{0.0915 + \frac{0.9634}{f_r'}} \tag{6.8.4-4}$$

式中：E_c'——旧混凝土的弯拉弹性模量标准值（MPa）。

📖 **典型例题**

例题 3-20-4

题干同例题 3-20-1，道路为城市道路，那么旧混凝土面层的弯拉弹性模量标准值最接近（   ）。

（A）24.4GPa
（B）27.4GPa

（C）29.7GPa　　　　　　　　　　　　　　　　（D）30.9GPa

解答

根据《城镇道路路面设计规范》（CJJ 169—2012）式(6.8.4-2)：

$$f_{sp} = 2.16 - 1.04 \times 0.07 = 2.09\text{MPa}$$

$$f'_r = 0.621f_{sp} + 2.64 = 0.621 \times 2.09 + 2.64 = 3.936\text{MPa}$$

$$E'_c = \frac{10^4}{0.0915 + \dfrac{0.9634}{f'_r}} = \frac{10^4}{0.0915 + \dfrac{0.9634}{3.936}} = 29.738\text{GPa}$$

答案：C

例题 3-20-5（2022 年真题）

某城市主干路现状为水泥混凝土路面，基层为水泥稳定碎石。经对旧混凝土面板钻孔取样，测得芯样劈裂强度的均值为 2.052MPa，标准差为 0.05MPa。下列关于该现状混凝土路面的弯拉弹性模量标准值符合规范规定的应为（　　　　）。并说明选择依据和理由。（计算结果取小数点后两位 × 10^4）

（A）2.92×10^4MPa　　　　　　　　　　（B）2.94×10^4MPa

（C）2.96×10^4MPa　　　　　　　　　　（D）2.98×10^4MPa

解答

根据《城镇道路路面设计规范》（CJJ 169—2012）第 6.8.4 条第 2、3 款：

$$f_{sp} = \overline{f}_{sp} - 1.04S_{sp} = 2.052 - 1.04 \times 0.05 = 2\text{MPa}$$

$$f'_r = 0.621f_{sp} + 2.64 = 0.621 \times 2 + 2.64 = 3.822\text{MPa}$$

$$E'_c = \frac{10^4}{0.0915 + \dfrac{0.9634}{f'_r}} = \frac{10^4}{0.0915 + \dfrac{0.9634}{3.882}} = 2.94 \times 10^4\text{MPa}$$

答案：B

📖 **考点分析**

旧混凝土面层弯拉强度标准值的计算见前面考点，但是要注意城市道路和公路计算略有不同。

考点21　公路旧混凝土路面基层顶面的当量回弹模量标准值

📖 **条文规定**

《公路水泥混凝土路面设计规范》（JTG D40—2011）规定如下：

8.4.4　旧混凝土路面基层顶面的当量回弹模量标准值，宜采用落锤式弯沉仪（设计荷载 100kN、承载板半径 150mm）量测板中荷载作用下的弯沉曲线，按式(8.4.4-1)和式(8.4.4-2)确定。

$$E_t = 100e^{3.60 + 24.03w_0^{-0.057} - 15.63SI^{0.222}} \tag{8.4.4-1}$$

$$SI = \frac{w_0 + w_{300} + w_{600} + w_{900}}{w_0} \tag{8.4.4-2}$$

式中：　　　E_t——基层顶面的当量回弹模量标准值（MPa）；

　　　　　　SI——路面结构的荷载扩散系数；

　　　　　　w_0——荷载中心处的弯沉值（μm）；

w_{300}、w_{600}、w_{900}——分别为距离荷载中心 300mm、600mm 和 900mm 处的弯沉值（μm）。

当采用落锤式弯沉仪的条件受限时，也可选择在清除断裂混凝土板后的基层顶面进行梁式弯沉测量，而后按附录 B［式(B.2.5)］反算，或者根据基层钻芯的材料组成及性能情况依经验确定。

📖 典型例题

例题 3-21-1

自然区划IV区拟对某旧混凝土路面进行改造，现状路面面层厚 240mm，现状基层使用水泥稳定碎石。采用落锤式弯沉仪（设计荷载 100kN、承载板半径 150mm）量测板中荷载作用下的弯沉曲线，荷载中心处的弯沉值为 28μm，距离荷载中心 300mm、600mm 和 900mm 处的弯沉值分别为 19μm、11μm 和 6μm，则旧混凝土路面基层顶面的当量回弹模量标准值最接近（　　　）。

（A）9280MPa　　　　　　　　　　　　（B）9990MPa

（C）10340MPa　　　　　　　　　　　　（D）11050MPa

解答

根据《公路水泥混凝土路面设计规范》（JTG D40—2011）第 8.4.4 条：

$$SI = \frac{w_0 + w_{300} + w_{600} + w_{900}}{w_0}$$

$$= \frac{28 + 19 + 11 + 6}{28}$$

$$= 2.28$$

$$E_t = 100e^{3.6+24.03w_0^{-0.057}-15.63SI^{0.222}}$$

$$= 100 \times e^{3.6+24.03 \times 28^{-0.057}-15.63 \times 2.28^{0.222}}$$

$$= 11049.8MPa$$

答案：D

📖 考点分析

（1）该类型题目看上去比较简单，但是可能有陷阱。公路水泥路面一般情况下采用落锤式弯沉仪（荷载 100kN、承载板半径 150mm）量测板检测的数据，则采用式(8.4.4-1)和式(8.4.4-2)计算；如果采用贝克曼梁（后轴重 100kN 的车辆）弯沉检测的数据，则采用式(B.2.5-2)和式(B.2.5-3)计算。

（2）若在旧沥青路面上铺筑混凝土面层时，落锤式弯沉仪荷载为 50kN，承载板半径 150mm，E_t 则采用式(B.2.5-1)计算。

（3）注意对比公路沥青路面的相关考点，《公路沥青路面设计规范》（JTG D50—2017）B.7.2 采用的设计荷载 50kN、荷载盘半径 150mm 的落锤式弯沉仪。

（4）城镇旧混凝土路面基层顶面的当量回弹模量标准值计算采用《城镇道路路面设计规范》（CJJ 169—2012）式(6.5.1-12)、式(6.8.4-5)、式(6.8.4-6)与《公路水泥混凝土路面设计规范》（JTG D40—2011）完全相同。

考点22　公路混凝土板应力分析力学模型的确定

📖 条文规定

《公路水泥混凝土路面设计规范》（JTG D40—2011）规定如下：

3.0.3　水泥混凝土路面结构分析应采用弹性地基板理论。除粒料类基层外，其他各类基层与混凝土面层应按分离式双层板模型进行结构分析。粒料类基层及各类底基层和垫层，应与路基一起视作多层弹性地基，以地基顶面当量回弹模量表征。

3.0.4　水泥混凝土路面结构设计应以面层板在设计基准期内，在行车荷载和温度梯度综合作用下，不产生疲劳断裂作为设计标准；并以最重轴载和最大温度梯度综合作用下，不产生极限断裂作为验算标准。其极限状态设计表达式可分别采用式(3.0.4-1)和式(3.0.4-2)。

$$\gamma_r(\sigma_{pr} + \sigma_{tr}) \leqslant f_r \tag{3.0.4-1}$$

$$\gamma_r(\sigma_{p,max} + \sigma_{t,max}) \leqslant f_r \tag{3.0.4-2}$$

式中：σ_{pr}——面层板在临界荷位处产生的行车荷载疲劳应力（MPa），计算方法见附录B；

σ_{tr}——面层板在临界荷位处产生的温度梯度疲劳应力（MPa），计算方法见附录B；

$\sigma_{p,max}$——最重的轴载在临界荷位处产生的最大荷载应力（MPa），计算方法见附录B；

$\sigma_{t,max}$——所在地区最大温度梯度在临界荷位处产生的最大温度翘曲应力（MPa），计算方法见附录B；

γ_r——可靠度系数，依据所选目标可靠度、变异水平等级及变异系数通过计算确定；

f_r——水泥混凝土弯拉强度标准值（MPa），按表3.0.8取值。

3.0.5　贫混凝土或碾压混凝土基层应以设计基准期内行车荷载不产生疲劳断裂作为设计标准。其极限状态设计表达式可采用式(3.0.5)。

$$\gamma_r\sigma_{bpr} \leqslant f_{br} \tag{3.0.5}$$

式中：σ_{bpr}——基层内产生的行车荷载疲劳应力（MPa），计算方法见附录B；

f_{br}——基层材料的弯拉强度标准值（MPa）。

B.1.1　按基层和面层类型和组合的不同，路面结构分析可分别采用下述力学模型：

1　弹性地基单层板模型——适用于粒料基层上混凝土面层，旧沥青路面加铺混凝土面层；面层板底面以下部分按弹性地基处理。

2　弹性地基双层板模型——适用于无机结合料类基层或沥青类基层上混凝土面层，旧混凝土路面上加铺分离式混凝土面层；面层和基层或者新旧面层作为双层板，基层底面以下或者旧面层底面以下部分按弹性地基处理。

3　复合板模型——适用于两层不同性能材料组成的面层或基层复合板。旧混凝土路面上加铺结合式混凝土面层，两层不同性能材料组成的层间黏结的面层，作为弹性地基上的单层板或者弹性地基上双层板的上层板；无机结合料类基层或沥青类基层与无机结合料类底基层组成的基层，作为弹性地基上双层板的下层板。

B.1.2　混凝土面层板的临界荷位位于纵缝边缘中部。基层板的临界荷位与面层板相同。

📖 典型例题

例题 3-22-1

某地拟新建一条一级公路，经交通分析，属于重交通荷载等级，拟订路面结构组合如下：面层为水泥混凝土，基层为水泥稳定碎石，底基层为级配碎石，垫层为天然砂砾。进行结构分析时，该路面应采用的力学模型是（　　　）。

（A）弹性地基单层板模型　　　　　　　（B）复合板模型
（C）弹性地基双层板模型　　　　　　　（D）结合板模型

解答

根据《公路水泥混凝土路面设计规范》（JTG D40—2011）第B.1.1条，弹性地基双层板模型适用于无机结合料类基层或沥青类基层上混凝土面层，旧混凝土路面上加铺分离式混凝土面层；面层和基层或者新旧面层作为双层板，基层底面以下或者旧面层底面以下部分按弹性地基处理。

答案：C

了解水泥混凝土路面设计理论与方法。旧沥青路面做基层和新建沥青柔性基层采用不同的力学模型；旧水泥混凝土板加铺水泥混凝土板，分离式和结合式采用不同的力学模型。

考点23　弹性地基单层板的疲劳荷载应力计算

1. 公路弹性地基单层板的疲劳荷载应力计算

条文规定

《公路水泥混凝土路面设计规范》（JTG D40—2011）规定如下：

B.2.1　设计轴载在面层板临界荷位处产生的荷载疲劳应力应按式(B.2.1)确定。

$$\sigma_{pr} = k_r k_f k_c \sigma_{ps} \tag{B.2.1}$$

式中：σ_{pr}——设计轴载在面层板临界荷位处产生的荷载疲劳应力（MPa）；

σ_{ps}——设计轴载在四边自由板临界荷位处产生的荷载应力（MPa），按 B.2.2 条确定；

k_r——考虑接缝传荷能力的应力折减系数，采用混凝土路肩时，$k_r = 0.87 \sim 0.92$（路肩面层与路面面层等厚时取低值，减薄时取高值）；采用柔性路肩或土路肩时，$k_r = 1$；

k_f——考虑设计基准期内荷载应力累计疲劳作用的疲劳应力系数，按 B.2.3 条确定；

k_c——考虑计算理论与实际差异以及动载等因素影响的综合系数，按公路等级查表 B.2.1 确定。

综合系数 k_c　　　　　　　　　　　　　　　　　表 B.2.1

公路等级	高速公路	一级公路	二级公路	三、四级公路
k_c	1.15	1.10	1.05	1.00

B.2.2　设计轴载在四边自由板临界荷位处产生的荷载应力 σ_{ps} 应按式(B.2.2-1)计算。

$$\sigma_{ps} = 1.47 \times 10^{-3} r^{0.70} h_c^{-2} P_s^{0.94} \tag{B.2.2-1}$$

$$r = 1.21(D_c/E_t)^{1/3} \tag{B.2.2-2}$$

$$D_c = \frac{E_c h_c^3}{12(1 - v_c^2)} \tag{B.2.2-3}$$

式中：　　P_s——设计轴载的单轴重（kN）；

h_c、E_c、v_c——混凝土面层板的厚度（m）、弯拉弹性模量（MPa）和泊松比；

r——混凝土面层板的相对刚度半径（m），按式(B.2.2-2)计算；

D_c——混凝土面层板的截面弯曲刚度（MN·m），按式(B.2.2-3)计算；

E_t——板底地基当量回弹模量（MPa），新建公路按 B.2.4 条确定，旧柔性路面上加铺混凝土面层按 B.2.5 条确定。

B.2.3　设计基准期内的荷载疲劳应力系数 k_f 应按式(B.2.3-1)计算。

$$k_f = N_e^{\lambda} \tag{B.2.3-1}$$

式中：N_e——设计基准期内设计轴载累计作用次数，按附录 A 式(A.2.4)计算；

λ——材料疲劳指数，普通混凝土、钢筋混凝土、连续配筋混凝土，$\lambda = 0.057$；碾压混凝土和贫混凝土，$\lambda = 0.065$；钢纤维混凝土，按式(B.2.3-2)计算；

$$\lambda = 0.053 - 0.017\rho_f \frac{l_f}{d_f} \tag{B.2.3-2}$$

ρ_f——钢纤维的体积率（%）；

l_f——钢纤维的长度（mm）；

d_f——钢纤维的直径（mm）。

📖 **典型例题**

例题 3-23-1

南方地区新建一条二级公路，双向两车道，采用普通水泥混凝土面层，路面宽度 10.0m，厚度为 0.24m，弯拉强度要求为 4.5MPa，弹性模量和泊松比分别为 29GPa 和 0.15；基层选用级配碎石，厚 0.20m，弹性模量为 300MPa。路肩面层与行车道面层等厚并设拉杆相连。板底地基当量回弹模量为 110MPa。则在路面四边自由板临界荷位处产生的荷载应力最接近（ ）。

（A）1.583MPa

（B）1.685MPa

（C）1.775MPa

（D）1.850MPa

解答

根据《公路水泥混凝土路面设计规范》（JTG D40—2011）第 B.1.1 条、第 B.2.2 条和第 E.0.3 条：

$$D_c = \frac{E_c h_c^3}{12(1 - v_c^2)} = \frac{29000 \times 0.24^3}{12 \times (1 - 0.15^2)} = 34.2 \text{MN} \cdot \text{m}$$

$$r = 1.21 \left(\frac{D_c}{E_t}\right)^{1/3} = 1.21 \times \left(\frac{34.2}{110}\right)^{1/3} = 0.82 \text{m}$$

$$\sigma_{ps} = 1.47 \times 10^{-3} r^{0.70} h_c^{-2} P_s^{0.94}$$
$$= 1.47 \times 10^{-3} \times 0.82^{0.7} \times 0.24^{-2} \times 100^{0.94} = 1.685 \text{MPa}$$

答案：B

例题 3-23-2

南方地区新建一条二级公路，双向两车道，采用普通水泥混凝土面层，路面宽度为 10.0m，厚度为 0.24m，弯拉强度要求为 4.5MPa，路肩面层与行车道面层等厚并设拉杆相连，基层选用级配碎石，厚 0.20m，弹性模量为 300MPa。设计基准期内设计车道设计轴载累计作用次数为 140 万次，路肩面层与行车道面层等厚并设拉杆相连。路面板在四边自由板临界荷位处产生的荷载应力为 1.685MPa，则设计轴载在面层板临界荷位处产生的荷载疲劳应力最接近（ ）。

（A）3.45MPa

（B）3.55MPa

（C）3.65MPa

（D）3.75MPa

解答

根据《公路水泥混凝土路面设计规范》（JTG D40—2011）第 B.1.1 条、第 B.2.1 条、第 B.2.2 条、第 B.2.3 条和第 E.0.3 条：

采用混凝土路肩时，$k_r = 0.87 \sim 0.92$，路肩面层与路面面层等厚时取低值，取 0.87；k_c 按公路等级查表 B.2.1 确定，二级公路取 1.05，则

$$k_f = N_e^{0.057} = (140 \times 10^4)^{0.057} = 2.24$$

$$\sigma_{pr} = k_r k_f k_c \sigma_{ps} = 0.87 \times 2.24 \times 1.05 \times 1.685 = 3.45 \text{MPa}$$

答案：A

2. 城市道路弹性地基单层板的疲劳荷载应力计算

📖 条文规定

《城镇道路路面设计规范》（CJJ 169—2012）规定如下：

6.5.1 单层混凝土板荷载应力分析应按下列步骤进行：

3 标准轴载在四边自由板临界荷位处产生的荷载应力应按下列公式确定：

$$\sigma_{ps} = 0.077 \times r^{0.60} \times h^{-2} \tag{6.5.1-2}$$

$$r = 0.537h\left(\frac{E_c}{E_t}\right)^{1/3} \tag{6.5.1-3}$$

式中：r——单层混凝土板的相对刚度半径（m）；

h——混凝土板的厚度（m）；

E_c——水泥混凝土的弯拉弹性模量（MPa）；

E_t——基层顶面的当量回弹模量（MPa）。

📖 考点分析

（1）本考点为弹性地基单层板荷载应力计算，解题时首先应判断是否为单层板。

（2）P_s为设计轴载，一般情况下以100kN单轴—双轮组荷载作为设计轴载。

（3）根据《公路水泥混凝土路面设计规范》（JTG D40—2011）第3.0.6条，对于极重交通荷载等级的水泥混凝土路面，宜选用货车占主要份额特重车型的轴载作为设计轴载。

（4）解题时应注意各参数的单位，混凝土路面计算时，厚度单位均为m（沥青路面均为mm）；混凝土面层弯拉弹性模量单位应将GPa换算为MPa代入计算。

（5）《城镇道路路面设计规范》（CJJ 169—2012）在临界荷位处产生的荷载疲劳应力计算公式(6.5.1-1)与《公路水泥混凝土路面设计规范》（JTG D40—2011）式(B.2.1)相同；荷载疲劳应力系数计算式(6.5.1-4)、式(6.5.1-5)与《公路水泥混凝土路面设计规范》（JTG D40—2011）式(B.2.3-1)、式(B.2.3-2)相同。关于四边自由板临界荷位处荷载应力σ_{ps}的计算公式，城市道路和公路不同，已在本书中列出。

考点24 混凝土板底地基当量回弹模量 E_t

1. 公路混凝土板底地基当量回弹模量 E_t

📖 条文规定

《公路水泥混凝土路面设计规范》（JTG D40—2011）规定如下：

B.2.4 新建公路的板底地基当量回弹模量E_t应按式(B.2.4-1)计算。

$$E_t = \left(\frac{E_x}{E_0}\right)^{\alpha} E_0 \tag{B.2.4-1}$$

$$\alpha = 0.86 + 0.26 \ln h_x \tag{B.2.4-2}$$

$$E_x = \sum_{i=1}^{n}\left(h_i^2 E_i\right) / \sum_{i=1}^{n} h_i^2 \tag{B.2.4-3}$$

$$h_x = \sum_{i=1}^{n} h_i \qquad \text{(B.2.4-4)}$$

式中：E_0——路床顶综合回弹模量（MPa）；

α——与粒料层总厚度h_x有关的回归系数，按式(B.2.4-2)计算；

E_x——粒料层的当量回弹模量（MPa），按式(B.2.4-3)计算；

h_x——粒料层的总厚度（m），按式(B.2.4-4)计算；

n——粒料层的层数；

E_i、h_i——第i结构层的回弹模量（MPa）与厚度（m）。

📖 **典型例题**

例题 3-24-1

公路自然区划Ⅳ区新建一条二级公路，双向两车道，采用普通水泥混凝土面层厚度为 0.24m，弯拉强度要求为 4.5MPa，混凝土面层的弹性模量和泊松比分别为 29GPa 和 0.15；基层选用级配碎石，厚 0.20m，弹性模量为 300MPa。路床顶面综合回弹模量为 50MPa。则混凝土板底地基当量回弹模量最接近（　　）。

（A）110.4MPa 　　　　　　　　　　（B）120.4MPa

（C）127.8MPa 　　　　　　　　　　（D）133.3MPa

解答

根据《公路水泥混凝土路面设计规范》（JTG D40—2011）第 B.2.4 条：

$$E_x = \sum_{i=1}^{n} \left(h_i^2 E_i \right) / \sum_{i=1}^{n} h_i^2 = 0.2^2 \times 300/0.2^2 = 300\text{MPa}$$

$$h_x = \sum_{i=1}^{n} h_i = 0.2\text{m}$$

$$\alpha = 0.86 + 0.26\ln h_x = 0.86 + 0.26 \times \ln 0.2 = 0.442$$

$$E_t = \left(\frac{E_x}{E_0} \right)^{\alpha} E_0 = \left(\frac{300}{50} \right)^{0.442} \times 50 = 110.4\text{MPa}$$

答案：A

例题 3-24-2（2024 年真题）

某新建三级公路，拟采用水泥混凝土路面，初拟普通水泥混凝土面层厚度为 22cm，级配砾石基层厚 20cm、回弹模量为 250.0MPa，路基土综合回弹模量为 60.0MPa，计算级配砾石基层顶面当量回弹模量为多少？

（A）250.0MPa 　　　　　　　　　　（B）112.7MPa

（C）136.2MPa 　　　　　　　　　　（D）193.5MPa

解答

根据《公路水泥混凝土路面设计规范》（JTG D40—2011）附录 B.2.4：

$$E_t = \left(\frac{E_x}{E_0} \right)^{\alpha} E_0$$

$$\alpha = 0.86 + 0.26\ln h_x = 0.86 + 0.26 \times \ln 0.2 = 0.442$$

$$E_t = \left(\frac{250}{60} \right)^{0.442} \times 60 = 112.7\text{MPa}$$

答案：B

2. 城镇道路混凝土板底地基当量回弹模量 E_t

《城镇道路路面设计规范》（CJJ 169—2012）规定如下：

6.5.1 单层混凝土板荷载应力分析应按下列步骤进行：

5 新建道路的基层顶面当量回弹模量可按下列公式计算确定：

$$E_t = ah_x^b E_0 \left(\frac{E_x}{E_0}\right)^{1/3} \tag{6.5.1-6}$$

$$E_x = \frac{h_1^2 E_1 + h_2^2 E_2}{h_1^2 + h_2^2} \tag{6.5.1-7}$$

$$h_x = \left(\frac{12D_x}{E_x}\right)^{1/3} \tag{6.5.1-8}$$

$$D_x = \frac{E_1 h_1^3 + E_2 h_2^3}{12} + \frac{(h_1 + h_2)^2}{4}\left(\frac{1}{E_1 h_1} + \frac{1}{E_2 h_2}\right)^{-1} \tag{6.5.1-9}$$

$$a = 6.22\left[1 - 1.51\left(\frac{E_x}{E_0}\right)^{-0.45}\right] \tag{6.5.1-10}$$

$$b = 1 - 1.44\left(\frac{E_x}{E_0}\right)^{-0.55} \tag{6.5.1-11}$$

式中：E_t——基层顶面的当量回弹模量（MPa）；

E_0——路床顶面的回弹模量（MPa）；

E_x——基层或垫层的当量回弹模量（MPa）；

E_1、E_2——基层或垫层的回弹模量（MPa）；

h_x——基层或垫层的当量厚度（m）；

D_x——基层或垫层的当量弯曲刚度（MN·m）；

h_1、h_2——基层或垫层的厚度（m）；

a、b——与 E_x/E_0 有关的回归系数。

例题 3-24-3

某城市支路，双向两车道，采用普通水泥混凝土面层厚度为 22cm，弯拉强度要求为 4.5MPa。基层选用级配碎石，厚 20cm，弹性模量 300MPa。路床顶面回弹模量按规范最小要求取值，则混凝土板底地基当量回弹模量为（　　　）。

（A）110.4MPa

（B）57.255MPa

（C）78.2MPa

（D）130.4MPa

解答

因面层为水泥混凝土，基层为级配碎石，为单层混凝土板。

根据《城镇道路路面设计规范》（CJJ 169—2012）第 4.1.2 条，城市支路的路床回弹模量 E_0 最小为 20MPa，根据第 6.5.1 条第 5 款，计算如下：

$$E_x = \frac{h_1^2 E_1 + h_2^2 E_2}{h_1^2 + h_2^2} = E_1 = 300\text{MPa}$$

$$a = 6.22\left[1 - 1.51\left(\frac{E_x}{E_0}\right)^{-0.45}\right] = 6.22\left[1 - 1.51\left(\frac{300}{20}\right)^{-0.45}\right] = 3.44$$

$$b = 1 - 1.44\left(\frac{E_x}{E_0}\right)^{-0.55} = 1 - 1.44\left(\frac{300}{20}\right)^{-0.55} = 0.675$$

$$h_x = 0.2$$

$$E_t = ah_x^b E_0\left(\frac{E_x}{E_0}\right)^{1/3} = 3.44 \times 0.2^{0.675} \times 20\left(\frac{300}{20}\right)^{1/3} = 57.255\text{MPa}$$

答案：B

注：该题基层仅一层，因此基层当量回弹模量 E_x 和当量厚度 h_x 等于该层的 E 和 h，无需代入公式计算，容易出现的错误解答如下：

$$D_x = \frac{E_1h_1^3 + E_2h_2^3}{12} + \frac{(h_1 + h_2)^2}{4}\left(\frac{1}{E_1h_1} + \frac{1}{E_2h_2}\right)^{-1}$$

$$= \frac{300 \times 0.2^3}{12} + \frac{0.2^2}{4} \times \left(\frac{1}{300 \times 0.2}\right)^{-1}$$

$$= 0.8\text{MN·m}$$

$$h_x = \left(\frac{12D_x}{E_x}\right)^{1/3} = \left(\frac{12 \times 0.8}{300}\right)^{1/3} = 0.31748$$

$$E_t = ah_x^b E_0\left(\frac{E_x}{E_0}\right)^{1/3} = 3.44 \times 0.31748^{0.675} \times 20\left(\frac{300}{20}\right)^{1/3} = 78.213\text{MPa}$$

实际上，在计算 D_x 时，由于 $h_2 = 0$，分母为 0，再求倒数，该式子第二项应为 0，得到 $D_x = 0.2\text{MN·m}$，代入公式同样求得 $h_x = 0.2\text{m}$。

📖 **考点分析**

（1）基层顶面当量回弹模量的计算首先应判断是否为单层板，其次根据题意判断基层或者垫层是一层还是两层，如果只有一层，则不用代入公式计算 E_x 和当量厚度 h_x，可直接取该层的值。

（2）如果题目中没有给出路床顶面综合回弹模量数值，公路可以参照《公路水泥混凝土路面设计规范》（JTG D40—2011）第 4.2.2 条取值。城镇道路可参照《城镇道路路面设计规范》（CJJ 169—2012）第 4.1.2 条取值。

考点25 旧沥青路面顶面的地基综合当量回弹模量

1. 公路旧沥青路面顶面的地基综合当量回弹模量

📖 **条文规定**

《公路水泥混凝土路面设计规范》（JTG D40—2011）规定如下：

B.2.5 在旧沥青混凝土路面上铺筑水泥混凝土面层时，原沥青混凝土路面顶面的地基综合当量回弹模量 E_t 可根据落锤式弯沉仪（荷载 50kN、承载板半径 150mm）的中心点弯沉的测定结果应按式(B.2.5-1)，或根据贝克曼梁（后轴重 100kN 的车辆）的弯沉测定结果，按式(B.2.5-2)计算确定。

$$E_t = 18621/w_0 \tag{B.2.5-1}$$

$$E_t = 13739w_0^{-1.04} \tag{B.2.5-2}$$

$$w_0 = \overline{w} + 1.04s_w \quad (\text{B.2.5-3})$$

式中：w_0——路段代表弯沉值（0.01mm），按式(B.2.5-3)计算；

$\overline{w}$——路段弯沉平均值（0.01mm）；

s_w——路段弯沉的标准差（0.01mm）。

📖 典型例题

例题 3-25-1

拟对某旧沥青混凝土路面进行加铺水泥混凝土面层改造，现状沥青路面面层两层厚 100mm，现状基层使用水泥稳定碎石。采用落锤式弯沉仪（设计荷载 50kN、承载板半径 150mm）量测板中荷载作用下的弯沉曲线，荷载中心处的弯沉值平均值为 35（0.01mm），标准差为 0.97，则原沥青混凝土路面顶面的地基综合当量回弹模量最接近（　　）。

（A）517.1MPa　　　　　　　　　　　（B）330.6MPa

（C）40340kPa　　　　　　　　　　　（D）3.299GPa

解答

根据《公路水泥混凝土路面设计规范》（JTG D40—2011）第 B.2.5 条：

$w_0 = \overline{w} + 1.04s_w = 35 + 1.04 \times 0.97 = 36.0$

$E_t = 18621/w_0 = 18621/36.0 = 517.1\text{MPa}$

答案：A

例题 3-25-2（2023 年真题）

某二级公路改造设计，拟在旧沥青混凝土路面上铺筑水泥混凝土面层，采用落锤式弯沉仪对旧路面进行弯沉值测定时，测得一组有效数据为 83（0.01mm）、77（0.01mm）、96（0.01mm）、66（0.01mm）、78（0.01mm）、88（0.01mm），标准差为 9.375mm，则计算旧沥青混凝土路面综合当量回弹模量值是（　　）。（取小数点后一位）

（A）81.3MPa　　（B）91.1MPa　　（C）229.0MPa　　（D）204.5MPa

解答

根据《公路水泥混凝土路面设计规范》（JTG D40—2011）第 B.2.5 条：

$$\overline{\omega} = \frac{83 + 77 + 96 + 66 + 78 + 88}{6} = 81.3$$

$\omega_0 = \overline{\omega} + 1.04s = 81.3 + 1.04 \times 9.375 = 91.05$

$E_t = 18621/\omega_0 = 18621/91.05 = 204.5\text{MPa}$

答案：D

注：题干中标准差 9.375 单位有误，应为 0.01mm。

2. 城镇道路旧沥青路面顶面的地基综合当量回弹模量

📖 条文规定

《城镇道路路面设计规范》（CJJ 169—2012）规定如下：

6.5.1　单层混凝土板荷载应力分析应按下列步骤进行：

6　在柔性路面上铺筑水泥混凝土面层时，旧柔性路面顶面的当量回弹模量可按下式计算确定：

$$E_t = 13739w_0^{-1.04} \tag{6.5.1-12}$$

式中：w_0——以后轴载 100kN 的车辆进行弯沉测定，经统计整理后得到的旧路面计算回弹弯沉值（0.01mm）。

📖 **典型例题**

例题 3-25-3

某城市次干路，拟对某旧沥青混凝土路面进行加铺水泥混凝土面层改造，现状沥青路面面层两层厚100mm，现状基层使用水泥稳定碎石。采用贝克曼梁法，统计整理后得到的回弹弯沉值为 36（0.01mm），则原沥青混凝土路面顶面的地基综合当量回弹模量最接近（　　）。

（A）517.1MPa　　　　（B）330.7MPa　　　　（C）40340kPa　　　　（D）3.299GPa

解答

根据《城镇道路路面设计规范》（CJJ 169—2012）第 6.5.1 条：
$$E_t = 13739w_0^{-1.04} = 13739 \times 36^{-1.04} = 330.7\text{MPa}$$

答案： B

📖 **考点分析**

（1）本考点为弹性地基单层板荷载疲劳应力计算，解题时首先应判断是否为单层板。

（2）如果采用落锤式弯沉仪（设计荷载 50kN、承载板半径 150mm）量测板检测的数据，则采用式(B.2.5-1)和式(B.2.5-3)计算；如果采用贝克曼梁（后轴重 100kN 的车辆）弯沉检测的数据，则采用式(B.2.5-2)和式(B.2.5-3)计算；《公路水泥混凝土路面设计规范》（JTG D40—2011）第 8.4.4 条规定，旧混凝土路面基层顶面回弹模量在满足上述试验条件时，计算方法与之相同。

（3）《城镇道路路面设计规范》（CJJ 169—2012）式(6.5.1-12)与《公路水泥混凝土路面设计规范》（JTG D40—2011）式(B.2.5-4)相同。

考点26　公路弹性地基单层板的最大荷载应力计算

📖 **条文规定**

《公路水泥混凝土路面设计规范》（JTG D40—2011）规定如下：

B.2.6　最重轴载在面层板临界荷位处产生的最大荷载应力，应按式(B.2.6)计算。
$$\sigma_{p,max} = k_r k_c \sigma_{pm} \tag{B.2.6}$$
式中：$\sigma_{p,max}$——最重轴载 P_m 在面层板临界荷位处产生的最大荷载应力（MPa）；

σ_{pm}——最重轴载 P_m 在四边自由板临界荷位处产生的最大荷载应力（MPa），按式(B.2.2-1)计算，式中的设计轴载 P_s 改为最重轴载 P_m（以单轴计，kN）。

📖 **典型例题**

例题 3-26-1

南方地区新建一条二级公路，双向两车道，采用普通水泥混凝土面层，厚度为 0.24m，弯拉强度要求为4.5MPa,弹性模量和泊松比分别为29GPa和0.15;基层选用级配碎石,厚0.20m,弹性模量为300MPa。路肩面层与行车道面层等厚并设拉杆相连。板底地基当量回弹模量为110MPa。最重轴载为150kN,则路面板在临界荷位处产生的最大荷载应力最接近（　　　）。

（A）1.67MPa   （B）1.79MPa

（C）1.98MPa   （D）2.24MPa

解答

根据《公路水泥混凝土路面设计规范》（JTG D40—2011）第B.1.1条、第B.2.1条、第B.2.2条、第B.2.6条：

$$D_c = \frac{E_c h_c^3}{12(1-v_c^2)} = \frac{29000 \times 0.24^3}{12 \times (1-0.15^2)} = 34.2\text{MN} \cdot \text{m}$$

$$r = 1.21 \left(\frac{D_c}{E_t}\right)^{1/3} = 1.21 \times \left(\frac{34.2}{110}\right)^{1/3} = 0.82\text{m}$$

$$\sigma_{pm} = 1.47 \times 10^{-3} r^{0.70} h_c^{-2} P_m^{0.94}$$

$$= 1.47 \times 10^{-3} \times 0.82^{0.7} \times 0.24^{-2} \times 150^{0.94} = 2.46\text{MPa}$$

$$\sigma_{p,max} = k_r k_c \sigma_{pm} = 0.87 \times 1.05 \times 2.46 = 2.24\text{MPa}$$

答案：D

📖 **考点分析**

（1）本考点为弹性地基单层板荷载应力计算，解题时首先应判断是否为单层板。

（2）设计轴载改为最重轴载P_m，按式(B.2.2-1)计算。

（3）在计算最重轴载在临界荷位处产生的最大应力时，不考虑疲劳应力系数k_f，只考虑系数k_r、k_c。

考点27　公路弹性地基单层板温度应力

📖 **条文规定**

《公路水泥混凝土路面设计规范》（JTG D40—2011）规定如下：

B.3.1　在面层板临界荷位处产生的温度疲劳应力应按式(B.3.1)计算。

$$\sigma_{tr} = k_t \sigma_{t,max} \tag{B.3.1}$$

式中：σ_{tr}——面层板临界荷位处的温度疲劳应力（MPa）；

　　$\sigma_{t,max}$——最大温度梯度时面层板产生的最大温度应力（MPa），按B.3.2条确定；

　　k_t——考虑温度应力累计疲劳作用的温度疲劳应力系数，按B.3.4条确定。

B.3.2　最大温度梯度时混凝土面层板最大温度应力$\sigma_{t,max}$应按式(B.3.2)计算。

$$\sigma_{t,max} = \frac{\alpha_c E_c h_c T_g}{2} B_L \tag{B.3.2}$$

式中：α_c——混凝土的线膨胀系数，根据粗集料的岩性按表E.0.3-2取用；

　　T_g——公路所在地50年一遇的最大温度梯度，查表3.0.10取用；

　　B_L——综合温度翘曲应力和内应力的温度应力系数，按B.3.3条确定。

B.3.3　综合温度翘曲应力和内应力的温度应力系数B_L应按式(B.3.3-1)计算。

$$B_L = 1.77e^{-4.48h_c} C_L - 0.131(1-C_L) \tag{B.3.3-1}$$

$$C_L = 1 - \frac{\sinh t \cos t + \cosh t \sin t}{\cos t \sin t + \sinh t \cosh t} \tag{B.3.3-2}$$

$$t = \frac{L}{3r} \tag{B.3.3-3}$$

式中：C_L——混凝土面层板的温度翘曲应力系数，按式(B.3.3-2)计算；

L——面层板的横缝间距，即板长（m）；

r——面层板的相对刚度半径（m）。

B.3.4 温度疲劳应力系数k_t应按式(B.3.4)计算。

$$k_t = \frac{f_r}{\sigma_{t,max}} \left[a_t \left(\frac{\sigma_{t,max}}{f_r} \right)^{b_t} - c_t \right] \tag{B.3.4}$$

式中：a_t、b_t、c_t——回归系数，按所在地区的公路自然区划查表 B.3.4 确定。

回归系数 a_t、b_t 和 c_t 表 B.3.4

系数	公路自然区划					
	II	III	IV	V	VI	VII
a_t	0.828	0.855	0.841	0.871	0.837	0.834
b_t	1.323	1.355	1.323	1.287	1.382	1.270
c_t	0.041	0.041	0.058	0.071	0.038	0.052

水泥混凝土线膨胀系数经验参考值 表 E.0.3-2

粗集料类型	石英岩	砂岩	砾石	花岗岩	玄武岩	石灰岩
水泥混凝土线膨胀系数（10^{-6}/℃）	12	12	11	10	9	7

3.0.10 水泥混凝土面层的最大温度梯度标准值T_g，可按公路所在地的公路自然区划按表 3.0.10 选用。

最大温度梯度标准值 T_g 表 3.0.10

公路自然区划	II、V	III	IV、VI	VII
最大温度梯度（℃/m）	83～88	90～95	86～92	93～98

注：海拔高时，取高值；湿度大时，取低值。

📖 **典型例题**

例题 3-27-1

公路自然区划IV区新建一条二级公路，拟采用普通水泥混凝土面层，初拟路面厚度为 0.24m，弯拉强度要求为 4.5MPa，弯拉弹性模量和泊松比分别为 29GPa 和 0.15；基层选用级配碎石，厚 0.20m，弹性模量 300MPa，混凝土面层板的相对刚度半径为 0.78。当地的粗集料以花岗岩为主，经交通调查属中等交通荷载等级。混凝土面板平面尺寸为 4.5m × 3.5m，纵缝为设拉杆平缝形式。横缝为不设传力杆假缝形式，综合温度翘曲应力和内应力的温度应力系数为 0.465。则面板的最大温度应力最接近（   ）。（最大温度梯度标准值取 88）

（A）1.425MPa　　　　　　　（B）1.463MPa

（C）1.487MPa　　　　　　　（D）1.501MPa

解答

根据《公路水泥混凝土路面设计规范》（JTG D40—2011）第 B.3.2 条。

查表 E.0.3-2，花岗岩粗集料α_c取 10×10^{-6}；查表 3.0.10，IV区最大温度梯度标准值T_g取 88；根据题目，B_L取 0.465，则

$$\sigma_{t,max} = \frac{\alpha_c E_c h_c T_g}{2} B_L$$
$$= \frac{10 \times 10^{-6} \times 29000 \times 0.24 \times 88}{2} \times 0.465$$
$$= 1.425 \text{MPa}$$

答案：A

📖 **考点分析**

（1）本考点为弹性地基单层板荷载应力计算，解题时首先应判断是否为单层板。

（2）如果题目没有综合温度翘曲应力和内应力的温度应力系数，则按式(B.3.3-1)计算。

（3）E_c 为混凝土面层的弯拉弹性模量，而非弯拉强度、抗压强度等，注意公式单位为 MPa，如果题目中未给出数据，则参照表 E.0.3-1 取值。

（4）h_c 为水泥混凝土面层板厚度，单位为 m。

（5）《城镇道路路面设计规范》（CJJ 169—2012）第 6.5.2 条关于单层混凝土板温度应力分析计算公式与公路基本相同，计算方法相通。

考点28 弹性地基双层板荷载应力计算

1. 公路弹性地基双层板荷载应力计算

📖 **条文规定**

《公路水泥混凝土路面设计规范》（JTG D40—2011）规定如下：

B.4.1 面层板或上面层板的荷载疲劳应力 σ_{pr} 应按式(B.2.1)计算。其中，荷载疲劳应力系数 k_f、应力折减系数 k_r 和综合系数 k_c 的确定方法，与单层板的相同；设计轴载 P_s 在上层板临界荷位处产生的荷载应力 σ_{ps} 应按式(B.4.1-1)确定。

$$\sigma_{ps} = \frac{1.45 \times 10^{-3}}{1 + D_b/D_c} r_g^{0.65} h_c^{-2} P_s^{0.94} \tag{B.4.1-1}$$

$$D_b = \frac{E_b h_b^3}{12(1 - \nu_b^2)} \tag{B.4.1-2}$$

$$r_g = 1.21[(D_c + D_b)/E_t]^{1/3} \tag{B.4.1-3}$$

式中： D_b——下层板的截面弯曲刚度（MN·m），按式(B.4.1-2)计算；

h_b、E_b、ν_b——下层板的厚度（m）、弯拉弹性模量（MPa）和泊松比；

 r_g——双层板的总相对刚度半径（m），按式(B.4.1-3)计算；

 h_c、D_c——上层板的厚度（m）和截面弯曲刚度（MN·m），按式(B.2.2-3)计算。

B.4.2 贫混凝土或碾压混凝土基层板或者下面层板的荷载疲劳应力，应按式(B.4.2-1)计算。其中，疲劳应力系数 k_f 和综合系数 k_c 的确定方法与单层板的确定方法相同；设计轴载 P_s 在下层板临界荷位处产生的荷载应力应按式(B.4.2-2)计算。

$$\sigma_{bpr} = k_f k_c \sigma_{bps} \tag{B.4.2-1}$$

$$\sigma_{bps} = \frac{1.41 \times 10^{-3}}{1 + D_c/D_b} r_g^{0.68} h_b^{-2} P_s^{0.94} \tag{B.4.2-2}$$

式中：σ_{bpr}——下层板的荷载疲劳应力（MPa）；

σ_{bps}——设计轴载 P_s 在下层板临界荷位处产生的荷载应力（MPa）。

例题 3-28-1

南方地区新建一条一级公路，双向四车道，采用普通水泥混凝土面层，路面宽度为 10.0m，厚度为 0.24m，弯拉强度要求为 4.5MPa，弹性模量和泊松比分别为 29GPa 和 0.15；基层选用水泥稳定级配碎石，厚 0.20m，弹性模量 2200MPa，泊松比为 0.2。路肩面层与行车道面层等厚并设拉杆相连。板底地基当量回弹模量为 120MPa。则设计轴载 P_s 在上层板临界荷位处产生的荷载应力最接近（　　）。

（A）1.59MPa　　　　　　　　　　（B）1.62MPa

（C）1.66MPa　　　　　　　　　　（D）1.70MPa

解答

根据《公路水泥混凝土路面设计规范》（JTG D40—2011）第 B.4.1 条、式(B.2.2-3)：

$$D_\mathrm{c} = \frac{E_\mathrm{c}h_\mathrm{c}^3}{12\left(1-\nu_\mathrm{c}^2\right)} = \frac{29000 \times 0.24^3}{12 \times (1-0.15^2)} = 34.1\,\mathrm{MN \cdot m}$$

$$D_\mathrm{b} = \frac{E_\mathrm{b}h_\mathrm{b}^3}{12\left(1-\nu_\mathrm{b}^2\right)} = \frac{2200 \times 0.20^3}{12 \times (1-0.2^2)} = 1.52\,\mathrm{MN \cdot m}$$

$$r_\mathrm{g} = 1.21\left(\frac{D_\mathrm{c}+D_\mathrm{b}}{E_\mathrm{t}}\right)^{1/3} = 1.21 \times \left(\frac{34.1+1.52}{120}\right)^{1/3} = 0.807\,\mathrm{m}$$

$$\begin{aligned}
\sigma_{\mathrm{ps}} &= \frac{1.45 \times 10^{-3}}{1+D_\mathrm{b}/D_\mathrm{c}} r_\mathrm{g}^{0.65} h_\mathrm{c}^{-2} P_\mathrm{s}^{0.94} \\
&= \frac{1.45 \times 10^{-3}}{1+\dfrac{1.52}{34.1}} \times 0.807^{0.65} \times 0.24^{-2} \times 100^{0.94} \\
&= 1.59\,\mathrm{MPa}
\end{aligned}$$

答案：A

2. 城市道路弹性地基双层板荷载应力计算

《城镇道路路面设计规范》（CJJ 169—2012）规定如下：

6.5.3　双层混凝土板荷载应力分析应按下列步骤进行：

1　双层混凝土板的临界荷位为板的纵向边缘中部。标准轴载在临界荷位处产生的上层和下层混凝土板的荷载疲劳应力 σ_{pr1} 和 σ_{pr2}，分别按式(6.5.1-1)计算确定；但结合式双层板仅需计算下层板的荷载疲劳应力 σ_{pr2}。其中，应力折减系数、荷载疲劳应力系数和综合系数的确定方法，与单层混凝土板完全相同。

2　标准轴载在临界荷位处产生的分离式双层板上层和下层的荷载应力或者结合式双层板下层的荷载应力，应按下列公式计算：

$$\sigma_{\mathrm{pr1}} = 0.077 r_\mathrm{g}^{0.60} \frac{E_{\mathrm{c1}}h_{01}}{12D_\mathrm{g}} \tag{6.5.3-1}$$

$$\sigma_{\mathrm{pr2}} = 0.077 r_\mathrm{g}^{0.60} \frac{E_{\mathrm{c2}}(0.5h_{02}+h_x k_\mathrm{u})}{6D_\mathrm{g}} \tag{6.5.3-2}$$

式中：σ_{pr1}、σ_{pr2}——双层混凝土板上层和下层的荷载应力（MPa）；

E_{c1}、E_{c2}——双层混凝土板上层和下层的弯拉弹性模量（MPa）；

h_{01}、h_{02}——双层混凝土板上层和下层的厚度（m）；

h_x——下层板中面至结合式双层板中性面的距离（m）；

k_u——层间结合系数，分离式时，$k_u = 0$；结合式时，$k_u = 1$；

D_g——双层混凝土板的截面总刚度（MN·m）；

r_g——双层混凝土板的相对刚度半径（m）。

3 下层板中面至结合式双层板中性面的距离可按下式计算：

$$h_x = \frac{E_{c1}h_{01}(h_{01} + h_{02})}{2(E_{c1}h_{01} + E_{c2}h_{02})}$$
(6.5.6-3)

4 双层混凝土板的截面总刚度为上层板和下层板对各自中面的弯曲刚度以及由截面轴向力所构成的弯曲刚度三者之和，应按下式计算：

$$D_g = \frac{E_{c1}h_{01}^3}{12} + \frac{E_{c2}h_{02}^3}{12} + \frac{E_{c1}h_{01}E_{c2}h_{02}(h_{01} + h_{02})^2}{4(E_{c1}h_{01} + E_{c2}h_{02})}k_u$$
(6.5.3-4)

5 双层混凝土板的相对刚度半径应按下式计算：

$$r_g = 1.23\left(\frac{D_g}{E_t}\right)^{1/3}$$
(6.5.3-5)

📖 典型例题

例题 3-28-2

南方地区某城市支路，双向两车道，采用普通水泥混凝土面层，路面宽度为 8.0m，厚度为 0.20m，弯拉强度要求为4.5MPa，弹性模量和泊松比分别为29GPa和0.15；基层选用水泥稳定级配碎石，厚0.2m，弹性模量2200MPa，泊松比为0.2。板底地基当量回弹模量为120MPa。则设计轴载P_s在上层板临界荷位处产生的荷载应力最接近（   ）。（层间结合系数取 0）

（A）1.43MPa   （B）1.62MPa

（C）1.66MPa   （D）1.70MPa

解答：

根据《城镇道路路面设计规范》（CJJ 169—2012）6.5.3 条：

$$D_g = \frac{E_{c1}h_{01}^3}{12} + \frac{E_{c2}h_{02}^3}{12} + \frac{E_{c1}h_{01}E_{c2}h_{02}(h_{01} + h_{02})^2}{4(E_{c1}h_{01} + E_{c2}h_{02})}k_u$$

$$D_g = \frac{29 \times 10^3 \times 0.2^3}{12} + \frac{2200 \times 0.2^3}{12} + 0 = 20.8$$

$$r_g = 1.23\left(\frac{D_g}{E_t}\right)^{1/3}$$

$$r_g = 1.23 \times \left(\frac{20.8}{120}\right)^{1/3} = 0.685$$

$$\sigma_{pr1} = 0.077 r_g^{0.60}\frac{E_{c1}h_{01}}{12D_g}$$

$$\sigma_{pr1} = 0.077 \times 0.685^{0.6} \times \frac{29 \times 10^3 \times 0.2}{12 \times 20.8} = 1.43$$

答案：A

（1）本考点为弹性地基双层板荷载应力计算，解题时首先应判断是否为双层板。

（2）D_c为混凝土面板的截面弯曲刚度，如题目没有给出数值，则按式(B.2.2-3)计算。

（3）D_b为下层板的截面弯曲刚度，如题目没有给出数值，则按式(B.4.1-2)计算。

（4）r_g为双层板的总相对刚度半径，如题目没有给出数值，则按式(B.4.1-3)计算。

（5）下标 c 表示上层板，即上面混凝土板相关参数，下标 b 表示下层板相关参数。

（6）P_s为设计轴载，一般情况下以 100kN 单轴—双轮组荷载作为设计轴载。根据《公路水泥混凝土路面设计规范》（JTG D40—2011）第 3.0.6 条，对于极重交通荷载等级的水泥混凝土路面，宜选用货车占主要份额特重车型的轴载作为设计轴载。

（7）关于双层板荷载应力计算，公路与城市道路计算公式区别较大，本书已作出对比。

考点29　公路贫混凝土或碾压混凝土基层板或下面层板荷载疲劳应力计算

📖 条文规定

《公路水泥混凝土路面设计规范》（JTG D40—2011）规定如下：

B.4.2　贫混凝土或碾压混凝土基层板或者下面层板的荷载疲劳应力，应按式(B.4.2-1)计算。其中，疲劳应力系数k_f和综合系数k_c的确定方法与单层板的确定方法相同；设计轴载P_s在下层板临界荷位处产生的荷载应力应按式(B.4.2-2)计算。

$$\sigma_{bpr} = k_f k_c \sigma_{bps} \tag{B.4.2-1}$$

$$\sigma_{bps} = \frac{1.41 \times 10^{-3}}{1 + D_c/D_b} r_g^{0.68} h_b^{-2} P_s^{0.94} \tag{B.4.2-2}$$

式中：σ_{bpr}——下层板的荷载疲劳应力（MPa）；

σ_{bps}——设计轴载P_s在下层板临界荷位处产生的荷载应力（MPa）。

📖 典型例题

例题 3-29-1

公路自然区划Ⅴ区新建高速公路，设计基准期内设计车道标准荷载累计作用次数为 3.352×10^7 次，最重轴载 250kN。路面拟采用普通水泥混凝土面层，初拟路面厚度为 0.26m，弯拉强度要求为 5.5MPa，弯拉弹性模量和泊松比分别为 31GPa 和 0.15；基层选用碾压混凝土，厚 0.20m，弯拉弹性模量为 27GPa，泊松比为 0.15，面层与基层之间设置 40mm 厚的沥青混凝土夹层，底基层选用级配碎石。板底地基当量回弹模量为 120MPa。则碾压混凝土基层的荷载疲劳应力为（　　　　）。

（A）1.59MPa

（B）1.82MPa

（C）2.16MPa

（D）2.66MPa

解答

$$D_c = \frac{E_c h_c^3}{12(1 - \nu_c^2)} = \frac{31000 \times 0.26^3}{12 \times (1 - 0.15^2)} = 46.5\text{MPa}$$

$$D_b = \frac{E_b h_b^3}{12(1 - \nu_b^2)} = \frac{27000 \times 0.20^3}{12 \times (1 - 0.15^2)} = 18.4\text{MPa}$$

$$r_{\mathrm{g}} = 1.21 \left(\frac{D_{\mathrm{c}} + D_{\mathrm{b}}}{E_{\mathrm{t}}}\right)^{1/3} = 1.21 \times \left(\frac{46.5 + 18.4}{120}\right)^{1/3} = 0.986\mathrm{m}$$

$$\sigma_{\mathrm{bps}} = \frac{1.41 \times 10^{-3}}{1 + \dfrac{D_{\mathrm{c}}}{D_{\mathrm{b}}}} r_{\mathrm{g}}^{0.68} h_{\mathrm{b}}^{-2} P_{\mathrm{s}}^{0.94}$$

$$= \frac{1.41 \times 10^{-3}}{1 + 46.5/18.4} \times 0.986^{0.68} \times 0.2^{-2} \times 100^{0.94} = 0.751\mathrm{MPa}$$

$$k_{\mathrm{f}} = N_{\mathrm{e}}^{\lambda} = (3.352 \times 10^7)^{0.065} = 3.084$$

$$\sigma_{\mathrm{bpr}} = k_{\mathrm{f}} k_{\mathrm{c}} \sigma_{\mathrm{bps}} = 3.084 \times 1.15 \times 0.751 = 2.663\mathrm{MPa}$$

答案：D

📖 考点分析

（1）本考点为弹性地基双层板荷载应力计算，解题时首先应判断是否为双层板。

（2）式(B.4.1-1)可用来计算上层板荷载疲劳应力，式(B.4.2-1)可用来计算下层板荷载疲劳应力。

（3）P_{s} 为设计轴载，一般情况下以 100kN 单轴—双轮组荷载作为设计轴载。根据《公路水泥混凝土路面设计规范》（JTG D40—2011）第 3.0.6 条，对于极重交通荷载等级的水泥混凝土路面，宜选用货车占主要份额特重车型的轴载作为设计轴载。

考点30 公路弹性地基双层板最大荷载应力计算

📖 条文规定

《公路水泥混凝土路面设计规范》（JTG D40—2011）规定如下：

B.4.3 最重轴载在上层板临界荷位处产生的最大荷载应力应按式(B.2.6)计算。其中，应力折减系数 k_{r} 和综合系数 k_{c} 应按 B.2.1 条确定；最重轴载在四边自由板临界荷位处产生的最大荷载应力应按式(B.4.1-1)计算，式中的设计轴载 P_{s} 改为最重轴载 P_{m}（以单轴计，kN）。

📖 典型例题

例题 3-30-1

公路自然区划Ⅴ区新建一条一级公路，双向四车道，采用普通水泥混凝土面层，设计基准期内设计轴载累计作用次数为 600×10^4 次，最重轴载为 160kN。面板厚度为 0.26m，弯拉强度要求为 5.0MPa，基层选用水泥稳定级配碎石，厚 0.20m，面板和基层的截面弯曲刚度分别为 43.5MN·m 和 1.52MN·m，路肩面层与行车道面层等厚并设拉杆相连。板底地基当量回弹模量为 120MPa。则最重轴载 P_{m} 在上层板临界荷位处产生的荷载应力最接近（ ）。

（A）2.13MPa 　　　（B）2.35MPa 　　　（C）2.47MPa 　　　（D）2.68MPa

解答

根据《公路水泥混凝土路面设计规范》（JTG D40—2011）第 B.2.1 条、第 B.4.1 条、第 B.4.3 条：

$$k_{\mathrm{r}} = 0.87$$

$$k_{\mathrm{c}} = 1.1$$

$$r_{\mathrm{g}} = 1.21 \left(\frac{D_{\mathrm{c}} + D_{\mathrm{b}}}{E_{\mathrm{t}}}\right)^{1/3} = 1.21 \times \left(\frac{43.5 + 1.52}{120}\right)^{1/3} = 0.873\mathrm{m}$$

$$\sigma_{pm} = \frac{1.45 \times 10^{-3}}{1 + \dfrac{D_b}{D_c}} r_g^{0.65} h_c^{-2} P_m^{0.94}$$

$$= \frac{1.45 \times 10^{-3}}{1 + 1.52/43.5} \times 0.873^{0.65} \times 0.26^{-2} \times 160^{0.94} = 2.23 \text{MPa}$$

$$\sigma_{p,max} = k_r k_c \sigma_{pm} = 0.87 \times 1.1 \times 2.23 = 2.13 \text{MPa}$$

答案：A

📖 考点分析

（1）本考点为弹性地基双层板荷载应力计算，解题时首先应判断是否为双层板。

（2）设计轴载改为最重轴载P_m，按式(B.4.1-1)计算。

（3）在计算最重轴载在临界荷位处产生的最大应力时，不考虑疲劳应力系数k_f，只考虑系数k_r、k_c，与单层板一致。

（4）混凝土板应力计算，包括复合板应力的计算等过程较复杂，考生应主要掌握计算原理和方法。

考点31 公路水泥路面结构组合设计、接缝设计、厚度计算流程

📖 条文规定

《公路水泥混凝土路面设计规范》（JTG D40—2011）规定如下：

4.1 一般规定

4.1.1 应依据公路等级、交通荷载、路基条件、当地温度和湿度状况以及使用性能要求，选择及组合与之相适应的水泥混凝土路面结构。

4.1.2 路面结构组合设计，应使各个结构层的力学特性及其组成材料性质满足相应的功能要求。

4.1.3 应充分考虑各相邻结构层的相互作用、层间结合条件和要求，以及结构组合的协调与平衡。

4.1.4 应充分考虑地表水的渗入和冲刷作用。采取封堵和疏排措施，减少地表水渗入，防止渗入水积滞在路面结构内。基层应选用抗冲刷能力强的材料。

4.2 路基

4.2.1 路基应稳定、密实、均质，对路面结构提供均匀的支承。

4.2.2 路床顶面的综合回弹模量值，轻交通荷载等级时不得低于 40MPa，中等或重交通荷载等级时不得低于 60MPa，特重或极重交通荷载等级时不得低于 80MPa。

4.2.3 路基填料应满足以下要求：

1 高液限黏土及含有机质的细粒土不应用作高速公路和一级公路的路床填料或二级公路和二级以下公路的上路床填料。

2 高液限粉土、塑性指数大于 16 或膨胀率大于 3% 的低液限黏土不应用作高速公路和一级公路的上路床填料。

3 因条件限制必须采用上述土作填料时，应掺加水泥、粉煤灰或石灰等结合料进行改善。

4.2.4 路床顶面综合回弹模量值不满足 4.2.2 条要求时，应选用粗粒土或低剂量无机结合料稳定土作路床或上路床填料。当路基工作区底面接近或低于地下水位时，可采取更换填料、设置排水渗沟等措施。

4.2.5 季节性冰冻地区的中湿类、潮湿类和过湿类路基，当冰冻线深度达到路基的易冻胀土层时，在易冻胀土层上应设置防冻垫层或用不易冻胀土置换冰冻线深度范围内的易冻胀土。

4.2.6 水文地质条件不良的土质路堑，应采取地下排水措施。

4.2.7 对路堤下的软弱地基进行加固处治后，其工后沉降量应符合现行《公路路基设计规范》（JTG D30）的规定，并宜在路床顶部铺筑粒料层。

4.2.8 填挖交界或新老路基结合路段，应采取防止差异沉降的技术措施。

4.2.9 石质挖方或填石路床顶面应铺设整平层。整平层可采用碎石、低剂量水泥稳定粒料等材料，其厚度可根据路床顶面平整程度确定，最小厚度不小于100mm。

4.3 垫层

4.3.1 遇有以下情况时，应在基层或底基层下设置垫层：

1 季节性冰冻地区，路面结构厚度小于最小防冻厚度要求（表3.0.9）时，应设置防冻垫层，使路面结构厚度符合要求。

2 水文地质条件不良的土质路堑，路床土湿度较大时，宜设置排水垫层。

4.3.2 垫层应与路基同宽，厚度不得小于150mm。

4.3.3 防冻垫层和排水垫层宜采用碎石、砂砾等颗粒材料。

4.4 基层和底基层

4.4.1 基层和底基层应具有足够的抗冲刷能力和适当的刚度。

4.4.2 基层和底基层的材料可依据交通荷载等级、结构层组合要求和材料供应条件，分别参照表4.4.2-1和表4.4.2-2选用。

各交通荷载等级的基层材料类型 表4.4.2-1

交通荷载等级	基层材料类型
极重、特重	贫混凝土、碾压混凝土
	沥青混凝土
重	密级配沥青稳定碎石
	水泥稳定碎石
中等、轻	级配碎石
	水泥稳定碎石，石灰、粉煤灰稳定碎石

注：交通荷载分级见表3.0.7。

各交通荷载等级的底基层材料类型 表4.4.2-2

交通荷载等级	底基层材料类型
极重、特重、重	级配碎石，水泥稳定碎石，石灰、粉煤灰稳定碎石
中等、轻	未筛分碎石、级配砾石，或不设

注：交通荷载分级见表3.0.7。

4.4.3 承受极重、特重或重交通荷载的路面，基层下应设置底基层；承受中等或轻交通荷载时，可不设底基层。当基层采用无机结合料稳定类材料，且上路床由细粒土组成时，应在基层下设置粒料类底基层。

4.4.4 基层采用无机结合料稳定类材料时，底基层宜选用小于0.075mm颗粒含量少于7%的粒料类材料。

4.4.5 贫混凝土或碾压混凝土基层上应铺设沥青混凝土夹层，层厚不宜小于40mm。无机结合料稳定碎石基层上应设置封层，封层可采用单层沥青表面处治或适宜的膜层材料等。当采用单层沥青表面处治时，层厚不宜小于6mm。

4.4.6 多雨地区，路基由低透水性细粒土组成的高速公路和一级公路或者承受极重或特重交通荷载的二级公路，宜设置由开级配沥青稳定碎石或开级配水泥稳定碎石组成的排水基层。排水基层下应设置由密级配粒料或水泥稳定碎石组成的不透水底基层。底基层顶面宜铺设沥青类封层或防水土工织物。

4.4.7 各种基层和底基层的结构层适宜压实厚度，应按所选集料的公称最大粒径和压实效果的要求而定。基层或底基层的设计层厚超出相应材料的适宜压实厚度范围时，宜分层铺设和压实。

4.4.8 贫混凝土或碾压混凝土基层的计算厚度应满足式(3.0.5)的要求。基层设计厚度应依据计算厚度按 10mm 向上取整。

4.4.9 开级配沥青稳定碎石或水泥稳定碎石排水基层的计算厚度应满足排除表面水设计渗入量的需要。排水基层的设计厚度宜依据计算厚度按 10mm 向上取整后再增加 20mm。

4.4.10 硬路肩采用混凝土面层时，基层的结构与厚度应与行车道相同。基层的宽度应比混凝土面层每侧宽出 300mm（小型机具施工时）或 650mm（滑模式摊铺机施工时）。

4.4.11 碾压混凝土基层应设置与混凝土面层相对应的接缝。贫混凝土基层弯拉强度大于 1.5MPa 时，应设置与面层相对应的横向缩缝；一次摊铺宽度大于 7.5m 时，应设置纵向缩缝。

4.5 面层

4.5.1 水泥混凝土面层应具有足够的强度和耐久性，表面应抗滑、耐磨、平整。

4.5.2 面层宜采用设接缝的普通水泥混凝土。当面层板的平面尺寸较大或形状不规则，路面结构下埋有地下设施，位于高填方、软土地基、填挖交界段等有可能产生不均匀沉降的路基段时，应采用接缝设置传力杆的钢筋混凝土面层。连续配筋混凝土、碾压混凝土和钢纤维混凝土等其他面层类型可依据适用条件选用。

4.5.3 普通水泥混凝土、钢筋混凝土、碾压混凝土和连续配筋混凝土面层的计算厚度，可依据交通荷载等级、公路等级和变异水平等级，按式(3.0.4-1)和式(3.0.4-2)确定。各种混凝土面层的设计厚度应依据计算厚度加 6mm 磨耗层后，按 10mm 向上取整。

4.5.4 钢纤维混凝土的钢纤维体积率宜为 0.6%～1.0%，面层厚度宜为普通混凝土面层厚度的 0.75～0.65 倍，按钢纤维掺量确定。特重或重交通荷载时，其最小厚度应为 180mm；中等或轻交通荷载时，其最小厚度应为 160mm。

4.5.5 复合式路面的沥青混凝土上面层的厚度不宜小于 40mm。水泥混凝土下面层的计算厚度，应满足式(3.0.4-1)和式(3.0.4-2)的要求。水泥混凝土下面层与沥青混凝土上面层之间应设置黏层。

4.5.6 路面表面必须采用拉毛、拉槽、压槽或刻槽等方法筑做表面构造，在交工验收时构造深度应满足表 4.5.6 的要求。

各级公路水泥混凝土面层的表面构造深度要求（单位：mm）   表 4.5.6

公路等级	高速公路、一级公路	二、三、四级公路
一般路段	0.70～1.10	0.50～1.00
特殊路段	0.80～1.20	0.60～1.10

注：1. 特殊路段——对于高速和一级公路系指立交、平交或变速车道等处，对于其他等级公路系指急弯、陡坡、交叉口或集镇附近。
　　2. 在年降雨量 600mm 以下的地区，表列数值可适当降低。

4.5.7 混凝土预制块可采用矩形块或异形块。矩形块的长度宜为 200～250mm，宽度宜为 100～125mm，厚度宜为 80～150mm。预制块下砂垫层的厚度宜为 30～50mm。

4.6 路肩

4.6.1 路肩铺面结构应具有一定的承载能力，其结构层组合和材料选用应与行车道路面相协调，不应使渗入的路表水积滞在行车道路面结构内。

4.6.2 行车道混凝土面层宜宽出外侧车道边缘线 0.6m。

4.6.3 高速公路和一级公路以及承受极重、特重和重交通荷载等级的公路，路肩铺面应采用与行车道路面相同的结构层组合和组成材料类型。其他等级公路，路肩铺面的基层和底基层应采用与行车道路面结构相同的材料类型和厚度。

4.6.4 路肩面层可选用水泥混凝土或沥青类材料。路肩面层选用沥青类材料时，中等交通荷载以上等级公路，应采用热拌沥青混合料；低等级公路和轻交通荷载等级公路，可采用沥青表面处治。路肩基层为粒料类材料时，其细料（小于 0.075mm）含量不应超过 6%。

4.6.5 路肩混凝土面层与行车道面层应设置拉杆相连，二者的横向缩缝应连通。行车道面层为连续配筋混凝土时，路肩混凝土面层的横向缩缝间距应为 4.5m。

5.1.2　纵向接缝的间距（即板宽）宜在 3.0～4.5m 范围内选用。

5.1.3　横向接缝的间距（即板长）应按面层类型和厚度选定：

1　普通水泥混凝土面层宜为 4～6m，面层板的长宽比不宜超过 1.35，平面面积不宜大于 25m²。

2　碾压混凝土或钢纤维混凝土面层宜为 6～10m。

3　钢筋混凝土面层宜为 6～15m，面层板的长宽比不宜超过 2.5，平面面积不宜大于 45m²。

5.2.1　纵向接缝的布设应视路面总宽度、行车道及硬路肩宽度以及施工铺筑宽度而定：

1　一次铺筑宽度小于路面宽度时，应设置纵向施工缝。纵向施工缝应采用设拉杆平缝形式，上部应锯切槽口，深度宜为 30～40mm，宽度宜为 3～8mm，槽内应灌塞填缝料。其构造如图 5.2.1a）所示。

2　一次铺筑宽度大于 4.5m 时，应设置纵向缩缝。纵向缩缝应采用设拉杆假缝形式，锯切的槽口深度应大于施工缝的槽口深度。采用粒料基层时，槽口深度应为板厚的 1/3；采用半刚性基层时，槽口深度应为板厚的 2/5。其构造如图 5.2.1b）所示。

3　碾压混凝土面层一次摊铺宽度大于 7.5m 时，应设置纵向缩缝，缩缝构造如图 5.2.1b）所示；钢纤维混凝土面层在摊铺宽度小于 7.5m 时，可不设纵向缩缝。

4　行车道路面与混凝土硬路肩之间的纵向接缝必须设置拉杆。

a) 纵向施工缝　　　　b) 纵向缩缝

图 5.2.1　纵缝构造（尺寸单位：mm）

5.2.2　纵缝应与路线中线平行。在路面等宽的路段内或路面变宽路段的等宽部分，纵缝的间距和形式应保持一致。路面变宽段的加宽部分与等宽部分之间，应以纵向施工缝隔开。加宽板在变宽段起终点处的宽度不应小于 1m。

5.2.3　拉杆应采用螺纹钢筋，设在板厚中央，并应对拉杆中部 100mm 范围内进行防锈处理。拉杆的直径、长度和间距可参照表 5.2.3 选用。施工布设时，拉杆间距应根据横向接缝的实际位置予以调整，最外侧的拉杆距横向接缝的距离不得小于 100mm。

拉杆直径、长度和间距（单位：mm）　　　　　　　　　　表 5.2.3

面层厚度（mm）	到自由边或未设拉杆纵缝的距离（m）					
	3.00	3.50	3.75	4.50	6.00	7.50
200～250	14×700×900	14×700×800	14×700×700	14×700×600	14×700×500	14×700×400
≥260	16×800×800	16×800×700	16×800×600	16×800×500	16×800×400	16×800×300

注：拉杆尺寸表示方法为直径×长度×间距。

5.2.4　连续配筋混凝土面层的纵缝拉杆可由板内横向钢筋延伸穿过接缝代替。

5.3.1　每日施工结束或因临时原因中断施工时，必须设置横向施工缝，其位置宜选在缩缝或胀缝处。

图 5.3.1　横向施工缝构造（尺寸单位：mm）

设在缩缝处的施工缝，应采用加传力杆的平缝形式，其构造如图 5.3.1 所示；设在胀缝处的施工缝，其构造应与胀缝相同，如图 5.3.4 所示。

5.3.2　横向缩缝可等间距或变间距布置，应采用假缝形式。极重、特重和重交通荷载公路的横向缩缝，中等和轻交通荷载公路邻近胀缝或自由端部的 3 条横向缩缝，收费广场的横向缩缝，应采用设传力杆假缝形式，其构造如图 5.3.2a）所示。其他情况可采用不设传力杆假缝形式，其构造如图 5.3.2b）所示。传力杆的设置不应妨碍相邻混凝土板的自由伸缩，钢筋表面应作防锈处理。

a) 设传力杆假缝型　　　　　　　b) 不设传力杆假缝型

图 5.3.2　横向缩缝构造（尺寸单位：mm）

5.3.3　横向缩缝顶部应锯切槽口，设置传力杆时槽口深度宜为面层厚度的 1/4～1/3，不设置传力杆时槽口深度宜为面层厚度的 1/5～1/4。槽口宽度应根据施工条件、填缝料性能等因素而定，宽度宜为 3～8mm，槽内应填塞填缝料。二级及二级以下公路的槽口可一次锯切成型。高速和一级公路槽口宜二次锯切成型，在第一次锯切缝的上部宜增设宽 7～10mm 的浅槽口，槽口下部应设置背衬垫条，上部应用填缝料灌填，其构造如图 5.3.3 所示。

B点大样图

图 5.3.3　二次锯切槽口构造（尺寸单位：mm）

5.3.4　在邻近桥梁或其他固定构造物处，或者与其他道路相交处，应设置横向胀缝。胀缝条数应根据膨胀量大小设置。胀缝宽宜为 20～25mm，缝内应设置填缝板和可滑动的传力杆。胀缝的构造如图 5.3.4 所示。

图 5.3.4　胀缝构造（尺寸单位：mm）

5.3.5　传力杆应采用光圆钢筋。横向缩缝传力杆的尺寸、间距和要求与胀缝相同，可按表 5.3.5 选用。最外侧传力杆距纵向接缝或自由边的距离宜为 150～250mm。

传力杆尺寸和间距（单位：mm）   表 5.3.5

面层厚度	传力杆直径	传力杆最小长度	传力杆最大间距
220	28	400	300
240	30	400	300
260	32	450	300
280	32～34	450	300
≥300	34～36	500	300

B.7 混凝土板厚度计算流程

1 按第 4 章进行行车道路面结构的组合设计，初拟路面结构，包括路床、垫层、基层和面层的材料类型和厚度，并按第 4 章条文说明表 4-3 所列的水泥混凝土面层厚度建议范围，依据交通等级、公路等级和所选变异水平等级初选混凝土板厚度。

2 按照初拟路面结构的组合情况，选择相应的结构分析模型。

3 参照图 B.7 所示的混凝土路面板厚度计算流程，分别计算混凝土面层板（单层板或双层板的面层板）的最重轴载产生的最大荷载应力、设计轴载产生的荷载疲劳应力、最大温度梯度产生的最大温度应力及温度疲劳应力。

图 B.7 混凝土路面板厚度计算流程图

4 当荷载疲劳应力与温度疲劳应力之和与可靠度系数的乘积，小于且接近于混凝土弯拉强度标准值，同时，最大荷载应力与最大温度应力之和与可靠度系数的乘积，小于混凝土弯拉强度标准值，即满足式(3.0.4-1)和式(3.0.4-2)时，初选厚度可作为混凝土板的计算厚度。

5 贫混凝土或碾压混凝土基层或者双层板的下面层板，需计算其荷载疲劳应力，并检算荷载疲劳应力与可靠度系数的乘积是否小于其材料的弯拉强度标准值，即应满足式(3.0.5)。

6 若不能同时满足式(3.0.4)及式(3.0.5)，则应改选混凝土面层板厚度或（和）调整基层类型或（和）厚度，重新计算，直到同时满足式(3.0.4)及式(3.0.5)。

7 计算厚度加6mm磨损厚度后，应按10mm向上取整，作为混凝土面层的设计厚度。

📖 典型例题

例题 3-31-1（2021年真题）

某普通水泥混凝土路面，面层厚度为 0.26m，横向缩缝采用不设传力杆形式，则下列选项中横向缩缝顶部锯切槽口深度满足上、下限要求的是（　　）。

（A）40mm　　　　（B）50mm　　　　（C）60mm　　　　（D）70mm

解答

根据《公路水泥混凝土路面设计规范》（JTG D40—2011）第5.3.3条，不设置传力杆槽口深度宜为面层厚度的1/5～1/4。

故其深度范围为：$1/5 \times 260\text{mm} \sim 1/4 \times 260\text{mm}$，即52～65mm，仅答案C在此范围内。

答案：C

例题 3-31-2（2020年真题）

某高速公路水泥混凝土路面面层采用滑模式摊铺机摊铺，单向含硬路肩的路面宽为12m，硬路肩采用混凝土面层，则该路单向基层的宽度应采用（　　）。

（A）12.00m　　　　（B）12.30m　　　　（C）12.60m　　　　（D）12.65m

解答

根据《公路水泥混凝土路面设计规范》（JTG D40—2011）第4.4.10条：

采用滑模式摊铺机摊铺时，基层宽度 = 12 + 0.65 = 12.65m

答案：D

例题 3-31-3（2020年真题）

某高速公路水泥混凝土路面采用半刚性基层，半幅面层宽为9000mm，板厚为240mm，采用滑模式摊铺机一次性全宽摊铺，则该路面纵向缩缝切缝的槽口深度应为（　　）。

（A）80mm　　　　（B）96mm　　　　（C）102mm　　　　（D）108mm

解答

根据《公路水泥混凝土路面设计规范》（JTG D40—2011）第5.2.1条第2款，采用半刚性基层时：

$$槽口深度 = \frac{2}{5} \times 240 = 96\text{mm}$$

答案：B

例题 3-31-4

某高速公路水泥混凝土路面横向缩缝采用假缝形式，交通荷载等级为重交通，板厚为240mm，则该路面横向缩缝顶部锯切槽口深度宜为（　　）。

（A）65mm　　　　（B）55mm　　　　（C）50mm　　　　（D）45mm

解答

根据《公路水泥混凝土路面设计规范》(JTG D40—2011)第 5.3.2 条,重交通荷载等级的公路,横向缩缝应采用传力杆假缝形式。

第 5.3.3 条:设置传力杆时槽口深度宜为面层厚度的 1/4～1/3。

槽口深度 = 240 × (1/4～1/3) = 60～80mm

答案:A

例题 3-31-5(2021 年真题)

某新建双车道二级公路,土路肩宽度为 0.75m,右侧硬路肩宽度为 0.75m,行车道宽度为 3.5m。行车道及硬路肩均采用水泥混凝土路面。当采用小型机具施工时,基层宽度应是(   )。

(A)7.6m

(B)9.1m

(C)11.3m

(D)11.6m

解答

根据《公路水泥混凝土路面设计规范》(JTG D40—2011)第 4.4.10 条规定:

混凝土面层宽度为:(3.5 + 0.75) × 2 = 8.5m

基层宽度为:8.5 + 0.3 × 2 = 9.1m

答案:B

例题 3-31-6(2020 年真题)

某高速公路水泥混凝土路面厚度为 250mm,与隧道衔接的胀缝无法设置传力杆,也无法在毗邻隧道口的板端部内配置双层钢筋网,而只能采取在长度为 6～10 倍板厚的范围内逐渐增加板厚的措施,该措施实施后,毗邻隧道口的板端厚度可采用(   )。

(A)270mm

(B)280mm

(C)290mm

(D)300mm

解答

根据《公路水泥混凝土路面设计规范》(JTG D40—2011)第 5.5.1 条,在隧道口的板端厚度增加 20%,即

$H = 250 × (1 + 0.2) = 300$mm

答案:D

例题 3-31-7(2022 年补考真题)

某新建双车道二级公路,土路肩宽 0.75m,右侧硬路肩宽 1.5m,行车道宽 3.5m。采用水泥混凝土路面结构,其中一段土质路堑长 100m。根据勘察,该段地下水丰富,设计拟在路面结构层底设置一层级配碎石排水垫层,则该垫层级配碎石用量应不少于(   )。

(A)115.0m³

(B)172.5m³

(C)230.0m³

(D)287.5m³

解答

根据《公路水泥混凝土路面设计规范》(JTG D40—2011)第 4.3.2 条:

路基宽度 = (0.75 + 1.5 + 3.5) × 2 = 11.5m

级配碎石用量 = 11.5 × 100 × 0.15 = 172.5m³

答案:B

例题 3-31-8（2023 年真题）

某一级公路设计采用普通水泥混凝土路面，在进行面层板厚度计算时，综合考虑了设计基准期内满足不产生疲劳断裂的设计标准和不产生极限断裂的验算标准，采用由小到大试算的方法，最终的计算结果为 268mm，则该水泥混凝土面层板设计厚度值为（　　　）。（取整数）

（A）270mm　　　　　　　　　　（B）280mm

（C）290mm　　　　　　　　　　（D）300mm

解答

根据《公路水泥混凝土路面设计规范》（JTG D40—2011）第 B.7 条第 7 款，计算厚度加 6mm 磨损厚度后，应按 10mm 向上取整，作为混凝土面层的设计厚度。

268 + 6 = 274mm，按 10mm 向上取整，为 280mm。

答案：B

例题 3-31-9（2024 年真题）

某一级公路水泥混凝土路面设计，设计车道使用初期标准轴载日作用次数为 750，交通量年平均增长率为 4.5%，临界荷位处的车辆轮迹横向分布系数为 0.2，当采用普通水泥混凝土面板时，经计算面层板厚度采用 24cm 时满足设计要求，当采用钢纤维混凝土面板时，面层板最小厚度应为多少？

（A）200mm　　　　　　　　　　（B）190mm

（C）180mm　　　　　　　　　　（D）160mm

解答

根据《公路水泥混凝土路面设计规范》（JTG D40—2011）

（1）根据 3.0.1 一级公路采用水泥路面的设计基准期为 30 年。

（2）根据附录 A.2.4：

$$N_e = \frac{N_S \times [(1 + g_r)^t - 1] \times 365}{g_r} \times \eta = \frac{750 \times [(1 + 0.045)^{30} - 1] \times 365}{0.045} \times 0.2 = 334.0 \times 10^4 次$$

（3）根据 3.0.7 条为重交通；

（4）根据 4.5.4 条，钢纤维混凝土路面的厚度为普通混凝土面层厚度的 0.75～0.65 倍，故：24 × (0.75～0.65) = 18～15.6cm；

（5）根据 4.5.4 条，特重或重交通时，钢纤维混凝土路面的最小厚度为 18cm。

（6）综上，最小厚度为 18cm。

答案：C

📖 **考点分析**

此类考点对照规范条文解答即可，综合其他考点出题时应融会贯通。

考点32　城镇道路轴载换算、累计当量轴次及交通等级计算

📖 **条文规定**

《城镇道路路面设计规范》（CJJ 169—2012）规定如下：

3.2.1　路面设计基准期应符合表 3.2.1 规定。

路面设计基准期

表 3.2.1

道路等级	路面类型		
	沥青路面	水泥混凝土路面	砌块路面
快速路	15 年	30 年	—
主干路	15 年	30 年	—
次干路	15 年	20 年	10 年（20 年）
支路	10 年	20 年	

注：砌块路面采用混凝土预制块时，设计基准期为 10 年；采用石材时，设计基准期为 20 年。

3.2.2 标准轴载应符合下列规定：

1 路面设计应以双轮组单轴载 100kN 为标准轴载，以 BZZ-100 表示。标准轴载的计算参数应符合表 3.2.2 的规定。

标准轴载计算参数

表 3.2.2

标准轴载	BZZ-100
标准轴载 P（kN）	100
轮胎接地压强 p（MPa）	0.70
单轮传压面当量圆直径 d（cm）	21.30
两轮中心距（cm）	1.5d

2 设计交通量的计算应将不同轴载的各种车辆换算成 BZZ-100 标准轴载的当量轴次。大型公交车比例较高的道路或公交专用道的设计，可根据实际情况，经论证选用适当的轴载和计算参数。

3.2.3 沥青路面轴载换算和设计交通量应符合下列规定：

1 沥青路面以设计弯沉值、沥青层剪应力和沥青层层底拉应变为设计指标时，各种轴载换算成标准轴载 P 的当量轴次 N_a 应按下式计算：

$$N_a = \sum_{i=1}^{K} C_1 C_2 n_i \left(\frac{P_i}{P}\right)^{4.35} \qquad (3.2.3\text{-}1)$$

式中：N_a——以设计弯沉值、沥青层剪应力和沥青层层底拉应变为设计指标时的当量轴次（次/d）；

  n_i——被换算车型的各级轴载作用次数（次/d）；

  P——标准轴载（kN）；

  P_i——被换算车型的各级轴载（kN）；

  C_1——被换算车型的轴数系数；

  C_2——被换算车型的轮组系数，双轮组为 1.0，单轮组为 6.4，四轮组为 0.38；

  K——被换算车型的轴载级别。

当轴间距大于 3m 时，应按一个单独的轴载计算；当轴间距小于 3m 时，双轴或多轴的轴数系数应按下式计算：

$$C_1 = 1 + 1.2(m - 1) \qquad (3.2.3\text{-}2)$$

式中：m——轴数。

2 沥青路面当以半刚性基层层底拉应力为设计指标时，各种轴载换算成标准轴载 P 的当量轴次 N_s 应按下式计算：

$$N_s = \sum_{i=1}^{K} C_1' C_2' n_i \left(\frac{P_i}{P}\right)^8 \tag{3.2.3-3}$$

式中：N_s——以半刚性基层的拉应力为设计指标时的当量轴次（次/d）；

C_1'——被换算车型的轴数系数；

C_2'——被换算车型的轮组系数，单轮组为 18.5，双轮组为 1.0，四轮组为 0.09。

以拉应力为设计指标时，双轴或多轴的轴数系数应按下式计算：

$$C_1' = 1 + 2(m-1) \tag{3.2.3-4}$$

5 沥青路面设计车道分布系数宜依据道路交通组成、交通管理情况，通过实地调查确定，也可按表 3.2.3 选定。当上下行交通量或重车比例有明显差异时，可区别对待，可按上下行交通特点分别进行厚度设计。

设计车道分布系数   表 3.2.3

车道特征	车道分布系数	车道特征	车道分布系数
单向单车道	1.00	单向三车道	0.50~0.80
单向两车道	0.65~0.95	单向四车道	0.40~0.70

6 沥青路面设计基准期内一个车道上的累计当量轴次应按下式计算：

$$N_e = \frac{[(1+\gamma)^t - 1] \times 365}{\gamma} \cdot N_1 \cdot \eta \tag{3.2.3-5}$$

式中：N_e——设计基准期内一个车道上的累计当量轴次（次/车道）；

t——设计基准期（年）；

N_1——路面营运第一年单向日平均当量轴次（次/d）；

γ——设计基准期内交通量的年平均年增长率（%）；

η——设计车道分布系数。

3.2.4 水泥混凝土路面轴载换算和设计交通量应符合下列规定：

1 不同轴-轮型和轴载的作用次数换算为标准轴载的当量轴次应按下列公式计算：

$$N_c = \sum_{i=1}^{n} \delta_i N_i \left(\frac{P_i'}{100}\right)^{16} \tag{3.2.4-1}$$

$$\delta_i = 2.22 \times 10^3 P_i'^{-0.43} \tag{3.2.4-2}$$

或

$$\delta_i = 1.07 \times 10^{-5} P_i'^{-0.22} \tag{3.2.4-3}$$

或

$$\delta_i = 2.24 \times 10^{-8} P_i'^{-0.22} \tag{3.2.4-4}$$

式中：N_c——标准轴载的当量轴次；

P_i'——单轴-单轮、单轴-双轮组或三轴-双轮组轴型 i 级轴载的总重（kN）；

n——轴型和轴载级位数；

N_i——各类轴型 i 级轴载的作用次数；

δ_i——轴-轮型系数，单轴-双轮组时，$\delta_i = 1$；单轴-单轮时，按式(3.2.4-2)计算；双轴-双轮组时，按式(3.2.4-3)计算；三轴-双轮组时，按式(3.2.4-4)计算。

2 设计基准期内水泥混凝土面层临界荷位所承受的累计当量轴次应按下式计算：

$$N_e' = \frac{N_1'[(1+\gamma)^t - 1] \times 365}{\gamma} \eta_s \tag{3.2.4-5}$$

式中：N_e'——水泥混凝土路面设计基准期内临界荷位所承受的累计当量轴次（次）；

N_1'——水泥混凝土路面设计车道使用初期的当量轴载日作用次数（次/d）；

η_s——水泥混凝土路面临界荷位处的车辆轮迹横向分布系数，可按表 3.2.4 选用。

<table>
<tr><td colspan="2" style="text-align:center">车辆轮迹横向分布系数 η_s</td><td style="text-align:right">表 3.2.4</td></tr>
</table>

道路等级		纵缝边缘处
快速路、主干路		0.17～0.22
次干路及以下道路	行车道宽 > 7m	0.34～0.39
	行车道宽 < 7m	0.54～0.62

注：行车道较窄或者交通量大时，取高值；反之，取低值。

3.2.5 交通等级可根据累计轴次按表 3.2.5 的规定划分为 4 个等级。

交通等级 表 3.2.5

交通等级	沥青路面	水泥混凝土路面
	累计当量轴次 N_e（万次/车道）	累计当量轴次 N_e'（万次/车道）
轻	< 400	< 3
中	400～1200	3～100
重	1200～2500	100～2000
特重	> 2500	> 2000

注：非机动车道、人行道及步行街路面结构应按轻型交通确定。

📖 **规范条文解析**

（1）表 3.2.4 的表注，《城镇道路路面设计规范》（CJJ 169—2012）表 3.2.4 的表注为行车道较宽时取高值，描述有误，本书已勘误，但是未见规范官方勘误。

（2）式(3.2.4-2)、式(3.2.4-3)、式(3.2.4-4)中的 P_i 应为 P_i'，本书已勘误，但未见规范官方勘误。

📖 **典型例题**

例题 3-32-1

郑州市某快速路，沥青路面，设计基准期 15 年。交通量由多种车型组成，其中一种车型为整体式货车，前轴为单轴单轮组，轴重 28.70kN，后轴为双轴双轮组，各轴轴重 93.8kN，该车型的各级轴载作用次数为 550 次/d。当以半刚性材料层的拉应力为设计指标时，该车型各级轴载换算成 BZZ-100 标准轴载的当量轴次（次/d）为（   ）。

（A）989　　　　　　（B）1012　　　　　　（C）1233　　　　　　（D）1498

解答

根据《城镇道路路面设计规范》（CJJ 169—2012）公式(3.2.3-3)：

$$N_s = \sum_{i=1}^{K} C_1' C_2' n_i \left(\frac{P_i}{P}\right)^8$$

$$= 1 \times 18.5 \times 550 \times \left(\frac{28.7}{100}\right)^8 + 3 \times 1 \times 550 \times \left(\frac{93.8}{100}\right)^8$$

$$= 989 \text{ 次}$$

答案： A

例题 3-32-2

某城市次干路，双向四车道，采用水泥混凝土路面。交通量由多种车型组成，其中一种车型为整体式货车，该车型前轴为单轴单轮组，轴重40kN，后轴为双轴双轮组，各轴重120kN，该车型的各级轴载作用次数为250次/d。则该车型不同轴-轮型和轴载的作用次数换算为标准轴载的当量轴次为（　　　）次/d。

（A）4622　　　　（B）13866　　　　（C）1121　　　　（D）970

解答

根据《城镇道路路面设计规范》（CJJ 169—2012）式(3.2.4-1)、式(3.2.4-2)、式(3.2.4-4)，前轮为单轴单轮，后轴为双轴双轮，因此：

$$\delta_1 = 2.22 \times 10^3 P_1'^{-0.43} = 2.22 \times 10^3 \times 40^{-0.43} = 454.43$$

$$\delta_2 = 1.07 \times 10^{-5} P_2'^{-0.22} = 1.07 \times 10^{-5} \times 240^{-0.22} = 0.32 \times 10^{-5}$$

$$N_c = \sum_{i=1}^{n} \delta_i N_i \left(\frac{P_i'}{100}\right)^{16}$$

$$= 454.43 \times 250 \times (40/100)^{16} + 0.32 \times 10^{-5} \times 250 \times (240/100)^{16}$$

$$= 969.4 \text{ 次/d，取整 } 970。$$

答案：D

例题 3-32-3

某城市次干路，双向四车道，采用水泥稳定碎石基层、沥青面层。主要车型为某型号客车，其前轴为单轴单轮组，轴重28kN，后轴为单轴双轮组，轴重70kN，投入运营第一年单向日交通量为2400辆/d。经调查，交通量年平均增长率为6.5%，根据累计当量轴次判断该交通量属于（　　　）。

（A）轻交通　　　　（B）中等交通　　　　（C）重交通　　　　（D）特重交通

解答

该道路为城市次干路，根据《城镇道路路面设计规范》（CJJ 169—2012）表3.2.1可知设计基准期为 $t = 15$ 年。

根据《城镇道路路面设计规范》（CJJ 169—2012）第3.2.3条：

沥青路面以设计弯沉值、沥青层剪应力和沥青层层底拉应变为设计指标时，各种轴载换算成标准轴载 P 的当量轴次 N_a 计算方法如下：

由于前后轴均为单轴，故轴数系数均为 $C_1 = 1 + 1.2 \times (1-1) = 1$

前轴的轮组系数为6.4，后轴的轮组系数为1。

$$N_a = \sum_{i=1}^{K} C_1 C_2 n_i \left(\frac{P_i}{P}\right)^{4.35}$$

$$= 1 \times 6.4 \times 2400 \times (28/100)^{4.35} + 1 \times 1 \times 2400 \times (70/100)^{4.35}$$

$$= 569.1 \text{ 次/d}$$

道路为双向四车道，单向为两车道，根据表3.2.3可知，设计车道分布系数为0.65～0.95。

根据式(3.2.3-5)：

$$N_e = \frac{[(1+\gamma)^t - 1] \times 365}{\gamma} \cdot N_1 \cdot \eta$$

$$= \frac{[(1+0.065)^{15} - 1] \times 365}{0.065} \times 569.1 \times (0.65 \sim 0.95)$$

$$= 1.67 \times 10^6 \times (0.65 \sim 0.95)$$

$$= 3.24 \times 10^6 \sim 4.77 \times 10^6$$

即324～477万次/车道；

根据表3.2.5属于中等交通。

当沥青路面以半刚性基层层底拉应力为设计指标时，各种轴载换算成标准轴 P 的当量轴次 N_s 计算方法如下：

由于前后轴均为单轴，故轴数系数均为 $C_1' = 1 + 2 \times (1-1) = 1$

前轴的轮组系数为 18.5，后轴的轮组系数为 1。

故前轴换算成标准轴载的当量轴次为：

$$N_s = 1 \times 18.5 \times \left(\frac{28}{100}\right)^8 = 6.99 \times 10^{-4} 次$$

后轴换算成标准轴载的当量轴次为：

$$N_s = 1 \times 1 \times \left(\frac{70}{100}\right)^8 = 5.76 \times 10^{-2} 次$$

则营运第一年，单向标准轴载作用次数 $= (6.99 \times 10^{-4} + 5.76 \times 10^{-2}) \times 2400 = 139.92$ 次

双向四车道，即单向两车道，车道分布系数为 0.65～0.95。

根据《城镇道路路面设计规范》（CJJ 169—2012）中式(3.2.3-5)，可计算得到沥青路面设计基准期内一个车道上的累计当量轴次为：

$$N_e = \frac{[(1+0.065)^{15}-1] \times 365}{0.065} \times 139.92 \times (0.65 \sim 0.95) = 8.03 \times 10^5 \sim 1.17 \times 10^6 次$$

80.3～117 万次/车道，根据表 3.2.5 属于轻交通。

综上，按最不利情况考虑，为中等交通。

答案：B

例题 3-32-4（2022 年补考真题）

某货运交通为主的城市主干路，采用水泥混凝土路面，双向 6 车道。该道路设计车道使用初期的当量轴载日作用次数为 2960 次/d，设计基准期内交通量的年增长率为 3%。计算该水泥混凝土路面设计基准期内临界荷位所承受的累计当量轴次应是（　　　　）。并请说明选择的依据和理由。（计算结果取整）

（A）771 万次　　　　　　　　　　　　（B）1028 万次

（C）1748 万次　　　　　　　　　　　　（D）2005 万次

解答

根据《城镇道路路面设计规范》（CJJ 169—2012）表 3.2.1、表 3.2.4：

$$N_e' = \frac{N_1' \times [(1+\gamma)^t - 1] \times 365}{\gamma}\eta_s = \frac{2960 \times (1.03^{30}-1) \times 365}{0.03} \times (0.17 \sim 0.22)$$

$$= 873.8 \sim 1130.8 万次$$

选项 B 的 1028 万次，符合要求。

答案：B

例题 3-32-5（2023 年真题）

某城市道路采用半刚性基层沥青路面，重型货车代表车型的日交通量为 260 次/d，该代表车型前轴为单轴单轮组，轴载为 70kN，后轴为双轴双轮组，双轴间距为 1.80m，轴载总重为 180kN。以半刚性基层层底拉应力为设计指标，计算该车型换算为标准轴载的日当量轴次值应为（　　　　）。（取整数）

（A）238 次/d　　　　　　　　　　　　（B）351 次/d

（C）501 次/d　　　　　　　　　　　　（D）613 次/d

解答

根据《城镇道路路面设计规范》（CJJ 169—2012）第 3.2.3 条：

（1）前轴：$C_1' = 1$，$C_2' = 18.5$，则

$$N_{s1} = \sum_{i=1}^{K} C_1' C_2' n_1 \left(\frac{P_i}{P}\right)^8 = 1 \times 18.5 \times \left(\frac{70}{100}\right)^8 \times 260 = 277.3$$

（2）后轴：双联轴 $C_1' = 1 + 2(m-1) = 1 + 2 \times 1 = 3$，$C_2' = 1$，则

$$N_{s2} = \sum_{i=1}^{K} C_1' C_2' n_1 \left(\frac{P_i}{P}\right)^8 = 3 \times 1 \times \left(\frac{180/2}{100}\right)^8 \times 260 = 335.8$$

$$N_s = N_{s1} + N_{s2} = 277.3 + 335.8 = 613 \text{ 次/d}$$

答案：D

📖 考点分析

（1）计算沥青路面轴载换算时，注意区分设计指标的选取，若以设计弯沉值、沥青层剪应力和沥青层层底拉应变为设计指标时，用式(3.2.3-1)；若以半刚性基层层底拉应力为设计指标时，用式(3.2.3-3)。如果题目未明确告知，则需同时计算，综合判断，取不利值。

（2）确定沥青路面交通等级时，注意区分公路和城市道路的单位是不相同的，公路为辆，城市道路为轴次/车道。同时，城镇道路为4级，公路为5级（含极重）。

（3）城市道路中若未告知设计基准期或设计车道分布系数，则需查表取值。

考点33　城镇沥青路面设计指标及计算

📖 条文规定

《城镇道路路面设计规范》（CJJ 169—2012）规定如下：

5.4.1　沥青路面结构设计应满足结构整体刚度、沥青层或半刚性基层抗疲劳开裂和沥青层抗变形的要求。应根据道路等级与类型选择路表弯沉值、柔性基层沥青层层底拉应变、半刚性材料基层层底拉应力和沥青层剪应力作为沥青路面结构设计指标，并应符合下列规定：

1　快速路、主干路和次干路应采用路表弯沉值、半刚性材料基层层底拉应力、沥青层剪应力或柔性基层沥青层层底拉应变作为设计指标。

2　支路可仅采用路表弯沉值为设计指标。

3　可靠度系数可根据当地相关研究成果选择；当无资料时可按表5.4.1取用。

可靠度系数　　　　　　　　　　　　　　表5.4.1

变异水平等级	目标可靠度（%）		
	95	90	85
低	1.05～1.10	1.03～1.06	1.00～1.03
中	—	1.06～1.10	1.03～1.06
高	—	—	1.06～1.10

5.4.2　沥青路面结构设计的各项设计指标应符合下列规定：

1　轮隙中心处路表计算的弯沉值应小于或等于路表的设计弯沉值，应满足下式要求：

$$\gamma_a l_s \leqslant l_d \tag{5.4.2-1}$$

式中：γ_a——沥青路面可靠度系数，可按本规范第5.4.1条规定的方法确定；

l_s——轮隙中心处路表计算的弯沉值（0.01mm），可按本规范第5.5.2条的规定进行计算；

l_d——路表的设计弯沉值（0.01mm），可按本规范第5.4.3条规定的方法确定。

2　柔性基层沥青层层底计算的最大拉应变应小于或等于材料的容许拉应变，应满足下式

要求：

$$\gamma_a\varepsilon_t \leqslant [\varepsilon_R] \tag{5.4.2-2}$$

式中：ε_t——柔性基层沥青层层底计算的最大拉应变，可按本规范第 5.5.3 条的规定进行计算；

　　$[\varepsilon_R]$——沥青层材料的容许拉应变，可按本规范第 5.4.4 条规定的方法确定。

3　半刚性材料基层层底计算的最大拉应力应小于或等于材料的容许抗拉强度，应满足下式要求：

$$\gamma_a\sigma_m \leqslant [\sigma_R] \tag{5.4.2-3}$$

式中：σ_m——半刚性材料基层层底计算的最大拉应力（MPa），可按本规范第 5.5.4 条规定的方法计算；

　　$[\sigma_R]$——半刚性材料的容许抗拉强度（MPa），可按本规范第 5.4.5 条规定的方法确定。

4　沥青面层计算的最大剪应力应小于或等于材料的容许抗剪强度，应满足下式要求：

$$\gamma_a\tau_m \leqslant [\tau_R] \tag{5.4.2-4}$$

式中：τ_m——沥青面层计算的最大剪应力（MPa），可按本规范第 5.5.5 条的规定进行计算；

　　$[\tau_R]$——沥青面层的容许抗剪强度（MPa），可按本规范第 5.4.6 条规定的方法确定。

5.4.3　沥青路面路表设计弯沉值应根据道路等级、设计基准期内累计当量轴次、面层和基层类型按下式计算确定：

$$l_d = 600N_e^{-0.2}A_cA_sA_b \tag{5.4.3}$$

式中：A_c——道路等级系数，快速路、主干路为 1.0，次干路为 1.1，支路为 1.2；

　　A_s——面层类型系数，沥青混合料为 1.0，热拌、温拌或冷拌沥青碎石、沥青贯入式和沥青表面处治为 1.1；

　　A_b——基层类型系数，无机结合料类（半刚性）基层为 1.0，沥青类基层和粒料基层为 1.6。

5.4.4　沥青路面材料的容许拉应变$[\varepsilon_R]$应按下列公式计算确定：

$$[\varepsilon_R] = 0.15E_m^{-1/3}10^{M/4}N_e^{-1/4} \tag{5.4.4-1}$$

$$M = 4.84\left(\frac{V_b}{V_b + V_a} - 0.69\right) \tag{5.4.4-2}$$

式中：M——沥青混合料空隙率与有效沥青含量的函数；

　　E_m——沥青混合料 20℃ 动态回弹模量（MPa）；

　　V_b——有效沥青含量（%），以体积比计；

　　V_a——空隙率（%）。

5.4.5　半刚性材料的容许抗拉强度应按下式计算：

$$[\sigma_R] = \frac{\sigma_s}{K_s} \tag{5.4.5-1}$$

式中：σ_s——对水泥稳定类材料，为 90d 龄期的劈裂强度；对二灰稳定类和石灰稳定类材料，为 180d 龄期的劈裂强度；对水泥粉煤灰稳定材料，为龄期 120d 龄期的劈裂强度（MPa）；

　　K_s——抗拉强度结构系数，应依据结构层的混合料类型按下列要求进行计算：

1）无机结合料稳定集料类的抗拉强度结构系数应按下式计算：

$$K_{sr} = 0.35N_e^{0.11}/A_c \tag{5.4.5-2}$$

2）无机结合料稳定细粒土类的抗拉强度结构系数应按下式计算：

$$K_{st} = 0.45N_e^{0.11}/A_c \tag{5.4.5-3}$$

5.4.6　沥青混面层材料的容许抗剪强度应按下式计算：

$$[\tau_R] = \frac{\tau_s}{K_r} \tag{5.4.6}$$

式中：τ_s——沥青面层材料的 60℃ 抗剪强度（MPa），可按附录 C 表 C.1 或附录 D 试验确定；

K_r——抗剪强度结构系数，对一般行驶路段$K_r = 1.2/A_c$；对于交叉口和公交车停车站缓慢制动路段$K_r = 0.39N_P^{0.15}/A_c$；

N_P——公交车停车站或交叉口设计基准期内同一位置停车的累计当量轴次。

5.4.7 路面质量验收时，应对沥青路面弯沉进行检测和验收，并应符合下列规定：

1 应在不利季节采用BZZ-100标准轴载实测轮隙中心处路表弯沉值，实测弯沉代表值应按下式计算：

$$l_0 = (\bar{l}_0 + Z_a S) K_1 K_3 \tag{5.4.7-1}$$

式中：l_0——路段内实测弯沉代表值（0.01mm）；

$\bar{l}_0$——路段内实测弯沉平均值（0.01mm）；

S——路段内实测弯沉标准差（0.01mm）；

Z_a——与保证率有关的系数，快速路、主干路$Z_a = 1.645$，其他等级道路沥青路面$Z_a = 1.5$；

K_1——季节影响系数，可根据当地经验确定；

K_3——温度修正系数，可根据当地经验确定。

2 应在最后确定的路面结构厚度与材料模量，计算道路表面弯沉检测标准值l_a，实测弯沉代表值应满足下式要求：

$$l_0 \leqslant l_a \tag{5.4.7-2}$$

式中：l_a——路表面弯沉检测标准（0.01mm），按最后确定的路面结构厚度与材料模量计算的路表面弯沉值。

《城镇道路路面设计规范》（CJJ 169—2012）第5.4.7条条文说明规定如下：

当没有BZZ-100标准车测定时，可采用其他轴载的车辆测定。若用其他非标准轴载（轴载80～130kN）的车辆测定时，应按照公式(10)将非标准轴载测得的弯沉值换算为标准轴载下的弯沉值。

$$\frac{l_{100}}{l_i} = \left(\frac{P_{100}}{P_i}\right)^{0.87} \tag{10}$$

式中：P_{100}、P_{100}——100kN标准轴载与其相对应的弯沉值；

P_i、l_i——非标准轴载与其相对应的弯沉值。

路表弯沉值以20℃为测定的标准状态，当沥青面层厚度小于或等于50mm时，不需要进行温度修正；当路面温度在20℃±2℃范围内时，也不进行温度修正；其他情况下测定弯沉值均应进行温度修正。温度修正可参考以下方法进行：

1 测定时沥青路面的平均温度按照公式(11)计算：

$$T = a + bT_0 \tag{11}$$

式中：T——测定时沥青面层的平均温度（℃）；

a——系数，$a = -2.65 + 0.52h$；

b——系数，$b = 0.62 - 0.008h$；

T_0——测定时路表面温度与前5d日平均温度的平均值之和（℃）；

h——沥青面层厚度（cm）。

2 沥青路面完成的温度修正系K_3按照公式(12)计算：

$$K_3 = \frac{l_{20}}{l_T} \tag{12}$$

式中：l_{20}——换算为20℃时沥青路面的弯沉值（0.01mm）；

l_T——测定沥青表面层内平均温度为T时的弯沉值（0.01mm）。

当$T \geqslant 20℃$时，$K_3 = e^{\left(\frac{1}{T}-\frac{1}{20}\right)h}$；

当$T \leqslant 20℃$时，$K_3 = e^{0.002(20-T)h}$。

《城镇道路路面设计规范》(CJJ 169—2012) 规定如下：

5.5.1 新建沥青路面结构设计应采用双圆垂直均布荷载作用下的弹性层状连续体系理论进行计算。路面荷载与计算点如图 5.5.1 所示。

图 5.5.1 路面荷载与计算点

5.5.2 路表弯沉值计算点位置应为双轮轮隙中心点 A，计算弯沉值应按下列公式计算：

$$l_s = 1000 \frac{2p\delta}{E_1} \alpha_w \cdot F \tag{5.5.2-1}$$

$$w_w = f\left(\frac{h_1}{\delta}, \frac{h_2}{\delta}, \cdots, \frac{h_{n-1}}{\delta}, \frac{E_2}{E_1}, \frac{E_3}{E_2}, \cdots, \frac{E_0}{E_{n-1}}\right) \tag{5.5.2-2}$$

$$F = 1.63\left(\frac{l_s}{2000\delta}\right)^{0.38}\left(\frac{E_0}{p}\right)^{0.36} \tag{5.5.2-3}$$

式中：　　p——标准轴载下的轮胎接地压强（MPa）；

δ——当量圆半径（cm）；

α_w——理论弯沉系数；

E_0——路基抗压回弹模量值（MPa）；

E_1、$E_2 \cdots E_{n-1}$——各层材料抗压回弹模量值（MPa）；

h_1、$h_2 \cdots h_{n-1}$——各结构层设计厚度（cm）；

F——弯沉综合修正系数。

📖 典型例题

例题 3-33-1（2020 年真题）

某城市次干路，双向 4 条机动车道，拟采用沥青混凝土面层和水泥稳定碎石基层。经交通调查分析，路面营运第一年单向日平均当量轴次为 2000 次/d，交通量年平均增长率为 6%，车道分布系数为 0.80，则该沥青路面的路表设计弯沉值为（　　）。（取小数点后两位）

（A）24.71（0.01mm）　　　　　　　（B）27.18（0.01mm）

（C）39.53（0.01mm）　　　　　　　（D）43.49（0.01mm）

解答

根据《城镇道路路面设计规范》(CJJ 169—2012)。

根据第 3.2.1 条，$t = 15$ 年。

根据第 3.2.3 条第 6 款：

$$N_e = \frac{[(1+\gamma)^t - 1] \times 365}{\gamma} \cdot N_1 \cdot \eta$$

$$= \frac{[(1+0.06)^{15} - 1] \times 365}{0.06} \times 2000 \times 0.8$$

$$= 13593166 \text{ 次/车道}$$

根据第 5.4.3 条：

$$l_d = 600N_e^{-0.2}A_cA_sA_b$$
$$= 600 \times 13593166^{-0.2} \times 1.1 \times 1.0 \times 1.0$$
$$= 24.71（0.01mm）$$

答案：A

例题 3-33-2（2020 年真题）

某城市主干路，机动车双向六车道，拟采用沥青混凝土面层和石灰粉煤灰稳定碎石基层。经交通调查分析，路面营运第一年单向日平均当量轴次为 3000 次/d，交通量年平均增长率为 7%，车道分布系数为 0.65。已知石灰粉煤灰稳定碎石 180d 龄期劈裂强度为 0.7MPa，则半刚性基层的容许抗拉强度值为（　　）。（取小数点后两位）

（A）0.32MPa　　　　（B）0.35MPa　　　　（C）0.38MPa　　　　（D）0.51MPa

解答

根据《城镇道路路面设计规范》（CJJ 169—2012）

根据第 3.2.1 条，$t = 15$ 年。

根据第 3.2.3 条第 6 款：

$$N_e = \frac{[(1+\gamma)^t - 1] \times 365}{\gamma} \cdot N_1 \cdot \eta$$
$$= \frac{[(1+0.07)^{15} - 1] \times 365}{0.07} \times 3000 \times 0.65$$
$$= 17885581 \text{ 次/车道}$$

根据第 5.4.3 条，$A_c = 1.0$。

根据第 5.4.5 条：

$$K_{sr} = \frac{0.35N_e^{0.11}}{A_c}$$
$$= \frac{0.35 \times 17885581^{0.11}}{1.0}$$
$$= 2.20$$

$$[\sigma_R] = \frac{\sigma_s}{K_s} = \frac{0.7}{2.2} = 0.32\text{MPa}$$

答案：A

例题 3-33-3（2021 年真题）

某城市主干路采用沥青路面，水泥稳定碎石基层，路面结构设计的可靠度系数取 1.10。面层采用改性沥青 SMA 混合料，60℃抗剪强度为 0.8MPa。已知设计基准期内，该道路某大型公交停靠站同一位置停车的累计当量轴次为 2.16×10^6 次，沥青层的最大剪应力计算值为 0.22MPa。计算该公交停靠站处沥青层的容许抗剪强度，并判断以沥青层剪应力为设计指标，是否符合规范规定。

（A）0.23MPa，符合规范规定　　　　（B）0.23MPa，不符合规范规定
（C）0.67MPa，符合规范规定　　　　（D）0.67MPa，不符合规范规定

解答

根据《城镇道路路面设计规范》（CJJ 169—2012）第 5.4.6 条：

$$[\tau_R] = \frac{\tau_s}{K_r}$$

对于交叉口路和公交车停车站缓慢制动路段：

$$K_r = 0.39 \times (N_P^{0.15})/A_c$$

根据第 5.4.3 条，主干路 $A_c = 1.0$，则

$$K_r = 0.39 \times \frac{(2.16 \times 10^6)^{0.15}}{1} = 3.477$$

容许抗剪强度为：$[\tau_R] = \frac{0.8}{3.477} = 0.23MPa$

根据 5.4.2 条第 4 款，沥青面层计算的最大剪应力应小于或等于材料的容许抗剪强度，应满足下式要求：

$$\gamma_a \tau_m \leqslant [\tau_R]$$

$$\gamma_a \tau_m = 1.1 \times 0.22 = 0.242MPa$$

计算的最大剪应力 0.242MPa $>$ $[\tau_R] = 0.23MPa$，不符合规范要求。

答案：B

例题 3-33-4

某城市次干路，采用沥青面层、水泥稳定碎石基层。水泥稳定碎石 90d 龄期的劈裂强度为 0.5MPa。设计基准期内一个车道上的累计当量轴次 350 万次，经计算该路面基层层底的最大拉应力 0.24MPa，试问水泥稳定碎石的容许抗拉强度是（　　　　　），并判断该路面结构中水稳碎石层的最大拉应力是否满足要求。

（A）0.3MPa，满足要求　　　　　　　　　（B）0.500MPa，不满足要求

（C）0.3MPa，不满足要求　　　　　　　　（D）0.500MPa，满足要求

解析

根据《城镇道路路面设计规范》（CJJ 169—2012）中第 5.4.3 条：次干路的道路等级系数 $A_c = 1.1$。

由于水泥稳定碎石属于无机结合料稳定集料类，根据《城镇道路路面设计规范》（CJJ 169—2012）第 5.4.5 条，计算可得抗拉结构强度系数：

$$K_{sr} = \frac{0.35 N_e^{0.11}}{A_c} = \frac{0.35 \times (350 \times 10^4)^{0.11}}{1.1} = 1.669$$

根据《城镇道路路面设计规范》（CJJ 169—2012）第 5.4.5 条式(5.4.5-1)，可计算得到水稳层的容许抗拉强度：

$$[\sigma_R] = \frac{\sigma_s}{K_s} = \frac{0.5}{1.669} = 0.3MPa$$

根据《城镇道路路面设计规范》（CJJ 169—2012）中表 3.2.7 可知，次干路的目标可靠度为 85%，变异水平等级为中～高。再根据《城镇道路路面设计规范》（CJJ 169—2012）表 5.4.1 可知，可靠度系数最大为 1.10。

根据《城镇道路路面设计规范》（CJJ 169—2012）式(5.4.2-3)：

$$\gamma_a \sigma_m = 1.10 \times 0.24 = 0.264MPa \leqslant [\sigma_R] = 0.3MPa$$

综上，水泥稳定碎石的容许抗拉强度为 0.3MPa，且半刚性基层中的最大拉应力满足规范要求。

答案：A

例题 3-33-5

某城市支路，沥青面层厚度 4cm，竣工后在不利季节用 BZZ-100 标准轴载实测轮隙中心处路表弯沉值，测定时路表温度为 20℃，下表为局部路段测点弯沉值：

例题 3-33-5 表

测点	1	2	3	4	5
弯沉值（0.01mm）	39.3	38.7	41.1	42.7	43.8

根据上述条件，该路段实测路表弯沉值为（　　　　　）。（假设季节影响系数和温度修正系数均为 1）

（A）41.12（0.01mm）　　　　　　　　　（B）44.38（0.01mm）

（C）38.7（0.01mm）　　　　　　　　　（D）43.8（0.01mm）

解析

根据《城镇道路路面设计规范》（CJJ 169—2012）第 5.4.7 条 1 款，支路的"与保证率有关的系数"$Z_a = 1.5$。

由于是在不利季节测定的，因此季节影响系数$K_1 = 1.0$，测定时的温度为 20℃，因此也无需考虑温度修正，即温度修正系数$K_3 = 1.0$。因此，根据《城镇道路路面设计规范》（CJJ 169—2012）式(5.4.7-1) 可计算得到该路段的实测路表弯沉值：

$$\bar{l}_0 = \frac{39.3 + 38.7 + 41.1 + 42.7 + 43.8}{5} = 41.12 \text{（0.01mm）}$$

$$S = \sqrt{\frac{\sum_{i=1}^{5}\left(l_i - \bar{l}_0\right)^2}{5-1}} = 2.1707$$

$$l_0 = \left(\bar{l}_0 + Z_a S\right)K_1 K_3 = (41.12 + 1.5 \times 2.1707) \times 1.0 \times 1.0 = 44.38 \text{（0.01mm）}$$

答案： B

例题 3-33-6

某支路采用沥青路面，面层厚 100mm。竣工后开展路面质量验收，在不利季节采用 BZZ-100 标准轴载实测轮隙中心处路表弯沉值，测定时路表温度 11℃，前 5d 日气温分别为 7℃、9℃、12℃、9℃、13℃，经分析得到路内实测路表弯沉平均值$\bar{l}_0 = 76$（0.01mm），路段内实测路表弯沉标准差$S = 7.7$（0.01mm），则实测弯沉代表值接近于（　　　）。

（A）0.989mm　　　　　　　　　（B）0.76mm

（C）1.051mm　　　　　　　　　（D）0.837mm

解析

根据《城镇道路路面设计规范》（CJJ 169—2012）第 5.4.7 条条文说明，由于面层厚度大于 5cm 且测定时路表温度不在 20℃ ± 2℃ 以内，因此需考虑温度修正：

$a = -2.65 + 0.52h = -2.65 + 0.52 \times 10 = 2.55$

$b = 0.62 - 0.008h = 0.62 - 0.008 \times 10 = 0.54$

$T_0 = (7 + 9 + 12 + 9 + 13)/5 + 11 = 21℃$

$T = a + bT_0 = 2.55 + 0.54 \times 21 = 13.89℃$

由于$T = 13.89℃ \leqslant 20℃$，因此温度修正系数为：

$K_3 = e^{0.002(20-T)h} = e^{0.002(20-13.89) \times 10} = 1.12998$

由于是在最不利季节测定，因此无需考虑季节修正，即$K_1 = 1.0$。

再根据《城镇道路路面设计规范》（CJJ 169—2012）式(5.4.7-1)，可计算得到该路段的实测路表弯沉值：

$$l_0 = \left(\bar{l}_0 + Z_a S\right)K_1 K_3 = (76 + 1.5 \times 7.7) \times 1.0 \times 1.12998 = 98.929 \text{（0.01mm）}$$

答案： A

例题 3-33-7（2022 年补考真题）

某城市主干路采用水泥稳定碎石基层沥青路面，以半刚性基层层底拉应力为设计指标，设计基准期内一个车道上的累计当量轴次$N_e = 1280$ 万次，水泥稳定碎石材料 90d 龄期的劈裂强度$\sigma_s = 0.50$MPa，可靠度系数$\gamma_a = 1.10$，基层层底的最大拉应力$\sigma_m = 0.17$MPa。计算该基层的容许抗拉强度$[\sigma_R]$是（　　　）。并判断是否符合规范规定。（取小数点后两位）

（A）0.18MPa，符合规范规定　　　　　　（B）0.18MPa，不符合规范规定

（C）0.24MPa，符合规范规定　　　　　　（D）0.24MPa，不符合规范规定

解答

根据《城镇道路路面设计规范》（CJJ 169—2012）第5.4.5条：

$K_{sr} = 0.35N_e^{0.11}/A_c = 0.35 \times (1280 \times 10^4)^{0.11}/1 = 2.118$

$[\sigma_R] = \sigma_s/K_s = 0.5/2.118 = 0.24\text{MPa}$

$\gamma_a\sigma_m = 1.1 \times 0.17 = 0.187\text{MPa} < [\sigma_R] = 0.24\text{MPa}$，满足要求。

答案：C

例题 3-33-7a（2024年真题）

某城市主干路沥青路面，基层采用水泥稳定碎石，90d龄期的劈裂强度为0.45MPa；以半刚性基层层底拉应力为设计指标时，设计基准期内一个车道上的累计当量轴次为2420万次；初拟路面结构基层层底最大拉应力为0.20MPa，可靠度系数取1.06。计算基层材料许容抗拉强度$[\sigma_R]$是多少？并判断是否符合规范规定

（A）$[\sigma_R] = 0.15\text{MPa}$，不符合规范规定　　　（B）$[\sigma_R] = 0.15\text{MPa}$，符合规范规定

（C）$[\sigma_R] = 0.20\text{MPa}$，不符合规范规定　　　（D）$[\sigma_R] = 0.20\text{MPa}$，符合规范规定

解答

根据《城镇道路路面设计规范》（CJJ 169—2012）式5.4.5-1

$$[\sigma_R] = \frac{\sigma_S}{K_S}$$

$K_{sr} = (0.35N_e^{0.11})/A_c = 0.35 \times (2420 \times 10^4)^{0.11}/1 = 2.27$

$[\sigma_R] = 0.45/2.27 = 0.198 = 0.2$

$\gamma_a\sigma_m = 0.2 \times 1.06 = 0.212 > [\sigma_R] = 0.2$

故不符合规范规定，选C。

答案：C

例题 3-33-8（2023年真题）

某城市主干路，采用沥青路面，其设计基准期内一个车道上的累计当量轴次N_e为1258万次，路表弯沉检测标准值l_a为22.10（0.01mm）。路面质量验收时实测路表弯沉平均值为16.52（0.01mm），标准差为2.31（0.01mm），季节影响系数取1.20，温度修正系数取0.92。计算该沥青路面实测路表弯沉代表值为（　　）。并说明是否符合规范规定。（取小数点后2位）

（A）19.99（0.01mm）　　　　　　　　　（B）22.06（0.01mm）

（C）22.43（0.01mm）　　　　　　　　　（D）22.81（0.01mm）

解答

根据《城市道路路面设计规范》（CJJ 169—2012）第5.4.7条：

$l_0 = (\bar{l}_0 + Z_aS)K_1K_3 = (16.52 + 1.645 \times 2.31) \times 1.2 \times 0.92 = 22.43$

$l_a = 22.1$

根据第5.4.7条第2款，$l_0 \leqslant l_a$时才满足规范要求。

$l_0 = 22.43 > 22.1$，因此不符合规范规定。

答案：C

例题 3-33-9（2024年真题）

某城市道路沥青路面拟采用密级配沥青碎石基层。沥青碎石混合料20℃抗压回弹模量和动态回弹模

量分别为 1100MPa 和 4300MPa，空隙率 V_a 和有效沥青含量 V_b 分别为 3.90% 和 4.17%；设计基准期内一个车道上的累计当量轴次，以设计弯沉值为设计指标时为 1123 万次，以半刚性基层层底拉应力为设计指标时为 1413 万次。计算沥青碎石基层的容许拉应变 $[\varepsilon_R]$ 是多少？

（A）92.8×10^{-6}　　　　　　　　　　（B）98.3×10^{-6}

（C）146.1×10^{-6}　　　　　　　　　（D）154.8×10^{-6}

解答

根据《城市道路路面设计规范》（CJJ 169—2012）3.2.3 条，沥青层层底拉应变和设计弯沉值所采用的当量轴次一致，为 1123 万次/车道。

根据 5.4.4 条，$M = 4.84 \left(\dfrac{V_b}{V_b + V_a} - 0.69 \right) = 4.84 \left(\dfrac{4.17}{4.17 + 3.9} - 0.69 \right) = -0.839$

$[\varepsilon_R] = 0.15 E_m^{-1/3} 10^{M/4} N_e^{-1/4} = 0.15 \times 4300^{-1/3} \times 10^{-0.839/4} \times (1123 \times 10^4)^{-1/4} = 98.3 \times 10^{-6}$

答案：B

📖 **考点分析**

（1）城镇道路沥青路面结构设计应满足结构整体刚度、沥青层或半刚性基层抗疲劳开裂和沥青层抗变形的要求。沥青路面结构设计指标的选用：①快速路、主干路和次干路应采用路表弯沉值、半刚性材料基层层底拉应力、沥青层剪应力或柔性基层沥青层层底拉应变作为设计指标；②支路可仅采用路表弯沉值为设计指标。

（2）沥青路面路表弯沉计算主要是根据道路等级、面层类型、基层类型 3 个系数的选取来确定。

（3）沥青混合料面层材料容许抗剪强度计算要注意一般行驶路段和缓慢制动路段抗剪结构参数的区别。

（4）路表实测弯沉值的计算，首先判断是否在不利季节，确定 K_1 的取值；然后根据测定温度是否在 20℃±2℃、路面厚度是否 ≤5cm 来判断是否进行温度修正，再进行计算。

考点34　城镇沥青路面加铺层结构设计

📖 **条文规定**

《城镇道路路面设计规范》（CJJ 169—2012）规定如下：

5.6.1　沥青路面加铺层设计应符合下列规定：

3　各路段的计算弯沉代表值 l_0' 应按下列式计算：

$$l_0' = \left(\overline{l}_0' + Z_a S \right) K_1 K_2 K_3 \tag{5.6.1-1}$$

式中：　l_0'——旧路面的计算弯沉代表值（0.01mm）；

　　　　$\overline{l}_0'$——旧路面的计算弯沉平均值（0.01mm）；

K_1、K_2、K_3——分别为季节影响系数、湿度影响系数、温度修正系数，可根据当地经验确定。

6　旧路面当量回弹模量的计算应符合下列规定：

1）各路段的当量回弹模量应根据各路段的计算弯沉值，按下式计算：

$$E_t = 1000 \times \frac{2p\delta}{l_0'} m_1 m_2 \tag{5.6.1-2}$$

式中：E_t——旧路面的当量回弹模量（MPa）；

　　　m_1——用标准轴载的汽车在旧路面上测得的弯沉值与用承载板在相同压强条件下测得的回弹变形之比，即轮板对比值，应根据各地的对比试验结果论证确定，在没有对比试验资料的情况下，可取$m_1 = 1.1$进行计算；

m_2——旧路面当量回弹模量扩大系数。计算与旧路面接触的补强层层底拉应力时，m_2按下式计算；计算其他补强层层底拉应力、拉应变及弯沉时，$m_2 = 1.0$。

$$m_2 = e^{0.037\frac{h'}{\delta}\left(\frac{E_{n-1}}{p}\right)^{0.25}} \qquad (5.6.1-3)$$

式中：E_{n-1}——与旧路面接触层材料的抗压模量（MPa）；

h'——各补强层换算为旧路面接触层E_{n-1}相当的等效总厚度（cm）；

p——标准轴载下的轮胎接地压强（MPa）；

δ——当量圆半径（cm）。

2）等效总厚度按下式计算：

$$h' = \sum_{i=1}^{n-1} h_i \left(\frac{E_i}{E_{n-1}}\right)^{0.25} \qquad (5.6.1-4)$$

式中：E_i——第i层补强层材料的抗压回弹模量（MPa）；

h_i——第i层补强层的厚度（cm）；

$n-1$——补强层层数。

8 加铺层设计宜符合下列步骤：

1）计算旧路面的当量回弹模量。

2）拟定几种可行的结构组合及设计层，并确定各补强层的材料参数。

3）根据加铺层的类型确定设计指标，当以路表回弹弯沉为设计指标时，弯沉综合修正系数宜按下式计算：

$$F = 1.45 \left(\frac{l_s}{2000\delta}\right)^{0.61} \left(\frac{E_t}{p}\right)^{0.61} \qquad (5.6.1-5)$$

式中：p——标准轴载下的轮胎接地压强（MPa）；

δ——当量圆半径（cm）。

4）采用弹性层状体系理论设计程序计算设计层的厚度或进行结构验算。对季节性冰冻地区的中、潮湿路段还应验算防冻厚度。

5）根据各方案的计算结果，进行技术经济比较，确定补强设计方案。

📖 典型例题

例题 3-34-1

某城市道路沥青路面进行补强设计，使用 BZZ-100 标准轴载汽车，用贝克曼梁测定原有路面的弯沉值，得路段计算弯沉值$l_0 = 350.5$（0.01mm），请问计算补强层弯沉值时原路面的当量回弹模量E_t与（　　）接近。

（A）38MPa 　　　　　　　　　　　　　　（B）41MPa

（C）44MPa 　　　　　　　　　　　　　　（D）47MPa

解答

根据《城镇道路路面设计规范》（CJJ 169—2012）式(5.6.1-2)：

$m_1 = 1.1$，$m_2 = 1.0$

$$E_t = 1000 \times \frac{2p\delta}{l_0'} m_1 m_2 = 1000 \times 2 \times 0.7 \times \frac{10.65}{350.5} \times 1.1 \times 1 = 46.8\text{MPa}$$

答案： D

例题 3-34-2（2021 年真题）

某城市主干路大修工程，拟在其旧沥青路面上加铺 5cm 细粒式沥青混合料（AC-13C），在不利季节测得旧路面的路表弯沉平均值 $l_0 = 39.3$（0.01mm），标准差 $S = 1.82$（0.01mm）。不考虑季节、湿度影响，计算加铺层弯沉值时，原沥青路面的当量回弹模量应为（　　）。（取小数点后一位）

（A）387.8MPa　　　　（B）390.2MPa　　　　（C）398.9MPa　　　　（D）417.3MPa

解答

根据《城镇道路路面设计规范》（CJJ 169—2012）第 5.6.1 条第 3 款，计算弯沉代表值：

$$l'_0 = \left(\overline{l'_0} + Z_a S\right) K_1 K_2 K_3$$

式中，Z_a 为与保证率有关的系数，查《城镇道路路面设计规范》（CJJ 169—2012）第 5.4.7 条可知，主干路取 1.645；K_1、K_2、K_3 分别为季节影响系数、湿度影响系数、温度修正系数，根据第 5.4.7 条条文说明，沥青面层厚度 5cm 不考虑温度修正，综合题意：

$$l'_0 = \left(\overline{l'_0} + Z_a S\right) K_1 K_2 K_3 = (39.3 + 1.645 \times 1.82) \times 1 = 42.29 \text{（0.01mm）}$$

根据第 5.6.1 条第 6 款，原沥青路面回弹模量为：

$$E_t = 1000 \times \frac{2p\delta}{l'_0} m_1 m_2 = 1000 \times 2 \times 0.7 \times \frac{10.65}{42.29} \times 1.1 \times 1 = 387.8 \text{MPa}$$

答案：A

注：这个温度修正公式的根源在《公路路基路面现场测试规程》（JTG 3450—2019），从该规范 T 0951 贝克曼梁测试路基路面回弹弯沉方法来看，这个沥青厚度 5cm 指的是原沥青厚度，不是加铺的厚度，试验测试的是原地表的温度，这个试验也不一定是用于加铺沥青层。2021 年真题似乎搞混了这个概念，加铺 5cm 沥青不能说明不考虑温度修正，但是考虑温度修正系数 K_3，又没有给出条件来计算。

例题 3-34-3（2023 年真题）

某城市主干路大修工程，拟在其旧沥青路面上加铺 4cm 细粒式沥青混合料（AC-13C）和 8cm 粗粒式沥青混合料（AC-25C），AC-13C 沥青混合料抗压回弹模量为 1600MPa，AC-25C 沥青混合料抗压回弹模量为 1000MPa。计算该加铺层的等效总厚度应为多少？（计算结果取小数点后一位）

（A）11.6cm

（B）12.0cm

（C）12.5cm

（D）13.0cm

解答

根据《城市道路路面设计规范》（CJJ 169—2012）第 5.6.1 条第 6 款：

$$E_1 = 1600, \quad E_{n-1} = E_2 = 1000$$

$$h' = \sum_{i=1}^{n-1} h_i (E_i / E_{n-1})^{0.25} = 4 \times (1600/1000)^{0.25} + 8 \times (1000/1000)^{0.25} = 12.5 \text{cm}$$

答案：C

📖 **考点分析**

（1）计算弯沉代表值 $l'_0 = \left(\overline{l'_0} + Z_a S\right) K_1 K_2 K_3$ [式(5.6.1-1)]，对比实测弯沉代表值 $l_0 = (\overline{l_0} + Z_a S) K_1 K_3$ [式(5.4.7-1)]，只差一个湿度影响系数 K_2。两个公式选择哪一个进行计算，要看题干描述与哪个公式一致。例如，描述为新建道路、BZZ-100 标准轴载实测弯沉就选式(5.4.7-1)，描述为加铺或者计算弯沉就选式(5.6.1-1)。

（2）对于公式 $E_t = 1000 \times \frac{2p\delta}{l'_0} m_1 m_2$ [式(5.6.1-2)]，通过弯沉计算旧路面的当量回弹模量，对于 m_2

要根据计算内容进行取值。如果是计算与旧路面接触的补强层层底拉应力，要按式(5.6.1-3)计算；其他情况均为1。

（3）弯沉综合修正系数F，在式(5.5.2-3)和式(5.6.1-5)中是不一样的，式(5.5.2-3)是计算路表计算弯沉，式(5.6.1-5)是计算加铺层路表回弹弯沉。

考点35　城镇道路路面设计材料参数取值及路面特性要求

📖 条文规定

《城镇道路路面设计规范》（CJJ 169—2012）规定如下：

3.2.7　路面可靠度设计标准应符合表3.2.7的规定。

路面可靠度设计标准　　表3.2.7

道路等级	快速路	主干路	次干路、支路
目标可靠度	95%	90%	85%
变异水平等级	低	低~中	中~高

5.2.2　热拌沥青混合料应符合下列规定：

3　性能技术要求应符合下列规定：

1）高温稳定性应采用车辙试验的动稳定度来评价。按交通等级、结构层位和温度分区的不同，应分别符合表5.2.2 3的要求。对交叉口进口道和公交车停靠站路段及长大陡纵坡路段的沥青混合料，应提高一个交通等级进行设计。

热拌沥青混合料动稳定度技术要求（单位：次/mm）　　表5.2.2-3

交通等级	结构层位	温度分区			
		1-1、1-2、1-3、1-4	2-1	2-2、2-3、2-4	3-2
轻、中	上	≥1500	≥800	≥1000	≥800
	中、下	≥1000	≥800	≥800	≥800
重	上、中	≥3000	≥2000	≥2500	≥1500
	下	≥1200	≥800	≥800	≥800
特重	上、中	≥5000	≥3000	≥4000	≥2000
	下	≥1500	≥1000	≥1500	≥800

5.5.7　材料设计参数的确定应符合下列规定：

1　计算路表弯沉时，设计参数应采用抗压回弹模量，沥青层模量取20℃时的抗压回弹模量。计算路表弯沉值时，抗压回弹模量设计值E应按下式计算：

$$E = \overline{E} - Z_a S \tag{5.5.7-1}$$

式中：$\overline{E}$——各试件模量的平均值（MPa）；

　　　S——各试件模量的标准差；

　　　Z_a——保证率系数，取值2.0。

2　计算柔性基层沥青层层底拉应变时，沥青层模量采用20℃回弹模量，可按本规范附录C表C.3或附录E试验确定；半刚性基层的模量设计值，可按本规范附录C表C.3取值，松散粒料与土基模量可采用下式计算确定：

$$E_{m0} = 17.63(CBR)^{0.64}$$ (5.5.7-2)

式中：E_{m0}——松散粒料与土基回弹模量（MPa）；

CBR——加州承载比（%）。

3 计算半刚性基层层底拉应力时，设计参数应采用抗压回弹模量，沥青层模量取15℃时的抗压回弹模量。

半刚性材料应在规定的龄期下测试抗压回弹模量，水泥稳定类材料的龄期为90d、二灰稳定类和石灰稳定类材料的龄期为180d、水泥粉煤灰稳定材料的龄期为120d。

计算层底拉应力时应考虑模量的最不利组合。在计算层底拉应力时，计算层以下各层的模量应采用式(5.5.7-1)计算其模量设计值；计算层及以上各层模量应采用式(5.5.7-3)计算其模量设计值。

$$E = \overline{E} + Z_a S$$ (5.5.7-3)

4 计算沥青层剪应力时，设计参数采用抗压回弹模量，沥青上面层取60℃的抗压回弹模量，可按本规范附录C表C.1取用，模量设计值采用式(5.5.7-1)计算，中下沥青面层取20℃的抗压回弹模量，模量设计值采用式(5.5.7-3)计算。

5 路基回弹模量应在不利季节用标准承载板实测确定；当受条件限制时，可在土质与水文条件相近的临近路段测定，亦可现场取土样在室内测定。

6.2.1 材料性能和面层厚度的变异水平可分为低、中和高三级。各变异水平等级主要设计参数的变异系数变化范围应符合表6.2.1的规定。

变异系数 c_v 的变化范围 表6.2.1

变异水平等级	低级	中级	高级
水泥混凝土弯拉强度、弯拉弹性模量	$c_v \leqslant 0.10$	$0.1 < c_v \leqslant 0.15$	$0.15 < c_v \leqslant 0.20$
基层顶面当量回弹模量	$c_v \leqslant 0.25$	$0.25 < c_v \leqslant 0.35$	$0.35 < c_v \leqslant 0.55$
水泥混凝土面层厚度	$c_v \leqslant 0.04$	$0.04 < c_v \leqslant 0.06$	$0.06 < c_v \leqslant 0.08$

6.3.6 普通混凝土、钢筋混凝土、碾压混凝土与连续配筋混凝土面层所需的厚度，可按表6.3.6所列范围并满足计算要求。

水泥混凝土面层厚度的参考范围 表6.3.6

交通等级	特重			重		
道路等级	快速	主干	次干	快速	主干	次干
变异水平等级	低	中	低	中	低	中	低	中
面层厚度（mm）	≥260	≥250	≥240	≥240	≥230	≥220

交通等级	中			轻	
道路等级	次干	支路	支路	支路	
变异水平等级	高	中	高	中	高	中
面层厚度（mm）	≥210	≥200	≥200	≥180	≥180

6.3.7 钢纤维混凝土面层的厚度应按钢纤维掺量确定；当钢纤维体积率为0.6%~1.0%时，其厚度宜为普通混凝土面层厚度的0.65~0.75倍。特重或重交通时，其最小厚度宜为180mm；中或轻交通时，其最小厚度宜为160mm。

例题 3-35-1

某城镇主干路采用沥青路面，温度分区为 3-2，交通荷载等级为重交通荷载。拟采用车辙试验的动稳定度来评价交叉口进口道路段中面层沥青混合料高温稳定性，则其动稳定度技术要求应不小于（　　）。

（A）1500 次/mm
（B）2000 次/mm
（C）2500 次 mm
（D）4000 次/mm

解答

根据《城镇道路路面设计规范》（CJJ 169—2012）第 5.2.2 条第 3 款及表 5.2.2-3，交叉口进口道路段，应提高一个交通等级进行设计，为特重交通荷载，中面层 3-2 区，要求为 2000 次/mm。

答案：B

例题 3-35-2

某城镇快速路交通荷载等级为重交通，其混凝土路面拟采用钢纤维混凝土面层，钢纤维体积率为 0.9%，则该路面厚度宜为（　　），其对应的变异系数 c_v 变化范围为（　　）。

（A）160mm，$c_v \leqslant 0.10$
（B）170mm，$c_v \leqslant 0.04$
（C）180mm，$c_v \leqslant 0.04$
（D）180mm，$0.25 < c_v \leqslant 0.35$

解答

根据《城镇道路路面设计规范》（CJJ 169—2012）第 6.2.1 条、第 6.3.6 条、第 6.3.7 条及表 6.3.6，快速路变异水平等级为低，$c_v \leqslant 0.04$。该道路为快速路，重交通，普通水泥混凝土面层厚度 $\geqslant 240$mm，当钢纤维体积率为 0.6%～1.0% 时，其厚度宜为普通混凝土厚度的 0.65～0.75 倍；特重或重交通时，其最小厚度宜为 180mm。则 $240 \times (0.65～0.75) = 156～180$mm，且不小于 180mm。

答案：C

例题 3-35-3（2022 年真题）

某城市次干路采用沥青路面，基层类型和室内试验测定的基层抗压回弹模量见下表。在计算基层层底拉应力时，下列关于基层和底基层的抗压回弹模量设计值，符合规范规定的应为（　　）。并请说明选择的依据和理由。（计算结果取整数）

例题 3-35-3 表

结构层次	材料名称	抗压模量（MPa）	
		平均值	标准差
基层	水泥稳定碎石	2768	620
底基层	水泥稳定石屑	1980	366

（A）基层 4008MPa，底基层 1248MPa
（B）基层 4008MPa，底基层 2712MPa
（C）基层 1528MPa，底基层 1248MPa
（D）基层 1528MPa，底基层 2712MPa

解答

根据《城镇道路路面设计规范》（CJJ 169—2012）第 5.5.7 条第 3 款，$Z_a = 2$，计算层为基层底。

基层：$E = \overline{E} + Z_a S = 2768 + 2 \times 620 = 4008$MPa

底基层：$E = \overline{E} - Z_a S = 1980 - 2 \times 366 = 1248$MPa

答案：A

（1）城镇路面这类考点较为简单，注意对应《城镇道路路面设计规范》（CJJ 169—2012）条文准确计算。

（2）材料设计参数的确定需由平均值换算至设计值，按《城镇道路路面设计规范》（CJJ 169—2012）第5.5.7条规定，分不同情况采用不同公式。

（3）沥青路面气候分区、材料设计参数参考值，以及水泥路面设计参数参考值，可通过《城镇道路路面设计规范》（CJJ 169—2012）附录A、附录C、附录F查表得到，本书略。

考点36　城镇钢筋混凝土路面配筋计算

《城镇道路路面设计规范》（CJJ 169—2012）规定如下：

6.6.2　钢筋混凝土面层配筋应符合下列规定：

1　钢筋混凝土面层的配筋量应按下式确定：

$$A_s = \frac{16L_s h\mu}{f_{sy}}$$ (6.6.2)

式中：A_s——每延米混凝土面层宽（或长）所需的钢筋面积（mm²）；

L_s——纵向钢筋时，为横缝间距（m）；横向钢筋时，为无拉杆的纵缝或自由边之间的距离（m）；

h——面层厚度（mm）；

μ——面层与基层之间的摩阻系数，基层为水泥、石灰或沥青稳定粒料时，可取1.8；基层为无结合料的粒料时，可取1.5；

f_{sy}——钢筋的屈服强度（MPa），宜按表6.6.2-1选用。

钢筋强度和弹性模量参考值　　　　　　表6.6.2-1

钢筋种类	钢筋直径d（mm）	屈服强度f_{sy}（MPa）	弹性模量E_s（MPa）
HPB235	8~20	235	2.1×10^5
HPB335	6~50	335	2.0×10^5
HPB400	6~50	400	2.0×10^5
KL400	8~40	400	2.0×10^5

2　纵向和横向钢筋宜采用相同或相近的直径，其直径差不应大于4mm。钢筋的最小直径和最大间距，应符合表6.6.2-2的规定。钢筋的最小间距应为集料最大粒径的2倍。

钢筋最小直径和最大间距（单位：m）　　　表6.6.2-2

钢筋类型	最小直径	纵向最大间距	横向最大间距
光面钢筋	8	150	300
螺纹钢筋	12	350	750

例题 3-36-1

某城市主干路，路面结构拟采用普通混凝土面层和水泥稳定砂砾基层。在局部路段，面层厚度为220mm，横缝间距9m，设置传力杆。若纵向钢筋选用HPB235，直径选用10mm，则每延米混凝土面层的纵向钢筋计算配筋量以及其实配合理的钢筋面积应近于（　　）。

（A）243mm²，523mm²　　　　　　　　　（B）216mm²，412mm²

（C）243mm²，334mm²　　　　　　　　　（D）216mm²，266mm²

解答

根据《城镇道路路面设计规范》（CJJ 169—2012）第6.6.2条，基层为水泥稳定砂砾时$\mu = 1.8$。再查表6.6.2-1，HPB235钢筋的屈服强度$f_{sy} = 235$MPa。

根据式(6.6.2)，每延米混凝土面层所需的钢筋面积为：

$$A_s = \frac{16L_s h\mu}{f_{sy}} = \frac{16 \times 9 \times 220 \times 1.8}{235} = 242.66\text{mm}^2$$

根据每延米配筋量计算值，至少应配置根数 242.66/78.5 = 3.09 根。

再查表6.6.2-2，纵向钢筋最大间距为150mm，$A = 1000/150 \times 78.5 = 523$mm²。

答案：A

考点分析

（1）钢筋的配置根数应按照每延米配筋量和钢筋最大间距分别计算，取其中较大值。

（2）《城镇道路路面设计规范》（CJJ 169—2012）式(6.6.2)与《公路水泥混凝土路面设计规范》（JTG D40—2011）式(6.2.1)完全相同，但是要注意面层与基层之间的摩阻系数μ的取值有所不同。

考点37　城镇道路锯齿形边沟计算

条文规定

《城市道路工程设计规范》（CJJ 37—2012）（2016年版）规定如下：

6.3.2　道路最小纵坡不应小于0.3%；当遇特殊困难纵坡小于0.3%时，应设置锯齿形边沟或采取其他排水设施。

《城市道路路线设计规范》（CJJ 193—2012）规定如下：

7.2.2　道路最小纵坡应符合下列规定：

1　道路最小纵坡不应小于0.3%；当特殊困难纵坡小于0.3%时，应设置锯齿形偏沟或采取其他排水措施。

《城镇道路路面设计规范》（CJJ 169—2012）规定如下：

9.2.5　锯齿形偏沟设计应符合下列规定：

1　当道路边缘线纵坡度小于0.3%时，可在道路两侧车行道边缘0.3m宽度范围内设锯齿形偏沟。锯齿形偏沟的缘石外露高度，在雨水口处宜为180～200mm，在分水点处宜为100～120mm，雨水口处与分水点处的缘石高差宜控制在60～100mm范围内。

2 缘石顶面纵坡宜与道路中心线纵坡平行。锯齿形偏沟的沟底纵坡可通过边沟范围内的道路横坡变化调整。条件困难时，可调整缘石顶面纵坡度。

3 锯齿形偏沟的分水点和雨水口应按下式计算：

$$S = (h_c - h_w)/(j_c - j) \tag{9.2.5-1}$$

$$S_c - S = (h_c - h_w)/(j + j_c') \tag{9.2.5-2}$$

式中：S_c——相邻雨水口的间距（mm）；

S、$S_c - S$——分水点至雨水口的距离（mm）；

j——道路中心线纵坡度；

j_c——S段偏沟底的纵坡度；

j_c'——$S_c - S$偏沟底的纵坡度；

h_c——雨水口处缘石外露高度（mm）；

h_w——分水点处缘石外露高度（mm）。

各符号的意义如图9.2.5所示。

图 9.2.5 锯齿形偏沟计算
1-缘石顶线；2-分水点；3-路面边缘线

📖 **规范条文解析**

城市道路中线纵坡小于0.3%时，可在道路两侧车行道边缘设置锯齿形街沟。锯齿形街沟设置的方法是保持侧石顶面线与路中心线平行（即两者纵坡相等）的条件下，交替地改变侧石顶面线与平石（或路面）之间的高度，即交替地改变侧石外露于路面的高度。设置如图3-37-1所示。

图 3-37-1

📖 **典型例题**

例题 3-37-1

某路段中线设计纵坡为+0.2%，车行道宽度为14.0m，路拱横坡为1.5%，雨水口处缘石高$m = 0.174$m，分水点处缘石高$n = 0.144\mathrm{m}$，锯齿形边沟采用的纵坡$i_1 = i_2 = 0.4\%$。则雨水口的间距是（　　　）。

（A）5m　　　　　（B）10m　　　　　（C）15m　　　　　（D）20m

解答

根据《城镇道路路面设计规范》（CJJ 169—2012）式(9.2.5-1)、式(9.2.5-2)：

$S = (0.174 - 0.144)/(0.4\% - 0.2\%) = 15\mathrm{m}$

$S_c - S = (0.174 - 0.144)/(0.4\% + 0.2\%) = 5\mathrm{m}$

$S_c = 15 + 5 = 20\mathrm{m}$

答案：D

例题 3-37-2

某路段中线设计纵坡为$+0.1\%$，车行道宽度为 20.0m，路拱横坡为 2.0%，雨水口处缘石高$m = 0.20\mathrm{m}$，分水点处缘石高$n = 0.15\mathrm{m}$，初拟雨水口的间距为 30m，锯齿形边沟纵坡度$i_1 = i_2$，则边沟纵坡是（　　　）。

（A）0.4%　　　　　（B）0.25%　　　　　（C）0.3%　　　　　（D）0.36%

解答

由题意知：$(0.2 - 0.15)/(i + 0.1\%) + (0.2 - 0.15)/(i - 0.1\%) = 30$

解得：$i = 0.36\%$

答案：D

考点38　路面抗滑技术指标

1. 公路路面抗滑技术要求

📖 条文规定

《公路沥青路面设计规范》（JTG D50—2017）规定如下：

3.0.7 高速公路、一级公路以及山岭重丘区二级和三级公路的路面在交工验收时，其抗滑技术指标应满足表 3.0.7 的技术要求。

抗滑技术要求

表 3.0.7

年平均降雨量（mm）	交工检测指标值	
	横向力系数SFC_{60}^a	构造深度TD^b（mm）
> 1000	≥ 54	≥ 0.55
500～1000	≥ 50	≥ 0.50
250～500	≥ 45	≥ 0.45

注：[a]横向力系数SFC_{60}——用横向力系数测试车，在60km/h ± 1km/h 车速下测定。
　　[b]构造深度TD——用铺砂法测定。

《公路水泥混凝土路面设计规范》（JTG D40—2011）规定如下：

4.5.6 路面表面必须采用拉毛、拉槽、压槽或刻槽等方法筑做表面构造，在交工验收时构造深度应满足表 4.5.6 的要求。

各级公路水泥混凝土面层的表面构造深度要求（单位：mm）   表 4.5.6

公路等级	高速公路、一级公路	二、三、四级公路
一般路段	0.70～1.10	0.50～1.00
特殊路段	0.80～1.20	0.60～1.10

注：1. 特殊路段——对于高速和一级公路系指立交、平交或变速车道等处，对于其他等级公路系指急弯、陡坡、交叉口或集镇附近。
    2. 在年降雨量 600mm 以下的地区，表列数值可适当降低。

《公路隧道设计规范　第一册　土建工程》（JTG 3370.1—2018）规定如下：

15.3.4　隧道采用水泥混凝土路面面层时应符合下列规定：

5　路面表面构造深度在交工验收时应满足现行《公路水泥混凝土路面设计规范》（JTG D40）对特殊路段的有关规定，对不利条件下的路面构造深度应取大值。表面构造应具有耐磨损性能，当采用刻槽时，宜采用纵向刻槽，高速公路、一级公路、进洞口段及坡度较大的隧道宜同时采用纵向和横向刻槽。当采用复合式路面时，作为下面层的水泥混凝土表面构造可不受本款要求限制。

📖 **典型例题**

例题 3-38-1

某高速公路采用水泥混凝土路面，该地区年降雨量 900mm。路面采用拉毛、刻槽等方法进行表面构造施工，交工验收时互通立交段表面构造深度满足要求的是（　　　）。

（A）0.6mm
（B）0.7mm
（C）1.0mm
（D）1.3mm

解答

根据《公路水泥混凝土路面设计规范》（JTG D40—2011）表 4.5.6 注 1，高速公路立交为特殊路段，表面构造深度要求为 0.80～1.20mm。

答案：C

例题 3-38-2（2022 年真题）

二级公路有一隧道长 850m，位于 2.9% 的纵坡路段，隧道采用水泥混凝土路面面层。根据规范规定，在交工验收时，请问该路面表面构造深度的取值是（　　　）。

（A）0.50mm
（B）0.60mm
（C）0.80mm
（D）1.10mm

解答

根据《公路隧道设计规范　第一册　土建工程》（JTG 3370.1—2018）第 15.3.4 条第 5 款，隧道路面属于特殊路段；根据《公路水泥混凝土路面设计规范》（JTG D40—2011）表 4.5.6，特殊路段，二级公路，构造深度取 0.6～1.1mm。因为隧道纵坡达到 2.9%，比较大，构造深度应取大值 1.1mm。

答案：D

2. 城市道路路面抗滑技术要求

📖 **条文规定**

《城镇道路路面设计规范》（CJJ 169—2012）规定如下：

3.2.8　路面抗滑性能应符合下列规定：

1　快速路、主干路沥青路面在质量验收时抗滑性能指标应符合表3.2.8-1的规定，次干路、支路、非机动车道、人行道及步行街可按表3.2.8-1执行。

沥青路面抗滑性能指标　　　　　　　　　　　　　　　　表3.2.8-1

年平均降雨量（mm）	质量验收值	
	横向力系数SFC_{60}	构造深度TD（mm）
> 1000	≥ 54	≥ 0.55
500～1000	≥ 50	≥ 0.50
250～500	≥ 45	≥ 0.45

注：1.应采用测定速度为60km/h±1km/h时的横向力系数SFC_{60}作为控制指标。
　　2.路面宏观构造深度可用铺砂法或激光构造深度仪测定。

2　水泥混凝土路面抗滑性能在质量验收时，应符合表3.2.8-2的规定。

水泥混凝土面层的表面构造深度要求（单位：mm）　　　　表3.2.8-2

道路等级	快速路、主干路	次干路、支路
一般路段	0.70～1.10	0.50～0.90
特殊路段	0.80～1.20	0.60～1.00

注：1.对于快速路和主干路特殊路段系指立交、平交或变速车道等处，对于次干路、支路特殊路段系指急弯、陡坡、交叉口或集镇附近。
　　2.年降雨量600mm以下的地区，表列数值可适当降低。
　　3.非机动车道、人行道及步行街可按本表执行。

📖 **考点分析**

（1）对于沥青路面，抗滑设计主要结合当地降雨量和规范进行判断。

（2）对于水泥路面，首先判断是否属于特殊路段，再根据规范要求进行构造深度确定。

第4章 桥涵工程

本章核心考试规范：

1. 《公路桥涵设计通用规范》（JTG D60—2015）
2. 《公路工程水文勘测设计规范》（JTG C30—2015）
3. 《公路钢筋混凝土及预应力混凝土桥涵设计规范》（JTG 3362—2018）
4. 《公路桥涵地基与基础设计规范》（JTG 3363—2019）
5. 《城市桥梁设计规范》（CJJ 11—2011）（2019年版）
6. 《城市人行天桥与人行地道技术规范》（CJ 69-95）

本章一般考试规范：

1. 《公路工程抗震规范》（JTG B02—2013）
2. 《公路工程混凝土结构耐久性设计规范》（JTG/T 3310—2019）
3. 《公路钢结构桥梁设计规范》（JTG D64—2015）
4. 《公路桥梁抗震设计规范》（JTG/T 2231-01—2020）
5. 《公路桥梁加固设计规范》（JTG/T J22—2008）

曾列入考试的规范（如果2025年未恢复，可不复习）：

1. 《公路涵洞设计规范》（JTG/T 3365-02—2020）
2. 《公路桥梁抗风设计规范》（JTG/T 3360-01—2018）
3. 《公路圬工桥涵设计规范》（JTG D61—2005）

考点1 公路与城市桥梁设计使用年限及安全等级

1. 公路设计基准期、使用年限、安全等级

📖 条文规定 ————————————————————————

《公路桥涵设计通用规范》（JTG D60—2015）规定如下：

1.0.3 公路桥涵结构的设计基准期为100年。

1.0.4 公路桥涵主体结构和可更换部件的设计使用年限不应低于表1.0.4的规定。

桥涵设计使用年限（单位：年）　　　　　　　　　　　表 1.0.4

公路等级	主体结构			可更换部件	
	特大桥 大桥	中桥	小桥 涵洞	斜拉索 吊索 系杆等	栏杆 伸缩装置 支座等
高速公路 一级公路	100	100	50	20	15
二级公路 三级公路	100	50	30		
四级公路	100	50	30		

1.0.5　特大、大、中、小桥及涵洞按单孔跨径或多孔跨径总长分类规定见表 1.0.5。

桥梁涵洞分类　　　　　　　　　　　　　　表 1.0.5

桥涵分类	多孔跨径总长 L（m）	单孔跨径 L_K（m）
特大桥	$L > 1000$	$L_K > 150$
大桥	$100 \leqslant L \leqslant 1000$	$40 \leqslant L_K \leqslant 150$
中桥	$30 < L < 100$	$20 \leqslant L_K < 40$
小桥	$8 \leqslant L \leqslant 30$	$5 \leqslant L_K < 20$
涵洞	—	$L_K < 5$

注：1. 单孔跨径系指标准跨径。
　　2. 梁式桥、板式桥的多孔跨径总长为多孔标准跨径的总长；拱式桥为两端桥台内起拱线间的距离；其他形式桥梁为桥面系行车道长度。
　　3. 管涵及箱涵不论管径或跨径大小、孔数多少，均称为涵洞。
　　4. 标准跨径：梁式桥、板式桥以两桥墩中线间距离或桥墩中线与台背前缘间距为准；拱式桥和涵洞以净跨径为准。

公路桥涵结构设计安全等级应不低于表 4.1.5-1 的规定。

公路桥涵结构设计安全等级　　　　　　　　　表 4.1.5-1

设计安全等级	破坏后果	适用对象
一级	很严重	（1）各等级公路上的特大桥、大桥、中桥； （2）高速公路、一级公路、二级公路、国防公路及城市附近交通繁忙公路上的小桥
二级	严重	（1）三、四级公路上的小桥； （2）高速公路、一级公路、二级公路、国防公路及城市附近交通繁忙公路上的涵洞
三级	不严重	三、四级公路上的涵洞

注：本表所列特大、大、中桥等系按本规范表 1.0.5 中的单孔跨径确定，对多跨不等跨桥梁，以其中最大跨径为准。

📖 **典型例题**

例题 4-1-1

某高速公路桥梁，主桥为三跨变截面预应力混凝土连续梁，跨径为60m＋80m＋60m，两端引桥各为 10 孔 40m 预应力混凝土小箱梁。本桥的规模属于（　　　）。

（A）小桥　　　　　　（B）中桥　　　　　　（C）大桥　　　　　　（D）特大桥

解答

根据《公路桥涵设计通用规范》（JTG D60—2015）第 1.0.5 条，桥梁跨径总长 ＝（60＋80＋60）＋ 10×40＋10×40 ＝ 1000m，最大单孔跨径为 80m。

多孔跨径总长等于 1000m，属于大桥；最大单孔跨径 80m，属于大桥。

答案：C

例题 4-1-2

某公路高架桥，主桥为三跨变截面连续钢-混凝土组合梁，跨径布置为55m＋80m＋55m，两端引桥各为 5 孔 40m 的预应力混凝土 T 形梁，高架桥总长 590m。试问，其工程规模应属于（   ）。

（A）小桥   （B）中桥   （C）大桥   （D）特大桥

解答

根据《公路桥涵设计通用规范》（JTG D60—2015）第 1.0.5 条，桥梁跨径总长 ＝ 5 × 40 + (55 + 80 + 55) + 5 × 40 ＝ 590m。按单孔最大跨径 80m 查表 1.0.5，该桥属于大桥；按跨径总长 590m 查表 1.0.5，该桥属于大桥。因此该工程规模应属于大桥。

答案：C

例题 4-1-3

某一级公路桥梁，采用混凝土预制结构，跨径为3 × 25m，关于设计基准期和主体结构设计使用年限正确的是（   ）。

（A）设计基准期 150 年，设计使用年限 120 年

（B）设计基准期 100 年，设计使用年限 100 年

（C）设计基准期 100 年，设计使用年限 50 年

（D）设计基准期 100 年，设计使用年限 30 年

解答

根据《公路桥涵设计通用规范》（JTG D60—2015）第 1.0.3 条，设计基准期为 100 年。

根据《公路桥涵设计通用规范》（JTG D60—2015）第 1.0.4 条及第 1.0.5 条，桥梁跨径总长 ＝ 3 × 25 ＝ 75m，最大单孔跨径为 25m；属于中桥。

一级公路上中桥设计使用年限不应低于 100 年。

答案：B

例题 4-1-4

某高速公路桥梁，跨越现状 650m 河道，设计中主桥采用主跨为 160m 的矮塔斜拉桥，引桥采用 35m 的简支小箱梁，桥梁跨径总长为 900m。关于该桥的分类及设计安全等级正确的是（   ）。

（A）特大桥，一级   （B）大桥，一级   （C）特大桥，二级   （D）大桥，二级

解答

根据《公路桥涵设计通用规范》（JTG D60—2015）第 1.0.5 条，桥梁跨径总长 900m，属于大桥；最大单孔跨径为 160m，属于特大桥。综合总跨径和最大单孔跨径，属于特大桥。

根据《公路桥涵设计通用规范》表 4.1.5-1，大桥、特大桥、中桥的设计安全等级均为一级。

答案：A

2. 城市桥梁设计基准期、使用年限、安全等级

📖 条文规定

《城市桥梁设计规范》（CJJ 11—2011）（2019 年版）规定：

3.0.2 桥梁按其多孔跨径总长或单孔跨径的长度，可分为特大桥、大桥、中桥和小桥等四类，

桥梁分类应符合表 3.0.2 的规定。

桥梁按总长或跨径分类　　　表 3.0.2

桥梁分类	多孔跨径总长 L（m）	单孔跨径 L_0（m）
特大桥	$L > 1000$	$L_0 > 150$
大桥	$1000 \geqslant L \geqslant 100$	$150 \geqslant L_0 \geqslant 40$
中桥	$100 > L > 30$	$40 > L_0 \geqslant 20$
小桥	$30 \geqslant L \geqslant 8$	$20 > L_0 \geqslant 5$

注：1. 单孔跨径系指标准跨径。梁式桥、板式桥以两桥墩中线之间桥中心线长度或桥墩中线与桥台台背前缘线之间桥中心线长度为标准跨径；拱式桥以净跨径为标准跨径。
　　2. 梁式桥、板式桥的多孔跨径总长为多孔标准跨径的总长；拱式桥为两岸桥台起拱线间的距离；其他形式的桥梁为桥面系的行车道长度。

3.0.8　桥梁结构的设计基准期应为 100 年。

3.0.9　桥梁结构的设计使用年限应按表 3.0.9 的规定采用。

桥梁结构的设计使用年限　　　表 3.0.9

类别	设计使用年限（年）	类别
1	30	小桥
2	50	中桥、重要小桥
3	100	特大桥、大桥、重要中桥

注：对有特殊要求结构的设计使用年限，可在上述规定基础上经技术经济论证后予以调整。

3.0.14　当桥梁按持久状况承载能力极限状态设计时，根据结构的重要性、结构破坏可能产生后果的严重性，应采用不低于表 3.0.14 规定的设计安全等级。

桥梁设计安全等级　　　表 3.0.14

安全等级	结构类型	类别
一级	重要结构	特大桥、大桥、中桥、重要小桥
二级	一般结构	小桥、挡土墙中桥
三级	次要结构	挡土墙、防撞护栏

注：1. 表中所列特大、大、中桥等系按本规范表 3.0.2 中单孔跨径确定，对多跨不等跨桥梁，以其中最大跨径为准；冠以"重要"的小桥、挡土墙系指城市快速路、主干路及交通特别繁忙的城市次干路上的桥梁、挡土墙。
　　2. 对有特殊要求的桥梁，其设计安全等级可根据具体情况另行确定。

📖 典型例题

例题 4-1-5

某城市快速路上的桥梁，采用混凝土预制结构，跨径为 2 × 10m，关于设计基准期和主体结构设计使用年限正确的是（　　）。

（A）设计基准期 150 年，设计使用年限 150 年

（B）设计基准期 100 年，设计使用年限 120 年

（C）设计基准期 100 年，设计使用年限 50 年

（D）设计基准期 50 年，设计使用年限 30 年

解答

根据《城市桥梁设计规范》（CJJ 11—2011）（2019 年版）第 3.0.8 条，设计基准期为 100 年。

根据《城市桥梁设计规范》(CJJ 11—2011)(2019年版)第3.0.2条及第3.0.9条,桥梁跨径总长=20m,最大单孔跨径为10m;属于小桥。

根据表3.0.14注1,该小桥为城市快速路上的桥梁,为"重要小桥",因此设计使用年限为50年。

答案:C

📖 **考点分析**

(1)必须把公路桥梁和城市桥梁区分,根据相应的规范条文考虑桥梁的分类、设计使用年限及安全等级。桥梁的安全等级与公路等级/道路等级密切相关,对于城市桥梁,要特别注意,《城市桥梁设计规范》(CJJ 11—2011)表3.0.14注1:冠以"重要"的小桥、挡土墙系指城市快速路、主干路及交通特别繁忙的城市次干路上的桥梁、挡土墙。公路安全等级则直接查《公路桥涵设计通用规范》(JTG D60—2015)表4.1.5-1即可确定。

(2)桥梁的分类及安全等级是基础性问题,后续的结构计算中有关参数取值都要用到。结构重要性系数取值与桥梁安全等级相关。

(3)设计基准期和设计使用年限(使用寿命)是两个不同的概念。设计基准期是指进行结构可靠性分析时,为确定可变作用(如汽车荷载等)及与时间有关的材料性能(如混凝土的收缩、徐变等)取值而选用的时间参数,也就是可靠度定义中的"规定时间"。现行规范规定,公路桥梁和城市桥梁的设计基准期均取100年。设计使用年限(使用寿命)是指在正常设计、正常施工、正常使用和正常养护条件下,桥涵结构或结构构件不需要进行大修或更换,即可按其预定目的使用的年限,是体现桥涵结构耐久性的重要指标。

考点2 桥梁平面、纵断面及横断面布置

1. 公路和城市桥梁全长

📖 **条文规定**

《公路桥涵设计通用规范》(JTG D60—2015)规定如下:

3.3.5 桥梁全长应按下列规定计算:

1 有桥台的桥梁为两岸桥台侧墙或八字墙尾端间的距离。

2 无桥台的桥梁为桥面系长度。

📖 **典型例题**

例题 4-2-1

某公路高架桥,主桥为三跨变截面连续钢-混凝土组合箱形桥,跨径布置为45m+60m+45m,两端引桥各为5孔40m的预应力混凝土T形梁,桥台为U形结构,前墙厚度为0.90m,侧墙长3.0m,两端伸缩缝宽度均为160mm。试问,该桥全长(m)与下列( )最为接近。

(A)548　　　　(B)550　　　　(C)552　　　　(D)558

解答

根据《公路桥涵设计通用规范》(JTG D60—2015)第3.3.5条,桥梁全长实际就是桥梁多孔跨径

总长 + 桥台前墙（背墙）厚度 + 侧墙的长度，即

桥梁跨径总长 = 5 × 40 + (45 + 60 + 45) + 5 × 40 = 550m

单侧桥台前墙厚 + 侧墙长 = 0.9 + 3.0 = 3.9m

桥梁全长 = 550 + 3.9 × 2 = 557.8m

答案：D

例题 4-2-2

某一级公路桥梁，由主桥和引桥组成。主桥为三跨变截面预应力混凝土连续梁，跨径为70m + 100m + 70m，两端引桥各为 5 孔 40m 预应力混凝土小箱梁，桥台为肋板桥台，耳墙长度为 3500mm，背墙厚度为 400mm，主桥与引桥和两端的伸缩缝均为 160mm。桥梁行车道净宽 20.5m，全宽 21.5m。与该桥的全长最为接近的是（　　　）。

（A）640 　　　　　　　　　　　　　　　（B）647

（C）647.8 　　　　　　　　　　　　　　（D）640.96

解答

根据《公路桥涵设计通用规范》（JTG D60—2015）第 3.3.5 条：

桥长 = 5 × 40 + (70 + 100 + 70) + 5 × 40 + 2 × (3.5 + 0.4) = 647.8m

答案：C

📖 **考点分析**

（1）公路和城市桥梁全长、桥梁总长（多孔跨径总长）、标准跨径、计算跨径要掌握。桥梁全长是两岸桥台侧墙或八字墙尾端的距离，是多孔跨径总长加上桥台背墙（前墙）厚度和侧墙（八字墙）的长度，桥梁全长实际上与伸缩缝长度无关。桥梁总长（多孔跨径总长）是桥梁标准跨径的总和，不考虑桥台的长度。标准跨径，对于中间跨，就是两个桥墩中心线的距离；对于边跨，则是台背前缘与桥墩中心线的距离，与伸缩缝无关。计算跨径是指支座间的距离，是结构受力计算时采用的跨径。

（2）当前，有些设计院为了将边跨的梁长与中间梁长统一，在桥台背墙前缘与边梁梁端预留的缝隙人为设置了一道跨径线，从而错误地将伸缩缝长度计入桥梁长度，是与规范不符的。

（3）桥梁全长与桥台搭板长度无关。搭板长度不应计入桥梁全长。

2. 公路桥梁平面布置

📖 **条文规定**

《公路桥涵设计通用规范》（JTG D60—2015）规定如下：

3.2.3 桥梁纵轴线宜与洪水主流流向正交。对通航河流上的桥梁，其墩台沿水流方向的轴线应与最高通航水位时的主流方向一致。当斜交不能避免时，交角不宜大于 5°；当交角大于 5° 且斜桥正做时，墩（台）边缘净距宜按式 (3.2.3) 计算，其计算简图如图 3.2.3 所示。

$$l_a = \frac{l + b \sin \alpha}{\cos \alpha} \tag{3.2.3}$$

式中：l_a——相应于计算水位的墩（台）边缘之间的净距（m）；

l——通航要求的有效跨径（m）；

b——墩（台）的长度（m）；

α——垂直于水流方向与桥纵轴线间的交角（°）。

例题 4-2-3

某一级公路桥梁，跨越通航河流，桥轴线与水流方向交角为 84°。河流通航净宽 60m、净高 8m。桥墩长 8m、宽 2m，为保证通航安全，该桥梁的通航孔最小跨径为（   ）。

（A）61.2m   （B）63.2m

（C）60m   （D）68m

解答

根据《公路桥涵设计通用规范》（JTG D60—2015）第 3.2.3 条：

$L_a = (60 + 8 \times \sin 6°) / \cos 6° = 61.2m$

跨径为 $61.2 + 2 = 63.2m$

答案：B

3. 城市桥梁平面布置

《城市桥梁设计规范》（CJJ 11—2011）（2019 年版）规定如下：

4.0.4 通航河道的主流宜与桥梁纵轴线正交，如有困难时其偏角不宜大于 5°，这是从船舶航行安全考虑。通航净宽及加宽值，对内河航道、通航海轮的航道可分别按现行《内河通航标准》（GB 50139）、《通航海轮桥梁通航标准》（JTJ 311）的有关规定计算确定。当桥位布置有困难，交角大于 5°时，应加大通航孔的跨径。计算公式如下：

$$L_a = \frac{l + b \sin \alpha}{\cos \alpha} \tag{1}$$

式中：L_a——相应于计算水位的墩（台）边缘之间的净距（m）；

l——通航要求的有效跨径（m）（应不小于由航迹带宽度与富裕宽度组成的航道有效宽度）；

b——墩（台）的长度（m）；

α——内河桥为垂直于水流主流方向与桥梁纵轴线间的交角（°），跨海桥为垂直于涨、落潮流主流方向与桥轴线间的大角（°）。

图 3.2.3　墩（台）边缘净距计算简图

（1）公路桥梁与城市桥梁的条款内容一致，但答题时应针对相应的规范进行答题。
（2）注意最小跨径应在墩台边缘净距的基础上加上一个墩台宽度。

4. 公路桥梁纵断面

《公路桥涵设计通用规范》（JTG D60—2015）规定如下：

3.4.3 桥下净空应根据计算水位（设计水位计入壅水、浪高等）或最高流冰水位加安全高度确定，并应符合下列规定：

1 当河流有形成流冰阻塞的危险或有漂浮物通过时，应按实际调查的数据，在计算水位的基础上，结合当地具体情况酌情留一定富余量，作为确定桥下净空的依据。对于有淤积的河流，桥下净空应适当增加。

2 通航或流放木筏的河流，桥下净空应符合通航标准或流放木筏的要求。有国防要求和其他特殊要求（如石油钻探船只）的航道，其通航标准应与有关部门具体研究确定。

3 在不通航或无流放木筏河流上及通航河流的不通航桥孔内，桥下净空不应小于表3.4.3的规定。

非通航河流桥下最小净空   表 3.4.3

桥梁的部位		高出计算水位（m）	高出最高流冰面（m）
梁底	洪水期无大漂流物	0.50	0.75
	洪水期有大漂流物	1.50	—
	有泥石流	1.00	—
支承垫石顶面		0.25	0.50
有铰拱拱脚		0.25	0.25

4 无铰拱的拱脚允许被设计洪水淹没，但不宜超过拱圈高度的 2/3，且拱顶底面至计算水位的净高不得小于 1.0m。

5 在不通航和无流筏的水库区域内，梁底面或无铰拱拱顶底面离开水面的高度不应小于计算浪高的 0.75 倍加上 0.25m。

《公路工程水文勘测设计规范》（JTG C30—2015）规定如下：

7.4.1 不通航河流的桥面设计高程应按下列规定计算：

1 按设计水位计算桥面最低高程时，应按下式计算：

$$H_{\min} = H_s + \sum \Delta h + \Delta h_j + \Delta h_0 \qquad (7.4.1\text{-}1)$$

式中：$H_{\min}$——桥面最低高程（m）；

H_s——设计水位（m）；

$\sum \Delta h$——考虑壅水、浪高、波浪壅高、河湾超高、水拱、局部股流壅高（水拱与局部股流壅高只取其大者）、床面淤高、漂流物高度等诸因素的总和（m）；

Δh_j——桥下净空安全值（m），应符合表 7.4.1 的规定；

Δh_0——桥梁上部构造建筑高度（m），应包括桥面铺装高度。

不通航河流桥下净空安全值 Δh_j 表 7.4.1

桥梁部位	按设计水位计算的桥下净空安全值（m）	按最高流冰水位计算的桥下净空安全值（m）
梁底	0.50	0.75
支座垫石顶面	0.25	0.5
拱脚	0.25	0.25

注：1. 无铰拱的拱脚，可被洪水淹没，淹没高度不宜超过拱圈矢高的三分之二；拱顶底面至设计水位的净高不应小于1m。
　　2. 山区河流水位变化大，桥下净空安全值可适当加大。

2　按设计最高流冰水位计算桥面最低高程时，应按下式计算：

$$H_{min} = H_{SB} + \Delta h_j + \Delta h_0 \tag{7.4.1-2}$$

式中：H_{SB}——设计最高流冰水位（m），应考虑床面淤高。

3　桥面设计高程不应低于式(7.4.1-1)和式(7.4.1-2)的计算值。

7.4.2　通航河流的桥面设计高程除应满足不通航河流的要求外，尚应符合下式要求：

$$H_{min} = H_{tn} + H_M + \Delta h_0 \tag{7.4.2}$$

式中：H_{tn}——设计最高通航水位（m）；

　　　H_M——通航净空高度（m）。

📖 **典型例题**

例题 4-2-4（2021 年真题）
某二级公路上跨径为 42m 的简支梁桥，跨越不通航河流，设计水位分别为：50 年一遇 35.6m，100 年一遇 36.00m，300 年一遇 36.35m；壅水、浪高、漂流物等因素的影响高度总和为 3.0m，上部结构梁高 2.50m，支座和支座垫石高度合计为 0.30m，平均桥面铺装厚度为 0.15m。请计算桥面应满足的最低高程要求是（　　）。

（A）41.65m　　　　　　　　　　　　（B）41.75m

（C）42.15m　　　　　　　　　　　　（D）42.45m

解答
根据《公路桥涵设计通用规范》（JTG D60—2015）第 1.0.5 条，该桥属于大桥；根据第 3.2.9 条，大桥设计洪水频率为 1/100，设计水位为 36.00m。

根据《公路工程水文勘测设计规范》（JTG C30—2015）第 7.4.1 条，桥面高程：

$H_{min} = H_s + \sum \Delta h + \Delta h_j + \Delta h_0 = 36 + 3.0 + 0.5$(桥下净空安全值)$ + (2.5 + 0.15) = 42.15m$

答案：C

例题 4-2-4a（2022 年补考真题）
海南省某高速公路桥梁位于非通航河流，已获知：设计水位 5.00m，考虑壅水、浪高、漂流物等各种因素的影响高度 0.80m，桥梁上部结构建筑高度（梁底到桥面设计高程位置间的高度，已计入横坡等各种因素，假定支座顶即为梁底）3.00m，支座厚度 0.30m。请问，根据规范规定，该桥桥面设计高程至少为（　　）。

（A）9.30m　　　　（B）9.35m　　　　（C）9.55m　　　　（D）9.60m

解答
根据《公路工程水文勘测设计规范》（JTG C30—2015）第 7.4.1 条、式 (7.4.1-1)：
按支座垫石顶面控制：$H_{min} = H_s + \sum \Delta h + \Delta h_j + \Delta h_0 = 5 + 0.8 + 0.25 + 3.0 + 0.3 = 9.35m$
按梁底控制：$H_{min} = H_s + \sum \Delta h + \Delta h_j + \Delta h_0 = 5 + 0.8 + 0.5 + 3.0 = 9.3m$
因此，最小高度为 9.35m。
答案：B

例题 4-2-4b（2024 年真题）

某二级公路上的桥梁，跨越非通航河道，桥型方案为 $4 \times 30m$ 连续梁桥，1/50 设计水位为 205.34m，1/100 设计水位为 209.42m。最高流冰水位为 205.10m。考虑壅水、浪高等影响的总高度为 0.90m。根据水文计算确定的桥梁梁底的最低高程应为多少?

（A）210.82m　　　（B）208.19m　　　（C）207.95m　　　（D）211.77m

解答

（1）根据《公路桥涵设计通用规范》（JTG D60—2015）表 1.0.5，该桥跨径总长为 120m，属于大桥;

（2）根据《公路桥涵设计通用规范》（JTG D60—2015）表 3.2.9，二级公路大桥设计洪水频率为 1/100。

（3）根据《公路工程水文勘测设计规范》（JTG C30—2015），7.4.1 条，按设计水位计算桥面最低高程时，梁底的桥下净空安全值为 0.5m:

$$H_{min1} = 209.42 + 0.90 + 0.5 = 210.82m$$

按设计最高流冰水位计算桥面最低高程，梁底的桥下净空安全值为 0.75m:

$$H_{min2} = 205.10 + 0.75 = 205.85m$$

（4）$H_{min} = \max\{H_{min1}, H_{min2}\} = 210.82m$

答案：A

例题 4-2-5（2020 年真题）

通航河流的设计最高通航水位为 20.00m，设计水位为 25.00m，通航净空高度为 16.00m，壅水浪高等因素的影响高度为 0.50m，要求的桥下净空安全高度值为 0.50m，桥梁上部结构梁高 1.50m，平均桥面铺装厚度为 0.15m，该桥的桥面最低高程应该为（　　　）。

（A）38.65m　　　（B）38.15m　　　（C）37.65m　　　（D）27.65m

解答

根据《公路工程水文勘测设计规范》（JTG C30—2015）第 7.4.1 条及第 7.4.2 条，不考虑通航时:

$$H_{min} = H_s + \sum \Delta h + \Delta h_j + \Delta h_0 = 25.00 + 0.50 + 0.50 + (1.50 + 0.15) = 27.65m$$

考虑通航时:

$$H_{min} = H_{tn} + H_M + \Delta h_0 = 20.00 + 16.00 + 1.50 + 0.15 = 37.65m$$

取大者，即 37.65m。

答案：C

例题 4-2-6（2019 年真题）

不通航河流的设计水位高程为 26.00m，壅水、浪高等因素的影响高度为 0.50m，桥梁上部结构梁高 1.50m，平均桥面铺装厚度为 0.15m，不考虑桥面横坡的影响，桥面最低高程是（　　　）。

（A）28.65m　　　（B）28.50m　　　（C）28.15m　　　（D）28.00m

解答

根据《公路工程水文勘测设计规范》（JTG C30—2015）第 7.4.1 条第 1 款，查表 7.4.1，安全高度值为 0.5m，则

$$H_{min} = H_s + \sum \Delta h + \Delta h_i + \Delta h_0 = 26 + 0.5 + 0.15 + 0.5 + 1.5 = 28.65m$$

答案：A

例题 4-2-7

某二级公路跨越河道，该河道没有通航要求，拟采用 $5 \times 30m$ 预应力混凝土简支转连续组合梁桥。经水文计算，1/50 的设计水位为 546.22m;1/100 的设计水位为 548.10m。最高流冰水位为 546.1m。考虑

壅水、浪高等总影响高度为1.1m。桥梁建筑高度为1.85m。则按水文计算确定的桥面最低高程应为（　　　）。

（A）549.17m （B）551.05m （C）551.55m （D）549.05m

解答

根据《公路工程水文勘测设计规范》（JTG C30—2015）第7.4.1条第1款，查表7.4.1，安全高度值为0.5m，本桥为大桥，根据《公路桥涵设计通用规范》（JTG D60—2015）表3.2.9可知，二级公路大桥设计洪水频率为1/100，按设计水位计算桥面最低高程：

$$H_{min} = H_s + \sum \Delta h + \Delta h_i + \Delta h_0$$
$$= 548.10 + 1.1 + 0.5 + 1.85$$
$$= 551.55m$$

按最高流冰水位计算桥面最低高程：
$$H_{min} = H_{SB} + \Delta h_j + \Delta h_0 = 546.1 + 0.75 + 1.85$$
$$= 548.7m$$

桥面最低高程取两者的大值，即551.55m。

答案：C

例题 4-2-8

某一级公路上设置3×13m石拱桥，1/50设计洪水位为122.35m，1/100设计洪水位为127.23m，不考虑壅水、波浪等高度。拱圈厚度为0.6m，矢跨比为1/4，拱上建筑高度为0.9m，则该桥的最低桥面高程为（　　　）。

（A）125.22m （B）126.98m （C）128.23m （D）129.81m

解答

根据《公路桥涵设计通用规范》（JTG D60—2015）第1.0.5条，3×13m石拱桥属于中桥，无铰拱。

根据《公路桥涵设计通用规范》（JTG D60—2015）第3.2.9条，一级公路中桥设计洪水频率为1/100，则设计水位为127.23m。

该桥矢高为13/4 = 3.25m，根据《公路工程水文勘测设计规范》（JTG C30—2015）表7.4.1注1，三分之一矢高为3.25/3 = 1.08 > 1.0m，所以该桥设计洪水位可位于2/3拱圈矢高处。

故最低桥面高程为：

127.23 + 1.08 + 0.6 + 0.9 = 129.81

答案：D

5. 城市桥梁纵断面

📖 条文规定

《城市桥梁设计规范》（CJJ 11—2011）（2019年版）规定如下：

在不通航或无流放木筏河流上及通航河流的不通航桥孔内，桥下净空不应小于表3.0.5的规定。

非通航河流桥下最小净空表　　　　　　　　　　　　　　　　　　表3.0.5

桥梁的部位		高出计算水位（m）	高出最高流冰面（m）
梁底	洪水期无大漂流物	0.50	0.75
	洪水期有大漂流物	1.50	—
	有泥石流	1.00	—
支承垫石顶面		0.25	0.50
拱脚		0.25	0.25

例题 4-2-9（2020 年真题）

某城市主干路上一跨河桥，桥面横断面为单幅桥，桥面宽 24m，横坡采用双向横坡 1.5%，桥面为沥青混凝土铺装层（厚 10cm）、水泥混凝土铺装层（厚 10cm），主梁结构为 1.5m 高的等高简支 T 形梁，跨越河道为洪水期无大漂浮物、有泥石流的非通航河流，河道最高洪水位高程为 42.5m，河道范围内，道路中心线处桥面的最低设计高程值为（　　）。

（A）45.00m　　　　　（B）45.28m　　　　　（C）45.38m　　　　　（D）44.88m

解答

根据《城市桥梁设计规范》（CJJ 11—2011）（2019 年版）第 3.0.5 条第 2 款及表 3.0.5 得：

桥面中心线最低设计高程 = 最高洪水位高程 + 安全高度 + 结构层厚度

$$= 42.5 + 1.00 + (1.5 + 0.1 + 0.1 + 24/2 \times 1.5\%)$$
$$= 45.38m$$

答案：C

例题 4-2-10（2019 年真题）

某城市主干路桥梁跨越非通航河道，河道洪水期无大漂流物，不考虑浪高及流水，该河道百年一遇的洪水高程为 45.50m，各季最高流冰面高程为 44.00m，桥梁上部结构为等截面连续桥梁，则河道范围内桥底最小高程应为（　　）。

（A）46.50m　　　　　（B）46.00m　　　　　（C）45.50m　　　　　（D）44.75m

解答

根据《城市桥梁设计规范》（CJJ 11—2011）（2019 年版）第 3.0.5 条，城市桥梁设计宜采用百年一遇的洪水频率。

梁底洪水期无大漂流物，非通航河流桥下最小净空高出计算水位 0.5m，高出最高流冰面 0.75m，则

$45.5 + 0.5 = 46m$

$44.00 + 0.75 = 44.75m$

取大者，故河道范围内桥底最小高程应为 46m。

答案：B

例题 4-2-10a（2022 年真题）

某城市主干路设计速度为 60km/h，跨越非通航河道，河道洪水期无大漂流物，不考虑浪高、流冰阻塞等因素。该河道计算水位为 43.50m，冬季最高流冰面高程为 43.00m，桥梁上部结构采用等截面，结构总高度为 2.10m，沿桩号前进方向的桥梁纵坡度分别为 +1.6% 和 −2.0%，变坡点高程 46.50m。忽略桥长因素影响，竖曲线曲中点为桥面高程控制点，下列桥梁处竖曲线最大半径符合规范规定的是（　　）。并说明选择依据和理由。（计算结果百位数取整）

竖曲线计算公式：$R = \dfrac{8E}{\omega^2}$，$\omega = i_2 - i_1$

（A）2400m　　　　　（B）2500m　　　　　（C）3400m　　　　　（D）4000m

解答

根据《城市桥梁设计规范》（CJJ 11—2011）（2019 年版）表 3.0.5，无大漂流物的非通航河流，梁底应高出计算水位 0.5m，高出最高流冰面 0.75m。则桥面最低高程最小应为（设计水位和流冰水位双控）：

按设计水位控制：$H_{min1} = 43.5 + 0.5 + 2.1 = 46.1m$；

按流冰水位控制：$H_{\text{min1}} = 43 + 0.75 + 2.1 = 45.85\text{m}$；

双控取大值，$H_{\text{min}} = 46.1\text{m}$。

根据下图中路线计算的几何关系：$E = 46.5 - 46.1 = 0.4\text{m}$；

$\omega = i_2 - i_1 = 2\% + 1.6\% = 0.036$；

$R = 8E/\omega^2 = 8 \times 0.4/0.036^2 = 2469\text{m}$。

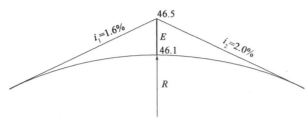

例题 4-2-14 解图

竖曲线半径R越大，E值越大，桥面高程就越低，所以曲线半径R应小于 2469m，题中选项仅有 2400m 符合要求。

答案： A

例题 4-2-10b（2022 年真题）

某城市主干路为三幅路形式，跨河桥位于超高横坡度为 3% 的圆曲线内，桥梁分幅设置，中间机动车道桥梁全宽 24m（结构外悬臂长 2m，悬臂根部厚 0.5m），梁高为 1.6m，桥面铺装及整平层厚度均为 10cm，跨河道为洪水期有大漂流物的非通航河流，计算水位为 36.5m，下列关于机动车道桥梁中心最低桥面高程符合规范规定的应为（　　）。并说明选择的依据和理由。（计算结果取小数点后两位）

（A）40.00m　　　　（B）40.06m　　　　（C）40.10m　　　　（D）40.16m

解答

根据《城市桥梁设计规范》（CJJ 11—2011）（2019 年版）表 3.0.5，有大漂流物的非通航河流，梁底应高出计算水位 1.5m。

梁底的高程最小应为：$36.5 + 1.5 = 38.0\text{m}$；根据下图中的几何关系，考虑上部结构高度、桥面铺装及横坡，桥中心线桥面最低高程为：

$38.0 + 1.6$(结构高度) $+0.1$(桥面铺装) $+0.1$(整平层) $+(24/2 - 2) \times 3\%$(箱梁最低点至梁底中心线的高程差) $= 40.10\text{m}$。

例题 4-2-15 解图

答案： C

📖 考点分析

（1）非通航洪水位控制有垫石顶面和梁底双控，流冰面流水面双控。

（2）如果是通航控制，就是通航水位＋通航（轮船）净空＋主梁高度＝设计高程。

（3）非通航河流桥下最小净空规定，《公路桥涵设计通用规范》（JTG D60—2015）与《城市桥梁设计规范》（CJJ 11—2011）（2019 年版）一致，与《公路工程水文勘测设计规范》（JTG C30—2015）主要区别是：前者增加了洪水期有大漂流物、有泥石流这两种类型。

6. 公路桥梁横断面

条文规定

《公路桥涵设计通用规范》（JTG D60—2015）规定如下：

3.4.2 桥面人行道、自行车道和拦护设施的布置应符合下列规定：

1 高速公路上的桥梁不宜设人行道。一、二、三、四级公路上桥梁的桥上人行道和自行车道的设置，应根据需要而定，并应与前后路线布置协调。人行道、自行车道与行车道之间，应设护栏或路缘石等分隔设施。一个自行车道的宽度应为 1.0m；当单独设置自行车道时，不宜小于两个自行车道的宽度。人行道的宽度宜为 1.0m；大于 1.0m 时，按 0.5m 的级差增加。漫水桥和过水路面可不设人行道。

2 通行拖拉机或畜力车为主的慢行道，其宽度应根据当地行驶拖拉机或畜力车车型及交通量而定；当沿桥梁一侧设置时，不应小于双向行驶要求的宽度。

3 桥梁护栏设置应符合现行《公路交通安全设施设计规范》（JTG D81）的相关规定。

4 路缘石高度可取用 0.25～0.35m。当跨越急流、大河、深谷、重要道路、铁路、主要航道，或桥面常有积雪、结冰时，其路缘石高度宜取用较大值。

典型例题

例题 4-2-11

某三级公路设计速度为 40km/h，设置跨普通河流中桥一座，桥梁段采用 2m 宽人行道，桥梁防撞护栏防护等级采用二（B）级，根据《公路桥涵设计通用规范》（JTG D60—2015），该桥路缘石及护栏设置最合理的为（　　　）。

（A）路缘石高 10cm，人行道外侧设置防撞护栏

（B）路缘石高 15cm，人行道外侧设置防撞护栏

（C）路缘石高 20cm，人行道外侧设置组合护栏

（D）路缘石高 25cm，人行道外侧设置组合护栏

解答

根据《公路桥涵设计通用规范》（JTG D60—2015）第 3.4.2 条，规定路缘石高度可取 25～35cm。车速较低时在人行道外侧采用兼具车辆防撞和人行栏杆功能的组合护栏。

答案：D

7. 城市桥梁横断面

条文规定

《城市桥梁设计规范》（CJJ 11—2011）（2019 年版）规定如下：

6.0.7 桥梁上路缘石与护栏的设置要求应符合表 6.0.7 的规定。

路缘石与护栏的设置要求　　　　　　　　　　　　　　　　表 6.0.7

等级	条件	设置要求
一	符合下列设计与环境条件之一时： 1. 城市快速路； 2. 临空高度大于 6.0m 或水深大于 5.0m； 3. 跨越急流、重要道路、铁路、主要航道、轨道交通、水源保护区、人员密集区和人员通道等； 4. 特大悬索桥、斜拉桥、拱桥等缆索承重桥梁或跨海大桥	车行道外侧必须设置防撞护栏
二	符合下列设计与环境条件之一时： 1. 设计速度大于或等于 50km/h 的城市主干路或次干路； 2. 临空高度大于 3.0m 小于 6.0m 或水深大于 2.0m 小于 5.0m； 3. 跨越道路、桥梁等人工构筑物时； 4. 桥面常有积冰、积雪时	车行道外侧宜设置防撞护栏，当仅采用路缘石与人行道分隔时，路缘石高度不得小于 40cm，且人行道宽度不得小于 2m
三	其他有机动车行驶的城市桥梁	可采用路缘石与人行道、检修道分隔，路缘石高度宜取 25～35cm

注：路缘石高度不小于 40cm 时宜进行行人防跌落设计。

8.1.4　当立交、高架道路桥梁的下穿道路紧靠柱式墩或薄壁墩台、墙时，所需的安全带宽度应符合下列规定：

　　1　当道路设计行车速度大于或等于 60km/h 时，安全带宽度不应小于 0.50m；

　　2　当道路设计行车速度小于 60km/h 时，安全带宽度不应小于 0.25m。

📖 **典型例题**

例题 4-2-12

某城市次干路，设计速度为 40km/h，该道路上有一座跨径为 20m 的预应力混凝土小箱梁桥，桥梁临空高度为 4m，桥梁横断面布置为 2.5m（人行道）+ 15m（行车道）+ 2.5m（人行道），行车道外侧不设置防撞护栏的情况下，该桥路缘石高度设置合理的为（　　　）。

　　（A）15cm　　　　　（B）25cm　　　　　（C）35cm　　　　　（D）45cm

解答

根据《城市桥梁设计规范》（CJJ 11—2011）（2019 年版）表 6.0.7，因临空高度为 4m，为第二等级，当仅采用路缘石与人行道分隔时，路缘石高度应不小于 40cm。

答案：D

例题 4-2-13

某城市主干路，设计速度为 50km/h，下穿城市快速路的高架桥梁，快速路高架桥梁上部结构采用 30m 的现浇大悬臂箱梁，下部结构采用花瓶墩。该主干路与花瓶墩之间最小的安全带宽度为（　　　）。

　　（A）0.15m　　　　　（B）0.25m　　　　　（C）0.50m　　　　　（D）1.0m

解答

根据《城市桥梁设计规范》（CJJ 11—2011）（2019 年版）第 8.1.4 条，设计速度小于 60km/h 时，最小的安全带宽度为 25cm。

答案：B

📖 **考点分析**

（1）对于例题 4-2-11，《公路桥涵设计通用规范》（JTG D60—2015）第 3.4.2 条与《公路交通安全设施设计规范》(JTG D81—2017)第6.3.4条有矛盾，根据《公路桥涵设计通用规范》(JTG D60—2015)，应该是路缘石高25cm，人行道外侧设置护栏最合理；根据《公路交通安全设施设计规范》(JTG D81—2017)第6.3.4条第1、6项，设计速度小于或等于60km/h，且防护等级为二（B）级的桥梁，路缘石高度为15cm，不应超过20cm。考生解答时注意看题目要求是采用哪本规范，根据《公路交通安全设施设计规范》(JTG D81—2017)解答时详见本书交通工程及沿线设施章节。

（2）城市桥梁路缘石与护栏设置要求与公路桥梁的差异：城市桥梁等级为一时行车道外侧必须设置防撞护栏；等级为二时宜设置防撞护栏，如仅采用路缘石与人行道分隔时，路缘石高度不小于40cm，且人行道宽度不小于2m；等级为三时，可采用路缘石与人行道分隔，路缘石高度为25～35cm。公路路缘石高度取值范围为25～35cm，该取值与桥梁等级无关，与临空面情况有关，与城市桥梁规范规定不一致。

（3）特别注意，当路缘石高度不小于40cm时，为保证行人不至于跌落到行车道造成交通安全事故，宜进行行人防跌落设计。

考点3　公路桥梁孔径选择及水文计算

📖 条文规定

《公路工程水文勘测设计规范》(JTG C30—2015)规定如下：

7.2.1　桥孔最小净长度宜符合下列规定：

1　峡谷河段，可按河床地形布孔，不宜压缩河槽，可不作桥孔最小净长度计算。

2　开阔、顺直微弯、分汊、弯曲河段及滩、槽可分的不稳定河段，宜按下式计算桥孔最小净长度：

$$L_j = K_q \left(\frac{Q_p}{Q_c}\right)^{n_3} B_c \tag{7.2.1-1}$$

式中：L_j——桥孔最小净长度（m）；

　　　Q_p——设计流量（m^3/s）；

　　　Q_c——河槽流量（m^3/s）；

　　　B_c——河槽宽度（m）；

　K_q、n_3——系数和指数，应按表7.2.1采用。

K_q、n_3值		表7.2.1
河段类型	K_q	n_3
开阔、顺直微弯河段	0.84	0.90
分汊、弯曲河段	0.95	0.87
滩、槽可分的不稳定河段	0.69	1.59

3　宽滩河段，宜按下列公式计算桥孔最小净长度：

$$L_j = \frac{Q_p}{\beta \cdot q_c} \tag{7.2.1-2}$$

$$\beta = 1.19 \left(\frac{Q_c}{Q_t}\right)^{0.10} \tag{7.2.1-3}$$

式中：β——水流压缩系数；

　　　q_c——河槽平均单宽流量［$m^3/(s \cdot m)$］；

　　　Q_t——河滩流量（m^3/s）。

4　滩、槽难分的不稳定河段，宜按下列公式计算桥孔最小净长度：

$$L_j = C_p \cdot B_0 \tag{7.2.1-4}$$

$$B_0 = 16.07 \left(\frac{\overline{Q}^{0.24}}{\overline{d}^{0.3}} \right) \tag{7.2.1-5}$$

$$C_p = \left(\frac{Q_p}{Q_{2\%}} \right)^{0.33} \tag{7.2.1-6}$$

式中：B_0——基本河槽宽度（m）；

$\overline{Q}$——年最大流量平均值（m³/s）；

$\overline{d}$——河床泥沙平均粒径（m）；

C_p——洪水频率系数；

$Q_{2\%}$——频率为 2% 的洪水流量（m³/s）。

📖 典型例题

例题 4-3-1

在滩槽明显的平原区不稳定河段，需建一座公路桥梁，桥位处河槽宽 31m，设计流量为 530m³/s，其中河槽流量为 320m³/s，该桥按设计流量计算的桥孔最小净长度为（　　　）。

（A）31m　　　　　（B）41m　　　　　（C）46m　　　　　（D）48m

解答

根据《公路工程水文勘测设计规范》（JTG C30—2015）第 7.2.1 条。

滩槽明显的不稳定河段，选择计算公式为：

$$L_j = K_q \left(\frac{Q_p}{Q_c} \right)^{n_3} B_c$$

查表 7.2.1 得，$K_q = 0.69$，$n_3 = 1.59$，最小桥孔长度为：

$$
\begin{aligned}
L_j &= K_q \left(\frac{Q_p}{Q_c} \right)^{n_3} B_c \\
&= 0.69 \times (530/320)^{1.59} \times 31 \\
&= 48\text{m}
\end{aligned}
$$

答案：D

例题 4-3-2

南方某地区桥位地处分叉、弯曲河段，已知设计水位下天然河槽流量 $Q_c = 1958$m²/s、设计流量 $Q_p = 3468$m²/s、天然河槽宽度 $B_c = 80$m、桥梁上部结构拟采用标准跨径为 13m 的钢筋混凝土简支梁，净跨径 $L_0 = 11.8$m，梁高 1m（包括桥面铺装层），下部为单排双柱钻孔桩墩，墩径 $d = 1.2$m，采用 U 形桥台，台长 6m，则全桥长最小为（　　　）。

（A）100m　　　　　（B）124.97m　　　　　（C）153.8m　　　　　（D）166.8m

解答

根据《公路工程水文勘测设计规范》（JTG C30—2015）第 7.2.1 条。

桥位地处分叉、弯曲河段，选择计算公式为：

$$L_j = K_q \left(\frac{Q_p}{Q_c} \right)^{n_3} B_c$$

查表 7.2.1 得，$K_q = 0.95$，$n_3 = 0.87$，则桥孔最小净长度为：

$$L_j = K_q \left(\frac{Q_p}{Q_c} \right)^{n_3} B_c = 0.95 \times (3468/1958)^{0.87} \times 80 = 124.97\text{m}$$

套用标准跨径，桥梁净跨径 11.8m，则桥梁孔数为：

$124.97/11.8 = 10.59$

采用 11 孔方案，即两桥台前缘之间的距离为：

$L_d = 11.8 \times 11 + (13 - 11.8) \times 10 = 141.8m$

桥梁全长为：

$L = 141.8 + 2 \times 6 = 153.8m$

答案：C

例题 4-3-3

某大桥跨越一宽滩河段，桥位断面设计流量 $Q_p = 12800m/s$，断面全宽 $B = 518m$，河槽宽度 $B = 315m$，河槽流量 $Q = 9600m^2/s$。按单宽流量公式计算该桥的最小桥孔净长 L_j 为（　　　　）。

（A）316m　　　　　（B）301m　　　　　（C）295m　　　　　（D）286m

解答

根据《公路工程水文勘测设计规范》（JTG C30—2015）单宽流量公式 (7.2.1-2)：

$$L_j = \frac{Q_P}{\beta q_c}$$

$$\beta = 1.19\left(\frac{Q_C}{Q_t}\right)^{0.10}$$

由给定条件可知，河滩流量：$Q_t = Q_p - Q_c = 12800 - 9600 = 3200m^3/s$

河槽平均单宽流量：$q_c = \dfrac{9600}{315} = 30.5m^3/(s \cdot m)$

则 $\beta = 1.19 \times \left(\dfrac{9600}{3200}\right)^{0.10} = 1.33$

$L_j = \dfrac{12800}{1.33 \times 30.5} = 316m$

答案：A

📖 **考点分析**

（1）判断桥位河段类型，按相应河段类型采用相应公式和参数。

（2）$Q_t + Q_c = Q_p$，即：河滩流量 + 河槽流量 = 设计流量。

考点4　公路桥梁设计洪水频率

📖 **条文规定**

《公路桥涵设计通用规范》（JTG D60—2015）规定如下：

3.2.9　公路桥涵的设计洪水频率应符合表 3.2.9 的规定，并应符合下列规定：

1　二级公路上的特大桥及三、四级公路上的大桥，在河床比降大、易于冲刷的情况下，宜提高一级洪水频率验算基础冲刷深度。

2　沿河纵向高架桥和桥头引道的设计洪水频率应符合现行《公路工程技术标准》（JTG B01）中路基设计洪水频率的有关规定。

3　对由多孔中小跨径桥梁组成的特大桥，其设计洪水频率可采用大桥标准。

4 三、四级公路，在交通容许有限度的中断时，可修建漫水桥和过水路面。漫水桥和过水路面的设计洪水频率，应根据容许阻断交通的时间长短和对上下游农田、城镇、村庄的影响以及泥沙淤塞桥孔、上游河床的淤高等因素确定。

桥涵设计洪水频率   表 3.2.9

公路等级	设计洪水频率				
	特大桥	大桥	中桥	小桥	涵洞及小型排水构造物
高速公路	1/300	1/100	1/100	1/100	1/100
一级公路	1/300	1/100	1/100	1/100	1/100
二级公路	1/100	1/100	1/100	1/50	1/50
三级公路	1/100	1/50	1/50	1/25	1/25
四级公路	1/100	1/50	1/50	1/25	不做规定

《公路桥涵设计通用规范》（JTG D60—2015）条文说明规定如下：

3.2.9 本条有关公路桥涵设计洪水频率的规定，兹说明如下：

1 鉴于桥梁水毁的原因之一是基础埋置深度不够，因此规定在水势猛急、河床易冲刷的情况下，对于二级公路上的特大桥和三、四级公路上的工程艰巨、修复困难的大桥，必要时可选用高一等级的设计洪水频率（即分别为 1/300 和 1/100）验算基础冲刷深度。

3 国内外的经验表明，洪水频率的选择应考虑结构的重要性与洪水对周边地区的危害程度。比较原规范桥涵设计洪水频率是与桥梁分类标准相关，虽然以跨径或总长标准界定的桥梁分类标准一定程度上反映了桥梁的重要性，但并不全面，特别是总长标准，反映桥梁的技术复杂性与重要性并不充分。因此，本次修订增加对由多孔中小跨径桥梁组成的特大桥，其设计洪水频率可按相同公路等级的大桥标准确定的规定。

《公路工程水文勘测设计规范》（JTG C30—2015）规定如下：

6.2.3 洪水流量的经验频率计算应符合下列规定：

1 对连续系列，可按下式估算：

$$P_m = \frac{m_i}{n+1} \times 100 \tag{6.2.3-1}$$

式中：P_m——实测洪水流量的经验频率（%）；

m_i——按实测洪水流量系列递减次序排列的序位；

n——实测洪水流量系列项数。

2 对不连续系列可按下列方法之一估算：

1）调查期 N 年中的特大洪水流量和实测洪水流量分别在各自系列中排位，实测洪水流量的经验频率可按式 (6.2.3-1) 估算，特大洪水流量的经验频率可按下式估算：

$$P_M = \frac{M}{N+1} \times 100 \tag{6.2.3-2}$$

式中：P_M——历史特大洪水流量或实测系列中的特大洪水流量经验频率（%）；

M——历史特大洪水流量或实测系列中的特大洪水流量在调查期内的序位；

N——调查期年数。

2）将调查期 N 年中的特大洪水流量和实测洪水流量组成一个不连续系列，特大洪水流量的经验频率可按式 (6.2.3-2) 估算，其余实测洪水流量经验频率可按下式估算：

$$P_m = \left[\frac{a}{N+1} + \left(1 - \frac{a}{N+1}\right) \frac{m_i - l}{n-l+1} \right] \times 100 \tag{6.2.3-3}$$

式中：P_m——实测洪水流量经验频率（%）；

a——特大洪水的项数；

l——实测洪水流量系列中按特大洪水流量处理的项数。

📖 **典型例题**

例题 4-4-1

某水文站具有1970—2008年的年最大流量资料，其中最大的两次洪水流量为8550m³/s和4160m³/s。又经洪水调查后得知8550m³/s是1810年以来排在第2位的特大洪水，而4160m³/s不是特大洪水。则这两次洪水的重现期T_1、T_2分别为（   ）。

（A）$T_1 = 100$年、$T_2 = 20$年　　　　　　（B）$T_1 = 200$年、$T_2 = 40$年

（C）$T_1 = 100$年、$T_2 = 35$年　　　　　　（D）$T_1 = 200$年、$T_2 = 38$年

解答

根据《公路工程水文勘测设计规范》（JTG C30—2015）第6.2.3条。

（1）特大洪水（8550m³/s）按式(6.2.3-2)估算：

$$P_M = \frac{M}{N+1} \times 100$$

$N = 2008 - 1810 + 1 = 199$年，$M = 2$。

$$P_M = \frac{2}{199+1} \times 100 = 1，重现期 T_1 = 100 年。$$

（2）实测洪水4160m³/s不是特大洪水，但其位于1970—2008年的流量连续系列中，因此按式(6.2.3-1)估算：

$$P_m = m_i/(n+1) \times 100 = 2/(39+1) \times 100 = 5，即 P_m = 5\%，重现期 T_2 = 20年。$$

答案：A

例题 4-4-1a（2024年真题）

某公路桥梁设计时，所依据的水文站具有1970—2018年的年最大流量资料，其中最大的两次洪水流量为7650m³/s和5120m³/s。经调查后得知7650m³/s是从1820年以来排在第2位的特大洪水，5120m³/s不是特大洪水。这两次洪水的重现期T_1和T_2分别是多少？

（A）$T_1 = 100$年、$T_2 = 50$年　　　　　　（B）$T_1 = 200$年、$T_2 = 50$年

（C）$T_1 = 100$年、$T_2 = 25$年　　　　　　（D）$T_1 = 200$年、$T_2 = 25$年

解答

根据《公路工程水文勘测设计规范》（JTG C30—2015）

（1）特大洪水（7650m³/s），根据式6.2.3-2估算

$$P_M = \frac{M}{N+1} \times 100 = \frac{2}{2018-1820+1+1} \times 100 = 1$$

重现期$T_1 = 100$年

（2）实测洪水（5120m³/s），根据式6.2.3-1估算

$$P_m = \frac{m_i}{n+1} \times 100 = \frac{2}{2018-1970+1+1} \times 100 = 4$$

重现期$T_2 = 25$年

答案：C

例题 4-4-2

某一级公路桥梁跨越一河道，采用孔径为40×30m的预应力混凝土小箱梁，其设计洪水频率1/25的设计水位为120.65m，设计洪水频率1/50的设计水位为121.50m，设计洪水频率1/100的设计水位为122.40m，

设计洪水频率 1/300 的设计水位为 123.60m，根据《公路桥涵设计通用规范》（JTG D60—2015），其设计水位最低为（　　）。

（A）121.50m　　　（B）122.40m　　　（C）123.60m　　　（D）120.65m

解答

本桥为特大桥，根据《公路桥涵设计通用规范》（JTG D60—2015）表 3.2.9，一级公路特大桥设计洪水频率为 1/300，但是根据第 3.2.9 条第 2 款，对由多孔中小跨径桥梁组成的特大桥，其设计洪水频率可采用大桥标准，故本桥设计洪水频率可采用 1/100，设计水位为 122.40m。

答案：B

📖 **考点分析**

（1）洪水流量的经验频率计算有连续系列和非连续系列两种。

（2）小跨组成全长为特大桥的按大桥标准。

（3）水势猛急、河床易冲刷的情况下，对于二级公路上的特大桥和三、四级公路上的工程艰巨、修复困难的大桥，必要时可选用高一等级的设计洪水频率。

考点5　公路与城市桥梁构造规定

1. 公路桥梁构造规定

📖 **条文规定**

《公路桥涵设计通用规范》（JTG D60—2015）规定如下：

3.3.6　桥涵跨径在 50m 及以下时，宜采用标准化跨径。采用标准化跨径的桥涵宜采用装配式结构及机械化、工厂化施工。桥涵标准化跨径规定如下：0.75m、1.0m、1.25m、1.5m、2.0m、2.5m、3.0m、4.0m、5.0m、6.0m、8.0m、10m、13m、16m、20m、25m、30m、35m、40m、45m、50m。

《公路圬工桥涵设计规范》（JTG D61—2005）规定如下：

3.3.3　砂浆砌体抗压强度设计值规定如下：

2　块石砂浆砌体轴心抗压强度设计值 f_{cd} 应按表 3.3.3-2 的规定采用。

块石砂浆砌体的轴心抗压强度设计值 f_{cd}（单位：MPa）　　　表 3.3.3-2

砌块强度等级	砂浆强度等级					砂浆强度
	M20	M15	M10	M7.5	M5	0
MU120	8.42	7.19	5.96	5.36	4.73	2.10
MU100	7.68	6.56	5.44	4.88	4.32	1.92
MU80	6.87	5.87	4.87	4.37	3.86	1.72
MU60	5.95	5.08	4.22	3.78	3.35	1.49
MU50	5.43	4.64	3.85	3.45	3.05	1.36
MU40	4.86	4.15	3.44	3.09	2.73	1.21
MU30	4.21	3.59	2.98	2.67	2.37	1.05

注：对各类石砌体，应按表中数值分别乘以下列系数：细料石砌体为 1.5；半细料石砌体为 1.3；粗料石砌体为 1.2；干砌块石砌体可采用砂浆强度为零时的抗压强度设计值。

《公路钢筋混凝土及预应力混凝土桥涵设计规范》（JTG 3362—2018）规定如下：

3.1.1 混凝土强度等级应按边长为 150mm 立方体试件的抗压强度标准值确定。

3.1.2 公路桥涵受力构件的混凝土强度等级应按下列规定采用：

1 钢筋混凝土构件不低于 C25；当采用强度标准值 400MPa 及以上钢筋时，不低于 C30。

2 预应力混凝土构件不低于 C40。

3.1.3 混凝土轴心抗压强度标准值 f_{ck} 和轴心抗拉强度标准值 f_{tk} 应按表 3.1.3 采用。

混凝土强度标准值

表 3.1.3

强度等级	C25	C30	C35	C40	C45	C50	C55	C60	C65	C70	C75	C80
f_{ck}（MPa）	16.7	20.1	23.4	26.8	29.6	32.4	35.5	38.5	41.5	44.5	47.4	50.2
f_{tk}（MPa）	1.78	2.01	2.20	2.40	2.51	2.65	2.74	2.85	2.93	3.00	3.05	3.10

3.1.4 混凝土轴心抗压强度设计值 f_{cd} 和轴心抗拉强度设计值 f_{td} 应按表 3.1.4 采用。

混凝土强度设计值

表 3.1.4

强度等级	C25	C30	C35	C40	C45	C50	C55	C60	C65	C70	C75	C80
f_{cd}（MPa）	11.5	13.8	16.1	18.4	20.5	22.4	24.4	26.5	28.5	30.5	32.4	34.6
f_{td}（MPa）	1.23	1.39	1.52	1.65	1.74	1.83	1.89	1.96	2.02	2.07	2.10	2.14

3.1.5 混凝土受压或受拉时的弹性模量 E_c 宜按表 3.1.5 采用。当有可靠试验依据时，E_c 可按实测数据确定。

混凝土的弹性模量

表 3.1.5

强度等级	C25	C30	C35	C40	C45	C50	C55	C60	C65	C70	C75	C80
E_c（$\times 10^4$MPa）	2.80	3.00	3.15	3.25	3.35	3.45	3.55	3.60	3.65	3.70	3.75	3.80

注：当采用引气剂及较高砂率的泵送混凝土且无实测数据时，表中 C50～C80 的 E_c 值乘以折减系数 0.95。

3.1.6 混凝土的剪切变形模量 G_c 可按表 3.1.5 中 E_c 值的 0.4 倍采用，混凝土的泊松比 ν_c 可采用 0.2。

3.2.2 普通钢筋的抗拉强度标准值 f_{sk} 和预应力钢筋的抗拉强度标准值 f_{pk}，应分别按表 3.2.2-1 和表 3.2.2-2 采用。

普通钢筋抗拉强度标准值

表 3.2.2-1

钢筋种类	符号	公称直径 d（mm）	f_{sk}（MPa）
HPB300	φ	6～22	300
HRB400 HRBF400 RRB400	Φ Φ^F Φ^R	6～50	400
HRB500	Φ	6～50	500

预应力钢筋抗拉强度标准值

表 3.2.2-2

钢筋种类		符号	公称直径 d（mm）	f_{pk}（MPa）
钢绞线	1×7	ϕ^S	9.5、12.7、15.2、17.8	1720、1860、1960
			21.6	1860
消除应力钢丝	光面 螺旋肋	ϕ^P ϕ^H	5	1570、1770、1860
			7	1570
			9	1470、1570
预应力螺纹钢筋		ϕ^T	18、25、32、40、50	785、930、1080

注：抗拉强度标准值为 1960MPa 的钢绞线作为预应力钢筋使用时，应有可靠工程经验或充分试验验证。

3.2.3 普通钢筋的抗拉强度设计值f_{sd}和抗压强度设计值f'_{sd}应按表3.2.3-1采用；预应力钢筋的抗拉强度设计值f_{pd}和抗压强度设计值f'_{pd}应按表3.2.3-2采用。

普通钢筋抗拉、抗压强度设计值

表3.2.3-1

钢筋种类	f_{sd}（MPa）	f'_{sd}（MPa）
HPB300	250	250
HRB400、HRBF400、RRB400	330	330
HRB500	415	400

注：1. 钢筋混凝土轴心受拉和小偏心受拉构件的钢筋抗拉强度设计值大于330MPa时，应按330MPa取用；在斜截面抗剪承载力、受扭承载力和冲切承载力计算中垂直于纵向受力钢筋的箍筋或间接钢筋等横向钢筋的抗拉强度设计值大于330MPa时，应取330MPa。
2. 构件中配有不同种类的钢筋时，每种钢筋应采用各自的强度设计值。

预应力钢筋抗拉、抗压强度设计值

表3.2.3-2

钢筋种类	f_{pk}（MPa）	f_{pd}（MPa）	f'_{pd}（MPa）
钢绞线1×7（七股）	1720	1170	390
	1860	1260	
	1960	1330	
消除应力钢丝	1470	1000	410
	1570	1070	
	1770	1200	
	1860	1260	
预应力螺纹钢筋	785	650	400
	930	770	
	1080	900	

3.2.4 普通钢筋的弹性模量E_s和预应力钢筋的弹性模量E_p宜按表3.2.4采用；当有可靠试验依据时，E_s和E_p可按实测数据确定。

钢筋的弹性模量

表3.2.4

钢筋种类	弹性模量E_s（×10⁵MPa）	钢筋种类	弹性模量E_p（×10⁵MPa）
HPB300	2.10	钢绞线	1.95
HRB400、HRB500 HRBF400、RRB400	2.00	消除应力钢丝	2.05
		预应力螺纹钢筋	2.00

4.5.3 各类环境下混凝土强度等级最低要求应符合表4.5.3的规定。

混凝土强度等级最低要求

表4.5.3

构件类别	梁、板、塔、拱圈、涵洞上部		墩台身、涵洞下部		承台、基础	
设计使用年限（年）	100	50、30	100	50、30	100	50、30
I类—一般环境	C35	C30	C30	C25	C25	C25
II类-冻融环境	C40	C35	C35	C30	C30	C25
III类-近海或海洋氯化物环境	C40	C35	C35	C30	C30	C25
IV类-除冰盐等其他氯化物环境	C40	C35	C35	C30	C30	C25
V类-盐结晶环境	C40	C35	C35	C30	C30	C25

构件类别	梁、板、塔、拱圈、涵洞上部		墩台身、涵洞下部		承台、基础	
VI类-化学腐蚀环境	C40	C35	C35	C30	C30	C25
VII类-磨蚀环境	C40	C35	C35	C30	C30	C25

9.1.1　普通钢筋和预应力钢筋的混凝土保护层厚度应满足下列要求：

1　普通钢筋保护层厚度取钢筋外缘至混凝土表面的距离，不应小于钢筋公称直径；当钢筋为束筋时，保护层厚度不应小于束筋的等代直径。

2　先张法构件中预应力钢筋的保护层厚度取钢筋外缘至混凝土表面的距离，不应小于钢筋公称直径；后张法构件中预应力钢筋的保护层厚度取预应力管道外缘至混凝土表面的距离，不应小于其管道直径的1/2。

3　最外侧钢筋的混凝土保护层厚度应不小于表9.1.1的规定值。

混凝土保护层最小厚度 c_{min}（单位：mm）　　　　　　　　表9.1.1

构件类别	梁、板、塔、拱圈、涵洞上部		墩台身、涵洞下部		承台、基础	
设计使用年限（年）	100	50、30	100	50、30	100	50、30
I类-一般环境	20	20	25	20	40	40
II类-冻融环境	30	25	35	30	45	40
III类-近海或海洋氯化物环境	35	30	45	40	65	60
IV类-除冰盐等其他氯化物环境	30	25	35	30	45	40
V类-盐结晶环境	30	25	40	35	45	40
VI类-化学腐蚀环境	35	30	40	35	60	55
VII类-磨蚀环境	35	30	45	40	65	60

注：1. 表中数值是针对各环境类别的最低作用等级、按本规范第4.5.3条要求的最低混凝土强度等级，以及钢筋和混凝土无特殊防腐措施规定的。

2. 对工厂预制的混凝土构件，其保护层最小厚度可将表中相应数值减小5mm，但不得小于20mm。

3. 表中承台和基础的保护层最小厚度，是针对基坑底无垫层或侧面无模板的情况规定的；对于有垫层或有模板的情况，保护层最小厚度可将表中相应数值减少20mm，但不得小于30mm。

9.1.4　当计算中充分利用钢筋的强度时，其最小锚固长度应符合表9.1.4的规定。

钢筋最小锚固长度 l_a　　　　　　　　表9.1.4

钢筋种类		HPB300				HRB400、HRBF400、RRB400			HRB500		
混凝土强度等级		C25	C30	C35	≥C40	C30	C35	≥C40	C30	C35	≥C40
受压钢筋（直端）		45d	40d	38d	35d	30d	28d	25d	35d	33d	30d
受拉钢筋	直端	—	—	—	—	35d	33d	30d	45d	43d	40d
	弯钩端	40d	35d	33d	30d	30d	28d	25d	35d	33d	30d

注：1. d为钢筋公称直径。

2. 对于受压束筋和等代直径 $d_e \leq 28mm$ 的受拉束筋的锚固长度，应以等代直径按表值确定，束筋的各单根钢筋可在同一锚固终点截断；对于等代直径 $d_e > 28mm$ 的受拉束筋，束筋内各单根钢筋，应自锚固起点开始，以表内规定的单根钢筋的锚固长度的1.3倍，呈阶梯形逐根延伸后截断，即自锚固起点开始，第一根延伸1.3倍单根钢筋的锚固长度，第二根延伸2.6倍单根钢筋的锚固长度，第三根延伸3.9倍单根钢筋的锚固长度。

3. 采用环氧树脂涂层钢筋时，受拉钢筋最小锚固长度应增加25%。

4. 当混凝土在凝固过程中易受扰动时，锚固长度应增加25%。

5. 当受拉钢筋末端采用弯钩时，锚固长度为包括弯钩在内的投影长度。

9.1.9　钢筋绑扎接头应符合下列要求：

1　受拉钢筋绑扎接头的搭接长度应不小于表9.1.9的规定；受压钢筋绑扎接头的搭接长度应不小于

表 9.1.9 规定的受拉钢筋绑扎接头搭接长度的 0.7 倍。

受拉钢筋绑扎接头搭接长度

表 9.1.9

钢筋种类	HPB300		HRB400，HRBF400，RRB400	HRB500
混凝土强度等级	C25	≥ C30	≥ C30	≥ C30
搭接长度（mm）	40d	35d	45d	50d

注：1. d 为钢筋的公称直径（mm）。当带肋钢筋 d > 25mm 时，其受拉钢筋的搭接长度应按表值增加 5d 采用；当带肋钢筋 d < 25mm 时，搭接长度可按表值减少 5d 采用。

　　2. 当混凝土在凝固过程中受力钢筋易受扰动时，其搭接长度应增加 5d。

　　3. 在任何情况下，受拉钢筋的搭接长度不应小于 300mm；受压钢筋的搭接长度不应小于 200mm。

　　4. 环氧树脂涂层钢筋的绑扎接头搭接长度，受拉钢筋按表值的 1.5 倍采用。

　　5. 受拉区段内，HPB300 钢筋绑扎接头的末端应做成弯钩，HRB400、HRB500、HRBF400 和 RRB400 钢筋的末端可不做成弯钩。

9.1.12　钢筋混凝土构件中纵向受力钢筋的最小配筋百分率应符合下列要求：

1　轴心受压构件、偏心受压构件全部纵向钢筋的配筋百分率不应小于 0.5，当混凝土强度等级 C50 及以上时不应小于 0.6；同时，一侧钢筋的配筋百分率不应小于 0.2。当大偏心受拉构件的受压区配置按计算需要的受压钢筋时，其配筋百分率不应小于 0.2。

2　受弯构件、偏心受拉构件及轴心受拉构件的一侧受拉钢筋的配筋百分率不应小于 $45f_{td}/f_{sd}$，同时不应小于 0.2。

3　轴心受压构件、偏心受压构件全部纵向钢筋的配筋百分率和一侧纵向钢筋（包括大偏心受拉构件受压钢筋）的配筋百分率应按构件的毛截面面积计算。轴心受拉构件及小偏心受拉构件一侧受拉钢筋的配筋百分率应按构件毛截面面积计算。受弯构件、大偏心受拉构件的一侧受拉钢筋的配筋百分率为 $100A_s/(bh_0)$，其中 A_s 为受拉钢筋截面面积，b 为腹板宽度（箱形截面梁为各腹板宽度之和），h_0 为有效高度。当钢筋沿构件截面周边布置时，"一侧的受压钢筋"或"一侧的受拉钢筋"系指受力方向两个对边中的一边布置的纵向钢筋。

9.1.13　预应力混凝土受弯构件最小配筋率应满足下列条件：

$$\frac{M_{ud}}{M_{cr}} \geqslant 1.0 \tag{9.1.13}$$

式中：M_{ud}——受弯构件正截面抗弯承载力设计值，按本规范第 5.2 节有关公式的等号右式计算；

　　　　M_{cr}——受弯构件正截面开裂弯矩值，按式 (6.5.2-7) 计算。

部分预应力混凝土受弯构件中普通受拉钢筋的截面面积，不应小于 $0.003bh_0$。

9.2.1　空心板桥的顶板和底板厚度，均不应小于 80mm。空心板的空洞端部应予填封。人行道板的厚度，就地浇筑的混凝土板不应小于 80mm；预制混凝土板不应小于 60mm。

9.2.2　行车道板内的主钢筋直径不应小于 10mm。人行道板内的主钢筋直径不应小于 8mm。在简支板跨中和连续板支点处，板内主钢筋间距不应大于 200mm，其最小净距和层距应符合本规范第 9.3.3 条的规定。

9.3.1　混凝土上部结构横隔梁（板）的设置应满足下列要求：

1　在装配式 T 梁桥中，应设置跨端和跨间横隔梁。当梁间横向采用刚性连接时，横隔梁间距不应大于 10m。

2　在装配式组合箱梁中，应设置跨端横隔梁，跨间横隔梁宜根据结构的具体情况设置。

3　在箱形截面梁桥中，应设置箱内端横隔板。内半径小于 240m 的弯箱梁应设跨间横隔板，其间距对于钢筋混凝土箱形截面梁不应大于 10m；对于预应力箱形截面梁则应经结构分析确定。悬臂跨径 50m 及以上的箱形截面悬臂梁桥在悬臂中部尚应设跨间横隔板。条件许可时，箱形截面梁桥的横隔板应设检查用人孔。

9.3.4　T 形或箱形截面梁的顶板内承受局部荷载的受拉钢筋，应符合本规范第 9.2.2 条的规定。垂直于受拉钢筋应设分布钢筋，可按本规范第 9.2.4 条的规定设置。

箱形截面梁顶板承受局部荷载的受拉钢筋，其部分可在近腹板处弯起，通过腹板直伸至悬臂端，并做成弯钩。不弯起钢筋根数不应少于每米3根，并应伸至翼缘悬臂端；当翼缘悬臂长度按本规范第4.2.5条规定的 l_c 值大于2.5m时，上述不弯起钢筋的截面面积尚应不少于悬臂根部负弯矩钢筋截面面面积的60%。

9.3.7　T形、I形截面梁或箱形截面梁的腹板两侧，应设置直径为6~8mm的纵向钢筋，每腹板内钢筋截面面积宜为（0.001~0.002）bh，其中 b 为腹板宽度，h 为梁的高度，其间距在受拉区不应大于腹板宽度，且不应大于200mm，在受压区不应大于300mm。在支点附近剪力较大区段和预应力混凝土梁锚固区段，腹板两侧纵向钢筋截面面积应予增加，纵向钢筋间距宜为100~150mm。

9.4.4　在先张法预应力混凝土构件中，预应力钢绞线之间的净距不应小于其公称直径的1.5倍，对于1×7钢绞线并不应小于25mm；预应力钢丝间净距不应小于15mm。

9.6.1　配有普通箍筋（或螺旋筋）的轴心受压构件（沉桩、钻/挖孔桩除外），其钢筋设置应符合下列规定（图9.6.1-1）：

a) s 内设 3 根纵向受力钢筋　　b) s 内设 2 根纵向受力钢筋

图9.6.1-1　柱内复合箍筋布置

1-箍筋；2-角筋；A、B、C、D-箍筋编号

注：图a）、b）内，箍筋A、B与C、D两组设置方式可根据实际情况选用。

1　纵向受力钢筋的直径不应小于12mm，净距不应小于50mm且不应大于350mm；水平浇筑的预制件的纵向钢筋的最小净距可按本规范第9.3.3条规定执行。构件的最小配筋百分率应符合本规范第9.1.12条的规定。构件的全部纵向钢筋配筋率不宜超过5%。

2　纵向受力钢筋应伸入基础和盖梁，伸入长度不应小于表9.1.4规定的锚固长度。

3　箍筋应做成闭合式，其直径不应小于纵向钢筋的直径的1/4，且不小于8mm。

4　箍筋间距不应大于纵向受力钢筋直径的15倍、不大于构件短边尺寸（圆形截面采用0.8倍直径）并不大于400mm。纵向受力钢筋搭接范围内的箍筋间距，应符合本规范第9.3.12条的规定。

纵向钢筋截面面积大于混凝土截面面积3%时，箍筋间距不应大于纵向钢筋直径的10倍，且不大于200mm。

5　构件内纵向受力钢筋应设置于离角筋中心距离 s（图9.6.1-1和图9.6.1-2）不大于150mm或15倍箍筋直径（取较大者）范围内，如超出此范围设置纵向受力钢筋，应设复合箍筋、系筋。相邻箍筋的弯钩接头，在纵向应错开布置。

图9.6.1-2　柱内复合箍筋和系筋布置

1-纵筋；A、B、C-箍筋；D-系筋

9.6.5 跨高比不大于 5 的盖梁宜采用强度等级较高的混凝土，并不应低于 C25。盖梁截面内应设箍筋，其直径不应小于 8mm，间距不宜大于 200mm。盖梁两侧面应设纵向水平钢筋，其直径不宜小于 12mm，间距不宜大于 200mm。

柱式墩台的柱身间设置横系梁时，其截面高度和宽度可分别取 0.8～1.0 倍和 0.6～0.8 倍的柱直径或长边边长。横系梁四角应设置直径不小于 16mm 的纵向钢筋，并设直径不小于 8mm 的箍筋，箍筋间距不应大于横系梁的短边尺寸或 400mm。

📖 典型例题

例题 4-5-1（2021 年真题）

某公路钢筋混凝土梁矩形截面，宽 1.00m，高 2.00m，采用 C50 混凝土（轴向抗拉强度设计值 f_{td} 为 1.83MPa），计划配置 HRB400 钢筋（抗拉强度设计值 f_{sd} 为 330MPa），假设配筋后的截面有效高度为 1.60m。请问受拉一侧至少配置多少根直径 25mm 的钢筋（计算截面积为 $4.91 \times 10^{-4}\text{m}^2$）才能满足受拉主筋最小配筋百分率的要求？（　　）

（A）8 根 　　　　　　　　　　　（B）9 根
（C）10 根 　　　　　　　　　　　（D）11 根

解答

根据《公路钢筋混凝土及预应力混凝土桥涵设计规范》（JTG 3362—2018）第 9.1.12 条第 2 款，受弯构件受拉钢筋的配筋百分率不应小于 $45f_{td}/f_{sd}$，同时不小于 0.2%。

$$45f_{td}/f_{sd} = 45 \times 1.83/330 = 0.25 \geqslant 0.2$$

$n = Bh_0 \times 0.25\%/A_s = 1.0 \times 1.6 \times 0.25\%/(4.91 \times 10^{-4}) = 8.14$ 根，取整 9 根。

答案：B

例题 4-5-2（2019 年真题）

某近海或海洋氯化物环境预应力混凝土梁，设计使用年限为 50 年，根据《公路钢筋混凝土及预应力混凝土桥涵设计规范》（JTG 3362—2018），耐久性设计要求的混凝土强度等级应不低于（　　）。

（A）C25 　　　　　　　　　　　（B）C30
（C）C35 　　　　　　　　　　　（D）C40

解答

根据《公路钢筋混凝土及预应力混凝土桥涵设计规范》（JTG 3362—2018）表 4.5.3，近海或海洋氯化物环境、设计使用年限为 50 年时混凝土强度等级最低要求为 C35；另外，根据第 3.1.2 条第 2 款，预应力混凝土构件强度等级不低于 C40，两者取高者。

答案：D

例题 4-5-3（2019 年真题）

某圬工小桥桥台基础采用干砌块石砌筑，根据当地料场情况选用半细料石砌体，砌体强度等级为 MU40，最接近计算结果的砌体轴心抗压强度设计值是（　　）。

（A）1.57MPa 　　　　　　　　　（B）1.21MPa
（C）1.15MPa 　　　　　　　　　（D）1.05MPa

解答

根据《公路圬工桥涵设计规范》（JTG D61—2005）第 3.3.3 条第 2 款中表 3.3.3-2 注，干砌块石抗压强度采用砂浆强度为零时的抗压强度设计值。根据表查询 Mu40 对用的砂浆强度为 0 的抗压强度为

1.21MPa。半细粒石砌体乘 1.3 的系数 $= 1.3 \times 1.21 = 1.57$。

答案：A

例题 4-5-4

某I类一般环境现浇钢筋混凝土梁，设计使用年限为 100 年，最外侧钢筋公称直径为 28mm，混凝土最小保护层厚度为（　　）。

（A）20mm
（B）25mm
（C）28mm
（D）30mm

解答

根据《公路钢筋混凝土及预应力混凝土桥涵设计规范》（JTG 3362—2018）表 9.1.1，I类一般环境、设计使用年限为 100 年的钢筋混凝土梁，混凝土最小保护层厚度为 20mm，另外，根据第 9.1.1 条第 1 款，普通钢筋保护层厚度，不应小于钢筋公称直径，因此不应小于 28mm，取大者，故混凝土最小保护层厚度为 28mm。

答案：C

例题 4-5-5（2022 年真题）

某一级公路上一联 4 孔 20m 先简支后连续单室双腹板箱梁桥，上部结构设计为部分预应力混凝土结构，其单侧腹板厚度为 500mm，箱梁有效高度为 1200mm，如采用直径 25mm 的螺纹钢筋（钢筋单根面积 490.63mm²）。请问，根据规范最小配筋率规定，箱梁中至少配置（　　）普通受拉钢筋。（取整）

（A）4 根
（B）6 根
（C）8 根
（D）10 根

解答

根据《公路钢筋混凝土及预应力混凝土桥涵设计规范》（JTG 3362—2018）第 9.1.13 条，部分预应力混凝土受弯构件普通受拉钢筋最小配筋率不应小于 0.003，即：$A_s \geqslant 0.003bh_0$。

其中，b 为腹板宽度（箱形截面梁为各腹板宽度之和，第 9.1.12 条第 3 款），$b = 500 \times 2 = 1000$mm；h_0 为箱梁有效高度，$h_0 = 1200$mm。

则所需配筋数最少为：

$n = (500 \times 2 \times 1200) \times 0.003/490.63 = 7.34$，取整为 8 根。

答案：C

例题 4-5-6（2022 年补考真题）

某高速公路桥梁采用圆柱式墩，按偏心受压杆件设计，初步考虑的材料和构造为：圆形截面直径为 3.0m，混凝土采用 C50，其抗压强度设计值为 22.5MPa，设置直径 25mm 的 HRB400 钢筋，钢筋的抗拉强度设计值为 330MPa，配置在截面中直径 2.7m 的环形位置。根据规范规定，至少需要配置（　　）钢筋。

（A）59 根
（B）70 根
（C）72 根
（D）87 根

解答

根据《公路钢筋混凝土及预应力混凝土桥涵设计规范》（JTG 3362—2018）第 9.1.12 条第 1 款，取最小配筋率为 0.6%。

设需要 x 根钢筋，$\rho = 0.6\% = x \times \pi r_1^2 / \pi r_2^2 = x \times 0.0125^2 / 1.5^2$，计算得 $x = 86.4$。

答案：D

2. 城市桥梁构造规定

条文规定

《城市桥梁设计规范》（CJJ 11—2011）（2019 年版）规定如下：

8.1.4 当立交、高架道路桥梁的下穿道路紧靠柱式墩或薄壁墩台、墙时，所需的安全带宽度应符合下列规定：

1 当道路设计行车速度大于或等于 60km/h 时，安全带宽度不应小于 0.50m；

2 当道路设计行车速度小于 60km/h 时，安全带宽度不应小于 0.25m。

典型例题

例题 4-5-7

某城市主干路，设计速度为 50km/h，下穿城市快速路的高架桥梁，快速路高架桥梁上部结构采用 30m 的现浇大悬臂箱梁，下部结构采用花瓶墩。该主干路与花瓶墩之间最小的安全带宽度为（　　　）。

（A）0.15m

（B）0.25m

（C）0.50m

（D）1.0m

解答

根据《城市桥梁设计规范》（CJJ 11—2011）（2019 年版）第 8.1.4 条，设计速度小于 60km/h 时，最小的安全带宽度为 25cm。

答案：B

考点分析

桥梁构造规定主要包括混凝土强度等级、保护层厚度、钢筋锚固长度、钢筋连接和连接长度、最小配筋率等，应仔细查看相关内容，有表格的一定注意看表注。

考点6　公路桥梁上作用分类及代表值

条文规定

《公路桥涵设计通用规范》（JTG D60—2015）规定如下：

4.1.1 公路桥涵设计采用的作用分为永久作用、可变作用、偶然作用和地震作用四类，规定于表 4.1.1。

作用分类　　　　　　　　　　　　　　　　　　　　　　　　表 4.1.1

序号	分类	名称
1	永久作用	结构重力（包括结构附加重力）
2		预加力
3		土的重力
4		土侧压力
5		混凝土收缩、徐变作用

序号	分类	名称
6	永久作用	水浮力
7		基础变位作用
8	可变作用	汽车荷载
9		汽车冲击力
10		汽车离心力
11		汽车引起的土侧压力
12		汽车制动力
13		人群荷载
14		疲劳荷载
15		风荷载
16		流水压力
17		冰压力
18		波浪力
19		温度（均匀温度和梯度温度）作用
20	偶然作用	支座摩阻力
21		船舶的撞击作用
22	地震作用	漂流物的撞击作用
23		汽车撞击作用
24		地震作用

4.1.2　公路桥涵设计时，对不同的作用应按下列规定采用不同的代表值：

1　永久作用的代表值为其标准值。永久作用标准值可根据统计、计算，并结合工程经验综合分析确定。

2　可变作用的代表值包括标准值、组合值、频遇值和准永久值。组合值、频遇值和准永久值可通过可变作用的标准值分别乘以组合值系数 ψ_c、频遇值系数 ψ_f 和准永久值系数 ψ_q 来确定。

3　偶然作用取其设计值作为代表值，可根据历史记载、现场观测和试验，并结合工程经验综合分析确定，也可根据有关标准的专门规定确定。

4　地震作用的代表值为其标准值。地震作用的标准值应根据现行《公路工程抗震规范》（JTG B02）的规定确定。

4.1.3　作用的设计值应为作用的标准值或组合值乘以相应的作用分项系数。

📖 典型例题 ▬▬▬▬▬▬▬▬▬▬▬▬▬▬▬▬▬▬▬▬▬▬▬▬▬▬

例题 4-6-1

公路桥涵设计时，下列选项中关于作用于桥梁结构上的荷载分类，正确的是（　　　）。

（A）恒载、活载以及其他附加荷载

（B）永久荷载、基本可变荷载、偶然荷载

（C）永久作用、可变作用、偶然作用、地震作用

（D）恒载、活载、温度力、地震力、船撞力、风力

解答

根据《公路桥涵设计通用规范》（JTG D60—2015）第 4.1.1 条及表 4.1.1，选项 C 正确。

答案：C

📖 **考点分析**

作用在桥梁上的荷载分为四类：永久作用、可变作用、偶然作用和地震作用。对于非桥梁专业人员，要对照表 4.1.1 中的分类把各种作用理清楚，特别是荷载组合的计算题正确解题的前提是把永久作用和可变作用区分开来，荷载对应的各种系数取正确。

考点7　公路桥梁汽车荷载选择与计算

1. 公路桥梁车道荷载和车辆荷载

📖 **条文规定**

《公路桥涵设计通用规范》（JTG D60—2015）规定如下：

4.3.1　公路桥涵设计时，汽车荷载的计算图式、荷载等级及其标准值、加载方法和纵横向折减等应符合下列规定：

1　汽车荷载分为公路—I级和公路—II级两个等级。

2　汽车荷载由车道荷载和车辆荷载组成。桥梁结构的整体计算采用车道荷载；桥梁结构的局部加载、涵洞、桥台和挡土墙土压力等的计算采用车辆荷载。车道荷载与车辆荷载的作用不得叠加。

3　各级公路桥涵设计的汽车荷载等级应符合表 4.3.1-1 的规定。

各级公路桥涵的汽车荷载等级　　　　　　　　　　　表 4.3.1-1

公路等级	高速公路	一级公路	二级公路	三级公路	四级公路
汽车荷载等级	公路—I级	公路—I级	公路—I级	公路—II级	公路—II级

1）二级公路作为集散公路且交通量小、重型车辆少时，其桥涵的设计可采用公路—II级汽车荷载。

2）对交通组成中重交通比重较大的公路桥涵，宜采用与该公路交通组成相适应的汽车荷载模式进行结构整体和局部验算。

4　车道荷载的计算图示如图 4.3.1-1 所示。

图 4.3.1-1　车道荷载

1）公路—I级车道荷载均布荷载标准值为 $q_k = 10.5\text{kN/m}$；集中荷载标准值 P_k 取值见表 4.3.1-2。计算剪力效应时，上述集中荷载标准值应乘以系数 1.2。

集中载 P_k 取值   表 4.3.1-2

计算跨径 L_0（m）	$L_0 \leqslant 5$	$5 < L_0 < 50$	$L_0 \geqslant 50$
P_k（kN）	270	$2(L_0 + 130)$	360

注：计算跨径 L_0，设支座的为相邻两支座中心间的水平距离；不设支座的为上、下部结构相交面中心间的水平距离。

2）公路—Ⅱ级车道荷载的均布荷载标准值 q_k 和集中荷载标准值 P_k 按公路—Ⅰ级车道荷载的 0.75 倍采用。

📖 **典型例题**

例题 4-7-1（2021 年真题）

某一级公路上的桥梁，上部构造为 30m 跨径的预应力混凝土 T 形梁，计算跨径为 29.5m。请问，计算其车道荷载的剪力效应时，集中荷载标准值 P_k 的取值应为（   ）。

（A）270.0kN   （B）319.0kN   （C）360.0kN   （D）382.8kN

解答

根据《公路桥涵设计通用规范》（JTG D60—2015）表 4.3.1-2：

$$P_K = 2 \times (29.5 + 130) \times 1.2 = 382.8 \text{kN}$$

答案：D

例题 4-7-2（2020 年真题）

某三级公路桥梁，上部构造为计算跨径为 50m 的预应力混凝土箱梁，在计算其车道荷载的剪力效应时，集中荷载标准值 P_k 应取为（   ）。

（A）270kN   （B）324kN

（C）360kN   （D）432kN

解答

根据《公路桥涵设计通用规范》（JTG D60—2015）表 4.3.1-1，三级公路汽车荷载等级采用公路—Ⅱ级。

根据 4.3.1 条第 4 款及表 4.3.1-2，得：

$$P_k = 360 \times 0.75 \times 1.2 = 324 \text{kN}$$

答案：B

例题 4-7-3

公路桥涵设计时，采用的汽车荷载由车道荷载和车辆荷载组成，分别用于计算不同的桥梁构件。现需进行以下几种桥梁构件计算：①主梁整体计算；②主梁桥面板计算；③涵洞计算；④桥台计算。试判定这 4 种构件计算应采用（   ）汽车荷载模式，才符合《公路桥涵设计通用规范》（JTG D60—2015）的要求。

（A）①、③采用车道荷载，②、④采用车辆荷载

（B）①、②采用车道荷载，③、④采用车辆荷载

（C）①采用车道荷载，②、③、④采用车辆荷载

（D）①、②、③、④均采用车道荷载

解答

根据《公路桥涵设计通用规范》（JTG D60—2015）第 4.3.1 条 2 款，汽车荷载由车道荷载和车辆荷载组成。桥梁结构的整体计算采用车道荷载；桥梁结构的局部加载、涵洞、桥台和挡土墙土压力等的计算采用车辆荷载。

答案：C

（1）注意公路桥梁与城市桥梁的荷载存在差异。公路—Ⅰ级车辆荷载总重为550kN，城—A级车辆荷载总重为700kN。

（2）注意整体计算采用车道荷载，局部计算采用车辆荷载，计算时应注意横向、纵向折减系数。

（3）除了桥梁的局部计算采用车辆荷载计算之外，桥台、涵洞、挡土墙也需要采用车辆荷载进行计算。

2. 公路桥梁车道荷载横向分布系数

📖 条文规定

《公路桥涵设计通用规范》（JTG D60—2015）规定如下：

7　桥涵设计车道数应符合表4.3.1-4的规定。横桥向布置多车道汽车荷载时，应考虑汽车荷载的折减；布置一条车道汽车荷载时，应考虑汽车荷载的提高。横向车道布载系数应符合表4.3.1-5的规定。多车道布载的荷载效应不得小于两条车道布载的荷载效应。

桥涵设计车道数　　　　　　　　表4.3.1-4

桥面宽度 W（m）		桥涵设计车道数
车辆单向行驶时	车辆双向行驶时	
$W < 7.0$		1
$7.0 \leqslant W < 10.5$	$6.0 \leqslant W < 14.0$	2
$10.5 \leqslant W < 14.0$		3
$14.0 \leqslant W < 17.5$	$14.0 \leqslant W < 21.0$	4
$17.5 \leqslant W < 21.0$		5
$21.0 \leqslant W < 24.5$	$21.0 \leqslant W < 28.0$	6
$24.5 \leqslant W < 28.0$		7
$28.0 \leqslant W < 31.5$	$28.0 \leqslant W < 35.0$	8

横向车道布载系数　　　　　　　　表4.3.1-5

横向布载车道数（条）	1	2	3	4	5	6	7	8
横向车道布载系数	1.20	1.00	0.78	0.67	0.60	0.55	0.52	0.50

📖 典型例题

例题 4-7-4（2020年真题）

一高速公路桥梁，采用整体式断面，桥面宽度为3.00m（右侧硬路肩）+2×3.75m（行车道）+0.50m（左侧路缘带）+2.00m（中央分隔带）+0.50m（左侧路缘带）+2×3.75m（行车道）+3.00m（右侧硬路肩）=24.00m，计算桥梁设计时所采用的汽车荷载多车道布载系数是（　　　）。

（A）0.50　　　　　（B）0.52　　　　　（C）0.55　　　　　（D）0.78

解答

单侧桥面净宽 = 3.00 + 2 × 3.75 + 0.50 = 11m。

根据《公路桥涵设计通用规范》（JTG D60—2015）表4.3.1-4，单向布置3条车道，故双向布置6条车道。

根据表 4.3.1-5 查取横向车道布载系数为 0.55。

答案：C

例题 4-7-5（2019 年真题）

某高速公路，主线桥梁采用上下行分离设置，单幅桥宽 15.25m，两侧均设 0.5m 宽的墙式护栏，桥梁车载荷载计算时，横向车道布载系数应取（ ）。

（A）0.78　　　　（B）0.67　　　　（C）0.60　　　　（D）0.55

解答

桥面宽度 $W = 15.25 - 0.5 \times 2 = 14.25$m。

根据《公路桥涵设计通用规范》（JTG D60—2015）表 4.3.1-4，14m $\leqslant W = 14.25$m < 17.5m，车道数为 4，根据表 4.4.1-5 查取横向分布系数为 0.67。

答案：B

例题 4-7-5a（2022 年真题）

某双向四车道高速公路，路基全宽 25.5m。主线桥梁采用上下行分离设置，单幅桥宽 12.5m，两侧均设 0.5m 宽墙式钢筋混凝土护栏。请问桥梁用车道荷载计算时，横向车道布载系数应取（ ）。

（A）1.00　　　　　　　　　　　　（B）0.78

（C）0.55　　　　　　　　　　　　（D）0.52

解答

桥梁采用分离式，横向车道布载系数仅考虑单幅桥。

单幅桥（车辆单向行驶）全宽 12.5m，净宽 $W = 11.5$m，查《公路桥涵设计通用规范》（JTG D60—2015）表 4.3.1-4，得设计车道数为 3，横向车道布载系数取 0.78。

答案：B

📖 **考点分析**

（1）桥宽范围内布设的车道数，在结构计算中要严格根据规范条款执行；不能按照实际设计中的实际车道数划线执行。

（2）横向、纵向折减，主要用于桥梁整体计算中。特别注意单车道横向布载系数为 1.2，匝道桥大部分是按单车道布载。

3. 公路桥梁汽车荷载纵向折减

📖 **条文规定**

8　大跨径桥梁上的汽车荷载应考虑纵向折减。当桥梁计算跨径大于 150m 时，应按表 4.3.1-6 规定的纵向折减系数进行折减。当为多跨连续结构时，整个结构应按最大的计算跨径考虑汽车荷载效应的纵向折减。

纵向折减系数　　　　　　　　　　　　　　　　　　　表 4.3.1-6

计算跨径 L_0（m）	纵向折减系数	计算跨径 L_0（m）	纵向折减系数
$150 < L_0 < 400$	0.97	$800 \leqslant L_0 < 1000$	0.94
$400 \leqslant L_0 < 600$	0.96	$L_0 \geqslant 1000$	0.93
$600 \leqslant L_0 < 800$	0.95	—	—

例题 4-7-6（2021 年真题）

某预应力混凝土连续梁桥,跨径布置为100m + 180m + 100m,上下行桥梁分离设置,单幅桥宽 12.5m,两侧分别设置 0.5m 宽的墙式护栏。请问,计算汽车荷载作用对中跨跨中截面的荷载效应时,其单幅桥的汽车荷载作用应为一个车道荷载的（　　）倍。

（A）2　　　　　　　　（B）2.27　　　　　　　（C）2.34　　　　　　　（D）2.91

解答

根据《公路桥涵设计通用规范》（JTG D60—2015）表 4.3.1-4～表 4.3.1-6:

$W = 12.5 - 0.5 \times 2 = 11.5\text{m}$,确定为三车道,$L_0 = 180\text{m}$,考虑纵向折减,则

$0.78 \times 3 \times 0.97 = 2.27$

答案: B

例题 4-7-7

某高速公路上跨径为100m + 175m + 100m的连续刚构桥,主线桥梁采用上下行分离设置,单幅桥宽 15.25m,两侧均设 0.5m 宽墙式护栏,桥梁车载荷载计算时,纵向折减系数为（　　　）。

（A）1　　　　　　　　（B）0.97　　　　　　　（C）0.96　　　　　　　（D）0.95

解答

根据《公路桥涵设计通用规范》（JTG D60—2015）表 4.3.1-6,本桥最大跨径为 175m,查表得,纵向系数为 0.97。

答案: B

4. 公路桥梁汽车荷载冲击力计算

条文规定

《公路桥涵设计通用规范》（JTG D60—2015）规定如下:

4.3.2　汽车荷载冲击力应按下列规定计算:

1　钢桥、钢筋混凝土及预应力混凝土桥、圬工拱桥等上部构造和钢支座、板式橡胶支座、盆式橡胶支座及钢筋混凝土柱式墩台,应计算汽车的冲击作用。

2　填料厚度（包括路面厚度）大于或等于 0.5m 的拱桥、涵洞以及重力式墩台不计冲击力。

3　支座的冲击力,按相应的桥梁取用。

4　汽车荷载的冲击力标准值为汽车荷载标准值乘以冲击系数μ。

5　冲击系数μ可按下式计算:

当$f < 1.5\text{Hz}$ 时,　　　　　　　　　　$\mu = 0.05$

当$1.5\text{Hz} \leqslant f \leqslant 14\text{Hz}$ 时,　　　　$\mu = 0.1767 \ln f - 0.0157$　　　　　　　（4.3.2）

当$f > 14\text{Hz}$ 时,　　　　　　　　　　$\mu = 0.45$

式中: f——结构基频（Hz）。

6　汽车荷载的局部加载及在 T 梁、箱梁悬臂板上的冲击系数采用 0.3。

《公路桥涵设计通用规范》（JTG D60—2015）第 4.3.2 条条文说明规定如下:

桥梁的自振频率（基频）宜采用有限元方法计算。对于如下常规结构,当无更精确方法计算时,也可采用下列公式估算:

（1）简支梁桥

$$f_1 = \frac{\pi}{2l^2}\sqrt{\frac{EI_c}{m_c}} \qquad (4\text{-}3)$$

$$m_c = \frac{G}{g} \qquad (4\text{-}4)$$

式中：l——结构的计算跨径（m）；

$\quad E$——结构材料的弹性模量（Pa）；

$\quad I_c$——结构跨中截面的截面惯矩（m^4）；

$\quad m_c$——结构跨中处的单位长度质量（kg/m），当换算为重力计算时，其单位应为（$N \cdot s^2/m^2$）；

$\quad G$——结构跨中处延米结构重力（N/m）；

$\quad g$——重力加速度，$g = 9.81 m/s^2$。

（2）连续梁桥

$$f_1 = \frac{13.616}{2\pi l^2}\sqrt{\frac{EI_c}{m_c}} \qquad (4\text{-}5)$$

$$f_2 = \frac{23.651}{2\pi l^2}\sqrt{\frac{EI_c}{m_c}} \qquad (4\text{-}6)$$

计算连续梁的冲击力引起的正弯矩效应和剪力效应时，采用基频f_1；计算连续梁的冲击力引起的负弯矩效应时，采用基频f_2。

📖 **典型例题**

例题 4-7-8

某公路桥梁由多跨简支梁组成，每孔跨径为25m，计算跨径为24m，若该桥箱梁混凝土强度等级采用C40，弹性模量$E_c = 3.25 \times 10^4$MPa，箱梁跨中横截面积$A = 5.3 m^2$，惯性矩$I = 1.5 m^4$，假设混凝土重度为25kN/m^3，则公路—I级汽车车道荷载的冲击系数μ与（　　　）最为接近。

（提示：取重力加速度$g = 10 m/s^2$）

（A）0.08 　　　　　　　　　　　　（B）0.18

（C）0.28 　　　　　　　　　　　　（D）0.38

解答

根据《公路桥涵设计通用规范》（JTG D60—2015）第4.3.2条条文说明计算简支梁桥的自振频率。

$m = G/g = 5.3 \times 25 \times 1000/10 = 13250 kg/m$

$E_c I_c = 3.25 \times 10^{10} \times 1.5 = 4.875 \times 10^{10} N \cdot m^2$

$$f_1 = \frac{\pi}{2l^2}\sqrt{\frac{E_c I_c}{m_c}} = \frac{3.14}{2 \times 24^2}\sqrt{\frac{4.875 \times 10^{10}}{13250}} = 5.228 Hz$$

根据第4.3.2条第5款，有

$\mu = 0.1767 \ln f - 0.0157 = 0.1767 \times \ln 5.228 - 0.0157 = 0.276$

答案：C

例题 4-7-9

某公路桥梁由多跨连续梁组成，每孔计算跨径为24m，若该桥箱梁混凝土强度等级采用C40，弹性模量$E_c = 3.25 \times 10^4$MPa，箱梁跨中横截面积$A = 5.3 m^2$，惯性矩$I = 1.5 m^4$，假设混凝土重度为25kN/m^3，计算连续梁的冲击力引起的正弯矩效应和剪力效应时，计算基频与（　　　）最为接近。

（提示：取重力加速度$g = 10\text{m/s}^2$）

（A）7.22　　　　　　　　　　　　（B）10.18

（C）5.23　　　　　　　　　　　　（D）2.48

解答

根据《公路桥涵设计通用规范》（JTG D60—2015）第 4.3.2 条条文说明计算连续梁桥的自振频率。

$$m = G/g = 5.3 \times 25 \times 1000/10 = 13250\text{kg/m}$$

$$E_c I_c = 3.25 \times 10^{10} \times 1.5 = 4.875 \times 10^{10}\text{N} \cdot \text{m}^2$$

$$f_1 = \frac{13.616}{2\pi l^2}\sqrt{\frac{E_c I_c}{m_c}} = \frac{13.616}{2 \times 3.14 \times 24^2}\sqrt{\frac{4.875 \times 10^{10}}{13250}} = 7.22$$

答案：A

例题 4-7-10

某公路桥梁由多跨简支梁组成，每孔跨径 25m，计算跨径 24m，若该桥箱梁混凝土强度等级采用 C40，弹性模量$E_c = 3.25 \times 10^4\text{MPa}$，箱梁跨中横截面积$A = 5.3\text{m}^2$，惯性矩$I = 1.5\text{m}^4$，对箱梁翼缘板进行局部加载，其冲击系数$\mu$为（　　　）。

（提示：取重力加速度$g = 10\text{m/s}^2$）

（A）0.08　　　　　　　　　　　　（B）0.18

（C）0.28　　　　　　　　　　　　（D）0.3

解答

根据《公路桥涵设计通用规范》（JTG D60—2015）第 4.3.2 条第 6 款，汽车荷载的局部加载及在 T 形梁、箱形梁悬臂板上的冲击系数采用 0.3。

答案：D

📖 **考点分析**

（1）频遇组合、准永久组合，不考虑汽车冲击。

（2）基本组合、偶然组合，要考虑汽车冲击。

（3）填料大于一定值（0.5m）时，不考虑汽车冲击。

（4）汽车荷载的局部加载及在 T 形梁、箱形梁悬臂板上的冲击系数直接采用 0.3。

5. 公路桥梁汽车荷载制动力计算

📖 **条文规定**

《公路桥涵设计通用规范》（JTG D60—2015）规定如下：

4.3.5　汽车荷载制动力应按下列规定计算和分配：

1　汽车荷载制动力按同向行驶的汽车荷载（不计冲击力）计算，并应按表 4.3.1-6 的规定，以使桥梁墩台产生最不利纵向力的加载长度进行纵向折减。

1）一个设计车道上由汽车荷载产生的制动力标准值按本规范第 4.3.1 条规定的车道荷载标准值在加载长度上计算的总重力的 10%计算，但公路—I 级汽车荷载的制动力标准值不得小于 165kN，公路—II 级汽车荷载的制动力标准值不得小于 90kN；

2）同向行驶双车道的汽车荷载制动力标准值应为一个设计车道制动力标准值的 2 倍，同向行驶三车道应为一个设计车道的 2.34 倍，同向行驶四车道应为一个设计车道的 2.68 倍。

2　制动力的着力点在桥面以上 1.2m 处，计算墩台时，可移至支座铰中心或支座底座面上。计算刚构桥、拱桥时，制动力的着力点可移至桥面上，但不应计因此而产生的竖向力和力矩。

3　设有板式橡胶支座的简支梁、连续桥面简支梁或连续梁排架式柔性墩台，应根据支座与墩台的抗推刚度的刚度集成情况分配和传递制动力。设有板式橡胶支座的简支梁刚性墩台，应按单跨两端的板式橡胶支座的抗推刚度分配制动力。

4　设有固定支座、活动支座（滚动或摆动支座、聚四氟乙烯板支座）的刚性墩台传递的制动力，按表 4.3.5 的规定采用。每个活动支座传递的制动力，其值不应大于其摩阻力；当大于摩阻力时，按摩阻力计算。

刚性墩台各种支座传递的制动力

表 4.3.5

桥梁墩台及支座类型		应计的制动力	符号说明
简支梁桥台	固定支座	T_1	
	聚四氟乙烯板支座	$0.30T_1$	
	滚动（或摆动）支座	$0.25T_1$	T_1——加载长度为计算跨径时的制动力；
简支梁桥墩	两个固定支座	T_2	
	一个固定支座，一个活动支座	注	T_2——加载长度为相邻两跨计算跨径之和时的制动力；
	两个四氟乙烯板支座	$0.30T_2$	
	两个滚动（或摆动）支座	$0.25T_2$	T_3——加载长度为一联长度的制动力
连续梁桥墩	固定支座	T_3	
	聚四氟乙烯板支座	$0.30T_3$	
	滚动（或摆动）支座	$0.25T_3$	

注：固定支座按 T_4 计算，活动支座按 $0.30T_5$（聚四氟乙烯板支座）或 $0.25T_5$（滚动或摆动支座）计算，T_4 和 T_5 分别为与固定支座或活动支座相应的单跨跨径的制动力，桥墩承受的制动力为上述固定支座与活动支座传递的制动力之和。

📖 **典型例题**

例题 4-7-11

已知桥梁设计荷载等级为公路—Ⅰ级，行车道宽度为 8m、双向行驶，5 孔连续梁，跨径组合为 5×40m，若该桥桥墩高度均为 10m，且各中墩均采用形状、尺寸相同的盆式橡胶固定支座，桥台采用形状、尺寸相同的盆式橡胶滑动支座。当中墩为柔性墩，且不计桥台支座承受的制动力时，其中 1 号墩所承受的制动力标准值（kN）与（　　）最为接近。

（A）71　　　　　（B）60　　　　　（C）165　　　　　（D）480

解答

根据《公路桥涵设计通用规范》（JTG D60—2015）第 4.3.1 条，车道荷载应取 $q_k = 10.5\text{kN/m}$，$P_k = 2 \times (40 + 130) = 340\text{kN}$。

根据《公路桥涵设计通用规范》（JTG D60—2015）表 4.3.1-4，行车道宽度为 8m、双向行驶，设计车道数为 2，故同向行驶的为 1 个车道。再依据第 4.3.5 条，200m 一联的制动力标准值为：

$\max\{(10.5 \times 200 + 340) \times 10\% \times 0.97, 165\} = 236.7\text{kN}$（根据表 4.3.1-6，加载长度 200，纵向折减系数为 0.97）

考虑多车道布载系数 1.2，单车道制动力标准值为：$1.2 \times 236.7 = 284\text{kN}$。

故 1 号墩承受的制动力标准值为 284/4 = 71kN。

答案：A

例题 4-7-12

一联 3×40m 桥梁，已知桥梁设计荷载等级为公路—I级，双向四车道，1 号墩、4 号墩采用四氟滑板支座，2 号墩、3 号墩采用板式橡胶支座，其中 1 号墩所承受的制动力标准值（kN）与（   ）最为接近。

（A）73

（B）50

（C）165

（D）480

解答

根据《公路桥涵设计通用规范》（JTG D60—2015）第 4.3.1 条，车道荷载应取 $q_k = 10.5$kN/m，$P_k = 2 \times (40 + 130) = 340$kN。

根据《公路桥涵设计通用规范》（JTG D60—2015）表 4.3.1-4，双向行驶设计车道数为 2，再依据第 4.3.5 条，120m 一联的制动力标准值为：

$(10.5 \times 120 + 340) \times 10\% = 160$kN < 165kN

故取 165kN，1 号墩制动力为：

$2 \times 165 \times 0.3 / 2 = 49.5$kN

答案：B

例题 4-7-12a（2022 年补考真题）

某双向四车道高速公路桥梁，分离式断面，计算跨径为 30m，桥面布置为：护栏 0.5m，右侧硬路肩 2.0m，行车道 2×3.75m，左侧硬路肩 0.75m，护栏 0.5m。问汽车荷载的制动力为（   ）。

（A）127.0kN

（B）320.0kN

（C）374.4kN

（D）635.0kN

解答

根据《公路桥涵设计通用规范》（JTG D60—2015）第 4.3.1 条，30m 跨的桥梁，车道荷载 $q_k = 10.5$kN/m，集中荷载 $P_k = 320$kN。根据第 4.3.5 条第 1 款，一个设计车道上的汽车制动力标准值为 $10\% \times (30 \times 10.5 + 320) = 63.5$kN < 165kN，应取 165kN。

双向四车道，单侧桥面宽 11.25m，根据《公路桥涵设计通用规范》（JTG D60—2015）表 4.3.1-4，单侧设计车道数为 2 车道。

根据《公路桥涵设计通用规范》（JTG D60—2015）第 4.3.5 条第 2 款，同向行驶 2 车道，制动力标准值为 $165 \times 2 = 330$kN。

本题为错题，无选项可选。

例题 4-7-12b（2023 年真题）

某高速公路跨线桥，采用计算跨径 16m 的简支梁桥，桥宽 15m，两侧各设有宽度为 750mm 的护栏，不计冲击力，请问汽车荷载对桥台产生的制动力是（   ）。（取小数点后两位）

（A）107.64kN

（B）123.28kN

（C）386.10kN

（D）442.20kN

解答

根据《公路桥涵设计通用规范》（JTG D60—2015）表 4.3.1-4，桥面净宽 13.5m，车辆单向行驶，设计车道数为 3。

根据第 4.3.1 条，16m 跨的桥梁，车道荷载 $q_k = 10.5$kN/m，集中荷载 $P_k = 292$kN。

根据第 4.3.5 条，一个设计车道上的汽车制动力标准值为：

$(10.5 \times 16 + 292) \times 10\% = 46$kN < 165kN，取为 165kN。

同向行驶三个车道的制动力为 $165 \times 2.34 = 386.10$kN。

答案：C

例题 **4-7-12c**（2024 年真题）

某公路桥梁，设计汽车荷载为公路—I级，桥梁行车道宽度为 8m、双向行驶，采用 3 孔连续梁（3×30m），桥墩高度为 10m，各中墩采用形状和尺寸相同的盆式橡胶固定支座，桥台采用形状尺寸相同的盆式橡胶滑动支座。中墩为柔性墩，不计桥台支座承受的制动力，下列数值与实际单个中墩的制动力标准值最为接近的是多少？

（A）158kN　　　　（B）165kN　　　　（C）83kN　　　　（D）79kN

解答

根据《公路桥涵设计通用规范》（JTG D60—2015）

（1）根据表 4.3.1-4，桥面净宽 8m，车辆双向行驶，设计车道数为 2。

（2）根据 4.3.1，90m 跨的桥梁，车道荷载 q_k = 10.5kN/m，集中荷载 P_k = 360kN。

（3）根据 4.3.5，一个设计车道上的汽车制动力标准值为：

$(10.5 \times 90 + 360) \times 10\%$ = 130.5kN < 165kN，取为 165kN。

（4）两个墩台平均承担制动力，则一个墩台承受一个车道的制动力 = 165/2 = 82.5kN。

答案：C

📖 **考点分析**

（1）弄清楚是几个计算制动力的车道，制动力只计算同向车道，双向双车道则制动力车道为 1，单向双车道制动力车道为 2，双向四车道制动力车道为 2。看清楚是制动车道不是车道数。

（2）制动力标准值计算，1～n车道的计算方法均相同。分两步走：第一步，计算一个车道的制动力标准值 $F = \max\{(10.5L + p_k) \times$ 纵向折减系数 $\times 10\%, 165\}$（如为公路—II级，则 165 改为 90；当加载长度 > 150m 时，应该考虑纵向折减）。第二步，乘以横向车道布载系数 [《公路桥涵设计通用规范》（JTG D60—2015）表 4.3.1-5]，总制动力 = n×F×横向车道布载系数。单车道系数为 1.2（规范条文没有明确说明，向规范编制单位的专家咨询的结果），双车道的系数为 2，以此类推。

（3）制动力分配到墩上，固定支座分担所有制动力，聚四氟乙烯板支座分担 30% 的制动力。也就是说，如果是一跨简支梁，一端固定支座一端聚四氟乙烯板支座，固定支座分担该跨制动力的 100%，聚四氟乙烯板支座分担该跨制动的 30%；如果是多跨一联连续梁，则固定支座分担该联制动力的 100%，聚四氟乙烯板支座分担该联制动力的 30%；上述情况分配的总的制动力为 130%，偏安全考虑。

6. 公路桥梁汽车荷载离心力计算

📖 **条文规定**

《公路桥涵设计通用规范》（JTG D60—2015）规定如下：

4.3.3　汽车荷载离心力可按下列规定计算：

1　曲线桥应计算汽车荷载引起的离心力。汽车荷载离心力标准值为按本规范第 4.3.1 条规定的车辆荷载（不计冲击力）标准值乘以离心力系数C计算。离心力系数按下式计算：

$$C = \frac{v^2}{127R} \tag{4.3.3}$$

式中：v——设计速度（km/h），应按桥梁所在路线设计速度采用；

　　　　N——曲线半径（m）。

2　计算多车道桥梁的汽车荷载离心力时，车辆荷载标准值应乘以表 4.3.1-5 规定的横向车道布载系数。

3　离心力着力点在桥面以上 1.2m 处；为计算简便也可移至桥面上，不计由此引起的作用效应。

例题 4-7-13

某公路 3 × 16m 钢筋混凝土板桥，斜交角为 20°，垂直于桥纵轴线的板宽 $b = 7.5$m，两侧防撞护栏宽度各 0.5m，设计速度为 40km/h，平曲线半径为 65m。为计算桥梁下部结构和桥梁总体稳定的需要，需要计算汽车荷载引起的离心力。假定该匝道桥车辆荷载标准值为 550kN，汽车荷载冲击系数为 0.15。则该匝道桥的汽车荷载离心力标准值为（　　）。

（A）108kN （B）118kN （C）128kN （D）148kN

解答

根据《公路桥涵设计通用规范》（JTG D60—2015）第 4.3.3 条：

（1）离心力标准值取车辆荷载（不计冲击力）标准值，乘以离心力系数 C。

（2）$C = \dfrac{V^2}{127R} = \dfrac{40^2}{127 \times 65} = 0.194$。

（3）车辆荷载标准值为 550kN。

（4）计算汽车荷载离心力需考虑横向车道布载系数，本题单车道应取 1.2，则 $0.194 \times 550 \times 1.2 = 128$kN。

答案：C

考点分析

离心力计算主要和设计速度、曲线半径相关，特别注意不计冲击力，并且应考虑横向布载系数。

7. 综合练习

例题 4-7-14（2022 年真题）

某一级公路山前平原段拟设置一孔 4m 净宽钢筋混凝土盖板明涵洞，拟定预制拼装单板宽 0.99m、预制板长 5m，计算跨径 4.8m，板厚 0.4m，车道宽 3.5m。请问，作用于一个车道涵洞盖板上的车辆荷载标准值和分项系数分别是（　　）。

（A）280.0kN，1.4 （B）280.0kN，1.8

（C）322.5kN，1.4 （D）322.5kN，1.8

解答

根据《公路涵洞设计规范》（JTG/T 3365-02—2020）第 9.2.1 条，本题涵洞计算跨径为 4.8m，纵向布置车辆荷载的两个后轴，单个车道的车辆荷载标准值为 $140\text{kN} \times 2 = 280$kN。

按第 2 款，本涵洞为一级公路的涵洞，横向宽度 20 多米，对于一级公路的涵洞，横向可布置多个车道，因此不用考虑单车道的提高，作用在盖板上的车辆荷载标准值为 288kN。

依据《公路桥涵设计通用规范》（JTG D60—2015）第 4.1.5 条，车辆荷载的分项系数为 1.8。

答案：B

例题 4-7-15（2022 年补考真题）

高速公路主线桥布置为 1 孔 420m 钢筋混凝土中承式拱桥，桥面宽 24.0m，计算跨径 416m。请计算，该桥按现行规范布置的车道荷载考虑分项系数后的总重为（　　）。

（A）28368kN （B）27233.3kN （C）17559.4kN （D）14978.3kN

解答

根据《公路桥涵设计通用规范》（JTG D60—2015）表4.3.1-1，选择公路—I级荷载；根据表4.3.1-2，选择 $q_k = 10.5\text{kN/m}$、$P_k = 360\text{kN}$；根据表4.3.1-6，取折减系数为0.96；根据表4.3.1-4，取6车道；根据表4.3.1-5，横向折减系数为0.55。

总重计算为：$P = \eta \times n \times (q_k \times L + P_k) = 0.96 \times 0.55 \times 6 \times (10.5 \times 416 + 360) = 14978.3\text{kN}$

两车道荷载效应：$P_2 = \eta \times n \times (q_k \times L + P_k) = 0.96 \times 1 \times 2 \times (10.5 \times 416 + 360) = 9077.76\text{kN} < P$

所以该车道荷载效应不小于两车道的荷载效应。

答案：D

考点8　城市桥梁汽车荷载和人群荷载计算

1. 城市桥梁车道荷载和车辆荷载

📖 条文规定

《城市桥梁设计规范》（CJJ 11—2011）（2019年版）规定如下：

10.0.2　桥梁设计时，汽车荷载的计算图式、荷载等级及其标准值、加载方法和纵横向折减等应符合下列规定：

1　汽车荷载应分为城—A级和城—B级两个等级。

2　汽车荷载应由车道荷载和车辆荷载组成。车道荷载应由均布荷载和集中荷载组成。桥梁结构的整体计算应采用车道荷载，桥梁结构的局部加载、桥台和挡土墙压力等的计算应采用车辆荷载。车道荷载与车辆荷载的作用不得叠加。

3　车道荷载的计算（图10.0.2-1）应符合下列规定：

1）城—A级车道荷载的均布荷载标准值（q_k）应为10.5kN/m。集中荷载标准值（P_k）的选取：当桥梁计算跨径小于或等于5m时，$P_k = 270\text{kN}$；当桥梁计算跨径等于或大于50m时，$P_k = 360\text{kN}$；当桥梁计算跨径在5～50m之间时，P_k值应采用直线内插求得。当计算剪力效应时，上述集中荷载标准值（P_k）应乘以1.2的系数。

2）城—B级车道荷载的均布荷载标准值（q_k）和集中荷载标准值（P_k）应按城—A级车道荷载的75%采用。

3）车道荷载的均布荷载标准值应满布于使结构产生最不利效应的同号影响线上；集中荷载标准值应只作用于相应影响线中一个最大影响线峰值处。

图10.0.2-1　车道荷载

4　车辆荷载的立面、平面布置及标准值应符合下列规定：

1）城—A级车辆荷载的立面、平面、横桥向布置（图10.0.2-2）及标准值应符合表10.0.2的规定。

a) 立面布置

b) 平面布置

c) 横桥向布置

图 10.0.2-2　城—A 级车辆荷载立面、平面、横桥向布置

城—A 级车辆荷载　　　　　　　　　　　　　　　　　　　表 10.0.2

车辆编号	单位	1	2	3	4	5
轴重	kN	60	140	140	200	160
轮重	kN	30	70	70	100	80
纵向轴距	m	3.6		1.2	6	7.2
每组车轮的横向中距	m	1.8	1.8	1.8	1.8	1.8
车轮着地的宽度×长度	m	0.25×0.25	0.6×0.25	0.6×0.25	0.6×0.25	0.6×0.25

2）城—B 级车辆荷载的立面、平面布置及标准值应采用现行行业标准《公路桥涵设计通用规范》（JTG D60）车辆荷载的规定值。

5　车道荷载横向分布系数、多车道的横向折减系数、大跨径桥梁的纵向折减系数、汽车荷载的冲击力、离心力、制动力及车辆荷载在桥台或挡土墙后填土的破坏棱体上引起的土侧压力等均应按现行行业标准《公路桥涵设计通用规范》（JTG D60）的规定计算。

10.0.3　应根据道路的功能、等级和发展要求等具体情况选用设计汽车荷载。桥梁的设计汽车荷载应根据表 10.0.3 选用，并应符合下列规定：

1　快速路、次干路上如重型车辆行驶频繁时，设计汽车荷载应选用城—A 级汽车荷载；

2　小城市中的支路上如重型车辆较少时，设计汽车荷载采用城—B 级车道荷载的效应乘以 0.8 的折减系数，车辆荷载的效应乘以 0.7 的折减系数；

3 小型车专用道路，设计汽车荷载可采用城—B级车道荷载的效应乘以0.6的折减系数，车辆荷载的效应乘以0.5的折减系数。

桥梁设计汽车荷载等级 表10.0.3

城市道路等级	快速路	主干路	次干路	支路
设计汽车荷载等级	城—A级或城—B级	城—A级	城—A级或城—B级	城—B级

10.0.4 在城市指定路线上行驶的特种平板挂车应根据具体情况按本规范附录A中所列的特种荷载进行验算。对既有桥梁，可根据过桥特重车辆的主要技术指标，按本规范附录A的要求进行验算。

对设计汽车荷载有特殊要求的桥梁，设计汽车荷载标准应根据具体交通特征进行专题论证。

A.0.2 当采用特种平板挂车特—160、特—220、特—300及特—420验算时，应按下列要求布载：

1 当纵向排列时，在同向一个路幅的机动车道内，全桥长度内应按行驶一辆特种平板挂车布载，前后应无其他车辆荷载。

2 横向布置应符合下列规定：

1）对不设置中间分隔带的机动车道或混合行驶车道的桥面，应居中行驶。当机动车道不多于二车道时，车辆外侧车轮中线至路缘带外侧的距离不应小于1m，且车辆应居中行驶，行驶范围不应大于6m（图A.0.2-1）。

当机动车道多于二车道时，车辆应居中行驶，行驶范围不应大于6m（图A.0.2-2）。

图A.0.2-1 （$W_{pc} \leqslant$ 2车道路面宽）　图A.0.2-2 （$W_{pc} >$ 2车道路面宽）

2）对设置中间分隔带的机动车道的桥面，中间分隔带两侧机动车道各为二车道时，车辆外边轮中线至路缘带边缘的距离不应小于1m，且车辆应居中行驶，行驶范围不应大于6m（图A.0.2-3）。

当中间分隔带两侧机动车道各为三车道或更宽时，车辆应居中行驶，行驶范围不应大于6m。

图A.0.2-3 （$W_{pc} =$ 2车道路面宽）

📖 典型例题

例题 4-8-1

某城市桥梁，孔跨布置为5孔30m小箱梁，双幅布置，单幅宽20m，横向布置为3m（非机动车道）+14m（车行道）+3m（非机动车道）。该桥需要通行特—220的特种平板挂车。为保证桥梁安全，以桥梁中心线竖向为坐标轴，左负右正，特种车辆最左侧轮横向行驶范围为（   ）。

（A）（−3，−0.1）　　　（B）（−3，0）　　　（C）（−3，3）　　　（D）（0，3）

解答

根据《城市桥梁设计规范》（CJJ 11—2011）（2019 年版）附录第 A.0.2 条，横向轮布置为 $0.93 + 1.24 + 0.93 = 3.1$m，单向三车道，左轮布置为 $[−3, (3 − 3.1)] = (−3, −0.1)$。

答案：A

例题 4-8-1a（2023 年真题）

某小城市支路上拟修建一座跨线桥，桥跨布置为 3×30m，采用预应力混凝土简支梁结构。桥上重型车辆较少，在计算桥梁结构的梁端剪力时车道荷载中 P_k（集中荷载）、q_k（均布荷载）符合规范要求的分别是（   ）。

（A）192.0kN、6.3kN/m　　　　　　（B）230.4kN、6.3kN/m

（C）230.4kN、7.9kN/m　　　　　　（D）288.0kN、7.9kN/m

解答

根据《城市桥梁设计规范》（CJJ 11—2011）（2019 年版）第 10.0.2 条、第 10.0.3 条：

$P_k = 0.8 \times 1.2 \times 0.75 \times 2 \times (L_0 + 130) = 0.8 \times 1.2 \times 0.75 \times 2 \times (30 + 130) = 230.4$kN

$q_k = 0.8 \times 0.75 \times 10.5 = 6.3$kN/m

答案：B

例题 4-8-1b（2024 年真题）

某重型车辆通行较少的小城市支路上的桥梁，跨径组合为 2×30m，上部结构形式为预应力混凝土简支梁。下列关于该桥梁结构的设计安全等级和设计车道荷载中均布荷载标准值，符合规范规定的是何项？并说明选择依据和理由。

（A）一级、6.3kN/m　　　　　　（B）二级、6.3kN/m

（C）一级、7.9kN/m　　　　　　（D）二级、7.9kN/m

解答

根据《城市桥梁设计规范（2019 年版）》（CJJ 11—2011）

（1）根据表 3.0.2，该桥梁为中桥；

（2）根据表 3.0.14，可知该桥梁结构的设计安全等级为一级。

（3）根据表 10.0.3，该桥梁设计汽车荷载等级城-B 级：

（3）根据 10.0.2 条、10.0.3-2 条：$q_k = 10.5 \times 0.75 \times 0.8 = 6.3$kN/m

答案：A

📖 **考点分析**

（1）注意不同的城市道路等级采用不同的荷载等级。除了主干路对应城—A，支路对应城—B 是明确的之外；快速路、次干路既可采用城—A，也可采用城—B。考题中，如果遇到快速路和次干路，要认真阅读题干，从题干信息中找出采用哪一种荷载等级。

（2）注意公路桥梁与城市桥梁的荷载存在差异。公路—I 级车辆荷载总重为 550kN，城—A 级车辆荷载总重为 700kN。

（3）公路的汽车荷载，只有公路—I 级和公路—II 级；取消了旧规范中的四级公路上重车较少时可以公路—II 级乘以 0.8（车道荷载）、0.7（车辆荷载）折减系数的规定。但是城市桥梁荷载，除了城—A、城—B

之外，保留了小汽车专用道的荷载折减系数，应重视小汽车专用道的荷载折减。

（4）应熟悉特种荷载的取值及分布范围。

2. 城市桥梁人群荷载

📖 条文规定

《城市桥梁设计规范》（CJJ 11—2011）（2019 年版）规定如下：

10.0.5　桥梁人行道的设计人群荷载应符合下列规定：

1　人行道板的人群荷载按 5kPa 或 1.5kN 的竖向集中力作用在一块构件上，分别计算，取其不利者。

2　梁、桁架、拱及其他大跨结构的人群荷载（W）可采用下列公式计算，且 W 值在任何情况下不得小于 2.4kPa：

当加载长度 $L < 20$m 时：

$$W = 4.5 \times \frac{20 - w_p}{20} \qquad (10.0.5\text{-}1)$$

当加载长度 $L \geqslant 20$m 时：

$$W = \left(4.5 - 2 \times \frac{L - 20}{80}\right)\left(\frac{20 - w_p}{20}\right) \qquad (10.0.5\text{-}2)$$

式中：W——单位面积的人群荷载（kPa）；

L——加载长度（m）；

w_p——单边人行道宽度（m）；在专用非机动车桥上为 1/2 桥宽，大于 4m 时仍按 4m 计。

10.0.7　作用在桥上人行道栏杆扶手上的竖向荷载应为 1.2kN/m；水平荷载应为 2.5kN/m。两者应分别计算，且不应与其他可变作用叠加。立柱柱顶推力应为扶手水平荷载集度与柱间距的乘积。

📖 典型例题

例题 4-8-2（2021 年真题）

某城市支路设计速度为 40km/h，横断面布置为 4.5m（人行道含栏杆宽度 0.5m）+12.0m（车行道）+4.5m（人行道含栏杆宽度 0.5m），某跨径为 16m 的跨河桥拟采用梁桥，计算该桥人群荷载（w）应为（　　　）。（取小数点 1 位）

（A）2.4kPa　　　　　（B）3.2kPa　　　　　（C）3.5kPa　　　　　（D）3.6kPa

解答

根据《城市桥梁设计规范》（CJJ 11—2011）（2019 年版）第 10.0.5 条，本桥跨径为 16m，采用式 (10.0.5-1) 计算。

单侧人行道宽为 $4.5 - 0.5 = 4.0$m，代入公式：

$w = 4.5 \times (20 - 4)/20 = 3.6$kPa $\geqslant 2.4$kPa

答案： D

📖 考点分析

（1）计算人行道人群荷载时，应将护栏宽度扣除。

（2）城市车行桥的人行道和城市人行天桥两种桥梁的人群荷载的计算公式不同，荷载集度一个是 4.5kPa，一个是 5kPa，要区分开。

考点9 公路桥梁疲劳荷载、流水压力、温度作用

1. 公路桥梁疲劳荷载

条文规定

《公路桥涵设计通用规范》（JTG D60—2015）规定如下：

4.3.7 疲劳荷载的计算模型应符合下列规定：

1 疲劳荷载计算模型I采用等效的车道荷载，集中荷载为 $0.7P_k$，均布荷载为 $0.3q_k$。P_k 和 q_k 按本规范第 4.3.1 条的相关规定取值；应考虑多车道的影响，横向车道布载系数应按本规范第 4.3.1 条的相关规定计算。

2 疲劳荷载计算模型II采用双车模型，两辆模型车轴距与轴重相同，其单车的轴重与轴距布置如图 4.3.7-1 所示。计算加载时，两模型车的中心距不得小于 40m。

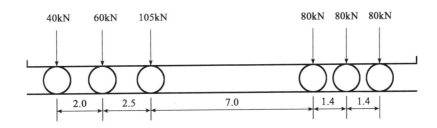

图 4.3.7-1 疲劳荷载计算模型II（尺寸单位：m）

3 疲劳荷载计算模型III采用单车模型，模型车轴载及分布规定如图 4.3.7-2 所示。

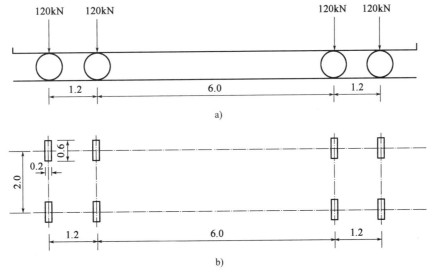

图 4.3.7-2 疲劳荷载计算模型III（尺寸单位：m）

4 当构件和连接不满足疲劳荷载计算模型I验算要求时，应按模型II验算。

5 桥面系构件的疲劳验算应采用疲劳荷载计算模型III。

📖 **典型例题** ▬▬▬▬▬▬▬▬▬▬

例题 4-9-1

某高速公路有一座钢结构桥梁,计算跨径为 39.2m,采用疲劳—I模型对钢结构进行疲劳设计验收时,疲劳等效车道荷载时均布力（kN/m）和集中力（kN）各为（　　　）。

（A）10.5，360　　　　（B）10.5，338.4　　　（C）3.2，360　　　　（D）3.2，236.9

解答

根据《公路桥涵设计通用规范》（JTG D60—2015）第 4.3.7 条，集中荷载为 $0.7P_k$，均布荷载为 $0.3q_k$。因此：

均布荷载为$0.3 \times 10.5 = 3.2\text{kN/m}$

集中荷载为$0.7 \times 2 \times (130 + 39.2) = 236.9\text{kN}$

答案：D

📖 **考点分析** ▬▬▬▬▬▬▬▬▬▬

疲劳荷载一般采用模型I进行计算，考生应重点熟悉模型I。

2. 公路桥梁流水压力

📖 **条文规定** ▬▬▬▬▬▬▬▬▬▬

《公路桥涵设计通用规范》（JTG D60—2015）规定如下：

4.3.9　作用在桥墩上的流水压力标准值可按下式计算：

$$F_{\text{w}} = KA \frac{\gamma v^2}{2g} \tag{4.3.9}$$

式中：F_{w}——流水压力标准值（kN）；

γ——水的重度（kN/m³）；

v——设计流速（m/s）；

A——桥墩阻水面积（m²），计算至一般冲刷线处；

g——重力加速度，$g = 9.81\text{m/s}^2$；

K——桥墩形状系数，见表 4.3.9。

流水压力合力的着力点，假定在设计水位线以下 0.3 倍水深处。

桥墩形状系数 K　　　　　　　　　　　　　　　　　　　　　　　　表 4.3.9

桥墩形状	K	桥墩形状	K
方形桥墩	1.5	尖端形桥墩	0.7
矩形桥墩（长边与水流平行）	1.3	圆端形桥墩	0.6
圆形桥墩	0.8	—	—

📖 **典型例题** ▬▬▬▬▬▬▬▬▬▬

例题 4-9-2

某跨河桥梁跨径布置为 5×30m，桥宽 12.5m，整幅布置。下部结构采用圆形双柱墩 + 盖梁形式，墩柱直径为 1.2m。该桥百年一遇设计洪水位为 36.00m，设计流速为 3.0m/s。河床底高程为 26.00m，一般冲刷深度为 1.5m，局部冲刷深度为 2.2m。请问，单根墩柱承受的流水压力标准值与下列哪个选项最为接近？（　　）

（A）48 （B）50

（C）52 （D）54

解答

根据《公路桥涵设计通用规范》（JTG D60—2015）第 4.3.9 条的公式 (4.3.9)：

单根桥墩柱承受的流水压力为：

$$F_w = KA\gamma v^2/(2g) = 0.8 \times 1.2 \times [36 - (26 - 1.5)] \times 10 \times 3^2/(2 \times 9.81) = 50.6\text{kN}$$

答案：B

📖 **考点分析**

桥墩计算流水压力的阻水面积时，取设计洪水位到一般冲刷线的桥墩阻水面。

3. 公路桥梁温度作用

📖 **条文规定**

《公路桥涵设计通用规范》（JTG D60—2015）规定如下：

4.3.12　计算温度作用时的材料线膨胀系数及作用标准值可按下列规定取用：

1　桥梁结构当要考虑温度作用时，应根据当地具体情况、结构物使用的材料和施工条件等因素计算由温度作用引起的结构效应。各种结构的线膨胀系数规定见表 4.3.12-1。

线膨胀系数　　　　　　　　　　　表 4.3.12-1

结构种类	线膨胀系数（1/℃）
钢结构	0.000012
混凝土和钢筋混凝土及预应力混凝土结构	0.000010
混凝土预制块砌体	0.000009
石砌体	0.000008

2　计算桥梁结构因均匀温度作用引起的外加变形或约束变形时，应从受到约束时的结构温度开始，考虑最高和最低有效温度的作用效应。当缺乏实际调查资料时，公路混凝土结构和钢结构的最高和最低有效温度标准值可按表 4.3.12-2 取用。

公路桥梁结构的有效温度标准值（单位：℃）　　　　表 4.3.12-2

气候分区	钢桥面板钢桥		混凝土桥面板钢桥		混凝土、石桥	
	最高	最低	最高	最低	最高	最低
严寒地区	46	−43	39	−32	34	−23
寒冷地区	46	−21	39	−15	34	−10
温热地区	46	−9（−3）	39	−6（−1）	34	−3（0）

注：1. 全国气候分区见附录 A。
　　2. 表中括弧内数值适用于昆明、南宁、广州、福州地区。

3　计算桥梁结构由于竖向温度梯度引起的效应时，可采用图 4.3.12 所示的竖向温度梯度曲线，其桥面板表面的最高温度 T_1 规定见表 4.3.12-3。

图 4.3.12 竖向梯度温度（尺寸单位：mm）

A-混凝土结构当梁高H小于 400mm 时，$A = H - 100$（mm）；梁高H大于或等于 400mm 时，$A = 300$mm；
带混凝土桥面板的钢结构$A = 300$mm；t-混凝土桥面板的厚度（mm）

竖向日照正温差计算的温度基数

表 4.3.12-3

结构类型	T_1（℃）	T_2（℃）
水泥混凝土铺装	25	6.7
50mm 沥青混凝土铺装层	20	6.7
100mm 沥青混凝土铺装层	14	5.5

混凝土上部结构和带混凝土桥面板的钢结构的竖向日照反温差为正温差乘以−0.5。

4 对无悬臂的宽幅箱梁，宜考虑横向温度梯度引起的效应。

6 采用沥青混凝土铺装的混凝土桥面板桥梁必要时应考虑施工阶段沥青摊铺引起的温度影响。

📖 典型例题

例题 4-9-3

某桥处于寒冷地区，当地历年最高日平均温度为 34℃，历年最低日平均温度为−10℃，历年最高温度为 44℃，历年最低温度为−21℃，该桥为施工中的 3×60m 墩梁固结的刚构式钢桥，采用钢桥面，施工中采用中跨跨中嵌补段完成全桥合龙。假定预计合龙温度在 15～20℃之间，计算结构均匀温度作用效应时，温度升高和降低数值为（   ）。

（A）14，23   （B）19，30   （C）31，41   （D）35，44.6

解答

本桥为钢桥，根据《公路桥涵设计通用规范》（JTG D60—2015）第 4.3.12 条条文说明：

钢桥最高有效温度：$T_e = 38.0 + (44 - 20)/2.0 = 50℃$

钢桥最低有效温度：$T_e = -1.48 + (-21)/0.91 = -24.6℃$

因此，温度升高幅度：$50 - 15 = 35℃$

温度降低幅度：$20 - (-24.6) = 44.6℃$

答案：D

例题 4-9-4

某高速公路桥梁，跨径为 3 孔 30m 预应力混凝土简支箱梁，梁高 1.8m，采用 C50 混凝土。桥面铺装为 8cm 混凝土调平层 + 10cm 沥青混凝土铺装，计算桥梁温度梯度时，距离铺装桥面往下 30cm 处，竖向温度反温差为（   ）。

（A）−5.5℃　　　　　　（B）−3.5℃　　　　　　（C）−2.6℃　　　　　　（D）−1.7℃

解答

根据《公路桥涵设计通用规范》（JTG D60—2015）第 4.3.12-3 条，$T_1 = 14℃$，$T_2 = 5.5℃$，负温差为 $-T_1/2 = -7℃$，$-T_2/2 = -2.75℃$。

主梁顶面往下距离 = 30 − 18 = 12cm；$A = 30$；$T = -2.75 \times 28/30 = -2.57℃$。

答案：C

📖 **考点分析**

（1）计算桥梁结构的整体升、降温效应时，应采用"有效温度"，而不是最高（低）日平均气温，也不是历年最高（低）气温。应按《公路桥涵设计通用规范》（JTG D60—2015）第 4.3.12 条条文说明计算出有效温度，再与合龙温度（或年均温度）进行差值后取值。

（2）混凝土结构和钢结构的有效温度计算公式不同。

（3）计算竖向温度梯度作用时，沥青铺装和混凝土铺装取值不同。

考点10　公路桥梁汽车荷载引起的土压力

📖 **条文规定**

《公路桥涵设计通用规范》（JTG D60—2015）规定如下：

4.3.4　汽车荷载引起的土压力采用车辆荷载加载，并可按下列规定计算：

1　汽车荷载在桥台或挡土墙后填土的破坏棱体上引起的土侧压力，可按下式换算成等代均布土层厚度 h（m）计算：

$$h = \frac{\sum G}{B l_0 \gamma} \tag{4.3.4-1}$$

式中：γ——土的重度（kN/m³）；

$\sum G$——布置在 $B \times l_0$ 面积内的车轮的总重力（kN）；

l_0——桥台或挡土墙后填土的破坏棱体长度（m）；

B——桥台横向全宽或挡土墙的计算长度（m）。

挡土墙的计算长度 B（m）可按下列公式计算，但不应超过挡土墙分段长度：

$$B = 13 + H \tan 30° \tag{4.3.4-2}$$

式中：H——挡土墙高度（m），对墙顶以上有填土的挡土墙，为 2 倍墙顶填土厚度加墙高。

当挡土墙分段长度小于 13m 时，B 取分段长度，并应在该长度内按不利情况布置轮重。

2　计算涵洞顶上汽车荷载引起的竖向土压力时，车轮按其着地面积的边缘向下作 30° 角分布。当几个车轮的压力扩散线相重叠时，扩散面积以最外边的扩散线为准。

📖 **典型例题**

例题 4-10-1

某高速公路桥梁，双幅布置，单幅桥面宽度 13m，与路基等宽。桥台采用 U 形台扩大基础，桥台计算高度为 5m，当计算桥台台背土压力时，假定台背竖直、路基水平，土体内摩擦角为 30°，台后土体破坏棱体上口长度为3m，土体重度为18kN/m³，则汽车在台后土体破坏棱体上的作用换算成等代均布土层厚度为（　　）。

（A）0.9 　　　　（B）1.1 　　　　（C）1.2 　　　　（D）1.3

解答

根据《公路桥涵设计通用规范》（JTG D60—2015）第4.3.4条，单向桥宽13m时可以布置3车道，因此布置在$13 \times 3m$范围内总重力为$3 \times 2 \times 140 \times 0.78 = 655.2kN$。

根据规范公式，$h = 655.2/(13 \times 3 \times 18) = 0.9m$。

答案： A

例题 4-10-2（2023年真题）

某高速公路中桥，分离式横断面布置，桥宽14.5m，两侧各设0.5m宽的护栏接路基护栏。预应力混凝土T梁上部结构，跨径30m，重力式桥台，经测试，桥台后的破坏棱体为6m，土体重度18kN/m³。根据《公路桥涵设计通用规范》（JTG D60—2015），桥台后填土由汽车荷载引起的等代均布土层厚度是（　　）。（取小数点后三位）

（A）0.418m 　　　　（B）0.479m 　　　　（C）0.821m 　　　　（D）0.941m

解答

根据《公路桥涵设计通用规范》（JTG D60—2015）第4.3.4条：

$$h_0 = \frac{\sum G}{Bl_0\gamma} = \frac{2 \times 140 \times 3 \times 0.78}{14.5 \times 6 \times 18} = 0.418m$$

答案： A

📖 **考点分析**

（1）计算车轮的总重力时，一定要注意根据横向布载的车道数量，轮重采用140kN。

（2）一般题中会给出土体重度及破坏棱体长度这些参数；B值对于桥梁简单，只需横向全宽即可，对于挡土墙，要按照规范公式进行计算。

考点11　公路与城市桥梁偶然作用

1. 公路桥梁偶然作用

📖 **条文规定**

《公路桥涵设计通用规范》（JTG D60—2015）规定如下：

4.4.2　有漂流物的水域中的桥梁墩台，设计时应考虑漂流物的撞击作用，其横桥向撞击力设计值可按下式计算，漂流物的撞击作用点假定在计算通航水位线上桥墩宽度的中点：

$$F = \frac{Wv}{gT} \tag{4.4.2}$$

式中：W——漂流物重力（kN），应根据河流中漂流物情况，按实际调查确定；

　　　　v——水流速度（m/s）；

　　　　T——撞击时间（s），应根据实际资料估计，在无实际资料时，可用1s；

　　　　g——重力加速度，$g = 9.81m/s^2$。

4.4.3　桥梁结构必要时可考虑汽车的撞击作用。汽车撞击力设计值在车辆行驶方向应取1000kN，在车辆行驶垂直方向应取500kN，两个方向的撞击力不同时考虑。撞击力应作用于行车道以上1.2m处，直接分布于撞击涉及的构件上。

对设有防撞设施的结构构件，可视防撞设施的防撞能力，对汽车撞击力设计值予以折减，但折减后的汽车撞击力设计值不应低于上述规定值的1/6。

📖 **典型例题**

例题 4-11-1

某跨河公路桥梁，主桥为70m＋100m＋70m的连续梁，汛期一货船顺流撞击本桥桥墩，货船质量共计38t，水流速度30km/h，为保证桥墩不垮塌，该桥桥墩需承受的撞击力不应小于（　　　）。

（A）33kN　　　　　（B）120kN　　　　　（C）317kN　　　　　（D）540kN

解答

根据《公路桥涵设计通用规范》（JTG D60—2015）第4.4.2条：

$$F = Wv/(gT) = (38g \times 30/3.6)/(g \times 1) = 316.6 \text{kN}$$

答案：C

2. 城市桥梁偶然作用

📖 **条文规定**

《城市人行天桥与人行地道技术规范》（CJJ 69—1995）规定如下：

3.1.13　汽车撞击力的计算应符合下列规定：

天桥墩柱在有可能被汽车撞击之处，应设置刚性防撞墩，防撞墩宜与天桥墩柱之间保留一定空隙，条件不具备时也可与墩柱浇筑为一体。钢筋混凝土防撞墩可参照《高速公路交通安全设施设计及施工技术规范》（JTJ 074）设计。汽车撞击力可按下式估算：

$$P = \frac{W \cdot v}{g \cdot T} (\text{kN})$$

式中：W——汽车重力，建议值150kN；

　　　v——车速，建议值22.2m/s；

　　　g——重力加速度，9.18m/s²；

　　　T——撞击时间，建议值1.0s。

墩柱体上撞击力作用点位于路面以上1.8m处。

在快速路、主干道及次干道顺行车方向上，估算撞击力不足350kN，按350kN计；垂直行车方向则按175kN计。

📖 **典型例题**

例题 4-11-2（2022年补考真题）

某城市主干路设置过街人行天桥一座，分隔带上布设防撞墩柱。该墩柱除满足正常车辆防撞要求外，还需考虑车辆重200kN、最高行驶速度50km/h特殊车辆的防撞要求。计算该墩柱顺行车方向的汽车撞击力取值应为（　　　）。并请说明选择依据和理由。（计算结果取整数）

（A）303kN　　　　　（B）350kN　　　　　（C）363kN　　　　　（D）484kN

解答

根据《城市人行天桥与人行地道技术规范》（CJJ 69—1995）第 3.1.13 条、式 (3.1.13)：

$$P = \frac{W \cdot v}{g \cdot T} = \frac{200 \times 50 \times 0.278}{9.18 \times 1} = 303\text{kN} < 350\text{kN}$$

在快速路、主干道及次干道顺行车方向上，估算撞击力不足 350kN，按 350kN 计。

答案：B

考点分析

（1）套用公式 (4.4.2)时，要注意单位的换算。

（2）应注意汽车撞击作用与船舶撞击作用的作用位置不同。

考点12　简支梁作用效应计算

基本知识

简支梁均布荷载 q 作用下跨中弯矩为 $ql^2/8$，集中力荷载 P 作用下跨中弯矩为 $Pl/4$，如图 4-12-1 所示。

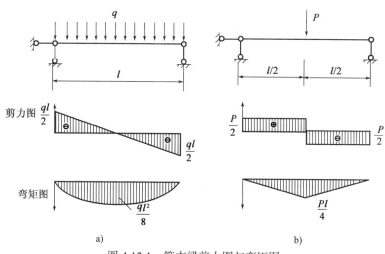

图 4-12-1　简支梁剪力图与弯矩图

典型例题

例题 4-12-1

某简支梁桥，上部所有恒荷载为 150kN/m，计算跨径 20m，则恒荷载跨中弯矩标准值为（　　），每侧梁端恒荷载产生剪力标准值为（　　）。

（A）7500kN·m，1500kN　　　　　　　　　（B）7500kN·m，3000kN

（C）3750kN·m，1500kN　　　　　　　　　（D）3750kN·m，3000kN

解答

弯矩值：

$$M = ql^2/8 = 150 \times 20^2/8 = 7500\text{kN} \cdot \text{m}$$

剪力值：

$V = ql/2 = 150 \times 20/2 = 1500kN$

答案：A

例题 4-12-2

某简支梁桥，单车道，计算跨径 30m，则公路—I 级汽车荷载作用下梁跨中弯矩和每侧梁端剪力标准值（不考虑冲击系数）为（　　）。

（A）4297.5kN·m，649.8kN

（B）4297.5kN·m，517.5kN

（C）3581.25kN·m，621kN

（D）3750kN·m，517.5kN

解答

因为是单车道，查《公路桥涵设计通用规范》（JTG D60—2015）表 4.3.1-5，得布载系数为 1.2，查表 4.3.1-2，得

$P_k = 2 \times (30 + 130) = 320kN$

汽车弯矩值

$M = $ 车道数 $\times$ 布载系数 $\times (ql^2/8 + P_k l/4)$

$= 1 \times 1.2 \times (10.5 \times 30^2/8 + 320 \times 30/4)$

$= 4297.5kN \cdot m$

此时集中荷载移动在跨中。

汽车剪力值

$V = $ 车道数 $\times$ 布载系数 $\times (ql/2 + 1.2 \times P_k)$

$= 1 \times 1.2 \times (10.5 \times 30/2 + 1.2 \times 320)$

$= 649.8kN \cdot m$

此时集中荷载移动到了梁端处。

答案：A

例题 4-12-3

某城市一条小型汽车专用道路上的桥梁，采用单孔 40m 简支梁，计算跨径为 39.2m，冲击系数为 0.2，单向三车道，桥梁总宽 13m，其中行车道净宽 12m。该桥主梁截面在汽车荷载作用下最大弯矩标准值为（　　）。

（A）6745kN （B）7550kN

（C）8345kN （D）11250kN

解答

根据《城市桥梁设计规范》（CJJ 11—2011）（2019 年版）第 10.0.2 条及第 10.0.3 条：

集中荷载 $= 2 \times (130 + 39.2) = 338.8kN$，集中采用值为 $0.6 \times 0.75 \times 338.8 = 152.5kN$

均布荷载采用值为 $0.6 \times 0.75 \times 10.5 = 4.725kN/m$

$M = (1 + 0.2) \times (152.5 \times 39.2/4 + 4.725 \times 39.2 \times 39.2/8) \times 3 \times 0.78 = 6745kN$

答案：A

📖 考点分析

（1）简支梁均布荷载 q 作用下跨中弯矩为 $ql^2/8$，集中力荷载 P 作用下跨中弯矩为 $Pl/4$。

（2）均布荷载和集中荷载作用直接叠加，但要注意计算剪力效应时要乘以 1.2 的系数。

考点13　公路桥梁作用组合计算

《公路桥涵设计通用规范》（JTG D60—2015）规定如下：

4.1.1　公路桥涵设计采用的作用分为永久作用、可变作用、偶然作用和地震作用四类。

4.1.4　公路桥涵结构设计应考虑结构上可能同时出现的作用，按承载能力极限状态、正常使用极限状态进行作用组合，均应按下列原则取其最不利组合效应进行设计：

1　只有在结构上可能同时出现的作用，才进行组合。当结构或结构构件需做不同受力方向的验算时，则应以不同方向的最不利的作用组合效应进行计算。

2　当可变作用的出现对结构或结构构件产生有利影响时，该作用不应参与组合。实际不可能同时出现的作用或同时参与组合概率很小的作用，按表4.1.4规定不考虑其参与组合。

可变作用不同时组合表　　　　　　　　　　　　　　　　　表4.1.4

作用名称	不与该作用同时参与组合的作用
汽车制动力	流水压力、冰压力、波浪力、支座摩阻力
流水压力	汽车制动力、冰压力、波浪力
波浪力	汽车制动力、流水压力、冰压力
冰压力	汽车制动力、流水压力、波浪力
支座摩阻力	汽车制动力

3　施工阶段的作用组合，应按计算需要及结构所处条件而定，结构上的施工人员和施工机具设备均应作为可变作用加以考虑。组合式桥梁，当把底梁作为施工支撑时，作用组合效应宜分两个阶段计算，底梁受荷为第一个阶段，组合梁受荷为第二个阶段。

4　多个偶然作用不同时参与组合。

5　地震作用不与偶然作用同时参与组合。

4.1.5　公路桥涵结构按承载能力极限状态设计时，对持久设计状况和短暂设计状况应采用作用的基本组合，对偶然设计状况应采用作用的偶然组合，对地震设计状况应采用作用的地震组合，并应符合下列规定：

1　基本组合：永久作用设计值与可变作用设计值相组合。

1）作用基本组合的效应设计值可按下式计算：

$$S_{ud} = \gamma_0 S\left(\sum_{i=1}^{m}\gamma_{G_i}G_{ik},\ \gamma_{Q_1}\gamma_L Q_{1k},\ \psi_c\sum_{j=2}^{n}\gamma_{L_j}\gamma_{Q_j}Q_{jk}\right) \tag{4.1.5-1}$$

或

$$S_{ud} = \gamma_0 S\left(\sum_{i=1}^{m}G_{id},\ Q_{1d},\ \sum_{j=2}^{n}Q_{jd}\right) \tag{4.1.5-2}$$

式中：S_{ud}——承载能力极限状态下作用基本组合的效应设计值；

$S(\quad)$——作用组合的效应函数；

γ_0——结构重要性系数，按表4.1.5-1规定的结构设计安全等级采用，按持久状况和短暂状况承载能力极限状态设计时，公路桥涵结构设计安全等级应不低于表4.1.5-1的规定，对应于设计安全等级一级、二级和三级分别取1.1、1.0和0.9；

γ_{G_i}——第i个永久作用的分项系数，应按表4.1.5-2的规定采用；

G_{ik}、G_{id}——第i个永久作用的标准值和设计值；

γ_{Q_1}——汽车荷载（含汽车冲击力、离心力）的分项系数。采用车道荷载计算时取$\gamma_{Q_1}=1.4$，采用车辆荷载计算时，其分项系数取$\gamma_{Q_1}=1.8$；当某个可变作用在组合中其效应值超过汽车荷载效应时，则该作用取代汽车荷载，其分项系数取$\gamma_{Q_1}=1.4$；对专为承受某作用而设置的结构或装置，设计时该作用的分项系数取$\gamma_{Q_1}=1.4$；计算人行道板和人行道栏杆的局部荷载，其分项系数也取$\gamma_{Q_1}=1.4$；

Q_{1k}、Q_{1d}——汽车荷载（含汽车冲击力、离心力）的标准值和设计值；

γ_{Q_j}——在作用组合中除汽车荷载（含汽车冲击力、离心力）、风荷载外的其他第j个可变作用的分项系数，取$\gamma_{Q_j}=1.4$，但风荷载的分项系数取$\gamma_{Q_j}=1.1$；

Q_{jk}、Q_{jd}——在作用组合中除汽车荷载（含汽车冲击力、离心力）外的其他第j个可变作用的标准值和设计值；

ψ_c——在作用组合中除汽车荷载（含汽车冲击力、离心力）外的其他可变作用的组合值系数，取$\psi_c=0.75$；

$\psi_c Q_{jk}$——在作用组合中除汽车荷载（含汽车冲击力、离心力）外的第j个可变作用的组合值；

γ_{L_j}——第j个可变作用的结构设计使用年限荷载调整系数。公路桥涵结构的设计使用年限按现行《公路工程技术标准》(JTG B01)取值时，可变作用的设计使用年限荷载调整系数取$\gamma_{L_j}=1.0$；否则，γ_{L_j}取值应按专题研究确定。

公路桥涵结构设计安全等级　　　　　　　　　　　　　表 4.1.5-1

设计安全等级	破坏后果	适用对象
一级	很严重	（1）各等级公路上的特大桥、大桥、中桥； （2）高速公路、一级公路、二级公路、国防公路及城市附近交通繁忙公路上的小桥
二级	严重	（1）三、四级公路上的小桥； （2）高速公路、一级公路、二级公路、国防公路及城市附近交通繁忙公路上的涵洞
三级	不严重	三、四级公路上的涵洞

注：本表所列特大、大、中桥等系按本规范表 1.0.5 中的单孔跨径确定，对多跨不等跨桥梁，以其中最大跨径为准。

永久作用的分项系数　　　　　　　　　　　　　　　表 4.1.5-2

序号	作用类别	永久作用分项系数	
		对结构的承载能力不利时	对结构的承载能力有利时
1	混凝土和圬工结构重力（包括结构附加重力）	1.2	1.0
	钢结构重力（包括结构附加重力）	1.1 或 1.2	

注：本表序号 1 中，当钢桥采用钢桥面板时，永久作用分项系数取 1.1；当采用混凝土桥面板时，取 1.2。

2 偶然组合：永久作用标准值与可变作用某种代表值、一种偶然作用设计值相组合；与偶然作用同时出现的可变作用，可根据观测资料和工程经验取用频遇值或准永久值。

1）作用偶然组合的效应设计值可按下式计算：

$$S_{ad}=S\left(\sum_{i=1}^{m}G_{ik},\ A_d,\ (\psi_{f1}或\psi_{q1})Q_{1k},\ \sum_{j=2}^{n}\psi_{qj}Q_{jk}\right) \quad (4.1.5\text{-}3)$$

式中：　　S_{ad}——承载能力极限状态下作用偶然组合的效应设计值；

A_d——偶然作用的设计值；

ψ_{f1}——汽车荷载（含汽车冲击力、离心力）的频遇值系数，取$\psi_{f1}=0.7$；当某个可变作用在组合中其效应值超过汽车荷载效应时，则该作用取代汽车荷载，人群荷载$\psi_f=1.0$，风荷载$\psi_f=0.75$，温度梯度作用$\psi_f=0.8$，其他作用$\psi_f=1.0$；

$\psi_{fl}Q_{1k}$——汽车荷载的频遇值；

ψ_{ql}、ψ_{qj}——第1个和第j个可变作用的准永久值系数，汽车荷载（含汽车冲击力、离心力）$\psi_q = 0.4$，人群荷载 $\psi_q = 0.4$，风荷载 $\psi_q = 0.75$，温度梯度作用 $\psi_q = 0.8$，其他作用 $\psi_q = 1.0$；

$\psi_{ql}Q_{1k}$、$\psi_{qj}Q_{jk}$——第1个和第j个可变作用的准永久值。

4.1.6 公路桥涵结构按正常使用极限状态设计时，应根据不同的设计要求，采用作用的频遇组合或准永久组合，并应符合下列规定：

1 频遇组合：永久作用标准值与汽车荷载频遇值、其他可变作用准永久值相组合。

1）作用频遇组合的效应设计值可按下式计算：

$$S_{fd} = S\left(\sum_{i=1}^{m} G_{ik}, \psi_{fl}Q_{1k}, \sum_{j=2}^{n} \psi_{qj}Q_{jk}\right) \tag{4.1.6-1}$$

式中：S_{fd}——作用频遇组合的效应设计值；

ψ_{fl}——汽车荷载（不计汽车冲击力）频遇值系数，取 0.7。

2）当作用与作用效应可按线性关系考虑时，作用频遇组合的效应设计值 S_{fd} 可通过作用效应代数相加计算。

2 准永久组合：永久作用标准值与可变作用准永久值相组合。

1）作用准永久组合的效应设计值可按下式计算：

$$S_{qd} = S\left(\sum_{i=1}^{m} G_{ik}, \sum_{j=2}^{n} \psi_{qj}Q_{jk}\right) \tag{4.1.6-2}$$

式中：S_{qd}——作用准永久组合的效应设计值；

ψ_{qj}——汽车荷载（不计汽车冲击力）准永久值系数，取 0.4。

📖 典型例题

例题 4-13-1

某一级公路跨河桥梁，上部结构采用单孔 40m 简支梁，下部结构采用柱式墩桩基础。设计墩柱时，永久作用需与以下可变作用组合：①汽车荷载；②汽车冲击力；③汽车制动力；④温度作用；⑤支座摩阻力；⑥流水压力；⑦冰压力。以下作用组合合理的是（　　）。

（A）永久作用 + ① + ② + ③ + ④

（B）永久作用 + ① + ② + ③ + ④ + ⑤

（C）永久作用 + ① + ② + ③ + ④ + ⑤ + ⑥

（D）永久作用 + ① + ② + ③ + ④ + ⑤ + ⑥ + ⑦

解答

根据《公路桥涵设计通用规范》（JTG D60—2015）第 4.1.4 条，制动力不与流水压力、冰压力、波浪力、支座摩阻力组合。

答案：A

例题 4-13-2（2020 年真题）

一桥梁构件截面，结构重力产生的效应为 300kN·m，汽车车道荷载产生的效应为 150kN·m，人群荷载产生的效应为 40kN·m，而风荷载产生的效应为 50kN·m，温度作用产生的效应为 30kN·m，结构重要性系数为 1.0，可变作用的设计使用年限作用调整系数为 1.0，该截面承载能力极限状态下的控制效应设计值是（　　）。

（A）643.50kN·m　　　（B）684.75kN·m　　　（C）696.00kN·m　　　（D）770.00kN·m

解答

根据《公路桥涵设计通用规范》（JTG D60—2015）第4.1.5条第1款及表4.1.5-2，得：

$$S_{ud} = \gamma_0 S \left(\sum_{i=1}^{m} \gamma_{G_i} G_{ik}, \ \gamma_{Q_1} \gamma_L Q_{1k}, \ \psi_c \sum_{j=2}^{n} \gamma_{L_j} \gamma_{qj} Q_{jk} \right)$$
$$= 1.0 \times [1.2 \times 300 + 1.0 \times 1.4 \times 150 + 0.75 \times$$
$$(1.0 \times 1.4 \times 40 + 1.0 \times 1.1 \times 50 + 1.0 \times 1.4 \times 30)]$$
$$= 684.75 \text{kN} \cdot \text{m}$$

答案：B

例题 4-13-3（2019年真题）

某公路桥梁控制截面上的永久作用标准值为400kN·m，汽车荷载效应标准值为200kN·m，人群荷载标准值相应为50kN·m，其频遇组合的作用效应设计值为（　　　）。

（A）775kN·m
（B）650kN·m
（C）575kN·m
（D）560kN·m

解答

根据《公路桥涵设计通用规范》（JTG D60—2015）第4.1.6条第1款：

$$S_{fd} = 400 + 200 \times 0.7 + 50 \times 0.4 = 560 \text{kN} \cdot \text{m}$$

答案：D

例题 4-13-4

某公路中桥，为等高度预应力混凝土箱形梁结构，该梁某截面的自重弯矩标准值为M_g，汽车引起的弯矩标准值为M_k。对该桥进行承载能力极限状态计算时，其作用效应的基本组合应为（　　　）。

（A）$M_{ud} = 1.1 \times (1.2M_g + 1.4M_k)$

（B）$M_{ud} = 1.0 \times (1.2M_g + 1.4M_k)$

（C）$M_{ud} = 0.9 \times (1.2M_g + 1.4M_k)$

（D）$M_{ud} = 1.0 \times (M_g + M_k)$

解答

根据《公路桥涵设计通用规范》（JTG D60—2015）表4.1.5-1，中桥设计安全等级为一级，结构重要性系数为1.1，查表4.1.5-2，当自重对结构承载能力不利时，其分项系数取1.2，根据第4.1.5条，汽车荷载分项系数取1.4。

答案：A

例题 4-13-5

假定该桥主梁跨中截面由全部恒载产生的弯矩标准值$M_{Gik} = 11000 \text{kN} \cdot \text{m}$，汽车车道荷载产生的弯矩标准值$M_{Qik} = 5000 \text{kN} \cdot \text{m}$（已含冲击系数$\mu = 0.2$），人群荷载的弯矩标准值$M_{Qjk} = 500 \text{kN} \cdot \text{m}$。在持久状况下，按正常使用极限状态计算，该桥主梁跨中截面由恒载、汽车车道荷载及人群荷载共同作用产生的频遇组合设计值M_{fd}与（　　　）最为接近。

［提示：按《公路桥涵设计通用规范》（JTG D60—2015）计算，不计风载、温度及其他可变荷载］

（A）12446kN·m
（B）15218kN·m
（C）14117kN·m
（D）10532kN·m

解答

根据《公路桥涵设计通用规范》（JTG D60—2015）第4.1.6条以及第4.1.5条，应不计汽车荷载的冲击系数$\mu = 0.2$，汽车荷载的频遇值系数为0.7，人群荷载的准永久值系数为0.4，则有

$$M_{fd} = M_{GK} + \varphi_{fi}M_{Q1k} + \sum_{j=2}^{n} \varphi_{qj}M_{Qjk}$$
$$= 11000 + 0.7 \times 5000/(1 + 0.2) + 0.4 \times 500$$
$$= 14117 \text{kN} \cdot \text{m}$$

答案：C

例题 4-13-6

某公路中桥，为等高度预应力混凝土箱形梁结构，该梁某截面的自重弯矩标准值为 $10500\text{kN} \cdot \text{m}$，汽车引起的弯矩标准值为 $6500\text{kN} \cdot \text{m}$（含冲击力），人群荷载引起的弯矩标准值为 $7000\text{kN} \cdot \text{m}$，不计风载、温度及其他可变荷载，对该桥进行承载能力极限状态计算时，其作用基本组合的效应设计值 S_{ud} 为（　　）。

（A）$312225\text{kN} \cdot \text{m}$　　　　　　　　　（B）$26500\text{kN} \cdot \text{m}$

（C）$32148\text{kN} \cdot \text{m}$　　　　　　　　　（D）$27645\text{kN} \cdot \text{m}$

解答

根据《公路桥涵设计通用规范》（JTG D60—2015）表 4.1.5-1，中桥设计安全等级为一级，结构重要性系数为 1.1，查表 4.1.5-2，当自重对结构承载能力不利时，其分项系数取 1.2；根据第 4.1.5 条，汽车荷载及人群荷载分项系数取 1.4，$\psi_c = 0.75$。因人群荷载引起的弯矩比汽车荷载引起的弯矩大，故人群荷载取代汽车荷载。

$$S_{ud} = \gamma_0 S \left(\sum_{i=1}^{m} \gamma_{G_i} G_{ik}, \ \gamma_{Q_1} \gamma_L Q_{1k}, \ \psi_c \sum_{j=2}^{n} \gamma_{L_j} \gamma_{Q_j} Q_{jk} \right)$$
$$= 1.1 \times (1.2 \times 10500 + 1.4 \times 7000 + 0.75 \times 1.4 \times 6500)$$
$$= 32148 \text{kN} \cdot \text{m}$$

答案：C

例题 4-13-7

某一级公路上 5 孔 30m 预应力混凝土简支转连续桥梁，边孔标准跨径为 29.92m，计算跨径为 29.2m。根据计算，边跨跨中截面弯矩标准值如下：上部永久作用 $M_{GK} = 5000\text{kN} \cdot \text{m}$；汽车荷载（含汽车冲击力）$M_{QK} = 3000\text{kN} \cdot \text{m}$，汽车荷载冲击系数为 0.17；人群荷载为 $M_{RK} = 300\text{kN} \cdot \text{m}$。按正常使用极限状态设计时，边跨跨中截面由永久作用、汽车荷载、人群荷载作用的准永久组合设计值为（　　）。

（A）5895kN　　　　　　　　　　　（B）6146kN

（C）7152kN　　　　　　　　　　　（D）7635kN

解答

（1）根据《公路桥涵设计通用规范》（JTG D60—2015）式 (4.1.6-2)，永久作用采用标准值，可变作用采用准永久值。

（2）汽车荷载标准值为 $3000\text{kN} \cdot \text{m}$（含冲击力），准永久值系数为 0.4［根据《公路桥涵设计通用规范》（JTG D60—2015）式 (4.1.6-2)］，汽车荷载应不计冲击力，即：

$3000 \div 1.17 = 2564\text{kN} \cdot \text{m}$

（3）人群荷载标准值为 $300\text{kN} \cdot \text{m}$，准永久值系数为 0.4［根据《公路桥涵设计通用规范》（JTG D60—2015）式 (4.1.6-2)］，则边跨跨中弯矩准永久值组合为：

$S_{qd} = 5000 + 0.4 \times 2564 + 0.4 \times 300 = 6146\text{kN} \cdot \text{m}$

答案：B

📖 **考点分析**

（1）各种荷载共同作用时，有些可以一起发生，有些不会一起发生。因此，荷载组合时，要注意表 4.1.4

中作用组合的要求。

（2）结构重要性系数取值依据《公路桥涵设计通用规范》（JTG D60—2015）表 4.1.5-1 规定的结构设计安全等级，表中所列的大、中桥等按单孔跨径确定，如三级路上 8×16m 的梁桥，该处应属于小桥（二级），而不是大桥（一级）。

（3）基本组合：①计算承载能力，配筋，计算混凝土强度等级，计算结构尺寸，永久作用、可变作用系数均采用设计值，注意乘上结构重要性系数；②汽车荷载以外的可变荷载应乘以 0.75 的组合值系数，当某个可变作用在组合中其效应值超过汽车荷载效应时，则该作用取代汽车荷载；③计车道荷载汽车分项系数取 1.4，采用车辆荷载汽车分项系数取 1.8，如汽车荷载局部加载，其冲击系数直接取 0.3，汽车分项系数取 1.8。

（4）地震作用不与偶然作用同时参与组合，各种偶然作用也不同时参与组合。理由很简单，地震发生的概率很小，偶然作用发生的概率也很小，发生地震的同时发生偶然作用的概率基本为零。

（5）频遇组合：计算裂缝、抗裂和挠度。永久作用采用标准值（系数为 1.0），汽车荷载采用频遇值（不计冲击系数，系数为 0.7），其他可变作用采用准永久值［系数按《公路桥涵设计通用规范》式 (4.1.6-2)取值］。

（6）准永久组合：计算抗裂和基础沉降。永久作用采用标准值（系数为 1.0），汽车荷载采用准永久值（不计冲击系数，系数为 0.4），其他可变作用采用准永久值［系数按《公路桥涵设计通用规范》（JTG D60—2015）式 (4.1.6-2)取值］。

考点14　公路桥梁预应力计算

条文规定

《公路桥涵设计通用规范》（JTG D60—2015）规定如下：

4.2.2　预加力计算应满足下列要求：

1　在结构进行正常使用极限状态设计和使用阶段构件应力计算时，预加力应作为永久作用计算其主效应和次效应，并计入相应阶段的预应力损失，但不计由于预加力偏心距增大引起的附加效应。

2　在结构进行承载能力极限状态设计时，预加力不应作为作用，应将预应力钢筋作为结构抗力的一部分。但在连续梁等超静定结构中，应考虑预加力引起的次效应。

3　预加力标准值可采用下式进行计算：

$$F_{pe} = \sigma_{pe} A_p \qquad (4.2.2-1)$$
$$\sigma_{pe} = \sigma_{con} - \sigma_l \qquad (4.2.2-2)$$

式中：F_{pe}——预加力标准值（kN）；

A_p——预应力钢筋的截面面积（m²）；

σ_{pe}——预应力钢筋的有效预应力（kPa）；

σ_{con}——预应力钢筋张拉控制应力（kPa）；

σ_l——预应力钢筋相应阶段的预应力损失（kPa）。

《公路钢筋混凝土及预应力混凝土桥涵设计规范》（JTG 3362—2018）规定如下：

6.1.4　预应力混凝土构件中预应力钢筋的张拉控制应力值 σ_{con} 应符合下列规定：

1　预应力钢丝、钢绞线的张拉控制应力值

体内预应力　　　　　　　　　　　$\sigma_{con} \leqslant 0.75 f_{pk}$ 　　　　　　　　　　(6.1.4-1)

体外预应力　　　　　　　　　　　$\sigma_{con} \leqslant 0.70 f_{pk}$ 　　　　　　　　　　(6.1.4-2)

2 预应力螺纹钢筋的张拉控制应力值

$$\sigma_{con} \leqslant 0.85 f_{pk} \tag{6.1.4-3}$$

式中：f_{pk}——预应力钢筋抗拉强度标准值，按表3.2.2-2的规定采用。

当对构件进行超张拉或计入锚圈口摩擦损失时，预应力钢筋最大控制应力值（千斤顶油泵上显示的值）可增加 $0.05 f_{pk}$。

6.2 钢筋预应力损失

6.2.1 在正常使用极限状态计算中，预应力混凝土构件应考虑由下列因素引起的预应力损失：

预应力钢筋与管道壁之间的摩擦　　　　　　σ_{l1}

锚具变形、钢筋回缩和接缝压缩　　　　　　σ_{l2}

预应力钢筋与台座之间的温差　　　　　　　σ_{l3}

混凝土的弹性压缩　　　　　　　　　　　　σ_{l4}

预应力钢筋的应力松弛　　　　　　　　　　σ_{l5}

混凝土的收缩和徐变　　　　　　　　　　　σ_{l6}

此外，尚应考虑预应力钢筋与锚圈口之间的摩擦、台座的弹性变形等因素引起的其他预应力损失。

6.2.2 预应力钢筋与管道壁之间摩擦引起的预应力损失，可按式(6.2.2)计算：

$$\sigma_{l1} = \sigma_{con}\left[1 - e^{-(\mu\theta + kx)}\right] \tag{6.2.2}$$

式中：σ_{con}——预应力钢筋锚下的张拉控制应力值；

　　　　μ——预应力钢筋与管道壁的摩擦系数，按表6.2.2采用；

　　　　θ——从张拉端至计算截面曲线管道部分切线的夹角之和（rad）；

　　　　k——管道每米局部偏差对摩擦的影响系数，按表6.2.2采用；

　　　　x——从张拉端至计算截面的管道长度，可近似地取该段管道在构件纵轴上的投影长度（m）。

系数 k 和 μ 值　　　　　　　　　　　　　　　　　　　　　表6.2.2

预应力钢筋类型	管道种类	k	μ	
			钢绞线、钢丝束	预应力螺纹钢筋
体内预应力钢筋	预埋金属波纹管	0.0015	0.20～0.25	0.50
	预埋塑料波纹管	0.0015	0.15～0.20	—
	预埋铁皮管	0.0030	0.35	0.40
	预埋钢管	0.0010	0.25	—
	抽芯成型	0.0015	0.55	0.60
体外预应力钢筋	钢管	0	0.20～0.30（0.08～0.10）	—
	高密度聚乙烯管	0	0.12～0.15（0.08～0.10）	—

注：体外预应力钢绞线与管道壁之间摩擦引起的预应力损失仅计转向装置和锚固装置管道段，系数 k 和 μ 宜根据实测数据确定；当无可靠实测数据时，系数 k 和 u 按照表6.2.2取值。对于系数 u，无黏结钢绞线取括号内数值，光面钢绞线取括号外数值。

6.2.3 锚具变形、钢筋回缩和接缝压缩引起的预应力损失，可按下列规定计算：

1 预应力直线钢筋

$$\sigma_{l2} = \frac{\sum \Delta l}{l} E_p \tag{6.2.3}$$

式中：Δl——张拉端锚具变形、钢筋回缩和接缝压缩值，按表6.2.3采用；

　　　　l——张拉端至锚固端之间的距离。

锚具、接缝类型		Δl（mm）	锚具、接缝类型	Δl（mm）
钢丝束的钢制锥形锚具		6	镦头锚具	1
夹片式锚具	有顶压时	4	每块后加垫板的缝隙	2
	无顶压时	6	水泥砂浆接缝	1
带螺帽锚具的螺帽缝隙		1～3	环氧树脂砂浆接缝	1

注：带螺帽锚具采用一次张拉锚固时，Δl宜取2～3mm，采用二次张拉锚固时，Δl可取1mm。

6.2.8 预应力混凝土构件各阶段的预应力损失值可按表 6.2.8 的规定进行组合。

各阶段预应力损失值的组合 表 6.2.8

预应力损失值的组合	先张法构件	后张法体内预应力混凝土构件	后张法体内体外混合预应力混凝土构件	
			体内预应力钢筋	体外预应力钢筋
传力锚固时的损失（第一批）σ_{lI}	$\sigma_{l2}+\sigma_{l3}+\sigma_{l4}+0.5\sigma_{l5}$	$\sigma_{l1}+\sigma_{l2}+\sigma_{l4}$		
传力锚固后的损失（第二批）σ_{lII}	$0.5\sigma_{l5}+\sigma_{l6}$	$\sigma_{l5}+\sigma_{l6}$		

📖 典型例题

例题 4-14-1

经计算主梁跨中截面预应力钢绞线截面面积 $A_p = 400\text{cm}^2$，钢绞线张拉控制应力 $\sigma_{con} = 0.70f_{pk}$，又由计算知预应力损失总值 $\sum\sigma_l = 300\text{MPa}$，若 $f_{pk} = 1860\text{MPa}$，估算永存预加力与（　　　）最为接近。

（A）400800kN　　　（B）40080kN　　　（C）52080kN　　　（D）62480kN

解答

有效预应力为：

$\sigma_{pe} = \sigma_{con} - \sigma_l = 0.7f_{pk} - \sum\sigma_l = 0.7 \times 1860 - 300 = 1002\text{MPa}$

永久有效预加力为：

$N_p = \sigma_{pe} \cdot A_p = 1002 \times 400 \times 10^2 = 40080000\text{N} = 40080\text{kN}$

答案：B

例题 4-14-2

某公路桥梁为 $3 \times 30\text{m}$ 跨连续梁，某一根预应力距底缘 0.2m 直线布置，采用锥形锚具，如果是单端张拉，则锚具变形、钢筋回缩和接缝压缩引起的预应力损失 σ_{l2} 为（　　　），如果是双端张拉，则 σ_{l2} 为（　　　）。

（A）13MPa，26MPa　　　　　　（B）13MPa，13MPa

（C）26MPa，26MPa　　　　　　（D）15MPa，24MPa

解答

根据《公路钢筋混凝土及预应力混凝土桥涵设计规范》（JTG 3362—2018）表 3.2.4，$E_p = 1.95 \times 10^5\text{MPa}$，查表 6.2.3，$\Delta l = 6\text{mm}$。

两端张拉，则锚固端算在桥梁中间，即 $l = 30 \times 3/2 = 1.5 \times 30\text{m}$。

$\sigma_{l2} = \dfrac{6}{3 \times 30 \times 1000} \times 1.95 \times 10^5 = 13\text{MPa}$

$\sigma_{l2} = \dfrac{6}{1.5 \times 30 \times 1000} \times 1.95 \times 10^5 = 26\text{MPa}$

答案：A

（1）预应力有效值＝预应力张拉值－预应力损失。
（2）两端张拉，则锚固端算在桥梁中间。

考点15　公路桥梁支座计算

1. 公路桥梁板式橡胶支座承压面积计算

条文规定

《公路钢筋混凝土及预应力混凝土桥涵设计规范》（JTG 3362—2018）规定如下：

8.7.1　桥梁支座应符合下列要求：

1　支座应具有将上部结构承受的结构自重、汽车荷载等竖向作用有效传递到下部结构的能力，且保证在风荷载、地震作用等水平荷载作用下上部结构的安全。

2　支座类型及规格应根据上下部结构形式、支座反力及水平力设计值、支座处位移量确定。

3　支座反力设计值R_{ck}应按竖向荷载（汽车荷载应计入冲击系数）标准值进行组合计算。

4　支座水平力设计值应按水平向作用的标准值进行组合计算。

5　计算支座处梁的相对位移量时应考虑下列因素：

1）因温度变化、汽车制动力等引起的位移；

2）因梁挠曲引起的位移；

3）因施加预应力引起的主梁位移；

4）因混凝土收缩徐变引起的位移；

5）因地震等偶然作用引起的位移。

8.7.3　板式橡胶支座的选择应符合下列规定：

1　有效承压面积应符合下列规定：

$$A_e \geqslant \frac{R_{ck}}{\sigma_c}$$
(8.7.3-1)

式中：A_e——支座有效承压面积（承压加劲钢板面积）；

R_{ck}——支座反力设计值，汽车荷载应计入冲击系数；

σ_c——使用阶段支座平均压应力限值，按现行《公路桥梁板式橡胶支座》（JT/T 4）取用。

典型例题

例题 4-15-1

某预应力混凝土梁桥，采用矩形板式橡胶支座，若主梁最大支座反力设计值为 1400kN（已计入冲击系数），支座内承压加劲钢板的侧向保护层每侧各为 5mm；支座使用阶段的平均压应力限值为σ_c=10.0MPa。则该主梁的橡胶支座平面尺寸选用（　　）较为合理。

（A）450mm×350mm
（B）400mm×250mm
（C）450mm×250mm
（D）310mm×310mm

解答

有效承压面积 $A_e \geqslant \dfrac{R_{ck}}{\sigma_c} = \dfrac{1400 \times 10^3}{10} = 140000 \text{mm}^2$

选项 A 提供的 $A_e = (450 - 10) \times (350 - 10) = 149600 \text{mm}^2$，故较为合理。

答案：A

2. 公路桥梁板式橡胶支座橡胶层总厚度计算

📖 **条文规定**

《公路钢筋混凝土及预应力混凝土桥涵设计规范》（JTG 3362—2018）规定如下：

2　橡胶层总厚度应符合下列规定：

1）从满足剪切变形考虑，应符合下列条件：

不计制动力时

$$t_e \geqslant 2\Delta_l \tag{8.7.3-2}$$

计入制动力时

$$t_e \geqslant 1.43\Delta_l \tag{8.7.3-3}$$

当板式橡胶支座在横桥向平行于墩台帽或盖梁顶横坡设置时，支座橡胶层总厚度应符合下列条件：

不计制动力时

$$t_e \geqslant 2\sqrt{\Delta_l^2 + \Delta_t^2} \tag{8.7.3-4}$$

计入制动力时

$$t_e \geqslant 1.43\sqrt{\Delta_l^2 + \Delta_t^2} \tag{8.7.3-5}$$

式中：t_e——支座橡胶层总厚度；

Δ_l——由上部结构温度变化、混凝土收缩和徐变等作用标准值引起的支座剪切变形和纵向力标准值（计入制动力标准值）产生的支座剪切变形，以及支座直接设置于不大于1%纵坡的梁底面下、在支座顶面由支座反力设计值顺纵坡方向分力产生的剪切变形之和；

Δ_t——支座在横桥向平行于不大于2%的墩台帽或盖梁顶横坡上设置，由支座反力设计值平行于横坡方向分力产生的剪切变形。

2）从保证受压稳定考虑，应符合下列条件：

矩形支座

$$\frac{l_a}{10} \leqslant t_e \leqslant \frac{l_a}{5} \tag{8.7.3-6}$$

圆形支座

$$\frac{d}{10} \leqslant t_e \leqslant \frac{d}{5} \tag{8.7.3-7}$$

式中：l_a——矩形支座短边尺寸；

d——圆形支座直径。

3　板式橡胶支座竖向平均压缩变形应符合下列规定：

$$\delta_{c,m} = \frac{R_{ck}t_e}{A_e E_e} + \frac{R_{ck}t_e}{A_e E_b} \tag{8.7.3-8}$$

$$\theta\frac{l_a}{2} \leqslant \delta_{c,m} \leqslant 0.07t_e \tag{8.7.3-9}$$

式中：$\delta_{c,m}$——支座竖向平均压缩变形；

E_e——支座抗压弹性模量，按现行《公路桥梁板式橡胶支座》（JT/T 4）取用；

E_b——橡胶弹性体体积模量，按现行《公路桥梁板式橡胶支座》（JT/T 4）取用；

l_a——矩形支座短边尺寸或圆形支座直径；

θ——由上部结构挠曲在支座顶面引起的倾角，以及支座直接设置于不大于 1% 纵坡的梁底面下，在支座顶面引起的纵坡坡角（rad）。

《公路钢筋混凝土及预应力混凝土桥涵设计规范》（JTG 3362—2018）第 8.7.3 条条文说明规定如下：

8.7.3　板式橡胶支座各项计算，均按正常使用极限状态和使用阶段计算。这在国际上有些也用这一方式，如《美国 AASHTO LRFD 规范》的 14.7.5.3.2 也以支座承受的平均压应力验算支座抗压承载力。

第 3 款关于橡胶支座竖向平均压缩变形计算，《桥规》（JTJ 023—85）第 3.5.6 条未考虑橡胶弹性体体积模量，这次修订时，参考美国、欧洲的规范、标准，考虑了橡胶弹性体体积模量，其值取 2000MPa。公式 (8.7.3-9) 内，$\delta_{c,m} \geqslant \theta \dfrac{l_a}{2}$ 是为了满足转角要求，使之不致脱空；$\delta_{c,m} \leqslant 0.07t_e$ 是为了限制竖向压缩变形，不致影响支座稳定，见图 8-17。

图 8-17　支座的压缩变形

📖 **典型例题**

例题 4-15-2

某高速公路上的一座高架桥为 $3 \times 30m$ 的预应力混凝土简支 T 形梁桥，全长 90m，中墩处设连续桥面，支承采用水平放置的普通板式橡胶支座，支座平面尺寸（长 × 宽）为 350mm × 300mm。假定，在桥台处由温度下降、混凝土收缩和徐变引起的梁长缩短量 $\Delta_l = 26mm$。当不计制动力时，该处普通板式橡胶支座的橡胶层总厚度 t_e，不能小于（　　）。

［提示：假定该支座的形状系数、承压面积、竖向平均压缩变形、加劲板厚度及抗滑稳定等均符合《公路钢筋混凝土及预应力混凝土桥涵设计规范》（JTG 3362—2018）的规定］

（A）29mm　　　　（B）45mm　　　　（C）53mm　　　　（D）61mm

解答

从剪切变形角度考虑，$t_e \geqslant 2\Delta_l = 2 \times 26 = 52mm$。

为保证受压稳定，应满足 $\dfrac{l_a}{10} \leqslant t_e \leqslant \dfrac{l_a}{5}$，即 $30mm \leqslant t_e \leqslant 60mm$。

答案：C

例题 4-15-3

某梁梁底设一个矩形板式橡胶支座，支座尺寸为纵桥向 0.45m，横桥向 0.7m，剪切模量 $G_e = 1.0MPa$，支座有效承压面积 $A_e = 0.3036m^2$，橡胶层总厚度 $t_e = 0.089m$，形状系数 $S = 11.2$；支座与梁墩相接的支座顶、底面水平，在常温下运营，由结构自重与汽车荷载标准值（已计入冲击系数）引起的支座反力为 2500kN，上部结构梁沿纵向梁端转角为 0.003rad，验证支座竖向平均压缩变形时，符合下列选项中（　　）的情况。

（A）支座会脱空、不致影响稳定　　　　　（B）支座会脱空、影响稳定

（C）支座不会脱空、不致影响稳定　　　　（D）支座不会脱空、影响稳定

解答

（1）根据《公路桥梁板式橡胶支座》（JT/T 4—2019）第4.2条：

$E_e = 5.4G_eS^2 = 5.4 \times 1.0 \times 11.2^2 = 677.4\text{MPa}$

（2）根据《公路桥梁板式橡胶支座》（JT/T 4—2019）第3.3条：

橡胶弹性体体积模量$E_b = 2000\text{MPa}$

（3）根据《公路钢筋混凝土及预应力混凝土桥涵设计规范》（JTG 3362—2018）第8.7.3条第3款板式橡胶支座竖向平均压缩变形公式(8.7.3-8)：

$$\delta_{c,m} = \frac{2500 \times 0.089}{0.3036 \times 667.4} + \frac{2500 \times 0.089}{0.3036 \times 2000} = 1.45\text{mm}$$

（4）根据《公路钢筋混凝土及预应力混凝土桥涵设计规范》（JTG 3362—2018）第8.7.3条第3款板式橡胶支座竖向平均压缩变形公式(8.7.3-9)：

$\theta \cdot \dfrac{l_a}{2} = 0.003 \times \dfrac{0.45}{2} = 0.000675\text{m} = 0.675\text{mm} < \delta_{c,m}$，支座不会脱空；

$0.07t_e = 0.07 \times 0.089 = 0.00623\text{m} = 6.23\text{mm} > \delta_{c,m}$，竖向变形满足稳定要求。

答案：C

📖 **考点分析**

（1）注意支座面积和支座有效承压面积的区别。

（2）支座反力R_{ck}取设计值，包含冲击系数。

（3）板式橡胶支座橡胶层总厚度既要满足剪切变形，又要满足受压稳定。

（4）板式橡胶支座竖向平均压缩变形既要满足转角要求，使之不致脱空，又要控制竖向压缩变形，亦要限制竖向压缩变形，不致影响支座稳定。

考点16　公路桥梁伸缩缝计算

📖 **条文规定**

《公路钢筋混凝土及预应力混凝土桥涵设计规范》（JTG 3362—2018）规定如下：

8.8.1　桥梁伸缩装置应符合下列要求：

1　伸缩装置的材料及其成品的技术要求应符合《公路桥梁伸缩装置通用技术条件》（JT/T 327—2016）的有关规定。

2　采用定型生产的各类伸缩装置时，可根据桥梁所在地区的气温条件和施工季节，选择伸缩装置的安装温度，按本规范第8.8.2条规定计算桥梁接缝处梁体的伸长量和缩短量（接缝的闭口量和开口量），据此选用伸缩装置的类型和型号。

自行设计伸缩装置时，对于承受汽车荷载的钢构件，应考虑冲击作用及重复作用引起的疲劳影响。

3　根据伸缩装置的安装宽度，绘制桥梁接缝处的结构图，标明安装伸缩装置所必需的槽口尺寸（深度及上、下口宽度）、伸缩装置连接所需的预埋件及其位置。同时，图纸上应标明下列内容：

1）槽口内填筑的材料种类及其强度等级；

2）安装伸缩装置的温度范围，在该范围内安装伸缩装置，可保证在安装后伸缩装置工作正常；

3）伸缩装置的类型和型号，该装置的最大及最小工作宽度（B_{max}及B_{min}）；

4）伸缩装置的安装宽度或出厂宽度（板式伸缩装置为压缩后的宽度，可由工厂临时固定出厂）；

5）伸缩装置施工时应注意事项。

8.8.2 伸缩装置安装以后的伸缩量，可考虑下列因素进行计算：

1 由温度变化引起的伸缩量，按下列公式计算：

温度上升引起的梁体伸长量Δl_t^+

$$\Delta l_t^+ = \alpha_c l (T_{max} - T_{set,l}) \tag{8.8.2-1}$$

温度下降引起的梁体缩短量Δl_t^-

$$\Delta l_t^- = \alpha_c l (T_{set,u} - T_{min}) \tag{8.8.2-2}$$

式中：T_{max}、T_{min}——当地最高、最低有效气温值，按《公路桥涵设计通用规范》（JTG D60—2015）取用；

$T_{set,u}$、$T_{set,l}$——预设的安装温度范围的上限值和下限值；

l——计算一个伸缩装置伸缩所采用的梁体长度，视桥梁长度分段及支座布置情况而定；

α_c——梁体混凝土材料线膨胀系数，采用$\alpha_c = 0.00001$。

2 由混凝土收缩引起的梁体缩短量Δl_s^-，按式(8.8.2-3)计算：

$$\Delta l_s^- = \varepsilon_{cs}(t_u, t_0) l \tag{8.8.2-3}$$

式中：$\varepsilon_{cs}(t_u, t_0)$——伸缩装置安装完成时梁体混凝土龄期$t_0$至收缩终了时混凝土龄期$t_u$之间的混凝土收缩应变，可按本规范附录 C 计算。

3 由混凝土徐变引起的梁体缩短量Δl_c^-按式(8.8.2-4)计算：

$$\Delta l_c^- = \frac{\sigma_{pc}}{E_c} \phi(t_u, t_0) l \tag{8.8.2-4}$$

式中：σ_{pc}——由预应力（扣除相应阶段预应力损失）引起的截面重心处的法向压应力，当计算的梁为简支梁时，可取跨中截面与 1/4 跨径截面的平均值；当梁体为连续梁或连续刚构时，可取若干有代表性截面的平均值；

E_c——梁体混凝土弹性模量，按表 3.1.5 采用；

$\phi(t_u, t_0)$——伸缩装置安装完成时梁体混凝土龄期t_0至徐变终了时混凝土龄期t_u之间的混凝土徐变系数，可按本规范附录 C 计算。

4 由制动力引起的板式橡胶支座剪切变形而导致的伸缩缝开口量Δl_b^-或闭口量Δl_b^+，其值可按Δl_b^-或$\Delta l_b^+ = F_k t_e / G_e A_g$计算，其中$F_k$为分配给支座的汽车制动力标准值，$t_e$为支座橡胶层总厚度，$G_e$为支座橡胶剪变模量（按本规范第 8.7.4 条采用），A_g为支座平面毛面积。

5 应按照梁体的伸缩量选用伸缩装置的型号。

1）伸缩装置在安装后的闭口量C^+

$$C^+ = \beta(\Delta l_t^+ + \Delta l_b^+) \tag{8.8.2-5}$$

2）伸缩装置在安装后的开口量C^-

$$C^- = \beta(\Delta l_t^- + \Delta l_s^- + \Delta l_c^- + \Delta l_b^-) \tag{8.8.2-6}$$

3）伸缩装置的伸缩量C应满足：

$$C \geqslant C^+ + C^- \tag{8.8.2-7}$$

式中：β——伸缩装置伸缩量增大系数，可取$\beta = 1.2 \sim 1.4$。

📖 **典型例题**

例题 4-16-1（2021 年真题）

某桥位于寒冷地区，采用 3 跨连续预应力混凝土梁结构，跨径布置为50m + 80m + 50m，中间跨的一个桥墩设置固定支座，伸缩缝装置预设的安装温度为 15～20℃。在选用伸缩装置型号时，温度变化贡献较大侧梁端由温度变化贡献的伸缩量值是（　　　　）。（不计伸缩量增大系数）

（A）0.0637m　　　（B）0.0392m　　　（C）0.0245m　　　（D）0.0223m

解答

根据《公路桥涵设计通用规范》（JTG D60—2015）表 4.3.12-2 知，最高温度 34℃，最低温度−10℃，安装温度 15～20℃，则升温34 − 15 = 19℃，降温20 + 10 = 30℃。由于固定支座设置在中间的一个桥墩上，该墩为变形零点，则梁长伸缩变形较大的一侧的梁长为80 + 50 = 130m，故

梁长变化 = (80 + 50) × 0.00001 × (30 + 19) = 0.0637m

答案：A

例题 4-16-2

某钢筋混凝土桥梁，一联长度为 150m，伸缩缝处墩台采用四氟板橡胶支座，其他桥墩采用板式橡胶支座，当地最高有效气温值为 35℃，最低有效气温值为 1℃，伸缩缝在 15～10℃时安装，在温度作用下，伸缩缝处最大梁体伸长量和缩短量分别是（　　）。

（A）1.875cm，1.05cm

（B）2.54cm，1.52cm

（C）3.75cm，1.35cm

（D）1.25cm，0.55cm

解答

根据《公路钢筋混凝土及预应力混凝土桥涵设计规范》（JTG 3362—2018）式 (8.8.2-1)、式 (8.8.2-2)：

$$\Delta l_t^+ = \alpha_c l (T_{\max} - T_{\text{set,l}})$$
$$= 0.00001 × 150/2 × (35 − 10)$$
$$= 1.875\text{cm}$$
$$\Delta l_t^- = \alpha_c l (T_{\text{set,l}} - T_{\min})$$
$$= 0.00001 × 150/2 × (15 − 1)$$
$$= 1.05\text{cm}$$

答案：A

例题 4-16-3

当不计活载、活载离心力、制动力、温度梯度、梁体转角、风荷载及墩台不均匀沉降等因素时，并假定由均匀温度变化、混凝土收缩、混凝土徐变引起的梁体在伸缩缝 A 处的伸缩量分别为+50mm 与−130mm。综合考虑各种因素其伸缩量的增大系数B取 1.3。则该伸缩缝 A 应设置的伸缩量之和为（　　　）。

（A）240mm

（B）234mm

（C）180mm

（D）160mm

解答

根据《公路钢筋混凝土及预应力混凝土桥涵设计规范》（JTG 3362—2018）式 (8.8.2-7)，应设置的伸缩量之和为：

$$C \geqslant \beta(\Delta l_c^+ + \Delta l_c^-) = 1.3 × (50 + 130) = 234\text{mm}$$

答案：B

例题 4-16-4（2022 年真题）

某一平原寒冷地区高速公路上的预应力钢筋混凝土桥梁，单孔跨径为 30m，全桥 4 跨一联（4 × 30m），拟在两侧桥台各设一条伸缩装置，固定墩设在一联的中间墩。考虑预设的伸缩装置的安装温度范围为 10～20℃，伸缩装置伸缩量增大系数取$\beta = 1.3$，不考虑其他因素，请问桥梁一侧梁端的伸缩装置的伸缩量是（　　　）。

（A）0.019m

（B）0.034m

（C）0.042m

（D）0.050m

解答

本桥为 4 跨 30m，固定墩设在一联的中间墩，则温度零点就在该固定墩处，计算一个伸缩缝伸缩量所采用的梁体长度则为一联长度的一半，即 4×30/2=60m。

根据《公路钢筋混凝土及预应力混凝土桥涵设计规范》（JTG 3362—2018）第 8.8.2 条计算伸缩量。

根据《公路桥涵设计通用规范》（JTG D60—2015）表 4.3.12-2 查得桥梁所在区域的有效温度：对于寒冷地区的混凝土桥，$T_{max}=34℃$，$T_{min}=-10℃$。

由公式(8.8.2-7)、(8.5.2-5)、(8.8.2-6)及(8.5.2-1)、(8.8.2-2)，有

$$C \geqslant C^+ + C^-$$
$$= \beta(\Delta l_t^+ + \Delta l_t^-) = \alpha_c l(T_{max} - T_{set,l}) + \alpha_c l(T_{set,u} - T_{min})$$
$$= 1.3 \times [0.00001 \times 60 \times (34-10) + 0.00001 \times 60(20+10)]$$
$$= 0.042m$$

答案：C

📖 **考点分析**

（1）伸缩量计算一定要弄清楚变形零点的位置。

（2）对于单跨简支梁，两侧的支座均采用板式橡胶支座时，温度零点就在梁跨的中心线位置，两侧梁端的伸缩量是一样的。

（3）对于多跨连续梁，一跨仅在一个桥墩上布置固定支座，温度零点就在此固定支座处。

（4）有多个固定支座（板式橡胶支座）时，变形零点一般在一联的正中间（墩高不同除外，墩越高，相同尺寸下墩刚度越低，变形零点向墩刚度大的方向偏移）。

考点17　公路桥梁梁板桥构造及计算规定

📖 **条文规定**

《公路钢筋混凝土及预应力混凝土桥涵设计规范》（JTG 3362—2018）规定如下：

4.2.4　当支承轴线的垂直线与桥纵轴线的夹角即斜交角不大于15°时，整体式斜板桥的斜交板可按正交板计算；当 $l/b \leqslant 1.3$ 时，其计算跨径取两支承轴线间的垂直距离；当 $l/b > 1.3$ 时，其计算跨径取斜跨径长度。以上 l 为斜跨径，b 为垂直于桥纵轴线的板宽。

装配式铰接斜板桥的预制板块，可按宽为两板边间的垂直距离、计算跨径为斜跨径的正交板计算。

9.2.6　斜板的钢筋可按下列规定布置（图9.2.6）：

1　当整体式斜板的斜交角（支承轴线的垂直线与桥纵轴线的夹角）不大于15°时，主钢筋可平行于桥纵轴线方向布置；当整体式斜板斜交角大于15°时，主钢筋宜垂直于板的支承轴线方向布置，此时，在板的自由边上下应各设一条不少于3根主钢筋的平行于自由边的钢筋带，并用箍筋箍牢。在钝角部位靠近板顶的上层，应布置垂直于钝角平分线的加强钢筋，在钝角部位靠近板底的下层，应布置平行于钝角平分线的加强钢筋，加强钢筋直径不宜小于12mm，间距100～150mm，布置于以钝角两侧1.0～1.5m边长的扇形面积内。

2　斜板的分布钢筋宜垂直于主钢筋方向设置，其直径、间距和数量可按本规范第9.2.4条办理。在斜板的支座附近宜增设平行于支承轴线的分布钢筋；或将分布钢筋向支座方向呈扇形分布，过渡到平行于支承轴线。

3　预制斜板的主钢筋可与桥纵轴线平行，其钝角部位加强钢筋及分布钢筋宜按照第1款及第2款要求布置。

图 9.2.6　斜板桥钢筋布置
1-桥纵轴线；2-支承轴线；3-顺桥纵轴线钢筋；4-与支承轴线正交钢筋；5-自由边钢筋带；
6-垂直于钝角平分线的钝角钢筋；7-平行于钝角平分线的钝角钢筋

9.4.9　后张法预应力混凝土构件，其预应力钢筋管道的设置应符合下列规定：

1　直线管道的净距不应小于 40mm，且不宜小于管道直径的 0.6 倍；对于预埋的金属或塑料波纹管和铁皮管，在直线管道的竖直方向可将两管道叠置。

2　曲线形预应力钢筋管道在曲线平面内相邻管道间的最小净距应按本规范第 9.4.8 条第 1 款计算，其中 P_d 和 r 分别为相邻两管道曲线半径较大的一根预应力钢筋的张拉力设计值和曲线半径，C_{in} 为相邻两曲线管道外缘在曲线平面内净距。当上述计算结果小于其相应直线管道外缘间净距时，应取用直线管道最小外缘间净距。

曲线形预应力钢筋管道在曲线平面外相邻外缘间的最小净距，应按本规范第 9.4.8 条第 2 款计算，其中 C_{out} 为相邻两曲线管道外缘在曲线平面外净距。

3　管道内径的截面面积不应小于 2 倍预应力钢筋截面面积。

4　按计算需要设置预拱度时，预留管道也应同时起拱。

9.8.2　预制构件的吊环应采用 HPB300 钢筋制作，严禁使用冷加工钢筋。每个吊环按两肢截面计算，在构件自重标准值作用下，吊环的拉应力不应大于 65MPa。当一个构件设有 4 个吊环时，设计时仅考虑 3 个吊环同时发挥作用。吊环埋入混凝土的深度不应小于 35 倍吊环直径，端部应做成 180°弯钩，且应与构件内钢筋焊接或绑扎。吊环内直径不应小于 3 倍钢筋直径，且不应小于 60mm。

📖 典型例题

例题 4-17-1

某公路桥梁，采用整体式现浇板，跨径为 10m，斜交角度为 30°，桥梁总宽 10m。本桥计算跨径与（　　　）接近。

（A）10m　　　　　　　　　　　　　　（B）8.7m

（C）6m　　　　　　　　　　　　　　（D）5m

解答

根据《公路钢筋混凝土及预应力混凝土桥涵设计规范》（JTG 3362—2018）第 4.2.4 条，支撑线的垂线与桥纵轴线交角为 30°，$L/B = 1.0 < 1.3$，则计算跨径取垂直长度，即：$10 \times \cos 30° = 8.7\text{m}$。

答案：B

例题 4-17-2

某公路桥梁由整体式钢筋混凝土板梁组成，计算跨径为 12m，斜交角为 30°，总宽度为 9m，梁高为 0.7m。在支承处每端各设 3 个支座，其中一端为活动橡胶支座，另一端为固定橡胶支座。平面布置如下图所示。则在恒载（均布荷载）作用下，下列选项中关于各支座垂直反力的大小，叙述正确的是（　　　　）。

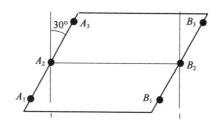

例题 4-17-2 图

（A）A_2 与 B_2 的反力最大 （B）A_2 与 B_2 的反力最小

（C）A_1 与 B_3 的反力最大 （D）A_3 与 B_1 的反力最大

解答

根据斜板桥受力特点，斜桥的钝角处反力大，锐角处 A_1 和 B_3 反力小，甚至有可能脱空。A_2B_2 方向为路轴线方向。

答案：D

例题 4-17-3

某整体式斜板桥，板支承轴线的垂线与桥纵轴线的夹角为 $10°$，桥梁斜跨径为 8m，垂直于桥纵轴线方向的板宽为 16m，关于该桥的设计，下列说法错误的有（ ）处。

①该桥可按正交板计算；

②该桥应按桥梁纵轴线方向的斜跨径计算；

③主筋可平行于桥纵轴线方向布置；

④分布钢筋宜垂直于主钢筋方向设置。

（A）1 处 （B）2 处 （C）3 处 （D）4 处

解答

（1）根据《公路钢筋混凝土及预应力混凝土桥涵设计规范》（JTG 3362—2018）第 4.2.4 条，斜交角不大于 $15°$ 时，可按正交板计算，①说法正确。

（2）根据《公路钢筋混凝土及预应力混凝土桥涵设计规范》（JTG 3362—2018）第 4.2.4 条，本题 $l/b = 8/16 = 0.5 < 1.3$，应按两支承轴线间垂直距离的正跨径计算，②说法错误。

（3）根据《公路钢筋混凝土及预应力混凝土桥涵设计规范》（JTG 3362—2018）第 9.2.6 条第 1 款，斜交角不大于 $15°$ 时，主筋可平行于桥梁纵轴线方向布置，③说法正确。

（4）根据《公路钢筋混凝土及预应力混凝土桥涵设计规范》（JTG 3362—2018）第 9.2.6 条第 2 款，斜板的分布钢筋宜垂直于主钢筋方向设置，④说法正确。

故只有 1 处说法错误。

答案：A

例题 4-17-4

某公路桥梁，采用预应力混凝土现浇箱梁，其中每腹板布置预应力钢绞线 6 根，沿腹板竖向布置 3 排，水平布置 2 列，采用外径 90mm 的金属波纹管。按采用后张预应力钢束布置构造要求，腹板最小宽度为（ ）。

（A）310mm （B）315mm （C）324mm （D）330mm

解答

根据《公路钢筋混凝土及预应力混凝土桥涵设计规范》（JTG 3362—2018）第 9.1.1 条及第 9.4.9 条：

保护层厚度 $\geq D/2 = 45mm$，管道净距 $\max(40mm, 0.6D) = 54mm$

腹板最小宽度 $= 45 \times 2 + 90 \times 2 + 54 = 324\text{mm}$

答案：C

例题 4-17-5

某公路桥梁，采用预制空心板，单片空心板自重为 140kN，预埋四个吊环，吊环钢筋采用 HPB300，为保证桥梁吊装安全，吊环钢筋直径应不小于（　　　　）。

（A）20mm　　　　　（B）22mm　　　　　（C）25mm　　　　　（D）28mm

解答

根据《公路钢筋混凝土及预应力混凝土桥涵设计规范》（JTG 3362—2018）第 9.8.2 条，四个吊环，考虑 3 个受力，吊环按照双肢截面，则

$3.14 \times d \times d/4 \times 65 \times 3 \times 2/1000 > 140$，$d > 21.4\text{mm}$

答案：B

📖 考点分析

（1）斜板桥、弯桥计算较为复杂，目前考试不太可能考太复杂的计算，主要是了解基本概念，会一些简单的计算即可。

（2）应熟悉梁板桥中的腹板厚度、预拱度、吊环等简单的计算。吊环计算中，四个吊环仅能按照 3 个计算，并且要特别注意是采用单肢截面还是双肢截面。

考点18　公路桥梁轴心受压构件的计算

📖 条文规定

《公路钢筋混凝土及预应力混凝土桥涵设计规范》（JTG 3362—2018）规定如下：

5.3.1　钢筋混凝土轴心受压构件，当配有箍筋（或螺旋筋，或在纵向钢筋上焊有横向钢筋）时（图 5.3.1），其正截面抗压承载力应符合下列规定：

$$\gamma_0 N_d \leqslant 0.9\varphi(f_{cd}A + f'_{sd}A'_s) \qquad (5.3.1)$$

式中：N_d——轴向力设计值；

　　　φ——轴压构件稳定系数，按表 5.3.1 采用；

　　　A——构件毛截面面积，当纵向钢筋配筋率大于 3% 时，A 应改用 $A_n = A - A'_s$；

　　　A'_s——全部纵向钢筋的截面面积。

钢筋混凝土轴心受压构件的稳定系数　　　　表 5.3.1

l_0/b	≤ 8	10	12	14	16	18	20	22	24	26	28
$l_0/2r$	≤ 7	8.5	10.5	12	14	15.5	17	19	21	22.5	24
l_0/i	≤ 28	35	42	48	55	62	69	76	83	90	97
φ	1.0	0.98	0.95	0.92	0.87	0.81	0.75	0.70	0.65	0.60	0.56
l_0/b	30	32	34	36	38	40	42	44	46	48	50
$l_0/2r$	26	28	29.5	31	33	34.5	36.5	38	40	41.5	43
l_0/i	104	111	118	125	132	139	146	153	160	167	174
φ	0.52	0.48	0.44	0.40	0.36	0.32	0.29	0.26	0.23	0.21	0.19

注：表中 l_0 为构件计算长度，按本规范附录 E 的规定取值；b 为矩形截面的短边尺寸；r 为圆形截面的半径；i 为截面最小回转半径。

图 5.3.1 配有箍筋的钢筋混凝土轴心受压构件

5.3.2 构件长细比 $l_0/i \leqslant 48$ 的钢筋混凝土轴心受压构件，当配置螺旋式或焊接环式间接钢筋（图 5.3.2），且间接钢筋的换算截面面积 A_{so} 不小于全部纵向钢筋截面面积的 25%、间距不大于 80mm 或 $d_{cor}/5$ 时，其正截面抗压承载力应符合下列规定：

$$\gamma_0 N_d \leqslant 0.9(f_{cd}A_{cor} + f'_{sd}A'_s + k f_{sd}A_{so}) \tag{5.3.2-1}$$

$$A_{so} = \frac{\pi d_{cor} A_{so1}}{s} \tag{5.3.2-2}$$

式中：A_{cor}——构件核心截面面积；

$\quad\quad A_{so}$——间接钢筋的换算截面面积；

$\quad\quad d_{cor}$——构件核心截面的直径；

$\quad\quad k$——间接钢筋影响系数，混凝土强度等级 C50 及以下时，取 $k = 2.0$；C50～C80 取 $k = 2.0$～1.7；中间值直线插入取用；

$\quad\quad A_{so1}$——单根间接钢筋的截面面积；

$\quad\quad s$——沿构件轴线方向间接钢筋的螺距或间距。

图 5.3.2 配置螺旋式间接钢筋的钢筋混凝土轴心受压构件

当间接钢筋的换算截面面积、间距及构件长细比不符合本条要求，或按式 (5.3.2-1) 算得的抗压承载力小于按式 (5.3.1) 算得的抗压承载力时，不应考虑间接钢筋的套箍作用，正截面抗压承载力应按本规范第 5.3.1 条的规定计算。

按式 (5.3.2-1) 计算的抗压承载力设计值不应大于按式 (5.3.1) 计算的抗压承载力设计值的 1.5 倍。

例题 4-18-1（2021 年真题）

某钢筋混凝土桥墩，圆形截面，截面直径 1.50m，构件计算长度 $l_0 = 12.75$m，混凝土强度等级为 C45，其抗压强度设计值 $f_{cd} = 20.5$MPa；纵向主钢筋采用 HRB400 普通钢筋，其抗压强度设计值 $f_{sd1} = 330$MPa，纵向配筋率为 3.5%；箍筋采用 HRB300 普通钢筋，其抗压强度设计值 $f_{sd2} = 250$MPa。试计算该桥墩应具备的最小轴向受压承载力为（　　　）。

（A）31952kN　　　　（B）48836kN　　　　（C）49954kN　　　　（D）56637kN

解答

根据《公路钢筋混凝土及预应力混凝土桥涵设计规范》（JTG 3362—2018）第 5.3.1 条，受压构件正截面抗压承载力的计算应符合：

$l_0/2r = 12.75/1.5 = 8.5$，查表 5.3.1，$\varphi = 0.98$；

$A = 3.14 \times 1.5 \times 1.5/4 = 1.767$，$A_s = 3.5/100 \times 1.767 = 0.062$；

纵向钢筋配筋率为 3.5% > 3%，应按毛截面计算，$A_n = A - A_s = 1.705$；

$N_d = 0.9\varphi(f_{cd}A + f_{sd}'A_s') = 0.9 \times 0.98 \times (20.5 \times 1.705 + 330 \times 0.062) = 48874$kN

答案：B

例题 4-18-2（2023 年真题）

某公路桥梁钢筋混凝土圆形截面轴心受压构件，构件长细比为 30，C40 混凝土，截面直径为 1.2m；配置有 20 根直径为 32mm 的纵向钢筋，核心截面的直径为 1.0m；配置螺旋式间接钢筋，间接钢筋的换算截面面积 A_{so} 为纵向钢筋截面面积的 30%；纵向钢筋配置的间接钢筋均使用 HPB300 普通钢筋，间接钢筋影响系数 $K = 2.0$。问该桩的正截面抗压承载力是（　　　）。（取整数）。

（A）18796kN　　　　（B）20884kN　　　　（C）22654kN　　　　（D）24320kN

解答

根据《公路钢筋混凝土及预应力混凝土桥涵设计规范》（JTG 3362—2018）第 5.3.2 条计算，考虑间接钢筋：

$N_u = 0.9(f_{cd}A_{cor} + f_{sd}'A_s' + kf_{sd}A_{so}) = 0.9 \times (18.4 \times 3.14 \times 500 \times 500 + 250 \times 20 \times 3.14 \times 16 \times$
$16 + 2 \times 250 \times 0.3 \times 20 \times 3.14 \times 16 \times 16) = 18787$kN

根据《公路钢筋混凝土及预应力混凝土桥涵设计规范》（JTG 3362—2018）第 5.3.1 条计算，不考虑间接钢筋：

$N_u = 0.9\varphi(f_{cd}A + f_{sd}'A_s') = 0.9 \times 0.99 \times (18.4 \times 3.14 \times 600 \times 600 + 250 \times 20 \times 3.14 \times 16 \times 16) =$
22124kN

因为不考虑间接钢筋的抗压承载力大于考虑间接钢筋的抗压承载力，所以取 22124kN。

答案：C

例题 4-18-3（2024 年真题）

某公路桥梁钢筋混凝土轴心受压构件，构件长细比为 35，C30 混凝土，采用圆形截面，直径为 1.5m。配置有 30 根直径 28mm 的纵向钢筋，核心截面直径 1.2m。配置螺旋式间接钢筋，其换算截面面积为纵向钢筋截面面积的 25%，纵向钢筋配置的间接钢筋为 HPB330 普通钢筋，该结构的正截面抗压承载力为多少？（r_0 取 1.0）

（A）20271kN　　　　（B）24091kN　　　　（C）25569kN　　　　（D）19232kN

解答

（1）根据《公路钢筋混凝土及预应力混凝土桥涵设计规范》（JTG 3362—2018）5.3.2条第1款计算，考虑间接钢筋：

$$N_u = 0.9(f_{cd}A_{cor} + f'_{sd}A'_s + kf_{sd}A_{so})$$
$$= 0.9 \times (13.8 \times 3.14 \times 600 \times 600 + 250 \times 30 \times 3.14 \times 14 \times$$
$$14 + 2 \times 250 \times 0.25 \times 30 \times 3.14 \times 14 \times 14)$$
$$= 20271kN$$

（2）根据《公路钢筋混凝土及预应力混凝土桥涵设计规范》（JTG 3362—2018）5.3.1条计算，不考虑间接钢筋：

$$N_u = 0.9\varphi(f_{cd}A + f'_{sd}A'_s)$$
$$= 0.9 \times 0.98(13.8 \times 3.14 \times 750 \times 750 + 250 \times 30 \times 3.14 \times 14 \times 14)$$
$$= 25569kN$$

（3）当按5.3.2-1算得的抗压承载力小于按5.3.1算得的抗压承载力时，正截面抗压承载力应按5.3.1条计算，所以取25569kN。

答案：C

📖 **考点分析**

轴心受压构件的竖向承载力计算，要注意截面的形状。

考点19　城市桥梁细部构造及附属设施

📖 **条文规定**

《城市桥梁设计规范》（CJJ 11—2011）（2019年版）规定如下：

9.2.3　桥面排水设施的设置应符合下列规定：

1　桥面排水设施应适应桥梁结构的变形，细部构造布置应保证桥梁结构的任何部分不受排水设施及泄漏水流的侵蚀；

2　应在行车道较低处设排水口，并可通过排水管将桥面水泄入地面排水系统中；

3　排水管道应采用坚固的、抗腐蚀性能良好的材料制成，管道直径不宜小于150mm；

4　排水管道的间距可根据桥梁汇水面积和桥面纵坡大小确定：

当纵坡大于2%时，桥面设置排水管的截面积不宜小于60mm²/m²；当纵坡小于1%时，桥面设置排水管的截面积不宜小于100mm²/m²；南方潮湿地区和西北干燥地区可根据暴雨强度适当调整；

5　当中桥、小桥的桥面设有不小于3%纵坡时，桥上可不设排水口，但应在桥头引道上两侧设置雨水口。

9.5.1　人行道或安全带临空侧的栏杆高度不应小于1.10m，非机动车道临空侧栏杆高度不应小于1.40m。上述栏杆高度为人行道表面至栏杆扶手顶面的距离。栏杆竖直构件间的最大净间距不得大于110mm，不宜采用有蹬踏面的结构。栏杆结构及底座设计必须安全可靠，其设计荷载应按本规范第10.0.7条取值。

10.0.7　作用在桥上人行道栏杆扶手上的竖向荷载应为1.2kN/m；水平荷载应为2.5kN/m。两者应分别计算，且不应与其他可变作用叠加。立柱柱顶推力应为扶手水平荷载集度与柱间距的乘积。

例题 4-19-1

某城市桥梁，孔跨布置为 5 孔 20m 小箱梁，全长 125.8mm，全宽 30m，横向布置为 3m 人行道及栏杆 + 24m 车行道 + 3m 人行道及栏杆；桥梁单向纵坡为 0.8%，车行道双向横坡为 1.5%，人行道横坡为 1%。该桥每孔桥面设置内径 150mm 的泄水管时，下列泄水管面积及个数合理的是（　　　）。

（A）60000，4　　　　　　　　　（B）45000，3

（C）30000，2　　　　　　　　　（D）0，0

解答

根据《城市桥梁设计规范》（CJJ 11—2011）（2019 年版）第 9.2.3 条，纵坡小于 1% 时，桥面泄水管的截面积不小于 $100mm^2/m^2$。

每孔应设置泄水管截面积为 $100 \times 20 \times (24 + 3 \times 2) = 60000mm^2$。

$N = 60000/(3.14/4 \times 150 \times 150) = 3.4$，采用 4 个。

答案：A

例题 4-19-2

某城市桥梁，孔跨布置为 5 孔 20m 小箱梁，桥梁全宽为 15m，两侧各 3m 人行道。人行道外侧设置栏杆，栏杆每隔 2m 设置一个栏杆柱。验算栏杆扶手荷载时，在扶手荷载作用下单个栏杆柱底水平向外剪力标准值（单位 kN）为（　　　）。

（A）2.5　　　　　（B）5　　　　　（C）6　　　　　（D）15

解答

根据《城市桥梁设计规范》（CJJ 11—2011）（2019 年版）第 10.0.7 条，柱底水平向外剪力为 $2.5 \times 2 = 5kN$。

答案：B

📖 考点分析

（1）城市桥梁的泄水管布置应结合纵坡考虑。中小桥的桥面纵坡不小于 3% 时，桥面可不设置雨水口；大桥和纵坡坡度小于 3% 的中小桥需设置雨水口，雨水管的直径不宜小于 150mm。

（2）栏杆高度对于人行道侧不小于 110cm，对于非机动车道侧不小于 140cm；栏杆的水平荷载和竖向荷载计算时概念要清晰，尤其是计算弯矩时，应明确荷载的方向。

考点20　公路涵洞的结构计算

📖 条文规定

《公路桥涵设计通用规范》（JTG D60—2015）规定如下：

4.3.1　公路桥涵设计时，汽车荷载的计算图式、荷载等级及其标准值、加载方法和纵横向折减等应符合下列规定：

2　汽车荷载由车道荷载和车辆荷载组成。桥梁结构的整体计算采用车道荷载；桥梁结构的局部加载、涵洞、桥台和挡土墙土压力等的计算采用车辆荷载。车道荷载与车辆荷载的作用不得叠加。

5 车辆荷载的立面、平面尺寸如图 4.3.1-2 所示。

4.3.4 汽车荷载引起的土压力采用车辆荷载加载，并可按下列规定计算：

2 计算涵洞顶上汽车荷载引起的竖向土压力时，车轮按其着地面积的边缘向下作 30°角分布。当几个车轮的压力扩散线相重叠时，扩散面积以最外边的扩散线为准。

《公路涵洞设计规范》（JTG/T 3365-02—2020）（2023 年考试规范目录已取消该规范）规定如下：

9.2.1 公路涵洞设计应采用车辆荷载，冲击系数的计算与选取可按相关规定取用。车辆荷载及横向分布系数应符合下列规定：

1 车辆荷载的立面、平面尺寸如图 9.2.1-1 所示，主要技术指标应符合表 9.2.1-1 的规定。

图 4.3.1-2 车辆荷载的立面、平面尺寸（尺寸单位：m；荷载单位：kN）

图 9.2.1-1 车辆荷载的立面、平面尺寸（尺寸单位：m）

车辆荷载的主要技术指标 表 9.2.1-1

项目	单位	技术指标	项目	单位	技术指标
车辆重力标准值	kN	550	轮距	m	1.8
前轴重力标准值	kN	30	前轮着地宽度及长度	m	0.3 × 0.2
中轴重力标准值	kN	2 × 120	中、后轮着地宽度及长度	m	0.6 × 0.2
后轴重力标准值	kN	2 × 140	车辆外形尺寸（长 × 宽）	m	15 × 2.5
轴距	m	3 + 1.4 + 7 + 1.4	—	—	—

2 车辆荷载横向分布系数应按图9.2.1-2布置车辆荷载进行计算，涵洞上方横向布置多车道车辆荷载时，应考虑车辆荷载的折减；布置一条车道车辆荷载时，应考虑车辆荷载的提高。横向车道布载系数应符合表9.2.1-2的规定。多车道布载的荷载效应不得小于两条车道布载的荷载效应。车辆荷载纵向分布宽度如图9.2.1-3所示。

图9.2.1-2 车辆荷载横向分布宽度（尺寸单位：m）

图9.2.1-3 车辆荷载纵向分布宽度（尺寸单位：m）

9.2.2 土的重力及土压力宜按下列规定计算：

3 填土的重力对涵洞的竖向和水平压力强度标准值，可按式(9.2.2-9)、式(9.2.2-10)计算：

竖向压力强度：

$$q_V = K\gamma H \tag{9.2.2-9}$$

水平压力强度：

$$q_H = e_j = \xi\gamma h \tag{9.2.2-10}$$

式中：K——竖向土压力系数，见表9.2.2，经久压实的路堤采用1.0；

γ——土的重度（kN/m³）；

H——路面至涵洞顶的填土高度（m）；

ξ——压实土的静土压力系数；

h——路面或填土顶面至涵洞计算截面处的填土高度（m）。

竖向土压力系数 K

表 9.2.2

涵洞形式	坡度α (°)	$0 < B_g/D \leqslant 3$			$3 < B_g/D \leqslant 10$			$B_g/D > 10$ 或 $\alpha = 0°$		
		$0.1 \leqslant H/D < 1$	$1 \leqslant H/D < 10$	$H/D \geqslant 10$	$0.1 \leqslant H/D < 1$	$1 \leqslant H/D < 10$	$H/D \geqslant 10$	$0.1 \leqslant H/D < 1$	$1 \leqslant H/D < 10$	$H/D \geqslant 10$
圆管涵或拱涵	30	1.25	1.30	1.15	1.40	1.45	1.30	1.65	1.80	1.45
	60	1.10	1.15	1.05	1.30	1.35	1.15			
	90	1.04			1.20	1.25	1.05			
盖板涵或箱涵	30	1.10	1.15	1.04	1.25	1.30	1.15	1.50	1.60	1.30
	60	1.04			1.15	1.20	1.04			
	90				1.10	1.15	1.04			

注：1. D 为涵洞的外形宽度（m），对边墙背为倾斜的涵洞，系指墙底面的外形宽度；对圆管涵系指外直径。B_g 为沟谷宽度（m）。α 为沟谷横向坡度（°）。H 为涵顶填土高度（m）。

2. 表中系数 K 不适用于采用波纹钢等材料的柔性涵洞。

9.2.3 汽车荷载引起的土压力应采用车辆荷载加载，并应按下列规定计算：

1 车辆荷载对涵洞顶面的竖向压力和涵身任一点的水平压力强度标准值，可按式 (9.2.3-1)～式 (9.2.3-3) 计算。

涵洞顶竖向压力强度：

$$q'_V = \frac{\sum G}{ab} \tag{9.2.3-1}$$

式中：$\sum G$——布置在涵洞顶部路面车轮的总重力（kN）；

a——车辆荷载在涵洞顶面的横向分布宽度（m），见图 9.2.1-2；

b——车辆荷载在涵洞顶面的纵向分布宽度（m），见图 9.2.1-3；

📖 **规范条文解析**

2023 年考试规范目录取消了《公路涵洞设计规范》（JTG/T 3365-02—2020）。如果 2025 年考试规范目录仍未列入该规范，则该部分内容可不复习，相应题目尝试用《公路桥涵设计通用规范》（JTG D60—2015）解答。

📖 **典型例题**

例题 4-20-1

某二级公路，设计车速为 60km/h，双向两车道，全宽（B）为 8.5m，汽车荷载等级为公路—Ⅱ级。其下一座现浇普通钢筋混凝土简支实体盖板涵洞，涵洞长度与公路宽度相同，涵洞顶部填土厚度（含路面结构厚度）为 2.6m，若盖板计算跨径 $l = 3.0m$。则汽车荷载在该盖板跨中截面每延米产生的活载弯矩标准值与（　　）最为接近。（提示：两车道车轮横桥向扩散宽度取为 8.5m）

（A）16kN·m
（B）21kN·m
（C）25kN·m
（D）27kN·m

解答

（1）根据《公路桥涵设计通用规范》（JTG D60—2015）第 4.3.1 条，涵洞计算应采用车辆荷载，车辆荷载纵横向布置详见该规范中的图 4.3.1-2。

（2）本题题干中已经给出横向扩散宽度为 8.5m，重点是要计算出纵向扩散宽度，纵向布置详见下图。

（3）根据《公路桥涵设计通用规范》（JTG D60—2015）第 4.3.4 条，计算涵洞顶汽车荷载引起的土压力时，车轮在其着地面积的边缘向下作30°角分布，当几个车轮的压力扩散线重叠时，扩散面积以最外边的扩散线为准。

例题 4-20-1 解图

纵桥向单轴扩散宽度 $= 2.6 \tan 30° × 2 + 0.2 = 1.5 × 2 + 0.2 = 3.2 > 1.4\text{m}$

考虑重叠后纵向扩散宽度 $= 2.6 \tan 30° × 2 + 0.1 × 2 + 1.4 = 4.6\text{m}$

（4）活载引起的压力，考虑双车道 $q_{活} = \dfrac{2 × 2 × 140}{4.6 × 8.5} = 14.32\text{kN/m}^2$。

（5）每延米活载弯矩标准值：$M_{活} = \dfrac{1}{8}ql^2 × 1.0 = \dfrac{1}{8} × 14.32 × 3^2 × 1.0 = 16\text{kN}$。

答案：A

📖 考点分析

（1）涵洞结构计算采用车辆荷载，并考虑多车道的汽车荷载横向车道布载系数。

（2）公路—I级、公路—II级车辆荷载相同。

（3）如涵顶填料厚度小于0.5m，还需计算冲击力。

（4）要记住简支梁（盖板涵）均布荷载 q 作用下跨中弯矩为 $ql^2/8$，跨中集中力荷载 P 作用下跨中弯矩为 $Pl/4$。

考点21 公路涵洞孔径（净空）选择

📖 条文规定

《公路涵洞设计规范》（JTG/T 3365-02—2020）（2023年起考试规范目录已取消该规范）规定如下：

7.1.4 新建涵洞孔径宜采用标准跨径，最小 0.75m 跨径只适用于无淤积地区的灌溉渠道，排洪涵洞跨径不宜小于1.0m。

7.1.5 涵洞内径或净高应考虑涵长的影响，但不宜小于0.75m；寒冷地区的涵洞内径及净高还应考虑涎流水的影响；当旧路改扩建时，如原涵洞状态良好，其孔径和长度可视具体情况而定。

《公路圬工桥涵设计规范》（JTG D61—2005）（2020年起考试规范目录已取消该规范）第7.0.1条第3款规定如下：

涵洞内径或净高不宜小于0.75m；涵洞长度大于15m但小于30m时，其内径或净高不宜小于1.0m；涵洞长度大于30m且小于60m时，其内径或净高不宜小于1.25m；涵洞长度大于60m时，其内径或净高不宜小于1.5m。

《公路桥涵设计通用规范》（JTG D60—2015）规定如下：

3.3.6　桥涵跨径在 50m 及以下时，宜采用标准化跨径。采用标准化跨径的桥涵宜采用装配式结构及机械化、工厂化施工。桥涵标准化跨径规定如下：0.75m、1.0m、1.25m、1.5m、2.0m、2.5m、3.0m、4.0m、5.0m、6.0m、8.0m、10m、13m、16m、20m、25m、30m、35m、40m、45m、50m。

3.4.4　涵洞宜设计为无压力式的。无压力式涵洞内顶点至洞内设计洪水频率标准水位的净高应符合表 3.4.4 的规定。

无压力式涵洞内顶点至最高流水面的净高

表 3.4.4

涵洞进口净高（或内径）h（m）	管涵	拱涵	矩形涵
$h \leqslant 3$	$\geqslant h/4$	$\geqslant h/4$	$\geqslant h/6$
$h > 3$	$\geqslant 0.75$m	$\geqslant 0.75$m	$\geqslant 0.5$m

《公路工程水文勘测设计规范》（JTG C30—2015）规定如下：

9.4.2　小桥宜设计为非自由出流状态，涵洞应设计为无压力式。桥下净空安全值应符合本规范表 7.4.1 的规定。无压力式涵洞内顶点至最高流水面的净空，应符合表 9.4.2 的规定。涵前水深应小于或等于涵洞净高的 1.15 倍。

无压力式涵洞净空高度

表 9.4.2

涵洞进口净高 h_d（m）	涵洞类型		
	管涵	拱涵	矩形涵
$\leqslant 3$	$\geqslant h_d/4$	$\geqslant h_d/4$	$\geqslant h_d/6$
> 3	$\geqslant 0.75$m	$\geqslant 0.75$m	$\geqslant 0.5$m

📖 典型例题

例题 4-21-1（2019 年真题）

某一级公路圆管涵，根据填土高度及涵底纵坡算得涵长为 35m，该涵跨越的河沟汇水面积较小，设计流量对应的涵洞孔径为 0.5m，该涵洞的设计孔径不宜小于（　　）。

（A）1.25m　　　　　（B）1.0m　　　　　（C）0.75m　　　　　（D）0.5m

解答

根据《公路涵洞设计规范》（JTG/T 3365-02—2020）第 7.1.5 条，涵洞内径或净高不宜小于 0.75m；根据《公路圬工桥涵设计规范》（JTG D61—2005）第 7.0.1 条第 3 款，涵洞长度大于 30m 且小于 60m 时，其内径或净高不宜小于 1.25m。

答案：A

例题 4-21-2

某公路钢筋混凝土预制箱涵，最高流水面高度 $h = 3.0$m，采用无压力涵，其进口净高 h_d 最小为（　　）。

（A）3.4m　　　　　（B）3.5m　　　　　（C）4.0m　　　　　（D）4.5m

解答

箱涵为矩形涵，最高流水面高度 $h = 3.0$m，净空高度为 h_0，进口净高 $h_d = h + h_0 > 3$m，根据《公路桥涵设计通用规范》（JTG D60—2015）表 3.4.4 或《公路工程水文勘测设计规范》（JTG C30—2015）表 9.4.2，净空高度 h_0 最小取 0.5m，其进口净高 h_d 最小值为：

$$h_d = h + h_0 = 3.0 + 0.5 = 3.5\text{m}$$

答案：B

例题 4-21-3

某公路钢筋混凝土盖板涵，最高流水面高度 $h = 2.0\text{m}$，采用无压力涵，其进口净高 h_d 最小为（　　　）。

（A）2.2m　　　　　（B）2.3m　　　　　（C）2.4m　　　　　（D）2.75m

解答

盖板涵为矩形涵，最高流水面高度 $h = 2.0\text{m}$，净空高度为 h_0，假定涵洞进口净高 $h_\text{d} = h + h_0 \leqslant 3\text{m}$，根据《公路桥涵设计通用规范》（JTG D60—2015）表 3.4.4 或《公路工程水文勘测设计规范》（JTG C30—2015）表 9.4.2，净空高度 h_0 最小取 $h_\text{d}/6$，即

$h_0 = h_\text{d}/6 = (2 + h_0)/6$

解得：$h_0 = 0.4\text{m}$

$h_\text{d} = 2 + 0.4 = 2.4\text{m}$

$h_\text{d} \leqslant 3\text{m}$，满足原假定。

答案：C

📖 **考点分析**

涵洞孔径与涵洞长度有关，除需满足《公路涵洞设计规范》（JTG/T 3365-02—2020）（2023 年起考试规范目录已取消该规范）和《公路圬工桥涵设计规范》（JTG D61—2005）（2020 年起考试规范目录已取消该规范）要求外，还需满足公路桥涵标准化要求，这点需特别注意。

考点22　公路桥梁墩台冲刷计算

1. 公路桥梁墩台一般冲刷计算

📖 **条文规定**

《公路工程水文勘测设计规范》（JTG C30—2015）规定如下：

2.0.17　一般冲刷

因桥孔压缩水流，导致桥下流速增大而引起的桥下河床冲刷。

第 8.3.1 条规定，对于非黏性土河床，利用 64-2 简化公式计算墩台一般冲刷，公式介绍如下：

$$h_\text{p} = 1.04 \left(A_\text{d} \frac{Q_2}{Q_\text{c}} \right)^{0.90} \left[\frac{B_\text{c}}{(1 - \lambda)\mu B_\text{cg}} \right]^{0.66} h_\text{cm} \tag{8.3.1-1}$$

$$Q_2 = \frac{Q_\text{c}}{Q_\text{c} + Q_\text{t1}} Q_\text{p} \tag{8.3.1-2}$$

$$A_\text{d} = \left(\frac{\sqrt{B_\text{z}}}{H_\text{z}} \right)^{0.15} \tag{8.3.1-3}$$

式中：h_p——桥下一般冲刷后的最大水深（m）；

Q_p——设计流量（m³/s）；

Q_2——桥下河槽部分通过的设计流量（m³/s），当河槽能扩宽至全桥时取用 Q_p；

Q_c——天然状态下河槽部分设计流量（m³/s）；

Q_t1——天然状态下桥下河滩部分设计流量（m³/s）；

B_c——天然状态下河槽宽度（m）；

B_{cg}——桥长范围内河槽宽度（m），当河槽能扩宽至全桥时取用桥孔总长度；

B_z——造床流量下的河槽宽度（m），对复式河床可取平滩水位时河槽宽度；

λ——设计水位下，在B_{cg}宽度范围内，桥墩阻水总面积与过水面积的比值；

μ——桥墩水流侧向压缩系数，按表8.3.1-1确定；

h_{cm}——河槽最大水深（m）；

A_d——单宽流量集中系数，山前变迁、游荡、宽滩河段当$A_d > 1.8$时，A_d值可采用1.8；

H_z——造床流量下的河槽平均水深（m），对复式河床可取平滩水位时河槽平均水深。

桥墩水流侧向压缩系数 μ 值 　　　　　　表 8.3.1-1

设计流速v_s（m/s）	单孔净跨径L_0（m）								
	≤10	13	16	20	25	30	35	40	45
< 1	1.00	1.00	1.00	1.00	1.00	1.00	1.00	1.00	1.00
1.0	0.96	0.97	0.98	0.99	0.99	0.99	0.99	0.99	0.99
1.5	0.96	0.96	0.97	0.97	0.98	0.98	0.98	0.99	0.99
2.0	0.93	0.94	0.95	0.97	0.97	0.98	0.98	0.98	0.98
2.5	0.90	0.93	0.94	0.96	0.96	0.97	0.97	0.98	0.98
3.0	0.89	0.91	0.93	0.95	0.96	0.96	0.97	0.97	0.98
3.5	0.87	0.90	0.92	0.94	0.95	0.96	0.96	0.97	0.97
≥ 4.0	0.85	0.88	0.91	0.93	0.94	0.95	0.96	0.96	0.97

注：1. 系数μ是指墩台侧面因旋涡形成滞留区而减少过水面积的折减系数。

　　2. 当单孔净跨径$L_0 > 45$m时，可按$\mu = 1 - 0.375\frac{v_s}{L_0}$计算。对不等跨的桥孔，可采用各孔$\mu$值的平均值。单孔净跨径$L_0 > 200$m时，取$\mu \approx 1.0$。

📖 典型例题

例题 4-22-1（2020年真题、2019年真题）

某公路桥梁单孔净跨径$L_0 = 49.2$m，所跨河流河床底层为非黏性土，设计流速w_s为5m/s，采用64-2简化式计算河槽部分一般冲刷时，桥墩水流侧向压缩系数宜取（　　）。

（A）0.96　　　　　　（B）0.97　　　　　　（C）0.98　　　　　　（D）0.99

解答

根据《公路工程水文勘测设计规范》（JTG C30—2015）表8.3.1-1，可查桥墩水流侧向压缩系数μ值，本题中设计流速为5m/s，单孔净跨径$L_0 = 49.2$m，单孔跨径$L_0 > 45$m时，可按表8.3.1-1注2计算：

$$\mu = 1 - 0.375\frac{v_s}{L_0} = 1 - 0.375 \times \frac{5}{49.2} = 0.96$$

答案：A

2.公路桥梁墩台局部冲刷计算

📖 条文规定

《公路工程水文勘测设计规范》（JTG C30—2015）规定如下：

2.0.18　局部冲刷

桥墩或桥台阻碍水流，导致其周围河床的冲刷。

8.4.1　非黏性土河床桥墩局部冲刷，可按下列公式计算：

1 65-2 式

当 $v \leqslant v_0$ 时

$$h_b = K_\xi K_{\eta 2} B_1^{0.6} h_p^{0.15} \left(\frac{v - v_0'}{v_0} \right) \tag{8.4.1-1}$$

当 $v > v_0$ 时

$$h_b = K_\xi K_{\eta 2} B_1^{0.6} h_p^{0.15} \left(\frac{v - v_0'}{v_0} \right)^{n_2} \tag{8.4.1-2}$$

$$K_{\eta 2} = \frac{0.0023}{\overline{d}^{2.2}} + 0.375 \overline{d}^{-0.24} \tag{8.4.1-3}$$

$$v_0 = 0.28 \left(\overline{d} + 0.7 \right)^{0.5} \tag{8.4.1-4}$$

$$v_0' = 0.12 \left(\overline{d} + 0.5 \right)^{0.55} \tag{8.4.1-5}$$

$$n_2 = \left(\frac{v_0}{v} \right)^{0.23 + 0.19 \lg \overline{d}} \tag{8.4.1-6}$$

式中：h_b——桥墩局部冲刷深度（m）；

K_ξ——墩形系数，可按本规范附录 C 选用；

B_1——桥墩计算宽度（m）；

$\overline{d}$——河床泥沙平均粒径（mm）；

$K_{\eta 2}$——河床颗粒影响系数；

v——一般冲刷后墩前行进流速（m/s），可按本规范第 8.3.3 条规定计算；

v_0——河床泥沙起动流速（m/s）；

v_0'——墩前泥沙始冲流速（m/s）；

n_2——指数。

📖 典型例题

例题 4-22-2

某桥位河段汛期含沙量 $p = 5.2 \text{kg/m}^3$，河床泥沙平均粒径 $d = 2 \text{mm}$，墩前行进流速 $v = 4.55 \text{m/s}$，桥梁下部结构为钢筋混凝土双柱式桥墩，钻孔灌注桩基础，桩径为 1.2m，采用混凝土 U 形桥台，天然地基浅基础，按 64-1 修正式计算出一般冲刷深度 $h_p = 15.2 \text{m}$，试按 65-2 公式计算桥墩局部冲刷深度 h 为（　　　）。

（A）1.85m　　　　（B）2.38m　　　　（C）2.66m　　　　（D）2.95m

解答

根据《公路工程水文勘测设计规范》（JTG C30—2015）第 8.4.1 条，采用式 (8.4.1-4)，得

$$v_0 = 0.28 \left(\overline{d} + 0.7 \right)^{0.5} = 0.28 \times (2 + 0.7)^{0.5} = 0.46 \text{m/s}$$

采用公式 (8.4.1-5)，得

$$v_0' = 0.12 \left(\overline{d} + 0.5 \right)^{0.55} = 0.12 \times (2 + 0.5)^{0.55} = 0.20 \text{m/s}$$

因 $v > v_0$，根据《公路工程水文勘测设计规范》（JTG C30—2015）第 8.4.1 条，采用式 (8.4.1-2)计算局部冲刷深度，即

$$h_b = K_\xi K_{\eta 2} B_1^{0.6} h_p^{0.15} \left(\frac{v - v_0'}{v_0} \right)^{n_2}$$

$$K_{\eta 2} = \frac{0.0023}{\overline{d}^{2.2}} + 0.375 \overline{d}^{-0.24} = 0.0023/2^{2.2} + 0.375 \times 2^{0.24} = 0.443$$

$$n_2 = \left(\frac{v_0}{v}\right)^{0.23+0.19\lg\overline{d}} = \left(\frac{0.46}{4.55}\right)^{0.23+0.19\lg 2} = 0.518$$

又根据《公路工程水文勘测设计规范》（JTG C30—2015）附录 C，得 $K_\xi = 1.0$，$B_1 = 1.2$m，则

$$h_{\mathrm{b}} = K_\xi K_{\eta 2} B_1^{0.6} h_{\mathrm{p}}^{0.15} \left(\frac{v-v_0'}{v_0}\right)^{n2}$$

$$= 1.0 \times 0.44 \times 1.2^{0.6} \times 15.2^{0.15} \times \left(\frac{4.55-0.2}{0.46}\right)^{0.518} = 2.38\mathrm{m}$$

答案：B

📖 **考点分析**

墩台冲刷分为河床自然演变冲刷、一般冲刷、局部冲刷，根据河床土的性质，选择相应的公式即可。

考点23 公路桥梁基础埋深

📖 **条文规定**

《公路工程水文勘测设计规范》（JTG C30—2015）规定如下：

8.6.1 在确定桥梁墩台基础埋置深度时，除应根据桥位河段具体情况，取河床自然演变冲刷、一般冲刷和局部冲刷的不利组合确定外，尚应符合现行《公路桥涵地基与基础设计规范》（JTG D63）的相关规定。

8.6.2 非岩石河床墩台基底埋深安全值，可按表 8.6.2 确定。

基底埋深安全值（单位：m）　　　　　　　　　　　　表 8.6.2

	总冲刷深度（m）	0	5	10	15	20
安全值	大桥、中桥、小桥（不铺砌）	1.5	2.0	2.5	3.0	3.5
	特大桥	2.0	2.5	3.0	3.5	4.0

注：1. 总冲刷深度为自河床面算起的河床自然演变冲刷、一般冲刷与局部冲刷深度之和。
　　2. 表列数字为墩台基底埋入总冲刷深度以下的最小值。设计流量、水位和原始断面资料无十分把握或河床演变尚不能获得准确资料时，其值可适当加大。
　　3. 桥位上下游已有已建桥梁或属旧桥改建时，应调查旧桥的特大洪水冲刷情况，新桥墩台基础埋置深度应在旧桥最大冲刷深度上酌加必要的安全值。

《公路工程水文勘测设计规范》（JTG C30—2015）附录 D 规定如下：

岩石地基桥墩冲刷及基底埋深参考数据　　　　　　　　　　表 D

岩石特征				调查资料		建议埋入岩面深度（按施工枯水季平均水位至岩面的距离分级）（m）		
岩石类别	极限抗压强度（MPa）	调查到有冲刷的桥渡岩石特征		桥梁座数	各桥的最大冲刷深度（m）	$h<2$m	$h=2\sim10$m	$h>10$m
		岩石名称	特征					
I	极软岩	< 5	胶结不良的长石砂岩、炭质页岩等	成分以长石为主，石英凝灰碎屑、云母次之；以黏土及铁质胶结，胶结不良，用手可捏成散砂，淋滤现象明显，但岩质均匀，节理、裂隙不发育。其他岩石如风化严重，节理、裂隙发育，强度小于5MPa，用镐、锹易挖动者	2	0.65~3.0	3~4	4~5	5~7

岩石特征					调查资料		建议埋入岩面深度（按施工枯水季平均水位至岩面的距离分级）（m）		
岩石类别		极限抗压强度（MPa）	调查到有冲刷的桥渡岩石特征		桥梁座数	各桥的最大冲刷深度（m）	$h<2m$	$h=2\sim10m$	$h>10m$
			岩石名称	特征					
II	软质岩	II₁（软岩） 5~15	黏土岩、泥质页岩等	成分以黏土为主，方解石、绿泥石、云母次之；胶结成分以泥质为主，钙质铁质次之；干裂现象严重，易风化，处于水下岩石整体性好，不透水，暴露后易干裂成碎块，碎块较坚硬，但遇水后崩解成土状	10	0.4~2.0	2~3	3~4	4~5
		II₂（较软岩） 15~30	砂质页岩、砂页岩互层、砂岩砾岩等	砂页岩成分同上，夹砂颗粒；砂岩以石英为主，长石、云母次之，圆砾石砂粒黏土等组成。胶结物以泥质、钙质为主，砂质次之，层理、节理较明显，砂页岩在水陆交替处易干裂、崩解	9	0.4~1.25	1~2	2~3	3~4
III	硬质岩（较硬岩、坚硬岩）	>30	板岩、钙质砂岩、矽质岩、石灰岩、花岗岩、流纹岩、石英岩等	岩石坚硬，强度虽大于30MPa，但节理、裂隙、层理非常发育，应考虑冲刷，如岩体完整节理、裂隙、层理少，风化很微弱，可不考虑冲刷，但基底也宜埋入岩面0.2~0.5m	9	0.4~0.7	0.2~1.0	0.2~2.0	0.5~3.0

《公路桥涵地基与基础设计规范》（JTG 3363—2019）规定如下：

5.1.1　公路桥涵墩台基础基底的埋置深度应符合下列规定：

1　非岩石河床桥梁墩台基底埋深安全值不宜小于表5.1.1的规定。

基底埋深安全值（单位：m）　　　　　　　　　　　　　　　　　　　　　表5.1.1

桥梁类别	总冲刷深度（m）				
	0	5	10	15	20
大桥、中桥、小桥（不铺砌）	1.5	2.0	2.5	3.0	3.5
特大桥	2.0	2.5	3.0	3.5	4.0

注：1. 总冲刷深度为自河床面算起的河床自然演变冲刷、一般冲刷与局部冲刷深度之和。
　　2. 若对设计流量、水位和原始断面资料无把握或不能获得河床演变准确资料时，表中数值宜适当加大。
　　3. 若桥位上下游有已建桥梁，应调查已建桥梁的特大洪水冲刷情况，新建桥梁墩台基础埋置深度不宜小于已建桥梁的冲刷深度且酌加必要的安全值。
　　4. 如河床上有铺砌层时，基础底面宜设置在铺砌层顶面以下不小于1m。

2　岩石河床墩台基底最小埋置深度可参考现行《公路工程水文勘测设计规范》（JTG C30）的规定确定。

3　位于河槽的桥台，当其总冲刷深度小于桥墩总冲刷深度时，桥台基底高程应与桥墩相同。位于河滩的桥台，对不稳定河流，桥台基底高程应与桥墩相同；对稳定河流，桥台基底高程可按桥台冲刷计算结果确定。

4　对涵洞基础，在无冲刷处（岩石地基除外），应设在地面或河床底以下埋深不小于1m处；如有冲刷，基底埋深应在局部冲刷线以下不小于1m；如河床上有铺砌层时，基础底面宜设置在铺砌层顶面以下不小于1m。

5.1.2　地基为冻胀土层时，桥涵墩台基础基底埋置深度应符合下列规定：

1 上部结构为超静定结构时，基底应埋入冻结线以下不小于0.25m。

2 当墩台基础容许设置在季节性冻胀土层中时，基底的最小埋置深度可按下式计算：

$$d_{min} = z_d - h_{max} \tag{5.1.2-1}$$

$$z_d = \psi_{zs}\psi_{zw}\psi_{ze}\psi_{zg}\psi_{zf}z_0 \tag{5.1.2-2}$$

式中：d_{min}——基底最小埋置深度（m）；

z_d——设计冻深（m）；

z_0——标准冻深（m），无实测资料时，可按本规范附录E采用；

ψ_{zs}——土的类别对冻深的影响系数，按表5.1.2-1查取；

ψ_{zw}——土的冻胀性对冻深的影响系数，按表5.1.2-2查取，季节性冻胀土分类见本规范表E.0.2；

ψ_{ze}——环境对冻深的影响系数，按表5.1.2-3查取；

ψ_{zg}——地形坡向对冻深的影响系数，按表5.1.2-4查取；

ψ_{zf}——基础对冻深的影响系数，取$\psi_{zf} = 1.1$；

h_{max}——基础底面下容许最大冻层厚度（m），按表5.1.2-5查取，季节性冻胀土分类见本规范表E.0.2。

土的类别对冻深的影响系数 ψ_{zs}　　　　　　　　　　表5.1.2-1

土的类别	ψ_{zs}	土的类别	ψ_{zs}
黏性土	1.00	中砂、粗砂、砾砂	1.30
细砂、粉砂、粉土	1.20	碎石土	1.40

土的冻胀性对冻深的影响系数 ψ_{zw}　　　　　　　　　　表5.1.2-2

土的冻胀性类别	ψ_{zw}	土的冻胀性类别	ψ_{zw}
不冻胀	1.00	强冻胀	0.85
弱冻胀	0.95	特强冻胀	0.80
冻胀	0.90	—	—

环境对冻深的影响系数 ψ_{ze}　　　　　　　　　　表5.1.2-3

周围环境	ψ_{ze}	周围环境	ψ_{ze}
村、镇、旷野	1.00	城市市区	0.90
城市近郊	0.95	—	—

注：当城市市区人口为20万～50万时，按城市近郊取值；当城市市区人口大于50万且小于或等于100万时，按城市市区取值；当城市市区人口超过100万时，按城市市区取值，5km以内的郊区按城市近郊取值。

地形坡向对冻深的影响系数 ψ_{zg}　　　　　　　　　　表5.1.2-4

地形坡向	平坦	阳坡	阴坡
ψ_{zg}	1.0	0.9	1.1

基础底面下容许最大冻层厚度 h_{max}　　　　　　　　　　表5.1.2-5

土的冻胀性类别	弱冻胀	冻胀	强冻胀	特强冻胀
h_{max}	$0.38z_0$	$0.28z_0$	$0.15z_0$	$0.08z_0$

📖 **典型例题**

例题4-23-1

某桥位的设计洪水位为122.65m，一般冲刷深度为15.30m，局部冲刷深度为2.80m，基础安全埋深

3m，其他因素不计，则该桥的桥墩基础底部高程应为（   ）。

（A）104.55m

（B）21.1m

（C）101.55m

（D）125.65m

解答

总冲刷深度 h = 一般冲刷深度 + 局部冲刷深度 + 自然演变冲刷

$$= 15.3 + 2.8 + 0 = 18.1m$$

最低冲刷线高程 H_1 = 设计水位 − 总冲刷深度

$$= 122.65 − 18.1 = 104.55m$$

则

桥墩基础底部高程 H_2 = 最低冲刷线高程 − 安全埋深

$$= 104.55 − 3 = 101.55m$$

答案：C

例题 4-23-2

某桥梁桥墩基础为岩石地基，岩石极限抗压强度为 21MPa，施工枯水季平均水位至岩面的距离 $h = 8.2m$，则该桥的桥墩基础埋入岩面深度为（   ）。

（A）1～2m

（B）2～3m

（C）3～4m

（D）4～5m

解答

桥梁基础为岩石地基，查《公路工程水文勘测设计规范》（JTG C30—2015）附录 D，可得，桥墩基础埋入岩面深度为 2～3m。

答案：B

📖 **考点分析**

（1）非岩石地基，基础埋深 = 冲刷总深度 + 基底埋深安全值，冲刷总深度=自然演变冲刷 + 一般冲刷 + 局部冲刷，冲刷总深度按《公路工程水文勘测设计规范》（JTG C30—2015）表 8.6.2 注 1 理解为从河床面算起，按第 8.3.1 条条文说明，一般冲刷深度应理解为从设计水位算起至一般冲刷线的水深。

（2）岩石地基，则查《公路工程水文勘测设计规范》（JTG C30—2015）附录 D，根据岩石极限抗压强度及按施工枯水季平均水位至岩面的距离分级直接查表取值。

考点24　公路桥梁地基承载力计算

📖 **条文规定**

《公路桥涵地基与基础设计规范》（JTG 3363—2019）规定如下：

4.3.1　桥涵地基承载力的验算应以修正后的地基承载力特征值 f_a 乘以地基承载力抗力系数 γ_R 控制，并应符合下列规定：

1　修正后的地基承载力特征值 f_a 应基于地基承载力特征值 f_{a0}，根据基础基底埋深、宽度及地基土的类别按本规范第 4.3.4 条的规定修正确定。

2　软土地基承载力特征值可按本规范第 4.3.5 条的规定确定。

3　地基承载力抗力系数 γ_R 可按本规范第 3.0.7 条的规定确定。

4　其他特殊性岩土地基的承载力特征值及抗力系数应根据各地区经验或标准规范确定。

4.3.4 修正后的地基承载力特征值f_a可按式(4.3.4)确定。当基础位于水中不透水地层上时，f_a可按平均常水位至一般冲刷线的水深按10kPa/m提高。

$$f_a = f_{a0} + k_1\gamma_1(b-2) + k_2\gamma_2(h-3) \tag{4.3.4}$$

式中：f_a——修正后的地基承载力特征值（kPa）；

b——基础底面的最小边宽（m），当$b < 2$m时，取$b = 2$m；当$b > 10$m时，取$b = 10$m；

h——基底埋置深度（m），从自然地面起算，有水流冲刷时自一般冲刷线起算；当$h < 3$m时，取$h = 3$m；当$h/b > 4$时，取$h = 4b$；

k_1、k_2——基底宽度、深度修正系数，根据基底持力层土的类别按表4.3.4确定；

γ_1——基底持力层土的天然重度（kN/m³），若持力层在水面以下且为透水者，应取浮重度；

γ_2——基底以上土层的加权平均重度（kN/m³），换算时若持力层在水面以下且不透水，则不论基底以上土的透水性质如何，均取饱和重度；当透水时，水中部分土层取浮重度。

地基土承载力宽度、深度修正系数 k_1、k_2 表4.3.4

系数	黏性土				粉土	砂土								碎石土			
	老黏性土	一般黏性土		新近沉积黏性土	—	粉砂		细砂		中砂		砾砂、粗砂		碎石、圆砾、角砾		卵石	
		$I_L \geq 0.5$	$I_L < 0.5$		—	中密	密实	中密	密实	中密	密实	中密	密实	中密	密实	中密	密实
k_1	0	0	0	0	0	1.0	1.2	1.5	2.0	2.0	3.0	3.0	4.0	3.0	4.0	3.0	4.0
k_2	2.5	1.5	2.5	1.0	1.5	2.0	2.5	3.0	4.0	4.0	5.5	5.0	6.0	5.0	6.0	6.0	10.0

注：1. 对稍密和松散状态的砂、碎石土，k_1、k_2值可采用表列中密值的50%。
2. 强风化和全风化的岩石，可参照所风化成的相应土类取值；其他状态下的岩石不修正。

4.3.5 软土地基承载力应按下列规定确定：

1 软土地基承载力特征值f_{a0}应由载荷试验或其他原位测试取得。载荷试验和原位测试确有困难时，对中小桥、涵洞基底未经处理的软土地基修正后的地基承载力特征值f_a可采用下列两种方法确定：

1）根据原状土天然含水率w，按表4.3.5确定软土地基承载力特征值f_{a0}，然后按式(4.3.5-1)计算修正后的地基承载力特征值f_a：

$$f_a = f_{a0} + \gamma_2 h \tag{4.3.5-1}$$

软土地基承载力特征值 f_{a0}（单位：kPa） 表4.3.5

天然含水率w（%）	36	40	45	50	55	65	75
f_{a0}（kPa）	100	90	80	70	60	50	40

2）根据原状土强度指标确定软土地基修正后的地基承载力特征值f_a：

$$f_a = \frac{5.14}{m} k_p C_u + \gamma_2 h \tag{4.3.5-2}$$

$$k_p = \left(1 + 0.2\frac{b}{l}\right)\left(1 - \frac{0.4H}{blC_u}\right) \tag{4.3.5-3}$$

式中：m——抗力修正系数，可视软土灵敏度及基础长宽比等因素选用1.5～2.5；

C_u——地基土不排水抗剪强度标准值（kPa）；

k_p——系数；

H——由作用（标准值）引起的水平力（kN）；

b——基础宽度（m），有偏心作用时，取$b - 2e_b$；

l——垂直于b边的基础长度（m），有偏心作用时，取$l - 2e_l$；

e_b、e_l——偏心作用在宽度和长度方向的偏心距。

5.2.2 不考虑嵌固作用的基础底面岩土的承载力可按下式验算：

1 当基底只承受轴心荷载时：

$$p = \frac{N}{A} \leqslant f_a \tag{5.2.2-1}$$

式中：p——基底平均压应力（kPa）；

N——本规范第 3.0.6 条规定的作用组合下基底的竖向力（kN）；

A——基础底面面积（m²）。

2 当基底单向偏心受压时，除满足本条第 1 款规定外，尚应符合下列条件：

$$p_{max} = \frac{N}{A} + \frac{M}{W} \leqslant \gamma_R f_a \tag{5.2.2-2}$$

式中：p_{max}——基底最大压应力（kPa）；

M——本规范第 3.0.6 条规定的作用组合下墩台的水平力和竖向力对基底重心轴的弯矩（kN·m）；

W——基础底面偏心方向的面积抵抗矩（m³）。

3 当基底双向偏心受压时，除满足本条第 1 款外，尚应符合下列条件：

$$p_{max} = \frac{N}{A} + \frac{M_x}{W_x} + \frac{M_y}{W_y} \leqslant \gamma_R f_a \tag{5.2.2-3}$$

式中：M_x、M_y——作用于墩台的水平力和竖向力对基底分别对 x 轴、y 轴的弯矩（kN·m）；

W_x、W_y——基础底面偏心方向边缘对 x 轴、y 轴的面积抵抗矩（m³）。

📖 **典型例题**

例题 4-24-1

某桥梁采用扩大基础，基础尺寸为 11m × 15m，基础埋置深度为 2.5m，基底持力层为中密细砂，地基承载力特征值为 130kPa，饱和重度为 18kN/m³，基底以上土层加权饱和重度为 18kN/m³，常水位至一般冲刷线 5m 高度。修正后的地基承载力特征值与（ ）最接近。

（A）130kPa　　　（B）180kPa　　　（C）230kPa　　　（D）250kPa

解答

根据《公路桥涵地基与基础设计规范》（JTG 3363—2019）第 4.3.4 条：

$B = 11m > 10m$，取 10m；$h = 2.5m < 3m$，取 3m；

中密细砂，$k_1 = 1.5$，$k_2 = 3$；

由于中密细砂是透水的，因此需取浮重度。

$f_a = 130 + 1.5 \times (18 - 10) \times (10 - 2) + 3.0 \times (18 - 10) \times (3 - 3) = 226kPa$

答案：C

📖 **考点分析**

（1）地基承载力特征值修正，一定要和建筑地基基础规范区分开来，两本规范中的宽度、深度修正的基础不一样，桥梁中考虑了冲刷要求。

（2）在宽度修正上，宽度取值必须在 2～10m 之间；深度修正上，最小为 3m，不足 3m 时取 3m，即不修正深度。

（3）有关重度选取，要考虑基底持力层是否透水。重度的换算关系：浮重度 = 饱和重度 − 10（水的重度）。

考点25　公路桥梁墩台基底合力偏心距验算

《公路桥涵地基与基础设计规范》（JTG 3363—2019）规定如下：

5.2.5　桥涵墩台应验算作用于基底的合力偏心距，并应符合下列规定：

1　桥涵墩台基底的合力偏心距容许值[e_0]应符合表 5.2.5 的规定。

墩台基底的合力偏心距容许值[e_0]　　　　　　　　　表 5.2.5

作用情况	地基条件	[e_0]	备注
仅承受永久作用标准值组合	非岩石地基	桥墩，0.1ρ	拱桥、刚构桥墩台，其合力作用点应尽量保持在基底重心附近
		桥台，0.75ρ	
承受作用标准值组合或偶然作用标准值组合	非岩石地基	ρ	拱桥单向推力墩不受限制，但应符合本规范表 5.4.3 规定的抗倾覆稳定安全系数
	较破碎～极破碎岩石地基	1.2ρ	
	完整、较完整岩石地基	1.5ρ	

2　基底以上外力作用点对基底重心轴的偏心距 e_0 可按式 (5.2.5-1)计算：

$$e_0 = \frac{M}{N} \leqslant [e_0] \tag{5.2.5-1}$$

式中：M——所有外力（竖向力、水平力）对基底截面重心轴的弯矩（kN·m）；

　　　N——作用于基底的竖向力（kN）。

3　基底承受单向或双向偏心受压的截面核心半径 ρ 值可按下列公式计算：

$$\rho = \frac{e_0}{1 - \dfrac{p_{min}A}{N}} \tag{5.2.5-2}$$

$$p_{min} = \frac{N}{A} - \frac{M_x}{W_x} - \frac{M_y}{W_y} \tag{5.2.5-3}$$

式中：p_{min}——基底最小压应力，当为负值时表示拉应力（kPa）。

例题 4-25-1

某桥梁采用扩大基础，基础位于较完整岩石地基上，承受作用为标准组合时，基底以上外力作用点对基底中心轴偏心距为 0.8m，基底最小压应力 0，则基底合力偏心距容许值为（　　　）。

（A）0.67m　　　　（B）0.83m　　　　（C）0.96m　　　　（D）1.20m

解答

根据《公路桥涵地基与基础设计规范》（JTG 3363—2019）第 5.2.5 条，查表 5.2.5，位于较完整岩石地基上，截面核心半径为：

$$\rho = \frac{e_0}{1 - \dfrac{p_{min}A}{N}} = \frac{0.8}{1 - 0} = 0.8$$

则基底合力偏心距容许值为：

$$1.5 \times 0.8 = 1.2m$$

答案：D

例题 4-25-1a（2024 年真题）

某公路桥梁采用扩大基础，基础位于较破碎地基上，承受作用为标准组合时，基底以上外力作用点对基底重心轴偏心距为 1.0m，基底最小压应力为 0，根据规范计算，基底合力偏心距容许值是多少？

（A）0.75m　　　　　　　　　　　（B）1.0m

（C）1.2m　　　　　　　　　　　（D）1.5m

解答

（1）根据《公路桥涵地基与基础设计规范》（JTG 3363—2019）5.2.5 条 5.2.5-2 式，截面核心半径为：

$$\rho = \frac{e_0}{1 - \frac{p_{\min}A}{N}} = \frac{1}{1 - 0} = 1\text{m}$$

（2）根据《公路桥涵地基与基础设计规范》（JTG 3363—2019）表 5.2.5，基础位于较破碎地基上，则基底合力偏心距容许值为：

$$[e_0] = 1.2\rho = 1.2 \times 1 = 1.2\text{m}$$

答案：C

例题 4-25-2（2022 年真题）

某重力式桥墩，基底为矩形截面，纵桥向尺寸为 $L = 4.0$m，横桥向尺寸为 $B = 7.0$m，基础支撑于非岩石地基，基底承受的作用标准值组合为竖向力 $N = 5000$kN，顺桥向偏心弯矩 $M = 3000$kN·m，矩形截面的核心半径按照 $L/6$ 计算。请计算作用对基底中心轴的偏心距 e_0 是（　　　　），并判断是否满足规范的要求。

（A）0.60m，不满足　　　　　　　（B）0.67m，不满足

（C）0.60m，满足　　　　　　　　（D）0.50m，满足

解答

根据《公路桥涵地基与基础设计规范》（JTG 3363—2019）第 5.2.5 条：

$e_0 = M/N = 3000/5000 = 0.6$m

查表 5.2.5，对于承受作用标准值组合的非岩石地基上的墩台，基底的合力偏心距容许值 $[e_0] = \rho = L/6$（题中提示）= 0.67m。

因此，$e_0 = 0.6m \leqslant [e_0] = 0.67$，满足要求。

答案：C

📖 **考点分析**

（1）偏心距容许值，关键因素是荷载作用情况及地基情况。先看是什么样的作用，再看是什么样的地基。

（2）如果要计算基底偏心距，一般也会给出弯矩和竖向力。

考点26　公路桥梁墩台稳定性验算

📖 **条文规定**

《公路桥涵地基与基础设计规范》（JTG 3363—2019）规定如下：

5.4.1 桥涵墩台基础的抗倾覆稳定应按下列公式计算（图 5.4.1）：

a) 立面 b) 平面（单向偏心） c) 平面（双向偏心）

图 5.4.1　墩台基础的稳定验算示意图

O-截面重心；R-合力作用点；A—A-验算倾覆轴

$$k_0 = \frac{s}{e_0} \tag{5.4.1-1}$$

$$e_0 = \frac{\sum P_i e_i + \sum H_i h_i}{\sum P_i} \tag{5.4.1-2}$$

式中：k_0——墩台基础抗倾覆稳定性系数；

s——在截面重心至合力作用点的延长线上，自截面重心至验算倾覆轴的距离（m）；

e_0——所有外力的合力R在验算截面的作用点对基底重心轴的偏心距（m）；

P_i——不考虑其分项系数和组合系数的作用标准值组合或偶然作用标准值组合引起的竖向力（kN）；

e_i——竖向力P_i对验算截面重心的力臂（m）；

H_i——不考虑其分项系数和组合系数的作用标准值组合或偶然作用标准值组合引起的水平力（kN）；

h_i——水平力对验算截面的力臂（m）。

注：1. 弯矩应视其绕验算截面重心轴的不同方向取正负号。

　　2. 对矩形凹缺的多边形基础，其倾覆轴应取基底截面的外包线。

5.4.2　桥涵墩台基础的抗滑动稳定性系数k_c应按下式计算：

$$k_c = \frac{\mu \sum P_i + \sum H_{iP}}{\sum H_{ia}} \tag{5.4.2}$$

式中：k_c——桥涵墩台基础的抗滑动稳定性系数；

$\sum P_i$——竖向力总和（kN）；

$\sum H_{iP}$——抗滑稳定水平力总和（kN）；

$\sum H_{ia}$——滑动水平力总和（kN）；

μ——基础底面与地基土之间的摩擦系数，通过试验确定；当缺少实际资料时，可参照表 5.4.2 采用。

注：$\sum H_{iP}$和$\sum H_{ia}$分别为两个相对方向的各自水平力总和，绝对值较大者为滑动水平力$\sum H_{ia}$，另一为抗滑稳定力$\sum H_{iP}$。$\mu \sum P_i$为抗滑动稳定力。

基底摩擦系数　　　　　　　　　　　　　　　　　　　　　　　表 5.4.2

地基土分类	μ
黏性土（流塑～坚硬）、粉土	0.25～0.35

地基土分类	μ
砂土（粉砂～砾砂）	0.30～0.40
碎石土（松散～密实）	0.40～0.50
软岩（极软岩～较软岩）	0.40～0.60
硬岩（较硬岩、坚硬岩）	0.60、0.70

5.4.3　验算墩台抗倾覆和抗滑动稳定性时，稳定安全系数不应小于表5.4.3规定的限值。

抗倾覆和抗滑动稳定安全系数限值　　　　　　　　　　　表5.4.3

作用组合		验算项目	稳定安全系数限值
使用阶段	仅计永久作用（不计混凝土收缩及徐变、浮力）和汽车、人群作用的标准值组合	抗倾覆	1.5
		抗滑动	1.3
	各种作用的标准值组合	抗倾覆	1.3
		抗滑动	1.2
施工阶段作用的标准值组合		抗倾覆	1.2
		抗滑动	

📖 **典型例题**

例题 4-26-1（2020 年真题）

某重力式桥墩，基底截面为矩形，截面尺寸为纵向 $D = 230\text{cm}$，横向 $B = 350\text{cm}$，竖向力 $N = 12700\text{kN}$，水平力 $P = 3140\text{kN}$。基础与土壤的摩擦系数 $f = 0.35$。基底的滑动稳定系数为（　　）。并请判断其滑动稳定性。

（A）1.32　　　　　　（B）1.42　　　　　　（C）1.48　　　　　　（D）2.10

解答

根据《公路桥涵地基与基础设计规范》（JTG 3363—2019）第 5.4.2 条，基底的滑动稳定系数为：

$$k_c = \frac{\mu\sum P_i + \sum H_{iP}}{\sum H_{ia}} = (0.35 \times 12700 + 0)/3140 = 1.42 > 1.3$$

根据表 5.4.3，$k_c > [k_c]$，故滑动稳定性满足要求。

答案：B

例题 4-26-2（2022 年真题）

某一级公路桥梁重力式桥台，混凝土基础基底为矩形截面，持力层为砂土，摩擦系数为 0.3，其基底各种作用的标准组合为：竖向力总和 40000kN，抗滑动稳定水平力总和 20000kN，滑动水平力总和 25000kN，请计算该桥台基础的抗滑动稳定安全系数是（　　），并判断是否满足规范的要求。

（A）1.28，满足　　　（B）1.28，不满足　　　（C）1.0，不满足　　　（D）1.15，满足

解答

根据《公路桥涵地基与基础设计规范》（JTG 3363—2019）第 5.4.2 条：

$$k_c = \frac{\mu\sum P_i + \sum H_{iP}}{\sum H_{ia}} = \frac{0.3 \times 40000 + 20000}{25000} = 1.28$$

根据表 5.4.3，当验算使用阶段各种作用的标准值组合下的基础抗滑动稳定性时，抗滑动稳定安全系数限值为 1.2，因此满足要求。

答案：A

例题 4-26-3（2023 年真题）

某公路桥梁的桥墩采用重力式,如下图所示,已知P_1为 3000kN,P_2为 4000kN,墩身总重P_3为 1000kN,水平力H为 1000kN,桥墩基础的抗倾覆安全系数是（   ）。（取小数点后两位）

（A）0.90   （B）1.13

（C）1.63   （D）2.58

解答

例题 4-26-3 图（尺寸单位：cm）

根据《公路桥涵地基与基础设计规范》（JTG 3363—2019）第 5.4.1 条：

$$e_0 = \frac{\sum P_i e_i + \sum H_i h_i}{\sum P_i} = \frac{3000 \times 0.3 - 4000 \times 0.5 + 1000 \times 6}{3000 + 4000 + 1000} = 0.6125\text{m}$$

$$k_0 = \frac{s}{e_0} = \frac{1}{0.6125} = 1.63$$

答案：C

例题 4-26-4（2022 年补考真题）

某高速公路桥梁,桥宽 12m,跨径 30m,上部结构为预应力混凝土 T 梁、柱式桥墩、钻孔灌注桩基础、重力式桥台、扩大基础。上部结构自重传递给桥台的竖向力为 2500kN,桥台自重 1000kN,汽车荷载传递给桥台的竖向力标准值为 1500kN、水平力（台前方向）标准值为 300kN,其他偶然荷载传递给桥台的竖向力标准值为 500kN、水平力（台前方向）标准值为 350kN,台前土压力作用于桥台的水平力为 300kN,台后土压力作用于桥台的水平力为 1200kN。不计土压力作用于桥台的竖向力,桥台处地基为粉土,基底摩擦系数采用规范规定的最大值。桥台基底在仅承受永久作用标准值组合时偏心距为 0.2m,截面核心半径为 3m;在承受偶然作用标准值组合时偏心距为 2.5m,截面核心半径为 3m。该桥台使用阶段的抗滑动稳定性及偏心距是否满足规范要求?

（A）均满足   （B）均不满足

（C）抗滑动稳定性满足,偏心距不满足   （D）抗滑动稳定性不满足,偏心距满足

解答

根据《公路桥涵地基与基础设计规范》（JTG 3363—2019）表 5.4.2,得基底摩擦系数为 0.35。根据《公路桥涵地基与基础设计规范》（JTG 3363—2019）第 5.4.2 条,得基底的滑动稳定系数：

仅计永久作用（不计混凝土收缩及徐变、浮力）和汽车、人群作用的标准值组合：

根据《公路桥涵地基与基础设计规范》（JTG 3363—2019）第 5.4.2 条,得基底的滑动稳定系数：

$$k_c = \frac{\mu \sum P_i + \sum H_{ip}}{\sum H_{ia}} = \frac{0.35 \times (2500 + 1000 + 1500) + 300}{300 + 1200} = 1.367 > 1.3$$

根据表 5.4.3,$k_c > [k_c]$,故滑动稳定性满足要求。

各种作用的标准值组合：

稳定系数：$k_c = \dfrac{\mu \sum P_i + \sum H_{ip}}{\sum H_{ia}} = \dfrac{0.35 \times (2500 + 1000 + 1500 + 500) + 300}{300 + 350 + 1200} = 1.203 > 1.2$

根据表 5.4.3，$k_c > [k_c]$，故滑动稳定性满足要求。

根据《公路桥涵地基与基础设计规范》（JTG 3363—2019）表 5.2.5，得：

仅承受永久作用标准值组合：$0.75\rho = 2.25 > 0.2$，偏心距满足规范要求；

承受作用标准值组合：$\rho = 3 > 2.5$，偏心距满足规范要求。

答案：A

考点分析

（1）抗滑验算中，抗力和作用力要区分清楚，竖向力乘以摩擦系数加上水平抗滑动力为抗力，促进滑动的水平力为作用力。

（2）抗滑和抗倾覆稳定性安全系数限制，要根据不同阶段及不同作用组合进行选取。

考点27　公路桥梁桩基构造与计算

条文规定

《公路桥涵地基与基础设计规范》（JTG 3363—2019）规定如下：

6.2.3　钢管桩应满足下列构造要求：

1　钢管桩的焊接接头应采用等强度对接连接。

2　钢管桩的端部形式，应根据桩所穿越的土层、桩端持力层性质、桩的尺寸、挤土效应等因素综合考虑确定。钢管桩可采用下列桩端形式：

1）敞口带加强箍（带内隔板、不带内隔板），敞口不带加强箍（带内隔板、不带内隔板）；

2）闭口平底、锥底。

3　钢管桩直径及壁厚宜满足下列要求：

1）直径与壁厚之比不宜大于 100。

2）抗锤击要求的最小壁厚可根据经验或按下式确定：

$$t = 6.35 + \dfrac{d}{100} \tag{6.2.3}$$

式中：t——钢管桩壁厚（mm）；

　　　d——钢管桩直径（mm）。

6.2.6　桩的布置和中距应符合下列规定：

1　群桩的布置可采用对称形、梅花形或环形。

2　摩擦型桩的中距应符合下列规定：

1）锤击、静压沉桩，在桩端处的中距不应小于桩径（或边长）的 3 倍，对软土地基宜适当增大；振动沉入砂土内的桩，在桩端处的中距不应小于桩径（或边长）的 4 倍。桩在承台底面处的中距不应小于桩径（或边长）的 1.5 倍。

2）钻孔桩中距不应小于桩径的 2.5 倍。

3）挖孔桩中距可按钻孔桩采用。

3　支承或嵌固在基岩中的端承型钻（挖）孔桩的中距不宜小于桩径的 2 倍。

4　钻（挖）孔扩底灌注桩的中距不应小于 1.5 倍扩底直径和扩底直径加 1m 的较大者。

5 对边桩（或角桩）外侧与承台边缘的距离，桩直径（或边长）小于或等于1m时，不应小于0.5倍桩径（或边长）且不应小于250mm；桩直径大于1m时，不应小于0.3倍桩径（或边长）且不应小于500mm。

6.2.7 承台和横系梁的构造应符合下列规定：

1 承台的厚度不宜小于桩直径的1.5倍，且不宜小于1.5m。混凝土强度等级不应低于C25，当采用强度标准值400MPa及以上钢筋时不应低于C30。

2 当桩顶直接埋入承台连接时，应在每根桩的顶面上设1~2层钢筋网。当桩顶主筋伸入承台时，承台底面内宜设一层钢筋网，底面内每一方向的钢筋用量宜为1200~1500mm²/m，钢筋直径宜采用12~16mm。

3 当用横系梁加强桩之间的整体性时，横系梁的高度可取0.8~1.0倍的桩直径，宽度可取0.6~1.0倍的桩直径。混凝土的强度等级不应低于C25，当采用强度标准值400MPa及以上钢筋时不应低于C30。纵向钢筋不应少于横系梁截面面积的0.15%。箍筋直径不应小于8mm，且其间距不应大于400mm。

6.2.8 桩与承台、横系梁的连接应符合下列规定：

1 对混凝土桩直接埋入承台的连接，当桩径（或边长）小于0.6m时，埋入长度不应小于2倍桩径（或边长）；当桩径（或边长）为0.6~1.2m时，埋入长度不应小于1.2m；当桩径（或边长）大于1.2m时，埋入长度不应小于桩径（或边长）。

2 对混凝土桩主筋伸入承台的连接，桩身嵌入承台内的深度可采用100mm；伸入承台内的桩顶主筋可做成喇叭形（相对竖直线倾斜约15°）；伸入承台内的主筋长度，HPB300钢筋不应小于40倍钢筋直径（设弯钩），带肋钢筋不应小于35倍钢筋直径（不设弯钩）。

3 对大直径灌注桩的一柱一桩连接，可设置横系梁或将桩与柱直接连接。

4 对混凝土管桩与承台的连接，伸入承台内的纵向钢筋如采用插筋，插筋数量不应少于4根，直径不应小于16mm，锚入承台长度不宜小于35倍钢筋直径，插入管桩顶的填芯混凝土长度不宜小于1.0m。

5 钢管桩与承台之间应采用固结连接，并应满足连接部受力需要。固结连接可采用如下一种或几种方式的组合：

1）桩顶直接伸入承台［图6.2.8a）］，钢管桩伸入承台部分应设置必要的剪力键。

2）桩顶部可设置锚固件或锚固钢筋［图6.2.8b）］，锚固钢筋伸入承台长度应符合本条第2款的规定。

3）桩顶部可设置桩芯钢筋混凝土。桩芯钢筋混凝土与承台的连接应符合本条第2款的规定，钢管内桩芯混凝土的长度、配筋应满足受力要求。

a) 桩顶直接伸入承台　　　　b) 桩顶通过锚固件或锚固钢筋

图6.2.8 钢管桩与承台的连接
1-承台；2-钢管桩；3-锚固件或锚固钢筋

6 横系梁的主钢筋应伸入桩内，其长度不应小于35倍主筋直径。

6.3.3 对支承在土层中的钻（挖）孔灌注桩，其单桩轴向受压承载力特征值R_a可按下列公式计算：

$$R_a = \frac{1}{2}u\sum_{i=1}^{n}q_{ik}l_i + A_p q_r \tag{6.3.3-1}$$

$$q_r = m_0\lambda[f_{a0} + k_2\gamma_2(h-3)] \tag{6.3.3-2}$$

式中：R_a——单桩轴向受压承载力特征值（kN），桩身自重与置换土重（当自重计入浮力时，置换土重也计入浮力）的差值计入作用效应；

u——桩身周长（m）；

A_p——桩端截面面积（m²），对扩底桩，可取扩底截面面积；

n——土的层数；

l_i——承台底面或局部冲刷线以下各土层的厚度（m），扩孔部分及变截面以上2d长度范围内不计；

q_{ik}——与l_i对应的各土层与桩侧的摩阻力标准值（kPa），宜采用单桩摩阻力试验确定，当无试验条件时按表6.3.3-1选用，扩孔部分及变截面以上2d长度范围内不计摩阻力；

q_r——修正后的桩端土承载力特征值（kPa），当持力层为砂土、碎石土时，若计算值超过下列值，宜按下列值采用：粉砂1000kPa；细砂1150kPa；中砂、粗砂、砾砂1450kPa；碎石土2750kPa；

f_{a0}——桩端土的承载力特征值（kPa），按本规范第4.3.3条确定；

h——桩端的埋置深度（m），对有冲刷的桩基，埋深由局部冲刷线起算；对无冲刷的桩基，埋深由天然地面线或实际开挖后的地面线起算；h的计算值不应大于40m，大于40m时，取40m；

k_2——承载力特征值的深度修正系数，根据桩端持力层土的类别按表4.3.4选用；

γ_2——桩端以上各土层的加权平均重度（kN/m³），当持力层在水位以下且不透水时，均应取饱和重度；当持力层透水时，水中部分土层应取浮重度；

λ——修正系数，按表6.3.3-2选用；

m_0——清底系数，按表6.3.3-3选用。

6.3.4　对符合本规范附录K规定的后压浆灌注桩单桩轴向受压承载力特征值R_a，可按下式计算：

$$R_a = \frac{1}{2}u\sum_{i=1}^{n}\beta_{si}q_{ik}l_i + \beta_p A_p q_r \tag{6.3.4}$$

式中：R_a——后压浆灌注桩的单桩轴向受压承载力特征值（kN）。桩身自重与置换土重（当自重计入浮力时，置换土重也计入浮力）的差值计入作用效应；

β_{si}——第i层土的侧阻力增强系数，可按表6.3.4取值。在饱和土层中桩端压浆时，仅对桩端以上10.0～12.0m范围内的桩侧阻力进行增强修正；在非饱和土层中桩端压浆时，仅对桩端以上5.0～6.0m的桩侧阻力进行增强修正；饱和土层中桩侧压浆时，仅对压浆断面以上10.0～12.0m范围内的桩侧阻力进行增强修正；在非饱和土层中桩侧压浆时，仅对压浆断面上下各5.0～6.0m范围内的桩侧阻力进行增强修正；对非增强影响范围，$\beta_{si} = 1$；

β_p——端阻力增强系数，可按表6.3.4取值。

6.3.5　支承在土层中的沉桩单桩轴向受压承载力特征值R_a可按下式计算：

$$R_a = \frac{1}{2}\left(u\sum_{i=1}^{n}\alpha_i l_i q_{ik} + \alpha_r\lambda_p A_p q_{rk}\right) \tag{6.3.5}$$

式中：R_a——单桩轴向受压承载力特征值（kN），桩身自重与置换土重（当自重计入浮力时，置换土重也计入浮力）的差值计入作用效应；

u——桩身周长（m）；

n——土的层数；

l_i——承台底面或局部冲刷线以下各土层的厚度（m）；

q_{ik}——与l_i对应的各土层与桩侧摩阻力标准值（kPa），宜采用单桩摩阻力试验或静力触探试验测定，当无试验条件时按表6.3.5-1选用；

q_{rk}——桩端土的承载力标准值（kPa），宜采用单桩试验或静力触探试验测定，当无试验条件时按表 6.3.5-2 选用；

α_i、α_r——分别为振动沉桩对各土层桩侧摩阻力和桩端承载力的影响系数，按表 6.3.5-3 取用；对锤击、静压沉桩其值均取 1.0；

λ_p——桩端土塞效应系数。对闭口桩取 1.0；对开口桩，1.2m < d ≤ 1.5m 时取 0.3～0.4，d > 1.5m 时取 0.2～0.3。

6.3.7 对支承在基岩上或嵌入基岩中的钻（挖）孔桩、沉桩，其单桩轴向受压承载力特征值R_a可按下式计算：

$$R_a = c_1 A_p f_{rk} + u \sum_{i=1}^{m} c_{2i} h_i f_{rki} + \frac{1}{2} \zeta_s u \sum_{i=1}^{n} l_i q_{ik} \tag{6.3.7}$$

式中：c_1——根据岩石强度、岩石破碎程度等因素而确定的端阻力发挥系数，见表 6.3.7-1；

A_p——桩端截面面积（m²），对扩底桩，取扩底截面面积；

f_{rk}——桩端岩石饱和单轴抗压强度标准值（kPa），黏土岩取天然湿度单轴抗压强度标准值，f_{rk} 小于 2MPa 时按支承在土层中的桩计算；

f_{rki}——第i层的f_{rk}值；

c_{2i}——根据岩石强度、岩石破碎程度等因素而定的第i层岩层的侧阻发挥系数，见表 6.3.7-1；

u——各土层或各岩层部分的桩身周长（m）；

h_i——桩嵌入各岩层部分的厚度（m），不包括强风化层、全风化层及局部冲刷线以上基岩；

m——岩层的层数，不包括强风化层和全风化层；

ζ_s——覆盖层土的侧阻力发挥系数，其值应根据桩端f_{rk}确定，见表 6.3.7-2；

l_i——承台底面或局部冲刷线以下各土层的厚度（m）；

q_{ik}——桩侧第i层土的侧阻力标准值(kPa)，应采用单桩摩阻力试验值，当无试验条件时，对钻（挖）孔桩可按表 6.3.3-1 选用，对沉桩可按表 6.3.5-1 选用，扩孔部分不计摩阻力；

n——土层的层数，强风化和全风化岩层按土层考虑。

发挥系数 c_1、c_2　　　　　　　　　　　　　　　　　表 6.3.7-1

岩石层情况	c_1	c_2
完整、较完整	0.6	0.05
较破碎	0.5	0.04
破碎、极破碎	0.4	0.03

注：1. 入岩深度小于或等于 0.5m 时，c_1 乘以 0.75 的折减系数，$c_2 = 0$。

2. 对钻孔桩，系数c_1、c_2值降低 20% 采用。对桩端沉渣厚度t，d ≤ 1.5m 时，t ≤ 50mm；d > 1.5m 时，t ≤ 100mm。

3. 对中风化层作为持力层的情况，c_1、c_2 分别乘以 0.75 的折减系数。

覆盖层土的侧阻力发挥系数 ζ_s　　　　　　　　　　　表 6.3.7-2

f_{rk}（MPa）	2	15	30	60
侧阻力发挥系数ζ_s	1.0	0.8	0.5	0.2

注：ζ_s值可内插计算。当f_{rk} > 60MPa 时，ζ_s 可按f_{rk} = 60MPa 取值。

6.3.8 桩基按嵌岩设计时，其嵌入基岩中的有效深度可按下列公式计算：

1 对圆形桩，可按下式计算：

$$h_r = \frac{1.27H + \sqrt{3.81\beta f_{rk} d M_H + 4.84H^2}}{0.5\beta f_{rk} d} \tag{6.3.8-1}$$

2 对矩形桩，可按下式计算：

$$h_r = \frac{H + \sqrt{3\beta f_{rk}bM_H + 3H^2}}{0.5\beta f_{rk}b}$$

(6.3.8-2)

式中：h_r——桩嵌入基岩中（不计强风化层、全风化层及局部冲刷线以上基岩）的有效深度（m），不应小于 0.5m；

H——基岩顶面处的水平力（kN）；

M_H——基岩顶面处的弯矩（kN·m）；

b——垂直于弯矩的平面桩边长（m）；

β——岩石的垂直抗压强度换算为水平抗压强度的折减系数，取 0.5～1.0，应根据岩层侧面构造确定，节理发育岩石取小值，节理不发育岩石取大值；

f_{rk}——岩石饱和单轴抗压强度标准值（kPa）。

6.3.9 摩擦型桩的受拉要求应符合下列规定：

1 当桩的轴向力由结构自重、预加力、土重、土侧压力、汽车荷载和人群荷载的频遇组合引起时，桩不得受拉。

2 当桩的轴向力由上述荷载与其他可变作用、偶然作用的频遇组合或偶然组合引起时，桩可受拉，其单桩轴向受拉承载力特征值按下式计算：

$$R_t = 0.3u \sum_{i=1}^{n} \alpha_i l_i q_{ik}$$

(6.3.9)

式中：R_t——单桩轴向受拉承载力特征值（kN）；

u——桩身周长（m），对等直径桩，$u = \pi d$；对扩底桩，自桩端起算的长度$\sum l_i \leqslant 5d$时取$u = \pi D$，其余长度均取$u = \pi d$（其中D为桩的扩底直径，d为桩身直径）；

α_i——振动沉桩对各土层桩侧摩阻力的影响系数，按表 6.3.5-3 采用；对锤击、静压沉桩和钻孔桩，$\alpha_i = 1$。

3 计算作用于承台底面由外荷载引起的轴向力时，应扣除桩身自重。

📖 典型例题

例题 4-27-1（2020 年真题）

某公路桥设计拟采用柱式桥墩、桩基础，桩基直径拟采用 1.50m，下列拟定的桩基承台厚度数据中，符合规范要求的是（   ）。

（A）1.40m　　　　（B）1.60m　　　　（C）2.10m　　　　（D）2.50m

解答

根据《公路桥涵地基与基础设计规范》（JTG 3363—2019）第 6.2.7 条第 1 款：承台的厚度不宜小于桩直径的 1.5 倍，且不宜小于 1.5m，故，承台厚度不小于$1.5 \times 1.50 = 2.25$m。

答案：D

例题 4-27-2（2020 年真题）

某公路桥的桥墩拟采用 1.5m 直径的钻孔灌注桩，已知单桩桩顶轴向承载力特征值R_a为 12000kN。桩基处土层从上到下分为三层，第一层为硬塑黏土，$q_{1k} = 50$kPa，层厚为 5m。第二层为中砂层，$q_{2k} = 70$kPa，层厚为 6m。第三层为卵石层，$q_{3k} = 160$kPa，该土层修正后的桩端土承载力特征值$q_r = 2000$kPa，其单桩长度应取（   ）。

（A）30m　　　　（B）26m　　　　（C）25m　　　　（D）20m

解答

根据《公路桥涵地基与基础设计规范》（JTG 3363—2019）第 6.3.3 条：

$$R_a = \frac{1}{2}\mu \sum_{i=1}^{n} q_{ik}l_i + A_p q_r$$

设桩基进入第三层长度为l_3（m），代入数据，得

$12000 = 1/2 \times (3.14 \times 1.5) \times (50 \times 5 + 70 \times 6 + 160 \times l_3) + (3.14 \times 1.5 \times 1.5/4) \times 2000$

得$l_3 = 18.3$m；桩长$l = 5 + 6 + 18.3 = 29.3$m

即桩长不小于29.3m。

答案：A

例题 4-27-3（2022年补考真题）

某南方高速公路桥的桥墩拟采用2.0m直径的钻孔灌注桩（C30水下混凝土），桥梁结构计算结果要求单桩桩顶轴向承载力特征值（R_a）为15000kN。桩基处河床底面土层从上到下分为三层，第一层为硬塑黏土，$q_{1k} = 50$kPa，层厚为6m；第二层为中砂层，$q_{2k} = 70$kPa，层厚为8m；第三层为卵石层，$q_{3k} = 160$kPa，该土层修正后的桩端土承载力特征值$q_r = 2200$kPa。该墩位处总冲刷深度4m、承台顶面设置在河床下1m、厚度拟定2m，勘探钻孔深50m。请计算单桩长度至少是（　　　）。

（A）18m　　　　（B）23m　　　　（C）24m　　　　（D）26m

解答

例题 4-27-3 图

根据《公路桥涵地基与基础设计规范》（JTG 3363—2019）第6.3.3条：

$$R_a = \frac{1}{2}\mu \sum_{i=1}^{n} q_{ik}l_i + A_p q_r$$

设桩基进入第三层长度为l_3（m），代入数据：

$15000 = 1/2 \times (3.14 \times 2) \times [50 \times (6 - 4) + 70 \times 8 + 160 \times l_3] + (3.14 \times 2 \times 2/4) \times 2200$

得$l_3 = 12$m；桩长$l = 3 + 8 + 12 = 23$m，即桩长不小于23m。

答案：B

例题 4-27-4（2023年真题）

某公路桥梁，上部结构为40m跨预应力混凝T梁，桥面总宽度16m，混凝土双柱式桥墩，钻孔灌注桩基础。钻孔灌注桩全长60m，桩直径1.5m，河床最大冲刷线深度15m，可塑黏性土地质，桩侧土的摩阻力标准值q_{ik}可取60kPa，不计桩端的承载力。该钻孔灌注桩的单桩轴向受压承载力特征值是（　　　）。（取小数点后一位）。

（A）6358.5kN　　　（B）8478.0kN　　　（C）12717.0kN　　　（D）16958.0kN

解答

根据《公路桥涵地基与基础设计规范》（JTG 3363—2019）第6.3.3条：

$$q_r = 0$$

$$R_a = \frac{1}{2}\mu\sum_{i=1}^{n}q_{ik}l_i + A_p q_r = \frac{1}{2} \times 3.14 \times 1.5 \times 60 \times (60 - 15) + 0 = 6358.5\text{kN}$$

答案：A

例题 4-27-5（2024年真题）

某高速公路桥梁采用 2m 直径的钻孔灌注桩，经设计分析单桩桩顶轴向受压承载力特征值需要大于 20000kN。桩基础土层从上到下分为两层，第一层为中砂层，厚度为10m，$q_{1k} = 80\text{kPa}$；第二层为卵石层，$q_{2k} = 180\text{kPa}$，该土层修正后的桩端土承载力特征值为 2500kPa。该桥的单桩长度至少应为多少？

（A）18m　　　　　　　　　　　（B）20m

（C）28m　　　　　　　　　　　（D）32m

解答

根据《公路桥涵地基与基础设计规范》（JTG 3363—2019）第6.3.3条：

$$R_a = \frac{1}{2}\mu\sum_{i=1}^{n}q_{ik}l_i + A_p q_r$$

设桩基进入第二层长度为l_2m，代入数据得

$$20000 = 1/2 \times (3.14 \times 2) \times (80 \times 10 + 180 \times l_2) + (3.14 \times 2 \times 2/4) \times 2500$$

得$l_2 = 17.05$m；桩长$l = 10 + 17.05 = 27.05$m

即桩长不小于 27.05m

答案：C

📖 **考点分析**

（1）地基承载力应根据具体情况进行修正。

（2）单桩轴向受压承载力特征值应根据不同类型桩基选用对应的公式及参数。

考点28　公路桥梁抗震

《公路工程抗震规范》（JTG B02—2013）规定如下：

3.1　桥梁工程抗震设防标准

3.1.1　桥梁抗震设防类别应按表3.1.1确定。

桥梁抗震设防类别　　　　　　　　　　　　　　　　　　表3.1.1

桥梁抗震设防类别	桥梁特征
A类	单跨跨径超过150m的特大桥
B类	单跨跨径不超过150m的高速公路、一级公路上的桥梁，单跨跨径不超过150m的二级公路上的特大桥、大桥
C类	二级公路上的中桥、小桥，单跨跨径不超过150m的三、四级公路上的特大桥、大桥
D类	三、四级公路上的中桥、小桥

3.1.2　桥梁抗震设防目标应按表3.1.2确定。

各设防类别桥梁的抗震设防目标   表 3.1.2

桥梁抗震设防类别	设防目标	
	E1 地震作用	E2 地震作用
A 类	不受损坏或不需修复可继续使用	可发生局部轻微损伤，不需修复或经简单修复可继续使用
B 类、C 类	不受损坏或不需修复可继续使用	不致倒塌或产生严重结构损伤，经临时加固后可供维持应急交通使用
D 类	不受损坏或不需修复可继续使用	——

3.1.3 桥梁抗震重要性修正系数 C_i 应按表 3.1.3 确定。

桥梁抗震重要性修正系数 C_i   表 3.1.3

桥梁抗震设防类别	E1 地震作用	E2 地震作用
A 类	1.0	1.7
B 类	0.43（0.5）	1.3（1.7）
C 类	0.34	1.0
D 类	0.23	——

注：高速公路和一级公路上单跨跨径不超过 150m 的大桥、特大桥，其抗震重要性修正系数取 B 类括号内的值。

3.1.4 桥梁抗震措施设防烈度应按表 3.1.4 确定。

桥梁抗震措施设防烈度   表 3.1.4

地震基本烈度		6	7		8		9
对应设计基本地震动峰值加速度		≥0.05g	0.10g	0.15g	0.20g	0.30g	≥0.40g
桥梁类别	A 类	7	8	8	9	更高，专门研究	
	B 类	7	8	8	9	9	≥9
	C 类	6	7	7	8	8	9
	D 类	6	7	7	8	8	9

3.1.5 立体交叉的跨线桥梁的抗震设防标准应不低于下线工程对桥梁结构的抗震设防标准。

3.3.1 公路工程构筑物的地震作用包括水平向地震作用和竖向地震作用，应根据场地设计地震动峰值加速度和地震动反应谱特征周期确定。

3.3.2 公路工程构筑物的地震基本烈度和水平向、竖向设计基本地震动峰值加速度 A_h、A_v 的对应关系，应符合表 3.3.2 的规定。

地震基本烈度和设计基本地震动峰值加速度对应表   表 3.3.2

地震基本烈度	6	7		8		9
水平向 A_h	≥0.05g	0.10g	0.15g	0.20g	0.30g	≥0.40g
竖向 A_v	0	0		0.10g	0.17g	0.25g

3.4.1 公路工程构筑物抗震设计时应考虑下列作用：

1 永久作用，包括结构重力（恒载）、预应力、土压力、水压力。

2 地震作用，包括地震动的作用和地震土压力、水压力等。

3 可变作用，桥梁结构需考虑可能同期作用的一定量的可变作用。

3.4.2 季节性河流上的公路工程构筑物，可不考虑水流影响；常年有水的河流或水库区的公路工程构筑物，可按常水位计算水的压力。

3.4.3 作用效应组合应包括永久作用效应与地震作用效应的组合，组合方式应包括各种效应的最不利组合。

3.5.3 A类桥梁应在专门研究的基础上，按照本规范的抗震设防规定进行抗震设计。

3.5.4 设计基本地震动峰值加速度大于或等于 $0.10g$ 地区的其他公路工程构筑物，宜按地震基本动峰值加速度进行弹性抗震设计计算，并宜采取相关抗震措施。

3.5.5 设计基本地震动峰值加速度小于 $0.10g$ 地区的 B 类、C 类、D 类桥梁和其他公路工程构筑物，可仅根据抗震措施要求进行抗震设计，不进行抗震设计计算。

📖 典型例题

例题 4-28-1

某地震峰值加速度为 $0.1g$ 的地区，高速公路上修建一座 70m + 100m + 70m 的连续梁桥，根据《公路工程抗震规范》（JTG B02—2013），对该桥在 E1 抗震设计时，抗震重要性系数和抗震设防烈度分别为（　　）。

（A）0.43，7 度　　　　　　　　　　（B）0.5，7 度

（C）0.43，8 度　　　　　　　　　　（D）0.5，8 度

解答

根据《公路工程抗震规范》（JTG B02—2013）第 3.1.1 条，高速公路，主跨 100m，属于 B 类桥梁，查表 3.1.3 和表 3.1.4，重要性系数为 0.5，8 度设防。

答案：D

📖 考点分析

（1）抗震计算比较复杂，目前不会考到太复杂的计算。但是要对抗震的概念清晰，对采用的参数熟悉。

（2）考试时应带齐规范，考到了有些不熟悉的内容在单行本规范中一般可以找得到。

考点29　公路钢结构桥梁构造及计算

📖 条文规定

《公路钢结构桥梁设计规范》（JTG D64—2015）规定如下：

4.2.3 计算竖向挠度时，应按结构力学的方法并应采用不计冲击力的汽车车道荷载频遇值，频遇值系数为 1.0。计算挠度值不应超过表 4.2.3 规定的限值。

竖向挠度限值　　　　　　　　　　　　　　　　　　　　　表 4.2.3

桥梁结构形式	简支或连续桁架	简支或连续板梁	梁的悬臂端部	斜拉桥主梁	悬索桥加劲梁
限值	$\dfrac{l}{500}$	$\dfrac{l}{500}$	$\dfrac{l_1}{300}$	$\dfrac{l}{400}$	$\dfrac{l}{250}$

注：1. 表中 l 为计算跨径，l_1 为悬臂长度。

　　2. 当荷载作用于一个跨径内有可能引起该跨径正负挠度时，计算挠度应为正负挠度绝对值之和。

　　3. 挠度按毛截面计算。

5.1.4 构件容许最大长细比应符合表 5.1.4 的规定。

构件容许最大长细比 表 5.1.4

类别	杆件	长细比
主桁架	受压弦杆 受压或受压—拉腹杆	100
	仅受拉力的弦杆	130
	仅受拉力的腹杆	180
联结系构件	纵向联结系、支点处横向联结系和制动联结系的受压或受压—拉构件	130
	中间横向联结系的受压或受压—拉构件	150
	各种联结系的受拉构件	200

注：长细比按附录 A 计算。

5.5.2 疲劳荷载应符合下列规定：

1 疲劳荷载计算模型 I 采用等效的车道荷载，集中荷载为 $0.7P_k$，均布荷载为 $0.3q_k$。P_k 和 q_k 按公路—I 级车道荷载标准取值；应考虑多车道的影响，横向车道布载系数应按现行《公路桥涵设计通用规范》（JTG D60）的相关规定选用。

2 疲劳荷载计算模型 II 采用双车模型，两辆模型车轴距与轴重相同，其单车的轴重与轴距布置如图 5.5.2-1 所示。加载时，两模型车的中心距不得小于 40m。

图 5.5.2-1 疲劳荷载计算模型 II（尺寸单位：m）

3 疲劳荷载计算模型 III 采用单车模型，模型车轴载及分布规定如图 5.5.2-2 所示。

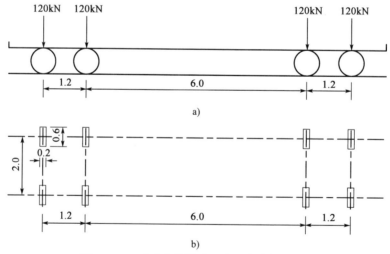

图 5.5.2-2 疲劳荷载模型 III（尺寸单位：m）

4 当构件和连接不满足疲劳荷载模型 I 验算要求时，应按模型 II 验算。

5 桥面系构件应采用疲劳荷载计算模型 III 验算。

6.3.3 螺栓或铆钉应对称于构件的轴线布置。螺栓或铆钉的间距应符合表 6.3.3 的规定。

尺寸名称	方向		构件应力种类	容许间距	
				最大	最小
栓、钉中心间距	沿对角线方向		拉力或压力	—	$3.5d_0$
	靠边行列			$7d_0$ 和 $16t$ 的较小者	$3d_0$
	中间行列	垂直内力方向		$24t$	
		顺内力方向	拉力	$24t$	
			压力	$16t$	

注：1. 表中符号 d_0 为螺栓或铆钉的孔径，t 为栓（或铆）合部分外层较薄钢板或型钢厚度。

2. 表中所列"靠边行列"系指沿板边一行的螺栓或铆钉线；对于角钢，距角钢背最近一行的螺栓或铆钉线也作为"靠边行列"。

3. 有角钢镶边的翼肢上交叉排列的螺栓或铆钉，其靠边行列最大中心间距可取 $14d_0$ 或 $32t$ 中的较小者。

4. 由两个角钢或两个槽钢中间夹以垫板或垫圈并用螺栓或铆钉连接组成的构件，顺内力方向的螺栓或铆钉之间的最大中心间距，对受压或受压—拉构件规定为 $40r$，不应大于 160mm；对受拉构件规定为 $80r$，不应大于 240mm。其中 r 为一个角钢或槽钢平行于垫板或垫圈所在平面轴线的回转半径。

📖 **典型例题**

例题 4-29-1

计算钢桥的竖向挠度时，有关汽车荷载取法正确的是（　　　）。

（A）采用计入冲击力的汽车车道荷载频遇值，频遇值系数为 1.0

（B）采用不计入冲击力的汽车车道荷载频遇值，频遇值系数为 0.7

（C）采用计入冲击力的汽车车道荷载频遇值，频遇值系数为 0.7

（D）采用不计入冲击力的汽车车道荷载频遇值，频遇值系数为 1.0

解答

根据《公路钢结构桥梁设计规范》（JTG D64—2015）第 4.2.3 条。

答案： D

例题 4-29-2

某钢桁架桥，主桁架仅受拉力的弦杆长细比最大为（　　　）。

（A）100　　　　　　　　　　　（B）130

（C）150　　　　　　　　　　　（D）180

解答

根据《公路钢结构桥梁设计规范》（JTG D64—2015）第 5.1.4 条。

答案： B

📖 **考点分析**

（1）应了解疲劳荷载的几个模型对应的荷载取值，尤其是模型I采用的车道荷载，例题可以参照考点 9 中的例题。

（2）螺栓或者铆钉的容许间距，要注意布置的方向，根据不同的方向按照表 6.3.3 取值。

考点30　城市天桥构造与计算

📖 条文规定

《城市人行天桥与人行地道技术规范》（CJJ 69—1995）规定：

2.2.1　天桥与地道的通道净宽应符合下列规定：

2.2.1.1　天桥与地道的通道净宽，应根据设计年限内高峰小时人流量及设计通行能力计算。

2.2.1.2　天桥桥面净宽不宜小于3m，地道通道净宽不宜小于3.75m。

2.2.2　天桥与地道每端梯道或坡道的净宽之和应大于桥面（地道）的净宽1.2倍以上。梯（坡）道的最小净宽为1.8m。

2.5.4　为避免共振，减少行人不安全感，天桥上部结构竖向自振频率不应小于3Hz。

3.1.3　人群设计荷载值及计算式应符合下列规定：

3.1.3.1　人行桥面板及梯（坡）道面板的人群荷载按5kPa或1.5kN竖向集中力作用在一块构件上计算。

3.1.3.2　梁、桁、拱及其他大跨结构，采用下列公式计算：

当加载长度为20m以下（包括20m）时

$$W = 5 \times \frac{20 - B}{20} \quad (\text{kPa}) \tag{3.1.3-1}$$

当加载长度为21～100m（100m以上同100m）时

$$W = \left(5 - 2 \times \frac{L - 20}{80}\right)\left(\frac{20 - B}{20}\right) \quad (\text{kPa}) \tag{3.1.3-2}$$

式中：W——单位面积的人群荷载（kPa）；

　　　L——加载长度（m）；

　　　B——半桥宽度（m），大于4m时仍按4m计。

3.2.6　梯道踏步规格应符合下列规定：

3.2.6.1　梯道踏步最小步宽以0.30m为宜，最大步高以0.15m为宜，螺旋梯内侧步宽可适当减小。

3.2.6.2　踏步的高宽关系按$2R + T = 0.6\text{m}$的关系式计算，其中R为踏步高度，T为踏步宽度。

3.4.1　梯道坡度不得大于1:2。

3.4.2　手推自行车及童车的坡道坡度不宜大于1:4。

3.4.3　残疾人坡道设置应符合下列要求：

3.4.3.1　残疾人坡道的设置应以手摇三轮车为主要出行工具，并考虑坐轮椅者、拐杖者、视力残疾者的使用和通行。

3.4.3.2　坡道不宜大于1:12，有特殊困难时不应大于1:10。

3.4.4　梯道宜设休息平台，每个梯段踏步不应超过18级，否则必须加设缓步平台，改向平台深度不应小于桥梯宽度，直梯（坡）平台，其深度不应小于1.5m；考虑自行车推行时，不应小于2m。自行车转向平台宜设不小于1.5m的转弯半径。

3.4.5　栏杆扶手应符合下列规定：

3.4.5.1　栏杆高度不应小于1.05m。

3.4.5.2　栏杆应以竖固、耐久的材料制作，并能承受3.1.11条规定的水平荷载。

3.4.5.3　栏杆构件间的最大净间距不得大于14cm，且不宜采用横线条栏杆。

3.4.5.4　考虑残疾人通行时，应在0.65m高度处另设扶手，在儿童通行较多处，应在0.8m高度处另设扶手。

3.4.5.5 梯宽大于6m，或冬季有积雪的地方，梯（坡）面有滑跌危险时，梯、坡道中间宜增设栏杆扶手。

典型例题

例题 4-30-1（2021 年真题）

新建某城市人行天桥，直梯梯道高差H为 3.50m，每阶踏步高度R为 0.14m，梯道布置如下图所示，不考虑自行车推行，计算该梯道的最小长度是（   ）。

例题 4-30-1 图

（A）7.68m   （B）8.00m   （C）8.86m   （D）9.36m

解答

根据《城市人行天桥与人行地道技术规范》（CJJ 69—1995）第 3.4.4 条，梯道宜设置休息平台，每个梯段踏步不应超过 18 级，否则必须加设缓步平台。

踏步级数3.5/0.14 = 25 > 18级，必须设一个平台。

根据 3.2.6.2 条，踏步高宽关系：$2R + T = 0.6$，踏步宽度$T = 0.6 - 2 \times 0.14 = 0.32$m，每个梯段踏步宽比踏步高少一个，则梯道的长度为：$(25 - 2) \times 0.32 + 1.5 = 8.86$m。

答案： C

例题 4-30-2

某市政主干路上的人行天桥，天桥净宽 4.0m，全宽 4.6m，两端的两侧均设置梯道。当各侧的梯道净宽相同时，梯道最小净宽为（   ）。

（A）4.0m   （B）3.0m   （C）2.4m   （D）1.8m

解答

根据《城市人行天桥与人行地道技术规范》（CJJ 69—1995）第 2.2.2 条，每端梯道的净宽之和应大于桥面净宽的 1.2 倍以上，最小净宽为 1.8m。

因此，$1.2 \times 4.0/2 = 2.4$m > 1.8m。

答案： C

例题 4-30-3

某城市人行天桥，采用钢桁架结构。该桥上部结构的竖向自振频率（Hz）控制值最小为（   ）。

（A）1.5   （B）2.5   （C）3.0   （D）4.0

解答

根据《城市人行天桥与人行地道技术规范》（CJJ 69—1995）第 2.5.4 条，竖向自振频率最小为 3Hz。

答案：C

例题 4-30-4

某市政主干路上的人行天桥，天桥净宽 4.0m，全宽 4.6m，两端的两侧均设置梯道。梯道底高程为 20.0m，梯道顶高程为 26.6m，由于梯道场地限制，应尽量减少梯道水平长度，则最小的梯道水平长度 L（m）与（　　）接近。

（A）12.6m　　　　（B）14.2m　　　　（C）15.3m　　　　（D）16.6m

解答

根据《城市人行天桥与人行地道技术规范》（CJJ 69—1995）第 3.2.6 条、第 3.4.1 条、第 3.4.4 条，人行梯道最大坡度 $1:2$，$2R+T=0.6\text{m}$，故梯道道 0.3m，高 0.15m。台阶数不多于 18，休息平台不小于 1.5m。

高差 $26.6-20=6.6\text{m}$，需要台阶 $=6.6/0.15=44$ 级，因此得设置 3 段梯道和 2 个休息平台。

每段梯道的踏步宽都比踏步高少一个，则梯道水平长度 $=(44-3)\times0.3+2\times1.5=15.3\text{m}$。

答案：C

例题 4-30-5

某人行天桥采用钢桁架结构，跨径 30m，桥宽 8.5m，人群荷载按照规范要求应为（　　）。

（A）3.60kPa　　　（B）3.75kPa　　　（C）3.80kPa　　　（D）3.95kPa

解答

根据《城市人行天桥与人行地道技术规范》（CJJ 69—1995）第 3.1.3 条，$B=8.5/2>4$，取 4m。

$W=[5-2\times(30-20)/80]\times[(20-4)/20]=3.80\text{kPa}$

答案：C

例题 4-30-6（2022 年补考真题）

某城市重要区域拟建一座跨道路的人行天桥，预测高峰密集时段天桥 15min 的人流量为 2950 人次。计算该人行天桥桥面最小净宽和每端梯道的最小净宽之和分别为（　　）。并说明选择的依据和理由。（天桥宽度取整数，梯道宽度取小数点后一位）

（A）5.0m、6.0m　　（B）6.0m、7.2m　　（C）7.0m、8.4m　　（D）7.0m、7.0m

解答

根据《城市人行天桥与人行地道技术规范》（CJJ 69—1995）第 2.1.2 条，取设计通行能力为 2400；根据第 2.1.2 条第 1 款，取折减系数为 0.75；根据第 2.2.2 条，取每端梯道的最小净宽之和比桥面最小净宽大 1.2 倍。

$L_{桥面}=2950\times4/2400\times\eta=2950\times4/2400\times0.75=6.56\text{m}$，取 7m。

$L_{梯道}=1.2\times L_{桥面}=8.4\text{m}$

答案：C

📖 考点分析

（1）人行天桥重点要掌握梯道宽度与桥面净宽的关系，以及梯道每层踏步高度控制及台阶数量控制。

（2）人群荷载计算要注意两点：一是加载长度，以 20m 为界采用不同的公式；二是半桥宽度大于 4m 时采用 4m。

考点31　公路桥梁受弯构件抗剪截面计算

📖 **条文规定**

《公路钢筋混凝土及预应力混凝土桥涵设计规范》（JTG 3362—2018）规定如下：

5.2.11　矩形、T形和I形截面的受弯构件，其抗剪截面应符合下列要求：

$$\gamma_0 V_d \leqslant 0.51 \times 10^{-3} \sqrt{f_{cu,k}} b h_0 \tag{5.2.11}$$

式中：γ_0——桥涵结构重要性系数，按桥涵结构设计安全等级，一级、二级、三级分别取用 1.1、1.0、0.9，桥涵结构设计安全等级应符合《公路桥涵设计通用规范》（JTG D60—2015）的规定；

V_d——剪力设计值（kN），按验算斜截面的最不利值取用；

$f_{cu,k}$——边长为150mm的混凝土立方体抗压强度标准值（MPa）；

b——矩形截面宽度（mm）或 T 形和 I 形截面腹板宽度（mm），取斜截面所在范围内的最小值；

h_0——自纵向受拉钢筋合力点至受压边缘的距离（mm），取斜截面所在范围内截面有效高度的最小值。

对变高度（承托）连续梁，除验算近边支点梁段的截面尺寸外，尚应验算截面急剧变化处的截面尺寸。

📖 **典型例题**

例题 4-31-1（2023年真题）

某二级公路上的一座单跨跨径6m的桥梁，上部结构主梁采用矩形断面，主梁宽950mm，高1200mm。控制斜截面的最不利剪力值为2700kN，h_0取1150mm，$f_{cu,k}$取26.8MPa，计算并判断该断面的抗剪能力能否满足要求？（取小数点后两位）

（A）2595.98kN，不满足
（B）2622.20kN，不满足
（C）2884.42kN，满足
（D）2736.21kN，满足

解答

根据《公路钢筋混凝土及预应力混凝土桥涵设计规范》（JTG 3362—2018）第5.2.11条：

$$\gamma_0 V_d \leqslant 0.51 \times 10^{-3} \sqrt{f_{cu,k}} b h_0$$

$$1.1 \times 2700 = 2970 > 0.51 \times 10^{-3}\sqrt{26.8} \times 950 \times 1150 = 2884.42\text{kN}$$

无答案

📖 **考点分析**

矩形、T 形和 I 形截面的受弯构件，抗剪截面的设计应符合《公路钢筋混凝土及预应力混凝土桥涵设计规范》（JTG 3362—2018）的有关规定。

第 5 章 　 隧 道 工 程

> **本章核心考试规范：**
>
> 1. 《公路隧道设计规范　第一册　土建工程》（JTG 3370.1—2018）
> 2. 《公路隧道设计规范　第二册　交通工程与附属设施》（JTG D70/2—2014）
> 3. 《公路水下隧道设计规范》（JTG/T 3371—2022）
> 4. 《城市地下道路工程设计规范》（CJJ 221—2015）
>
> **本章一般考试规范：**
>
> 1. 《公路隧道抗震设计规范》（JTG 2232—2019）
> 2. 《公路隧道加固技术规范》（JTG/T 5440—2018）
>
> **曾经列入考试的规范**（若 2025 年未恢复，可不复习）：
>
> 1. 《公路瓦斯隧道设计与施工技术规范》（JTG/T 3374—2020）

考点1　公路隧道和城市地下道路长度分类

条文规定

《公路隧道设计规范　第一册　土建工程》（JTG 3370.1—2018）规定如下：

1.0.2　本规范适用于以钻爆法为主要开挖手段的各等级新建和改扩建公路隧道。

1.0.4　公路隧道可按其长度划分为四类，划分标准应符合表 1.0.4 的规定。

公路隧道按长度分类

表 1.0.4

分类	特长隧道	长隧道	中隧道	短隧道
长度（m）	$L > 3000$	$3000 \geqslant L > 1000$	$1000 \geqslant L > 500$	$L \leqslant 500$

注：隧道长度系指两端洞口衬砌端面与隧道轴线在路面顶交点间的距离。

《城市地下道路工程设计规范》（CJJ 221—2015）规定如下：

3.1.3　城市地下道路可按主线封闭段长度分为 4 类，并应符合表 3.1.3 的规定。

城市地下道路长度分类

表 3.1.3

分类	特长距离地下道路	长距离地下道路	中等距离地下道路	短距离地下道路
长度 L（m）	$L > 3000$	$3000 \geqslant L > 1000$	$1000 \geqslant L > 500$	$L \leqslant 500$

注：L 为主线封闭段的长度。

3.1.4　城市地下道路可根据主线封闭段长度及交通情况，按防火设计要求分为 4 类，并应符合

表3.1.4的规定。

城市地下道路防火设计分类   表3.1.4

用途	一类	二类	三类	四类
可通行危险化学品等机动车	$L > 1500$	$500 < L \leqslant 1500$	$L \leqslant 500$	—
仅限通行非危险化学品等机动车	$L > 3000$	$1500 < L \leqslant 3000$	$500 < L \leqslant 1500$	$L \leqslant 500$

注：L 为主线封闭段的长度（m）。

📖 **典型例题**

例题 5-1-1

某改扩建公路隧道两端洞口衬砌端面与隧道轴线在路面顶交点的距离为 1km，根据《公路隧道设计规范 第一册 土建工程》（JTG 3370.1—2018），其属于（ ）。

（A）特长隧道　　　　（B）长隧道　　　　（C）中隧道　　　　（D）短隧道

解答

《公路隧道设计规范 第一册 土建工程》（JTG 3370.1—2018）适用于扩建隧道路面，根据规范表1.0.4，隧道长度为1000m时，为中隧道。

答案：C

📖 **考点分析**

（1）注意《公路隧道设计规范 第一册 土建工程》（JTG 3370.1—2018）修订内容中将适用范围由原规范的"以钻爆法为主要开挖手段的各级公路双车道隧道"扩大到"以钻爆法为主要开挖手段的各等级新建和改扩建公路隧道"。

（2）考生应注意隧道长度的定义以及隧道长度的分类界限。

（3）《城市地下道路工程设计规范》中长度分类界限与公路一致，长度 L 定义为主线封闭段的长度。

考点2　围岩强度及完整性指标

📖 **条文规定**

《公路隧道设计规范 第一册 土建工程》（JTG 3370.1—2018）规定如下：

A.0.1 岩石坚硬程度定量指标用岩石单轴饱和抗压强度（R_c）表达，宜采用实测值；若无实测值时，可采用实测的岩石点荷载强度指数（$I_{S(50)}$）的换算值，即按式(A.0.1)计算：

$$R_c = 22.82 I_{S(50)}^{0.75} \tag{A.0.1}$$

A.0.2 岩体完整程度的定量指标用岩体完整性系数（K_v）表达，应符合下列规定：

1 K_v 宜用弹性波探测值；若无探测值时，可用岩体体积节理数（J_v）按表 A.0.2 确定对应的 K_v 值。

J_v 与 K_v 对照表   表A.0.2

J_v（条/m³）	< 3	3~10	10~20	20~35	≥ 35
K_v	> 0.75	0.75~0.55	0.55~0.35	0.35~0.15	≤ 0.15

2 岩体完整性指标K_v测试和计算方法，应针对不同的工程地质岩组或岩性段，选择有代表性的点、段，测试岩体弹性纵波速度，并应在同一岩体取样测定岩石纵波速度，按式(A.0.2-1)计算：

$$K_v = \left(v_{pm}/v_{pr}\right)^2 \tag{A.0.2-1}$$

式中：v_{pm}——岩体弹性纵波速度（km/s）；

v_{pr}——岩石弹性纵波速度（km/s）。

A.0.4 根据岩体（围岩）钻探和开挖过程中出现的主要现象，如岩芯饼化或岩爆现象，可按表A.0.4详估围岩的应力情况。

高初始应力地区围岩在开挖过程中出现的主要现象　　　　表 A.0.4

应力情况	主要现象	R_c/σ_{max}
极高应力	1. 硬质岩：开挖过程中有岩爆发生，有岩块弹出，洞壁岩体发生剥离，新生裂缝多，成洞性差； 2. 软质岩：岩芯常有饼化现象，开挖过程中洞壁岩体有剥离，位移极为显著，甚至发生大位移，持续时间长，不易成洞	< 4
高应力	1. 硬质岩：开挖过程中可能出现岩爆，洞壁岩体有剥离和掉块现象，新生裂缝较多，成洞性差； 2. 软质岩：岩芯时有饼化现象，开挖过程中洞壁岩体位移显著，持续时间较长，成洞性差	4～7

注：σ_{max}为垂直洞轴线方向的最大初始应力。

A.0.5 岩石坚硬程度的定性划分应符合下列规定：

2 岩石风化程度可按表A.0.5-2确定。当波速比k_v、风化系数k_f，及野外特征与表列不对应时，岩石风化程度宜综合判断。

岩石风化程度的划分　　　　表 A.0.5-2

名称	野外特征	风化程度参数指标	
		波速比k_v	风化系数k_f
未风化	岩石结构构造未变，岩质新鲜	0.9～1.0	0.9～1.0
微风化	岩石结构构造、矿物成分和色泽基本未变，部分裂隙面有铁锰质渲染或略有变色	0.8～0.9	0.8～0.9
中等（弱）风化	岩石结构构造大部分破坏，矿物成分和色泽已明显变化，长石、云母和铁镁矿物已风化蚀变	0.6～0.8	0.4～0.8
强风化	岩石结构构造大部分破坏，矿物成分和色泽已明显变化，长石、云母和铁镁矿物已风化蚀变	0.4～0.6	< 0.4
全风化	岩石结构构造完全破坏，已崩解和分解成松散土状或砂状，矿物全部变色，光泽消失，除石英颗粒外的矿物大部分风化蚀变为次生矿物	0.2～0.4	—

注：1. 波速比k_v为风化岩石弹性纵波速度与新鲜岩石弹性纵波速度之比。
　　2. 风化系数k_f为风化岩石单轴饱和抗压强度之比。

4 R_c与岩石坚硬程度定性划分的关系可按表A.0.5-4确定。

R_c与岩石坚硬程度定性划分的关系　　　　表 A.0.5-4

R_c（MPa）	> 60	60～30	30～15	15～5	< 5
坚硬程度	坚硬岩	较坚硬岩	较软岩	软岩	极较岩

A.0.6 岩石完整程度的定性划分应符合下列规定：

4 K_v与定性划分的岩体完整程度的对应关系可按表A.0.6-4确定。

K_v与定性划分的岩体完整程度的对应关系　　　　表 A.0.6-4

K_v	> 0.75	0.75～0.55	0.55～0.35	0.35～0.15	< 0.15
完整程度	完整	较完整	较破碎	破碎	极破碎

例题 5-2-1

取直径为 50mm、长度为 70mm 的标准岩石试件，进行径向点荷载强度试验，测得破坏时的极限荷载为 4000N，破坏瞬间加荷点未发生贯入现象。已知岩石点荷载强度指数计算式为：$I_{s(50)} = \frac{P}{D_e^2}$，式中 $I_{s(50)}$ 为标准试件点荷载强度指数（MPa），P 为破坏荷载（N），D_e 为等价岩心直径（mm）。试分析判断该岩石的坚硬程度属于（　　）。

（A）软岩
（B）较软岩
（C）较坚硬岩
（D）坚硬岩

解答

$$I_{s(50)} = \frac{P}{D_e^2} = \frac{4000}{50^2} = 1.6\text{MPa}$$

根据《公路隧道设计规范　第一册　土建工程》（JTG 3370.1—2018），

A.0.1：$R_c = 22.82 I_{s(50)}^{0.75} = 22.82 \times 1.6^{0.75} = 32.5\text{MPa} > 30\text{MPa}$

A.0.5：查规范表 A.0.5-4，为较坚硬岩。

答案：C

例题 5-2-2

某公路隧道洞口工程中一红砂岩边坡，经分析该边坡为新生代红砂岩，易崩解、抗风化能力差，天然含水率 4.0%，天然密度 2.33g/cm³。现场取样进行点荷载试验，对试验结果进行分析后得出某一红砂岩样本经修正的点荷载强度指数 $I_{s(50)}$ 为 239kPa，根据《公路隧道设计规范　第一册　土建工程》（JTG 3370.1—2018）这一试样换算的单轴抗压强度为（　　）。

（A）5.45MPa
（B）7.80MPa
（C）5.25MPa
（D）2.34MPa

解答

根据《公路隧道设计规范　第一册　土建工程》（JTG 3370.1—2018）第 A.0.1 条：

$R_c = 22.82 I_{s(50)}^{0.75} = 22.82 \times 0.239^{0.75} = 7.80\text{MPa}$

答案：B

例题 5-2-3

隧道围岩分级中，岩体完整程度的定量指标用岩体完整性系数 K_v 表达。某隧道有代表性地段，岩体和岩石的弹性纵波速度分别为 2.6km/s 和 3.0km/s，则该地段岩体完整性系数 K_v 与（　　）最为接近。

（A）0.70
（B）0.75
（C）0.80
（D）0.85

解答

根据《公路隧道设计规范　第一册　土建工程》（JTG 3370.1—2018）第 A.0.2 条：

$$K_v = \left(\frac{v_{pm}}{v_{pr}}\right)^2 = \left(\frac{2.6}{3.0}\right)^2 = 0.75$$

答案：B

例题 5-2-4（2024 年真题）

某两车道公路隧道岩石点荷载试验强度 $I_{s(50)}$ 值为 1.3MPa，岩体和岩石的弹性纵波速度分别为

3500m/s 和 4900m/s，根据规范规定，定量划分岩石坚硬程度和岩体完整性分别是什么？

（A）较坚硬岩，破碎

（B）较软岩，较破碎

（C）软岩，较破碎

（D）软岩，破碎

解答：

根据《公路隧道设计规范　第一册》（JTG 3370.1—2018），

第 A.0.1 条：$R_c = 22.82 \times 1.3^{0.75} = 27.8$MPa；

第 A.0.5 条第 4 款：属较软岩；

第 A.0.2 条第 2 款：$K_v = \left(\dfrac{3500}{4900}\right)^2 = 0.51$；

第 A.0.6 条第 4 款：属较破碎。

答案：B

📖 **考点分析**

根据分级因素的定量指标对岩体质量进行定量分级的方法有很多，《公路隧道设计规范　第一册　土建工程》（JTG 3370.1—2018）中采用多参数法，以两个分级因素的定量指标 R_c 及 K_v 为参数，计算求得岩体基本质量指标 BQ，作为分级的定量依据，R_c、K_v 值的定量确定方法见规范附录 A，需熟练掌握。

考点3　公路隧道围岩分级

📖 **条文规定**

《公路隧道设计规范　第一册　土建工程》（JTG 3370.1—2018）规定如下：

3.6　围岩分级

3.6.1　隧道围岩级别的综合评判宜采用下列两步分级：

1　根据岩石的坚硬程度和岩体完整程度两个基本因素的定性特征和定量的岩体基本质量指标 BQ，进行初步分级。

2　在岩体基本质量分级基础上，考虑修正因素的影响，修正岩体基本质量指标值，得出基本质量指标修正值 $[BQ]$，再结合岩体的定性特征进行综合评判，确定围岩的详细分级。

3.6.2　岩质围岩基本质量指标 BQ 应根据分级因素的定量指标 R_c 值和 K_v 值，按式 (3.6.2) 计算：

$$BQ = 100 + 3R_c + 250K_v \tag{3.6.2}$$

并应遵守下列限制条件：

1　当 $R_c > 90K_v + 30$ 时，应以 $R_c = 90K_v + 30$ 和 K_v 代入计算 BQ 值。

2　当 $K_v > 0.04R_c + 0.4$ 时，应以 $K_v = 0.04R_c + 0.4$ 和 R_c 代入计算 BQ 值。

R_c、K_v 值，可分别按本规范第 A.0.1 条和第 A.0.2 条确定。

3.6.3　岩质围岩详细定级时，应根据地下水、主要软弱结构面、初始应力状态的影响程度，对岩体基本质量指标 BQ 进行修正，按式 (3.6.3) 计算：

$$[BQ] = BQ - 100(K_1 + K_2 + K_3) \tag{3.6.3}$$

式中：$[BQ]$——岩体修正质量指标；

K_1——地下水影响修正系数；

K_2——主要软弱结构面产状影响修正系数；

K_3——初始应力状态影响修正系数。

K_1、K_2、K_3值，可分别按本规范附录 A 中表 A.0.3-1、表 A.0.3-2、表 A.0.3-3 确定。

3.6.4 可根据调查、勘探、试验等资料，隧道岩质围岩定性特征、岩体基本质量指标BQ或岩体修正质量指标$[BQ]$、土质围岩中的土体类型、密实状态等定性特征，按表 3.6.4 确定围岩级别，并应符合下列规定：

1 围岩分级中岩石坚硬程度、岩体完整程度两个基本因素的定性划分，可按本规范第 A.0.5 条和第 A.0.6 条确定。

2 围岩岩体主要特征定性划分与根据BQ或$[BQ]$值确定的级别不一致时，应重新审查定性特征和定量指标计算参数的可靠性，并对它们重新观察、测试。

3 在工可和初勘阶段，可采用定性或工程类比方法进行围岩级别划分。

公路隧道围岩级别划分
表 3.6.4

围岩级别	围岩岩体或土体主要定性特征	岩体基本质量指标BQ或岩体修正质量指标$[BQ]$
I	坚硬岩，岩体完整	> 550
II	坚硬岩，岩体较完整； 较坚硬岩，岩体完整	550～451
III	坚硬岩，岩体较破碎； 较坚硬岩，岩体较完整； 较软层，岩体完整，整体状或巨厚层状结构	450～351
IV	坚硬岩，岩体破碎； 较坚硬岩，岩体较破碎～破碎； 较软岩，岩体较完整～较破碎； 软岩，岩体完整～较完整	350～251
IV	土体：1. 压密或成岩作用的黏性土及砂性土； 2. 黄土（Q_1、Q_2）； 3. 一般钙质、铁质胶结的碎石土、卵石土、大块石土	350～251
V	较软岩，岩体破碎； 软岩，岩体较破碎～破碎； 全部极软岩和全部极破碎岩	≤ 250
V	一般第四系的半干硬至硬塑的黏性土及稍湿至潮湿的碎石土，卵石土、圆砾、角砾土及黄土（Q_3、Q_4）；非黏性土呈松散结构，黏性土及黄土呈松软结构	
VI	软塑状黏性土及潮湿、饱和粉细砂层、软土等	

注：本表不适用于特殊条件的围岩分级，如膨胀性围岩、多年冻土等。

A.0.3 岩体基本质量影响因素的修正系数K_1、K_2、K_3的取值可分别按表 A.0.3-1、表 A.0.3-2 和表 A.0.3-3 确定。无表中所示情况时，修正系数可取零。

地下水影响修正系数 K_1
表 A.0.3-1

地下水出水状态	BQ			
	> 550	550～451	350～251	< 250
潮湿或点滴状出水，$p \leqslant 0.1$或$Q \leqslant 25$	0	0	0.2～0.3	0.4～0.6
淋雨状或涌流状出水，$0.1 < p \leqslant 0.5$或$25 < Q \leqslant 125$	0～0.1	0.1～0.2	0.4～0.6	0.7～0.9
淋雨状或涌流状出水，$p > 0.5$或$Q > 125$	0.1～0.2	0.2～0.3	0.7～0.9	1.0

注：在同一地下水状态下，岩体基本质量指标BQ越小，修正系数K_1取值越大；同一岩体，地下水量、水压越大，修正系数K_1取值越大。

主要软弱结构面产状影响修正系数 K_2

表 A.0.3-2

结构面产状 及其与洞轴线的组合关系	结构面走向与洞轴线夹角 < 30° 结构面倾角 30°~75°	结构面走向与洞轴线夹角 > 60° 结构面倾角 > 75°	其他组合
K_2	0.4~0.6	0~0.2	0.2~0.4

注：1. 一般情况下，结构面走向与洞轴线夹角越大，结构面倾角越大，修正系数 K_2 取值越小；结构面走向与洞轴线夹角越小，结构面倾角越小，修正系数 K_2 取值越大；

2. 本表特指存在一组起控制作用结构面的情况，不适用于有两组或两组以上起控制作用结构面的情况。

初始应力状态影响修正系数 K_3

表 A.0.3-3

初始应力状态	BQ				
	> 550	550~451	450~351	350~251	≤ 250
极高应力区	1.0	1.0	1.0~1.5	1.0~1.5	1.0
高应力区	0.5	0.5	0.5	0.5~1.0	0.5~1.0

注：1. BQ 值越小，修正系数 K_3 取值越大。

2. 围岩极高及高初始应力状态的评估，可按附录 A 中表 A.0.4 规定进行。

📖 规范条文解析

考生需注意，《公路隧道设计规范　第一册　土建工程》（JTG 3370.1—2018）中的表 A.0.3-1 有误，相关数据可查阅《工程岩体分级标准》（GB/T 50218—2014）中的表 5.2.2-1。

地下工程地下水影响修正系数 K_1

表 5.2.2-1

地下水出水状态	BQ				
	> 550	550~451	450~351	350~251	≤ 250
潮湿或点滴状出水，$p ≤ 0.1$ 或 $Q ≤ 25$	0	0	0~0.1	0.2~0.3	0.4~0.6
淋雨状或线流状出水，$0.1 < p ≤ 0.5$ 或 $25 < Q ≤ 125$	0~0.1	0.1~0.2	0.2~0.3	0.4~0.6	0.7~0.9
涌流状出水，$p > 0.5$ 或 $Q > 125$	0.1~0.2	0.2~0.3	0.4~0.6	0.7~0.9	1.0

注：1. p 为地下工程围岩裂隙水压（MPa）；

2. Q 为每 10m 洞长出水量（L/min·10m）。

📖 典型例题

例题 5-3-1

两车道公路隧道采用复合式衬砌，埋深 12m，开挖高度为 6m 和 5m，围岩重度为 22kN/m³，岩石单轴饱和抗压强度为 35MPa，岩体和岩石的弹性纵波速度分别为 2.8km/s 和 4.2km/s。根据《公路隧道设计规范　第一册　土建工程》（JTG 3370.1—2018）判别其围岩分级为（　　）。

（A）I （B）II

（C）III （D）IV

解答

根据《工程岩体分级标准》（GB/T 50218—2014）第 B.0.1 条，《公路隧道设计规范　第一册　土建工程》（JTG 3370.1—2018）第 3.6.2 条、表 3.6.4：

$$K_v = \left(\frac{v_{pm}}{v_{pr}}\right)^2 = \left(\frac{2.8}{4.2}\right)^2 = 0.44$$

$$R_c = 35\text{MPa}$$

$BQ = 100 + 3R_c + 250K_v = 100 + 105 + 110 = 315$

属于IV级围岩。

答案：D

例题 5-3-2

已知某高速公路隧道某桩号处围岩BQ值为 351，该处地下水涌出量为 12.5L/min·m，围岩结构面走向与洞轴线夹角 62°，结构面倾角 76°，且围岩应力不属于高应力或极高应力状态。试对该处围岩BQ值进行修正，并判断修正以后的围岩级别为（　）。

（A）II级

（B）III级

（C）IV级

（D）V级

解答：

根据《公路隧道设计规范　第一册　土建工程》（JTG 3370.1—2018）

A.0.3　$12.5 \times 10 = 125 \text{L/min} \cdot \text{m}$，查表 A.0.3-1［《工程岩体分级标准》（GB/T 50218—2014）表 5.2.2-1］

$K_1 = 0.3$；查表 A.0.3-2，$K_2 = 0.2$；应力状态不属于高应力或极高应力，$K_3 = 0$

3.6.3　$[BQ] = 351 - 100 \times (0.3 + 0.2 + 0) = 301$

3.6.4　查表 3.6.4，$[BQ] = 301$，围岩级别为IV级。

答案：C

考点4　公路小净距隧道要求和特点

📖 **条文规定**

《公路隧道设计规范　第一册　土建工程》（JTG 3370.1—2018）规定如下：

4.3.3　分离式隧道间的净距，宜按两洞结构彼此不产生有害影响的原则，并应结合隧道洞口接线、围岩地质条件、断面形状和尺寸、结构设计、施工方法、工期要求等因素综合确定。两洞间净距宜取 0.8～2.0 倍开挖宽度，围岩条件总体较好时取较小值，围岩条件总体较差时取较大值。两洞跨度不同时，以较大跨度控制。

《公路隧道设计规范　第一册　土建工程》（JTG 3370.1—2018）条文说明规定如下：

4.3.3　分离隧道间的净距是指两隧道间未开挖岩体的厚度。分离式隧道间距过大，会造成洞外路线占地增加；洞外地形狭窄地段将会产生大量人工边坡；对设有横通道的隧道也将增加横通道长度，投资增加，管理不便。相邻两洞间的净距过小，形成小净距隧道，两洞间的结构和施工将产生一定影响，施工进度减缓，也会增加一些投资。

本次修订取消了《公路隧道设计规范》（JTG D70—2004）中"分离式独立双洞间的最小净距"表（表 4-1），基于下列原因：

分离式独立双洞间的最小净距　　　　　　　　　　　　　　　　　　　表 4-1

围岩级别	I	II	III	IV	V	VI
净距（m）	$1.0 \times B$	$1.5 \times B$	$2.0 \times B$	$2.5 \times B$	$3.5 \times B$	$4.0 \times B$

注：B-隧道开挖断面的宽度。

由于隧道是线状结构物，往往穿越几种不同级别的围岩，单纯依据表 4-1 布置双洞间的距离，两洞间不产生影响，常出现线位布置困难，造成较大浪费。事实上，进入 21 世纪以来，我国高速公路两平行隧道间的距离越来越靠近，两车道隧道两洞之间的距离在 8～20m 也经常出现，围岩条件也多有IV、V级的情况，虽然两洞之间围岩应力影响区域有交叉，相互存在一定影响，但这种影响是有限的，也是可控的，只是在施工开挖和支护顺序上加以适当限制，尽管两平行隧道间的净距小于表 4-1 所列值，实际也多按分离式隧道考虑。

📖 **典型例题**

例题 5-4-1（2019 年真题，按新规范改编）

某山区高速公路设计速度为 80km/h，采用双向四车道技术标准，拟建一处特长隧道，单洞建筑限宽 10.25m，该处代表性围岩级别为I级。开挖宽度增加 1m，下列净距的取值不在合理范围之内的是（ ）。

（A）8m
（B）10m
（C）12m
（D）14m

解答

根据《公路隧道设计规范　第一册　土建工程》（JTG 3370.1—2018）第 4.3.3 条：

开挖宽度：$w = 10.25 + 1 = 11.25m$

合理净距取值：$0.8w \leqslant B \leqslant 2w$

即 $9 \leqslant B \leqslant 22.5$

答案：A

📖 **考点分析**

《公路隧道设计规范　第一册　土建工程》（JTG 3370.1—2018）取消了原 2004 年版中"分离式独立双洞间的最小净距"表，改为"两洞间净距宜取 0.8～2.0 倍开挖宽度"。

考点5　公路隧道线形设计

📖 **条文规定**

《公路隧道设计规范　第一册　土建工程》（JTG 3370.1—2018）规定如下：

4.3.1　应根据地质、地形、路线走向、通风等因素确定隧道平面线形。设曲线时，不宜采用设超高和加宽的圆曲线。隧道不设超高的圆曲线最小半径应符合表 4.3.1 的规定。隧道平面线形需采用设超高的圆曲线时，其超高值不宜大于 4.0%。当设计速度为 20km/h 时，圆曲线半径不宜小于 250m。隧道内每条车道的视距均应符合现行《公路路线设计规范》（JTG D20）的视距要求。

隧道不设超高的圆曲线最小半径（m）　　　　表 4.3.1

路拱	设计速度（km/h）					
	120	100	80	60	40	30
≤ 2.0%	5500	4000	2500	1500	600	350
> 2.0%	7500	5250	3350	1900	800	450

4.3.4　隧道纵坡形式，宜采用单向坡，地下水发育的长隧道、特长隧道可采用双向坡。隧道内竖曲线

最小半径和最小长度应符合表 4.3.4 的规定。

竖曲线最小半径和最小长度（m） 表 4.3.4

设计速度（km/h）	120	100	80	60	40	30	20
凸形竖曲线最小半径	17000	10000	4500	2000	700	400	200
凹形竖曲线最小半径	6000	4500	3000	1500	700	400	200
竖曲线最小长度	100	85	70	50	35	25	20

4.3.5 隧道内纵断面线形应考虑行车安全、运营通风规模、施工作业和排水要求确定，最小纵坡不应小于 0.3%，最大纵坡不应大于 3%；短于 100m 的隧道可不受此限制。高速公路、一级公路的中、短隧道，受地形等条件限制时，经技术经济论证、交通安全评价后，隧道最大纵坡可适当加大，但不宜大于 4%。

4.3.6 隧道洞外连接线线形应与隧道线形相协调，隧道洞口内外侧各 3s 设计速度行程长度范围的平、纵线形应一致。特殊困难地段，经技术经济比较论证后，洞口内外平曲线可以采用缓和曲线，但应加强线形诱导设施。

4.3.7 间隔 100m 以内的连续隧道，宜整体考虑其平、纵线形技术指标。

4.4.9 洞口外相接路段应设置距洞口不小于 3s 设计速度行程长度且不小于 50m 的过渡段，保持横断面的顺适过渡。

15.3.8 洞内采用水泥混凝土路面而洞外采用沥青路面时，应设置与洞外路段保持一致的洞内过渡段，并应符合下列规定：

1 高速公路和一级公路的中隧道、长隧道和特长隧道，洞内进口过渡段长度不应小于隧道照明入口段、过渡段合计长度，且不应小于 300m，洞内出口过渡段长度不应小于 3s 设计速度行程长度。

2 高速公路和一级公路短隧道及二、三、四级公路隧道，洞内进、出口路面过渡段长度不应小于 3s 设计速度行程长度，且不应小于 50m。

《公路隧道设计规范 第一册 土建工程》（JTG 3370.1—2018）条文说明规定如下：

4.4.9 本条与《公路工程技术标准》（JTG B01—2014）规定一致。通常情况下，隧道与洞外连接线路基建筑限界不同，断面的变化形成通行瓶颈，影响通行能力和服务水平。因此，需采取土建工程措施来解决路基和隧道内路面宽度的顺适过渡问题。比如，在隧道建筑限界宽度大于所在公路的建筑限界宽度时，过渡段采用同隧道等宽的路基加宽；在隧道限界宽度小于所在公路建筑限界宽度时，过渡段路基宽度采用公路标准设计，以适应横断面顺适过渡，并结合交通工程标志、标线、警示牌、护栏等，以使驾驶员逐渐适应驾驶环境变化。

📖 典型例题

例题 5-5-1

某设计速度为 80km/h 的公路的建筑限界宽 11m，其中某隧道的建筑限界宽 10m。按规范，隧道两端连接线的路基宽度仍按公路标准设计，其建筑限界宽度应有（　　　　）的过渡段与隧道洞口衔接，以保持隧道洞口内外横断面顺适过渡。

（A）50m
（B）60m
（C）70m
（D）80m

解答

根据《公路隧道设计规范 第一册 土建工程》（JTG 3370.1—2018）第 4.4.9 条，按设计速度 80km/h 计算，每秒行程为 22.22m，3s 行程为 66.66m（＞50m），取整为 70m。

答案：C

例题 5-5-2（2022 年补考真题）

某一级公路为沥青混凝土路面，设计速度为 80km/h，设有一处 500m 的隧道，洞内为水泥混凝土路面，依据规范规定，洞内进、出口应设置沥青混凝土过渡段，那么该隧道过渡段应为（　　）。

（A）40m　　　　　（B）50m　　　　　（C）60m　　　　　（D）70m

解答

根据《公路隧道设计规范　第一册　土建工程》（JTG 3370.1—2018）第 15.3.8 条第 2 款：短隧道路面过渡段取 3s 行程长度或 50m。

$80/3.6 \times 3 = 66.7m > 50m$

答案：

🔖 考点分析

2004 年版《公路隧道设计规范》规定，当隧道的建筑限界宽度小于公路建筑限界宽时，设有 4s 设计速度行程的过渡段，而 2018 年规范则是设不小于 3s 设计速度行程且不小于 50m 的过渡段，并保持横断面的顺适过渡。

考点6　公路隧道横断面设计

1. 公路隧道建筑限界

🔖 条文规定

《公路隧道设计规范　第一册　土建工程》（JTG 3370.1—2018）规定如下：

4.4　隧道横断面设计

4.4.1　各级公路隧道建筑限界如图 4.4.1 所示，在建筑限界内不得有任何土建工程部件侵入。各级公路两车道隧道建筑限界宽度应不小于表 4.4.1 的基本宽度，并应符合下列规定：

图 4.4.1　公路隧道建筑限界（尺寸单位：cm）

H-建筑限界高度；W-行车道宽度；L_L-左侧侧向宽度；L_R-右侧侧向宽度；C-余宽；J-检修道宽度；R-人行道宽度；d-检修道或人行道的高度；E_L-建筑限界左顶角宽度，包含余宽 C；E_R-建筑限界右顶角宽度，包含余宽 C

注：当 $L_L \leqslant 1m$ 时，$E_L = L_L$；当 $L_L > 1m$ 时，$E_L = 1m$。
当 $L_R \leqslant 1m$ 时，$E_R = L_R$；当 $L_R > 1m$ 时，$E_R = 1m$。

1 建筑限界高度：高速公路、一级公路、二级公路取 5.0m；三、四级公路取 4.5m。

2 设检修道或人行道时，检修道或人行道宜包含余宽；不设置检修道或人行道时，应设不小于 0.25m 的余宽。

3 隧道路面横坡：隧道为单向交通时，应设置为单面坡；隧道为双向交通时，可设置为双面坡；横坡坡率可采用 1.5%～2.0%，宜与洞外路面横坡坡率一致。

4 路面采用单面坡时，建筑限界底边线与路面重合；采用双面坡时，建筑限界底边线应水平置于路面最高处。

5 单车道四级公路的隧道应按双车道四级公路标准修建。

两车道公路隧道建筑限界横断面组成及基本宽度（单位：m） 表 4.4.1

公路等级	设计速度（km/h）	车道宽度 W	侧向宽度		余宽 C	检修道宽度 J 或人行道宽度 R		建筑限界基本宽度
			左侧 L_L	右侧 L_R		左侧	右侧	
高速公路、一级公路	120	3.75×2	0.75	1.25	0.50	1.00	1.00	11.50
	100	3.75×2	0.75	1.00	0.25	0.75	0.75	10.75
	80	3.75×2	0.50	0.75	0.25	0.75	0.75	10.25
	60	3.50×2	0.50	0.75	0.25	0.75	0.75	9.75
二级公路	80	3.75×2	0.75	0.75	0.25	1.00	1.00	11.00
	60	3.50×2	0.50	0.50	0.25	1.00	1.00	10.00
三级公路	40	3.50×2	0.25	0.25	0.25	0.75	0.75	9.00
	30	3.25×2	0.25	0.25	0.25	0.75	0.75	8.50
四级公路	20	3.00×2	0.50	0.50	0.25	—	—	7.50

注：三车道、四车道隧道除增加车道数外，其他宽度同表 4.4.1；增加车道的宽度不应小于 3.5m。

12.3.2 斜井断面形状和尺寸应满足使用功能要求，宜采用马蹄形断面。施工期间应满足施工设备和施工作业所需要的空间，并应符合下列规定：

1 断面内一侧应设宽度不小于 0.75m 的人行道，另一侧应设宽度不小于 0.25m 的间隙。

2 轨道运输时，两条轨道中心线之间的距离不应小于 0.7m；有摘挂钩作业的车场，两列列车车体的最突出部分之间的间隙不应小于 0.2m。

📖 典型例题

例题 5-6-1（2021 年真题）

某二级公路隧道按单洞双车道设计，设计速度为 60km/h，该隧道建筑限界高度及基本宽度是（　　）。

（A）4.5m，8.00m
（B）4.5m，9.00m
（C）5.0m，10.00m
（D）5.0m，11.00m

解答

根据《公路隧道设计规范　第一册　土建工程》（JTG 3370.1—2018）第 4.4.1 条第 1 款，二级公路隧道高度为 5.0m；查表 4.4.1，二级公路，设计速度为 60km/h，基本宽度为 10m。

答案：C

例题 5-6-2

一般来说，对于Ⅰ～Ⅲ级围岩，隧道内轮廓宜选用（　　）的边墙和曲率较大的顶拱。对Ⅳ～Ⅵ级软弱破碎围岩来说，隧道内轮廓宜选用（　　）的边墙。

（A）曲率较大，曲率较大

（B）曲率较大，曲率较小

（C）曲率较小，曲率较小

（D）曲率较小，曲率较大

解答

内轮廓设计通常根据隧道限界，先将内轮廓拟定为三心圆形式，再综合考虑设备、通风、受力条件等因素调整 R_1、R_2、α、β 等相关尺寸进行优化。例如，当围岩坚硬完整且水平侧向压力较小时，可通过适当增大 R_2，以减小左右边墙的曲率。反之当围岩软弱破碎且水平侧向压力较大时，可适当减小 R_2 以增大左右边墙的曲率。

答案：D

例题 5-6-3

二级公路两车道单洞隧道，长 600m，洞口段为Ⅴ级围岩、洞身段为Ⅳ级围岩，围岩完整。Ⅳ级围岩地段边墙衬砌厚度（含初期支护、防水层、二次衬砌）为 50cm，隧道内轮廓净宽 10m。则合理的隧道Ⅳ级围岩开挖断面的宽度为（　　）。

（A）11.0m

（B）11.1m

（C）11.2m

（D）11.3m

解答

开挖断面宽度为内轮廓净宽 10m 加上两侧衬砌厚度 0.5m×2＝1.0m，以及根据《公路隧道设计规范　第一册　土建工程》（JTG 3370.1—2018）表 8.4.1 规定的预留变形量 0.05～0.08m，围岩完整取 0.05m，共计约 11.1m。

答案：B

例题 5-6-4（2022 年真题）

高速公路设有双洞分离式特长隧道，主洞的建筑限界宽度为 11.50m，限界高度为 5.00m。需要设置人行横通道和车行横通道，人行横通道的建筑限界宽度和高度分别为 3.00m 和 2.50m。请问根据规范规定，车行横通道建筑限界宽度和高度应分别为（　　）。

（A）3.00m 和 4.00m

（B）4.00m 和 4.50m

（C）4.50m 和 4.50m

（D）4.50m 和 5.00m

解答

根据《公路隧道设计规范　第一册　土建工程》（JTG 3370.1—2018）第 4.4.1 条第 1 款，车行横通道宽度 ≥4.5m；高度与主洞一致，取 5m。

答案：D

📖 考点分析

（1）连拱隧道行车方向左侧、四级公路隧道可不设检修道或人行道，但应保留不小于 0.25m 的余宽。

（2）清楚隧道建筑限界横断面组成，以及建筑限界宽度、内轮廓宽度、开挖面宽度的意义。

2. 公路隧道紧急停车带与横洞

《公路隧道设计规范 第一册 土建工程》（JTG 3370.1—2018）规定如下：

4.4.6 紧急停车带设置应符合下列规定：

1 紧急停车带宽度为向行车方向右侧加宽不小于3.0m，且紧急停车带宽度与右侧侧向宽度（L_R）之和不应小于3.5m。

2 紧急停车带长度不宜小于50m，其中有效长度不应小于40m。

3 紧急停车带横坡可取0～1.0%。

4 单向行车隧道紧急停车带设置间距不宜大于750m，并不应大于1000m。

5 双向行车隧道紧急停车带应两侧交错设置，同一侧间距宜采用800～1200mm，并不应大于1500m。

紧急停车带建筑限界的构成如图4.4.6所示，具体尺寸按本规范第4.4.1条和第4.4.2条规定执行。

a) 建筑限界及横向构成

b) 平面构成

图4.4.6 紧急停车带的建筑限界、宽度和长度（尺寸单位：cm）

4.5.1 上、下行公路隧道之间应设横通道，并应符合下列规定：

1 人行横通道限界宽度不得小于2.0m，限界高度不得小于2.5m；车行横通道限界宽度不得小于4.5m，限界高度应与主洞限界高度一致。横通道断面建筑限界规定如图4.5.1所示。

a) 人行横通道   b) 车行横通道

图4.5.1 横通道的断面建筑限界（尺寸单位：cm）

2 人行横通道设置间距宜为 250m，并不应大于 350m。

3 车行横通道设置间距宜为 750m，并不应大于 1000m；中、短隧道可不设。

4 车行横通道路缘高度 d 宜与隧道行车方向左侧检修道高度一致。

📖 典型例题

例题 5-6-5（2021 年真题）

某二级公路隧道长度为 1550m，设计速度为 60km/h，双向行车时隧道应设置紧急停车带（   ）处。

（A）0 处　　　　（B）1 处　　　　（C）2 处　　　　（D）3 处

解答

根据《公路隧道设计规范　第一册　土建工程》（JTG 3370.1—2018）第 4.4.6 条第 5 款，双向行车，单侧间距 800～1200m，每侧 1 个，总共 2 处。

答案：C

例题 5-6-6（2023 年真题）

某山区二级公路长隧道，为缩短工期设置一座施工斜井，马蹄形斜井宽度应满足施工设备和施工作业等空间要求。隧道出渣运输车宽 3.25m，风水电等设施空间宽 1.25m，根据规范要求，该斜井断面的最小宽度是（   ）。（取小数点后两位）

（A）4.50m　　　　（B）4.75m　　　　（C）5.25m　　　　（D）5.50m

解答

根据《公路隧道设计规范　第一册　土建工程》（JTG 3370.1—2018）第 12.3.2 条：

$0.75 + 0.25 + 3.25 + 1.25 = 5.5m$

答案：D

例题 5-6-7（2024 年真题）

某三级公路隧道，隧道长度 2000m，设计速度 40km/h，隧道内紧急停车带于两侧交错设置，该隧道紧急停车带的最小建筑限界净宽是多少？

（A）11.75m　　　　（B）12.00m　　　　（C）12.25m　　　　（D）12.50m

解答：

根据《公路隧道设计规范　第一册》（JTG 3370.1—2018），

第 4.4.1 条　三级公路，40km/h，基本宽度取 9m，紧急停车带宽 3m。

第 4.4.6 条第 1 款：$3 + 0.25 = 3.25m < 3.5m$，则需要再加宽 0.25m。

总宽 $= 9 + 3 + 0.25 = 12.25m$

答案：C

考点7　公路隧道判别及隧道压力

📖 条文规定

浅埋、深埋隧道压力计算，《公路隧道设计规范　第一册　土建工程》（JTG 3370.1—2018）规定如下：

D.0.1 浅埋和深埋隧道的分界可按荷载等效高度值，并结合地质条件、施工方法等因素综合判定。按荷载等效高度的判定可按式 (D.0.1-1)、式 (D.0.1-2) 计算：

$$H_p = (2 \sim 2.5)h_q \qquad (D.0.1\text{-}1)$$

$$h_q = \frac{q}{\gamma} \qquad (D.0.1\text{-}2)$$

式中：H_p——浅埋隧道分界深度（m）；

　　　h_q——荷载等效高度（m）；

　　　q——用式 (6.2.2-1) 算出的深埋隧道垂直均布压力（kN/m^2）；

　　　γ——围岩重度（kN/m^3）。

在钻爆法或浅埋暗挖法施工的条件下，IV～VI级围岩取：

$$H_p = 2.5h_q \qquad (D.0.1\text{-}3)$$

I～III级围岩取：

$$H_p = 2h_q \qquad (D.0.1\text{-}4)$$

D.0.2 浅埋隧道围岩压力可按下列两种情况分别计算：

1 埋深H小于或等于等效荷载高度h_q时，垂直压力视为均布：

$$q = \gamma H \qquad (D.0.2\text{-}1)$$

式中：q——垂直均布压力（kN/m^2）；

　　　γ——隧道上覆围岩重度（kN/m^3）；

　　　H——隧道埋深，指隧道顶至地面的距离（m）。

侧向压力e按均布考虑时，其值为：

$$e = \gamma \left(H + \frac{1}{2}H_t\right)\tan^2\left(45 - \frac{\varphi_c}{2}\right) \qquad (D.0.2\text{-}2)$$

式中：e——侧向均布压力（kN/m^2）；

　　　H_t——隧道高度（m）；

　　　φ_c——围岩计算摩擦角（°），其值见表 A.0.7-1 和表 A.0.7-2。

各级岩质围岩物理力学参数　　　　　　　　　　　　表 A.0.7-1

围岩级别	重度γ（kN/m^3）	弹性抗力系数k（MPa/m）	变形模量E（GPa）	泊松比μ	内摩擦角φ（°）	黏聚力c（MPa）	计算摩擦角φ_c（°）
I	> 26.5	1800～2800	> 33	< 0.2	> 60	> 2.1	> 78
II		1200～1800	20～33	0.2～0.25	50～60	1.5～2.1	70～78
III	26.5～24.5	500～1200	6～20	0.25～0.3	39～50	0.7～1.5	60～70
IV	24.5～22.5	200～500	1.3～6	0.3～0.35	27～39	0.2～0.7	50～60
V	17～22.5	100～200	< 1.3	0.35～0.45	20～27	0.05～0.2	40～50
VI	15～17	< 100	< 1	0.4～0.5	< 20	< 0.2	30～40

注：1. 本表数值不包括黄土地层。
　　2. 选用计算摩擦角时，不再计内摩擦角和黏聚力。

6.2 永久荷载

6.2.1 隧道结构自重可按结构设计尺寸及材料标准重度计算，结构附加恒载应按实际情况计算。

6.2.2 深埋隧道松散荷载垂直均布压力及水平均布压力，在不产生显著偏压及膨胀力的围岩条件下，可按下列公式计算：

1 垂直均布压力可按式 (6.2.2-1) 和式 (6.2.2-2) 计算确定：

$$q = \gamma H \qquad (6.2.2\text{-}1)$$

$$h = 0.45 \times 2^{S-1} \omega \tag{6.2.2-2}$$

式中：q——垂直均布压力（kN/m²）；

γ——围岩重度（kN/m³）；

h——围岩压力计算高度（m）；

S——围岩级别，按1、2、3、4、5、6整数取值；

ω——宽度影响系数，按式(6.2.2-3)计算：

$$\omega = 1 + i(B - 5) \tag{6.2.2-3}$$

B——隧道宽度（m）；

i——隧道宽度每增减1m时的围岩压力增减率，以 $B = 5$ 的围岩垂直均布压力为准，按表6.2.2-1取值。

围岩压力增减率 i 取值表

表6.2.2-1

隧道宽度 B（m）	$B < 5$	$5 \leqslant B < 14$	$14 \leqslant B < 25$	
围岩压力增减率 i	0.2	0.1	考虑施工过程分导洞开挖	0.07
			上下台阶法或一次性开挖	0.12

2 有围岩 BQ 或 $[BQ]$ 值时，式(6.2.2-2)中 S 可用 $[S]$ 代替。$[S]$ 可按式(6.2.2-4)或式(6.2.2-5)计算：

$$[S] = S + \frac{\dfrac{[BQ]_{上} + [BQ]_{下}}{2} - [BQ]}{[BQ]_{上} - [BQ]_{下}} \tag{6.2.2-4}$$

或

$$[S] = S + \frac{\dfrac{BQ_{上} + BQ_{下}}{2} - BQ}{BQ_{上} - BQ_{下}} \tag{6.2.2-5}$$

式中：$[S]$——围岩级别修正值（精确至小数点后一位），当 BQ 或 $[BQ]$ 值大于800时，取800；

$BQ_{上}$、$[BQ]_{上}$——分别为该围岩级别的岩体基本质量指标 BQ 和岩体修正质量指标 $[BQ]$ 的上限值，按表6.2.2-2取值；

$BQ_{下}$、$[BQ]_{下}$——分别为该围岩级别的岩体基本质量指标 BQ 和岩体修正质量指标 $[BQ]$ 的下限值，按表6.2.2-2取值。

3 围岩水平均布压力可按表6.2.2-3的规定确定。

围岩水平均布压力

表6.2.2-3

围岩级别	I、II	III	IV	V	VI
水平均布压力 e	0	$< 0.15q$	$(0.15 \sim 0.3)q$	$(0.3 \sim 0.5)q$	$(0.5 \sim 1.0)q$

关于隧道明洞荷载计算，《公路隧道设计规范 第一册 土建工程》（JTG 3370.1—2018）规定如下：

H.0.1 拱圈回填土石垂直压力可按式(H.0.1)计算：

$$q_i = \gamma_1 h_i \tag{H.0.1}$$

式中：q_i——明洞结构上任意点 i 的回填土石垂直压力值（kN/m²）；

γ_1——拱背回填土石重度（kN/m³）；

h_i——明洞结构上任意点 i 的土柱体高度（m）。

H.0.2 拱圈回填土石侧压力可按式(H.0.2-1)计算：

$$e_i = \gamma_1 h_i \lambda \tag{H.0.2-1}$$

式中：e_i——任意点i的侧压力值（kN/m²）；

　　γ_1、h_i——符号意义同前；

　　　λ——侧压力系数。

侧压力系数可按下列两种情况计算：

1）填土坡面向上倾斜（图 H.0.2-1），按无限土体计算：

$$\lambda = \cos\alpha \frac{\cos\alpha - \sqrt{\cos^2\alpha - \cos^2\varphi_1}}{\cos\alpha + \sqrt{\cos^2\alpha - \cos^2\varphi_1}}$$ （H.0.2-2）

式中：α——设计填土面坡度角（°）；

　　φ_1——拱背回填土石计算摩擦角（°）。

2）填土坡面向下倾斜（图 H.0.2-2），按有限土体计算：

$$\lambda = \frac{1 - \mu n}{(\mu + n)\cos\rho + (1 - \mu n)\sin\rho} \cdot \frac{mn}{m - n}$$ （H.0.2-3）

式中：ρ——侧压力作用方向与水平线夹角（°）；

　　n——开挖边坡坡率；

　　m——回填土石面坡率；

　　μ——回填土石与开挖边坡面间的摩擦系数。

图 H.0.2-1　填土坡面向上倾斜

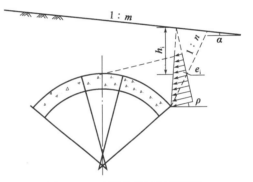
图 H.0.2-2　填土坡面向下倾斜

📖 典型例题

例题 5-7-1

某公路Ⅳ级围岩中的单线隧道，拟采用矿山法开挖施工。其标准断面衬砌顶距地面 13m，隧道开挖宽度为 6.4m，衬砌结构高度 6.5m，围岩重度为 24kN/m³，计算摩擦角为 50°。根据《公路隧道设计规范第一册　土建工程》（JTG 3370.1—2018）计算，该隧道水平围岩压力最小值最接近（　　）。

（A）14.8kPa　　　　　　　　　　（B）41.4kPa

（C）46.8kPa　　　　　　　　　　（D）98.5kPa

解答

根据《公路隧道设计规范　第一册　土建工程》（JTG 3370.1—2018）第 6.2.2 条、第 D.0.1 条。

（1）深埋浅埋隧道判别

$\omega = 1 + i(B - 5) = 1 + 0.1 \times (6.4 - 5) = 1.14$

$h = 0.45 \times 2^{S-1}\omega = 0.45 \times 2^{4-1} \times 1.14 = 4.1\text{m}$

在矿山法施工的条件下，Ⅳ～Ⅵ级围岩取 $H_p = 2.5h = 2.5 \times 4.1 = 10.25\text{m}$。

隧道覆盖层厚度 13m＞10.25m，判定为深埋隧道。

（2）水平均布压力计算

IV级围岩，水平均布压力e可取$(0.15\sim0.3)q$。

$q = \gamma h = 24 \times 4.1 = 98.4\text{kPa}$

$e = 0.15q = 0.15 \times 98.4 = 14.76\text{kPa}$

答案：A

例题 5-7-2

二级公路两车道深埋隧道，埋深 200m，隧道开挖宽度为 11m，宽度影响系数为 1.6，V级围岩的重度为19kN/m³。则正确的围岩垂直均布压力为（　　　　）。

（A）200kN/m²　　　　　　　　　　　　　（B）203kN/m²

（C）219kN/m²　　　　　　　　　　　　　（D）246kN/m²

解答

根据《公路隧道设计规范　第一册　土建工程》（JTG 3370.1—2018）第 6.2.2 条：

$$q = \gamma h$$
$$h = 0.45 \times 2^{S-1}\omega$$

式中：q——垂直均布压力（kN/m²）；

　　　　γ——围岩重度（kN/m³）；本题$\gamma = 19\text{kN/m}^3$；

　　　　S——围岩级别；本题$S = 5$；

　　　　ω——宽度影响系数，$\omega = 1 + i(B - 5)$；为简化考题，本题直接给出了$\omega = 1.6$；

　　　　B——隧道开挖宽度（m）；本题$B = 11\text{m}$。

将已知数代入上式，得$h = 11.52$，再求得$q = 19 \times 11.52 = 218.88\text{kN/m}^2$，取整为 219kN/m²。

答案：C

例题 5-7-3

某公路隧道进口段，围岩等级为IV级，重度为25kN/m³，拟采用矿山法施工开挖，断面宽度为 12m，净高为 8m，隧道顶部岩体厚 6m，则该断面处隧道属于（　　　　），垂直均布压力应为（　　　　）。

（A）浅埋，153kPa　　　　　　　　　　　（B）深埋，153kPa

（C）浅埋，150kPa　　　　　　　　　　　（D）深埋，150kPa

解答

根据《公路隧道设计规范　第一册　土建工程》（JTG 3370.1—2018）第 6.2.2 条、第 D.0.1 条。

（1）深埋浅埋隧道判别

$\omega = 1 + i(B - 5) = 1 + 0.1 \times (12 - 5) = 1.7$

$h = 0.45 \times 2^{S-1}\omega = 0.45 \times 2^{4-1} \times 1.7 = 6.12\text{m}$

在矿山法施工的条件下，IV级围岩取$H_p = 2.5h = 2.5 \times 6.12 = 15.3\text{m}$。

隧道覆盖层厚度 6m < 15.3m，判定为浅埋隧道。

（2）垂直均布压力计算

根据附录 D.0.2-1，因$H < h_q$，则

$q = \gamma H = 25 \times 6 = 150\text{kPa}$

答案：C

例题 5-7-4（2020 年真题）

某二级公路隧道，长度为 2700m，其中一段埋深为 300m（属深埋隧道），隧道宽度为 11m，V级围

岩，围岩重度为20kN/m³。不考虑偏压等，则围岩的垂直均布压力为（   ）。（取整数）

（A）204kPa

（B）230kPa

（C）248kPa

（D）317kPa

解答

根据《公路隧道设计规范　第一册　土建工程》（JTG 3370.1—2018）第6.2.2条：

查表6.2.2-1，$i = 0.1$

$\omega = 1 + i(B - 5) = 1 + 0.1 \times (11 - 5) = 1.6$

$h = 0.45 \times 2^{S-1}\omega = 0.45 \times 2^{5-1} \times 1.6 = 11.52\text{m}$

$q = \gamma h = 20 \times 11.52 = 230.4\text{kPa}$，取整数230kPa。

答案： B

例题 5-7-5（2020年真题）

某公路四级围岩中的单线隧道，拟采用钻爆法进行施工。某断面衬砌结构顶部埋深为160m（属深埋隧道），隧道开挖宽度为12m，围岩的重度为24kN/m³，不考虑偏压等影响，则该隧道衬砌所受到的围岩水平均布压力合理的是（   ）。

（A）15kPa

（B）21kPa

（C）35kPa

（D）60kPa

解答

根据《公路隧道设计规范　第一册　土建工程》（JTG 3370.1—2018）第6.2.2条：

查表6.2.2-1，$i = 0.1$；

$\omega = 1 + i(B - 5) = 1 + 0.1 \times (12 - 5) = 1.7$

$h = 0.45 \times 2^{S-1}\omega = 0.45 \times 2^{4-1} \times 1.7 = 6.12\text{m}$

$q = \gamma h = 24 \times 6.12 = 146.88\text{kPa}$

查表6.2.2-3，$e = (0.15 \sim 0.3)q = (0.15 \sim 0.3) \times 146.88 = 22 \sim 44\text{kPa}$

答案： C

例题 5-7-6

某隧道通过地质条件较差地段，拟采用明洞通过，明洞边墙回填浆砌片石，重度为22kN/m³，拱圈上设计填土面坡角为10°，填土重度为18kN/m³，填土计算摩擦角取42°，按《公路隧道设计规范　第一册　土建工程》（JTG 3370.1—2018），作用在右侧拱脚上的侧压力最接近（   ）。

例题 5-7-6 图（尺寸单位：m）

（A）27kPa

（B）30kPa

（C）62kPa

（D）68kPa

解答

根据《公路隧道设计规范 第一册 土建工程》（JTG 3370.1—2018）附录 H，填土坡面向上，按无限土体计算。

$$\lambda = \cos\alpha \frac{\cos\alpha - \sqrt{\cos^2\alpha - \cos^2\varphi_1}}{\cos\alpha + \sqrt{\cos^2\alpha - \cos^2\varphi_1}} = \cos 10° \times \frac{\cos 10° - \sqrt{\cos^2 10° - \cos^2 42°}}{\cos 10° + \sqrt{\cos^2 10° - \cos^2 42°}} = 0.204$$

$$h = 4.0 + 3.4 + \frac{7}{2} \times \tan 10° = 8.02\text{m}$$

$$e_i = \gamma_1 h_i \lambda = 18 \times 8.02 \times 0.204 = 29.45\text{kPa}$$

答案：B

例题 5-7-7（2022 年真题）

某公路隧道，长度为 1900m，其中一断面埋深为 210m（属深埋隧道），围岩等级Ⅳ级，围岩重度为 23kN/m³，隧道宽度为 12m，岩体基本质量指标 BQ 为 320。不考虑偏压等影响，请问该断面围岩的垂直均布压力是（　　　）。（取小数点后两位）

（A）115.23kN/m³   （B）122.59kN/m³

（C）132.48kN/m³   （D）140.76kN/m³

解答

根据《公路隧道设计规范 第一册 土建工程》（JTG 3370.1—2018）第 6.2.2 条第 2 款。

（1）计算系数

$$\omega = 1 + i(B - 5) = 1 + 0.1 \times (12 - 5) = 1.7$$

（2）计算[S]

$BQ = 320$，$S = 4$，则

$$[S] = S + \frac{\dfrac{BQ_{上} + BQ_{下}}{2} - BQ}{BQ_{上} - BQ_{下}} = 4 + \frac{\dfrac{350 + 250}{2} - 320}{350 - 250} = 3.8$$

（3）计算垂直均布压力

$$h = 0.45 \times 2^{S-1}\omega = 0.45 \times 2^{3.8-1} \times 1.7 = 5.328\text{m}$$

$$q = 5.328 \times 23 = 122.539\text{kN/m}^3$$

答案：B

例题 5-7-8（2022 年补考真题）

某公路隧道，围岩等级为 V，重度为 21.0kN/m³，拟采用钻爆法施工开挖，开挖断面宽度为 10.0m，高度为 8.0m，断面顶部至地表厚度为 9.2m，宽度影响系数为 1.5。那么该断面隧道顶部围岩的垂直均布压力是（　　　）。

（A）135.0kN/m²   （B）158.4kN/m²

（C）193.2kN/m²   （D）226.8kN/m²

解答

根据《公路隧道设计规范 第一册 土建工程》（JTG 3370.1—2018）计算。

（1）计算坍落拱高度

根据第 6.2.2 条：

$$h = 0.45 \times 2^{5-1} \times 1.5 = 10.8\text{m}$$

（2）判断深埋与浅埋

$10.8 > 9.2$，属于浅埋。

（3）计算围岩压力

$q = 21 \times 9.2 = 193.2 \text{kN/m}^2$

答案：C

例题 5-7-9（2023 年真题）

某公路隧道净宽 6.4m，净高 8m，IV 级围岩，围岩重度 $\gamma = 20 \text{kN/m}^3$，围岩计算摩擦角 $\varphi = 53°$，当埋深 $H = 3$m 时，隧道垂直均布压力和侧向均布压力各为（　　　　）。（取一位小数）

（A）60.0kN/m^2 和 9.0kN/m^2

（B）60.0kN/m^2 和 15.7kN/m^2

（C）120.0kN/m^2 和 18.0kN/m^2

（D）120.0kN/m^2 和 30.0kN/m^2

解答

根据《公路隧道设计规范　第一册　土建工程》（JTG 3370.1—2018）第 D.0.2 条：

$\omega = 1 + 0.1 \times (6.4 - 5) = 1.14$

$h = 0.45 \times 2^{4-1} \times 1.14 = 4.104\text{m} > H = 3\text{m}$

$q = 20 \times 3 = 60 \text{kN/m}^2$

$e = 20 \times \left(3 + \dfrac{1}{2} \times 8\right) \times \tan^2\left(45 - \dfrac{53°}{2}\right) = 15.67 \text{kN/m}^2$

答案：B

例题 5-7-10（2024 年真题）

某两车道高速公路隧道紧急停车带处埋深 300m，为深埋隧道，岩体修正质量指标 $[BQ]$ 值为 237，围岩重度为 22kN/m^3，采用三台阶开挖，最大开挖宽度 15m，不产生显著偏压及膨胀力，对应松散荷载围岩水平均布压力最小值按 $[BQ]$ 修正计算时是多少？

（A）51.1kN/m　　　　　　　　　　（B）76.6kN/m

（C）102.2kN/m　　　　　　　　　（D）127.7kN/m

解答：

根据《公路隧道设计规范　第一册》（JTG 3370.1—2018），第 3.6.4 条：$[BQ] = 237$，判断为 V 级围岩；

第 6.2.2 条第 2 款：

$[S] = 5 + \dfrac{\dfrac{250}{2} - 237}{250} = 4.552$

第 1 款：$B = 15$m，三台阶开挖，i 取 0.12

$\omega = 1 + 0.12 \times (15 - 5) = 2.2$

$h = 0.45 \times 2^{4.552-1} \times 2.2 = 11.61\text{m}$

$q = 11.61 \times 22 = 255.46 \text{kN/m}$

第 3 款：$e = 0.3 \times 255.46 = 76.6 \text{kN/m}$

答案：B

注：这里一定要用修正的围岩等级 $[S]$，如果直接用 $S = 5$ 代入计算则答案与四个选项都不同。

（1）深埋浅埋隧道分界值计算方法见《公路隧道设计规范 第一册 土建工程》（JTG 3370.1—2018）附录 D。

（2）《公路隧道设计规范 第一册 土建工程》（JTG 3370.1—2018）新增连拱隧道围岩压力计算方法，可按规范附录 G 计算。

考点8 公路隧道衬砌及衬砌加强段

条文规定

《公路隧道设计规范 第一册 土建工程》（JTG 3370.1—2018）规定如下：

8.1.1 公路隧道应设置衬砌，根据隧道围岩级别、施工条件和使用要求选择采用喷锚衬砌、整体式衬砌、复合式衬砌。高速公路、一级公路、二级公路的隧道应采用复合式衬砌；三级及三级以下公路的隧道洞口段、IV～VI级围岩洞身段应采用复合式衬砌或整体式衬砌，I～III级围岩洞身段可采用喷锚衬砌。

8.1.4 隧道衬砌设计应符合下列规定：

1 衬砌断面宜采用曲边墙拱形断面。

2 围岩较差、侧压力较大、地下水丰富的地段可设仰拱，仰拱曲率半径应根据地质条件、地下水、隧道断面形状、隧道宽度等条件确定。路面与仰拱之间可采用混凝土或片石混凝土填充。隧底围岩较好、边墙基底承载力和稳定性满足要求时，可不设仰拱。

3 洞口段应设加强衬砌，加强衬砌段长度应根据地形、地质和环境条件确定，两车道隧道不应小于10m，三车道隧道不应小于15m。

4 围岩较差地段衬砌应向围岩较好地段延伸 5～10m。

5 偏压衬砌段应向一般衬砌段延伸，延伸长度应根据偏压情况确定，不宜小于 10m。

6 净宽大于 3.0m 的横通道与主洞的交叉段，主洞与横通道衬砌均应加强。加强段衬砌应向各交叉洞延伸，主洞延伸长度不应小于 5.0m，横通道延伸长度不应小于 3.0m。延伸长度范围内不宜设变形缝。

8.4 复合式衬砌

8.4.1 复合式衬砌设计应符合下列规定：

1 初期支护应按永久支护结构设计，宜采用喷射混凝土、锚杆、钢筋网和钢架等支护单独或组合使用，并应符合本规范第 8.2 节的规定。

2 二次衬砌应采用模筑混凝土或模筑钢筋混凝土衬砌结构，并应符合本规范第 8.3 节的规定。

3 在确定开挖断面时，除应满足隧道净空和结构尺寸外，尚应考虑围岩及初期支护的变形，预留适当的变形量。预留变形量大小应根据围岩级别、断面大小、埋置深度、施工方法和支护情况等，通过计算分析确定或采用工程类比法预测，预测值可参照表 8.4.1 的规定选用。预留变形量还应根据现场监控量测结果进行调整。

预留变形量（单位：mm） 表 8.4.1

围岩级别	两车道隧道	三车道隧道	围岩级别	两车道隧道	三车道隧道
I	—	—	IV	50～80	60～120
II	—	10～30	V	80～120	100～150
III	20～50	30～80	VI	现场量测确定	

注：1.围岩软弱、破碎取大值；围岩完整取小值。

2.四车道隧道应通过工程类比和计算分析确定。

8.4.2 复合式衬砌，可采用工程类比法进行设计，必要时，可通过理论分析进行验算。两车道隧道、三车道隧道支护参数可按附录 P 中表 P.0.1、表 P.0.2 选用。四车道隧道应通过工程类比和计算分析确定。在施工过程中应根据超前地质预报及现场围岩监控量测信息对设计支护参数进行必要的调整。

《公路隧道设计规范 第一册 土建工程》(JTG 3370.1—2018) 条文说明规定如下：

8.1.1 隧道衬砌形式主要有喷锚衬砌、整体式衬砌、复合式衬砌。

（1）喷锚衬砌是①喷射混凝土支护、②喷射混凝土＋锚杆支护、③喷射混凝土＋锚杆＋钢筋网支护、④喷射混凝土＋锚杆＋钢筋网＋钢架支护的统称，是一种加固围岩，控制围岩变形，能充分利用和发挥围岩自承能力的支护衬砌形式，具有支护及时、柔性、紧贴围岩、与围岩共同变形等特点，在受力条件上比整体式衬砌优越，对加快施工进度、节约劳力及原材料、降低工程成本等效果显著，能保证围岩的长期稳定。但是，由于喷锚衬砌刚度较小，在围岩自稳能力较差的Ⅳ～Ⅵ级围岩中，长期稳定性和防止水侵蚀能力方面有一定的局限性，材料及施工工艺还有待进一步提高。因此，条文规定"在Ⅳ～Ⅵ级围岩中应采用复合式衬砌或整体式衬砌"，不单独采用喷锚支护作永久衬砌。

（2）整体式衬砌是被广泛采用的衬砌形式，具有较强的支护能力、防水能力和耐久性，具有长期可靠的支护作用，有长期的工程实践经验，技术成熟，适应多种围岩条件。因此，在隧道洞口段、浅埋段及围岩条件很差的软弱围岩中采用整体式衬砌较为稳妥可靠。目前，山岭隧道中整体式衬砌采用模筑混凝土衬砌或模筑钢筋混凝土衬砌。

（3）复合式衬砌是由内外两层衬砌组合而成，第一层称为初期支护（一般是喷锚衬砌），第二层为二次衬砌（一般是整体式衬砌），初期支护与二次衬砌之间夹防水层，我国高等级公路隧道已普遍采用复合式衬砌。

复合式衬砌的二次衬砌，外观成型较好，满足隧道对外观的基本要求，在初期支护与二次衬砌之间铺设防水层，解决隧道衬砌渗漏水问题。因此条文规定，在"高速公路、一级公路、二级公路中的隧道衬砌应采用复合式衬砌"。

三级及三级以下公路隧道，由于交通量较小，使用频率较低，围岩条件较好时，为控制投资，可采用喷锚衬砌。

隧道洞口段是指隧道洞口暗挖进洞一定长度覆盖层厚度小于 1～2 倍开挖宽度（图 8-1）的地段，一般较洞身围岩条件差，埋深浅，受地形、环境条件影响较大。洞口段要求具有很高的抗风化能力和耐久性。喷锚衬砌在稳定性和防止水侵蚀方面经验不多，材料及施工工艺还有待进一步提高。所以条文规定"隧道洞口段应采用整体式衬砌或复合式衬砌"。

图 8-1 隧道洞口段

B-开挖宽度（m）

8.1.4

1 隧道及地下工程衬砌断面形式常用的有曲墙拱形衬砌和直墙拱形衬砌。公路隧道一般跨度较大，荷载、变形也较大，根据大量工程实例和力学分析表明，公路隧道曲墙拱形衬砌较直墙拱形衬砌结构受力合理，围岩及结构稳定性较好，抵抗侧压力的能力较强，适应多种围岩条件；在严寒地区调查，曲墙式衬砌墙部破坏的情况远小于直墙式衬砌，所以推荐采用曲边墙拱形断面。

对于车行横通道、人行横通道、通风道等断面较小的隧道，风机洞室、工作室，一般地质条件较好、对净空断面有特殊要求，一般采用直墙拱形衬砌。

2　在V围岩条件下，围岩自稳能力差、侧压力较大、地基承载力弱，为保证结构整体安全、控制沉降，采用有仰拱的封闭式衬砌断面。对IV级围岩情况较为复杂，根据隧道断面、地质构造、地层岩性、地下水等条件确定是否设仰拱。在工程实际中，有很多情况（特别是洞口段）拱部围岩条件很差，甚至还需采用管棚等辅助工程措施，但边墙脚及以下围岩地质条件较好，基底承载能力和稳定性均能满足结构受力要求，这时，为节约投资，简化施工，不设仰拱。所以，规范提出"隧底围岩较好、边墙基底承载力和稳定性满足要求时，可不设仰拱"。

3　隧道洞口段，一般埋置较浅，地质条件较差，受环境影响较大，岩石易风化，围岩长期稳定性较洞内差，衬砌受力情况也较洞内不利，有时还要承受仰坡方向的纵向推力，因此，"洞口段应设加强衬砌"，规定加强段最小长度是保证加强段衬砌的有效作用。加强衬砌结构设计一般是将洞口围岩级别降低一级考虑。

4　洞身围岩地质条件不同，围岩压力和变形也不相同，加之围岩级别分界里程很难准确划分，围岩级别的变化有时是渐变的，围岩较差段的衬砌向围岩较好段延伸是使衬砌能适应这种条件变化，起过渡作用。

5　偏压衬砌段向一般衬砌段延伸也是基于上述原因考虑。

6　隧道内交叉段是指两相交洞室在拱部相交的岔洞结构，受力关系复杂，计算和施工都比较烦琐，为保证岔洞结构的安全，净宽大于3.0m的车行横通道、避难支洞以及通风横通道等与主洞的交叉段需作加强处理。交叉段范围是交叉口边缘向各交叉洞延伸，主洞延伸长度不小于5.0m，横通道延伸长度不小于3.0m，是为了保证交叉段的结构稳定，如图8-2所示。跨度越大延伸长度也相应增加。

图8-2　交叉口部

📖 典型例题

例题 5-8-1

某二级公路两车道单洞隧道长 800m，隧道里程桩号为 K10＋000～K10＋800，其中，K10＋000～

K10＋200为Ⅳ级围岩，K10＋200～K10＋700为Ⅲ级围岩，K10＋700～K10＋800为Ⅳ级围岩。隧道按复合式衬砌设计，初期支护和二次衬砌厚度等支护参数符合《公路隧道设计规范 第一册 土建工程》（JTG 3370.1—2018）的要求，并在K10＋000～K10＋010和K10＋790～K10＋800设置了Ⅳ级围岩加强段衬砌。下列剩余地段正确的衬砌布置桩号为（　　　）。

（A）K10＋010～K10＋210和K10＋690～K10＋790为Ⅳ级围岩衬砌；K10＋210～K10＋690为Ⅲ级围岩段衬砌

（B）K10＋010～K10＋200和K10＋700～K10＋790为Ⅳ级围岩衬砌；K10＋200～K10＋700为Ⅲ级围岩段衬砌

（C）K10＋010～K10＋200和K10＋710～K10＋790为Ⅳ级围岩衬砌；K10＋200～K10＋710为Ⅲ级围岩段衬砌

（D）K10＋010～K10＋190和K10＋710～K10＋790为Ⅳ级围岩衬砌；K10＋190～K10＋710为Ⅲ级围岩段衬砌

解答

根据《公路隧道设计规范 第一册 土建工程》（JTG 3370.1—2018）第8.1.4条，较差围岩地段衬砌应向较好围岩地段延伸5～10m。本题取延伸10m。

答案：A

例题 5-8-2

公路隧道设置衬砌时，下列情况下可以不用设置加强衬砌的是（　　　）。

（A）Ⅲ级围岩洞口段

（B）净宽大于3m的横通道与主洞的交叉段

（C）Ⅴ级围岩洞口段

（D）Ⅴ级围岩洞身段

解答

根据《公路隧道设计规范 第一册 土建工程》（JTG 3370.1—2018）第8.1.4条，隧道洞口段应设加强衬砌，横通道与主洞的交叉段，主洞与横通道衬砌均应加强。

答案：D

例题 5-8-3

关于公路隧道衬砌的设置，下列说法错误的是（　　　）。

（A）在Ⅳ～Ⅵ级围岩中应采用复合式衬砌或整体式衬砌

（B）围岩较差地段衬砌应向围岩较好地段延伸5～10m

（C）隧道洞口段应采用喷锚衬砌

（D）隧道围岩条件较好、边墙基底承载力和稳定性满足要求时，可不设仰拱

解答

根据《公路隧道设计规范 第一册 土建工程》（JTG 3370.1—2018）第8.1.1条条文说明，隧道洞口段应采用整体式衬砌或复合式衬砌。

答案：C

例题 5-8-4（2020年真题）

某两车道公路隧道，其中一段的围岩为较软质岩，但岩体完整，初步判断为Ⅳ级围岩。在隧道复合式衬砌设计开挖时，预留变形量的预测值宜为（　　　）。

（A）40～50　　　　　（B）50～60　　　　　（C）70～80　　　　　（D）80～90

解答

根据《公路隧道设计规范　第一册　土建工程》（JTG 3370.1—2018）第8.4.1条表8.4.1注1：

（1）Ⅳ级围岩两车道时，预留变形量为50～80mm；

（2）因为是较软质岩，且岩体完整，变形量取小值50～60mm。

答案：B

📖 考点分析

（1）隧道衬砌形式和衬砌加强段都在公路隧道规范的条文说明中。

（2）本题型中的种种概念大多是规范中的条文，请仔细翻阅。

考点9　公路隧道选址的原则和要求

📖 条文规定

《公路隧道设计规范　第一册　土建工程》（JTG 3370.1—2018）规定如下：

3.3.4　地形、地质调查工作应符合下列规定：

1　当隧道地区存在区域性断裂构造时，特别是存在全新活动的断裂和发震断层时，应调查新构造活动的痕迹、特点和与地震活动的关系，并查明其对隧道工程的影响程度。

2　当隧址区存在影响隧道方案的重大不良地质、特殊岩土情况时，应进一步搜集调查地质资料，综合分析，预测隧道开挖后可能出现塌方、滑动、高地应力、岩溶、突水突泥、流沙及有害气体溢出等地段，并提出相应的工程措施。

3　水文地质条件复杂的隧道除应按一般隧道进行调查、勘探、试验外，必要时还应进行水文地质动态观测或进行专题研究。

4　沿河傍山地段的隧道，应调查分析斜坡地质结构特征及其稳定性、水流冲刷对山体及洞身稳定的影响。

5　濒临水库的隧道，应查明岸坡的稳定性、水库库容及水位（含浪高和壅水高）等。当隧道洞口位于岩溶洼地或冲沟谷底时，应查明洼地或谷底季节性壅水的最高水位。

4.2　隧道位置选择

4.2.1　隧道位置应选择在稳定的地层中，避免穿越工程地质和水文地质极为复杂以及严重不良地质地段。必须通过时，应采取切实可靠的工程技术措施。

4.2.2　穿越山岭的长、特长隧道，应在较大范围地质测绘和综合地质勘探的基础上，拟订不同的越岭高程及其相应的展线方案，结合两端路线接线条件及施工、运营条件等因素，进行全面技术经济比较后，确定路线走向和隧道平面位置。

4.2.3　路线沿河傍山地段以隧道通过时，应对长隧道方案与短隧道群或桥隧群方案、高边坡与棚洞方案进行技术经济比较。

4.2.4　隧道洞口位置不宜设在滑坡、崩坍、岩堆、危岩落石、泥石流等不良地质地段，以及排水困难的沟谷低洼处和不稳定的悬崖陡壁下。

4.2.5　濒临水库、沿河、沿溪的隧道，其洞口路肩设计高程应高出计算洪水位（含浪高和壅水高）不小于0.5m。长期浸泡造成岸坡坍塌对隧道稳定有不利影响时，应采取相应的工程措施。

4.2.6 隧道设计洪水位频率标准可按表4.2.6取值；当观测洪水位高于频率标准洪水位值时，应按观测洪水位设计。

隧道设计水位的洪水频率标准 表4.2.6

隧道类别	公路等级			
	高速公路、一级公路	二级公路	三级公路	四级公路
特长隧道	1/100	1/100	1/50	1/50
长隧道	1/100	1/50	1/50	1/25
中、短隧道	1/100	1/50	1/25	1/25

📖 典型例题

例题 5-9-1

某二级公路濒临水库地区的中隧道，该水库300年一遇的洪水位为29.8m，100年一遇的洪水位为28.6m，50年一遇的洪水位为26.8m，25年一遇的洪水位为24.0m，实际观测洪水位为29.3m。则设计洪水位应取（　　）。

（A）26.8m
（B）28.6m
（C）29.3m
（D）29.8m

解答

根据《公路隧道设计规范　第一册　土建工程》（JTG 3370.1—2018）第4.2.6条，二级公路的中隧道，洪水频率标准为1/50，当观测洪水位高于频率标准洪水位时，应按观测洪水位设计。

答案：C

例题 5-9-2（2019年真题，根据新规范改编）

某濒临水库地区高速公路拟建一处长隧道，经外业勘测，该处50年一遇洪水位为776.52m，100年一遇洪水位为778.12m，300百年一遇洪水位为782.52m，调查走访发现最高洪水位为782.80m。波浪侵袭高0.5m（不考虑雍水高）。则隧道洞口路肩设计高程采用（　　）。

（A）778.62m
（B）779.12m
（C）783.80m
（D）783.52m

解答

根据《公路隧道设计规范　第一册　土建工程》（JTG 3370.1—2018）第4.2.5条、第4.2.6条：高速公路长隧道设计洪水频率为1/100，观测洪水位782.80m＞百年一遇洪水位778.12m，采用观测洪水位设计。

路基高度＝设计洪水位＋波浪高＋雍水高＋安全高度＝782.80＋0.5＋0＋0.5＝783.80m

答案：C

例题 5-9-3（2022年真题）

某沿河的二级公路设有一处长度为1200m的隧道，该河段25年一遇的洪水位为122.1m，50年一遇的洪水位为124.7m，100年一遇的洪水位为126.6m，实际观测洪水位为126.2m。请问根据规范要求，设计洪水位应取（　　）。

（A）122.1m
（B）124.7m
（C）126.2m
（D）126.6m

解答

根据《公路隧道设计规范　第一册　土建工程》（JTG 3370.1—2018）第4.2.6条，1200m为长隧道，二级公路，可知设计洪水位是 1/50 = 124.7m。因为观测洪水位 126.2m > 124.7m，所以取观测洪水位。

答案：C

📖 **考点分析**

（1）本题型中的种种概念大多是规范中的条文，请仔细翻阅。

（2）条文中提出的隧道设计洪水频率标准，参考了《公路桥涵设计通用规范》（JTG D60—2015）的有关规定。

考点10　公路隧道洞口位置的选择原则

1. 公路隧道洞口工程

📖 **条文规定**

《公路工程技术标准》（JTG B01—2014）规定如下：

8.0.5　洞口之间小于 6s 设计速度行程长度的相邻隧道，应系统考虑通风、照明、安全、管理等设施及防灾、救援等需要进行整体设计。

《公路隧道设计规范　第一册　土建工程》（JTG 3370.1—2018）规定如下：

7.2.1　洞口位置确定应符合下列规定：

1　应设于山体稳定、地质条件较好的位置。

2　隧道轴线宜与地形等高线呈大角度相交。

3　跨沟或沿沟进洞时，应考虑水文情况，结合防护工程、防排水工程，综合分析确定。

4　缓坡地段进洞时，应结合隧道进洞条件、洞外路堑设置条件、边仰坡防护、排水、施工和占用耕地等因素，综合分析确定。

7.2.2　洞口设计应符合下列规定：

1　减少洞口边坡及仰坡开挖，避免形成高边坡、高仰坡，最大限度地减少对原地面的扰动。

2　洞口边坡、仰坡根据情况采取放坡、喷锚、设置支挡结构物、接长明洞等措施进行防护，宜采用绿化护坡。

3　受暴雨、洪水、泥石流影响时，应设置防洪设施。

4　位于陡崖下的洞口，应清除危石，不宜切削山坡，宜接长明洞。

5　附近地面建筑及地下埋设物与洞口相互影响时，应采取防范措施。

11.5.7　棚洞基础设计应符合下列规定：

1　棚洞基础应置于稳固的地基上。当基础位于软弱地基上时，可采取整体式钢筋混凝土底板、桩基、扩大基础、基础加深等措施。

2　棚洞基底高程低于边沟沟底开挖高程应不小于200mm；在有冻害地区，基底埋置深度不应小于冰结线以下 250mm。

3　当地基外侧受水流冲刷影响时，应采取加固和防护措施。

4　在横向斜坡地形，棚洞外侧基础埋置深度超过路面以下3m时，宜在路面以下设置钢筋混凝土横向水平拉杆，并锚固于内侧基础或岩体中；棚洞外侧为立柱时，可加设纵梁与相邻立柱连接

《公路隧道设计规范　第一册　土建工程》（JTG 3370.1—2018）条文说明规定如下：

7.1.2　隧道洞口地质条件一般较差，岩体破碎、风化较为严重，常遇有松散堆积体。隧道洞口开挖后，改变了地表形态，形成洞口边坡、仰坡，可能引起坍塌、产生偏压、诱发滑坡等地质灾害。处理这些灾害困难、费用高，投入运营后，也极易受自然灾害的威胁，且洞口各部位施工还存在与洞口相邻工程施工干扰、影响居民生活等问题。因此，选择好洞门位置，是保护环境、保证营运安全、节省工程造价和顺利施工的重要条件。

隧道洞口位置从地形上看有下列形式（图7-1）：

（1）坡面正交型——隧道洞口轴线与地形等高线正交的形式，最为理想。

（2）坡面斜交型——隧道洞口轴线与地形等高线斜交，边坡斜面与洞门斜交，往往存在偏压，洞门形式要考虑可能存在的偏压影响。

（3）坡面平行型——隧道洞口轴线与地形等高线近平行，是一种较为极端的斜交情况，隧道洞口段在较长区段的外侧覆盖层较薄，偏压问题突出。当出现这种情况时，按图7-2考虑偏压影响。

图7-1　隧道洞口与地形的关系示意图

①坡面正交型；②坡面斜交型；③坡面平行型；④山脊突出部进入型；⑤沟谷部进入型

图7-2　抗偏压结构示意图

📖 **典型例题**

例题 5-10-1

某隧道开挖宽度为 11.25m，洞口暗挖进洞 5m 距离对应覆盖层厚度为 10m，8m 距离对应覆盖层厚度为 17m，10m 距离对应覆盖层厚度为 23m，则下列与洞口距离，仍然算作洞口段的最大值为（　　　）。

（A）5m　　　　　　（B）8m　　　　　　（C）17m　　　　　　（D）23m

解答

根据《公路隧道设计规范　第一册　土建工程》（JTG 3370.1—2018）第 8.1.1 条条文说明，隧道洞口段是指隧道洞口暗挖进洞一定长度覆盖层厚度小于 1～2 倍开挖宽度的地段。

答案：B

例题 5-10-2（2019 年真题，按新规范改编）

关于公路隧道洞口位置与洞口设计的说法，下列选项错误的是（　　　）。

（A）洞口应设于山体稳定、地质条件较好的位置

（B）减少洞口边坡及仰坡开挖、避免形成高边坡、高仰坡、最大限度地减少对原地面的扰动

（C）从地形上看，隧道洞口轴线与地形等高线成正交的形式，最为理想

（D）为保证隧道洞口的边坡及仰坡的稳定，需按规范控制隧道洞口围岩等级及坡度

解答

根据《公路隧道设计规范 第一册 土建工程》（JTG 3370.1—2018）第 7.2 条，A、B、C 选项为规范中的条文。D 选项在规范条文中没有明确说明。

答案：D

2. 公路隧道洞门工程

条文规定

《公路隧道设计规范 第一册 土建工程》（JTG 3370.1—2018）规定如下：

7.3.3 端墙式洞门设计应符合下列规定：

1 洞门端墙和翼墙应具有抵抗来自仰坡、边坡土压力的能力，应按挡土墙结构进行设计。洞门墙墙身最小厚度不应小于 0.5m，翼墙墙身厚度不应小于 0.3m。

2 洞顶仰坡与洞顶回填顶面的交线至洞门端墙墙背的水平距离不宜小于 1.5m；洞顶排水沟沟底至拱顶衬砌外缘的最小厚度不应小于 1.0m；洞门端墙墙顶应高出墙背回填面 0.5m。

3 洞门端墙应根据需要设置伸缩缝、沉降缝和泄水孔。

4 洞门端墙基础应置于稳固地基上，并埋入地面下一定深度。嵌入岩石地基的深度不应小于 0.2m；埋入土质地基的深度不应小于 1.0m。基底埋置深度应大于靠墙设置的各种沟、槽底的埋置深度。地基为冻胀土层时，基底高程应在最大冻结深度以下不小于 0.25m。

5 地基承载能力不足时，应进行加固处理。

6 洞门结构设计应满足抗震要求。

《公路隧道设计规范 第一册 土建工程》（JTG 3370.1—2018）条文说明规定如下：

7.3.1 洞门是隧道唯一的外露部分，也是联系洞内衬砌与洞外路基的结构；是隧道结构的重要组成部分，也是标志隧道的建筑物。隧道洞门的作用是支挡洞口正面仰坡和路堑边坡，拦截仰坡上方少量剥落、掉块，维护边坡、仰坡的稳定，并将坡面汇水引离隧道。隧道洞门是根据隧道跨度、地形地质条件、水文条件、周围建（构）筑物以及当地自然景观和人文景观等进行设计。

公路隧道的洞门形式主要有两类，即：端墙式洞门和明洞式洞门。

端墙式洞门包括：墙式洞门、翼墙式洞门、台阶式洞门、柱式洞门、拱翼式洞门。一般垂直于隧道轴线设置；翼墙是隧道洞口平行于路线的路基边坡支挡结构，与洞门端墙相连，见表 7-1。

端墙式洞门 表 7-1

分类	名称	简图	说明
端墙式洞门	墙式洞门	正面　　　侧面	适用于仰坡陡峻、山凹地形、斜交地形的狭窄地带
	翼墙式洞门	正面　　　侧面	

分类	名称	简图	说明
端墙式洞门	台阶式洞门	正面　　　侧面	适用于仰坡陡峻、山凹地形、斜交地形的狭窄地带
	柱式洞门	正面　　　侧面	
	拱翼式洞门	正面　　　正面	

明洞式洞门包括：直削式洞门、削竹式洞门、倒削竹式洞门、喇叭口式洞门、棚洞式洞门和框架式洞门。明洞式洞门（除棚洞式洞门和框架式洞门外）是隧道洞口段衬砌突出于山体坡面的结构，见表7-2。

明洞式洞门 表7-2

分类	名称	简图	说明
明洞式洞门	直削式洞门	洞门　　正面　　侧面	适用于地形开阔、边仰坡不高、仰坡较平缓、隧道轴线与地形等高线正交或接近正交的地带
	削竹式洞门	洞门　　正面　　侧面	
	倒削竹式洞门	洞门　　正面　　侧面	
	喇叭式洞门	洞门　　正面　　侧面	

例题 5-10-3（2019 年真题）

某隧道洞门位于零开挖处，其土层厚为 2.2m，下伏砂岩，最大冻结线为地表下 2.0m，洞门墙基础埋深不应小于（　　）。

（A）1.0m

（B）2.0m

（C）2.25m

（D）2.4m

解答

根据《公路隧道设计规范　第一册　土建工程》（JTG 3370.1—2018）第 7.3.3 条第 4 款，2.0 + 0.25 = 2.25m。冻结线以下 0.25m 属于嵌入岩石地基，2.2 + 0.2 = 2.4m。

答案：D

例题 5-10-4（2022 年补考真题）

某公路隧道位于寒冷地区，为端墙式洞门，洞门处为土质地基，该地区最大冻结深度为 0.65m，洞口地表高程为 208.50m，那么该洞门端墙基础基底的最大设计高程应不高于（　　）。

（A）207.25m

（B）207.50m

（C）207.60m

（D）207.85m

解答

根据《公路隧道设计规范　第一册　土建工程》（JTG 3370.1—2018）第 7.3.3 条第 4 款：

（1）计算土基埋深高程：208.5 − 1 = 207.5m

（2）计算冻结埋深高程：208.5 − 0.65 − 0.25 = 207.6m

最终高程取小值：207.5m。

答案：B

例题 5-10-5（2024 年真题）

在有冻害地区某一棚洞，已知地表高程为 210.50m，最大冻结深度为 1.60m，边沟沟底高程为 208.60m，根据规范规定，棚洞基底的最大设计高程是多少？

（A）208.35m

（B）208.40m

（C）208.65m

（D）208.90m

解答：

根据《公路隧道设计规范　第一册》（JTG 3370.1—2018），第 11.5.7 条第 2 款：

208.6 − 0.2 = 208.4m

210.5 − 1.6 − 0.25 = 208.65m

取小值：208.4m

答案：B

📖 考点分析

（1）《公路隧道设计规范　第一册　土建工程》（JTG 3370.1—2018）中修改了原 2004 版规范中对于隧道洞门形式适用条件的表格（见第 7.3.1 条条文说明），考生复习时对于以前的这类题目应注意新老规范的区别。

（2）例题 5-10-2 中，D 选项中洞门边、仰坡控制高度在 2018 版隧道规范中已取消，即边、仰坡高度及坡度不再指定控制值，以实际分析结果为准。

考点11　公路隧道喷锚支护类型的选择

条文规定

《公路隧道设计规范　第一册　土建工程》（JTG 3370.1—2018）规定如下：

P.0.1　两车道隧道复合式衬砌设计参数可按表 P.0.1 取值。

两车道隧道复合式衬砌设计参数　　　　　　　表 P.0.1

围岩级别	初期支护								二次衬砌厚度（cm）	
	喷射混凝土厚度（cm）		锚杆（m）			钢筋网间距（cm）	钢架		拱、墙混凝土	仰拱混凝土
	拱、墙	仰拱	位置	长度	间距		间距（m）	截面高（cm）		
I	5	—	局部	2.0～3.0	—	—	—	—	30～35	—
II	5～8	—	局部	2.0～3.0	—	—	—	—	30～35	—
III	8～12	—	拱、墙	2.0～3.0	1.0～1.2	局部@25×25	—	—	30～35	—
IV	12～20	—	拱、墙	2.5～3.0	0.8～1.2	拱、墙@25×25	拱、墙0.8～1.2	0 或14～16	35～40	0 或35～40
V	18～28	—	拱、墙	3.0～3.5	0.6～1.0	拱、墙@20×20	拱、墙、仰拱0.6～1.0	14～22	35～50钢筋混凝土	0 或35～50钢筋混凝土
VI	通过试验或计算确定									

注：1. 有地下水时可取大值，无地下水时可取小值。
　　2. 采用钢架时，宜选用格栅钢架。
　　3. 喷射混凝土厚度小于 18cm 时，可不设钢架。
　　4. "0 或…"表示可以不设；要设时，应满足最小厚度要求。

P.0.3　采用喷锚支护作永久支护时设计参数可按表 P.0.3 取值。

喷锚永久支护设计参数表　　　　　　　　表 P.0.3

围岩级别	I	II	III
人行通道	喷混凝土 5cm	喷混凝土 5cm	①喷混凝土 6～8cm ②锚杆φ22，长 1.0～2.0m
汽车横通道	喷混凝土 5cm	①喷混凝土 5cm ②锚杆φ22，长 1.5～2.0m ③间距 1.0m×1.0m	①喷混凝土 8～10cm ②锚杆φ22，长 2.0～2.5m ③锚杆间距 1.0m×1.0m
两车道隧道	喷混凝土 5cm	①喷混凝土 5～8cm ②锚杆φ22，长 2.0～2.5m ③锚杆间距 1.2m×1.2m	①混凝土 8～15cm ②锚杆φ22，长 2.0～3.5m ③锚杆间距 1.0m×1.0m ④钢筋网φ6.5，@25cm×25cm

注：IV～VI级围岩，地质软弱、破碎，一般多地下水，宜采用复合式衬砌。

《公路隧道设计规范　第一册　土建工程》（JTG 3370.1—2018）条文说明规定如下：

8.1.1　隧道衬砌形式主要有喷锚衬砌、整体式衬砌、复合式衬砌。

（1）喷锚衬砌是①喷射混凝土支护、②喷射混凝土＋锚杆支护、③喷射混凝土＋锚杆＋钢筋网支护、④喷射混凝土＋锚杆＋钢筋网＋钢架支护的统称，是一种加固围岩，控制围岩变形，能充分利用和发挥围岩自承能力的支护衬砌形式，具有支护及时、柔性、紧贴围岩、与围岩共同变形等特点，在受力条件上比整体式衬砌优越，对加快施工进度、节约劳力及原材料、降低工程成本等效果显著，能保证围岩的长期稳定。但是，由于喷锚衬砌刚度较小，在围岩自稳能力较差的Ⅳ～Ⅵ级围岩中，长期稳定性和防止水侵蚀能力方面有一定的局限性，材料及施工工艺还有待进一步提高。因此，条文规定"在Ⅳ～Ⅵ级围岩中应采用复合式衬砌或整体式衬砌"，不单独采用喷锚支护作永久衬砌。

（2）整体式衬砌是被广泛采用的衬砌形式，具有较强的支护能力、防水能力和耐久性，具有长期可靠的支护作用，有长期的工程实践经验，技术成熟，适应多种围岩条件。因此，在隧道洞口段、浅埋段及围岩条件很差的软弱围岩中采用整体式衬砌较为稳妥可靠。目前，山岭隧道中整体式衬砌采用模筑混凝土衬砌或模筑钢筋混凝土衬砌。

（3）复合式衬砌是由内外两层衬砌组合而成，第一层称为初期支护（一般是喷锚衬砌），第二层为二次衬砌（一般是整体式衬砌），初期支护与二次衬砌之间夹防水层，我国高等级公路隧道已普遍采用复合式衬砌。

复合式衬砌的二次衬砌，外观成型较好，满足隧道对外观的基本要求，在初期支护与二次衬砌之间铺设防水层，解决隧道衬砌渗漏水问题。因此条文规定，在"高速公路、一级公路、二级公路中的隧道衬砌应采用复合式衬砌"。

三级及三级以下公路隧道，由于交通量较小，使用频率较低，围岩条件较好时，为控制投资，可采用喷锚衬砌。

隧道洞口段是指隧道洞口暗挖进洞一定长度覆盖层厚度小于1～2倍开挖宽度的地段，一般较洞身围岩条件差，埋深浅，受地形、环境条件影响较大。洞口段要求具有很高的抗风化能力和耐久性。喷锚衬砌在稳定性和防止水侵蚀方面经验不多，材料及施工工艺还有待进一步提高。所以条文规定"隧道洞口段应采用整体式衬砌或复合式衬砌"。

8.2.6 局部锚杆的主要作用是阻止部分不稳定岩块崩落或滑移，通过锚杆将岩块锚固在稳定的岩体上（图8-4）。有效锚固端必须置于稳定的岩体内。锚固力T根据现场地质调查，由下式计算：

$$T \geqslant W - f \tag{8-3}$$

$$T = \frac{T'}{\cos\theta} \tag{8-4}$$

$$T' \geqslant w - f' \tag{8-5}$$

$$f' = f\cos\alpha \tag{8-6}$$

当单根锚杆锚固力t小于T时，

$$n \times t \geqslant T \tag{8-7}$$

式中：W——滑动岩体的重力（kN）；

f——滑动岩体与稳定岩体间的摩擦力（kN）；

n——锚杆根数（根）；

θ——锚杆锚固方向与竖直方向的夹角（°）；

α——滑动岩体的滑动面与竖直方向的夹角（°）。

图8-4 局部锚杆锚固作用示意图

例题 5-11-1

隧道某段围岩有不稳定岩块，经现场勘察，滑动岩体重力约为 260kN，滑动岩体与稳定岩体间的摩擦力约为 70kN。拟设置局部锚杆将此部分不稳定岩块锚固在稳定的岩体上，采用全长黏结型锚杆，单根锚杆锚固力为 65kN，则计算应设置的锚杆根数为（　　　）。

（A）1 根　　　　　（B）2 根　　　　　（C）3 根　　　　　（D）4 根

解答

根据《公路隧道设计规范　第一册　土建工程》（JTG 3370.1—2018）第 8.2.6 条，有如下关系：

$$n \times t \geqslant T \geqslant W - f$$

则 $n \times 65 \geqslant 260 - 70$

$n \geqslant 2.9$

答案：C

例题 5-11-2

两车道公路隧道采用复合式衬砌，埋深 150m，据勘察报告：围岩重度为 22kN/m²，围岩基本质量指标 BQ 为 290，有淋雨状出水，单位出水量为 8L/min，结构面走向与洞轴线夹角为 65°，结构面倾角为 80°，围岩初始应力不高。施筑初期支护时，拱部和边墙喷射混凝土厚度范围宜选用（　　　）。

（A）5～8cm　　　　　　　　　　　（B）8～12cm

（C）12～15cm　　　　　　　　　　（D）18～28cm

解答

根据《公路隧道设计规范　第一册　土建工程》（JTG 3370.1—2018）第 3.6.3 条，第 A.0.3 条，第 3.6.4 条，第 P.0.1 条。

（1）围岩基本质量指标修正值 $[BQ] = BQ - 100(K_1 + K_2 + K_3)$。

（2）K_1 为地下水修正系数查表 A.0.3-1，$BQ = 290$，淋水，出水量为 8L/min，$K_1 = 0.4～0.6$。

（3）K_2 为主要软弱结构面产状影响系数，$K_2 = 0～0.2$。

（4）K_3 为初始应力状态影响修正系数。

初始应力不高，$K_3 = 0$。

（5）$[BQ] = 290 - 100(0.4～0.8) = 210～250$。查表 3.6.4，为V级围岩。

（6）查表 P.0.1，V级围岩拱部、边墙喷射混凝土厚度应为 18～28cm。

答案：D

例题 5-11-3

两车道公路隧道采用复合式衬砌，围岩基本质量指标修正值 $[BQ] = 220$，则二次衬砌时仰拱混凝土厚度宜为（　　　）。

（A）15cm　　　　　（B）25cm　　　　　（C）30cm　　　　　（D）45cm

解答

根据《公路隧道设计规范　第一册　土建工程》（JTG 3370.1—2018）表 3.6.4，表 P.0.1。

查表 3.6.4，围岩等级为V级。

查表 P.0.1，二次衬砌时仰拱混凝土厚度为 35～50cm。

答案：D

例题 5-11-4（2022 年真题）

某公路隧道为两车道，采用复合式衬砌，围岩为较坚硬岩，岩体破碎，围岩岩体修正质量指标[BQ] = 290，请问二次衬砌时仰拱混凝土厚度宜为（　　　　）。

（A）20cm　　　　　　（B）30cm　　　　　　（C）40cm　　　　　　（D）50cm

解答

根据《公路隧道设计规范　第一册　土建工程》（JTG 3370.1—2018）第 3.6.4 条，[BQ] = 290，围岩级别为IV级。

根据附录第 P.0.1 条，仰拱混凝土厚度为 35～40cm。

答案：C

例题 5-11-5（2022 年补考真题）

某公路隧道围岩有不稳定岩块，按规范宜设置局部锚杆进行加固，该不稳定岩块重力约为 280kN，滑动岩块与稳定岩体间的摩擦力约为 75kN，拟采用端头锚固型锚杆将不稳定岩块锚固在稳定的岩体上，单根锚杆锚固力为 60kN，在安全系数为 1.1 时应设置的锚杆根数不少于（　　　　）。

（A）2 根　　　　　　（B）3 根　　　　　　（C）4 根　　　　　　（D）5 根

解答

根据《公路隧道设计规范　第一册　土建工程》（JTG 3370.1—2018）第 8.2.6 条条文说明：

$T \geqslant 280 - 75 = 205\text{kN}$

$t = \dfrac{60}{1.1} = 54.55\text{kN}$

$n = \dfrac{205}{54.55} = 3.76$ 根

取 4 根。

答案：C

📖 **考点分析**

（1）局部不稳定的岩块宜设置局部锚杆，锚杆根数的计算见条文说明。

（2）复合衬砌的喷射混凝土厚度与围岩类别有关，因此要先确定围岩级别。

考点12　公路隧道衬砌结构构造要求

📖 **条文规定**

《公路隧道设计规范　第一册　土建工程》（JTG 3370.1—2018）规定如下：

8.2.7　在围岩条件较差地段、洞口段、浅埋段或地面沉降有严格限制地段，可在喷射混凝土层内增设钢架。钢架设计应符合下列规定：

1　钢架支护应有足够的刚度和强度，能够承受隧道施工期间可能出现的荷载。

2　宜选用格栅钢架支护。

3　钢架间距宜为 0.5～1.2m。

4　连续使用钢架的数量不应少于 3 榀。

5　相邻钢架之间应设横向连接，采用钢筋作横向连接时，钢筋直径不宜小于 20mm，间距不应大于 1m，并在钢架内缘、外缘交错布置。

6　钢架应分节段制作，节段之间应采用钢板连接。

7　钢架与围岩之间的混凝土保护层厚度不应小于 40mm；临空一侧的混凝土保护层厚度不应小于 20mm。当采用喷锚单层衬砌时，临空一侧的混凝土保护层厚度不应小于 40mm。

8.4.1　复合式衬砌设计应符合下列规定：

1　初期支护应按永久支护结构设计，宜采用喷射混凝土、锚杆、钢筋网和钢架等支护单独或组合使用，并应符合本规范第 8.2 节的规定。

2　二次衬砌应采用模筑混凝土或模筑钢筋混凝土衬砌结构，并应符合本规范第 8.3 节的规定。

3　在确定开挖断面时，除应满足隧道净空和结构尺寸外，尚应考虑围岩及初期支护的变形，预留适当的变形量。预留变形量大小应根据围岩级别、断面大小、埋置深度、施工方法和支护情况等，通过计算分析确定或采用工程类比法预测，预测值可参照表 8.4.1 的规定选用。预留变形量还应根据现场监控量测结果进行调整。

预留变形量（单位：mm）　　　　　　　　　　　　表 8.4.1

围岩级别	两车道隧道	三车道隧道	围岩级别	两车道隧道	三车道隧道
I	—	—	IV	50～80	60～120
II	—	10～30	V	80～120	100～150
III	20～50	30～80	VI	现场量测确定	

注：1.围岩软弱、破碎取大值；围岩完整取小值。
　　2.四车道隧道应通过工程类比和计算分析确定。

8.6.1　隧道建筑物各部结构的截面最小厚度，应符合表 8.6.1 的规定。两车道、三车道隧道及地下风机房的衬砌圬工结构最小厚度不宜小于 300mm。

截面最小厚度（单位：mm）　　　　　　　　　　表 8.6.1

建筑材料种类	隧道和明洞衬砌			洞门端墙、翼墙和洞口挡土墙
	拱圈	边墙	仰拱	
混凝土	200	200	200	300
片石混凝土	—	—	—	500

典型例题

例题 5-12-1（2019 年真题）

某公路隧道衬砌结构采用复合式衬砌，其中一段V级围岩衬砌的初期支护采用锚喷支护，内设 I20b 工字钢拱架（工字钢厚度为 200mm），该初期支护喷射混凝土的厚度至少应为（　　　）。

（A）22cm　　　　　　　　　　　　　　（B）24cm

（C）26cm　　　　　　　　　　　　　　（D）28cm

解答

根据《公路隧道设计规范　第一册　土建工程》（JTG 3370.1—2018）第 8.2.7 条第 7 款，保护层厚度距围岩 40mm，临空一侧不小于 20mm，故最小厚度为：

$$40 + 200 + 20 = 260mm$$

答案：C

例题 5-12-2（2020 年真题）

某公路两车道隧道，其衬砌结构采用复合式衬砌，其中一段V级围岩衬砌，初期支护采用喷锚支护，内设 I20b 工字钢拱架（工字钢厚度为 200mm），则该初期支护喷射混凝土厚度至少应为（　　）。

（A）20cm　　　　　　（B）22cm　　　　　　（C）24cm　　　　　　（D）26cm

解答

根据《公路隧道设计规范　第一册　土建工程》（JTG 3370.1—2018）第 8.2.7 条第 7 款：

钢架与围岩之间混凝土保护层厚度不应小于 40mm；

临空一侧混凝土保护层厚度不应小于 20mm；

初期喷混凝土厚度 = 40 + 200 + 20 = 260mm = 26cm。

答案：D

例题 5-12-3

在岩体破碎、节理裂隙发育的砂岩岩体内修建的两车道公路隧道，拟采用复合式衬砌，岩石饱和单轴抗压强度为 30MPa，岩体和岩石的弹性纵波速度分别为 2400ms 和 3500ms，按工程类比法进行设计。满足《公路隧道设计规范　第一册　土建工程》（JTG 3370.1—2018）要求时，最合理的复合式衬砌设计数据是（　　）。

（A）拱部和边墙喷射混凝土厚度 8cm；拱、墙二次衬砌混凝土厚 30cm

（B）拱部和边墙喷射混凝土厚度 10cm；拱、墙二次衬砌混凝土厚 35cm

（C）拱部和边墙喷射混凝土厚度 15cm；拱、墙二次衬砌混凝土厚 35cm

（D）拱部和边墙喷射混凝土厚度 20cm；拱、墙二次衬砌混凝土厚 45cm

解答

根据《工程岩体分级标准》（GB/T 50218—2014）第 B.0.1 条，《公路隧道设计规范　第一册　土建工程》（JTG 3370.1—2018）第 3.6.2 条、表 3.6.4、第 P.0.1 条。

（1）围岩分级。

$$K_v = \left(\frac{v_{pm}}{v_{pr}}\right)^2 = \left(\frac{2400}{3500}\right)^2 = 0.47$$

$R_c = 30MPa$

因为：

$R_c = 30MPa < 90K_v + 30 = 90 \times 0.47 + 30 = 72.3$

$K_v = 0.47 < 0.04R_c + 0.4 = 0.04 \times 30 + 0.4 = 1.6$

所以：

$BQ = 100 + 3R_c + 250K_c = 100 + 90 + 117.5 = 307.5$

属于 IV 级围岩。

（2）根据附录 P，IV 级围岩拱、墙的喷射混凝土厚度为 12～20cm，拱、墙二次衬砌混凝土厚度为 35～40cm。

答案：C

例题 5-12-4（2022 年补考真题）

某公路隧道为单洞两车道，围岩为 V 级，岩体为软岩且破碎，拟采用复合式衬砌结构，边墙衬砌厚度（含二次衬砌、防水层及初期支护）为 60cm，隧道内轮廓净宽为 10.00m，那么隧道开挖断面的合理宽度是（　　）。

（A）10.68m　　　　（B）11.20m　　　　（C）11.36m　　　　（D）11.44m

解答

（1）确定预留变形量

根据《公路隧道设计规范　第一册　土建工程》（JTG 3370.1—2018）第 8.4.1 条，预留变形量为

80～120mm，因为是软岩且破碎，取大值 120mm。

（2）确定开挖宽度

$B = 10 + 0.6 \times 2 + 0.12 \times 2 = 11.44\text{m}$

答案：D

考点分析

隧道复合式衬砌设计与围岩等级有关，因此要先确定围岩级别。

考点13　公路隧道高地应力区

条文规定

《公路隧道设计规范　第一册　土建工程》（JTG 3370.1—2018）规定如下：

14.8.2　高地应力区隧道应结合地应力大小、水文地质及围岩条件，按照硬质岩段可能发生岩爆、软质岩段可能发生大变形进行分级，针对不同的等级选择相应的开挖方式与防治措施。岩爆及大变形分级可按表 14.8.2-1、表 14.8.2-2 确定。

岩爆分级表　　　　　　　　　　　　　　　　　　表 14.8.2-1

岩爆分级	名称	判据
I	轻微岩爆	$0.3 \leqslant \sigma_{\theta max}/R_b < 0.5$
II	中等岩爆	$0.5 \leqslant \sigma_{\theta max}/R_b < 0.7$
III	强烈岩爆	$0.7 \leqslant \sigma_{\theta max}/R_b < 0.9$
IV	剧烈岩爆	$0.9 \leqslant \sigma_{\theta max}/R_b$

注：$\sigma_{\theta max}$ 为洞壁最大切向应力；R_b 为岩石单轴抗压强度。

大变形分级表　　　　　　　　　　　　　　　　　　表 14.8.2-2

大变形分级	名称	判据（%）
I级	轻微大变形	$2 \leqslant U_a/a < 3$
II级	中等大变形	$3 \leqslant U_a/a < 5$
III级	强烈大变形	$5 \leqslant U_a/a$

注：U_a 为变形量；a 为隧道宽度。

14.8.3　岩爆处置应遵循"以防为主、防治结合"的原则，对可能发生岩爆段应进行监测、预报，应根据岩爆分级采取下列措施：

1　轻微岩爆和中等岩爆段的初期支护可采用钢筋网喷混凝土或纤维喷混凝土、系统锚杆、超前锚杆等联合处置措施。

2　中等岩爆段，可对掌子面及附近围岩喷洒水或对围岩及前方掌子面打设注水孔注水，可增设格栅钢架。

3　强烈岩爆段，可对掌子面及附近围岩喷洒水或对围岩打设注水孔注水、在掌子面上打应力释放孔，可采取钢筋网喷混凝土或纤维喷混凝土、系统锚杆、多排超前锚杆、加强钢架支护等综合治理措施。

4　剧烈岩爆段，应采用可屈服的支护系统，并应采取超前应力解除、高压注水等降低地应力量级的措施。

14.8.4 大变形防治应遵循"加固围岩、预留变形、先柔后刚、先放后抗、分次支护、及早封闭、底部加强"的综合整治原则,应根据大变形不同情况采取下列措施:

1 轻微大变形段,可采取长短锚杆组合、钢筋网喷混凝土或纤维喷混凝土、设置钢架、加强二次衬砌等措施。

2 中等大变形段,可采取长锚杆、钢筋网喷混凝土或纤维喷混凝土、可缩式钢架、二次衬砌采用钢筋混凝土等措施。

3 强烈大变形段,可采取预加固地层、分部开挖、长锚杆、钢筋网喷混凝土或纤维喷混凝土、喷混凝土层留纵缝、可缩式钢架、增设缓冲层、二次衬砌采用钢筋混凝土等措施。

4 中等、强烈大变形段,可根据变形情况,采用两次或多次喷锚支护、增加锚索、加大预留变形量等措施。

《公路隧道设计规范 第一册 土建工程》(JTG 3370.1—2018)条文说明规定如下:

14.8.2 高地应力地区隧道围岩失稳特征主要表现为:硬岩地层产生岩爆、剥离现象,软岩中发生大变形、使洞室净空变小。目前对于岩爆与大变形分级方法很多,还没有形成统一的指标。对于岩爆分级有:强度理论、刚度理论、能量理论、失稳理论、断裂理论、冲击波引发理论等。对于大变形分级:一是通过工程类比、经验判据;二是利用数值分析,主要有剪切抗压强度比法、应力比法、临界深度法等。

(1)对岩爆发生条件,一般具备以下5个方面条件:

①岩石强度$R_b \geqslant 50MPa$。

②岩层中的原始初应力$\sigma_0 \geqslant (0.15 \sim 0.2)R_b$,最大主应力一般大于20MPa。

③围岩级别:I级、II级、III级。

④岩石干燥无水,呈脆性,节理基本不发育。

⑤施工开挖释放弹性应变能。

(2)对大变形发生条件,一般具备以下5个方面条件:

①围岩软弱,单轴抗压强度低,内摩擦角、黏聚力都较小,具有明显的塑性和流变特性,属IV级、V级、VI级围岩。

②处于高地应力($R_c/\sigma_{max} < 7$时)区内,地应力远大于围岩强度。

③侧压力系数(λ)大于1。

④围岩含水率大。

⑤支护结构刚度不足、强度不够、支护时间滞后,支护封闭不及时。

根据岩爆、大变形发生条件,结合近年来高地应力隧道修建经验及科研成果资料,提出了岩爆与大变形分级标准。

📖 典型例题

例题 5-13-1(2020年真题)

某公路隧道围岩为坚硬岩石,岩体较完整,岩石单轴抗压强度为26MPa,洞壁最大切向应力为20MPa。该围岩的岩爆分级应是( )。

(A)I级 (B)II级 (C)III级 (D)IV级

解答

根据《公路隧道设计规范 第一册 土建工程》(JTG 3370.1—2018)第14.8.2条,表14.8.2-1:

$$\frac{\sigma_{\theta max}}{R_b} = \frac{20}{26} = 0.769$$

查表14.8.2-1,属III级强烈岩爆。

答案:C

例题 5-13-2

某公路隧道开挖宽度 12m，某处围岩软弱、含水率大，施工中支护时间滞后，导致隧道初期支护变形量达到 40cm。则该处围岩大变形等级为（　　　）。

（A）I级　　　　　　（B）II级　　　　　　（C）III级　　　　　　（D）不算大变形

解答

根据《公路隧道设计规范　第一册　土建工程》（JTG 3370.1—2018）第 14.8.2 条，表 14.8.2-2：

$$\frac{U_a}{a} = \frac{40}{1200} = 0.033 = 3.3\%$$

查表 14.8.2-2，属II级中等大变形。

答案： B

例题 5-13-3（2022 年补考真题）

某公路隧道所处围岩为软岩，地下水较丰富，隧道断面开挖宽度为 11.5m，施工过程中由于支护不够及时，导致开挖断面变形量较大，达到 48cm。该大变形可确定为（　　　）。

（A）轻微大变形　　　　　　　　　　（B）中等大变形

（C）强烈大变形　　　　　　　　　　（D）特级大变形

解答

根据《公路隧道设计规范　第一册　土建工程》（JTG 3370.1—2018）第 14.8.2 条第 2 款：

$$\frac{U_a}{a} = \frac{48}{1150} = 4.2\%$$

属于中等大变形。

答案： B

考点14　公路瓦斯隧道

📖 条文规定

《公路瓦斯隧道设计与施工技术规范》（JTG/T 3374—2020）（2023 年考试规范目录已取消该规范）规定如下：

3.2.1　瓦斯隧道分为微瓦斯、低瓦斯、高瓦斯和煤（岩）与瓦斯突出四类；瓦斯隧道工区分为非瓦斯工区、微瓦斯工区、低瓦斯工区、高瓦斯工区、煤（岩）与瓦斯突出工区五类；瓦斯隧道类别应按瓦斯地层或瓦斯工区最高类别确定。

3.2.2　微～高瓦斯地层或瓦斯工区类别的判定指标为隧道内绝对瓦斯涌出量，并应符合表 3.2.2 的规定。

瓦斯地层或瓦斯工区绝对瓦斯涌出量判定指标　　　　　　　　　　　　表 3.2.2

瓦斯地层或瓦斯工区类别	绝对瓦斯涌出量Q_{CH4}（m³/min）
非瓦斯	0
微瓦斯	$0 < Q_{CH4} < 1.0$
低瓦斯	$1.0 \leq Q_{CH4} < 3.0$
高瓦斯	$3.0 \leq Q_{CH4}$

条文说明

根据微瓦斯工区风速不小于 0.15m/s、隧道内回风流瓦斯浓度不大于 0.25% 的规定，经测算确定低、微瓦斯工区分界指标为 1.0m³/min；根据低瓦斯工区风速不小于 0.25m/s、隧道内回风流瓦斯浓度不大于 0.5% 的规定，经测算确定低、高瓦斯工区分界指标值为 3.0m³/min。

5.1.1　瓦斯地层段衬砌结构防护等级应按表 5.1.1 确定。

瓦斯地层段衬砌结构防护等级　　　　表 5.1.1

衬砌结构防护等级	瓦斯压力P（MPa）	瓦斯地层类别
一	≥0.74	煤（岩）与瓦斯突出
二	0.20 ≤ P < 0.74	高瓦斯
三	< 0.20	低瓦斯

注：表中当瓦斯压力与瓦斯地层类别不一致时，应取较高者。

条文说明

地层中的瓦斯主要通过瓦斯压力与隧道内大气压压差渗透进入隧道，当地层瓦斯压力大于 0.74MPa 时有瓦斯突出危险性且压力大采用最严密的防瓦斯结构措施。

📖 **规范条文解析**

2023 年考试规范目录取消了《公路瓦斯隧道设计与施工技术规范》（JTG/T 3374—2020）。如果 2024 年考试规范目录仍未列入该规范，则该部分内容可不复习。

📖 **典型例题**

例题 5-14-1（2021 年真题）

某公路隧道进口工区穿越高瓦斯地层段，其瓦斯压力为 0.15MPa，该地层地段衬砌结构防护等级应为（　　）。

（A）一级　　　　　　　　　　　　（B）二级
（C）三级　　　　　　　　　　　　（D）四级

解答

根据《公路瓦斯隧道设计与施工技术规范》（JTG/T 3374—2020）第 5.1.1 条的表 5.1.1 及小注：高瓦斯对应二级，$P = 0.15$MPa 对应三级，取高值，即二级。

答案：B

例题 5-14-2（2021 年真题）

某二级公路双车道隧道，隧道进口工区穿越高瓦斯地层段，出口工区为微瓦斯工区，按绝对瓦斯涌出量计算需风量时，符合现行规范规定的稀释高低瓦斯工区和微瓦斯工区的瓦斯浓度是（　　）。

（A）0.5% 以下，0.25% 以下　　　　（B）0.5%，0.25%
（C）0.7% 以下，0.5% 以下　　　　（D）1.0%，0.6%

解答

根据《公路瓦斯隧道设计与施工技术规范》（JTG/T 3374—2020）第 3.2.2 条条文说明，微瓦斯工区瓦斯浓度 ≤ 0.25%，高低瓦斯工区分界浓度 ≤ 0.5%；查表 3.2.2，微瓦斯 $0 < Q_{CH4} < 1.0$，低瓦斯 $1.0 < Q_{CH4} < 3.0$，则应选 0.5% 以下及 0.25% 以下。

答案：A

考点15 公路隧道抗震设防

条文规定

《公路隧道抗震设计规范》（JTG 2232—2019）规定如下：

3.1.1 隧道应根据公路等级及隧道重要性按表3.1.1进行抗震设防分类。对经济、国防具有重要意义，或有利于抗震救灾确保生命线畅通的隧道，宜适当提高抗震设防类别。

隧道抗震设防分类 　　　　　　　　　　　　　　　　　　　　　　　　　表3.1.1

抗震设防类别	适用范围
A	穿越江、河、湖、海等水域，技术复杂、修复困难的水下隧道
B	1. 高速公路、一级公路隧道 2. 三车道、四车道隧道 3. 连拱隧道、明洞和棚洞 4. 地下风机房
C	1. 二级、三级公路隧道 2. 通风斜井、竖井及风道、平行导洞
D	1. 四级公路隧道 2. 附属洞室

3.1.2 隧道结构的抗震性能要求应根据设防目标分成下列三个等级：

1 性能要求1：地震后衬砌结构应力低于弹性极限，处于弹性状态；结构无破坏，结构物功能保持震前状态。

2 性能要求2：地震后衬砌结构应力超过弹性极限，但在屈服强度以内，结构处于弹性向弹塑性过渡状态；结构局部轻微损伤，不需要维修或简单加固后可继续使用。

3 性能要求3：地震后衬砌结构应力超过屈服强度，未达到结构最大承载力，结构处于弹塑性状态、未失稳；结构产生损伤破坏，但不应出现局部或整体坍塌，通过修复和加固可以恢复结构物功能。

3.1.3 A类、B类和C类隧道宜采用两水准抗震设防，D类隧道宜采用一水准抗震设防。各类隧道的抗震设防目标应符合表3.1.3的规定。

各类隧道的抗震设防目标 　　　　　　　　　　　　　　　　　　　　　　表3.1.3

抗震设防类别	设防目标	
	E1 地震作用	E2 地震作用
A、B	性能要求1	性能要求2
C	性能要求1	性能要求3
D	性能要求1	—

3.1.4 各类隧道的抗震设防措施应按表3.1.4确定。

各类隧道的抗震设防措施等级 　　　　　　　　　　　　　　　　　　　　表3.1.4

抗震设防类别	地震基本烈度					
	VI	VII		VIII		IX
	0.05g	0.10g	0.15g	0.20g	0.30g	0.40g
A	二级	三级	四级		更高，专门研究	
B			三级		四级	
C、D	一级	二级		三级		四级

3.1.5 各类隧道的抗震重要性系数C_i应按表3.1.5确定。

各类隧道的抗震重要性系数 C_i 表3.1.5

抗震设防类别	E1 地震作用	E2 地震作用
A	1.0	1.7（1.3ᵃ）
B	0.43	1.3
C	0.34	1.0
D	0.26	—

注：ᵃ沉管隧道取 1.3。

📖 **典型例题**

例题 5-15-1（2021 年真题）

某二级公路隧道，隧址区地震基本烈度为VII度，该隧道抗震设防措施等级应为（   ）。

（A）一级　　　　　（B）二级　　　　　（C）三级　　　　　（D）四级

解答

根据《公路隧道抗震设计规范》（JTG 2232—2019）表 3.1.1，二级公路隧道对应 C 类；查表 3.1.4，C 类 + VII度对应二级抗震设防措施。

答案： B

考点16　公路隧道交通工程与附属设施分级

📖 **条文规定**

《公路隧道设计规范　第二册　交通工程与附属设施》（JTG D70/2—2014）规定如下：

3.0.2　公路隧道交通工程与附属设施的配置等级应根据隧道单洞长度和设计年度预测隧道单洞年平均日交通量两个因素，按图 3.0.2 划分为 A+、A、B、C、D 五级。

图 3.0.2　隧道交通工程与附属设施分级图

q-隧道单洞年平均日交通量（折合小客车）；L-隧道单洞长度

例题 5-16-1（2021 年真题）

某二级公路隧道长度为 2000m，按单洞双车道设计，设计速度为 60km/h，单洞年平均日交通量为 2500pcu/d，该隧道交通工程与附属设施的配置等级应为（　　　）。

（A）A 级　　　　　　（B）B 级　　　　　　（C）C 级　　　　　　（D）D 级

解答

根据《公路隧道设计规范　第二册　交通工程与附属设施》（JTG D70/2—2014）图 3.0.2，$L = 2000$m，$q = 2500$pcu/d，属于 B 级。

答案：B

考点17　公路隧道通风

条文规定

《公路隧道设计规范　第二册　交通工程与附属设施》（JTG D70/2—2014）规定如下：

5.2.1　CO 设计浓度应满足下列要求：

1　正常交通时，CO 设计浓度可按表 5.2.1 取值。

CO 设计浓度 δ_{CO}　　　表 5.2.1

隧道长度（m）	≤1000	>3000
δ_{CO}（cm³/m³）	150	100

注：隧道长度为 1000m < L ≤ 3000m 时，可按线性内插法取值。

2　交通阻滞时，阻滞段的平均 CO 设计浓度可取 150cm³/m³，同时经历时间不宜超过 20min。长度大于 1000m 的隧道，阻滞段宜按每车道长度为 1000m 计算；长度不大于 1000m 的隧道可不考虑交通阻滞。

3　人车混合通行的隧道，洞内 CO 设计浓度不应大于 70cm³/m³。

5.2.2　隧道内烟尘设计浓度应满足下列要求：

1　采用显色指数33 ≤ Ra ≤ 60、相关色温 2000～3000K 的钠光源时，烟尘设计浓度K应按表 5.2.2-1 取值。

烟尘设计浓度 K　　　表 5.2.2-1

设计速度v_t（km/h）	≥90	60 ≤ v_t < 90	50 ≤ v_t < 60	30 < v_t < 50	10 ≤ v_t ≤ 30
烟尘设计浓度K（m⁻¹）	0.0065	0.0070	0.0075	0.0090	0.0120

2　采用显色指数Ra ≥ 65、相关色温 3300～6000K 的荧光灯、LED 灯等光源时，烟尘设计浓度K应按表 5.2.2-2 取值。

烟尘设计浓度 K　　　表 5.2.2-2

设计速度v_t（km/h）	≥90	60 ≤ v_t < 90	50 ≤ v_t < 60	30 < v_t < 50	10 ≤ v_t ≤ 30
烟尘设计浓度K（m⁻¹）	0.0050	0.0065	0.0070	0.0075	0.0120

5.2.3　隧道空间最小换气频率不应低于 3 次/h。

5.3.1 单向交通隧道的设计风速不宜大于 10m/s,特殊情况不应大于 12m/s;双向交通隧道的设计风速不应大于 8m/s;行人与车辆混合通行的隧道设计风速不应大于 7m/s。

5.3.2 公路隧道通风系统的排风口设计风速不宜大于 8m/s;排烟口设计风速不宜大于 10m/s;纵向式通风的顶部送风口设计风速宜取 25～30m/s,送风方向应与隧道轴向一致。

5.3.3 排烟道内的设计风速不宜大于 15m/s。

5.4.2 公路隧道火灾最大热释放率应按表 5.4.2 取值。

隧道火灾最大热释放率取值（MW） 表 5.4.2

通行方式	隧道长度L	公路等级		
		高速公路	一级公路	二级、三级、四级公路
单向交通	$L > 5000m$	30	30	—
	$1000m < L \leqslant 5000m$	20	20	—
双向交通	$L > 2000m$	—	—	20

注：运煤专用通道、客车专用通道等特殊隧道火灾最大热释放率取值宜根据实际条件具体确定。

5.4.3 采用纵向排烟的公路隧道,排烟风速宜按表 5.4.3 所列火灾临界风速取值。

火灾临界风速 表 5.4.3

火灾规模（MW）	20	30
火灾临界风速（m/s）	2.0～3.0	3.0～4.0

5.4.4 采用纵向排烟的单洞双向交通隧道,排烟设计的火灾烟雾最大行程在隧道内不宜大于 3000m,采用纵向排烟的单向交通隧道,排烟设计的火灾烟雾最大行程在隧道内不宜大于 5000m。

📖 **典型例题**

例题 5-17-1（2020 年真题）

某城市过境双车道二级公路隧道长 1680m,隧道路面宽 8.5m,设双侧人行道 1.25m,隧道总宽 11.00m,该隧道通风设计风速是（ ）。

（A）不宜大于 10.0m/s （B）不应大于 12.0m/s

（C）不应大于 8.0m/s （D）不应大于 7.0m/s

解答

根据《公路隧道设计规范 第二册 交通工程与附属设施》（JTG D70/2—2014）第 5.3.1 条:

行人与车辆混合通行的隧道设计风速不应大于 7m/s。

答案：D

例题 5-17-2（2022 年真题）

某公路隧道长度为 2200m,在通风设计中,对正常交通工况,请问 CO 设计浓度 δ_{co} 的取值是( )。

（A）100cm³/m³ （B）120cm³/m³ （C）130cm³/m³ （D）150cm³/m³

解答

根据《公路隧道设计规范 第二册 交通工程与附属设施》（JTG D70/2—2014）第 5.2.1 条,CO 浓度内插取值:

$$\delta_{CO} = 100 + (150 - 100)\frac{2200 - 3000}{1000 - 3000} = 120 \text{cm}^3/\text{m}^3$$

答案：B

例题 5-17-3（2023 年真题）

某公路隧道长 2600m，设计速度 80km/h，采用显色指数 70、色温 4500K 的 LED 灯照明，根据规范要求，该隧道的通风标准 CO 设计浓度和烟尘设计浓度各是（　　　　）。

（A）150cm³/m³ 和 0.0070m⁻¹

（B）140cm³/m³ 和 0.0070m⁻¹

（C）110cm³/m³ 和 0.0065m⁻¹

（D）100cm³/m³ 和 0.0065m⁻¹

解答

根据《公路隧道设计规范　第二册　交通工程与附属设施》（JTG D70/2—2014）第 5.2.1 条：

$$\delta_{co} = \frac{3000 - 2600}{3000 - 1000}(150 - 100) + 100 = 110 cm^3/m^3$$

根据表 5.2.2-2，$K = 0.0065 m^{-1}$

答案：C

例题 5-17-4（2024 年真题）

某六车道山区高速公路隧道，设计速度 100km/h，隧道长 8700m，隧址区地下水发育，拟采用左、右行分离的双洞布设和纵向通风、排烟，对下列隧道总体设计选项逐个核实正确与否，其中不满足规范要求的是哪一项？

（A）设置 11 道车行横通道，各车行横通道最大间距为 745m

（B）设置一处通风竖井，确保火灾工况下火灾烟雾最大行程在隧道内不超过 6km

（C）隧道纵坡设计为双向坡，洞内变坡点竖曲线半径为 16000m，竖曲线长度 160m

（D）隧道排烟按一座隧道全线同一时间内发生一次火灾设计，火灾最大热释放率取值 30MW

解答：

根据《公路隧道设计规范　第一册》（JTG 3370.1—2018），

第 4.5.1 条第 3 款：车行横通道间距1000m > 745m，A 满足要求；（见本章考点 6）

第 4.3.4 条：凸形竖曲线最小半径4500m < 16000m，最小长度70m < 160m，C 满足要求；（见本章考点 5）

根据《公路隧道设计规范　第二册》（JTG D70/2—2014），

第 5.4.4 条：烟雾行程5000m < 6000m，B 不满足要求

第 5.4.2 条：同一时间按一次火灾设计，热释放率 30MW，D 满足要求。

答案：B

考点18　公路隧道照明洞口适应距离

条文规定

《公路隧道设计规范　第二册　交通工程与附属设施》（JTG D70/2—2014）条文说明如下：

6.1.1　通常情况下，单向交通隧道照明系统分段如图 6-1 所示，双向交通隧道照明系统分段如图 6-2 所示。

6.2.2　入口段长度D_{th}根据照明停车视距D_s、最小衬托长度、洞口净空高度、适应距离进行计算。为保证机动车驾驶员对路面上障碍物（0.2m × 0.2m × 0.2m）的视认能力，在障碍物背后应有一段最小长度为b的明亮路面，如图 6-3 所示。

图 6-1　单向交通隧道照明系统分段简图

P-洞口；S-接近段起点；A-适应点；d-适应距离；$L_{20}(S)$-洞外亮度；L_{th1}、L_{th2}-入口段亮度；L_{tr1}、L_{tr2}、L_{tr3}-过渡段亮度；L_{in}-中间段亮度；L_{ex1}、L_{ex2}-出口段亮度；D_{th1}、D_{th2}-入口段 TH$_1$、TH$_2$ 分段长度；D_{tr1}、D_{tr2}、D_{tr3}-过渡段 TR$_1$、TR$_2$、TR$_3$ 分段长度；D_{in}-中间段长度；D_{ex1}、D_{ex2}-出口段 EX$_1$、EX$_2$ 分段长度

图 6-2　双向交通隧道照明系统分段简图

图 6-3　照明停车视距与最小衬托长度

　　车辆驶至洞外适应点 A 时，机动车驾驶员的 20°视场范围内，洞外景物基本消失，开始适应隧道暗环境。适应点 A 与洞口 P 间的距离 d 称为适应距离，$d = \dfrac{h-1.5}{\tan 10°}$，如图 6-4 所示。

556

图 6-4　适应距离

典型例题

例题 5-18-1

某公路隧道洞口接长明洞，明洞净空高度为 8m，则洞外适应距离取（　　）较合适。

（A）30m
（B）35m
（C）40m
（D）45m

解答

根据《公路隧道设计规范　第二册　交通工程与附属设施》（JTG D70/2—2014）第 6.2.2 条条文说明：

$$d = \frac{h - 1.5}{\tan 10°} = \frac{8 - 1.5}{\tan 10°} = 36.863\text{m}$$

因而取 40m 较为合适。

答案： C

考点19　公路隧道照明入口段计算

条文规定

《公路隧道设计规范　第二册　交通工程与附属设施》（JTG D70/2—2014）规定如下：

6.1.4　各等级公路隧道照明设置条件应符合下列要求：

1　长度 $L > 200\text{m}$ 的高速公路隧道、一级公路隧道应设置照明。

2　长度 $100\text{m} < L \leqslant 200\text{m}$ 的高速公路光学长隧道、一级公路光学长隧道应设置照明。

3　长度 $L > 1000\text{m}$ 的二级公路隧道应设置照明；长度 $500\text{m} < L \leqslant 1000\text{m}$ 的二级公路隧道宜设置照明；三级、四级公路隧道应根据实际情况确定。

4　有人行需求的隧道，应根据隧道长度和环境条件设置满足行人通行需求的照明设施。

6.2.1　入口段宜划分为 TH_1、TH_2 两个照明段，与之对应的亮度应分别按式 (6.2.1-1) 及式 (6.2.1-2) 计算：

$$L_{\text{th1}} = k \times L_{20}(S) \tag{6.2.1-1}$$
$$L_{\text{th2}} = 0.5 \times k \times L_{20}(S) \tag{6.2.1-2}$$

式中：L_{th1}——入口段 TH_1 的亮度（cd/m^2）；

　　　L_{th2}——入口段 TH_2 的亮度（cd/m^2）；

k——入口段亮度折减系数，可按表 6.2.1-1 取值；

$L_{20}(S)$——洞外亮度（cd/m^2），如无实测资料可按表 6.2.1-2 取值。

入口段亮度折减系数 k

表 6.2.1-1

设计交通量N［veh/(h·ln)］		设计速度v_t（km/h）				
单向交通	双向交通	20～40	60	80	100	120
≥1200	≥650	0.012	0.022	0.035	0.045	0.070
≤350	≤180	0.010	0.015	0.025	0.035	0.050

注：当交通量为其中间值时，按线性内插取值。

洞外亮度 L_{20}（S）（cd/m^2）

表 6.2.1-2

天空面积百分比（%）	洞口朝向或洞外环境	设计速度v_t（km/h）				
		20～40	60	80	100	120
35～50	南洞口	—	—	4000	4500	5000
	北洞口	—	—	5500	6000	6500
25	南洞口	3000	3500	4000	4500	5000
	北洞口	3500	4000	5000	5500	6000
10	暗环境	2000	2500	3000	3500	4000
	亮环境	3000	3500	4000	4500	5000
0	暗环境	1500	2000	2500	3000	3500
	亮环境	2000	2500	3000	3500	4000

注：1. 天空面积百分比指 20°视场中天空面积百分比。
2. 南洞口指北行车辆驶入的洞口，北洞口指南行车辆驶入的洞口。
3. 东洞口与西洞口取用南洞口与北洞口之中间值。
4. 暗环境指洞外景物（包括洞门建筑）反射率低的环境；亮环境指洞外景物（包括洞门建筑）反射率高的环境。
5. 当天空面积百分比处于表中两档之间时，按线性内插取值。

6.2.2　入口段 TH_1、TH_2 长度应按式 (6.2.2) 计算：

$$D_{th1} = D_{th2} = \frac{1}{2}\left(1.154D_s - \frac{h-1.5}{\tan 10°}\right) \tag{6.2.2}$$

式中：D_{th1}——入口段 TH_1 长度（m）；

D_{th2}——入口段 TH_2 长度（m）；

D_s——照明停车视距（m）；

h——隧道内净空高度（m）。

6.2.3　长度 $L > 500m$ 的非光学长隧道及长度 $L > 300m$ 的光学长隧道，入口段 TH_1、TH_2 的亮度应分别按式 (6.2.1-1) 及式 (6.2.1-2) 计算。

6.2.4　长度 $300m < L ≤ 500m$ 的非光学长隧道及长度 $100m < L ≤ 300m$ 的光学长隧道，入口段 TH_1、TH_2 的亮度宜分别按式 (6.2.1-1) 和式 (6.2.1-2) 计算值的 50% 取值。

6.2.5　长度 $200m < L ≤ 300m$ 的非光学长隧道，入口段 TH_1、TH_2 的亮度宜分别按式 (6.2.1-1) 和式 (6.2.1-2) 计算值的 20% 取值。

6.2.6　当两座隧道间的行驶时间按设计速度计算小于 15s，且通过前一座隧道的行驶时间大于 30s 时，后续隧道入口段亮度应进行折减，亮度折减率可按表 6.2.6 取值。

后续隧道入口段亮度折减率

表 6.2.6

两隧道之间行驶时间t（s）	$t < 2$	$2 ≤ t < 5$	$5 ≤ t < 10$	$10 ≤ t < 15$
后续隧道入口段亮度折减率（%）	50	30	25	20

例题 5-19-1

某高速公路上一非光学隧道，长度 400m，设计速度 80km/h，上行单洞纵坡 2%，入口朝向正南方，天空面积 25%，设计交通量 800veh/(h·ln)，则该隧道入口段 TH₁、TH₂ 的亮度宜取为（   ）cd/m²。

（A）240、120　　　　（B）120、60　　　　（C）60、30　　　　（D）30、15

解答

根据《公路隧道设计规范　第二册　交通工程与附属设施》（JTG D70/2—2014）第 6.2.1 条：

根据表 6.2.1-1，设计速度 80km/h，设计交通量 800veh/(h·ln)，线性内插可取 $k = 0.03$。

根据表 6.2.1-2，设计速度 80km/h，洞口朝南，天空面积 25%，可取洞外亮度 $L_{20}(S) = 4000\text{cd/m}^2$，则

$L_{\text{th1}} = k \times L_{20}(S) = 0.03 \times 4000 = 120\text{cd/m}^2$

$L_{\text{th2}} = 0.5 \times k \times L_{20}(S) = 0.5 \times 0.03 \times 4000 = 60\text{cd/m}^2$

根据第 6.2.4 条，400m 的非光学隧道入口亮度应折减 50%，所以有：

$L_{\text{th1}} = 0.5 \times 120 = 60\text{cd/m}^2$

$L_{\text{th2}} = 0.5 \times 60 = 30\text{cd/m}^2$

答案：C

例题 5-19-2

题目条件同例题 5-19-1，入口洞内净高 8m，根据《公路隧道照明设计细则》（JTG/T D70/2-01—2014），隧道停车视距取 95m，则入口 TH₁、TH₂ 的长度为（   ）。

（A）40、20　　　　（B）37、37　　　　（C）37、18　　　　（D）18、18

解答

设计速度 80km/h，纵坡 2% 时，隧道停车视距取 95m，则有

$$D_{\text{th1}} = D_{\text{th2}} = \frac{1}{2}\left(1.154D_s - \frac{h - 1.5}{\tan 10°}\right) = \frac{1}{2}\left(1.154 \times 95 - \frac{8 - 1.5}{\tan 10°}\right) = 36.38\text{m}$$

取为 37m。

答案：B

例题 5-19-3（2023 年真题）

某高速公路隧道长 3600m，设计速度 80km/h，设计交通量 650veh/h·ln，其北洞口 20°视场天空洞外亮度 4500cd/m²。根据规范要求，该公路隧道北洞口入口 TH₁ 和 TH₂ 两个照明段与之对应的亮度 L_{TH1} 和 L_{TH2} 各是（   ）。（取整数）

（A）128cd/m² 和 64cd/m²

（B）135cd/m² 和 67cd/m²

（C）144cd/m² 和 72cd/m²

（D）158cd/m² 和 79cd/m²

解答

根据《公路隧道设计规范　第二册　交通工程与附属设施》（JTG D70/2—2014）第 6.2.1 条：

$k = 0.025 + \dfrac{650 - 350}{1200 - 350}(0.035 - 0.025) = 0.02853$

$L_{\text{TH1}} = 0.02853 \times 4500 = 128.4\text{cd/m}^2$

$L_{\text{TH2}} = 0.5 \times 128.4 = 64.2\text{cd/m}^2$

答案：A

考点20　公路隧道照明过渡段计算

《公路隧道设计规范　第二册　交通工程与附属设施》(JTG D70/2—2014)规定如下:

6.3.1　过渡段宜划分为 TR_1、TR_2、TR_3 三个照明段,与之对应的亮度应按式(6.3.1-1)~式(6.3.1-3)计算:

$$L_{tr1} = 0.15 \times L_{th1} \tag{6.3.1-1}$$
$$L_{tr2} = 0.05 \times L_{th1} \tag{6.3.1-2}$$
$$L_{tr3} = 0.02 \times L_{th1} \tag{6.3.1-3}$$

6.3.2　长度 $L \leqslant 300m$ 的隧道,可不设置过渡段加强照明;长度 $300m < L \leqslant 500m$ 的隧道,当在过渡段 TR_1 能完全看到隧道出口时,可不设置过渡段 TR_2、TR_3 加强照明;当 TR_3 的亮度 L_{tr3} 不大于中间段亮度 L_{in} 的 2 倍时,可不设置过渡段 TR_3 加强照明。

6.3.3　过渡段长度计算应符合下列规定:

1　过渡段 TR_1 长度应按式(6.3.3-1)计算:

$$D_{tr1} = \frac{D_{th1} + D_{th2}}{3} + \frac{v_t}{1.8} \tag{6.3.3-1}$$

式中: D_{tr1}——过渡段 TR_1 长度(m);

v_t——设计速度(km/h);

$v_t/1.8$——2s 内的行驶距离。

2　过渡段 TR_2 长度应按式(6.3.3-2)计算:

$$D_{tr2} = \frac{2v_t}{1.8} \tag{6.3.3-2}$$

式中: D_{tr2}——过渡段 TR_2 长度(m)。

3　过渡段 TR_3 长度应按式(6.3.3-3)计算:

$$D_{tr3} = \frac{3v_t}{1.8} \tag{6.3.3-3}$$

式中: D_{tr3}——过渡段 TR_3 长度(m)。

例题 5-20-1

某高速公路隧道长 800m,设计速度 80km/h,设计交通量 500veh/(h·ln)。照明设计中,入口段 $L_{th1}=$ 120cd/m²,D_{th1}、D_{th2} 均为 40m,隧道过渡段长度 D_{tr1}、D_{tr2}、D_{tr3} 可分别取为(　　　)m。

(A)72、89、135　　　　　　　　　　(B)72、89、0

(C)135、89、72　　　　　　　　　　(D)135、89、0

解答

$$D_{tr1} = \frac{D_{th1} + D_{th2}}{3} + \frac{v_t}{1.8} = \frac{40 + 40}{3} + \frac{80}{1.8} = 71.11m$$

$$D_{tr2} = \frac{2v_t}{1.8} = \frac{2 \times 80}{1.8} = 88.89m$$

$$D_{tr3} = \frac{3v_t}{1.8} = \frac{3 \times 80}{1.8} = 133.33m$$

$L_{tr3} = 0.02 \times L_{th1} = 0.02 \times 120 = 2.4\text{cd/m}^2$

中间段亮度根据表 6.4.1，取为 $L_{in} = 2.5\text{cd/m}^2$

根据第 6.3.2 条，因为 $L_{tr3} < 2L_{in}$，所以可以不设过渡段 TR_3，取 $D_{tr3} = 0$。

答案：B

考点21　公路隧道照明中间段计算

📖 **条文规定**

《公路隧道设计规范　第二册　交通工程与附属设施》（JTG D70/2—2014）规定如下：

6.4.1　中间段亮度宜按表 6.4.1 取值。

中间段亮度 L_{in}（单位：cd/m²）　　　　表 6.4.1

设计速度v_t（km/h）	L_{in}		
	单向交通		
	$N \geqslant 1200\text{veh/(h·ln)}$	$350\text{veh/(h·ln)} < N < 1200\text{veh/(h·ln)}$	$N \leqslant 350\text{veh/(h·ln)}$
	双向交通		
	$N \geqslant 650\text{veh/(h·ln)}$	$180\text{veh/(h·ln)} < N < 650\text{veh/(h·ln)}$	$N \leqslant 180\text{veh/(h·ln)}$
120	10.0	6.0	4.5
100	6.5	4.5	3.0
80	3.5	2.5	1.5
60	2.0	1.5	1.0
40	1.0	1.0	1.0

注：1. 当 LED 光源（显色指数 Ra ≥ 65，色温介于 3300～6000K）用于隧道中间段照明时，设计亮度可按表 6.4.1 所列亮度标准的50%取值，但不应低于 1.0cd/m²。

　　2. 当单端无极荧光灯（显色指数 Ra ≥ 65，色温介于 3300～6000K）用于隧道中间段照明时，设计亮度可按表 6.4.1 所列亮度标准的80%取值，但不应低于 1.0cd/m²。

　　3. 当中间段采用逆光照明方式时，设计亮度可按表 6.4.1 所列亮度标准的80%取值，但不应低于 1.0cd/m²。

　　4. 当设计速度为 100km/h 时，中间段亮度可按 80km/h 对应亮度取值。

　　5. 当设计速度为 120km/h 时，中间段亮度可按 100km/h 对应亮度取值。

6.4.2　行人与车辆混合通行的隧道，中间段亮度不应小于 2.0cd/m²。

6.4.3　单向交通且以设计速度通过隧道的行车时间超过 135s 时，隧道中间段宜分为两个照明段，与之对应的长度及亮度取值不应低于表 6.4.3 要求。

中间段各照明段长度及亮度取值　　　　表 6.4.3

项目	长度（m）	亮度（cd/m²）	适用条件
中间段第一照明段	设计速度下 30s 行车距离	L_{in}	—
中间段第二照明段	余下的中间段长度	$L_{in} \times 80\%$，且不低于 1.0cd/m²	
		$L_{in} \times 50\%$，且不低于 1.0cd/m²	采用连续光带布灯方式，或隧道壁面反射系不小于 0.7 时

6.4.4　中间段照明灯具布置应符合下列规定：

1　当隧道内行车时间超过 20s 时，照明灯具布置间距应满足闪烁频率低于 2.5Hz 或高于 15Hz 的要求。

2　路面亮度总均匀度不应低于表 6.4.4-1 所示值。

设计交通量N [veh/(h·ln)]		U_0
单向交通	双向交通	
≥ 1200	≥ 650	0.4
≤ 350	≤ 180	0.3

注：当交通量为其中间值时，按线性内插取值。

3　路面中线亮度纵向均匀度不应低于表 6.4.4-2 所示值。

路面中线亮度纵向均匀度 U_1 表 6.4.4-2

设计交通量N [veh/(h·ln)]		U_1
单向交通	双向交通	
≥ 1200	≥ 650	0.6
≤ 350	≤ 180	0.5

注：当交通量为其中间值时，按线性内插取值。

6.5.1　出口段宜划分为 EX_1、EX_2 两个照明段，每段长度宜取 30m，与之对应的亮度应按式 (6.5.1-1)、式 (6.5.1-2) 计算：

$$L_{ex1} = 3 \times L_{in} \tag{6.5.1-1}$$
$$L_{ex2} = 5 \times L_{in} \tag{6.5.1-2}$$

6.5.2　长度 $L \leqslant 300m$ 的直线隧道可不设置出口段加强照明；长度 $300m < L \leqslant 500m$ 的直线隧道可仅设置 EX_2 出口段加强照明。

📖 典型例题

例题 5-21-1

某高速公路隧道长 3500m，设计速度 80km/h，设计交通量 500veh/(h·ln)。洞内照明采用连续光带布灯，其中间段照明亮度可设为（　　　）cd/m²。

（A）3.5　　　　　（B）2.5　　　　　（C）2.5、1.25　　　　　（D）3.5、1.75

解答

根据第 6.4.1 条，$L_{in} = 2.5cd/m^2$。

根据第 6.4.3 条，$80 \times 1000 \div 3600 \times 135 = 3000m < 3500m$，中间段照明应设计为两段：

第一段取 $L_{in} = 2.5cd/m^2$；

采用连续光带布灯，第二段取 $50\% L_{in} = 1.25cd/m^2 > 1.0cd/m^2$（符合要求）。

答案：C

考点22　城市地道最大横净距计算

📖 条文规定

《城市地下道路工程设计规范》（CJJ 221—2015）规定如下：

5.3.3　城市地下道路设置平曲线及凹型竖曲线路段，必须进行停车视距验算。

《城市地下道路工程设计规范》（CJJ 221—2015）第5.3.3条条文说明如下：

当计算的最大横净距大于实际横间距时表明该曲线行车视距不满足要求。

不含检修道或人行道时，隧道实际横净距 = 车道宽度/2 + 侧向宽度；

含有检修道或人行道时，隧道实际横净距 = 车道宽度/2 + 路缘带宽度 + 检修道或人行道宽度（图10）。

a) 含检修或人行道情况　　　　　　　b) 不含检修或人行道情况

图 10　视距验算时的驾驶者视点位置

平曲线路段的横净距可按表11所列公式计算，详见图11。

平曲线路段最大横净距　　　　　　　　　　表 11

不设缓和曲线	停车视距S_1小于圆曲线长度L_c $a = R_1\left(1 - \cos\dfrac{\psi}{2}\right)$	$\psi = S_1\dfrac{180}{\pi R_1}$
	停车视距S_1大于圆曲线长度L_c $a = R_1\left(1 - \cos\dfrac{\alpha}{2}\right) + \dfrac{S_1 - L_1}{2}\sin\dfrac{\alpha}{2}$	$L_1 = \dfrac{R_1\pi\alpha}{180}$
设缓和曲线	停车视距S_1小于圆曲线长度L_c $a = R_1\left(1 - \cos\dfrac{\psi}{2}\right)$	$\psi = S_1\dfrac{180}{\pi R_1}$
设缓和曲线	停车视距S_1大于圆曲线长度L_c $a = R_1\left(1 - \cos\dfrac{\alpha - 2\beta}{2}\right) + (L_s - a_m)\sin\left(\dfrac{\alpha}{2} - \theta\right)$	$a_m = \dfrac{L_1 - S_1}{2}$ $\theta = \arctan\left\{\dfrac{L_s}{\sigma R_1\left[1 + \dfrac{a_m}{L_s} + \left(\dfrac{a_m}{L_s}\right)^2\right]}\right\}$
	停车视距S_1大于圆曲线长度L $a = R_1\left(1 - \cos\dfrac{\alpha - 2\beta}{2}\right) + L_s\sin\left(\dfrac{\alpha}{2} - \theta\right) + \dfrac{1}{2}(S_1 - L_1)\sin\left(\dfrac{\alpha}{2}\right)$	$\theta = \arctan\dfrac{L_s}{6R_1}$

注：a-最大横净距（m）；R_1-平曲线内侧汽车行驶轨迹半径（m）；ψ-视距线所对的圆心角（°）；S_1-停车视距（m）；α-道路中线转角（°）；L_1-曲线内侧汽车行驶轨迹长度（m）；β-回旋线角（°）；L_s-缓和曲线长度（m）；a_m-汽车计算位置M或N到缓和曲线起点的距离（m）；θ-通过汽车计算位置M（或N）与平曲线切线的平行线和M（或N）至缓和曲线终点间弦线的夹角或平曲线切线与缓和曲线的弦线的夹角（°）。

a) 不设缓和曲线时最大横净距（$L_c > S_1$）　　　b) 不设缓和曲线时最大横净距（$L_c < S_1$）

图　11

563

c) 设缓和曲线时最大横净距（$L_1 > S_1 > L_c$）　　d) 设缓和曲线时最大横净距（$L_1 < S_1$）

图 11　横净距计算

📖 典型例题

例题 5-22-1（2021 年真题）

某城市地下道路设计速度为 50km/h，双向四车道，采用单箱双孔矩形结构，横断面尺寸如下图所示。道路中心线设置半径 $R = 260$m 的平曲线，其圆曲线长度 $L_c = 73.70$m，曲线内侧汽车行驶轨迹圆曲线半径 $R_1 = 253.85$m，长度 $L_1 = 71.96$m。不考虑其他因素影响，计算该地下道路平曲线路段内侧车道的最大横净距 a 值应为（　　），并判断是否满足停车视距要求。（取小数点后两位）

例题 5-22-1 图

（A）1.73m　　　　（B）1.77m　　　　（C）2.00m　　　　（D）2.25m

解答

根据《城市地下道路工程设计规范》（CJJ 221—2015）第 5.3.2 条条文说明，《城市道路路线设计规范》（CJJ 193—2012）第 6.6.1 条，$V = 50$km/h，停车视距 $S_1 = 60$m；

$S_1 = 60$m $< L_c = 73.7$m，查表 11，$\varphi = 60 \times \dfrac{180}{3.14 \times 253.85} = 13.55°$

计算横净距：$a = 253.85 \times \left(1 - \cos\dfrac{13.55°}{2}\right) = 1.77$m

实际横净距：$a_{实际} = 3.5/2 + 0.25 + 0.25 = 2.25$m

$a_{实际} > a$，符合规范要求。

答案：B

例题 5-22-2（2021 年真题）

某高速公路设计速度为 100km/h，双向四车道，路基宽度为 26.0m，标准横断面和护栏位置如下图所示。在平曲线路段，中央分隔带曲线外侧相邻车道的最小横净距计算公式为$m = R\left[1 - \cos\left(\frac{28.65s}{R}\right)\right]$，

式中：m——满足视距要求的最小横净距（m）；

$\quad\quad R$——中央分隔带曲线外侧相邻车道中心线的平面圆曲线半径（m）；

$\quad\quad s$——小客车停车视距（m）。

在路基中心线平面圆曲线半径的下列各选项中，满足停车视距要求的最小半径是（　　）。

例题 5-22-2 图（尺寸单位：cm）

（A）980m　　　　　　　　　　　　　　（B）1000m

（C）1120m　　　　　　　　　　　　　　（D）1250m

解答

根据《公路路线设计规范》（JTG D20—2017）表 7.9.1，停车视距$S = 160$m。

计算实际横净距$m_{实}$（注意：依题意，视点位置为中央分隔带曲线外侧相邻车道中心线），$m_{实} = (375/2 + 75 + 25) = 287.5$cm $= 2.875$m。

求最小路基中心线圆曲线半径，从 1000m 开始试算：

$R = 1000 + 3.625 = 1003.625\,\text{m}$，$m_{1000} = 1003.625 \times \left(1 - \cos\frac{28.65 \times 160}{1003.625}\right) = 3.187\,\text{m}$，大于$m_{实} = 2.875$m，不符合；

$R = 1120 + 3.625 = 1123.625\,\text{m}$，$m_{1120} = 1123.625 \times \left(1 - \cos\frac{28.65 \times 160}{1123.625}\right) = 2.847$，小于$m_{实} = 2.875$，符合。

答案：C

注：此题虽然根据题意是属于路线部分的题，但出题专家的意图是考查考生对"最小横净距"这一概念的掌握，与本考点的核心内容是相同的。

例题 5-22-3

某城市地下道路设计中，有一曲线路段设计条件如下，单向双车道，设计速度 80km/h，车道宽度 7.0m，检修道宽度 0.75m，不设缓和曲线，圆曲线半径为 2000m，长度为 100m，则该曲线路段的最大横净距为（　　）。

（A）0.63m　　　　（B）0.65m　　　　（C）0.73m　　　　（D）0.75m

解答

根据《城市地下道路工程设计规范》（CJJ 221—2015）表 3.5.1：

$W_{mc} = 0.5$m，$W_j = 0.75$m

根据《城市道路工程设计规范》（CJJ 37—2012）（2016 年版）第 6.2.7 条：

$S_1 = 110$m

则有$R_1 = R - W_c/2 = 2000 - 3.5/2 = 1998.25$m

根据第 5.3.3 条条文说明，当$S_1 > L_c$，则根据表 11：

$$\alpha = \frac{180 L_c}{\pi R} = \frac{180 \times 100}{3.14 \times 2000} = 2.87°$$

$$L_1 = \frac{R_1 \pi \alpha}{180} = \frac{1998.25 \times 3.14 \times 2.87}{180} = 99.91\text{m}$$

$$a = R_1\left(1 - \cos\frac{\alpha}{2}\right) + \frac{S_1 - L_1}{2}\sin\frac{\alpha}{2}$$

$$= 1998.25 \times \left(1 - \cos\frac{2.87}{2}\right) + \frac{110 - 99.91}{2}\sin\frac{2.87}{2}$$

$$= 0.6267 + 0.1263$$

$$= 0.753\text{m}$$

因此，取 $a = 0.75\text{m}$。

答案：D

例题 5-22-4（2022 年真题）

某城市地下道路设计速度为 50km/h，采用双孔矩形结构，两侧不设人行道和检修道，标准横断面布置如下图所示，在地下道路中设置一处平曲线，道路设计中心线圆曲线半径 $R = 150\text{m}$，圆曲线内侧最外侧车道中心线半径 $R_1 = 143.25\text{m}$，对应的圆曲线长度为 $L_1 = 60.165\text{m}$，圆曲线加宽按大型车标准。在不考虑设计竖曲线情况下，该圆曲线内侧路面最小加宽值符合规范规定的为（   ）。并说明选择依据和理由。（图中尺寸单位为 m，计算结果取小数点后一位）

例题 5-22-4 图

（A）0.6m

（B）0.9m

（C）1.2m

（D）1.5m

解答

（1）计算未加宽之前的横净距

$$a_{实} = \frac{3.5}{2} + 0.25 + 0.25 = 2.25\text{m}$$

（2）计算停车视距中心角

根据《城市道路路线设计规范》（CJJ 193—2012）第 6.6.1 条，速度为 50km/h 时停车视距 $S_1 = 60\text{m}$。

根据《城市地下道路工程设计规范》（CJJ 221—2015）第 5.3.3 条的条文说明：

$$\psi = S_1\frac{180}{\pi R_1} = 60 \times \frac{180}{\pi \times 143.25} = 24°$$

（3）计算横净距

$$a = R_1\left(1 - \cos\frac{\psi}{2}\right) = 143.25 \times \left(1 - \cos\frac{24°}{2}\right) = 3.13\text{m}$$

（4）判断是否满足要求

$a > a_{实}$，不满足停车视距要求。

$a - a_{实} = 3.13 - 2.25 = 0.88\text{m}$，圆曲线内侧的第一条车道加宽 0.88m。

根据《城市道路路线设计规范》（CJJ 193—2012）第6.5.1条，第二条车道加宽0.6m。

圆曲线内侧路面最少加宽0.88 + 0.6 = 1.48m。

答案：D

例题 5-22-5（2023年真题）

某设计速度为80km/h的城市地下快速路，机动车双向六车道，每车道宽3.5m，路缘带宽0.5m，安全带宽0.25m，不设置检修道、应急停车带和停车港湾。该地下道路内设置一处圆曲线，其内侧车道中心线处圆曲线半径$R_1 = 700$m，圆曲线长度$L_e = 120$m。下列关于该圆曲线横净距值，符合规范规定的是（　　）。（$\pi = 3.14$，计算结果取小数点后两位）

（A）计算最大横净距2.16m，实际横净距2.50m

（B）计算最大横净距2.57m，实际横净距2.50m

（C）计算最大横净距2.16m，实际横净距2.25m

（D）计算最大横净距2.57m，实际横净距2.25m

解答

根据《城市地下道路工程设计规范》（CJJ 221—2015）第5.3.3条条文说明：

$$a_实 = \frac{3.5}{2} + 0.5 + 0.25 = 2.5\text{m}$$

$$S_1 = 110\text{m} < L_c = 120\text{m}$$

$$\psi = 110 \times \frac{180}{3.14 \times 700} = 9°$$

$$a = 700 \times \left(1 - \cos\frac{9°}{2}\right) = 2.16\text{m}$$

答案：A

📖 **考点分析**

最大横净距意为汽车行驶轨迹上，为保证停车视距而可能出现的横净距最大值，可以理解为车辆行驶通过曲线路段过程中，为满足停车视距要求出现的横净距最大值。实际使用这一概念时，可根据横净距最大值确定最小曲线半径；或根据设计曲线半径验算横净距是否满足要求。

考点23　城市地道分合流端

📖 **条文规定**

《城市地下道路工程设计规范》（CJJ 221—2015）规定如下：

6.3.2　城市地下道路主线分流鼻前的识别视距不宜小于2倍的主线停车视距，条件受限时不应小于1.5倍的主线停车视距。

6.3.3　城市地下道路主线汇流鼻前的识别视距不应小于1.5倍的主线停车视距。

6.3.4　匝道接入主线入口处从汇流鼻端开始应设置与主线直行车道的隔离段，隔离段长度不应小于主线的停车视距值，隔离设施不应遮挡视线（图6.3.4）。

6.3.5　城市地下道路设计不应在驾驶人进入地下道路后的视觉变化适应范围内设置合流点，合流段的汇流鼻端与洞口的距离不应小于表6.3.5的规定（图6.3.5）。

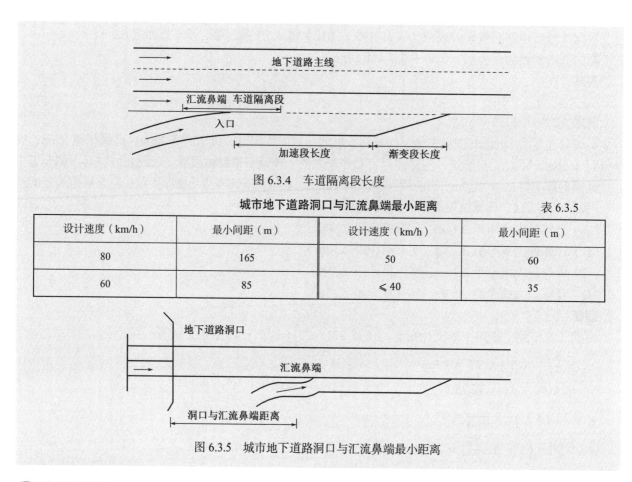

图 6.3.4 车道隔离段长度

城市地下道路洞口与汇流鼻端最小距离 表 6.3.5

设计速度（km/h）	最小间距（m）	设计速度（km/h）	最小间距（m）
80	165	50	60
60	85	≤ 40	35

图 6.3.5 城市地下道路洞口与汇流鼻端最小距离

📖 规范条文解析

《城市地下道路工程设计规范》（CJJ 221—2015）中图 6.3.5 关于汇流鼻端的示意图不甚清楚，读者可以参考下图进行理解。

图 5-23-1 城市地下道路洞口与汇流鼻端最小距离

📖 典型例题

例题 5-23-1（2021 年真题）

新建某城市地下道路，主线设计速度为 60km/h，在地下封闭段设置一处入口匝道，如下图所示。计算该入口处车道隔离段末端至洞口的最小距离应为（   ）。并说明选择依据和理由。

例题 5-23-1 图

（A）85m   （B）105m   （C）155m   （D）225m

解答

根据《城市道路路线设计规范》（CJJ 193—2012）第 6.6.1 条、《城市地下道路工程设计规范》（CJJ 221—2015）第 6.3.4 条和第 6.3.5 条：

（1）设计速度 60km/h，则停车视距为 70m。隔离段长度不应小于主线的停车视距。

（2）设计速度 60km/h，地下道路洞口与汇流鼻端最小距离为 85m。

（3）入口处车道隔离段末端至洞口的最小距离为 70 + 85 = 155m。

答案：C

例题 5-23-2

某城市地下快速路，设计速度 80km/h，某路段处有一汇流入口，则该处汇流鼻端的识别视距不应小于（   ）。

（A）110m   （B）125m   （C）165m   （D）220m

解答

根据《城市地下道路工程设计规范》（CJJ 221—2015）第 6.3.3 条：

汇流鼻端识别视距 = 1.5 × 110 = 165m

答案：C

考点24 城市地道与地面道路衔接

📖 **条文规定**

《城市地下道路工程设计规范》（CJJ 221—2015）规定如下：

6.5.1 城市地下道路出口接地点处与下游地面道路平面交叉口距离应符合下列规定：

1 与无信号控制平面交叉口的停车线距离不宜小于 2 倍停车视距。当视线条件好、具有明显标志时，不应小于 1.5 倍停车视距；

2 与信号控制交叉口的停车线距离不宜小于 1.5 倍停车视距，条件受限时不得小于 1 倍停车距离。

6.5.2 城市地下道路出洞口与邻接地面道路出口匝道减速车道渐变段起点的距离应满足设置出口预告标志的需要。当条件受限时，不应小于 1.5 倍主线停车视距，并应在地下道路内提前设置预告标志（图 6.5.2）。

6.5.3 当城市地下道路接地后与平面交叉口衔接时，出入口与接地点的布置应符合下列要求：

1 出入口引道布置可根据条件集中布置在地面道路的中央或两侧，离路口展宽段距离较近应按转向拓宽分车道渠化；

　　2　接地点至地面交叉口停车线距离除应满足视距要求外，应根据红灯期间车辆排队长度以及匝道与地面道路转换车道所需的交织段长度综合确定。

图 6.5.2　地下道路出口与地面道路匝道距离

典型例题

例题 5-24-1（2021 年真题）

　　新建某城市地下道路，道路等级为次干路，设计速度为 50km/h，地下道路出洞口下游紧邻受信号控制的平面交叉口，交叉口展宽渐变段长 25m，展宽段长 50m。在满足停车视距和红灯期间车辆排队长度的条件下，计算该地下道路出口接地点至下游平面交叉口停止线的最小距离符合规范规定的是（　　）。并请说明依据和理由。

（A）75m　　　　　　（B）110m　　　　　　（C）135m　　　　　　（D）140m

解答

根据《城市地下道路工程设计规范》（CJJ 221—2015）：

（1）第 6.5.1 条第 2 款，（1～1.5）× 停车视距 = （1～1.5）× 60 = 60～90m。

（2）25 + 50 = 75m。

（3）第 6.5.3 条第 2 款及条文说明，满足交织段长度 140m。

取大值即 140m。

答案：D

例题 5-24-2

　　某城市地下道路设计速度 60km/h，出口邻接地面道路一出口减速匝道，则洞口与减速车道渐变段起点的距离最小可设为（　　）。

（A）90m　　　　　　（B）105m　　　　　　（C）110m　　　　　　（D）120m

解答

根据《城市道路路线设计规范》（CJJ 193—2012）表 6.6.1：

主线设计速度 60km/h，停车视距为 70m；

根据《城市地下道路工程设计规范》（CJJ 221—2015）第 6.5.2 条：

洞口与出口匝道距离 = 1.5 × 70 = 105m

答案：B

考点分析

　　本考点可结合城市道路交叉考点进行出题，2020 年真题考到了该类综合性题目，详见交叉工程相关考点。

考点25　城市地道出入口与变速车道

《城市地下道路工程设计规范》（CJJ 221—2015）规定如下：

6.2.2　城市地下道路路段上相邻两出入口端部之间的最小间距应符合表6.2.2规定。

城市地下道路出入口最小间距（单位：m）　　　　表6.2.2

设计速度（km/h）	出—出	出—入	入—入	入—出
80	610	210	610	1020
60	460	160	460	760
50	390	130	390	640
40	310	110	310	510

6.4.1　城市地下道路单车道加减速车道长度不应小于表6.4.1的规定。

城市地下道路单车道的加减速车道长度　　　　表6.4.1

主线设计速度（km/h）	80	60	50	40
减速车道长度（m）	80	70	50	30
加速车道长度（m）	220	140	100	70

6.4.2　双车道的变速车道长度宜为单车道变速车道规定长度的1.2～1.5倍。

6.4.3　下坡路段减速车道和上坡路段加速车道的长度应按现行行业标准《城市道路交叉口设计规程》（CJJ 152）规定的修正系数进行修正。

6.4.4　平行式变速车道渐变段的长度应符合现行行业标准《城市道路交叉口设计规程》（CJJ 152）的规定。

《城市道路交叉口设计规程》（CJJ 152—2010）规定如下：

变速车道长度为加速或减速车道长度与过渡段长度之和，应根据主线设计速度采用大于表5.5.3-1所列值。

变速车道长度及出、入口渐变率　　　　表5.5.3-1

主线设计速度（km/h）		120	100	80	60	50	40
除宽度缓和部分外的减速车道规定长度（m）	1车道	100	90	80	70	50	30
	2车道	150	130	110	90	—	—
除宽度缓和部分外的加速车道规定长度（m）	1车道	200	180	160	120	90	50
	2车道	300	260	220	160	—	—
宽度缓和路段长度（m）	1车道	70	60	50	45	40	40
出口角度	1车道	1/25			1/20	1/15	
	2车道						
入口角度	1车道	1/40			1/30	1/20	
	2车道						

下坡路段的减速车道和上坡路段的加速车道，其长度应按表5.5.3-2所列修正系数予以修正。

变速车道长的修正系数 表5.5.3-2

纵坡度（%）	$0 < i \leqslant 2$	$2 < i \leqslant 3$	$3 < i \leqslant 4$	$4 < i \leqslant 6$
下坡减速车道修正系数	1.00	1.10	1.20	1.30
上坡加速车道修正系数	1.00	1.20	1.30	1.40

📖 典型例题

例题 5-25-1（2022 年真题）

某城市新建地下快速路，主线设计速度 60km/h，封闭段范围内沿行车道方向纵坡度为+2.5%，入口匝道和出口匝道按规范规定的最小间距设置，匝道均为单车道，如图所示。下列关于该地下道路加速车道渐变段末端至减速车道渐变段起点的最大距离符合规范规定的应为（　　）。并请说明选择的依据和理由。

例题 5-25-1 图

（A）418m　　　　　（B）432m　　　　　（C）456m　　　　　（D）460m

解答

（1）根据《城市地下道路工程设计规范》（CJJ 221—2015）第 6.2.2 条，入口＋出口组合，速度 60km/h，间距应为760m。

（2）根据第 6.4.1 条，加速车道长 140m，减速车道长 70m。

（3）根据《城市道路交叉口设计规程》（CJJ 152—2010）表 5.5.3-2，加速车道上坡坡度为 2.5%，取系数 1.2，则$140 \times 1.2 = 168$m。

（4）渐变段，根据《城市道路交叉口设计规程》（CJJ 152—2010）表 5.5.3-1，速度 60km/h，长度取 45m。

（5）渐变段之间的距离：$760 - (168 + 45) - (70 + 45) = 432$m。

答案：B

例题 5-25-2（2022 年补考真题）

某设计速度为 80km/h 的城市地下快速路，暗埋段内设置一条单车道入口匝道，主线沿行车道方向纵坡为+3%，匝道设计速度为 40km/h，暗埋段与入口位置关系如下图所示。计算该地下道路入洞口距加速车道渐变段末端的最小长度，符合规范规定的为（　　）。并请说明依据和理由。

例题 5-25-2 图

（A）407m　　　　　（B）435m　　　　　（C）479m　　　　　（D）501m

解答

根据《城市地下道路工程设计规范》（CJJ 221—2015）计算。

（1）根据 6.3.5 条，入洞口到鼻端的距离：165m。

（2）根据 6.4.1 条，加速车道长度：220m。

（3）根据 6.4.3 条，加速车道按《城市道路交叉口设计规程》（CJJ 152—2010）修正。

（4）根据《城市道路交叉口设计规程》（CJJ 152—2010）表 5.5.3-2，上坡加速修正系数为 1.2，$220 \times 1.2 = 264m$。

（5）根据《城市道路交叉口设计规程》（CJJ 152—2010）表 5.5.3-1，渐变段长度：50m。

（6）入洞口到渐变段末端：$165 + 264 + 50 = 479m$。

答案：C

例题 5-25-3（2023 年真题）

某城市地下快速路，主线设计速度 80km/h，双向六车道，封闭段范围内纵坡度小于 2%。该地下道路出入口匝道布置如下图所示，匝道均为单车道。下列关于该地下道路出入口①～⑦标注处的设计，不符合规范规定的有（   ）处。

例题 5-25-3 图

（A）3　　　　　　（B）4　　　　　　（C）5　　　　　　（D）6

解答

根据《城市地下道路工程设计规范》（CJJ 221—2015）计算。

根据第 6.3.5 条，洞口到汇流鼻端取 165m，①正确。

根据第 6.3.4 条，隔离段长度应取 110m，②错误。

根据第 6.4.1 条，加速车道应取 220m，③错误。

根据第 6.2.2 条，出入口净距应取 $1020 > 160 + 50 + 520 + 50 + 80 = 860m$，⑤错误。

根据第 6.4.1 条，减速车道取 80m，⑦正确。

根据《城市道路交叉口设计规程》（CJJ 152—2010）表 5.5.3-1，渐变段取 50m，④和⑥正确。

答案：A

例题 5-25-4（2024 年真题）

某设计速度为 60km/h 的城市地下道路，封闭段范围内沿主线行车方向拟先后设置一处入口匝道和一处出口匝道。下列关于该地下道路的出入口设计中：①洞口与汇流鼻端距离 75m；②入口和出口鼻端间距 160m；③汇流鼻端车道隔离段长 85m；④汇流鼻端前的识别视距 105m，符合规范规定的是何项？并说明选择依据和理由。

（A）1 项　　　　　（B）2 项　　　　　（C）3 项　　　　　（D）4 项

解答：

根据《城市地下道路工程设计规范》（CJJ 221—2015），

第 6.3.5 条：设计速度 60km/h，洞口与汇流鼻端最小距离应为 85m > 75m，①错；

第 6.2.2 条：出入口最小间距应为 760m > 160m，②错；

第 6.3.4 条：隔离段长度应为 70m < 85m，③对；

第 6.3.3 条：识别距离应为 $1.5 \times 70 = 105$m，④对。

答案：B

📖 考点分析

（1）城市地下道路的出入口间距、变速车道长度查《城市地下道路工程设计规范》（CJJ 221—2015）。

（2）城市地下道路的变速车道的渐变段长度查《城市道路交叉口设计规程》（CJJ 152—2010）。

（3）注意变速车道是双车道时的车道长度为单车道的 1.2～1.5 倍。

（4）注意变速车道的坡度影响系数，查《城市道路交叉口设计规程》（CJJ 152—2010）。

（5）注意城市地下道路的封闭段出入口、变速车道及接地点三者在概念上的区别，应注意对照规范进行理解。

考点26　城市地下道路横断面设计

📖 条文规定

《城市地下道路工程设计规范》（CJJ 221—2015）规定如下：

3.5.1　城市地下道路建筑限界应为道路净高线和两侧侧向净宽边线组成的空间界线（图 3.5.1）。建筑限界顶角宽度（E）不应大于机动车道或非机动车道的侧向净宽度。建筑限界组成最小值应符合表 3.5.1 的规定。

图 3.5.1　城市地下道路建筑限界

574

建筑限界组成最小值　　　　　　　　　　　　表 3.5.1

建筑限界组成	路缘带宽度 W_{mc}		安全带宽度 W_{sc}	检修道宽度 W_i	缘石外露高度 h	建筑限界顶角高度 H	
	设计速度 ≥ 60km/h	设计速度 < 60km/h				$H_c < 3.5m$	$H_c \geqslant 3.5m$
取值（m）	0.50	0.25	0.25	0.75	0.25～0.49	0.20	0.50

注：1. 当两侧设置人行道或检修道时，可不设安全带宽度。
　　2. 非机动车道路面宽度（W_{pb}）或人行道宽度（W_p）应符合现行行业标准《城市道路工程设计规范》CJJ 37 的规定。

3.5.2　城市地下道路最小净高应符合表 3.5.2 的规定。小客车专用道最小净高应采用一般值；条件受限时可采用最小值。

城市地下道路最小净高　　　　　　　　　　　　表 3.5.2

道路种类	行驶交通类型	净高（m）	
机动车道	小客车	一般值	3.5
		最小值	3.2
	各种机动车	4.5	
非机动车道	非机动车	2.5	
人行或检修道	人	2.5	

4.1.2　城市地下道路横断面宜与相连地面道路一致，当条件受限，经技术经济论证后可压缩断面。并应符合下列规定：

1　应设置宽度渐变段，渐变段长度应符合现行国家标准《道路交通标志和标线》GB 5768 的规定；

2　洞口外的 3s 行程内断面与地下道路内的断面应保持一致；

3　当主线交通采用小客车专用道部分下穿时，两侧地面道路或周边路网应保证其他车辆分流要求，并应做好相应的交通引导和管理。

4.2.3　城市地下道路不宜采用在同一通行孔布置双向交通。当断面布置困难时，对设计速度大于或等于 50km/h 的短距离城市地下道路，可在同一通行孔布置双向交通，但必须采用中央防撞设施进行隔离；对设计速度小于 50km/h 的城市地下道路，当在同一通行孔布置双向交通时，应采用中央安全隔离措施；同时，应满足运营管理安全可靠的要求。

4.3.1　城市地下道路机动车道的宽度应符合现行行业标准《城市道路工程设计规范》CJJ 37 的规定。当采用小客车专用道时，车行道宽度可适当压缩，应符合表 4.3.1 规定，一般情况下应采用一般值，条件受限时可采用最小值。

小客车专用地下道路的一条机动车道宽度　　　　　　　　　　　　表 4.3.1

设计速度（km/h）		> 60	≤ 60
车道宽度（m）	一般值	3.50	3.25
	最小值	3.25	3.00

4.3.2　城市地下快速路严禁在同孔内设置非机动车道或人行道。

4.3.3　城市地下道路除快速路外，当同孔内设置非机动车或人行道时，应符合下列规定：

1　非机动车道与人行道宜采取隔离措施；

2　地下道路长度不宜超过 500m，且不得大于 1000m；

3　地下道路内部空气环境应满足行人安全的要求，符合现行国家相关标准的规定。

4.3.8　长或特长单向 2 车道城市地下道路宜在行车方向的右侧设置连续式紧急停车带，单向 2 车道的城市地下快速路应在行车方向的右侧设置连续式紧急停车带，连续式紧急停车带的最小宽度宜符合表 4.3.8 的规定。

连续式紧急停车带最小宽度 表 4.3.8

车型及车道类型	一般值（m）	最小值（m）
大型车或混行车道	3.0	2.0
小客车专用车道	2.5	1.5

4.3.9 当设置连续式紧急停车带困难时，宜设置应急停车港湾（图 4.3.9），并应符合下列规定：

1 位置不宜设置在曲线内侧等行车视距受影响路段；

2 间距宜为 500m；

3 有效宽度不应小于 3.0m；

4 有效长度不应小于 30m，过渡段长度不应小于 5m。

图 4.3.9 应急停车港湾

4.3.10 单向单车道的城市地下道路主线或匝道应设置连续式紧急停车带，宽度不应小于本规范表 4.3.8 规定的一般值。

📖 规范条文解析

规范中的图 4.3.9 应有误，图中 W_{mc} 应为 W_{sc}。

📖 典型例题

例题 5-26-1（2022 年补考真题）

某设计速度为 50km/h 的城市地下道路，设置一处小客车专用的单车道出口匝道，该匝道右侧设置检修道。不考虑匝道车道加宽因素，计算该出口匝道建筑限界的最小宽度应为（　　）。并请说明选择依据和理由。

（A）5.75m　　　　　　　　　　（B）6.25m

（C）6.75m　　　　　　　　　　（D）7.00m

解答

根据《城市地下道路工程设计规范》（CJJ 221—2015）：

（1）第 4.3.1 条，设计速度 50km/h，对应车道宽度为 3.25m。

（2）第 4.3.10 条，应设连续式紧急停车带；第 4.3.8 条，小客车专用连续式紧急停车带宽 2.5m。

（3）第 3.5.1 条，右侧检修道宽 0.75m，左侧路缘带宽 0.25m，左侧安全带宽 0.25m。

（4）计算总宽度：3.25 + 2.5 + 0.75 + 0.25 + 0.25 = 7m。

答案：D

注：因为右侧有连续式紧急停车带和检修道，所以不用考虑右侧路缘带和安全带了。

例题 5-26-2（2023 年真题）

某城市快速路设计速度 80km/h，横断面布置为四幅路，双向 4 条机动车道，下穿城市广场处，设置长 1100m 隧道，采用四孔闭合框架结构，中间两孔通行机动车，不设检修道。计算一般情况下该闭合框架中通行机动车单孔建筑限界的最小净宽值为（   ）。（取小数点后两位）

（A）11.50m   （B）11.00m   （C）9.00m   （D）8.50m

解答

根据《城市地下道路工程设计规范》（CJJ 221—2015）：

第 4.3.8 条，连续式停车带：3m。

第 3.5.1 条，路缘带 + 安全带：$W_{sc} = 0.25m \times 2$，$W_{mc左} = 0.5m$。

根据《城市道路路线设计规范》（CJJ 193—2012）第 5.3.1 条，车道宽：3.75m × 2。

合计：$3 + 0.25 \times 2 + 0.5 + 3.75 \times 2 = 11.5m$。

注意：连续式停车带宽度包含右侧路缘带，《城市地下道路工程设计规范》（CJJ 221—2015）此处有误。

答案：A

例题 5-26-3（2024 年真题）

某设计速度为 80km/h 的地下快速路，封闭段长 2000m，双孔布置双向 4 条混行机动车道，行车道右侧设置检修道。计算该地下快速路单孔建筑限界的最小宽度应为多少？并请说明选择依据和理由。

（A）9.25m

（B）9.75m

（C）11.00m

（D）11.25m

解答：

根据《城市地下道路工程设计规范》（CJJ 221—2015），

第 3.5.1 条：设计速度 80km/h，车道宽 $W = 3.75$，$W_{mc左} = 0.5m$，$W_{sc左} = 0.25m$，$W_{j右} = 0.75m$，合计为 9m。

第 4.3.8 条：右侧应设连续式紧急停车带，混行车道最小值 2m，$9 + 2 = 11m$。

答案：C

注：原题中没有指出"条件受限制"的情况，紧急停车带宽度原则上应取一般值 3m，但 $9 + 3 = 12m$，没有答案选项。

考点27　公路水下隧道设计计算

📖 条文规定

《公路水下隧道设计规范》（JTG/T 3371—2022）规定如下：

9.2.6　管节干舷高度取值应根据管节外形尺寸、混凝土重度、结构配筋率、水体重度、施工荷载、管节制作误差等因素确定，完成舾装后的管节干舷高度宜控制在 10～25cm，如图 9.2.6 所示。管节干舷高度可按式 (9.2.6) 计算。

$$H_b = H - \frac{W_s + W_f}{BL\gamma_w} \tag{9.2.6}$$

式中：H_b——管节干舷高度（m）；

　　H——管节高度（m）；

　　W_s——管节自重（kN）；

　　W_f——舾装件重量（kN）；

　　B——管节宽度（m）；

　　L——管节长度（m）；

　　γ_w——水体重度（kN/m³）。

图 9.2.6　管节浮态干舷高度计算图式

9.2.7　管节定倾高度应结合施工期受到的侧向牵引力及横流力等进行稳定性验算，必要时应通过管节倾斜试验确定定倾高度。管节处于漂浮状态时，其取值不宜小于 30cm。管节横向摆动倾角 φ 小于 10° 时，定倾高度可按式 (9.2.7-1) 计算，管节倾斜角 φ 可按式 (9.2.7-2) 计算。

$$\overline{MG} = \frac{J - \sum J_w}{V} - \overline{GF} \tag{9.2.7-1}$$

$$\varphi = \sin^{-1} M_k / (\gamma_w \cdot V \cdot \overline{MG}) \tag{9.2.7-2}$$

式中：$\overline{MG}$——定倾高度（m）；

　　J——浮运时管节本身对通过重力重心的铅垂线的惯性矩（m⁴）；

　　J_w——浮运时管节内压载水箱中水体对通过重力重心铅垂线的惯性矩（m⁴）；

　　V——管节排水体积（m³）；

　　$\overline{GF}$——管节浮心 G 至管节重心 F 之间的距离（m）；

　　M_k——因偏心或水平力而引起的管节倾覆力矩（kN·m）。

9.4.2　基槽设计底宽可根据式 (9.4.2) 确定。

$$B = B_t + 2b + T \tag{9.4.2}$$

式中：B——基槽设计底宽（m）；

　　B_t——管节最大底部宽度（m）；

　　b——管节一侧预留量（m）。根据管节基础垫层处理方法、基础、辅助安装设备的预留空间要求，可取为 1.5～2.0m；

　　T——施工误差，根据施工条件、水深条件、地质条件及设备而定，宜控制在 0～±50cm。

9.4.3　沉管隧道采用桩基础时，可根据结构底缘高程、桩顶及桩周边预留高度综合确定基槽开挖深度。采用其他基础类型时，基槽深度可根据式 (9.4.3) 确定。

$$H = h_d + h_c + h_t \tag{9.4.3}$$

式中：h_d——沉管段结构底面深度（m），可作为确定基槽底高程的依据；

　　h_c——基础垫层所需高度（m）；

　　h_t——基槽开挖精度（m），设计挖槽的竖向精度取决于水深、疏浚船舶施工能力，一般按照 0～±0.5m 考虑。

9.6.2　管节沉降量与差异沉降量不应导致结构超过容许内力和接头超过最大允许张开量，应在施工过程中对基础沉降变形进行监测，分析预测永久沉降值，评估地基变形对结构安全的影响程度。沉管隧道的基础总沉降量可根据式(9.6.2)计算。

$$S = S_c + S_r + S_s \tag{9.6.2}$$

式中：S——基础总沉降量（mm）；

S_c——垫层压缩量（mm）；

S_r——土层回弹再压缩沉降量（mm），对黏性土需根据前期固结压力与附加有效应力大小，确定选用合适的沉降计算参数；

S_s——土层次固结沉降量（mm）。

10.2.4 堰顶高程不应低于设计洪水的静水位、波浪高度、下游支流顶托及堰顶安全加高值之和。堰顶安全加高值不应低于表10.2.4的规定。

围堰堰顶安全加高下限值（m）　　　　　　　　　　　　表10.2.4

围堰形式	围堰级别		
	1级	2级	3级
土石围堰	1.0	0.7	0.5
混凝土或砌石围堰、钢板（管）桩围堰	0.5	0.4	0.3

10.4.3 对基坑稳定性验算，验算内容应包括整体稳定性、坑底抗隆起稳定性、抗倾覆稳定性、抗滑移稳定性、抗渗流稳定性、抗承压水稳定性等，并应符合下列规定：

1 采用最危险圆弧滑动面验算基坑的稳定性，其危险滑弧应满足式(10.4.3)的要求。

$$\gamma_0 M_S \leqslant \frac{M_R}{\gamma_R} \tag{10.4.3}$$

式中：M_S、M_R——作用于危险滑弧面上的总滑动力矩设计值（kN·m）和抗滑力矩标准值（kN·m）；

γ_0——重要性系数；

γ_R——抗力分项系数。

2 基坑稳定性验算安全指标可按表10.4.3选取。

基坑稳定性验算重要性系数及抗力分项系数　　　　　　　　　　　　表10.4.3

基坑安全等级		特级	一级	二级	三级
γ_0	重要性系数	1.15	1.1	1.05	1.0
γ_R	整体稳定性抗力分项系数	1.3	1.2	1.15	1.1
	抗隆起稳定性抗力分项系数	2.8	2.5	2.0	1.7
	抗倾覆抗力分项系数	1.3	1.2	1.1	1.05
	抗渗流稳定性抗力分项系数	2.3	2.0	1.7	1.5
	抗承压水稳定性抗力分项系数	1.3	1.2	1.1	1.05

3 基坑支护各项稳定性验算中土的抗剪强度指标除特别指明外，应按三轴固结不排水剪切试验测定的峰值强度指标c、φ或直剪固结快剪试验峰值强度指标取用。

📖 典型例题

例题 5-27-1（2023年真题）

某公路沉管隧道的管节最大底宽 25m，考虑管节基础垫层处理和辅助安装设备的预留空间等要求管节单侧预留量 1.8m，施工误差控制在 0.3m。根据规范要求，基槽设计底宽应是（　　）。（取小数点后一位）

（A）27.1m　　　　（B）27.4m　　　　（C）28.9m　　　　（D）29.2m

解答

根据《公路水下隧道设计规范》（JTG/T 3371—2022）第 9.4.2 条：

$B = 25 + 2 \times 1.8 + 0.3 = 28.9\text{m}$

答案：C

例题 5-27-2（2023 年真题）

某公路水下沉管隧道（下图）预制管节长 180m，宽 25m，高 7.5m，管节顶、底板厚 1.0m，侧墙及中墙厚 0.8m，管节钢筋混凝土重度为 25kN/m³，完成舾装的管节舾装件重量为 17460kN，干舷高度 H_b 控制在 20cm，压舱水体重度为 10kN/m³，水箱宽度 b 为 4.0m，水箱重量不计。根据规范要求，需注入压舱水的高度是（　　　）。（取小数点后两位）

例题 5-27-2 图

（A）1.55m

（B）1.65m

（C）1.75m

（D）1.85m

解答

根据《公路水下隧道设计规范》（JTG/T 3371—2022）第 9.2.6 条：

$$W_s = (H - H_b)BL\gamma_w - W_f$$
$$= (7.5 - 0.2) \times 25 \times 180 \times 10 - 17460$$
$$= 311040\text{kN}$$
$$W_G = 2 \times 25 \times 1 \times 180 \times 25 + 3 \times 0.8 \times (7.5 - 2) \times 180 \times 25 = 284400\text{kN}$$
$$h = \frac{311040 - 284400}{4 \times 180 \times 10 \times 2} = 1.85\text{m}$$

答案：D

例题 5-27-3（2024 年真题）

某公路堰筑隧道，采用钢板桩围堰，围堰级别为 1 级，设计洪水的静水位高程为 25.7m，波浪高度为 0.6m，下游支流顶托高度为 0.2m，根据规范计算堰顶设计高程的最小值是多少？

（A）26.5m

（B）27.0m

（C）27.5m

（D）28.0m

解答：

根据《公路水下隧道设计规范》（JTG/T 3371—2022），第 10.2.4 条：1 级钢板桩围堰应加高 0.5m，$25.7 + 0.6 + 0.2 + 0.5 = 27\text{m}$。

答案：B

例题 5-27-4

已知某沉管隧道，浮运时管节本身对通过重力重心的铅垂线的惯性矩 $J = 3000\mathrm{m}^4$，压载水箱中水对通过铅垂线的惯性矩 $\sum J_\mathrm{w} = 1000\mathrm{m}^4$。试问下列四个压舱水为高度符合规范要求的是？

	水位	排水体积	重心高度	浮心高度
	m	m³	m	m
A	1.0	1400	5.8	2.9
B	1.25	1500	5.6	3.2
C	1.6	1600	5.2	3.6
D	2.0	1700	4.8	4.0

解答：

根据《公路水下隧道设计规范》JTG/T 3371—2022，9.2.7：以 A 选项为例试算：

$$\overline{GF} = 5.8 - 2.9 = 2.9\mathrm{m}$$

$$\overline{MG} = \frac{J - \sum J_\mathrm{w}}{V} - \overline{GF} = \frac{3000 - 1000}{1400} - 2.9 = -1.47\mathrm{m} < 0.3\mathrm{m}$$

A 项不符合要求。

同理可以计算出 B、C、D 项的定倾高度分别为：−1.07m、−0.35m、0.37m，可知 D 项符合要求。

答案：D

第6章　交　叉　工　程

本章核心考试规范：

1. 《公路路线设计规范》（JTG D20—2017）
2. 《公路立体交叉设计细则》（JTG/T D21—2014）
3. 《城市道路路线设计规范》（CJJ 193—2012）
4. 《城市道路交叉口设计规程》（CJJ 152—2010）

考点1　交叉工程的交错点与交通流线数量计算

📖 **基本知识**

根据进出交叉口的车辆不同的交通流向之间，车辆与车辆交错的性质不同，可以分为合流点、分流点、冲突点（统称交错点），无交通管制时，交错点与交叉道数之间的关系如下：

$$分流点 = 合流点 = n(n-2)$$

$$冲突点 = \frac{n^2(n-1)(n-2)}{6}$$

式中：n——交叉口相交道路的条数。

《公路立体交叉设计细则》（JTG/T D21—2014）第3.2.2条条文说明规定如下：

完全互通型即所有交通流方向均被连通。不完全互通型则尚有部分交通流方向未被连通，即缺省部分交通流线。交通流线数目与交叉岔数之间具有如下关系：

$$N = n(n-1)$$

式中：N——交通流线数目；

　　　n——交叉岔数。

📖 **典型例题**

例题 6-1-1

某十字形交叉口，无信号灯控制，该路口不同转向车辆之间的冲突点个数为（　　）；分（合）流点个数为（　　）。

（A）16，8　　　　　　　　　　　　（B）8，16

（C）24，12　　　　　　　　　　　（D）32，16

解答

冲突点的个数 $= n^2(n-1)(n-2)/6 = 4^2 \times (4-1) \times (4-2)/6 = 16$个

分（合）点的个数 $= n(n-2) = 4 \times (4-2) = 8$个

答案：A

例题 6-1-2

某 T 字形交叉口，无信号灯控制，该路口不同转向车辆之间的冲突点个数为（　　）：分（合）流点个数为（　　）。

（A）3，3　　　　　　　　　　　　　（B）6，3

（C）12，6　　　　　　　　　　　　（D）16，8

解答

冲突点的个数 $= n^2(n-1)(n-2)/6 = 3^2 \times (3-1) \times (3-2)/6 = 3$ 个

分（合）点的个数 $= n(n-2) = 3 \times (3-2) = 3$ 个

答案：A

例题 6-1-3

某高速公路与二级公路形成十字互通立交，设置了 4 条右转弯和 2 条左转弯匝道，关于该立交，下列说法正确的是（　　）。

（A）为完全互通型立交

（B）为不完全互通型立交，缺少 2 条交通流线

（C）为不完全互通型立交，缺少 4 条交通流线

（D）为不完全互通型立交，缺少 6 条交通流线

解答

十字互通，交叉岔数 $n = 4$，交通流线数目 $N = n(n-1) = 4 \times (4-1) = 12$ 个。

直行流线为 4 条，$4 + 4 + 2 = 10$，为不完全互通型立交，缺少 2 条交通流线。

答案：B

📖 **考点分析**

（1）交叉工程设计的核心是通过各种方法减少或消除冲突点，设置满足所有交通流线的完全互通型立交是解决交叉问题的根本办法。

（2）由计算公式可知，冲突点和交通流线数量随交叉道路条数（岔数）的增加呈几何倍增，无论是平交还是立交，应尽量避免交叉岔数超过 4 的多路交叉口。

考点2　交叉口间距及交叉口内平纵面线形

1. 公路交叉口间距及平纵面线形

📖 **条文规定**

《公路路线设计规范》（JTG D20—2017）规定如下：

10.1.7　平面交叉间距的控制应符合下列规定：

1　平面交叉的间距应根据公路功能、技术等级，及其对行车安全、通行能力和交通延误的影响确定。

2　一级公路、二级公路的平面交叉最小间距应符合表 10.1.7 的规定。

平面交叉最小间距   表 10.1.7

公路技术等级	一级公路			二级公路	
公路功能	干线公路		集散公路	干线公路	集散公路
	一般值	最小值			
间距（m）	2000	1000	500	500	300

10.2.1　平面线形设计应符合下列规定：

1　平面交叉范围内两相交公路应正交或接近正交，平面线形宜为直线或大半径圆曲线，不宜采用需设超高的圆曲线。

2　新建公路与等级较低的既有公路交角小于 70°时，应对次要公路在交叉前后一定范围实施局部改线。

10.2.2　纵面线形设计应符合下列规定：

1　平面交叉范围内，两相交公路的纵面宜平缓。纵面线形应满足停车视距的要求。

2　主要公路在交叉范围内的纵坡应在 0.15%～3%的范围内；次要公路紧接交叉的引道部分应以 0.5%～2%的上坡通往交叉。

10.3.1　引道视距应符合下列规定：

1　每条岔路上都应提供与行驶速度相适应的引道视距，如图 10.3.1 所示。

图 10.3.1　引道视距

2　引道视距在数值上等于停车视距，但量取标准为：视点高 1.2m，物高 0m。各种设计速度所对应的引道视距及凸形竖曲线的最小半径应符合表 10.3.1 的规定。

引道视距及相应的凸形竖曲线最小半径   表 10.3.1

设计速度（km/h）	100	80	60	40	30	20
引道视距（m）	160	110	75	40	30	20
引道凸形竖曲线最小半径（m）	10700	5100	2400	700	400	200

📖 典型例题

例题 6-2-1（2019 年真题）

某 T 形平面交叉，主路为具集散功能的一级公路，设计速度采用 80km/h，在选择与该路的交叉位置时，有 4 个方案可供选择，各交点平面交叉范围内的主路纵坡及与相邻平面交叉的距离如下表，在各交点方案中，合适的方案为（　　　）。

交点方案	路纵坡（%）	相邻平面交叉距离（m）
（A）交点 1	0.5	1020
（B）交点 2	2.0	280
（C）交点 3	3.1	580
（D）交点 4	3.5	2100

解答

（1）根据《公路路线设计规范》（JTG D20—2017）第 10.1.7 条，具有集散功能的一级公路平面交叉最小间距为 500m。

（2）根据《公路路线设计规范》（JTG D20—2017）第 10.2.2 条，主要公路在交叉范围内的纵坡应在 0.15%～3%内。

答案：A

例题 6-2-1a（2023 年真题）

某二级公路路拱横坡坡度 2.0%，平面交叉范围的主线设计速度均采用 80km/h，视距均采用引道视距，下列各选项分别为四处平面交叉范围内的主线平面圆曲线半径、凸形竖曲线半径和纵坡坡度，其中所有指标均符合规范规定的为（　　　）。

（A）250m，3500m，0.2%　　　　　（B）2600m，4800m，1.5%

（C）3000m，5500m，2.0%　　　　　（D）4000m，6000m，3.5%

解答

（1）根据《公路路线设计规范》（JTG D20—2017）第 10.2.1 条，宜不设超高半径。

根据表 7.4.1，$R_{\min} = 2500m$，选项 A 不符合规范。

（2）根据表 10.3.1，满足引道视距的凸形竖曲线半径 $R_{凸\min} = 5100m$，选项 A 和 B 不符合规范规定。

（3）根据第 10.2.2 条第 2 款，主要公路在交叉范围主线纵坡坡度应在 0.15%～3%，选项 D 不符合规范规定。

综上，选项 C 符合规范规定。

答案：C

2. 城市道路交叉口间距及平纵面线形

📖 **条文规定**

《城市道路交叉口设计规程》（CJJ 152—2010）规定如下：

4.1.3　平面交叉口间距应根据城市规模、路网规划、道路类型及其在城市中的区域位置而定；干路交叉口间距宜大致相等；各类交叉口最小间距应能满足转向车辆变换车道所需最短长度、满足红灯期车辆最大排队长度，以及满足进出口道总长度的要求，且不宜小于 150m。

4.2.17　改建交叉口附近地块或建筑物出入口应满足下列要求：

1　主干路上，距平面交叉口停止线不应小于 100m，且应右进右出。

2　次干路上，距平面交叉口停止线不应小于 80m，且应右进右出。

3　支路上，距离与干路相交的平面交叉口停止线不应小于 50m，距离同支路相交的平面交叉口不应小于 30m。

4.3.1 平面交叉口范围内道路中线宜采用直线；当需采用曲线时，其曲线半径不宜小于不设超高的最小圆曲线半径。

4.3.4 平面交叉进口道的纵坡度，宜小于或等于2.5%，困难情况下不宜大于3%。山区城市等特殊情况，在保证行车安全的条件下，可适当增加。

典型例题

例题 6-2-2

A、B 两条城市次干路十字形平面交叉，设计速度均采用 40km/h，在选择两条道路的交点位置时，有 4 个方案可供选择，各交点平面交叉范围内的道路纵坡（无变坡点）及与相邻平面交叉的距离如下表，在各交点方案中，合适的方案为（　　）。

例题 6-2-2 表

交点方案	A/B 路纵坡（%）	A/B 与相邻平面交叉距离（m）
（A）交点 1	0.5/2.0	120/300
（B）交点 2	0.6/1.8	240/250
（C）交点 3	2.0/3.5	360/180
（D）交点 4	2.0/0.2	500/150

解答

根据《城市道路交叉口设计规程》（CJJ 152—2010），交叉口间距不宜小于 150m，交点 1 不合理。道路纵坡宜小于或等于 2.5%，困难情况下不宜大于 3.0%，交点 3 不合理。道路最小纵坡不应小于 0.3%，交点 4 不合理。

答案：B

例题 6-2-3（2021 年真题）

某平原区城市既有道路新建灯控平面交叉口，该路为主干路，设计速度 60km/h，采用半径 $R = 280$m 的圆曲线，两侧缓和曲线各长 50m，曲线段设置 2% 的超高横坡，平曲线范围内的纵坡为 +3.1%，新建相交道路位于圆曲线处，如下图所示。无其他限制条件，按照规范规定，该交叉口段需要进行改造的设计指标共有（　　）处。并说明选择依据和理由。

例题 6-2-3 图（尺寸单位：m）

(A) 1　　　　　　　　　　　　　　　　(B) 2
(C) 3　　　　　　　　　　　　　　　　(D) 4

解答

（1）$R = 280\text{m}$，$V = 60\text{km/h}$，按《城市道路路线设计规范》（CJJ 193—2012）表 6.3.2，需设超高，不符合《城市道路交叉口设计规程》（CJJ 152—2010）第 4.3.1 条规定。

（2）纵坡为 3.1%，不符合《城市道路交叉口设计规程》（CJJ 152—2010）第 4.3.4 条规定。

（3）根据《城市道路路线设计规范》（CJJ 193—2012）表 6.3.3-2，$V = 60\text{km/h}$，50m 缓和曲线满足要求。

（4）横坡 2% 超高应按正常路拱，不符合要求。

答案：C

例题 6-2-4（2023 年真题）

某平原区新建城市主干路，设计速度为 50km/h，其与城市支路在平曲线处相交，并设灯控平面交叉口，该平曲线处的圆曲线半径为 300m，两侧缓和曲线各长 50m，曲线段设置 2% 的超高横坡，平曲线范围内的纵坡坡度为 +3.1%，如下图所示。下列关于该路口处圆曲线半径、缓和曲线长度、纵坡坡度、超高设置有（　　）项不满足规范要求。

例题 6-2-4 图（尺寸单位：m）

（A）1　　　　　　　　　　　　（B）2

（C）3　　　　　　　　　　　　（D）4

解答

（1）根据《城市道路交叉口设计规程》（CJJ 152—2010）第 4.3.1 条，圆曲线半径应满足不设超高的圆曲线半径；根据《城市道路路线设计规范》（CJJ 193—2012）表 6.3.2，$R_{\min} = 400\text{m} > 300\text{m}$，不满足规范要求。

（2）根据《城市道路路线设计规范》（CJJ 193—2012）表 6.3.3-2，缓和曲线最小长度为 45m，此处 50m 满足规范要求。

（3）根据《城市道路交叉口设计规程》（CJJ 152—2010）第 4.3.4 条，平交进口道纵坡坡度应 ≤ 2.5%，困难情况 ≤ 3%，此题 3.1% 大于 3%，不满足规范要求。

（4）根据《城市道路交叉口设计规程》（CJJ 152—2010）第 4.3.1 条，平交口平曲线半径不宜小于不设超高的最小圆曲线半径，故不宜设置超高，设置超高不满足规范要求。

综上，共有 3 处不满足规范要求。

答案：C

例题 6-2-5（2024 年真题）

某地块周边道路及①、②、③出入口布置如下图所示，下列选项中出入口的设置位置均符合规范规定的是何项？并说明选择依据和理由。

（A）①②　　　　（B）②③　　　　（C）①③　　　　（D）③

解答：

根据《城市道路交叉口设计规程》（CJJ 152—2010）4.2.17条：

①在次干路开口，61m＜80m，不满足；

②在支路开口，距离经一路（次干路）40m＜50m，不满足；

③在支路开口，67m＞30m，满足；

仅③的设置符合规范规定。

答案： D

📖 **考点分析**

（1）相邻交叉口的最小间距及最大纵坡要求，注意城市道路和公路的区别。

（2）无论城市道路还是公路，均规定交叉口内不宜采用需设超高的圆曲线半径，对于"不宜"的规定，在真题中一般要优化。

考点3　平面交叉口视距

1. 公路平面交叉口处视距类型及视距三角形计算

📖 **条文规定**

《公路路线设计规范》（JTG D20—2017）规定如下：

10.3.1　引道视距应符合下列规定：

1　每条岔路上都应提供与行驶速度相适应的引道视距，如图10.3.1所示。

2　引道视距在数值上等于停车视距，但量取标准为：视点高1.2m，物高0m。各种设计速度所对应的引道视距及凸形竖曲线的最小半径应符合表10.3.1的规定。

引道视距及相应的凸形竖曲线最小半径　　　　　　　　　　表10.3.1

设计速度（km/h）	100	80	60	40	30	20
引道视距（m）	160	110	75	40	30	20
引道凸形竖曲线最小半径（m）	10700	5100	2400	700	400	200

图 10.3.1　引道视距

10.3.2　通视三角区的视距应符合下列规定：

1　两相交公路间，由各自停车视距所组成的三角区内不得存在任何有碍通视的物体，如图 10.3.2-1 所示。

2　条件受限制不能保证由停车视距所构成的通视三角区时，应保证主要公路的安全交叉停车视距和次要公路至主要公路边车道中心线 5～7m 所组成的通视三角区，如图 10.3.2-2 所示。安全交叉停车视距值应符合表 10.3.2 的规定。

图 10.3.2-1　通视三角区

图 10.3.2-2　安全交叉停车视距通视三角区

<table>
<tr><td colspan="7" style="text-align:center">安全交叉停车视距</td><td>表 10.3.2</td></tr>
<tr><td>设计速度（km/h）</td><td>100</td><td>80</td><td>60</td><td>40</td><td>30</td><td>20</td></tr>
<tr><td>停车视距（m）</td><td>160</td><td>110</td><td>75</td><td>40</td><td>30</td><td>20</td></tr>
<tr><td>安全交叉停车视距（m）</td><td>250</td><td>175</td><td>115</td><td>70</td><td>55</td><td>35</td></tr>
</table>

📖 **典型例题**

例题 6-3-1

一条设计速度为 30km/h 的四级公路，与一条设计速度为 60km/h 的二级公路垂直相交。下列做法能满足路口处通视三角区要求的是（　　　）。

（A）四级路按 20m 提供视距，二级路按 75m 提供视距

（B）四级路按 30m 提供视距，二级路按 65m 提供视距

（C）四级路距离二级公路边车道中心线 6m，二级路按 115m 提供视距

（D）四级路距离二级公路边车道中心线 6m，二级路按 75m 提供视距

解答

根据《公路路线设计规范》（JTG D20—2017）第 10.3.2 条，两条路的引道视距应满足各自停车视距组成的三角区，条件困难时，按次要道路 5～7m 和主要公路的安全交叉停车视距组成的三角区。

答案：C

例题 6-3-2

路段设计速度 80km/h 的公路平面交叉，计算的引道视距最接近（　　　）。（纵向摩阻系数取 0.30）

（A）113　　　　　　　　　　　　　　（B）140

（C）108　　　　　　　　　　　　　　（D）118

解答

根据《公路路线设计规范》（JTG D20—2017）第 10.3.1 条和第 7.9.1 条条文说明、表 7-3、公式(7-6)，设计速度为 80km/h，行驶速度为 68km/h，则

$$S_{停} = \frac{v}{3.6}t + \frac{(v/3.6)^2}{2gf_t}$$
$$S_{停} = 68/3.6 \times 2.5 + (68/3.6)^2/(2 \times 9.8 \times 0.3) = 107.9m$$

答案：C

2. 城市道路平面交叉口处视距类型及视距三角形计算

📖 **条文规定**

《城市道路交叉口设计规程》（CJJ 152—2010）规定如下：

4.3.3　平面交叉口视距三角形范围内（图 4.3.3），不得有任何高出路面 1.2m 的妨碍驾驶员视线的障碍物。交叉口视距三角形要求的停车视距应符合表 4.3.3 的规定。

<table>
<tr><td colspan="10" style="text-align:center">交叉口视距三角形要求的停车视距</td><td>表 4.3.3</td></tr>
<tr><td>交叉口直行车设计速度（km/h）</td><td>60</td><td>50</td><td>45</td><td>40</td><td>35</td><td>30</td><td>25</td><td>20</td><td>15</td><td>10</td></tr>
<tr><td>安全停车视距 S_s（m）</td><td>75</td><td>60</td><td>50</td><td>40</td><td>35</td><td>30</td><td>25</td><td>20</td><td>15</td><td>10</td></tr>
</table>

a) 十字形交叉口　　　　　　　　　b) X形交叉口

图 4.3.3　视距三角形

📖 **典型例题**

例题 6-3-3（2019 年真题）

城市道路平面交叉口视距三角形范围内，不得有任何高出路面 1.2m 的妨碍驾驶员视线的障碍物。两条设计速度均为 50km/h 的城市道路相交，下列视距三角形图示和尺寸标注正确的是（　　　）。

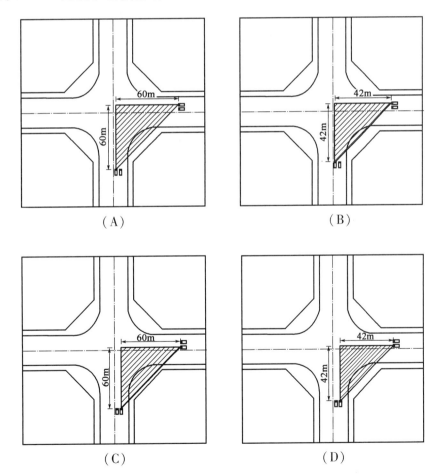

解答

设计速度为 50km/h，安全停车视距为 60m，按最不利车辆布置视距三角形。

答案：C

注意规范图中视距三角形计算起终点的位置，公路在条件受限时，为主要公路的安全交叉停车视距和次要公路至主要公路边车道中心线5～7m组成的三角区，城市道路交叉口三角区由停车视距形成，按最不利车辆布置视距三角形。

考点4　平面交叉设计速度与转弯半径

1. 公路设计速度与转弯半径

📖 条文规定

《公路路线设计规范》（JTG D20—2017）规定如下：

10.1.4　平面交叉设计速度的确定应符合下列规定：

1　平面交叉范围内主要公路的设计速度，宜与路段设计速度相同。

2　两相交公路的功能、等级相同或交通量相近时，平面交叉范围内的直行车道的设计速度可适当降低，但不应低于路段的70%。

3　次要公路因交角等原因改线，或因条件受限采用较低的线形指标时，可适当降低设计速度。

10.4.2　转弯曲线所采用的设计车辆及设计速度应符合下列规定：

1　各级公路应根据对应设计车辆的行迹进行转弯设计，必要时应对弯道的路面加宽、转向净空等进行检验。

2　左转弯曲线应采用载重汽车的行迹控制设计，转弯设计速度宜采用5～15km/h。大型车比例很少或条件受限的公路，可采用5km/h速度时载重汽车的行迹控制设计，但左转弯内缘曲线的最小半径不应小于12.5m。

3　设置分隔的右转弯车道时，其转弯设计速度不宜大于40km/h；当主要公路设计速度小于或等于60km/h时，其右转弯设计速度不宜低于其50%。公路技术等级低、交通量不大时，可不设右转弯专用行车道。

10.4.3　转弯路面内缘的最小圆曲线半径和线形应符合下列规定：

1　载重汽车在各种转弯速度情况下，路面内缘的最小圆曲线半径应根据转弯速度按表10.4.3确定。

路面内缘的最小半径　　　　　　　　　　　　　　表10.4.3

转弯速度（km/h）	≤15	20	25	30	40	50	60	70
最小半径（m）	15	20（15）	25（20）	30	45	60	75	90
最小超高（%）	2	2	2	2	3	4	5	6
最大超高（%）				一般值：6，极限值：8				

注：条件受限制时可采用括号内的值。

根据第10.4.1条条文说明，五种设计车辆中的载重汽车最小行驶转弯半径如图10-6所示。

图 10-6　载重汽车最小转弯半径（尺寸单位：m）

典型例题

例题 6-4-1

两条设计速度均为 40km/h 的三级公路平面交叉口处，因两侧用地条件有限，只能采用较小转弯半径，则该路口处直行车道的设计速度最低为（　　　）。路口的右转弯路面内缘最小圆曲线半径为（　　　）。

（A）20km/h，15m
（B）24km/h，15m
（C）28km/h，15m
（D）28km/h，20m

解答

根据《公路路线设计规范》（JTG D20—2017）第 10.1.4 条第 2 款，两相交公路的功能、等级相同或交通量相近时，平面交叉范围内的直行车道的设计速度可适当降低，但不应低于路段的 70%。0.7×40 = 28km/h。根据第 10.4.2 条第 3 款，右转弯设计速度最小为 0.5×40 = 20km/h。根据表 10.4.3 知条件受限时，最小圆曲线半径取 15m（条件受限时采用括号内数据）。

答案： C

例题 6-4-2

受地形限制的某一级集散公路（设计速度为 60km/h）与交通量大的二级公路平交，下列设置合理的是（　　　）。

（A）渠化分隔的右转弯车道，路面内缘半径 30m
（B）渠化分隔的右转弯车道，路面内缘半径 25m
（C）非渠化分隔的右转弯车道，路面内缘半径 30m

（D）非渠化分隔的右转弯车道，路面内缘半径25m

解答

根据《公路路线设计规范》（JTG D20—2017）第10.5.1条第2款，两条一级公路相交或与交通量大的二级公路相交时，其右转弯运行应设置经渠化分隔的右转弯车道。根据第10.4.2条第3款，右转弯设计速度最小：$0.5 \times 60 = 30$km/h，查表10.4.3，最小转弯半径取30m。

答案：A

例题 6-4-3

某土地资源紧缺的地区新建一条二级干线公路，与某二级集散公路相交叉。二级干线公路设计速度为60km/h，二级集散公路设计速度为40km/h，拟在二级干线公路右转弯处设置分隔的右转弯车道，其右转弯设计速度最适宜采用（　　）。

（A）50km/h　　　　　（B）45km/h　　　　　（C）30km/h　　　　　（D）25km/h

解答

（1）《公路路线设计规范》（JTG D20—2017）第10.4.2条，设置分隔的右转弯车道，其转弯设计速度不宜大于40km/h，A、B错误。

（2）当主要公路设计速度小于或等于60km/h时，其右转弯设计速度不宜低于其50%，$60 \times 0.5 = 30$km/h，D错误。

答案：C

2. 城市道路设计速度与转弯半径

条文规定

《城市道路交叉口设计规程》（CJJ 152—2010）规定如下：

3.3.3　平面交叉口内的设计速度在保证安全的前提下，应按组成交叉口的各条道路的设计速度的50%～70%计算，转弯车取小值，直行车取大值。

4.3.2　平面交叉口转角处缘石宜为圆曲线或复曲线，其转弯半径应满足机动车和非机动车的行驶要求，可按下表选定。当平面交叉口为非机动车专用路交叉口时，路缘石转弯半径可取5～10m。

路缘石转弯半径　　　　　　　　　　　　　　表4.3.2

右转弯设计速度（km/h）	30	25	20	15
无非机动车道路缘石推荐半径（m）	25	20	15	10

注：有非机动车道时，推荐转弯半径可减去非机动车道及机非分隔带的宽度。

典型例题

例题 6-4-4

两条设计速度均为50km/h的城市次干路相交。交叉口处断面布置形式相同，均为中间15m的机动车道，两侧各2.5m的机非分隔带，4m的非机动车道，3m的人行道。则该路口处最小路缘石转弯半径是（　　）。

（A）10m

（B）12m

（C）13.5m

（D）15.5m

解答

根据《城市道路交叉口设计规程》（CJJ 152—2010）第 3.3.3 条，右转弯设计速度为 0.5 × 50 = 25km/h；由表 4.3.2 知，无非机动车路缘石推荐半径为 20m；20 − (2.5+4) = 13.5m。

答案：C

例题 6-4-5

某城市支路设计速度为 30km/h，横断面采用单幅路形式：车行道总宽 14.0m，人行道宽 3m。机动车道、非机动车道通过划线实现，其中非机动车道宽为 3.5m。与之相交的支路采用同样的横断面布置及划线方式。该两支路交叉口转角处缘石半径采用圆曲线，则该处转角半径最小取值应为（　　　）。

（A）5m　　　　　（B）6.5m　　　　　（C）8m　　　　　（D）10m

解答

根据《城市道路交叉口设计规程》（CJJ 152—2010）第 3.3.3 条，右转车设计速度取 15km/h。根据表 4.3.2，无非机动车道路缘石转弯推荐半径为 10m；该交叉口处设有非机动车道，则推荐半径可减去非机动车道宽，即 10 − 3.5 = 6.5m。

答案：B

📖 **考点分析**

（1）掌握公路及城市道路关于路口处直行车道及转弯车道上设计速度的规定。

（2）根据路段的设计速度，确定右转弯设计速度，并由此得到相应的右转弯路面内缘（路缘石）半径最小值（若含非机动车道及机非分隔带，应减去相应的宽度）。

（3）注意题目中关键字的提示（排除干扰项），如"交通量大的二级公路"等规范中的重点提示。

考点5　平交变速车道长度的计算

1. 公路平交变速车道长度计算

📖 **条文规定**

《公路路线设计规范》（JTG D20—2017）规定如下：

10.5.1　右转弯附加车道设计应符合下列规定：

1　主要公路设计速度大于或等于60km/h 时，应在主要公路上增设减速分流车道和加速汇流车道。

2　两条一级公路相交或一级公路与交通量大的二级公路相交时，其右转弯运行应设置经渠化分隔的右转弯车道。

10.5.2　左转弯车道设计应符合下列规定：

1　四车道公路除左转交通量很小且对直行交通不造成阻碍或延误者外，均应在平面交叉范围内设置左转弯车道。

2　二级公路符合下列情况之一时，应设置左转弯车道：

1）与高速公路或一级公路互通式立体交叉连接线相交的平面交叉；

2）非机动车较多且未设置慢车道的平面交叉；

3）左转弯交通会引起交通拥阻或交通事故。

3 左转弯车道应由渐变段、减速段和等候段组成。左转弯等候段长度应不小于30m。当左转弯交通量很小时，可不考虑等候长度。

10.5.3 变速车道设计应符合下列规定：

1 变速车道的长度应根据相交公路类别、设计速度和变速条件等，按表10.5.3-1确定。

变速车道长度 表10.5.3-1

公路类别	设计速度（km/h）	减速车道长度（m）			加速车道长度（m）		
		末速（km/h）			始速（km/h）		
		0	20	40	0	20	40
主要公路	100	100	95	70	250	230	190
	80	60	50	32	140	120	80
	60	40	30	20	100	80	40
	40	20	10	—	40	20	—
次要公路	80	45	40	25	90	80	50
	60	30	20	10	65	55	25
	40	15	10	—	25	15	—
	30	10	—	—	10	—	—

注：表列变速车道长度不包括渐变段的长度。

2 变速车道渐变段设计应符合下列规定：

1）变速车道为等宽车道时，其长度应另增加表10.5.3-2所列的渐变段长度。

渐变段长度 表10.5.3-2

设计速度（km/h）	100	80	60	40
渐变段长度（m）	60	50	40	30

2）变速车道为非等宽渐变式时，其长度应不小于按减速时1.0m/s或加速时0.6m/s的侧移率变换车道的计算值。

3）公路的设计速度大于或等于80km/h，且直行交通量较大时，右转弯变速车道应采用附渐变段的等宽车道；其他情况宜采用渐变式变速车道。

4）当直行车道的通行能力有富余，或条件受限制而难以设置应有长度的加速车道时，可采用较短的渐变式加速车道。

《公路路线设计规范》（JTG D20—2017）第10.5.3条条文说明规定如下：

当直行车道的通行能力有较大富裕且行驶速度低，或条件受限制而难以设置足够长度的加速车道时，可采用不短于50m的渐变段。

📖 **典型例题**

例题 6-5-1

山东某一级公路，设计速度为60km/h，与二级公路相交，左转交通量较大，考虑主线车速较快，一级公路进口采用渠化的专用左转车道，左转弯减速车道末速为0，渠化方案如下图所示，一级公路左转弯车道长度最小为（　　　　）。

例题 6-5-1 图

（A）110　　　　　　（B）80　　　　　　（C）140　　　　　　（D）70

解答

根据《公路路线设计规范》（JTG D20—2017）第 10.5.2 条第 3 款，左转弯车道应由渐变段、减速段和等候段组成。左转弯等候段长度应不小于 30m。当左转弯交通量较大时，等候段长度最小取 30m；主线设计速度为 60km/h，末速为 0，根据表 10.5.3-1 查得减速段长 40m；根据表 10.5.3-2 查得渐变段长度为 40m；计算得左转弯车道长度 = 30 + 40 + 40 = 110m。

答案：A

例题 6-5-2

某设计速度为 80km/h 的一级公路与设计速度为 60km/h 的二级公路平面交叉，两条公路上直行交通量均较大，均设置了经渠化分隔的右转弯车道，右转弯设计速度为 40km/h。交叉口设计时，一级公路进入二级公路的右转减速车道长度最合理的是（　　　　）。

（A）32m　　　　　（B）82m　　　　　（C）25m　　　　　（D）75m

解答

（1）根据《公路路线设计规范》（JTG D20—2017）第 10.5.3 条，题中一级公路为主要公路，设计速度 80km/h 采用附渐变段的等宽式变速车道。

（2）查表 10.5.3-1，变速车道长度取 32m；查表 10.5.3-2，渐变段长度取 50m；减速车道总长为 32 + 50 = 82m。

答案：B

例题 6-5-3

某公路平面交叉口，主要公路等级为二级公路，设计速度为 60km/h，在其上设置了右转弯附加车道，包括等宽减速分流车道和加速汇流车道，其中，减速分流车道要求右转车末速为 20km/h，加速汇流车道的始速为 20km/h，则右转弯附加车道的等宽减速分流车道和等宽加速汇流车道长度最小应设计为（　　　　）。

（A）60m，80m　　　　　　　　　　（B）60m，120m

（C）70m，120m　　　　　　　　　　（D）70m，140m

解答

（1）等宽减速分流车道

根据《公路路线设计规范》（JTG D20—2017）表 10.5.3-2，渐变段长度取 40m；根据表 10.5.3-1，变速车道长度取 30m；等宽减速分流车道长度为 40 + 30 = 70m。

（2）等宽加速汇流车道

根据《公路路线设计规范》（JTG D20—2017）表 10.5.3-2，渐变段长度取 40m；根据表 10.5.3-1，变速车道长度取 80m；等宽加速汇流车道长度为 40 + 80 = 120m。

答案：C

例题 6-5-4

某两条二级公路平面交叉，二级公路的设计速度均为 60km/h，交叉口设置渠化分隔右转弯车道，右转弯车道宽度为 5.0m，右转弯路面内缘半径为 30m，采用渐变式变速车道，则加速车道长度宜采用（   ）。

（A）42m   （B）63m   （C）70m   （D）105m

解答

根据《公路路线设计规范》（JTG D20—2017）第 10.4.2 条，右转弯设计速度宜采用 30km/h；加速车道平均行驶速度 V_a = (60 + 30)/2 = 45km/h，根据第 10.5.3 条第 2 款，加速车道长度为 (45/3.6) × (5/0.6) = 104.17m。

答案：D

例题 6-5-5

某两条三级公路平面交叉，三级公路的设计速度均为 30km/h，右转弯设计速度为 20km/h，交叉口设置渠化分隔右转弯车道，右转弯车道宽度为 3.5m，采用渐变式变速车道，加速车道长度宜采用（   ）。

（A）41m   （B）50m   （C）70m   （D）105m

解答

根据《公路路线设计规范》（JTG D20—2017）第 10.5.3 条，加速车道平均行驶速度 V_a = (30 + 20)/2 = 25km/h，加速车道长度为 (25/3.6) × (3.5/0.6) = 40.5m，又根据条文说明，长度不短于 50m，因此采用 50m。

答案：B

例题 6-5-5a（2023 年真题）

某一级公路设计速度为 80km/h，其中一平面交叉直行和左转弯交通量均较大，右转弯车道设计速度采用 40km/h，其渠化方案如下图所示，该方案几何设计指标不符合规范规定的一共有（   ）处。

例题 6-5-5a 图（尺寸单位：m）

（A）1   （B）2   （C）3   （D）4

解答

根据《公路路线设计规范》（JTG D20—2017）：

（1）表 10.5.3-2，渐变段长 50m，均满足规范要求。

（2）第 10.5.2 条第 3 款，左转交通量大，等候段应 ≥ 30m，25m 不满足规范要求。

（3）表 10.5.3-1，主要公路，40km/h 加速到 80km/h，加速段长度应为 80m，50m 不满足规范要求。

（4）表 10.5.3-1，主要公路，80km/h 减速到 40km/h，减速段长度应为 32m，40m 满足规范要求。

（5）主要公路西进口左转减速车道，始速为 80km/h，末速为 0km/h，查表 10.5.3-1 可知，减速段长度为 60m，设计方案满足规范要求。

综上，共有 2 处不满足规范要求。

答案：B

2. 城市道路平交进出口道长度及宽度计算

条文规定

《城市道路交叉口设计规程》（CJJ 152—2010）规定如下：

4.2.9 平面交叉口一条进口车道的宽度宜为 3.25m，困难情况下最小宽度可取 3.0m；当改建交叉口用地受到限制时，一条进口车道的最小宽度可取 2.80m，转角导流交通岛右侧右转专用车道应按设计速度及转弯半径大小设置车道加宽。

4.2.10 当高峰 15min 内每信号周期左转车平均流量达 2 辆时，宜设左转专用车道；当每信号周期左转车平均流量达 10 辆，或需要的左转专用车道长度达 90m 时，宜设两条左转专用车道。左转交通量特别大且进口道上游路段车道数为 4 条或 4 条以上时，可设 3 条左转专用车道。

4.2.11 进口道左转专用车道设置可采用下列方法：

1 展宽进口道，以便新增左转专用车道。

2 压缩较宽的中央分隔带，新辟左转专用车道，但压缩后的中央分隔带宽度对于新建交叉口至少应为 2m，对改建交叉口至少应为 1.5m，其端部宜为半圆形。

3 道路中线偏移，以便新增左转专用车道。

4 在原直行车道中分出左转专用车道。

4.2.13 进口道长度由展宽渐变段长度（L_t）与展宽段（L_d）组成（图 4.2.12）。渐变段长度（L_t）按车辆以 70% 路段设计车速行驶 3s 横移一条车道时来计算确定。渐变段最小长度不应少于：支路 20m，次干路 25m，主干路 30～35m。展宽段最小长度应保证左转或右转车不受相邻候驶车辆排队长度的影响。相邻候驶车辆排队长度（L_s）可由下式确定：

$$L_s = 9N \tag{4.2.13}$$

式中：N——高峰 15min 内每信号周期的左转或右转车的排队车辆数。

当需设两条转弯专用车道时，展宽段长度可取一条专用车道长度的 60%。无交通量资料时，展宽段最小长度不应小于：支路 30～40m，次干路 50～70m，主干路 70～90m，与支路相交取下限，与主干路相交取上限。

4.2.14 出口道车道数应与上游各进口道同一信号相位流入的最大进口车道数相匹配。条件受限的改建交叉口，流入最大进口车道数可减少一条。相邻进口道设有右转专用车道时，出口道应展宽一条右转专用出口车道。

4.2.15 出口道每条车道宽度不应小于路段车道宽度，宜为 3.50m，条件受限的改建交叉口出口道每条车道宽度不宜小于 3.25m。

4.2.16 出口道长度由出口道展宽段和展宽渐变段组成，展宽段最小长度不应小于 30～60m，交通量大的主干路取上限，其他可取下限；当设置公交停靠站时，应再加上站台长度。渐变段最小长度不应小于 20m。

4.4.5 当公交停靠站设置在进口道，且进口道右侧有展宽增加的车道时，停靠站应设在该车道展宽段之后不少于 20m 处，并将公交站台与展宽车道作一体化设计；当进口道右侧无展宽增加的车道时，停靠站应在右侧车道最大排队长度再加 20m 处布设。

4.4.6 当公交停靠站设置在出口道，且出口道右侧展宽增加车道时，停靠站应设在展宽段向前不少于20m处，当出口道右侧无展宽时，停靠站在干路上距对向进口车道停止线不应小于50m，在支路上不应小于30m。

4.4.7 公交停靠站按其设置的位置分为路中式停靠站和路侧式停靠站两种，按几何形状分为港湾停靠站和直线式停靠站，公交停靠站的布设应符合下列规定：

1 有中央分隔带的道路可采用路中式停靠站。

2 干路交叉口应采用港湾式停靠站，支路交叉口宜采用港湾式停靠站，条件受限时可采用直线式停靠站。

3 有机动车与非机动车分隔带的道路宜沿分隔带设置港湾式停靠站，当分隔带宽度不足4m而人行道较宽时，可适当压缩人行道宽度，但该段人行道宽度缩减比例不得超过40%，并不得小于3m。

4 无机动车与非机动车分隔带的道路，可沿人行道设置港湾式停靠站，该段人行道宽度缩减不得超过40%，并不得小于3m。

4.4.8 公共汽（电）车港湾式停靠站应符合下列规定：

2 停靠站候车站台的长度可按下式确定：

$$L_b = n(l_b + 2.5) \tag{4.4.8}$$

式中：L_b——公共汽（电）车停靠站站台长度（m）；

n——同时在站台停靠的公交车辆数，无实测数据时，取n = 公交线路数 + 1；

l_b——公交车辆长度，一般为15~20m。

4.7.8 当进口道横断面中线偏移（图4.7.8）时，应采用过渡区标线加以渠化。渠化长度（l_d）可按展宽条件下确定左右转道的渐变段长度的方法确定；l_2不应小于2m。

图4.7.8 进口道横断面中线偏移时的过渡区标线

4.7.9 当进口道向右侧展宽而左转车道直接从直行车道引出（图4.7.9）时，应采用鱼肚形标线加以渠化。渠化长度l_{a1}和l_{d2}可按展宽条件下确定左右转车道的渐变段长度的方法确定。

图4.7.9 进口道的鱼肚形标线

例题 6-5-6（2020 年真题）

某城市主干路，设计速度为 60km/h，在信号控制平面交叉口进口道设置一条宽为 3.25m 的右转专用车道，高峰 15min 内每信号周期右转车的排队车辆数为 9 辆，则进口展宽右转专用车道的设置长度为（　　）。（取整数）

（A）111m　　　　　（B）116m　　　　　（C）125m　　　　　（D）131m

解答

根据《城市道路交叉口设计规程》（CJJ 152—2010）第 4.2.13 条，渐变段长度 $L_t = 3 \times 60 \times 70\%/3.6 = 35$，满足主干道最小长度 30～35m 的要求；展宽段 $L_d = 9 \times 9 = 81$m；进口展宽右转专用车道长度 $L_y = 35 + 81 = 116$m。

答案：B

例题 6-5-7

某城市次干路平面交叉口，在北向西进口道设置一条右转专用道，已知该道路路段设计速度为 40km/h，高峰 15min 内每信号周期右转车的排队车辆数为 8 辆，直行排队车辆数为 9 辆，设计右转专用车道最小长度接近（　　）。

（A）95m　　　　　（B）102m　　　　　（C）106m　　　　　（D）110m

解答

根据《城市道路交叉口设计规程》（CJJ 152—2010）第 4.2.13 条，渐变段长度 $L_t = 3 \times (0.7 \times 40)/3.6 = 23$m，城市次干路展宽渐变段最小长度应取 25m；排队长度 $L_s = 9N = 9 \times 9 = 81$m，展宽段保证右转车不受相邻直行车排队影响，$L_d$ 取 $L_s = 81$m，右转专用车道最小长度为 $25 + 81 = 106$m。

答案：C

例题 6-5-8

某城市主干路道路平面交叉口在南向东进口道设置一条右转专用车道，右转车道宽为 3.25m。已知路段设计速度为 60km/h，高峰 15min 内每信号周期右转车的排队车辆数为 8 辆，直行排队车辆为 7 辆，则进口道右转专用道的计算长度最接近（　　）。

（A）100m　　　　　（B）107m　　　　　（C）110m　　　　　（D）115m

解答

根据《城市道路交叉口设计规程》（CJJ 152—2010）第 4.2.13 条，渐变段长度：$L_t = 3 \times (0.7 \times 60)/3.6 = 35$m，城市主干路展宽渐变段最小长度应取 30～35m，结果取计算值和规定值两者的大值 35m。

展宽段长 $L_d = L_s = 9N = 9 \times 8 = 72$m。

右转专用车道长 $L_y = 35 + 72 = 107$m。

答案：B

例题 6-5-9

某主干路与次干路相交，主干路设置右转专用车道，次干路结合出口右转专用车道设置公交港湾式停靠站，则出口道总长度最小为（　　）。

（A）85m　　　　　（B）125m　　　　　（C）105m　　　　　（D）110m

解答

根据《城市道路交叉口设计规程》（CJJ 152—2010）第 4.2.16 条，出口道长度由出口道展宽段和展宽渐变段组成。展宽段长度不应小于30～60m，交通量大的主干路取上限，其他可取下限；当设置公交停靠站时，应再加上站台长度。渐变段最小长度不应小于20m。根据题意，出口道在次干路上，展宽段长度最小30m，渐变段最小长度取20m。

根据《城市道路交叉口设计规程》（CJJ 152—2010）第4.4.6条，停靠站应设置在展宽段向前不少于20m处。

公交站台长度根据《城市道路交叉口设计规程》（CJJ 152—2010）公式(4.4.8)，取最小一条线路，$L_b = n(l_b + 2.5) = 2 \times (15 + 2.5) = 35m$，渐变段取 20m，出口道长度最小值 $L'_y = 30 + 20 + 35 + 20 = 105m$。

答案：C

例题 6-5-10

为提高路口通行效率，某地对老城区现有道路路口进行渠化改造，现有道路为双向四车道的四幅路，改造后进口道增加专用左、右转车道，同时直行车道数量同路段一致，受到两侧用地影响，考虑两侧路缘带宽度时进口道车行道路面最小宽度可采用（　　）。

（A）12m　　　　　　（B）12.5m　　　　　　（C）13m　　　　　　（D）13.5m

解答

进口道共设置 4 条车道，根据《城市道路交叉口设计规程》（CJJ 152—2010）第 4.2.9 条，按照题意，项目为旧路改建交叉口，两侧受到限制，进口道最小宽度可取 2.8m，考虑两侧路缘带宽度 0.25m，计算：$0.25 + 2.8 \times 4 + 0.25 = 11.7m$，可以采用 12m。

答案：A

例题 6-5-11（2021 年真题）

新建某城市道路 A_1 类平面交叉口，交通量大，其中一条主干路设计速度为 60km/h，双向 6 车道，四幅路形式，中央分隔带宽 4m，每条车道宽度为 3.5m，该路进出口道设计如下：进口道增设左、右转专用道，①将中央分隔带压缩为 2m，②展宽渐变段长 25m，③展宽段长 90m；出口道增设一条车道，④每条车道宽 3.25m，⑤展宽渐变段长 20m，⑥展宽段长 50m。如下图所示。

例题 6-5-11 图（尺寸单位：m）

上述进、出口道设计①～⑥项中不符合规范规定的共（　　）项。并说明依据和理由。

（A）2　　　　　　（B）3　　　　　　（C）4　　　　　　（D）5

解答

根据《城市道路交叉口设计规程》（CJJ 152—2010）：

方案①，满足第 4.2.11 条第 2 款；

方案②，根据第 4.2.13 条，$L_t = 0.7 \times 60 \times 3/3.6 = 35m$，主干路需 30～35m，25m 不满足；

方案③，根据第 4.2.13 条，展宽段主干路 70～90m，90m 满足；

方案④，根据第 4.2.15 条，出口道应不小于路段车道宽 3.5m，该项目为新建道路，3.25m 不满足；

方案⑤，根据第 4.2.16 条，渐变段最小长度不应小于 20m，满足；

方案⑥，根据第 4.2.16 条，展宽段最小长度不应小于 30～60m，交通量大的主干路取上限，为 60m，本题 50m 不满足。

所以，共 3 处不满足。

答案：B

例题 6-5-12（2022 年真题）

某城市新建次干路，设计速度为 30km/h，单幅路形式，标准段路面宽 15m，双向 2 条机动车道，两侧为非机动车道，灯控路口采用进口道中线偏移方式进行渠化，下图中关于过渡区标线 L 的最小长度符合规范规定的是（   ）。并说明选择依据和理由。

例题 6-5-12 图

（A）40m　　　　　（B）42m　　　　　（C）47m　　　　　（D）52m

解答

根据《城市道路交叉口设计规程》（CJJ 152—2010）第 4.7.8 条和第 4.2.13 条：

$L_t = \dfrac{0.7V}{3.6} \times 3 = \dfrac{0.7 \times 30}{3.6} = 17.5\text{m} < 25\text{m}$，取 25m；次干路，$L_2 = 2\text{m}$；

$L = 2 \times 25 + 2 = 52\text{m}$

答案：D

例题 6-5-13（2022 年真题）

某城市次干路，设计速度为 40km/h，在信号控制平面交叉口进口道设置一条宽为 3.5m 的左转专用车道，高峰 15min 内每信号周期左转车的排队车辆数为 6 辆，下列关于该左转进口道最小长度符合规范规定的应为（   ）。并说明选择的依据和理由。（计算结果取整数）

（A）74m　　　　　（B）78m　　　　　（C）79m　　　　　（D）88m

解答

根据《城市道路交叉口设计规程》（CJJ 152—2010）第 4.2.13 条，$L_s = 9 \times 6 = 54\text{m}$，满足要求；

$L_t = \dfrac{0.7 \times 40}{3.6} \times 3 = 23.3 < 25$，取 25m；

进口道最小长度为：$54 + 25 = 79\text{m}$。

答案：C

注：此题计算出展宽段长度为 54m 后可不再与 50m 做比较，因为仅当无交通量资料时，才需保证次

干路展宽段最小长度不小于 50～70m；当有交通资料时，保证左转或右转车不受相邻候驶车辆排队长度的影响即可。

例题 6-5-14（2023 年真题）

某新建城市道路A₁类平面交叉口，交通量大。其中一条主干路设计速度为 60km/h，双向 6 车道，四幅路型式，中央隔离带宽 5m，每条车道宽 3.5m，高峰 15min 内每信号周期左转车的排队车辆数为 8 辆，该路进口道设计方案为：增设左、右转专用道，①将中央隔离带压缩为 2.5m，②展宽渐变段长 30m，③左转展宽段长 70m；出口道设计方案为：展宽 1 条右转专用车道，④每条车道宽 3.25m，⑤展宽段长 55m。上述进出口道设计①～⑤项中不符合规范规定的有（　　）。

（A）2　　　　　　（B）3　　　　　　（C）4　　　　　　（D）5

解答

根据《城市道路交叉口设计规程》（CJJ 152—2010）：

（1）第 4.2.11 条第 2 款，压缩后中分带至少 2m，2.5m 满足规范要求；

（2）第 4.2.13 条，渐变段长度$L_t = (0.7V/3.6) \times 3 = (0.7 \times 60/3.6) \times 3 = 35$m，30m 不满足规范要求；

（3）第 4.2.13 条，$L_s = 9N = 9 \times 8 = 72$m，70m 不满足规范要求；

（4）第 4.2.15 条，新建道路，出口道应为 3.5m，3.25m 不满足规范要求；

（5）第 4.2.16 条，出口展宽 30～60m，交通量大的主干路取上限，应为 60m，55m 不满足规范要求。

综上，共有 4 处不满足规范要求。

答案：C

例题 6-5-15（2024 年真题）

新建某城市道路 A1 类平面交叉口，其中主干路设计速度为 60km/h，高峰 15min 内每信号周期左转车的排队车辆数为 8 辆，渠化设计如下：①进口道增设左、右转专用车道，将中央隔离带压缩为 1m；②进口展宽左转专用车道的设置长度为 105m；③进口道每条车道宽 3.25m；④出口道每条车道宽 3.5m，不增设车道。①～④项中不符合规范规定的是几项？并说明选择依据和理由。

（A）1 项　　　　　（B）2 项　　　　　（C）3 项　　　　　（D）4 项

解析

根据《城市道路交叉口设计规程》（CJJ 152—2010）

①4.2.11 第 2 款，压缩后的中央分隔带宽度对于新建交叉口至少应为 2m，1m 不满足规范；

②根据 4.2.13 条，$L_s = 9N = 9 \times 8 = 72$m，渐变段$0.7 \times 60/3.6 \times 3 = 35$m，左转专用道的总长：$72 + 35 = 107$m＞105m，不满足规范。

③根据 4.2.9 条，进口道 3.25m，符合规范。

④根据 4.2.15 条，出口道 3.5m 符合规范，根据 4.2.14 进口道有右转专用道时，出口道应展宽一条右转专用车出口道，不满足规范。

故本题①②④共 3 项不满足规范。

答案：C

（1）公路等宽式变速车道（设计速度 ≥ 80km/h，且直行交通量较大时采用）的长度：根据公路主次类别和变速条件查表 10.5.3-1 得变速段长度，根据设计速度，查表 10.5.3-2 得渐变段长度，二者相加才是总的变速车道长度。

（2）公路非等宽渐变式（不满足等宽式设置条件的其他情况采用）车道长度计算：确定转弯车道路段平均速度后，用平均速度乘以根据减速按 1.0m/s 的侧移率变换车道或者加速按 0.6m/s 的侧移率变换车道所用时间（右转弯车道宽/侧移率）。公式如下：$l_d = \dfrac{V_A}{3.6J}B$（m），V_A 为路段平均行驶速度（km/h），B 为右转车道宽度（m），J 为车辆行驶时变换车道的侧移率（m/s）。公路非等宽渐变式加速车道长度不短于 50m，与计算得到的长度比较，两者取大值。

（3）城市道路右转专用车道分为渐变段和展宽段，渐变段按车辆以 70%路段设计车速行驶 3s 横移一条车道时来计算，且不应小于规程规定的最小值，两者取大值。

（4）公路左转车道等候段长度不小于 30m，左转车辆很小时，左转车道可以不设等候长度。

（5）城市道路左右转车道展宽段最小长度应保证左右转车不受相邻候驶车辆排队长度的影响，与公式(4.2.13)有一定矛盾。

考点6　与铁路、乡村道路的平交处变坡点及交点最小距离计算

1. 公路与铁路、乡村道路平交处变坡点、交点最小距离计算

《公路路线设计规范》（JTG D20—2017）规定如下：

12.3.3　道口附近的铁路路线以直线为宜。公路路线宜为直线，道口两侧公路的直线长度，从最外侧钢轨算起，不应小于 50m。

12.3.4　道口两侧公路的水平路段长度（不包括竖曲线），从铁路最外侧钢轨外侧算起，不应小于 16m，乡村道路不应小于 10m。紧接水平路段的公路纵坡，不应大于 3%；当受地形条件及其他特殊情况限制时，不得大于 5%。对于重车驶向道口一侧的公路下坡路段，紧邻道口水平路段的纵坡不应大于 3%。

12.4.8　平面交叉设计应符合下列规定：

1　平面交叉以正交为宜。当必须斜交时，其交叉的锐角应不小于 70°；受地形条件或其他特殊情况限制时，应不小于 60°。

2　交叉处公路两侧的乡村道路直线长度应各不小于 20m。

3　交叉处公路两侧的乡村道路应分别设置不小于 10m 的水平段或缓坡段，缓坡段的纵坡应不大于 2%。紧接水平段或缓坡段的纵坡不应大于 3%，困难地段不应大于 6%。

4　平面交叉处应使驾驶者在距交叉 20m 处，能看到两侧二级、三级公路相应停车视距并不小于 50m 范围内的汽车。视线范围内不得有障碍物。

5　经常有履带耕作机械通行时，交叉范围内的公路路面、路肩应进行加固，且公路路基边缘外侧的乡村道路应各设置不小于 10m 的加固段。

例题 6-6-1

某三级公路与设计速度为 30km/h 的乡村道路平面交叉，该乡村公路的路拱横坡为 1.5%，与交叉口两侧相接的第一个平曲线转角为 20°，其半径为 400m；交叉口两侧的水平路段之后接 5%的纵坡，竖曲线半径为 1200m，则该平曲线交点和变坡点距交叉口的最小距离分别为（　　）。

（A）75m、25m 　　　（B）85m、30m 　　　（C）90m、35m 　　　（D）95m、40m

解答

（1）根据《公路路线设计规范》（JTG D20—2017）第 12.4.8 条，可知交叉公路两侧的直线长度应都不小于 20m。

（2）乡村道路按四级公路技术标准采用技术指标，根据《公路路线设计规范》（JTG D20—2017）第 7.4.1 条，半径 400m 大于不设超高最小半径，切线长 $T = 400 \times \tan 10° = 70.53m$。

（3）该平曲线交点距交叉口的最小距离为 $20 + 70.53 = 90.53m$。

（4）根据《公路路线设计规范》（JTG D20—2017）第 12.4.8 条，交叉公路两侧的乡村道路应分别设置不小 10m 的水平段。

（5）竖曲线的切线长 $T = 1200 \times 0.05/2 = 30m$。

（6）该变坡点距交叉口的最小距离为 $10 + 30 = 40m$。

答案：D

2. 城市道路与铁路平交处变坡点、交点最小距离计算

《城市道路交叉口设计规程》（CJJ 152—2010）规定如下：

6.2.3　道路与铁路平面交叉时，道路线形应为直线。直线段从最外侧钢轨外缘算起应大于或等于 30m。道路平面交叉口的缘石转弯曲线切点距最外侧钢轨外缘不应小于 30m。

无栏木设施的铁路道口，停止线位置距最外侧钢轨外缘不应小于 5m。

6.2.4　道口两侧应设置平台。自最外侧钢轨外缘到最近竖曲线切点间的平台应符合下列规定：

1　通行各类汽车的道口平台不应小于 16m，并应满足设计速度的要求。

2　平台纵坡度应小于或等于 0.5%。

3　紧接道口平台两端的道路纵坡度不应大于表 6.2.4 规定的数值。

紧接道口平台两端的道路纵坡度（%）　　　　　表 6.2.4

道路类型	机动车与非机动车混合车道	机动车道
一般值	2.5	3.0
限制值	3.5	5.0

例题 6-6-2

某城市次干路（设计速度为 30km/h）与铁路平面交叉，该次干路与道口两侧相接的第一个平曲线转角为 10°，其半径为 200m；道口两侧的水平路段之后接 2%的纵坡，竖曲线半径为 4000m，则该平曲线

交点和变坡点距铁路最外侧钢轨外缘的最小距离为（   ）。

（A）87m、96m

（B）55m、76m

（C）48m、68m

（D）48m、56m

解答

（1）根据《城市道路交叉口设计规程》（CJJ 152—2010）第6.2.3条，可知铁路两侧道路直线段长度大于或等于30m。

（2）根据《城市道路交叉口设计规程》（CJJ 152—2010）第6.2.4条，半径大于不设超高最小半径，切线长 $T = 200 \times \tan 5° = 17.5m$。

（3）该平曲线交点距铁路最外侧钢轨外缘的最小距离为$30 + 17.5 = 47.5m$。

（4）根据《城市道路交叉口设计规程》（CJJ 152—2010），自最外侧钢轨外缘到最近竖曲线切点间的道口平台不应小于16m。

（5）竖曲线的切线长$T = 4000 \times 0.02/2 = 40m$。

（6）该变坡点距铁路最外侧钢轨外缘的最小距离为$16 + 40 = 56m$。

答案：D

📖 **考点分析**

（1）本考点可能结合路线平面、纵断面曲线要素综合出题，相关计算公式详见路线章节。

（2）与铁路相交时，公路、城市道路、乡村道路距离外侧钢轨的直线和缓坡段均有不同要求，计算方法相同。

考点7　城市道路环形交叉口中心岛半径计算

📖 **条文规定**

《城市道路交叉口设计规程》（CJJ 152—2010）规定如下：

4.6.2　中心岛的形状根据交通条件可采用圆形、椭圆形、圆角菱形、卵形等。中心岛最小半径（或当量半径）应同时满足环道设计速度和最小交织长度的要求，并应符合下列要求：

1　满足环道设计速度中心岛最小半径可由下式确定：

$$R_1 = \frac{V^2}{127(\mu \pm i)} - \frac{b_i}{2} \tag{4.6.2-1}$$

式中：V——环道设计速度（km/h）；环道设计速度应按相交道路中最大设计速度的50%～70%计取，车速较大的，宜取较小的系数值；

μ——横向摩阻力系数，取0.14～0.18；

i——路面横坡，取1.5%～2%；

b_i——内侧车道宽（含车道加宽），可取5.5m（大型车）。

中心岛最小半径与相应的环道设计速度应符合表4.6.2-1的规定。

环道设计速度与中心岛最小半径　　　　　　　　　　　　表4.6.2-1

环道设计速度（km/h）	20	25	30	35	40
中心岛最小半径（m）	20	25	35	50	65

2　最小交织长度不应小于以环道设计速度行驶4s的距离，行驶铰接车时，最小交织长度应

不小于30m。最小交织长度应符合表4.6.2-2的规定。

最小交织长度
表4.6.2-2

环道设计速度（km/h）	20	25	30	35	40
最小交织长度（m）	25	30	35	40	45

满足相邻两条道路交角间的交织段长度对应的中心岛圆弧半径R_2可由下式确定：

$$R_2 = \frac{360l_g}{2\pi\omega} \tag{4.6.2-2}$$

式中：ω——相邻两条相交道路间的交角（°）；

l_g——最小交织长度（m）。

📖 **典型例题**

例题 6-7-1

某两条市政道路垂直相交，交叉角度为 70°，采用环形交叉口，已知相交道路的设计速度均为40km/h，环道设计速度为20km/h，最内侧环道的宽度为5.0m，为了交叉排水顺畅，设置由环岛中心向外侧的 2%横坡（内高外低），环形交叉有铰接车通行，则其中心岛最小半径（横向力系数取 0.15）为（　　）。

（A）20m

（B）22m

（C）25m

（D）30m

解答

（1）按满足环道设计速度计算

根据题意可知，环道的设计速度$V = 20$km/h，横向力系数$i = 0.15$，环道横坡$i = 2.0\%$，最内侧环道的宽度$b = 5.0$m，则满足设计速度要求的中心岛半径为：

$R_1 = 20^2/[127 \times (0.15 - 0.02)] - 5.0/2 = 21.7$m（大于表4.6.2-1中给的最小值，取21.7m）

（2）按满足交织段长度计算

环道速度 4s 行车：$(20/3.6) \times 4 = 22.2$，行驶铰接车需要，最小交织段长度应不小于30m，30m满足表4.6.2-2要求，因此，满足最小交织段要求的中心岛半径为：

$R_2 = 360 \times 30/(2 \times 3.14 \times 70) = 24.5$m

取两者大值24.5m。

答案：C

📖 **考点分析**

（1）计算R_1的公式(4.6.2-1)即为路线章节中平曲线最小半径的计算原理，应注意以下三方面：

①环道设计速度的取值规定。

②路面横坡的正负号问题（内高外低取"−"，内低外高取"+"）。

③内侧车道宽度规定，若题目没有给出，采用规范中的"可取 5.5m（大型车）"，计算值应与表4.6.2-1相比较，取大值得到R_1，同时还应满足公式(4.6.2-2)计算得到的R_2。

（2）由满足交织段长度计算环岛最小半径时，注意最小交织段长度的取值，应按 4s 行车距离和表4.6.2-2的规定进行控制（双控），如果行驶的是铰接列车，最小交织段长度还应不小于30m，相当于三控。

考点8 公路立交设计小时交通量计算

📖 条文规定

《公路立体交叉设计细则》（JTG/T D21—2014）规定如下：

4.5.1 在工程可行性研究阶段，公路立体交叉方案设计可采用年平均日交通量。年平均日交通量应采用主线交通量预测年限或立体交叉建成通车后第20年的预测交通量。

4.5.2 在设计阶段，公路立体交叉设计应采用设计小时交通量，并应符合下列规定：

1 设计小时交通量宜采用年第30位小时交通量，也可根据立体交叉功能和当地小时交通量的变化特征采用20~40位小时最为经济合理时位的小时交通量。设计小时交通量应按式(4.5.2)换算：

$$DDHV = AADT \cdot K \cdot D \tag{4.5.2}$$

式中：$DDHV$——设计小时交通量（pcu/h）；

$AADT$——年平均日交通量（pcu/d）；

K——设计小时交通量系数，根据交叉公路功能、交通量、地区气候和地形等条件确定；

D——方向不均匀系数，根据当地交通量观测资料确定，当资料缺乏时，可在50%~60%范围内选取。

2 互通式立体交叉设计应提供节点交通量分布图，明确各方向和各路段的设计小时交通量。

条文说明

本细则所涉及交通量均指单位时间内的当量小客车数量。

《公路路线设计规范》（JTG D20—2017）规定如下：

3.3.4 新建公路的设计小时交通量系数可参照公路功能、交通量、地区气候、地形等条件相似的公路观测数据确定，缺乏观测数据地区可参照表3.3.4取值。改扩建公路的设计小时交通量系数宜结合既有公路的观测数据综合确定。

各地区的设计小时交通量系数   表3.3.4

地区		华北	东北	华东	中南	西南	西北
地区		京、津、冀、晋、蒙	辽、吉、黑	沪、苏、浙、皖、闽、赣、鲁	豫、湘、鄂、粤、桂、琼	川、滇、黔、藏、渝	陕、甘、青、宁、新
近郊	高速公路（%）	8.0	9.5	8.5	8.5	9.0	9.5
近郊	一级公路（%）	9.5	11.0	10.0	10.0	10.5	11.0
近郊	二级公路、三级公路（%）	11.5	13.5	12.0	12.5	13.0	13.5
城间	高速公路（%）	12.0	13.5	12.5	12.5	13.0	13.5
城间	一级公路（%）	13.5	15.0	14.0	14.0	14.5	15.0
城间	二级公路、三级公路（%）	15.5	17.5	16.0	16.5	17.0	17.5

📖 典型例题

例题 6-8-1（2020年真题）

某高速公路互通式立体交叉，其中一双向年平均日交通量$AADT$为10000pcu/d，方向不均匀系数D为

60%，设计小时交通量系数K为 0.10，则该方向匝道设计小时交通量$DDHV$为（　　）。

（A）400pcu/h

（B）500pcu/h

（C）600pcu/h

（D）1000pcu/h

解答

根据《公路立体交叉设计细则》（JTG/T D21—2014）第 4.5.2 条：

$DDHV = 1000 \times 0.1 \times 60\% = 600\text{pcu/h}$

答案：C

例题 6-8-2

已知成都某城郊高速公路喇叭式互通平面示意图及匝道编号如右图所示，已知 B 匝道预测年度的年平均日交通量为 10000pcu/d，该匝道的单向设计小时交通量最接近（　　）。

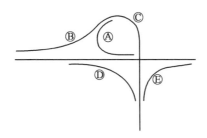

例题 6-8-2 图

（A）450pcu/h

（B）650pcu/h

（C）900pcu/h

（D）1300pcu/h

解答

由题意知此公路为四川城郊高速公路，查《公路路线设计规范》（JTG D20—2017）表 3.3.4，设计小时交通量系数K取 0.09，根据平面图示，B 匝道为单向匝道，则

$DDHV = 10000 \times 9\% = 900\text{pcu/h}$

答案：C

例题 6-8-3

其他条件与例题 6-8-2 相同，已知 C 匝道预测年度的年平均日交通量为 20000pcu/d，方向分布为 55/45，该匝道的单向设计小时交通量最接近（　　）。

（A）450pcu/h

（B）650pcu/h

（C）990pcu/h

（D）1300pcu/h

解答

由题意知此公路为四川城郊高速公路，查《公路路线设计规范》（JTG D20—2017）表 3.3.4，设计小时交通量系数K取 0.09，根据平面图示，C 匝道为双向匝道，方向不均匀系数为 0.55，则

$DDHV = 20000 \times 9\% \times 55\% = 990\text{pcu/h}$

答案：C

例题 6-8-4（2022 年真题）

某高速公路互通式立体交叉的年平均日交通量分布如图 a）所示，该立交方案简图如图 b）所示，已知设计小时交通量系数为 0.10，方向不均匀系数为 60%。下列选项为该立交交织段 1 的交织交通量Q_1，其中正确的为（　　）。

a) 交通量分布图（单位：pcu/d）

b) 立交方案简图

例题 6-8-4 图

（A）459pcu/h （B）612pcu/h

（C）765pcu/h （D）918pcu/h

解答

立交交织段 1 的交织交通量为③-①和②-③左转的交织。

根据《公路立体交叉设计细则》（JTG/T D21—2014）公式(4.5.2)：

$$Q_1 = (5100 + 7650) \times 0.1 \times 0.6 = 765\text{pcu/h}$$

答案：C

注：本题主要应理解交织交通量为两股左转弯交通的相互交织，并且应熟悉交通量分布图，图上的主线和匝道交通量（匝道为双向箭头）是双向交通量，换算到单向，需乘以方向不均匀系数。本题将左转弯方向默认为交通量较大的方向，因为如果按交通量较小的方向求解，本题无可选答案。

例题 6-8-5（2022 年补考真题）

某高速公路互通式立体交叉的交通量分布如图 1 所示，该立交方案简图如图 2 所示。下列选项为经由匝道收费站的高速公路出口设计小时交通量$Q_{出}$，其中正确的为（   ）。

例题 6-8-5 图 1 交通量分布图（单位：pcu/h）   例题 6-8-5 图 2 立交方案简图

（A）306pcu/h   （B）510pcu/h   （C）612pcu/h   （D）816pcu/h

解答

根据各方向交通量去向：

$Q_{出}$ = ①到被交路左右转弯交通量 + ②到被交路左右转弯交通量 = ①→④ + ①→③ + ②→④ + ②→③ = 204 + 306 + 204 + 102 = 816pcu/h

答案：D

例题 6-8-6（2023 年真题）

某高速公路互通式立体交叉的年平均日交通量分布如图 1 所示，该立交方案简图如图 2 所示。已知设计小时交通量系数为 0.10，方向不均匀系数为 55%，在被交叉一级公路平面交叉处，来自高速公路的左转弯设计小时交通量 $Q_{左}$ 应为（　　　　）。（取整数）

例题 6-8-6 图 1　交通量分布图（单位：pcu/d）　　　例题 6-8-6 图 2　立交方案简图

（A）588pcu/h　　　（B）624pcu/h　　　（C）690pcu/h　　　（D）726pcu/h

解答

$Q_{左}$ = ①→③ + ②→③的交通量。

$DDHV = AADT \times D \times K = (5559 + 6990) \times 0.55 \times 0.1 = 690\text{pcu/h}$

答案：C

注：本题默认为无论左转弯还是右转弯，都是交通量大的方向，因为无论哪个方向按 45% 计算，均没有答案。

📖 **考点分析**

（1）匝道设计小时交通量与各级公路设计小时交通量计算公式一致，解题时应注意判断匝道是单向还是双向交通，双向交通时应乘以方向不均匀系数 D 得到单向设计小时交通量，城市道路立交原理与公路一致。

（2）设计小时交通量系数 K 可通过查《公路路线设计规范》（JTG D20—2017）表 3.3.4 得到，还可以采用条文说明的公式进行计算。

（3）D 值选择如果题目给的是方向分布（如 55/45），应当选择交通量大的方向计算单向设计小时交通量（$D = 0.55$）。

（4）注意题目给的交通量单位是 pcu（当量小客车）还是 veh（自然车辆），如果单位一致，可以直接代入公式，如果不一致，还需采用《公路工程技术标准》（JTG B01—2014）车辆折算系数进行修正（详见路线章节）；但《公路立体交叉设计细则》（JTG/T D21—2014）所涉及的交通量均是 pcu。

（5）近年来，立体交叉各方向交通量计算识图类题目在考试中频繁出现，该考点应作为复习重点，务必熟练掌握。

考点9　立交通行能力计算

1. 公路立交立交通行能力计算

📖 **条文规定**

《公路立体交叉设计细则》（JTG/T D21—2014）规定如下：

4.5.3　公路立体交叉范围内的交叉公路、匝道、分流区、合流区、交织区和集散道的服务水平分为六级。交叉公路设计服务水平应按相应公路功能及等级选取；匝道、分流区、合流区、交织区和集散道的设计服务水平可比主线低一级，但不应低于四级。

4.5.4　当设计服务水平采用四级时，匝道基本路段单车道和双车道的设计通行能力可由表4.5.4取值。

匝道基本路段的设计通行能力　　　　表4.5.4

匝道设计速度（km/h）		80	70	60	50	40	35	30
设计通行能力（pcu/h）	单车道	1500	1400	1300	1200	1000	900	800
	双车道	2900	2600	2300	2000	1700	1500	1300

《公路路线设计规范》（JTG D20—2017）规定如下：

11.3.1　互通式立体交叉的匝道设计速度应符合表11.3.1的规定。

匝道设计速度　　　　表11.3.1

匝道类型		直连式	半直连式	环形匝道
匝道设计速度（km/h）	枢纽互通式立体交叉	80、70、60、50	80、70、60、50、40	40
	一般互通式立体交叉	60、50、40	60、50、40	40、35、30

注：1. 右转变匝道宜采用上限或中间值。

　　2. 直连式或半直连式左转弯匝道宜采用上限或中间值。

📖 **典型例题**

例题 6-9-1

某高速设计服务水平为三级，其中枢纽立交匝道的设计通行能力不合适的为（　　）。

（A）1000pcu/h　　　　　　　　　　　（B）900pcu/h

（C）1200pcu/h　　　　　　　　　　　（D）1300pcu/h

解答

根据《公路路线设计规范》（JTG D20—2017）表11.3.1［或《公路立体交叉设计细则》（JTG/T D21—2014）表4.3.2］，枢纽立交匝道最小设计速度为40km/h。

根据《公路立体交叉设计细则》（JTG/T D21—2014）第4.5.3条，匝道设计服务水平可比主线低一级，根据表4.5.4，选项B不满足要求。

答案：B

例题 6-9-2（2020 年真题）

某高速公路互通式立体交叉 4 条匝道的设计小时交通量和设计速度见下表，设计服务水平为四级，若各匝道均采用单车道，不满足基本路段设计通行能力要求的匝道是（　　）。

例题 6-9-2 表

匝道名称	A 匝道	B 匝道	C 匝道	D 匝道
设计小时交通量（pcu/h）	1150	800	1150	800
设计速度（km/h）	40	40	60	60

（A）A 匝道
（B）B 匝道
（C）C 匝道
（D）D 匝道

解答

查《公路立体交叉设计细则》（JTG/T D21—2014）表 4.5.4，路基匝道设计速度为 40km/h，单车道通行能力为 1000pcu/h；设计速度为 60km/h，单车道通行能力为 1300pcu/h。A 匝道：1150＞1000，不满足要求，B、C、D 匝道均满足。

答案：A

例题 6-9-3

某高速公路与二级公路组成的三岔交叉，匝道设计速度均为 40km/h，左转弯出口匝道交通量为 1200pcu/h，左转弯入口匝道交通量为 500pcu/h，最适合的立交形式为（　　）。

（A）A 型单喇叭
（B）B 型单喇叭
（C）叶形
（D）梨形

解答

根据《公路立体交叉设计细则》（JTG/T D21—2014）表 4.5.4 可知，设计速度为 40km/h 时单车道设计通行能力为 1000km/h，又根据第 6.4.1 条，左转弯出口匝道交通量大于单车道匝道设计通行能力，该方向匝道适合半直连式，左转弯入口匝道交通量小于单车道匝道设计通行能力，该方向匝道适合环形，故最适合的立交形式应为 A 形单喇叭。

答案：A

📖 考点分析

（1）按公路规范规定，立交通行能力计算仅涉及匝道，相对简单，并且规范直接给出了一定服务水平下的设计通行能力，相关题目可直接查表。

（2）公路立交通行能力一般结合立交选型来出题，题目给出左转弯匝道交通量，对比通行能力来做出立交形式选择。

2. 城市立交通行能力计算

📖 条文规定

《城市道路交叉口设计规程》（CJJ 152—2010）规定如下：

5.6.1　立交通行能力分为可能通行能力和设计通行能力，设计通行能力等于可能通行能力（N_p）乘以相应设计服务水平"交通量/通行能力"比率（α）。

5.6.2　立交主线一条车道可能通行能力可采用表 5.6.2-1 的数值。

表 5.6.2-1

设计速度（km/h）	40	50	60	70	80	100	120
可能通行能力（pcu/h）	2020	2050	1950	1870	1800	1760	1720

立交匝道一条车道可能通行能力可采用表 5.6.2-2 的数值。

匝道一条车道可能通行能力（N_p）

表 5.6.2-2

设计速度（km/h）	20～25	30	40	50	60
可能通行能力（pcu/h）	1550 （1400～1250）	1650 （1550～1450）	1700	1730	1750

注：括号内为机非立交（其直行非机动车流量为 1000～2000 辆/h），考虑非机动车影响时的取值。当非机动车流量 < 1000 辆/h 时，可在括号内上限值与机非分行值之间内插求得；当流量为 3000～5000 辆/h 时，每增加 1000 辆/h，括号内下限值应再降低 7%。

若当地有可靠的平均车头时距观测值，也可由下式计算主线或匝道一条车道的可能通行能力：

$$N_p = 3600/t_i \tag{5.6.2}$$

式中：N_p——一条车道可能通行能力（pcu/h）；

t_i——连续小客车车流平均车头时距（s/pcu）。

5.6.3 立交主线及其匝道的服务水平可划分为四个等级，服务水平标准分级应符合表 5.6.3 的规定。

立交服务水平标准

表 5.6.3

等级		交通运行特征	（服务交通量/可能通行能力）比率 α						
			设计速度（km/h）						
			100	80	60	50	40	30	20
I	I1	自由流，行车自由度大	0.33	0.29	0.26	0.24	—	—	—
	I2	自由流，行车自由度适中	0.56	0.50	0.43	0.40	0.37	—	—
II	II1	接近自由流，变换车道或超车自由度受到一定限制	0.76	0.69	0.62	0.58	0.55	0.51	—
	II2	行车自由度受限，车速有所下降	0.91	0.82	0.75	0.71	0.67	0.63	0.59
III		饱和车流，行车没有自由度	1.00						
IV		拥塞状况，强制车流	无意义						

5.6.4 立 A_1、立 A_2 类立交宜采用服务水平 II1 级，立 B 类立交服务水平可采用 II2 级。一般匝道服务水平宜采用 II2 级，定向匝道服务水平宜采用 II1 级。对个别线形受限制的立 A_2、立 B 类立交的匝道，经论证确有困难时，可采用 III 级。

5.6.5 立交设计通行能力应为组成该立交的主线直行车道、转向匝道设计通行能力的组合值，与服务水平采用等级相关。不同形式的立交宜符合下列规定：

1 苜蓿叶立交设计通行能力

1）直行车道无附加车道情况：

$$N = (n_1 - 2)N_{S1} + (n_2 - 2)N_{S2} + 4N_R \tag{5.6.5-1}$$

式中：N——立交总的设计通行能力（pcu/h）；

N_{S1}、N_{S2}——立交两条相交道路各自一条直行车道设计通行能力（pcu/h）；

n_1、n_2——立交两条相交道路各自进入立交的车道条数；

N_R——一条匝道设计通行能力（pcu/h）。

2）直行车道设有附加车道情况：

$$N = n_1N_{S1} + n_2N_{S2} \tag{5.6.5-2}$$

2　环形立交设计通行能力

1）一方向直行车道穿越（或跨越）环道时（无附加车道）：

$$N = (m-2)N_{S1} + N_r \tag{5.6.5-3}$$

式中：m——穿越（或跨越）环道的直行车道车道数；

N_{S1}——穿越（或跨越）环道的直行车道一条车道设计通行能力（pcu/h）；

N_r——环道设计通行能力（pcu/h）。

机非分行的环道设计通行能力取 2000～2700pcu/h，车道为 4 条时，取上限值，车道为 3 条时，取下限值。

2）两方向直行车道分别上跨、下穿环道时（无附加车道）：

$$N = (n_1-2)N_{S1} + (n_2-2)N_{S2} + N_r \tag{5.6.5-4}$$

3）一方向直行车道穿越（或跨越）环道时（有附加车道）：

$$N = n_1N_{S1} + N_r \tag{5.6.5-5}$$

4）两方向直行车道分别上跨、下穿环道时（有附加车道）：

$$N = n_1N_{S1} + n_2N_{S2} \tag{5.6.5-6}$$

3　喇叭形立交设计通行能力

1）无附加车道（A、B 面进入立交的直行车道无附加车道）：

$$N = (n-m_1)N_S + m_1N_R \tag{5.6.5-7}$$

式中：n——直行车道数；

m_1——C 面进口车道数；

N_S——一条直行车道设计通行能力（pcu/h）；

N_R——一条匝道设计通行能力（pcu/h）。

2）有附加车道（C 面进口车道数大于 A、B 面附加车道数）：

$$N = (n-m_1+m_2)N_S + (m_1-m_2)N_R \tag{5.6.5-8}$$

式中：m_2——附加车道数。

3）有附加车道（C 面进口车道数小于或等于 A、B 面附加车道数）：

$$N = nN_S \tag{5.6.5-9}$$

📖 规范条文解析

（1）立交的通行能力，本质是所有进入立交的车道通行能力总和（一般匝道为立交内部交通转换用，是主线的"入口匝道"，同时是被交路的"出口匝道"，因此，不认为"匝道"是进入立交的车道）。进入立交的所有车道中，位于外侧的车道受车辆在匝道流出、流入的影响，因此，在没有附加车道的情况下，进入立交的最外侧车道应按匝道的通行能力来考虑。如果有附加车道，则进入立交的车道都不受匝道出入的影响，全部按主车道通行能力计算。

（2）规范中公式(5.6.5-8)有误，且通行能力单位 puc 应为 pcu，本书均已更正。

📖 典型例题

例题 6-9-4（2020 年真题）

两条城市快速路设计速度均为 80km/h，其相交处设置立体交叉如下图所示，定向、半定向匝道的设计速度为 50km/h,其他匝道设计速度为 40km/h。根据下表中的交通量及匝道长度,计算 Z1、Z4、Z6 匝道图中所示断面处的车道数为(　　)。并说明选择依据和理由。

例题 6-9-4 图

例题 6-9-4 表 1

名称	南进口			北进口			西进口			东进口		
方向	左	直	右	左	直	右	左	直	右	左	直	右
高峰小时交通量(pcu/h)	887	2542	934	926	2431	1010	928	2193	1191	543	2298	845

例题 6-9-4 表 2

匝道名称	Z1	Z4	Z6
匝道长度	213	340	252

（A）Z1 单车道,Z4 单车道,Z6 单车道
（B）Z1 双车道,Z4 单车道,Z6 单车道
（C）Z1 单车道,Z4 双车道,Z6 单车道
（D）Z1 双车道,Z4 双车道,Z6 单车道

解答

（1）根据《城市道路交叉口设计规程》（CJJ 152—2010）第 5.6 节,Z1、Z4 为定向、半定向匝道,设计速度为 50km/h,可能通行能力为 1730pcu/h;Z6 为环形匝道,设计速度为 40km/h,可能通行能力为 1700pcu/h;立交类型为两条城市快速路相交的立 A_1 类,定向匝道服务水平采用II1 级,环形匝道服务水平采用II2 级,Z1、Z4 匝道取 a =0.58,Z6 匝道取 a = 0.67,计算 Z1、Z4 匝道设计通行能力为 1730 × 0.58 = 1003pcu/h,Z6 匝道设计通行能力为 1700 × 0.67 = 1139pcu/h。

（2）根据《城市道路交叉口设计规程》（CJJ 152—2010）第 5.3.1 第 4 款,Z1 匝道交通量 1191pcu/h ＞单车道匝道设计通行能力 1003pcu/h,选用双车道匝道;Z4 匝道交通量 887pcu/h ＜ 单车道匝道设计通行能力 1003pcu/h,匝道长度 340m ＞ 300m,选用双车道匝道;Z6 匝道交通量 543pcu/h ＜ 单车道匝道设计通行能力 1139pcu/h,匝道长度 252m ＜ 300m,且为环形匝道,选用单车道匝道。故选 D。

答案：D

例题 6-9-5

某城市 B 类喇叭互通,如右图所示,主线为单向两车道,设计速度为 60km/h;匝道设计速度为 40km/h,

均为单车道匝道，主线有 1 条附加车道，C 面 2 个进口道。试计算立交设计通行能力为（　　）。

例题 6-9-5 图

（A）5600pcu/h　　　　（B）5530pcu/h　　　　（C）5440pcu/h　　　　（D）4500pcu/h

解答

根据《城市道路交叉口设计规程》（CJJ 152—2010）表 5.6.3，B 类喇叭设计服务水平比率 α 主线为 0.75，匝道为 0.67。

分别查表 5.6.2-1 及表 5.6.2-2，主线 $N_p = 1950$pcu/h，匝道 $N_p = 1700$pcu/h。

主线一条车道设计通行能力 $N_S = 1950 \times 0.75 = 1462$pcu/h

单车道匝道设计通行能力 $N_R = 1700 \times 0.67 = 1139$pcu/h

主线有一条附加车道，此时立交通行能力为：

$N = (4 - 2 + 1) \times 1462 + (2 - 1) \times 1139 = 5525$pcu/h

答案：B

例题 **6-9-6**

其他条件同例题 6-9-5，匝道设计速度为 30km/h，匝道供机非通行，非机动车流量为 800 辆/h。则立交设计通行能力为（　　）。

（A）5600pcu/h　　　　（B）5530pcu/h　　　　（C）6530pcu/h　　　　（D）5380pcu/h

解答

查《城市道路交叉口设计规程》（CJJ 152—2010）表 5.6.2-2，匝道 $N_p = 1550 + (1650 - 1550) \times (1000 - 800)/1000 = 1570$pcu/h

单车道匝道设计通行能力 $N_R = 1570 \times 0.63 = 989$pcu/h

主线有一条附加车道，此时立交通行能力为：

$N = (4 - 2 + 1) \times 1462 + (2 - 1) \times 989 = 5375$pcu/h

答案：D

例题 **6-9-7**

某城市快速路与快速路交叉的完全苜蓿叶立交，两条道路均为双向八车道，设计速度为 80km/h，直行无附加车道；匝道设计速度为 40km/h，均为单车道匝道，则计算立交设计通行能力为（　　）。

（A）18644pcu/h　　　　（B）5530pcu/h　　　　（C）6530pcu/h　　　　（D）14500pcu/h

解答

快速路与快速路交叉，为立 A_1 类，宜采用服务水平 II1 级，查《城市道路交叉口设计规程》（CJJ 152—2010）表 5.6.3，主线设计速度 80km/h 对应比率 $\alpha = 0.69$，匝道设计速度 40km/h 对应比率 $\alpha = 0.55$。

分别查表 5.6.2-1 及表 5.6.2-2，主线 $N_p = 1800$pcu/h，匝道 $N_p = 1700$pcu/h。

$N_S = 1800 \times 0.69 = 1242$pcu/h，$N_R = 1700 \times 0.55 = 935$pcu/h

直行无附加车道，立交通行能力为：

$N = 1242 \times (8 - 2) \times 2 + 4 \times 935 = 18644$pcu/h

答案：A

例题 6-9-8

其他条件同例题 6-9-7，据当地可靠资料，主线及匝道连续小客车车流平均车头时距分别为 2、2.12（s/pcu），则立交设计通行能力为（　　）。

（A）18644pcu/h　　（B）5530pcu/h　　（C）6530pcu/h　　（D）4500pcu/h

解答

根据《城市道路交叉口设计规程》（CJJ 152—2010）公式(5.6.2)：

主线 $N_p = 3600/2 = 1800$pcu/h

匝道 $N_p = 3600/2.12 = 1700$pcu/h

其他计算过程与例题 6-9-7 相同。

答案：A

例题 6-9-9（2022 年补考真题）

某城市道路互通立交为机非混行，直行非机动车流量为 1000 辆/h。某一匝道的设计速度为 30km/h，长度为 260m。计算该匝道设计通行能力取值是（　　）。并说明选择的依据和理由。（计算结果取整）

（A）791pcu/h　　（B）914pcu/h　　（C）977pcu/h　　（D）1040pcu/h

解答

根据《城市道路交叉口设计规程》（CJJ 152—2010）表 5.6.2-2、第 5.6.3 条、第 5.6.4 条：

设计速度为 30km/h，$N_p = 1550$pcu/h，机非混行，为立 B 类，按II2 服务水平，$\alpha = 0.63$。

$N = 1550 \times 0.63 = 976.5$pcu/h，取整，为 977pcu/h。

答案：C

例题 6-9-9a（2022 年补考真题）

某城市快速路立交采用单喇叭形式，主线设计速度均为 80km/h，双向 6 车道，匝道设计速度为 40km/h。主线和匝道一条车道的可能通行能力分别为 1950pcu/h 和 1700pcu/h，服务水平分别采用枢纽立交和一般匝道标准。计算该立交总的设计通行能力（不设附加车道）是（　　）。并说明选择依据和理由。（计算结果取整）

（A）6842pcu/h　　（B）7454pcu/h　　（C）7602pcu/h　　（D）8214pcu/h

解答

根据《城市道路交叉口设计规程》（CJJ 152—2010）第 5.6 节：

枢纽互通，主线按II1 服务水平，一般匝道按II2 服务水平，$\alpha_1 = 0.69$，$\alpha_2 = 0.67$

$N_S = 0.69 \times 1950 = 1345.5$pcu/h

$N_R = 0.67 \times 1700 = 1139.0$pcu/h

$N = (n - m_1)N_S + m_1 N_R = (6 - 3) \times 1345.5 + 3 \times 1139 = 7454$pcu/h

答案：B

注：喇叭立交的 AB 面为主线上行、下行方向，C 面为被交路，如下图：

例题 6-9-10（2023 年真题）

某城市枢纽型立交如下图所示，Z1、Z2 匝道的设计速度为 50km/h，长度分别为 213m、340m，根据下表中的交通量，计算图中 Z1、Z2 匝道及合流处断面 1 的基本车道数是（　　　）。

例题 6-9-10 表

名称	南进口			北进口			西进口			东进口		
方向	左	直	右	左	直	右	左	直	右	左	直	右
高峰小时交通量（pch/h）	887	2542	934	898	2495	975	928	2193	1191	543	2298	845

例题 6-9-10 图

（A）Z1 为单车道、Z2 为单车道、断面 1 为单车道

（B）Z1 为单车道、Z2 为单车道、断面 1 为双车道

（C）Z1 为单车道、Z2 为双车道、断面 1 为双车道

（D）Z1 为单车道、Z2 为双车道、断面 1 为三车道

解答

根据《城市道路交叉口设计规程》（CJJ 152—2010）：

（1）Z1 定向匝道，II1 服务水平，根据表 5.6.3，$\alpha = 0.58$，$N_p = 1730$，$N_1 = 1730 \times 0.58 = 1003 \text{pcu/h}$。南→东交通量 934pcu/h < 1003pcu/h，根据第 5.3.1 条第 4 款，采用单车道匝道。

（2）Z2 半定向匝道，II2 服务水平，根据表 5.6.3，$\alpha = 0.71$，$N_p = 1730$，$N_1 = 1730 \times 0.71 = 1228 \text{pcu/h}$。北→东交通量 898pcu/h < 1228pcu/h，长度 340m > 300m，根据第 5.3.1 条第 4 款，采用单车道出入口的双车道匝道。

（3）断面 1 交通量 $934 + 898 = 1832$m，$1832/1003 = 1.8$，采用双车道匝道。

答案：C

📖 **考点分析**

（1）城市道路通行能力计算较公路复杂，容易出案例计算题，该类考点主要按《城市道路交叉口设计规程》（CJJ 152—2010）解题，步骤如下：

①根据相交道路的类型、立交类型，根据第 3.1.4 条、第 3.1.5 条判别属于 A 类还是 B 类立交。

②根据第 5.6.4 条查立交服务设计服务水平。（主线直行服务水平按立交类型；匝道服务水平按匝道类型，未明确哪个匝道或匝道类型时，匝道服务水平可按立交类型。）

③根据设计服务水平、设计速度，查表 5.6.3，分别得到主线和匝道的比率。

④根据主线、匝道的设计速度，分别查表 5.6.2-1 及表 5.6.2-2 得到主线和匝道一条车道的可能通行能力。

⑤比率乘以可能通行能力，得到主线和匝道一条车道的设计通行能力。

⑥是否有附加车道情况，根据立交类型按第 5.6.5 条相应公式计算。

（2）机非通行匝道应根据非机动车流量，采用表 5.6.2-2 注的方法取得可能通行能力。

（3）立交通行能力可能结合连续车流平均车头时距来出题，如果题目给出连续车流平均车头时距，应按《城市道路交叉口设计规程》（CJJ 152—2010）公式(5.6.2)来计算，不再查表。

考点10　立交主线线形条件

1.公路立交主线线形条件

📖 条文规定

《公路立体交叉设计细则》（JTG/T D21—2014）规定如下：

5.5　主线线形条件

5.5.1　互通式立体交叉范围内，设有变速车道路段的主线圆曲线半径不应小于表 5.5.1 的规定值。

变速车道路段的主线圆曲线最小半径　　　　表 5.5.1

主线设计速度（km/h）		120	100	80	60
圆曲线最小半径（m）	一般值	2000	1500	1100	500
	极限值	1500	1000	700	350

条文说明

（1）主线圆曲线最小半径的控制，实质为控制弯道外侧变速车道连接部的横坡差，以提高车辆运行的安全性。因此，主线圆曲线最小半径的控制主要针对设有变速车道的路段。

（2）确定主线圆曲线最小半径的主要依据为：当设计速度大于或等于 80km/h 时，一般值按超高不大于 3%取值，极限值按超高不大于 4%取值；当设计速度小于 80km/h 时，一般值按超高不大于 4%取值，极限值按超高不大于 5%取值。

5.5.2　互通式立体交叉范围内，减速车道下坡路段和加速车道上坡路段的主线纵坡不应大于表 5.5.2 的规定值。

减速车道下坡路段和加速车道上坡路段的主线最大纵坡　　　表 5.5.2

主线设计速度（km/h）		120	100	80	60
最大纵坡（%）	一般值	2.0	2.0	3.0	4.5（4.0）
	最大值	2.0	3.0	4.0（3.5）	5.0（4.5）

注：当互通式立体交叉位于主线连续长大下坡路段底部时，减速车道下坡路段取表中括号内的值。

条文说明

主线最大纵坡的控制，主要为流出主线的车辆提供平稳减速的运行条件，对于流入主线的车辆则有利于平稳加速和安全合流。因此，主线最大纵坡的控制主要针对没有减速车道的下坡路段和加速车道上坡路段。

5.5.3 互通式立体交叉范围内，主线竖曲线半径不应小于表 5.5.3 的规定值（图 5.5.3）。

互通式立体交叉范围内主线竖曲线最小半径   表 5.5.3

主线设计速度（km/h）			120	100	80	60
竖曲线最小半径（m）	凸形	一般值	45000	25000	12000	6000
		极限值	23000（29000）	15000（17000）	6000（8000）	3000（4000）
	凹形	一般值	16000	12000	8000	4000
		极限值	12000	8000	4000	2000

注：在分流鼻端前识别视距控制路段，主线凸形竖曲线最小半径取表中括号内的值。

图 5.5.3　主线竖曲线半径控制范围示意图

条文说明

在互通式立体交叉范围内，由于运行条件复杂且变化频繁需有比其他路段更大的视距，主线竖曲线最小半径的控制，即基于保证足够视距的考虑，确定竖曲线最小半径的主要依据如下：

（1）凸形竖曲线最小半径一般值按 2 倍停车视距计算确定，极限值按 1.5 倍停车视距计算确定，物高取值为 0.1m。

（2）分流鼻端前识别视距范围内的凸形竖曲线最小半径按识别视距计算确定，识别视距取停车视距的 1.25 倍，物高取值为 0。

（3）凹形竖曲线最小半径一般值按基本路段凹形竖曲线一般值的 4 倍确定，极限值按基本路段的 2～3 倍确定。

📖 **典型例题**

例题 6-10-1

某设计速度为 80km/h 的高速公路，设置互通式立交一座，位于连续长大下坡路段选择的以下几处位置，互通立交交叉范围内其主线线形参数如下，位置最佳的为（　　　）。

例题 6-10-1 表

选项	平曲线（半径）	坡度
（A）	直线	4.0%
（B）	600	2.0%
（C）	1500	2.5%
（D）	700	3.5%

解答

根据《公路立体交叉设计细则》（JTG/T D21—2014）表 5.5.1，立交范围内主线圆曲线半径极限为 700m，因此选项 B 不满足要求，根据表 5.5.2 和题意，主线最大纵坡为 3.5%，因此选项 A 不满足要求；选项 D，平曲线和纵坡均为极限值，按照题意选项 C 位置最佳。

答案：C

例题 6-10-2

某高速公路，设计速度为 100km/h，在某处设置互通式立交一座，在主线分流鼻前方设置一处变坡点，相邻两段纵坡 $i_1 = 1.0\%$，$i_2 = -2.5\%$，则该变坡点极限最小竖曲线长度为（   ）。

（A）595m   （B）525m

（C）420m   （D）875m

解答

根据《公路立体交叉设计细则》（JTG/T D21—2014）第 5.5.3 条，主线分流鼻前方凸形竖曲线应满足识别视距要求，设计速度 100km/h，根据表 5.5.3，极限凸形竖曲线最小半径为 17000m，此时，竖曲线长度 $L = 17000 \times (2.5\% + 1.0\%) = 595m$。

答案：A

例题 6-10-3（2022 年真题）

某高速公路设计速度 80km/h，一处互通式立体交叉位于主线平均纵坡坡度 4.0%、连续坡长 6.8km 的下坡路段底部。下列各选项分别为该互通式立体交叉范围的主线凹形竖曲线半径和纵坡值，其中符合规范有关规定的是（   ）。

（A）9000m，-3.6% （B）3800m，-2.2%

（C）5200m，-3.2% （D）12000m，-4.0%

解答

根据《公路立体交叉设计细则》（JTG/T D21—2014）表 5.5.2 小注，连续长下坡底部，最大纵坡按 3.5%，选项 A、D 错；根据表 5.5.3，凹形竖曲线最小半径极限值为 4000m，选项 B 错。

答案：C

例题 6-10-4（2024 年真题）

某高速公路设计速度 80km/h，互通式立体交叉位于主线连续长大下坡路段底部，下列各选项分别为该互通式立体交叉范围凹形竖曲线半径、长大下坡方向减速车道路段主线纵坡，其中符合规范规定的是哪一项？

（A）13500m，-3.8% （B）8500m，-2.6%

（C）3800m，-2.2% （D）3000m，-1.5%

解答：

根据《公路立体交叉设计细则》（JTG/T D21—2014）5.5.2 条，当互通式立体交叉位于主线连续长大下坡路段底部时，减速车道下坡路段取表中括号内的值，即对应 80km/h，最大纵坡为 3.5%，A 不符合。

根据表 5.5.3，80km/h，互通式立体交叉范围内主线竖曲线最小半径凹曲线极限值为 4000m，一般值为 8000m，C、D 不符合。

B 均符合规范。

答案：B

2. 城市立交主线线形条件

《城市道路交叉口设计规程》（CJJ 152—2010）规定如下：

5.2 主线的平纵线形

5.2.1 立交主线平面线形技术要求应与路段一致。在进出立交的主线路段，其行车视距宜大于或等于 1.25 倍的停车视距。

5.2.2 机动车道最大纵坡应符合表 5.2.2 的规定。

机动车道最大纵坡度   表 5.2.2

设计速度（km/h）	100	80	60	50	40
最大纵坡度推荐（%）	3	4	5	5.5	6
最大纵坡度限制（%）	5	6	7		8

注：1. 机动车道最大纵坡应采用小于或等于最大纵坡度推荐值；受地形条件或特殊情况限制时，方可采用最大纵坡限制值。
2. 山区城市设计速度为 40km/h 的道路，经技术经济论证，最大纵坡可增加 1%。
3. 越岭路线连续上坡（或下坡）路段，地形相对高差为 200～500m 时，平均纵坡不应大于 5.5%；地形相对高差大于500m 时，平均纵坡不应大于 5%，且连续 3km 路段的平均纵坡不应大于 5.5%。
4. 海拔 3000m 以上高原城市道路的最大纵坡推荐值可按表列值减小 1%，最大纵坡折减后若小于 4%，则仍采用 4%。
5. 冰冻积雪地区快速路最大纵坡不得超过 4%，其他道路不得超过 6%。

5.2.3 机动车道纵坡长度应符合下列规定：

1 道路纵坡最小长度应符合表 5.2.3-1 规定，且应大于相邻两个竖曲线切线长度之和。

纵坡坡段最小长度   表 5.2.3-1

设计速度（km/h）	100	80	60	50	40	30	20
坡段最小长度（m）	250	200	150	140	110	85	60

2 当道路纵坡大于表 5.2.2 所列推荐值时，可按表 5.2.3-2 的规定限制坡长。当道路纵坡超过5%，坡长超过表 5.2.3-2 的规定时，应设纵坡缓和段。缓和段的纵坡不应大于 3%，其长度应符合表 5.2.3-1 最小坡长的规定。

纵坡限制坡长   表 5.2.3-2

设计速度（km/h）	100			80			60			50			40	
纵坡度（%）	4	4.5	5	5	5.5	6	6	6.5	7	6	6.5	7	6.5	7
纵坡限制坡长（m）	700	600	500	600	500	400	400	350	300	350	300	250	300	250

5.2.4 非机动车道线形应符合下列规定：

1 非机动车道与主线平行布置时，其平面线形应与主线一致。

2 独立布置的非机动车道平面线形由直线和圆曲线组成，其缘石圆曲线最小半径应为 5m。兼有辅道功能的非机动车道，其圆曲线最小半径应采用机动车道技术指标最小值。

3 非机动车道纵坡度宜小于 2.5%；当大于或等于 2.5% 时，其坡长控制应符合表 5.2.4 的规定。

非机动车道限制坡长（m）			表 5.2.4
	车种		
坡度	自行车	三轮车、板车	
3.5%	150	—	
3%	200	100	
2.5%	300	150	

4 非机动车道变坡点处应设竖曲线，竖曲线最小半径宜为500m。

📖 **典型例题**

例题 6-10-5

东北地区某城市快速路设计速度 80km/h，与规划主干路设一座互通式立交。下列各选项分别为该互通式立体交叉范围的主线凸型竖曲线半径和纵坡值，其中符合规范有关规定的是（　　）。

（A）6000m，−2.4%　　　　　　　　（B）2800m，3%

（C）3500m，4.5%　　　　　　　　　（D）7000m，−5%

解答

根据《城市道路交叉口设计规程》（CJJ 152—2010）5.2.2 条规定，80km/h 最大纵坡推荐值为 4%。东北积雪地区快速路最大纵坡不得超过 4%。排除 C、D。

根据《城市道路路线设计规范》（CJJ 193—2012）表 7.5.1，凸形竖曲线最小半径一般值为 4500m，B 错误，A 正确。

答案：A

📖 **考点分析**

（1）公路立交主线线形条件主要依据《公路立体交叉设计细则》（JTG/T D21—2014）来判断，最大纵坡和竖曲线最小半径按最大值（极限值）控制时，应特别留意表注的说明，要采用表中括号内的值。

（2）对照《公路路线设计规范》（JTG D20—2017）的表 11.1.9，《公路立体交叉设计细则》（JTG/T D21—2014）要求的数值一致，但是主线纵坡条件放宽了限制，仅在变速车道路段作出规定，并且在有利条件下（减速车道上坡路段、加速车道下坡路段）不受细则表 5.5.2 的限制。

（3）城市立交的主线平纵线形条件依据《城市道路交叉口设计规程》（CJJ 152—2010）5.2 节，与公路有较大区别，但解题思路类似。

考点11　公路立交形式选择

1.公路左转弯出口、入口匝道形式选择

📖 **条文规定**

《公路立体交叉设计细则》（JTG/T D21—2014）规定如下：

6.3.2　三岔交叉左转弯出口匝道形式的采用应符合下列规定：

1　当交通量大小相当的两条多车道公路呈三岔交叉时，宜采用直连式［图6.3.2a)］。

2　当主次分明的两条多车道公路呈三岔交叉，且左转弯交通量在合流交通量中为主交通流时，宜采用右出左进半直连式［图6.3.2b)］；当左转弯交通量在合流交通量中为次交通流时，宜采用右出右进半直连式［图6.3.2c)］。

a) 直连式　　　　　　b) 左出右进半直连式　　　　　　c) 右出右进半直连式

图 6.3.2　三岔交叉左转弯出口匝道形式

3　当被交叉公路为双车道公路，或被交叉公路交通量较小时，可采用右出左进半直连式或环形。

6.3.3　三岔交叉左转弯入口匝道形式的采用应符合下列规定：

1　当交通量大小相当的两条多车道公路呈三岔交叉时，宜采用直连式［图6.3.3a)］。

2　当主次分明的两条多车道公路呈三岔交叉，且左转弯交通量在分流交通量中为主交通流时，宜采用左出右进半直连式［图6.3.3b)］；当左转弯交通量在分流交通量中为次交通流时，宜采用右出右进半直连式［图6.3.3c)］。

a) 直连式　　　　　　b) 左出右进半直连式　　　　　　c) 右出右进半直连式

图 6.3.3　三岔交叉左转弯入口匝道形式

3　当被交叉公路为双车道公路，或被交叉公路交通量较小时，可采用左出右进半直连式或环形。

📖 典型例题

例题 6-11-1

某一级干线公路，在K21+200处设有一条连接线，连接线为一级公路，准备在该处设置一座三岔立体交叉，左转弯交通量较少，主线出口匝道在合流中为次要交通流，入口匝道在分流中为次要交通流，关于该立交左转弯匝道的形式选择有：

①主线出口匝道采用右出右进半直连式。

②主线出口匝道采用右出左进半直连式。

③主线入口匝道采用右出右进半直连式。

④主线入口匝道采用环形匝道。

以上四种形式，方案较为合理的为（   ）。

（A）①③
（B）②④
（C）①②③
（D）①③④

解答

被交路为双车道公路，根据《公路立体交叉设计细则》（JTG/T D21—2014）第 6.3.2 条和第 6.3.3 条，①③合理，②不合理；由于左转弯交通量较少，主线入口匝道可采用环形匝道（相当于 A 型单喇叭）。

答案：D

2. 根据交通量选择公路立交形式

📖 条文规定

《公路立体交叉设计细则》（JTG/T D21—2014）规定如下：

6.3.4 左转弯匝道形式应根据匝道设计小时交通量$DDHV$确定，并应符合下列规定：

1 当$DDHV \geqslant 1500\text{pcu/h}$时，左转弯匝道宜选用内转弯半直连式。

2 当$1000\text{pcu/h} \leqslant DDHV < 1500\text{pcu/h}$时，左转弯匝道宜选用外转弯半直连式，亦可选用内转弯半直连式。

3 当$DDHV < 1000\text{pcu/h}$时，左转弯匝道可选用环形、外转弯半直连式或迂回型半直连式。

4 当各左转弯匝道$DDHV < 1000\text{pcu/h}$，且有部分匝道需采用半直连式时，交通量较大者或出口匝道宜选用半直连式。

6.4 一般互通式立体交叉

6.4.1 当三岔交叉至少有一条左转弯匝道的交通量小于单车道匝道设计通行能力时，可选用三岔喇叭形。交叉类型的选用应符合下列规定：

1 当左转弯出口匝道交通量大于单车道匝道设计通行能力时，应选用 A 型［图 6.4.1a）］。

2 当左转弯入口匝道交通量大于单车道匝道设计通行能力时，宜选用 B 型［图 6.4.1b）］。

3 当左转弯交通量均小于单车道匝道设计通行能力时，宜选用 A 型。

4 当左转弯交通量均小于单车道匝道设计通行能力，且左转弯入口匝道交通量相对较大或受现场条件的限制时，可选用 B 型。

a) A 型　　　　　　　　　　　　　　　　b) B 型

图 6.4.1 三岔喇叭形互通式立体交叉

6.4.2 当三岔交叉左转弯交通量均小于单车道匝道设计通行能力，或被交叉公路远期将延伸形成四岔交叉且规划为苜蓿叶形时，可采用叶形（图 6.4.2）。

6.4.3 当三岔交叉各左转弯交通量大小相当，且主线侧用地受限时，可采用梨形（图 6.4.3）。

图 6.4.2 叶形互通式立体交叉 　　　　　　 图 6.4.3 梨形互通式立体交叉

📖 典型例题

例题 6-11-2（2019 年真题）

某三岔一般互通式立体交叉，匝道设计服务水平采用四级，设计速度采用 40km/h，根据下图交通量分布情况，初拟四个方案，根据左转弯交通量大小及分布，方案中与交通量分布最适应的为（　　　）。

例题 6-11-2 图（尺寸单位：pcu/h）

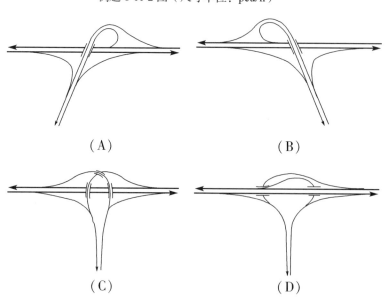

解答

根据《公路立体交叉设计细则》（JTG/T D21—2014）表 4.5.4 和第 6.4.1 条，主要公路左转流量为 600pcu/h，次要公路左转流量为 200pcu/h，匝道设计速度为 40km/h 时，单车道设计通行能力为 1000pcu/h，左转弯出口匝道交通量大于左转弯入口匝道交通量，两者差异较大，且左转车道流量均小于单车道设计通行能力，宜选用 A 型喇叭方案一。

628

答案：A

例题 6-11-3

某三岔互通式立交各流向的设计小时交通量如下图所示，设计速度采用 40km/h，则该立交设计方案最合理的是（　　　）。

例题 6-11-3 图（单位：pcu/h）

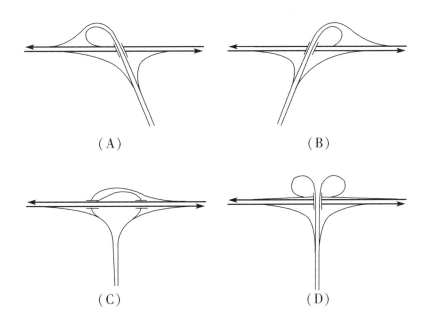

解答

三岔立交，左转入口交通量为 1100pcu/h，大于单车道环形匝道设计通行能力（1000pcu/h），入口不应采用环形匝道，排除选项 B 和 D。左转出口交通量和左转入口交通量大小差异较大，并且未交代主线侧条件受限，因此，不适用梨形立交。宜采用 B 型喇叭形，选项 A 符合条件。

答案：A

例题 6-11-4

某四岔互通式立交各流向的设计小时交通量如下图所示，则该立交设计方案最合理的是（　　　）。

例题 6-11-4 图（单位：pcu/h）

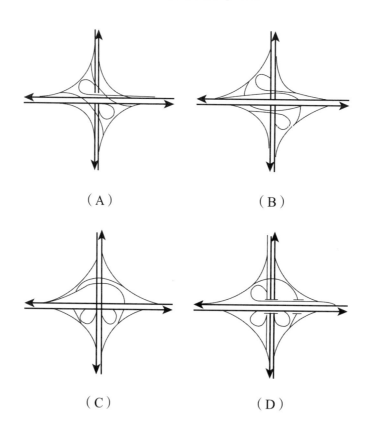

（A）　　　　　　　　　　　　（B）

（C）　　　　　　　　　　　　（D）

解答

四岔立交，路 2 至路 1 的左转交通量为 1600pcu/h，大于 1500pcu/h，因此这两个方向的匝道宜采用内转弯半直连式匝道，只有选项 A 符合条件。

答案： A

例题 6-11-5（2022 年补考真题）

某高速公路互通式立体交叉匝道双向年平均日交通量为 25812pcu/d，方向不均匀系数为 65%，设计小时交通量系数为 0.09。根据其设计小时交通量，在下列各匝道形式中，该左转弯匝道宜选用的形式是（　　　）。

（A）环形   （B）内转弯半直连式

（C）外转弯半直连式   （D）迂回型半直连式

解答

$$DDHV = AADT \times K \times D = 25812 \times 0.65 \times 0.09 = 1510\text{pcu/h} > 1500\text{pcu/h}$$

根据《公路立体交叉设计细则》（JTG/T D21—2014）第6.3.4条，$DDHV \geqslant 1500\text{pcu/h}$，宜选内转弯半直连式。

答案： B

例题 6-11-6（2024年真题）

某四岔交叉的公路互通式立体交叉，其中一左转弯匝道双向年平均日交通量为22803pcu/d，设计小时交通量系数为0.12，方向不均匀系数为55%，该匝道的4个可选方案见下图。根据规范规定、匝道设计小时交通量及交叉形态，宜采用的是其中哪一方案？

（A）第一方案   （B）第二方案

（C）第三方案   （D）第四方案

解答：

根据《公路立交设计细则》（JTG/T D21—2014）：

（1）根据4.5.2条，$DDHV = AADT \times K \times D = 22803 \times 0.12 \times 0.55 = 1505\text{pcu/h}$

（2）根据6.3.4条第1款，当$DDHV \geqslant 1500$时，左转弯匝道宜选用内转弯半直连式。

（3）根据图6.3.1，第二方案符合。

答案： B

📖 **考点分析**

（1）立交选型要点在于转弯匝道的形式选择，由于右转弯匝道一般采用右出右进的直连式，解题主要依据左转弯的交通量和选择左转弯匝道形式。

（2）通过左转弯交通量与单车道通行能力的对比，选出可以采用环形匝道的方向，以及需采用半直连式匝道的方向。

（3）左转弯交通量大于1500pcu/h时，该方向应特别注意，需采用内转弯半直连式匝道。

考点12　公路与城市道路车道连续、基本车道数与车道平衡

1. 公路立交车道连续、基本车道数与车道平衡的计算

《公路立体交叉设计细则》（JTG/T D21—2014）规定如下：

5.7　车道连续

5.7.1　互通式立体交叉应保证主交通流方向基本车道的连续性。根据主交通流的分布，交叉形态及车道布置应符合下列规定：

1　当直行交通为主交通流时，应保持原有的交叉形态［图5.7.1a）］。

2　当主交通流在交叉象限内转弯，且其交通流线为同一高速公路的延续时，该转弯交通流线宜按主线设计，原直行交通流线宜按匝道设计［图5.7.1b）、图5.7.1c）］。

a) 主交通流呈十字交叉　　　b) 主交通流在象限内转弯　　　c) 主交通流呈 X 形分布

图 5.7.1　主交通流方向车道的连续性示意图

条文说明

当主交通流在交叉象限内转弯时，主交通流线如果仍按原交叉形态设计为匝道，则与驾驶人期望相悖，容易导致驾驶人判断失误或主交通流线局部路段通行能力不足等，故本条第 2 款规定此种交通流线宜按主线设计。

5.7.2　当两条高速公路形成错位交叉的互通式立体交叉时，共用路段的车道布置应符合下列规定：

1　当共用路段长度大于 3km 时，共用路段可按整体式横断面设计（图 5.7.2-1），共用路段的基本车道数应根据该路段的设计小时交通量确定，且相对于相邻路段所增加的基本车道数不应超过一条。

图 5.7.2-1　共用路段长度大于 3km 时的设计示例

2　当共用路段长度小于或等于3km，或共用路段需增加的基本车道数超过一条时，两条高速公路的直行车道应分开设置，并应保持各自直行车道的连续性（图5.7.2-2）。

a) 方案一

b) 方案二

图 5.7.2-2　共用路段长度小于或等于3km时的设计示例

条文说明

（1）当两条高速公路因错位交叉形成共用路段时，如果共用路段过短，高速公路直行交通流之间将出现交织，并将影响通行能力和运行安全，因此本条对共用路段的最小长度予以规定。

（2）确定共用路段最小长度所考虑的主要因素，包括基本车道连续、能形成独立的分、合流区而不致出现交织现象，以及能满足变速车道的布置和指路标志的设置需要等。

5.8.1　分、合流连接部应保持车道平衡，分、合流前后的车道数应连续或变化最小，主线每次增减的车道数不应超过一条。

5.8.2　在合流连接部，合流后与合流前车道数之间的关系应符合式(5.8.2-1)或式(5.8.2-2)的规定（图5.8.2）。

$$N_C = N_F + N_E - 1 \tag{5.8.2-1}$$

$$N_C = N_F + N_E \tag{5.8.2-2}$$

式中：N_C——合流后的主线车道数；

　　　N_F——合流前的主线车道数；

　　　N_E——匝道车道数。

a) 单车道入口

图　5.8.2

b) 带辅助车道的单车道入口

c) 带辅助车道的双车道入口

d) 带双车道辅助车道的双车道入口

图 5.8.2 合流连接部的车道平衡

5.8.3 在分流连接部，分流前与分流后车道数之间的关系应符合式(5.8.3)的规定（图 5.8.3）。

$$N_C = N_F + N_E - 1 \tag{5.8.3}$$

式中：N_C——分流前的主线车道数；

N_F——分流后的主线车道数；

N_E——匝道车道数。

a) 单车道出口

b) 带辅助车道的双车道出口

图 5.8.3 分流连接部的车道平衡

《公路路线设计规范》（JTG D20—2017）规定如下：

11.4.1 高速公路应在全长范围内或重要节点之间的较长路段内保持固定基本车道数。相邻的两路段间，一个方向行车道上的基本车道数的变化不得大于 1。

11.4.2 高速公路上，主线与匝道的分、汇流处应保持车道数的平衡，即图 11.4.2 所示的各部分的车道数，应满足式(11.4.2)的规定。

$$N_C \geqslant N_F + N_E - 1 \tag{11.4.2}$$

式中：N_C——分流前或汇流后的主线车道数；

N_F——分流后或汇流前的主线车道数；

N_E——匝道车道数。

📖 典型例题

例题 6-12-1（2019 年真题）

某互通式立体交叉合流连接部的 4 个初步方案如下图所示（括号中数字为车道数）。在各方案中，不符合合流连接部车道平衡原则的方案是（　　）。

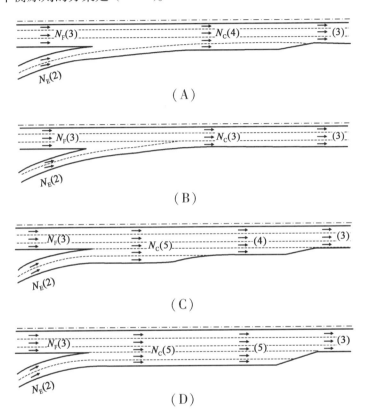

解答

根据《公路路线设计规范》（JTG D20—2006）第 11.4.2 条：

$N_C \geqslant N_F + N_E - 1$

选项 A：$4 = 3 + 2 - 1 = 4$，满足规范要求。

选项 B：$3 < 3 + 2 - 1 = 4$，不满足规范要求。

选项 C：$5 > 3 + 2 - 1 = 4$，满足规范要求。

选项 D：$5 > 3 + 2 - 1$，满足规范要求。

答案：B

例题 6-12-2（2020 年真题）

下列为某高速公路合流连接部车道布置方案示意图，其中不符合车道平衡原则的方案是（　　）。

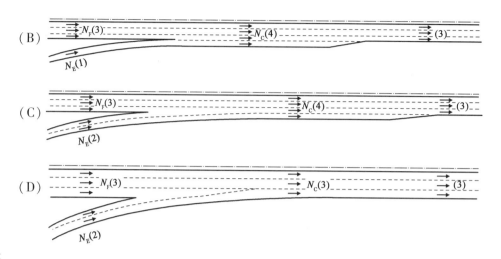

解答

根据《公路路线设计规范》(JTG D20—2017)第11.4.2条，$N_C \geqslant N_F + N_E - 1$。

选项D，$N_C = 3 < 3 + 2 - 1 = 4$，不满足车道平衡，选项A、B、C均满足车道平衡原则。

答案：D

例题 6-12-3（2021年真题）

下列为高速公路分流连接部车道布置方案示意图，其中既符合车道平衡，又符合主线增减车道数要求的是（　　）。

（A）方案一

（B）方案二

（C）方案三

（D）方案四

解答

根据《公路立体交叉设计细则》(JTG/T D21—2014)第5.8.3条：

选项A：$3 + 1 - 1 = 3 \neq 4$

选项B：$3 + 2 - 1 = 4 \neq 3$

选项 C：主线由 3 车道变成 5 车道，不符合主线增减车道数不应超过 1 条的规定。

选项 D：$3 + 2 - 1 = 4$，3 车道变 4 车道，符合。

答案：D

例题 6-12-4

某公路立交合流连接部，合流前主线车道数为 3 条车道，则合流后连接部所有可能车道数量为（　　）。

（A）3 条　　　　　　　　　　　　（B）3 条或 4 条

（C）4 条或 5 条　　　　　　　　　（D）3 条、4 条或 5 条

解答

根据《公路立体交叉设计细则》（JTG/T D21—2014）第 5.8.2 条：

合流后的连接部车道需满足公式：$N_C = N_F + N_E - 1$，$N_C = N_F + N_E$。

当为单车道匝道时，N_C 可取 3 条或 4 条车道。

当为双车道匝道时，N_C 可取 4 条或 5 条车道。

所有可能的车道数为 3 条、4 条或 5 条。

答案：D

例题 6-12-5（2021 年真题）

有两条高速公路形成错位交叉的互通式立交，共用路段单向设计小时交通量 5760pcu/h，设计速度为 100km/h，设计服务水平采用三级，拟采用整体式断面。下列选项为共用路段 4 个方案的几何数据（各符号意义见图），其中符合规范规定又经济合理的是（　　）。

例题 6-12-7 图

L-共用路段长度；N_C-共用路段单向车道数；N_F-相邻路段单向车道数

（A）方案一，$L = 2.28$km，$N_C = 4$，$N_F = 3$

（B）方案二，$L = 3.50$km，$N_C = 5$，$N_F = 3$

（C）方案三，$L = 4.06$km，$N_C = 5$，$N_F = 4$

（D）方案四，$L = 5.35$km，$N_C = 4$，$N_F = 3$

解答

根据《公路路线设计规范》（JTG D20—2017）表 3.2.2-1，$V = 100$km/h，三级服务水平 $MSF = 1600$pcu/(h·ln)，$5760/1600 = 3.6$，应选 4 车道；

按车道平衡，主线基本车道数增减不应超过一条，$N_F = 3$；

根据《公路立体交叉设计细则》（JTG/T D21—2014）第 5.7.2 条，共用路段 $L > 3$km，方案四合理。

答案：D

例题 6-12-6（2022 年真题）

下图为 A 地至 B 地高速公路与 C 地至 D 地高速公路形成的错位交叉交通量分布图。上下行方向中，最短共用路段的长度为 3.870km。两条高速公路设计速度均为 100km/h，设计服务水平均为三级，其中 A 地至 B 地高速公路为双向六车道。请问根据规范有关规定，共用路段应采用的方案为（　　　）。

例题 6-12-8 图（单位：pcu/h）

（A）采用整体式断面　　　　　　　　　（B）两条高速公路直行车道分开设置
（C）保持双向六车道独立设置交叉　　　（D）以上方案均可

解答

根据《公路路线设计规范》（JTG D20—2017）表 3.4.1-1，三级服务水平，100km/h，MSF = 1600pcu/(h·ln)，车道数 = 7210/1600 = 4.5 条，取整单向 5 条车道。

根据《公路立体交叉设计细则》（JTG/T D21—2014）第 5.7.2 条第 2 款，相邻高速公路为单向 3 车道，共用路段需增加的基本车道数为 2 条，超过一条，直行车道应分开设置。

答案：B

2. 城市立交车道连续、基本车道数与车道平衡的计算

📖 条文规定

《城市道路交叉口设计规程》（CJJ 152—2010）规定如下：

5.4.2　在城市快速路的全长或较长的路段内基本车道数应保持一致，相邻两段同一方向的增减必须符合基本车道数连续和车道数平衡原则，每次增减不得多于一条，分、合流处（图 5.4.2）应按下式进行计算：

$$N_c \geqslant N_f + N_e - 1 \tag{5.4.2}$$

式中：N_c——分流前或合流后的主线车道数；

N_f——分流后或合流前的主线车道数；

N_e——匝道车道数。

📖 规范条文解析

（1）基本车道数连续和车道数平衡是立交设计的基本原则，应当严格遵守，公路设计中不满足该原则就必须设置辅助车道，《城市道路交叉口设计规程》（CJJ 152—2010）第 5.3.5 条中的双车道匝道出口、

入口图均不满足车道数平衡的原则，为城市立交特有的例子，《城市道路交叉口设计规程》（CJJ 152—2010）规定枢纽立交的定向匝道在双车道出入口交通量很大时，应增设辅助车道。

（2）《公路路线设计规范》（JTG D20—2017）与《城市道路交叉口设计规程》（CJJ 152—2010）对车道平衡的计算公式相同，为了满足分合流车道数平衡的同时保证基本车道数固定，实际设计工作中，均按《公路立体交叉设计细则》（JTG/T D21—2014）的方法设计分合流的车道数。

📖 **典型例题**

例题 6-12-7（2019 年真题）

城市快速路段为基本车道保持一致，其分流处主线单向分为三车道，匝道为单向两车道，如下图所示。如果要保持主线车道平衡，那么，分流处主路的车道数 N_c 应不小于（　　）。

例题 6-12-2 图

（A）3 条　　　　　（B）4 条　　　　　（C）5 条　　　　　（D）6 条

解答

根据《城市道路交叉口设计规范》（CJJ 152—2010）第 5.4.2 条，在城市快速路的全长或较长的路段内基本车道数应保持一致，相邻两段同一方向的增减必须符合基本车道数连续和车道数平衡原则，每次增减不得多于一条，分、合流处应按下式进行计算：

$N_c \geqslant N_f + N_e - 1$

代入参数求得，$N_c \geqslant 3 + 2 - 1$，即 $N_c \geqslant 4$。

答案：B

例题 6-12-8（2021 年真题）

某两条城市快速路相交设置枢纽型立交，其中一条快速路设计速度为 80km/h，双向六车道，其右幅路侧分别设置出口匝道和入口匝道。出口定向匝道设计速度为 50km/h，高峰小时交通量为 1378pcu/h，入口定向匝道设计速度 60km/h，高峰小时交通量为 820pcu/h，下列关于该主路与匝道分、合流处车道的示意图，符合规范规定的是（　　）。并说明依据和理由。

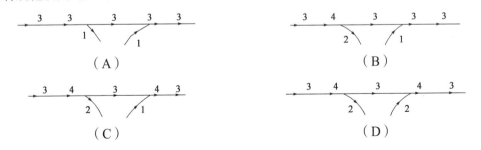

（A）　　　　　　　　　　　　　　（B）

　　　　　　　　　　　　　　　　（C）　　　　　　　　　　　　　　（D）

解答

根据《城市道路交叉口设计规程》（CJJ 152—2010）表 5.6.2-2、表 5.6.3。

出口：50km/h，$N_p = 1730$pcu/h；定向匝道Ⅱ1 服务水平 $\alpha = 0.58$，设计通行能力 $N = 1730 \times 0.58 = 1003$pcu/h，小于 1378pcu/h，为双车道。

入口：60km/h，$N_p = 1750$pcu/h；定向匝道Ⅱ1 服务水平 $\alpha = 0.62$，设计通行能力 $N = 1750 \times 0.62 = 1085$pcu/h，大于 820pcu/h，为单车道。（即使匝道较长，需要做双车道匝道，在入口也应压缩为单车道）

则选项 A、D 不满足。

选项 C，单车道匝道合流后不需要设置辅助车道。

选项 B 满足车道数和车道平衡要求。

答案：B

例题 6-12-9（2022 年真题）

某城市新建枢纽立交，其中一条快速路设计速度为 100km/h，双向 6 条机动车道，其左半幅路侧分别设置出口匝道和入口匝道。出口定向匝道设计速度为 60km/h，高峰小时交通量为 1010pcu/h；入口定向匝道设计速度为 40km/h，高峰小时交通量为 1510pcu/h。下列图中关于该主路与匝道分、合流处车道数，符合规范规定的是（　　　）。并请说明依据和理由。（不考虑匝道长度）

解答

根据《城市道路交叉口设计规程》（CJJ 152—2010）表 5.6.2-2、表 5.6.3。

出口：60km/h，$N_p = 1750$pcu/h；定向匝道Ⅱ1 服务水平 $\alpha = 0.62$，设计通行能力 $N = 1750 \times 0.62 = 1085$pcu/h > 1010pcu/h，出口为单车道。

入口：40km/h，$N_p = 1700$pcu/h；定向匝道Ⅱ1 服务水平 $\alpha = 0.55$，设计通行能力 $N = 1700 \times 0.55 = 935$pcu/h < 1510pcu/h，入口为双车道。

所以，选项 A、C 不满足。

选项 D，入口合流后 $3 < 3 + 2 - 1 = 4$，不满足车道平衡。

选项 B 满足通行能力和车道平衡要求。

答案：B

> 📖 **考点分析**

（1）车道平衡和连续应注意三点：

①主线基本车道数保持固定。

②主线每次增减的车道数不应超过一条。

③$N_c \geqslant N_f + N_e - 1$。

（2）关于城市立交车道平衡，2021 年真题出现了争议，2022 年真题似乎在纠正这些问题，笔者认为，2021 年真题是没有问题的，原因如下：

①题干可以不强调"不考虑匝道长度"，因为即使匝道较长，需要做双车道匝道，在入口也应压缩为单车道，车道平衡公式按入口的车道数计算。

②《公路立体交叉设计细则》参考了美国道路几何设计绿皮书（Figure10-50）的规定，对分流与合流分别做了不同规定，该规定是基于车道平衡公式中的 N_c 除了计入辅助车道的车道数外，还计入了平行式变速车道的车道数（未计入直接式变速车道的车道数），但是按照《城市道路交叉口设计规程》和一般的理解，车道平衡公式中的 N_c 是只计入辅助车道的车道数，不计入变速车道的车道数（不管是平行式还是直接式），因此，2021 年真题的 C 选项合流后不需要设置辅助车道，不该选。

考点13　公路各类车道的路面宽度计算

《公路立体交叉设计细则》（JTG/T D21—2014）规定如下：

7.2.1　匝道横断面应由车道、路缘带、硬路肩和土路肩等组成，各组成部分的宽度应符合下列规定：

1　当匝道设计速度小于70km/h时，车道宽度应采用3.50m；当匝道设计速度大于或等于70km/h时，应采用3.75m。

2　路缘带宽度应采用0.50m。

3　设紧急停车带的单向双车道匝道，左侧硬路肩宽度宜采用0.75m；其余匝道应采用1.00m。

4　当设紧急停车带时，右侧硬路肩宽度宜采用3.00m，条件受限时可适当减小，但单向单车道和单向双车道匝道不应小于1.50m，对向分隔式双车道匝道不应小于2.00m；当不设紧急停车带时，可采用1.00m。

5　土路肩宽度宜采用0.75m；当条件受限时，可采用0.50m。

6　中央分隔带宽度不应小于1.00m。

10.2.2　变速车道横断面各组成部分的宽度应符合下列规定（图10.2.2）：

1　变速车道的车道宽度宜采用匝道车道宽度。

2　变速车道与主线直行车道之间宜设置路缘带，宽度可采用0.50m。

3　右侧硬路肩宽度宜采用主线与匝道硬路肩中较宽者的宽度。当条件受限时，右侧硬路肩宽度可适当减窄，但不应小于1.50m。

图10.2.2　变速车道一个车道宽度处的横断面示意图

10.6.1　主线侧合分流连接部的辅助车道宽度宜采用与主线直行车道相同的宽度，与主线直行车道间可不设路缘带。辅助车道右侧硬路肩宽度宜与主线基本路段的右侧硬路肩相同，当条件受限时，可适当减窄，但宽度不应小于1.5m。

例题 6-13-1

某早年建成的高速公路上新增一处立交，主线设计速度为100km/h，采用双向四车道，中分带宽度为2m，车道宽3.75m，左侧路缘带宽度为0.5m，右侧硬路肩宽度为2.5m，匝道设计速度为40km/h，采用规范I型断面，硬路肩宽度3m；入口采用单车道平行式加速车道，在该加速车道段，高速公路半幅路面宽度一般值为（　　　）。

（A）14m　　　　（B）15.5m　　　　（C）14.5m　　　　（D）15m

解答

根据《公路立体交叉设计细则》（JTG/T D21—2014）第 10.2.2 条，该处高速公路半幅路面宽度应为主线车道＋路缘带＋变速车道宽＋硬路肩，硬路肩取主线与匝道硬路肩中的较宽者，故一般取 3m，变速车道宽采用匝道车道宽，为 3.5m，该处宽度一般值为 $0.5 + 3.75 \times 2 + 0.5 + 3.5 + 3 = 15$m。

答案：D

例题 6-13-2

某早年建成的高速公路上新增一处立交，主线设计速度为 100km/h，采用双向四车道，中分带宽度为 2m，车道宽 3.75m，左侧路缘带宽度为 0.5m，右侧硬路肩宽度为 2.5m，匝道设计速度为 40km/h，采用规范II型断面；入口采用双车道平行式加速车道，并设置了辅助车道，在该辅助车道段，高速公路半幅路面宽度一般值为（　　　）。

（A）14m　　　　（B）15.5m　　　　（C）14.25m　　　　（D）15m

解答

根据《公路立体交叉设计细则》（JTG/T D21—2014）第 10.6.1 条，该处高速公路半幅路面宽度应为主线车道＋辅助车道宽＋硬路肩，硬路肩宽与主线硬路肩相同，故一般取 2.5m，辅助车道宽采用与主线直行车道相同的宽度，为 3.75m，该处宽度一般值为 $0.5 + 3.75 \times 2 + 3.75 + 2.5 = 14.25$m。

答案：C

📖 考点分析

（1）《公路路线设计规范》（JTG D20—2017）的规定与《公路立体交叉设计细则》（JTG/T D21—2014）一致，解答此类题目，无论参考哪本规范，解题过程与结果一致。

（2）变速车道一个车道宽度处路面宽度计算为立交设计的基础，在路线设计软件中，该处宽度称为 W_2 值，一般 W_2 宽度指主线设计线至匝道设计线的距离，与例题中宽度略有区别。W_3 值一般为分合流鼻端的该宽度，还涉及 C_1、C_2 加宽值以及鼻端半径，C_1、C_2 的取值两本规范不一致。

（3）变速车道与辅助车道的路面宽度区别为：与主线直行车道间前者设路缘带，后者不设；车道宽度及硬路肩宽度选取方法不一样。

考点14　匝道横断面类型选择

1. 公路匝道横断面类型选择

📖 条文规定

《公路立体交叉设计细则》（JTG/T D21—2014）规定如下：

7.2.2　匝道横断面基本类型的划分应符合下列规定：

1　I型——单向单车道匝道［图 7.2.2a）］。

2　II型——无紧急停车带的单向双车道匝道，可用作对向非分隔双车道匝道［图 7.2.2b）］。

a) I型——单向单车道匝道

b) II型——无紧急停车带的单向双车道匝道

c) III型——有紧急停车带的单向双车道匝道

d) I型——对向分隔式双车道匝道

图 7.2.2　匝道横断面的基本类型（尺寸单位：cm）

注：α、β为圆曲线路段加宽值。

3　III型——有紧急停车带的单向双车道匝道［图 7.2.2c）］。

4　IV型——对向分隔式双车道匝道［图 7.2.2d）］。

5　当匝道按高速公路延续路段设计时，应采用高速公路分离式断面。

7.3　横断面类型的选用

7.3.1　单向匝道横断面类型和变速车道的车道数选择应符合下列规定：

1　匝道横断面类型和变速车道的车道数宜根据匝道设计速度、设计小时交通量和匝道长度由表 7.3.1 选取。

单向匝道横断面类型和变速车道的车道数选择条件　表 7.3.1

匝道设计速度（km/h）	80	70	60	50	40	35	30	匝道长度（m）	匝道横断面类型	变速车道的车道数
匝道设计小时交通量 DDHV（pcu/h）	DDHV<400	DDHV<400	DDHV<400	DDHV<400	DDHV<400	DDHV<400	DDHV<400	≤500	I	单车道
								>500	II	单车道
	400≤DDHV<1500	400≤DDHV<1400	400≤DDHV<1300	400≤DDHV<1200	400≤DDHV<1100	400≤DDHV<900	400≤DDHV<800	≤350	I	单车道
								>350	II	单车道
	1500≤DDHV<1800	1400≤DDHV<1700	1300≤DDHV<1600	1200≤DDHV<1500	1000≤DDHV<1400	900≤DDHV<1350	800≤DDHV<1300	不限	II	双车道
	1800≤DDHV≤2900	1700≤DDHV≤2600	1600≤DDHV≤2300	1500≤DDHV≤2000	1400≤DDHV≤1700	1350≤DDHV≤1500	—	不限	III	双车道

注：匝道长度指分、合流鼻端之间的长度。

7.3.2　对向匝道横断面类型的选用应符合下列规定：

1　对向匝道各单向车道数及横断面类型宜符合表 7.3.1 的有关规定。

2　当对向双车道匝道连接多车道公路时，宜采用IV型。

3　当对向双车道匝道连接双车道公路时，可采用II型。

10.7.3　集散道横断面（图 10.7.3）设计应符合下列规定：

1　互通式立体交叉集散道车道数及横断面类型的选择宜按本细则第 7 章的有关规定执行。

2　集散道与主线之间应设置分隔带，分隔带宽度不宜小于 2.0m。

3　主线在设有集散道路段应维持原有硬路肩的宽度。

图 10.7.3　集散道横断面示意图

《公路路线设计规范》（JTG D20—2017）规定如下：

11.3.2　匝道横断面设计应符合下列规定：

2　匝道横断面应采用图 11.3.2 所示的四种类型，并按下列条件选用：

1）交通量小于 100pcu/h 时，或交通量大于或等于 100pcu/h 但小于 1200pcu/h、匝道长度小于或等于 500m 时，应采用I型。

2）交通量大于或等于 100pcu/h 但小于 1200pcu/h、匝道长度大于 500m 时，应考虑超车之需而采用II型，此时采用单车道出入口。

3）交通量大于或等于 1200pcu/h 但小于 1500pcu/h 时，应采用II型。

4）交通量大于或等于 1500pcu/h 时，应采用III型。

5）对向分隔式双车道匝道，应采用IV型。当设计速度小于或等于 40km/h，且位于非高速公路一方时，可选用对向非分隔式双车道匝道，可采用II型。

6）对向分隔式匝道各单向车道数及横断面组成，宜符合匝道横断面基本类型及尺寸的规定。

7）环形匝道采用单车道匝道，其设计通行能力为 800～1000pcu/h。

📖 **典型例题**

例题 6-14-1（2019 年真题）

某互通式立体交叉匝道设计服务水平采用四级，其中一条出口匝道设计速度为 40km/h，设计小时交通量为 600pcu/h，从减速车道起点到该匝道合流鼻端之间的总长度为 593m，其中减速车道全长为 245m。下列匝道类型，符合规范要求的匝道横断面类型为（　　　）。

（A）I型，单向单车道匝道

（B）II型，无紧急停车带的单向双车道匝道

（C）III型，有紧急停车带的单向双车道匝道

（D）IV型，对向分隔式双车道匝道

解答

根据《公路立体交叉设计细则》（JTG/T D21—2014）表 7.3.1 注：匝道长度指分、合流鼻端之间的长度，因此，匝道长度 = 593 − 245 = 348m ≤ 350m。

$V = 40$km/h，查表 7.3.1，$400 \leqslant DDHV = 600$pcu/h < 1100。

故选I型，单车道。

答案： A

注：也可依据《公路路线设计规范》（JTG D20—2017）第 11.3.2 条计算。

例题 6-14-2（2020 年真题）

高速公路互通式立体交叉某匝道设计速度为 40km/h，设计小时交通量为 580pcu/h，分、合流鼻端桩号分别为 AK0 + 132.510 和 AK0 + 450.310，根据规范规定，该匝道宜选用的横断面类型是（　　　）。

（A）I型—单向单车道匝道

（B）II型—无紧急停车带的单向双车道匝道

（C）III型—有紧急停车带的单向双车道匝道

（D）IV型—对向分隔式双车道匝道

解答

分合流鼻端匝道长度为：$450.31 − 132.51 = 317.8$m < 350m

根据《公路立体交叉设计细则》（JTG/T D21—2014）第 7.3.1 条，匝道设计速度 40km/h，设计小时交通量 580pcu/h 大于 400pcu/h 但小于 1100pcu/h，采用I型匝道。

答案： A

例题 6-14-3

位于成都城郊的某高速立交，其中 D 匝道为从 A 高速转向 B 高速的右转匝道，该匝道设计速度为 40km/h，起点桩号 DK0 + 000，终点桩号 DK0 + 830，出口分流鼻桩号 DK0 + 120，入口合流鼻桩号 DK0 + 670，该匝道预测年度的年平均日交通量为 4000pcu/d，该匝道应选用的横断面类型及出入口的变速车道的车道数应为（　　　）。

（A）I型，单车道变速车道 　　　　　　（B）II型，单车道变速车道

（C）II型，双车道变速车道 　　　　　　（D）III型，双车道变速车道

解答

计算匝道设计小时交通量$DDHV = 4000 \times 9\% = 360pcu/h < 400pcu/h$

分、合流鼻端之间的匝道长度$670 - 120 = 550m > 500m$

匝道设计速度为40km/h，查《公路立体交叉设计细则》（JTG/T D21—2014）表7.3.1，采用Ⅱ型，单车道变速车道，选项B正确。

答案：B

例题 6-14-4

某高速公路两处互通立交距离为 1.5km，采用集散车道连接组成复合式立体交叉，该集散车道设计速度为60km/h，长度为2.3km，经过交通量分析，集散车道预测交通量为900pcu/h，该集散道应选用的横断面类型及出入口的变速车道的车道数应为（　　　）。

（A）Ⅰ型，单车道变速车道　　　　　（B）Ⅱ型，单车道变速车道

（C）Ⅱ型，双车道变速车道　　　　　（D）Ⅲ型，双车道变速车道

解答

集散车道设计小时交通量$DDHV = 900pcu/h < 1300pcu/h$

集散车道长度$2300m > 350m$

集散车道设计速度60km/h，查《公路立体交叉设计细则》（JTG/T D21—2014）表7.3.1，采用Ⅱ型，单车道变速车道，选项B正确。

答案：B

例题 6-14-4a（2022 年补考真题）

某高速公路枢纽互通式立体交叉 E 匝道设计速度为 60km/h，双向年平均日交通量为 13500pcu/d，方向不均匀系数为 60%，设计小时交通量系数为 0.11，该匝道平面线形设计起讫桩号为 EK0 + 000～EK0 + 586.425，E 匝道与主线分流、与被交叉路合流鼻端桩号分别为 EK0 + 112.365、EK0 + 460.115，下列各选项为该匝道横断面类型和变速车道的车道数，根据行业现行标准的有关规定，宜选择（　　　）。

（A）Ⅰ型，单车道　　　　　（B）Ⅱ型，单车道

（C）Ⅱ型，双车道　　　　　（D）Ⅲ型，双车道

解答

$$DDHV = AADT \times K \times D = 13500 \times 0.6 \times 0.11 = 891pcu/h$$

$$400pcu/h < 891pcu/h < 1300pcu/h$$

匝道长：$460.115 - 112.365 = 347.75m$，小于350m。

根据《公路立体交叉设计细则》（JTG/T D21—2014）表7.3.1，60km/h，选用Ⅰ型，单车道。

答案：A

2. 城市立交匝道横断面类型选择

📖 条文规定

《城市道路交叉口设计规程》（CJJ 152—2010）规定如下：

5.3.1　立交匝道横断面应由车道、路缘带、停车带和防撞护栏或路肩组成，并应符合下列规定：

1　匝道横断面布置宜符合表5.3.1-1中的图示（略）要求。匝道横断面形式单向交通应采用单幅式断面，双向交通应采用双向分离式断面。在匝道范围内，路、桥同宽，中央分车带困难路段

可采用分隔物（钢护栏和混凝土护栏）。

2 车行道宽应根据车道数、车型及设计速度确定，机动车车道宽度应符合表 5.3.1-2 所列数值。单车道匝道必须设停车带，停车带含一侧路缘带宽度应为 2.75m；当为小型汽车专用匝道时可为 2.0m。

机动车车道宽度 表 5.3.1-2

车型及行驶状态	设计速度（km/h）	车道宽度（m）
大型汽车或大小型汽车混行	≥60	3.75
	<60	3.5（3.25）
小型汽车专用道	≥60	3.5
	<60	3.25（3.0）

注：括号内数值为设计速度不超过 40km/h 时，或在困难情况下可采用的最小宽度值。

3 匝道横断面组成中，分隔带、路缘带、侧向净宽、安全带、分车带最小宽度及匝道建筑限界（图 5.3.1-1）应符合表 5.3.1-3 的要求，最小限高 h 值应符合本规程表 3.4.1 的规定。

图 5.3.1-1 匝道横断面组成

W_c-车行道宽度（m）；W_{mc}-机动车道路缘带宽度（m）；W_1-侧向净宽（m）；W_{dm}-中间分隔带宽度（m）；W_{sc}-安全带宽度（m）

机非混行匝道车行道宽应增加非机动车车道宽度，一般机动车道与非机动车道应采用物理分隔。

分车带最小宽度 表 5.3.1-3

分车带类别	中间带			两侧带		
设计速度V（km/h）	80～70	60～50	≤40	80～70	60～50	≤40
分隔带最小宽度W_{dm}（m）	1.5	1.5	1.5	1.5	1.5	1.5
路缘带最小宽度W_{mc}（m）	0.5	0.5	0.25	0.5	0.5	0.25
安全带最小宽度W_{sc}（m）	0.5	0.25	0.25	0.25	0.25	0.25
最小侧向净宽W_1（m）	1	0.75	0.5	0.75	0.75	0.5
分车带最小宽度W_{sm}（m）	2.5	2.5	2	—	—	—

注：分车带由分隔带及两侧路缘带组成。

4 双车道匝道设置应符合下列条件：

1）交通量超过单车道匝道设计通行能力时。

2）在单车道匝道和匝道出入口通行能力满足交通量要求，但遇以下情况之一仍应采用双车道匝道，且宜采用画线方式控制出入口为一车道：

①匝道长度大于 300m。

②预计匝道上或匝道和街道连接处的管制（如信号灯控制）可能形成车辆排队，需增加蓄车

空间。

③纵坡采用极限值的陡坡匝道。

5 匝道在曲线弯道处应设置加宽，每条车道加宽值应符合表5.3.1-4所列值。曲线加宽的过渡应按主线加宽的方式执行。

圆曲线每条车道的加宽值（m）

表5.3.1-4

车型	圆曲线半径（m）								
	$200 < R \leqslant 250$	$150 < R \leqslant 200$	$100 < R \leqslant 150$	$60 < R \leqslant 100$	$50 < R \leqslant 60$	$40 < R \leqslant 50$	$30 < R \leqslant 40$	$20 < R \leqslant 30$	$15 < R \leqslant 20$
小型汽车	0.28	0.30	0.32	0.35	0.39	0.40	0.45	0.60	0.70
普通汽车	0.40	0.45	0.60	0.70	0.90	1.00	1.30	1.80	2.40
铰接车	0.45	0.55	0.75	0.95	1.25	1.50	1.90	2.80	3.50

6 匝道主曲线路面加宽的设置，应在内侧进行，当内侧加宽有困难，或加宽后对几何线形设计有较大影响时，可在内、外侧均等分配加宽值。在外侧加宽时，其加宽值宜小于车道中心线的缓和曲线内移值。

《城市道路路线设计规范》（CJJ 193—2012）规定如下：

5.3.5 变速车道应符合下列定：

1 车辆驶出或驶入主路、立交匝道及集散车道出入口处均应设置变速车道。

2 变速车道的宽度应与主路车道宽度相同。

5.3.6 集散车道可为单车道和双车道，每条集散车道的宽度宜为3.5m。与主路间设有分隔设施的集散车道，其车道数不应少于2条。

5.3.7 辅助车道的宽度应与主路车道宽度相同。

📖 **规范条文解析**

（1）《城市道路交叉口设计规程》（CJJ 152—2010）表5.3.1-1（本书略）的图示错误较多，可作为参考来理解各部分宽度的意义，主要按表5.3.1-2和表5.3.1-3对各部分取值。

（2）《城市道路交叉口设计规程》（CJJ 152—2010）图5.3.1-1左幅的W_{sc}和W_{mc}标注有误，应按右幅的标注来理解。

📖 **典型例题**

例题6-14-5（2022年真题）

某城市枢纽型立交，其中某定向匝道，通行大型汽车，转向高峰小时交通量为985pcu/h，设计速度为50km/h，长度为328m，圆曲线半径$R = 300$m，匝道为高架桥形式，两侧防撞护栏宽度各为0.6m。一般情况下，下列关于该匝道桥最小宽度符合规范规定的应为（　　　）。并说明选择的依据和理由。（计算结果取小数点后两位）

（A）7.95m　　　　　（B）8.50m　　　　　（C）9.20m　　　　　（D）9.70m

解答

根据《城市道路交叉口设计规程》（CJJ 152—2010）表5.6.2-2，$N_p = 1730$pcu/h；根据表5.6.3，$\alpha = 0.58$（定向匝道Ⅱ1服务水平）。

$N = 1730 \times 0.58 = 1003$pcu/h > 985pcu/h，但长度328m > 300m，根据5.3.1条第4款，采用双车道匝道。

根据表 5.3.1-2，车道宽 3.5m；根据表 5.3.1-3，$W_1 = 0.75$m。

$W = 0.6 + 0.75 + 3.5 \times 2 + 0.75 + 0.6 = 9.7$m

答案：D

例题 6-14-6（2022 年补考真题）

某城市道路枢纽立交，相邻匝道进出口之间设置集散车道，主线设计速度为 80km/h，匝道设计速度为 50km/h。下列关于该集散车道的路面最小宽度，符合规范规定为（　　　　）。并说明选择依据和理由。

（A）6.5m　　　　　（B）7.0m　　　　　（C）7.5m　　　　　（D）8.0m

解答

根据《城市道路交叉口设计规程》（CJJ 152—2010）表 5.3.1-3，$W_{\mathrm{mc}} = 0.5$m。

根据《城市道路路线设计规范》（CJJ 193—2012）第 5.3.6 条，车道宽 3.5m，至少 2 条车道，路面宽度为 $0.5 + 3.5 \times 2 + 0.5 = 8$m。

答案：D

例题 6-14-7（2024 年真题）

某现状城市道路枢纽型立交，其一右转定向匝道设计速度为 40km/h，长度为 237m，匝道平曲线半径为 200m，路面宽度为 7.0m，路基全宽 8.0m，路侧设置波形梁护栏，通行普通汽车，高峰小时交通量为 1350pcu/h，需进行加宽改造。根据规范规定，计算该匝道路面的最小加宽值是多少？

（A）1.9m　　　　　（B）1.4m　　　　　（C）0.9m　　　　　（D）0.4m

解答：

根据《城市道路交叉口设计规程》（CJJ 152—2010）表 5.6.2-2，$N_{\mathrm{p}} = 1700$pcu/h；

根据 5.6.4 条枢纽型立交的定向匝道采用II1 级服务水平，$\alpha = 0.55$；

设计通行能力 $C_{\mathrm{d}} = 1700 \times 0.55 = 935$pcu/h；

匝道车道数 $= 1350/935 = 1.45$，采用双车道；

根据表 5.3.1-2，匝道设计速度 40km/h，车道宽度 3.25m；

根据表 5.3.2-4，通行普通汽车，采用双车道匝道时，加宽值为 $0.45 \times 2 = 0.9$m；

根据表 5.3.1-3，路缘带最小宽度 0.25m，安全带最小宽度 0.25m；

匝道最小宽度：$0.25 + 0.25 + 3.25 \times 2 + 0.25 + 0.25 + 0.9 = 8.4$m；

改造加宽值：$8.4 - 7 = 1.4$m。

答案：B

注：改造前原匝道长度小于 300m，设计初期交通量小，为单车道匝道，单车道匝道由于硬路肩较宽，参考《公路立体交叉设计细则》，可不加宽，推测的路幅分配：$7 = 0.5 + 3.5 + 2.5 + 0.5$。

📖 **考点分析**

（1）匝道横断面基本类型划分为四类，《公路立体交叉设计细则》（JTG/T D21—2014）与《公路路线设计规范》（JTG D20—2017）完全一致，答题的原则均为交通量与单车道或双车道设计通行能力对比，并结合匝道长度综合选择。

（2）《公路立体交叉设计细则》（JTG/T D21—2014）与《公路路线设计规范》（JTG D20—2017）在具体的匝道横断面选择标准上不一致，交通量大小与匝道长度的标准均不一样，以后的考试可能会明确依据哪本规范，避免歧义，如果没有明确规范，在考试做题时，建议如果题目给了匝道设计速度，则依据《公路立体交叉设计细则》（JTG/T D21—2014），如果没有给出设计速度，则依据《公路路线设计规范》（JTG D20—2017）。

（3）《公路立体交叉设计细则》（JTG/T D21—2014）还规定了变速车道的车道数选择标准，匝道设计交通量大于单车道设计通行能力时，变速车道应取双车道，此时，为了满足车道数平衡的原则，应设置辅助车道。

（4）集散车道的车道数及横断面类型选择与匝道一致，题目如果改为集散车道，解题过程一致。

（5）匝道横断面类型选择，城市立交和公路立交原理相似，均与交通量、通行能力以及匝道长度有关，具体选择过程两者的规范区别很大，不应相互混淆。

（6）无论城市立交还是公路立交，本考点一般会结合交通量、通行能力、路面宽度以及建筑限界等出题，应综合其他考点灵活掌握，融会贯通。

考点15　立交变速车道长度的计算

1. 公路立交计算变速车道长度

📖 条文规定

《公路立体交叉设计细则》（JTG/T D21—2014）规定如下：

10.2.5　变速车道各路段最小长度及出、入口最大渐变率应符合表10.2.5的规定。

变速车道各路段最小长度及出、入口最大渐变率　　　　表10.2.5

变速车道类型		主线设计速度（km/h）	变速段长度L_1（m）	渐变段长度L_2（m）	出、入口渐变率	辅助车道长度L_3（m）	全长L（m）
减速车道	单车道	120	145	100	1/25	—	245
		100	125	90	1/22.5	—	215
		80	110	80	1/20	—	190
		60	95	70	1/17.5	—	165
减速车道	双车道	120	225	90	1/22.5	300	615
		100	190	80	1/20	250	520
		80	170	70	1/17.5	200	440
		60	140	60	1/15	180	380
加速车道	单车道	120	230	90（180）	1/45	—	320（410）
		100	200	80（160）	1/40	—	280（360）
		80	180	70（160）	1/40	—	250（340）
		60	155	60（140）	1/35	—	215（295）
加速车道	双车道	120	400	180	1/45	400	980
		100	350	160	1/40	350	860
		80	310	150	1/37.5	300	760
		60	270	140	1/35	250	660

注：1. 括号内数值为直接式单车道加速车道的渐变段长度或全长，平行式采用括号外的值。

　　2. 表中符号意义见图10.2.3和图10.2.4。

10.2.6　在下列情况下应对变速车道长度进行调整：

1　当变速车道位于纵坡大于2%的路段时，应按表10.2.6规定的系数对变速车道长度进行修正。

大纵坡路段变速车道长度的修正系数 表10.2.6

主线纵坡i（%）		$2 < i \leqslant 3$	$3 < i \leqslant 4$	$i > 4$
修正系数	下坡减速车道	1.10	1.20	1.30
	上坡加速车道	1.20	1.30	1.40

2　当减速车道纵坡小于2%但紧接主线纵坡大于4%的下坡路段时，减速车道长度宜采用1.1～1.2的系数进行修正。

3　当匝道基本路段设计速度小于40km/h时，减速车道最小长度宜按高一级主线设计速度取值。

4　当双车道匝道采用单车道加速车道时，加速车道的长度应增加10～20m。

📖 **规范条文解析**

《公路路线设计规范》（JTG D20—2017）的规定与《公路立体交叉设计细则》（JTG/T D21—2014）一致，仅在宜增长变速车道的情况中增加了一条："主线、匝道的预测交通量接近通行能力，或载重汽车和大型客车比例较高。"该条没有增长多少的量化指标，有可能按专业知识出题。

📖 **典型例题**

例题 6-15-1

某公路互通式立体交叉，主线设计速度为80km/h，入口匝道A位于主线纵坡3%的上坡路段，匝道为双车道匝道单车道变速车道，匝道设计速度为35km/h，该入口匝道变速车道至少应设（　　　）。

（A）250m　　　（B）300m　　　（C）310m　　　（D）335m

解答

主线设计速度为80km/h，匝道设计速度为35km/h（如果为减速车道，应按主线100km/h设计速度取值，本题目为加速车道，无须提高），查《公路立体交叉设计细则》（JTG/T D21—2014）表10.2.5，应设置变速段长度180m，渐变段长度70m。

上坡加速车道，按1.2系数修正变速车道，修正后长度为$180 \times 1.2 = 216$m。

双车道匝道单车道变速车道，应至少再增加10m，增加后总长为$216 + 70 + 10 = 296$m。

答案：B

例题 6-15-1a（2024年真题）

某高速公路设计速度100km/h，一互通式立体交叉出口匝道设计速度35km/h，其单车道减速车道位于主线纵坡2.5%的下坡路段。根据规范规定，该减速车道变速段的最小长度宜为多少？

（A）160m　　　（B）145m　　　（C）138m　　　（D）125m

解答

根据《公路立交设计细则》（JTG/T D21—2014）：

（1）根据10.2.6条第3款，35km/h < 40km/h，减速车道长度按高一级主线设计速度取值，取120km/h；

（2）根据表10.2.5，该减速车道的长度为$L_1 = 145$m；

（3）根据表10.2.6，下坡修正系数取1.1；

（4）减速车道长度为$145 \times 1.1 = 159.5 = 160$m。

答案：A

例题 6-15-2

某公路互通式立体交叉，主线设计速度 100km/h，出口匝道 A 为直接式双车道变速车道，匝道设计速度为 40km/h，该出口匝道变速车道全长应为（　　　）。

（A）450m　　　　　（B）520m　　　　　（C）500m　　　　　（D）4335m

解答

主线设计速度为 100km/h，出口为减速车道，查《公路立体交叉设计细则》（JTG/T D21—2014）表 10.2.5，应设置变速段长度 190m，渐变段长度 80m，辅助车道长度 250m。

该出口匝道变速车道全长 190 + 80 + 250 = 520m（与直接查表 10.2.5 一致）。

答案：B

📖 考点分析

（1）公路立交变速车道长度计算应查《公路立体交叉设计细则》（JTG/T D21—2014）表 10.2.5，出口匝道为减速车道，入口匝道为加速车道，这与城市道路平交口的出口道为加速车道正好相反，市政设计的技术人员经常混淆，要注意分别。

（2）在查表基础上应注意表注 1，区别平行式与直接式，取值不一样。

（3）注意第 10.2.6 条的各修正条件：大纵坡修正，匝道设计速度小于 40km/h 的减速车道提高一级取值，双车道匝道采用单车道加速车道时，变速车道长度应增加。

（4）例题 6-15-1 中大纵坡修正系数，是对整个变速车道长度的修正还是对变速段的修正，存在争议，从加减速车道的实际意义出发，应修正在变速段上，实际工程中多修正加长变速段。

（5）双车道变速车道为了满足车道数平衡条件，需设置辅助车道，在计算全长时应加上辅助车道长。

2. 城市立交计算变速车道

📖 条文规定

《城市道路交叉口设计规程》（CJJ 152—2010）规定如下：

5.5.3　变速车道应符合下列要求：

3　变速车道长度为加速或减速车道长度与过渡段长度之和，应根据主线设计速度采用大于表 5.5.3-1 所列值。

变速车道长度及出、入口渐变率　　　　　　　　　　表 5.5.3-1

主线设计速度（km/h）		120	100	80	60	50	40
除宽度缓和部分外的减速车道规定长度（m）	1 车道	100	90	80	70	50	30
	2 车道	150	130	110	90	—	—
除宽度缓和部分外的加速车道规定长度（m）	1 车道	200	180	160	120	90	50
	2 车道	300	260	220	160	—	—
宽度缓和路段长度（m）	1 车道	70	60	50	45	40	40
出口角度	1 车道	1/25		1/20		1/15	
	2 车道						
入口角度	1 车道	1/40		1/30		1/20	
	2 车道						

下坡路段的减速车道和上坡路段的加速车道，其长度应按表5.5.3-2所列修正系数予以修正。

变速车道长的修正系数   表5.5.3-2

纵坡度（%）	$0 < i \leqslant 2$	$2 < i \leqslant 3$	$3 < i \leqslant 4$	$4 < i \leqslant 6$
下坡减速车道修正系数	1.00	1.10	1.20	1.30
上坡加速车道修正系数	1.00	1.20	1.30	1.40

📖 典型例题

例题 6-15-3（2020年真题）

某城市地下快速路，主线设计速度为60km/h，地下道路出洞后紧接地面道路，在其下游布置单车道平行式出口匝道，如下图所示。已知匝道鼻端设计速度为40km/h，变速车道位于4%的上坡段。条件受限时，该地下道路出洞口与邻接出口匝道鼻端的最小距离L的值为（   ）。（计算结果取整）

例题 6-15-3 图

（A）175m   （B）220m
（C）234m   （D）240m

解答

根据《城市地下道路工程设计规范》（CJJ 221—2015）第6.5.2条，当条件受限制时，城市地下道路出洞口与邻接地面道路出口匝道减速车道渐变段起点的距离不应小于1.5倍主线停车视距；根据《城市道路路线设计规范》（CJJ 193—2012）表6.6.1，主线设计速度60km/h，停车视距为70m；根据《城市道路交叉口设计规程》（CJJ 152—2010）表5.5.3-1，主线设计速度60km/h，减速车道为1车道时，长度为70m，渐变段长度为45m；上坡减速车道，无须修正。因此，$L = 1.5 \times 70 + 45 + 70 = 220$（m）。

答案：B

例题 6-15-4（2019年真题）

某一城市道路立交，主路设计速度为80km/h，采用单车道平行式入口形式，其加速车道正好处于纵坡坡度为2.3%的上坡路段，过渡段长度为50m，那么，该段变速车道长度是（   ），并简单画出单车道匝道平行式入口示意图。

（A）160m   （B）210m
（C）226m   （D）242m

解答

根据《城市道路交叉口设计规程》（CJJ 152—2010）第5.5.3条第3款，变速车道长度为加速或减速车道长度与过渡段长度之和。查表5.5.3-1，加速车道长为160m，按表5.5.3-2修正后为192m，加上过渡段长度50m，则该段变速车道长度是242m。入口示意图见下图。

653

例题 6-15-4 解图

答案：D

例题 6-15-5

某一城市道路立交，主路设计速度为 80km/h，采用双车道直接式出口形式，未增设辅助车道，鼻端半径 $R = 1$m，主线右侧路缘带宽 0.5m，匝道车道宽 3.5m，匝道左侧路缘带宽 0.5m，不考虑分流点偏置加宽，如下图所示，那么，除宽度缓和部分外的减速段长度是（　　　）。

例题 6-15-5 图

（A）120m
（B）110m
（C）200m
（D）140m

解答

根据《城市道路交叉口设计规程》（CJJ 152—2010）表 5.5.3-1，减速段长度不小于 110m；同时需满足 1∶20 渐变率角度，按匝道设计中线，在鼻端处距离主线行车道外边线的 $W_3 = 0.5 + 2 \times 1 + 0.5 + 3.5 = 6.5$，在减速段起点处距离主线行车道外边线的 $W_2 = 0.5$（路缘带宽），因此，减速段长度 $= (6.5 - 0.5) \times 20 = 120$m > 110m，因此长度为 120m。

答案：A

例题 6-15-6（2022 年补考真题）

某城市高架快速路，设计速度为 80km/h，单向 3 车道。在主线 2.2% 的上坡段有一条单车道平行式匝道汇入，匝道设计速度为 40km/h。合流端设计指标为：①加速车道长 220m；②宽度缓和段长 50m；③匝道入口端部通视区视距，主线为 100m；④匝道入口端部通视区视距，匝道为 60m。下列关于该处合流端的设计指标，符合规范规定的有（　　　）处。并说明选择依据和理由。

例题 6-15-6 图

（A）1　　　　　　　（B）2　　　　　　　（C）3　　　　　　　（D）4

解答

（1）根据《城市道路交叉口设计规程》（CJJ 152—2010）表 5.5.3-1，主线 80km/h，变速段长 160m；根据表 5.5.3-2，2.2%，修正系数为 1.2，1.2×160 = 192m，小于 220m，满足规范要求。

（2）根据表 5.5.3-1，宽度缓和段长 50m，满足规范要求。

（3）根据图 5.3.5-1，匝道入口端部通视区视距，主线长 100m，满足规范要求。

（4）根据图 5.3.5-1，匝道入口端部通视区视距，匝道长 60m，满足规范要求。

答案：D

例题 6-15-6a（2023 年真题）

某城市枢纽立交，其中一条主路设计速度为 100km/h，设置先驶入后驶出的单车道匝道出入口，加减速车道均采用平行式，加速车道处于主路纵坡为+2.3%的路段，不考虑交通标志设置距离及车辆交织长度的影响，下列关于该相邻匝道出入口之间的最小净距及入口变速车道的最小长度，符合规范规定的是（　　）。

（A）175m，240m　　　　　　　（B）280m，240m

（C）350m，276m　　　　　　　（D）560m，276m

解答

根据《城市道路交叉口设计规程》（CJJ 152—2010）：

（1）根据第 5.3.5 条第 6 款，一般值 L = 280m，枢纽立交取上限，2L = 560m。

（2）根据表 5.5.3-1，单车道匝道加速段为 180m，按表 5.5.3-2 进行修正，修正系数为 1.2；渐变段长 60m。入口变速车道最小长度为 180 × 1.2 + 60 = 276m。

（3）根据表 5.5.3-1，单车道匝道减速段为 90m，渐变段为 60m，出口变速车道最小长度为 90 + 60 = 150m。

综上，276 + 150 = 426m < 560m，取 560m。

答案：D

📖 **考点分析**

（1）城市立交变速车道长计算与公路的步骤一致，只是两本规范参数取值不一样，应查《城市道路交叉口设计规程》（CJJ 152—2010）表 5.5.3-1。

（2）上下坡对变速车道的修正系数，是对整个变速车道长度的修正还是对变速段的修正，存在争议，历年真题只对变速段修正。

（3）在计算直接式变速车道长时，应按《城市道路交叉口设计规程》（CJJ 152—2010）表 5.5.3-1 的 1 或 2 条车道最小长度及出入口角度两方面控制，如果双车道变速车道增设辅助车道，计算全长时应加

655

上辅助车道长。

（4）在采用出口角度渐变率来控制变速车道长度时，如果分流点设置了偏置加宽，还应结合《城市道路交叉口设计规程》（CJJ 152—2010）图 5.3.5-3，考虑C_1、C_2的加宽值，注意C_1包含了主线右侧路缘带，C_2未包括匝道左侧路缘带。

（5）城市立交变速车道经常结合城市地下道路来出题，当变速车道在地道段时，变速车道长度查《城市地下道路工程设计规范》（CJJ 221—2015），当变速车道在出洞口后的地面道路范围时，变速车道长度查《城市道路交叉口设计规程》（CJJ 152—2010），城市地道立交的出入口及变速车道考点综合性较强，还应参考第 5 章隧道工程相关考点。

考点16　匝道平纵面与超高计算

1. 公路匝道平纵面与超高计算

📖 条文规定

《公路立体交叉设计细则》（JTG/T D21—2014）规定如下：

8.4　出口匝道

8.4.1　在分流鼻端处，出口匝道平曲线的曲率半径不宜小于表 8.4.1 的规定值。

分流鼻端处出口匝道平曲线的最小曲率半径　　　　表 8.4.1

主线设计速度（km/h）		120	100	80	60
匝道最小曲率半径（m）	一般值	350	300	250	200
	极限值	300	250	200	150

条文说明

表中匝道最小曲率半径按本细则表 4.3.3 规定的鼻端通过速度计算确定，最小曲率半径的一般值和极限值分别对应于鼻端通过速度的一般值和极限值。

8.4.2　从分流鼻端至匝道控制曲线起点路段，出口匝道应按运行速度过渡段设计（图 8.4.2-1）。运行速度过渡段上任一点的平曲线曲率半径不宜小于由图 8.4.2-2 查取的曲率半径值，当线形设置困难时，可按低一级主线设计速度取值。

图 8.4.2-1　出口匝道运行速度过渡段示意图

图 8.4.2-2　运行速度过渡段上任一点的平曲线最小曲率半径

注：v 为主线设计速度；L 和 R 符号意义见图 8.4.2-1。

条文说明

（1）控制曲线即线形指标按基本路段设计速度控制的曲线。由于分流鼻端至控制曲线之间尚存在较大的运行速度差，故规定该路段应按运行速度过渡段设计。

（2）运行速度过渡段上任一点最小曲率半径的控制，是为了使过渡段上运行速度的变化控制在一个合理的减速度范围内，使运行速度的过渡连续、平稳。

（3）图 8.4.2-2 曲线关系式的建立，考虑了运行速度、路面横坡和减速度等由分流鼻端到控制曲线的逐渐变化，其中分流鼻端运行速度由本细则表 4.3.3 取值。

（4）低一级主线设计速度的鼻端通过速度相当于鼻端通过速度最小值，故本条规定当线形设置困难时可按低一级主线设计速度取值。

8.4.3　在分流鼻端附近，出口匝道回旋线参数不宜小于表 8.4.3 的规定值，长度不宜小于超高过渡所需要的最小长度。当按匝道基本路段设计速度选取的回旋线最小参数大于表中规定值时，应按匝道设计速度取值。

分流鼻端附近出口匝道回旋线最小参数

表 8.4.3

主线设计速度（km/h）		120	100	80	60
匝道回旋线最小参数（m）	一般值	100	80	70	60
	极限值	80	70	60	40

条文说明

（1）分流鼻端附近出口匝道回旋线最小参数的确定，是为了使车辆能在运行速度过渡段内连续、平稳地完成减速。

（2）回旋线最小参数依据鼻端通过速度确定，鼻端通过速度由本细则表 4.3.3 取值。最小参数的一般值和极限值分别对应鼻端通过速度的一般值和极限值。

（3）当匝道基本路段设计速度超过鼻端通过速度时，按基本路段设计速度选取的回旋线最小参数会大于表 8.4.3 的规定值，故规定在此种情况下回旋线最小参数应按匝道设计速度取值。

8.4.5　在分流鼻端附近，出口匝道竖曲线半径不宜小于表 8.4.5 的规定值。当按匝道基本路段设计速度选取的竖曲线最小半径大于表中值时，应按匝道设计速度取值。

鼻端附近匝道竖曲线最小半径

表 8.4.5

主线设计速度（km/h）			120	100	80	60
匝道竖曲线最小半径（m）	凸形	一般值	3500	2800	2000	1800
		极限值	2000	1800	1400	1200
	凹形	一般值	2000	1800	1500	1200
		极限值	1500	1200	1000	850

条文说明

（1）鼻端附近匝道竖曲线最小半径依据鼻端通过速度确定。竖曲线最小半径极限值对应于鼻端通过速度的一般值，竖曲线最小半径一般值约取极限值的 1.5 倍。

（2）当匝道基本路段设计速度超过鼻端通过速度时，按基本路段设计速度选取的竖曲线最小半径会大于表 8.4.5 的规定值，故规定在此种情况下竖曲线最小半径应按匝道设计速度取值。

8.4.6 出口匝道应设在主线通视条件良好路段。当被交叉公路上跨时，出口匝道宜设在跨线桥之前。

📖 **典型例题**

例题 6-16-1（2021 年真题）

某高速公路设计速度为 100km/h，一出口匝道平面示意图如下图所示，下列各选项为该匝道 CK0 + 150 处平曲线曲率半径 R，其中最接近规范规定值的是（　　）。

（A）$R = 170m$　　　　　　　　　　（B）$R = 152m$

（C）$R = 131m$　　　　　　　　　　（D）$R = 120m$

例题 6-16-1 图

解答

根据《公路立体交叉设计细则》（JTG/T D21—2014）第 8.4.2 条，$L = 150 - 114.998 = 35.002m$；查图 8.4.2-2，$V = 100km/h$，$R = 152m$。

答案：B

例题 6-16-2

某一级公路设计速度为 100km/h，一出口匝道设计速度为 60km/h，平面示意图如下图所示。该匝道周边建设条件复杂，线形布设较难，下列各选项为该匝道 CK0 + 150 处平曲线曲率半径 R，其中最接近规范规定值的是（　　）。

（A）$R = 152m$　　　　　　　　　　（B）$R = 135m$

（C）$R = 112m$　　　　　　　　　　（D）$R = 100m$

例题 6-16-2 图

解答

根据《公路立体交叉设计细则》（JTG/T D21—2014）第 8.4.2 条，$L = 150 - 114.998 = 35.002\text{m}$，本题匝道线形布设困难，可按低一级主线设计速度取值；查图 8.4.2-2，$V = 80\text{km/h}$，$R = 112\text{m}$。

答案：C

例题 6-16-3

某高速公路设计速度为 100km/h，平面示意图如下图所示，匝道设计速度为 50km/h。该匝道周边建设条件复杂，线形布设受限，则在 CK0 + 115 处，匝道回旋线参数宜大于（　　　　）。

例题 6-16-3 图

（A）$A = 80$ 　　　　　　　　　　　　（B）$A = 70$
（C）$A = 60$ 　　　　　　　　　　　　（D）$A = 50$

解答

根据《公路立体交叉设计细则》（JTG/T D21—2014）第 8.2.3 条，匝道设计速度为 50km/h，线形布设受限，取极限值 $A = 50$；根据《公路立体交叉设计细则》（JTG/T D21—2014）第 8.4.3 条，CK0 + 115 位于鼻端附近，主线设计速度为 100km/h，查表 8.4.3，A 取 70。取较大值 70。

答案：B

例题 6-16-4

某高速公路上跨某一级公路，形成立体交叉，一级公路在该处设置单车道出口匝道，其中高速公路设计速度 120km/h，一级公路设计速度 80km/h；在如图所示范围内，一级公路位于 2.5% 的上坡路段，其他指标如图所示。请指出，该立交可以优化的内容共有（　　　　）处。

例题 6-16-4 图（尺寸单位：m）

（A）2　　　　　　　（B）3　　　　　　　（C）4　　　　　　　（D）5

解答

（1）根据《公路立体交叉设计细则》（JTG/T D21—2014）第5.5.1条，一级公路设计速度为80km/h，设有变速车道路段的主线圆曲线半径$R = 1500$满足一般值的要求，无须优化。

（2）根据《公路立体交叉设计细则》（JTG/T D21—2014）第5.5.2条，图中所示为减速上坡路段，无纵坡特殊要求［或根据《公路路线设计规范》（JTG D20—2017）第8.2.1条，满足最大纵坡5%的要求］，纵坡无须优化。

（3）根据《公路立体交叉设计细则》（JTG/T D21—2014）第10.2.6条，本题为减速上坡路段，变速车道不需要进行修正，查表10.2.5，满足变速段长110m，无须优化。

（4）根据《公路立体交叉设计细则》（JTG/T D21—2014）第8.4.3条，设计速度为80km/h，鼻端处回旋线最小参数一般值为70，应优化。

（5）根据《公路立体交叉设计细则》（JTG/T D21—2014）第8.4.6条，出口匝道宜设在被交叉公路的上跨桥之前，应优化。

综上，共2处需优化。

答案：A

2. 城市道路匝道平纵面与超高计算

《城市道路交叉口设计规程》（CJJ 152—2010）规定如下：

5.3.2　立交匝道平面线形设计应符合下列规定：

1　匝道的圆曲线最小半径值应符合表5.3.2-1的规定。

匝道圆曲线最小半径（单位：m）　　　　　　　　　　　表 5.3.2-1

匝道设计速度（km/h）		80	70	60	50	40	35	30	25	20
积雪冰冻地区		—	—	240	150	90	70	50	35	25
一般地区	不设超高	420	300	200	130	80	60	45	30	20
	$i_{max} = 0.02$	315	230	160	105	65	50	35	25	20
	$i_{max} = 0.04$	280	205	145	95	60	45	35	25	15
	$i_{max} = 0.06$	255	185	130	90	55	40	30	25	15

注：不设缓和曲线的匝道圆曲线极限最小半径与不设超高情况相同，积雪冰冻地区超高不大于4%。

2　匝道平面线形中，直线与圆曲线或大半径圆曲线与小半径圆曲线之间应设缓和曲线，缓和曲线最小长度应符合表5.3.2-2的规定。缓和曲线应采用回旋曲线，回旋曲线的设计应符合下式规定：

$$R \cdot L = A^2 \tag{5.3.2}$$

式中：A——回旋曲线的参数（m），$A \leqslant 1.5R$并应符合表5.3.2-3的规定；

R——回旋曲线终端曲线半径（m）；

L——回旋曲线曲线长（m）。

匝道缓和曲线最小长度　　　　　　　表5.3.2-2

匝道设计速度（km/h）	80	70	60	50	40	35	30	25	20
缓和曲线最小长度（m）	75	70	60	50	45	40	35	25	20

匝道回旋曲线参数　　　　　　　　表5.3.2-3

匝道设计速度（km/h）	80	70	60	50	40	35	30	25	20
回旋曲线参数A（m）	135	110	90	70	50	40	35	25	20

反向曲线间的两个回旋线，其参数宜相等，不相等时其比值应小于1.5。

回旋线的长度还应满足超高过渡的需要。

3　匝道平曲线可由一条圆曲线及两条缓和曲线组成，也可由两条缓和曲线直接衔接，平曲线与圆曲线长度应大于或等于表5.3.2-4的规定。

匝道平曲线、圆曲线最小长度　　　　　表5.3.2-4

匝道设计速度（km/h）	80	70	60	50	40	35	30	25	20
平曲线最小长度（m）	150	140	120	100	90	80	70	50	40
圆曲线最小长度（m）	70	60	50	45	35	30	25	20	20

4　匝道停车视距不应小于表5.3.2-5的规定。

匝道停车视距　　　　　　　　表5.3.2-5

匝道设计速度（km/h）	80	70	60	50	40	35	30	25	20
停车视距（m）	110	90	70	55	40	35	30	25	20

5　匝道平曲线内侧宜采用视距包络线作为视距界限。

5.3.3　立交匝道纵断面设计应符合下列规定：

1　立交匝道最大纵坡不应大于表5.3.3-1的规定值。

匝道最大纵坡（％）　　　　　　　表5.3.3-1

匝道设计速度（km/h）	80	70	60	50	$\leqslant 40$
一般地区	5	5.5	6	7	8
积雪冰冻地区	4		4	4	4

2　各种设计速度的匝道所对应的最小竖曲线半径及竖曲线长度应符合表5.3.3-2的规定。

匝道竖曲线最小半径及长度　　　　　　表5.3.3-2

匝道设计速度（km/h）			80	70	60	50	40	35	30	25	20
竖曲线最小半径（m）	凸形	一般值	4500	3000	1800	1200	600	450	400	250	150
		极限值	3000	2000	1200	800	400	300	250	150	100
	凹形	一般值	2700	2025	1500	1050	675	525	375	255	165
		极限值	1800	1350	1000	700	450	350	250	170	110
竖曲线最小长度（m）		一般值	105	90	75	60	55	45	40	30	30
		极限值	70	60	50	40	35	30	25	20	20

3 在设计匝道纵断面线形中，应符合下列规定：

1）匝道纵断面线形应平缓，不宜采用断背纵坡线（两同向竖曲线间隔一短直线段）。机非混行匝道纵坡应满足非机动车行驶纵坡要求。

2）匝道驶入（出）主线附近的纵断面，宜与主线有适当长度的平行段。

4 对凸形竖曲线和在立交桥下的凹型竖曲线应校核行车视距。验算时物高宜为0.1m；目高在凸型竖曲线上宜为1.2m，在凹型竖曲线宜采用2.2m。

5.3.4 立交匝道横坡与超高应符合下列规定：

1 立交匝道路拱横坡应满足最低路表排水要求。路拱（双向坡和单向坡）横坡不应大于2%。

2 设计速度条件下，当匝道平曲线半径引起的离心力不能由正常路拱横坡和正常轮胎摩阻力所平衡时，应取消反向横坡，应采用单向路拱和设置超高横坡。

3 最大超高横坡的取值应根据当地气候、地形、地区性质和交通特点来确定。一般地区最大超高横坡不应超过6%，积雪冰冻地区不应超过3.5%。

4 设计超高横坡度根据容许最大超高横坡度、最大横向摩阻力系数、圆曲线半径和设计速度，应按下式计算：

$$i = \frac{V^2}{127R} - \mu_{max} \tag{5.3.4-1}$$

式中：i——设计超高横坡度（%）；

R——圆曲线半径（m）；

μ_{max}——最大容许横向摩阻力系数，可按表5.3.4-1取用；

V——设计速度（km/h）。

最大容许横向摩阻力系数 表5.3.4-1

匝道设计速度（km/h）	80	70	60	50	45	40	35	30	25	20
横向摩阻力系数μ_{max}	0.14	0.15	0.16	0.17	0.175	0.18	0.18	0.18	0.18	0.18

5 正常路拱与全超高路段之间应设置超高缓和段，其长度可按下式计算：

$$L_\varepsilon = \frac{b \times \Delta i}{\varepsilon} \tag{5.3.4-2}$$

式中：L_ε——超高缓和段长度（m），不少于2s的设计速度行驶距离；

b——超高旋转轴至路面边缘的宽度（m）；

Δi——超高横坡度与正常路拱坡度的代数差（%）；

ε——超高渐变率，超高旋转轴与路面边缘之间相对升降的比率，可按表5.3.4-2取值。

超高渐变率 表5.3.4-2

匝道设计速度（km/h）	20	30	40	50	60	70	80
超高渐变率$\varepsilon_中$	1/100	1/125	1/150	1/160	1/175	1/185	1/200
超高渐变率$\varepsilon_边$	1/50	1/75	1/100	1/115	1/125	1/135	1/150

6 坡道上平曲线设置超高，必须考虑纵坡对实际超高的不利影响。合成坡度一般地区最大不应超过8%，冰雪冰冻地区不应超过6%。合成坡度应按下式计算：

$$i_H = \sqrt{i_N^2 + i_Z^2} \tag{5.3.4-3}$$

式中：i_H——合成坡度（%）；

i_N——超高横坡（%）；

i_Z——纵坡（%）。

7 缓和曲线长度实际取值为超高缓和段长度和平曲线缓和段长度两者中的大值。

5.3.5 匝道端部出入口设计应符合下列规定：

4 驶出匝道出口端部，在减速车道终点，应设置缓和曲线。

分流点的曲率半径与回旋线参数应符合表5.3.5-1的规定。

分流点的曲率半径与回旋线参数 表5.3.5-1

主线设计速度（km/h）	分流点的行驶速度（km/h）	分流点的最小曲半径（m）	回旋参数A（m）	
			一般值	低限值
120	80	250	110	100
	60	150	70	65
100	55	120	60	55
80	50	100	50	45
60	≤40	70	35	30

《城市道路交叉口设计规程》（CJJ 152—2010）第5.3.5条条文说明如下：

先求出从端部通过的速度降低到最小半径匝道时速度所需缓和路段长度，据此计算缓和曲线的参数，进而规定了端部附近曲率半径最小值计算公式。

$$V_0^2 - V_1^2 = 2aL$$
$$L = (V_0^2 - V_1^2)/2a$$
$$A^2 = R \cdot L$$

式中：L——缓和路段长（m）；

R——匝道最小曲线半径（m）；

A——回旋曲线参数值（m）；

V_0——通过分流点的行驶速度（m/s）；

V_1——通过匝道最小半径设计速度（m/s）；

a——减速度（m/s²），取1m/s²。

分流点最小半径计算公式：

$$R = V^2[127(i+\mu)]$$

式中：$i = 0.02 \sim 0.06$，$\mu = 0.18$。

分流点的曲率半径与回旋线参数见表3。

分流点的曲率半径与回旋线参数 表3

主线设计速度（km/h）	匝道最小曲线半径设计速度（km/h）	分流点的行驶速度（km/h）	匝道最小曲线半径一般值（m）	匝道最小曲线半径最小值（m）	减速度（m/s²）	分流点最小曲线半径（m）	缓和曲线长（m）	回旋曲线参数计算值		回旋曲线参数采用值	
								最小值（m）	一般值（m）	最小值（m）	一般值（m）
120	40	80	65	55	1	（250）251.97	185.2	100.9	110.0	100	110
		60				（150）141.73	77.17	65.15	70.82	65	70
100	35	55	50	40	1	（120）119.09	69.45	52.71	58.93	55	60
80	30	50	35	30	1	（100）98.43	61.73	43.03	46.48	45	50
60	25	≤40	30	25	1	（70）62.99	37.62	30.67	33.59	30	35

注：匝道最小曲线半径一般值采用$i=0.02$计算值；匝道最小曲线半径最小值采用$i=0.06$计算值。括号中的分流点最小曲线半径值为规定值。

663

例题 6-16-5（2020 年真题）

某城市快速路位于非积雪冰冻地区，设计速度为 100km/h，设立体交叉处受用地条件限制，其中一条匝道最小圆曲线半径为 35m，如下图所示，则出口匝道端部与匝道圆曲线相接的缓和曲线长度 L（取整数）为（　　）。

例题 6-16-5 图

$[L = (V_0^2 - V_1^2)/2a, V_0$ 为通过分流点的行驶速度，V_1 为通过匝道最小半径设计速度，减速度 $\alpha = 1\text{m/s}^2]$

（A）62m

（B）70m

（C）82m

（D）86m

解答

（1）计算缓和曲线长度：根据《城市道路交叉口设计规程》（CJJ 152—2010）第 5.3.5 条第 4 款，$V_0 = 55\text{km/h}$，查表 5.3.2-1，匝道最小圆曲线半径 35m 对应的匝道设计速度 $V_1 = 30\text{km/h}$，车辆需要在回旋线内从分流点速度 $V_0 = 55\text{km/h}$ 降速至 $V_1 = 30\text{km/h}$，匝道端部缓和曲线 $L = (V_0^2 - V_1^2)/2\alpha = [(55/3.6)^2 - (30/3.6)^2]/(2 \times 1) = 82\text{m}$。

（2）根据回旋线参数 A 反算缓和曲线长度：$55^2 \div 35 = 86$

以上两者取大值为 86。

答案：D

注：公式中 V_0、V_1 的单位均为 m/s。

例题 6-16-6（2021 年真题）

某积雪冰冻地区城市道路立体交叉，匝道设计如下：设计速度为 50km/h，单向双车道，路面宽度为 8m，行驶普通汽车，直线段路面为向右的单向 2% 横坡，平面线形采用直线接左偏平曲线，圆曲线半径 $R = 100\text{m}$。缓和曲线最小长度（计算值取整）符合规范规定的为（　　）。并说明依据和理由。（横向摩阻力系数为 0.17，超高横坡度百分数取整，超高横坡度为绕路面左侧边缘旋转）

（A）46m

（B）50m

（C）55m

（D）65m

解答

根据《城市道路交叉口设计规程》（CJJ 152—2010）公式(5.3.4-1)：

$i \geqslant \dfrac{50^2}{127 \times 100} - 0.17 = 2.7\%$，取整为 3%；

由公式(5.3.4-2)，$b = 8$，$\Delta i = 3\% + 2\% = 5\%$；

查表 5.3.4-2，$\varepsilon = 1/115$，$L_t = 8 \times 0.05 \times 115 = 46\text{m}$；

查表 5.3.2-2，按 50m。

答案：B

例题 6-16-7（2022 年真题）

某一般地区城市枢纽立交，行驶普通汽车，双车道左转定向匝道的设计速度为 60km/h，直线段路面宽度为 8.5m，道路横坡为 +2% 单向坡，设置 $R = 155$m 圆曲线，超高横坡为 −3%，绕内侧边线旋转，在缓和曲线全长范围内进行超高过渡。下列关于该圆曲线最小超高缓和段长度符合规范规定的是（　　）。并说明选择依据和理由。（计算结果取整数）

（A）54m   （B）59m

（C）60m   （D）83m

解答

根据《城市道路交叉口设计规程》（CJJ 152—2010），公式(5.3.4-2)，$b = 8.5$m，$\Delta i = 3\% + 2\% = 5\%$；表 5.3.4-2，绕内侧边线旋转，$\varepsilon = 1/125$；$L = \dfrac{8.5 \times 5\%}{1/125} = 53.13$m。

查表 5.3.2-2，缓和曲线最小长度为 60m，双控，取 60m。

答案：C

📖 **考点分析**

（1）立交匝道在分流鼻处平曲线参数，既要满足最小曲率半径，又要满足回旋线参数 A 最小值；回旋线参数 A 由匝道一般要求的最小参数和分流鼻处的最小参数值共同控制。

（2）城市立交匝道分流点的曲率半径与回旋线参数计算，按《城市道路交叉口设计规程》（CJJ 152—2010）第 5.3.5 条条文说明的方法进行，计算缓和曲线长度公式 $L = (V_0^2 - V_1^2)/2a$，为加减速度原理，已知分流鼻和最小曲线半径（一般为圆曲线）处的设计速度即可计算，计算表 3 中最小曲线半径一般值、极限值和分流点最小曲线半径均采用力的平衡公式 $R = V^2/[127(i + \mu)]$，根据圆曲线处或分流点的速度计算得出。2020 年真题为逆向考查，已知圆曲线半径，求最小半径处的设计速度，通过查表 5.3.2-1 可得，该表也是由力的平衡公式计算得出的。

（3）公路立交细则的匝道任一点（包括分流鼻端处）最小曲率半径的计算原理与城市交叉规程上述方法一致，立交细则中省略了计算过程，简化成了图 8.4.2-2。通过查图即可得到运行速度过渡段上任一点最小曲率半径，图中 $L = 0$ 即对应表 8.4.1 分流鼻端处最小曲率半径一般值。

（4）城市立交匝道平纵面涉及超高计算，方法与本书中路线工程超高相关考点一致，但是超高渐变率、横向摩阻力系数等取值与路线规范局部有差异，应注意区分。

（5）在计算匝道超高渐变率时，无分隔带的匝道横坡多为单向坡，应注意正常路拱与超高方向是否一致，在计算 Δi 时有区别，当匝道为双向坡时应注意区分计算。

考点17　连续分合流鼻端间距的计算

1. 公路立交计算分合流鼻端间距

📖 **条文规定**

《公路立体交叉设计细则》（JTG/T D21—2014）规定如下：

10.5.1　匝道上相邻分流鼻端之间的距离（图 10.5.1）不应小于表 10.5.1 的规定值。

图 10.5.1　匝道上相邻分流鼻端间距示意图

匝道上相邻分流鼻端最小间距　　　　　　　　　　表 10.5.1

主线设计速度（km/h）	120	100	80	60
相邻分流鼻端最小间距（m）	240	210	190	170

10.5.2　匝道上相邻合流鼻端之间的距离（图 10.5.2）不应小于表 10.5.2 的规定值。

图 10.5.2　匝道上相邻合流鼻端间距示意图

匝道上相邻合流鼻端最小间距　　　　　　　　　　表 10.5.2

匝道设计速度（km/h）	80	70	60	50	40	35	30
相邻合流鼻端最小间距（m）	210	180	160	140	120	110	100

　　10.5.3　当因条件限制、主线侧按连续分流或连续合流设置时，连续分、合流鼻端之间的距离不应小于表 10.5.3 的规定值，当连续合流的上游加速车道为双车道时，连续合流鼻端之间的距离不应小于表中一般值。

主线侧连续分、合流鼻端最小间距　　　　　　　　　　表 10.5.3

主线设计速度（km/h）		120	100	80	60
连续分、合流鼻端 最小间距（m）	一般值	400	350	310	270
	极限值	350	300	260	220

📖 **典型例题**

例题 6-17-1

某高速公路立交，主路设计速度为 80km/h，匝道设计速度为 60km/h，匝道上相邻分流鼻端最小间距是（　　）。

（A）210m　　　　　　　（B）190m　　　　　　　（C）170m　　　　　　　（D）160m

解答

题目需要求分流鼻端最小间距，根据主线设计速度为 80km/h，查表 10.5.1，最小间距为 190m。

答案：B

例题 6-17-2

某高速公路立交，主路设计速度为 80km/h，匝道设计速度为 60km/h，匝道上相邻合流鼻端最小间距是（　　）。

（A）210m　　　　　（B）190m　　　　　（C）170m　　　　　（D）160m

解答

题目需要求合流鼻端最小间距，根据匝道设计速度为 60km/h，查表 10.5.2，最小间距为 160m。

答案：D

例题 6-17-3

某高速公路立交，主路设计速度为 80km/h，匝道设计速度为 60km/h；主线上按连续分流设置两处匝道，则两匝道的分流鼻端最小间距一般值为（　　）。

（A）310m　　　　　（B）190m　　　　　（C）160m　　　　　（D）120m

解答

题目需要求合流鼻端最小间距，根据主线设计速度为 80km/h，查表 10.5.3，最小间距为 310m。

答案：A

📖 考点分析

（1）公路立交的连续分合流鼻端间距要求相对简单，仅对连续分流、连续合流做出了要求。

（2）此类考点首先要看清是匝道上的连续分合流，还是主线上的分合流。如果是匝道上的分流按主线设计速度控制，匝道上的合流按匝道设计速度控制；如果是主线上的连续分流或合流，按照主线设计速度控制。

2. 城市立交计算匝道出入口之间的最小净距

📖 条文规定

《城市道路交叉口设计规程》（CJJ 152—2010）规定如下：

5.3.5　匝道端部出入口设计应符合下列规定：

6　相邻匝道出入口之间的最小净距L（图 5.3.5-4）应符合表 5.3.5-4 的要求。

图　5.3.5-4

c) 干道上先驶出后驶入   d) 干道上先驶入后驶出

图 5.3.5-4 匝道口最小净距

相邻匝道口最小净距L   表 5.3.5-4

距离L（m）	干道设计速度（km/h）					
	120	100	80	60	50	40
极限值	165	140	110	80	70	55
一般值	330	280	220	160	140	110

注：图 5.3.5-4 中的 b）、d）情况不宜采用极限值。

匝道出入口之间最小净距还应满足下列要求：

1）相邻驶入或驶出匝道之间的间距还应考虑变速道长度及标志之间需要的距离，并按最长需要距离决定取用值。

2）驶入匝道紧接着有驶出匝道的情况下［图 5.3.5-4d）］，枢纽立交匝道间距取上限，一般立交取下限；并应根据交织交通量计算其交织所需长度，按最长需要距离决定取用值。对于延伸交织长度不能达到足够通行能力或是苜蓿叶立交相邻环形匝道，应设置集散车道。

📖 典型例题

例题 6-17-4（2020 年真题）

某城市道路枢纽立交，其中一条主路设计速度为 80km/h，设置先驶入后驶出的单车道匝道出入口，加减速车道均采用平行式，加速车道处于主路纵坡为+3.0%的路段，减速车道处于主路纵坡为−2.5%的路段，不考虑其他因素影响，则该相邻匝道出入口之间的最小净距及匝道出口、入口变速车道的最小长度为（ ）。

（A）275m，130m，210m   （B）340m，130m，210m

（C）380m，138m，242m   （D）440m，138m，242m

解答：

根据《城市道路交叉口设计规程》（CJJ 152—2010）第 5.3.5 条第 6 款，先驶入后驶出，最小间距需满足 1.25L～2L，L 不宜采用极限值，取一般值 220m，枢纽立交取上限：2L＝440m；查表 5.5.3-1、表 5.5.3-2，出口：驶出减速段长度为 80m，纵坡修正系数为 1.1，80×1.1＋50＝138；入口：主线设计速度为 80km/h，驶入加速段长 160m，纵坡修正系数 1.2，160×1.2＋50＝242；242＋138＝380m＜440m。

答案： D

例题 6-17-5（2021 年真题）

某城市道路一般立交，其中一条主路设计速度为 60km/h，在行车道右侧设置 2 条连续驶入匝道，不设置集散车道，采用单车道平行式入口。不考虑标志设置距离的影响，下列关于该相邻匝道入口之间的最小净距符合规范规定的是（ ）。

（A）80m   （B）120m   （C）160m   （D）165m

解答

根据《城市道路交叉口设计规程》（CJJ 152—2010），$V = 60$km/h，查表 5.3.5-4，$L = 160$m；查表 5.5.3-1，加速段长度为 120m，缓和段长度为 45m，则最小净距 $= 120 + 45 = 165$m，大于 160m，取大值 165m。

答案：D

例题 6-17-6

如图所示，设计速度为 80km/h 的城市道路干道上，先驶出后驶入的相邻匝道口距离一般值为（　　）。

例题 6-17-6 图

（A）220m　　　　（B）210m　　　　（C）165m　　　　（D）110m

解答

根据《城市道路交叉口设计规程》（CJJ 152—2010）第 5.3.5 条第 6 款，城市道路干道上先驶出后驶入的匝道口最小间距一般值为 0.5 倍的相邻匝道口最小净距 L，设计速度为 80km/h 的先驶出后驶入的匝道口最小净距 L 的一般值为 220m，因此 $0.5 \times 220 = 110$m。

答案：D

例题 6-17-7

如下图所示，某城市一般立交的相邻匝道出入口设置了集散车道，集散车道的设计速度为 60km/h，该处先驶入后驶出的相邻匝道口最小距离宜为（　　）。

例题 6-17-7 图

（A）220m　　　（B）200m　　　（C）165m　　　（D）320m

解答

根据《城市道路交叉口设计规程》（CJJ 152—2010）第 5.3.5 第 6 款，城市道路干道上先驶入后驶出的匝道口最小间距一般值为 1.25～2 倍的相邻匝道口最小净距 L，设计速度为 60km/h 的先驶出后驶入的匝道口最小净距 L 的一般值为 160m（规范规定，本例情况不宜采用极限值），又因为一般立交匝道间距取下限，因此最小值为 $1.25 \times 160 = 200$m。

答案：B

📖 考点分析

（1）《城市道路交叉口设计规程》（CJJ 152—2010）对各类出入口之间的最小净距均做出了规定，遇到此类考点，对照相应的出入口类型，查表即可计算结果。

（2）集散车道上先驶入后驶出的出入口间距计算在实际工程中很常见，比如全苜蓿叶立交两个环形匝道形成的交织段，《公路立体交叉设计细则》（JTG/T D21—2014）第10.8条对交织区长度未给出具体计算，城市立交参照本条规范计算。

（3）《城市道路交叉口设计规程》（CJJ 152—2010）与《城市快速路设计规范》（CJJ 129—2009）在出入口间距计算上有较大的差别，由于考试未列入快速路规范，本书只按《城市道路交叉口设计规程》（CJJ 152—2010）进行分析计算。

（4）如果不考虑其他因素影响，或者不做贯通车道设计，城市道路相邻匝道出入口之间最小净距，应同时满足《城市道路交叉口设计规程》（CJJ 152—2010）第5.3.5条第6款的要求，以及能布置出变速车道全长的要求。

考点18　相邻互通立交间距与复合式互通立交

1. 公路相邻互通立交间距与复合式互通立交

📖 **条文规定**

《公路路线设计规范》（JTG D20—2017）规定如下：

11.1.10　复合式互通式立体交叉的交织段长度不应小于600m，其连接可采用下列三种方式：

1　采用辅助车道将两处互通式立体交叉的相邻出入口直接连通。

2　采用与主线分隔的集散车道将主线一侧所有的出口和入口连通。

3　采用分离车道，形成两处互通式立体交叉间无交织运行的方式。

《公路立体交叉设计细则》（JTG/T D21—2014）规定如下：

5.4.4　受路网结构或其他特殊情况限制，当互通式立体交叉之间、互通式立体交叉与其他设施之间的距离不能满足本细则第5.4.3条的规定时，经论证间距可适当减小，但应符合下列规定：

1　当相邻互通式立体交叉或其他设施分别独立设置时，相互之间的净距不应小于表5.4.4的规定值（图5.4.4）。

互通式立体交叉及其他设施的最小净距　　　　　　　　　　　　　　表5.4.4

主线设计速度（km/h）		120	100	80	60
互通式立体交叉之间最小净距（m）	主线单向双车道	800	700	650	600
	主线单向3车道	1000	900	800	700
	主线单向4车道	1200	1100	1000	900
互通式立体交叉与服务区、停车区之间最小净距（m）	主线单向双车道	700	650	600	600
	主线单向3车道	900	850	800	700
	主线单向4车道	1100	1000	900	800

图5.4.4　相邻互通式立体交叉的净距示意图

2 当相邻互通式立体交叉的净距小于表 5.4.4 的规定值，且经多方案比选论证两者必须设置时，应根据其距离大小，利用辅助车道、集散道或匝道连接形成复合式互通式立体交叉。

3 应提前设置完善的下游互通式立体交叉或其他设施的出口预告等指路标志。

条文说明

（1）本细则第 5.4.3 条规定的最小间距，为满足相邻入、出口之间设置完整标志和维持交通流稳定所需要的最小间距，也是要求普遍遵守的规定。因此第 5.4.4 条规定，仅在受路网结构或其他特殊情况限制时间距才可适当减小，并应经论证后确定。

（2）最小净距是独立互通式立体交叉的最小控制标准，指相邻入、出口之间主线基本路段的最小长度。最小净距根据车辆驶离主线全过程所需要的距离确定，该过程包括驾驶人认读标志、行动决策、寻找间隙、变换车道和出口确认等，所需要的距离与运行速度和变换车道的数目等有关。

（3）随着净距的减小，出入交通流对主线直行交通流的干扰越来越大，当净距小于车辆驶离主线全过程所需要的距离时，难免造成交通流紊乱或形成安全隐患。因此本条第 2 款规定，当相邻互通式立体交叉的间距小于最小净距的要求，且经多方案比选论证两者必须设置时，应将两者合并形成复合式互通式立体交叉。

（4）当距离不能满足本细则第 5.4.3 条的规定时，一般情况下仅能设置部分指路标志，故本条第 3 款规定应提前设置完善的出口预告等指路标志。

6.6 特殊条件下的互通式立体交叉

6.6.1 当相邻互通式立体交叉的净距小于本细则表 5.4.4 的规定值时，可采用辅助车道相连的方式构成复合式互通式立体交叉（图 6.6.1）。

图 6.6.1 辅助车道相连的复合式互通式立体交叉示例

6.6.2 当相邻互通式立体交叉的间距不能满足辅助车道的设置要求时，可采用集散道相连的方式构成复合式互通式立体交叉（图 6.6.2）。

图 6.6.2 集散道相连的复合式互通式立体交叉示例

6.6.3 当相邻互通式立体交叉因距离过近设置集散道困难时，可采用匝道相连的方式构成复合式互通式立体交叉。当交织长度不能满足设计通行能力要求时，可采用匝道之间立体交叉等方式减少交织交通量或消除交织区（图6.6.3）。

图6.6.3 匝道相连的复合式互通式立体交叉示例

6.6.4 复合式互通式立体交叉应按同一节点统一进行交通组织、布置交通流线和设置出口预告等指路标志。

6.6.5 当各被交叉公路与主线在一处或接近于同一处交叉时，应按多岔交叉互通式立体交叉设计（图6.6.5）。多岔交叉互通式立体交叉设计应符合本细则第6.2节的有关规定，匝道形式及连接方式的采用应符合本细则第6.3节的有关规定。

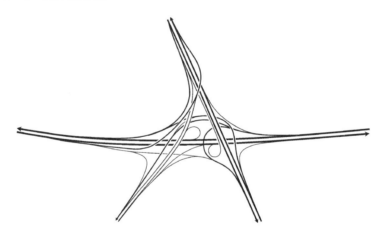

图6.6.5 多岔交叉互通式立体交叉示例

10.6.3 主线侧合分流连接部的辅助车道长度不应小于表10.6.3的规定值，当主线单向基本车道数大于3车道或匝道中有双车道时，不应小于一般值。

主线侧合分流连接部的辅助车道最小长度　　　　　　　　　　　　　　　表10.6.3

主线设计速度（km/h）		120	100	80	60
辅助车道最小长度（m）	一般值	1200	1100	1000	800
	极限值	1000	900	800	700

注：辅助车道长度的定义见图10.6.2。

条文说明

（1）主线侧合分流连接部辅助车道最小长度的确定，同时考虑了合、分流交通运行、变速段的设置和部分出口预告标志的设置等所需要的距离，表中最小长度包含了两端部斑马线三角区的长度。

（2）辅助车道最小长度与车辆变道运行和连接部的几何构造有关，故规定最小长度应结合主线和匝

672

道的车道数选用。

典型例题

例题 6-18-1（2021 年真题）

某双向六车道高速公路设计速度为 120km/h，相邻两互通式立体交叉方案如图所示。根据规范有关规定，两立交分别独立设置时，单车道减速车道和双车道加速车道长度分别为 245m 和 980m；采用辅助车道相连时，辅助车道最小长度为 1200m。在下列有关本项目下行方向两互通式立体交叉的连接方式中，最为经济合理的是（　　　）。

（A）分别独立设置　　　　　　　　　（B）辅助车道相连

（C）集散车道相连　　　　　　　　　（D）匝道之间立体交叉

例题 6-18-1 图

注：括号中数值为匝道及其变速车道的车道数。

解答

根据《公路立体交叉设计细则》（JTG/T D21—2014）第 5.4.4 条第 1、2 款：

鼻端间距：21655.882 − 20115.862 = 1540.02m；

净距：1540.02 − 245 − 980 = 315.02m < 1000m，不应独立设置。

根据第 6.6.1 条、第 6.6.2 条、第 10.6.3 条综合判断，满足设置辅助车道相连的条件。

答案：B

注：若该题目变速车道长度和辅助车道长度均不作为已知条件，考生可根据立交细则相关规定求得。

例题 6-18-2（2022 年补考真题）

某改扩建为双向八车道的高速公路，设计速度 100km/h，原两相邻互通式立体交叉起讫桩号分别为 K38 + 765～K40 + 030 和 K47 + 716～K48 + 952，拟在其间新增一处互通式立体交叉。下列各选项分别为新增立交四个方案的起讫桩号和立交范围主线凹形竖曲线半径，其中符合行业现行标准有关规定的是（　　　）。

（A）方案一：K40 + 710～K41 + 882，15000m

（B）方案二：K42 + 998～K44 + 152，7000m

（C）方案三：K45 + 400～K46 + 566，12800m

（D）方案四：K45 + 553～K46 + 713，12800m

解答

根据《公路立体交叉设计细则》（JTG/T D21—2014）表 5.4.4，设计速度 100km/h，净距 ≥ 1100m。

选项 A，K40 + 710 − (K40 + 030) = 680m < 1100m，不满足规范要求。

选项 D，K47 + 716 − (K46 + 713) = 1003m < 1100m，不满足规范要求。

根据表 5.5.3，最小竖曲线半径$R_{竖\ min}$ = 8000∼12000m。

选项 B，7000m < $R_{竖\ min}$ = 8000∼12000m

选项 C，均满足规范要求。

答案：C

2. 城市道路复合式立交、辅助车道与集散车道

📖 条文规定

《城市道路交叉口设计规程》（CJJ 152—2010）规定如下：

5.4.1　辅助车道用于互通式立交分、合流段。辅助车道的宽度应与直行车道相同。

5.4.3　在设置双车道匝道的分、合流处，应增设辅助车道。辅助车道长度（包括渐变段）在分流端宜为 1000m，且不得小于 600m，在合流端宜为 600m。辅助车道过渡段渐变率应大于等于 1/50。当前一个互通式立体交叉的加速车道末端至下一个互通式立体交叉的减速车道的起点之间的距离小于 500m 时，应设辅助车道并连接。

5.5.4　集散车道应符合下列规定：

1　当有下列情况之一，可考虑设置集散车道：

1）通过车道交通量大，需要分离。

2）两个以上出口分流岛端部靠得很近。

3）三个以上出入口分流岛端部靠得近。

4）所需要交织长度得不到保证。

5）因交通标志密集而不能用标志诱导。

2　集散车道可为单车道或双车道，每条车道宽度应为 3.5m。在主线出入口处应保持车道平衡，对集散道路可不作规定。

📖 典型例题

例题 6-18-3（2024 年真题）

某城市快速路，设计速度为 80km/h，相邻两座枢纽立交，前一立交单车道进口加速车道起点，至下一立交单车道出口减速车道终点之间的距离为 860m，加减速车道均采用平行式，其中加速车道处主路纵坡为+2.5%的路段，减速车道处于主路纵坡为−1.5%的路段，不考虑其他因素影响，下列关于该入口、出口变速车道的最小长度及是否设置辅助车道符合规范规定的是何项?并说明选择依据和理由。

（A）160m 80m 不设辅助车道　　　　（B）210m 130m 不设辅助车道

（C）242m 138m 设辅助车道　　　　（D）242m 130m 设辅助车道

解析：

根据《城市道路交叉口设计规程》（CJJ 152—2010）表 5.5.3-1

（1）加速段长度 160m，按表 5.5.3-2 修正系数 1.2，则修正后加速车道长 1.2 × 160 + 50 = 242m；

（2）减速段长 80m，修正系数 1.0，减速车道长 80 + 50 = 130m；

（3）净距：860 − 242 − 130 = 488 < 500m。按照 5.4.3 应设置辅助车道。

答案：D

（1）公路相邻互通式立体交叉在按最小净距控制时，设计要点如下：

①当相邻互通式立体交叉之间的净距大于 2km 时，相邻互通式立体交叉可按各自独立的互通式立体交叉设计。在两互通式立体交叉之间，可设置完整的下游出口预告标志。

②当相邻互通式立体交叉之间的净距小于 2km，但大于《公路立体交叉设计细则》（JTG/T D21—2014）表 5.4.4 的规定值时，相邻互通式立体交叉仍按各自独立的互通式立体交叉设计。根据净距的大小，下游出口的部分预告标志应于净距路段之前提前设置。

③当相邻互通式立体交叉之间的净距小于《公路立体交叉设计细则》（JTG/T D21—2014）表 5.4.4 的规定值，但合分流连接部鼻端之间的距离大于辅助车道最小长度的规定值时，相邻互通式立体交叉之间可采用辅助车道相连接，形成复合式互通式立体交叉。下游出口的 1km 和 2km 预告标志应于辅助车道路段之前提前设置。

④当相邻互通式立体交叉合分流连接部鼻端之间的距离小于辅助车道最小长度的规定值时，相邻互通式立体交叉之间可采用集散道相连接，形成复合式互通式立体交叉，且应按一座互通式立体交叉进行交通组织和设置出口预告标志。

⑤当相邻互通式立体交叉之间因距离过近而设置集散道困难时，可采用匝道相连的方式构成复合式互通式立体交叉或采用一座多岔交叉互通式立体。

（2）公路辅助车道用于主线侧合分流连接部（连接复合式互通立交）时，长度采用《公路立体交叉设计细则》（JTG/T D21—2014）表 10.6.3，当双车道变速车道用于车道平衡时，长度采用《公路立体交叉设计细则》（JTG/T D21—2014）表 10.2.5，两者的长度差距很大。

考点19　公路立交主线侧合分流连接部的辅助车道及基本车道数增减

■ 条文规定

《公路立体交叉设计细则》（JTG/T D21—2014）规定如下：

10.6.1　主线侧合分流连接部的辅助车道宽度宜采用与主线直行车道相同的宽度，与主线直行车道间可不设缘带。辅助车道右侧硬路肩宽度宜与主线基本路段的右侧硬路肩相同，当条件受限时，可适当减窄，但宽度不应小于 1.5m。

10.6.2　主线侧合分流连接部的辅助车道设计应符合下列规定：

1　当入口匝道为单车道、出口匝道为双车道时，入口匝道应以平行式与主线相接；出口匝道宜以直接式与主线相接，其渐变率应符合双车道减速车道的有关规定。辅助车道宜由分流点开始渐变结束，渐变率不应大于 1/40［图 10.6.2a）］。

2　当入口匝道为双车道、出口匝道为单车道时，入口匝道宜以直接式与主线相接，其渐变率应符合本细则第 10.2.5 条的有关规定；出口匝道应以平行式与主线相接。辅助车道宜由分流鼻端开始渐变结束，渐变率不应大于 1/40［图 10.6.2b）］。

3　当入口匝道为双车道，且合流前匝道交通量接近设计通行能力时，辅助车道应由分流鼻端向下游延伸一段距离后再渐变结束，延伸长度不应小于 150m，渐变率不应大于 1/40［图 10.6.2c）］。

4　当入口和出口匝道均为单车道时，入口和出口匝道均应以平行式与主线相接。辅助车道宜由分流鼻端开始渐变结束，渐变率不应大于 1/40［图 10.6.2d）］。

图 10.6.2　主线侧合分流连接部辅助车道的设置示意图

10.6.3　主线侧合分流连接部的辅助车道长度不应小于表 10.6.3 的规定值，当主线单向基本车道数大于 3 车道或匝道中有双车道时，不应小于一般值。

主线侧合分流连接部的辅助车道最小长度　　　　　　　　　　　　　表 10.6.3

主线设计速度（km/h）		120	100	80	60
辅助车道最小长度（m）	一般值	1200	1100	1000	800
	极限值	1000	900	800	700

注：辅助车道长度的定义见图 10.6.2。

条文说明

（1）主线侧合分流连接部辅助车道最小长度的确定，同时考虑了合、分流交通运行、变速段的设置和部分出口预告标志的设置等所需要的距离，表中最小长度包含了两端部斑马线三角区的长度。

（2）辅助车道最小长度与车辆变道运行和连接部的几何构造有关，故规定最小长度应结合主线和匝道的车道数选用。

10.6.4　主线基本车道数的增减方式应根据互通式立体交叉的形式，匝道车道数及交通量的分布等确定，并应符合下列规定：

1　基本车道数的增加宜由双车道入口的辅助车道延伸而成［图 10.6.4a）］。

2　当入口匝道为单车道时，基本车道数可在互通式立体交叉内减少。被减去的车道宜由分流鼻端下游不小于 150m 处开始渐变结束，渐变率不应大于 1/50［图 10.6.4b）］。

3　当入口匝道为单车道但在互通式立体交叉内减少车道存在困难，或入口匝道为双车道时，基本车道数宜在互通式立体交叉外减少。被减去的车道应自加速车道终点向下游延伸一段距离后再渐变结束，延伸长度不应小于 500m，渐变率不应大于 1/50［图 10.6.4c）］。

图 10.6.4　主线基本车道数的增减方式示意图

典型例题

例题 6-19-1（2022 年真题）

某六车道高速公路设计速度为 120km/h，车道宽度为 3.75m。主线侧一合分流连接部辅助车道方案如下图所示。其中，入口匝道为双车道，设计速度为 50km/h，设计小时交通量为 1950pcu/h，出口匝道为单车道。请指出方案图中存在的不符合标准有关规定的问题，并提出解决方案。其中，在辅助车道段、入口连接部和出口连接部存在的问题共有（　　　）。

例题 6-19-1 图

（A）1 个　　　　　（B）2 个　　　　　（C）3 个　　　　　（D）4 个

解答

根据《公路立体交叉设计细则》（JTG/T D21—2014）：

（1）第 10.6.1 条，辅助车道与主线车道同宽，3.5m ≠ 3.75m，不合理；

（2）表 7.3.1，匝道设计速度 50km/h，$DDHV = 1950pcu/h > 1200pcu/h$，应采用双车道变速车道，图中入口连接部压缩为单车道，不合理；

（3）第 10.6.2 条，入口为双车道，合流前匝道交通量 1950pcu/h 接近设计通行能力 2000pcu/h，辅助车道应向下延伸一段（≥150m）后渐变结束，按图 10.6.2c），出口连接部不合理。

所以，存在的问题共有 3 个。

答案：C

例题 6-19-2（2022 年真题）

某双向六车道高速公路设计速度 120km/h，主线侧合分流连接部的辅助车道设计示意如下图，入口匝道为双车道，且合流前匝道交通量接近设计通行能力。图中不符合规范规定的一共有几处?请逐一指出。

（A）1 处　　　　（B）2 处　　　　（C）3 处　　　　（D）4 处

解析

根据《公路立体交叉设计细则》（JTG/T D21—2014）：

（1）10.6.2 条第 3 款，合流前匝道交通量接近设计通行能力时，辅助车道应向下游延伸不小于 150m，渐变率不应大于 1/40。图中仅延伸 120m，不满足规范。渐变率 1/45 满足规范；

（2）根据表 10.2.5，双车道加速车道渐变率 1/45，图中 1/40 不满足规范。

（3）根据 10.6.3，匝道有双车道，辅助车道长度取表 10.6.3 的一般值 1200m，本题为 1250m，满足规范。

故本题共 2 处不满足。

答案：B

例题 6-19-3（2023 年真题）

某双向八车道高速公路设计速度 120km/h，拟在一互通式立体交叉内变为双向六车道。车道减少方向的出口匝道为双车道，入口匝道为单车道。基本车道数的减少方案示意如下图所示，图中不符合规范有关变速车道和基本车道数的增减规定的一共有（　　　　）处。

例题 6-15-2a 图

（A）1 处　　　　（B）2 处　　　　（C）3 处　　　　（D）4 处

解答

根据《公路立体交叉设计细则》（JTG/T D21—2014）表 10.2.5：

（1）双车道匝道辅助车道长度，$L_3 = 300m$，$260m < 300m$，不满足规范要求；

（2）单车道加速车道长度，$L_1 = 230m$，$235m > 230m$，满足规范要求；

（3）单车道平行式加速车道渐变段长度，$L_2 = 90m$，满足规范要求；

（4）根据第 10.6.4 条，延伸段长度 $\geqslant 150m$，本题 $200m > 150m$，满足规范要求；

（5）根据第 10.6.4 条，渐变率应 $\leqslant 1/50$，$1/25 > 1/50$，不满足规范要求。

（6）双车道匝道减速车道渐变段长度，$L_2 = 90m$，满足规范要求；

（7）双车道匝道减速车道变速段长度，$L_1 = 225m$，图中 $232m$ 满足规范要求。

综上，共有 2 处不满足规范要求。

答案：B

📖 **考点分析**

（1）《公路立体交叉设计细则》（JTG/T D21—2014）第 10.6.2 条仅针对合分流连接部的辅助车道，单连接部辅助车道为车道平衡需要设置，参见细则的变速车道设计的相关规定。

（2）主线侧合分流连接部辅助车道，合流端的设计与加速车道连接部相同，在分流端的分流点处，主线侧一般应增加一个车道宽度。

（3）《公路立体交叉设计细则》（JTG/T D21—2014）第 10.6.2 条规定特别强调当入口或出口匝道为双车道时，宜采用直接式与主线相连，通过这种连接方式，由内侧车道流入或流出的车辆可避开交织区，从而有效减少可能参与交织的交通量。

第7章 交通工程及沿线设施

本章核心考试规范：

1. 《公路交通安全设施设计规范》（JTG D81—2017）
2. 《城市道路交通设施设计规范》（GB 50688—2011）（2019 年版）
3. 《城市道路交通标志和标线设置规范》（GB 51038—2015）
4. 《无障碍设计规范》（GB 50763—2012）
5. 《城市工程管线综合规划规范》（GB 50289—2016）

本章一般考试规范：

1. 《高速公路交通工程及沿线设施设计通用规范》（JTG D80—2006）
2. 《公路隧道设计规范 第二册 交通工程与附属设施》（JTG D70/2—2014）

曾列入考试的规范（如果 2025 年未恢复，可不复习）：

1. 《公路限速标志设计规范》（JTG/T 3381-02—2020）
2. 《建筑与市政工程无障碍通用规范》（GB 55019—2021）
3. 《城市道路绿化规划与设计规范》（CJJ 75—1997）

考点1 净区宽度计算

📖 条文规定

《公路交通安全设施设计规范》（JTG D81—2017）规定如下：

A.0.1 净区宽度可分为计算净区宽度和实际净区宽度。

A.0.2 计算净区宽度应根据公路平面线形指标状况、路基填挖情况、运行速度确定，并符合下列规定：

1 直线段计算净区宽度宜根据路基的填方、挖方情况分别由图 A.0.2-1 和图 A.0.2-2 确定。

2 曲线段计算净区宽度宜采用相同路基类型对应的直线段计算净区宽度乘以调整系数 F_c 进行修正，其中 F_c 由图 A.0.2-3 查得。

A.0.3 实际净区宽度应为从外侧车行道边缘线开始，向公路外侧延伸的平缓、无障碍物区域的有效宽度，包括硬路肩、土路肩及可利用的路侧边坡，并应符合下列规定：

1 当路侧边坡坡度缓于 1:6 时，有效宽度为整个边坡坡面宽度。

2 当路侧边坡坡度在 1:4 和 1:6 之间时，有效宽度为整个边坡坡面宽度的 1/2。

3 当路侧边坡坡度陡于 1:4 时，边坡上不能行车，不作为有效宽度。

4 路侧存在未设盖板的砌石边沟、排水沟区域时，不作为有效宽度。

5 路侧存在不可移除的行道树、花坛、标志立柱或其他障碍物时，不作为有效宽度。

图 A.0.2-1 填方直线段计算净区宽度

图 A.0.2-2 挖方直线段计算净区宽度

图 A.0.2-3 曲线段计算净区宽度调整系数F_c

《公路交通安全设施设计规范》（JTG D81—2017）条文说明规定如下：

2.0.1 国内外研究成果表明：保证一定宽度的净区可以使绝大多数驶出路外的车辆恢复正常行驶。净区宽度可分为计算净区宽度和实际净区宽度，附录A提供了计算方法。前者为驶出车行道的车辆重返公路提供了容错空间，为理想值，如图2-1所示；后者为实际路况可达到的宽度值。中央分隔带和分离式路基左侧净区宽度的含义与路侧相同，如图2-2所示。

*由于推荐的净区宽度中有一部分为不可恢复的边坡（图中阴影部分），因此需要附加的停车净区，其宽度等于阴影部分的宽度

图2-1　计算净区宽度示意

图2-2　路侧与中央分隔带净区示意

注：图中"*CZ*"为计算净区宽度。

📖 典型例题

例题 7-1-1

某高速公路设计速度为100km/h，双向年平均日交通量*AADT*为5000辆/日，方向不均匀系数为0.6，某填方段平面转弯处平曲线半径为700m，则在该平曲线曲中点计算净区宽度为（　　　）。

（A）8.9m　　　　　（B）8.74m　　　　　（C）6.55m　　　　　（D）7.12m

解答

单向*AADT* = 5000 × 0.6 = 3000辆/日。

查《公路交通安全设施设计规范》（JTG D81—2017）图A.0.2-1，直线段净宽为7.6m。

查《公路交通安全设施设计规范》（JTG D81—2017）图A.0.2-3，曲线段调整系数F_c = 1.15。

计算净区宽度 = 7.6 × 1.15 = 8.74m。

答案：B

例题 7-1-2

某二级公路设计速度为 60km/h，单向设计小时交通量为 360 辆/h，设计小时交通量系数为 0.12，某挖方段平面转弯处平曲线半径为 100m，则在该平曲线段计算净区宽度为（　　　）。

（A）8.9m　　　　（B）5.7m　　　　（C）3.6m　　　　（D）5.2m

解答

根据《公路路线设计规范》（JTG D20—2017）第 3.3.3 条，单向 $AADT = \frac{360}{0.12} = 3000$ 辆/日。

查《公路交通安全设施设计规范》（JTG D81—2017）图 A.0.2-2，直线段净宽为 3m。

查《公路交通安全设施设计规范》（JTG D81—2017）图 A.0.2-3，曲线段调整系数 $F_c = 1.19$。

计算净区宽度 $= 3 \times 1.19 = 3.57$m。

答案：C

例题 7-1-3

某一级公路硬路肩宽度为 2.5m，土路肩宽度为 0.75m，填方采用缓坡，坡度为 1∶5，路堤高 3m，坡脚 2m 以外为排水明沟，则在该处实际净区宽度为（　　　）。

（A）18.9m　　　　（B）13.7m　　　　（C）12.8m　　　　（D）15.2m

解答

根据《公路交通安全设施设计规范》（JTG D81—2017）第 A.0.3 条，实际净区宽度 $= 2.5 + 0.75 + 3 \times 5/2 + 2 = 12.75$m。

答案：C

📖 **考点分析**

（1）《公路交通安全设施设计规范》（JTG D81—2017）相比老规范新增了计算净区和实际净区宽度计算方法，遇到此类考点，按照附录 A 即可计算结果；必要时还应按照第 2.0.1 条条文说明进行分析计算。

（2）《公路交通安全设施设计规范》（JTG D81—2017）第 6.1.1 条规定，计算净区宽度得不到满足时，应按护栏设置原则进行安全处理；第 6.2.1 条规定，实际净区宽度与计算宽度不同时，按照事故风险确定是否设置护栏。

（3）计算净区宽度根据规范查图确定时，涉及单向 $AADT$，可能结合路线章节交通量分析来出题，交通量分析详见路线章节。

考点2　护栏防护等级选取

1. 公路路基护栏防护等级选取

📖 **条文规定**

《公路交通安全设施设计规范》（JTG D81—2017）规定如下：

6.2.3　路侧计算净区宽度范围内有高速铁路、高速公路、高压输电线塔、危险品储藏仓库等设施时，事故严重程度等级为高，必须设置护栏。

6.2.4　路侧计算净区宽度范围内有下列情况时，事故严重程度等级为中，应设置护栏：

1　二级及二级以上公路边坡坡度和路堤高度在图 6.2.4 的Ⅰ区、Ⅱ区阴影范围之内的路段，三级、四级公路路侧有深度 30m 以上的悬崖、深谷、深沟等的路段。

图 6.2.4　边坡坡度、路堤高度与设置护栏的关系

2　有江、河、湖、海、沼泽等水深 1.5m 以上水域的路段。

3　有Ⅰ级铁路、一级公路等。

4　高速公路、一级公路路外设有车辆不能安全越过的照明灯、摄像机、交通标志、声屏障、上跨桥梁的桥墩或桥台、隧道入口处的检修道或洞门等设施的路段。

6.2.5　路侧计算净区宽度范围内有下列情况时，事故严重程度等级为低，宜设置护栏：

1　二级及二级以上公路边坡坡度和路堤高度在图 6.2.4 的Ⅲ区阴影范围之内的路段，三级、四级公路边坡坡度和路堤高度在图 6.2.4 的Ⅰ区阴影范围之内的路段。

2　二级及二级以上公路路侧边沟无盖板、车辆无法安全越过的挖方路段。

3　高出路面或开挖的边坡坡面有 30cm 以上的混凝土砌体或大孤石等障碍物。

4　出口匝道的三角地带有障碍物。

6.2.6　高速公路和作为干线的一级公路，整体式断面中间带宽度小于或等于 12m，或者 12m 宽度范围内有障碍物时，必须设置中央分隔带护栏。中央分隔带事故严重程度可根据下列条件确定：

1　中央分隔带宽度小于 2.5m 且采用整体式护栏形式时，事故严重程度等级为高。

2　符合下列条件时，事故严重程度等级为中：

1）对双向 6 车道高速公路，或未设置左侧硬路肩的双向 8 车道及以上高速公路，中央分隔带宽度小于 2.5m 并采用分设式护栏形式，同时中央分隔带内设有车辆不能安全穿越的障碍物的路段。

2）对双向 6 车道及以上一级公路，中央分隔带宽度小于 2.5m 并采用分设式护栏形式，同时中央分隔带内设有车辆不能安全穿越的障碍物的路段。

3　不符合本条第 1、2 款规定的条件时，事故严重程度为低。

6.2.7　作为集散的一级公路，整体式断面中间带应设置保障行车安全的隔离设施。根据交通安全综合分析结果，可考虑是否设置中央分隔带护栏，事故严重程度等级可参考本规范第 6.2.6 条的规定选取。

6.2.10　设置路基护栏的防护等级应符合表 6.2.10 的规定。

路基护栏防护等级的选取　　　　　　　　　　　　　　　　　表 6.2.10

公路等级	设计速度（km/h）	事故严重程度等级		
		低	中	高
高速公路	120	三（A、Am）级	四（SB、SBm）级	六（SS、SSm）级
	100、80			五（SA、SAm）级
一级公路	60	二（B、Bm）级	三（A、Am）级	四（SB、SBm）级
二级公路	80、60		三（A）级	

公路等级	设计速度（km/h）	事故严重程度等级		
		低	中	高
三级公路、四级公路	40	一（C）级	二（B）级	三（A）级
	30、20		一（C）级	二（B）级

注：括号内为护栏防护等级的代码。

6.2.11 存在下列情况时，导致事故发生可能性增加或后果更严重的路段，宜在表6.2.10的防护等级上提高1个等级：

1 二级及二级以上公路纵坡等于或接近于现行《公路工程技术标准》（JTG B01）规定的最大纵坡值的下坡路段；二级及二级以上公路圆曲线半径等于或接近于现行《公路工程技术标准》（JTG B01）规定的最小半径的路段外侧。

2 设计交通量中，总质量大于或等于25t的车辆自然数所占比例大于20%时。

6.2.12 年平均日设计交通量（AADT）小于2000辆小客车且设计速度小于或等于60km/h的公路，宜进行交通安全及经济综合分析，确定是否设置护栏及护栏的防护等级。需要设置护栏时，其防护等级可在表6.2.10的基础上降低1个等级，但最小不得低于一（C）级。

📖 **典型例题**

例题 7-2-1

某一级公路设计速度为100km/h，硬路肩宽度为2.5m，土路肩宽度为0.75m，单向年平均日交通量AADT为3000辆/日，填方坡度为1:1.5，路堤高4m，路堤段地势平坦。某平面转弯处平曲线半径为700m，在距离路基坡脚线1m处有一高压铁塔。路基护栏应采用的防护等级为（　　）。

（A）SS级　　　　（B）SB级　　　　（C）A级　　　　（D）SA级

解答

查《公路交通安全设施设计规范》（JTG D81—2017）图A.0.2-1，直线段计算净区宽度为7.6m。

查图A.0.2-3，曲线段调整系数F_c为1.15，计算净区宽度为$7.6 \times 1.15 = 8.74$m。

高压铁塔距离外侧车行道边缘：$2.5 + 0.75 + 4 \times 1.5 + 1 = 10.25 > 8.74$，说明高压铁塔位于计算净区宽度以外。

查图6.2.4，边坡坡度与路堤高度在Ⅱ区，事故严重程度等级为中。

查表6.2.10，路基护栏防护等级应为四级（SB级）。

答案：B

例题 7-2-1a（2021年知识真题）

某设计速度120km/h的高速公路在纵坡3%的下坡路段，路外路侧计算净区范围内设有上跨桥梁桥墩时，护栏防护等级应不低于（　　）。

（A）二级　　　　（B）三级　　　　（C）四级　　　　（D）五级

解答

根据《公路交通安全设施设计规范》（JTG D81—2017）第6.2.4条，路外有上跨桥梁的桥墩，事故严重程度为中；

查表6.2.10，防护等级为四级；

依据第6.2.11条，3%下坡为《公路工程技术标准》（JTG B01—2014）表4.0.20规定的120km/h最大纵坡值，应提高一级，选五级。

答案：D

例题 7-2-2

某一级公路设计速度为 80km/h，右侧硬路肩宽度为 1.5m，土路肩宽度为 0.75m，预测年度的年平均日交通量约为 8500 辆/日，设计交通量中，总质量大于 25t 的车辆自然数占比为 23%。其中，K6 + 200～K6 + 260 路段为直线填方路段，填方边坡坡度为 1∶1.5，路堤高度为 5.0～6.0m，该路段如果设置路侧波形梁护栏，则波形梁护栏的等级选择最合理的是（　　　）。

（A）SB 级　　　　　（B）A 级　　　　　（C）SA 级　　　　　（D）SS 级

解答

该公路设计速度为 80km/h，查《公路交通安全设施设计规范》（JTG D81—2017）图 A.0.2-1，平均日交通量 8500 辆/日所对应的填方直线段计算净区宽度约为 6.7m。

该路段实际净区宽度 = 1.5 + 0.75 = 2.25m，小于计算净区宽度。

查图 6.2.4，边坡坡度与路堤高度在Ⅱ区，事故严重程度等级为中。

查表 6.2.10，路基护栏防护等级应为四级（SB 级），由于交通量中总质量大于 25t 的车辆自然数占比为 23%，应提高 1 个等级，因此该处护栏防护等级应为五级（SA 级）。

答案：C

例题 7-2-2a（2022 年知识真题）

公路护栏设计应体现宽容设计、适度防护的理念，某二级公路边坡坡度为 1∶1.5、路堤高度为 5m，其护栏防护等级应不低于（　　　）。

（A）二级　　　　　（B）三级　　　　　（C）四级　　　　　（D）五级

解答

根据《公路交通安全设施设计规范》（JTG D81—2017）图 6.2.4，边坡坡度和路堤高度处在Ⅱ区，事故严重程度为中。

查表 6.2.10，路基护栏防护等级为三级。

答案：B

例题 7-2-3

某高速公路设计速度为 100km/h，采用整体式断面，中央分隔带宽度为 3m，该路段是否必须设置中央分隔带护栏，如果设置护栏，则防护等级选择最合理的是（　　　）。

（A）Am 级　　　　　（B）A 级　　　　　（C）SBm 级　　　　　（D）可不设置

解答

根据《公路交通安全设施设计规范》（JTG D81—2017）第 6.2.6 条，中间带小于 12m，必须设置中央分隔带护栏。

中央分隔带宽度 3m，事故严重程度为低。

查表 6.2.10，护栏防护等级为三（Am）级。

答案：A

例题 7-2-3a（2020 年知识真题）

《公路交通安全设施设计规范》（JTG D81—2017）规定，高速公路设计速度为 100km/h，中央分隔带宽度小于 2.5m 且采用整体式护栏形式时，应采用的路基护栏防护等级为（　　　）。

（A）三（Am）级　　　　　　　　　　　（B）四（SBm）级

（C）五（SAm）级 　　　　　　　　　　（D）六（SSm）级

解答

根据《公路交通安全设施设计规范》（JTG D81—2017）第 6.2.6 条，中分带宽度小于 2.5m 且采用整体式护栏，事故程度等级为高。

查表 6.2.10，防护等级采用五级，中央护栏为 SAm 级。

答案：C

📖 **考点分析**

（1）路基护栏防护等级选取考点首选要判断事故严重程度等级，再查《公路交通安全设施设计规范》（JTG D81—2017）表 6.2.10 选择防护等级；事故严重程度分为高、中、低三个等级。

（2）查表 6.2.10 时应结合第 6.2.11 条、第 6.2.12 条进行修正，审题时注意题目给出的条件，可能会在表 6.2.10 的防护等级上提高或降低 1 个等级。

（3）事故严重程度高、中、低等级要先得到计算净区宽度，依照计算净区宽度范围内的情况，根据第 6.2.3 条、第 6.2.4 条、第 6.2.5 条和查图 6.2.4 判定事故严重程度。

（4）中央分隔带护栏等级选取也是查表 6.2.10，只是防护等级代号多了一个字母 m（median 或 middle），对于中间带事故严重程度等级根据第 6.2.6 条进行判断。

（5）中央分隔带采用整体式护栏时比分设式护栏事故严重程度要高一个等级，设计中优先采用分设式护栏。

2. 公路桥梁护栏防护等级选取

📖 **条文规定**

《公路交通安全设施设计规范》（JTG D81—2017）规定如下：

6.3.2　根据车辆驶出桥外或进入对向车行道可能造成的事故严重程度等级，应按表 6.3.2 的规定选取桥梁护栏的防护等级，并应符合下列规定：

1　二级及二级以上公路小桥、通道、明涵的护栏防护等级宜与相邻的路基护栏相同。

2　公路桥梁采用整体式上部结构时，中央分隔带护栏的防护等级可按路基中央分隔带护栏的条件来确定。

3　因桥梁线形、桥梁高度、交通量、车辆构成、运行速度或其他不利现场条件等因素易造成更严重碰撞后果的路段，经综合论证，可在表 6.3.2 的基础上提高 1 个或以上等级。其中，跨越大型饮用水水源一级保护区和高速铁路的桥梁以及特大悬索桥、斜拉桥等缆索承重桥梁，防护等级宜采用八（HA）级。

桥梁护栏防护等级的选取　　　　　　　　　　　　　表 6.3.2

公路等级	设计速度（km/h）	车辆驶出桥外或进入对向车行道的事故严重程度等级	
		高：跨越公路、铁路或饮用水水源一级保护区等路段的桥梁	中：其他桥梁
高速公路	120	六（SS、SSm）级	五（SA、SAm）级
	100、80	五（SA、SAm）级	四（SB、SBm）级
一级公路	60	四（SB、SBm）级	三（A、Am）级
二级公路	80、60	四（SB）级	三（A）级

公路等级	设计速度（km/h）	车辆驶出桥外或进入对向车行道的事故严重程度等级	
		高：跨越公路、铁路或饮用水水源一级保护区等路段的桥梁	中：其他桥梁
三级公路	40、30	三（A）级	二（B）级
四级公路	20		

注：括号内为护栏防护等级的代码。

典型例题

例题 7-2-4

某高速公路设计速度为 120km/h，高速公路某桥梁为单塔斜拉桥，主跨跨径为 620m，该桥梁路段护栏防护等级选择最合理的是（　　）。

（A）A 级 　　　　　　　　　　　　（B）B 级
（C）SS 级 　　　　　　　　　　　　（D）HA 级

解答

根据《公路交通安全设施设计规范》（JTG D81—2017）第 6.3.2 条，该桥梁为特大斜拉桥，宜选取八（HA）级护栏。

答案：D

例题 7-2-5

某一级公路设计速度为 80km/h，该公路某桥梁上跨铁路，此桥梁路段护栏防护等级选择最合理的是（　　）。

（A）A 级 　　　　　　　　　　　　（B）SA 级
（C）SS 级 　　　　　　　　　　　　（D）SB 级

解答

根据《公路交通安全设施设计规范》（JTG D81—2017）第 6.3.2 条，查表 6.3.2，该桥梁事故严重程度等级为高，应选取五（SA）级护栏。

答案：B

例题 7-2-6

某高速公路设计速度为 100km/h，桥梁采用整体式断面，中央分隔带宽度为 3m，该桥梁路段是否必须设置中央分隔带护栏，如果设置护栏，则防护等级选择最合理的是（　　）。

（A）Am 级 　　　　　　　　　　　　（B）A 级
（C）SBm 级 　　　　　　　　　　　　（D）可不设置

解答

根据《公路交通安全设施设计规范》（JTG D81—2017）第 6.3.2 条，整体式桥梁中央分隔带护栏防护等级可按路基中央分隔带护栏条件来确定，根据第 6.2.6 条，中间带小于 12m，必须设置中央分隔带护栏。

中央分隔带宽度 3m，事故严重程度为低。

查表 6.2.10，护栏防护等级为三（Am）级。故该桥梁中央分隔带护栏防护等级为三（Am）级。

答案：A

（1）桥梁护栏防护等级选取考点相对简单，事故严重程度等级按照《公路交通安全设施设计规范》（JTG D81—2017）表6.3.2的条件判断即可。

（2）查表6.3.2时应结合第6.3.2条的第1、2、3款进行判断，审题时注意题目给出的条件，如桥梁中分带护栏的防护等级可按路基中分带护栏的方法进行判断。

（3）《公路交通安全设施设计规范》（JTG D81—2017）相比老规范，护栏防护等级由原来的五级修改为八级，新增了一（C）级、七（HB）级、八（HA）级护栏，斜拉桥、悬索桥一般均为特大桥，宜采用八（HA）级护栏。

3. 城市道路桥梁护栏防护等级选取

《城市道路交通设施设计规范》（GB 50688—2011）（2019年版）规定如下：

7.2 防撞护栏

7.2.1 防撞护栏防护等级分为六级，各等级的碰撞条件与设计防护能量应符合表7.2.1的规定。

防撞护栏的碰撞条件与设计防护能量 表7.2.1

防护等级代码		碰撞条件				设计防护能量（kJ）
路侧护栏	中央分隔带护栏	碰撞车型	车辆质量（t）	碰撞速度（km/h）	碰撞角度（°）	
B	Bm	小客车	1.5	60	20	70
		大客车	10	40	20	
A	Am	小客车	1.5	100	20	160
		大客车	10	60	20	
SB	SBm	小客车	1.5	100	20	280
		大客车	10	80	20	
SA	SAm	小客车	1.5	100	20	400
		大客车	14	80	20	
SS	SSm	小客车	1.5	100	20	520
		大客车	18	80	20	
HB	HBm	小客车	1.5	100	20	640
		大客车	25	80	20	

注：设计交通量中，大型货车（总质量大于或等于25t）自然数所占比例大于20%时，防撞护栏应符合公路相关技术规范的要求。

7.2.2 在综合分析城市道路线形、设计速度、运行速度、交通量和车辆构成等因素的基础上，当防撞护栏的设计防护能量低于70kJ时，护栏可确定特殊的碰撞条件；当防撞护栏的设计防护能量高于640kJ时，护栏应确定特殊的碰撞条件。

7.2.3 城市道路应根据环境、气候、城市景观及对视距的影响等因素，采用不同防护等级的混凝土护栏、波形梁护栏、金属梁柱式护栏或组合式护栏，并宜符合下列规定：

1 大型车辆所占比例较大的路段，中央分隔带护栏宜采用混凝土护栏；

2 对景观有特殊要求的桥梁或城市道路宜选用金属梁柱式护栏或组合式护栏；

3 钢结构桥梁及需减小桥梁恒载时，宜采用金属梁柱式护栏；

4 当道路弯道、交叉口、出入口等处的防撞护栏影响驾驶员视距时，宜采用通透性较好的金属梁柱式护栏、组合式护栏或波形梁护栏；

5 冬季风雪较大地区，可选用少阻雪的护栏形式。

7.2.3A 防撞护栏的构造形式应采用实车足尺碰撞试验确定，并应满足安全性能要求。

7.2.4 路侧防撞护栏的设置应符合下列规定：

1 快速路路侧防撞护栏防护等级的确定应符合表7.2.4-1的规定；

快速路路侧防撞护栏防护等级 表7.2.4-1

使用条件	设计速度（km/h）			
	100、80	60	50、40	30、20
一般路段、匝道、通道、涵洞	A	B	B	B
桥头引道、隧道洞口连接线；车辆越出路外可能发生重大事故的路段和匝道	SB	A	B	B
高挡墙、临水临空路段；车辆越出路外可能发生二次事故的路段和匝道	SA	SB	A	B
邻近其他快速路、高速公路、人流密集区域的路段；车辆越出路外可能发生重大二次事故的路段和匝道	SS	SA	SB	A

注：表中50km/h、40km/h、30km/h和20km/h为匝道设计速度。

2 主干路、次干路与支路特殊路段路侧防撞护栏防护等级的确定应符合表7.2.4-2的规定；

主干路、次干路及支路特殊路段路侧防撞护栏防护等级 表7.2.4-2

使用条件	设计速度（km/h）		
	60	50、40	30、20
不设人行道的涵洞、通道	B	B	—
桥头引道、隧道洞口连接线；车辆越出路外可能发生重大事故的路段和匝道	A	B	B
高挡墙、临水临空路段；车辆越出路外可能发生二次事故的路段和匝道	SB	A	B
邻近快速路、高速公路、人流密集区域的路段；车辆越出路外可能发生重大二次事故的路段和匝道	SA	SB	A

3 邻近饮水水源保护区、铁路、轨道交通、危险品仓储、高压输电线塔及电站等需要特殊防护的路段，经综合论证应在表7.2.4-1或表7.2.4-2规定的防护等级基础上提高1个及以上等级。

7.2.5 中央分隔带护栏的设置应符合下列规定：

1 快速路中央分隔带护栏的防撞等级应符合表 7.2.5-1 的规定；

快速路中央分隔带护栏防撞等级的适用条件　　　　　　表 7.2.5-1

使用条件	设计速度（km/h）		
	100	80	60
一般路段	SBm	Am	Bm
小半径弯道、中央分隔带有桥墩及其他构造物等特殊防护路段	SAm	SBm	Am

2 设计速度大于或等于 50km/h 的主干路中央分隔带宜设置防撞护栏。主干路中央分隔带护栏的防撞等级应符合表 7.2.5-2 的规定。

主干路中央分隔带护栏防撞等级的适用条件　　　　　　表 7.2.5-2

使用条件	设计速度（km/h）
	60、50
一般路段	Bm
小半径弯道、中央分隔带有桥墩及其他构造物等特殊防护路段	Am

7.2.6 活动护栏的设置应符合下列规定：

1 快速路的中央分隔带开口处，应设置活动护栏；

2 活动护栏的防撞等级宜与其所在路段中央分隔带护栏的防撞等级一致；

3 活动护栏应与中央分隔带护栏衔接，并在衔接处做安全性处理。

7.2.7 桥梁防撞护栏的设置应符合下列规定：

1 快速路桥梁车行道外侧应设置防撞护栏，其他等级道路桥梁车行道外侧应采用防撞护栏或高路缘石进行防护，高路缘石的设置要求应符合现行行业标准《城市桥梁设计规范》（CJJ 11）的相关规定。

2 快速路桥梁应设置中央分隔带防撞护栏。设计速度为 60km/h 的城市主干路上的桥梁应设置中央分隔带防撞护栏或 25cm 以上高路缘石，设置高路缘石时，中央分隔带宽度不得小于 2.0m，路缘石高度宜为 25～35cm。

3 设置防撞护栏时，桥梁防撞护栏防护等级的确定应符合表 7.2.7 的规定。

桥梁防撞护栏防护等级　　　　　　表 7.2.7

使用条件	设计车速（km/h）			
	100、80	60	50、40	30、20
一般桥梁	SA、SAm	SB、SBm	A、Am	B
跨越高速公路、快速路、轨道交通或饮用水源保护区等路段的桥梁	SS、SSm	SA、SAm	SB、SBm	A

4 因桥梁线形、桥梁高度、桥下水深、车辆构成、交通量或其他不利现场条件等因素易造成更严重碰撞后果的路段应设置桥梁防撞护栏，且经综合论证，可在表 7.2.7 的基础上提高 1 个及以上等级，其中跨越大型饮用水水源一级保护区桥梁、特大悬索桥、斜拉桥等缆索承重桥梁，防护等级宜采 HB 级别，跨越铁路的桥梁应按照相关铁路行业标准要求设置防撞护栏。

5 快速路的小桥、涵洞、通道应设置与路基段形式相同的防撞护栏。

7.2.8 防撞护栏的起、迄点端部应做安全性处理。

7.2.9 不同防护等级或不同结构形式的防撞护栏之间连接时，应进行过渡段设计，防撞护栏过渡段的防护等级不应低于所连接防撞护栏中较低的防护等级，并应符合下列规定：

1 当桥梁防撞护栏与路基防撞护栏的结构形式不同时，应进行过渡段设计。相邻路基未设护栏时，桥梁防撞护栏应进行端部处理。

2 与隧道洞口位置衔接的路基段或桥梁段防撞护栏应进行过渡段设计。

典型例题

例题 7-2-7（2020 年知识真题）

某城市主干路，设计速度为 60km/h，采用梁式桥跨越轨道交通线路，该段桥梁位于平曲线范围内。下列关于该桥路侧防撞护栏的防护等级，符合规范规定的是（　　　）。

（A）A 级　　　　（B）SB 级　　　　（C）SA 级　　　　（D）SS 级

解答

根据《城市道路交通设施设计规范》（GB 50688—2011）（2019 年版）表 7.2.7，防护等级采用 SA 级。

根据第 7.2.7 条第 4 款，桥梁位于平曲线范围，线形不利，防护等级应提高 1 个等级，采用 SS 级。

答案：D

考点分析

（1）城市道路或桥梁护栏防护等级选择在《城市道路交通设施设计规范》（GB 50688—2011）（2019年版）中有多个对应表格，不要选错；注意无论是道路路侧还是桥梁，均存在提高 1 级的情况，这是考试重点。

（2）注意第 7.2.3 条中混凝土、波形梁、金属梁柱式或组合式等不同护栏类型的选用条件。

（3）城市桥梁护栏及路缘石设置构造要求应结合《城市桥梁设计规范》（CJJ 11—2011）的规定，详见考点 4 第 3 节内容。

考点3　护栏结构碰撞荷载计算

条文规定

《公路交通安全设施设计规范》（JTG D81—2017）规定如下：

3.5.5 偶然作用应符合下列规定：

1 护栏结构设计和安全性能评价采用的碰撞车型、碰撞速度和碰撞角度应满足现行《公路护栏安全性能评价标准》（JTG B05-01—2013）的规定。当公路具体路段的车辆构成不包括规定的某种碰撞车型时，护栏结构设计和安全性能评价可不考虑该车型。

2 设计桥梁护栏试件时，其所承受的汽车横向碰撞荷载标准值应符合表 3.5.5 的规定。在综合分析公路线形、路侧危险度、运行速度、交通量和车辆构成等因素的基础上，采用的护栏防护等级低于一（C）级时，汽车横向碰撞荷载应按一（C）级计算；采用的护栏防护等级高于八（HA）级时，汽车横向碰撞荷载应根据实际的碰撞条件确定。

桥梁护栏的汽车横向碰撞荷载标准值

表 3.5.5

| 防护等级 | 代码 | 标准值（kN） | | 分布长度（m） |
		$D = 0$m	$D = 0.3 \sim 0.6$m	
一	C	70	55～45	1.2
二	B	95	75～60	1.2
三	A	170	140～120	1.2
四	SB	350	285～240	2.4
五	SA	410	345～295	2.4
六	SS	520	435～375	2.4
七	HB	650	550～500	2.4
八	HA	720	620～550	2.4

注：D 为桥梁护栏的最大横向动态变形值。

3 防撞限高架的汽车碰撞荷载可按式(3.5.5)计算，作用方向与行车方向一致，作用点位于横梁几何中心。

$$F' = \frac{m|v_t - v_0|}{T} \tag{3.5.5}$$

式中：F'——限高架的汽车碰撞荷载（kN）；

　　　　m——设计车辆总质量（t），应结合设置路段交通流实际调查结果确定；

　　　　v_0——碰撞前车辆运行速度（m/s），应结合设置路段交通流实际调查结果确定；

　　　　v_t——碰撞后车辆运行速度（m/s），应满足紧急制动情况下车辆在限高桥梁或隧道之前停车的要求；

　　　　T——车辆碰撞限高架的时间（s），可在 0.1～1s 范围内取值，柔性限高架取值 1s，刚性限高架取值 0.1s。

《公路交通安全设施设计规范》（JTG D81—2017）第 3.5.5 条条文说明规定如下：

3.5.5 阻挡功能是护栏最基本和最重要的功能，根据汽车碰撞荷载按承载能力极限状态的偶然荷载效应组合进行设计验算，能够大体估算出护栏能否有效阻挡该防护等级的碰撞车辆，而护栏缓冲功能和导向功能的检验需要经过实车足尺碰撞试验。

$F_{横}$ 单位取 kN 时，

$$F_{横} = \frac{m(v_1 \sin\theta)^2}{2000[C\sin\theta - b(1-\cos\theta) + D]} \tag{3-1}$$

车辆和护栏的刚度可理想化为线性弹簧，则碰撞荷载与时间的关系曲线是正弦曲线，车辆横向最大加速度 $G_{横\max}$ 为：

$$G_{横\max} = \pi/2(G_{横})$$

$$F_{横\max} = \frac{\pi}{2} \cdot \frac{mv_1^2 \sin^2\theta}{2000[C\sin\theta - b(1-\cos\theta) + D]} \tag{3-2}$$

式中：$F_{横\max}$——车辆作用在护栏上的最大横向力（kN）；

　　　　m——车辆质量（kg）；

　　　　v_1——车辆的碰撞速度（m/s）；

　　　　θ——车辆的碰撞角度（°）；

　　　　C——车辆重心距前保险杠的距离（m）；

　　　　b——车辆宽度的一半（m）；

D——护栏的最大横向动态变形值（m），混凝土护栏$D = 0$，金属制护栏$D = 0.3 \sim 0.6\text{m}$。

典型例题

例题 7-3-1

某高速公路设计速度为 120km/h，桥梁上跨铁路，桥梁防撞护栏采用混凝土护栏。该桥梁护栏的汽车横向碰撞荷载标准值为（　　）。

（A）520kN　　　　　　（B）600kN　　　　　　（C）720kN　　　　　　（D）170kN

解答

查《公路交通安全设施设计规范》（JTG D81—2017）表 6.3.2，桥梁护栏防护等级为六（SS）级；混凝土护栏，最大横向动态变形值$D = 0$。

查表 3.5.5，汽车横向碰撞荷载标准值为 520kN。

答案：A

例题 7-3-2

某高速公路桥梁刚性防撞护栏，已知车辆质量为 2.043t，碰撞速度为 96km/h，碰撞角度为 15°，车辆重心距前保险杠距离为 2.7m，车辆宽度为 1.8m。假设车辆碰撞护栏，则碰撞力和最大横向力为（　　）。

（A）72.2kN，114.4kN　　　　　　（B）72.8kN，114.4kN

（C）72.8kN，119.6kN　　　　　　（D）73.5kN，119.6kN

解答

根据《公路交通安全设施设计规范》（JTG D81—2017）第 3.5.5 条条文说明：

$$F_{\text{横}} = \frac{m(v_1 \sin\theta)^2}{2000[C\sin\theta - b(1-\cos\theta) + D]}$$

$$F_{\text{横 max}} = \frac{\pi}{2} \cdot \frac{mv_1^2 \sin^2\theta}{2000[C\sin\theta - b(1-\cos\theta) + D]}$$

$V_1 = 96/3.6 = 26.67\text{m/s}$，$D = 0$。

代入求得：碰撞力为 72.8kN，最大横向力为 114.4kN。

答案：B

例题 7-3-3

某二级公路设置刚性防撞限高架，该路段实际运行速度为 60km/h，交通流设计车辆总质量不超过 30t，假设车辆碰撞限高架后运行速度为 20km/h，则限高架的汽车碰撞荷载为（　　）。

（A）4000kN　　　（B）2500kN　　　（C）900kN　　　（D）3330kN

解答

根据《公路交通安全设施设计规范》（JTG D81—2017）公式(3.5.5)：

$v_0 = 60/3.6 = 16.67\text{m/s}$，$v_t = 20/3.6 = 5.56\text{m/s}$

刚性限高架，$T = 0.1\text{s}$，则

$F' = 30 \times (16.67 - 5.56)/0.1 = 3334\text{kN}$

答案：D

考点分析

（1）护栏结构碰撞荷载计算过程较复杂，《公路交通安全设施设计规范》（JTG D81—2017）表 3.5.5

给出了桥梁护栏的横向碰撞荷载标准值的查表方法，根据防护等级和最大横向动态变形值D即可查表得到，注意混凝土护栏D = 0，金属制护栏D = 0.3～0.6m；同时在条文说明公式(3-1)、公式(3-2)中给出了横向碰撞力和最大横向力的计算方法，通过题目给出的条件代入公式可求解。

（2）用查表3.5.5的方法计算碰撞荷载标准值时，可能结合桥梁护栏等级选取来出题，考生应熟练掌握相关考点，融会贯通。

（3）防撞限高架碰撞荷载的考点，代入公式(3.5.5)即可求解，注意公式中的单位换算。

考点4 护栏与路缘石构造设计

1. 公路护栏类型选择、长度及高度要求

📖 条文规定

《公路交通安全设施设计规范》（JTG D81—2017）规定如下：

6.2.18 大型车辆所占比例较大的路段，除位于冬季风雪较大的地区外，中央分隔带护栏宜使用混凝土护栏。

6.2.21 护栏最小结构长度应根据下列因素确定：

1 发挥护栏整体作用的最小结构长度应符合表6.2.21的规定，或根据护栏产品使用说明书确定。

护栏最小结构长度 表6.2.21

公路等级	护栏类型	最小长度（m）
高速公路、一级公路	波形梁护栏	70
	混凝土护栏	36
	缆索护栏	300
二级公路	波形梁护栏	48
	混凝土护栏	24
	缆索护栏	120
三级公路、四级公路	波形梁护栏	28
	混凝土护栏	12
	缆索护栏	120

5 通过过渡段连接的两种形式护栏的长度之和不应小于两种形式护栏的最小结构长度的大值。

6.3.4 桥梁护栏的构造应符合下列规定：

1 金属梁柱式护栏的构造应满足下列规定：

①所有横梁横向承载力距桥面的加权平均高度$\overline{Y}$不应小于表6.3.4-1的规定值。

②四（SB）级及以下防护等级的金属梁柱式护栏总高度不应小于1.00m；五（SA）级金属梁柱式护栏总高度不应小于1.25m；六（SS）级及以上防护等级的金属梁柱式护栏高度不应小于1.5m。

2 混凝土护栏和组合式护栏的构造应符合下列规定：

2）各防护等级混凝土护栏的高度不应小于表6.3.4-3的规定值。

防护等级	高度（cm）
二（B）	70
三（A）	81
四（SB）	90
五（SA）	100
六（SS）	110
七（HB）	120
八（HA）	130

混凝土护栏的高度　　　　　　　　　　表 6.3.4-3

注：混凝土护栏高度的基线为内侧与路面的相交线。

各等级组合式护栏的总高度可在上述高度基础上增加 10cm。

《公路交通安全设施设计规范》（JTG D81—2017）第 6.2.18 条条文说明规定如下：

至于具体采用整体式还是分设型混凝土护栏，主要根据中央分隔带内需要防护的设施或结构物类型确定。如中央分隔带内存在上跨桥梁中墩、交通标志、照明灯杆等障碍物，或者需要经常性地与桥梁或隧道过渡，或者与通信管道的协调较困难时，可采用分设型混凝土护栏的形式，如图 6-6a）所示；否则可采用整体型混凝土护栏，如图 6-6b）所示。

a) 分设型中央分隔带混凝土护栏　　　　　　　b) 整体型中央分隔带混凝土护栏

图 6-6　中央分隔带混凝土护栏示例

📖 典型例题

例题 7-4-1

某二级公路路段，路侧护栏拟采用混凝土护栏与缆索护栏两种形式，并通过过渡段连接，两种护栏的长度之和不应小于（　　　）。

（A）110m　　　　　（B）70m　　　　　（C）144m　　　　　（D）120m

解答

根据《公路交通安全设施设计规范》（JTG D81—2017）第 6.2.21 条，通过过渡段连接的两种形式护栏长度之和不应小于两种形式护栏的最小结构长度的大值，查表 6.2.21，护栏最小长度为 120m。

答案：D

例题 7-4-2

某双向六车道高速公路路段，大型车占比较大，中央分隔带内宽度为 2m，中间带内设有天桥桥墩，中央分隔带护栏宜采用的形式及最小长度和高度合理值为（　　　）。

（A）分设型，36m，100cm

（B）整体型，24m，100cm

（C）整体型，36m，81cm

（D）分设型，36m，90cm

解答

根据《公路交通安全设施设计规范》（JTG D81—2017）第 6.2.6 条，双向六车道高速公路，中间带小于 2.5m，中间带内设有天桥桥墩障碍物，需设置分设型中央分隔带护栏，且事故严重程度等级为中，查表 6.2.10，中央分隔带护栏防护等级选取四（SBm）级。

根据第 6.2.18 条，大型车占比较大，中央分隔带需采用混凝土护栏。

查表 6.2.21，护栏最小结构长度为 36m。

查表 6.3.4-3，混凝土护栏高度为 90cm。

答案： D

📖 **考点分析**

（1）为发挥护栏整体作用，护栏应满足最小结构长度，查《公路交通安全设施设计规范》（JTG D81—2017）表 6.2.21 即可区别不同公路等级和护栏类型。

（2）护栏类型可分为刚性护栏（混凝土护栏）、半刚性护栏（波形护栏）、柔性护栏（缆索护栏），在某些特定条件下最适合选择某种护栏，审题时应注意给出的特别条件。

（3）护栏构造要求与护栏防护等级有关，此类考点可能结合防护等级选取的考点来出题，综合题型首先要判断护栏防护等级，再分析护栏构造要求。

（4）中央分隔带护栏采用分设型还是整体式应综合中间带宽度、中间带障碍物、通信管道布设情况等，按照第 6.2.18 条条文说明进行选择。

2. 公路桥梁护栏与路缘石设置要求

📖 **条文规定**

《公路交通安全设施设计规范》（JTG D81—2017）规定如下：

6.3.4　桥梁护栏的构造应符合下列规定：

5）高速公路、一级公路的桥梁不宜设置路缘石。为减少护栏受到撞击而对桥面板产生的影响需要设置路缘石时，其高度宜控制在 5～10cm 之间。路缘石内侧宜与横梁迎撞面保持在同一平面内，或位于立柱和横梁迎撞面之间的适当位置。

6）带有路缘石的人行道（自行车道）只能用于设计速度小于或等于 60km/h 且防护等级为二（B）级的桥梁，路缘石高度宜为 15cm，不应超过 20cm。路基路缘石与桥梁路缘石高度不一致时，应在其高差的 20 倍及以上的距离内进行过渡。设计速度大于 60km/h 的桥梁，人行道（自行车道）与车行道之间应设置桥梁护栏。

《公路交通安全设施设计规范》（JTG D81—2017）第 6.3.4 条条文说明规定如下：

路缘石与人行道可以分开设置，也可以合并设置，其结构如图 6-9 所示。

图 6-9　典型的采用路缘石与人行道合并设置的结构示意

《公路交通安全设施设计细则》（JTG/T D81—2017）规定如下：

6.3.1　桥梁护栏和栏杆设置应遵循下列原则：

3　设置人行道的桥梁，可通过路缘石或桥梁护栏将人行道和车行道分离：

1）设计速度为不大于 60km/h 的公路桥梁，可采用路缘石将人行道（自行车道）和车行道分离，路缘石与人行道也可合并设置,路侧采用满足车辆防护和行人(自行车)通行需求的组合栏杆,如图 6.3.1a）所示。

2）设计速度大于 60km/h 的公路桥梁，应采用满足车辆防护和行人通行需求的组合护栏，路侧采用栏杆，如图 6.3.1b）所示。

a) 适用于设计速度为不大于 60km/h 的公路　　　b) 适用于设计速度大于 60km/h 的公路

图 6.3.1　带有人行道的桥梁护栏和栏杆设置示意图

📖 典型例题

例题 7-4-3

某三级公路设计速度为 40km/h，设置跨普通河流中桥一座，桥梁段采用 2m 宽人行道，按照《公路交通安全设施设计规范》（JTG D81—2017），该桥路缘石及护栏设置最合理的为（　　　）。

（A）路缘石高 25cm，人行道与车行道之间设置防撞护栏

（B）路缘石高 35cm，人行道外侧设置人行栏杆

（C）路缘石高 15cm，人行道外侧设置组合护栏

（D）路缘石高 25cm，人行道外侧设置防撞护栏

解答

查表 6.3.2，桥梁护栏防护等级为二（B）级。

根据《公路交通安全设施设计规范》（JTG D81—2017）第 6.3.4 条第 1 款、6）项，设计速度小于或等于 60km/h，且防护等级为二（B）级的桥梁，路缘石高度为 15cm，不应超过 20cm，人行道外侧设置满足车辆和行人的组合护栏。

综上所述，答案 C 为最合理设置。

答案：C

例题 7-4-4

某一级公路设计速度为 100km/h，设置特大桥一座，桥梁段采用 2m 宽人行道，按照《公路交通安全设施设计规范》（JTG D81—2017），该桥路缘石及护栏设置最合理的为（　　　）。

（A）路缘石高 5cm，人行道与车行道之间设置防撞护栏

（B）路缘石高 35cm，人行道外侧设置人行栏杆

（C）路缘石高 15cm，人行道外侧设置组合护栏

（D）路缘石高 25cm，人行道外侧设置防撞护栏

解答

根据《公路交通安全设施设计规范》（JTG D81—2017）第 6.3.4 条第 1 款、5）项，一级公路桥梁不宜设置路缘石，需设置时高度控制在 5～10cm 之间。

根据《公路交通安全设施设计规范》（JTG D81—2017）第 6.3.4 条第 1 款、6）项，设计速度大于 60km/h 的桥梁，人行道与车行道之间应设置桥梁护栏。

综上所述，选项 A 为最合理设置。

答案：A

📖 **考点分析**

（1）桥梁路缘石设置高度考点，区别公路等级和设计速度，根据《公路交通安全设施设计规范》（JTG D81—2017）第 6.3.4 条第 1 款、5）项及 6）项即可解答。

（2）桥梁专业考生做此类题很容易出错，原因是《公路桥涵设计通用规范》（JTG D60—2015）第 3.4.2 条规定路缘石高度可取用 25～35cm，与《公路交通安全设施设计规范》（JTG D81—2017）相矛盾，出题专家为了回避此问题，题目应该会给出依据哪本规范，或者根据题目意图和备选项随机应变。

3. 城市道路桥梁护栏与路缘石设置要求

📖 **条文规定**

关于城市道路护栏及分隔设施，《城市道路交通设施设计规范》（GB 50688—2011）（2019 年版）规定如下：

7.5.1　下列位置应设置人行护栏：

1　人行道与一侧地面存在高差，有行人跌落危险的，应设人行护栏。

2　桥梁的人行道外侧，应设置人行护栏。

3　车站、码头、人行天桥和地道的出入口、商业中心等人流汇聚区的车道边，应设置人行护栏。

4　交叉口人行道边及其他需要防止行人穿越机动车道的路边，宜设置人行护栏，但在人行横道处应断开。

5　在非全封闭路段天桥和地道的梯道口附近无公共交通停靠站时宜在道路两侧设人行护栏，护栏的长度宜大于 200m。天桥和地道的梯道口附近有公共交通停靠站时，宜在路中设分隔栏杆，分隔栏杆的净高不宜低于 1.10m。

7.5.2　人行护栏的设计应符合下列规定：

1　道路人行护栏的净高不宜低于 1.10m，并不得低于 0.90m。

2 桥梁临空侧的人行护栏净高不应低于 1.10m,当桥梁临空侧为人非混行道或非机动车道时,护栏的净高不应低于 1.40m。

兼具桥梁防撞护栏与人行护栏功能的护栏,应同时满足两者技术要求。

3 人行护栏不宜采用有蹬踏面的结构。有跌落危险处栏杆的垂直杆件间净距不应大于 0.11m;当栏杆结合花盆设置时,必须有防止花盆坠落的措施。

7.6.1 下列位置应设置分隔设施:

1 双向六车道及以上的道路,当无中央分隔带且不设防撞护栏时,应在中间带设分隔栏杆,栏杆净高不宜低于 1.10m;在有行人穿行的断口处,应逐渐降低护栏高度,且不高于 0.70m,降低后的长度不应小于停车视距;断口处应设置分隔柱。

2 双向四车道及以上的道路,机动车道和非机动车道为一幅路设计,应在机动车道和非机动车道之间设置分隔栏杆。

7.6.2 分隔设施的设计应符合下列规定:

1 分隔设施的高度应根据需要确定;分隔柱的间距宜为 1.3~1.5m。

关于城市桥梁护栏及路缘石,《城市道路交通设施设计规范》(GB 50688—2011)(2019 年版)规定如下:

7.2.7 桥梁防撞护栏的设置应符合下列规定:

1 快速路桥梁车行道外侧应设置防撞护栏,其他等级道路桥梁车行道外侧应采用防撞护栏或高路缘石进行防护,高路缘石的设置要求应符合现行行业标准《城市桥梁设计规范》(CJJ 11)的相关规定。

2 快速路桥梁应设置中央分隔带防撞护栏。设计速度为 60km/h 的城市主干路上的桥梁应设置中央分隔带防撞护栏或 25cm 以上高路缘石,设置高路缘石时,中央分隔带宽度不得小于 2.0m,路缘石高度宜为 25~35cm。

《城市桥梁设计规范》(CJJ 11—2011)(2019 年版)规定如下:

6.0.7 桥梁横断面布置除桥面净空应符合本规范第 5 章规定外,尚应符合下列规定:

1 桥梁人行道临空侧应设置人行道栏杆。

2 对主干路和次干路的桥梁,当两侧无人行道时,应设置保证检修人员及车辆安全的措施。设置检修道时,检修道临空侧应设防撞护栏或人行道栏杆。

3 桥梁上路缘石与护栏的设置要求应符合表 6.0.7 的规定。

路缘石与护栏的设置要求　　　　　　　　　　　　　　　　　　　表 6.0.7

等级	条件	设置要求
一	符合下列设计与环境条件之一时: 1 城市快速路; 2 临空高度大于 6.0m 或水深大于 5.0m; 3 跨越急流、重要道路、铁路、主要航道、轨道交通、水源保护区、人员密集区和人员通道等; 4 特大悬索桥、斜拉桥、拱桥等缆索承重桥梁或跨海大桥	车行道外侧必须设置防撞护栏
二	符合下列设计与环境条件之一时: 1 设计速度大于或等于 50km/h 的城市主干路或次干路; 2 临空高度大于 3.0m 小于 6.0m 或水深大于 2.0m 小于 5.0m; 3 跨越道路、桥梁等人工构筑物时; 4 桥面常有积冰、积雪时	车行道外侧宜设置防撞护栏,当仅采用路缘石与人行道分隔时,路缘石高度不得小于 40cm,且人行道宽度不得小于 2m

续上表

等级	条件	设置要求
三	其他有机动车行驶的城市桥梁	可采用路缘石与人行道、检修道分隔，路缘石高度宜取 25～35cm

注：路缘石高度不小于40cm时宜进行行人防跌落设计。

4　城市快速路上的桥梁应设置中央分隔带防撞护栏。设计速度为 60km/h 的城市主干路上的桥梁应设置中央分隔带防撞护栏或 25cm 以上高路缘石，设置高路缘石时，中央分隔带宽度不得小于 2.0m，路缘石高度宜为 25～35cm。

9.5　桥梁栏杆

9.5.1　人行道或安全带临空侧的栏杆高度不应小于 1.10m，非机动车道临空侧栏杆高度不应小于 1.40m。上述栏杆高度为人行道表面至栏杆扶手顶面的距离。栏杆竖直构件间的最大净间距不得大于 110mm，不宜采用有蹬踏面的结构。栏杆结构及底座设计必须安全可靠，其设计荷载应按本规范第 10.0.7 条取值。

9.5.4　当桥梁跨越快速路、城市轨道交通、高速公路、铁路干线等重要交通通道时，桥面人行道栏杆上应加设护网，护网高度不应小于 2m，护网长度宜为下穿道路的宽度并各向路外延长 10m。

📖 典型例题

例题 7-4-5（2022 年真题）

某城市主干路设计速度为 50km/h，横断面为单幅路形式，防护设施设置情况如图所示。图中关于防护设施的设置高度 h_1、h_2、h_3、h_4 中，符合规范规定的有（　　　）。并说明选择的依据和理由。

线型	名称与高度
—1—1—	人行道护栏，高 h_1=1.2m
—2—2—	高路缘石，高 h_2=0.25m
—3—3—	中央分隔栏杆，高 h_3=0.90m
—4—4—	中央分隔栏杆，高 h_4=1.10m
○—○—○	机非分隔栏杆

例题 7-4-5 图

（A）1 个　　　　　（B）2 个　　　　　（C）3 个　　　　　（D）4 个

解答

根据《城市道路交通设施设计规范》(GB 50688—2011)(2019 年版):

①根据第 7.5.2 条第 1 款，人行护栏高度不低于 1.1m，$h_1 = 1.2$m，满足。

②根据第 7.6.1 条第 1 款，分隔栏高度不低于 1.1m，在行人路口 ≤ 0.7m，$h_3 = 0.9$m > 0.7m，不满足；$h_4 = 1.1$m，满足。

③根据《城市桥梁设计规范》(CJJ 11—2011)(2019 年版)表 6.0.7，主干路设计速度为 50km/h，路缘石高度应 ≥ 40cm，$h_2 = 0.25$m，不满足。

答案：B

📖 **考点分析**

（1）城市道路的人行护栏及隔离栏杆设置要求，对照《城市道路交通设施设计规范》条文规定即可。

（2）桥梁护栏与路缘石设置要求，公路和城市道路出现了两种思路：《公路交通安全设施设计规范》要求所有桥梁必须设置路侧护栏，并且建议不设置路缘石或高度做低；《城市道路交通设施设计规范》不要求所有桥梁必须设置防撞护栏，设置人行栏杆时建议路缘石做高。

考点5　防眩板遮光角（间距）计算

📖 **条文规定**

《公路交通安全设施设计规范》(JTG D81—2017)规定如下：

10.1.1　防眩设施应按部分遮光原理设计，直线路段遮光角不小于 8°，平、竖曲线路段遮光角为 8°～15°，计算防眩设施的眩光距离采用 120m。

《公路交通安全设施设计规范》(JTG D81—2017)第 10.1.1 条条文说明规定如下：

直线路段遮光角 β_0 如图 10-1，需要按式(10-1)计算。

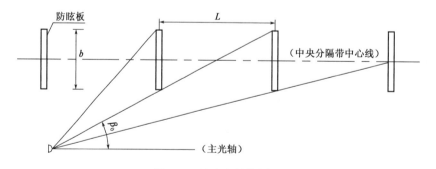

图 10-1　遮光角计算图示

$$\beta_0 = \tan^{-1}\left(\frac{b}{L}\right) \tag{10-1}$$

式中：b——防眩板的宽度（m）；

　　L——防眩板的纵向间距（m）。

平曲线路段遮光角 β 要按式(10-2)计算。

$$\beta = \cos^{-1}\left(\frac{R - B_3}{R}\cos\beta_0\right) \tag{10-2}$$

式中：R——平曲线半径（m）；

B_3——车辆驾驶人与防眩设施的横向距离（m）。

典型例题

例题 7-5-1

高速公路直线段，中央分隔带采用的防眩板宽度为20cm，若要满足遮光角要求，防眩板间距最大为（   ）。

（A）1.5m   （B）1.4m   （C）1.9m   （D）2m

解答

按照《公路交通安全设施设计规范》（JTG D81—2017）第10.1.1条规定，直线路段遮光角β_0不小于8°，则

$$\beta_0 = \tan^{-1}(0.2/L) \geqslant 8°$$
故$L \leqslant 1.42$m。

答案： B

例题 7-5-2

高速公路平曲线段圆曲线半径为700m，中央分隔带采用的防眩板宽度为20cm，假定驾驶人与防眩板横向距离为3.5m，防眩板间距范围为（   ）。

（A）1～3m   （B）0.8～2.5m
（C）1～2m   （D）0.8～2m

解答

按照《公路交通安全设施设计规范》（JTG D81—2017）第10.1.1条规定，曲线路段遮光角β为8°～15°，则

$$\beta = \cos^{-1}\left\{\frac{700 - 3.5}{700} \times \cos\left[\tan^{-1}\left(\frac{0.2}{L}\right)\right]\right\} = 8°～15°$$
故$L = 0.8～2.04$m。

答案： D

考点分析

防眩板遮光角度或间距计算根据《公路交通安全设施设计规范》（JTG D81—2017）第10.1.1条及其条文说明，套用公式即可解答。

考点6　公共停车场和广场设计

条文规定

《城市道路工程设计规范》（CJJ 37—2012）（2016年版）规定如下：

11.2.5　机动车停车场的设计应符合下列规定：

1　机动车停车场设计应根据使用要求分区、分车型设计。如有特殊车型，应按实际车辆外廓尺寸进行设计。

2 机动车停车场内车位布置可按纵向或横向排列分组安排，每组停车不应超过 50veh。当各组之间无通道时，应留出大于或等于 6m 的防火通道。

3 机动车停车场的出入口不宜设在主干路上，可设在次干路或支路上，并应远离交叉口；不得设在人行横道、公共交通停靠站及桥隧引道处。出入口的缘石转弯曲线切点距铁路道口的最外侧钢轨外缘不应小于 30m。距人行天桥和人行地道的梯道口不应小于 50m。

4 停车场出入口位置及数量应根据停车容量及交通组织确定，且不应少于 2 个，其净距宜大于 30m；条件困难或停车容量小于 50veh 时，可设一个出入口，但其进出口应满足双向行驶的要求。

5 停车场进出口净宽，单向通行的不应小于 5m，双向通行的不应小于 7m。

6 停车场出入口应有良好的通视条件，视距三角形范围内的障碍物应清除。

7 停车场的竖向设计应与排水相结合，坡度宜为 0.3%～3.0%。

8 机动车停车场出入口及停车场内应设置指明通道和停车位的交通标志、标线。

11.2.6 非机动车停车场的设计应符合下列规定：

1 非机动车停车场出入口不宜少于 2 个。出入口宽度宜为 2.5～3.5m。场内停车区应分组安排，每组场地长度宜为 15～20m。

2 非机动车停车场坡度宜为 0.3%～4.0%。停车区宜有车棚、存车支架等设施。

11.3.4 广场竖向设计应符合下列规定：

1 竖向设计应根据平面布置、地形、周围主要建筑物及道路高程、排水等要求进行，并兼顾广场整体布置的美观。

2 广场设计坡度宜为 0.3%～3.0%。地形困难时，可建成阶梯式。

3 与广场相连接的道路纵坡宜为 0.5%～2.0%。困难时纵坡不应大于 7.0%，积雪及寒冷地区不应大于 5.0%。

4 出入口处应设置纵坡小于或等于 2.0% 的缓坡段。

📖 **典型例题**

例题 7-6-1

某公共停车场，计划停车容量为 120 辆，下列停车场设计最为合理的是（　　　）。

（A）按两组布置停车位，设置 1 处双向通行的出入口，出入口净宽 7m

（B）按三组布置停车位，设置 2 处双向通行的出入口，出入口净宽 6m

（C）按两组布置停车位，设置 2 处双向通行的出入口，出入口净宽 7m

（D）按三组布置停车位，设置 2 处单向通行的出入口，出入口净宽 6m

解答

根据《城市道路工程设计规范》（CJJ 37—2012）（2016 年版）第 11.2.5 条：

每组停车不应超过 50 辆，应按三组布置停车位；

停车容量超过 50veh 时，出入口应不少于 2 个；

出入口净宽，单向通行不应小于 5m，双向通行不应小于 7m。

综上所述，答案 D 为最合理设计。

答案：D

例题 7-6-2（2019 年真题）

某城市广场与拟建道路相连，广场高于道路，广场中心竖向高程为 58.8m，无特殊控制条件，根据广场竖向设计要求，距离广场中心 120m 处，与广场边缘相连的道路宜控制的高程范围是（　　　）。

（A）56.4～58.20m （B）55.20～58.44m

（C）52.80～58.20m （D）50.40～58.44m

解答

根据《城市道路工程设计规范》（CJJ 37—2012）（2016 年版）第 11.3.4 条第 2 款，广场纵坡宜为 0.3%～3%。距离广场中心 120m，120 × 0.3% = 0.36m，120 × 3.0% = 3.6m，则

58.8 − 0.36 = 58.44m，58.8 − 3.6 = 55.2m

答案：B

例题 7-6-3

某寒冷地区，拟在北高南低、东西向地势平缓的区域，修建一城市广场，广场南北向长 300m，东西向长 400m。广场南侧与一条城市支路垂直相接。由于受地形限制，距离广场南侧 200m 处因受四周建筑控制，道路中心高程设计为 125.36m。为尽量减少广场的挖方量，则该广场南侧拟定的最大高程应为（　　）。

（A）135.36m （B）139.86m （C）137.36m （D）141.86m

解答

根据《城市道路工程设计规范》（CJJ 37—2012）（2016 年版）第 11.3.4 条第 3 款，与广场相连的道路纵坡，在积雪及寒冷地区不应大于 5%，则

125.36 + 200 × 0.05 = 135.36m

答案：A

📖 **考点分析**

（1）公共停车场和城市广场设计为大纲要求掌握的内容，相关内容主要在《城市道路工程设计规范》（CJJ 37—2012）（2016 年版）第 11 章。

（2）不少考生将例题 7-6-2 中纵坡要求错误看成第 11.3.4 条第 3 款，按 0.5%～2% 计算，因此得到错误答案。

考点7　无障碍设计

📖 **条文规定**

《无障碍设计规范》（GB 50763—2012）规定如下：

3.1.1　缘石坡道应符合下列规定：

1　缘石坡道的坡面应平整、防滑；

2　缘石坡道的坡口与车行道之间宜没有高差；当有高差时，高出车行道的地面不应大于 10mm；

3　宜优先选用全宽式单面坡缘石坡道。

3.1.2　缘石坡道的坡度应符合下列规定：

1　全宽式单面坡缘石坡道的坡度不应大于 1:20；

2　三面坡缘石坡道正面及侧面的坡度不应大于 1:12；

3　其他形式的缘石坡道的坡度均不应大于 1:12。

3.1.3 缘石坡道的宽度应符合下列规定：

1 全宽式单面坡缘石坡道的宽度应与人行道宽度相同；

2 三面坡缘石坡道的正面坡道宽度不应小于1.20m；

3 其他形式的缘石坡道的坡口宽度均不应小于1.50m。

3.2.1 盲道应符合下列规定：

1 盲道按其使用功能可分为行进盲道和提示盲道；

2 盲道的纹路应凸出路面4mm高；

3 盲道铺设应连续，应避开树木（穴）、电线杆、拉线等障碍物，其他设施不得占用盲道；

4 盲道的颜色宜与相邻的人行道铺面的颜色形成对比，并与周围景观相协调，宜采用中黄色；

5 盲道型材表面应防滑。

3.2.2 行进盲道应符合下列规定：

1 行进盲道应与人行道的走向一致；

2 行进盲道的宽度宜为250～500mm；

3 行进盲道宜在距围墙、花台、绿化带250～500mm处设置；

4 行进盲道宜在距树池边缘250～500mm处设置；如无树池，行进盲道与路缘石上沿在同一水平面时，距路缘石不应小于500mm，行进盲道比路缘石上沿低时，距路缘石不应小于250mm；盲道应避开非机动车停放的位置；

5 行进盲道的触感条规格应符合表3.2.2的规定。

行进盲道的触感条规格 表3.2.2

部位	尺寸要求（mm）	部位	尺寸要求（mm）
面宽	25	高度	4
底宽	35	中心距	62～75

3.2.3 提示盲道应符合下列规定：

1 行进盲道在起点、终点、转弯处及其他有需要处应设提示盲道，当盲道的宽度不大于300mm时，提示盲道的宽度应大于行进盲道的宽度；

2 提示盲道的触感圆点规格应符合表3.2.3的规定。

提示盲道的触感圆点规格 表3.2.3

部位	尺寸要求（mm）	部位	尺寸要求（mm）
表面直径	25	圆点高度	4
底面直径	35	圆点中心距	50

3.14 无障碍机动车停车位

3.14.1 应将通行方便、行走距离路线最短的停车位设为无障碍机动车停车位。

3.14.2 无障碍机动车停车位的地面应平整、防滑、不积水，地面坡度不应大于1:50。

3.14.3 无障碍机动车停车位一侧，应设宽度不小于1.20m的通道，供乘轮椅者从轮椅通道直接进入人行道和到达无障碍出入口。

3.14.4 无障碍机动车停车位的地面应涂有停车线、轮椅通道线和无障碍标志。

4.4 人行天桥及地道

4.4.1 盲道的设置应符合下列规定：

1 设置于人行道中的行进盲道应与人行天桥及地道出入口处的提示盲道相连接；

2 人行天桥及地道出入口处应设置提示盲道；

3 距每段台阶与坡道的起点与终点250～500mm处应设提示盲道，其长度应与坡道、梯道相对应。

4.4.2 人行天桥及地道处坡道与无障碍电梯的选择应符合下列规定：

1 要求满足轮椅通行需求的人行天桥及地道处宜设置坡道，当设置坡道有困难时，应设置无障碍电梯；

2 坡道的净宽度不应小于2.00m；

3 坡道的坡度不应大于1∶12；

4 弧线形坡道的坡度，应以弧线内缘的坡度进行计算；

5 坡道的高度每升高1.50m时，应设深度不小于2.00m的中间平台；

6 坡道的坡面应平整、防滑。

4.4.5 人行天桥桥下的三角区净空高度小于2.00m时，应安装防护设施，并应在防护设施外设置提示盲道。

4.5 公交车站

4.5.1 公交车站处站台设计应符合下列规定：

1 站台有效通行宽度不应小于1.50m；

2 在车道之间的分隔带设公交车站时应方便乘轮椅者使用。

4.5.2 盲道与盲文信息布置应符合下列规定：

1 站台距路缘石250～500mm处应设置提示盲道，其长度应与公交车站的长度相对应；

2 当人行道中设有盲道系统时，应与公交车站的盲道相连接；

3 宜设置盲文站牌或语音提示服务设施，盲文站牌的位置、高度、形式与内容应方便视觉障碍者的使用。

5.2.1 城市广场的公共停车场的停车数在50辆以下时应设置不少于1个无障碍机动车停车位，100辆以下时应设置不少于2个无障碍机动车停车位，100辆以上时应设置不少于总停车数2%的无障碍机动车停车位。

5.2.2 城市广场的地面应平整、防滑、不积水。

5.2.3 城市广场盲道的设置应符合下列规定：

1 设有台阶或坡道时，距每段台阶与坡道的起点与终点250～500mm处应设提示盲道，其长度应与台阶、坡道相对应，宽度应为250～500mm；

2 人行道中有行进盲道时，应与提示盲道相连接。

8.10.1 公共停车场（库）应设置无障碍机动车停车位，其数量应符合下列规定：

1 Ⅰ类公共停车场（库）应设置不少于停车数量2%的无障碍机动车停车位；

2 Ⅱ类及Ⅲ类公共停车场（库）应设置不少于停车数量2%，且不少于2个无障碍机动车停车位；

3 Ⅳ类公共停车场（库）应设置不少于1个无障碍机动车停车位。

《建筑与市政工程无障碍通用规范》（GB 55019—2021）（2024年考试规范目录已取消该规范）规定如下：

2 无障碍通行设施

2.1 一般规定

2.1.1 城市开敞空间、建筑场地、建筑内部及其之间应提供连贯的无障碍通行流线。

2.1.2 无障碍通行流线上的标识物、垃圾桶、座椅、灯柱、隔离墩、地灯和地面布线（线槽）等设施均不应妨碍行动障碍者的独立通行。固定在无障碍通道、轮椅坡道、楼梯的墙或柱面上的物体，突出部分大于100mm且底面距地面高度小于2.00m时，其底面距地面高度不应大于600mm，且应保证有效通行净宽。

2.1.3 无障碍通行流线在临近地形险要地段处应设置安全防护设施，必要时应同时设置安全警示线。

2.1.4 无障碍通行设施的地面应坚固、平整、防滑、不积水。

2.2 无障碍通道

2.2.1 无障碍通道上有地面高差时，应设置轮椅坡道或缘石坡道。

2.2.2 无障碍通道的通行净宽不应小于 1.20m，人员密集的公共场所的通行净宽不应小于 1.80m。

2.2.3 无障碍通道上的门洞口应满足轮椅通行，各类检票口、结算口等应设轮椅通道，通行净宽不应小于 900mm。

2.2.4 无障碍通道上有井盖、算子时，井盖、算子孔洞的宽度或直径不应大于 13mm，条状孔洞应垂直于通行方向。

2.2.5 自动扶梯、楼梯的下部和其他室内外低矮空间可以进入时，应在净高不大于 2.00m 处采取安全阻挡措施。

2.3 轮椅坡道

2.3.1 轮椅坡道的坡度和坡段提升高度应符合下列规定：

1 横向坡度不应大于 1：50，纵向坡度不应大于 1：12，当条件受限且坡段起止点的高差不大于 150mm 时，纵向坡度不应大于 1：10；

2 每段坡道的提升高度不应大于 750mm。

2.3.2 轮椅坡道的通行净宽不应小于 1.20m。

2.3.3 轮椅坡道的起点、终点和休息平台的通行净宽不应小于坡道的通行净宽，水平长度不应小于 1.50m，门扇开启和物体不应占用此范围空间。

2.3.4 轮椅坡道的高度大于 300mm 且纵向坡度大于 1：20 时，应在两侧设置扶手，坡道与休息平台的扶手应保持连贯。

2.3.5 设置扶手的轮椅坡道的临空侧应采取安全阻挡措施。

2.4 无障碍出入口

2.4.1 无障碍出入口应为下列 3 种出入口之一：

1 地面坡度不大于 1：20 的平坡出入口；

2 同时设置台阶和轮椅坡道的出入口；

3 同时设置台阶和升降平台的出入口。

2.4.2 除平坡出入口外，无障碍出入口的门前应设置平台；在门完全开启的状态下，平台的净深度不应小于 1.50m；无障碍出入口的上方应设置雨篷。

2.4.3 设置出入口闸机时，至少有一台开启后的通行净宽不应小于 900mm，或者在紧邻闸机处设置供乘轮椅者通行的出入口，通行净宽不应小于 900mm。

2.6 无障碍电梯和升降平台

2.6.1 无障碍电梯的候梯厅应符合下列规定：

1 电梯门前应设直径不小于 1.50m 的轮椅回转空间，公共建筑的候梯厅深度不应小于 1.80m；

2 呼叫按钮的中心距地面高度应为 0.85～1.10m，且距内转角处侧墙距离不应小于 400mm，按钮应设置盲文标志；

3 呼叫按钮前应设置提示盲道；

4 应设置电梯运行显示装置和抵达音响。

2.6.2 无障碍电梯的轿厢的规格应依据建筑类型和使用要求选用。满足乘轮椅者使用的最小轿厢规格,深度不应小于 1.40m,宽度不应小于 1.10m。同时满足乘轮椅者使用和容纳担架的轿厢,如采用宽轿厢,深度不应小于 1.50m,宽度不应小于 1.60m;如采用深轿厢,深度不应小于 2.10m,宽度不应小于 1.10m。轿厢内部设施应满足无障碍要求。

2.6.3 无障碍电梯的电梯门应符合下列规定:

1 应为水平滑动式门;

2 新建和扩建建筑的电梯门开启后的通行净宽不应小于900mm,既有建筑改造或改建的电梯门开启后的通行净宽不应小于800mm;

3 完全开启时间应保持不小于3s。

2.6.4 公共建筑内设有电梯时,至少应设置1部无障碍电梯。

2.6.5 升降平台应符合下列规定:

1 深度不应小于1.20m,宽度不应小于900mm,应设扶手、安全挡板和呼叫控制按钮,呼叫控制按钮的高度应符合本规范第2.6.1条的有关规定;

2 应采用防止误入的安全防护措施;

3 传送装置应设置可靠的安全防护装置。

2.7 楼梯和台阶

2.7.1 视觉障碍者主要使用的楼梯和台阶应符合下列规定:

1 距踏步起点和终点 250~300mm 处应设置提示盲道,提示盲道的长度应与梯段的宽度相对应;

2 上行和下行的第一阶踏步应在颜色或材质上与平台有明显区别;

3 不应采用无踢面和直角形突缘的踏步;

4 踏步防滑条、警示条等附着物均不应突出踏面。

2.7.2 行动障碍者和视觉障碍者主要使用的三级及三级以上的台阶和楼梯应在两侧设置扶手。

2.8 扶手

2.8.1 满足无障碍要求的单层扶手的高度应为850~900mm;设置双层扶手时,上层扶手高度应为 850~900mm,下层扶手高度应为 650~700mm。

2.8.2 行动障碍者和视觉障碍者主要使用的楼梯、台阶和轮椅坡道的扶手应在全长范围内保持连贯。

2.8.3 行动障碍者和视觉障碍者主要使用的楼梯和台阶、轮椅坡道的扶手起点和终点处应水平延伸,延伸长度不应小于300mm;扶手末端应向墙面或向下延伸,延伸长度不应小于100mm。

2.8.4 扶手应固定且安装牢固,形状和截面尺寸应易于抓握,截面的内侧边缘与墙面的净距离不应小于40mm。

2.8.5 扶手应与背景有明显的颜色或亮度对比。

2.9 无障碍机动车停车位和上/落客区

2.9.1 应将通行方便、路线短的停车位设为无障碍机动车停车位。

2.9.2 无障碍机动车停车位一侧,应设宽度不小于1.20m的轮椅通道。轮椅通道与其所服务的停车位不应有高差,和人行通道有高差处应设置缘石坡道,且应与无障碍通道衔接。

2.9.3 无障碍机动车停车位的地面坡度不应大于1:50。

2.9.4 无障碍机动车停车位的地面应设置停车线、轮椅通道线和无障碍标志,并应设置引导标识。

2.9.5 总停车数在100辆以下时应至少设置1个无障碍机动车停车位,100辆以上时应设置不少于总停车数1%的无障碍机动车停车位;城市广场、公共绿地、城市道路等场所的停车位应设置不少于总停车数2%的无障碍机动车停车位。

2.9.6　无障碍小汽（客）车上客和落客区的尺寸不应小于2.40m×7.00m，和人行通道有高差处应设置缘石坡道，且应与无障碍通道衔接。

2.10　缘石坡道

2.10.1　各种路口、出入口和人行横道处，有高差时应设置缘石坡道。

2.10.2　缘石坡道的坡口与车行道之间应无高差。

2.10.3　缘石坡道距坡道下口路缘石250～300mm处应设置提示盲道，提示盲道的长度应与缘石坡道的宽度相对应。

2.10.4　缘石坡道的坡度应符合下列规定：

1　全宽式单面坡缘石坡道的坡度不应大于1∶20；

2　其他形式缘石坡道的正面和侧面的坡度不应大于1∶12。

2.10.5　缘石坡道的宽度应符合下列规定：

1　全宽式单面坡缘石坡道的坡道宽度应与人行道宽度相同；

2　三面坡缘石坡道的正面坡道宽度不应小于1.20m；

3　其他形式的缘石坡道的坡口宽度均不应小于1.50m。

2.10.6　缘石坡道顶端处应留有过渡空间，过渡空间的宽度不应小于900mm。

2.10.7　缘石坡道上下坡处不应设置雨水箅子。设置阻车桩时，阻车桩的净间距不应小于900mm。

2.11　盲道

2.11.1　盲道的铺设应保证视觉障碍者安全行走和辨别方向。

2.11.2　盲道铺设应避开障碍物，任何设施不得占用盲道。

2.11.3　需要安全警示和提示处应设置提示盲道，其长度应与需安全警示和提示的范围相对应。行进盲道的起点、终点、转弯处，应设置提示盲道，其宽度不应小于300mm，且不应小于行进盲道的宽度。

2.11.4　盲道应与相邻人行道铺面的颜色或材质形成差异。

《建筑与市政工程无障碍通用规范》（GB 55019—2021）条文说明规定如下：

2.10.3　本条为功能性和安全性要求。在缘石坡道的坡道下口附近设置提示盲道时，提示盲道是设置在缘石坡道上，而不是设置在车行道上（图1）。在我国现行标准中没有明确此要求，本条根据近些年实际情况及参照我国香港、澳门地区标准以及国外标准增加了要求。

提示盲道的长度应与缘石坡道的宽度相对应，指的是以整块提示盲道砖连接覆盖缘石坡道通长宽度，如图1所示。三面坡缘石坡道正面坡道宽度为1.2m，提示盲道砖的宽度为250mm时，铺设4块盲道砖，提示盲道与坡道两侧边缘间距100mm。

图1　三面坡缘石坡道的提示盲道和顶端过渡空间示意

2.11.3　本条为功能性和安全性要求。提示盲道具有警示危险和提示变化的作用，对于视觉障碍者的安全出行非常重要。需要安全警示和提示处包括需提示的门、视觉障碍者主要使用的楼梯和台阶的起止处、站台边缘及其他可能发生人身伤害或者需要提示定位的位置。"其长度应与需安全警示和提示的范围相对应"的含义参考本规范第 2.10.3 条条文说明。为了便于视觉障碍者能够辨识，提示盲道的宽度要满足一定的要求。本条在现行标准条文基础上进行了调整。

📖 **规范条文解析**

《建筑与市政工程无障碍通用规范》（GB 55019—2021）为 2023 年考试规范，2024 年取消，由《无障碍设计规范》（GB 50763—2012）代替。如果 2025 年考试规范目录仍未列入无障碍通用规范，则该部分内容可不复习，相应题目可仅做了解。

📖 **典型例题**

例题 7-7-1（2019 年真题）

下图为无障碍设施设计图，在以下选项中，不符合规范规定的是（　　　）。（图中尺寸单位除注明外，均以 m 计）

例题 7-7-1 图

（A）正面坡坡度　　　（B）侧面坡坡度　　　（C）坡口宽度　　　（D）提示盲道宽度

解答

根据《无障碍设计规范》（GB 50763—2012），该图示为三面坡缘石坡道，按第 3.1.2 条，三面坡缘石坡道正面不应大于 1∶12。

选项 A，正面坡坡度为 0.15/(2.5 − 1.0) = 1∶10，大于 1∶12，不符合规范要求。

选项 B，侧面的坡度为 0.15/2.5 = 1∶16.67，小于 1∶12，符合规范要求。

选项 C，按第 3.1.3 条，正面坡道宽度不应小于 1.2m，1.5m > 1.2m，符合规范要求。

选项 D，按第 3.2.3 条，提示盲道的宽度大于 300mm，符合规范要求。

答案：A

例题 7-7-2（2019 年真题）

下图为无障碍设施设计图，在以下选项中，不符合规范规定的是（　　　）。（图中尺寸单位除注明外，

均以 m 计）

例题 7-7-2 图

（A）缘石坡道的坡度　　　　　　　　（B）全宽式单面坡宽度
（C）行进盲道宽度　　　　　　　　　　（D）提示盲道宽度
解答

根据《无障碍设计规范》（GB 50763—2012），该图示为全宽式单面坡缘石坡道。

选项 A 按第 3.1.2 条，全宽式单面坡缘石坡道的坡度不应大于 1∶20，坡度为 0.15/2 = 1∶13.3，大于 1∶20，不满足规范要求。

选项 B 按第 3.1.3 条，全宽式单面坡缘石坡道的宽度应与人行道宽度相同，符合规范要求。

选项 C 按第 3.2.2 条，行进盲道的宽度宜为 250～500mm，符合规范要求。

选项 D 按第 3.2.3 条，提示盲道的宽度大于 300mm，符合规范要求。

答案： A

例题 7-7-3

下图为无障碍设施设计图，在以下选项中，不符合规范规定的是（　　　　）。

例题 7-7-3 图（尺寸单位：cm）

（A）正面坡坡度　　　　　　　　　　　（B）侧面坡坡度
（C）盲道距立缘石的距离　　　　　　　（D）提示盲道宽度
解答

根据《无障碍设计规范》（GB 50763—2012），该图示为三面坡缘石坡道，按第 3.1.2 条，三面坡缘石坡道正面坡坡度不应大于 1：12。

选项 A，正面坡坡度为(0.15 − 0.01 + 2.4 × 0.015)/2.4 = 1：13.6，小于 1：12，符合规范要求。

选项 B，侧面坡坡度为(2.5 × 0.5% + 0.15 − 0.01)/2.5 = 1：16.4，小于 1：12，符合规范要求。

选项 C，按第 3.2.2 条第 4 款，行车盲道比路缘石上沿低时，距路缘石不应小于 250mm，本题 250mm 符合规范要求。

选项 D，第 3.2.3 条规定，行进盲道在起点、终点、转弯处及其他有需要处应设提示盲道，当盲道的宽度不大于 300mm 时，提示盲道的宽度应大于行进盲道的宽度。本题提示盲道宽仅为 250mm，不符合规范要求。

答案：D

例题 7-7-4（2020 年真题）

某城市道路平面交叉口无障碍设计见下图，图中不符合规范规定的共有（　　　）处。（图中尺寸单位除注明外，均以 m 计）

例题 7-7-4 图（尺寸单位：m）

（A）1　　　　　　　　（B）2　　　　　　　　（C）3　　　　　　　　（D）4

解答

根据《无障碍设计规范》（GB 50763—2012）第 3.1.1 条～第 3.2.3 条。

（1）第 3.1.1 条 2 款，缘石坡道的坡口与车行道之间地面高差不应大于 10mm，本图缘石外露 20mm，不符合规范要求。

（2）第 3.1.2 条 1 款，坡度不应大于 1/20，本图侧面坡为(20 − 2)/300 = 1/16.7，不符合规范要求。

（3）第 3.2.2 条 4 款，行进盲道距离平缘石的距离不应小于 0.5m，本图距离 0.4m，不符合规范要求。

（4）提示盲道设置位置有误，不符合规范要求。

答案：D

例题 7-7-5（2020 年真题）

下列城市道路无障碍设计图中，无障碍设计全部符合规范规定的是（   ）。（图中尺寸单位除注明外，均以 m 计）

（A）   （B）

（C）   （D）

解答

根据《无障碍设计规范》（GB 50763—2012）第 3.1.1 条～第 3.2.3 条。

选项 B：行进盲道与立缘石的水平距离为 0.2m，不符合规范第 3.2.2 条第 3 款最小 0.25m 规定。

选项 C：行进盲道宽度同提示盲道宽度均为 300mm，不符合规范第 3.2.3 条 1 款行进盲道宽度不大于 300mm 时提示盲道宽度应大于行进盲道宽度的规定。

选项 D：单面坡坡度 0.15/1.5 = 0.1 = 1：10 ≥ 1：20，不符规范第 3.1.2 条 1 款的规定。

答案：A

例题 7-7-6（2021 年真题）

某城市道路人行天桥坡度无障碍设计如下图所示，b_2、b_3、b_4、b_5、b_6尺寸（单位均以 m 计）中，不符合规范规定的共有（   ）处。并说明选择的依据和理由。

例题 7-7-6 图（尺寸单位：m）

714

（A）2　　　　　　　　　　　　　　　（B）3

（C）4　　　　　　　　　　　　　　　（D）5

解答

根据《无障碍设计规范》（GB 50763—2012）：

（1）$b_2 = 0.3$m，根据第 3.2.3 条第 1 款，应大于行进盲道 0.3m，不符合；

（2）$b_3 = 0.4$m，根据第 3.2.2 条第 4 款，无树池与路缘石水平应 $\geqslant 0.5$m，不符合；

（3）$b_4 = 0.2$m，根据第 3.2.2 条第 3 款，应距墙无障碍 0.25～0.5m，不符合；

（4）$b_5 = 0.2$m，根据第 4.4.1 条，距坡道 0.25～0.5m，不符合；

（5）$b_6 = 0.4$m，根据第 3.2.2 条第 4 款，盲道比路缘石低，$\geqslant 0.25$m，符合。

共 4 处不符合规范规定。

答案：C

例题 7-7-7（2022 年真题）

某城市道路在机非分隔带上设置公交车站，下图中有关公交站台无障碍设计内容不符合规范规定的共有（　　　）。并说明选择依据和理由。（图中尺寸单位除注明外均以 m 计）

例题 7-7-7 图

（A）1 处　　　　　　　　　　　　　（B）2 处

（C）3 处　　　　　　　　　　　　　（D）4 处

解答

根据《无障碍设计规范》（GB 50763—2012）：

（1）第 4.5.1 条第 2 款，公交站在非机动车道应设降坡；

（2）第 4.5.2 条第 1 款，站台应在车站长度范围设提示盲道，不应设置进行盲道；

（3）第 4.5.2 条第 1 款，站台盲道长度应与公交站长度对应，不应在 0.5m 前结束。

所以，共有 3 处不符合。

答案：C

某城市道路无障碍设计如下图所示。判断在提示盲道宽度、正面坡道宽度、正面坡坡度、侧面坡坡度、盲道与路缘石距离中，不符合规范规定的共有（　　　）处。并说明选择的依据和理由。（图纸中尺寸单位除注明外，均以 m 计）

例题 7-7-8 图（尺寸单位：m）

（A）2　　　　　　　　　（B）3　　　　　　　　　（C）4　　　　　　　　　（D）5

解答

根据《无障碍设计规范》（GB 50763—2012）：

第 3.2.3 条，提示盲道大于 300mm，符合规范要求；

第 3.1.3 条，正面坡宽度 ≥ 1.2m，图中 1m < 1.2m，不符合规范要求；

第 3.1.2 条，正面坡坡度 0.15 : (2.5 − 1) = 1 : 10 > 1 : 12，不符合规范要求；

第 3.1.2 条，侧面坡坡度 0.15 : 1.5 = 1 : 10 > 1 : 12，不符合规范要求；

第 3.2.2 条第 4 款，盲道距路缘石 0.5m > 0.25m，符合规范要求；

共有 3 处不符合规范要求。

答案：B

例题 7-7-9（2023 年真题）

某城市道路人行道与道路红线外侧地块之间高差为 0.5m，拟设置坡道及台阶供行动障碍者和视觉障碍者使用，设计方案如下图所示，台阶踏步高 0.1m，以下四项设计：①扶手设置；②提示盲道设置；③坡道纵向坡度；④坡道提升高度，不符合规范规定的共有（　　　）项。（不考虑盲道宽度及盲沟与其他构筑物的距离，图中尺寸均以 m 计）

例题 7-7-9 图（尺寸单位：m）

（A）1　　　　　　　　　（B）2　　　　　　　　　（C）3　　　　　　　　　（D）4

解答

《建筑与市政工程无障碍通用规范》（GB 55019—2021）：

（1）扶手：①根据第 2.8.3 条，起终点水平延伸长度不小于 300mm，图中未设置，不符合规范要求；②台阶共 0.5/0.1 ＝ 5 阶，根据第 2.7.2 条，三阶及三阶以上应设置扶手，图中未设置，不符合规范要求。

（2）提示盲道：符合规范第 2.11.3 条要求（两侧可留一些空白，见条文说明）。

（3）根据第 2.3.1 条第 1 款，坡道纵坡应 ≤ 1：12，则 1：8 不符合规范要求。

（4）根据第 2.3.1 条第 2 款，每段坡道提升高度应 ≤ 750mm，0.5m 符合规范要求。

综上，共有 2 项不符合规范要求。

答案：B

例题 7-7-10（2024 年真题）

某城市道路进行无障碍设施专项整治，下图中：①变电箱处的盲道，②井盖处的盲道，③正面坡道宽度，④坡道侧面的坡度，⑤行进盲道至外侧路缘石距离，下列选项中均不符合规范规定的是何项？并说明选择依据和理由。（图中尺寸单位除注明外，均以米计）

（A）①②③　　　　　　　　　　　　（B）①③④
（C）②③④　　　　　　　　　　　　（D）③④⑤

解答

根据《无障碍设计规范》（GB 50763—2012）：

①第 3.2.1 条，盲道铺设应连续，变电箱不应占用盲道，不符合规范规定；

②该处为隐形井盖（装饰性井盖），盲道仍然连续，符合规范规定；

③第 3.1.3 条，三面坡缘石坡道的正面坡道宽度不应小于 1.2m，图中为 1m，不符合规范要求；

④第 3.1.2 条，侧面坡坡度 0.15：1.5 ＝ 1：10 ＞ 1：12，不符合规范要求；

⑤第 3.2.2 条第 4 款，绿化带立缘石外露 10cm，盲道距路缘石 0.5m ＞ 0.25m，符合规范规定；

综上，有①③④不符合规范要求。

答案：B

📖 **考点分析**

（1）无障碍设计在 2023 年以前的考试中均按《无障碍设计规范》（GB 50763—2012）（下文简称设规）做题。2023 年考试规范目录取消了该规范，改为《建筑与市政工程无障碍通用规范》（GB 55019—2021）（下文简称通规），2024 年又恢复为设规，取消了通规，2025 年未列入考试规范的题目可仅做了解。为了适应考试规范逐年变化的趋势，包括取消又列入的情况，本书暂时将涉及两本规范的题目列入。理解好各类无障碍设施的含义，通过对照规范即可较好地解答该类题目。

（2）人行道一般均设有纵坡和横坡，真题未考虑该情况，本书部分例题进行了改进，但无障碍通道的坡度要求无论是包含还是不包含原有道路坡度，均有一定道理，此处存在争议，本书暂时按包含计算。

（3）注意无障碍设规和通规两本规范的区别：①按设规，当行进盲道小于300mm时，提示盲道宽度应大于行进盲道宽度；按通规，提示盲道宽度不应小于300mm，且不应小于行进盲道的宽度。②按设规，缘石坡道的坡口可高出车行道地面10mm；按通规，应无高差。③按设规，行进盲道与路缘石上沿在同一水平面时，与路缘石的距离不应小于500mm；通规无此规定。④按通规，提示盲道应设置在距坡道下口路缘石250～300mm处，设规无此规定。⑤按通规，缘石坡道（一般指三面坡）顶端的过渡空间宽度不应小于900mm，设规无此规定。⑥按通规，缘石坡道上下坡处不应设置雨水箅子，设规无此规定。

考点8　城市工程管线间距计算

📖 条文规定

《城市工程管线综合规划规范》（GB 50289—2016）规定如下：

4.1.1　工程管线的最小覆土深度应符合表4.1.1的规定。当受条件限制不能满足要求时，可采取安全措施减少其最小覆土深度。

工程管线的最小覆土深度（单位：m）　　　　　表4.1.1

管线名称		给水管线	排水管线	再生水管线	电力管线		通信管线		直埋热力管线	燃气管线	管沟
					直埋	保护管	直埋及塑料、混凝土保护管	钢保护管			
最小覆土深度	非机动车道（含人行道）	0.60	0.60	0.60	0.70	0.50	0.60	0.50	0.70	0.60	—
	机动车道	0.70	0.70	0.70	1.00	0.50	0.90	0.60	1.00	0.90	0.50

注：聚乙烯给水管线机动车道下的覆土深度不宜小于1.00m。

4.1.3　工程管线从道路红线向道路中心线方向平行布置的次序宜为：电力、通信、给水（配水）、燃气（配气）、热力、燃气（输气）、给水（输水）、再生水、污水、雨水。

4.1.4　工程管线在庭院内由建筑线向外方向平行布置的顺序，应根据工程管线的性质和埋设深度确定，其布置次序宜为：电力、通信、污水、雨水、给水、燃气、热力、再生水。

4.1.5　沿城市道路规划的工程管线应与道路中心线平行，其主干线应靠近分支管线多的一侧。工程管线不宜从道路一侧转到另一侧。

道路红线宽度超过40m的城市干道宜两侧布置配水、配气、通信、电力和排水管线。

4.1.9　工程管线之间及其与建（构）筑物之间的最小水平净距应符合本规范表4.1.9（略）的规定。

4.1.10　工程管线与综合管廊最小水平净距应按现行国家标准《城市综合管廊工程技术规范》（GB 50838）执行。

4.1.11　对于埋深大于建（构）筑物基础的工程管线，其与建（构）筑物之间的最小水平距离，应按下式计算，并折算成水平净距后与表4.1.9的数值比较，采用较大值。

$$L = (H - h)/\tan\alpha + B/2 \tag{4.1.11}$$

式中：L——管线中心至建（构）筑物基础边水平距离（m）；

H——管线敷设深度（m）；

h——建（构）筑物基础底砌置深度（m）；

B——沟槽开挖宽度（m）；

α——土壤内摩擦角（°）。

4.1.12 当工程管线交叉敷设时，管线自地表面向下的排列顺序宜为：通信、电力、燃气、热力、给水、再生水、雨水、污水。给水、再生水和排水管线应按自上而下的顺序敷设。

4.1.13 工程管线交叉点高程应根据排水等重力流管线的高程确定。

4.1.14 工程管线交叉时的最小垂直净距，应符合本规范表4.1.14（略）的规定。当受现状工程管线等因素限制难以满足要求时，应根据实际情况采取安全措施后减少其最小垂直净距。

📖 **典型例题**

例题 7-8-1（2019 年真题）

城市工程污水管线敷设深度为 6m，污水管线开挖管沟宽度为 2m，相邻建筑物基础底砌置深度为 4m。在不考虑其他因素情况下，污水管线中心与建筑物基础之间的最小水平距离应为（　　）。（土壤内摩擦角α，$\tan\alpha = 0.45$）

（A）2.5m　　　　　　　　　　　　（B）3.5m

（C）4.4m　　　　　　　　　　　　（D）5.4m

解答

根据《城市工程管线综合规划规范》（GB 50289—2016）式(4.1.11)：

$L = (H-h)/\tan\alpha + B/2 = (6-4)/0.45 + 2/2 = 5.4\text{m}$

查表 4.1.9，污水管与建筑物最小水平净距为 2.5m，5.4m 的间距能满足要求。

答案：D

例题 7-8-2

城市工程 0.6MPa 燃气管线，管径 300mm，敷设深度为 1.5m，燃气管线开挖管沟宽度为 1.5m，相邻建筑物基础底砌置深度为 1m。在不考虑其他因素情况下，燃气管线中心与建筑物基础之间的最小水平距离应为（　　）。（土壤内摩擦角α，$\tan\alpha = 0.45$）

（A）1.86m　　　　　　　　　　　（B）3.5m

（C）5m　　　　　　　　　　　　　（D）5.15m

解答

根据《城市工程管线综合规划规范》（GB 50289—2016）式(4.1.11)：

$L = (H-h)/\tan\alpha + B/2 = (1.5-1)/0.45 + 1.5/2 = 1.86\text{m}$

查表 4.1.9，次高压 B 燃气管与建筑物最小水平净距为 5m，则

$5 + 0.3/2 = 5.15\text{m} > 1.86\text{m}$

故燃气管线中心与建筑物基础之间的最小水平距离为 5.15m。

答案：D

例题 7-8-3（2020 年真题）

某城市道路车行道下敷设有热力管线，管外径为 250mm，敷设深度为 1.4m，现拟敷设给水管线与该热力管线相交叉，给水管线管外径为 350mm，无其他措施时，给水管线最小敷设深度应为（　　）。（敷设深度为路面至管线外底距离）

（A）1.00m （B）1.55m
（C）1.90m （D）2.15m

解答

根据《城市工程管线综合规划规范》（GB 50289—2016）第 4.1.12 条给水管线布置在热力管线之下。

根据第 4.1.14 条（表），热力管线与给水管线最小垂直净距为 0.15m。

给水管敷设深度 = 1.4 + 0.15 + 0.35 = 1.9m

答案：C

例题 7-8-4（2020 年真题）

某城市道路管线设计见下图，其中热力管沟的外廓尺寸为长×高 = 1.3m×0.65m，12 孔 + 4 孔电信管块外廓尺寸为 0.68m×0.68m，不考虑检查井的断面尺寸，则满足规范规定的图是（　　）。

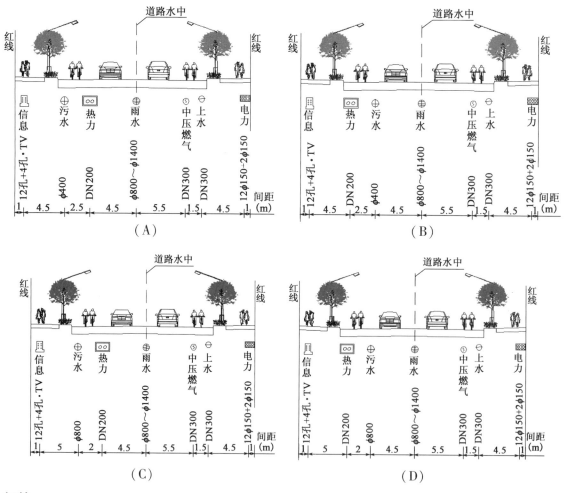

解答

根据《城市工程管线综合规划规范》（GB 50289—2016）第 4.1.9 条（表），污水和管沟水平净距 ≥ 1.5m；选项 C 和选项 D，污水和热力的净距 = 2 − 0.4 − 1.3/2 = 0.95m，不符合第 4.1.9 条（表）的规定。

根据第 4.1.3 条，从道路红线向道路中心线宜先布置热力再布置污水，选项 A 不符合第 4.1.3 条的规定；选项 B 符合第 4.1.3 条的规定。

答案：B

例题 7-8-5（2021 年真题）

新建城市道路下设地下箱涵（结构外廓尺寸：宽 × 高为 5m × 3m），雨水（内径 $D = 1000$mm，壁厚 10cm）及再生水（DN400）管线，箱涵基础底砌置深度为 5m，雨水及再生水管线敷设深度分别为 6m 和 4m。已知箱涵需先行修建，不考虑其他因素，计算箱涵、雨水管线及再生水的布设符合规范要求的最小宽度（含箱涵、管线宽）为（　　）。（土壤内摩擦角 45°，$\tan\alpha = 1.0$，管线的开挖沟槽宽度均为 2m）

（A）8.4m　　　　（B）8.7m　　　　（C）9.1m　　　　（D）9.6m

解答

根据《城市工程管线综合规划规范》（GB 50289—2016）：

水平向，按箱涵、再生水管线和雨水管线顺序布置最有利。

根据第 4.1.11 条，$L = (6 - 5)/1 + 2/2 = 2$m；查表 4.1.9，构筑物与雨水管最小水平净距：2.5m > 2 - 1/2 - 0.1 = 1.4m，取 2.5m；

查表 4.1.9，构筑物与再生水管线净距要求 1m，再生水管线与雨水管线净距要求 0.5m，1 + 0.4 + 0.5 = 1.9m < 2.5m，满足布设要求。

最小宽度 = 5 + 2.5 + 1.2 = 8.7m。

答案：B

例题 7-8-6（2022 年真题）

某城市主干道拟提级改造为城市快速路，下图关于该道路市政管线综合设计不符合规范规定的共有（　　）处。并说明选择的依据和理由。（除管线尺寸单位以 mm 计外其余尺寸单位均为 m，不计管壁厚度，不考虑采取其他安全措施）

例题 7-8-6 图

（A）1　　　　　（B）2　　　　　（C）3　　　　　（D）4

解答

根据《城市道路工程设计规范》（CJJ 37—2012）（2016 年版）第 15.2.2 条第 4 款，管线不应布置在快速路主路，现状雨水管应迁移；给水管与侧石净距 8.5 + 4.5 + 2 - 5 - 4 - 1.5 - 3 - 0.6/2 = 1.2m < 1.5m，不满足《城市工程管线综合规划规范》（GB 50289—2016）表 4.1.9 规定；其他管线净距均满足要求。

所以，共有 2 处错误。

答案：B

例题 7-8-7（2022 年补考真题）

某城市主干路的市政管线综合设计如下图所示。判断图中工程管线之间及其与建（构）筑物之间的水平净距，不符合规范规定的共有（　　）处。并说明选择的依据和理由。（图中尺寸单位均以 m 计）

例题 7-8-7 图（尺寸单位：m）

（A）1　　　　　　　（B）2　　　　　　　（C）3　　　　　　　（D）4

解答

根据《城市工程管线综合规划规范》（GB 50289—2016）表 4.1.9：

①电力管线与乔木的最小水平净距为 0.7m，$1 + 0.75 - 0.84/2 = 1.33m > 0.7m$，符合规范要求。

②通信管线与乔木的最小水平净距为 1.5m，$6.5 - 3.75 - 0.66/2 = 2.42m > 1.5m$，符合规范要求。

③通信管线与燃气管线的净距为 $4 - 0.4/2 - 0.66/2 = 3.47m$，大于最小水平净距 1～1.5m，符合规范要求。

④燃气管线与给水管线的净距为 $3.5 - 0.6/2 - 0.4/2 = 3.0m$，大于最小水平净距 0.5～1.5m，符合规范要求。

⑤污水与给水管线的最小水平净距为 1.5m，$4 - 0.6/2 - 0.6/2 = 3.4m > 1.5m$，符合规范要求。

⑥雨水与污水管线的最小水平净距符合规范要求。

⑦雨水管线与乔木的最小水平净距为 1.5m，$3.5 - 1.2/2 = 2.9m > 1.5m$，符合规范要求。

⑧燃气管线与乔木和灌木的水平净距为 0m，不符合最小水平净距 0.75～1.2m 的要求。

⑨给水与侧石的水平净距为 $2 + 11.5 - 2 - 2.5 - 3.5 - 4 - 0.6/2 = 1.2m$，不符合最小水平净距 1.5m 的要求。

综上，共有 2 处不符合规范规定。

答案：B

例题 7-8-8（2023 年真题）

某新建城市主干道，市政管线综合如下图所示，图中不符合规范规定的共有（　　）处。（图中尺寸单位均以 m 计）

例题7-8-8图（尺寸单位：m）

（A）1　　　　　　（B）2　　　　　　（C）3　　　　　　（D）4

解答

根据《城市工程管线综合规划规范》（GB 50289—2016）表4.1.9：

（1）燃气管线至乔木距离：$2 + 12 + 2 - (2 + 2.5 + 5 + 6 + 0.2) = 0.3\text{m} < 0.75\text{m}$，不满足规范要求；

（2）侧石边至通信管线距离：$3.5 + 1.5 + 3 - (4.5 + 2) - (0.66/2) = 1.17\text{m} < 1.5\text{m}$，不满足规范要求；

（3）侧石边至燃气管线距离：$4 + 3.5 + 1.5 + 3 - (4 + 4.5 + 2) - (0.4/2) = 1.3\text{m} < 1.5\text{m}$，不满足规范要求。

综上，共有3处不满足规范要求。

答案：C

例题7-8-9（2024年真题）

某城市道路红线宽20m，红线外现有挡墙，其基础底砌筑深度为1.05m。路下拟敷设市政管线如图所示，下列哪种管线布置符合规范要求？并说明选择依据和理由。（其中直埋电力管线敷设深度为2.0m，管槽开挖宽度为1.2m，土壤内摩擦角为30°）（计算时不计管径）

（A）通信　　　　　　　　　　　　　（B）再生水

（C）直埋电力　　　　　　　　　　　（D）给水

解答

根据《城市工程管线综合规划规范》（GB 50289—2016）表4.1.9：

（1）通信：与乔木净距 $3.25 - 2 - 0.66/2 = 0.92\text{m} < 1.5\text{m}$，不符合规范要求；

（2）再生水：与侧石净距 $(3 + 2 - 3.25 - 0.75) - 0.4/2 = 0.8\text{m} < 1.5\text{m}$，不符合规范要求；

（3）直埋电力：第4.1.11条，$L = (H - h)/\tan\alpha + B/2 = (2 - 1.05)/\tan 30° + 1.2/2 = 2.25$，图中 $1.75 < 2.25$，不符合规范要求；

（4）给水：与侧石净距 $(4.25 + 1.75 - 3.25 - 0.75) - 0.3/2 = 1.85\text{m} > 1.5\text{m}$，符合规范要求，距电力等均符合规范要求。

综上，给水管线布置符合规范要求。

答案：D

📖 **考点分析**

（1）管线在横断面中的布置顺序，根据情况参考《城市工程管线综合规划规范》（GB 50289—2016）第4.1.3条和第4.1.4条。

（2）连续多年出现乔木、灌木或侧石边至管线的水平净距不满足规范要求的考题，在规范中有明确规定，虽然实际工作中与侧石距离基本忽略，考试以规范要求为准。

（3）城市工程管线水平间距一般查《城市工程管线综合规划规范》（GB 50289—2016）表4.1.9来确定，当遇到管线埋深大于建筑物基础的情况，应采用式(4.1.11)来双控。

（4）式(4.1.11)求得的是管线中心与建筑物基础边的水平距离，表4.1.9是水平净距，两者应注意换算。

（5）注意区分覆土深度与敷设深度（埋设深度）：覆土深度为工程管线顶部外壁到地表面的垂直距离，敷设深度（埋深深度）为工程管线底部内壁到地表面的垂直距离，两者相差一个管线高度；给排水专业会严格区分是内壁还是外壁，要考虑壁厚，但是，从土力学原理上讲，《城市工程管线综合规划规范》（GB 50289—2016）式(4.1.11)的敷设深度似乎未考虑壁厚。

（6）《城市工程管线综合规划规范》（GB 50289—2016）表4.1.9，管线距建筑物距离，要依据表注2，区分是至外墙面还是基础边，如果需要换算，要考虑扩大基础扩展部分的宽度。

考点9　城市道路交通标志和标线设置

📖 **条文规定**

《城市道路交通标志和标线设置规范》（GB 51038—2015）规定如下：

4.2　标志版面布置

4.2.1　交通标志的版面布置应信息明确、无歧义、简洁美观。

4.2.2　同类标志宜采用同一类型的标志版面。设置于同一门架式、悬臂式等支撑结构上的同类标志，宜采用同一高度和边框尺寸。

4.2.3　当禁令、指示标志套用于无边框的白色底板上时，为必须遵守标志；但禁令标志中的停车让行、减速让行标志不得套用于无边框的白色底板上。对事故多发路段，以及标志视认条件受道路行驶环境影响较大路段设置的警告标志，宜采用套用于无边框的荧光黄色底板上的版面。

4.2.4 同一版面中的禁令或指示标志的数量不应多于4种；快速路、隧道、特大桥路段的入口处，同一版面中的禁令或指示标志的数量不应多于6种。同一版面中禁止某种车辆转弯或禁止直行的禁令标志，不应多于2种，若禁止的车辆多于2种，则应增设辅助标志。

4.2.7 指路标志版面中各方向指引的目的地信息数量及布置，应符合下列规定：

1 同一块指路标志的版面中，各方向指引的目的地信息数量之和不宜超过6个，同一方向指引的信息数量不应超过2个；

2 同一方向表示2个信息时，宜在一行或两行内按由近到远顺序，由左至右或由上至下排列；

3 前方通达地点或道路名称信息应标识在竖向箭头的上方；

4 左、右方向通达地点或道路信息可在横向箭头上方或上下方标识，也可标识在箭头指向的外侧；当左右方向通达地点或道路为单一信息时，横向箭头外侧信息可竖向书写；

5 一个城市指路标志版面信息排列顺序及布置方式，应协调一致。

4.3.3 标志设置位置除满足前置距离和视认性要求外，还应符合下列要求：

1 不得影响道路的停车视距和妨碍交通安全；

2 不宜紧靠沿街建筑物的门窗前及车辆出入口前；

3 与沿街建筑物宜保持1m以上的侧向距离；

4 快速路标志之间间距不宜小于100m，其他道路在路段上的标志最小间距不宜小于30m，当不能满足最小设置距离时，应采用互不遮挡的支撑结构形式；

5 不得被上跨道路结构、照明设施、监控设施、广告构筑物以及树木等遮挡；

6 不应影响其他交通设施。

4.3.4 不同种类的标志不宜并列设置，当受条件限制需并列设置时，应符合下列规定：

1 安装在同一支撑结构上标志不应超过4个，并应按禁令、指示、警告的顺序，先上后下、先左后右排列；

2 同类标志的设置顺序，应按提示信息的重要程度排列；

3 停车让行标志、减速让行标志、会车让行标志、解除限制速度标志、解除禁止超车标志应单独设置；当条件限制需并列设置时，同一支撑结构上标志不应超过2个；

4 当指路标志和分向行驶车道标志需并列设置时，应按分向行驶车道标志、指路标志顺序从左至右排列。

4.3.5 辅助标志应设置在被说明的主标志下缘，当需要两种以上内容的辅助标志对主标志进行说明时，可采用组合形式，但组合的内容不宜多于3种。

5.5 鸣喇叭标志

5.5.1 在双向行驶且无中间隔离设施的道路上，下列情况应设置鸣喇叭标志：

1 当道路圆曲线半径小于或等于表5.5.1-1中规定，停车视距小于表5.5.1-1中规定的曲线路段，驾驶人受道路线形影响，无法辨别对向有车驶来时；

安全行驶的圆曲线最小半径和停车视距   表5.5.1-1

设计速度（km/h）	60	50	40	30	20
圆曲线极限值半径（m）	150	100	70	40	20
停车视距（m）	70	60	40	30	20

2 坡度大于表5.5.1-2的上陡坡且视距低于表5.5.1-1规定的路段，应设置鸣喇叭标志；

設置鳴喇叭標志的縱坡坡度值

表 5.5.1-2

設計速度（km/h）		60	50	40	30	20
上坡縱坡坡度（%）	海拔＜3000m	6	6	7	7	7
	海拔≥3000～＜4000m	5	5	6	7	7
	海拔≥4000～＜5000m	4	4	5	6	7
	海拔≥5000m	4	4	4	5	6

3 雙向行駛的隧道出、入口前光線、視距不良的路段，應設置鳴喇叭標志。

5.5.2 鳴喇叭標志應設置在急彎陡坡視距不良、隧道等路段的起點處。

5.5.3 鳴喇叭標志可與相關警告標志配合使用。

7.6 急彎路標志

7.6.1 下列情況應設置急彎路標志：

1 圓曲線半徑小於或等於本規範表 5.5.1-1 中規定值，且停車視距小於該表中規定值時；

2 路線轉角大於或等於 45°時，圓曲線半徑大於本規範表 5.5.1-1 中規定值，但小於或等於表 7.6.1 規定值。

設置急轉彎路標志的圓曲線半徑一般值

表 7.6.1

設計速度（km/h）	60	50	40	30	20
圓曲線半徑一般值（m）	300	200	150	85	40

7.6.2 當長直線並連續下坡路段銜接的急彎路，其線形指標符合本規範第 7.6.1 條設置條件時，必須設置急彎路標志。

7.6.3 急彎路標志應設置在彎道平曲線與直線段的切點之前，標志至切點的距離應按本規範表 4.3.2 的規定取值，並不得進入上游路段的圓曲線內。

7.6.4 急彎路標志可與限制速度禁令標志或建議速度標志聯合使用，也可與說明急彎半徑值的輔助標志配合使用。

7.6.5 當設置急彎路標志時，應在圓曲線內側按設計要求加寬車道，並應在彎道上施劃車行道邊緣線和禁止跨越對向車行道分界線。

7.6.6 當急彎路段路側有高路堤、河流湖泊、懸崖等危險情況時，除應設置急彎路標志外，彎道外側車道邊緣應設置防撞護欄，並應加設線形誘導標和路邊輪廓標，視距不良時應設置反光鏡。

12 指示標線

12.3 可跨越同向車行道分界線

12.3.1 對同向行駛有 2 條及以上機動車道，在準許車輛越線變換車道行駛的路段，應設置可跨越同向車行道分界線。

12.3.2 可跨越同向車行道分界線應採用白色虛線，當設計速度大於或等於 60km/h 時，線段及間隔長度應分別為 6m 和 9m，線寬為 15cm；當設計速度小於 60km/h 時，線段及間隔長度應分別為 2m 和 4m，線寬應為 10cm，交通流量非常小等特殊情況線寬可採用 8cm。

12.3.3 在滿足超車視距的加寬路段，可跨越同向車行道分界線應設置在車行道加寬後的位置。

12.6 待行區線

12.6.1 交叉口範圍較大且左轉車輛較多，左轉車輛在直行時段進入待轉區等待左轉，應設置左彎待轉區線。交叉口範圍較大且直行車道及車輛較多，直行車輛在橫向道路左轉時進入待行區等待直行，應設置直行待行區線。

12.6.2 待行区线应由白色虚线、停止线和导向箭头三部分组成；白色虚线线宽应为15cm，线段及间隔长度均应为0.5m；停止线线宽宜为20cm或30cm；导向箭头长应为3m，宜在待行区起始位置及停止线前各施划一组，待行区较长时可重复设置，较短时可仅设置一组（图12.6.2，略）。

12.6.3 待行区内可同时施划箭头和文字，颜色均应为白色，文字字高应为150cm，字宽应为100cm，间距应为50cm，文字应在待行区内居中布置。直行待行区应与可变电子信息牌配合使用。

12.6.4 待行区应设置于专用车道前端，伸入交叉口，在有条件的地点，可设置多条待行车道，但不得超过对应出口道车道数。

12.6.5 对设置左弯待转区线的信号相位分配，应先放行本方向直行，后放行本方向左转。对设置直行待行区线的信号相位分配，应先放行横向道路左转，后放行本方向直行。

12.6.6 待行区线的设置不得相互交叉及影响其他方向车辆的正常行驶。

12.7 路口导向线

12.7.1 当平面交叉口范围较大、形状不规则或交通组织复杂，车辆寻找出口车道困难或交通流交织严重时，应设置路口导向线。

12.7.2 路口导向线应采用虚线，线宽应为15cm，线段及间隔长度均应为2m。连接对向车行道分界线应采用黄色虚线，连接同向车行道分界线或机非分界线的应采用白色虚线。

12.7.3 导向线可分为左转导向线、右转导向线、直行导向线，设置应符合下列规定：

1 平面交叉口相交角小于70°或左转车辆寻找出口车道困难，应设置左转导向线；

2 直行车道进口道和出口车道错位，渐变率大于设计速度规定的交叉口渐变率，宜设置直行导向线；

3 右转转动角度较大或右转车辆易与非机动车、路缘石发生冲突，宜设置右转导向线。

12.7.4 路口导向线可仅设置一条导向线布置于导向车道一侧，车道方向识别特别困难情况下，也可设置两条导向线布置于导向车道两侧；当有多条导向车道时，可设置多条导向线。

12.8 导向车道线

12.8.1 当交叉口进口道为2车道及以上，指示车辆按导向方向行驶时，应设置导向车道线；当部分进口车道的行驶方向随需要可变时，应设置可变导向车道线。

12.8.2 导向车道线应为白色实线，设计速度大于或等于60km/h时，线宽应为15cm，设计速度小于60km/h时，线宽应为10cm。导向车道线设置时应在导向车道内配合设置两组导向箭头。

12.8.3 导向车道线的长度应根据交叉口车辆排队长度、几何线形、交叉口间距、交通管理措施等因素，宜为30～70m之间。

12.8.4 可变导向车道线应沿导向车道两侧的白色实线内侧各施划一组朝向停止线的白色短直线，白色短直线线间距应为1m，线宽应为15cm，和导向车道的白色实线夹角应为45°，可变导向车道线长度应不小于其他导向车道线的设置长度。可变导向车道内不应设置导向箭头。

12.8.5 可变导向车道线应配合设置可变的车道行驶方向标志，告知可变车道行驶方向，告知信息宜与动态信息联动，无动态信息时，应与静态标志配合使用。

📖 典型例题

例题 7-9-1（2021年真题）

某城市快速路（黄河路），采取以下交通管理措施：限速60km/h，限高4.5m，限载40t，禁止危险物品车辆、载货汽车、摩托车、非机动车和行人驶入。下列关于主线入口处交通标志的设置，符合规范规定的是（　　　　）。并说明选择依据和理由。

解答

根据《城市道路交通标志和标线设置规范》（GB 51038—2015）第 9.4.2 条条文说明，信息不应过多，指路在左，禁止在右；根据第 4.2.4 条，禁令指示不多于 6 种。

答案：C

例题 7-9-2（2022 年补考真题）

某设计速度为 40km/h 的城市支路，其平面线形由 4 处平曲线组成，平曲线设计要素见下表。在不考虑视距影响情况下，下列关于该道路需设置急弯路标志的平曲线有（　　）个。并说明选择依据和理由。

例题 7-9-2 表

交点	转角值	圆曲线半径 R（m）	圆曲线长度 L_c（m）	缓和曲线长度 L_{s1}（m）	缓和曲线长度 L_{s2}（m）	平曲线长度 L（m）
JD1	40°29′34″（右）	300	162.019	50	50	262.019
JD2	46°27′37″（左）	110	64.197	50	0	114.197
JD3	126°43′22″（左）	90	128.601	50	50	228.601
JD4	42°41′26″（右）	300	173.527	50	50	273.527

（A）1
（B）2
（C）3
（D）4

解答

根据《城市道路交通标志和标线设置规范》（GB 51038—2015）第 7.6.1 条、第 5.5.1 条，$R_1 = 70m$，$R_2 = 150m$。

JD1：$R = 300m > 70m$，$\alpha < 45°$，不设急弯路标；

JD2：$R = 110m < 150m$，$\alpha = 46°27′37″ > 45°$，需设急弯路标；

JD3：$R = 90m < 150m$，$\alpha > 45°$，需设急弯路标；

JD4：$R = 300m > 70m$，$\alpha < 45°$，不设急弯路标；

综上，共有 2 处不符合规范要求。

答案：B

例题 7-9-3（2023 年真题）

某城市主干路（中山路）与次干路（人民路）十字相交的平面交叉口，交角为 55°，相应的设计速度分别为 50km/h 和 30km/h，交叉口的交通标线设计与技术指标取值如下图和下表所示。下列关于该平面交叉口范围内各交通标线的设计参数中（①、②、③、④、⑤），不符合规范规定的有（　　）处。

例题 7-9-3 图

例题 7-9-3 表

类型	标线名称	设计参数
①	待行区白色虚线	线段长 0.5m 间隔长 0.5m 线宽 15cm
②	待行区停止线	线宽 30cm
③	路口导向线	线段长 0.5m 间隔长 0.5m 线宽 15cm
④	导向车道线	线宽 15cm
⑤	车行道分界线	线段长 2.0m 间隔长 4.0m 线宽 15cm

（A）1　　　　　　　　　　　　　　　　（B）2
（C）3　　　　　　　　　　　　　　　　（D）4

解答

根据《城市道路交通标志和标线设计规范》（GB 51038—2015）：

（1）第 12.6.2 条，待行区线符合规范要求；线段及间隔均为 0.5m，线宽 15cm，符合规范要求。

（2）第 12.6.2 条，待行区停止线线宽为 20cm 或 30cm，符合规范要求。

（3）第 12.7.2 条，路口导向线，线宽及间隔长均应为 2m，0.5m 不符合规范要求。

（4）第 12.8.2 条，50km/h 的导向车道线线宽 10cm，15cm 不符合规范要求。

（5）第 12.3.2 条，50km/h 的可跨越同向车行道分界线，线段长 2m，间隔 4m，线宽 10cm，15cm 不符合规范要求。

综上，共有 3 处不符合规范要求。

答案：C

例题 7-9-4（2024 年真题）

某设计速度为 60km/h 的城市快速路，双向 4 车道小客车专用车道（不考虑应急车道与应急停车港湾），其平曲线半径 $R = 200m$，转角为 $39°18'15''$，且位于 4% 纵坡路段，该路段交通标志标线设计如下图所示。下列关于该道路交通标志标线设置①、②、③、④、⑤、⑥，不符合规范规定的有几处？并说明选择依据和理由。

类	部位	技术指标
①	车行道分界线	线段长 2m，间隔长 4m，线宽 15cm
②、③	纵向减速标线	见图
④	急弯路标志	见图
⑤、⑥	线形诱导标志	见图

（A）2 处　　　　（B）3 处　　　　（C）4 处　　　　（D）5 处

解答

根据《城市道路交通标志和标线设计规范》（GB 51038—2015）：

①类，第 12.3.2 条，可跨越同向分界线，速度 60km/h 为 6-9 线，2-4 线不符合规范要求。

②类，第 14.5.6 条，纵向减速标线菱形块方向应顺行车方向，图中方向反了，不符合规范要求。

③类，第 14.5.2 条，减速标线设置在下坡路段，图中设置在上坡路段，且菱形块的方向也反了，不符合规范要求。

④类，第 7.6.3 条，急弯路标志应设置在弯道平曲线与直线段的切点之前，图中设置在了圆曲线中间，并且，按第 7.6.1 条，图中 $R = 200$，转角 39°18′15″ < 45°，不需要设置急弯路标志，不符合规范要求。

⑤类，线形诱导标应设置在弯道外侧，便于驾驶员看到，图中设置在弯道内侧，不符合规范要求。

⑥类，线形诱导标，均符合规范要求。

综上，共有 5 处不符合规范要求。

答案：D

📖 **考点分析**

　　城市道路交通标志和标线设置知识点较分散，考试会结合规范条文和实际应用出题，让考生辨别哪些标志牌设置正确或有误，也可考查《城市道路交通标志和标线设置规范》第 16 章交通标志和标线协调设置的内容。出题形式灵活多变，考试做题的关键是快速定位到相应规范条文，对照检查，结合平时的工作经验进行判断选择。

第8章　公路与地质勘察、安全性评价、道路工程施工组织与概预算

本章核心考试规范：

1. 《公路工程建设项目概算预算编制办法》（JTG 3830—2018）

本章一般考试规范：

1. 《公路工程地质勘察规范》（JTG C20—2011）

曾列入考试的规范（如果 2025 年未恢复，可不复习）：

1. 《公路工程物探规程》（JTG/T 3222—2020）
2. 《公路勘测规范》（JTG C10—2007）
3. 《公路项目安全性评价规范》（JTG B05—2015）

考点1　运行速度计算

📖 条文规定

《公路项目安全性评价规范》（JTG B05—2015）（2023 年起考试规范目录已取消该规范）规定如下：

4.5　设计要素评价

4.5.1　设计速度 80km/h 及以下的公路应进行运行速度协调性评价。运行速度协调性评价应符合下列规定：

1　运行速度协调性评价应包括相邻路段运行速度协调性评价和同一路段运行速度与设计速度协调性评价。

2　运行速度应按本规范附录 B 提供的方法进行预测，并应根据项目所在地区特点对计算模型进行参数标定。条件不具备时，相关参数可按本规范附录 B 取值。

3　相邻路段运行速度协调性采用相邻路段运行速度差值的绝对值$|\Delta v_{85}|$及运行速度梯度的绝对值$|\Delta I_v|$进行评价。相邻路段运行速度协调性评价标准应符合表 4.5.1 的规定。

相邻路段运行速度协调性评价标准　　　　　　　　　　　　　　　　表 4.5.1

相邻路段运行速度协调性	评价标准	对策与建议
高速公路、一级公路		
好	$\|\Delta v_{85}\| < 10$km/h 且$\|\Delta I_v\| \leqslant 10$km/(h·m)	
较好	10km/h $\leqslant \|\Delta v_{85}\| < 20$km/h 且$\|\Delta I_v\| \leqslant 10$km/(h·m)	相邻路段为减速时，宜对相邻路段平纵面设计进行优化，或采取安全改善措施

相邻路段运行速度协调性	评价标准	对策与建议
不良	$\|\Delta v_{85}\| \geqslant 20km/h$ 或 $\|\Delta l_v\| > 10km/(h \cdot m)$	相邻路段为减速时，应调整相邻路段平纵面设计；当调整困难时，应采取安全改善措施
二级公路、三级公路		
好	$\|\Delta v_{85}\| < 20km/h$ 且 $\|\Delta l_v\| \leqslant 15km/(h \cdot m)$	
不良	$\|\Delta v_{85}\| \geqslant 20km/h$ 或 $\|\Delta l_v\| > 15km/(h \cdot m)$	相邻路段为减速时，应调整相邻路段平纵面设计，或采取安全改善措施

4 运行速度与设计速度协调性采用同一路段运行速度与设计速度的差值进行评价。当差值大于20km/h时，应根据运行速度对该路段的相关技术指标进行评价。

5 改扩建公路应对新建路段与利用的既有路段整体考虑评价运行速度协调性。

《公路项目安全性评价规范》（JTG B05—2015）（2023年起考试规范目录已取消该规范）第4.5.1条条文说明规定如下：

3 相邻路段运行速度差值为分析单元起点、终点的运行速度差值，分析单元划分方法见本规范附录B。运行速度梯度是指一定长度（本规范采用100m）路段的运行速度变化值，体现了运行速度在一定长度区间内的变化敏感程度，是对相邻路段运行速度协调性评价指标的补充。

运行速度梯度绝对值$|\Delta l_v|$采用式(4-1)进行计算。

$$|\Delta l_v| = \frac{|\Delta v_{85}|}{L} \times 100 \tag{4-1}$$

式中：$|\Delta l_v|$——运行速度梯度绝对值 $[km/(h \cdot m)]$；

$|\Delta v_{85}|$——分析单元起点、终点运行速度差值的绝对值（km/h）；

L——数值上等于以米计量的分析单元路段长度，但不含量纲。

4 同一路段是指设计速度及横断面相同的路段。

附录B 运行速度计算方法

B.1 一般规定

B.1.1 初步设计阶段和施工图设计阶段公路运行速度预测所采用的代表车型应符合表B.1.1的规定。

运行速度代表车型 　　　　　　　　　　　　　　　　　　　　表B.1.1

车型	高速公路、一级公路	二级公路、三级公路
小型车	轴距≤7m且比功率>15kW/t	轴距≤3.5m
大型车	轴距>7m或比功率≤15kW/t	轴距>3.5m

B.1.2 根据曲线半径和纵坡坡度的大小等，可将公路划分为平直路段、纵坡路段、平曲线路段、弯坡组合路段、隧道路段、互通式立体交叉路段等若干个分析单元。其中，平曲线路段、弯坡组合路段宜分别以曲线中点拆分为两个分析单元。

B.1.3 应按行车方向分别计算小型车和大型车的运行速度v_{85}，分析单元的起、终点宜作为运行速度v_{85}计算的特征点，分析单元的纵坡方向应与行车方向相一致。

B.1.4 进行运行速度v_{85}计算时，应首先确定路段第一个分析单元的起点初始运行速度v_0，然后根据行车方向和分析单元对应的运行速度预测模型，计算出第一个分析单元末端的运行速度v_{85}，并以此作为第二个分析单元的初始运行速度，接着代入第二个分析单元对应的计算公式计算出该单元末端的运行速度，并以此方法依次迭代计算直到最后一个分析单元。

B.1.5 分析单元运行速度计算应符合下列规定：

1 第一个分析单元的起点初始运行速度v_0和期望速度v_e宜采用本附录规定值或根据项目所在地区

类似公路项目观测结果确定。本规范中的期望速度v_e是指在天气晴好、路面干燥、公路及附属设施完好、自由流状态、无干扰等理想通行条件下，驾驶人在平直路段行驶时期望达到的最高行驶速度。

2 运行速度预测模型宜根据项目所在地区类似公路观测结果建立，并进行参数标定。当条件受限时，可采用本附录模型。

3 运行速度预测模型分为基本模型和修正模型，其中基本模型包含平直路段模型、纵坡路段折算模型、平曲线路段模型、弯坡组合路段模型、隧道路段模型、互通式立体交叉路段模型。对于需要进行修正的分析单元，宜在基本模型计算结果的基础上进行修正，以修正后的结果作为计算结果。

4 采用运行速度预测模型计算的运行速度应符合下列规定：

1）分析单元起点和终点的运行速度均不大于期望速度v_e，也不小于分析单元对应的最低运行速度或最低限速值；

2）当计算结果大于或等于期望速度v_e时，宜以期望速度v_e代表分析单元终点的运行速度v_e；当计算结果小于分析单元对应的最低运行速度或最低限速值时，宜以分析单元对应的最低运行速度或最低限速值代表分析单元终点的运行速度。

B.2 高速公路运行速度

B.2.1 分析单元划分宜符合下列规定：

1 宜将公路划分为平直路段、平曲线路段、纵坡路段、弯坡组合路段、隧道路段和互通式立体交叉路段等分析单元。

2 平直路段、纵坡路段、弯坡组合路段划分宜符合表 B.2.1 的规定。

分析单元划分原则 表 B.2.1

车型	纵断面	平面	
		圆曲线半径 > 1000m	圆曲线半径 ≤ 1000m
小型车或大型车	坡度 < 3%	长度 > 200m 平直路段 长度 ≤ 200m 短平直路段	平曲线路段
	坡度 ≥ 3%	纵坡路段	弯坡组合路段

3 隧道路段宜为驶入隧道洞口前 200m 至驶出隧道洞口后 100m。

4 互通式立体交叉区主线路段宜为减速车道渐变段起点至加速车道渐变段终点，匝道路段宜为匝道与主线连接点到匝道终点。

B.2.2 小型车或大型车的初始运行速度v_0、期望速度v_e、最低运行速度v_{min}和加速度a宜符合下列规定：

1 初始运行速度v_0宜根据设计速度按表 B.2.2-1 确定。

初始运行速度（单位：km/h） 表 B.2.2-1

设计速度		120	100	80	60
初始运行速度v_0	小型车	120	100	80	60
	大型车	80	75	65	50

2 期望速度v_e宜按表 B.2.2-2 确定。

期望速度（单位：km/h） 表 B.2.2-2

设计速度		100 或 120	80	60
期望速度v_e	小型车	120	110	90
	大型车	80	80	75

3 推荐加速度 a 宜按表 B.2.2-3 确定。

推荐加速度（单位：m/s^2）   表 B.2.2-3

车型	a_{min}	a_{max}
小型车	0.15	0.50
大型车	0.20	0.25

4 小型车最低运行速度不宜低于 50km/h，大型车最低运行速度不宜低于 30km/h。

B.2.3 平直路段运行速度预测宜符合下列规定：

1 当分段后的平直路段长度大于 200m 时，平直路段终点的运行速度模型宜按式(B.2.3-1)确定。

$$v_{out} = 3.6\sqrt{\left(\frac{v_{in}}{3.6}\right)^2 + 2as} \tag{B.2.3-1}$$

式中：v_{out}——平直路段终点速度（km/h）；

v_{in}——平直路段起点速度（km/h）；

s——平直路段长度（m）；

a——车辆加速度（m/s^2），按式(B.2.3-2)计算：

$$a = a_{min} + (a_{max} - a_{min})\left(1 - \frac{v_{in}}{v_e}\right) \tag{B.2.3-2}$$

a_{max}——最大加速度（m/s^2）；

a_{min}——最小加速度（m/s^2）；

v_e——期望速度（km/h）。

2 当分段后的平直路段长度不大于 200m 时，宜视为短平直路段。该路段起终点的运行速度保持不变。

B.2.4 平曲线路段运行速度预测宜符合下列规定：

1 宜确定平曲线连接形式，其形式分为入口直线—曲线、入口曲线—曲线、出口曲线—直线、出口曲线—曲线。

2 宜从曲中点分段，分别对曲中点和曲线出口的运行速度进行预测。

3 曲中点和曲线出口运行速度宜按表 B.2.4 中模型预测。

平曲线路段运行速度预测模型   表 B.2.4

平曲线连接形式	车型	预测模型
入口直线—曲线	小型车	$v_{middle} = -24.212 + 0.834v_{in} + 5.729\ln R_{now}$
	大型车	$v_{middle} = -9.432 + 0.963v_{in} + 1.522\ln R_{now}$
入口曲线—曲线	小型车	$v_{middle} = 1.277 + 0.942v_{in} + 6.19\ln R_{now} - 5.959\ln R_{back}$
	大型车	$v_{middle} = -24.472 + 0.990v_{in} + 3.629\ln R_{now}$
出口曲线—直线	小型车	$v_{out} = 11.946 + 0.908v_{middle}$
	大型车	$v_{out} = 5.217 + 0.926v_{middle}$
出口曲线—曲线	小型车	$v_{out} = -11.299 + 0.936v_{middle} - 2.060\ln R_{now} + 5.203\ln R_{front}$
	大型车	$v_{out} = 5.899 + 0.925v_{middle} - 1.005\ln R_{now} + 0.329\ln R_{front}$

注：1. v_{middle} 为曲中点运行速度（km/h）。

2. v_{out} 为曲线出口运行速度（km/h）。

3. R_{front} 为即将驶入的曲线半径（m）。

4. R_{now} 为所在曲线半径（m）。

5. R_{back} 为驶入所在曲线前的曲线半径（m）。

B.2.5 纵坡路段终点的运行速度宜按表 B.2.5 模型折算。

纵坡路段运行速度折算模型   表 B.2.5

纵坡		运行速度调整值	
		小型车	大型车
上坡	坡度 ≥ 3%且 ≤ 4%	每1000m 降低 5km/h，直至最低运行速度	每1000m 降低 10km/h，直至最低运行速度
	坡度 > 4%	每1000m 降低 8km/h，直至最低运行速度	每1000m 降低 20km/h，直至最低运行速度
下坡	坡度 ≥ 3%且 ≤ 4%	每500m 增加 10km/h，直至期望速度	每500m 增加 7.5km/h，直至期望速度
	坡度 > 4%	每500m 增加 20km/h，直至期望速度	每500m 增加 15km/h，直至期望速度

B.2.6 弯坡组合路段运行速度预测宜符合下列规定：

1 宜根据前后线形衔接方式确定弯坡组合形式，其形式分为入口直线—曲线、入口曲线—曲线、出口曲线—直线、出口曲线—曲线。

2 宜从圆曲线曲中点分段，分别对曲中点和曲线出口的运行速度进行预测。

3 曲中点和曲线出口运行速度宜按表 B.2.6 中模型预测。

弯坡组合路段运行速度预测模型   表 B.2.6

弯坡组合形式	车型	预测模型
入口直线—曲线	小型车	$v_{\text{middle}} = -31.67 + 0.547v_{\text{in}} + 11.71\ln R_{\text{now}} - 0.176I_{\text{now1}}$
	大型车	$v_{\text{middle}} = 1.782 + 0.859v_{\text{in}} - 0.51I_{\text{now1}} + 1.196\ln R_{\text{now}}$
入口曲线—曲线	小型车	$v_{\text{middle}} = 0.750 + 0.802v_{\text{in}} + 2.717\ln R_{\text{now}} - 0.281I_{\text{now1}}$
	大型车	$v_{\text{middle}} = 1.798 + 0.248\ln R_{\text{now}} + 0.977v_{\text{in}} - 0.133I_{\text{now1}} + 0.23\ln R_{\text{back}}$
出口曲线—直线	小型车	$v_{\text{out}} = 27.294 + 0.720v_{\text{middle}} - 1.444I_{\text{now2}}$
	大型车	$v_{\text{out}} = 13.490 + 0.797v_{\text{middle}} - 0.6971I_{\text{now2}}$
出口曲线—曲线	小型车	$v_{\text{out}} = 1.819 + 0.839v_{\text{middle}} + 1.427\ln R_{\text{now}} + 0.782\ln R_{\text{front}} - 0.48I_{\text{now2}}$
	大型车	$v_{\text{out}} = 26.837 + 0.109\ln R_{\text{front}} - 3.039\ln R_{\text{now}} - 0.594I_{\text{now2}} + 0.830v_{\text{middle}}$

注：1. 表中 $R \in [250,1000]$，且 $I \in [3\%, 6\%]$。

2. v_{in}、v_{middle}、v_{out} 为曲线入口运行速度、曲中点运行速度、曲线出口运行速度（km/h）。

3. R_{back}、R_{now}、R_{front} 为驶入所在曲线前的曲线半径、所在曲线半径、即将驶入的曲线半径（m）。

4. I_{now1}、I_{now2} 为曲线前后两段的不同坡度（%），上坡为正、下坡为负。将带正负号但不带百分号的坡度值代入公式，如上坡"4%"代入数值"4"，下坡"−4%"代入数值"−4"。

5. 若前半段或后半段含有两个不同纵坡值，则取纵坡坡度加权平均值代入公式。

B.2.7 隧道路段运行速度宜按表 B.2.7 中模型预测。

隧道路段运行速度预测模型   表 B.2.7

车型	特征点	预测模型
小型车	隧道洞口	$v_1 = 0.99v_{\text{in}} - 11.07$
	隧道内	$v_2 = 0.81v_{\text{in}} + 8.22$
	驶出隧道洞口后 100m	$v_3 = 0.74v_{\text{in}} + 16.43$
大型车	隧道洞口	$v_1 = 0.98v_{\text{in}} - 6.56$
	隧道内	$v_2 = 0.85v_{\text{in}} + 3.89$
	驶出隧道洞口后 100m	$v_3 = 0.45v_{\text{in}} + 42.61$

注：表中 v_{in} 为距离驶入隧道洞口 200m 衔接路段单元的速度（km/h）。除短隧道按照短平直路段计算外，其他隧道均按上述模型计算。相邻隧道出口与入口间距小于 200m 的隧道群，可视为同一个隧道路段。

B.2.8 互通式立体交叉区运行速度预测宜符合下列规定：

1 主线路段运行速度宜在不考虑划分互通式立体交叉分析单元之前的运行速度预测基础上，按表 B.2.8 进行折减。

互通式立体交叉主线路段运行速度折减值 表 B.2.8

车型	小型车	大型车
最大折减值（km/h）	-8	-5

2 匝道路段运行速度宜根据项目所在地区类似公路项目观测确定，或按本规范第 B.4.5 条~第 B.4.8 条的有关规定执行。匝道路段的初始运行速度宜采用分流鼻端通过速度。

B.3 一级公路运行速度

B.3.1 作为干线公路的一级公路运行速度预测宜符合下列规定：

1 无平面交叉口、无路侧干扰、类似全部控制出入的路段，运行速度预测可按本规范第 B.2 节高速公路的有关规定执行。

2 有平面交叉口、有路侧干扰、部分控制出入的路段，宜观测项目所在地区类似公路受到平面交叉口的影响，对运行速度预测结果进行修正，或按本规范第 B.3.2 条的规定确定。

B.3.2 作为集散公路的一级公路运行速度预测宜符合下列规定：

1 按本规范第 B.2 节高速公路的有关规定预测分析单元的运行速度。

2 宜根据路侧干扰和平面交叉口密度情况，并按本规范第 B.3.3 条和第 B.3.4 条的规定，对分析单元运行速度进行修正。

B.3.3 宜根据路侧干扰情况对分析单元运行速度进行修正，并应符合下列规定：

1 路侧干扰应分析行人、非机动车、摩托车、农用车等交通流对主线小型车和大型车的干扰。

2 宜用路侧冲突等级来量化路侧冲突的严重程度，并按表 B.3.3-1 确定路侧冲突等级对运行速度的影响。宜根据分析单元的路侧冲突等级，乘以表 B.3.3-1 中相应的影响系数对运行速度进行修正。

路侧干扰等级对运行速度的影响系数表 表 B.3.3-1

路侧冲突等级	影响系数	路侧冲突等级	影响系数
0	1.00	2	0.82
1	0.91	3	0.73

3 路侧冲突等级宜按表 B.3.3-2 对应的路侧冲突因素加权值 FRIC 确定。

路侧冲突等级分级表 表 B.3.3-2

路侧冲突等级	FRIC	公路两侧用地性质通常情况说明
0	$0 < FRIC \leqslant 50$	两侧为农田或山体峡谷等
1	$50 < FRIC \leqslant 100$	有稀落的农舍，少量行人出入等
2	$100 < FRIC \leqslant 150$	有少量行人、车辆出入，有加油站、小店铺等
3	$FRIC \geqslant 150$	路侧街道化严重，存在居民区、商业中心等，出入行人和车辆较多等

4 路侧冲突因素加权值 FRIC 表示单位时间内观测断面发生的路侧冲突加权值。路侧冲突因素加权值 FRIC 可按式(B.3.3)确定。

$$FRIC = 0.129bic + 0.164psv + 0.185tra + 0.148ped + 0.171smv + 0.202mot \qquad (B.3.3)$$

式中：bic——自行车数量（辆/h）；

psv——路侧停车数量（辆/h）；

tra——慢行车辆（拖拉机等农用车辆）数量（辆/h）；

ped——行人数量（人/h）；

smv——电动自行车数量（辆/h）；

mot——摩托车数量（辆/h）。

B.3.4 宜根据当量化平面交叉口密度情况对分析单元运行速度进行修正，并宜符合下列规定：

1 宜按表 B.3.4-1 确定当量化平面交叉口密度对运行速度的影响。宜根据分析单元的当量化平面交叉口密度，乘以表 B.3.4-1 中相应的影响系数对运行速度进行修正。

当量化平面交叉口密度对运行速度的影响系数表 表 B.3.4-1

当量化平面交叉口密度 *d*（个/km）	影响系数		
	$v_{85} \geqslant 100km/h$	$80 \leqslant v_{85} < 100km/h$	$60 \leqslant v_{85} < 80km/h$
$0 < d \leqslant 1.0$	0.99	0.99	1.00
$1.0 < d \leqslant 2.5$	0.98	0.98	0.99
$2.5 < d \leqslant 5.0$	0.95	0.96	0.97
$d > 5.0$	0.90	0.92	0.94

2 当量化平面交叉口密度为分析单元内当量化平面交叉口个数之和除以分析单元长度。

3 当量化平面交叉口个数宜根据进入平面交叉口的支路机动车交通量，按表 B.3.4-2 进行折算。

平面交叉口折算系数 表 B.3.4-2

支路机动车交通量 *vol*（veh/h）	平面交叉口折算系数
$vol \leqslant 30$	0.5
$30 < vol \leqslant 70$	1.0
$70 < vol \leqslant 150$	2.0
$vol > 150$	3.0

B.4 二级公路、三级公路运行速度

B.4.1 设计速度 40km/h 及以上的二级公路、三级公路、互通式立体交叉匝道路段运行速度预测宜符合本节的有关规定。当设计速度小于 40km/h 时，宜根据项目所在地区类似公路建立模型或对本节运行速度预测模型进行修正。

B.4.2 分析单元划分宜符合下列规定：

1 宜将公路划分为平直路段、平曲线路段、纵坡路段、弯坡组合路段、隧道路段等分析单元。

2 平直路段、平曲线路段、纵坡路段、弯坡组合路段划分宜符合表 B.4.2 的规定。

3 隧道路段宜为驶入隧道洞口前 200m 至驶出隧道洞口后 100m。

分析单元划分原则 表 B.4.2

车型	纵断面	平面	
		圆曲线半径 > 600m	圆曲线半径 ≤ 600m
小型车或大型车	坡度 < 3%	长度 > 100m 平直路段；长度 ≤ 100m 短平直路段	平曲线路段
	坡度 ≥ 3%	纵坡路段	弯坡组合路段

B.4.3 分析单元运行速度预测宜符合下列规定：

1 平直路段、平曲线路段、纵坡路段、弯坡组合路段的运行速度宜按本规范第 B.4.5 条～第 B.4.8 条相应的模型进行预测。

2 平直路段、平曲线路段、纵坡路段、弯坡组合路段分析单元的运行速度尚宜根据路侧净区宽度、平面交叉口密度、路侧干扰情况，按本规范第 B.4.9 条～第 B.4.11 条进行修正。

3 隧道路段的运行速度宜根据项目所在地区类似公路实际观测结果确定，或按公路项目的设计速度计算。

B.4.4 小型车或大型车的初始运行速度 v_0、期望速度 v_e、最低运行速度 v_{min} 和加速度 a 宜符合下列规定：

1 初始运行速度 v_0 宜按表 B.4.4-1 确定。

初始运行速度（单位：km/h） 表 B.4.4-1

设计速度		80	60	40
初始运行速度 v_0	小型车	80	60	40
	大型车	60	40	30

2 期望速度 v_e 宜按表 B.4.4-2 确定。

期望速度（单位：km/h） 表 B.4.4-2

设计速度		80	60	40
期望速度 v_e	小型车	105	85	65
	大型车	75	70	50

3 推荐加速度 a 宜按表 B.4.4-3 确定。

推荐加速度（单位：m/s²） 表 B.4.4-3

车型	a_{min}	a_{max}
小型车	0.15	0.50
大型车	0.20	0.25

4 小型车最低运行速度 v_{min} 不宜低于 30km/h，大型车最低运行速度 v_{min} 不宜低于 15km/h。

B.4.5 平直路段运行速度预测宜符合本规范第 B.2.3 条的有关规定。

B.4.6 平曲线路段的运行速度预测宜符合下列规定：

1 宜从曲中点分段，分别对曲中点和曲线出口的运行速度进行预测。

2 曲中点和曲线出口运行速度宜按表 B.4.6 中模型预测。

平曲线路段运行速度预测模型 表 B.4.6

特征点	车型	预测模型
曲中点	小型车	$v_{middle} = -244.123 + 0.6v_{in} + 40\ln(R_{now} + 500)$
	大型车	$v_{middle} = -80.179 + 0.7v_{in} + 15\ln(R_{now} + 250)$
曲线出口	小型车	$v_{out} = -183.092 + 0.7v_{middle} + 30\ln(R_{front} + 500)$
	大型车	$v_{out} = -53.453 + 0.8v_{middle} + 10\ln(R_{front} + 250)$

注：1. v_{in} 为曲线入口运行速度（km/h）；v_{middle} 为曲中点运行速度（km/h）；v_{out} 为曲线出口运行速度（km/h）。

2. R_{now} 为所在曲线半径（m）；R_{front} 为即将驶入的曲线半径（m），当前方为直线时，取 $R_{front} = 600m$。

3. 小型车若 $R_{front} > 5R_{now}$，则按 $R_{front} = 5R_{now}$ 取值；大型车若 $R_{front} > 4R_{now}$，则按 $R_{front} = 4R_{now}$ 取值。

B.4.7 纵坡路段终点的运行速度宜按表 B.4.7 中模型预测。

纵坡路段运行速度折算模型 表 B.4.7

纵坡		运行速度调整值	
		小型车	大型车
上坡	坡度 ≥3%且 ≤4%	每 1000m 降低 5km/h，直至最低运行速度	每 1000m 降低 10km/h，直至最低运行速度
	坡度 >4%	每 1000m 降低 8km/h，直至最低运行速度	每 1000m 降低 20km/h，直至最低运行速度

纵坡路段运行速度折算模型　　　　　　　　　　　　表 B.4.7

纵坡		运行速度调整值	
		小型车	大型车
下坡	坡度 ≥ 3% 且 ≤ 4%	每 500m 增加 10km/h，直至期望速度	每 500m 增加 7.5km/h，直至期望速度
	坡度 > 4%	每 500m 增加 20km/h，直至期望速度	每 500m 增加 15km/h，直至期望速度

B.4.8　弯坡组合路段运行速度预测宜符合下列规定：

1　宜从圆曲线的曲中点分开，分别对弯坡组合路段曲中点和曲线出口运行速度进行预测。

2　宜根据前后线形衔接方式确定弯坡组合形式，其形式分为弯坡前半段上坡、弯坡前半段下坡、弯坡后半段上坡、弯坡后半段下坡。

3　弯坡组合路段曲中点和曲线出口运行速度宜按表 B.4.8 中模型预测。

弯坡组合路段运行速度预测模型　　　　　　　　　　　　表 B.4.8

弯坡组合形式		车型	预测模型
曲中点	前半段上坡	小型车	$v_{\text{middle}} = -244.123 + 0.6v_{\text{in}} + 40\ln(R_{\text{now}} + 500) - \dfrac{(600 - R_{\text{now}})(i_1 - 3)}{600} - 0.324i_2$
		大型车	$v_{\text{middle}} = -80.179 + 0.7v_{\text{in}} + 15\ln(R_{\text{now}} + 250) - \dfrac{1.2(600 - R_{\text{now}})(i_1 - 2)}{600} - 0.106i_2$
	前半段下坡	小型车	$v_{\text{middle}} = -244.123 + 0.6v_{\text{in}} + 40\ln(R_{\text{now}} + 500) - \dfrac{0.6R_{\text{now}}(i_1 + 3)}{600} - 0.324i_2$
		大型车	$v_{\text{middle}} = -80.179 + 0.7v_{\text{in}} + 15\ln(R_{\text{now}} + 250) - \dfrac{0.8R_{\text{now}}(i_1 + 2)}{600} - 0.106i_2$
曲线出口	后半段上坡	小型车	$v_{\text{out}} = -183.092 + 0.7v_{\text{middle}} + 30\ln(R_{\text{front}} + 500) - \dfrac{1.2(600 - R_{\text{now}})(i_2 - 3)}{600} - 0.324i_3$
		大型车	$v_{\text{out}} = -53.453 + 0.8v_{\text{middle}} + 10\ln(R_{\text{front}} + 250) - \dfrac{1.5(600 - R_{\text{now}})(i_2 - 2)}{600} - 0.106i_3$
	后半段下坡	小型车	$v_{\text{out}} = -183.092 + 0.7v_{\text{middle}} + 30\ln(R_{\text{front}} + 500) - \dfrac{0.8R_{\text{now}}(i_2 + 3)}{600} - 0.324i_3$
		大型车	$v_{\text{out}} = -53.453 + 0.8v_{\text{middle}} + 10\ln(R_{\text{front}} + 250) - \dfrac{R_{\text{now}}(i_2 + 2)}{600} - 0.106i_3$

注：1. v_{in} 为曲线入口的运行速度（km/h）；v_{middle} 为曲中点运行速度（km/h）；v_{out} 为曲线出口运行速度（km/h）。

2. R_{now} 为所在曲线半径（m）；R_{front} 为即将驶入的曲线半径（m），当前方为直线时，取 $R_{\text{front}} = 600$m。

3. 小型车若 $R_{\text{front}} > 5R_{\text{now}}$，则按 $R_{\text{front}} = 5R_{\text{now}}$ 取值；大型车若 $R_{\text{front}} > 4R_{\text{now}}$，则按 $R_{\text{front}} = 4R_{\text{now}}$ 取值。

4. i_1 为弯坡组合中点前纵坡（%）；i_2 为弯坡组合中点后纵坡（%）；i_3 为弯坡组合前方的纵坡（%）。坡度上坡为正，下坡为负。将带有正负号但不带百分号的坡度值代入公式，如上坡"4%"代入数值 4，下坡"−4%"代入数值"−4"。

5. 若 v_{middle}、v_{out} 计算结果小于最低运行速度，则按最低运行速度取值；若大于期望速度，则按期望速度取值。

6. 若前半段或后半段含有两个不同纵坡值，则取纵坡坡度加权平均值代入公式。

B.4.9　宜按表 B.4.9 确定路侧净区宽度对运行速度的影响。宜根据分析单元的路侧净区宽度，乘以表 B.4.9 中相应的影响系数，对运行速度结果进行修正。

路侧净区宽度对运行速度的影响系数表　　　　　　　　　　　　表 B.4.9

路侧净区宽度（m）	0.5	0.75	1.00	1.25	1.5	1.75	2	2.5
影响系数	0.88	0.93	0.97	1.00	1.02	1.04	1.06	1.09
路侧净区宽度（m）	3	4	5	6	7	8	9	
影响系数	1.11	1.15	1.17	1.20	1.22	1.23	1.25	

B.4.10　宜按表 B.4.10 确定平面交叉口密度对运行速度的影响。平面交叉口密度为分析单元内平面交叉口数量之和除以分析单元长度。宜根据平面交叉口密度，乘以表 B.4.10 中相应的影响系数，对运行

速度结果进行修正。

平面交叉口密度对运行速度的影响系数表   表 B.4.10

平面交叉口密度（个/km）	影响系数				
	90km/h	80km/h	70km/h	60km/h	50km/h
5.0	0.89	0.92	0.94	0.96	0.97
2.5	0.93	0.94	0.96	0.97	0.98
2.0	0.94	0.94	0.96	0.98	0.98
1.0	0.97	0.97	0.98	0.99	0.99
0.5	0.98	0.99	0.99	0.99	0.99
0.3	0.99	1.00	1.00	1.00	1.00

B.4.11 宜根据路侧干扰物数量和路侧干扰横向间距，按图 B.4.11-1～图 B.4.11-3 确定影响系数，对运行速度结果进行修正。

图 B.4.11-1 路侧干扰对运行速度的影响曲线（$W = 1.5$m）

注：1. 路侧干扰横向间距 W =（硬路肩 + 土路肩）/2 + 1.0（m），取 0.5 的倍数。

    2. 进入路侧干扰区段的运行速度 $v_{in} < 60$km/h 或者 $W > 2.5$m 时，可以认为不受路侧干扰的影响。

    3. 路侧干扰物数量 = 行人数量 + 自行车数量/3 + 摩托车数量/12 + 路侧停车数量 × 1.25（个/h）。

图 B.4.11-2 路侧干扰对运行速度的影响曲线（$W = 2.0$m）

注：同图 B.4.11-1。

图 B.4.11-3　路侧干扰对运行速度的影响曲线（$W = 2.5\text{m}$）

注：同图 B.4.11-1。

📖 **规范条文解析**

2023 年考试规范目录取消了《公路项目安全性评价规范》（JTG B05—2015），如果 2025 年考试规范目录仍未列入，则该部分内容可不复习。

📖 **典型例题**

例题 8-1-1

某设计速度为 80km/h 的双向六车道高速公路，在桩号 K12 + 600～K13 + 600 路段的道路纵坡为 4%（桩号增大方向爬坡），该路段包含一个圆曲线半径为 2000m 的平曲线，曲线两端均与直线衔接。若桩号 K12 + 600 处的运行速度为 75km/h，则 K13 + 600 桩号处，沿桩号增大方向行驶的大型车的运行速度是（　　　）。

（A）65.00km/h
（B）85.00km/h
（C）94.34km/h
（D）100.38km/h

解答

根据《公路项目安全性评价规范》（JTG B05—2015）：

平曲线半径 > 1000m，纵坡 4% ≥ 3%，路段总长度为 1000m，查表 B.2.1，该分析单元为纵坡路段。

根据 B.2.2，设计速度 80km/h，大型车的初始运行速度 $v_0 = 65\text{km/h}$，期望速度 $v_e = 80\text{km/h}$，最低运行速度 30km/h；$v_{\text{in}} = 75\text{km/h}$。

查表 B.2.5，坡度 4% 时，上坡路段，大型车每 1000m 降低 10km/h，直至最低运行速度；则 $v_{\text{out}} = v_{\text{in}} - 10 = 75 - 10 = 65\text{km/h} > 30\text{km/h}$。

答案：A

例题 8-1-2

某设计速度为 80km/h 的双向六车道高速公路，在桩号 K12 + 600～K13 + 100 路段的道路纵坡为 2%（桩号增大方向爬坡），该路段包含一个圆曲线半径为 2000m 的平曲线，曲线两端均与直线衔接。若桩号 K12 + 600 处的运行速度为 65km/h，则该路段沿上行线方向大型车的运行速度梯度绝对值为（　　　）km/h。并评价相邻路段运行速度协调性结果为（　　　）。

（A）3；好 （B）3；较好

（C）3.56；较好 （D）3.56；好

解答

根据《公路项目安全性评价规范》（JTG B05—2015）表 B.2.1：

平曲线半径 > 1000m，纵坡 2% < 3%，路段总长度为 500m > 200m，该分析单元为平直路段。

根据 B.2.3，$a = 0.2 + (0.25 - 0.2) \times (1 - 65/80) = 0.209$

$$v_{out} = 3.6\sqrt{\left(\frac{v_{in}}{3.6}\right)^2 + 2as} = 3.6\sqrt{\left(\frac{65}{3.6}\right)^2 + 2 \times 0.209 \times 500} = 83.27\text{km/h} > 80\text{km/h}$$

取 $v_{out} = 80\text{km/h}$

$|\Delta v_{85}| = v_{out} - v_{in} = 80 - 65 = 15\text{km/h} < 20\text{km/h}$，且 $> 10\text{km/h}$

$|\Delta I_v| = \frac{\Delta v_{85}}{L} \times 100 = 15 \times 100/500 = 3.0\text{km/(h·m)} < 10\text{km/(h·m)}$

查表 4.5.1，相邻路段运行速度协调性为较好。

答案：B

例题 8-1-3

某设计速度为 80km/h 的双向六车道高速公路，某平曲线半径为 800m 的平曲线长度为 500m，平曲线起点桩号为 K1 + 225.05，该段道路纵坡为 4%（桩号增大方向爬坡），曲线两端均与直线线形衔接。若桩 K1 + 225.05 桩号处小型车运行速度为 90km/h，则在桩号 K1 + 475.05 和桩号 K1 + 725.05 处沿桩号增大方向行驶的小型车的运行速度分别是（　　　）。

（A）89.14km/h；91.75km/h （B）87.89km/h；90.50km/h

（C）96.54km/h；102.57km/h （D）95.13km/h；90.01km/h

解答

（1）计算桩号 K1 + 475.05 运行速度。

根据《公路项目安全性评价规范》（JTG B05—2015）：

平曲线半径 < 1000m，纵坡 4% > 3%，路段总长度为 500m，查表 B.2.1，该分析单元为弯坡路段。

根据 B.2.2，设计速度 80km/h，小型车的期望速度 $v_e = 110\text{km/h}$，$v_{min} = 50\text{km/h}$；$v_{in} = 90\text{km/h}$。

查表 B.2.6，$v_{middle} = -31.67 + 0.547v_{in} + 11.71\ln R_{now} - 0.176I_{now1}$

桩号 K1 + 475.05 处，小型车的运行速度

$v_{middle} = -31.67 + 0.547 \times 90 + 11.71 \times \ln 800 - 0.176 \times 4 = 95.13\text{km/h} < 110\text{km/h}$

（2）计算桩号 K1 + 725.05 处，小型车的运行速度。

$v_{out} = 27.294 + 0.720v_{middle} - 1.444I_{now2} = 27.294 + 0.72 \times 95.13 - 1.444 \times 4 = 90.01\text{km/h} < 110\text{km/h}$

答案：D

例题 8-1-4

某高速公路，设计速度为 80km/h，分别在 K11 + 356.08～K11 + 656.08 和 K11 + 830.00～K12 + 230.00 段连续设置了两处隧道。若 K11 + 356.08 桩号处的小型车运行速度为 70km/h，则 K11 + 656.08 和 K12 + 330.00 桩号处，上行方向行驶的小型车的运行速度分别是（　　　）。

（A）64.92km/h；68.23km/h （B）81.89km/h；77.03km/h

（C）74.55km/h；77.03km/h （D）81.89km/h；68.23km/h

解答

根据《公路项目安全性评价规范》（JTG B05—2015）B.2.7：

应按照距离驶入隧道洞口 200m 衔接路段单元的速度作为隧道单元各运行速度的计算起点。

隧道洞口：$v_1 = 0.99v_{\text{in}} - 11.07$

$v_{\text{in}} = (70 + 11.07)/0.99 = 81.89\text{km/h}$

根据 B.2.2：

设计速度 80km/h，小型车的期望速度 $v_e = 110\text{km/h}$；$v_{\min} = 50\text{km/h}$。

两隧道出入口间距 $11830 - 11656.08 = 173.92\text{m} < 200\text{m}$，按照同一个隧道来计算。隧道总长度 $12230 - 11356.08 = 873.92\text{m} > 500\text{m}$，不属于短隧道。

K11 + 656.08 桩号处，属于隧道内，查表 B.2.7：

$v_2 = 0.81v_{\text{in}} + 8.22 = 0.81 \times 81.89 + 8.22 = 74.55\text{km/h} < 110\text{km/h}$

K12 + 330.00 桩号处，属于隧道洞口 100m 处，则

$v_3 = 0.74v_{\text{in}} + 16.43 = 0.74 \times 81.89 + 16.43 = 77.03\text{km/h} < 110\text{km/h}$

答案：C

例题 8-1-5

某二级公路，设计速度为 60km/h；硬路肩宽 0.5m，土路肩宽 0.5m，K5 + 220.50～K5 + 521.56 路段，为半径 400m 的平曲线，道路纵坡 2%（桩号增大方向上坡），曲线两端均与直线线形衔接。该区段的路侧净区宽度为 1.0m，平均每千米有 2 个交叉口（交叉口密度影响系数取 0.95），每小时路侧干扰物：行人 0 个，自行车 3 辆，摩托车 13 辆，停车 2 辆（路侧干扰影响系数取 0.97）。若 K5 + 220.50 桩号处前一单元末端的运行速度为 66km/h，则桩号 K5 + 521.56 处，沿桩号增大方向行驶的小型车的运行速度是（　　　）。

（A）66.41km/h
（B）74.30km/h
（C）74.55km/h
（D）85.00km/h

解答

根据《公路项目安全性评价规范》（JTG B05—2015）：

平曲线半径 < 600m，纵坡 2% < 3%，路段总长度为 301.06m，查表 B.4.2，该分析单元为平曲线路段。

根据 B.4.4，设计速度 60km/h，小型车的期望速度 $v_e = 85\text{km/h}$，$v_{\min} = 30\text{km/h}$；$v_{\text{in}} = 66\text{km/h}$。

根据 B.4.6，$v_{\text{middle}} = -244.123 + 0.6v_{\text{in}} + 40\ln(R_{\text{now}} + 500)$

$v_{\text{middle}} = -244.123 + 0.6 \times 66 + 40\ln(400 + 500) = 67.57\text{km/h} < 85\text{km/h}$

$v_{\text{out}} = -183.092 + 0.7v_{\text{middle}} + 30\ln(R_{\text{front}} + 500)$

即将驶入直线，$R_{\text{front}} = 600\text{m}$

$v_{\text{out}} = -183.092 + 0.7 \times 67.57 + 30\ln(600 + 500) = 74.30\text{km/h} < 85\text{km/h}$

路侧净区宽度为 1.0，其影响系数为 0.97；交叉口密度影响系数取 0.95。

路侧干扰横向间距：$W = (0.5 + 0.5)/2 + 1 = 1.5$

由题意知，路侧干扰影响系数为 0.97。

桩号 K5 + 521.56 处，沿桩号增大方向行驶的小型车的运行速度：

$0.97 \times 0.95 \times 0.97 \times 74.30 = 66.41\text{km/h} < 85\text{km/h}$，且 $> 30\text{km/h}$。

答案：A

📖 **考点分析**

（1）运行速度预测模型分为基本模型和修正模型，一定首先根据题目给的条件判别该分析单元属于哪种基本模型（包含平直路段模型、纵坡路段折算模型、平曲线路段模型、弯坡组合路段模型、隧道路

段模型、互通式立体交叉路段模型），理解计算模型中每个符号的含义。对于需要进行修正的分析单元，宜在基本模型计算结果的基础上进行修正，以修正后的结果作为计算结果。

（2）注意计算出来的分析单元的起点和终点的运行速度均不大于期望速度，也不小于分析单元对应的最低运行速度或最低限速值。

（3）当计算结果大于或等于期望速度v_e时，宜以期望速度v_e代表分析单元终点的运行速度；当计算结果小于分析单元对应的最低运行速度或最低限速值时，宜以分析单元对应的最低运行速度或最低限速值代表分析单元终点的运行速度。

（4）注意判别分析单元属不属于短平直路段，若属于则该路段起终点的运行速度保持不变。

考点2　流水施工工期计算

1. 流水作业法概念

流水作业法是指当有若干个施工任务时，各个施工任务相隔一定时间依次进行施工生产，相同的工序依次进行，不同的工序平行进行的一种施工作业方式。

流水作业法是比较先进的一种施工作业方法，借用工业流水生产的概念，以施工专业化为基础，将不同工程对象的同一施工工序交给专业施工队（组）执行，各专业队（组）在统一计划安排下，依次在各个作业面上完成指定的操作。前一操作结束后转移至另一作业面，执行同样的操作，后一操作则由其他专业队继续执行。各专业队按大致相同的时间（流水节拍）和速度（流水速度），协调而紧凑地相继完成全部施工任务。流水作业符合工艺流程，组织紧凑，有利于专业化施工。

流水作业法的特点是：实现了专业化生产，有利于提高劳动生产率，保证工程质量；专业施工队能够连续作业，相邻工作队的开工时间能最大限度地搭接；尽可能地利用工作面进行施工，工期较短；每天投入的资源量较为均衡，有利于资源供应的组织；需要较强的组织管理；满足施工过程的组织原则。

这种方法可以充分利用工作面，有效地缩短工期，一般适用于工序繁多、工程量大而又集中的大型建筑物的施工，如大型桥梁、立交桥、隧道等工程的施工组织。

2. 流水施工的主要参数

（1）工艺参数

①施工过程数n

根据具体情况，把一个综合的施工过程划分为若干具有独自工艺特点的个别施工过程，划分的数量n称为施工过程数（工序数）。由于每一个施工过程一般由专业班组承担，故施工班组（或队）数等于n。

②流水强度V

流水强度又称流水能力、生产能力，即每一施工过程在单位时间内所完成的工程量。根据流水强度，我们可以确定各施工段上相应工程量的流水节拍、所需施工机械设备台数及专业队伍工人的人数。

（2）时间参数

①流水节拍t

流水节拍是某个施工过程在某个施工段上的持续时间。它的大小关系着投入的劳动力、机械和材料量的多少，决定着施工的速度和施工的节奏。

②流水步距B

两个相邻的施工队（组）先后进入第一个施工段进行流水施工的时间间隔称为流水步距。

③流水施工工期T

流水施工工期是指从第一个专业工作队投入流水施工开始，到最后一个专业工作队完成流水施工为止的整个持续时间。

（3）空间参数

①工作面A

工作面的大小可表明施工对象上能安置多少工人操作，又可表明布置机械地段的大小，也就是反映施工过程在空间上布置的条件。

②施工段数m

组织流水作业时，通常把施工对象划分为劳动量大致相同的若干段，称为施工段。施工段的数目通常用m表示。

3. 全等节拍流水施工

📖 基本知识

（1）所有施工过程在各个施工段上的流水节拍均相等。

（2）相邻施工过程的流水步距相等，且等于流水节拍。

（3）专业工作队数等于施工过程数，即每一个施工过程成立一个专业工作队，由该队完成相应施工过程所有施工段上的任务。

（4）各个专业工作队在各施工段上能够连续作业，施工段之间没有空闲时间。

（5）计算工期：$T = (m + n - 1)t$。

📖 典型例题

例题 8-2-1

某项目部承揽工程有 4 道工序，按照工程界面划分为 3 个工作段，各工序在每个工作段上所需要的时间均为 3 天。该项目部完成该项目按照流水施工组织所需要的时间为（　　）天。

（A）12　　　　　（B）18　　　　　（C）21　　　　　（D）36

解答

因为各工序在每个工作段上所需要的时间相等，故本题为全等节拍流水施工，根据题意，本题施工过程数 $n = 4$，流水步距 $B = 3$，施工段数 $m = 3$，流水节拍 $t = 3$，则

$T = (m + n - 1)t = (4 + 3 - 1) \times 3 = 18$ 天

答案：B

4. 成倍节拍流水施工

📖 基本知识

（1）同一施工过程在其各个施工段上的流水节拍均相等；不同施工过程的流水节拍不等，但其值为倍数关系。

（2）相邻施工过程的流水步距相等，且等于流水节拍的最大公约数（K）。

（3）专业工作队数大于施工过程数，即有的施工过程只成立一个专业工作队；而对于流水节拍大的施工过程，可按其倍数增加相应专业工作队数目。

（4）各个专业工作队在施工段上能够连续作业，施工段之间没有空闲时间。

（5）计算工期：$T = (b - 1 + m)K$，$b = \sum t/K$，（其中，$K = $ 最大公约数，t 为各工序流水节拍）。

典型例题

例题 8-2-2

已知某基础工程由开挖、垫层、砌基础和回填夯实四个过程组成，按平面划分为四段顺序施工，各过程流水节拍分别为 12 天、4 天、10 天和 6 天，按等步距异节奏组织流水施工的工期则为（　　）天。

（A）19　　　　　（B）26　　　　　（C）32　　　　　（D）38

解答

根据题目知：$m = 4$，流水步距 B 等于各流水节拍的最大公约数，即 $B = \text{MOD}[12, 4, 10, 6] = 2$，施工队数量 $b = 12/2 + 4/2 + 10/2 + 6/2 = 16$，流水施工工期为：

$T = (b - 1 + m)B = (16 - 1 + 4) \times 2 = 38$ 天

答案：D

5. 无节拍流水施工

基本知识

（1）各施工过程在各施工段的流水节拍不全相等。

（2）相邻施工过程的流水步距不尽相等。

（3）专业工作队数等于施工过程数。

（4）各专业工作队能够在施工段上连续作业，但有的施工段之间可能有空闲时间。

（5）计算工期：累加数列错位相减取大差。

典型例题

例题 8-2-3

某工程项目由 3 个施工过程组成，分为 4 个施工段进行流水施工，其流水节拍如下表所示。

例题 8-2-3 表

施工过程	施工段			
	①	②	③	④
I	2	3	2	1
II	3	2	4	2
III	3	4	2	2

试问，该项目计算工期为（　　）天。

（A）16　　　　　（B）19　　　　　（C）21　　　　　（D）22

解答

从上表可知，本项目为无节奏流水施工，依据以下步骤计算工期：

（1）累加数列：施工过程I：2，5，7，8；施工过程II：3，5，9，11；施工过程III：3，7，9，11。

（2）错位相减：

I与II: 2, 5, 7, 8   II与III: 3, 5, 9, 11

    – 3, 5, 9, 11   – 3, 7, 9, 11

    2, 2, 2, –1, –11   3, 2, 2, 2, –11

（3）取大差: $K_{I,II} = \max[2,2,2,-1,-11] = 2$; $K_{II,III} = \max[3,2,2,2,-11] = 3$。

（4）计算工期: $T = \sum K + \sum t = (2+3) + (3+4+2+2) = 16$。

答案: A

6. 流水施工最优工期计算

📖 **基本知识**

（1）填列"工序工期表"。

（2）绘制"施工次序排列表"的表格。

（3）填表排序，可将各项任务的施工次序排列出来。

（4）累加、错位、相减、取大求 K_{AB}。

📖 **典型例题**

例题 8-2-4

某施工队对相邻几个构造物的基础工程进行流水施工，工序均为挖基 A、砌基础 B 及回填 C，在一、二、三、四、五 5 个施工段施工，其持续时间如下表，试尝试确定最短工期为（   ）。

例题 8-2-4 表

工序	一	二	三	四	五
A	6	9	3	4	6
B	6	4	3	3	5
C	8	8	6	9	8

（A）51 天   （B）53 天

（C）55 天   （D）57 天

解答

绘制施工次序列表: 本例中是三行，所以相加变成两行。

例题 8-2-4 解表（1）

工序	一	二	三	四	五
A + B	12	13	6	7	11
B + C	14	12	9	12	13
排序	三	四	五	一	二

排序方法: 这 10 个数字中最小的是 6，如在第一排，向前排，如在第二排，向后排。

本题 6 在第一排，向前排，把 6 对应的三写到最前面，这下三这列数字不参与后面的排序了。下面 8 个数字最小是 7，第一排，向前排，把 7 对应的四写前面，依次进行。

排完序的表如下。

工序	三	四	五	一	二
A	3	4	6	6	9
B	3	3	5	6	4
C	6	9	8	8	8

按常规的错位相减取大差求出 K_{AB}。

A   3   7   13   19   28

B   −   3   6   11   17   21
_____

      3   4   7   8   11   −21 $K_{AB}=11$

B   3   6   11   17   21

C   −   6   15   23   31   39
_____

      3   0   −   −   −   − $K_{BC}=3$

$T = K_{AB} + K_{BC} + T_C = 11 + 3 + 39 = 53$ 天

答案：B

📖 **考点分析**

熟悉各种类型流水施工的定义，套用相应的工期计算公式即可。

考点3　双代号网络图时间参数计算

📖 **基本知识**

双代号网络计划时间参数的计算方法有按工作计算法、按节点计算法及标号法三种，以下为按节点计算法绘制网络图的步骤。

节点计算法是以网络计划的节点为对象，先计算节点的最早时间和最迟时间，再计算出各项工作的时间参数和网络计划的计算工期。

以图 8-3-1 所示网络计划为例，说明按节点计算法计算时间参数的过程，其结果如图 8-3-2 所示（其中ES为最早开始时间，LS为最迟开始时间）。

图 8-3-1　网络计划

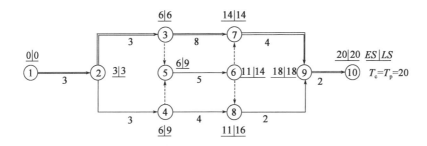

图 8-3-2　双代号网络计划（按节点计算法）

《公路施工组织与概预算》（人民交通出版社）关于各参数的规定如下：

1）计算节点的最早时间

计算节点的最早时间应从网络计划的起点节点开始，顺着箭线方向依次进行计算。

（1）网络计划的起点节点的最早时间如无规定时，其值等于零，即：$ET_1 = 0$。

（2）其他节点的最早时间按式(4-12)计算：

$$ET_j = \max\{ET_i + D_{i-j}\} \tag{4-12}$$

式中：ET_j——工作$i-j$的完成节点j的最早时间；

　　ET_i——工作$i-j$的开始节点i的最早时间；

　　D_{i-j}——工作$i-j$的持续时间。

在本例中，节点③和节点⑧的最早时间分别为：$ET_3 = ET_2 + D_{2-3} = 3 + 3 = 6$；$ET_8 = \max\{ET_6 + D_{6-8}, ET_4 + D_{4-8}\} = \max\{11 + 0, 6 + 4\} = 11$。

（3）网络计划的计算工期等于网络计划终点节点的最早时间，即：

$$T_c = ET_n \tag{4-13}$$

式中：T_c——网络计划的计算工期；

　　ET_n——网络计划终点节点n的最早时间。

在本例中，计算工期为：$T_c = ET_{10} = 20$。

2）确定网络计划的计划工期

网络计划的计划工期按式(4-1)或式(4-2)确定。在本例中，假设未规定要求工期，则计划工期等于计算工期，即：

$$T_p = T_c = ET_{10} = 20 \tag{4-14}$$

3）计算节点的最迟时间

节点的最迟时间应从网络图的终点节点开始，逆着箭线的方向依次逐项计算。

（1）终点节点的最迟时间等于网络计划的计划工期，即：

$$LT_n = T_p \tag{4-15}$$

式中：LT_n——网络计划终点节点n的最迟时间；

　　T_p——网络计划的计划工期。

在本例中，$LT_{10} = T_p = 20$。

（2）其他节点的最迟时间按下式计算：

$$LT_i = \min\{LT_j - D_{i-j}\} \tag{4-16}$$

式中：LT_i——工作$i-j$的开始节点i的最迟时间；

　　LT_j——工作$i-j$的完成节点j的最迟时间；

　　D_{i-j}——工作$i-j$的持续时间。

在本例中，节点⑨和节点⑥的最迟时间分别为：$LT_9 = LT_{10} - D_{9-10} = 20 - 2 = 18$；$LT_6 = \min\{LT_8 -$

$D_{6-8}, LT_7 - D_{6-7}\} = \min\{16 - 0, 14 - 0\} = 14$。

4）计算工作的六个时间参数

（1）工作最早开始时间的计算。工作的最早开始时间等于该工作开始节点的最早时间，即：

$$ES_{i-j} = ET_i \tag{4-17}$$

在本例中，$ES_{2-3} = ET_2 = 3$；$ES_{5-6} = ET_5 = 6$。

（2）工作最早完成时间的计算。工作的最早完成时间等于该工作开始节点的最早时间与其持续时间之和，即：

$$EF_{i-j} = ET_i + D_{i-j} \tag{4-18}$$

在本例中，$EF_{2-3} = ET_2 + D_{2-3} = 3 + 3 = 6$；$EF_{5-6} = ET_5 + D_{5-6} = 6 + 5 = 11$。

（3）工作最迟完成时间的计算。工作的最迟完成时间等于该工作完成节点的最迟时间，即：

$$LF_{i-j} = LT_j \tag{4-19}$$

在本例中，$LF_{2-3} = LT_3 = 6$；$LF_{5-6} = LT_6 = 14$。

（4）工作最迟开始时间的计算。工作的最迟开始时间等于该工作完成节点的最迟时间与其持续时间之差，即：

$$LS_{i-j} = LT_j - D_{i-j} \tag{4-20}$$

在本例中，$LS_{2-3} = LT_3 - D_{2-3} = 6 - 3 = 3$；$LS_{5-6} = LT_6 - D_{5-6} = 14 - 5 = 9$。

（5）工作总时差的计算。根据前面讲过的工作总时差的含义，以及根据式(4-19)和式(4-18)即可得到如下公式：

$$TF_{i-j} = LF_{i-j} - EF_{i-j} = LT_j - (ET_i + D_{i-j}) = LT_j - ET_i - D_{i-j} \tag{4-21}$$

在本例中，$TF_{2-3} = LT_3 - ET_2 - D_{2-3} = 6 - 3 - 3 = 0$；$TF_{5-6} = LT_6 - ET_5 - D_{5-6} = 14 - 6 - 5 = 3$。

（6）工作自由时差的计算。根据工作自由时差的含义，以及根据式(4-17)和式(4-11)即可得到如下公式：

$$FF_{i-j} = \min\{ES_{j-k} - ES_{i-j} - D_{i-j}\} = \min\{ES_{j-k}\} - ES_{i-j} - D_{i-j}$$
$$= \min\{ET_j\} - ET_i - D_{i-j} \tag{4-22}$$

在本例中，$FF_{2-3} = ET_3 - ET_2 - D_{2-3} = 6 - 3 - 3 = 0$；$FF_{5-6} = ET_6 - ET_5 - D_{5-6} = 11 - 6 - 5 = 0$。

这里需要指出的是，如果本工作与其紧后工作之间存在虚工作时，其中的ET_j为本工作紧后工作开始节点的最早时间，而不是本工作完成节点的最早时间。

5）关键线路和关键工作的确定

在双代号网络计划中，关键线路上的节点称为关键节点。关键工作两端的节点必为关键节点；两端为关键节点的工作不一定是关键工作。关键节点的最迟时间与最早时间的差值最小。当网络计划的计划工期等于计算工期时，关键节点的最早时间和最迟时间相等。在本例中，①、②、③、⑦、⑨、⑩就是关键节点，关键节点必然在关键线路上，但由关键节点组成的线路不一定是关键线路。

当利用关键节点判别关键线路和关键工作时，还应满足下列判别式：

$$ET_i + D_{i-j} = ET_j \tag{4-23}$$
$$LT_i + D_{i-j} = LT_j \tag{4-24}$$

如果两个关键节点之间的工作符合上述判别式，则该工作必为关键工作。否则，该工作就不是关键工作，关键线路就不会从此处通过。本例关键线路为①—②—③—⑦—⑨—⑩。

📖 典型例题

例题 8-3-1

某分部工程双代号网络计划如下图所示，其中关键线路是（ ）。

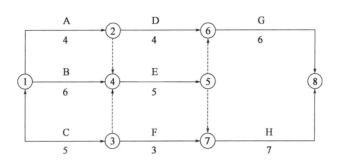

例题 8-3-1 图

（A）14568 （B）14378

（C）14568 （D）14578

解答

双代号节点参数计算到结束节点，结束节点的时间为工期，可以计算总时差，也可以从节点参数上判断关键节点，从而找到关键线路。

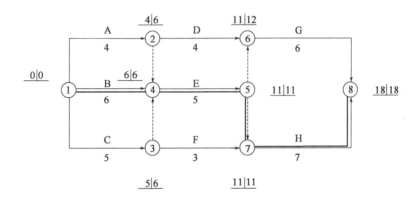

例题 8-3-1 解图

线路 14578 总时差为 0，故其为关键线路。

答案： D

例题 8-3-2

下图中关键线路、时差判断错误的是（ ）。

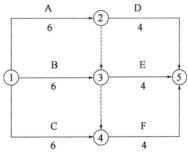

例题 8-3-2 图

（A）关键线路有六条 （B）A、B 是关键工作

（C）C 工作 $TF \neq 0$ （D）F 工作 $TF = 0$

解答

该图上所有工作都是关键工作，所有工作总时差 *TF* 都为 0，因此 C 项总时差不为零即为错。该图上前三个工作持续时间为 6 天，后三个工作持续时间为 4 天，计划工期都是 10 天，计算总时差后发现 A、B、C、D、E、F 六个工作均为 0，所以只有 C 答案总时差不为 0。

答案：C

📖 考点分析

（1）这类例题主要是对时间参数进行计算。

（2）总时差为 0 的线路为关键线路，关键线路可能只有 1 条，也可能有多条。

考点4　材料费计算

📖 条文规定

《公路工程建设项目概算预算编制办法》（JTG 3830—2018）规定如下：

3.1.2　直接费指施工过程中耗费的构成工程实体和有助于工程形成的各项费用，包括人工费、材料费、施工机械使用费。

1　人工费指列入概算、预算定额的直接从事建筑安装工程施工的生产工人开支的各项费用。

2　材料费指施工过程中耗用的构成工程实体的原材料、辅助材料、构配件、零件、半成品或成品等，按工程所在地的材料价格计算的费用。

1）材料预算价格由材料原价、运杂费、场外运输损耗、采购及保管费组成。

2）材料预算价格 =(材料原价 + 运杂费) × (1 + 场外运输损耗率) × (1 + 采购及保管费率) − 包装品回收价值。

——各种材料原价按下列规定计算：

b）自采材料：自采的砂、石、黏土等，按定额中开采单价加辅助生产间接费和矿产资源税（如有）计算。

——运杂费指材料自供应地点至工地仓库（施工地点存放材料的地方）的费用，包括装卸费、运费，如果发生，还应计囤存费及其他杂费（如过磅、标签、支撑加固、路桥通行等费用）。

c）有容器或包装的材料及长大轻浮材料，应按表 3.1.2-1 规定的毛质量计算。桶装沥青、汽油、柴油按每吨摊销一个旧汽油桶计算包装费（不计回收）。

材料毛质量系数及单位毛质量表　　　　　　　　　　表 3.1.2-1

材料名称	单位	毛质量系数	单位毛质量
爆破材料	t	1.35	—
水泥、块状沥青	t	1.01	—
铁钉、铁件、焊条	t	1.10	—
液体沥青、液体燃料、水	t	桶装 1.17，油罐车装 1.00	—
木料	m³	—	原木 0.750t，锯材 0.650t
草袋	个	—	0.004t

——场外运输损耗指有些材料在正常的运输过程中发生的损耗。材料场外运输操作损耗率见

表 3.1.2-2。

材料场外运输操作损耗率表（%）　　　　　　　　表 3.1.2-2

材料名称		场外运输（包括一次装卸）	每增加一次装卸
块状沥青		0.5	0.2
石屑、碎砾石、砂砾、煤渣、工业废渣、煤		1.0	0.4
砖、瓦、桶装沥青、石灰、黏土		3.0	1.0
草皮		7.0	3.0
水泥（袋装、散装）		1.0	0.4
砂	一般地区	2.5	1.0
	风沙地区	5.0	2.0

注：汽车运水泥，当运距超过 500km 时，袋装水泥损耗率增加 0.5 个百分点。

——采购及保管费：

c）钢材的采购及保管费费率为 0.75%，燃料、爆破材料为 3.26%，其余材料为 2.06%。商品水泥混凝土、沥青混合料和各类稳定土混合料、外购的构件、成品及半成品的预算价格计算方法与材料相同。商品水泥混凝土、沥青混合料和各类稳定土混合料不计采购及保管费，外购的构件、成品及半成品的采购及保管费费率为 0.42%。

3.1.6　措施费包括冬季施工增加费、雨季施工增加费、夜间施工增加费、特殊地区施工增加费、行车干扰施工增加费、施工辅助费、工地转移费。

8　辅助生产间接费指由施工单位自行开采加工的砂、石等自采材料及施工单位自办的人工、机械装卸和运输的间接费。

1）辅助生产间接费按定额人工费的 3% 计。该项费用并入材料预算单价内构成材料费，不直接出现在概（预）算中。

📖 典型例题

例题 8-4-1

某路面工程用桶装石油沥青，调查价格为 5000 元/t，运价为 1.2 元/(t·km)，装卸费为 24.0 元/t，运距为 80km，回收沥青桶按 200 元/t 计，场外运输损耗率为 3%，采购及保管费率为 2.06%，材料毛质量系数为 1.17，则石油沥青的预算价格为（　　）。

（A）5110.20 元/t　　　（B）5203.68 元/t　　　（C）5534.87 元/t　　　（D）5891.62 元/t

解答

根据《公路工程建设项目概算预算编制办法》（JTG 3830—2018）第 3.1.2 条关于材料价格的计算：

单位运杂费 $= (1.2 \times 80 + 24) \times 1.17 = 140.4$ 元/t

材料预算价格 = (材料原价 + 运杂费) × (1 + 场外运输损耗率) × (1 + 采购及保管费率) − 包装品回收价值 $= (5000 + 140.4) \times 1.03 \times 1.0206 - 200 = 5203.68$ 元/t

答案： B

例题 8-4-2

某公路工程项目用水泥，出厂价为 450 元/t，运杂费 0.35 元/(t·km)，运距 45km，毛质量系数为 1.01；场外运输损耗率为 1%，采购及保管费率为 2.06%，其他不计，则该水泥预算价格为（　　）。

（A）469.9 元/t　　　（B）471.2 元/t　　　（C）477.5 元/t　　　（D）480.3 元/t

解答

根据《公路工程建设项目概算预算编制办法》（JTG 3830—2018）第 3.1.2 条关于材料价格的计算：

运杂费 = 1.01 × 0.35 × 45 = 15.9 元；1.01 为毛质量系数。

材料预算价格 = (材料原价 + 运杂费) × (1 + 场外运输损耗) × (1 + 采购及保管费率) − 包装品回收价值 = (450 + 15.9) × 1.01 × 1.0206 − 0 = 480.3 元/t

答案：D

例题 8-4-3

某路面工程用桶装石油沥青，调查价格为 5000 元/t，运价为 1.2 元/(t·km)，装卸费为 24.0 元/t，运距为 80km，回收沥青桶按 200 元/t 计，则石油沥青的预算价格为（　　）。

（A）5110.20 元/t　　　（B）5203.68 元/t　　　（C）5534.87 元/t　　　（D）5891.62 元/t

解答

根据《公路工程建设项目概算预算编制办法》（JTG 3830—2018）表 3.1.2-1，桶装石油沥青毛质量系数为 1.17，故单位运杂费为：

(1.2 × 80 + 24) × 1.17 = 140.4 元/t

根据《公路工程建设项目概算预算编制办法》（JTG 3830—2018）第 3.1.2 条，桶装石油沥青场外运输损耗率为 3%，采购及保管费率为 2.06%。

材料预算价格 = (材料原价 + 运杂费) × (1 + 场外运输损耗率) × (1 + 采购及保管费率) − 包装品回收价值 = (5000 + 140.4) × (1 + 3%) × (1 + 2.06%) − 200 = 5203.68 元/t

答案：B

例题 8-4-4

已知人工单价为 43.5 元/工日，片石的预算单价为 45 元/m³，电动碎石机的台班单价为 163.13 元/台班，滚筒式筛分机的台班单价为 135.11 元/台班。定额消耗：生产 100m³ 的 4cm 碎石消耗人工 45 工日，片石 114.9m³，电动碎石机 3.42 台班，筛分机 3.48 台班。则机械轧碎石的料场单价为（　　）。

（A）76.25 元/m³　　　（B）82.16 元/m³　　　（C）86.58 元/m³　　　（D）84.25 元/m³

解答

碎石料场单价 = [人工耗量 × 人工单价 × (1 + 辅助生产间接费率) + 材料费 + 机械费]/定额单位

每立方米机轧碎石：

人工费：45/100 × 43.5 = 19.58 元

辅助生产间接费：19.58 × 3% = 0.59 元

材料费：114.9/100 × 45 = 51.71 元

机械费：

碎石机：3.42/100 × 163.13 = 5.58 元

筛分机：3.48/100 × 135.11 = 4.70 元

碎石的料场单价：

19.58 + 0.59 + 51.71 + 5.58 + 4.70 = 82.16 元/m³

答案：B

📖 **考点分析**

（1）这类例题较为简单，直接代入公式计算即可。

（2）如考题中没给出材料毛质量系数、损耗率、采购及保管费率等参数，可通过查找规范相关表格或条文得到。

（3）考生应注意，汽车运水泥时，当运距超过 500km 时，袋装水泥损耗率增加 0.5 个百分点。

（4）自采材料应特别注意加上辅助生产间接费，该费用并入材料预算单价内构成材料费，不直接出现在概（预）算中。

考点5　措施费计算

条文规定

《公路工程建设项目概算预算编制办法》（JTG 3830—2018）规定如下：

3.1.4　工程类别划分如下：

1　土方：指人工及机械施工的土方工程、路基掺灰、路基换填及台背回填。

2　石方：指人工及机械施工的石方工程。

3　运输：指用汽车、拖拉机、机动翻斗车、船舶等运送土石方、路面基层和面层混合料、水泥混凝土及预制构件、绿化苗木等。

4　路面：指路面所有结构层工程、路面附属工程、便道以及特殊路基处理（不含特殊路基处理中的圬工构造物）。

5　隧道：指隧道土建工程（不含隧道的钢材及钢结构）。

6　构造物Ⅰ：指砍树挖根、拆除工程、排水、防护、特殊路基处理中的圬工构造物、涵洞、交通安全设施、拌和站（楼）安拆工程、便桥、便涵、临时电力和电信设施、临时轨道、临时码头、绿化工程等工程。

7　构造物Ⅱ：指小桥、中桥、大桥、特大桥工程。

8　构造物Ⅲ：指商品水泥混凝土的浇筑、商品沥青混合料和各类商品稳定土混合料的铺筑、外购混凝土构件、设备安装工程等。

9　技术复杂大桥：指钢管拱桥、斜拉桥、悬索桥、单孔跨径在 120m 以上（含 120m）和基础水深在 10m 以上（含 10m）的大桥主桥部分的基础、下部和上部工程（不含桥梁的钢材及钢结构）。

10　钢材及钢结构：指所有工程的钢材及钢结构等工程。

3.1.6　措施费包括冬季施工增加费、雨季施工增加费、夜间施工增加费、特殊地区施工增加费、行车干扰施工增加费、施工辅助费、工地转移费。

1　冬季施工增加费指按照公路工程施工及验收规范所规定的冬季施工要求，为保证工程质量和安全生产所需采取的防寒保温设施、工效降低和机械作业效率降低以及技术操作过程的改变等所增加的有关费用。

5）冬季施工增加费以各类工程的定额人工费和定额施工机械使用费之和为基数，按工程所在地的气温区选用表 3.1.6-1 的费率计算。

冬季施工增加费费率表（%）　　　　　　　　　　　　表 3.1.6-1

工程类别	冬季期平均温度（℃）								准一区	准二区
	−1以上		−1～−4		−4～−7	−7～−10	−10～−14	−14以下		
	冬一区		冬二区		冬三区	冬四区	冬五区	冬六区		
	Ⅰ	Ⅱ	Ⅰ	Ⅱ						
土方	0.835	1.301	1.800	2.270	4.288	6.094	9.140	13.720	—	—
石方	0.164	0.266	0.368	0.429	0.859	1.248	1.861	2.801	—	—

工程类别	冬季期平均温度（℃）								准一区	准二区
	-1以上		-1～-4		-4～-7	-7～-10	-10～-14	-14以下		
	冬一区		冬二区		冬三区	冬四区	冬五区	冬六区		
	I	II	I	II						
运输	0.166	0.25	0.354	0.437	0.832	1.165	1.748	2.643	—	—
路面	0.566	0.842	1.181	1.371	2.449	3.273	4.909	7.364	0.073	0.198
隧道	0.203	0.385	0.548	0.710	1.175	1.52	2.269	3.425	—	—
构造物I	0.652	0.940	1.265	1.438	2.607	3.527	5.291	7.936	0.115	0.288
构造物II	0.868	1.240	1.675	1.902	3.452	4.693	7.028	10.542	0.165	0.393
构造物III	1.616	2.296	3.114	3.523	6.403	8.680	13.020	19.520	0.292	0.721
技术复杂大桥	1.019	1.444	1.975	2.230	4.057	5.479	8.219	12.338	0.170	0.446
钢材及钢结构	0.04	0.101	0.141	0.181	0.301	0.381	0.581	0.861	—	—

注：绿化工程不计冬季施工增加费。

2　雨季施工增加费指雨季期间施工为保证工程质量和安全生产所需采取的防雨、排水、防潮和防护措施、功效降低和机械作业率降低以及技术操作过程的改变等，所需增加的有关费用。

5）雨季施工增加费以各类工程的定额人工费和定额施工机械使用费之和为基数，按工程所在地的雨量区、雨季期选用表3.1.6-2的费率计算。

雨季施工增加费费率表（%）　　　　　　　　　　表3.1.6-2

工程类别	雨季期（月数）																			
	1	1.5	2		2.5		3		3.5		4		4.5		5		6		7	8
	雨量区																			
	I	I	I	II	I	II	I	II	I	II	I	II	I	II	I	II	I	II	II	II
土方	0.140	0.175	0.245	0.385	0.315	0.455	0.385	0.525	0.455	0.595	0.525	0.700	0.595	0.805	0.665	0.939	0.764	1.114	1.289	1.499
石方	0.105	0.140	0.212	0.349	0.280	0.420	0.349	0.491	0.418	0.563	0.487	0.667	0.555	0.772	0.626	0.876	0.701	1.018	1.194	1.373
运输	0.142	0.178	0.249	0.391	0.320	0.462	0.391	0.568	0.462	0.675	0.533	0.781	0.604	0.888	0.675	0.959	0.781	1.136	1.316	1.527
路面	0.115	0.153	0.230	0.366	0.306	0.480	0.366	0.557	0.424	0.634	0.501	0.710	0.574	0.822	0.654	0.943	0.749	1.093	1.267	1.459
隧道	—	—	—	—	—	—	—	—	—	—	—	—	—	—	—	—	—	—	—	—
构造物I	0.098	0.131	0.164	0.262	0.196	0.295	0.229	0.360	0.262	0.426	0.327	0.491	0.393	0.557	0.458	0.622	0.524	0.753	0.884	1.015
构造物II	0.106	0.141	0.177	0.282	0.247	0.353	0.282	0.424	0.318	0.494	0.387	0.565	0.459	0.636	0.530	0.742	0.600	0.883	1.059	1.201

工程类别	1	1.5	2		2.5		3		3.5		4		4.5		5		6		7	8
雨季期（月数）/ 雨量区	I	I	I	II	I	II	I	II	I	II	I	II	I	II	I	II	I	II	II	II
构造物III	0.200	0.266	0.366	0.565	0.466	0.699	0.565	0.832	0.665	0.998	0.765	1.164	0.898	1.331	1.031	1.497	1.164	1.730	1.996	2.295
技术复杂大桥	0.109	0.181	0.254	0.363	0.290	0.435	0.363	0.508	0.435	0.580	0.508	0.689	0.580	0.798	0.653	0.907	0.725	1.052	1.223	1.414
钢材及钢结构	—	—	—	—	—	—	—	—	—	—	—	—	—	—	—	—	—	—	—	—

注：室内和隧道内工程及设备安装工程不计雨季施工增加费。

3 夜间施工增加费指根据设计、施工技术规范和合理的施工组织要求，必须在夜间施工或必须昼夜连续施工而发生的夜班补助费、夜间施工降效、施工照明设备摊销及照明用电等费用。夜间施工增加费以夜间施工工程项目的定额人工费与定额施工机械使用费之和为基数，按表3.1.6-3的费率计算。

夜间施工增加费费率表（%）　　　　表3.1.6-3

工程类别	费率	工程类别	费率
构造物II	0.903	构造物III	1.702
技术复杂大桥	0.928	钢材及钢结构	0.874

注：设备安装工程及金属标志牌、防撞钢护栏、防眩板（网）、隔离栅、防护网等不计夜间施工增加费。

4 特殊地区施工增加费包括高原地区施工增加费、风沙地区施工增加费和沿海地区施工增加费三项。

1）高原地区施工增加费指在海拔2000m以上地区施工，由于受气候、气压的影响，致使人工、机械效率降低而增加的费用。

——一条路线通过两个以上（含两个）不同的海拔分区时，应分别计算高原地区施工增加费或按工程量比例求得平均的增加率，计算全线高原地区施工增加费。

——高原地区施工增加费以各类工程的定额人工费与定额施工机械使用费之和为基数，按表3.1.6-4的费率计算。

高原地区施工增加费费率表（%）　　　　表3.1.6-4

工程类别	海拔（m）						
	2001～2500	2501～3000	3001～3500	3501～4000	4001～4500	4501～5000	5000以上
土方	13.295	19.709	27.455	38.875	53.102	70.162	91.853
石方	13.711	20.358	29.025	41.435	56.875	75.358	100.223
运输	13.288	19.666	26.575	37.205	50.493	66.438	85.040

工程类别	海拔（m）						
	2001～2500	2501～3000	3001～3500	3501～4000	4001～4500	4501～5000	5000以上
路面	14.572	21.618	30.689	45.032	59.615	79.500	102.640
隧道	13.364	19.850	28.490	40.767	56.037	74.302	99.259
构造物I	12.799	19.051	27.989	40.356	55.723	74.098	95.521
构造物II	13.622	20.244	29.082	41.617	57.214	75.874	101.408
构造物III	12.786	18.985	27.054	38.616	53.004	70.217	93.371
技术复杂大桥	13.912	20.645	29.257	41.670	57.134	75.640	100.205
钢材及钢结构	13.204	19.622	28.269	40.492	55.699	73.891	98.930

2）风沙地区施工增加费指在沙漠地区施工时，由于受风沙影响，按照施工及验收规范的要求，为保证工程质量和安全生产而增加的有关费用。内容包括防风、防沙及气候影响的措施费，人工、机械效率降低增加的费用，以及积沙、风蚀的清理修复等费用。

——风沙地区施工增加费以各类工程的定额人工费和定额施工机械使用费之和为基数，根据工程所在地的风沙区划及类别，按表3.1.6-5的费率计算。

风沙地区施工增加费费率表（%） 表3.1.6-5

工程类别	风沙一区			风沙二区			风沙三区		
	沙漠类型								
	固定	半固定	流动	固定	半固定	流动	固定	半固定	流动
土方	4.558	8.056	13.674	5.618	12.614	23.426	8.056	17.331	27.507
石方	0.745	1.490	2.981	1.014	2.236	3.959	1.490	3.726	5.216
运输	4.304	8.608	13.988	5.38	12.912	19.368	8.608	18.292	27.976
路面	1.364	2.727	4.932	2.205	4.932	7.567	3.365	7.137	11.025
隧道	0.261	0.522	1.043	0.355	0.783	1.386	0.522	1.304	1.826
构造物I	3.968	6.944	11.904	4.96	10.912	16.864	6.944	15.872	23.808
构造物II	3.254	5.694	9.761	4.067	8.948	13.828	5.694	13.015	19.523
构造物III	2.976	5.208	8.928	3.720	8.184	12.648	5.208	11.904	17.226
技术复杂大桥	2.778	4.861	8.333	3.472	7.638	11.805	8.861	11.110	16.077
钢材及钢结构	1.035	2.07	4.14	1.409	3.105	5.498	2.07	5.175	7.245

3）沿海地区施工增加费指工程项目在沿海地区施工受海风、海浪和潮汐的影响，致使人工、机械效率降低等所需增加的费用。本项费用，由沿海各省份省级交通运输主管部门制定具体的适用范围（地区）。沿海地区施工增加费以各类工程的定额人工费和定额施工机械使用费之和为基数，按表3.1.6-6的费率计算。

沿海地区施工增加费费率表（%） 表3.1.6-6

工程类别	费率	工程类别	费率
构造物II	0.207	构造物III	0.195
技术复杂大桥	0.212	钢材及钢结构	0.200

注：1. 表中的构造物III系指桥梁工程所用的商品水泥混凝土浇筑及混凝土构件、钢构件的安装。
2. 表中的钢材及钢结构指桥梁工程所用的钢材及钢结构。

5 行车干扰施工增加费指由于边施工边维持通车，受行车干扰的影响，致使人工、机械效率降低而增加的费用。该费用以受行车影响部分的工程项目的定额人工费和定额施工机械使用费之和为基数，按表3.1.6-7的费率计算。

行车干扰施工增加费费率表（%） 表3.1.6-7

工程类别	施工期间平均每昼夜双向行车次数（机动车、非机动车合计）							
	51～100	101～500	501～1000	1001～2000	2001～3000	3001～4000	4001～5000	5000以上
土方	1.499	2.343	3.194	4.118	4.775	5.314	5.885	6.468
石方	1.279	1.881	2.618	3.479	4.035	4.492	4.973	5.462
运输	1.451	2.230	3.041	4.001	4.641	5.164	5.719	6.285
路面	1.390	2.098	2.802	3.487	4.046	4.496	4.987	5.475
隧道	—	—	—	—	—	—	—	—
构造物I	0.924	1.386	1.858	2.320	2.693	2.988	3.313	3.647
构造物II	1.007	1.516	2.014	2.512	2.915	3.244	3.593	3.943
构造物III	0.948	1.417	1.896	2.365	2.745	3.044	3.373	3.713
技术复杂大桥	—	—	—	—	—	—	—	—
钢材及钢结构	—	—	—	—	—	—	—	—

注：新建工程、中断交通进行封闭施工或为保证交通正常通行而修建保通便道的改（扩）建工程，不计行车干扰施工增加费。

6 施工辅助费包括生产工具用具使用费、检验试验费和工程定位复测、工程点交、场地清理等费用。施工辅助费以各类工程的定额直接费为基数，按表3.1.6-8的费率计算。

施工辅助费费率表（%） 表3.1.6-8

工程类别	费率	工程类别	费率
土方	0.521	构造物I	1.201
石方	0.470	构造物II	1.537
运输	0.154	构造物III	2.729
路面	0.818	技术复杂大桥	1.677
隧道	1.195	钢材及钢结构	0.564

7 工地转移费指施工企业迁至新工地的搬迁费用。

2）工地转移费以各类工程的定额人工费和定额施工机械使用费之和为基数，按表3.1.6-9的费率计算。

工地转移费费率表（%） 表3.1.6-9

工程类别	工地转移距离（km）					
	50	100	300	500	1000	每增加100
土方	0.224	0.301	0.470	0.614	0.815	0.036
石方	0.176	0.212	0.363	0.476	0.628	0.030
运输	0.157	0.203	0.315	0.416	0.543	0.025
路面	0.321	0.435	0.682	0.891	1.191	0.062
隧道	0.257	0.351	0.549	0.717	0.959	0.049

工程类别	工地转移距离（km）					
	50	100	300	500	1000	每增加100
构造物I	0.262	0.351	0.552	0.720	0.963	0.051
构造物II	0.333	0.449	0.706	0.923	1.236	0.066
构造物III	0.622	0.841	1.316	1.720	2.304	0.119
技术复杂大桥	0.389	0.523	0.818	1.067	1.430	0.073
钢材及钢结构	0.351	0.473	0.737	0.961	1.288	0.063

3）高速公路、一级公路及独立大桥、独立隧道项目转移距离按省级人民政府所在城市至工地的里程计算；二级及二级以下公路项目转移距离按地级城市所在地至工地的里程计算。

4）工地转移里程数在表列里程之间时，费率可内插计算。工地转移距离在50km以内的工程按50km计算。

📖 **典型例题**

例题 8-5-1

某高速公路桥桩基础工程，卷扬机带冲抓锥冲孔施工，经概算分析其定额人工费20万元，定额材料费46万元，定额施工机械使用费75万元。省会城市至工地的里程为75km，地级城市所在地至工地的里程为30km，则按《公路工程建设项目概算预算编制办法》（JTG 3830—2018）的规定计算，其工地转移费接近（　　）万元。

（A）0.372　　　　（B）0.258　　　　（C）0.473　　　　（D）0.551

解答

根据《公路工程建设项目概算预算编制办法》（JTG 3830—2018）：

（1）按第3.1.4条工程类别划分，本工程的类别属于构造物II。

（2）按第3.1.6条第7款，本工程为高速公路桥梁，转移距离按省会城市至工地的里程计算，为75km。

（3）按第3.1.6条第7款，工地转移费率按表3.6.1-9内插计算。

工地转移费率 = 0.333% + (0.449% − 0.333%) × (75 − 50)/(100 − 50) = 0.391%

（4）按第3.1.6第7款，工地转移费 = (定额人工费 + 定额施工机械使用费) × 工地转移费费率 = (20 + 75) × 0.391% = 0.37145万元。

答案：A

例题 8-5-2

某公路桥桩基础工程，卷扬机带冲抓锥冲孔施工，已知桩径1.5m，水深30m，全桥共40根桩。经概算分析其定额人工费20万元，定额材料费46万元，定额施工机械使用费75万元。该桥位于东部沿海地区，地理位置为冬一区II，雨季期2个月，雨量区为II。由于工期紧张，工程需昼夜连续施工，施工期间有行车干扰，昼夜双向行车800辆。工地转移距离30km。则按《公路工程建设项目概算预算编制办法》（JTG 3830—2018）的规定计算，其措施费接近（　　）万元。

（A）5.45　　　　（B）6.12　　　　（C）6.90　　　　（D）7.23

解答

根据《公路工程建设项目概算预算编制办法》（JTG 3830—2018）第3.1.6条，措施费包括冬季施工增加费、雨季施工增加费、夜间施工增加费、特殊地区施工增加费、行车干扰施工增加费、施工辅助费、工地转移费。此外，根据第 3.1.4 条由工程类别划分，可知该工程项目属构造物Ⅱ，具体各项费用计算如下：

冬季施工增加费：$(20 + 75) \times 1.24\% = 1.178$ 万元

雨季施工增加费：$(20 + 75) \times 0.282\% = 0.2679$ 万元

夜间施工增加费：$(20 + 75) \times 0.903\% = 0.85785$ 万元

特殊地区施工增加费：$(20 + 75) \times 0.207\% = 0.19665$ 万元

行车干扰工程施工增加费：$(20 + 75) \times 2.014\% = 1.9133$ 万元

施工辅助费：$(20 + 46 + 75) \times 1.537\% = 2.16717$ 万元

工地转移费：$(20 + 75) \times 0.333\% = 0.31635$ 万元

措施费 = 冬季施工增加费 + 雨季施工增加费 + 夜间施工增加费 + 特殊地区施工增加费 + 行车干扰施工增加费 + 施工辅助费 + 工地转移费 = $1.178 + 0.2679 + 0.85785 + 0.19665 + 1.9133 + 2.16717 + 0.31635 = 6.89722$ 万元

答案：C

📖 **考点分析**

（1）解答这类题目，首先根据《公路工程建设项目概算预算编制办法》（JTG 3830—2018）第 3.1.4 条确定工程类别。

（2）各项措施费按取费基数乘以相应的费率计算，注意工地转移费的计算要点：一是工地转移距离与项目类型有关，二是工地转移里程 50km 以内按 50km 计，50km 以上，在表列里程之间时，费率内插计算。

考点6　企业管理费计算

📖 **条文规定**

《公路工程建设项目概算预算编制办法》（JTG 3830—2018）规定如下：

3.1.7　企业管理费由基本费用、主副食运费补贴、职工探亲路费、职工取暖补贴和财务费用五项组成。

1　基本费用指建筑安装企业组织施工生产和经营管理所需的费用。

2）基本费用以各类工程的定额直接费为基数，按表 3.1.7-1 的费率计算。

基本费用费率表（%）　　　　　　　　　　　　　　表 3.1.7-1

工程类别	费率	工程类别	费率
土方	2.747	构造物Ⅰ	3.587
石方	2.792	构造物Ⅱ	4.726
运输	1.374	构造物Ⅲ	5.976
路面	2.427	技术复杂大桥	4.143
隧道	3.569	钢材及钢结构	2.242

2　主副食运费补贴指施工企业在远离城镇及乡村的野外施工购买生活必需品所需增加的费用。该费用以各类工程的定额直接费为基数，按表 3.1.7-2 的费率计算。

工程类别	综合里程（km）										
	3	5	8	10	15	20	25	30	40	50	每增加 10
土方	0.122	0.131	0.164	0.191	0.235	0.284	0.322	0.377	0.444	0.519	0.07
石方	0.108	0.117	0.149	0.175	0.218	0.261	0.293	0.346	0.405	0.473	0.063
运输	0.118	0.13	0.166	0.192	0.233	0.285	0.322	0.379	0.447	0.519	0.073
路面	0.066	0.088	0.119	0.13	0.165	0.194	0.224	0.259	0.308	0.356	0.051
隧道	0.096	0.104	0.13	0.152	0.185	0.229	0.26	0.304	0.359	0.418	0.054
构造物I	0.114	0.12	0.145	0.167	0.207	0.254	0.285	0.338	0.394	0.463	0.062
构造物II	0.126	0.14	0.168	0.196	0.242	0.292	0.338	0.394	0.467	0.54	0.073
构造物III	0.225	0.248	0.303	0.352	0.435	0.528	0.599	0.705	0.831	0.969	0.132
技术复杂大桥	0.101	0.115	0.143	0.165	0.205	0.245	0.28	0.325	0.389	0.452	0.063
钢材及钢结构	0.104	0.113	0.146	0.168	0.207	0.247	0.281	0.331	0.387	0.449	0.062

注：综合里程 = 粮食运距 × 0.06 + 燃料运距 × 0.09 + 蔬菜运距 × 0.15 + 水运距 × 0.70，粮食、燃料、蔬菜、水的运距均为全线平均运距；当综合里程数在表列里程之间时，费率可内插；综合里程在 3km 以内的工程，按 3km 计取本项费用。

3　职工探亲路费指按照有关规定发放给施工企业职工在探亲期间发生的往返交通费和途中住宿费等费用。该费用以各类工程的定额直接费为基数，按表 3.1.7-3 的费率计算。

工程类别	费率	工程类别	费率
土方	0.192	构造物I	0.274
石方	0.204	构造物II	0.348
运输	0.132	构造物III	0.551
路面	0.159	技术复杂大桥	0.208
隧道	0.266	钢材及钢结构	0.164

4　职工取暖补贴指按规定发放给施工企业职工的冬季取暖费和为职工在施工现场设置的临时取暖设施的费用。该费用以各类工程的定额直接费为基数，按工程所在地的气温区（见本办法附录 D）选用表 3.1.7-4 的费率计算。

工程类别	气温区						
	准二区	冬一区	冬二区	冬三区	冬四区	冬五区	冬六区
土方	0.060	0.130	0.221	0.331	0.436	0.554	0.663
石方	0.054	0.118	0.183	0.279	0.373	0.472	0.569
运输	0.065	0.130	0.228	0.336	0.444	0.552	0.671
路面	0.049	0.086	0.155	0.229	0.302	0.376	0.456
隧道	0.045	0.091	0.158	0.249	0.318	0.409	0.488
构造物I	0.065	0.130	0.206	0.304	0.390	0.499	0.607
构造物II	0.070	0.153	0.234	0.352	0.481	0.598	0.727
构造物III	0.126	0.264	0.425	0.643	0.849	1.067	1.297
技术复杂大桥	0.059	0.120	0.203	0.310	0.406	0.501	0.609
钢材及钢结构	0.047	0.082	0.141	0.222	0.293	0.363	0.433

5 财务费用指施工企业为筹集资金提供投标担保、预付款担保、履约担保、职工工资支付担保等所发生的各种费用，包括企业经营期间发生的短期贷款利息净支出、汇兑净损失、调剂外汇手续费、金融机构手续费，以及企业筹集资金发生的其他财务费用。财务费用以各类工程的定额直接费为基数，按表3.1.7-5的费率计算。

财务费用费率表（%）   表 3.1.7-5

工程类别	费率	工程类别	费率
土方	0.271	构造物I	0.466
石方	0.259	构造物II	0.545
运输	0.264	构造物III	1.094
路面	0.404	技术复杂大桥	0.637
隧道	0.513	钢材及钢结构	0.653

📖 **典型例题**

例题 8-6-1

某省公路工程公司承包沥青混凝土路面施工，公司驻地距工地35km，其中粮食运距35km，燃料运距40km，蔬菜运距30km，水运距18km。经预算分析其定额人工费25万元，定额材料费100万元，定额机械使用费80万元，则主副食运费补贴费为（　　　）万元。

（A）0.258　　　　　　　　　　　　（B）0.374

（C）0.432　　　　　　　　　　　　（D）0.517

解答

根据《公路工程建设项目概算预算编制办法》（JTG 3830—2018）第3.1.7条表3.1.7-2附注：

综合里程 = 粮食运距 × 0.06 + 燃料运距 × 0.09 + 蔬菜运距 × 0.15 + 水运距 × 0.70 = 35 × 0.06 + 40 × 0.09 + 30 × 0.15 + 18 × 0.70 = 22.8km

查表3.1.7-2，采用内插法，费率为：

0.194% + (0.224% − 0.194%) × (22.8 − 20)/(25 − 20) = 0.2108%

主副食运费补贴 = 定额直接费 × 费率 = (定额人工费 + 定额材料费 + 定额机械使用费) × 费率 = (25 + 100 + 80) × 0.2108% = 0.432 万元

答案：C

例题 8-6-2

某省公路工程公司承包沥青混凝土路面施工（冬三区），其中粮食运距为10km，燃料运距为8km，蔬菜运距为4km，水运距为1km。经预算分析其定额人工费为25万元，定额材料费100万元，定额机械使用费为80万元。则企业管理费为（　　　）万元。

（A）4.877　　　　　　　　　　　　（B）5.025

（C）6.733　　　　　　　　　　　　（D）7.125

解答

根据《公路工程建设项目概算预算编制办法》（JTG 3830—2018）第3.1.7条，企业管理费由基本费用、主副食运费补贴、职工探亲路费、职工取暖补贴和财务费用五项组成。其基本费用费率、职工探亲路费费率、职工取暖补贴费率、财务费用费率可直接查相应费率表。主副食运费补贴费率需求算综合里程后，再查表内插计算。

定额直接费 = 定额人工费 + 定额材料费 + 定额机械使用费 = 25 + 100 + 80 = 205 万元

主副食运费综合里程 $= 10 \times 0.06 + 8 \times 0.09 + 4 \times 0.15 + 1 \times 0.7 = 2.62 \mathrm{km} < 3 \mathrm{km}$

根据表 3.1.7-2 附注，当综合里程小于 3km 时，按 3km 计，故主副食运费综合里程为 3km

基本费用 = 定额直接费 × 基本费用费率 $= 205 \times 2.427\% = 4.975$ 万元

主副食运费补贴 = 定额直接费 × 主副食运费补贴费率 $= 205 \times 0.066\% = 0.135$ 万元

职工探亲路费 = 定额直接费 × 职工探亲路费费率 $= 205 \times 0.159\% = 0.326$ 万元

职工取暖补贴 = 定额直接费 × 职工取暖补贴费费率 $= 205 \times 0.229\% = 0.469$ 万元

财务费用 = 定额直接费 × 财务费费率 $= 205 \times 0.404\% = 0.828$ 万元

企业管理费 $= 4.975 + 0.135 + 0.326 + 0.469 + 0.828 = 6.733$ 万元

答案：C

📖 考点分析

（1）定额直接费 = 定额人工费 + 定额材料费 + 定额机械使用费，题目可能直接给出定额直接费，也可能不直接给出定额直接费，只给出定额人工费、定额材料费、定额机械使用费，让考生自己计算。

（2）注意《公路工程建设项目概算预算编制办法》（JTG 3830—2018）表 3.1.7-2 附注中关于主副食运费补贴费率选取注意事项。

考点7　利润、税金计算

📖 条文规定

《公路工程建设项目概算预算编制办法》（JTG 3830—2018）规定如下：

3.1.9　利润指施工企业完成所承包工程获得的盈利，按定额直接费及措施费、企业管理费之和的 7.42% 计算。

3.1.10　税金指国家税法规定应计入建筑安装工程造价的增值税销项税额。

$$税金 = (直接费 + 设备购置费 + 措施费 + 企业管理费 + 规费 + 利润) \times 10\% \tag{3.1.10}$$

关于调整《公路工程建设项目投资估算编制办法》（JTG 3820—2018）和《公路工程建设项目概算预算编制办法》（JTG 3830—2018）中"税金"有关规定的公告（交通运输部公告 2019 年第 26 号）如下：

按照党中央、国务院关于深化增值税改革，推进增值税实质性减税决策部署，财政部、税务总局等有关部门决定将建筑业增值税税率由 10% 调整为 9%。

为抓好公路行业的贯彻落实，现将《公路工程建设项目投资估算编制办法》（JTG 3820—2018）和《公路工程建设项目概算预算编制办法》（JTG 3830—2018）中 3.1.10 的"税金 = (直接费 + 设备购置费 + 措施费 + 企业管理费 + 规费 + 利润) × 10%"调整为："税金 = (直接费 + 设备购置费 + 措施费 + 企业管理费 + 规费 + 利润) × 建筑业增值税税率"。

📖 典型例题

例题 8-7-1

某公路工程项目概算预算编制，某工程细目费用组成如下，定额直接费 180 万元，直接费 200 万元，设备购置费 80 万元，措施费 20 万元，企业管理费 8 万元，规费 5 万元，则该工程的税金接近（　　　）万元。

（A）26.5　　　　　　　　　　　　　　　　（B）28.4

（C）29.6　　　　　　　　　　　　　　　　（D）31.8

解答

根据《公路工程建设项目概算预算编制办法》（JTG 3830—2018）第3.1.9条：

利润 = (定额直接费 + 措施费 + 企业管理费) × 7.42% = (180 + 20 + 8) × 7.42% = 15.4336 万元

根据《公路工程建设项目概算预算编制办法》（JTG 3830—2018）第3.1.10条：

税金 = (直接费 + 设备购置费 + 措施费 + 企业管理费 + 规费 + 利润) × 9% = (200 + 80 + 20 + 8 + 5 + 15.4336) × 9% = 29.559 万元

答案：C

📖 **考点分析**

2019年4月26日交通运输部关于调整《公路工程建设项目投资估算编制办法》（JTG 3820—2018）和《公路工程建设项目概算预算编制办法》（JTG 3830—2018）中"税金"有关规定的公告中，已将建筑业增值税税率由"10%"调整为"9%"，特别要注意。

考点8　施工场地建设费计算

📖 **条文规定**

《公路工程建设项目概算预算编制办法》（JTG 3830—2018）规定如下：

3.1.11　专项费用包括施工场地建设费和安全生产费。

施工场地建设费以施工场地计费基数，按表3.1.11的费率，以累进方法计算。施工场地计费基数为定额建筑安装工程费减去专项费用。

施工场地建设费费率表　　　　　　　　　　　　　　表3.1.11

施工场地计费基数（万元）	费率（%）	算例（万元）	
		施工场地计费基数	施工场地建设费
500 及以下	5.338	500	500 × 5.338% = 26.69
500～1000	4.228	1000	26.69 + (1000 − 500) × 4.228% = 47.83
1000～5000	2.665	5000	47.83 + (5000 − 1000) × 2.665% = 154.43
5000～10000	2.222	10000	154.43 + (10000 − 5000) × 2.222% = 265.53
10000～30000	1.785	30000	265.53 + (30000 − 10000) × 1.785% = 622.53
30000～50000	1.694	50000	622.53 + (50000 − 30000) × 1.694% = 961.33
50000～100000	1.579	100000	961.33 + (100000 − 50000) × 1.579% = 1750.83
100000～150000	1.498	150000	1750.83 + (150000 − 100000) × 1.498% = 2499.83
150000～200000	1.415	200000	2499.83 + (200000 − 150000) × 1.415% = 3207.33
200000～300000	1.348	300000	3207.33 + (300000 − 200000) × 1.348% = 4555.33
300000～400000	1.289	400000	4555.33 + (400000 − 300000) × 1.289% = 5844.33
400000～600000	1.235	600000	5844.33 + (600000 − 400000) × 1.235% = 8314.33

施工场地计费基数（万元）	费率（%）	算例（万元）	
		施工场地计费基数	施工场地建设费
600000～800000	1.188	800000	8314.33 + (800000 − 600000) × 1.188% = 10690.33
800000～1000000	1.149	1000000	10690.33 + (1000000 − 800000) × 1.149% = 12988.33
1000000 以上	1.118	1200000	12988.33 + (1200000 − 1000000) × 1.118% = 15224.33

📖 **典型例题**

例题 8-8-1

某公路工程项目概算预算编制，其施工场地建设费计费基数为 800 万元，则该工程的施工场地建设费接近（　　）万元。

（A）26.5　　　　　　　　　　　　（B）31.4

（C）39.4　　　　　　　　　　　　（D）42.8

解答

根据《公路工程建设项目概算预算编制办法》（JTG 3830—2018）表 3.1.11：

施工场地建设费 = 施工场地计费基数 × 费率 = 500 × 5.338% + (800 − 500) × 4.228% = 39.374 万元

答案：C

📖 **考点分析**

累进法计算，即相应区间内的计费基数乘以相应区间内的费率，最后再累加，假设计费基数为 X，其在 5000～10000 区间内，则该施工场地建设费为 500 × 5.338% + (1000 − 500) × 4.228% + (5000 − 1000) × 2.665% + (X − 5000) × 2.222%。

考点9　价差预备费计算

📖 **条文规定**

《公路工程建设项目概算预算编制办法》（JTG 3830—2018）规定如下：

3.4.3　价差预备费指设计文件编制年至工程交工年期间，建筑安装工程费中的人工费、材料费、设备费、施工机械使用费、措施费、企业管理费等由于政策、价格变化可能发生上浮而预留的费用，及外资贷款汇率变动部分的费用。

1　计算方法：价差预备费以建筑安装工程费总额为基数，按设计文件编制年始至建设项目工程交工年终的年数和年工程造价增长率计算。计算公式见式(3.4.3)。

$$价差预备费 = P \times [(1+i)^{n-1} - 1] \tag{3.4.3}$$

式中：P——建筑安装工程费总额（元）；

i——年工程造价增长率（%）；

n——设计文件编制年至建设项目开工年 + 建设项目建设期限（年）。

2　年工程造价增长率按有关部门公布的工程投资价格指数计算。

3　设计文件编制至工程交工在 1 年以内的工程，不列此项费用。

例题 8-9-1

某高速公路 2018 年初开始启动设计,预备于 2020 年初开始动工,建设期为 4 年,概算建安费为 76.8 亿元。经测算未来 10 年内,工程造价增长率为 2.8%。则该工程的价差预备费为(　　)亿元。

（A）10.98 　　　　　　　　　　　　（B）11.37

（C）12.54 　　　　　　　　　　　　（D）12.66

解答

根据《公路工程建设项目概算预算编制办法》（JTG 3830—2018）公式(3.4.3)：

$n = (2020 - 2018) + 4 = 6$

价差预备费 $= P \times [(1 + i)^{n-1} - 1] = 76.8 \times [(1 + 0.028)^{6-1} - 1] = 11.37$ 亿元

答案：B

考点分析

如果设计文件编制至工程交工在 1 年以内的工程,不列此项费用。

考点10　建设期利息计算

条文规定

《公路工程建设项目概算预算编制办法》（JTG 3830—2018）规定如下：

3.5.1　建设期贷款利息指工程项目使用的贷款部分在建设期内应计取的贷款利息,包括各种金融机构贷款、建设债券和外汇贷款等的利息。

3.5.2　利息计算方法：根据不同的资金来源分年度投资计算所需支付的利息。计算公式见式(3.5.2)。

建设期贷款利息 $= \sum$(上年末付息贷款本息累计 + 本年度付息贷款额 $\div$ 2) × 年利率

即：
$$S = \sum_{n=1}^{N} (F_{n-1} + b_n \div 2) \times i \tag{3.5.2}$$

式中：S——建设期贷款利息；

　　　N——项目建设期（年）；

　　　n——施工年度；

　　F_{n-1}——建设期第 $n-1$ 年末需付息贷款本息累计；

　　　b_n——建设期第 n 年度付息贷款额；

　　　i——中国人民银行公布的贷款基准年利率。

典型例题

例题 8-10-1

某项目建设期 3 年,该项目固定资产投资来源为自有资金和贷款。贷款本金为 50000 万元,贷款按年度投资比例发放,各年的投资比例为：第一年为 30%,第二年为 50%,第三年为 20%,第四年投产。

贷款年利率为8%，估算建设期贷款利息为（　　　）万元。

（A）6638.55　　　　　　　　　　　　（B）6675.84

（C）6596.83　　　　　　　　　　　　（D）6701.12

解答

（1）每年投资贷款本金数额计算：

第一年：$50000 \times 30\% = 15000$ 万元

第二年：$50000 \times 50\% = 25000$ 万元

第三年：$50000 \times 20\% = 10000$ 万元

（2）计算每年应计利息：

根据《公路工程建设项目概算预算编制办法》（JTG 3830—2018）公式(3.5.2)：

建设期贷款利息 = ∑(上年末付息贷款本息累计 + 本年度付息贷款额 ÷ 2) × 年利率

第一年：$(0 + 15000 \div 2) \times 8\% = 600$ 万元

第二年：$(15000 + 600 + 25000 \div 2) \times 8\% = 2248$ 万元

第三年：$(15000 + 600 + 25000 + 2248 + 10000 \div 2) \times 8\% = 3827.84$ 万元

贷款利息合计：$600 + 2248 + 3827.84 = 6675.84$ 万元

答案：B

例题 8-10-2

某新建项目建设期为 3 年，第一年贷款 3000 万元，第二年贷款 2000 万元，第三年贷款 1000 万元，贷款年利率 7%，则建设期前两年应计利息之和为（　　　）万元。

（A）392.35　　　　　　　　　　　　（B）416.25

（C）567.65　　　　　　　　　　　　（D）624.05

解答

根据《公路工程建设项目概算预算编制办法》（JTG 3830—2018）公式(3.5.2)：

建设期贷款利息 = ∑(上年末付息贷款本息累计 + 本年度付息贷款额/2) × 年利率

第一年建设期贷款利息 = $(0 + 3000/2) \times 7\% = 105$ 万元

第二年建设期贷款利息 = $(3000 + 105 + 2000/2) \times 7\% = 287.35$ 万元

建设期前两年应计利息之和 = $105 + 287.35 = 392.35$ 万元

答案：A

📖 **考点分析**

本年度贷款利息 = (本年度付息贷款额/2) × 年利率，是因为假定本年度贷款均衡发放，相当于年中发放，故本年度贷款利息要除以 2。

考点11　建筑安装工程费计算

📖 **条文规定**

《公路工程建设项目概算预算编制办法》（JTG 3830—2018）规定如下：

2.5.1　概算、预算的费用组成如图 2.5.1 所示。

图 2.5.1　概算、预算费用的组成

3.6　公路工程建设项目各项费用计算程序及计算方式

3.6.1　公路工程建设项目各项费用计算程序及计算方式见表 3.6.1。

公路工程建设各项费用计算程序及计算方式

表 3.6.1

序号	项目	说明及计算式
（一）	定额直接费	∑人工消耗量×人工基价＋∑(材料消耗量×材料基价＋机械台班消耗量×机械台班基价)
（二）	定额设备购置费	∑设备购置数量×设备基价
（三）	直接费	∑人工消耗量×人工单价＋∑(材料消耗量×材料预算单价＋机械台班消耗量×机械台班预算单价)
（四）	设备购置费	∑设备购置数量×预算单价
（五）	措施费	（一）×施工辅助费费率＋定额人工费和定额施工机械使用费之和×其余措施费综合费率
（六）	企业管理费	（一）×企业管理费综合费率
（七）	规费	各类工程人工费（含施工机械人工费）×规费综合费率
（八）	利润	[（一）＋（五）＋（六）]×利润率
（九）	税金	[（三）＋（四）＋（五）＋（六）＋（七）＋（八）]×10%
（十）	专项费用	
	施工场地建设费	[（一）＋（二）×40%＋（五）＋（六）＋（七）＋（八）＋（九）]×累进费率
	安全生产费	建筑安装工程费（不含安全生产费本身）×（≥1.5%）
（十一）	定额建筑安装工程费	（一）＋（二×40%）＋（五）＋（六）＋（七）＋（八）＋（九）＋（十）
（十二）	建筑安装工程费	（二）＋（四）＋（五）＋（六）＋（七）＋（八）＋（九）＋（十）
（十三）	土地使用及拆迁补偿费	按规定计算
（十四）	工程建设其他费	
	建设项目管理费	
	建设单位（业主）管理费	（十一）×累进费率
	建设项目信息化费	（十一）×累进费率
	工程监理费	（十一）×累进费率
	设计文件审查费	（十一）×累进费率
	竣（交）工验收试验检测费	按规定计算
	研究试验费	
	建设项目前期工作费	（十一）×累进费率
	专项评价（估）费	按规定计算
	联合试运转费	（十一）×费率
	生产准备费	
	工器具购置费	按规定计算
	办公和生活用家具购置费	按规定计算
	生产人员培训费	按规定计算
	应急保通设备购置费	
	工程保通管理费	按规定计算
	工程保险费	[（十二）－（四）]×费率

770

序号	项目	说明及计算式
	其他相关费用	
（十五）	预备费	
	基本预备费	[（十二）＋（十三）＋（十四）]×费率
	价差预备费	（十二）×费率
（十六）	建设期贷款利息	按实际货款额度及利率计算
（十七）	公路基本造价	（十二）＋（十三）＋（十四）＋（十五）＋（十六）

📖 **典型例题**

例题 8-11-1

某公路工程项目概算预算编制，某工程细目费用组成如下，定额直接费 100 万元，定额设备购置费 50 万元，直接费 120 万元，设备购置费 20 万元，措施费 10 万元，企业管理费 8 万元，规费 5 万元，利润率 7.42%，税金税率 9%，安全生产费费率 1.5%，则该工程的建筑安装工程费接近（　　　）万元。

（A）153　　　　（B）163　　　　（C）171　　　　（D）199

解答

根据《公路工程建设项目概算预算编制办法》（JTG 3830—2018）表 3.6.1 关于建筑安装工程费的计算：

利润 ＝ (定额直接费 ＋ 措施费 ＋ 企业管理费)×利润率 ＝ (100 ＋ 10 ＋ 8)×0.0742 ＝ 8.7556 万元

税金 ＝ (直接费 ＋ 设备购置费 ＋ 措施费 ＋ 企业管理费 ＋ 规费 ＋ 利润)×税率 ＝ (120 ＋ 20 ＋ 10 ＋ 8 ＋ 5 ＋ 8.7556)×9% ＝ 15.458 万元

专项费用 ＝ 施工场地建设费 ＋ 安全生产费

（1）施工场地建设费

根据《公路工程建设项目概算预算编制办法》（JTG 3830—2018）表 3.6.1：

施工场地计费基数 ＝ (定额直接费 ＋ 定额设备购置费×40% ＋ 措施费 ＋ 企业管理费 ＋ 规费 ＋ 利润 ＋ 税金) ＝ 100 ＋ 50×40% ＋ 10 ＋ 8 ＋ 5 ＋ 8.7556 ＋ 15.458 ＝ 167.2136 万元 ＜ 500 万元

查表 3.1.11，得施工场地建设费费率为 5.338%。

施工场地建设费 ＝ (定额直接费 ＋ 定额设备购置费×40% ＋ 措施费 ＋ 企业管理费 ＋ 规费 ＋ 利润 ＋ 税金)×施工场地建设费费率 ＝ 167.2136×5.338% ＝ 8.9259 万元

（2）安全生产费

根据《公路工程建设项目概算预算编制办法》（JTG 3830—2018）表 3.6.1：

安全生产费计费基数 ＝ (直接费 ＋ 设备购置费 ＋ 措施费 ＋ 企业管理费 ＋ 规费 ＋ 利润 ＋ 税金 ＋ 施工场地建设费) ＝ 120 ＋ 20 ＋ 10 ＋ 8 ＋ 5 ＋ 8.7556 ＋ 15.458 ＋ 8.9259 ＝ 196.1395 万元

安全生产费 ＝ (直接费 ＋ 设备购置费 ＋ 措施费 ＋ 企业管理费 ＋ 规费 ＋ 利润 ＋ 税金 ＋ 施工场地建设费)×安全生产费费率 ＝ 196.1395×1.5% ＝ 2.9421 万元

建筑安装工程费 ＝ 直接费 ＋ 设备购置费 ＋ 措施费 ＋ 企业管理费 ＋ 规费 ＋ 利润 ＋ 税金 ＋ 专项费用 ＝ 120 ＋ 20 ＋ 10 ＋ 8 ＋ 5 ＋ 8.7556 ＋ 15.458 ＋ 8.9259 ＋ 2.9421 ＝ 199.081 万元

答案：D

例题 8-11-2

某公路工程项目概算预算编制，其中某工程细目费用组成如下，定额直接费 100 万元，定额设备购置费 50 万元，人工费 30 万元，材料费 50 万元，机械使用费 40 万元，设备购置费 20 万元，措施费 10 万元，企业管理费 8 万元，规费 5 万元，安全生产费费率 1.5%，则该工程的建筑安装工程费接近（　　）万元。

（A）153　　　　（B）163　　　　（C）171　　　　（D）199

解答

根据《公路工程建设项目概算预算编制办法》（JTG 3830—2018）表 3.6.1 关于建筑安装工程费的计算：

直接费 = 人工费 + 材料费 + 机械使用费 = 30 + 50 + 40 = 120 万元

利润 =(定额直接费 + 措施费 + 企业管理费)× 利润率

根据第 3.1.9 条，利润率为 7.42%，因此

(100 + 10 + 8)× 0.0742 = 8.7556 万元

根据关于调整《公路工程建设项目投资估算编制办法》（JTG 3820—2018）和《公路工程建设项目概算预算编制办法》（JTG 3830—2018）中"税金"有关规定的公告（交通运输部公告 2019 年第 26 号），建筑业增值税税率为 9%，则

税金 =(直接费 + 设备购置费 + 措施费 + 企业管理费 + 规费 + 利润)× 税率 = (120 + 20 + 10 + 8 + 5 + 8.7556)× 9% = 15.458 万元

专项费用 = 施工场地建设费 + 安全生产费

（1）施工场地建设费

根据《公路工程建设项目概算预算编制办法》（JTG 3830—2018）表 3.6.1：

施工场地计费基数 =(定额直接费 + 定额设备购置费 × 40% + 措施费 + 企业管理费 + 规费 + 利润 + 税金)= 100 + 50 × 40% + 10 + 8 + 5 + 8.7556 + 15.458 = 167.2136 万元 < 500 万元

查表 3.1.11，得施工场地建设费费率为 5.338%，则

施工场地建设费 =(定额直接费 + 定额设备购置费 × 40% + 措施费 + 企业管理费 + 规费 + 利润 + 税金)× 施工场地建设费费率 = 167.2136 × 5.338% = 8.9259 万元

（2）安全生产费

根据《公路工程建设项目概算预算编制办法》（JTG 3830—2018）表 3.6.1：

安全生产费计费基数 =(直接费 + 设备购置费 + 措施费 + 企业管理费 + 规费 + 利润 + 税金 + 施工场地建设费)= 120 + 20 + 10 + 8 + 5 + 8.7556 + 15.458 + 8.9259 = 196.1395 万元

安全生产费 =(直接费 + 设备购置费 + 措施费 + 企业管理费 + 规费 + 利润 + 税金 + 施工场地建设费)× 安全生产费费率 = 196.1395 × 1.5% = 2.9421 万元

建筑安装工程费 = 直接费 + 设备购置费 + 措施费 + 企业管理费 + 规费 + 利润 + 税金 + 专项费用 = 120 + 20 + 10 + 8 + 5 + 8.7556 + 15.458 + 8.9259 + 2.9421 = 199.081 万元

答案：D

📖 **考点分析**

例题 8-11-2 为例题 8-11-1 的改编，例题 8-11-2 中没有直接给出直接费、利润率、税率，需要考生在规范中查找，直接费 = 人工费 + 材料费 + 机械使用费。

附录 2025年注册道路专业考试规范目录及案例真题分布

核心规范及案例真题分布情况 附表1

序号	规范名称	简称	真题数量						备注
			2020年	2021年	2022年	2022年补考	2023年	2024年	
1	公路工程技术标准（JTG B01—2014）	技术标准	2		2	1	1	1	
2	城镇化地区公路工程技术标准（JTG 2112—2021）	城镇公路标准	2023年新增				1	1	
3	小交通量农村公路工程技术标准（JTG 2111—2019）	农村公路标准	2023年新增				1		
4	公路路线设计规范（JTG D20—2017）	路线规范	9	11	8	7	9	6	
5	公路路基设计规范（JTG D30—2015）	路基规范	7	7	6	6	7	6	
6	公路排水设计规范（JTG/T D33—2012）	排水规范	1	1					
7	公路滑坡防治设计规范（JTG/T 3334—2018）	滑坡防治规范	2022年新增				1	1	
8	公路软土地基路堤设计与施工技术细则（JTG/T D31-02—2013）	软基细则	2024年新增					2	2024年取消：《建筑市政无障碍通规》
9	公路水泥混凝土路面设计规范（JTG D40—2011）	水泥路面规范	4	3	4	2	4	4	
10	公路沥青路面设计规范（JTG D50—2017）	沥青路面规范	1	3	4	6	4	4	
11	公路桥涵设计通用规范（JTG D60—2015）	桥涵通规	3	4	2	2	2	1	
12	公路桥涵地基与基础设计规范（JTG 3363—2019）	公路地基规范	3		2	2	2	2	
13	公路工程水文勘测设计规范（JTG C30—2015）	水文规范	2	1		1		2	
14	公路钢筋混凝土及预应力混凝土桥涵设计规范（JTG 3362—2018）	公路混凝土规范		2	2	1	2	1	
15	公路隧道设计规范 第一册土建工程（JTG 3370.1—2018）	隧道规范一	5	2	5	6	2	5	
16	公路隧道设计规范 第二册交通工程与附属设施（JTG D70/2—2014）	隧道规范二	1	1	1		2		

序号	规范名称	简称	真题数量						备注
			2020年	2021年	2022年	2022年补考	2023年	2024年	
17	公路水下隧道设计规范（JTG/T 3371—2022）	水下隧道规范	2023年新增				2	1	
18	公路隧道抗震设计规范（JTG 2232—2019）	隧道抗震规范		1					
19	公路立体交叉设计细则（JTG/T D21—2014）	立交细则	2	4	4	4	2	4	
20	城市道路工程设计规范（CJJ 37—2012）（2016年版）	城市设计规范	1	1	1	1		2	
21	城市道路路线设计规范（CJJ 193—2012）	城市路线规范	7	6	5	5	5	4	
22	城市道路交叉口设计规程（CJJ 152—2010）	城市交叉规程	5	5	5	6	4	4	
23	城市道路路基设计规范（CJJ 194—2013）	城市路基规范	2	2	2	2	2	2	
24	城镇道路路面设计规范（CJJ 169—2012）	城镇路面规范	2	2	2	2	3	2	
25	无障碍设计规范（GB 50763—2012）	无障碍设规	2	1	1	1	2023年取消2024年恢复	1	
26	城市工程管线综合规划规范（GB 50289—2016）	城市管线规范	2	1	1	1	1	1	
27	城市桥梁设计规范（CJJ 11—2011）（2019年版）	城市桥梁规范	1		3		1	1	
28	城市人行天桥与人行地道技术规范（CJJ 69-95）	天桥地道规范		1		2			
29	城市地下道路工程设计规范（CJJ 221—2015）	城市地道规范	1	4	2	2	3	2	
30	城市道路交通设施设计规范（GB 50688—2011）（2019年版）	城市设施规范				1			
31	城市道路交通标志和标线设置规范（GB 51038—2015）	城市标志标线规范		1		1	1	1	
合计（一道真题同时考几本规范重复计数，已取消规范未计入）			63	64	63	62	62	60	

较重要规范（无案例真题）　　　　附表2

序号	规范名称	简称	2024年变化	备注
32	公路工程抗震规范（JTG B02—2013）	公路抗震规范		2024年取消：《物探规程》《限速规范》《城市道路绿化规划与设计规范》
33	公路工程基本建设项目设计文件编制办法（交公路发〔2007〕358号）	编制办法		

序号	规范名称	简称	2024年变化	备注
34	公路工程地质勘察规范（JTG C20—2011）	勘察规范		注意：本目录暂列2024年考试规范。每年6月至8月，考试主管机构会发布新的考试规范目录，届时作者会在QQ群（749242187）或道研室公众号通知。
35	公路膨胀土路基设计与施工技术规范（JTG/T 3331-07—2024）	膨胀土规范		
36	公路桥梁加固设计规范（JTG/T J22—2008）	桥梁加固规范	新增	
37	公路隧道加固技术规范（JTG/T 5440—2018）	隧道加固规范		
38	公路工程混凝土结构耐久性设计规范（JTG/T 3310—2019）	混凝土耐久性规范		
39	公路钢结构桥梁设计规范（JTG D64—2015）	钢桥规范		
40	公路桥梁抗震设计规范（JTG/T 2231-01—2020）	桥梁抗震规范		
41	公路交通安全设施设计规范（JTG D81—2017）	交安规范		
42	高速公路交通工程及沿线设施设计通用规范（JTG D80—2006）	高速交通设施规范		
43	公路工程建设项目概算预算编制办法（JTG 3830—2018）	概预算编办		
44	城市道路交通工程项目规范（GB 55011—2021）	城市项目规范		
45	市政公用工程设计文件编制深度规定（2013年版）	市政深度规定		